Fundamentos de Marketing

Fundamentos de Marketing

DÉCIMA EDICIÓN

William J. Stanton
University of Colorado-Boulder

Michael J. Etzel
University of Notre Dame

Bruce J. Walker
University of Missouri-Columbia

Traducción
Rosa María Rosas Sánchez
Traductora Técnica

Revisión Técnica
Ezequiel Teyssier Mont
M.B.A. y Catedrático, Universidad de las Américas
Catedrático, Universidad Iberoamericana

Salvador Mercado Villagra
Ph. D., University of Texas at Austin
Director del Centro de Mercadotecnia y Catedrático,
Instituto Tecnológico y de Estudios Superiores de Monterrey,
Campus Ciudad de México

McGRAW-HILL

MÉXICO • BUENOS AIRES • CARACAS • GUATEMALA
LISBOA • MADRID • NUEVA YORK • PANAMÁ • SAN JUAN
SANTAFÉ DE BOGOTÁ • SANTIAGO • SÃO PAULO
AUCKLAND • HAMBURGO • LONDRES • MILÁN • MONTREAL
NUEVA DELHI • PARÍS • SAN FRANCISCO • SINGAPUR
ST. LOUIS • SIDNEY • TOKIO • TORONTO

Gerente de producto: René Serrano Nájera
Supervisor de edición: Noé Islas López
Supervisor de producción: Zeferino García García

FUNDAMENTOS DE MARKETING
Sexta edición

Prohibida la reproducción total o parcial de esta obra,
por cualquier medio, sin autorización escrita del editor.

DERECHOS RESERVADOS © 1996, respecto a la sexta edición en español por
McGRAW-HILL/INTERAMERICANA DE MÉXICO, S.A. de C.V.
  Atlacomulco 499-501, Fracc. Ind. San Andrés Atoto,
  53500 Naucalpan de Juárez, Edo. de México
  Miembro de la Cámara Nacional de la Industria Editorial, Reg. Núm. 1890

ISBN 970-10-0894-4
(ISBN 970-10-0175-3 quinta edición)
(ISBN 968-422-279-3 cuarta edición)
(ISBN 968-451-653-3 tercera edición)

Traducido de la décima edición en inglés de
FUNDAMENTALS OF MARKETING
Copyright © MCMXCIV, by McGraw-Hill, Inc., U.S.A

ISBN 0-07-061115-0

1023456789   LI-95   9076543218

Impreso en México   Printed in Mexico

Esta obra se terminó de
imprimir en Noviembre de 1998 en
Impresora OFGLOMA S.A. de C.V.
Calle Rosa Blanca Núm. 12
Col. Santiago Acahualtepec
México, 13 D.F.

Se tiraron 10,000 ejemplares

Semblanza de los autores

William J. Stanton es profesor emérito de marketing en la University of Colorado-Boulder. Obtuvo su doctorado en esta disciplina en la Northwestern University, donde recibió el título honorífico Beta Gamma Sigma. Ha trabajado en la administración de empresas e impartió varios programas de desarrollo gerencial para ejecutivos de marketing. Ha sido consultor de varias compañías y colaboró en proyectos de investigación del gobierno federal. También ha dictado conferencias en varias universidades de Europa, Asia, México y Nueva Zelandia.

Stanton (izq.), Etzel (centro) y Walker (der.).

Coautor de una famosa obra dedicada a la dirección de ventas, el profesor Stanton también publicó algunos artículos para revistas y monografías. Su libro *Fundamentos de marketing* ha sido traducido al español, y se han adaptado ediciones especiales (con coautores) para Canadá, Italia, Austria y Sudáfrica. En una encuesta acerca de educadores del marketing, fue seleccionado como uno de los líderes en esta área; figura además en *Who's Who in America* y en *Who's Who in the World*.

Michael J. Etzel obtuvo, en 1970, su doctorado en marketing en la University of Colorado. Desde 1980 ha sido profesor de marketing en la University of Notre Dame, donde de 1980 a 1987 ocupó el cargo de director de departamento. También ha sido catedrático en la Utah State University y en la University of Kentucky. Ha sido profesor visitante en la University of South Carolina y en la University of Hawaii. En 1990 obtuvo la beca Fullbright Fellow de la Universidad de Innsbruck (Austria).

El profesor Etzel ha impartido varios cursos de marketing, desde el nivel básico hasta el nivel de doctorado. Con frecuencia dicta conferencias en programas de capacitación para ejecutivos.

Sus investigaciones, en las áreas de dirección de marketing y de comportamiento del consumidor, han aparecido en *Journal of Marketing, Journal of Marketing Research, Journal of Consumer Research* y otras publicaciones. Es coautor de otro libro para el nivel universitario, *Retailing Today*, y coeditor de *Cases of Retailing Strategy*.

Ha trabajado en la American Marketing Association y en los últimos años ha ocupado el cargo de vicepresidente de la División de Educación. Desde 1981 es director de la School of Marketing Research de dicha asociación.

Bruce J. Walker es profesor de marketing y director del Colegio de Administración de Empresas y de Administración Pública de la University of Missouri-Columbia. Obtuvo su licenciatura en economía en la Seattle University; en la University of Colorado recibió su maestría y el doctorado en administración de empresas, con especialidad en marketing.

En su primer cargo, el profesor Walker trabajó en el departamento de marketing de la University of Kentucky. Después se incorporó a la Arizona State University y de 1982 a 1989 ocupó el cargo de presidente en el Departamento de Marketing. En 1990 pasó a la University of Missouri.

A lo largo de su carrera docente, el profesor Walker impartió varios cursos —en los cuales, entre otras cosas, enseñó los principios de marketing— a estudiantes universitarios y graduados. Además de dar conferencias a grupos de negocios en Estados Unidos, ha realizado presentaciones y seminarios para estudiantes y ejecutivos de países europeos.

La investigación que ha llevado a cabo, orientada primordialmente a las franquicias, a los canales de marketing y a los métodos de investigación, ha aparecido en *Journal of Marketing, Business Horizons, Journal of Marketing Research* y otras revistas. Es también coautor o coeditor de minutas de conferencias y de libros, entre ellos, *Retailing Today*.

El profesor Walker ha colaborado, activamente en la American Marketing Association y la Western Marketing Educators Association. Ha sido vicepresidente de la División de Educación de ésta y presidente de aquélla.

Para:
Kelly y el pequeño Joe,
Chris, Gretchen y Kate,
Pam, Scott, Steve, Therese y Brent

Contenido abreviado

Prefacio			xxiii
Prólogo a la edición en español			xxx

PARTE UNO
El marketing moderno y su ambiente — 1

Capítulo	1	El campo del marketing	2
Apéndice	A	Carreras en marketing	31
Capítulo	2	El ambiente cambiante del marketing	48
Capítulo	3	Planeación estratégica y pronósticos	72
Capítulo	4	Investigación e información de mercados	110

PARTE DOS
Mercados meta — 151

Capítulo	5	Segmentación del mercado y estrategias relacionadas con el mercado meta	152
Capítulo	6	Comportamiento de compra del consumidor	192
Capítulo	7	El mercado empresarial	228

PARTE TRES
Producto — 263

Capítulo	8	Planeación y desarrollo del producto	264
Capítulo	9	Estrategias de la mezcla de productos	298
Capítulo	10	Marcas, empaque y otras características del producto	328

PARTE CUATRO
Precio — 371

Capítulo	11	Determinación del precio	372
Apéndice	B	Matemáticas para el marketing	406
Capítulo	12	Estrategias de precios	422

PARTE CINCO
Distribución — 457

Capítulo	13	Canales de distribución	458
Capítulo	14	Venta al detalle	494
Capítulo	15	Venta al mayoreo y distribución física	532

PARTE SEIS
Promoción — 577

Capítulo	16	El programa promocional	578
Capítulo	17	Venta personal y administración de ventas	608
Capítulo	18	Publicidad, promoción de ventas y relaciones públicas	636

PARTE SIETE
Marketing en campos especiales — 681

Capítulo	19	Marketing de servicios en empresas lucrativas y no lucrativas	682
Capítulo	20	Marketing internacional	716

PARTE OCHO
Dirección del programa del marketing — 759

Capítulo	21	Instrumentación y evaluación del marketing	760
Capítulo	22	Evaluación y perspectivas del marketing	788

Glosario	831
Créditos de las fotografías	857
Índices	861

Contenido

Prefacio xxiii
Prólogo a la edición en español xxx

PARTE UNO   El marketing moderno y su ambiente   1

CAPÍTULO 1   El campo del marketing   2

¿Se aplica a THE LIMITED, INC. "El cielo es el límite"? 3

Naturaleza y ámbito del marketing 4
Evolución del marketing 8
Concepto de marketing 12

USTED TOMA LA DECISIÓN
¿Ha adoptado el concepto de marketing la Segunda Iglesia Bautista? 14

Ética y marketing 14
La calidad en el marketing 17

¿DILEMA ÉTICO? 17

Importancia del marketing 19

COMPROMISO CON LA CALIDAD
¿Es "Seis Sigmas" una nueva y selecta agrupación? 20

PERSPECTIVA INTERNACIONAL
¿Cómo se distinguen los automóviles importados y los de fabricación nacional? 23

USTED TOMA LA DECISIÓN
¿Qué tipo de utilidad intenta crear Rockport? 25

Más sobre THE LIMITED, INC. 28

APÉNDICE A   Carreras en marketing   31

CAPÍTULO 2   El ambiente cambiante del marketing   48

¿Debería McDONALD'S modificar su receta del éxito? 49

Monitoreo ambiental 50
Macroambiente externo 51

¿DILEMA ÉTICO? 56

PERSPECTIVA INTERNACIONAL
¿Se ha iniciado en Japón el movimiento ambientalista? 58

 USTED TOMA LA DECISIÓN
¿Podrán los fabricantes de películas sobrevivir cuando las cámaras fotográficas no usen rollos de película? 63

Microambiente externo 64
Ambiente interno de la organización 66

Más sobre **McDONALD'S** 68

CAPÍTULO 3

Planeación estratégica y pronósticos 72

¿Podemos convencer a los extranjeros de que acudan a **SKI THE SUMMIT**? 73

La planeación como parte de la dirección 74
Planeación estratégica de la compañía 79
Planeación estratégica de marketing 80

 USTED TOMA LA DECISIÓN
¿Cuál carne tiene la ventaja competitiva? 84

Planeación anual de marketing 86

 ¿DILEMA ÉTICO? 87

Algunos modelos de planeación 88

 PERSPECTIVA INTERNACIONAL
¿Se pueden utilizar los modelos de planeación estratégica para cambiar las economías? 91

Aspectos básicos del pronóstico de la demanda de mercado 97

Más sobre **SKI THE SUMMIT** 106

CAPÍTULO 4

Investigación e información de mercados 110

¿Por qué **SESAME STREET** *se encuentra en la frontera entre la educación y el entretenimiento?* 111

Necesidad de la investigación de mercados 112
Sistemas de información de marketing 113
Sistemas de soporte a las decisiones 116
Bases de datos 117
Proyectos de investigación de marketing 119

 PERSPECTIVA INTERNACIONAL
¿Se encaminan los jóvenes del mundo hacia una cultura común? 124

 ¿DILEMA ÉTICO? 128

CONTENIDO

USTED TOMA LA DECISIÓN
¿Es un problema grave el mal uso de la investigación? 134

Inteligencia competitiva 135
¿Quién realiza la investigación de mercado? 136

COMPROMISO CON LA SATISFACCIÓN DEL CLIENTE
¡Los investigadores ahora se investigan a sí mismos! 137

Estado actual de la investigación de mercados 137

Más sobre **SESAME STREET** 139

CASOS DE LA PARTE UNO
CASO 1 *Blockbuster video* 142
CASO 2 *Durex de Colombia, S.A.* 144
CASO 3 *Marketing ecológico* 146

PARTE DOS Mercados meta 151

CAPÍTULO 5 Segmentación del mercado y estrategias relacionadas con el mercado meta 152

¿Cómo llevó **SARA LEE** *el dulce sabor del éxito más allá del negocio de los pasteles?* 153

Panorama general de los mercados y de los mercados meta 154
Segmentación del mercado 155
Segmentación del mercado de consumidores 158

PERSPECTIVA INTERNACIONAL
¿La unificación económica de la Comunidad Europea hará innecesaria la segmentación del mercado en Europa? 173

USTED TOMA LA DECISIÓN
¿El uso de las características psicológicas y conductuales mejoran el valor de las descripciones de estos segmentos de compra de automóviles? 174

Segmentación de los mercados de empresas 179
Estrategias relacionadas con los mercados meta 180

¿DILEMA ÉTICO? 183

Más sobre **SARA LEE** 187

CAPÍTULO 6 Comportamiento de compra del consumidor 192

¿Está **ROLLING STONE** *haciendo lo necesario para no pasar de moda?* 193
La toma de decisiones como solución de problemas 194
Información y decisiones de compra 201

Factores sociales y de grupo 202

PERSPECTIVA INTERNACIONAL
¿Existe realmente una cultura europea? 206

Factores psicológicos 210

¿DILEMA ÉTICO? 217

Factores situacionales 219

USTED TOMA LA DECISIÓN
¿Se traducen fácilmente en influencias de compra las actitudes ante una cultura? 220

Más sobre **ROLLING STONE** 224

CAPÍTULO 7 El mercado empresarial 228

¿Se convertirán **OLESTRA** *y* **SIMPLESSE** *en productos de gran demanda para Procter & Gamble y Nutra Sweet?* 229

Naturaleza y objeto del mercado empresarial 230
Componentes del mercado empresarial 231
Características de la demanda del mercado empresarial 235
Determinantes de la demanda del mercado empresarial 239

PERSPECTIVA INTERNACIONAL
¿Puede el estilo ser más importante que el contenido en el mercado internacional? 240

Comportamiento de compra de las empresas 244

¿DILEMA ÉTICO? 248

Más sobre **NUTRASWEET** *y* **SIMPLESSE** 253

CASOS DE LA PARTE DOS

CASO 1 *El HUMMER civil* 256
CASO 2 *El Borceguí* 258
CASO 3 *Rubbermaid, Inc.* 260

PARTE TRES Producto 263

CAPÍTULO 8 Planeación y desarrollo del producto 264

¿Puede **GENERAL MOTORS** *renovar su línea de productos?* 265
El significado del producto 266
Clasificaciones de los productos 268
Importancia de la innovación de los productos 277

CONTENIDO

 ¿DILEMA ÉTICO? 279

Desarrollo de productos nuevos 280

 PERSPECTIVA INTERNACIONAL
¿Podemos encontrar ideas de productos nuevos en otros países? 283

 USTED TOMA LA DECISIÓN
¿Puede estimularse la innovación de productos? 285

Adopción y difusión de productos nuevos 286
Organización para la innovación productiva 291

Más sobre **GENERAL MOTORS** 294

CAPÍTULO 9

Estrategias de la mezcla de productos 298

¿Puede **HEINZ** *incrementar sus ingresos con su línea Weight Watchers?* 299

Mezcla y línea de productos 300
Estrategias relativas a la mezcla de productos 301

 COMPROMISO CON EL AMBIENTE
¿Está comprando el público productos "ecológicos" 303

 ¿DILEMA ÉTICO? 304

 USTED TOMA LA DECISIÓN
¿Cuántos productos son demasiados? 306

Ciclo de vida del producto 309

 PERSPECTIVA INTERNACIONAL
¿Tendrán problemas de marketing las compañías japonesas algún día? 316

Obsolescencia planeada y moda 319

Más sobre **HEINZ** 323

CAPÍTULO 10

Marcas, empaque y otras características del producto 328

¿Tiene la marca **LEVI'S** *aceptación en todo el mundo?* 329

Marcas 330
Estrategias de marcas 335

 PERSPECTIVA INTERNACIONAL
¿Qué es mejor: una marca global o una marca diferente en cada país? 341

 USTED TOMA LA DECISIÓN
¿Quién aparecerá ahora en las camisetas: Ren y Stimpy o Slick y Spin? 344

Empaque 344

¿DILEMA ÉTICO? 345

Etiquetas 349

 COMPROMISO CON EL AMBIENTE
¿Es el nuevo empaque de los discos compactos "dulce música" para todos? 350

Otras características del producto que satisfacen las necesidades 352

Más sobre **LEVI'S** 360

CASOS DE LA PARTE TRES
CASO 1 *Kodak Photo CD* **364**
CASO 2 *Seguros Tepeyac* **366**
CASO 3 *Gillette Series* **367**

PARTE CUATRO — Precio — 371

CAPÍTULO 11 — Determinación del precio — 372

¿Sufre **FRITO-LAY** *indigestión por la competencia de precios en las frituras?* 373

Significado del precio 374
Importancia del precio 376
Objetivos de la fijación de precios 378

 ¿DILEMA ÉTICO? 382

Factores que influyen en la determinación del precio 383

 PERSPECTIVA INTERNACIONAL
¿Qué criterios rigen la determinación de precios de las compañías extranjeras? 385

Análisis del punto de equilibrio 392
Precios basados en el análisis marginal 394
Precios establecidos exclusivamente en relación con el mercado 396

 USTED TOMA LA DECISIÓN
¿Puede resolver el problema planteado por una curva quebrada de la demanda? 399

Más sobre **FRITO-LAY** 401

APÉNDICE B — Matemáticas para el marketing — 406

CAPÍTULO 12 — Estrategias de precios — 422

¿Tiene **PROCTER & GAMBLE** *fuerza suficiente para renovar los precios de los productos empacados?* 423

CONTENIDO   xvii

Estrategias de entrada en el mercado 425
Descuentos y bonificaciones 426

 ¿DILEMA ÉTICO? 426

Estrategias de fijación de precios con criterios geográficos 431
Estrategias especiales de fijación de precios 434

 USTED TOMA LA DECISIÓN
¿Debería una empresa eliminar por completo la flexibilidad en la fijación de sus precios? 435

 COMPROMISO CON LA SATISFACCIÓN DEL CLIENTE
¿Cuánta información sobre el precio utilizarán los compradores? 438

Competencia de precios y de otro tipo 440

 PERSPECTIVA INTERNACIONAL
¿Se emplea el mismo sistema de fijación de precios en Argentina y en Zambia que en Estados Unidos? 441

Más sobre **PROCTER & GAMBLE** 447

CASOS DE LA PARTE CUATRO

CASO 1 *AT&T VideoPhone* 451
CASO 2 *Cuadernos para el año 2000* 453
CASO 3 *Southwest Airlines* 454

PARTE CINCO   Distribución   457

CAPÍTULO 13   Canales de distribución   458

¿Mejorarán las ventas de **GOODYEAR** *agregando más canales?* 459
Intermediarios y canales de distribución 460
Diseño de los canales de distribución 463
Selección del tipo de canal 466
Determinación de la intensidad de la distribución 476
Conflicto y control en los canales 479

 PERSPECTIVA INTERNACIONAL
¿Pueden las compañías norteamericanas penetrar en el sistema de distribución japonés? 480

 USTED TOMA LA DECISIÓN
¿Qué nivel de conflicto puede tolerarse? 482

 ¿DILEMA ÉTICO? 485

Consideraciones legales en la administración de canales 486

Más sobre **GOODYEAR** 489

CAPÍTULO 14

Venta al detalle 494

¿Puede **HOME DEPOT** crear una dinastía en el mercado de productos del tipo hágalo-usted-mismo? 495

Naturaleza e importancia de la venta al detalle 496
Detallistas clasificados por la forma de propiedad 503
Detallistas clasificados por las estrategias de marketing 507

USTED TOMA LA DECISIÓN
¿Adquiriría usted una franquicia? 508

PERSPECTIVA INTERNACIONAL
¿Qué tiene la extensión de seis campos de futbol americano, ventas de 11 000 dólares cada hora y aun así puede ser un fracaso? 516

Ventas al detalle fuera de la tienda 518

¿DILEMA ÉTICO? 519

Perspectivas de la venta al menudeo 523

COMPROMISO CON LA PRESERVACIÓN DEL AMBIENTE
¿Producen pérdidas o ganancias las ventas al detalle orientadas a la protección del ambiente? 524

Más sobre **HOME DEPOT** 527

CAPÍTULO 15

Venta al mayoreo y distribución física 532

¿Está **UNION PACIFIC RAILROAD** en la vía correcta? 533

Naturaleza e importancia de la venta al mayoreo 534
Comerciantes mayoristas 540
Agentes intermediarios mayoristas 542

PERSPECTIVA INTERNACIONAL
¿Por qué los mercados grises causan tantos problemas a algunos productores e intermediarios? 544

¿DILEMA ÉTICO? 545

Naturaleza e importancia de la distribución física 546

COMPROMISO CON LA CALIDAD
¿Hace conformistas a las personas el Premio Baldrige? 551

Funciones de administración de la distribución física 552
Perspectivas de la venta al mayoreo y al menudeo 558

COMPROMISO CON LA PRESERVACIÓN DEL AMBIENTE
¿Cuánta protección se necesita? 559

Más sobre **UNION PACIFIC RAILROAD** 563

CONTENIDO   xix

CASOS DE LA PARTE CINCO
- **CASO 1** *Kmart Corporation* **567**
- **CASO 2** *Distribuidora JAR, C.A.* **571**
- **CASO 3** *Venta por catálogo* **572**

PARTE SEIS Promoción   577

CAPÍTULO 16 El programa promocional   578

¿Tiene 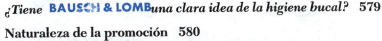 *una clara idea de la higiene bucal?* 579

Naturaleza de la promoción 580
Propósitos de la promoción 584

 PERSPECTIVA INTERNACIONAL
¿Puede una promoción estandarizada ser parte de una estrategia global de marketing? 587

Determinación de la mezcla promocional 588
El concepto de campaña 595
El presupuesto promocional 597

 USTED TOMA LA DECISIÓN
¿Debe la promoción considerarse como un gasto o como una inversión? 599

Regulación de las actividades promocionales 600

 ¿DILEMA ÉTICO? 602

Más sobre **BAUSCH & LOMB** 604

CAPÍTULO 17 Venta personal y administración de ventas   608

¿Qué debería hacer  *para renovar su negocio?* 609

Naturaleza de la venta personal 610
Patrones cambiantes en la venta personal 616

 COMPROMISO CON LA SATISFACCIÓN DEL CLIENTE
¿Cómo, en el momento actual, pueden las compañías atraer a los clientes más renuentes? 617

El proceso de la venta personal 619
Dirección estratégica de la fuerza de ventas 623
Asesoría y operación de la fuerza de ventas 624

 ¿DILEMA ÉTICO? 625

 PERSPECTIVA INTERNACIONAL
¿Puede dirigirse una fuerza de ventas global? 626

Evaluación del desempeño del vendedor 630

Más sobre **AVON** 632

CAPÍTULO 18

Publicidad, promoción de ventas y relaciones públicas   636

¿Pueden **CHANNEL ONE** *y otras empresas que usan la publicidad basada en lugares ampliar el alcance de la publicidad?* 637

Naturaleza e importancia de la publicidad 638
Desarrollo de una campaña publicitaria 643

 COMPROMISO CON LA RESPONSABILIDAD SOCIAL
¿Quién está siendo ignorado en la publicidad? 644

 ¿DILEMA ÉTICO? 647

Organización de la publicidad 657

 PERSPECTIVA INTERNACIONAL
¿Debería un anuncio exitoso en Japón pasar la prueba de Copy Chasers? 658

Promoción de ventas 660
Relaciones públicas 665

Más sobre **PUBLICIDAD BASADA EN LUGARES** 669

CASOS DE LA PARTE SEIS

CASO 1 *American Express* 673
CASO 2 *IUSATEL* 675
CASO 3 *Publicidad* 677

PARTE SIETE   Marketing en campos especiales   681

CAPÍTULO 19   Marketing de servicios en empresas lucrativas y no lucrativas   682

¿Está **ROBERT PLAN** *en el camino correcto en la venta de seguros de automóviles?* 683

Naturaleza e importancia de los servicios 684
Actitudes de las empresas de servicios hacia el marketing 690

 PERSPECTIVA INTERNACIONAL
¿Cómo se superan las barreras comerciales en el marketing internacional de servicios? 692

Desarrollo de un programa estratégico de marketing 692

 COMPROMISO CON LA RESPONSABILIDAD SOCIAL
¿Puede comprarse una buena imagen pública con dinero? 704

El futuro del marketing de servicios 706

CONTENIDO

xxi

 ¿DILEMA ÉTICO? 707

Más sobre **ROBERT PLAN** 711

CAPÍTULO 20

Marketing internacional 716

¿Se convertirá el mundo en un campo de juego para **TOYS "R" US**? 717

El atractivo del marketing internacional 718
Estructuras organizacionales para operar en los mercados internacionales 720

Planeación estratégica del marketing internacional 723

 COMPROMISO CON LA CALIDAD
¿Por qué debe iniciarse el desarrollo de las habilidades de la dirección internacional? 724

 USTED TOMA LA DECISIÓN
¿Deberían enseñarse las diferencias culturales a los gerentes que trabajan en el marketing internacional? 726

 ¿DILEMA ÉTICO? 738
Balanzas comerciales internacionales 739

 USTED TOMA LA DECISIÓN
¿Debería el gobierno estadounidense subsidiar a las empresas del país que entran en los mercados internacionales? 744

Más sobre **TOYS "R" US** 746

CASOS DE LA PARTE SIETE

CASO 1 *Michigan Opera Theatre* 750
CASO 2 *Hotel Byblos Andaluz* 753
CASO 3 *Federal Express* 754

PARTE OCHO

Dirección del programa del marketing 759

CAPÍTULO 21

Instrumentación y evaluación del marketing 760

¿Cómo puede **HYATT** *llenar los cuartos de sus hoteles?* 761

Instrumentación de la dirección del marketing 762

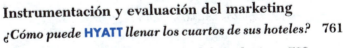 **PERSPECTIVA INTERNACIONAL**
¿Puede una compañía planear exitosamente en forma global y poner en práctica la planeación a nivel local? 763

Organizar para realizar la instrumentación 764
Integración de personal de la organización 769
Dirección de las actividades del marketing 769

xxii CONTENIDO

 ¿DILEMA ÉTICO? 769

Evaluación del desempeño del marketing 771

 COMPROMISO CON LA SATISFACCIÓN DEL CLIENTE
¿Debería una compañía poner límites a este compromiso? 773

Análisis del volumen de ventas 775
Análisis de los costos del marketing 777
Uso de los datos obtenidos de los análisis del volumen de ventas y los costos 783

Más sobre **HYATT** 785

CAPÍTULO 22 Evaluación y perspectivas del marketing 788

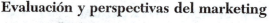
¿Qué tan fluido es el mercado para **CLEARLY CANADIAN**? 789

Evaluación del marketing 790

 USTED TOMA LA DECISIÓN
¿Están los profesionales del marketing haciendo un trabajo aceptable? 792

Respuestas a los problemas del marketing 795
Ética y marketing 800

 ¿DILEMA ÉTICO? 802

Perspectivas futuras 804

 PERSPECTIVA INTERNACIONAL
¿Qué función desempeñarán en el marketing internacional los valores cambiantes? 809

Más sobre **CLEARLY CANADIAN** 817

CASOS DE LA PARTE OCHO
CASO 1 *Sears, Roebuck & Company* 821
CASO 2 *TAESA* 824
CASO 3 *Zapatos tenis (sneakers)* 826

Glosario 831

Créditos de fotografías 857

Índices
  Índice de nombres 861
  Índice analítico 873

Prefacio

PREPARACIÓN DE LOS PROFESIONALES Y EXPERTOS EN MARKETING PARA EJERCER SU PROFESIÓN EN EL SIGLO XXI

El acervo de conocimientos del hombre se ha ido duplicando cada 10 años, y al finalizar el siglo xx se duplicará cada 5 años. Si planea ser un gerente profesional —tal vez un experto de mucha habilidad en marketing—, esta explosión del conocimiento significa que en su trabajo encontrará retos y oportunidades como nunca antes. La eficacia con que los enfrente dependerá de su capacidad para adaptarse al cambio constante y para utilizar la base de conocimientos que haya adquirido en los años 90. Pensamos que algunos de los que necesitará están contenidos en esta décima edición de *Fundamentos de marketing*.

Si analizamos los acontecimientos y avances recientes, podremos comprender mejor lo que nos depara el futuro. Pongamos el caso de la computación: las computadoras personales han modificado nuestra vida y ahora contienen memorias de mayor capacidad que las macrocomputadoras de hace algunos años, los faxes que en unos cuantos segundos transmiten documentos a las partes más remotas del mundo y las fibras ópticas que mejoran tanto la calidad como la rentabilidad de la comunicación entre grandes distancias. En nuestra vida personal y en el mundo de los negocios han influido los adelantos conseguidos en la tecnología del combustible y los procesos de producción. Los futuros progresos en la tecnología de los combustibles seguramente incidirán en el tipo de automóvil que usamos; de manera análoga, los mejoramientos en los procesos de producción afectarán a los bienes y servicios que compran los individuos y las organizaciones.

Dada la gran rapidez con que se suceden los avances tecnológicos, ¿quién podría asegurarnos que no veremos la colonización del espacio, la invención de sistemas de realidad virtual destinados a la diversión en el hogar, lavadoras de ropa que no usan agua y, quizá, la cura contra el SIDA o el cáncer. Pero ninguno de esos avances se logrará en un vacío o sin un costo. A medida que reconocemos ese precio con mayor conciencia, el interés por el ambiente físico irá convirtiéndose en el factor decisivo en muchas economías y decisiones políticas, que afectarán a lo que pensamos necesitar en la vida diaria.

Un hecho que advertimos al terminar el siglo xx y al iniciarse el xxi es la internacionalización continua —incluso la globalización— de las relaciones comerciales. El desmantelamiento de la Unión Soviética, la privatización gradual de las empresas en China, la unificación económica de las naciones de la Comunidad Europea, los lazos comerciales cada vez más estrechos entre Estados Unidos, Canadá y México son los cambios decisivos que plantean grandes retos mercadológicos al resto del mundo. Prácticamente todas las industrias han ido cobrando un carácter cada vez más internacional. Los efectos más recientes de la competencia a nivel mundial los vemos desde los automóviles, cámaras fotográficas y productos electrónicos de consumo hasta productos agrícolas y bienes industriales.

En respuesta a estos cambios —o quizá en previsión de ellos—, los expertos y profesionales del marketing deberán aprender a tomar decisiones cada vez con mayor rapidez. Por ejemplo, dispondrán de información pormenorizada sobre las preferencias de los clientes actuales y de los prospectos, sobre los comportamientos de compra y las características del estilo de vida, teniendo además un acceso casi inmediato a las estadísticas de ventas. Cuentan con información de las ventas realizadas la semana anterior, tal vez hasta del día anterior; estarán, pues, en condiciones de determinar rápidamente las necesidades de inventario o los niveles de producción para el siguiente periodo de ventas, que puede ser la próxima semana o el próximo mes. Asimismo existe un número cada vez mayor de medios de los cuales seleccionar al planear la mejor manera de comunicarse con los consumidores. Y habrán de diseñar productos para los mercados nacionales e internacional, determinando al mismo tiempo cómo competir ventajosamente con las compañías de Estados Unidos y de muchos otros países.

Si uno quiere sobrevivir (mejor aún, si uno quiere prosperar) en el mundo de los negocios, es preciso tener un conocimiento muy actualizado de un mundo tan dinámico, uno de cuyos aspectos es el marketing. En esta décima edición de *Fundamentos de marketing* nos proponemos ayudar a obtener esos conocimientos.

INNOVACIONES DE LA DÉCIMA EDICIÓN

Hemos revisado este libro para incluir los factores cambiantes de índole social y económica que habrán de plantear serios retos a la dirección de marketing en un futuro cercano. Y lo hemos actualizado para presentar las estrategias y técnicas más recientes que aplica un número cada día mayor de profesionales del marketing. Hemos introducido algunas innovaciones con el fin de hacer de él un recurso más adecuado para el aprendizaje y la enseñanza:

- Prácticamente todas las actividades de marketing en Estados Unidos influyen en las que se realizan en otros países o bien reciben el influjo de estas últimas. De ahí que el marketing internacional merezca que se hable de él. El capítulo que le dedicamos refleja los cambios globales más recientes. Más aún, en cada capítulo vienen recuadros titulados *Perspectiva Internacional*. En esta edición hemos incorporado aún más ejemplos internacionales.
- A medida que la economía hace la transición de una base de manufacturas a la de servicios, el marketing de servicios (atención médica, viajes y diversión) ha ido adquiriendo mucha importancia. El lector encontrará varios ejemplos a lo largo del libro, así como numerosos casos referentes a las empresas de servicios (por ejemplo, Union Pacific Railroad, Hyatt Hotels y American Express).
- La ética (o sea las normas generalmente aceptadas de conducta) se explica en muchas áreas, como el marketing. Dada la gran importancia de este tema, ahora se estudia más ampliamente en los capítulos 1 y 22. Más aún, los recuadros *Dilema ético* que aparecen en todos los capítulos invitan al lector a dar respuesta a los problemas éticos que hoy encaran los profesionales del marketing.
- Las acciones de los expertos en marketing a las preocupaciones de la sociedad por el ambiente, la responsabilidad social, la satisfacción del cliente y la calidad se muestran en varios recuadros titulados *Compromiso*, los cuales se relacionan al material corres-

- pondiente expuesto en el libro. Los recuadros terminan con una pregunta en que se pide al lector reaccionar ante lo que se hizo o se recomendó hacer.
- Para darle al lector la posibilidad de evaluar sus conocimientos de marketing, se incluyen recuadros en puntos clave titulados *Usted toma la decisión*. En ellos tiene la oportunidad de resolver los retos que los profesionales del marketing afrontan en su trabajo diario.
- El libro fue reorganizado partiendo de las sugerencias de los revisores, adoptadores y alumnos. Pusimos el capítulo de planeación de marketing al inicio del libro, a fin de que vea cómo el marketing encaja en el proceso global de la dirección. Para facilitar la lectura, los temas relacionados de distribución física y al mayoreo se exponen ahora en un solo capítulo, lo mismo que los temas afines del marketing de servicios y del marketing que realizan las empresas no lucrativas.
- Se revisaron a fondo 10 de los 22 capítulos para incluir los hechos que han tenido lugar dentro del ambiente de los negocios y en el campo del marketing.
- Los capítulos comienzan con un caso interesante y ameno que ejemplifica algunos de los conceptos, estrategias y técnicas que se estudian en el capítulo. Los casos se centran en compañías de tanto prestigio como The Limited, Levi Strauss y Procter & Gamble. Al final de los capítulos, se vuelve a describir la empresa con datos y preguntas adicionales que permiten aplicar a esta situación del marketing lo que se aprendió en el capítulo.
- Todos los capítulos contienen preguntas de repaso y de discusión. En ellos se requiere aplicar lo expuesto en el texto, más que una simple repetición de un material memorizado. Su finalidad es ofrecer oportunidades de analizar los problemas, de aplicar los principios básicos del marketing y de ejercitarse en la toma de decisiones.
- Al final de cada capítulo hay dos ejercicios de *Marketing práctico*. Con estas actividades tan realistas podrá comprobar y ampliar lo que haya aprendido en el capítulo.
- Las ocho partes del libro terminan con dos nuevos casos. La mayor parte de ellos se centran en las cuestiones de marketing que afrontan compañías tan conocidas como Federal Express, Rubbermaid y Eastman Kodak. Se incluyen asimismo casos orientados a la solución de problemas en los cuales se abordan temas como "el marketing de productos ecológicos" y las críticas contra la publicidad.

Nuestro objetivo al introducir los cambios que acabamos de reseñar es conseguir que el lector no sea un lector pasivo. Y es importante lograrlo porque ¡el marketing no es un deporte para espectadores! El éxito exige una participación activa. Teniendo presente lo anterior, le recomendamos servirse de las diversas características de este libro para trabajar con los contenidos, aprenderlos bien y recordarlos para uso futuro. Y, al hacerlo, sin duda mejorará sus habilidades de comunicación, analíticas y de toma de decisiones. Aun cuando se equivoque al contestar las preguntas o al llegar a una decisión acerca de las situaciones de marketing, no se preocupe en absoluto. Ante todo, ¡descubrirá en el ejercicio de su profesión, hasta los expertos cometen muchos errores! Más aún, al utilizar todos los aspectos didácticos y de otra índole que le ofrece el libro, se divertirá enormemente con el estudio del marketing y se enriquecerá más con las nociones que en él se exponen.

ESTRUCTURA BÁSICA DEL LIBRO

En esta décima edición, hemos conservado las características que han hecho de *Fundamentos de marketing* una herramienta de enseñanza y aprendizaje utilizada por muchos usuarios. Por otra parte, lo hemos revisado, mejorado y actualizado meticulosamente con el fin de proporcionarles a los estudiantes los conocimientos de marketing que les servirán no sólo por el resto de los años 90, sino también en el siglo XXI. La organización del libro, el estilo y los ejemplos tan actuales son factores todos que han contribuido al prolongado éxito de la obra.

Su tema central sigue siendo éste: el marketing es un sistema total de acción comercial y no una combinación fragmentaria de funciones e instituciones. Aunque tratamos de la función del marketing en el sistema económico de Estados Unidos, el libro fue escrito principalmente desde el punto de vista de un ejecutivo de marketing *dentro de una organización individual*. Esa compañía puede ser un fabricante o un intermediario; una empresa o una empresa no lucrativa; un proveedor de bienes y/o servicios a los mercados nacionales o internacionales.

El concepto de marketing pone de relieve que satisfacer las necesidades de los consumidores ha de ser compatible con los intereses de la sociedad a largo plazo. Esta filosofía se manifiesta en la estructura del proceso de la dirección de marketing. Una empresa establece los objetivos de marketing, teniendo en cuenta los factores ambientales que influyen en él. A continuación selecciona los mercados meta. Para elaborar un programa de marketing que llegue a sus mercados y alcance los objetivos, dispone de cuatro elementos estratégicos: su producto, la estructura de precios, el sistema de distribución y las actividades promocionales. En todas las etapas del proceso mercadológico, los directivos deberán utilizar la investigación de marketing como una herramienta para resolver problemas y tomar decisiones.

La organización del libro, que abarca las ocho partes siguientes, responde a este modelo del proceso de marketing:

- En la parte uno se ofrece una introducción del marketing y se dedican algunos capítulos al ambiente del marketing, a la planeación del marketing, a la investigación de mercados y a los sistemas de información. Al final del capítulo introductorio viene un apéndice sobre las carreras en esta disciplina.
- En la parte dos se explican el análisis y selección de los mercados meta tanto en las áreas de los consumidores como en las de los negocios.
- En las partes tres a seis se expone el diseño de un programa de marketing, viéndose en cada una de ellas uno de los cuatro componentes de la mezcla de marketing. En la parte tres, se explican diversos temas relacionados con el producto.
- La estructura de precios de una compañía es el tema de la parte cuatro. En esta parte se incluye un apéndice referente a los aspectos básicos de las matemáticas del marketing.
- La parte cinco se centra en el sistema de distribución, en la venta al mayoreo y al menudeo y en la distribución física.
- La parte seis trata del programa promocional total que, entre otras cosas, abarca la publicidad, la venta personal y la promoción de ventas.
- En la parte siete se aplican los principios básicos del marketing a tres áreas especiales:

servicios (en lugar de artículos), las organizaciones no lucrativas (en vez de las empresas lucrativas) y los mercados internacionales (y no únicamente el mercado de Estados Unidos).
- Basándose en las bases sentadas por las siete partes anteriores, en la parte ocho se examina la dirección de la actividad global del marketing dentro de una organización en particular. Con el modelo del proceso gerencial se explica la instrumentación y evaluación del marketing. En esta última parte del libro se valora la función del marketing en el sistema socioeconómico y se da una breve perspectiva sobre el futuro del marketing.

RECONOCIMIENTOS

Muchas personas —estudiantes, colegas nuestros, ejecutivos de empresas y otros profesores— han hecho valiosísimas aportaciones a este libro durante largos años. Algunos casos fueron preparados por ellos; cuando es así, se les dan los créditos respectivos.

Algunos han contribuido de manera importante en la elaboración de los materiales complementarios que acompañan al texto. La excelente *Study Guide* fue escrita por el profesor Thomas J. Adams del Sacramento City College. Los profesores Thomas Pritchett y Betty Pritchett del Kennesaw State College elaboraron el Test Bank tan completo. El profesor Raghu Tadepalli del North Dakota State University nos ayudó a preparar un exhaustivo manual del profesor.

Agradecemos asimismo el apoyo que nos brindaron Brent Basham, Christina Boyle, Brooke Hawkins, C. Edward Schmitt y Scott Walker en varios momentos de la revisión. Queremos expresar nuestra gratitud al profesor C. Anthony di Benedetto de la Temple University por su excelente labor en la preparación de los ejercicios de computadora. Nuestro agradecimiento también a los profesores Michael L. Ursic, a Willbann D. Terpening y a James G. Helgeson de la Gonzaga University, quienes crearon la simulación que forma parte del paquete didáctico del libro.

En la realización de esta revisión de la obra acudimos a los siguientes profesores que generosamente nos dieron sus sugerencias e ideas a partir de la lectura de la edición anterior. Gracias a ellos pudimos mejorar la presente edición:

Raj Arora, *University of Missouri—Kansas City*
Jim Baylor, *Riverside Community College*
Catherine Cole, *University of Iowa*
Kevin M. Elliot, *Mankato State University*
Vicki Bergeron Griffis, *University of South Florida*
David C. Olsen, *North Hennepin Community College*
Kenneth A. Olsen, *County College of Morris*
Raghu Tadepalli, *North Dakota State University*

Las mejoras de la décima edición se inspiraron también en las revisiones que hicieron los siguientes profesores:

Ronald J. Adams, *University of North Florida*
Roy Cabaniss, *Western Kentucky University*

Denise M. Johnson, *University of Louisville*
Darwin L. Krumrey, *Kirkwood Community College*
Irving Mason, *Herkimer County Community College*
Keith B. Murray, *Bryant College*
Raymond E. Polchow, *Muskingum Area Technical College*
Eugene Robillard, *San Jose State University*
Robert G. Roe, *University of Wyoming*
Michael J. Swenson, *Brigham Young University*
Jack L. Taylor, *Portland Community College*
Timothy L. Wilson, *Clarion University*

También agradecemos a las siguientes personas —algunas de las cuales utilizan *Fundamentos de marketing* en sus clases y algunas no— su aportación a la décima edición. Al llenar un cuestionario profundo sobre el texto nos ayudaron a dar un mejor servicio al cliente:

Marcia H. Babler, *Columbia College*
A.P. Barlar, *University of West Florida*
Richard C. Barron, *Kalamazoo Valley Community College*
Ruth Bloom, *Augustana College*
William M. Brown, *University of Nebraska at Omaha*
James R. Burley, *Central Michigan University*
Glenn Chappel, *Meredith University*
Herb Conley, *Howard University*
Keity Cox, *University of Houston*
Peter Crosbie, *Santa Clara University*
John B. DiPersio, *Middlesex Community College*
Richard J. Donohoe, *Southern Connecticut State University*
Leon Dube, *Corpus Christi State University*
Dana M. Ford, *North Carolina Wesleyan College*
R. Michael Fryer, *Penn State—Schuylkill Campus*
Lynda R. Gamans, *New Hampshire College*
Julius Grossman, *Mohawk Valley Community College*
John Gwin, *University of Virginia*
W. Brent Honshell, *Bob Jones University*
Laurence Jacobs, *University of Hawaii*
Denise Johnson, *University of Louisville*
Jeff Kallis, *San Jose State University*
Bonnie Katz, *Virginia Tech*
James Kellaris, *University of Cincinnati*
Gus Kotoulas, *Morton College*
Kathleen A. Krentler, *San Diego State University*
Dawn Langkamp, *Western Kentucky University*
Frederick W. Langrehr, *Valparaiso University*

Michael A. Mayo, *Kent State University*
W.G. Nickels, *University of Maryland*
Peter M. Noble, *University of Iowa*
Nicholas Nugent, *New Hampshire College*
Ed O'Brien, *Southwest State University*
Carolyn West Price, *Loyola College*
Ann R. Root, *University of Notre Dame*
Abhijit Roy, *Plymouth State College*
William Smith, *University of Missouri—Columbia*
Karen C. Stone, *New Hampshire College*
Gerald Sussman, *Salem State College*
Edwing Tang, *North Carolina State University*
Clint B. Tankersley, *Syracuse University*
Hsin-Min Tong, *Radford University*
Dan Wassenaar, *San Jose State University*
Paul Sinszer, *Syracuse University*

Por último, queremos manifestar nuestro más profundo agradecimiento a los empleados de McGraw-Hill que trabajaron tan generosamente para hacer de este libro (en su edición en idioma inglés) una herramienta útil y atractiva del proceso de enseñanza-aprendizaje. Sobre todo, nuestra gratitud a Bonnie Binkert —editor patrocinador— por su apoyo y paciencia. También a Mike Elia, editor de desarrollo, y Peggy Rehberger, supervisora de corrección, nos brindaron una ayuda valiosísima durante las etapas decisivas de la corrección y preparación para producción. Jim Nageotte y Lee Medoff realizaron un magnífico trabajo al coordinar la preparación de todos los elementos que integran el paquete complementario del libro; hicieron una labor realmente encomiable. Safra Nimrod y Susan Holtz, editoras del material fotográfico del libro, lo enriquecieron dándole color y vida, lo mismo que Joe Piliero, quien se encargó del diseño gráfico. Dan Loch colaboró con nosotros en el diseño y realización de los planes para informar a los profesores sobre esta décima edición. Con todos ellos tenemos una gran deuda de gratitud. Sin su talento y profesionalismo no habría podido publicarse esta obra.

William J. Stanton
Michael J. Etzel
Bruce J. Walker

Prólogo a la edición en español

Presentamos a nuestros estimados lectores esta edición en español del libro clásico de *Stanton, Etzel* y *Walker*, con el cual miles de estudiantes han realizado sus estudios introductorios en el campo del marketing. Ofrecemos ahora un texto completamente actualizado, con ocho casos iberoamericanos cuyo objetivo es mostrar un panorama de lo que está sucediendo en empresas de nuestras regiones y la forma en que enfrentan los retos de marketing para conquistar sus mercados.

La teoría y las aplicaciones expuestas aquí son válidas en nuestro entorno, ya que muchas empresas y sus estrategias de marketing son conocidas en países latinoamericanos y en España. En consecuencia, consideramos que con la inclusión de los casos iberoamericanos ofrecemos una visión realmente global del marketing de finales del siglo XX y principios del XXI.

Sirvan, también, estas líneas para agradecer la labor de todas las personas que hicieron posible este trabajo; profesores y alumnos que nos retroalimentaron y utilizan el texto en sus cursos por sus bondades didácticas y de contenido; a los catedráticos que prepararon los casos de estudio: José Luis Santos Arrebola (España), Abdul Álvarez (Venezuela), José Nicolás Jany (Colombia), José Rojas Méndez y Alexis Gutiérrez Caques (Chile), Jorge Espejo y Laura Fischer (México). Asimismo, hacemos un reconocimiento a los revisores técnicos, experimentados instructores de marketing: Dr. Salvador Mercado (Instituto Tecnológico y de Estudios Superiores de Monterrey) y, en especial, la valiosa contribución del maestro don Ezequiel Teyssier (†) (Universidad Iberoamericana y Universidad de las Américas), quien desafortunadamente no pudo ver publicado su trabajo.

El editor

PARTE UNO

El marketing moderno y su ambiente

Un panorama general del marketing, del ambiente del marketing, de la planeación estratégica en marketing y de la investigación de mercados

El marketing suele ser dinámico, interesante y satisfactorio. También puede causar frustración y hasta decepción. Pero nunca será aburrido. Bienvenido a la parte de la organización en que se aquilata el valor de la teoría: el lugar donde las ideas, la planeación y la ejecución en una empresa pasan por la prueba del ácido, que es la aceptación o rechazo del mercado.

Con el fin de ayudarle a entender esta actividad, en el capítulo 1 se explica lo que es el marketing, cómo ha evolucionado y cómo sigue haciéndolo.

En el capítulo 2 se explican los factores ambientales que configuran el programa de marketing de una compañía.

El marketing comienza con la planeación estratégica, aunque también requiere planes específicos. En el capítulo 3 veremos cómo se elaboran los planes de marketing y se efectúan los pronósticos de la demanda.

El capítulo 4 versa sobre la función de la investigación en marketing, describiéndose también los principales métodos con que se lleva a cabo.

CAPÍTULO 1

El campo del marketing

¿Se aplica "El cielo es el límite" a THE LIMITED, INC.?

En 1992 The Limited, Inc., obtuvo ventas por $6000 millones en más de 4000 tiendas, y su presidente ha establecido una meta de $10 000 millones para 1995. Cifra nada despreciable para una compañía que fue fundada en 1963 con un préstamo de $5000.

A su fundador y presidente Leslie Wexner se le ha descrito como un hombre compulsivo, impaciente, obsesivo y, sobre todo, el genio más grande del merchandising en Estados Unidos. La forma en que se creó The Limited nos dará una idea de la personalidad de su fundador. Wexner abandonó sus estudios de derecho a principios de los años 60 para trabajar en la tienda propiedad de su familia de ropa para damas. Por entonces una regla no escrita dictaba que se requería un amplio surtido para atraer a la clientela. No obstante, luego de observar que algunas categorías de mercancías, sobre todo la ropa deportiva, se vendían más que otras, Wexner se propuso intentar un nuevo enfoque. Estaba seguro de que una tienda, con una variedad intencionalmente *limitada* (en inglés *Limited*), podía tener éxito. Consiguió, pues, un préstamo de $5000, abandonó el negocio de la familia y estableció su propia tienda. Así nació el nombre de ella ("Limited") y el concepto en que se basa.

Su rápida expansión proviene de un crecimiento interno y de sus adquisiciones. Conforme a los últimos datos, The Limited, Inc., se compone de 13 cadenas —cinco que ya están bien establecidas (Limited Stores, Lerner, Lane Bryant, Express y Victoria's Secret) y ocho que empiezan a desarrollarse rápidamente o que se hallan en fase de prueba (Structure, Limited Too, Abercrombie & Fitch, Bath & Body Works, Cacique, Victoria's Secret Bath Shops, Penhaligon's y Henri Bendel). Todas ellas se inspiran en el concepto original de ofrecer una línea limitada de mercancía especializada.

Uno de los puntos fuertes de The Limited es que siempre está dispuesta a introducir cambios. Así, Limited Stores fue una de las primeras tiendas en ofrecer el aspecto "de colegiala preuniversitaria rica" y también una de las primeras en abandonarlo cuando pasó de moda. De ese aspecto de colegiala la cadena hizo la transición al aspecto de diseño italiano con la marca "Forenza". Esta línea fue todo un éxito a mediados de los años 80, pese a que no existía un diseñador italiano de nombre Forenza y que las prendas se producían en Asia.

The Limited realiza muy poca publicidad, prefiriendo invertir en tiendas nuevas y en una presentación sumamente atractiva de la mercancía. Sus exhibiciones evitan los motivos convencionales y, en cambio, incluyen muchos colores cromados y brillantes, así como líneas poco ornamentadas para captar la atención e interesar a la clientela. Una medida de su éxito es la cantidad de competidores que imitan los diseños de las tiendas.

Con todo, no es fácil ser el líder. Y nada garantiza que la siguiente táctica sea igualmente eficaz. En el mundo tan dinámico y cambiante de la venta al detalle, la empresa que hoy ocupa el primer sitio puede desaparecer al día siguiente.[1]

¿Qué deberían hacer Wexner y su equipo de gerentes para continuar creciendo y alcanzar su objetivo de vender $10 000 millones anuales a mediados de los años 90?

La situación de The Limited constituye un excelente ejemplo del marketing, uno de tantos con que nos topamos en la vida diaria. Para entender cabalmente el tema de este capítulo, hemos de dar una respuesta más completa a la pregunta: "¿Qué está sucediendo?" La respuesta se encuentra en este capítulo y quizá le sorprenda. Después de estudiar este capítulo usted deberá poder explicar:

OBJETIVOS DEL CAPÍTULO

- La relación entre intercambio y marketing.
- Cómo el marketing se aplica a situaciones lucrativas y no lucrativas de las empresas.
- La diferencia entre venta y marketing.
- La evolución del marketing en Estados Unidos.
- El concepto de marketing.
- El impacto de la ética y la administración de la calidad en el marketing.
- El papel del marketing en la economía global, en el sistema socioeconómico de Estados Unidos, en la organización individual y en su vida.

NATURALEZA Y ÁMBITO DEL MARKETING

Nuestras experiencias del marketing se dan en varias formas. Por supuesto, siempre que compramos bienes y servicios estamos participando en este proceso. Lo más probable es que el lector haya tenido alguna vez un trabajo que incluya algún aspecto del trato con clientes o consumidores. También intervenimos en una modalidad del marketing cuando nos incorporamos a un club universitario, apoyamos una causa o escogemos un asiento en una clase de marketing. A lo largo del curso irá dándose cuenta de que su participación en el marketing es más grande de lo que imaginó al inicio.

Ideas de mercado para empresas no lucrativas.

El campo del marketing

Dimensiones generales del marketing

Por lo regular concebimos el marketing como una actividad que llevan a cabo las empresas lucrativas. Pero también pueden realizarla otros tipos de organizaciones y hasta simples individuos. Por ejemplo, al acercarse el momento de la terminación de la carrera, uno puede servirse de los principios de esta disciplina y así buscar trabajo en una forma más eficiente. Otra aplicación consiste en alentar al público a votar por determinado candidato en las próximas elecciones, a hacer un donativo a una obra de caridad o abstenerse de conducir en estado de ebriedad.

En esta perspectiva tan amplia se observa una gran variedad respecto a 1) mercadólogos, 2) lo que mercadean y 3) su mercado potencial. Por ejemplo, a la primera categoría podríamos asignar, aparte de las corporaciones, a los boy scouts que tratan de aumentar el número de miembros, al director de un museo de arte que selecciona determinadas obras para atraer más público y conseguir apoyo financiero, los sindicatos que buscan obtener un contrato con General Motors y las universidades que intentan equilibrar la matrícula de las diversas carreras. Así pues, por **mercadólogos** entendemos las personas y organizaciones que desean efectuar intercambios.

Además de la serie de cosas normalmente clasificadas como bienes y servicios, *lo que se vende* pueden ser ideas (por ejemplo, reducir los desperdicios sólidos mediante el reciclaje o hacer una aportación a una causa social); personas (comentaristas de noticieros, una famosa cantante de música country), y lugares (Acapulco como una excelente localidad para pasar las vacaciones).

Dentro de este contexto general, el término *mercado* abarca más que los consumidores directos de productos. Por ejemplo, aparte de los alumnos, el mercado de una universidad estatal está constituido por los legisladores que proporcionan los fondos, la ciudadanía que vive cerca de ella y a quienes afectan las actividades del campus y los alumnos que apoyan los programas de la institución. Los mercados de una empresa incluyen los organismos reguladores del gobierno, los ecologistas y los accionistas. En conclusión, podemos catalogar como **mercado** a cualquier persona o grupo con los que un individuo u organización tenga o pueda tener una relación de intercambio.

El marketing tiene lugar siempre que una unidad social (trátese de un individuo o una empresa) trata de intercambiar algo de valor con otra unidad social. Así, *la esencia del marketing es una transacción o intercambio*. En esta acepción tan amplia, el marketing consta de actividades tendientes a generar y facilitar intercambios cuya finalidad es satisfacer necesidades o deseos humanos.[2]

El **intercambio** es una de las tres formas en que podemos atender nuestras necesidades. Supongamos que queremos algunas ropas. Podemos hacerlas nosotros mismos. O bien robarlas o recurrir a algún tipo de coerción para conseguirlas. Otra opción consiste en ofrecer algo de valor (tal vez dinero, servicios u otro bien) a alguien que nos las dé a cambio de lo que le ofrecemos. Sólo la tercera alternativa es un intercambio en el sentido de que se está realizando el marketing.

El intercambio de marketing no se da si no se cumplen las siguientes condiciones:

- Han de intervenir dos o más unidades sociales (individuos u organizaciones), y ambas han de tener necesidades que satisfacer. Si uno es totalmente autosuficiente en algún aspecto, no se requiere un intercambio.
- Las partes han de participar voluntariamente.

Los clientes realizan compras.

Los consumidores en acción.

El decisor puede ser otra persona que no sea ni el cliente ni el consumidor.

- Las partes han de aportar algo de valor en el intercambio y estar convencidas de que se beneficiarán con él. Por ejemplo, en el caso de una elección política, las cosas de valor son los votos del electorado y la representación de los votantes por parte del candidato.
- Las partes han de estar en posibilidades de comunicarse entre sí. Supongamos que usted desea un suéter nuevo y una tienda ofrece un excelente surtido de suéteres. Si ni usted ni ella se ponen en contacto (es decir, si no se comunican), no se dará el intercambio.

Dimensiones corporativas del marketing

Este libro se centra en las actividades realizadas por las organizaciones dentro de un sistema socioeconómico, cuya finalidad es facilitar los intercambios de beneficio mutuo. Las organizaciones pueden ser empresas de negocios (o lucrativas) en el sentido común de la palabra *compañía*. También podemos clasificarlas como empresas no lucrativas (por ejemplo, una universidad, una institución de caridad, una iglesia, un departamento de policía o un museo). Ambos tipos afrontan esencialmente la misma clase de problemas de marketing.

Muchos ejecutivos de esas organizaciones, lo mismo que un gran número de consumidores, piensan saber mucho del negocio del marketing. Después de todo, las iglesias publican anuncios en los periódicos y los museos venden copias de cuadros famosos. Y en su hogar la gente ve miles de comerciales televisivos al año. Esas mismas personas adquieren productos en los supermercados y en las tiendas de descuento de autoservicio. Algunos tienen amigos que "pueden comprárselos a precios de mayoreo". Pero ninguna de esas experiencias abarca la totalidad de las actividades mercadológicas. En consecuencia se requiere una definición del marketing desde el punto de vista de las empresas para guiar a los ejecutivos de empresas lucrativas y no lucrativas en sus actividades mercadológicas y también nuestro estudio del tema.

He aquí nuestra definición del marketing, aplicable por igual a una organización lucrativa o no lucrativa: **marketing** es un sistema total de actividades comerciales cuya finalidad es planear, fijar el precio, promover y distribuir los productos satisfactores de necesidades entre los mercados meta para alcanzar los objetivos corporativos.[3] La definición tiene dos implicaciones muy importantes:

- El sistema global de actividades comerciales ha de estar orientado a los clientes. Es preciso determinar y satisfacer los deseos de ellos.
- El marketing debería comenzar con una idea referente a un producto satisfactor de necesidades y no concluir antes que las necesidades de los clientes queden satisfechas completamente, lo cual puede suceder algún tiempo después de terminado el intercambio.

Antes de abordar otros puntos, especificaremos lo que se entiende por "producto" y "cliente". En este libro, **producto** se utilizará como un término genérico para describir lo que se mercadea, sin importar si es un bien, servicio, persona o lugar. Todas esas cosas pueden venderse, como veremos luego. Emplearemos la palabra *cliente* (en vez de *consumidor*) cuando nos refiramos al receptor del esfuerzo del marketing. Los vocablos cliente y consumidor a veces se usan como sinónimos, de modo que pueden causar confusión. En rigor, el **cliente** es el individuo u organización que toma una decisión de compra; **consumidor** es la persona o unidad corporativa que utiliza o consume un producto. Muchas veces el cliente es al mismo tiempo el consumidor; por ejemplo, cuando compramos y comemos un sandwich. Pero a menudo son personas distintas. Así, en una familia el padre suele tomar las decisiones de compra de los productos que consumen sus hijos (y a veces también sucede lo inverso).

Diferencias entre marketing y venta

Muchos, y entre ellos incluimos a algunos ejecutivos, se equivocan al pensar que la venta y el marketing son términos sinónimos. Por el contrario, existen diferencias profundas entre ambas actividades. La principal radica en que la venta se centra en el interior y, en cambio, el marketing está orientado al exterior. Expliquemos lo que queremos decir con ello.

Cuando una compañía fabrica un producto y luego trata de convencer al público para que lo compre, estamos hablando de la venta. En cambio, cuando averigua primero lo que necesita el público y luego desarrolla un producto que satisfará esa necesidad y a la vez le reportará una ganancia, estamos hablando de marketing. En el marketing, la compañía ajusta su oferta a la voluntad de demanda del consumidor.

Un enfoque de ventas puede dar buenos resultados durante cierto tiempo; pero, como descubrió un fabricante japonés de automóviles, si no se da prioridad a los clientes, inevitablemente sobrevendrán dificultades. En 1987, Hyundai introdujo el modelo Excel en el mercado estadounidense. Al cabo de 15 meses se vendían 400 000 unidades al año. Pese a romper las marcas de crecimiento de un automóvil nuevo, a fines de 1990 ya había desaparecido. El desempeño del producto era satisfactorio. ¿Qué había fallado entonces? Para

¿Con un marketing mejor pudo el Hyundai haber tenido más éxito?

penetrar en el segmento bajo del mercado, Hyundai le fijó un precio demasiado barato. De modo que, a pesar de que se vendían muchas unidades, no se generaban suficientes ganancias para invertir en actividades de gran importancia (promoción, servicio al cliente, mejoras del vehículo y creación de una fuerte red de distribuidores) y seguir atendiendo las necesidades del mercado. En este caso, fue exitosa una estrategia a corto plazo orientada a las ventas; pero la ausencia del marketing, con el tiempo, ocasionó resultados desalentadores.[4]

He aquí algunas distinciones entre venta y marketing:

En la venta		En el marketing
Se enfatiza el producto.	vs.	**Se enfatizan los deseos de los clientes.**
La compañía primero fabrica el producto y luego encuentra la manera de venderlo.	vs.	**La compañía determina primero los deseos de los clientes y luego idea una forma de fabricar y entregar un producto para satisfacer esos deseos.**
La dirección se orienta al volumen de ventas.	vs.	**Los directivos están orientados a las ganancias.**
La planeación es de corto plazo a partir de los productos y mercados actuales.	vs.	**Se planea a largo plazo en función de nuevos productos, mercados y crecimiento futuros.**
Se hace hincapié en las necesidades del vendedor.	vs.	**Se ponen de relieve los deseos de los compradores.**

EVOLUCIÓN DEL MARKETING

Los orígenes del marketing en Estados Unidos se remontan a los tiempos de la Colonia, cuando los primeros colonizadores practicaban el trueque entre ellos y con los indios. Algunos se convirtieron en detallistas, mayoristas y vendedores ambulantes. Pero el comercio en gran escala empezó a tomar forma durante la Revolución Industrial a fines de la década de 1800. Desde entonces el marketing ha pasado por tres etapas sucesivas de desarrollo: orientación a la producción, orientación a las ventas y orientación al marketing. Cabe puntualizar que esos estadios describen la evolución *general* del marketing, no la de todos los países o empresas. Aunque muchas compañías ya se hallan en la tercera etapa, algunas se estancaron en la segunda como se aprecia en la figura 1-1.

Etapa de orientación a la producción

En la **etapa de orientación a la producción**, casi siempre los fabricantes buscaban ante todo aumentar la producción, pues suponían que los usuarios buscarían y comprarían bienes de calidad y de precio accesible. Los ejecutivos con una formación en producción y en ingeniería diseñaban la estrategia corporativa. En una era en que la demanda de bienes excedía a la oferta, encontrar clientes se consideraba una función de poca importancia.

Por entonces no se empleaba el término *marketing*. Los fabricantes contaban a cambio con departamentos de ventas presididos por ejecutivos cuya única misión consistía en dirigir una fuerza de ventas. La función de este departamento consistía exclusivamente en vender la producción de la compañía a un precio fijado por los gerentes de producción y los

El campo del marketing

FIGURA 1-1

Tres etapas de la evolución del marketing en Estados Unidos.

directores de finanzas. La filosofía de la compañía Pillsbury a fines de la década de 1800 caracteriza a esta etapa: "Por contar con el mejor trigo de Estados Unidos y Canadá, con abundante energía eléctrica y una excelente maquinaria de molienda, podemos producir harina de la mejor calidad. Nuestra función básica es moler ese tipo de harina y, por supuesto (y casi de manera incidental) debemos contratar vendedores para que la vendan, del mismo modo que contratamos contadores para que lleven los registros contables."[5]

A semejanza de los fabricantes, tanto los mayoristas como los detallistas que operaban en esta etapa daban prioridad a las actividades internas, concentrándose en la eficiencia y en el control de costos. Estaban seguros de saber qué era lo mejor para la gente cuando acudía a ellos en busca de servicios y variedad de productos.

Este énfasis en la producción y en las operaciones dominó hasta la Gran Depresión a principios de los años 30. Comprendemos que haya sido así si recordamos lo siguiente: las empresas se concentraban en cómo producir y distribuir una cantidad suficiente de productos aceptables para satisfacer las necesidades de una población que crecía con mucha rapidez.

Etapa de orientación a las ventas

En Estados Unidos, la Depresión vino a cambiar esta forma de pensar. El problema principal ya no consistía en producir o crecer lo suficiente, sino en cómo vender la producción. El simple hecho de ofrecer un buen producto no era garantía de tener éxito en el mercado. Los gerentes empezaron a darse cuenta de que se requerirían esfuerzos especiales para vender sus productos en un ambiente donde el público tenía la oportunidad de seleccionar entre muchas opciones. Así pues, la **etapa de orientación a las ventas** se caracterizó por un amplio recurso a la actividad promocional con el fin de vender los productos que la empresa quería fabricar. En esta etapa, las actividades relacionadas con las ventas y los ejecutivos de ventas empezaron a obtener el respeto y responsabilidad por parte de los directivos.

Junto con la responsabilidad aumentaron las expectativas acerca de su desempeño. Por desgracia, durante este periodo fueron apareciendo una venta demasiado agresiva —la llamada "venta dura"— y tácticas poco éticas. De ahí que esta función haya adquirido una reputación negativa a los ojos de muchos. Incluso hoy algunas organizaciones están convencidas aún de la necesidad de aplicar la venta dura para poder prosperar. En Estados Unidos, esta etapa se prolongó hasta los años 50, época en que surgió la era del marketing.

Etapa de orientación al marketing

A fines de la Segunda Guerra Mundial se acumuló una enorme demanda de bienes de consumo, debido a la escasez del periodo bélico. Por ello, las plantas manufactureras fabricaban cantidades extraordinarias de bienes que eran adquiridas rápidamente. No obstante, el auge del gasto de la población disminuyó a medida que se equilibraban la oferta y la demanda, y así muchas empresas se dieron cuenta de que su capacidad de producción era excesiva.

Con el propósito de estimular las ventas, recurrieron nuevamente a las agresivas actividades promocionales y de venta que había caracterizado la era anterior. Sólo que esta vez los consumidores estaban menos dispuestos a dejarse persuadir. Las empresas descubrieron que la guerra había cambiado al consumidor. Los norteamericanos que habían servido en el extranjero retornaron a su patria con una actitud más sofisticada y cosmopolita. Además, la guerra había obligado a muchas mujeres a dejar el hogar y entrar en la fuerza de trabajo. Este tipo de experiencias había hecho a la gente más conocedora, menos ingenua y más difícil de influenciar. Y ahora se disponía de más opciones. La tecnología desarrollada durante la guerra, cuando se aplicó a actividades de paz, permitió producir una diversidad mucho más grande de bienes.

Y así prosiguió la evolución del marketing. Muchas compañías reconocieron que, para darles a los consumidores lo que deseaban, era preciso poner a trabajar la capacidad ociosa. En la **etapa de orientación al marketing** identifican lo que quiere la gente y dirigen todas las actividades corporativas a atenderla con la mayor eficiencia posible.

En este periodo las empresas se dedican más al marketing que a la simple venta. Varias actividades que antes se asociaban a otras funciones comerciales son ahora responsabilidad del presidente de marketing, el director de marketing o el vicepresidente de marketing. Por ejemplo, el control de inventario, el almacenamiento y otros aspectos de la planeación del producto quedan en manos del director de marketing a fin de dar un mejor servicio al cliente. Si se quiere que la empresa alcance la máxima eficiencia, el presidente de marketing ha de participar al iniciarse un ciclo de producción y seguir el proceso hasta su conclusión. Además, las necesidades de marketing han de incluirse en la planeación a corto y a largo plazo.

Para que el marketing sea eficaz, el presidente del departamento ha de mostrar una actitud favorable hacia esa área. Philip Knight, presidente y director ejecutivo de Nike, dice al respecto: "Durante años nos hemos considerado una empresa orientada a la producción, es decir, nos concentramos en diseñar y fabricar el producto. Pero ahora nos percatamos de que lo más importante es comercializarlo."[6]

Lo anterior *no* significa que los ejecutivos de marketing han de ocupar las posiciones de mayor jerarquía en una organización. Tampoco significa que el presidente de una firma debe provenir del departamento de marketing. Pero una cosa es indispensable: ha de entender la importancia del marketing, es decir, ha de estar *orientado al mercado*.

Muchas empresas lucrativas estadounidenses, lo mismo que las no lucrativas, se hallan hoy en la tercera etapa de la evolución del marketing. Otras admiten la importancia de este tipo de orientación, pero les resulta difícil instituirla al menos por dos razones. Primero, la instrumentación requiere aceptar la noción de que las necesidades y deseos de los clientes, no de los directivos, son los que dirigen la organización. He aquí las palabras con que un ejecutivo de publicidad se refirió a esto: "Debemos aprender a escuchar [a los clientes] del mismo modo que un estudiante escucha al profesor."[7] Una consecuencia básica de poner a los clientes en primer lugar es la forma en que una organización describe lo que hace. En la tabla 1-1 se muestra cómo algunas compañías muy conocidas podrían definir sus negocios partiendo de una orientación a la producción y otra definición muy distinta en caso de utilizar un enfoque mercadológico. Segundo, es preciso que los directivos y gerentes conozcan el marketing. En una prueba de conocimientos de esta disciplina aplicada hace poco a más de 1000 ejecutivos de corporaciones estadounidenses, la puntuación promedio fue menos del 50%.[8] Si bien esta prueba tal vez no sea un indicador exacto de los conocimientos prácticos, plantea la duda de que sean capaces de seguir un enfoque mercadológico.

No todas las organizaciones necesitan este tipo de orientación para prosperar. Un monopolio, digamos una empresa de servicios públicos, cuenta con la garantía de tener siempre clientes. Por tanto, sus directivos han de preocuparse más por mantener bajos los costos y una producción eficiente que por el marketing. Se dan asimismo casos en que, a juicio de los clientes potenciales, un producto es tan superior que vale la pena buscarlo. Así, los mejores cirujanos del mundo o los artistas más populares siempre cuentan con un mercado para sus servicios, sin importar su orientación mercadológica.

TABLA 1-1 ¿En qué negocio está usted?

Compañía	Respuesta orientada a la producción	Respuesta orientada al marketing
AT&T	Operamos una compañía telefónica de larga distancia.	Ofrecemos varias clases de servicios confiables, eficientes y baratos de telecomunicación.
Exxon	Producimos petróleo y productos de gasolina.	Producimos varios tipos de energía segura y rentable.
Penn Central	Dirigimos un ferrocarril.	Ofrecemos un sistema de transporte y de manejo de materiales.
Levi Strauss	Fabricamos pantalones de mezclilla.	Ofrecemos comodidad, elegancia y durabilidad en ropa de vestir.
Xerox	Fabricamos copiadoras.	Automatizamos las oficinas.
Eastman Kodak	Fabricamos cámaras y películas.	Ayudamos a conservar los acontecimientos memorables.
Revlon Cosmetics	"En la fábrica, producimos cosméticos."	"En la farmacia, vendemos esperanzas y sueños" (según palabras del fundador).

CONCEPTO DE MARKETING

A medida que los hombres de negocios empezaron a reconocer que el marketing es indispensable para su negocio, nació una nueva filosofía de la empresa. Este enfoque, llamado **concepto de marketing**, pone de relieve la orientación hacia el cliente y la coordinación de las actividades mercadológicas para conseguir los objetivos corporativos. En ocasiones se sintetiza en la expresión "El cliente es el que manda". No obstante, aunque este eslogan subraya de manera muy elocuente la satisfacción del cliente, no debemos olvidar nunca que la consecución de los objetivos constituye la razón fundamental del concepto del marketing.

Naturaleza y razón fundamental

El concepto del marketing se funda en tres creencias que se explican gráficamente en la figura 1-2:

- Toda la planeación y las operaciones han de *orientarse al cliente*. Es decir, tanto la organización como los empleados han de procurar ante todo averiguar y atender las necesidades de él.
- Todas las actividades mercadológicas deben *coordinarse*. Ello significa que sus diversos aspectos (planeación del producto, fijación de precios, distribución y promoción) han de diseñarse y combinarse de modo coherente y que un ejecutivo debe tener la autoridad y la responsabilidad general para llevarlas a cabo.
- Un marketing orientado al cliente y coordinado es esencial para *alcanzar los objetivos del desempeño organizacional*. En las empresas no lucrativas el objetivo podría ser la cantidad de personas atendidas o la diversidad de servicios prestados.

La orientación al cliente se observa en Frito-Lay, compañía con más de 85 variedades de papas fritas y un 33% de participación en este mercado. A fin de estar al tanto de lo que desea la gente, destina más de $20 millones de dólares anuales a la investigación y desarrollo. Realiza más de 500 000 entrevistas al año para investigar cosas como preferencias por determinados sabores y empaques, así como las situaciones donde se usa el producto. Pero la investigación va más allá de formular preguntas. Así, los ingenieros han inventado una simulación de la boca humana para medir el movimiento de las mandíbulas que se requiere para masticar una papa frita. Al comparar los resultados de las preferencias de gusto con los

FIGURA 1-2

Componentes y resultados del concepto de marketing.

de las pruebas aplicando la boca simulada, se ha descubierto que 4 libras por pulgada cuadrada de presión bucal es el nivel ideal de textura o consistencia. En el momento actual todas las papas fritas son sometidas a pruebas para que cumplan con esta norma. Al respecto observa uno de los ejecutivos: "Debemos ser perfectos; después de todo, nadie necesita realmente las papas fritas."[9]

Por la expresión "marketing coordinado" entendemos combinar sus elementos —planeación del producto, precio, distribución y promoción—, de modo que en forma conjunta satisfagan al mercado de la manera más eficaz posible. En 10 años, Home Depot Inc., se convirtió en una cadena de tiendas para reparaciones domésticas con ingresos de $2.8 mil millones de dólares, con sólo combinar la mejor característica de la ferretería del barrio (orientación e información), el atractivo de una tienda de descuento (precios bajos) y una diversidad de productos que superaba a ambas. Home Depot ofrece más de 30 000 artículos y herramientas para edificios, precios con un 30% por debajo del de las ferreterías tradicionales y vendedores conocedores y muy bien motivados.[10]

El concepto del marketing se aplica asimismo a las empresas no lucrativas, lo mismo que a las lucrativas. No obstante, como se aprecia en las actividades de la Segunda Iglesia Bautista de Houston (que se describe en la página siguiente), los objetivos del desempeño en los sectores de las empresas lucrativas y no lucrativas a veces son totalmente distintos.

El concepto del marketing social

Poco después que el concepto del marketing empezó a ser aceptado por la generalidad de las compañías, empezó a ser objeto de críticas muy ásperas. Durante más de 20 años los críticos habían insistido en que se ignora la responsabilidad social y en que, si bien contribuye al logro de las metas organizacionales, al mismo tiempo estimula acciones que se oponen al bien de la sociedad.

Desde un punto de vista, son acusaciones verdaderas. Es posible que una firma satisfaga plenamente a sus clientes (y al hacerlo obtenga una magnífica utilidad económica) y que, al mismo tiempo, perjudique a la sociedad. He aquí un ejemplo: un fabricante de Indiana quizá esté suministrando a sus clientes de Texas el producto correcto a un precio razonable; pero para hacerlo posiblemente esté contaminado el aire y el agua de Indiana.

Las papas fritas Frito-Lay son sometidas a pruebas para determinar la consistencia ideal

Pero no necesariamente ha de ser así. La responsabilidad social de una corporación puede ser perfectamente compatible con el concepto del marketing. La compatibilidad depende de dos cosas: la flexibilidad con que perciba sus metas de marketing y el tiempo que esté dispuesta a esperar para alcanzarlas. Si una compañía ensancha lo bastante las *dimensiones de amplitud* y *tiempo* de sus metas de marketing para cumplir con su responsabilidad social, estará practicando lo que se conoce con el nombre de **concepto social del marketing**.

Cuando se aumenta la *amplitud del concepto de marketing,* una compañía reconoce que su mercado no sólo incluye a los compradores de los productos, sino también a todos cuantos sean afectados directamente por sus operaciones. En el ejemplo precedente, la planta de Indiana tiene varios grupos de "clientes" a quienes satisfacer: 1) los compradores tejanos de acero, 2) los consumidores del aire que contiene las impurezas generadas por la fábrica y 3) los que se recrean en el río local a donde llegan los desperdicios.

Ampliar la *dimensión tiempo* de las metas del marketing significa que la compañía debe adoptar una perspectiva a largo plazo en la satisfacción del cliente y en los objetivos del desempeño, en vez de concentrarse exclusivamente en el día siguiente. Si quiere prosperar

USTED TOMA LA DECISIÓN

¿HA ADOPTADO EL CONCEPTO DE MARKETING LA SEGUNDA IGLESIA BAUTISTA?

El observador encontrará pocos elementos tradicionales de culto en la Segunda Iglesia Bautista de Houston. Algunos hasta dirán que carece de la atmósfera religiosa y que, por tanto, no puede considerársele un templo. Sin embargo, algo está ocurriendo si consideramos que cada semana asisten a ella 12 000 feligreses.

Al darse cuenta de que muchos se alejaban de las iglesias tradicionales porque los servicios religiosos les parecían aburridos y ajenos a su vida diaria, la Segunda Iglesia Bautista creó una experiencia total que se ajusta a los estilos e intereses de la vida moderna. En uno de sus recintos, los fieles hacen ejercicio en un centro de ejercicios aeróbicos, juegan en equipos deportivos, se relajan en un jacuzzi, ven una película o un espectáculo al estilo de Broadway y comen. Pero todo ello no es más que un "gancho" para atraer a la gente a liturgias adaptadas a sus intereses personales. Se diseñan rigurosamente programas especiales para matrimonios, solteros, ancianos y adolescentes, con el fin de comunicarles un mensaje espiritual que corresponda a sus exigencias individuales.

Casi no se omite ningún detalle para crear el ambiente deseado. El aspecto físico de la iglesia (sin campanario, ni cruces) busca no intimidar a los que no asisten al templo. Los servicios religiosos se organizan de modo que el mensaje sea adecuado, vivo y ágil para que satisfaga las necesidades de una generación acostumbrada al ritmo de los videos. Y deseosa de difundir su mensaje y atraer multitudes, la Segunda Iglesia Bautista se sirve de espectaculares bien diseñados, un programa diario de televisión y la publicidad de boca en boca.

¿Refleja el programa de esta iglesia los principios en que se funda el concepto del marketing?

Fuente: Gustav Niebuhr, "Mighty Fortress: Megachurches Strive To Be All Things to All Parishioners", *The Wall Street Journal*, 13 de mayo, 1991, p. A1.

---

a largo plazo, deberá atender las necesidades sociales de sus clientes, así como sus necesidades económicas.

En conclusión, el concepto de marketing y la responsabilidad social son compatibles si los directivos de la empresa buscan a largo plazo: 1) satisfacer las necesidades de los que adquieren sus productos, 2) atender las necesidades sociales de terceros que son afectados por sus actividades y 3) cumplir los objetivos del desempeño corporativo. El reto que supone conciliar tres metas a menudo antagónicas frecuentemente crea verdaderos dilemas éticos a los profesionales del marketing. De ahí que en este libro debamos ocuparnos también de los problemas éticos.

ÉTICA Y MARKETING

La función de los expertos y profesionales del marketing es influir en el comportamiento de los clientes. Para llevarlo a cabo cuentan con varias herramientas. En términos generales, entre tales herramientas figuran: el diseño de un producto, el precio a que lo ofrecen, el mensaje con el cual se describe y el lugar donde está disponible.

Los profesionales del marketing también son responsables ante varios grupos. Sus clientes los necesitan para obtener productos de buena calidad a un precio razonable. Por otra parte, sus empleadores esperan que generen ventas y utilidades, los distribuidores los necesitan para continuar en el negocio y la sociedad espera que se conduzcan como ciudadanos responsables. La manera en que se utilizan estas herramientas mercadológicas y los intereses a menudo antagónicos de los grupos dependientes del profesional del marketing dan origen a varios problemas éticos.

En respuesta a la necesidad de contar con directrices éticas, la American Marketing Association elaboró un código de ética para sus miembros:

> Como miembro de la American Marketing Association reconozco la importancia de mi conducta profesional y de mi responsabilidad para con la sociedad y otros miembros de mi profesión:
>
> 1. Admitiendo mi responsabilidad con la organización donde trabajo.
> 2. Comprometiéndome a asegurarme de que todas las presentaciones de bienes, servicios y conceptos se hagan con honradez y claridad.
> 3. Procurando mejorar el conocimiento y el ejercicio del marketing a fin de servir mejor a la sociedad.
> 4. Apoyando la libertad del consumidor en circunstancias que sean legales y compatibles con las normas generalmente aceptadas de la comunidad.
> 5. Comprometiéndome a aplicar las más altas normas profesionales en mi trabajo y en mi actividad competitiva.
> 6. Reconociendo el derecho de la American Marketing Association a cancelarme la membresía a través de los procedimientos establecidos, en caso de que yo viole el código ético de la conducta profesional.

¿Qué es una conducta ética?

Rebasaría el ámbito de este libro explicar de una manera pormenorizada los principios filosóficos de la ética.[11] Pese a ello, podemos puntualizar aquí que se discute mucho lo que es una conducta ética y lo que no lo es. Por ejemplo, la moral cambia de una sociedad a otra. Pongamos el caso del soborno: aunque en casi todas las sociedades es una conducta reprobable, en muchas partes del mundo constituye un aspecto aceptado, e incluso necesario, de los negocios. Así pues, en este libro bastará señalar que la **ética** son las reglas por las que nos regimos. Son normas de conducta generalmente aceptadas por la sociedad.

Muchas empresas estadounidenses han descubierto que los empleados no necesariamente adquieren un fuerte sentido personal de las normas éticas. Los escándalos y los juicios legales nos recuerdan, de una manera lamentable, que debemos inculcar la conducta ética pues ésta no se da en forma espontánea. Y además los resultados de la violación del código ético pueden ser costosos. El valor de las acciones de Corning, Inc., una de las compañías matrices de Dow Corning, decayó un 15% cuando por rumores el público se enteró de que el producto que se implantaba en los senos tenía problemas de grietas y causaba problemas de salud a los usuarios. Ello a pesar de que los implantes representaban apenas 1% de los ingresos de la compañía y de que ella contaba con suficientes seguros contra cualquier demanda judicial.

Necesidad de inculcar una orientación ética

Las organizaciones no ignoran la importancia de las cuestiones y problemas éticos. En un estudio de las 1000 empresas más importantes de Estados Unidos, el 40% de ellas mencionaron que organizaban talleres de ética y casi una tercera parte ha creado comités de ética profesional.[12] Pero mientras haya metas antagónicas y la posibilidad de que la gente emita juicios éticos, no faltarán casos de violación de la ética. Las empresas han adoptado diversas medidas a fin de aligerar un poco la presión de los empleados que afrontan dilemas éticos y, quizá, para reducir la frecuencia y gravedad de los problemas éticos.

Una forma de crear un ambiente ético consiste en cerciorarse de que sea razonable la presión que se impone a los empleados para que cumplan determinados objetivos. Cuando se hallan ante cuotas y plazos irrealistas, tienden a falsear la información o los resultados con tal de cumplir sus objetivos. Citicorp despidió a varios ejecutivos de alto nivel en una división de procesamiento de tarjetas de crédito por haber mentido exagerando los ingresos. Surge de inmediato la pregunta: ¿por qué se sintieron impulsados a falsificar los datos?

Otro aspecto importante de la orientación ética es comunicar claramente las normas y políticas de la organización. Hewlett-Packard, por ejemplo, se asegura de que todos los empleados conozcan muy bien su extenso código de conducta. Con el propósito de recordarles constantemente la importancia de una conducta ética, Texas Instruments incluye una columna semanal de ética en el servicio internacional de noticias de electrónica. También se publican en esa columna las respuestas a las preguntas de ética que plantean los empleados.

Para ayudar al personal a resolver los problemas éticos, algunas empresas han empezado a crear un puesto especial de tiempo completo. Es un ejecutivo de alto nivel que asesora a los gerentes de alto nivel y que además resuelve las quejas y preguntas de los empleados de todos los niveles. En Raytheon, Corp., este ejecutivo recibe unas 100 llamadas telefónicas al mes; cerca de 10 de ellas se refieren a problemas graves de ética.

Las organizaciones hacen lo posible por premiar tan sólo el desempeño ético. Es importante que los empleados vean en el éxito el resultado de una buena conducta, no de prácticas discutibles.

Beneficios de la conducta ética

Podemos decir que la conducta ética conlleva siempre una satisfacción intrínseca. Pero proporciona además otros beneficios. Los negocios se basan en las relaciones con proveedores, clientes, empleados y otros grupos. En gran medida la fuerza de dichas relaciones depende del grado de confianza que haya entre los interesados. La conducta inmoral mina la confianza y acaba con las relaciones. Así, no debe sorprendernos que una serie de compañías reconocidas por la atención que dan a las normas éticas —Johnson & Johnson, Coca-Cola, Gerber, IBM, Kodak, 3M, Xerox, J.C. Penney y Pitney Bowes— hayan logrado entre 1950 y 1990 tasas de crecimiento anual que son casi el doble de una muestra de compañías comunes que cotizan en la Bolsa de Valores de Nueva York.[13] La ética es, pues, el fundamento sobre el que descansa el éxito de una empresa.

Las cuestiones relacionadas con la ética resultan a menudo ambiguas. Se dan situaciones en que el comportamiento de un profesional del marketing podría ser juzgado incorrecto o inmoral por algunos y totalmente aceptable por otros. Es importante que el lector conozca los problemas éticos más comunes del marketing y reflexione sobre cómo los resolverá. Para ayudarle en esta tarea hemos incorporado recuadros de dilemas éticos en todos los capítulos. En la mayor parte de los casos no hay una respuesta absolutamente correcta o incorrecta. Precisamente por ello los llamamos dilemas. Esperamos que sean interesantes para usted y lo ayuden a perfeccionar su sentido ético.

LA CALIDAD EN EL MARKETING

La calidad siempre ha sido importante para los consumidores. El éxito de los comerciales televisivos "el reparador solitario" de Maytag constituye una prueba muy elocuente de ello. La campaña, que comunica la confiabilidad de los electrodomésticos de esa marca, lleva 25 años, y 9 de 10 consumidores estadounidenses la conocen.[14] En vez de centrarse en la calidad, muchas corporaciones norteamericanas prefirieron maximizar la producción por medio de la producción masiva y reducir al mínimo los precios aplicando controles de costos. El objetivo era alcanzar un nivel "aceptable" de calidad; o sea, ser tan buenos como la competencia. La estrategia rindió frutos mientras la calidad permaneció bastante constante entre los competidores.

Algunos afirman que los ejecutivos estadounidenses se volvieron conformistas respecto a la calidad, convencidos como estaban de que incluso las pequeñas mejoras elevarían drásticamente los costos y con ello harían poco competitivas las empresas. Mientras tanto, otros países adoptaron las técnicas más recientes de manufactura que habían colocado a Estados Unidos a la vanguardia del resto del mundo. Después incorporaron la calidad como elemento básico de sus estrategias. Los japoneses incluso crearon en 1951 un premio nacional de la calidad, llamado Premio Deming, en honor de W. Edwards Deming consultor norteamericano en calidad, quien durante muchos años fue mejor acogido en el Japón que en su patria.

Ahora estamos presenciando los beneficios del compromiso con la calidad: el enorme éxito de fabricantes extranjeros de automóviles, aparatos electrónicos, hardware y software. Así pues, en los años 80 elevar la calidad se convirtió en una prioridad de las empresas estadounidenses.

¿Qué es la calidad?

Según una definición, la calidad es la ausencia de variación. Ello no significa que un Chevrolet debe dar el mismo rendimiento que un Cadillac ni que el servicio de un motel deba ser idéntico al de un hotel de cinco estrellas. Con ello se afirma que un buen servicio debe dar uniformemente aquello para lo cual fue diseñado, sin variación de un caso a otro. Así, todos

¿DILEMA ÉTICO?

The Oregonian, periódico que se publica en Portland (Oregon), se encontró ante una difícil decisión cuando los intereses de un mercado meta —sus lectores— entraron en conflicto con los de otro —sus anunciantes—. Un redactor había escrito un artículo informativo para la sección de bienes raíces, en el cual explicaba el proceso y las ventajas de vender una casa *prescindiendo* del corredor. El artículo seguramente molestaría a los corredores de bienes raíces de Portland, que se anunciaban mucho en el diario. El problema fue señalado por el departamento de ventas de publicidad después de haberse impreso miles de copias de esa sección.

Si usted fuera el editor de *The Oregonian*, ¿juzgaría poco ético suprimir el artículo y reimprimir la sección?

Fuente: G. Paschal Zachery, "Many Journalists See a Growing Reluctance to Criticize Advertisers", *The Wall Street Journal*, 6 de febrero, 1992, p. A1.

los modelos Chevrolet o los hoteles de una cadena han de proporcionar la misma experiencia a los usuarios.

La aplicación más obvia del control de varianza la encontramos en las manufacturas. De hecho, desde hace años casi todos los fabricantes cuentan con un departamento de control de calidad. No obstante, la designación "control de calidad" es ambigua, puesto que se limitaba a inspeccionar los productos terminados para evitar que los defectuosos salieran de la planta. Pero el simple hecho de cumplir con las especificaciones en la producción no garantiza la calidad, si el producto había sido diseñado de modo inadecuado o si no se le daba bien el mantenimiento después de la venta. Descubrimos entonces que la verdadera indicación de la **calidad** es el grado en que un producto corresponde a las expectativas del consumidor.

Descubrimos asimismo que el control de calidad no puede delegarse a un departamento, sino que ha de ser responsabilidad de todos los empleados. Donde puedan establecerse normas de desempeño y medirse las variaciones, allí habrá oportunidad de aplicar las técnicas de la administración de calidad. En el enfoque moderno, todos los empleados participan en el establecimiento de programas específicos tendientes a determinar y conservar el nivel deseado de calidad en toda la operación de la compañía. Este esfuerzo permanente incluye diseño, producción, marketing, servicio al cliente y el resto de las unidades organizacionales.

La calidad en el marketing. Para los profesionales del marketing, la medida más objetiva de la calidad es la **satisfacción del cliente**. En un ambiente competitivo, la prueba más fidedigna de la satisfacción es el hecho de que el cliente vuelva a comprar el producto una segunda, tercera o cuarta vez. Pero una compañía no puede darse el lujo de apostar a que sus decisiones de marketing sean correctas y luego esperar a que se repita la compra para confirmar o rechazar tales suposiciones. Por el contrario, los gerentes saben muy bien que la satisfacción se basa en el grado en que la *experiencia* con un producto corresponde a las *expectativas del comprador* o las supera. De ahí que los profesionales del marketing deban hacer dos cosas:

1. Asegurarse de que todas las actividades de marketing, entre ellas el precio del producto, las afirmaciones hechas en la publicidad acerca de él y los lugares donde se vende, contribuyan a crear expectativas razonables por parte del cliente.
2. Eliminar las variaciones en las expectativas del cliente al comprar y consumir el producto. Ello significa, entre otras cosas, que no sólo los nuevos modelos Chevrolet que compramos han de proporcionar el mismo nivel de desempeño, sino que además todas las interacciones con un distribuidor de esa marca han de ser uniformes y sin sorpresas.

Necesidad de inculcar la calidad. A medida que los gerentes han ido interesándose más en la calidad, se han ideado diversos programas para el mejoramiento de la calidad. Aunque los programas muestran algunas diferencias, suelen incluir:

- Estudiar a los competidores y los no competidores para identificar los niveles más altos de desempeño en áreas como retraso de entrega y eliminación de defectos. A este proceso se le llama **benchmarking** (referencias de nivel de calidad).

El campo del marketing

- Trabajo conjunto de los directivos y los empleados en una atmósfera de confianza y cooperación para mejorar el desempeño.
- Un compromiso por parte de todos los empleados para buscar sin cesar formas más adecuadas de cumplir sus funciones.
- Formar sociedades con proveedores y clientes para que sean incorporadas a la operación del negocio sus sugerencias relativas al mejoramiento.
- Medir la calidad y la satisfacción resultante del cliente.

Con el propósito de estimular todo lo concerniente al mejoramiento de la calidad, en 1987 el Congreso de Estados Unidos instituyó el Premio de calidad Malcolm Baldridge. Cada año se premia a seis triunfadores entre fabricantes, empresas de servicios y negocios pequeños. Entre los ganadores recientes se encuentran compañías tan famosas como Federal Express y una división de IBM, así como otras menos conocidas, entre ellas Globe Metallurgical (fabricante de aleaciones de metales) y Wallace Co. (distribuidora de tubos, válvulas y accesorios para la industria petrolera). Este premio no se limita a la calidad en la producción, sino que también abarca los programas relacionados con los niveles y el mejoramiento de calidad en todos los ámbitos de las organizaciones.[15] Una cosa es innegable: si las empresas norteamericanas quieren seguir siendo competitivas en el siglo XXI, habrán de continuar dando prioridad a la calidad.

IMPORTANCIA DEL MARKETING

Coca-Cola es un refresco que se vende prácticamente en todos los países del mundo. Los automóviles japoneses no han perdido su popularidad en Estados Unidos. Los usuarios escogen entre numerosas marcas de computadoras personales y de aerolíneas. Muchos estudiantes obtienen buenos empleos después de graduarse en el último semestre. En situaciones tan heterogéneas hay un denominador común: un marketing eficaz. Y, como se advierte en los ejemplos citados, el marketing desempeña una importantísima función en la economía global, en el sistema socioeconómico de un país y en todas las empresas. Sin duda también resulta de gran importancia para nosotros: si no en los negocios, sin duda en nuestro papel de consumidores.

Importancia del marketing en la economía global

La Segunda Guerra Mundial y el periodo postbélico crearon las posibilidades de una economía verdaderamente global:

- Tras la guerra se hicieron enormes inversiones en la tecnología, las cuales originaron innovaciones pacíficas en las comunicaciones y mejoramientos en el transporte. Las grandes barreras contra el comercio internacional se redujeron por la capacidad de tener un contacto frecuente y, prácticamente, instantáneo con los mercados alrededor del mundo.
- Los elementos del desarrollo económico de las organizaciones internacionales, entre ellas las Naciones Unidas, facilitaron el reconocimiento de los mercados potenciales esparcidos en todo el mundo.
- Las industrias básicas de muchas naciones europeas y asiáticas, destruidas durante la guerra, fueron reconstruidas y modernizadas, originando un enorme potencial industrial.

Los premios Baldridge tributan un reconocimiento a las compañías estadounidenses que buscan la calidad como una de sus principales prioridades.

Aunque el impacto de los hechos que acabamos de reseñar tardó años en materializarse, ahora presenciamos sus efectos en todo el orbe.

Pongamos el caso de Estados Unidos. Antes de fines de los años 70, las empresas de ese país tenían un mercado doméstico extenso y seguro. La única competencia importante por parte de compañías extranjeras se localizaba en ciertas industrias, como la agricultura, o bien en algunos mercados relativamente pequeños, entre ellos los automóviles de lujo. Pero todo ello cambió radicalmente a lo largo de los años 80, a medida que las firmas desarrollaron productos atractivos, refinaron sus técnicas mercadológicas y luego lograron penetrar en el mercado estadounidense. Han tenido un éxito extraordinario los productos importados en industrias como las siguientes: equipo para oficina, automóviles, ropa, relojes de pulsera, semiconductores y aparatos electrónicos (televisores, videocasseteras, discos compactos). De ahí que, en los últimos años, Estados Unidos haya importado más de lo que produce. Esto ha dado por resultado importantes déficits comerciales anuales.

A principios de la década de 1980, la competencia provino principalmente de compañías canadienses, mexicanas, japonesas y de Europa Occidental. Más tarde, empresas de los "cuatro tigres asiáticos" (Corea, Taiwán, Singapur y Hong Kong) vinieron a acrecentar las presiones competitivas. En los años 90 no sólo habrá una competencia constante por parte de esos países, sino que surgirán nuevos retos. La Comunidad Económica Europea, que comprende la mayor parte de las naciones de la Europa Occidental, está luchando por liberalizar el comercio. Con ello busca permitir el libre intercambio de bienes, servicios, personas y capitales entre sus miembros. Se espera que la eliminación de las barreras comerciales aumente muchísimo las oportunidades de marketing de las empresas de esos países y,

Algunos automóviles "extranjeros" se fabrican en Estados Unidos.

COMPROMISO CON LA CALIDAD

¿ES "SEIS SIGMAS" UNA NUEVA Y SELECTA AGRUPACIÓN?

En cierto sentido, la respuesta es afirmativa. Seis sigmas es una medida de calidad. ¿Recuerda que en su curso de estadística estudió el concepto de distribución normal? Una desviación estándar positiva o negativa (una sigma) alrededor de la media incluye 68% de la distribución, y tres desviaciones estándar positivas o negativas incluyen 99.7%. Pues bien, seis sigmas contienen 99.999997% de una distribución. En términos de calidad, llegar al nivel de seis sigmas significa alcanzar un grado de desempeño en el cual sólo 3.4 partes por millón están fuera de la distribución, es decir, son defectuosas.

En 1986 Motorola se propuso alcanzar el nivel de seis sigmas en la producción. A fines de 1992 había pasado de 6 000 productos defectuosos por millón (a 40 por millón) un mejoramiento de 150%, y su meta es seis sigmas en 1994. Ahora la compañía ha ampliado esta meta a todas sus actividades y los resultados fueron impresionantes. En el servicio al cliente, el tiempo de reparación se redujo de un promedio de 12 a 7 días, con sólo introducir cambios de procedimientos. Por ejemplo, hoy se realizan más reparaciones en el establecimiento del cliente y los productos reparados se entregan en vez de esperar a que el cliente los recoja.

Por sus esfuerzos Motorola ganó en 1988 el Premio Nacional de Calidad Malcolm Baldridge. Y, en su constante compromiso de elevar la calidad, tiene la intención de entrar otra vez en la competencia en cuanto vuelva a ser elegible, lo cual sucederá en 1994.

¿Se limita la calidad a la eficacia con que un producto cumple la función para la cual fue diseñado?

Fuente: Lois Therrien, "Motorola y NEC: Going for the Glory", *Business Week*, 25 de octubre, 1991, pp. 60-61.

en consecuencia, que intensifique la competencia contra las de los países no miembros. Los trascendentales cambios que tienen lugar en los gobiernos y en las economías de la Europa Oriental y el creciente capitalismo de China seguramente incidirán en el futuro del comercio mundial. Aunque todavía no es posible vislumbrar las consecuencias de estos hechos, una cosa es cierta: vivimos en una economía global en la cual los cambios que se operen en un país influirán a las personas y las empresas del resto del mundo.

Un número cada día mayor de compañías norteamericanas, tanto grandes como pequeñas, han ido entrando en los mercados internacionales. Debido en parte a la recesión que aminoró el crecimiento doméstico y a una depreciación del dólar que hizo los bienes fabricados en Estados Unidos más atractivos para los compradores extranjeros, las exportaciones crecieron de $205 000 millones en 1985 a $420 000 millones en 1991, lo cual representa un incremento de más de 100%.[16] Muchas empresas norteamericanas han llegado a la conclusión de que casi seguramente alcanzarán sus objetivos de ganancias y crecimiento combinando el marketing doméstico *con* el internacional y no sólo trabajando en el primero.

3M es una de las firmas que ha reconocido el potencial de los mercados internacionales.[17] Probablemente su producto más conocido son los cuadernos para notas Post-It, pero sus productos más importantes son varios de tipo científico, industrial y electrónico. En los años 50, su concepto de comercio internacional no era impresionante en absoluto; se limitaba a vender en el extranjero las cintas defectuosas: aquellas que al salir de la línea de producción eran consideradas de poca calidad para distribuirlos en el mercado nacional. Hoy 3M exporta $1.2 mil millones de bienes, fabrica y vende otros $5.2 mil millones fuera del país. Cuenta además con un plan formal de estrategia global para cada uno de los 40 000 productos que exporta. Como se indica en la tabla 1-2, no es la única corporación que ha

TABLA 1-2 Principales exportadores estadounidenses
Las 10 compañías norteamericanas que más exportaron en 1991

Compañía	Ventas en el extranjero (millones)	Porcentaje de ventas totales	Productos de más venta en el extranjero
Boeing	$17 856	61	Aviones comerciales y militares
General Motors	11 285	9	Vehículos automotores y refacciones
General Electric	8614	14	Motores para aviones de propulsión, turbinas, equipo médico
IBM	7668	12	Computadoras
Ford	7340	8	Vehículos automotores y refacciones
Chrysler	6168	21	Vehículos automotores y refacciones
McDonnell Douglas	6160	33	Productos espaciales, misiles, aparatos electrónicos
DuPont	3812	10	Productos químicos especializados
Caterpillar	3710	36	Maquinaria pesada, motores, turbinas
United Technologies	3587	17	Motores para aviones a propulsión, helicópteros, equipo de enfriamiento

Fuente: "Top 50 U. S. Exporters", *Fortune*, junio 29 de 1992, p. 95. Estas cifras no reflejan las operaciones manufactureras que llevan a cabo en otros países las compañías norteamericanas.

descubierto el gran potencial del mercado internacional. Otras empresas de Estados Unidos obtienen de las exportaciones un importante porcentaje de sus ingresos totales.

¿Qué es lo que, en última instancia, decidirá el éxito de las empresas multinacionales? Hace poco se pidió una opinión a los líderes del mundo de los negocios, del gobierno y académicos en Estados Unidos, Japón, Europa Occidental y Europa Central. Proteger el ambiente fue la cuestión que juzgaron más importante. Es decir, los consumidores seguirán reclamando productos de calidad, pero también insistirán en que los productos de manufactura y consumo no dañen el ambiente. Por otra parte, las empresas capaces de alcanzar un alto nivel de estandarización en el mundo, y a la vez de diseñar sus productos para satisfacer las preferencias locales, tendrán importantes ventajas en la reducción de los costos y en la aceptación por parte del mercado.[18] Se trata sin duda de objetivos muy ambiciosos, pero que no están fuera del alcance de las corporaciones más creativas. Una cosa es evidente: está naciendo un mercado global. En el momento actual, la mayor parte de los países, sin importar su nivel de desarrollo económico ni su orientación política, admiten la importancia de realizar la comercialización más allá de las fronteras nacionales. En efecto, el crecimiento económico de las naciones en vías de desarrollo depende fundamentalmente de su capacidad de diseñar sistemas eficaces de marketing para generar consumidores globales de sus materias primas y de su producción industrial.

Importancia del marketing en el sistema socioeconómico de Estados Unidos

En Estados Unidos se ha conseguido un alto nivel de vida gracias, en parte, a métodos agresivos y eficaces del marketing. La eficiencia del marketing masivo; o sea, una comunicación amplia y rápida que pone los productos al alcance del público, combinada con la producción masiva ha reducido el costo de muchos de ellos. Gracias a ello, ahora cualquier persona disfruta de cosas que antaño eran consideradas como lujos y a las que, en muchos países, sólo tienen acceso quienes perciben ingresos altos.

Más o menos desde 1920 (exceptuando el periodo de la Segunda Guerra Mundial), la oferta disponible de productos ha superado con creces la demanda total. Fabricar la mayor parte de ellos ha sido una tarea relativamente fácil; el reto real ha consistido en venderlos.

Empleo y costos. Una forma de entender la importancia del marketing en la economía de Estados Unidos consiste en reflexionar sobre cuántos ciudadanos norteamericanos laboran en alguna actividad conexa con el marketing y cuánto de lo que gasta la población en ese país se destina a pagarla. *Entre un cuarto y una tercera parte de la fuerza de trabajo civil se dedica a actividades de marketing*. En esa cifra están incluidos los que laboran en las industrias del comercio al detalle, el comercio al por mayor, el transporte, el almacenamiento y la comunicación, así como los que trabajan en los departamentos de marketing de los fabricantes y los que lo hacen en el marketing de la industria agrícola, minera y de servicios. Más aún, en el siglo XX los trabajos relacionados con el marketing han aumentado a un ritmo mucho más rápido que los de la producción; esto refleja la función cada vez más importante que tiene en la economía.

En promedio, *cerca de 50 centavos de cada dólar que gastan los consumidores se destina a sufragar los costos del marketing*. Con ese dinero se paga el diseño de los productos que satisfacen las necesidades de la población, se ponen al alcance de ella en el momento y en el

¿Qué tipos de utilidades ofrece la entrega a domicilio?

El campo del marketing

PERSPECTIVA INTERNACIONAL

¿CÓMO SE DISTINGUEN LOS AUTOMÓVILES IMPORTADOS Y LOS DE FABRICACIÓN NACIONAL?

Para un simple observador, el mercado de los automóviles parece estar dominado por tres fabricantes nacionales (General Motors, Ford y Chrysler) que luchan contra varios modelos importados. Pero la situación dista mucho de ser tan sencilla. Muchos automóviles "de fabricación nacional" se producen en el extranjero y muchos "modelos importados" se producen en Estados Unidos.

El siguiente ejercicio consiste en correlacionar los modelos de la derecha con el país donde se fabrican:

1. Pontiac LeMans	A. Canadá
2. Chevrolet Lumina	B. Corea
3. Mercury Capri	C. México
4. Dodge Stealth	D. Japón
5. Mercury Tracer	E. Canadá
6. Plymouth Voyager	F. Australia

Recuerde además que los Toyota se construyen en Kentucky, los Mazda en Michigan y los Honda en Ohio. Y estamos seguros de que el lector no sabe que algunos automóviles japoneses que se producen en Estados Unidos son exportados al Japón.

La situación se complica cuando examinamos casos en que dos empresas de distintos países forman una empresa conjunta. Por ejemplo, Mazda construye automóviles Ford en Japón y Ford produce Mazdas en Europa. Las empresas conjuntas no se limitan simplemente a la manufactura. Por ejemplo, Chrysler vende jeeps a través de distribuidores de Honda en Japón. Y las tres grandes compañías automotrices de Estados Unidos han iniciado importantes actividades de marketing en Asia. En conjunto, sus ventas en Japón han crecido de 60 000 unidades en 1988 a 102 000 en 1990 (cifra que representa el 1.3% del mercado japonés, mientras que las compañías japonesas tienen una participación del 28% en el mercado norteamericano de automóviles y camiones). La meta a corto plazo de estas corporaciones consiste en incrementar las exportaciones a 500 000 unidades en 1994.

¿A qué se deben las decisiones de producir en el extranjero y constituir empresas conjuntas? En última instancia, se trata de un intento de poner en práctica el concepto de marketing. Con el propósito de satisfacer las necesidades de los clientes, una empresa buscará reducir los costos de producción, mejorar la calidad de los productos con una fuerza laboral más sofisticada, vínculos más estrechos con los proveedores, mayor control sobre el servicio al cliente y una manera de evitar los aranceles de importación. Para alcanzar tales metas se requieren a menudo nuevos sistemas de trabajo.

(Respuestas al problema: 1-B, 2-A, 3-F, 4-D, 5-C, 6-E).

Fuentes: Paul Ingrassia, "Taking On Tokyo: Detroit's Big Three Are Trying to Conquer a New Market: Japan", *The Wall Street Journal*, 19 de noviembre, 1991, p. A1; Jacqueline Mitchell, "Growing Movement to 'Buy American' Debates the Term", *The Wall Street Journal*, 24 de enero, 1992, p. A1; Neal Templin, "Beleaguered at Home, U.S. Car Makers Get a Boos from New Customers Abroad", *The Wall Street Journal*, 8 de noviembre, 1991, p. B1.

---

sitio que los quiere y se le dan a conocer. Estas actividades les agregan la capacidad satisfactora de necesidades, o lo que los economistas llaman **utilidad**.

Cómo se crea la utilidad. Un consumidor adquiere un producto porque le procura satisfacción. Ese algo que hace al producto capaz de satisfacer necesidades es la *utilidad*. Y es a través del marketing que se crea gran parte de la utilidad de un producto.

El siguiente ejemplo nos ayudará a entender mejor esto. A un mercadólogo se le ocurre una idea de un nuevo producto que combina el concepto de la hoja de los esquíes de hielo con los patines de ruedas. Para fabricar ese producto una compañía, Rollerblade, Inc., fue fundada en Minneapolis. Pero el producto fabricado en esa ciudad durante abril tiene poco valor para un habitante de Los Ángeles que quiera comprar uno para regalarlo en Navidad. Por tanto, habrá que transportarlo a Los Ángeles (y a otras muchas localidades) y ponerlos en las tiendas cerca de los usuarios potenciales. Después, mediante la promoción, se les dará a conocer la existencia del producto y los beneficios que ofrece. Veamos qué tipos de utilidad se generaron durante el proceso:

- La **utilidad de forma** se asocia primordialmente a la producción: los cambios físicos o químicos que hacen más valioso un producto. Cuando transformamos la madera en muebles, se obtiene una utilidad de forma. Esto es producción, no marketing. Con todo, la investigación de mercados contribuye a tomar una decisión más acertada sobre el diseño del producto, su color, las cantidades o algún otro aspecto de él. En el caso del nuevo tipo de patines del ejemplo anterior, como en la generalidad de los productos, el marketing interviene en el desarrollo del concepto, el diseño del aspecto, la selección de los materiales y del color. Todas estas cosas contribuyen a crear la utilidad de forma del producto.
- Existe la **utilidad de lugar** cuando los consumidores potenciales tienen acceso fácil al producto. Un producto que se expenda en Chicago tiene poco valor para los habitantes de Los Ángeles o de otras partes de Estados Unidos. Así, el hecho de transportar un bien a una tienda cerca del público consumidor aumenta su valor.
- **Utilidad de tiempo** significa disponer de un producto cuando lo necesitamos. En el caso del nuevo tipo de patines, los usuarios quieren tener un surtido de ellos en las tiendas para adquirirlos cuando los necesiten. Poder comprar un producto cuando lo deseamos es muy agradable y cómodo; pero se requiere que el detallista prevea nuestros deseos y conserve un inventario. Por tanto, la utilidad de tiempo no se obtiene sin algunos costos.
- La **utilidad de información** se genera dando a conocer la existencia del producto a los compradores potenciales. El producto carece de valor si el público ignora su existencia o dónde puede conseguirlo. La utilidad de información se crea, por ejemplo, mediante la publicidad que describe un bien o cuando un vendedor responde las preguntas de un prospecto sobre algunas características del bien. Un tipo especial de esta utilidad es la **utilidad de imagen**. Es el valor emocional o psicológico que alguien atribuye a un producto o marca por su reputación o condición social. De ordinario se asocia a productos creadores de prestigio o de un gran estatus social: ropa de diseño exclusivo, automóviles importados, algunas zonas residenciales. No obstante, este valor de un producto determinado variará mucho según las percepciones de cada consumidor. Por ejemplo, Coca-Cola subestimó la utilidad de imagen de su refresco tradicional cuando intentó sustituirlo por New Coke.
- Se crea la **utilidad de posesión** cuando una persona compra el producto, es decir, cuando la propiedad pasa a él. Los patines u otros artículos exhibidos en el escaparate o en los estantes no procuran satisfacción alguna a los consumidores. En consecuencia, ha de llevarse a cabo una transacción para que alguien consuma y disfrute el producto. Y esto ocurre cuando por ejemplo intercambiamos dinero por un par de patines.

El campo del marketing

USTED TOMA LA DECISIÓN

¿QUÉ TIPO DE UTILIDAD INTENTA CREAR ROCKPORT?

Una nueva categoría de calzado cuya popularidad ha ido creciendo son los "zapatos cómodos". Incorporan la tecnología de los zapatos deportivos en estilos más elegantes para las personas tan activas del mundo moderno. Sin embargo, un problema importante es su aspecto. En los zapatos no es fácil combinar la comodidad con la elegancia. Para ofrecerle al mercado el calzado que desea, Reebok International, creador de la categoría con su marca Rockport, invierte enormes cantidades en la investigación de mercado para determinar lo que el público desea y también en el desarrollo de productos para encontrar la manera de producirlo.

¿Es probable que estas utilidades sean proporcionadas por producción o por marketing trabajando en forma aislada?

Importancia del marketing en las organizaciones

En este libro nos concentraremos en el desempeño del marketing en las organizaciones. Examinaremos varios conceptos útiles para los gerentes que se aplican a las empresas que comercializan bienes y servicios, así como a las empresas no lucrativas.

Las consideraciones del marketing han de formar parte de la planeación a corto y largo plazo de cualquier compañía. Por ello:

- El éxito de un negocio se basa en satisfacer las necesidades y deseos de sus clientes, lo cual constituye el fundamento socioeconómico de la existencia de una empresa.
- Si bien muchas actividades son indispensables para el crecimiento de una corporación, el marketing es el único que aporta directamente ingresos. (Esto es algo que a veces pasa inadvertido a los gerentes de producción que utilizan esos ingresos y también a los directores financieros que los administran.)

Cuando los directivos están orientados hacia el interior de la organización, los productos son creados por diseñadores, fabricados por los encargados de producción, los precios son fijados por los directores financieros y luego entregados a los directores de ventas para que los comercialicen. Este método rara vez dará buenos resultados en el entorno actual caracterizado por una competencia muy intensa y por el cambio constante. El simple hecho de *construir* un buen producto no dará por resultado su venta.

Empresas de servicios. Estados Unidos se ha convertido en la primera economía de servicios del mundo, después de haber sido fundamentalmente una economía industrial. En contraste con los bienes, los servicios consisten en actividades que son el objeto de transacciones. He aquí algunos ejemplos: comunicaciones, diversión, atención médica, servicios financieros y reparaciones. Los servicios representan más de tres partes del producto interno bruto de una nación. En Estados Unidos, casi tres cuartas partes de la fuerza de trabajo no agrícola labora en las industrias de servicios y aproximadamente la mitad de los gastos de consumo se destinan a la compra de servicios. Conforme a las proyecciones del año 2000, la participación de los servicios en estas categorías (producto interno bruto, empleo, gastos) será aún mayor.

Dado que la producción de bienes dominó la economía norteamericana hasta hace pocos años, la mayor parte de la investigación de mercados y de las obras sobre marketing se centró en los conceptos y estrategias relacionadas con los bienes (comestibles, ropa, máquinas, herramienta y automóviles) más que en los servicios. Hoy algunas de las empresas más orientadas al marketing se hallan en el sector de servicios; por ejemplo, Federal Express, Disney y Marriot Corporation. Por tanto, investigaremos lo que distingue los servicios de los bienes y veremos cómo tales diferencias inciden en el marketing.

Empresas no lucrativas. Durante las décadas de 1980 y 1990 muchas de estas organizaciones se dieron cuenta de que necesitaban buenos programas de marketing para comenzar la disminución de los subsidios gubernamentales, un decremento en las aportaciones a obras de caridad y otras condiciones económicas desfavorables. Las universidades con matrículas cada vez menores, los hospitales con camas vacías y las orquestas sinfónicas que tocaban ante poco público comenzaron a entender que sin el marketing no podían hacer nada para mejorar la situación.

Hoy las instituciones altruistas, los museos y hasta las iglesias (organizaciones que antaño rechazaban todo lo concerniente al marketing) lo han aceptado como un medio para crecer y, en algunos casos, para sobrevivir. Esta tendencia tenderá a agudizarse durante el resto de la década de los noventa por dos motivos:

- La creciente competencia entre las organizaciones no lucrativas. Por ejemplo, la que se observa entre universidades y escuelas tecnológicas se ha ido intensificando a medida que disminuye el número de personas de edad universitaria. También se ha intensificado la búsqueda de patrocinadores al proliferar las instituciones dedicadas a obras de caridad.
- Las organizaciones no lucrativas necesitan mejorar su imagen y lograr mayor aceptación entre los donantes, los organismos gubernamentales, los medios de comunicación masiva y, naturalmente, entre los consumidores. Todos ellos en conjunto determinan el éxito de estas instituciones.

Importancia del marketing en nuestra vida

De acuerdo. El marketing tiene una importancia global en la economía del país y en cada empresa en particular. Pero el lector se preguntará: ¿En qué me afecta esto a mí?, ¿por qué debería estudiar el marketing? Pues por varias razones:

- El marketing está presente en muchísimas actividades cotidianas. Piense en cuántas empresas lo consideran como parte de su mercado. Teniendo en mente a personas como usted, algunas empresas (entre otras, Nike, Visa, Microsoft y Kellogg's) han diseñado productos, fijado precios, creado anuncios y seleccionado los mejores métodos de hacerle llegar sus productos. En respuesta a esos esfuerzos, usted ve sus comerciales en la televisión, compra diversos artículos en varias tiendas y, se queja de los precios o de la calidad. El marketing ocupa una parte considerable de nuestra vida diaria. Si lo duda, imagine por unos momentos lo que sucedería si no hubiera instituciones de marketing; por ejemplo, ninguna tienda donde comprar los comestibles ni anuncios que nos dieran información.
- El estudio del marketing nos permitirá ser consumidores mejor informados. Entenderemos entonces lo que está detrás de los precios, cómo se escogen los nombres de marca y también el papel de la promoción y la distribución.
- Por último, el marketing guarda relación directa o indirecta con nuestras aspiraciones profesionales. Si el lector piensa estudiar marketing y ejercer después esta profesión, podrá darse cuenta de lo que hacen los directores de marketing. (Si desea obtener mayor información sobre las oportunidades profesionales de esta disciplina, le recomendamos consultar el apéndice A titulado "Carreras en marketing".) Si proyecta dedicarse a la contabilidad, las finanzas u otra área de la administración de empresas, aprenderá cómo el marketing influye en la toma de decisiones gerenciales en esos campos. Por último, si piensa realizar una carrera en profesiones ajenas al marketing como ciencias de la salud, politología, música o ciencias de la educación, aprenderá a utilizar el marketing en ellas.

RESUMEN

Las empresas lucrativas y las no lucrativas llevan a cabo actividades de marketing. Entre los productos que venden se encuentran bienes, lo mismo que servicios, ideas, personas y lugares. Las actividades del marketing se dirigen a los mercados, los cuales se componen de los compradores y también de individuos y grupos que influyen en el éxito de una organización.

El fundamento del marketing es el intercambio, en el cual una de las partes proporciona a otra algo de valor a cambio de otra cosa de valor. En un sentido amplio, el marketing está constituido por todas las actividades tendientes a generar o facilitar el intercambio, cuya finalidad es satisfacer las necesidades humanas.

Dentro de un contexto de negocios, el marketing es un sistema total de actividades comerciales que tienen el propósito de planear, fijar precios, promover y distribuir productos satisfactores de necesidades entre los mercados meta para alcanzar los objetivos organizacionales. La diferencia principal entre el marketing y la venta es que en la venta el interés se centra en el producto; en el marketing, se centra en las necesidades y deseos del cliente.

En Estados Unidos, la evolución del marketing ha pasado por tres etapas: comenzó con una orientación a la producción, pasó luego por una orientación a las ventas y en el momento actual se orienta al marketing. En esta tercera etapa, las actividades de las compañías buscan ante todo identificar y satisfacer las necesidades del consumidor.

Hay organizaciones que se estancan en la primera o segunda etapas, sin que avancen a la de orientación al marketing, porque tienen un poder de monopolio o bien porque sus productos gozan de gran demanda. A otras les resulta difícil poner en práctica este tipo de enfoque.

Una filosofía empresarial, llamada concepto de marketing, se diseñó para dar a las compañías capacidades de oferta que superen la demanda. Según ese concepto, una empresa estará en mejores condiciones de lograr sus objetivos si adopta una orientación al cliente y coordina todas sus actividades mercadológicas. En los últimos años, el concepto del marketing social ha sido propuesto como una filosofía que permite satisfacer a los clientes y, al mismo tiempo, cumplir con la responsabilidad social.

El marketing se practica hoy en todas las naciones modernas, sin importar su orientación política. Al irse intensificando la competencia internacional, se presta mayor atención a esa disciplina. En Estados Unidos entre una cuarta y una tercera parte de la fuerza laboral civil labora en el marketing, y aproximadamente la mitad de los gastos de los consumidores se destina a cubrir el costo del marketing. A través de él se genera la utilidad de forma, de información, de lugar, de tiempo y de posesión.

En algunas circunstancias el marketing puede ser indispensable para el éxito de una organización. En los años recientes muchas empresas de servicios y no lucrativas han comprendido que el marketing es necesario e importante. También puede ser útil para los estudiantes, sobre todo en lo tocante a las oportunidades profesionales.

Más sobre **THE LIMITED, INC.**

Sin duda un factor decisivo del extraordinario crecimiento de The Limited es su fundador, Leslie Wexner. Parece poseer un don para descubrir lo que quieren las mujeres y detectar tendencias antes que la competencia. Pero en una empresa de este tamaño el éxito no puede depender tan sólo de un individuo. Es patente que The Limited sigue una orientación de marketing y que ha adoptado el concepto del marketing. Eso fue lo que quiso decir un ejecutivo de alto nivel al señalar: "Ustedes compran en las tiendas que los respetan y les dan el trato que desean. . . En nuestras tiendas ofrecemos lo que una mujer tiene derecho a encontrar en cualquier establecimiento donde compre." Wexner admite la necesidad de la orientación al cliente cuando afirma: "Toda mujer tiene suficiente ropa para 100 años. Debemos venderle la emoción de comprar." Y a los empleados les ha inculcado esta sensibilidad ante el cliente. La compañía insiste en que los directivos se mantengan en contacto con el mercado y experimenten de manera constante. Por ejemplo, existe una regla informal de que el cliente que visite una tienda de la cadena una vez a la semana ha de encontrar siempre algo nuevo.

La estrategia de The Limited se funda en mercados definidos claramente. Cada una de sus cadenas se centra en un grupo muy específico. Por ejemplo, Lane Bryant vende a mujeres de talla grande, Limited Stores a aquellas cuya edad fluctúa entre 25 y 35 años, Express lo hace a adolescentes y mujeres menores de 26 años y Limited Too vende ropa para niñas. Por medio de Abercrombie & Fitch (estilos tradicionales) y Structure (ropa elegante) The Limited proyecta penetrar en el mercado de ropa para caballeros.

Para que el marketing sea exitoso se requiere elaborar una estrategia eficaz. Con el fin de apoyar su mercancía de moda, The Limited dispone de un sistema altamente complejo de inventario y una empresa importadora de ropa. De este modo sus compradores descubren un estilo en Europa, lo copian y lo fabrican en Asia, introduciéndolo después en sus tiendas semanas o meses antes que la competencia. Y cabe destacar además el trato que se le da al cliente. Luego de atraerlos a las tiendas con exhibiciones sumamente llamativas, Wexner no quiere que sean alejados por vendedores demasiado agresivos. Por eso se les paga un sueldo, y no una comisión.

¿Qué le depara el futuro a esta empresa? La venta de ropa elegante es un negocio poco estable. Incluso las firmas en estrecho contacto con el mercado cometen errores. The Limited se equivocó con las minifaldas en los años 80 y con una línea de ropa de estilo europeo durante los años 90 caracterizados por la recesión.

1. ¿Cómo podría The Limited prever las tendencias futuras de la moda?
2. ¿Puede repetir su éxito fuera de Estados Unidos?

■ TÉRMINOS Y CONCEPTOS BÁSICOS

Los números al lado de los términos indican las páginas donde se definen los términos y conceptos. Además, unos y otros se definen en el glosario que viene al final del libro.

Mercadólogos (5)	**Etapa de orientación a la producción** (8)	**Concepto de marketing social** (13)	**Utilidad de forma** (24)
Mercado (5)			**Utilidad de lugar** (24)
Intercambio (5)	**Etapa de orientación a las ventas** (9)	**Ética** (15)	**Utilidad de tiempo** (25)
Marketing (7)		**Calidad** (18)	**Utilidad de información** (25)
Producto (7)	**Etapa de orientación al marketing** (10)	**Satisfacción del cliente** (18)	
Cliente (7)			**Utilidad de imagen** (25)
Consumidor (7)	**Concepto de marketing** (12)	**Utilidad** (24)	**Utilidad de posesión** (26)

■ PREGUNTAS Y PROBLEMAS

1. Explique el concepto de intercambio, mencionando las condiciones que se requieren para que éste se produzca, y dé un ejemplo de un intercambio que no supone dinero.
2. Mencione algunas empresas que, a su juicio, se hallan todavía en la etapa de la producción o en la de ventas dentro de la evolución del marketing. Explique por qué las escogió.
3. Explique los tres elementos que constituyen el concepto de marketing.
4. "El concepto de marketing *no* implica que los ejecutivos de ese departamento dirigirán la empresa. El concepto indica sólo que quien ocupe el cargo de director general ha de tener una orientación al marketing." Dé ejemplos de cómo los directores de producción, de finanzas y de personal puede tener dicha orientación.
5. En cada una de las siguientes organizaciones describa lo que se comercializa o se vende:

   a. El equipo de futbol americano los 49s de San Francisco.
   b. Un sindicato de pilotos de vías aéreas.
   c. Un profesor que imparte un curso introductorio de química.
   d. El departamento de policía de su localidad.
6. Una forma de explicar las utilidades que genera el marketing consiste en imaginar cómo viviríamos si no existieran las técnicas de marketing. Describa algunas de las formas en que sus actividades diarias se verían afectadas si no hubiera tiendas al detalle ni publicidad.
7. Mencione dos empresas de servicios que, en su opinión, realizan un buen trabajo de marketing. Después mencione algunas que no llevan a cabo esta función de modo satisfactorio. En todos los casos explique los motivos de su clasificación.

APLICACIONES DEL MARKETING

1. Seleccione una unidad organizacional en su escuela (por ejemplo, un servicio de alimentos, una oficina de empleo, deportes intramuros, una biblioteca), observe su funcionamiento y entreviste a un administrador y algunos clientes para identificar: a) lo que se intercambia y b) si la unidad está orientada a la producción, las ventas o el marketing.

2. Averigüe con un detallista de su comunidad qué cambios o adiciones han sido realizados durante el año pasado para dar un mejor servicio a los clientes. Clasifique los cambios en las seis clases de utilidades explicadas en el capítulo. Basándose en esta conversación, ¿qué tipo de utilidad tiene mayores probabilidades de mejorar el negocio en el futuro?

NOTAS Y REFERENCIAS

1. Michael Schiffman, "The Limited, Inc.", *Value Line*, 28 de febrero, 1992, p. 1698; "The Forbes Four Hundred", *Forbes*, 21 de octubre, 1991, p. 152; Joan Bergman, "How Do Companies That Do Everything Right Do It Right?", *Stores*, mayo de 1987, p. 30; Brian O'Reilly, "Leslie Wexner Knows What Women Want", *Fortune*, 19 de agosto, 1985, pp. 154-160.

2. Utilizamos indistintamente los términos *necesidades* y *deseos*, porque el marketing es importante para unas y otros. Desde el punto de vista técnico, podemos examinar las primeras en un sentido estrictamente fisiológico (alimento, ropa y vivienda), asignando todo lo demás a la categoría de deseos. Pero, desde la perspectiva de los consumidores, la distinción no es clara. Por ejemplo, para muchos el teléfono o el automóvil constituyen una necesidad.

3. La American Marketing Association, que es la organización profesional más grande en el sector del marketing en Estados Unidos, hace poco formuló una definición muy parecida: "El marketing es el proceso de planear y realizar los conceptos, precios, promoción y distribución de ideas, bienes o servicios para generar intercambios que cumplan con los objetivos individuales y organizacionales." Véase a Peter D. Bennett, editor, *Dictionary of Marketing Terms*, American Marketing Association, Chicago, 1988, p. 115.

4. Peter F. Drucker, "Marketing 101 for a Fast-Changing Decade", *The Wall Street Journal*, 20 de noviembre, 1990, p. A16.

5. Robert J. Keith, "The Marketing Revolution", *Journal of Marketing*, enero de 1960, p. 37.

6. Geraldine E. Williams, "High Performance Marketing: An Interview with Nike's Phil Knight", *Harvard Business Review*, julio-agosto de 1992, p. 92.

7. Lynn B. Upshaw, "It's Time to Let Customers Take the Marketing Wheel", *Marketing News*, 2 de marzo, 1992, p. 4.

8. Kevin J. Clancy y Robert S. Shulman, *The Marketing Revolution*, Harper Business, New York, 1991.

9. Robert Johnson, "In the Chips", *The Wall Street Journal*, 22 de marzo, 1991, p. B1.

10. Chuck Hawkins, "Will Home Depot Be 'The Wal-Mart of the '90s'?" *Business Week*, 19 de marzo, 1990, pp. 124-125.

11. Una explicación muy completa sobre la ética del marketing se da en Gene R. Laczniak y Patrick E. Murphy, *Ethical Marketing Decisions; The Higher Road*, Allyn & Bacon, Nueva York, 1993.

12. Kenneth Labich, "The New Crisis in Business Ethics", *Fortune*, 20 de abril, 1992, p. 167+.

13. *Ibíd*.

14. Stuart Elliot, "Loneliness in a Long-Running Pitch", *The New York Times*, 5 de mayo, 1992, p. D1+.

15. Jeremy Main, "How to Win the Baldridge Award", *Fortune*, 23 de abril, 1990, pp. 101-116.

16. *Foreign Trade by Commodities, 1990* (Organization for Economic Cooperation and Development), París, 1991.

17. Robert L. Rose, "How 3M by Tiptoeing into Foreign Markets Became a Big Exporter", *The Wall Street Journal*, 29 de marzo, 1991. p. A1.

18. Michael R. Czinkota y Ilkka Ronkainen, "Global Marketing 2000: A Marketing Survival Guide", *Marketing Management*, invierno de 1992, pp. 37-45.

APÉNDICE A

Carreras en marketing

¿Qué haré cuando termine mis estudios? Para la generalidad de la gente la respuesta es simple: encontrar un empleo. Pero la meta del lector debería ser más ambiciosa que la de hallar trabajo. Su primer empleo después de graduarse debería servirle de trampolín para emprender una carrera exitosa.

Si quiere tomar desde ahora la dirección correcta, conviene que comience a prepararse desde la universidad y que empiece a buscar trabajo al menos un semestre antes de graduarse y, de preferencia, desde nueve meses antes.

En este apéndice se explica primero cómo escoger una carrera, con el fin de que comience a pensar en las metas que se fijará después de graduarse y en la búsqueda de empleo. Después se describen varias oportunidades profesionales en el ámbito del marketing. Finalmente, se dan directrices en una sección dedicada a todos los estudiantes, cualquiera que sea su especialidad.

CÓMO ESCOGER CARRERA

Una de las decisiones más importantes que tomará a lo largo de su vida es seleccionar una carrera. Se trata de una decisión que influirá en su futura felicidad, en su autorrealización y en su bienestar. Por desgracia, son decisiones que a menudo parecen basarse en una insuficiente información, análisis y evaluación de alternativas.

Al inicio del proceso de selección de carrera, todos deberían realizar un poco de introspección. Es un proceso que consiste en entrar en uno mismo y con toda honradez valorar lo que se desea y lo que se ofrece. Consideremos brevemente lo que supone la introspección.

¿Qué quiere usted?

Tal vez esta pregunta pueda expresarse mejor en los siguientes términos: "¿Qué es lo importante en su vida?" Para contestar una pregunta tan general, hay que responder otras más específicas como las siguientes:

- ¿Qué importancia da al dinero y a otras recompensas económicas?
- ¿Quiere que su carrera sea lo más importante en su vida? ¿O bien ve en ella un simple medio de financiar las actividades de su tiempo libre?
- ¿Qué importancia tienen para usted el ambiente y el clima social, así como otros aspectos del entorno donde vive?
- ¿Preferiría trabajar para una empresa grande o para una pequeña?
- ¿Le gustaría vivir y trabajar en una ciudad pequeña o en un gran centro urbano?
- ¿Está usted dispuesto a mudarse a otra parte del país? ¿Con qué frecuencia está dispuesto a trasladarse?
- ¿Qué importancia le concede al prestigio social de una carrera profesional?
- ¿Prefiere trabajar a un ritmo tranquilo o a un ritmo a veces frenético? ¿Sabe vivir con la presión de los plazos?
- ¿Necesita signos tangibles de resultados en un trabajo para sentirse realizado?
- ¿Prefiere trabajar solo o en equipo?

Otra manera de abordar la cuestión de lo que se quiere de una carrera profesional consiste en identificar, por escrito, las metas de nuestra vida. Enumere tanto los objetivos intermedios (de 3 a 5 años a partir del momento presente) y los objetivos a largo plazo (10 o más años).

Otro método consiste simplemente en describir pormenorizadamente la propia personalidad. Al apuntar los rasgos de nuestra personalidad, nuestras preferencias y aversiones, nuestras esperanzas y temores estaremos en condiciones de identificar diversas profesiones que encajarán o no en nuestra autoimagen.

¿Qué puede ofrecer?

La siguiente etapa consiste en reconocer en forma detallada sus puntos fuertes y débiles. ¿Por qué debería alguien querer contratarlo? ¿Cuáles son sus cualidades? ¿Qué experiencia —trabajo, escolaridad, actividades extracurriculares— tiene que lo haga candidato interesante para los empleadores? Puesto que las cualidades no se adquieren de la noche a la mañana, debe empezar a cultivarlas desde que estudia en la universidad. Pero recuerde que a los futuros empleadores les interesa mucho más lo que un candidato hizo en diversas actividades que los títulos académicos que posee. Sea, pues, selectivo y también realice algunas cuantas cosas.

¿CUÁLES SON LOS EMPLEOS EN MARKETING?

En el capítulo 1 dijimos que de una tercera a una cuarta parte de todos los trabajos civiles en Estados Unidos se encuentran en el sector del marketing. Abarcan gran diversidad de actividades y una amplia gama de aptitudes y cualidades. Por ejemplo, en la venta personal se requiere una serie de aptitudes distintas a las que se necesitan en la investigación de mercados. Una persona que seguramente tendrá éxito en la publicidad tal vez no sea un buen candidato para trabajar en la distribución física. Por ello, las aptitudes y habilidades hacen a los individuos candidatos idóneos para varios tipos de empleos en el marketing.

En esta sección describiremos brevemente los principales trabajos del marketing, agrupándolos por título o actividad. En la tabla A-1 se compendian los tipos de puestos a que suelen tener acceso los estudiantes que aún no se gradúan.

TABLA A-1 Ocho puestos iniciales de marketing para graduados universitarios

Puesto	Comentarios
Representante de ventas	Encargado de vender los bienes o servicios de la empresa a los clientes. Éstos pueden ser consumidores, intermediarios u otras organizaciones.
Asistente de ventas (o marketing)	Colabora con el director de ventas y con el personal en la realización de programas, como los de exposiciones industriales, o en los programas de incentivos para la fuerza de ventas. Este puesto conlleva una responsabilidad más amplia, entre otras cosas colaborar en el desarrollo y distribución de productos.
Representante de servicio al cliente	Ayuda a los clientes después de la venta, a menudo atendiendo las quejas y solicitudes de información o servicio. Muy común en el sector de bienes industriales.
Ejecutivo en entrenamiento en gerencia de ventas al detalle	Es un puesto común en las cadenas de tiendas de departamentos. Después de la capacitación, generalmente ocupa cargos rotatorios en las compras y en la dirección del departamento de ventas. Finalmente este ejecutivo se centra en la gerencia de compras o de la tienda.
Asistente del gerente	Es un puesto común en las cadenas que tienen pequeños centros comerciales de tiendas de especialidades. Colaboran en la supervisión de las actividades diarias del establecimiento, sobre todo en la administración de personal y en la exhibición de mercancía. De hecho, se trata de un cargo subalterno.
Asistente de comprador de medios	Es un puesto inicial muy común en las agencias publicitarias. Ayuda en la compra de espacio y tiempo de publicidad para empresas que son clientes de la agencia. Otro puesto inicial es el de redactor subalterno de textos publicitarios, quien trabaja para una agencia o un anunciante.
Investigador en entrenamiento	Se encuentra en las grandes empresas y en las firmas de investigación de mercados. Después de la capacitación o durante ella, colabora en una o varias fases del proceso de investigación; por ejemplo, en la recopilación de información, en el análisis de datos y en la preparación de informes.
Asistente del o al gerente de producto	Colaboran en la planeación y, sobre todo, en la realización del programa de marketing para determinada marca o línea de productos. Se encuentra principalmente en las grandes empresas que venden bienes de consumo o servicios.

Venta personal

Los trabajos de ventas son sin duda los más numerosos de todos los que ofrece el marketing. La venta personal comprende una vasta serie de actividades, organizaciones y cargos. He aquí algunos ejemplos: un distribuidor de Coca-Cola en camión, un dependiente en una tienda de departamentos, un ingeniero de ventas que da asesoría técnica en válvulas hidráulicas, un representante de la Boeing que vende una flotilla de aviones y un consultor de marketing que vende sus servicios. Todas esas personas laboran en la venta personal, aunque cada trabajo es distinto de los demás.

Prácticamente en todas las localidades existen trabajos de venta de uno u otro tipo. Ello significa que uno puede escoger el sitio donde le gustaría vivir y estar seguro de conseguir un empleo en esta actividad.

La venta personal ofrece la posibilidad de obtener ingresos *muy* altos, sobre todo cuando el plan de compensación es por comisión simple o bien una combinación de sueldo más un incentivo importante.

Un trabajo en ventas es el nivel de ingreso más común en marketing. Más aún, según se advierte en la figura A-1, suele ser el trampolín para ocupar un puesto gerencial. Muchas compañías reclutan vendedores con la intención de promoverlos después a puestos directivos. La venta personal y la dirección de ventas son también una buena preparación para llegar a la dirección general de la empresa, porque en la venta es bastante fácil medir el desempeño y productividad del empleado.

El trabajo de ventas difiere de los otros en aspectos importantes que examinaremos en el capítulo 17. Los vendedores representan la compañía ante los clientes y ante el público en general. Éste ordinariamente no juzga una empresa por sus fábricas ni por su personal administrativo. Por lo demás, los vendedores externos (los que van a la calle) operan con poca o nula supervisión personal directa. Han de tener mucha creatividad, persistencia y motivación. Además, se trata de una actividad que requiere viajes frecuentes y permanecer mucho tiempo lejos del hogar y la familia. Entre las profesiones, la venta personal generalmente tiene poco prestigio y bajo estatus social.

Todo considerado, la venta es un trabajo duro pero ofrece grandes satisfacciones y recompensas económicas. Ningún otro trabajo contribuye tanto al éxito de una organización. Recuerde: no sucede nada mientras alguien no vende algo.

FIGURA A-1

Trayectoria profesional normal que comienza con la venta personal.

Dirección de la tienda

La venta al detalle ocupa el segundo lugar después de la venta personal en cuanto a las oportunidades de empleo que representa para estudiantes recién graduados. Las dos áreas primarias de oportunidad en una tienda de departamentos, en una tienda de especialidades y en las cadenas de descuento se encuentran en el merchandising o compras (temas que se tratarán en la siguiente sección) y en la dirección de tiendas.

Los gerentes de tienda tienen mucha responsabilidad y autoridad. Su autoridad se relaciona con la adquisición de mercancía (función de compra) y varía mucho entre las compañías. Sin embargo, una vez que la mercancía llega a una tienda, el gerente tiene la responsabilidad y la autoridad para exhibirla, venderla y controlar el inventario. En casi todas las empresas los gerentes supervisan (en forma directa o indirecta a través de los jefes de departamento) la venta personal, la promoción, el crédito, la dirección de personal y la seguridad del establecimiento.

Por lo regular, el puesto inicial de la dirección de una tienda es el de asistente del jefe de departamento, gerente de departamento o asistente del gerente de tienda, según el tamaño de ésta. El desempeño de un gerente de tienda o departamento se mide directamente a partir de las ventas o las ganancias. Por tanto, la rapidez con que se asciende a puestos más altos depende fundamentalmente de la calidad y cantidad de los resultados obtenidos por el gerente.

Compras y adquisiciones

Las empresas de tamaño mediano y grande emplean a personas que se especializan en compras, mientras que otra parte del personal se dedica a la venta, a los bienes y servicios. En un tipo de puestos los empleados adquieren bienes y servicios no para revenderlos, sino para utilizarlos en el proceso de producción o en las operaciones de la empresa.

Toda empresa detallista necesita personal para comprar mercancía que después revenderá. Con frecuencia se llega a la dirección general de ventas al detalle pasando por la división de compras (llamada también merchandising) de la empresa. Los grandes detallistas tienen muchos puestos para compradores y asistentes de compras. Cada uno de estos departamentos suele contar con un comprador. En consecuencia, a menudo hay la posibilidad de trabajar con determinados productos que nos interesan.

Existen también oficinas centralizadas de adquisiciones que compran para varias tiendas o cadenas. Estas oficinas normalmente se encuentran en la ciudad más importante del país o en algunas de las ciudades más grandes.

Un agente de compras es para el mercado industrial lo que el comprador es para las tiendas al detalle. Prácticamente todas las compañías del mercado industrial disponen de este tipo de departamentos. Los miembros de ellos compran para los departamentos de producción, ventas y oficinas de su empresa.

Los compradores al detalle y los agentes de compras también necesitan muchas de esas habilidades. Deben poder analizar los mercados, determinar las necesidades de mercancía y negociar con los proveedores. Requieren además conocimientos básicos de crédito, finanzas y distribución física.

Publicidad

La publicidad es un área que ofrece oportunidades en muchas áreas de las organizaciones. Los tres tipos primarios de oportunidad son:

- Anunciantes, entre quienes figuran los fabricantes, los detallistas y las empresas de servicios. Muchas de estas organizaciones preparan y colocan sus propios anuncios. Algunas de ellas cuentan con un gran departamento de publicidad.
- Varios medios (periódicos, estaciones de radio y televisión, revistas) que elaboran y transmiten anuncios.
- Agencias de publicidad que se especializan en crear y producir anuncios individuales y campañas promocionales.

Para los trabajos de publicidad se requieren varias aptitudes e intereses: artísticos, creativos, gerenciales, de investigación y de ventas. La publicidad ofrece excelentes oportunidades a las personas creativas o con dones artísticos. Las agencias y los departamentos de publicidad necesitan redactores de textos publicitarios, artistas, fotógrafos, diseñadores gráficos, expertos en impresión y otros especialistas para crear y producir anuncios.

El ejecutivo de cuenta es un puesto clave en las agencias publicitarias. Los que lo ocupan son el nexo entre la agencia y sus clientes (los anunciantes). Los ejecutivos de cuenta coordinan los esfuerzos de la agencia por cumplir los programas de marketing de sus clientes.

Otro grupo de puestos en publicidad lo constituyen la compra y venta de tiempo y espacio de los medios masivos de comunicación. Con frecuencia los anunciantes y las agencias necesitan personas que lleven a cabo estudios sobre el comportamiento de los compradores y otro tipo de investigación de mercados.

Promoción de ventas

La principal función de esta área consiste en coordinar las actividades de la venta personal y de la publicidad. Para desempeñarla se requieren imaginación y creatividad, combinadas con una sólida formación en los principios del marketing.

Un aspecto de la promoción de ventas es el diseño y creación de exhibiciones en las tiendas y en los escaparates. Otro se relaciona con las exposiciones comerciales y las exhibiciones de otra compañía. Las actividades de la promoción de ventas abarcan asimismo la creación y administración de regalos, competencias, muestreo de productos y otros tipos de promoción.

Investigación de mercados

Esta clase de puestos incluyen una amplia gama de actividades que se describirán en el capítulo 4. Los fabricantes, detallistas, empresas de servicios, dependencias gubernamentales y otras organizaciones contratan a personas para que lleven a cabo esta actividad. Hay también muchas compañías que se dedican a la investigación de mercados. Pero en general existen menos oportunidades de trabajo en esta área que en la venta personal o en la venta al menudeo.

Los investigadores de mercado son solucionadores de problemas. Recopilan y analizan enormes cantidades de información, de manera que han de ser personas capaces de realizar un trabajo analítico de mucha precisión. También requieren algunas habilidades cuantitativas, en particular conocer de estadística.

Gerencia de marca/producto

En el capítulo 8 explicamos en forma breve el puesto del gerente de producto, al hablar de la estructura organizacional para la planeación y desarrollo de productos nuevos. Los gerentes de producto (a quienes en ocasiones se les da el nombre de gerentes de marca) se encargan de planear y dirigir el programa de marketing para determinado producto o grupo de productos.

Desde un principio toman decisiones sobre el empaque, las etiquetas y otros aspectos del producto propiamente dicho. También son responsables de la investigación de mercados tendiente a identificar el mercado. Planean la publicidad, la venta personal y los programas de promoción de ventas de sus productos. Se ocupan además de la fijación de precios, la distribución física y de atender los problemas legales concernientes al producto.

En muchos aspectos, ser gerente de producto es como dirigir el propio negocio. Estos ejecutivos deben tener excelente capacidad de análisis para anticiparse a lo que van a hacer los competidores y a lo que sucede en el mercado. Han de ser además personas de mucho tacto y capacidad de persuasión para lograr la cooperación en áreas funcionales como manufactura y ventas.

Distribución física

Existen muchos puestos en el campo de la distribución física, y las perspectivas resultan aún más atractivas si pensamos en el año 2000. Cada día un número mayor de empresas irán adoptando el enfoque de sistemas para controlar los enormes gastos que suponen el manejo y almacenamiento de materiales.

Entre los fabricantes, detallistas y otras empresas que manejan productos hay trabajos que requieren dos etapas de la distribución física. Primero, el producto ha de ser entregado a la compañía para su procesamiento o reventa. Después los productos terminados se distribuyen en los mercados. La distribución física supone las funciones de administración del transporte, almacenamiento y control de inventario. Además, muchos transportistas y compañías de almacenamiento ofrecen diversos trabajos que quizá le interesen.

Relaciones públicas

Este departamento es un nexo de gran importancia entre la organización y sus públicos. Debe tratar con los medios informativos o utilizarlos para llegar a ese auditorio. Debe ser muy hábil en la comunicación. De hecho, los publirrelacionistas suelen poseer grados académicos en la comunicación o en el periodismo, más que en el marketing.

En esencia, la finalidad de las relaciones públicas es proyectar una imagen adecuada de la organización ante el público. Más exactamente, la misión de los miembros de este departamento consiste en hablarle de la compañía: sus productos, actividades comunitarias, programas sociales, actividades relacionadas con el mejoramiento ambiental, políticas laborales e ideas sobre cuestiones controvertidas. Estos especialistas son muy importantes, y también muy visibles, cuando una empresa responde a una publicidad negativa. La cual puede deberse a una investigación del gobierno o a una acusación de prácticas poco éticas o productos inseguros, como cuando Johnson & Johnson tuvo que resolver el problema de la alteración de Tylenol y Wal-Mart a las acusaciones de vender bienes hechos con mano de obra infantil.

Sin importar si se desea difundir publicidad positiva o contestar a una publicidad desfavorable, es preciso formular de una manera clara, comprensible y, sobre todo, creíble la posición de la empresa.

Protección del consumidor y asuntos relacionados con él

Esta área tan amplia abarca diversas actividades que brindan oportunidad de empleo y de progreso profesional. Muchas de ellas nacen del movimiento en favor del consumidor (consumerismo) que examinaremos en el capítulo 22. En muchas empresas hay un departamento especializado que atiende las quejas del público. Algunos organismos del gobierno federal y estatal, según el país, vigilan la actuación de las empresas, ofreciendo además información y asistencia a los consumidores. Los fabricantes de comestibles y las compañías eléctricas y distribuidoras de gas contratan regularmente a graduados para que ayuden a los consumidores en el uso de los productos. Las dependencias gubernamentales, lo mismo que las organizaciones privadas que realizan pruebas de los productos, contratan personal para verificar su seguridad, durabilidad y otras características.

Otras áreas profesionales

En este breve apéndice no es posible mencionar todas las carreras que ofrece el marketing. Pero al menos hemos reseñado las más importantes. El lector encontrará más información en la siguiente sección, en la cual hablaremos de las organizaciones que brindan esas oportunidades.

¿DÓNDE SE ENCUENTRAN LOS TRABAJOS DE MARKETING?

En la presente sección describiremos sucintamente los tipos de compañías y otras organizaciones donde hay empleos de marketing. También haremos algunos comentarios acerca de los puestos en el marketing internacional y una comparación de las oportunidades de empleo entre las empresas grandes y pequeñas.

Tipos de organización

Literalmente millones de organizaciones ofrecen trabajos y oportunidades profesionales en el marketing. Podemos agruparlas en las siguientes categorías.

Empresas manufactureras. La mayor parte de ellas brinda oportunidades profesionales en todas las actividades que hemos descrito en la sección precedente. En su mezcla promocional, algunas hacen hincapié en la venta personal y otras insisten más en la publicidad. Incluso las compañías pequeñas ofrecen oportunidades en la mayor parte de las categorías mencionadas.

Casi todos los fabricantes elaboran productos que utilizan otras compañías; de ahí que el público no esté familiarizado con sus nombres. Por desgracia, muchos graduados en colegios y universidades no tienen en cuenta a estos empleadores de gran potencial, simplemente porque ignoran su nombre corporativo. Los sueldos iniciales a menudo son más altos entre ellos que entre los comerciantes al detalle y en otras organizaciones de que hablaremos luego.

Comerciantes detallistas. Estas compañías ofrecen muchos más empleos de marketing que cualquier otra categoría organizacional; sólo que la mayor parte de ellos no son para los graduados universitarios. Los estudiantes no conocen bien este tipo de carreras, pues creen que consisten en vender en una tienda de departamentos o en llenar estantes en un supermercado. Suelen creer que los sueldos son bajos y que el horario incluye quedarse a trabajar por las noches y los fines de semana.

En realidad, es un mercado de trabajo que tiene multitud de aspectos atractivos. Las personas hábiles tienen la oportunidad de progresar muy rápidamente. Los resultados del desempeño, como las ventas y las ganancias, se hacen notorias muy pronto y son sumamente visibles. Si uno es productivo, los directivos se percatarán de ellos en poco tiempo.

Aunque en muchas tiendas (no en todas) el pago inicial es menor que en las compañías manufactureras, la remuneración que se da a los puestos de nivel más alto suele ser excelente. Prácticamente en todas las zonas geográficas hay buenos trabajos en el comercio al detalle. Por lo demás, las grandes cadenas (entre ellas, Kmart) casi siempre cuentan con magníficos programas de capacitación gerencial para los graduados recién contratados.

Los principales atractivos de las tiendas detallistas son menos visibles. El comercio al menudeo puede ser un campo de trabajo extremadamente interesante. Se trata con personas: clientes, proveedores y otros. La compra de mercancía es interesante, sobre todo cuando se quiere averiguar qué se vende bien, esto es, lo que realmente desea el cliente.

Es más fácil comenzar una carrera en el comercio al menudeo que en muchas otras áreas. En las grandes tiendas hay puestos en que se dirige personal, se ejercen controles financieros y se realizan operaciones comerciales (recepción, departamento de crédito y de servicio al cliente). No obstante, la esencia de esta especialidad es comprar y vender mercancía o servicios. Así, los puestos más numerosos y mejor remunerados son los de la gerencia de merchandising y de tiendas. Una trayectoria típica de carreras se da en la figura A-2. Nótese que, tras varios años de experiencia en ambas áreas, un gerente a menudo decide concentrarse en la gerencia de merchandising o de tiendas.

Comercio al mayoreo. Las oportunidades profesionales en este campo generalmente se conocen y se aprecian menos que las del comercio al detalle o de las relacionadas con las manufacturas. Los comerciantes mayoristas rara vez reclutan personal en los campus de las universidades, y su perfil suele ser bajo entre los estudiantes.

Con todo, es un área rica en oportunidades. Entre los mayoristas de productos de consumo y los distribuidores industriales hay muchos empleos en la compra, venta, personal, investigación de mercados y distribución física. Los agentes, corredores y otros intermediarios de los fabricantes, de los que se tratará en el capítulo 15, también ofrecen trabajos y carreras. Los intermediarios mayoristas han ido proliferando e incrementado sus volúmenes de ventas, de manera que su futuro es sumamente prometedor.

Marketing de servicios. El gran número de industrias de servicios que se estudiarán en el capítulo 19 es fuente de muchas oportunidades de empleo y profesionales en el marketing. Se prevé que algunas de ellas alcanzarán un rápido crecimiento en los años 90. Un ejemplo elocuente lo constituyen los viajes, la hospitalidad, las finanzas, la diversión, la atención médica, las comunicaciones y los servicios profesionales. Sabedoras de la importancia del marketing, muchas de esas industrias y las empresas correspondientes han empezado a incorporar personal que labora en el marketing. En consecuencia, se aplican aquí algunas de las afirmaciones hechas en páginas anteriores sobre los carreras en el comercio al detalle.

Otras áreas de negocios. Aparte de los tipos generales de organizaciones que acabamos de describir, las empresas lucrativas más especializadas contratan a graduados de universidades para que desempeñen puestos de marketing. Hay oportunidades de empleo en el nivel de ingreso en los medios de comunicación masiva (por ejemplo, las estaciones de televisión), en las agencias publicitarias, en los sistemas de franquicias, en las empresas de

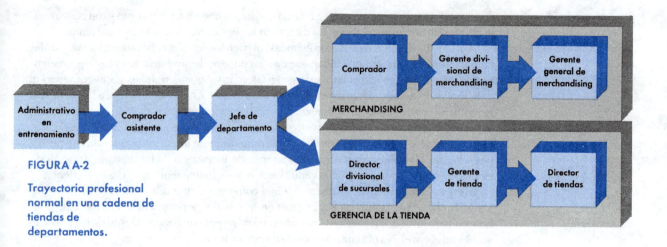

FIGURA A-2

Trayectoria profesional normal en una cadena de tiendas de departamentos.

deportes de participación y de espectadores, las empresas de servicios públicos y los transportistas (las líneas de camiones, por ejemplo).

Organizaciones no lucrativas. Como se verá en el capítulo 19, las organizaciones no lucrativas han empezado a darse cuenta de que el marketing es la clave del éxito. Por eso, cabe suponer que en los años 90 habrá muchas oportunidades de empleo y de progresar profesionalmente en este tipo de empresa. A esa categoría pertenecen: hospitales, museos, instituciones educativas, asociaciones religiosas, fundaciones, instituciones de caridad y partidos políticos. Ante tan gran diversidad hay muchos puestos de marketing en todas ellas.

El gobierno. Infinidad de dependencias federales y estatales contratan gente para que desempeñe puestos de marketing. Entre ellas figuran los principales ministerios del gabinete: agricultura, defensa, servicios humanos, entre otros. También pertenecen a esta categoría los organismos reguladores. Todos ellos contratan empleados para que realicen las siguientes funciones: compras, investigación de mercados, relaciones públicas, distribución física, protección del consumidor y lo relacionado con él e incluso publicidad y promoción de ventas. Algunas veces los estudiantes tienden a pasar por alto las muchas oportunidades profesionales que hay en el sector gubernamental.

Carreras en marketing internacional

Los estudiantes a quienes les gusta viajar y conocer diversas culturas querrán trabajar, al menos durante algún tiempo, en el extranjero. Posiblemente les interesen las carreras del marketing internacional, y tal vez hasta opten por especializarse en administración internacional. Pero rara vez las empresas contratan a estudiantes recién graduados para asignarles inmediatamente algún trabajo en el marketing internacional. Normalmente los contratan para que desempeñen trabajos destinados a los empleados de ingreso reciente en las divisiones domésticas. Después, tras algunos años de laborar en la compañía, a un empleado se le brinda la oportunidad de pasar a las divisiones internacionales. En caso de que el lector tenga esta clase de aspiraciones, le recomendamos estudiar un segundo idioma y aprovechar las oportunidades de conocer otras culturas.

Diferencias entre empresas grandes y pequeñas

¿Le conviene trabajar en una compañía grande o en una compañía pequeña? ¿O bien debe crear su propio negocio una vez que se gradúe? Desde hace diez años se ha acrecentado el número de estudiantes que desean laborar en una empresa pequeña. Piensan que en ella habrá más libertad de acción, que progresarán más rápidamente y que tendrán menos restricciones en su estilo de vida.

Tal vez tengan razón. Y no permita que nadie lo disuada para que no busque su desarrollo profesional en una compañía pequeña. *Pero* normalmente recomendamos a los estudiantes (que nos piden consejo) que comiencen a ejercer su profesión en una empresa grande. Después, al cabo de unos años, pueden pasar a otra más pequeña. Esta recomendación se basa en tres motivos:

- Una gran empresa tiende a contar con un buen programa de capacitación en la actividad en que usted se especialice. Muchos estudiantes tienen poca o nula experiencia en marketing. Los excelentes programas que imparten muchas compañías manufactureras, detallistas y las grandes empresas de servicios pueden ser decisivos para iniciar una carrera.
- Usted aprenderá cómo opera una gran empresa. Después de todo, cuando trabaje para otra más pequeña, las grandes empresas serán sus competidores. Por tanto, cuanto más sepa de ellas, estará en una situación más ventajosa para competir.
- Luego de trabajar un tiempo para una gran empresa, podrá cambiar de opinión y decidirse a quedarse en ella. Por otra parte, supongamos que quiere colaborar en una compañía pequeña después de haber trabajado algunos años en otra más grande. Entonces le será fácil pasar de una empresa grande a otra pequeña. En cambio, si inicia su ejercicio profesional en una empresa pequeña y luego quiere contratarse en otra más grande, no le será fácil hacerlo.

Hemos explicado varias especialidades profesionales y tipos de organizaciones que contratan empleados para que las desempeñen. A continuación daremos una breve síntesis de cómo entrar en una de estas organizaciones.

¿CÓMO SE BUSCA EMPLEO?

Este libro y el curso tienen por objeto enseñarle los aspectos fundamentales del desarrollo y administración de un programa de marketing. Dichos aspectos son aplicables sin importar si lo que vendemos es un bien, un servicio, una idea, una persona o un lugar. También se aplican a 1) las empresas grandes y pequeñas, 2) el marketing nacional e internacional y 3) empresas lucrativas y no lucrativas.

A continuación veremos si podemos aplicarlos también a un programa destinado a vender una persona, *usted*. Examinaremos el método de marketing que puede utilizar para obtener un empleo o iniciar una carrera. Aquí estamos hablando de una carrera en *marketing*. Pero la misma técnica puede usarla si busca otro tipo de trabajo o si se dedica a otra profesión cualquiera.

Identifique y analice el mercado

El primer paso en la elaboración de un plan de marketing consiste en identificar y analizar el mercado. En este momento no sabe exactamente cómo está conformado el mercado. Por ello deberá investigar varios mercados posibles y poco a poco ir reduciendo sus opciones. De hecho, nos referimos ahora a la "elección de una carrera". Se aplica aquí gran parte de lo que hemos visto en la primera sección de este apéndice.

Al inicio deberá recabar la mayor cantidad posible de información sobre las oportunidades profesionales en marketing. Las primeras fuentes de datos a que puede recurrir son uno o dos profesores a quienes conozca bastante bien. Luego recurra a la oficina de empleo de su escuela o donde se boletinen trabajos para estudiantes de postgrado. Hay compañías que preparan folletos de reclutamiento para estudiantes y en ellos dan a conocer la empresa y las oportunidades profesionales que ofrece.

Los periódicos y las revistas de negocios son otra buena fuente de información. Pueden ser de utilidad *The Wall Street Journal* y las secciones de negocios de los diarios de las grandes ciudades, lo mismo que las revistas como *Business Week, Marketing News, Advertising Age* y las publicaciones especializadas de algunas industrias individuales. En Estados Unidos, *Moody's Manual of Investments, Register* de Standard y Poor y hasta una serie de informes anuales de las corporaciones dan ideas de compañías para las que quizá a uno le gustaría trabajar. Debería intercambiar información con condiscípulos que también están en el mercado de empleos.

En conclusión, recabe cuanta información pueda acerca de varias empresas e industrias. Después, a partir de esta investigación, concéntrese en el grupo de empresas que son su principal opción. Así podrá diseñar la mezcla de marketing que le ayudará a promoverse en los mercados meta.

Producto

En este caso, el "producto" que planea y desarrolla es usted mismo y sus servicios. Sin duda querrá hacer lo más atractivo posible para los mercados, esto es, para los empleadores potenciales.

Inicie la planeación del producto enumerando, en forma pormenorizada, algunos puntos fuertes y débiles. Esto lo llevará a confeccionar otra lista: la de sus cualidades y logros. Esta introspección es un tema que examinamos en la primera sección de este apéndice al hablar de la elección de una carrera.

Cuando uno considera sus cualidades, conviene agruparlas en las siguientes categorías generales:

- Escolaridad: escuelas donde estudió, grados académicos conseguidos, promedio de calificación, materias preferidas.
- Experiencia laboral: trabajos de medio tiempo y de tiempo completo, responsabilidades.
- Honores y premios.
- Actividades y organizaciones extracurriculares: pertenencia a asociaciones o grupos, oficinas, comités, logros.
- Pasatiempos.

Más tarde trataremos de la presentación de sus cualidades en una hoja de datos personales.

Un importante aspecto de la planeación es la diferenciación del producto. ¿Cómo puede distinguirse del resto de sus colegas? ¿Qué ha hecho de diferente, original o excepcional? No debe ser algo revolucionario, sino simplemente que muestre un rasgo como iniciativa, creatividad o perseverancia.

Otra parte de la planeación del producto es el empaque. Cuando acuda a una entrevista, asegúrese de que el paquete externo resulte atractivo. Contra lo que se dice, juzgamos a la gente por las apariencias, del mismo modo que juzgamos un producto por su aspecto externo. De ahí la necesidad de prestar atención a lo que lleva puesto y a su arreglo personal. Una buena impresión comienza con la primera reunión con el encargado de reclutar personal.

Precio

"¿Qué sueldo desea ganar?" "¿Cuánto piensa que deberíamos pagarle?" Son las dos preguntas que el empleador seguramente hará en la entrevista de empleo. Si no ha pensado todavía cuánto desea por sus servicios, quizá se sienta desconcertado ante ellas.

Su programa de marketing habrá de incluir, entre otras cosas, el precio de mercado de los que laboran en la industria o campo. Hable con los funcionarios de la agencia de empleo, con orientadores profesionales, con profesores y con estudiantes que ya se encuentren en el mercado de empleos. Estas fuentes le darán información muy completa de los sueldos que se pagan a los empleados de primer ingreso. Con esta información podrá decidir *antes* de la entrevista el sueldo que desea percibir. Recuerde que el ingreso puede expresarse en diversas formas. Por ejemplo, puede haber un sueldo inicial, la posibilidad de un bono y prestaciones varias como el uso de un automóvil de la empresa.

Canal de distribución

Quizá haya unos cuantos canales que probablemente utilizará para promoverse ante los empleadores potenciales. El canal más simple es la oficina de empleo, suponiendo que haya una en su campus. La mayor parte de los centros de enseñanza superior con su oficina de empleo colaboran con las compañías que envían reclutadores para que realicen entrevistas en los campus.

Otro canal son los avisos de empleo que aparecen en revistas de negocios, en revistas especializadas y en la prensa. Y quizá el canal más difícil, pero a menudo el más rentable, consiste en acudir a las empresas que más le interesen a uno. Esto puede hacerse yendo o enviándoles cartas donde se solicita una entrevista de empleo. Muchos empleadores quedan gratamente impresionantes ante los candidatos que muestran este tipo de iniciativa.

Promoción

Además de planear y desarrollar un producto excelente, el elemento más importante de la mezcla de marketing es un buen programa de promoción (o comunicación). En este caso, la promoción consistirá fundamentalmente en la comunicación escrita (un tipo de publicidad) y en entrevistas (una clase de venta personal).

Con tal de sobresalir entre muchos otros solicitantes de empleado algunos intentan todo lo imaginable, desde teleprogramas de canto hasta escribir su nombre en el cielo. Un estudiante muy emprendedor (véase la foto de la página siguiente) alquiló un camión de 18 ruedas en 400 dólares. Poco después que su nombre, el número de su teléfono y la solicitud de empleo empezaron a recorrer las carreteras del país, empezó a recibir cientos de llamadas ofreciéndoselo.

La mayor parte de los solicitantes se sirven de métodos ordinarios. Muchas veces el primer contacto con un empleador se realiza a través de una carta explicatoria, donde se indica brevemente por qué le escribe a esa compañía y lo que ofrece usted. Anexe un currículum vitae y pida una entrevista.

Carta explicatoria. En párrafo inicial deberá explicar por qué desea colaborar con esa firma. Mencione unos dos puntos clave relativos a ella, que descubrió mediante su investigación. En el segundo párrafo incluya algunos aspectos importantes respecto a su experiencia o personalidad que lo hagan un candidato interesante. En el tercero aclare que está adjuntado su currículum vitae y solicita una entrevista. Incluso sugiera algunas fechas y el día en que telefoneará para concertarla.

Currículum vitae. El currículum vitae, llamado también currículo, es una breve historia del solicitante. Gracias a los paquetes de las computadoras personales, hoy es posible diseñar un currículo sumamente individualizado y de aspecto profesional. Puede comenzar con información biográfica: nombre, domicilio y número telefónico. Después se puede dividir en secciones dedicadas a aspectos como escolaridad, experiencia laboral y las actividades que ya se reseñaron en la sección sobre el producto.

Al final del currículo se da información sobre las referencias. Un método consiste simplemente en señalar: "Se proporcionarán referencias cuando sean solicitadas." Esto se hace para que los empleadores que pidan los nombres y los domicilios de las referencias puedan obtenerlas cuando deseen ponerse en contacto con esas personas. Otro sistema consiste en

enumerar las referencias por su nombre (junto con sus créditos, direcciones y números telefónicos) al final del currículo o en una hoja individual. Este sistema se basa en que el solicitante ha de facilitarle en lo posible al empleador potencial la verificación de las referencias.

Nunca insistiremos bastante en el valor de una carta explicatoria muy persuasiva y de un currículum vitae personalizado. Son elementos muy importantes en la búsqueda de empleo. Sin duda serán también los dos anuncios más importantes que escribirá en su vida.

Entrevista. Rara vez se contrata a alguien sin antes efectuar una o más entrevistas. En algunos casos, como cuando los reclutadores de las empresas visitan su campus, la entrevista constituye el contacto inicial con la compañía. En otros casos se produce a raíz de la carta de presentación y el currículum vitae.

La entrevista es una experiencia de venta personal; en este caso usted se está vendiendo a sí mismo. La gente suele sentirse incómoda y tensa en las entrevistas, sobre todo en las primeras que hace, por lo cual no debe sorprenderse ni decepcionarse si a usted le sucede lo mismo. Una manera de atenuar la ansiedad y de aumentar las probabilidades de impresionar al entrevistador consiste en prepararse para contestar las preguntas difíciles que seguramente la formularán:

- ¿Por qué debemos contratarlo a usted?
- ¿Cuáles son sus principales cualidades?
- ¿Tiene puntos débiles y cómo planea superarlos?
- ¿Qué clase de trabajo espera estar desempeñando al cabo de cinco años?

Su desempeño en la entrevista determina a menudo si le dan o no el trabajo. Por ello debe ser muy cuidadoso: conteste con sinceridad y procure mostrarse más relajado y seguro de sí mismo de lo que se siente en realidad.

Una vez concluidas las entrevistas en una empresa, le aconsejamos escribir una carta a cada uno de los entrevistadores. Agradézcales la oportunidad de haber conocido su empresa y, si lo juzga conveniente, insista en que le interesa el empleo.

Evalúe las ofertas de empleo. Seguramente recibirá muchas ofertas de trabajo *si*:

- La economía de su país es bastante sana *y*
- Tiene un historial académico por lo menos aceptable
- Busca trabajo en forma agresiva
- Escribe una carta explicatoria muy persuasiva y un currículum vitae muy profesional y
- Realiza bien las entrevistas.

Le recomendamos valorar la conveniencia de una sola oferta de empleo o bien comparar varias de ellas con un conjunto de criterios que son importantes para usted. Los criterios que seleccione y la importancia que les conceda requieren una reflexión detenida. A continuación se dan ejemplos de algunos criterios que debería aplicar.

- ¿Se sentirá feliz en el trabajo? No es casualidad que a menudo oigamos hablar del síndrome del lunes (terminó la libertad del fin de semana y ahora tengo que volver al trabajo) o bien de aquello de que "Gracias a Dios que es viernes". En la sociedad hay muchos que no están contentos con su trabajo. Normalmente la mitad o una proporción mayor de las horas del día las pasamos en el trabajo, transportándonos a la oficina o bien realizando trabajo en casa. En consecuencia, debemos buscar un trabajo y seguir una carrera que nos guste.

- ¿Corresponde la carrera a nuestra autoimagen? ¿Es compatible con nuestras metas, sueños y aspiraciones? ¿Nos satisfarán? ¿Se sentirá orgulloso de comentar con otros su trabajo? ¿Se sentirá orgulloso nuestro cónyuge (y algún día nuestros hijos adolescentes) de la carrera que elegimos?
- ¿Qué presiones o exigencias se relacionan con la carrera? Algunas personas saben vivir con presiones. Sin cesar buscan nuevos retos en su trabajo. Otros desean una experiencia laboral más tranquila. No quieren un empleo que les imponga exigencia tras exigencia y plazos rigurosos de terminación de trabajos.
- ¿Satisfacen los factores financieros sus necesidades? ¿Es el salario inicial el que se paga en el medio? Reflexione sobre cuánto ganará en el puesto después de permanecer tres o cinco años en la organización. Por ejemplo, en algunos puestos de ingeniería se perciben sueldos iniciales altos, pero pronto se llega a un tope. Por el contrario, en algunos puestos existen sueldos iniciales más bajos, pero sin límites en puestos de mayor jerarquía.
- ¿Hay oportunidades de ascender? Le aconsejamos evaluar los patrones de promoción en un empleo o empresa. Procure averiguar cuánto se tarda uno en alcanzar determinado nivel directivo. Estudie el historial y la formación de los presidentes de varias empresas grandes en la industria. ¿Provienen del departamento de ingeniería, el departamento legal, de ventas, contabilidad, marketing u alguna otra área?
- ¿Son aceptables las exigencias relativas a los viajes que habrá de realizar? En algunos trabajos se requiere viajar mucho, sin importar si es un empleado de ingreso reciente o un ejecutivo. En otros todas las labores se llevan a cabo en la compañía, sin que se viaje en absoluto. Es preciso que valore cuál situación corresponderá a sus exigencias.
- ¿Existe "intercambiabilidad" entre los trabajos o las carreras? Hay trabajos semejantes en muchas otras zonas geográficas. Si usted y su cónyuge están orientados a su profesión, ¿qué le sucederá a usted si trasladan a su cónyuge a otra ciudad? Un aspecto positivo de profesiones como la enseñanza, la venta al menudeo, la enfermería y la venta personal es que generalmente hay muchas oportunidades de trabajo en varias localidades.
- ¿Cuál es la situación de la oferta y la demanda en esta industria? Determine en términos generales cuántas oportunidades de empleo existen en determinada industria y compárelas con la oferta de solicitantes. Le aconsejamos además estudiar las perspectivas futuras concernientes a dicha situación. Averigüe si la escasez o exceso de empleados en una industria representa una situación transitoria o si existe desde hace años.

¿DÓNDE ENCONTRAR MÁS INFORMACIÓN?

Le recomendamos tener presentes las preguntas y directrices que le ofrecimos en este apéndice, al tomar este curso y al estudiar su programa académico. Con el propósito de darle más consejos y orientación, a continuación se citan algunas excelentes fuentes de

consulta en inglés. No es prematuro que empiece a pensar (y a planear) en la búsqueda de un trabajo después de la graduación.
- Richard Nelson Bolles, *What Color Is Your Parachute? A Practical Manual for Jobhunters and Career Changers*, Ten Speed Press, Berkeley, CA, 1992.
- Lila B. Starr, *Careers in Marketing*, VGM Career Horizons, Lincolnwood, IL, 1991.
- Martha P. Leape y Susan M. Vacca, *The Harvard Guide to Careers*, Harvard University Press, Cambridge, MA, 1991.

CAPÍTULO 2

El ambiente cambiante del marketing

¿Debería McDONALD'S modificar su receta del éxito?

Durante muchos años McDonald's ha gozado de un éxito mundial basado en unas cuantas condiciones bien conocidas y bastante estandarizadas. La compañía de los arcos dorados sirve un menú simple: hamburguesas, papas fritas y leches malteadas o refrescos. La comida cuesta poco, su calidad es uniforme y se sirve rápidamente en establecimientos de aspecto muy uniforme y de una pulcritud esmerada.

Sin embargo, en los últimos años McDonald's ha visto disminuir su tasa de crecimiento y también su participación en el mercado. ¿Por qué? La respuesta es sencilla: los cambios que han ido ocurriendo en el ambiente externo.

Empezaremos hablando de la población. Durante largos años el principal grupo de clientes de esta cadena lo constituían los matrimonios jóvenes con varios hijos. Hoy la gente se casa a una edad más grande y las familias tienen menos hijos, de modo que está mermando la base tradicional de clientes. Hay que considerar además los cambios culturales. A medida que el público se preocupa más por su salud, se ha reducido el consumo de carne de res que antaño era enorme. Es necesario reconocerlo: las hamburguesas, las papas fritas y las leches malteadas (base del éxito de McDonald's) no son precisamente alimentos que ocupen los primeros lugares por su valor dietético.

Los clientes desean ante todo comodidad. Antaño abordaban su automóvil y se dirigían hacia un restaurante McDonald's. Hoy lo único que deben hacer es introducir algo en el horno de microondas o bien pedir a Domino's una pizza por teléfono. Otro cambio se opera a medida que el público empezó a interesarse más por el entorno físico. La cajita de poliestireno que se usa como empaque de las hamburguesas fue atacada por algunos que exigen utilizar productos reciclados o biodegradables.

A estos retos y problemas hay que agregar el número creciente y la eficiencia de los competidores. Algunos grupos, como la cadena de restaurantes de estilo familiar de Chili's y los restaurantes italianos Olive Garden, penetraron agresivamente en el mercado de altos ingresos de McDonald's, ofreciendo el ambiente de un establecimiento informal con menús muy variados. En el otro extremo del mercado, las cadenas de comida rápida como Taco Bell y Wendy's lo invadieron con precios más bajos y un servicio tan rápido como el de McDonald's.

El problema que hoy afronta la cadena consiste en adaptarse a estos cambios ambientales.[1]

¿Qué medidas debería tomar Michael Quinlan, presidente ejecutivo de la compañía?

Michael Quinlan, presidente ejecutivo de McDonald's, está respondiendo a los cambios del ambiente externo, sobre todo los del entorno demográfico, competitivo, económico y cultural. Los cambios estratégicos que proyecta introducir son resultado de un análisis del ambiente.

Las fuerzas ambientales influyen en el marketing de una organización. Algunas de ellas se encuentran fuera de ella y otras en su interior. Poco puede hacer la dirección de una empresa para controlar las fuerzas externas, pero casi siempre está en condiciones de controlar las internas. McDonald's, como cualquier otra organización, debe administrar su programa de marketing dentro del ambiente interno y externo.

Después de estudiar este capítulo, el lector deberá explicar:

OBJETIVOS DEL CAPÍTULO

- El concepto de monitoreo ambiental (examen del ambiente).
- Cómo los factores ambientales externos (entre ellos la demografía, las condiciones económicas y los factores socioculturales) pueden influir en el marketing de la empresa.
- Cómo los factores externos (los proveedores e intermediarios, por ejemplo) de una firma en particular inciden en su marketing.
- Cómo los recursos de una empresa ajenos al marketing pueden influir en esta actividad.

MONITOREO AMBIENTAL

El **monitoreo ambiental,** llamado también *examen del ambiente,* es el proceso de: 1) reunir información sobre el ambiente externo de la organización, 2) analizarla y 3) pronosticar el impacto de las tendencias que se descubran por medio de dicho análisis.

Hoy se habla mucho del ambiente *físico*: calidad del aire, contaminación del agua, eliminación de desperdicios sólidos y conservación de los recursos naturales. Pero en este libro utilizaremos el término *ambiente* en un sentido mucho más amplio.

Una compañía opera dentro de un ambiente *externo* que generalmente *no puede* controlar. Por otra parte, hay recursos de marketing y ajenos a esta función *dentro* de ella que por lo regular *pueden* controlar sus ejecutivos.

Existen dos niveles de fuerzas externas:

- Los factores *macro* (llamados así porque afectan a todas las organizaciones) incluyen demografía, condiciones económicas, cultura y leyes.
- Los factores *micro* (llamados así porque afectan a una empresa en particular) son los proveedores, los intermediarios de marketing y los clientes. Este tipo de factores, aunque externos, guardan estrecha relación con una compañía específica y forman parte de su sistema total de marketing.

Un buen marketing depende principalmente de la capacidad de la compañía para manejar sus programas mercadológicos dentro del ambiente. Para hacerlo es preciso que los ejecutivos de este departamento determinen los elementos que constituyen el ambiente y que luego lo vigilen de modo sistemático y permanente. Deben mantenerse alertas para detectar las tendencias ambientales que pueden representar oportunidades o problemas para la corporación. Y han de saber responder a ellas con los recursos que están bajo su control.

El ambiente cambiante del marketing

MACROAMBIENTE EXTERNO

Los siguientes factores externos influyen de modo importante en el sistema de marketing (figura 2-1) de cualquier empresa. Por tanto, son factores macroambientales. Y un cambio en uno de ellos ocasionará cambios en uno o más de los otros. Por tanto, están interrelacionados. Una cosa tienen en común: se trata de fuerzas dinámicas, es decir, están sujetas al cambio y a un ritmo creciente.

- Demografía
- Condiciones económicas
- Competencia
- Factores socioculturales
- Factores políticos y legales
- Tecnología

En gran medida, estas fuerzas no pueden ser controladas por los directivos; pero no son *del todo* incontrolables. Una compañía podrá influir en el ambiente externo hasta cierto punto. Así, en el marketing internacional una empresa podrá mejorar su posición competitiva recurriendo a una empresa conjunta con una firma extranjera que vende un producto complementario. Coca-Cola y Nestlé de propiedad suiza, el fabricante de alimentos más importante del mundo, se aliaron en 1991 para vender Nestea —bebida fría lista para tomarse— en Estados Unidos y chocolate, café y té en Europa. En 1992 Celestial Seasonings, compañía norteamericana de té de hierbas, se unió con Perrier Group of America para vender en Estados Unidos té de hierbas embotellado que contenía agua natural del país. Una compañía puede influir en su ambiente político-legal cabildeando o contribuyendo con fondos a la campaña de un legislador.

FIGURA 2-1

Macroambiente externo del programa de marketing de una compañía.

Seis factores externos, generalmente incontrolables, influyen en las actividades mercadológicas de la organización.

En cuanto a los avances tecnológicos, con la investigación y desarrollo de productos es posible fortalecer la posición competitiva. Por ejemplo, la compañía farmacéutica Merck logró un gran éxito con dos nuevos productos: Vasotec para tratar la hipertensión y Mevacor para reducir los niveles de colesterol. Además, su propia tecnología se convirtió en un factor ambiental externo que influyó en otras compañías de la industria farmacéutica.

A continuación estudiaremos de modo más pormenorizado estos seis factores externos.

Demografía

El estudio estadístico de la población humana y su distribución recibe el nombre de demografía. Tiene gran importancia para los ejecutivos de marketing porque la gente constituye mercados. A continuación se dan unos cuantos ejemplos de cómo este tipo de factores repercuten en los programas de marketing. (En el capítulo 5 estudiaremos más a fondo el tema de la demografía.)

A mediados de los años 80, por primera vez en la historia de Estados Unidos las personas de 65 años o más superaron al número de adolescentes. Esta diferencia se amplió considerablemente durante los años 90. Para el año 2020, cerca de uno de cada cuatro estadounidenses tendrá más de esa edad. Las consecuencias que esta tendencia tiene para el marketing son importantes. Las inversiones de corporaciones como Merrill Lynch, PaineWebber y Shearson Lehman se dirigen especialmente a los jubilados en sus campañas promocionales. Las salas cinematográficas ofrecen descuentos a espectadores de más de 65 años. Algunas localidades para esquiadores en Colorado, entre ellas Vail y Winter Park, ofrecen boletos rebajados a personas de 65 a 69 años y permiten esquiar gratuitamente a las de 70 años o más. En el ámbito internacional, Best Western, una asociación mundial de moteles y hoteles operados por propietarios independientes, utiliza como eslogan publicitario "alojamiento seguro con un presupuesto para jubilados".

Otro importante fenómeno demográfico es el acelerado crecimiento de los mercados formados por grupos minoritarios, sobre todo los constituidos por hispánicos, personas de raza negra y los asiático-norteamericanos. Hoy la minorías representan cerca de una cuarta parte de la población total de Estados Unidos y, para el año 2010, constituirán una tercera parte. Más aún, en esos mercados se advierte la aparición de una numerosa y creciente clase media.[2]

En realidad, ninguno de esos tres grupos étnicos constituye una unidad homogénea. Por ejemplo, el llamado mercado hispánico se compone de mercados individuales integrados por subgrupos de cubanos, mexicanos, puertorriqueños y otros países latinoamericanos. Un simple producto como los frijoles ejemplifica las diferencias entre ellos. Los cubanos prefieren frijoles negros; los mexicanos, frijoles refritos, y los puertorriqueños, frijoles rojos. Muchas empresas de productos de consumo apenas empiezan a darse cuenta de que deben dirigir sus productos y su publicidad a cada uno de los subgrupos mencionados. Tal vez los ejecutivos de marketing deberían reconocer que la sociedad norteamericana está realizando la transición de un "crisol de razas" a una "ensaladera". Es decir, cada grupo étnico conserva su cultura y sus tradiciones, pero ello no le impide participar en "el estilo americano" de vida.[3]

Condiciones económicas

La gente no constituye por sí misma un mercado. Necesita disponer de dinero para gastarlo y estar dispuesta a hacerlo. En consecuencia, el **ambiente económico** representa un factor

El ambiente cambiante del marketing

La demografía cambiante de Estados Unidos hace que algunos grupos étnicos resulten mercados meta sumamente atractivos.

de gran importancia que incide en las actividades mercadológicas prácticamente de cualquier organización. En un programa de marketing influyen principalmente factores económicos como la etapa actual y prevista del ciclo del negocio, lo mismo que la inflación y las tasas de interés.

Etapa del ciclo del negocio. El ciclo tradicional pasa por cuatro estadios: prosperidad, recesión, depresión y recuperación. Sin embargo, las estrategias económicas adoptadas por el gobierno federal de Estados Unidos han evitado la etapa de depresión durante más de 50 años. En consecuencia, hoy pensamos en función de un **ciclo de negocios** de tres etapas (prosperidad, recesión y recuperación) para retornar a la prosperidad después del ciclo completo. Los ejecutivos de marketing deben saber en qué etapa se encuentra la economía en ese momento, porque una compañía suele operar su sistema de marketing de manera muy diferente en cada una de las fases de la economía.

La *prosperidad* es un periodo de crecimiento económico. Durante ella, las organizaciones tienden a ampliar sus programas de marketing al ir incorporando nuevos productos y al entrar en mercados todavía inexplorados.

La *recesión* es un periodo de contracción de los negocios y de los consumidores: en ella "nos apretamos el cinturón". La gente se desalienta, tiene miedo y se irrita. Naturalmente, estos sentimientos influyen en su comportamiento de compra; ello a su vez repercute de manera importante en las empresas, provocando a veces pérdidas económicas. A algunas compañías la recesión puede ofrecerles oportunidades imprevistas para realizar actividades mercadológicas sumamente rentables. Por ejemplo, durante la recesión de principios de los años 90, Levi Strauss reconoció que los consumidores cautelosos dejaron de comprar los elegantes jeans de $60 dólares. En cambio, tuvieron mucha demanda sus jeans azules 501, con un precio de $25.[4] Durante esa misma época, Campbell Soup descubrió una tendencia a dejar de comprar las sopas más caras y listas para servirse y a adquirir productos más baratos que se preparan en casa. Entonces sacó su nueva crema de brócoli de su lata Gold Label marcada con un precio alto, rebajó el precio y la vendió en la conocida lata de rojo y blanco. Más aún, en la etiqueta incluyó recetas para preparar la sopa como platillo principal de las comidas hechas en casa. El resultado: al cabo de poco más de un año se convirtió en la primera sopa que figuraba entre los 10 productos de mayor venta de la compañía.[5]

La *recuperación* es el periodo en que la economía pasa de la recesión a la prosperidad. El reto de los expertos en marketing consiste en determinar en cuánto tiempo regresará la prosperidad y en qué nivel lo hará. A medida que disminuye el desempleo y se acrecientan

Campbell's cambió algunos de sus productos, precios y empaque en respuesta a la recesión de principios de los años 90.

El ambiente cambiante del marketing

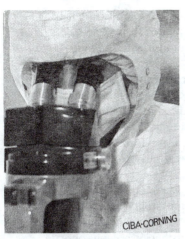

Corning Glass Company de Nueva York mejoró su posición competitiva en el mercado internacional aliándose con la compañía suiza Ciba-Geigy.

los ingresos disponibles, las compañías intensifican sus actividades mercadológicas para incrementar las ventas y las ganancias. Al leer estas líneas, ¿cree usted que la economía de su país está en una fase de recuperación o de prosperidad?

Inflación. La **inflación** es el aumento de los precios de los bienes y servicios. Cuando los precios se incrementan más rápidamente que los ingresos personales, disminuye el poder adquisitivo de los consumidores. En el momento actual, muchos países se ven agobiados por tasas de inflación extremadamente altas. A fines de los años 70 y principios de los 80, Estados Unidos sufrió lo que para ellos fue una alta tasa de inflación de 10 a 14%. A fines de la década de 1980 y principios de la de 1990, la inflación se redujo a 5% y a un nivel todavía más bajo. Sin embargo, el insistente temor de que vuelva la inflación sigue influyendo en las políticas del gobierno norteamericano, en la psicología del consumidor y en los programas mercadológicos de las empresas.

La inflación plantea algunos retos en la administración de un programa de marketing, sobre todo en lo tocante a la fijación de precios y al control de costos. Los consumidores gastan menos al decaer su poder adquisitivo. Por otra parte, tal vez hoy compren más cosas por el temor de que mañana aumenten los precios.

Tasas de interés. Las **tasas de interés** son otro factor económico externo que incide en los programas de marketing. Por ejemplo, cuando las tasas de interés son altas, los consumidores se abstienen de realizar compras a largo plazo, como la adquisición de vivienda. Algunas veces las compañías ofrecen tasas de interés por debajo de las del mercado (una forma de descuento) a manera de promoción para aumentar las ventas. Esta táctica la aplicaron extensamente los fabricantes de automóviles a fines de los años 80 y a principios de los 90.

Competencia

Sin duda el ambiente competitivo de una compañía constituye un factor muy importante en sus programas de marketing. Los ejecutivos hábiles de marketing constantemente vigilan todos los aspectos de las actividades mercadológicas de sus competidores: sus productos, precios, sistemas de distribución y programas promocionales. Más aún, hoy el destino de muchas compañías estadounidenses se ve afectado por la competencia internacional. Las empresas extranjeras venden sus productos en ese país y, a su vez, las empresas estadounidenses lo hacen en el extranjero. Con el fin de competir en el ámbito internacional, muchas empresas de ese país y del extranjero han formado alianzas; en algunas de esas alianzas conviven antiguos rivales comerciales. Ford y Volkswagen se fusionaron en Brasil y en Argentina para crear "Autolatina". Dos grandes constructoras, el Grupo Bechtel (USA) y Siemens (Alemania) se aliaron para atender las plantas de energía nuclear instaladas en Estados Unidos. Corning Glass Works penetra en los mercados internacionales y recibe infusiones de tecnología a través de sus alianzas con compañías de 10 países.[6]

Tipos de competencia. Una empresa generalmente afronta tres tipos de competencia:

- La *competencia de marca* proviene de empresas que venden productos semejantes. American Airlines compite con Lufthansa y Alitalia en algunos mercados europeos.

VISA y American Express compiten a nivel internacional en el ámbito de las tarjetas de crédito. E incluso la Northwestern University y el Illinois Institute of Technology compiten entre sí por obtener los donativos de personas que obtuvieron grados académicos en ambas instituciones.

- Los *productos sustitutos* satisfacen una misma necesidad. Por ejemplo, durante el invierno el equipo profesional de los Toros de Chicago, el equipo de hockey Blackhaws, la Ópera Lírica, la Orquesta Sinfónica de Chicago y las tiendas que venden o alquilan videos compiten todos por obtener el dinero que el público destina a las diversiones. Vail en Colorado (localidad para esquiar), Mazatlán en México (playa con mar y sol) y Disneylandia compiten para que los estudiantes decidan pasar en ellas sus vacaciones de primavera.

- En un tercer tipo de competencia, más general, *todas las compañías* son un rival del limitado poder adquisitivo del público. Así, la competencia que afronta el fabricante de las raquetas de tenis Prince podría ser un nuevo par de pantalones Levi's Docker, una factura de reparación de un automóvil Nissan o bien una contribución a alguna obra de caridad.

En el escenario internacional, dos trascendentes hechos competitivos de carácter ambiental de principios de los años 90 plantean importantes retos a las empresas norteameri-

¿DILEMA ÉTICO?

Por una tarifa importante, el Comité Olímpico Internacional concede los derechos mundiales de patrocinio a muchas compañías, pero sólo una por cada categoría de producto. Por ejemplo, en los Juegos Olímpicos de 1992 Kodak fue la película oficial, VISA fue la patrocinadora de las tarjetas de crédito y Coca-Cola obtuvo el patrocinio en la categoría de refrescos. Pero los competidores que no obtuvieron esos derechos, entre ellos las películas Fuji y las tarjetas de crédito American Express, incluyeron el símbolo olímpico de los cinco anillos en sus anuncios impresos y en sus comerciales por televisión. Algunos de los patrocinadores oficiales dijeron haber sido "embaucados" por este uso del símbolo olímpico en los anuncios de los competidores, pues implicaba que éstos estaban relacionados oficialmente con la organización olímpica.

¿Es ético que un competidor no patrocinador utilice en su publicidad el símbolo olímpico de los cinco anillos?

El ambiente cambiante del marketing

canas. Uno es la unificación económica de la Comunidad Europea (CE). El otro es el cambio radical de un sistema controlado por el gobierno a una economía de mercado relativamente libre en muchas naciones, sobre todo en Europa Oriental, la ex Unión Soviética y América Latina.[7] Por ejemplo, en Polonia, Rusia y Argentina se han eliminado el control de precios y los subsidios del gobierno en muchos productos. Más aún, algunas grandes empresas e industrias, que antaño eran de propiedad estatal, han sido vendidas totalmente o en parte a particulares. Más adelante, en el capítulo 20, explicaremos más ampliamente las implicaciones mercadológicas de estos dos hechos internacionales.

Factores sociales y culturales

Los ejecutivos de marketing tienen ante sí una labor cada día más delicada, ya que los patrones (estilos de vida, valores sociales, creencias) están cambiando mucho más rápidamente que antaño. A continuación reseñamos unos cuantos cambios de los **factores sociales y culturales** que tienen consecuencias muy significativas para el marketing.

El compromiso de Wal-Mart por crear un ambiente más puro incide en la elección de los productos que vende en sus tiendas. Este compromiso compartido ha influido en el programa de marketing de Procter & Gamble, uno de sus proveedores.

El movimiento ambientalista de Estados Unidos. En la década de 1900 se ha hecho más hincapié en la *calidad* de la vida que en la *cantidad* de bienes que consumimos. El lema es "no más, sino mejor". Buscamos el valor, la calidad y la seguridad (inocuidad) de los productos. Nos interesa mucho la educación de nuestros jóvenes, la recapacitación de los trabajadores para el siglo xx, la criminalidad en las ciudades, la estabilidad familiar, el deterioro de la infraestructura y los problemas raciales.

Pero un lugar destacado de esa lista corresponde al ambiente físico. Nos preocupa la contaminación del aire y del agua, los huecos en la capa de ozono, la lluvia ácida, la eliminación de los desperdicios sólidos, la destrucción de las selvas tropicales y de otros recursos naturales. Estas preocupaciones han aumentado nuestro grado de concientización ambiental, que es lo que entendemos por "sensibilización ecológica de Estados Unidos".

El ambientalismo es un factor político desde hace veinticuatro años aunque se intensificó en los años 90, cuando los consumidores se volvieron más conscientes del problema y lo expresaron más abiertamente. Y es un movimiento que no se limita a Estados Unidos. Por el contrario, también ha tenido eco en la Comunidad Europea, Japón, Australia, Singapur y otros países.

Los consumidores cada vez están siempre más dispuestos a invertir el dinero en productos que no deterioren el ambiente. Un estudio reveló que, en 1991, 23% de los norteamericanos efectuaban sus compras basándose en factores ambientales. Y se prevé que ese porcentaje llegará a más de 50% en 1995.[8]

Las empresas estadounidenses no han dejado de tener en cuenta la sensibilidad ecológica de la población:

- Heinz ahora recicla las botellas de salsa de tomate y se ha comprometido a no comprar atún (para su marca Starkist) pescado con redes que atrapan también delfines.[9]
- Los fabricantes de baterías (Eveready, Ray-O-Vac, Panasonic) ahora producen baterías sin mercurio.[10]
- La nueva línea de cosméticos Origins de Estee Lauder se elabora con productos que no se probaron en animales y se empaca dentro de contenedores reciclables.
- Luego de recibir varias quejas de los consumidores, McDonald's reemplazó sus paquetes de poliestireno para las hamburguesas con contenedores de papel. (Es interesante

señalar que, a causa del recubrimiento del papel, los paquetes de poliestireno son *más* reciclables que los de papel.)

Papel de hombres y mujeres. Uno de los cambios más drásticos de la cultura de Estados Unidos es el papel cambiante de las mujeres. Lo más importante es la erosión de los estereotipos concernientes a los roles del varón y la mujer en las familias, en los trabajos, en la recreación y en el uso de los productos.

Más de la mitad de las estadounidenses trabajan hoy fuera de su casa. Ello ha venido a cambiar algunos hábitos tradicionales de compra de las familias. Muchos hombres compran los comestibles, mientras que las mujeres compran gasolina y se encargan del mantenimiento del automóvil. Ahora que ambos cónyuges trabajan, ha crecido, por ejemplo, la demanda de hornos de microondas y de servicios domésticos. La mitad de las mujeres con

PERSPECTIVA INTERNACIONAL

¿SE HA INICIADO EN JAPÓN EL MOVIMIENTO AMBIENTALISTA?

Hoy el movimiento ecologista ha alcanzado una fuerza política y social nunca antes vista en Estados Unidos y en la Comunidad Europea. En esos países desde hace muchos años había un gran interés por el ambiente físico que había ido creciendo con el tiempo. Por el contrario, Japón se ha incorporado recientemente a las naciones que luchan por la preservación del ambiente. Pero ha conseguido notables "triunfos ecologistas" en muchas de las industrias que antaño eran fuentes muy importantes de contaminación.

Ese ímpetu por tener un ambiente más puro se debe a dos cosas: 1) la crisis petrolera internacional, que ocasionó enormes incrementos en el precio del petróleo que importaba Japón y 2) las críticas del extranjero sobre su pobre desempeño en la protección del ambiente. La respuesta de Japón consistió en rigurosas medidas tendientes a mejorar su aprovechamiento de la energía, a proteger la flora y la fauna, aminorando al mismo tiempo la contaminación del aire, el agua y la causada por la eliminación de los desperdicios.

Hasta ahora los resultados no son del todo alentadores. La buena noticia es que los ambientalistas clasifican al Japón casi en el primer lugar entre las naciones industrializadas que cuenta con políticas para controlar la atmósfera, el ahorro de energía, la eliminación de desperdicios y la eficiencia en el transporte. La mala noticia es que algunas industrias siguen devastando las selvas tropicales y que Japón se niega a poner fin a sus controvertidas actividades de pesca de la ballena.

Con todo, algunas industrias japonesas empezaron ya a desarrollar y comercializar productos con control de la contaminación, tanto en el país como fuera de él. Por ejemplo, los fabricantes de acero redujeron el consumo de energía y las emisiones de bióxido de carbono. Dado que se cuenta con poco espacio para terraplenes, se han diseñado incineradores poderosos y baratos para destruir los desperdicios sólidos y líquidos. Toyota, Nissan y otras empresas automotrices han ido mejorando el ahorro de combustible y reduciendo las emisiones de sus automóviles. El Ministerio Japonés de Comercio e Industria Internacional está financiando investigaciones a largo plazo que utilizan la biotecnología para producir hidrógeno, el combustible más limpio que se conoce actualmente.

Fuente: Neil Gross, "The Green Giant? It May Be Japan", *Business Week*, 24 de febrero, 1992, p. 74; y Jacob M. Schlesinger, "Japan Cultivates and Environmental Image", *The Wall Street Journal*, 27 de febrero, 1992, p. A8.

El ambiente cambiante del marketing

El aumento de las madres que trabajan, ya sean solteras, o casadas, ha acrecentado considerablemente la demanda de centros preescolares.

niños menores de 6 años trabajan fuera de casa, lo cual acrecienta la demanda de centros preescolares y de guarderías.

En general, los hombres se han adaptado más lentamente a esta cultura cambiante. A menudo comparten más las compras de la familia y las labores domésticos simplemente porque sus cónyuges los obligan. Los que tienen actitudes positivas ante esos cambios (los "adaptadores al cambio") son personas más jóvenes, con un nivel escolar más alto y más ricos que los "opositores del cambio". Los profesionales del marketing deben percatarse que esos dos grupos compran artículos distintos y lo hacen en formas también distintas.[11]

Al reconocer el creciente poder económico y los cambiantes estilos de vida de la población femenina, muchas compañías han introducido grandes cambios en sus programas de marketing para llegar a este mercado. Nike y Avis crearon campañas publicitarias totalmente nuevas para llegar a él de una manera más eficiente. Y Smith & Wesson agregó LadySmith, una línea de pistolas diseñadas especialmente para las manos femeninas. En cambio, algunas compañías, entre ellas los fabricantes de automóviles, se han adaptado lentamente a los nuevos hábitos de compra de mujeres y hombres. En Estados Unidos, las mujeres compran la mitad de los automóviles nuevos e influyen al menos en el 80% de este tipo de compras. Con todo, la publicidad de los automóviles normalmente no se centra en las mujeres modernas, y muchas veces los vendedores se muestran hostiles con ellas.[12]

Salud y acondicionamiento físico. El interés creciente por la salud y el acondicionamiento físico en los últimos años parece haber traspasado las fronteras de los segmentos demográficos y económicos de Estados Unidos. La participación en las actividades de acondicionamiento físico, desde aerobics hasta el yoga, ha ido creciendo. De ahí que se hayan multiplicado las tiendas de artículos deportivos, los centros de acondicionamiento físico y otras empresas que se centran en esta tendencia del mercado. También se han mejorado las instalaciones públicas como las caminos exclusivos para ciclistas, los senderos trazados para escaladores novatos, las pistas para correr y los campos de juego.

Al lado del acondicionamiento físico, se observan cambios en los hábitos alimentarios de los estadounidenses. Por una parte, constantemente se les recuerda la relación de la dieta con las enfermedades del corazón y el cáncer. En consecuencia, ha aumentado el interés por las dietas para adelgazar; los alimentos con poca sal, los aditivos y el colesterol; los alimentos ricos en vitaminas, minerales y fibra. Ahora los alimentos naturistas se encuentran también en los supermercados.

Compra por impulso. En Estados Unidos se observa que cada día es más frecuente la compra por impulso, es decir, la que se realiza sin planeación previa. Un individuo puede salir con la intención de comprar carne y pan solamente. Pero, una vez dentro de la tienda, quizá adquiera también duraznos frescos porque se siente atraído por su aspecto o su precio. Y al ver pañuelos desechables en el estante, comprará un paquete pues recuerda que ya casi no tiene en casa. A esto se le llama compra por impulso.

Algunas veces este tipo de compra se realiza de modo muy racional. La venta de autoservicio con exhibición ha generado una situación de marketing en que se reconoce que el comprador puede posponer la planeación hasta encontrarse en una tienda. A causa de esta tendencia a la compra por impulso, pueden diseñarse programas promocionales para atraer el público a una tienda. Las exhibiciones son un excelente medio de lograrlo, porque el empaque puede hacer las veces de un vendedor silencioso.

La demanda de comodidad por parte de los consumidores influye de manera decisiva en el programa de marketing de 7-Eleven.

Comodidad. Cuando la gente piensa que tiene más dinero para gastarlo en lo que quiere pero que dispone de poco tiempo, estará más dispuesta a pagar por la comodidad. Queremos productos que sea fácil obtener y utilizar. Queremos productos empacados en diversos tamaños, cantidades y formas. Queremos tiendas situadas cerca de nuestro hogar y que estén abiertas las 24 horas del día. Los supermercados y las llamadas tiendas de conveniencia que son las que permanecen abiertas hasta altas horas de la noche, que venden comestibles y otros artículos de consumo y que están cerca de nuestra casa o lugar de trabajo, como 7-Eleven, han respondido a la necesidad de comodidad por parte del público y dan servicio las 24 horas del día en algunas áreas metropolitanas. En King Soopers, una cadena de supermercados de Colorado, los clientes pueden pedir por teléfono o fax sus pedidos de comestibles las 24 horas del día, 7 días a la semana. Después, se recoge el pedido 3 horas más tarde o se ordena que se lo envíen a casa el mismo día. El costo por recogerlo es de $5 dólares por pedido; la entrega a domicilio cuesta $9.

En todas las fases del programa de marketing de una empresa influyen la necesidad y el deseo de comodidad del público. En la planeación del producto incide la necesidad de la comodidad del empaque, la cantidad y la selección. Las políticas de precios han de establecerse atendiendo a los costos de ofrecer varios tipos de comodidad. Las políticas de distribución deben tener en cuenta una ubicación y horario convenientes.

Factores políticos y legales

Los comportamientos de una organización se ven afectados cada vez más por los procesos políticos y legales de la sociedad. Los **factores políticos y legales del marketing** pueden agruparse en las siguientes cinco categorías. En cada una, el impacto proviene de la legislación y de las políticas establecidas por muchas dependencias gubernamentales.

- **Políticas monetarias y fiscales**. En los sistemas de marketing repercuten el nivel del gasto público, la oferta de dinero y la legislación fiscal.
- **Legislación y regulación social**. A esta categoría pertenecen las leyes que inciden en el ambiente, las leyes contra la contaminación, por ejemplo, y las regulaciones que emanan de los oficinas de protección al ambiente.
- **Relaciones del gobierno con las industrias**. Aquí encontramos los subsidios de la agricultura, la construcción de barcos, el transporte de pasajeros por ferrocarril y otras industrias. Las tarifas y cuotas de importación afectan a determinadas industrias. La *desregulación* gubernamental sigue ejerciendo efecto sobre las instituciones financieras, las líneas aéreas, el ferrocarril y las empresas camioneras.
- **Legislación relacionada específicamente con el marketing**. No es necesario que los ejecutivos de marketing sean abogados, pero deberían conocer algo sobre las leyes que influyen en su profesión: por qué fueron aprobadas, cuáles son sus cláusulas principales y los reglamentos establecidos por los tribunales y los organismos reguladores para aplicarlas.

Las leyes tienen por objeto regular la competencia o bien proteger al consumidor. En la tabla 2-1 se resumen las principales leyes de uno y otro grupo que rigen en Estados Unidos. Observe que, desde 1980, ha habido pocas leyes que afecten al marketing. Este hecho refleja el ambiente político de Washington durante el último decenio. (Hablaremos de las leyes conexas con el marketing en los pasajes apropiados a lo largo del libro.)

El ambiente cambiante del marketing

TABLA 2-1 Resumen de algunas leyes de Estados Unidos que influyen en el marketing de ese país

Para regular la competencia:

1. *Sherman Antitrust Act* (1890). Prohíbe los monopolios y sus combinaciones tendientes a limitar el comercio.
2. *Federal Trade Commision (FTC) Act* (1914). Prohíbe la competencia injusta.
3. *Clayton Antitrust Act* (1914). Regula varias actividades, principalmente la discriminación de precios.
4. *State Unfair Trade Practices Acts* (1930s). Prohíben los precios de "líder en pérdidas" (vender por debajo del costo). Estas leyes todavía mantienen su vigencia en casi la mitad de los estados.
5. *Robinson-Patman Act* (1936). Enmienda la Clatyon Act fortaleciendo la prohibición de discriminar los precios. Regula los descuentos y las bonificaciones.
6. *Wheeler-Lea Act* (1938). Enmienda el FCT Act; amplia y fortalece la regulación de la competencia injusta o engañosa.
7. *Lanham Trademark Act* (1946). Regula las marcas y las marcas registradas.
8. *Consumer Goods Pricing Act* (1975). Rechaza las leyes *federales* que apoyan las leyes *estatales* del comercio justo. Abroga las leyes estatales que permiten a los fabricantes fijar los precios al detalle.
9. Varias leyes *desreguladoras* referentes a industrias particulares:
    a. *Natural Gas Policy Act* (1978)
    b. *Airline Deregulation Act* (1978)
    c. *Motor Carrier Act* (1980)
    d. *Staggers Rail Act* (1980).
    e. *Depository Institutions Act* (1981).
    f. *Drug Price Competition and Patent Restoration Act* (1984).

Para proteger al consumidor:

1. *Pure Food and Drug Act* (1906). Regula las etiquetas de alimentos y medicamentos, prohibiendo además la fabricación o comercialización de alimentos o medicamentos adulterados. Enmendada en 1938 por la Food, Drug and Cosmetics Act.
2. Varias leyes del *etiquetado textil* que exigen al fabricante indicar de qué está hecho el producto:
    a. *Wool Products Labeling Act* (1939)
    b. *Fur Products Labeling Act* (1951)
    c. *Flammable Fabrics Act* (1953).
    d. *Textile Fiber Products Identification Act* (1958).
3. *Automobile Information Disclosure Act* (1958). Requiere que los fabricantes muestren en los nuevos vehículos para pasajeros el precio recomendado de lista.
4. *Kefauver-Harris Drug Amendments* (1962). Exige que *a)* los medicamentos contengan una etiqueta con sus nombres genéricos, *b)* que los medicamentos nuevos sean sometidos a pruebas y *c)* que se obtenga la aprobación de la Food and Drug Administration para los productos nuevos antes de venderlos al público.
5. *National Traffic and Motor Vehicle Safety Act* (1966). Ofrece normas de seguridad para llantas y automóviles.
6. *Fair Packaging and Labeling Act* (1966). Regula el empaque y el etiquetado.
7. *Cigarrete Labeling and Advertising Acts* (1966, 1969). Establece que los fabricantes indiquen en las etiquetas de los cigarros que éstos pueden ser nocivos para la salud y prohíban la publicidad de los cigarros por televisión.
8. *Consumer Credit Protection Act* (1968). La ley de "veracidad en el financiamiento" estipula que se indiquen explícitamente las tasas de interés y otros cargos financieros sobre los préstamos y las compras a crédito.
9. *Consumer Product Safety Act* (1972). Crea la Consumer Product Safety Commission con amplios poderes para limitar e incluso suspender la venta de productos que la comisión juzgue inseguros.
10. *Consumer Product Warranty Act* (1975). Aumenta los derechos de los consumidores y las responsabilidades de los vendedores conforme a las garantías de los productos.
11. *FTC Improvement Act* (1980). Limita la facultad de la Federal Trade Commission para establecer regulaciones a las industrias y para hacerlas cumplir. En efecto, invierte la tendencia a una mayor protección de los consumidores por la FTC.
12. *Nutritional Labeling and Education Act* (1990). Estipula incluir detallada información nutricional en las etiquetas de la mayor parte de los productos alimentarios.
13. *Children's Television Act* (1990). Limita los minutos de publicidad que pueden incluirse en los programas infantiles.

Hasta ahora la explicación de los factores gubernamentales que influyen en el marketing se ha referido esencialmente a las actividades del gobierno *federal* de Estados Unidos. Sin embargo, hay también otros de carácter político legal en los niveles *estatales y municipales*. Los programas de marketing de algunas firmas se ven afectados por las leyes de zonificación, las regulaciones de las tasas de interés, los impuestos estatales y municipales, las leyes que rigen la venta de puerta en puerta.

- **Fuente de información y comprador de productos**. Esta quinta área de la influencia gubernamental en el marketing difiere considerablemente de las cuatro anteriores. En vez de indicar a los ejecutivos de marketing lo que deben hacer o lo que no pueden hacer (en lugar de dictar leyes y reglamentos), el gobierno los ayuda. El gobierno federal norteamericano es la principal fuente de la información mercadológica que se publica en ese país, y es también el principal comprador de los bienes y servicios.

Tecnología

La **tecnología** ha tenido un gran impacto en los estilos de vida del hombre moderno, en sus hábitos de consumo y en su bienestar económico. Basta pensar en el efecto producido por los adelantos tecnológicos como el avión, los plásticos, la televisión, las computadoras, los antibióticos, los rayos láser y los videojuegos. Quizá con excepción del avión, todas esas tecnologías llegaron a sus principales mercados durante la vida del lector o la de sus padres. Reflexione en cómo su vida se verá afectada en el futuro por medicamentos para el resfriado común, la invención de fuentes de energía que reemplacen a los combustibles fósiles, métodos más baratos para hacer potable el agua del mar e incluso un viaje comercial a la Luna.

Considere algunos de los avances tecnológicos que han ido ampliando nuestros horizontes en los años 90. Un ejemplo de ellos lo constituyen el perfeccionamiento de los productos electrónicos en miniatura. Resulta difícil captar las extraordinarias posibilidades en esa área. Por ejemplo, una computadora manual (más pequeña que la portátil) permite a los vendedores hacer pedidos desde el lugar donde se encuentra el cliente. Por lo demás, la biotecnología ha abierto los nuevos mundos de carne más magra, de tomates y fresas con menor contenido de grasa que conservarán su sabor y textura después de ser congelados y descongelados, de tallos de apio sin fibra.[13] Cor Therapeutics y Merck son dos de las empresas farmacéuticas que trabajan para obtener una superaspirina que impida la formación de coágulos, con lo cual posiblemente salven miles de vidas.[14] Tal vez las perspectivas de la tecnología para la próxima década y más allá de ella las haya sintetizado mejor que nadie Alvin Toffler, quien escribe sobre lo que ocurrirá en el futuro. Prevé una economía regida por el conocimiento o la información como clave del poder y prestigio nacional.[15]

Los avances tecnológicos pueden influir en el marketing de tres maneras:

- Dar origen a industrias enteramente nuevas, como lo han hecho las computadoras, los rayos láser y los robots.
- Modificar de modo radical, o destruir prácticamente, las industrias existentes. Cuando se inventó la televisión, les dio un duro golpe a las industrias de la radio y de la cinematografía; las calculadoras manuales acabaron con la industria de las reglas de cálculo. ¿Y qué hará Eastman Kodak cuando tengamos cámaras que toman fotografías sin película? (Véase el recuadro de la página siguiente.)

El ambiente cambiante del marketing

USTED TOMA LA DECISIÓN

¿PODRÁN LOS FABRICANTES DE PELÍCULAS SOBREVIVIR CUANDO LAS CÁMARAS FOTOGRÁFICAS NO USEN ROLLOS DE PELÍCULA?

Una tecnología revolucionaria es un adelanto que aplaudimos cuando es de nuestra compañía, pero no compartimos esa alegría cuando la introduce un competidor. Existen muchos ejemplos de cómo una nueva tecnología hace obsoleta la anterior. Las cajas registradoras eran una buena herramienta hasta que aparecieron las computadoras que hacen el mismo trabajo más rápidamente y mejor.

Hoy Eastman Kodak Company se encuentra en un callejón sin salida de tipo tecnológico. Kodak, líder mundial en la producción de películas para cámara fotográficas, ha resistido los ataques de empresas como Fuji (Japón), Agfa (Alemania) y Polaroid. Pero en los próximos 5 años afrontará un desafío aún más peligroso: las cámaras electrónicas que toman fotografías sin película. La tecnología actual no ha dado todavía ese paso gigantesco. Las cámaras electrónicas siguen usando película, pero las impresiones pueden almacenarse en disco compacto (CD) que después puede exhibirse en un televisor o en una computadora. Y el siguiente paso será la cámara fotográfica sin película.

Kodak está muy preocupado pues no sabe qué hacer en el futuro. Antaño cometió errores graves al predecir el futuro. Hace algunos años, por ejemplo, optó por *no* fabricar cámaras de 35 milímetros. Hoy esos modelos son la norma de la industria. Otro error consistió en *no* producir *camcorders*.

La tecnología fotográfica del disco compacto le ayudará a sortear la situación por un tiempo. Pero a la postre

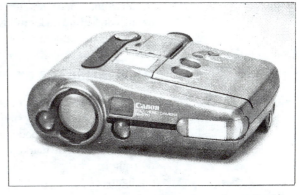

Esta videocámara registra las imágenes en discos flexibles en vez de utilizar película. Una nueva tecnología como ésta puede tener un fuerte impacto en los programas mercadológicos de muchas compañías.

habrá de tomar una decisión. ¿Debe seguir invirtiendo en un producto de película o bien tratar de inventar una cámara sin película? He aquí otro reto: ¿cómo persuadir a los empleados de que diseñen un nuevo producto (la cámara sin película) que sustituye la que llevan años perfeccionando? ¿Y cómo vender ambos productos al mismo tiempo? ¿Se utilizará una fuerza de ventas para las cámaras tradicionales y para las electrónicas? ¿O bien se emplea una fuerza de ventas distinta para el segundo tipo de cámara?

¿Qué debería hacer la compañía en estas situaciones?

Fuente: Joan E Rigdon, "Kodak Tries to Prepare for the Filmless Era without Inviting Demise of Core Business", *The Wall Street Journal*, 18 de abril, 1991, p. B1.

- Estimular los mercados y las industrias no relacionados con la nueva tecnología. Gracias a los nuevos electrodomésticos y los alimentos congelados, las amas de casa dispusieron de más tiempo libre para dedicarse a otras actividades.

La tecnología es un beneficio ambivalente en otros aspectos. Con una nueva tecnología puede mejorar nuestra vida en un área y generar problemas de tipo ambiental y social en otras. El automóvil hace más cómoda la vida en muchos aspectos, pero también ocasiona embotellamientos y contaminación ambiental. La televisión constituye una especie de niñera electrónica, pero también tiene efectos negativos en las discusiones familiares y en los hábitos de lectura de los niños. Es irónico señalar que a la tecnología se le critica por crear problemas (la contaminación ambiental, entre ellos) que se supone que debía resolver.

MICROAMBIENTE EXTERNO

Tres factores ambientales externos, pero que forman parte del sistema de marketing de una empresa, son su mercado, sus proveedores y los intermediarios. A pesar de que generalmente no son controlables, podemos influir en ellos más que en los macrofactores. Por ejemplo, una organización de marketing está en condiciones de ejercer presión sobre sus proveedores o intermediarios. Y, por medio de la publicidad, una empresa puede influir en su mercado (figura 2-2).

El mercado

El mercado es la esencia misma del marketing: cómo llegar a él, atenderlo en forma rentable y con una actitud socialmente responsable. El mercado debe constituir el centro de todas las decisiones de marketing en la organización. ¿Pero qué es realmente el mercado? Podemos definirlo como un lugar donde se reúnen compradores y vendedores, donde se ofrecen a la venta bienes o servicios y se transfiere la propiedad. También podemos definirlo como la demanda hecha por cierto grupo de compradores potenciales de un bien o servicio. Así tenemos un *mercado* agrícola de los productos petroleros.

Las definiciones precedentes no son lo bastante precisas como para sernos útiles aquí. En los negocios definimos un **mercado** como las personas u organizaciones con *deseos (necesidades) que satisfacer, con dinero para gastar y con la disposición de gastarlo*. En consecuencia, en la demanda de mercado de determinado bien o servicio hay tres factores que considerar:

- Personas u organizaciones con deseos (necesidades).
- Su poder adquisitivo.
- Su comportamiento de compra.

Por "necesidades" entendemos lo que dice el diccionario: la carencia de algo que se requiere, se desea o es útil. No las limitamos exclusivamente a las necesidades de alimento,

FIGURA 2-2

Microambiente externo del programa de marketing de una compañía.

El ambiente cambiante del marketing

ropa y vivienda que son indispensables para subsistir. Al hablar del marketing, los términos *necesidades* y *deseos* se emplean como sinónimos.

Proveedores

No se puede vender un producto si antes no se fabrica o se compra. Por ello las personas o empresas que ofrecen los bienes o servicios que nos permiten producir lo que venderemos son indispensables para el éxito en el marketing. Y también por eso hemos de considerar a los **proveedores** como parte del sistema mercadológico.

Muchas veces los ejecutivos de marketing no conceden suficiente importancia al aspecto de la oferta del sistema mercadológico. Pero se dan cuenta de su valor decisivo cuando hay escasez. Entonces entienden la necesidad de mantener relaciones de colaboración con los proveedores.

Intermediarios del marketing

Los **intermediarios del marketing** son empresas lucrativas independientes que contribuyen directamente al flujo de bienes y servicios entre una organización de marketing y sus mercados. Hay dos tipos de intermediarios: 1) las compañías que llamamos *intermediarios* (mayoristas y detallistas) y 2) las *organizaciones facilitadoras* que prestan servicios como el transporte, el almacenamiento y financiamiento sin los cuales no podrían efectuarse intercambios entre compradores y vendedores.

Estos intermediarios operan entre una compañía y sus mercados y entre ella y sus proveedores. Forman, pues, parte de lo que se conoce con el nombre de *canales de distribución*.

En algunos casos, a una compañía le conviene más "hacer las cosas por sí misma", sin recurrir a los intermediarios de marketing. Un productor puede tratar *directamente* con sus

FIGURA 2-3

Ambiente interno que influye en las actividades mercadológicas de una compañía.

Los recursos internos no relacionados con el marketing inciden en el programa de marketing de una compañía y lo apoyan.

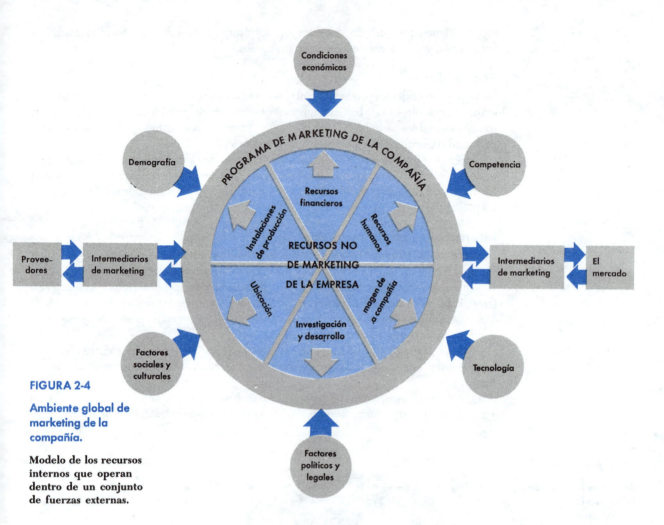

FIGURA 2-4

Ambiente global de marketing de la compañía.

Modelo de los recursos internos que operan dentro de un conjunto de fuerzas externas.

proveedores o venderles *directamente* a los consumidores, realizando sus propios envíos, autofinanciándose, etc. Pero los intermediarios de marketing son especialistas en sus campos respectivos. A menudo hacen mejor las cosas y a un costo menor que la propia organización de marketing.

AMBIENTE INTERNO DE LA ORGANIZACIÓN

Al sistema de marketing de una empresa también lo moldean los factores *internos* que están bajo el control de la dirección (figura 2-3). Entre ellos cabe citar las actividades de producción, las financieras y las de personal. Por ejemplo, si Dial Corporation está estudiando la conveniencia de incorporar una nueva marca de jabón, deberá decidir si puede utilizar las instalaciones y los conocimientos actuales de producción. En caso de que el nuevo producto requiera una nueva planta o maquinaria, entrará en juego la capacidad financiera.

Otros factores no relacionados con el marketing son la ubicación de la compañía, su fuerza de investigación y desarrollo y la imagen global que proyecta al público. La ubicación a menudo determina los límites geográficos de su mercado, sobre todo si los costos de transporte son elevados o si maneja productos perecederos. El factor de investigación y desarrollo puede decidir si la compañía será líder o seguidora en la industria.

Otro aspecto que es preciso incluir en el ambiente interno de la organización es la necesidad de coordinar sus actividades de marketing y de otro tipo. Algunas veces esto resultará difícil por los conflictos en las metas y personalidades de los ejecutivos. Así, a los que trabajan en producción les gusta ver largas series de producción de objetos estandarizados. En cambio, los ejecutivos de marketing querrán diversidad de modelos, tamaños y colores para atender los diferentes segmentos del mercado. Los directores de finanzas desean imponer límites más rigurosos a los créditos y a los gastos de lo que los ejecutivos de marketing consideran adecuados para ser competitivos.

Con el fin de resumir nuestra exposición sobre el ambiente de marketing, en la figura 2-4 indicamos cómo todos los factores ambientales se combinan para constituir el programa de marketing de una organización. Dentro del marco de estas restricciones, los gerentes deberán diseñar un programa de marketing que satisfaga las necesidades y deseos de sus mercados. En el siguiente capítulo abordaremos el tema de la planeación estratégica de los programas de marketing. En la planeación y realización de un programa de marketing interviene de manera decisiva el sistema de información de marketing, subsistema básico del marketing cuya finalidad es ayudarle a los directivos a resolver sus problemas y tomar decisiones. El capítulo 4 versa sobre la investigación de marketing y el flujo de información en la compañía.

RESUMEN

Varios factores ambientales influyen en las actividades de marketing de una organización. Algunos son externos a ella y en gran medida escapan a su control. Otros se hallan en su interior y normalmente están bajo el control de los gerentes. Una compañía administra su sistema de marketing dentro de este ambiente interno y externo. Ante todo, conviene que la dirección establezca un sistema de vigilancia ambiental, proceso que consiste en reunir y evaluar información acerca del ambiente.

Seis variables generales constituyen el ambiente externo que generalmente no puede ser controlado por una organización. Las condiciones demográficas son uno de estos factores. Otro corresponde a las condiciones económicas: ciclo de los negocios, inflación y tasas de interés. Los gerentes han de conocer los diversos tipos de competencia y la estructura competitiva en la cual opera una firma. Los factores sociales y culturales, entre los que figuran los cambios culturales, son otro factor que hemos de tener presente. Los factores políticos y legales, junto con la tecnología, completan el grupo de influencias macroambientales externas.

Otro conjunto de factores ambientales (proveedores, intermediarios de marketing y el mercado propiamente dicho) también son externos a la empresa. Pero estos elementos forman parte de su sistema de marketing, pudiendo ser controlado en cierta medida por ella. Por otra parte, en su sistema de marketing también influye una serie de recursos no relacionados con el marketing que están en su *interior* (instalaciones de producción, personal, finanzas, ubicación, investigación y desarrollo e imagen). Generalmente los gerentes pueden controlar estas variables.

Más sobre McDONALD'S

Ni siquiera la compañía de comidas rápidas más grande del mundo, McDonald's, es inmune a las influencias demográficas, competitivas y socioculturales. Por eso, bajo el liderazgo del director general Michael Quinlan, ya introdujo algunos cambios importantes para afrontar esos retos ambientales y sigue considerando la posibilidad de adoptar otras estrategias.

Bajo la guía de Ray Kroc, fundador de McDonald's, esta empresa se basó desde el principio en la *estandarización*. Hoy la estrategia es la *flexibilidad*. Por ejemplo, se observan un aspecto y una decoración muy variables en sus sucursales. En el McDonald's de Wall Street se ve un piano de media cola y una teleimpresora de acciones. Otros establecimientos incluyen patios de juego para niños. En vez de ser instalaciones separadas del resto de los edificios, ahora varios locales están instalados en edificios de los campus de universidades y en edificios de oficinas. La compañía tiene además contratos con algunos municipios para vender comidas en los sistemas de escuelas públicas.

Para hacer frente a la competencia de precios de Taco Bell, Wendy's y otras cadenas, ha reducido los precios y ofrece descuentos en algunos productos en determinados establecimientos (no en todos). Con el propósito de afrontar la competencia de las cadenas de restaurantes, ha probado el concepto de restaurante donde los clientes ingieren sus alimentos en el establecimiento (en contraste con aquellos en que los recogen y se los llevan a casa o bien los compran desde el automóvil). Por ejemplo en Hartsville (Tennessee), la compañía ensayó su menú, probando más de 150 productos, desde lasagna hasta elotes o choclos de maíz, desde rollo relleno de carne con verduras hasta palitos de zanahoria y desde pizza hasta fajitas de pollo. (Más tarde abandonó la idea de la pizza.) Algunos analistas temen que muchos de los cambios ya realizados, y los que se proyecta introducir, terminen por minar la imagen tradicional de McDonald's.

Algunos analistas de marketing señalan que McDonald's debería reconocer las condiciones cambiantes del mundo y concentrarse en sus negocios internacionales. Se prevé que para mediados de los años 90 las utilidades provenientes de ellos superarán a las que obtiene en Estados Unidos. La sucursal más grande, atendiendo al volumen de ventas, se encuentra en Beijing, a tres cuadras de la Plaza Tiananmen. Como manifiesta Zhang Wei, estudiante universitario de 20 años de edad: "Es un poco caro comer en McDonald's, pero creo que los precios son adecuados para un restaurante tan elegante como éste". Seis de los establecimientos más concurridos de McDonald's están en Hong Kong; ninguno de los 10 que venden más se halla en Estados Unidos.

El restaurante más importante de la compañía estaba situado en la Plaza Roja de Moscú. Y hablando de la necesidad de adaptarse a las exigencias macroambientales, en Rusia los empleados tuvieron que enseñarles a los agricultores a cultivar las papas y la carne de res de la calidad que requería McDonald's. En Moscú, a los rusos se les enseñó a preparar los bollos de las hamburguesas y Cómo capacitar y dirigir a los trabajadores locales.

1. ¿Debería McDonald's entrar en la competencia de precios con cadenas como Taco Bell y Burger King?
2. ¿Debería la compañía concentrarse más en los mercados internacionales o en los domésticos?

El ambiente cambiante del marketing

■ TÉRMINOS Y CONCEPTOS BÁSICOS

Vigilancia o monitoreo) ambiental (50)
Demografía (52)
Ambiente económico (52)
Ciclo de los negocios (53)
Inflación (55)
Tasas de interés (55)
Factores sociales y culturales (57)
Factores políticos y legales (60)
Tecnología (62)
Mercados (64)
Proveedores (65)
Intermediarios de marketing (65)

■ PREGUNTAS Y PROBLEMAS

1. Se prevé que la matrícula de las universidades norteamericanas disminuirá en los próximos años. ¿Qué medidas de marketing debe tomar su escuela para adaptarse a ese pronóstico?
2. Para cada una de las siguientes compañías, dé ejemplos de cómo su programa de marketing tenderá a diferir en los periodos de prosperidad y en los de recesión:
   a. Sopas Campbell
   b. Bicicletas de carrera
   c. Cadena de salas cinematográficas
   d. El Ejército de Salvación
3. ¿Qué efecto probable tendrán altas tasas de interés en el mercado de los siguientes bienes y servicios?
   a. Relojes importados
   b. Materiales de construcción
   c. Programas de guarderías
4. Explique los tres tipos de competencia que afronta una compañía. ¿Qué estrategias o programas de marketing debería recomendarle para hacer frente a cada uno de ellos?
5. Mencione tres productos fabricados en Estados Unidos que, a su juicio, tendrán una gran aceptación desde el punto de vista del ambiente físico en los mercados de Europa Occidental. Mencione tres productos que, en su opinión, serán inaceptables desde el punto de vista ecológico.
6. Dé algunos ejemplos de cómo el papel cambiante de las mujeres ha repercutido en el marketing de su país.
7. ¿Cuáles son algunas de las consecuencias que tiene en el marketing el creciente interés del público por la salud y el acondicionamiento físico.
8. Por medio de ejemplos distintos a los que figuran en este capítulo, explique cómo el factor ambiental de la tecnología puede influir en el sistema de marketing de una empresa.
9. Especifique algunos factores macroambientales externos que inciden en los programas mercadológicos de:
   a. Pizza Hut.
   b. Su escuela.
   c. Un club nocturno local.
   d. Clairol (u otros artículos para el cuidado del cabello).
10. Explique cómo cada uno de los siguientes recursos dentro de una compañía podría influir en su programa de marketing:
    a. Ubicación de la planta.
    b. Imagen de la compañía.
    c. Recursos financieros.
    d. Capacidad del personal.

■ APLICACIONES AL MARKETING

1. Identifique dos cuestiones socioculturales que se debatan en la comunidad donde se halla su escuela y explique el impacto que tienen en las empresas que venden productos o servicios a esa comunidad.
2. Luego de entrevistar a algunos consumidores y hombres de negocios de su comunidad, identifique dos productos o empresas (nacionales o locales) que, a su juicio, están teniendo mucho éxito en lo tocante al ambiente físico. Mencione dos que considere que no son muy eficientes en este aspecto.

NOTAS Y REFERENCIAS

1. Lois Therrien, "McRisky", *Business Week*, 21 de octubre, 1991, p. 114; Scott Hume, "McDonald's (the Green Revolution)", *Advertising Age*, 29 de enero, 1991, p. 32; Nicholas D. Kristof, " 'Billions Served' (and That Was without China)", *The New York Times*, 24 de abril, 1992, p. A4.

2. Roger Selbert, "Retailing's Five Most Important Trends", *Retailing Issues Letter* (Arthur Andersen & Co.), marzo de 1991, p. 2.

3. Gary L. Berman, "The Hispanic Market: Getting Down to Cases", *Sales & Marketing Management*, octubre de 1991, p. 66.

4. Marcy Magiers y Pat Sloan, "Basic Jeans Shine for Levi's, Lee", *Adverting Age*, 17 de febrero, 1992, p. 22.

5. "Seizing the Dark Day", *Business Week*, 13 de enero, 1992, p. 26.

6. Louis Kraar, "Your Rivals Can Be Your Allies", *Fortune*, 27 de marzo, 1989, p. 66.

7. Véase "Welcome to the Moscow Shopping Mall", *Business Week*, 19 de agosto, 1991, p. 44.

8. Lawrence E. Joseph, "The Greening of American Business", *Vis à Vis*, mayo de 1991, p. 32. Véase también Art Kleiner, "What Does It Mean to Be Green?" *Harvard Business Review*, julio-agosto de 1991, p. 338s.

9. Walter Coddington, "It's No Fad: Environmentalism Is Now a Fact of Corporate Life", *Marketing News*, 15 de octubre, 1990, p. 7.

10. Julie Liesse, "Batteries Getting Greener", *Advertising Age*, 17 de febrero, 1992, p. 1.

11. Diane Crispell, "The New World of Men", *American Demographics*, enero de 1992, pp. 38-43.

12. Eric Hollreiser, "Women and Cars", *Adweek's Marketing Week*, 10 de febrero, 1992, p. 14.

13. Ken Yamada, "Toward Leaner Meat and Celery Sticks without Strings", *The Wall Street Journal*, 24 de febrero, 1992, p. B1.

14. Michael Waldholz, "Super Aspirin's Promise Embodies Biotech", *The Wall Street Journal*, 24 de febrero, 1992, p. B6.

15. Alvin Toffler, *Power Shift*, Bantam Books, New York, 1990, citado en Howard Schlossberg, "Toffler Sees Knowledge-Driven Economy", *Marketing News*, 24 de diciembre, 1990, p. 1.

CAPÍTULO 3

Planeación estratégica y pronósticos

¿Podemos convencer a los extranjeros de que acudan a
SKI THE SUMMIT*?*

Las compañías norteamericanas en la industria de los esquíes se han dado cuenta de que es más fácil fabricar nieve (con máquinas) que esquíes. De ahí que muchos operadores de sitios para esquiar hayan tenido que examinar sus planes de marketing. Algunos, entre los que figura un grupo llamado Ski the Summit incluso han empezado a reunir sus ideas y presupuestos de marketing con el propósito de atraer más esquiadores.

Durante los últimos 10 años creció poco o nada el negocio en las zonas de esquiar. ¿Por qué? Una tendencia demográfica resulta decisiva: la población norteamericana ha ido envejeciendo. En particular, el grupo de los esquiadores más entusiastas (personas de 18 a 34 años de edad) ha disminuido en comparación con otros grupos de edad.

En Estados Unidos muchas localidades para esquiar comenzaron a reconsiderar en cuáles grupos de esquiadores deberán concentrar sus esfuerzos y cómo satisfacerlos mejor. Un número cada día mayor de localidades vacacionales intentan atraer a los extranjeros. A primera vista parece lógico, puesto que 80% de los esquiadores de todo el mundo viven fuera de ese país. Los primeros esfuerzos resultan alentadores: los extranjeros representan hoy aproximadamente 3% de los que practican este deporte en Estados Unidos, mientras que a fines de los años 80 representaban apenas el 1%.

Ski the Summit, el brazo mercadológico de cuatro áreas aliadas de esquiar en el condado Summit, en Colorado, ha conseguido atraer esquiadores del Reino Unido. Ahora intenta atraer a 5.5 millones de alemanes que esquían cada año, aplicando diversas tácticas: una carne asada al estilo del Viejo Oeste en un espectáculo de esquiar en Alemania y la presentación de miembros de diversos medios de comunicación de ese país en las cuatro áreas de esquiar.

Se hace lo posible por satisfacer a los extranjeros una vez que llegan a las zonas de esquiar de Estados Unidos. Así, un hotel de Breckenridge, Colorado, ofrece a los huéspedes ingleses no sólo servicios de cambio de moneda y periódicos ingleses, sino también té con sus respectivos panecillos.

No todos los operadores de áreas para esquiar coinciden en que ésta sea la estrategia correcta de marketing. Por ejemplo, conforme a las dos áreas más grandes de esquiar en Montana, es preferible concentrarse en el mercado doméstico. Por lo demás, debido al estancamiento de la demanda en los últimos años, algunas localidades de este tipo carecen de fondos para entrar en el marketing internacional.

Con todo, es evidente que hacen falta nuevas estrategias. De lo contrario, los competidores acabarán con las áreas de esquiar que tengan programas obsoletos de marketing.[1]

¿Tendrá éxito la estrategia de Ski the Summit que intenta atraer esquiadores del extranjero, sobre todo los ingleses y alemanes?

CAPÍTULO 3

OBJETIVOS DEL CAPÍTULO

En el presente capítulo veremos cómo una compañía planea su programa global de marketing, concentrándonos especialmente en la manera en que pronostica la demanda del mercado. Después de estudiar este capítulo, usted deberá ser capaz de explicar:

- La naturaleza y el alcance de la planeación y cómo encaja dentro del proceso administrativo.
- Las semejanzas y diferencias entre misión, objetivos, estrategias y tácticas.
- La diferencia esencial que existe entre la planeación estratégica de una compañía y su planeación estratégica de marketing.
- Los pasos de que consta la planeación estratégica de marketing.
- El propósito y los contenidos de un plan anual de marketing.
- Las semejanzas y diferencias, así como los puntos fuertes y débiles de los diversos modelos que se emplean en la planeación estratégica.
- La naturaleza de los pronósticos de la demanda en marketing.
- Los principales métodos usados para pronosticar la demanda del mercado.

Como se aprecia en el caso de Ski the Summit, una compañía no puede alcanzar el éxito sin una dirección hábil y eficiente del marketing. La parte de la designación *dirección de marketing* correspondiente a este último término se definió en el capítulo 1, ¿pero qué decir de la parte correspondiente a la *dirección*? La **dirección** (o administración) es el proceso de planear, instrumentar y evaluar las actividades de un grupo de personas que trabajan por la consecución de una meta común. En el presente capítulo ofreceremos un panorama general del proceso gerencial y examinaremos con detenimiento la planeación. También explicaremos un elemento esencial de la planeación de marketing: el pronóstico de la demanda. Más adelante, cuando usted conozca más de las estrategias y técnicas del marketing, trataremos de la instrumentación y de la evaluación, los otros dos pasos que constituyen el proceso gerencial.

LA PLANEACIÓN COMO PARTE DE LA DIRECCIÓN

El proceso gerencial, tal como se aplica al marketing, consta fundamentalmente de 1) planeación de un programa de marketing, 2) su realización y 3) evaluación de su desempeño. Este proceso se muestra gráficamente en la figura 3-1.

FIGURA 3-1
Proceso gerencial del marketing.

La etapa de la *planeación* incluye establecer metas y diseñar estrategias y tácticas para cumplirlas. La *realización* (o instrumentación) requiere formar la organización de marketing y dotarla de personal, así como dirigir su operación de acuerdo con el plan. La etapa de *evaluación* consiste en analizar el desempeño pasado en relación con las metas.[2] La tercera etapa indica el carácter interrelacionado y constante del proceso gerencial. Es decir, los resultados de ella se emplean al *planear* las metas y estrategias para periodos futuros. Y el ciclo vuelve a repetirse.

Naturaleza de la planeación

"Si no sabe adónde se dirige, cualquier camino lo llevará allí." Esto quiere decir que toda organización necesita planes generales y específicos para lograr el éxito. Ante todo, los directivos deben decidir qué desean lograr como organización y luego trazar un plan estratégico para obtener esos resultados. A partir del plan global, cada división deberá determinar cuáles serán sus planes. Por supuesto, es preciso tener en cuenta la función del marketing en dichos planes.

La planeación es muy importante, ¿pero en qué consiste realmente? Muy simple, **planear** es decidir ahora lo que haremos más adelante, especificando entre otras cosas cómo y cuándo lo haremos. Sin un plan no podremos realizar las cosas en forma eficiente y adecuada, puesto que no sabemos lo que ha de hacerse ni cómo llevarlo a cabo.

En la **planeación estratégica**, los gerentes adecuan los recursos de la organización a sus oportunidades de mercado a largo plazo. Las condiciones económicas y de mercado que predominaron en las últimas dos décadas impulsaron a muchas compañías a examinar más formalmente y con mayor frecuencia la manera óptima de adecuar sus recursos a las oportunidades. La finalidad era aprovechar las oportunidades y evitar los peligros que entrañan los mercados cambiantes. Se reconoció entonces que la planeación estratégica formal era una excelente herramienta gerencial para conseguirlo.

Conceptos básicos de la planeación

Comenzaremos familiarizándonos con los términos básicos que se utilizan al hablar de la dirección de marketing, sobre todo de la fase de planeación.

En vez de fabricar películas y cámaras fotográficas, Kodak ayuda a preservar los recuerdos memorables.

Misión. La **misión** de la organización indica a qué clientes atiende, qué necesidades satisface y qué tipos de productos ofrece. Una declaración de misión contiene, en términos generales, los límites de las actividades de la organización.

La declaración no debe ser ni demasiado extensa ni vaga o demasiado limitada y específica. Afirmar que la misión de una empresa es "beneficiar a los consumidores estadounidenses" es demasiado vago; decir que su propósito es "fabricar pelotas de tenis" resulta demasiado limitado. Ninguno de los dos enunciados describe beneficios significativos para los clientes ni da una buena orientación a los ejecutivos. Si el propósito no es claro para ellos, probablemente la planeación estratégica ocasione desacuerdos y confusión.

Antaño las compañías expresaban su misión en términos orientados a la producción: "Fabricamos hornos" (teléfonos o raquetas de tenis). Hoy, a partir del concepto de marketing la expresan con palabras orientadas al cliente. Los ejecutivos deberían pensar en los deseos que satisfacen y los beneficios que ofrecen. Así pues, en lugar de decir "Fabricamos hornos", en su declaración de misión Lennox Company debería decir "Ofrecemos control del clima". Recuérdese que en la tabla 1-1 se incluyen varias formas de manifestar la misión de una compañía.

Objetivos y metas. En este libro utilizamos como sinónimos los términos *objetivos* y *metas*. Un **objetivo** es simplemente un resultado deseado. Una buena planeación comenzará con un conjunto de objetivos que se cumplen poniendo en práctica los planes.

Para que los objetivos sean alcanzables y valgan la pena el esfuerzo, deben reunir los siguientes requisitos:

- Han de ser claros y específicos.
- Deben formularse por escrito.
- Deben ser ambiciosos pero realistas.
- Congruentes entre sí.
- En lo posible, deben ser susceptibles de una medición cuantitativa.
- Han de realizarse en determinado periodo.

He aquí algunos ejemplos que explican los requisitos anteriores:

Objetivos débiles (demasiado generales)	Adecuado
Aumentar la participación en el mercado.	Aumentar la participación de su nivel actual de 20% a un 25% en el siguiente año.
Mejorar la imagen pública de la compañía.	Recibir, el próximo año, premios de reconocimiento al menos de tres grupos ecologistas o de consumidores.

Estrategias y tácticas. El término *estrategia* se aplicó originariamente al arte de la guerra. En la administración de empresas, una **estrategia** es un plan general de acción mediante el cual una organización busca alcanzar sus objetivos. En marketing, la relación entre objetivos y estrategias puede ejemplificarse del modo siguiente:

Objetivo	Estrategias posibles
Aumentar las ventas el próximo año un 10% más que las del año actual.	1. Intensificar las actividades de marketing en los mercados nacionales. 2. Entrar en los mercados internacionales.

Dos organizaciones pueden perseguir el mismo objetivo pero servirse de estrategias distintas para cumplirlo. Por ejemplo, supongamos que dos compañías se propongan acrecentar en 20% su participación en el mercado durante los 3 próximos años. Para lograrlo una podría intensificar sus esfuerzos en los mercados integrados por familias y la otra podría concentrarse en penetrar en los mercados institucionales (por ejemplo, las empresas que dan servicio de comida). Por otra parte, quizá las dos busquen objetivos diversos pero escojan la misma estrategia para alcanzarlos.

Una **táctica** es un medio por el cual se realiza una estrategia. La táctica es un curso de acción más específico y pormenorizado que la estrategia. Además generalmente abarca periodos más breves. He aquí un ejemplo de táctica:

Estrategia	Tácticas
Dirigir la promoción a varones de 25 a 40 años de edad	1. Anunciarse en revistas que lee este grupo de personas. 2. Anunciarse en programas de televisión que ve este grupo.

Para ser eficaz, la táctica habrá de coincidir con la estrategia correspondiente y apoyarla.

Alcance de la planeación

La planeación puede abarcar periodos cortos o largos. La planeación estratégica suele ser a largo plazo, pues incluye 3, 5, 10 o (raras veces) 25 años. Exige la participación de los gerentes de alto nivel y, a menudo, interviene en ella personal especializado en planificación.

PREGUNTAS BÁSICAS QUE DEBE CONTESTAR UNA ORGANIZACIÓN

El concepto de misión, objetivos, estrategias y tácticas plantean una importante pregunta que debe contestar la empresa que busque el éxito en los negocios o, más exactamente, en el marketing.

Concepto	Pregunta
Misión	¿En qué negocio estamos?
Objetivos	¿Qué queremos alcanzar?
Estrategias	En términos generales, ¿cómo vamos a realizar el trabajo?
Tácticas	En términos específicos, ¿cómo vamos a realizar el trabajo?

En algunas industrias, la planeación abarca 10 —o incluso— 25 años al futuro.

La planeación a largo plazo incluye asuntos que afectan a toda la compañía: ampliar o disminuir la producción, los mercados y las líneas de productos. Por ejemplo, todas las empresas de la industria automotriz norteamericana han de orientarse hacia el siglo XXI para identificar los mercados principales, planear nuevos productos y actualizar sus tecnologías de producción.

La planeación a corto plazo suele abarcar 1 año o menos y compete a los ejecutivos de nivel medio o intermedio. Se centra en cosas como decidir cuáles mercados meta recibirán una atención especial y cuál será la mezcla de marketing. Volviendo otra vez a la industria automotriz, Chrysler Corporation decide anualmente en qué mercados se concentrará y si es necesario cambiar sus mezclas de marketing para cada uno de ellos. Naturalmente, los planes a corto plazo han de ser compatibles con los de largo plazo.

La planeación de las estrategias de marketing se efectuará en tres niveles diferentes:

- **Planeación estratégica de la compañía.** En este nivel la dirección define las misiones de la organización, establece metas a largo plazo y formula estrategias generales para cumplirlas. Estas metas y estrategias globales se convierten después en el marco de referencia para planear las áreas funcionales que constituyen la organización, como producción, finanzas, recursos humanos, investigación y desarrollo *y* marketing.
- **Planeación estratégica de marketing.** Los ejecutivos de alto nivel de marketing fijan metas y estrategias a las actividades mercadológicas de la empresa. La planeación estratégica de *marketing* obviamente ha de coordinarse con la planeación *global de la compañía*.
- **Planeación anual de marketing.** Conviene preparar planes a corto plazo para las principales funciones de la organización. El plan de marketing que abarca un periodo específico, normalmente 1 año, se basa en la planeación estratégica de marketing de la empresa.

PLANEACIÓN ESTRATÉGICA DE LA COMPAÑÍA

La **planeación estratégica de la compañía** consta de cuatro pasos esenciales:

1. Definir la misión de la organización.
2. Analizar la situación.
3. Establecer objetivos organizacionales.
4. Seleccionar estrategias para lograr estos objetivos.

El proceso anterior se incluye en la parte superior de la figura 3-2.

El primer paso, o sea definir la misión de la organización, influye en los tres restantes. En el caso de algunas empresas, no requiere más que revisar la declaración actual de la misión y confirmar si todavía es adecuada. Sin embargo, muchas veces se ignora este paso tan simple.

El segundo paso, analizar la situación, es indispensable porque en la planeación estratégica influyen muchos factores, tanto los que están dentro de ella como los externos. Por **análisis de la situación** entendemos simplemente reunir y estudiar la información relativa a uno o más aspectos específicos de una empresa. En una sección subsecuente hablaremos más ampliamente de cómo efectuar este tipo de análisis.

FIGURA 3-2

Tres niveles de la planeación organizacional.

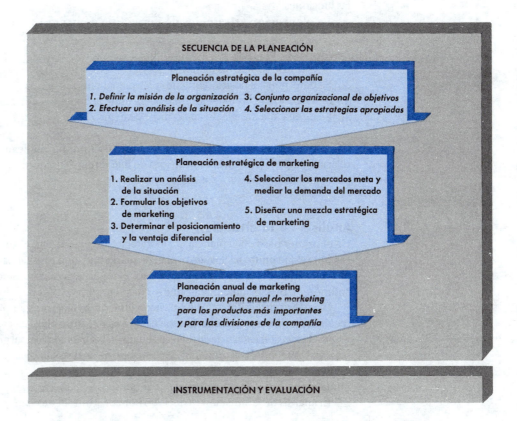

El tercer paso de la planeación estratégica, establecer objetivos organizacionales, requiere que los directivos escojan un grupo de objetivos que guíen a la empresa en la realización de su misión. Los objetivos proporcionan además criterios para evaluar el desempeño.

Terminado el tercer paso, la organización ya habrá decidido hacia dónde quiere ir. El cuarto paso, selección de estrategias para alcanzar los objetivos, indica cómo la compañía los conseguirá. Las **estrategias organizacionales** representan planes generales de acción en virtud de los cuales una empresa trata de alcanzar sus metas y de cumplir su misión. Se seleccionan estrategias para toda la compañía, si es pequeña y tiene un solo producto, o para cada división, si es grande y tiene muchos productos o unidades.

¿En realidad las empresas primero efectúan esta clase de planeación y luego preparan un plan por escrito? Conforme a una encuesta reciente, casi el 70% de ellas cuentan con planes estratégicos; de ellas, cerca del 90% creen que sus planes les han dado buenos resultados.[3] Es interesante señalar que una proporción mayor de empresas jóvenes (de 1 a 10 años de fundadas) que de empresas más viejas tienen planes estratégicos formales.

PLANEACIÓN ESTRATÉGICA DE MARKETING

Una vez concluida la planeación estratégica de la organización en su conjunto, los directivos necesitan hacer planes para las principales áreas funcionales, entre las que figuran marketing y producción. Desde luego, la misión y los objetivos globales han de guiar la planeación de las funciones.

La **planeación estratégica de marketing** es un proceso de cinco pasos:

1. Se realiza un análisis de la situación.
2. Se trazan los objetivos de marketing.
3. Se determina el posicionamiento y la ventaja diferencial.
4. Se seleccionan los mercados meta y se mide la demanda del mercado.
5. Se diseña una mezcla de marketing estratégico.

Estos cinco pasos aparecen en la mitad de la figura 3-2, indicando la forma en que se relacionan con la planeación estratégica de marketing. Enseguida procedemos a explicarlos por separado.

Análisis de la situación

En el primer paso de la planeación estratégica de marketing, el análisis de la situación, se examina a qué punto ha llegado el plan de marketing, qué resultados ha dado y sus perspectivas en los años futuros. Ello permite a los ejecutivos decidir si es necesario revisar planes anteriores o bien diseñar planes nuevos para cumplir con los objetivos.

El análisis de la situación abarca normalmente los factores ambientales externos[4] y los recursos internos no relacionados con el marketing (entre ellos, las capacidades del departamento de investigación y desarrollo, las finanzas, las habilidades y el grado de experiencia del personal) que rodean al programa. En este tipo de análisis también se incluyen los grupos de clientes a quienes se atiende, las estrategias mediante las cuales se les satisface y las medidas fundamentales del desempeño del marketing.

El análisis de la situación es decisivo por constituir el fundamento de las decisiones de

Planeación estratégica y pronósticos

planeación. Pero puede resultar costoso, lento y frustrante. Por ejemplo, suele ser difícil extraer información precisa y oportuna de las "montañas" de datos recopilados durante su realización. Más aún, a menudo no se dispone de información valiosa, como las estadísticas de venta o las cifras relativas a la participación en el mercado de los competidores.

Como parte del análisis de la situación, algunas empresas llevan a cabo una **evaluación FORD**. En la cual identifican y juzgan sus más importantes *f*uerzas, *o*portunidades, *r*iesgos y *d*ebilidades. Para cumplir su misión, una organización debe aprovechar sus puntos fuertes más importantes, superar o atenuar sus debilidades principales, evitar riesgos graves y sacar partido de las oportunidades prometedoras.

Nos referimos a las fuerzas y debilidades de sus propias capacidades. Por ejemplo, un punto fuerte de Sears' es su gran tamaño que le da, entre otras cosas, influencia entre los proveedores. Sin embargo, un punto débil lo constituyen sus gastos de operación relativamente altos.

Las oportunidades y amenazas a menudo se originan fuera de la organización. Por ejemplo, una oportunidad descubierta por Wal-Mart es la gran cantidad de áreas metropolitanas donde no hay tiendas. Pero una amenaza la constituye el grupo de competidores (Kmart y Target, entre otros) que lo esperan allí.

Hershey's trata de transmitir una imagen "dietética" de este producto de chocolate.

Objetivos del marketing

El siguiente paso en la planeación estratégica de marketing consiste en *determinar los objetivos del marketing*. Estos han de guardar estrecha relación con las metas y estrategias globales de la compañía. De hecho, muchas veces una *estrategia corporativa* se convierte en una *meta de marketing*. Por ejemplo, para alcanzar el objetivo corporativo de un rendimiento del 20% sobre la inversión en el siguiente año, una estrategia organizacional podría ser bajar los costos en un 15%. La estrategia se convertiría así en un objetivo de marketing. Asimismo, pagarle comisión a la fuerza de ventas en vez de un sueldo fijo podría ser una de las estrategias de marketing que se adoptan para lograr esta meta.

Ya hemos dicho que la planeación estratégica requiere adecuar los recursos disponibles con las oportunidades de mercado. Teniendo presente esto, a cada objetivo se le asignará una prioridad según su urgencia y el impacto potencial en el área de marketing y, desde luego, en la organización. Después los recursos serán asignados atendiendo a dichas prioridades.[5]

Posicionamiento y ventaja diferencial

En el tercer paso en la planeación estratégica de marketing se toman dos decisiones complementarias: cómo posicionar un producto en el mercado y cómo distinguirlo de la competencia. El **posicionamiento** designa la imagen de un producto en relación con productos que directamente compiten con él y también con otros que vende la misma compañía.[6] Por ejemplo, ante el creciente interés de muchos consumidores por la salud, los fabricantes de mayonesa, aceite de maíz y otros productos, reconocieron la necesidad de introducir artículos alimenticios que fueron considerados más sanos.[7] CPC International está intentando posicionar su Hellmann's Dijonnaise, que combina mostaza sin grasa con ingredientes de mayonesa (pero sin yema de huevo) como un producto sano *y* sabroso.

Una vez posicionado un producto, se hace necesario identificar una ventaja diferencial viable. Por **ventaja diferencial** se entiende cualquier característica de la organización o marca que el público considera conveniente y distinta de las de la competencia.[8] Y, en cambio, una compañía deberá evitar una **desventaja diferencial** de su producto. Pongamos el caso de las Computadoras Apple.[9] Durante largos años, el "ser amigable con el usuario" de Macintosh constituyó una gran ventaja de esta marca. Sin embargo, a principios de los años 90 sus precios relativamente altos le ocasionaron una desventaja en relación con las computadoras de IBM y Compaq.

Mercados meta y demanda del mercado

Seleccionar un mercado meta es el cuarto paso de la planeación de marketing. Un **mercado** se compone de personas u organizaciones que tengan necesidades por satisfacer y que estén dispuestos a pagar por ello. Por ejemplo, muchos necesitan transporte y están dispuestos pagarlo. Sin embargo, este numeroso grupo consta de varios segmentos (es decir, partes del mercado) con diversas necesidades de transporte. Así, un segmento querrá un transporte eficiente y barato, mientras que otro preferirá el lujo y la privacía. Por lo regular, es impráctico que una compañía satisfaga a todos los segmentos que tienen necesidades diferentes. Por el contrario, centra sus esfuerzos en uno o varios de los segmentos. Así pues, un **mercado meta** es el grupo de personas u organizaciones a los cuales una empresa dirige su programa de marketing.

Planeación estratégica y pronósticos

Los productores de carne de cerdo posicionan su producto como un alimento sabroso y nutritivo para toda la familia.

En una compañía nueva, los gerentes deberán analizar a fondo los mercados para identificar los potenciales. En una compañía ya establecida, deberán examinar sistemáticamente los cambios de las características de sus mercados meta y de los mercados alternos. En este momento, decidirán en qué medida y en qué forma dividir los mercados totales y luego concentrarse en los segmentos (esto es, partes del mercado) que sean más prometedores para el éxito del marketing.

Una empresa puede seleccionar como meta un solo segmento, como lo hizo la editorial de la revista tan especializada *Progressive Grocer*. En cambio, McGraw-Hill dirige su revista de negocios, *Business Week*, a varios segmentos del mercado.

Los mercados meta se seleccionan atendiendo a las oportunidades. Y para analizar sus oportunidades, una compañía necesita pronosticar la demanda (es decir, las ventas) en sus mercados meta. Los resultados del pronóstico de la demanda indicarán si vale la pena cultivar los mercados o si es preciso encontrar otros mercados. Volveremos a ocuparnos del pronóstico de la demanda más adelante en este capítulo.

USTED TOMA LA DECISIÓN

¿CUÁL CARNE TIENE LA VENTAJA COMPETITIVA?

Desde 1980 ha ido declinando el consumo per cápita de carne de res y puerco, mientras que el de la carne de pollo creció en 50% aproximadamente. Es obvio que los productores de carne de res y puerco afrontan un reto de marketing. Tras realizar una exhaustiva investigación entre los consumidores, la industria de la carne de puerco decidió reposicionar su producto como "la otra carne blanca". La campaña intenta posicionarla cerca de la carne de pollo, la cual proyecta una imagen saludable en la mente del público, y más lejos de la carne de res, que da una percepción menos positiva entre los consumidores.

Sin embargo, es más difícil encontrar una verdadera ventaja diferencial en la carne de res. Por lo visto, ésta trata de obtener una ventaja diferencial sobre la carne de puerco respecto a la variedad y la salud, con el fin de neutralizar la ventaja de la carne de pollo en esos aspectos. No es tan evidente que los empacadores de carne de res hayan descubierto una ventaja diferencial para su producto en relación con la carne de pollo.

¿Cuál podría ser o es, a su juicio, esa ventaja?

Fuentes: Carrie Goerne, "Don't Blame the Cows", *Marketing News*, 22 de junio, 1992, p. 22; y Cyndee Miller, "Beef, Pork Industries Have Met the Enemy —And It Is Chicken", *arketing News*, 5 de agosto, 1991, pp. 1, 7.

Mezcla de marketing

A continuación los ejecutivos diseñarán una **mezcla de marketing**, es decir, la combinación de un producto, la manera en que se distribuirá y se promoverá, y su precio. Estos cuatro elementos habrán de satisfacer las necesidades del mercado o mercados meta y, al mismo tiempo, cumplir los objetivos del marketing. Enseguida examinaremos los cuatro elementos y expondremos algunos de los conceptos y estrategias que aprenderá en capítulos subsecuentes.

- **Producto.** Hacen falta estrategias para administrar los productos actuales a lo largo del tiempo, incorporar otros nuevos y abandonar los que fracasan. También se toman decisiones estratégicas sobre el uso de marcas, el empaque y otras características del producto como las garantías.
- **Precio.** En este caso, las estrategias necesarias se refieren a la ubicación de los clientes, la flexibilidad de los precios, los artículos que pertenecen a la misma línea de productos y las condiciones de la venta. Asimismo habrá que diseñar estrategias de precios para entrar en el mercado, sobre todo cuando se trata de un producto nuevo.
- **Distribución.** Las estrategias de distribución incluyen la administración del canal o canales a través de los cuales la propiedad de los productos se transfiere de los fabricantes al comprador y en muchos casos, el sistema o sistemas mediante los cuales los bienes se llevan del lugar de producción al punto de compra por parte del cliente final. Se diseñan las estrategias que se aplicarán a los intermediarios, como los mayoristas y detallistas.

Progressive Grocer se centra fundamentalmente en los gerentes de tiendas al detalle; *Business Week* se concentra en diversos segmentos, entre ellos los estudiantes de administración de empresas.

- **Promoción.** Se necesitan estrategias para combinar los métodos individuales, como publicidad, venta personal y promoción de ventas, en una campaña bien coordinada. Además, se ajustarán las estrategias promocionales a medida que el producto pase de las primeras etapas a las etapas finales en su ciclo de vida. También se adoptan decisiones estratégicas sobre cada método de promoción.

Los cuatro elementos de la mezcla de marketing están interrelacionados: las decisiones tomadas en un área inciden a menudo en otra. He aquí un ejemplo, en el diseño de una mezcla de marketing sin duda influye el hecho de que la empresa opte por competir en el precio o en uno o más elementos. Cuando el precio es su principal arma competitiva, con los otros elementos deberá apoyar los precios agresivos. Por ejemplo, es muy probable que la campaña promocional gire en torno al lema "los precios más bajos". Por el contrario, en una competencia que no se base en el precio, se dará prioridad a las estrategias relativas al producto, la distribución y la promoción. Así, el producto debe reunir características que justifiquen un precio más alto, y entonces con la promoción se crea una imagen de gran calidad del producto.

Cada elemento de la mezcla contiene multitud de variables. Por ejemplo, una organización venderá uno o muchos productos, los cuales pueden estar o no relacionados entre sí. El producto o productos se distribuirán a través de mayoristas, a los detallistas sin los beneficios de los mayoristas e incluso directamente al consumidor final. En última instancia, los directivos deben seleccionar entre la multitud de variables una combinación de elementos que satisfagan a los mercados meta y cumplan con las metas de la organización y del marketing.

PLANEACIÓN ANUAL DE MARKETING

Además de la planeación estratégica que abarca varios años, también es indispensable una planeación más específica y de más corto plazo. Así, la planeación estratégica de marketing en una empresa desemboca en la preparación de un plan anual de marketing, como se advierte en la parte inferior de la figura 3-2. Un **plan anual de marketing** es un programa detallado de las actividades que se realizarán en el año para una división o un producto importante. Nótese que se trata de un documento escrito.

Normalmente se prepara un plan para cada producto y división de la compañía. Algunas veces, según las circunstancias en que se encuentre ella, se elaboran planes individuales para las principales marcas y mercados.[10] Como lo indica su nombre, un plan anual suele abarcar un año. Pero se dan excepciones. Por ejemplo, debido a la estacionalidad de algunos productos o mercados, se recomienda preparar planes para periodos menos largos. En el caso de ropa de moda, se trazan planes para cada estación que duran unos cuantos meses.

Propósitos y responsabilidades

Un plan anual de marketing cumple varias funciones:

- Sintetiza las estrategias y tácticas de marketing que se aplicarán para alcanzar los objetivos específicos durante el siguiente año. Se convierte, pues, en un documento práctico que guía a los ejecutivos y al resto de los empleados que participan en el marketing.
- El plan también señala lo que ha de hacerse en relación con otros pasos del proceso gerencial, a saber: realización y evaluación del programa de marketing.
- Más aún, el plan indica quién se encargará de efectuar determinadas actividades, cuándo habrán de realizarse y cuánto tiempo y dinero se invertirán.

El gerente de la división o producto incluido en el plan normalmente es quien lo elabora. Por supuesto, puede delegar a sus subordinados una parte de esta tarea o toda ella.

La preparación del plan anual de marketing puede comenzar nueve meses o más antes de iniciarse el periodo que comprenda. El trabajo previo incluye la investigación necesaria y allegarse otras fuentes de información. El trabajo más importante se realiza de uno a tres meses antes de la fecha de inicio del plan. En los últimos pasos se revisa el plan y lo aprueba la alta dirección. Tal vez se requiere un poco de revisión antes de conceder la aprobación definitiva. En la versión final del plan, o de partes importantes de él, deben intervenir todos los empleados que participen en la realización de las estrategias y tácticas acordadas. Puesto que un plan anual contiene información confidencial, no debe distribuirse en forma generalizada.

¿DILEMA ÉTICO?

Suponga que es el gerente de una línea de calculadoras manuales que utilizan los ejecutivos e ingenieros. El año pasado, la marca cayó del segundo al tercer lugar en ventas. Le atribuye la disminución a una campaña de publicidad comparativa injusta que lanzó la empresa situada en el segundo lugar de la industria. En esos anuncios se señalaban las supuestas deficiencias de nuestras calculadoras. De repente, se encuentra ante una gran oportunidad de recobrar el liderazgo cuando uno de los vendedores le trae una copia del plan de marketing que el competidor implantará el año venidero. El vendedor lo encontró sobre una silla al concluir un seminario al que asistieron representantes de varios fabricantes de calculadoras. Luego de estudiar el plan, usted podría introducir algunos cambios en el suyo para contrarrestar las estrategias del adversario.

Aun cuando no compró el plan ni lo robó, ¿es ético leerlo y utilizarlo?

TABLA 3-1 Contenido de un plan anual de marketing

1. *Resumen ejecutivo*. En esta sección de una o dos páginas, se describe y se explica la esencia del plan. Está destinado a los ejecutivos que desean un panorama general de él, pero que no necesitan conocerlo muy a fondo.

2. *Análisis de la situación*. Fundamentalmente, el programa de marketing de una unidad estratégica de negocios (UEN) o de un producto incluido en él se examina dentro del contexto de las condiciones pasadas, presentes y futuras pertinentes. Gran parte de esta sección se obtiene de los resultados de la planeación estratégica de marketing. En ella puede incluirse además información complementaria de interés especial para un periodo de planeación de 1 año.

3. *Objetivos*. Los objetivos de un plan anual son más específicos que los formulados en un plan estratégico de marketing. Sin embargo, los objetivos anuales deben contribuir a la consecución de las metas de la organización y de las metas estratégicas de marketing.

4. *Estrategias*. Igual que en la planeación estratégica de marketing, las estrategias de un plan anual deben indicar qué mercados meta se satisfarán con una combinación de producto, precio, distribución y promoción.

5. *Tácticas*. Se diseñan actividades específicas, a veces llamadas planes de acción, para poner en práctica cada estrategia básica incluida en la sección anterior. Para facilitar la comprensión, pueden estudiarse simultáneamente las estrategias y las tácticas. Estas últimas contestan la pregunta del *qué*, *quién* y *cómo* de las actividades mercadológicas.

6. *Programas financieros*. Normalmente esta sección contiene dos clases de información financiera: ventas proyectadas, gastos y ganancias en lo que se llama un estado financiero pro forma, así como los recursos destinados a las actividades en uno o más presupuestos.

7. *Cronograma*. En esta sección, que a menudo incluye un diagrama, se contesta a las preguntas de *cuándo* se realizarán las actividades de marketing durante el año venidero.

8. *Procedimientos de evaluación*. En esta sección se abordan las preguntas de *qué*, *quién*, *cómo* y *cuándo*, relacionadas con el desempeño medido frente a las metas, tanto durante el año como al final del mismo. Los resultados de las evaluaciones hechas a lo largo del año pueden hacer que se introduzcan ajustes en las estrategias del plan, en sus tácticas y hasta en los objetivos.

Contenidos que se recomiendan

Los contenidos exactos de un plan anual de marketing dependerán de las circunstancias de la organización. Por ejemplo, una firma que se encuentre en una industria sumamente competitiva deberá valorar la competencia en una sección aparte. En otra industria una empresa presentará esta evaluación como parte del análisis de la situación. Por lo demás, algunas organizaciones incluyen planes alternos (o de contingencia); otras no lo hacen. Un ejemplo de un plan de contingencia es un conjunto de medidas que se tomarán en caso de que un competidor introduzca un nuevo producto, como se rumora en el medio.

Este plan sigue una secuencia semejante al plan estratégico de marketing. Sin embargo tiene un marco temporal más corto y es más específico, tanto respecto a las cuestiones que aborda como a los planes trazados en él. Con todo, como se aprecia en la tabla 3-1, las secciones más importantes del plan se parecen a los pasos de la planeación estratégica de marketing.

En un plan anual de marketing, se puede prestar mayor atención a los detalles tácticos de lo que es posible en otros niveles de planificación. He aquí un ejemplo, en ella podría resaltarse la venta personal dentro de la mezcla de marketing. De ser así, el plan anual podría recomendar intensificar el reclutamiento en las universidades para contar con más vendedores.

Nótese también que el plan anual se relaciona con los tres pasos del proceso gerencial, no sólo con la planeación. Es decir, las secciones 5 a 7 se ocupan de la instrumentación y la sección 8 trata de la evaluación.

Con el propósito de mejorar las probabilidades de que se haga una revisión meticulosa, algunas firmas limitan los planes anuales a determinada extensión, digamos 20 páginas como máximo. Y pensar que muchos estudiantes piensan que sólo los profesores ponen límites cuando dejan trabajos que no deben rebasar cierto número de páginas.

ALGUNOS MODELOS DE PLANEACIÓN

En los últimos 20 o 25 años, se han diseñado varios sistemas o herramientas —que nosotros llamamos *modelos*— para facilitar la planeación estratégica. La mayor parte de ellos facilitan la planeación estratégica de la compañía y la planeación estratégica de marketing. En la presente sección explicaremos brevemente algunos de los que han recibido mucha atención en los años recientes. Pero antes debe usted familiarizarse con una forma de organización, la unidad estratégica de negocios, que pertenece a dichos modelos.

Unidad estratégica de negocios

La mayor parte de las compañías grandes y de tamaño mediano —e incluso algunas más pequeñas— se componen de muchas unidades y elaboran numerosos productos. En organizaciones tan diversificadas, la planeación corporativa no puede ser una guía eficaz para ejecutivos que supervisan las divisiones. Un ejemplo de ello lo encontramos en Philip Morris Company. La misión, objetivos y estrategias de su división de tabaco son —y deben ser— muy distintos de los que se buscan en las divisiones elaboradoras de cerveza de Miller o las de procesamiento de alimentos de Kraft.

En consecuencia, con el fin de tener una planeación y operaciones más eficientes, conviene dividir una organización de negocios o productos múltiples partiendo de sus mercados o productos más importantes. A cada una de esas entidades se le llama **unidad estra-**

tégica de negocios (UEN). Cada unidad puede ser una gran división de la empresa, un grupo de productos afines o hasta un solo producto o marca de gran importancia.

Para que una entidad sea clasificada como unidad estratégica de negocios:

- Debe ser un negocio individualmente identificable.
- Tener una misión bien definida.
- Tener sus propios competidores.
- Tener su propio grupo de ejecutivos con la responsabilidad de generar ganancias.

Cuando se establecen unidades estratégicas de negocios, se busca alcanzar un número *óptimo* de ellas. Si son demasiadas se abruma a los gerentes de alto nivel con los detalles concernientes a la planeación, operación y cantidades de información. Si las unidades son muy pocas, quizá cada una deba abarcar un área demasiado amplia de planeación gerencial. Al iniciarse los años 90, AT&T contaba con 19 unidades, que se encargaban desde el servicio de larga distancia hasta las computadoras. Por supuesto, la mayor parte de las empresas tienen una cantidad menor.

Ahora procederemos a examinar varios modelos de planeación.

La matriz del Boston Consulting Group

Ideada por una firma de asesoría gerencial, el origen de la **matriz del Boston Consulting Group (BCG)** se remonta por lo menos a 25 años.[11] Por medio de este modelo, una organización clasifica sus unidades estratégicas de negocios (y, en ocasiones, sus productos principales) conforme a dos factores: su participación en el mercado en relación con los competidores y la tasa de crecimiento de la industria en que funcionan las unidades. Cuando los factores se dividen simplemente en categorías altas y bajas, se obtiene una rejilla 2 × 2, como se aprecia en la figura 3-3.

A su vez, los cuatro cuadrantes de la rejilla representan distintas categorías de las unidades o bien productos muy importantes. Las categorías no sólo difieren en cuanto a la participación en el mercado y la tasa del crecimiento de la industria, sino también en las necesidades de efectivo y en las estrategias adecuadas.

DIVISIÓN DEL "PASTEL"

Las posibles unidades estratégicas de negocios de dos compañías gigantes y una empresa no lucrativa son las siguientes:

- **General Electric:** motores eléctricos, grandes electrodomésticos, motores para aviones de propulsión, equipo de iluminación, crédito comercial, radio y televisión.
- **PepsiCo:** refrescos, botanas y restaurantes (y es posible dividir cada una de estas áreas).
- **Su universidad o colegio:** diversas escuelas (por ejemplo, la de administración y la de ingeniería) o varios sistemas de enseñanza (programas escolares que se imparten en el campus y cursos por televisión)

FIGURA 3-3
Matriz del Boston Consulting Group.

- **Estrellas.** Grandes participaciones en el mercado y altas tasas de crecimiento caracterizan a las unidades estratégicas de negocios dentro de esta categoría. Sin embargo, una unidad de esta categoría plantea un reto a las compañías, pues requiere mucho efectivo para mantener su competitividad dentro de los mercados en crecimiento. Las estrellas necesitan estrategias de marketing muy agresivas si quieren conservar o incluso obtener una participación en el mercado.
- **Vacas de efectivo.** Estas unidades estratégicas de negocios tienen una gran participación en el mercado y realizan negocios en industrias maduras (las que tienen bajas tasas de crecimiento). Cuando disminuye el crecimiento de una industria, las estrellas pasan a esta categoría. La mayor parte de sus clientes llevan tiempo con ellas y siguen siendo fieles, por lo cual los costos de marketing no son altos. Por tanto, generan más efectivo del que pueden reinvertir rentablemente en sus propias operaciones. Por ello, las vacas de efectivo pueden ser "ordeñadas" para apoyar las otras unidades que necesitan más recursos. Sus estrategias de marketing tratan de defender la participación en el mercado, principalmente reforzando la lealtad de los clientes.
- **Interrogaciones** (algunas veces llamadas *niños problema*). A esta categoría pertenecen las unidades estratégicas de negocios que se caracterizan por tener poca participación en el mercado, pero altas tasas de crecimiento de la industria. Este tipo de unidades no ha logrado afianzarse en un mercado en expansión muy competido. En este tipo de unidad estratégica hay una pregunta importante: saber si es posible ganar una buena participación en el mercado y ser rentable. Si la dirección responde "no", entonces habrá que reducirla o bien cancelarla. Si responde "sí", la empresa deberá invertir para conseguir una participación en el mercado más dinero del que una unidad de este tipo aporta con sus ingresos. Las estrategias adecuadas para este tipo de unidad buscan ante todo crear un impacto en el mercado al mostrar una gran ventaja diferencial, obteniendo así el apoyo de los clientes.
- **Perros.** Estas unidades estratégicas de negocios tienen poca participación en el mercado y operan en industrias con bajas tasas de crecimiento. A una compañía no le convie-

PERSPECTIVA INTERNACIONAL

¿SE PUEDEN UTILIZAR LOS MODELOS DE PLANEACIÓN ESTRATÉGICA PARA CAMBIAR LAS ECONOMÍAS?

Los modelos de planeación explicados en esta sección se desarrollaron en Estados Unidos. Así pues, podemos decir que son de gran utilidad para las compañías que operan en una economía madura de mercado (como la de ese país, Japón y la Comunidad Europea). Pero cabe preguntarse: ¿pueden aplicarse en compañías que trabajan en otro tipo de economías?

El economista húngaro Magdolna Csath piensa que la respuesta es afirmativa. Desde las reformas implantadas en 1968, la planeación estratégica se ha vuelto cada día más común en las industrias húngaras. De acuerdo con Csath, para que la planeación estratégica resulte eficaz, las empresas han de tomar sus propias decisiones en lugar de esperar a que el gobierno se las imponga.

La economía de Hungría sigue siendo muy distinta a la norteamericana. Por ejemplo, el gobierno posee más industrias que el de Estados Unidos. Además de operar en su mercado interno, una compañía húngara puede hacerlo en otros tipos de mercado muy distintos: los países en vías de desarrollo, Estados Unidos y las naciones de Europa Occidental, por citar algunos.

Debido a la naturaleza del entorno de los negocios en Hungría, Csath se dio cuenta de que era necesario modificar la matriz del Boston Consulting Group para aplicarla a las compañías de su país. Los dos factores que adaptó fueron las *oportunidades ambientales* (en vez de la tasa de crecimiento de la industria) y la *fuerza competitiva de la empresa* (no su participación en el mercado). A semejanza de la matriz BCG, las cuatro áreas resultantes de la matriz de Csath tienen consecuencias estratégicas muy claras. Csath propone utilizar el modelo no sólo para valorar la cartera de productos actuales de la empresa, sino también para planear una cartera deseada.

¿Tiene un valor práctico el modelo revisado? Hasta la fecha se ha aplicado a más de 20 empresas en Hungría. En opinión de Csath, las aplicaciones más exitosas se dan cuando el jefe de la empresa comienza a emplear el modelo y explica a los gerentes de bajo nivel los motivos de su decisión.

Fuente: Magdolna Csath, "Corporate Planning in Hungarian Companies", *Long Range Planning*, agosto de 1989, pp. 89-97.

---

ne invertir mucho en esta categoría de unidades. Las estrategias de marketing para ellas tienen por objeto maximizar las ganancias potenciales reduciendo al mínimo los gastos o promoviendo una ventaja diferencial para obtener participación en el mercado. Otra opción consiste en decir "¡Basta!" y reducir la inversión en los perros o bien cancelarlos.

Por lo regular una empresa no puede influir en la tasa de crecimiento de una industria entera. (Una excepción podría ser una empresa dominante dentro de una industria bastante nueva y de crecimiento rápido; por ejemplo, Rollerblade, Inc., en lo que se conoce como el mercado de patines en línea.) Si las compañías no pueden incidir en la tasa de crecimiento, deben concentrarse en el otro factor de la matriz BCG: la participación en el mercado. Por tanto, las estrategias de marketing basadas en la matriz tienden a concentrarse en obtener o conservar una participación en el mercado, según la categoría de las unidades estratégicas de que se trate. Algunas categorías requieren distintas cantidades de efectivo, lo cual significa que la dirección debe asignar constantemente los pocos recursos (especialmente efectivo) a actividades individuales de marketing.

En el ámbito financiero, un inversionista necesita una cartera equilibrada respecto a los riesgos y posibles rendimientos. Por lo demás, una empresa debería buscar este tipo de cartera en las unidades estratégicas de negocios. Sin duda, las vacas productoras de efectivo son indispensables. Las estrellas y las interrogaciones son necesarias para obtener una cartera equilibrada, porque los productos en los mercados en crecimiento determinan el desempeño de la organización a largo plazo. Si bien los perros son indeseables, rara vez una compañía no tiene uno al menos. Así, las carteras de la generalidad de las compañías que tienen muchas unidades estratégicas o productos importantes contienen una mezcla de estrellas, vacas de efectivo, interrogaciones y perros.

Matriz de negocios de General Electric

A primera vista, la **matriz de negocios de General Electric (GE)** parece muy similar a la matriz BCG. Este modelo de planeación, inventado por GE con la colaboración de la firma consultora de McKinsey & Company, también incluye dos factores y produce una rejilla.[12] Pero, como veremos luego, los dos modelos se distinguen en varios aspectos.

Los gerentes pueden servirse de la rejilla GE para clasificar las unidades estratégicas de negocios o los principales productos, basándose en dos factores: el atractivo del mercado y la posición del negocio. Ambos se clasifican atendiendo a criterios como los siguientes:

- **Atractivo del mercado:** la tasa de crecimiento del mercado (semejante a la matriz BCG), el tamaño del mercado, el grado de dificultad para entrar en él, el número y tipos de competidores, los requisitos tecnológicos, los márgenes de utilidad, por citar algunos.
- **Posición del negocio:** participación en el mercado (igual que en el caso de la matriz BCG), tamaño de las unidades estratégicas, fuerza de la ventaja diferencial, capacidades de investigación y desarrollo, capacidades de producción, controles de costos, profundidad, experiencia y conocimientos de los directivos, entre otros.

A los criterios con que se juzga el atractivo del mercado y la posición del negocio se les asignan diferentes pesos, porque algunos criterios son más importantes que otros. Después cada unidad estratégica se clasifica atendiendo a todos los criterios. Finalmente, se calculan para cada unidad las puntuaciones globales (generalmente puntuaciones numéricas). A partir de ellas cada unidad se clasifica como alta, mediana o baja respecto a *a*) atractivo del mercado y luego *b*) posición del negocio. Por ejemplo, puede considerarse que una unidad posea gran atractivo pero una posición mediana.

Una vez terminadas las clasificaciones, las unidades estratégicas se grafican en una matriz de 3 × 3, como se observa en la figura 3-4. La ubicación óptima de una unidad es la casilla superior izquierda, porque indica *a*) la oportunidad más atractiva de mercado y *b*) la mejor posición del negocio para aprovecharla. En cambio, la ubicación peor es la casilla inferior derecha, por razones opuestas. Las nueve casillas tienen consecuencias respecto a cómo se asignan los recursos y, esto a su vez, en qué estrategias de marketing son convenientes.

Planeación estratégica y pronósticos

Toda organización debe tomar decisiones sobre cómo utilizar sus escasos recursos en la forma más eficaz posible. Y es aquí donde los modelos de planeación son de mucha utilidad: determinan cuáles unidades estratégicas han de ser estimuladas para lograr el crecimiento, cuáles deben ser mantenidas en su posición actual de mercado y cuáles es preciso eliminar. Una evaluación, como lo indica su ubicación en la matriz de negocios GE, sugiere la manera de tratarla:

- **Estrategia de inversión.** Deben asignarse recursos cuantiosos a las unidades de negocios situadas en las tres casillas a la izquierda de la matriz. Para fortalecer y acrecentar esta clase de unidades se requieren actividades de marketing agresivas y bien financiadas.
- **Estrategia de protección.** Deben asignarse selectivamente recursos a las unidades estratégicas de negocios situadas a lo largo de la diagonal que va de la parte inferior izquierda a la parte superior derecha de la matriz. Este método, un tanto defensivo, ayuda a la unidad a conservar su posición actual en el mercado, porque genera el efectivo que necesitan otras unidades. Por ejemplo, Kodak ha invertido fuertes sumas de dinero en el marketing, a fin de proteger su posición en la industria de las películas de color.[13]
- **Estrategia de cosecha.** Estas unidades, que se encuentran en las dos casillas situadas por debajo de la diagonal de tres casillas, no deben recibir grandes recursos frescos. Por el contrario, habrá que reducir los gastos para maximizar las utilidades que queden. Una opción es vender estas unidades estratégicas de negocios.
- **Estrategia de reducción.** Las unidades estratégicas colocadas en la casilla superior derecha no tienen mucho futuro. De ahí que no reciban recursos. La mejor alternativa es, probablemente, eliminarlas del portafolio vendiéndolas o, si esto no es posible, cancelándolas. A principios de los años 90, Campbell Soup Company aplicó esta estrategia al vender varias unidades pequeñas, entre ellas Juice Works.[14]

FIGURA 3-4

Matriz de negocios de General Electric.

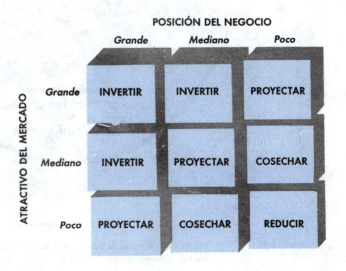

Las compañías no se limitan solamente a una de las estrategias que acabamos de reseñar. Por ejemplo, luego de evaluar su cartera, la Marriot Corporation aplicó hace poco una estrategia de reducción al vender algunos negocios, entre ellos la cadena de restaurantes Roy Rogers. Con los recursos obtenidos mediante la venta, esta gigantesca empresa de servicios recurrió a una estrategia de inversión y centró su atención en varias formas de alojamiento: Fairfield Inns, Marriott Suites y Residence Inns.

Modelo de estrategias genéricas de Porter

Michael Porter, profesor de administración en Harvard University, aconseja a las empresas evaluar dos factores (amplitud del mercado meta y ventaja diferencial) y luego seleccionar una estrategia apropiada.[15] El **modelo de estrategias genéricas de Porter** recomienda tres opciones que es preciso tener presentes:

- **Liderazgo en costos globales.** Una compañía o una unidad estratégica de negocios, generalmente grande, trata de satisfacer un amplio mercado elaborando un producto estándar a bajo costo y luego vendiéndolo más barato que la competencia. En el momento actual la lucha entre Federal Express, United Parcel Service y el U.S. Postal Service en la entrega de paquetes en doce horas gira en torno al liderazgo de costos.
- **Diferenciación.** Una organización crea un producto diferente, quizá hasta original, mediante su calidad inigualable, su diseño innovador o alguna otra característica y, en razón de ello, puede imponer un precio más alto que el promedio. Esta estrategia puede servir para penetrar en un mercado amplio o reducido.
- **Concentración en un segmento.** Una empresa o una unidad estratégica de negocios se centra en una parte del mercado y trata de satisfacerlo con un producto muy barato o totalmente diferente. Por lo regular, el mercado meta se distingue por algún factor

FIGURA 3-5

Modelo de estrategias genéricas de Porter.

Las tres estrategias se basan en el hecho de tener una fuerte ventaja diferencial, por lo cual este factor no se grafica.

como la geografía o necesidades especiales. Por ejemplo, una pequeña compañía en la industria de autopartes podría seleccionar como mercado meta los dueños de automóviles descontinuados (en Estados Unidos, los Volkswagen sedán y el Avantis).

Las estrategias propias del modelo de Porter se muestran en la figura 3-5. Porter subraya que la rentabilidad se basa en contar con una estrategia clara y bien definida. Las empresas o unidades estratégicas de negocios que terminan en "la mitad" sin liderazgo de costos, concentración en un segmento o diferenciación difícilmente tendrán un desempeño financiero satisfactorio.

A diferencia de los modelos BCG y GE, el de Porter indica que el éxito financiero no necesariamente requiere una gran participación en el mercado. Por el contrario, mediante una estrategia de concentración en un segmento o diferenciación, una empresa puede tener éxito si logra satisfacer muy bien una parte del mercado total. Si bien su participación en el mercado total es pequeña, obtiene una posición hegemónica en ese segmento.

Matriz de crecimiento de productos y mercados

La mayor parte de las declaraciones de misión se centran en el crecimiento, es decir, se desea aumentar los ingresos y las ganancias. Al buscar el crecimiento, una compañía ha de tener en cuenta *tanto* sus mercados *como* sus productos. Después deberá decidir si continúa haciendo lo que realiza en el momento actual, sólo que en forma más eficiente, *o* si se arriesga en nuevas empresas. La **matriz de crecimiento de productos y mercados**, propuesta inicialmente por Igor Ansoff, describe estas opciones.

Esencialmente, como se observa en la figura 3-6, hay cuatro estrategias de crecimiento:[16]

- **Penetración en el mercado.** Una compañía trata de vender una mayor cantidad de sus productos en sus mercados actuales. Entre las tácticas de apoyo podemos mencionar invertir más en la publicidad o en la venta personal. Por ejemplo, la compañía Wrigley recurre a esta estrategia: en los últimos años ha estimulado a los fumadores a mascar chicle en los sitios donde se prohíbe fumar.[17] Otra opción consiste en que una empresa intente convertirse en la única fuente ofreciendo un trato preferencial a los clientes que concentren en ella todas sus compras.
- **Desarrollo del mercado.** Una empresa sigue vendiendo sus productos actuales a un nuevo mercado. Por ejemplo, al debilitarse el mercado de la defensa nacional, McDonnell Douglas destinó más recursos a la venta de sus helicópteros en el mercado comercial.[18]

FIGURA 3-6

Matriz del crecimiento de productos y mercados.

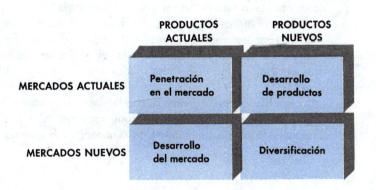

Los nuevos productos, como el televisor Watchman y el Car Discman hacen un verdadero éxito de la estrategia de desarrollo de productos implantada por Sony.

De manera análoga, las actividades de los operadores de lugares para esquiar tendientes a atraer familias y extranjeros representan un desarrollo de mercado.
- **Desarrollo de productos.** Esta estrategia exige crear productos nuevos para venderlos en los mercados actuales. Un ejemplo es el lanzamiento del televisor Watchman de Sony, después del éxito logrado con el estéreo personal Walkman. Si quiere continuar siendo competitivo, Kodak debe desarrollar e introducir una mejor película de color cada 2 años. En un gesto de mayor atrevimiento aún, a principios de los años 90 hizo un gran esfuerzo en el desarrollo de productos en las imágenes electrónicas (llamadas también cámaras sin película).[19]
- **Diversificación.** Una compañía desarrolla nuevos productos para venderlos en mercados también nuevos. Se trata de una estrategia riesgosa, porque no se basa en los productos exitosos ni en su posición dentro de los mercados ya establecidos. Algunas veces da buenos resultados; otras no. Un ejemplo de diversificación es Philip Morris que adquirió varias compañías (Kraft, entre ellas) durante los años 80. Se convirtió en el principal anunciante de Estados Unidos al promover sus productos tan heterogéneos.

Al ir cambiando con el tiempo las condiciones del mercado, una empresa puede modificar las estrategias de crecimiento de productos y mercados. Por ejemplo, cuando su mercado actual está totalmente saturado, quizá no tenga más remedio que buscar otros nuevos.

Evaluación de los modelos de planeación

Los modelos de planeación que acabamos de explicar han sido objeto de elogios y críticas a la vez.[20] Si bien cada uno tiene aspectos propios, todos comparten algunos puntos fuertes y débiles.

La principal debilidad es, tal vez, una simplificación excesiva. Cada modelo fundamenta su evaluación de las oportunidades de mercado y de las decisiones subsecuentes en dos o tres factores solamente. En este aspecto, la rejilla de negocios de GE, con sus múltiples criterios para juzgar el atractivo del mercado y la posición del negocio, representa un avance sobre la matriz del Boston Consulting Group.

Otra debilidad es la posibilidad de colocar una unidad estratégica de negocios en una rejilla o bien seleccionar una estrategia, sin disponer para ello de información confiable. Por ejemplo, todavía se debate si la participación en el mercado es indispensable para la rentabilidad de un producto. Una tercera debilidad consiste en que los resultados de un modelo podrían usarse para contradecir o sustituir los juicios críticos de negocios hechos por los gerentes de línea (entre ello el vicepresidente de marketing).

Pese a ello, estos modelos también poseen puntos fuertes que vale la pena destacar. En primer lugar, encontramos una clasificación simple. Es decir, cada modelo permite a una organización examinar toda su cartera de unidades estratégicas de negocios o de productos principales en relación con los criterios que influyen en el desempeño de la unidad. Un segundo punto fuerte es el hecho de que los modelos detectan las oportunidades más interesantes y sugieren qué empresas riesgosas han de evitarse. Otro consiste en que los modelos estimulan una evaluación rigurosa y constante de las oportunidades, la asignación de recursos y la formulación de estrategias. Sin modelos de planeación estas actividades se realizarían sin criterios bien definidos; por ejemplo, un mes se aplicaría un conjunto de criterios y, sin ninguna buena razón, se cambiaría de criterios en el mes siguiente.

En conclusión, estamos convencidos de que los modelos de planeación ayudan a los ejecutivos a asignar los recursos y también a diseñar buenas estrategias de negocios y de marketing. Desde luego, todo modelo ha de complementarse con los juicios y decisiones de ellos y nunca podrá sustituirlos.

ASPECTOS BÁSICOS DEL PRONÓSTICO DE LA DEMANDA DE MERCADO

Un elemento fundamental de una buena planeación de marketing consiste en pronosticar con exactitud la demanda de un producto. El **pronóstico de la demanda** es estimar las ventas de un producto durante determinado periodo futuro. De ordinario, los ejecutivos calculan primero la demanda en toda la industria o mercado. Luego predicen las ventas de los productos de su compañía en ellos.

El pronóstico de la demanda da origen a varias clases de proyecciones. Por ejemplo, un pronóstico puede referirse a una industria entera (los fondos mutualistas), a una línea de productos (los fondos mutualistas Fidelity Select) o bien a una marca individual (Fidelity Select Health Care). Puede aplicarse a la totalidad de un mercado (todos los inversionistas) o a un segmento en particular (grandes inversionistas institucionales). La estimación puede basarse en factores generales o en un plan específico de marketing. Por tanto, para que un pronóstico se entienda y sea útil, es importante aclarar exactamente qué cosa describe.

El resultado del pronóstico de la demanda es un pronóstico de ventas, que suele abarcar un periodo de 1 año. ¿Qué importancia tiene el pronóstico de ventas? Constituye el fundamento de la elaboración de presupuestos y de la planeación operativa en todos los departamentos de la compañía: marketing, producción y finanzas. En consecuencia, es importante efectuarlo con la mayor precisión posible.

Definiciones de términos básicos

Procedemos a definir algunos términos básicos antes de exponer los métodos de pronóstico, para que sepamos de qué estamos hablando.

Factor e índice de mercado. Un **factor de mercado** es un objeto o elemento que 1) existe en un mercado, 2) puede medirse cuantitativamente y 3) se relaciona con la demanda de un bien o servicio. He aquí un ejemplo que nos ayudará a entenderlo mejor: el "número de automóviles de tres años o más de uso" constituye un factor de mercado en que se basa la demanda de llantas de repuesto. Este dato estadístico repercute en la cantidad de llantas que podemos vender.

Un **índice de mercado** es simplemente un factor de mercado expresado en porcentaje o, en otra forma cuantitativa, relacionado con alguna cifra base. Por ejemplo, un factor de mercado que influye en el número de rentas de videocasetes es la cantidad de "familias que poseen reproductoras de videos". Un índice de mercado de este factor relacionará la cantidad de familias que poseen reproductoras en un año determinado con la cifra correspondiente en un año base. Si escogemos 1985 como el año base con un índice de 100, entonces el índice de 1993 podría ser 450, el cual indica que la cantidad de familias con reproductoras es $4\frac{1}{2}$ veces lo que fue 8 años antes. Un índice también puede estar compuesto por varios factores de mercado, como el número de automóviles con un mínimo de 3 años de uso, la población y el ingreso personal disponible.

Potencial de mercado y de ventas. El **potencial de mercado** es el volumen de ventas totales que todas las empresas que venden un producto durante determinado periodo, pueden esperar vender en determinado mercado bajo condiciones ideales. El **potencial de ventas** es la parte del potencial de mercado que una compañía piensa alcanzar en condiciones ideales. Recuerde que el potencial de mercado se refiere a una industria entera, en tanto que el de ventas se aplica tan sólo a una marca del producto. Dicho de otra manera, el potencia de *mercado* se aplica a todos los refrigeradores; en cambio, el potencia de *ventas* se refiere sólo a una marca individual de refrigeradores (General Electric, por ejemplo).

Cuando se utiliza una de estas dos medidas del potencial, el mercado puede abarcar un país o hasta el mundo entero. También puede ser un mercado más pequeño subdividido por ingreso, área geográfica o algún otro criterio. Así, podríamos considerar el potencial de mercado de los refrigeradores en la costa del Pacífico o el potencial de ventas de los refrigeradores General Electric en familias con ingresos de $25 000 a $50 000 anuales. El potencial de mercado y el de ventas son el mismo cuando una empresa ejerce el monopolio sobre su mercado, como sucede con los servicios públicos en algunos países.

El término *potencial* se refiere a un nivel máximo de ventas y supone dos cosas: 1) todos los planes de marketing son eficaces y se llevan a cabo debidamente y 2) todos los prospectos con el deseo y habilidad de comprar el producto lo adquieren realmente. Naturalmente, son pocas las industrias o compañías que alcanzan todo su potencial. Por tanto, el potencial total no debe ser el resultado final del pronóstico de la demanda. Más bien es un nivel intermedio. Podemos pasar de ventas *potenciales* a ventas *probables*, que se estiman por medio de pronósticos.

Participación en el mercado. Utilizada frecuentemente en los negocios, la expresión **participación en el mercado** indica la proporción de las ventas totales de un producto durante determinado periodo en un mercado específico capturado por una compañía. Por ejemplo, si en 1993 Almega Corporation vendió turbinas de gas por un total de $210 millones de dólares y las ventas totales de la industria fueron de $7000 millones en ese año, la participación de Almega en el mercado fue de 3%.

La participación en el mercado puede referirse a industrias enteras (computadoras personales), segmentos reducidos (computadoras portátiles) o algunas áreas geográficas (Centroamérica), pudiéndose aplicar también a periodos pasados, presentes o futuros. Por ejemplo, una compañía podría fijarse el objetivo de obtener en el próximo año una participación del 40% de los que compran por primera vez. También podríamos explicar la participación en el mercado de cada compañía en la industria de los elevadores hidráulicos.

Pronóstico de ventas. Un **pronóstico de ventas** estima las ventas probables de una marca del producto durante determinado periodo en un mercado específico, suponiendo que se aplique un plan de marketing previamente establecido. A semejanza de las medidas del potencial de mercado, este tipo de pronósticos pueden expresarse en importes o en unidades. Pero a diferencia del potencial de mercado y de ventas, que se basan en factores y suposiciones generales, un pronóstico de ventas se funda en un plan específico de marketing para el producto en cuestión.

Conviene prepararlo después de calcular el potencial de mercado y de ventas. Muchas empresas, en especial las pequeñas, pronostican las ventas en forma simple, como se muestra en la figura 3-7.

Los pronósticos de ventas suelen abarcar un periodo de un año, aunque muchas compañías los revisan mensual o trimestralmente. Así, estos pronósticos se vinculan a la planeación financiera anual y a la presentación de informes anuales, basándose a menudo en estimaciones de las condiciones económicas futuras. Los pronósticos que abarcan menos de un año son adecuados, cuando la actividad en la industria es tan inestable que no es posible prever lo que sucederá en un año. Un ejemplo de ello son las muchas compañías que laboran en la industria de la ropa, fabricantes y detallistas por igual, y hacen pronósticos para una estación de moda que durará algunos meses. Por tanto, elaboran tres o cuatro pronósticos al año.

El pronóstico de ventas de una marca ha de guardar estrecha relación con el correspondiente plan de marketing. Las metas y las estrategias generales del marketing, o sea la base del plan, han de establecerse antes de realizar el pronóstico. Es decir, éste se funda en las metas y estrategias previamente determinadas. Si la meta de marketing es eliminar el exceso de inventario de un producto, se obtendrá un pronóstico diferente al que se haría si la meta fuera ampliar la participación en el mercado por medio de una publicidad muy agresiva.

Una vez preparado el pronóstico de ventas, influye en toda la planeación operativa de la compañía. El pronóstico constituye la base de un buen presupuesto. La planeación financiera de las necesidades de capital de trabajo, utilización de la planta y otras necesidades se basa

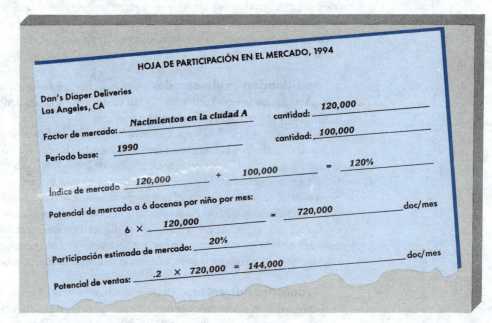

FIGURA 3-7

Método simple de pronosticar la demanda.

en la previsión de las ventas. Lo mismo que la programación de todos los recursos e instalaciones de producción, como en determinar las necesidades de mano de obra y la compra de materias primas.

Métodos para pronosticar la demanda

Una compañía puede pronosticar las ventas mediante un método de "arriba abajo", descendente, o de "abajo arriba", ascendente. Si se utiliza el método de *arriba abajo*, los directivos deben:

1. Hacer un pronóstico de las condiciones económicas generales.
2. Determinar el potencial de mercado de un producto.
3. Medir la participación del mercado que tiene la empresa o que proyecta captar.
4. Pronosticar las ventas de su marca del producto.

En el pronóstico de *abajo arriba*, los directivos siguen un procedimiento de dos pasos:

1. Para hacer estimaciones de la demanda futura obtienen información de segmentos del mercado o de las unidades organizacionales (vendedores o sucursales) en la compañía.
2. Se incorporan estimaciones para obtener un pronóstico total.

Las predicciones de la demanda futura del mercado, conseguida de los pronósticos de ventas o del mercado potencial, puede basarse en métodos que abarcan desde conjeturas infundadas hasta complejos modelos estadísticos. Aunque los ejecutivos de marketing quizá no realicen los cálculos estadísticos, deberían estar familiarizados con las bondades y limita-

Planeación estratégica y pronósticos

Al pronosticar la demanda, un fabricante de llantas de repuesto desea ante todo saber cuántos automóviles de distintas edades siguen circulando.

ciones de cada técnica para asegurarse de utilizar el método más conveniente. Más aún, tanto ellos como el personal que hace los pronósticos han de colaborar para cerciorarse de que los participantes no sólo entienden el proceso, sino que aplican los resultados.[21]

A continuación se describen algunos métodos que se emplean comúnmente en la predicción de la demanda.

Análisis de los factores del mercado. Muchas veces la demanda futura de un producto se relaciona con el comportamiento de ciertos factores del mercado. De ser así, podemos pronosticar las ventas futuras estudiando dicho comportamiento. En esencia, el **análisis de los factores del mercado** consiste en determinar cuáles son esos factores y en medir luego sus relaciones con la actividad de ventas.

Para utilizar bien este tipo de análisis se requiere 1) seleccionar los factores apropiados del mercado y 2) reducirlos al mínimo. Cuanto más sean los factores, mayores probabilidades habrá de estimaciones erróneas y más difícil será precisar cuánto influye cada uno en la demanda.

Podemos traducir el comportamiento de los factores del mercado en un pronóstico de demanda aplicando el **método de derivación directa**. Para explicarlo con un ejemplo, supongamos que un fabricante de llantas de automóvil desea conocer el potencial de mercado que, en 1995, tendrá ese producto en Estados Unidos. El factor primario del mercado son el número y las edades de los automóviles en uso. El primer paso consistirá en estimar cuántos automóviles son candidatos para utilizar las nuevas llantas.

Supongamos que los estudios del fabricante revelan lo siguiente: 1) el automóvil promedio recorre 15 000 kilómetros al año y 2) el conductor promedio obtiene 45 000 kilómetros de un par de llantas. Es decir, podrá considerarse que todos los automóviles que tengan 3 años o múltiplos de 3 años en 1995 constituirán el mercado potencial de las llantas a reemplazar durante ese año. De las oficinas estatales y municipales de placas de circulación, el fabricante puede conseguir una cifra bastante exacta de los automóviles vendidos en 1992 y, por tanto, que tendrán 3 años en 1995. Además, podrá saber cuántos tendrán 6, 9 y 12 años en 1995 y, por tanto, necesitarán otro juego de llantas.

El número de automóviles en esos grupos de edad, multiplicado por cuatro (llantas por automóvil), dará el potencial aproximado de mercado de las llantas a reemplazar en 1995. Por supuesto, estamos trabajando con promedios. No todos los conductores obtendrán 45 000 kilómetros de sus llantas ni todos los automóviles recorrerán 15 000 kilómetros al año.

El método de derivación directa es simple, barato y requiere un pequeño análisis estadístico. Los ejecutivos que no son estadísticos entienden e interpretan sus resultados. La principal limitación del método radica en que sólo puede usarse cuando podemos identificar un factor fácilmente mensurable que influye en la demanda.

El **análisis de correlación** es un perfeccionamiento estadístico del método anterior. Tiene en cuenta el nexo entre las ventas potenciales del producto y el factor del mercado que repercute en ellas. Escapa al ámbito de este libro dar una explicación pormenorizada de esta técnica estadística. Pero, en general, el análisis de correlación mide, en una escala de 0 (ausencia de asociación) a 1 (asociación perfecta), las variaciones entre dos series de datos. Por ejemplo, las series podrían ser la cantidad de perros y las ventas de alimentos enlatados para perros.

El análisis de correlación proporciona una estimación más exacta de la demanda del mercado que la derivación directa. Ello obedece a que en esta última se supone que la asociación es 1.0 (o sea perfecta). Pero rara vez se da un nexo directo entre un factor de mercado y la demanda de un producto. Por ello, el análisis de correlación tiene en cuenta el pasado al predecir el futuro. También le permite al investigador incluir más de un factor en el cálculo.

Este análisis presenta dos grandes limitaciones. Primero, no todos los ejecutivos de marketing lo comprenden. Segundo, puede emplearse sólo cuando se cuenta con dos *datos*: 1) una historia de ventas de la industria o la empresa que abarque al menos 20 periodos consecutivos y 2) una historia correspondiente del factor de mercado que se utilizará al pronosticar la demanda. Finalmente, el análisis de correlación descansa en la suposición, a veces poco realista, de que existe aproximadamente la misma relación entre ventas y el principal factor o factores del mercado durante todo el periodo y de que esa relación se mantendrá en el siguiente periodo de ventas.

Encuesta de las intenciones del comprador. El aspecto fundamental de la **encuesta de intenciones del comprador** consiste en preguntarle a una muestra de clientes actuales o potenciales cuánto comprarán de un producto, a determinado precio, durante cierto periodo futuro. Algunas compañías mantienen grupos de consumidores que utilizan en estas encuestas. También se valen de paneles de consumidores para conocer su opinión sobre ideas de productos nuevos, precios y otras características del producto. A los vendedores puede pedírseles que entrevisten a los consumidores respecto a sus intenciones futuras de compra. Sin embargo, de acuerdo con un estudio, los entrevistadores profesionales son más eficientes y baratos cuando se desea llevar a cabo una encuesta sobre las intenciones de compra.[22]

A veces es difícil seleccionar una muestra representativa de los compradores potenciales. En el caso de muchos productos de consumo se requiere una muestra bastante numerosa. De ahí que la encuesta sea un método costoso en cuanto al dinero y al tiempo que se le invierte. Presenta además otra limitación grave. Una cosa es que los consumidores tengan la intención de adquirir un producto y otra muy distinta que realmente lo compren; por ello este tipo de encuestas a menudo muestran una medida inflada del potencial de mercado. Probablemente pronostiquen la demanda con gran exactitud cuando 1) hay relativamente pocos compradores en el mercado meta, 2) éstos están dispuestos a manifestar su intención se compra y 3) su historial muestra una relación constante entre el comportamiento de compra y sus intenciones expresadas.

Pruebas de mercado. En las **pruebas de mercado**, una empresa vende un nuevo producto en un área geográfica limitada, mide las ventas y luego, a partir de esta muestra, proyecta las ventas en una zona más amplia. Es una técnica que sirve para determinar si existe suficiente demanda para un nuevo producto. También sirve de criterio para evaluar sus características y otras estrategias de marketing. En el siguiente capítulo, examinaremos más a fondo las ventajas y deficiencias de este método.

Análisis de ventas anteriores y de tendencias. Un método muy común de pronóstico se basa enteramente en las ventas anteriores. Lo utilizan los detallistas cuya finalidad principal es "superar las cifras del año pasado". En el **análisis de ventas anteriores**, el pronóstico de la demanda no es más que un simple incremento porcentual aplicado al volumen obtenido en el año anterior o al volumen promedio de algunos años precedentes.

Es una técnica simple, barata y fácil de aplicar. Las ventas anteriores pueden emplearse para predecir el volumen de ventas en el caso de una empresa que opere en un mercado estable, donde su participación ha permanecido constante durante varios años. Sin embargo, pocas son las compañías que trabajan en ambientes inalterados, lo cual hace que este método sea poco confiable.

El **análisis de tendencias** también se funda en datos referentes a las ventas anteriores, pero es una técnica de pronóstico más complicada. Un tipo es la proyección de ventas a largo plazo, generalmente calculado por una técnica estadística denominada regresión. La complejidad estadística del análisis de tendencias a largo plazo no compensa la debilidad intrínseca de fundamentar las estimaciones futuras exclusivamente en la actividad pasada de ventas. Un segundo tipo del análisis requiere una proyección a corto plazo (de varios meses) que utiliza un índice estacional de ventas. El análisis de tendencias a corto plazo será aceptable, si las ventas siguen un patrón estacional confiable. Por ejemplo, supongamos que tradicionalmente el segundo trimestre del año siempre genera ventas cerca del 50% más altas que el primer trimestre. Así pues, si las ventas llegan a 10 000 unidades en el primer trimestre, podremos pronosticar razonablemente ventas de 15 000 unidades durante el segundo trimestre.

Participación de la fuerza de ventas. Este método de abajo arriba sirve para pronosticar las ventas o estimar el potencial del mercado. En el pronóstico de ventas, la **participación de la fuerza de ventas** consiste en recabar las estimaciones de todos los vendedores referentes a sus territorios en el periodo futuro en cuestión. La suma de sus estimaciones constituye el pronóstico de ventas de la empresa.

Este método genera pronósticos precisos si los vendedores son personas competentes y bien informadas. Así, sería más adecuado aplicarlo a las ventas de grandes generadores eléctricos destinados a las empresas de energía eléctrica que a las ventas de pequeños motores de uso general destinados a miles de compañías. Es un método que aprovecha el conocimiento especializado que de su mercado tienen los vendedores. Más aún, hace que estén más dispuestos a aceptar las cuotas que se les asignan, puesto que participaron en el proceso de los pronósticos que fueron la base de ellas.

Este método no está exento de limitaciones. Tal vez la fuerza de ventas no tenga tiempo ni experiencia suficiente para efectuar la investigación que se requiere. Y, conforme a una encuesta reciente administrada a los directores de ventas, está limitado por la tendencia de los vendedores a sobrestimar o subestimar las ventas futuras según las circunstancias. Por ejemplo, los vendedores son optimistas por naturaleza y, en consecuencia, sobrestimarán las posibilidades futuras. O bien, si su compensación depende de la obtención de la cuota de ventas, subestimarán las ventas futuras.[23]

Juicio de los ejecutivos. Básicamente, el **juicio de los ejecutivos** consiste en recabar opiniones de uno o más ejecutivos acerca de las ventas futuras. Si son opiniones bien fundamentadas, basadas en medidas válidas como el análisis de los factores de mercado, sus puntos de vista generarán pronósticos exactos. Sin embargo, este tipo de predicciones es riesgoso, porque algunas veces las opiniones son simples intuiciones o conjeturas.

Una forma especializada del juicio de los ejecutivos es el **método Delfi**, llamado así en recuerdo de los famosos oráculos que se hacían en la ciudad de Delfos en la antigua Grecia. Inventado por la Rand Corporation para emplearse en los pronósticos ambientales, también puede aplicarse en la predicción de ventas. Se utiliza sobre todo con productos que son verdaderamente innovadores o importantes adelantos tecnológicos.

El método Delfi comienza con un grupo de conocedores que de modo anónimo estiman las ventas futuras. Cada uno realiza una predicción sin que sepa cómo respondieron los restantes miembros del grupo. Después se resumen las estimaciones; el promedio resultante y la serie de pronósticos se dan a conocer a los participantes. Ahora que ya saben como respondió el resto del grupo, se les pide efectuar otra predicción sobre el mismo asunto. Pueden cambiar sus estimaciones iniciales o bien reafirmarlas. Este proceso de estimaciones y de retroalimentación se lleva a cabo varias veces. En algunos casos, y generalmente en el pronóstico de ventas, la ronda final consiste en discusiones personales entre los participantes hasta que llegan a un consenso respecto al pronóstico.

Una ventaja del método Delfi es que impide que una persona (por ejemplo, un ejecutivo de alto nivel) influya en otra (un subordinado). Permite además que cada participante analice el juicio conjunto del grupo. Si el pronóstico de un individuo difiere mucho del promedio del grupo, tiene oportunidad de justificarlo o modificarlo en la siguiente tanda. Una de las desventajas de esta técnica, y de todo juicio ejecutivo, estriba en que los participantes pueden carecer de la información necesaria en la cual fundamentar su juicio.

Ningún método de ventas es perfecto. Un ejecutivo debe escoger la técnica, o combinación de ellas, que probablemente aporte las estimaciones más exactas de las ventas en las circunstancias actuales. Las compañías deberían estudiar la conveniencia de emplear más de un método de pronóstico, cuando el ambiente de marketing es poco estable.

RESUMEN

El proceso gerencial consiste en planear, realizar y evaluar. La planeación consiste en decidir ahora lo que se hará después, incluyendo entre otras cosas cuándo y cómo se realizará. La planeación da dirección a la organización. La planeación estratégica tiene por objeto adecuar los recursos de la organización a sus oportunidades de mercado a largo plazo.

En toda organización debería haber tres niveles de planeación: planeación estratégica de la compañía, planeación estratégica de marketing y planeación anual de marketing. En el primer tipo de planeación, los directivos definen la misión de la organización, evalúan el ambiente donde opera, establecen metas a largo plazo y formulan estrategias globales para cumplirlas. Este nivel de planeación orienta la que se lleva a cabo en varias áreas funcionales, como el marketing.

La planeación estratégica de marketing consta de cinco pasos: realizar un análisis de la situación; formular objetivos; determinar el posicionamiento y la ventaja diferencial; seleccionar los mercados meta y medir la demanda de mercado; y diseñar una mezcla de marketing. A partir de estos planes, se diseña un plan anual de marketing que contiene las actividades mercadológicas de un año para los principales productos y las divisiones de una empresa. El plan anual incluye tácticas, lo mismo que estrategias. Normalmente lo elabora el ejecutivo encargado de la división o producto.

Los gerentes pueden servirse de uno o varios de los siguientes modelos al realizar la planeación estratégica: la matriz del Boston Consulting Group, la matriz de negocios de General Electric, el modelo de estrategias genéricas de Porter y la matriz de crecimiento de mercados y productos de Ansoff. Un modelo de planeación ayuda a los gerentes a determinar cómo asignar de modo óptimo sus recursos y seleccionar buenas estrategias de marketing.

Una planeación eficaz se basa en un pronóstico exacto de la demanda de un producto. Por lo regular, los directivos estiman las ventas totales que, en condiciones normales, esperan vender las empresas que constituyen la industria (mercado potencial) para sus productos particulares (potencial de ventas). El resultado final de la estimación de la demanda es un pronóstico de ventas, el cual indica las ventas probables que se proyecta obtener de la marca de determinado producto en un periodo futuro, aplicando un programa de marketing aceptado por todos. Este pronóstico normalmente abarca un periodo anual.

Básicamente, hay dos métodos de pronosticar la demanda: el de "arriba abajo" y el de "abajo arriba". Los que se emplean para pronosticar las ventas son: análisis de factores del mercado, encuesta de las intenciones de compra, pruebas de mercado, ventas anteriores y análisis de tendencias, opinión de la fuerza de ventas y juicio de los ejecutivos. El reto de los directivos es seleccionar la técnica adecuada para cada situación y la que dé un pronóstico confiable.

Más sobre  **SKI THE SUMMIT**

Los administradores de los lugares para esquiar que se centran en los esquiadores extranjeros aprecian el poder adquisitivo de este segmento del mercado. Los extranjeros permanecen más tiempo en esos sitios que los nacionales, cerca de 10-14 días frente a 5-7 días. Y gastan más, unos $200-$250 diarios frente a $150.

Estas localidades y las cooperativas de marketing, como Ski the Summit, sin duda tienen a los japoneses en los primeros lugares de su lista para concentrar el marketing en ellos. No hay suficiente sitio para todos ellos en los lugares de esquiar en Japón, y las pequeñas cantidades de esquiadores que llegan a Estados Unidos gastan más que los provenientes de otros países.

Otros sitios para vacacionar ponen aún más empeño en atraer a esquiadores y a sus familias. Ajustan sus mezclas de marketing no sólo mejorando los recorridos, sino también incorporando restaurantes, patinaje sobre hielo, cuidado de los niños y recreación familiar.

Otros se concentran en las personas deseosas de aventuras, que quieren esquiar o practicar surfing en la nieve, deslizándose por pendientes muy pronunciadas. En éstas áreas construyen recorridos de terrenos altos y les ponen nombres llamativos: Porcupine, High Anxiety, White Heat y Widowmaker.

Hay dos opiniones sobre si conviene o no incorporar ese tipo de recorridos para los esquiadores más atrevidos. Según un punto de vista, sostenido en áreas como Keystone y Crested Butte en Colorado y también en Killington's Bear Mountain in Vermont, se necesitan para atraer más esquiadores locales y dan buenos resultados. Y otro punto de vista, expresado por algunas áreas como Park City en Utah, señala que pronto decaerá la demanda de los recorridos con terrenos altos, pues está aumentando la edad promedio de los esquiadores.[24]

1. En su opinión, ¿ha considerado Ski the Summit posicionarse u obtener una ventaja diferencial al diseñar sus nuevas estrategias de marketing?
2a. ¿Cuál de las cuatro estrategias de crecimiento de productos y mercados está aplicando Ski the Summit?
 b. ¿A cuál de las cuatro estrategias debería dar más importancia en el futuro?

■ TÉRMINOS Y CONCEPTOS BÁSICOS

Dirección (74)
Planeación (75)
Planeación estratégica (75)
Misión (76)
Objetivo (76)
Estrategia (76)
Táctica (77)
Planeación estratégica de la compañía (79)
Análisis de la situación (79)
Estrategias organizacionales (80)
Planeación estratégica de marketing (80)
Evaluación FORD (81)
Posicionamiento (82)
Ventaja diferencial (82)
Desventaja diferencial (82)
Mercado (82)
Mercado meta (82)
Mezcla de marketing (84)
Plan anual de marketing (86)
Unidad estratégica de negocios (UEN) (89)
Matriz del Boston Consulting Group (BCG) (89)
Estrellas (90)
Vacas de efectivo (90)

Interrogaciones (90)
Perros (90)
Matriz de negocios de General Electric (GE) (92)
Estrategia de inversión (93)
Estrategia de protección (93)
Estrategia de cosecha (93)
Estrategia de reducción (93)
Modelo de estrategias genéricas de Porter (94)
Liderazgo en costos globales (94)
Diferenciación (94)
Concentración en un segmento (94)
Matriz de crecimiento de productos y mercados (95)
Penetración en el mercado (95)
Desarrollo del mercado (95)
Desarrollo de productos (96)
Diversificación (96)
Pronóstico de la demanda (97)
Factor de mercado (98)
Índice de mercado (98)
Potencial de mercado (98)
Potencial de ventas (98)
Participación en el mercado (99)
Pronóstico de ventas (99)
Análisis de factores del mercado (101)
Método de derivación directa (101)
Análisis de correlación (102)
Encuesta de intenciones del comprador (102)
Pruebas de mercado (103)
Análisis de ventas anteriores (103)
Análisis de tendencias (103)
Participación de la fuerza de ventas (104)
Juicio de ejecutivos (104)
Método Delfi (104)

■ PREGUNTAS Y PROBLEMAS

1. ¿Debería una empresa pequeña (un fabricante o detallista) llevar a cabo una planeación estratégica formal? Explique su respuesta.
2. Aplicando un enfoque orientado al cliente (beneficios proporcionados o deseos satisfechos), conteste la pregunta: "¿En qué negocio estamos?" para cada una de las siguientes compañías:
    a. Holiday Inn.
    b. Zapatos deportivos Adidas.
    c. Computadoras Apple.
    d. Universal Studios (productores de películas).
    e. Goodyear Tire y Rubber Company.
3. En el paso de la planeación estratégica de marketing correspondiente al análisis de la situación, ¿qué factores ambientales externos debería analizar un fabricante de mochilas para excursionismo?
4. Si fuera vicepresidente de marketing de una importante línea aérea, ¿cuáles de los cuatro modelos de planeación le parecería más útil? ¿Por qué?
5. "CE92, siglas que indican la unificación económica de la Comunidad Europea con fecha de inicio de 1992 o poco después de ese año, significan un caos absoluto para las empresas estadounidenses que tratan de vender sus productos en esos países. Durante algunos años, la situación será tan dinámica que los ejecutivos estadounidenses no deberían perder su tiempo en una planeación estratégica formal destinada a los mercados europeos." ¿Coincide usted con esta aseveración? Fundamente su postura.
6. Con un ejemplo explique el concepto de unidad estratégica de negocios.
7. ¿Qué factores de mercado podría utilizar lógicamente al estimar el potencial de mercado de los siguientes productos?
    a. Acondicionadores domésticos centrales de aire.
    b. Máquinas de ordeña eléctrica.
    c. Viaje en aerolíneas de lujo.
    d. Cubiertos de plata.
    e. Servicio de reparación para computadoras personales.
8. Distinga cuidadosamente entre potencial de mercado y pronóstico de ventas, utilizando como ejemplo un producto de consumo o industrial.
9. ¿Cómo determinaría a) el potencial de mercado y b) un pronóstico de ventas para un libro destinado a un curso introductorio de marketing?
10. Explique el método de derivación directa, usando un ejemplo de un producto que no sean llantas de automóvil. ¿En qué se distingue este método del análisis de correlación?

APLICACIÓN AL MARKETING

1. Obtenga en la biblioteca de su escuela la copia de un informe anual de una empresa muy importante. Basándose en el análisis de la evaluación de fin de año, ¿cuál o cuáles de las siguientes estrategias de crecimiento de productos y mercados está aplicando: penetración en el mercado, desarrollo del mercado, desarrollo de productos, y/o diversificación?
2. Hable con un ejecutivo de marketing de una compañía local. ¿Cuál de los métodos de pronóstico de la demanda está utilizando? ¿Por qué?

NOTAS Y REFERENCIAS

1. Basado en Sandra D. Atchison, "At These Prices, Who Needs the Alps?", *Business Week*, 10 de febrero, 1992, p. 131; y Marj Charlier, "Troubled U.S. Ski Resorts Hope to Cure Ills with an Infusion of Foreign Tourists", *The Wall Street Journal*, 25 de noviembre, 1991, pp. B1, B4.

2. Muchos escritores y ejecutivos emplean como sinónimos los términos *control* y *evaluación*. En este libro nosotros los distinguimos. Resulta demasiado restrictivo hablar del control sólo como una parte del proceso gerencial. El control no es una función administrativa aislada, sino que prácticamente se encuentra presente en todas las otras actividades de la organización. Por ejemplo, los directivos *controlan* sus operaciones mediante las metas y estrategias que escogen. Por lo demás, el tipo de estructura organizacional que se utiliza en el departamento de marketing determina el grado de *control* en las actividades mercadológicas.

3. *Pulse of the Middle Market-1990*, BDO Seidman, Nueva York, 1990, pp. 12-13.

4. Las técnicas con que se identifican y vigilan los competidores no tradicionales se explican en William E. Rotschild, "Who Are Your Future Competitors?" *The Journal of Business Strategy*, mayo/junio, 1988, pp. 10-14; una técnica para evaluar las fuerzas y debilidades de una compañía en relación con otras de la misma industria se ofrece en Emilio Cvitkovic, "Profiling Your Competitors", *Planning Review*, mayo-junio, 1989, pp. 28-30.

5. Malcolm H. B. McDonald, "Ten Barriers to Marketing Planning", *The Journal of Business and Industrial Marketing*, invierno de 1992, p. 15.

6. Edward DiMingo, "The Fine Art of Positioning", *The Journal of Business Strategy*, marzo/abril, 1988, pp. 34-38.

7. Suein L. Hwang, "Its Big Brands Long Taunted as Fatty, CPC Tries a More 'Wholesome' Approach", *The Wall Street Journal*, 20 de abril, 1992, pp. B1, B4.

8. Excelente artículo, en el cual se subraya que la estrategia debería centrarse en las necesidades del cliente y no sólo en derrotar la competencia, es el de Kenichi Ohmae, "Getting Back to Strategy", *Harvard Business Review*, noviembre-diciembre, 1988, pp. 149-156.

9. Barbara Buell, "Apple: New Team, New Strategy", *Business Week*, 15 de octubre, 1990, pp. 86-89+.

10. Una fuente excelente de información sobre cómo algunas compañías preparan su plan de marketing es Howard Sutton, *The Marketing Plan*, The Conference Board, Nueva York, 1990.

11. *The Experience Curve Reviewed, IV. The Growht Share Matrix of the Product Portfolio*, Boston Consulting Group, Boston, 1973.

12. Explicado en Derek F. Abell y John S. Hammond, *Strategic Marketing Planning*, Prentice-Hall, Englewood Cliffs, NJ, 1979.

13. Keith H. Hammonds, "25 Ejecutives to Watch: Kay Whitmore", *The 1990 Business Week 1000*, p. 145.

14. Joseph Weber, "25 Executives to Watch: David Johnson", *The 1990 Business Week 1000*, p. 140.

15. Michael E. Porter, *Competitive Advantage: Creating and Sustaining Superior Performance*, The Free Press, Nueva York, 1985, pp. 11-26.

16. Propuesto inicialmente por H. Igor Ansoff, "Strategies for Diversification", *Harvard Business Review*, septiembre-octubre, 1957, pp. 113-124.

17. Brett Pulley, "Wrigley is Thriving, Despite the Recession, in a Resilient Business", *The Wall Street Journal*, 29 de mayo, 1991, pp. A1, A8.

18. Adam Goodman, "McDonnell Puts Spin on Commercial Helicopters", *St. Louis Post-Dispatch*, 2 de septiembre, 1991, p. 4BP.

19. James S. Hirsch, "Kodak Hopes Electronic Imaging Clicks as Company Faces Fuzzy Photo Future", *The Wall Street Journal*, 16 de julio, 1990, p. B4.

20. Algunos mejoramientos que vale la pena tener en cuenta se mencionan en los siguientes artículos: R. A. Proctor y J. S. Hassard, "Towards a New Model for Product Portfolio Analysis", *Management Decision*, vol. 28, núm. 3, 1990, pp. 14-17, y Rick Brown, "Making the Product Portfolio a Basis for Action", *Long Range Planning*, febero de 1991, pp. 102-110.

21. Mark J. Lawless, "Effective Sales Forecasting —A Management Tool", *The Journal of Business Forecasting*, primavera de 1990, pp. 9-10.

22. Robin T. Peterson, "How Efficiente Are Salespeople in Surveys of Buyer Intentions?", *The Journal of Business Forecasting*, primavera de 1988, pp. 11-12.

23. Robin T. Peterson, "Sales Force Composite Forecasting —An Exploratory Analysis", *The Journal of Business Forecasting*, primavera de 1989, pp. 23, 26-27.

24. Material adicional tomado de Marj Charlier, "Resorts Go to Extremes to Attract Skiers", *The Wall Street Journal*, 21 de febero, 1992, p. B1.

CAPÍTULO 4

Investigación e información de mercados

¿Por qué SESAME STREET se encuentra en la frontera entre la educación y el entretenimiento?

Seguramente usted creció con el programa televisivo *Sesame Street* (*Plaza Sésamo*), pero es poco probable que haya reflexionado sobre las actividades de marketing relacionadas con él. Como se verá en este caso, un buen marketing casi siempre se acompaña de una investigación eficaz.

A mediados de los años 60 se sabía que muchos niños del viejo centro de la ciudad iniciaban su instrucción primaria con menos preparación que los de clase media. Al buscar la forma de corregir esa situación, la Carnegie Foundation animó a Joan Ganz Cooney, entonces productora de televisión, a estudiar cómo podía utilizar este medio en la enseñanza preescolar. El resultado fue *Sesame Street*, un programa que lleva 25 años transmitiéndose y que no ha perdido su popularidad.

La señora Conney estaba segura de que si a los niños en edad preescolar con desventajas se les daban las herramientas básicas y un poco de ayuda, mejoraría su capacidad de competir y de tener éxito en la escuela. El problema consistía en cómo hacerlo. Al observar a niños provenientes de diversos medios sociales, le sorprendió su capacidad de memorizar los eslogans y canciones de anuncios que se repetían frecuentemente. Pensó que, para utilizar el esquema de los comerciales televisivos, debía servirse de breves segmentos repetitivos de video.

La señora Cooney también reconoció que había dos mercados para un programa educativo por televisión. Primero, los padres de familia deberían aprobarlo e incluso entretenerse con los espectáculos; y, segundo, había que cautivar con ellos a los niños de corta edad. Al cabo de tres años de desarrollo, experimentos y pruebas con psicólogos infantiles, educadores, escritores, artistas y músicos, estuvo lista para lanzar el programa al aire.

El formato fue un programa de 1 hora de duración, con 20 y 30 segmentos individuales, cada uno de los cuales tenía su objetivo específico de aprendizaje. Las lecciones se comunican mediante técnicas televisivas de probada eficacia: animación, música y una película de acción al vivo en un ambiente de vecindario. Un importante elemento eran los títeres de Jim Henson: Big Bird, Óscar, la rana Kermit, Bert y Ernie, Cookie Monster y Grover.

Al finalizar la primera temporada, se llevó a cabo una comparación de desarrollo intelectual entre una muestra de niños que veían regularmente el programa y una muestra de otro grupo que no lo veía. La crítica contra el intento de combinar el entretenimiento con la enseñanza disminuyó, cuando se comprobó que los espectadores regulares habían progresado dos veces y media más que el resto de los niños.

A pesar de que el esquema básico no se ha modificado, hubo que modificar el contenido para hacer frente a un entorno cambiante. Por ejemplo, originariamente se buscaba que los niños aprendieran a contar del 1 al 10 y las habilidades básicas de la lectura. Hoy se les enseñan temas como la adopción, el amor, el nacimiento y la muerte. Se investigan rigurosamente el contenido pedagógico y el valor de diversión de algunos episodios. Así, luego de dedicar cientos de horas a desarrollar un segmento acerca del divorcio, se probó en una muestra de 60 niños. Al terminar de ver el programa, tuvieron la impresión de que una discusión puede provocar el divorcio; se decidió entonces eliminar ese episodio.

La investigación ha desempeñado una importante función durante la vida del programa *Sesame Street*. En un principio sirvió para identificar la necesidad y también una posible solución. Al convertir el concepto en un programa de televisión, su formato se probó varias veces por medio de la investigación. Además, cada episodio era sometido a un estudio exhaustivo antes de transmitirlo. Finalmente, se recurrió a la investigación para mediar la eficacia del programa.[1]

La productora es Children's Television Workshop, organización no lucrativa cuya misión es educar a los niños de todo el mundo. En su opinión, ¿cómo cree que investigaciones subsecuentes le ayudarán a esa institución a ampliar aún más su misión?

La experiencia de Children's Television Workshop con *Sesame Street* refleja una cosa que todas las empresas tienen en común: la necesidad de información. Si quieren ser eficientes, los directores de marketing deben contar con información actual y exacta sobre los mercados a los que intentan llegar, el macroambiente que influye en su industria, los factores internos y externos que repercuten en su mercado específico. En este capítulo veremos dónde se obtiene esa información y la manera de utilizarla. Después de estudiar este capítulo, usted deberá ser capaz de explicar:

OBJETIVOS DEL CAPÍTULO

- Lo que es la investigación de mercados y cómo contribuye a mejorar la toma de decisiones de marketing.
- Los sistemas que se han creado para aumentar la utilidad de los datos.
- La forma correcta de llevar a cabo un proyecto de investigación de mercados.
- Cómo recopilar y utilizar la información relativa a la competencia.
- Quién realizará la investigación de mercados.
- El estado actual de la investigación de mercados.

NECESIDAD DE LA INVESTIGACIÓN DE MERCADOS

Los directivos de cualquier organización necesitan información (mucha información) acerca de los mercados potenciales y los factores ambientales, a fin de diseñar buenos planes estratégicos de marketing y responder a los cambios del mercado. Abundantes datos pueden recabarse de fuentes externas y también desde adentro de la empresa. El reto radica en cómo transformar los datos brutos en información y emplearla con eficiencia. Para que aprendamos a hacerlo, empezaremos examinando brevemente por qué las organizaciones deben realizar investigaciones. Después nos concentraremos en cómo dirigen este tipo de actividades.

Hoy muchos factores indican la necesidad de que las empresas tengan acceso a información oportuna. Considere con detenimiento algunos de ellos y su relación con la administración de información:

A pesar de la semejanza, Troll (a la derecha) fue un gran éxito y en cambio Bitsy Bear (a la izquierda) fracasó. Con la investigación se llegan a conocer los motivos de los compradores y a los gerentes les resulte más fácil evitar este tipo de errores.

- **Presión competitiva.** Para ser competitivas, las compañías deben desarrollar y vender nuevos productos más rápidamente que antes.
- **Mercados en expansión.** La actividad mercadológica se vuelve cada día más compleja y amplia, a medida que un número mayor de empresas operan en mercados nacionales e internacionales.
- **Costo de los errores.** Lanzar y vender un nuevo producto supone enormes gastos. Si un producto fracasa, la compañía puede sufrir un gran descalabro e incluso quedar en la ruina.
- **Expectativas crecientes por parte de los consumidores.** La falta de información oportuna y adecuada acerca de un problema de algún aspecto del programa de marketing puede provocar pérdidas.

¿Qué es la investigación de mercados?

La investigación de mercados abarca todas las actividades que permiten a una organización obtener la información que requiere para tomar decisiones sobre su ambiente, su mezcla de marketing y sus clientes actuales o potenciales. Más exactamente, la **investigación de**

mercados es la obtención, interpretación y comunicación de información orientada a las decisiones, la cual se empleará en el proceso estratégico de marketing. Cada año las empresas de Estados Unidos invierten casi $2.5 mil millones de dólares anuales para conseguir información que les permita mejorar la calidad de la toma de decisiones. Se trata, pues, de una importantísima parte del marketing.

Para entender mejor la naturaleza de la investigación de mercados y lo que hace, hemos de tener presente los siguientes aspectos:

- Interviene en las tres fases del proceso gerencial del marketing: planeación, instrumentación y evaluación.
- Es algo más que la simple obtención de datos.
- Reconoce la responsabilidad del investigador de recabar información útil para los ejecutivos.[2]

Alcance de las actividades de investigación de marketing

Durante muchos años los directivos de marketing hicieron uso de dos fuentes primarias de información. Una es el proyecto de investigación no recurrente, que para contestar una pregunta específica realizaba el personal del departamento de investigación de mercado propio de la empresa o una firma independiente. Por ejemplo, Toro, un fabricante de cortadoras de pasto, efectuaba una encuesta entre los distribuidores para averiguar las quejas más frecuentes de los usuarios respecto a las segadoras de pasto eléctricas. La segunda fuente primaria está compuesta por informes periódicos, llamados servicios sindicados, que producen y venden las empresas dedicadas a la investigación. Un ejemplo de ello es National Total-Market Audit, producida por Audits & Surveys, Inc., medida nacional bimensual de las ventas totales de marca al detalle. Este servicio permite al ejecutivo de marketing vigilar periódicamente las ventas al menudeo de sus productos y las de la competencia por tipo de establecimiento y zona geográfica. Ambos tipos de fuente primaria siguen conservando su importancia, como veremos más adelante en este capítulo.

He aquí otras dos fuentes diseñadas para suministrar la información que requieren los gerentes:

- El sistema de información de marketing, que les ofrece un flujo continuo y programado de informes estandarizados.
- El sistema de soporte a las decisiones, el cual les permite interactuar directamente con los datos a través de computadoras personales para contestar preguntas concretas.

SISTEMAS DE INFORMACIÓN DE MARKETING

A medida que las computadoras fueron convirtiéndose en herramientas comunes de los negocios a fines de la década de 1950 y principios de la de 1960, las compañías pudieron recopilar, almacenar y manipular grandes cantidades de datos para facilitar la labor de los encargados de tomar las decisiones de marketing. De esta capacidad nació el **sistema de información de marketing (SIM)**, procedimiento permanente y organizado cuya finalidad es generar, analizar, difundir, almacenar y recuperar la información que se utilizará en la toma de decisiones de marketing. La figura 4-1 muestra sus características y funcionamiento.

FIGURA 4-1

Estructura de un sistema de información de marketing.

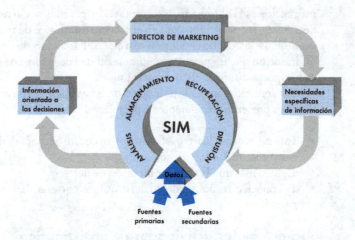

Un sistema ideal debería:

- Generar informes periódicos y estudios recurrentes según vayan necesitándose.
- Integrar datos nuevos y viejos para actualizar la información e identificar las tendencias.
- Analizar los datos aplicando modelos matemáticos que representan al mundo real.

Diseño de un sistema de información de marketing

Para construir este sistema, los directores de marketing antes han de identificar qué información les ayudará a tomar decisiones más acertadas. Primero trabajan en estrecha colaboración con investigadores y analistas de sistemas; luego determinan si los datos requeridos están disponibles dentro de la organización (por ejemplo, en los informes diarios que elaboran los vendedores o en los datos de costos emitidos por el departamento de contabilidad) o bien si hay que obtenerlos, cómo deben ser organizados, la forma en que se presentarán y el programa que regirá su entrega. Por ejemplo, el gerente de Procter & Gamble que administra Tide quiere conocer cada mes las ventas al detalle de todas las marcas de detergente por región geográfica. Ese mismo ejecutivo tal vez desee recibir informes trimestrales sobre los precios de los competidores y cuánta publicidad realizan. Con menos frecuencia, posiblemente una vez al año, debe estar enterado de los factores del mercado, entre ellos los cambios demográficos, que pueden afectar a Tide a largo plazo. Además de estos informes periódicos (y probablemente de otros), el gerente solicitará periódicamente informes especiales que puedan recopilarse a partir de los datos existentes. Por ejemplo, tal vez desee saber qué participación del mercado total tuvo cada detergente durante los últimos 5 años y tener una proyección de cuál será su desempeño probable en los 3 años venideros.

Un sistema de información de marketing bien diseñado ofrece un flujo continuo de este tipo de información para la toma de decisiones gerenciales. Su capacidad de almacenamiento y recuperación permite recabar y utilizar gran variedad de datos. Gracias a ella, los ejecutivos pueden vigilar constantemente el desempeño de productos, los mercados, los vendedores y otras unidades de marketing.

Un sistema de información de marketing tiene mucha utilidad para una empresa grande, donde la información fácilmente se perdería o distorsionaría al difundirse entre muchas personas o departamentos. No obstante, sabemos por experiencia personal que incluso los sistemas relativamente simples pueden mejorar la toma de decisiones gerenciales en las compañías de tamaño pequeño y mediano.

La eficacia con que funciona el sistema de información de marketing depende de tres factores:

- La naturaleza y calidad de los datos disponibles.
- Las formas en que se procesan los datos para obtener información utilizable.
- La capacidad de los operadores del sistema y de los gerentes que usan la salida para trabajar juntos.

El sistema global de información de marketing

Al traspasar las empresas las fronteras nacionales, también aumenta la necesidad de contar con información. Las organizaciones internacionales que tienen una dirección centralizada deben estar enteradas sobre lo que sucede en el mundo. Sin embargo, en un estudio reciente se descubrieron dos problemas relacionados con el diseño de un sistema global de información de marketing:[3]

- Los datos que los gerentes emplean en un país para tomar decisiones operativas a veces difieren considerablemente de los que necesitan los gerentes de alto nivel en las oficinas generales de otro país para evaluar su desempeño.
- No siempre el hardware y el software son compatibles con los que se utilizan en diversas partes del mundo.

Por tanto, diseñar y operar un sistema global de información de marketing puede resultar más complejo que desarrollar un sistema a nivel nacional. Hace falta coordinar todas las subsidiarias de una corporación, reconocer las diferencias en los estilos gerenciales y entre las culturas, y realizar un esfuerzo interno de marketing para convencer a cada unidad del valor de la información oportuna y precisa.

Limitaciones del sistema de información de marketing

Cuando uno de estos sistemas no cumple con las expectativas de los directivos, son varias las explicaciones que pueden ofrecerse:

- No siempre es evidente qué información se requiere regularmente para llegar a decisiones más acertadas. Algunos gerentes recurren mucho a su experiencia personal e intuición; la información obtenida mediante este tipo de sistemas les parecerá "interesante", pero no necesariamente útil. Por tanto, un sistema de información de marketing puede dar exactamente lo que se espera de él, pero los resultados tal vez no mejoren la calidad de las decisiones porque los gerentes no saben qué les ayudará en esto.
- Puede resultar muy costoso obtener, organizar y almacenar los datos, así como distribuir los informes adaptados a las exigencias de muchos gerentes. Aparte del costo que supone operar un sistema de información de marketing, hay que actualizarlo a medida que dispone de datos más sofisticados y que los gerentes reconocen nuevas y distintas necesidades de información.
- Y posiblemente lo más importante: un sistema de información de marketing no es adecuado para resolver problemas imprevistos. Los retos más importantes que afrontan los

Un sistema de información de marketing requiere un flujo constante de información exacta.

directivos son situaciones donde hay que tomar rápidamente una decisión, sin contar con todos los detalles bien definidos y sin conocer las consecuencias de las opciones presentes. En tales condiciones, difícilmente serán de mucha utilidad los informes estándar que se generan conforme a programas previamente establecidos.

Las características del sistema de información de marketing (hincapié en informes estructurados y planeados de antemano y el control centralizado sobre la información producida por especialistas en computación) nacieron de las habilidades necesarias para operar las computadoras. Las organizaciones se vieron obligadas a recurrir mucho a programadores profesionales que operaban grandes computadoras para generar la información solicitada por los ejecutivos. Sin embargo, los avances en el hardware y en el software han atenuado los problemas y facilitado el desarrollo de los sistema de soporte a las decisiones.

SISTEMAS DE SOPORTE A LAS DECISIONES

Un **sistema de soporte a las decisiones** (**SSD**) es un procedimiento que permite a los gerentes interactuar con los datos y métodos de análisis para reunir, analizar e interpretar la información. A semejanza del sistema de información de marketing, la parte esencial del SSD son los datos: distintos tipos de datos obtenidos de fuentes muy heterogéneas. Por lo regular, hay datos que describen a los clientes, los competidores, las tendencias socioeconómicas y el desempeño de la organización. Y también, como él, cuenta con métodos para analizarlos. Los métodos incluyen desde procedimientos simples (como el cálculo de las razones o las gráficas, hasta complejas técnicas estadísticas y modelos matemáticos). Los métodos de ambos sistemas de información difieren en el grado en que permiten a los gerentes interactuar directamente con los datos. Mediante las computadoras personales y software muy simplificado, los gerentes pueden recuperar datos, examinar las relaciones e incluso generar informes para atender sus necesidades específicas. La capacidad de interacción les permite responder a lo que ven en un grupo de datos al formular preguntas y obtener respuestas inmediatas. La figura 4-2 muestra las relaciones en un sistema de soporte a las decisiones.

Un ejemplo nos servirá para entenderlo mejor. A la mitad del año, un gerente quiere comparar las ventas reales de un producto con el pronóstico respectivo. Se sienta frente a la computadora y proyecta en la pantalla los pronósticos mensuales junto con las estadísticas de las ventas reales. Al descubrir que el año anterior las ventas cayeron ligeramente por debajo del pronóstico, ordena al sistema exhibir datos similares sobre otros productos. Al darse cuenta de que éstos están cumpliendo con las metas, llega a la conclusión de que puede haber un problema con el producto en cuestión. En seguida pide al sistema mostrar las ventas totales por región geográfica y descubre que las ventas disminuyeron únicamente en dos de siete regiones. Sospecha que la causa es la actividad de la competencia; compara, pues, los niveles de publicidad y los precios de sus productos con los de la competencia en los mercados donde se alcanzaron los pronósticos y los lugares donde no se realizaron. Al no encontrar nada fuera de lo ordinario, decide examinar los niveles de distribución en los territorios. Después de pedir información sobre el tipo y tamaño de las tiendas a lo largo del tiempo, observa que en dos regiones donde las ventas decayeron ha habido una lenta pero constante disminución de pequeños detallistas independientes que representan una parte

FIGURA 4-2

Estructura de un sistema de soporte a las decisiones.

considerable de las ventas del producto. De ahí que su estrategia consista en investigar el uso de otros establecimientos para vender el producto en las regiones problema. Nótese que, si se dispone de un adecuado sistema de soporte a las decisiones, este trabajo puede terminarse en poco tiempo con sólo pedir información, analizarla y pasar a las preguntas que vaya sugiriendo el análisis.

El sistema de soporte a las decisiones aumenta la rapidez y flexibilidad del sistema de información de marketing al hacer del gerente una parte activa del proceso de investigación. Las posibilidades del sistema de soporte se han visto acrecentadas gracias a un mayor uso de las computadoras personales, a los programas "amigables" y a la capacidad de conectarse a sistemas de cómputo en diversos lugares (redes). Sin embargo, se trata de sistemas cuya instrumentación y mantenimiento son muy costosos. En consecuencia, el sistema de soporte puede limitarse a las organizaciones grandes, al menos por el momento.

BASES DE DATOS

El sistema de información de marketing y el de soporte a las decisiones utilizan datos provenientes de varias fuentes, tanto del interior de la organización como de proveedores externos. Se les llama **base de datos** cuando están organizados, guardados y actualizados en una computadora. Con frecuencia la base contiene módulos individuales de información sobre temas como clientes, competidores, tendencias de la industria y cambios ambientales.

En el interior de la organización, los datos proceden de la fuerza de ventas, del departamento de marketing, de producción y de contabilidad. Por ejemplo, los 10 000 vendedores de Frito-Lay emplean diariamente terminales manuales para introducir datos sobre el desempeño de sus 100 productos en 400 000 tiendas. En el exterior, la información está disponible en cientos de proveedores. Compañías como A. C. Nielsen e Information Resources, Inc. (IRI) han diseñado sistemas de cómputo para tener los datos capturados de los sistemas de cajas registradoras de los supermercados, a fin de contar con información sobre qué resultado están dando determinadas campañas en diversos vecindarios y cuáles exhibiciones de las tiendas son las que generan más ventas.[4] Una vez creada una base de datos, la forma en que una organización analiza y combina los datos de ella determina su utilidad en la planeación de la estrategia y también en su realización.

Una aplicación de la base de datos consiste en confeccionar listas de prospectos. En algunos casos, las listas se venden a otras empresas. Por ejemplo, el estado de Nueva York vendió en $2 millones de dólares la información sobre el registro de automóviles a R. L. Polk, fabricante de directorios. A su vez Polk, empresa que recopila este tipo de información en todo el país, vendió a *The Wall Street Journal* las listas de los propietarios de BMW y Mercedes-Benz que elaboró a partir de las listas de cada estado. El periódico se puso entonces en contacto con este grupo de consumidores ricos con la esperanza de venderles suscripciones.[5]

La creación y venta de listas es una práctica normal en los negocios. Sin embargo, hay casos en que plantea preguntas sobre un posible mal uso y violación de la privacía o intimidad. Por ejemplo, se registró un caso de una tienda de helados que vendió a Selective Service los nombres de varones de 18 años tomados de su lista de club de cumpleaños. Y otro caso fue el del un centro de dietas que vendió la lista de sus miembros a una empresa que vende chocolates a través de catálogos.[6]

La investigación ha permitido a las empresas abandonar un marketing masivo e indiferenciado para concentrarse en segmentos bien definidos. Ahora se sugiere que, mediante la administración de bases de datos, los profesionales del marketing podrán llegar al nivel más importante de la segmentación: al individuo. Por ejemplo, L. L. Bean, empresa que se dedica a la venta de catálogo por correo, se sirve de las compras anteriores del cliente para calcular la probabilidad de la adquisición futura de cada una de sus líneas de mercancías. Después envía al cliente únicamente catálogos especializados cuya probabilidad de compra rebasa un nivel mínimo.[7]

Lectores ópticos electrónicos (scanners) y datos de una sola fuente

Una fuente importante de información para las bases de datos son los scanners, aparatos electrónicos de las cajas registradoras de las tiendas que leen el código de barras de cada artículo comprado. Fueron diseñados para agilizar el pago y reducir los errores en los supermercados. Al identificar la información del precio almacenada en una computadora que corresponde a cada artículo comprado, el scanner elimina la necesidad de que las cajeras memoricen los precios y disminuye los errores que se cometen al oprimir una tecla equivocada de la caja registradora. Sin embargo, los detallistas descubrieron muy pronto que los scanners también podían aportar información sobre las compras, información que podía servir para mejorar las decisiones sobre la cantidad de inventario de un producto y el espacio adecuado de los estantes para cada mercancía.

Saber qué compra el público es incluso más útil que conocer la publicidad con que han estado en contacto. Dos empresas, A.C. Nielsen e Information Resources, Inc. (IRI), crearon bases de datos para suministrar esta información. Ambas cuentan con una muestra de familias y realizan las siguientes funciones:

TABLA 4-1 Proyectos típicos de investigación de mercados

Proyecto	Objetivo
Prueba del concepto	Determinar si la idea del nuevo producto es atractiva para los clientes potenciales
Prueba del texto publicitario	Determinar si el mensaje diseñado para un anuncio se transmite de manera eficaz
Sensibilidad al precio	Evaluar el efecto que un cambio de precio tendría en la demanda de una marca
Análisis de participación en el mercado	Determinar la proporción que una empresa obtiene de las ventas totales de un producto
Estudios de segmentación	Identificar los grupos bien diferenciados dentro del mercado total de un producto en particular
Estudios sobre la satisfacción del cliente	Monitorear qué opinan los clientes acerca de una empresa y sus productos

- Actualizan constantemente un perfil demográfico.
- Monitorean electrónicamente la audiencia de la televisión.
- Registran las compras de comestibles mediante una combinación de números de identificación y lectores ópticos.

El resultado es que los datos demográficos de las familias pueden correlacionarse con la exposición a la publicidad televisiva *y* a las compras de productos. A ese resultado se le da el nombre de **datos de una sola fuente**, porque la exposición y las compras del producto pueden rastrearse a las familias, ofreciendo una *sola fuente* para ambos tipos de datos.

Algunos vaticinaron que esta clase de datos serían la medida más confiable de la eficacia de la publicidad. Se proponía que los ejecutivos de marketing expusieran las familias de la muestra a los anuncios (modificando los mensajes y programas) y observar después su comportamiento de compra a través de los scanners. Hasta la fecha los resultados no han sido tan impresionantes como se suponía. En un estudio de 6 años administrado a más de 30 000 familias estadounidenses, IRI logró confirmar algunas creencias aceptadas generalmente. Por ejemplo, los datos indican que al lanzar un producto se requiere una agresiva campaña publicitaria para lograr que el público lo pruebe. Sin embargo, el estudio también llegó a la conclusión de que no existe una relación simple entre la cantidad de la publicidad y las ventas. Además, tampoco pudo explicar por qué algunos anuncios dan buenos resultados y otros no.[8] Sin embargo, siguen recopilándose datos de una sola fuente, porque aporta ideas de gran utilidad para los gerentes.

PROYECTOS DE INVESTIGACIÓN DE MARKETING

Antes de inventarse el sistema de información de marketing y el sistema de soporte a las decisiones, gran parte de lo que pasaba por investigación de mercados eran proyectos no recurrentes para contestar preguntas específicas de los ejecutivos. Los proyectos, algunos de los cuales son no recurrentes y otros se repiten periódicamente, siguen siendo parte importante de la investigación de mercados. Los resultados de un proyecto pueden servir para tomar una decisión en particular; también pueden formar parte de la base de datos que se utilizará en un sistema de información de marketing o en un sistema de soporte a las decisiones. En la tabla 4-1 se describen sucintamente algunos ejemplos de proyectos de investigación. De acuerdo con un estudio reciente, los proyectos más comunes son estudios sobre las tendencias de la industria, tendencias de mercado y análisis de participación en el mercado.[9]

La mayor parte de los proyectos sigue el procedimiento expuesto en la figura 4-3. A continuación examinaremos los elementos de que consta un proyecto.

Definición del objetivo

Los investigadores han de tener una idea clara de lo que tratan de averiguar: el objetivo del proyecto. Generalmente el objetivo es resolver un problema, aunque no siempre es así. Muchas veces es más bien *definir el problema*. Algunas veces se desea simplemente determinar si *existe* en realidad un problema. He aquí un ejemplo: un fabricante de equipo comercial de aire acondicionado había tenido un incremento constante de ventas durante varios años. La dirección decidió efectuar un análisis de ventas. Con el proyecto de investigación descubrió el hecho de que, aunque el volumen de ventas se había ido acrecentando, la participación de la empresa en el mercado había disminuido porque la industria estaba creciendo más rápido todavía. En este caso, con la investigación se detectó un problema cuya existencia ignoraba la dirección. Luego de especificar el objetivo, el investigador está listo para emprender el segundo paso: el análisis de la situación.

Realización de un análisis de la situación

A continuación los investigadores procuran "hacerse una idea" de la situación que rodea al problema. Analizan la compañía, su mercado, su competencia y la industria en general. El **análisis de la situación** es una investigación de los hechos que sirve para una formulación más rigurosa del problema. Consiste en recabar información sobre la compañía y su ambiente empresarial mediante investigación documental y entrevistas exhaustivas a los funcionarios de la compañía.

En el análisis de la situación, los investigadores tratan de mejorar la definición del problema y formular hipótesis para someterlas a prueba. Una **hipótesis** es una suposición tentativa que, en caso de comprobarse, indicará una posible solución. En seguida se ofrecen algunos ejemplos de hipótesis verificables:

- Hay suficiente demanda para sostener otra marca nacional de un refresco.
- Los clientes prefieren comprar computadoras caseras en tiendas especializadas que en las tiendas de departamentos.
- El ritmo a que avanza la tecnología moderna probablemente hará obsoletos los videodiscos al cabo de 2 años.
- La oferta de guarderías crece más rápidamente que la demanda de sus servicios.

El proyecto pasa a la fase en que genera información susceptible de emplearse para corregir las hipótesis.

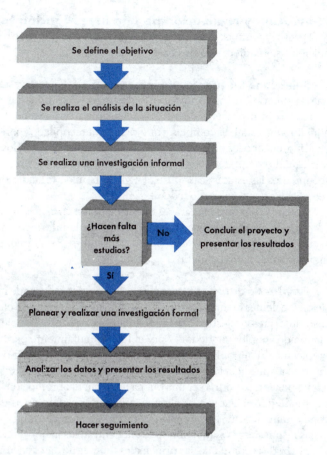

FIGURA 4-3

Procedimiento de investigación de mercados.

Realización de una investigación informal

Una vez que se tiene una idea general del problema, los investigadores podrán recabar algunos datos primarios del mercado. Esta **investigación informal** consiste en recopilar la información disponible de personas de la empresa y de personas ajenas a ella: intermediarios, competidores, agencias publicitarias y clientes.

La investigación informal constituye un paso de suma importancia en el proyecto, porque determina si se requiere un estudio ulterior. A menudo pueden tomarse decisiones con la información recabada en la investigación informal. Por ejemplo, antes que el empresario Peter Johns lanzara Choices, negocio que distribuye catálogos en México para las compañías estadounidenses, necesitaba alguna indicación sobre el tamaño del mercado potencial. Y como no se disponía de suficiente información de publicidad, visitó personalmente las zonas y centros comerciales más ricos de la Ciudad de México. Luego de ver lo que ofrecían las tiendas, los productos y marcas que el público compraba, llegó a la conclusión de que cerca del 5% de los capitalinos, o sea 300 000 familias, serían buenos prospectos. Esos datos eran información suficiente para convencer a los inversionistas y a las empresas de pedidos por correo de que la idea era rentable.[10] Así pues, no hubo necesidad de llevar a cabo más investigaciones.

Planeación y realización de una investigación formal
Si el proyecto justifica una investigación prolongada, habrá que determinar qué información adicional se requiere y cómo conseguirla.

Seleccione las fuentes de información. En la investigación pueden emplearse datos primarios, datos secundarios o de ambos tipos. Los **datos primarios** son aquellos que se recopilan específicamente para el proyecto en cuestión. Los **datos secundarios** son aquellos que están disponibles y que ya fueron recopilados para alguna otra finalidad. Por ejemplo, cuando los investigadores acuden a los supermercados para observar si el público usa listas de compras, decimos que están recabando datos primarios. En cambio, son datos secundarios las estadísticas sobre el ingreso familiar tomadas de los censos de población, recopiladas por el gobierno federal.

Uno de los errores más graves que se cometen en la investigación de mercados consiste en obtener los datos primarios antes de agotar la información disponible en las fuentes secundarias. De ordinario, ésta puede conseguirse más rápidamente y a un costo mucho menor que los datos primarios.

Fuentes de datos secundarios. Los investigadores de mercados tienen a su disposición excelentes fuentes de este tipo de información.[11] Una de ellas la constituyen los numerosos informes y registros *dentro* de la propia empresa. Por ejemplo, los informes diarios elaborados por los vendedores sirven fundamentalmente para llevar un control de cómo emplean su tiempo. Pero si se examinan a lo largo de algunos meses o años, aportarán importante información sobre el cambio de la mezcla de clientes. Un concurso con inscripciones por correo podría ser una buena herramienta promocional. Y, además, una excelente fuente de información. Los clientes que participan en estos certámenes indican con su comportamiento que les interesan ciertos productos. El examen de los orígenes geográficos de las respuestas revelarán dónde se encuentran los mejores mercados potenciales.

Fuera de la compañía, las principales fuentes de datos secundarios son:

- **Bibliotecas.** Seguramente la mejor fuente de información secundaria es una buena biblioteca, donde se tiene acceso a las siguientes publicaciones y también a muchas otras fuentes de gran utilidad.
- **Gobierno.** El gobierno suministra más datos de marketing que cualquier otra fuente. En Estados Unidos, por ley tiene acceso a información (ventas y ganancias de las empresas, ingreso personal y otros datos afines) que les está vedada a las compañías privadas. El *Catalog of United States Publications,* publicación mensual, contiene la lista de todas las publicaciones del gobierno norteamericano. También los gobiernos estatal y municipal ofrecen muchas fuentes de información. Los registros fiscales, los registros de nacimientos, las ventas y compras familiares, las quiebras y solicitudes de divorcio, las solicitudes de actas matrimoniales y los registros de mascotas son información pública e importantes fuentes de datos. Las embajadas que Estados Unidos tiene en el extranjero y las que otros países tienen en él son fuentes útiles para los expertos en marketing internacional.
- **Asociaciones comerciales, profesionales e industriales.** A menudo las asociaciones realizan encuestas entre sus miembros y las publican. La *Encyclopedia of Associations*, índice de todas las asociaciones, ofrece detalles sobre cómo ponerse en contacto con

La encuesta efectuada por *Sales & Marketing Management* sobre el poder adquisitivo es una importante fuente secundaria de datos de mercado en Estados Unidos.

ellas. Algunas asociaciones también cuentan con bibliotecas. Por ejemplo, la American Marketing Association tiene una biblioteca de 4000 libros. Grupos como The Conference Board y la American Management Association publican informes y estudios estadísticos sobre temas especiales.

- **Empresas privadas.** Generan abundantísima información. R. L. Polk y Donnelly Marketing producen directorios de ciudades y directorios telefónicos. A lo largo de los años han acumulado un banco de datos a nivel nacional que incluye casi todas las familias de Estados Unidos, con dirección, número telefónico, ingreso estimado e información relativa a sus hábitos de compra.
- **Medios publicitarios.** Muchas revistas, periódicos y estaciones de radio y televisión recopilan mucha información útil sobre familias y empresas en sus áreas de circulación y cobertura. La revista *Sales & Marketing Management* publica cada año la "Survey of Buying Power", informe que contiene la población, ventas al detalle, ingresos y poder adquisitivo real de todos los estados, condados, áreas metropolitanas y ciudades de Estados Unidos.
- **Organizaciones universitarias de investigación.** La mayor parte de las grandes universidades norteamericanas publican investigaciones y estadísticas acerca de sus

PERSPECTIVA INTERNACIONAL

¿SE ENCAMINAN LOS JÓVENES DEL MUNDO HACIA UNA CULTURA COMÚN?

Las empresas que se dedican a la investigación de mercados son fuentes de datos primarios y secundarios. Por ejemplo, si una compañía está examinando la conveniencia de realizar actividades de marketing internacional dirigidas a los jóvenes aplicando la misma estrategia en varios países, le convendría tener en cuenta estudios como los efectuados por Yankelovich Clancy Shulman. El estudio da a conocer la diferencias y semejanzas de los consumidores de 14 a 34 años de edad en Australia, Brasil, Alemania, Japón, Inglaterra y Estados Unidos. He aquí algunos de sus hallazgos:

Principales semejantes entre los países

- **Libertad.** Todos los jóvenes piensan que la democracia es la mejor forma de gobierno; con excepción de Brasil, están en favor del derecho a abortar y del sexo antes del matrimonio.
- **Diversión.** La televisión y la música constituyen las formas predilectas de diversión; el rock'n roll es la música más popular y le sigue de cerca la música pop. Todos opinan que Estados Unidos es la fuente primaria de la cultura popular contemporánea.
- **Productos.** Los refrescos y las comidas rápidas se consumen en todas partes del mundo; los blue jeans y la cerveza ocupan el segundo lugar de popularidad.
- **Actitudes ante Estados Unidos.** Todos los adultos jóvenes, entre ellos los norteamericanos, piensan que los estadounidenses son un poco egoístas.

Principales diferencias entre los países

- **Recreación.** Los estadounidenses y los japoneses son los más aficionados a los videojuegos. Los australianos asisten a los eventos deportivos y los brasileños prefieren el baile.
- **Problemas sociales.** Drogadicción, SIDA, crimen y pobreza son problemas que preocupan más a los australianos, brasileños y estadounidenses que a los japoneses.
- **Religión.** Los adultos jóvenes estadounidenses constituyen el grupo más religioso, con una fe más profunda en Dios y una fuerte creencia en la existencia del infierno.
- **Guerra.** Los estadounidenses creen que la guerra puede justificarse; los alemanes, brasileños y japoneses la consideran inaceptable.
- **Actitudes hacia Estados Unidos.** Los estadounidenses y japoneses ven en este país la tierra de las oportunidades, pero la mayor parte de los demás tienen una opinión diferente.

Antes de incorporar esta investigación en su planeación estratégica, ¿qué debería saber sobre la naturaleza del estudio?

Fuente: "International Spotlight", *Marketing Intelligence: A Quaterly Briefing for Senior Management from Yankelovich Clancy Shulman*, enero de 1992, p. 5.

áreas locales. También proporcionan datos útiles de todo el país. Por ejemplo, la University of Colorado es una buena fuente de información sobre la industria de esquiar y el Survey Research Center en la University of Michigan realiza periódicamente una encuesta nacional acerca de las intenciones de compra de los consumidores.

Los investigadores deben ser conscientes de que el uso de datos secundarios entraña riesgos. Como no tienen control sobre la forma en que se recabaron los datos, quién los recabó, cuándo se recabaron o por qué se recabaron, tal vez no cumplan el objetivo de la investigación. Por ejemplo, hace poco los miembros de la Comunidad Económica Europea convinieron utilizar las mismas definiciones de algunas variables demográficas y obtener los datos con los mismos intervalos, a fin de generar datos uniformes.[12] Además, cabe la posibilidad de que los datos secundarios no sean exactos. De ahí que los investigadores deban verificar la fuente, el motivo del estudio y las definiciones de los términos básicos antes de recurrir a esa información.

Fuentes de datos primarios. Una vez agotadas las fuentes secundarias disponibles, tal vez los investigadores no dispongan todavía de suficiente información. De ser así, habrán de recurrir a fuentes primarias y obtener o comprar la información. Así, en el proyecto de investigación de una empresa un investigador puede entrevistar a los empleados, a los intermediarios y a los clientes para conseguir la información de mercado que se necesita.

Determine cómo obtener los datos primarios. Se cuenta con tres métodos de uso común para hacerlo: encuesta, observación y experimentación. Normalmente no se aplican los tres en un mismo proyecto. Dado que cada uno tiene sus propias virtudes y limitaciones, la elección del método dependerá de la naturaleza del problema, aunque también influirá en ella el tiempo y el dinero disponibles para realizar el proyecto.

Método de encuesta. Una **encuesta** consiste en reunir datos mediante entrevistas. La encuesta puede aplicarse en forma personal, por teléfono o por correo. Tiene la ventaja de que la información se obtiene directamente de las personas cuyo punto de vista nos interesa conocer. De hecho, tal vez sea la única forma de determinar las opiniones o los planes de compra de un grupo.

Las encuestas tienen varias limitaciones:

- Hay probabilidades de error al elaborar el cuestionario y en el proceso de la entrevista.
- Las encuestas pueden ser muy caras y tardar mucho tiempo.
- Algunas veces los entrevistados se niegan a participar y los que lo hacen a menudo no pueden o no quieren dar respuestas veraces.

Como veremos luego, los efectos de estas limitaciones se reducen con una elaboración y ejecución cuidadosas de la encuesta.

Las **entrevistas personales** son más flexibles que las que se realizan por teléfono o por correo, porque los entrevistadores pueden hacer preguntas en caso de que una respuesta sea incompleta. Por lo regular, se obtiene más información con la entrevista personal que con las entrevistas por teléfono o por correo. Además, mediante la observación puede conseguirse información acerca del nivel socioeconómico del entrevistado: su casa, el vecindario y su nivel de vida.

Hubo una época en que las entrevistas personales se llevaban a cabo de puerta en puerta. Sin embargo, el aumento de los costos y otros problemas asociados a esta forma de realizarlas han hecho que muchos investigadores de mercado entrevisten a la gente en lugares muy frecuentados, como los centros comerciales, los espectáculos deportivos al aire libre o en los parques. Esta técnica se aplicó originariamente en los centros comerciales, por lo cual se le conoce con el nombre de **intercepción en centros comerciales**. Sin embargo, cada vez se pone más en tela de juicio de que esas personas sean consumidores "típicos".

Otra forma muy generalizada de entrevista personal es el **grupo de interés**. En él, de 4 a 10 personas se reúnen con el investigador. Se hacen preguntas generales para que los participantes intervengan de manera espontánea en la discusión del tema en cuestión. El investigador puede formular preguntas de seguimiento para conocer mejor sus actitudes. La finalidad de los grupos de interés es generar conceptos e hipótesis que después se prueban en muestras representativas más numerosas. Por ejemplo, una entrevista sobre rifles de municiones o diábolos reveló la existencia de un mercado potencial formado por adultos que gustan del tiro al blanco, pero a quienes no les resulta fácil el acceso a un lugar donde se utilicen rifles reales. Antes de emprender una campaña de marketing, el fabricante querrá explorar esta idea mediante un estudio más exhaustivo.

Aparte del alto costo y del tiempo que requieren, las entrevistas personales también presentan otra limitación más: un posible prejuicio sobre el que las realiza. El aspecto del entrevistador, su estilo de formular las preguntas y su lenguaje corporal son factores todos que influyen en las respuestas.

Las **encuestas por teléfono** normalmente se realizan más rápidamente que las personales o las que se efectúan por correo. Dado que pocos entrevistadores pueden hacer muchas llamadas desde un lugar central, son fáciles de administrar. Una ventaja más es su oportunidad. Por ejemplo, para conocer el impacto de un comercial televisivo, puede llamarse al público por teléfono pocas horas después de proyectarse el comercial, cuando todavía está fresco en su memoria. Este tipo de encuesta ha dado buenos resultados con ejecutivos en su trabajo. Se logra un alto índice de cooperación, cuando previamente se les envía una carta donde se explica el estudio y una breve llamada telefónica para concertar la cita.

Una limitación de la encuesta telefónica es que debe ser breve, pues de lo contrario el entrevistado se impacienta. Otra consiste en que cerca del 30% de las familias tienen núme-

Un grupo de interés puede ser tan divertido para los participantes como informativo para el aplicador.

ros telefónicos no registrados en el directorio, han cambiado de domicilio desde que se imprimió el directorio anterior o bien carecen de teléfono. Algunas encuestas se realizan con ayuda de las computadoras, a fin de disminuir el costo de la entrevista telefónica y los problemas que representan los números no registrados y los directorios obsoletos. Para asegurarse de que todos los dueños de teléfonos, aun aquellos cuyos números no figuran en el directorio, tengan las mismas probabilidades de ser llamados, se seleccionan por medio de computadoras y se marcan aleatoriamente los números telefónicos.

Una **encuesta por correo** consiste en enviar un cuestionario a los posibles entrevistados, pidiéndoles que lo llenen y que después lo devuelvan por correo. Puesto que se prescinde de entrevistadores, este tipo de encuesta no se ve afectado por el prejuicio del entrevistador ni por los problema que supone coordinar un equipo de entrevistadores. Además, como no hay entrevistadores, el entrevistado puede mantener el anonimato. De ahí una mayor probabilidad de que las respuestas sean francas y sinceras. Los cuestionarios que se envían por correo cuestan menos que las entrevistas personales y son de gran utilidad en las encuestas a nivel nacional.

Uno de los principales problemas de las encuestas por correo es recopilar un buen directorio. En algunos casos ya se cuenta con directorios. Por ejemplo, si los editores de una revista quieren conocer las opiniones del público sobre una política editorial, basta que envíen una encuesta a una muestra sacada de la lista de suscriptores; en una encuesta sobre las prioridades de asignación de recursos financieros, el ayuntamiento podría utilizar una lista de contribuyentes con propiedades. Sin embargo, muchos estudios requieren una muestra más amplia para la cual no se dispone de un directorio fácilmente accesible. Por ejemplo, si Ralston-Purina quiere encuestar a una muestra de dueños de mascotas, le sería difícil recopilarla. Por fortuna, hay empresas, corredoras de directorios, que crean directorios y los actualizan constantemente. Una de ellas anuncia que posee más de 10 000 directorios de ventas basados en datos demográficos, ocupaciones e intereses de la población.

Otro problema es la confiabilidad de la información que aportan los cuestionarios llenados. En una encuesta por correo, los investigadores no tienen control sobre quién realmente llena el cuestionario ni sobre el cuidado con que lo hace. Por ejemplo, supongamos que una encuesta se dirige al jefe de la familia; pero como no está en casa o no quiere contestarla, su hija de 9 años decide ayudarlo y es quien la contesta. Aun cuando conteste la encuesta la persona a quien va dirigida, es imposible juzgar cuánto cuidado y detenimiento puso al llenarla.

Otro problema radica en que, generalmente, se obtiene un bajo porcentaje de respuestas. No es raro recibir cuestionarios "llenos" con menos del 30% del contenido.° Los resultados serán inválidos, si los entrevistados poseen características que los distinguen del resto de la población en aspectos importantes de la encuesta. Por ejemplo, en una encuesta por correo administrada a suscriptores de una estación local de TV de PBS, la edad promedio de los encuestados fue casi de 20 años más que la del promedio de los suscriptores de la estación. Se han sometido a cientos de experimento técnicas tendientes a mejorar los índices de respuesta, desde la inclusión de un pequeño incentivo monetario hasta el color del sobre.[13]

° *N de R.T.* Para casos como México, es aproximadamente un 6% de respuestas.

¿DILEMA ÉTICO?

Una carta enviada recientemente a un grupo de consumidores comenzó con el siguiente enunciado: "¿Sería tan amable en hacernos un favor? Su opinión es muy valiosa para nosotros, por lo cual le pedimos que nos conteste algunas preguntas sobre LADIES' HOME JOURNAL." A continuación se explicaba que en la carta se anexaban "tarjetas perforadas" en las cuales el destinatario podía contestar algunas preguntas y que se dividirían $100 000 dólares entre 1000 de los que respondieran. La encuesta constaba de cinco preguntas en tres tarjetas y una cuarta tarjeta que se parecía a ellas, pero que era en realidad una solicitud de renovación de la suscripción.

Si fuera usted un investigador de mercados, ¿consideraría que pedir renovar la suscripción junto con la obtención de datos es una aplicación ética de la encuesta?

Método de observación. El **método de observación** consiste en recabar datos observando las acciones de una persona. En esta clase de investigación no se da una interacción directa con los sujetos estudiados, aunque puede administrarse una entrevista a manera de seguimiento para reunir información adicional. Por ejemplo, luego de observar a los consumidores comprar refrescos de lata en vez de botellas de plástico, puede preguntárseles por qué prefieren esa forma de empaque.

Puede recabarse información mediante la **observación personal** o la **observación mecánica**. En un tipo de observación personal, el investigador finge ser un cliente. Es una técnica útil para conseguir información sobre el desempeño de los vendedores o bien para determinar a cuáles marcas le dan prioridad en la promoción personal. La observación mecánica adopta muchas formas. Una de ellas, descrita en páginas anteriores, son los scanners utilizados en las tiendas para registrar las compras. Otras modalidades más refinadas son las cámaras oculares que miden la dilatación de la pupila y registran así la respuesta del sujeto a un estímulo visual, digamos un anuncio, y los monitores de ondas cerebrales con que se prueban si las reacciones ante un objeto (un comercial, por ejemplo) son primordialmente de carácter psíquico o lógico.

El método de observación tiene varias ventajas. Suministra datos muy precisos sobre lo que los consumidores hacen en determinadas situaciones. Por lo general no saben que se les observa, de modo que supuestamente se comportan de modo normal. Con ello la observación elimina el prejuicio resultante de la interacción entre el recopilador de información y el sujeto que está siendo observado. Por otra parte, la observación aporta muy poca información y, lo más importante de todo, sólo indica *qué* ocurre, no *por qué*. No profundiza en los motivos, actitudes ni opiniones.

Método experimental. Un **experimento** es un método para obtener datos primarios en el cual el investigador puede ver los resultados de cambiar una variable en una situación, al mismo tiempo que mantiene constantes las otras condiciones. Los experimentos se realizan en el laboratorio o en el campo. En la investigación de mercados, un *laboratorio* es un ambiente sobre el cual los investigadores tienen control absoluto durante el experimento.

Pese al éxito del TAB original (más de 240 millones de porciones vendidas en un año), esta nueva fórmula fue sometida a pruebas de marketing antes de ser lanzada oficialmente.

Veamos un ejemplo. Se reúne un pequeño grupo de consumidores y se le presenta una breve descripción de un producto y el empaque propuesto de un nuevo cereal para el desayuno. Luego de examinar el empaque, se les pregunta si comprarían el cereal y se registran las respuestas. A continuación se reúne otro grupo semejante y se le presenta el mismo empaque e información del producto, salvo que ahora en el empaque está impreso un aviso nutricional del cereal. Se les pregunta a los integrantes del grupo si comprarían el producto. El investigador tuvo control absoluto sobre el ambiente de la prueba; la única cosa que cambió fue el aviso nutricional del empaque. Por tanto, cualquier diferencia que aparezca en las intenciones de compra podrá atribuirse el aviso.

Los **experimentos de laboratorio** pueden aplicarse prácticamente para probar cualquier componente de la estrategia de marketing. Sin embargo, es necesario reconocer que este ambiente no es natural y la situación puede influir en las respuestas de los sujetos. Por ello, algunos experimentos se llevan a cabo fuera de las condiciones controladas del laboratorio o en el *campo*. Un **experimento de campo** se asemeja a un experimento de laboratorio, sólo que se efectúa en condiciones más realistas.

Recuerde el ejemplo de *Sesame Street* con que se inició el capítulo. Para justificar invertir en el programa después del primer año, los patrocinadores pidieron una prueba de que estaba logrando su objetivo. Se consideró que un experimento era el método más idóneo para medir los efectos del programa. Se llevó a cabo un experimento de campo, pues se preveía que el impacto del programa en los niños tuviera lugar a lo largo del tiempo y no había manera de controlar su comportamiento durante un periodo tan extenso. Se comparó el desarrollo intelectual de algunos niños que habían visto regularmente el programa con una muestra de otros que nunca lo habían visto, pero que se parecían a ellos en el resto de las características. Los resultados indicaron que el desarrollo intelectual del primer grupo había sido considerablemente mayor. Claro que no fue posible controlar todas las variables de la situación. Pero el mejoramiento se atribuyó al programa, pues por cuanto sabían los investigadores los demás factores habían sido idénticos en ambos grupos.

Un experimento común de campo lo constituyen las pruebas de mercado. En las **pruebas de mercado**, el investigador reproduce las condiciones reales de mercado dentro de una pequeña región geográfica, para medir las respuestas de los consumidores a una estrategia antes de iniciar una importante actividad de marketing. Las pruebas de mercado se emprenden para pronosticar las ventas que se lograrán con una mezcla específica de marketing (tema expuesto en el capítulo 3) o para comparar el desempeño de varias mezclas. Así, McDonald's sometió la pizza a este tipo de pruebas durante más de dos años, antes de decidir si la incorporaba o no a su menú.[14] Y Metropolitan Life Insurance Company estima la respuesta probable a sus nuevos servicios ofreciéndolos a los empleados de compañías con quienes ya ha hecho negocios.[15]

La ventaja de las pruebas de marketing sobre la encuesta radica en que le indica a los ejecutivos de marketing cuántas personas *realmente compran* un producto y no cuantos dicen que *tienen la intención de adquirirlo*. Pero no está exento de desventajas.[16] Es una técnica costosa; algunas veces se invierten de $500 000 a 1 millón de dólares. Se tarda mucho tiempo en aplicarla. Las pruebas frecuentemente duran de 9 a 12 meses. Lever Brothers sometió a prueba durante 2 años el jabón desodorante Lever 2000 antes de introducirlo en el mercado nacional. Por otra parte, es imposible evitar que las pruebas sean conocidas por los competidores, quienes pueden dar al traste con ellas con sólo modificar temporalmente sus mezclas de marketing. Cuando Pepsi probó en Minneapolis el refresco

Mountain Dew Sport, Quaker Oats (fabricante de Gatorade) inundó el mercado con cupones y anuncios. Otro problema es la incapacidad del investigador para controlar la situación. Cuando McDonald's sometió su pizza a estas pruebas, el investigador recibió tanta atención por parte de los medios masivos que probablemente se distorsionaron los resultados de las ventas.

Dadas las limitaciones intrínsecas del tipo de pruebas de marketing que acabamos de describir, los investigadores han intentado encontrar otras opciones más rápidas y baratas. Una de ellas es el **mercado simulado de pruebas**; en él a un grupo de voluntarios se le muestran anuncios del producto que está siendo probado y también de otros. Luego se le permite ir de compras a una tienda que parece ser un pequeño establecimiento de comestibles y que vende el producto en cuestión. Inmediatamente después se hacen entrevistas a los que compran el producto y a quienes no lo compran. Se realizan además entrevistas con los compradores, una vez que han consumido el producto. El conjunto total de datos se introduce después en un modelo estadístico que pronostica las ventas del producto.

Entre los beneficios de un mercado simulado de pruebas se encuentran las siguientes:

- Costos menores que los del mercado tradicional de pruebas.
- Los resultados se obtienen apenas en 8 semanas.
- Puede mantenerse secreta una prueba simulada.

He aquí las desventajas:

- Exactitud discutible de productos nuevos originales, porque los modelos de pronóstico se fundan en el desempeño histórico de las ventas de productos semejantes.
- Imposibilidad de predecir la respuesta de los competidores o detallistas.
- Imposibilidad de probar los cambios de las variables de marketing como el empaque y la distribución, debido a la breve duración de la simulación.[17]

El mercado simulado de pruebas no ha reemplazado a los mercados tradicionales a causa de las limitaciones anteriores. De hecho, a menudo ambos métodos se aplican al mismo tiempo; los resultados de la simulación sirven para hacer modificaciones en la mezcla de marketing antes de iniciar las pruebas tradicionales de mercado.[18]

A veces las empresas internacionales utilizan unos cuantos países para efectuar estas pruebas para un continente e incluso para todo el mundo. Colgate-Palmolive introdujo el champú y acondicionador Palmolive Optims en Filipinas, Australia, México y Hong Kong. Cuando las ventas resultaron satisfactorias, la distribución se amplió llegando a grandes partes de Europa, Asia, América Latina y África.

Prepare formularios para recabar datos. Sin importar si se entrevista u observa a los sujetos, los investigadores emplean un cuestionario o formulario con instrucciones y espacios para anotar las observaciones y respuestas. No es fácil diseñar un formulario de obtención de datos que genere exactamente la información requerida. A continuación se incluyen algunas consideraciones fundamentales:

- **Redacción del cuestionario.** Si una pregunta no se interpreta correctamente, los datos que produce carecen de valor. Las preguntas han de escribirse teniendo en mente al sujeto. Vocabulario, nivel de lectura y familiaridad con la jerga profesional son factores que deben considerarse. Un error común de redacción consiste en incluir involuntariamente dos preguntas en una. Por ejemplo, la pregunta: "¿Cómo evaluaría la rapidez y eficiencia de nuestro servicio?" acompañada de una escala que abarque bueno y malo causaría problemas. Algunos sujetos pensarán que el servicio es rápido, lo cual es bueno, pero con demasiados errores, lo cual es malo.

- **Formato de la respuesta.** Las preguntas se diseñan para obtener respuestas de marcar (por ejemplo, sí-no, opción múltiple, escalas de acuerdo-desacuerdo) o contestaciones abiertas. Este segundo tipo de preguntas son más fáciles de escribir y a menudo producen respuestas más completas, pero requieren mayor esfuerzo por parte del sujeto y, por lo mismo, reducen el grado de cooperación. Además, en una encuesta por correo es difícil leer e interpretar las respuestas abiertas. Éstas se emplean mucho en la entrevista personal o telefónica, en que el entrevistador puede conseguir explicaciones o más detalles. Cuando se utilizan, por lo regular se colocan al final del cuestionario para no desalentar al sujeto al inicio de la entrevista.

- **Diseño del cuestionario.** El procedimiento normal consiste en comenzar con las preguntas más fáciles y luego pasar a las más difíciles o complicadas. Para entender el comportamiento, a veces los investigadores deben formular preguntas sobre temas delicados (por ejemplo, higiene personal) o privados (edad, ingreso). Esas preguntas casi siempre se ponen al final del cuestionario.

- **Pruebas preliminares (prepruebas).** Los cuestionarios deben probarse previamente en un grupo de sujetos semejantes a los que integrarán la muestra. Las pruebas preliminares tienen por objeto identificar los problemas y hacer las correcciones y mejoras pertinentes antes de aplicar el cuestionario definitivo.

Se cuenta con obras dedicadas exclusivamente al diseño de los cuestionarios. Se requieren mucho cuidado y habilidad para elaborar un cuestionario que aumente al máximo las probabilidades de obtener una respuesta y que, al mismo tiempo, reduzca al mínimo los prejuicios, las interpretaciones erróneas y el malestar del sujeto.

Planee la muestra. No es necesario encuestar ni observar a todos los que pueden arrojar luz sobre un problema. Basta recabar datos de una muestra, a condición de que sus reacciones sean *representativas* del grupo entero. Recurrimos al muestreo en nuestras actividades cotidianas. A menudo nuestra opinión de una persona se basa nada más en una o dos conversaciones. Y probamos la comida antes de ingerir una cantidad más grande de ella. La clave de estos asuntos personales y de la investigación de mercados es determinar si la muestra suministra suficiente información.

La idea central en que se funda el muestreo es que, si un número pequeño de objetos (una muestra) se selecciona adecuadamente de una cantidad mayor de ellos (un universo) reunirá las mismas características y casi en la misma proporción que el número más grande. Para conseguir datos confiables con este método, hay que aplicar la técnica correcta al seleccionar la muestra.

El muestreo incorrecto constituye una fuente de error en muchos estudios. Una firma, por ejemplo, escogió una muestra de llamadas de todas las que se hicieron a su número de servicio y a partir de esa información hizo generalizaciones acerca de sus clientes. ¿Se sentiría tranquilo al afirmar que esas personas son representativas de todos los clientes o

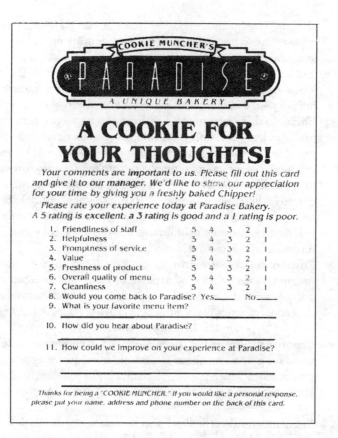

Si se entrega este cuestionario a todos los clientes en el mostrador de la tienda, ¿serán una muestra aleatoria las respuestas?

incluso de todos los clientes insatisfechos?[19] Aunque se aplican numerosas técnicas muestrales, sólo las muestras aleatorias son adecuadas para hacer generalizaciones de una muestra a un universo. Se extrae una **muestra aleatoria**, de modo que todos los miembros del universo tengan las mismas probabilidades de ser incluidos en ella.

Las otras muestras (no aleatorias) se conocen con el nombre de **muestras disponibles**. Éstas son muy comunes en la investigación de mercados por dos razones. Primero, es sumamente difícil conseguir muestras aleatorias, aunque el investigador puede *seleccionar* a los sujetos con técnicas aleatorias, no contamos con la garantía de que todos *participen*. Algunos no estarán disponibles y otros se negarán a cooperar. De ahí que el investigador recurra muchas veces a muestras de comodidad rigurosamente diseñadas, las cuales reflejan con la mayor fidelidad posible las características del universo. Segundo, no siempre la investigación se lleva a cabo con el fin de generalizar los resultados a un universo. Por ejemplo, para confirmar la opinión del departamento de publicidad, un investigador quedará satisfecho con averiguar que un pequeño grupo de personas captan el mismo mensaje del anuncio.

He aquí una pregunta que suele plantearse en relación con el muestreo: ¿de qué tamaño ha de ser la muestra? Cuando se aplican métodos aleatorios, una muestra deberá ser lo bastante amplia para representar verdaderamente al universo. El tamaño dependerá de la diversidad de las características dentro del universo. Los textos generales de estadística contienen fórmulas para calcular el tamaño de la muestra. En el caso de muestras no aleatorias, el objeto no es hacer generalizaciones y por eso los investigadores pueden seleccionar cualquier tamaño que sea satisfactorio para ellos y para los gerentes que utilizarán los datos.

Recopile los datos. La obtención de datos primarios por medio de entrevistas, observación o ambas es a menudo el paso más débil en el proceso de investigación. Ordinariamente en los otros pasos es posible garantizar la exactitud. Sin embargo, se pierden los frutos de una labor tan ardua si no se prepara o se supervisa bien a los encargados de recabar la información.

Es difícil motivarlos, porque suelen ser empleados de medio tiempo que realizan una tarea monótona. De ahí que en esta fase se presenten muchos problemas. Por ejemplo, si esas personas no están bien preparadas no lograrán establecer una relación de confianza con los entrevistados o bien cambiarán la redacción de las preguntas. Ha habido casos extremos en que los entrevistores han intentado falsificar las respuestas.

Análisis de los datos y presentación de un informe

El valor de una investigación depende de los resultados. Y como los datos no tienen el don de la palabra, el análisis y la interpretación son elementos fundamentales de cualquier proyecto. Gracias a las computadoras, hoy los investigadores pueden tabular y procesar grandes cantidades de datos con rapidez y a bajo costo. Pero la computadora es una herramienta que puede emplearse incorrectamente. A los ejecutivos no les gustan los montones de impresiones de computadora. Es preciso que los investigadores sepan identificar las relaciones fundamentales, descubrir tendencias y patrones: eso es lo que convierte los datos en información de utilidad.

El producto final de la investigación son las conclusiones y recomendaciones del que la realiza. La mayor parte de los proyectos requieren un informe escrito, a menudo acompañado de una presentación oral ante los directivos. Aquí entra en juego una buena comunicación. Los investigadores no sólo deben saber escribir y hablar con fluidez, sino que además deben adoptar el punto de vista del gerente al presentar los resultados de la investigación.

Realización del seguimiento

Los investigadores deberían darle seguimiento a sus estudios para averiguar si se atendieron sus recomendaciones. La dirección puede optar por no utilizar los hallazgos de un estudio a causa de varias razones. Tal vez el problema que dio origen a la investigación no haya sido definido correctamente, haya perdido su carácter urgente o hasta puede haber desaparecido. También es posible que el estudio haya sido terminado con demasiado retraso para serle útil. Si no realiza el seguimiento, el investigador no sabrá si el proyecto cumplió con sus objetivos y satisfizo las necesidades de la gerencia o bien si no correspondió a las expectativas; en uno y otro caso no dispondrá de una importante fuente de información para mejorar la investigación en el futuro.

Seguramente el lector ya se habrá dado cuenta de que no es fácil realizar una buena investigación. Por tanto, tampoco debería sorprenderle que muchos proyectos no se llevan a cabo en la forma apropiada. Recuerde que algunas veces la investigación es intencionalmente engañosa. En el recuadro adjunto se describen algunos ejemplos de errores y abusos en el área de la investigación.

USTED TOMA LA DECISIÓN

¿ES UN PROBLEMA GRAVE EL MAL USO DE LA INVESTIGACIÓN?

Los expertos en marketing han descubierto que los resultados de una investigación pueden ser una herramienta poderosa. Al citar una investigación se aumenta la credibilidad de un mensaje. Y los hallazgos de nuevas investigaciones favorecen una gran exposición de un producto o empresa en los medios de comunicación. Por desgracia, todo ello ha ocasionado abusos de la investigación que se presentan en diversas formas:

- Los cuestionarios a veces incluyen preguntas que tienden a obtener las respuestas deseadas o bien se redactan de modo que excluyan las respuestas no deseadas. Por ejemplo, Levi Strauss & Company efectuó una investigación entre universitarios acerca de la popularidad de la ropa. La compañía señaló que 90% de los estudiantes predijeron que los jeans 501 de Levi's serían el estilo más popular en el siguiente año. Lo que no se mencionó es que esa marca fue la única incluida en el cuestionario.
- Los resultados provenientes de muestras de comodidad pueden ser engañosos, si se presentan como representativos de un grupo más grande. Ello sucede frecuentemente con las encuestas de opinión que realizan los medios de comunicación masiva, en las cuales el auditorio llama o escribe al programa. *USA Today* reveló que los resultados de una encuesta realizada mediante llamadas telefónicas del auditorio indicó que a los norteamericanos les encantaba Donald Trump. Más tarde, se descubrió que 5640 de las 7800 llamadas habían provenido de las oficinas de una empresa.
- Otro problema de muestreo surge cuando las personas seleccionadas de la muestra tienden a tener prejuicios. Un estudio patrocinado por American Express y la oficina francesa de turismo reveló que el estereotipo de que los franceses son poco amistosos con los extranjeros no era verdadero. Sin embargo, los sujetos fueron estadounidenses que había visitado Francia más de una vez en los dos últimos años. Cabe suponer que la primera experiencia de los que retornaban a ese país no había sido desagradable.
- *Investigación de promoción* es el nombre con que se designan los estudios hechos con fines publicitarios. Por ejemplo, Simplesse, fabricante del postre congelado Simple Pleasures, dio a conocer que 44% de los que ingieren frecuentemente helado suelen tomar baños de tina. En otro caso, la grasa para zapatos Kiwi comisionó un estudio en el cual se descubrió que 97% de los hombres que se consideraban a sí mismos ambiciosos pensaban que unos zapatos lustrosos son importantes. Domino's Pizza difundió los resultados de un estudio sobre las preferencias de la pizza entre universitarios. Las anchoas tienen gran demanda en Yale y Syracuse; los remates de carne gozan de gran popularidad en la University of Mississippi y en Louisiana State, y el queso extra en Slippery Rock. Este tipo de estudios hacen que los nombres de las compañías aparezcan en los medios de comunicación, pero tienden a reducir la seriedad de la investigación.

Fuente: Cynthia Crossen, "Studies Galore Support Products and Positions, But Are They Reliable?", *The Wall Street Journal*, 14 de noviembre, 1991, pp. A1+; Suzanne Alexander, "You Can Call This Study Cheesy, But It Gives a Slice of Campus Life", *The Wall Street Journal*, 14 de septiembre, 1992, p. B1.

INTELIGENCIA COMPETITIVA

Un campo de investigación que apenas recientemente ha sido objeto de una atención seria y generalizada es la inteligencia competitiva. Las empresas norteamericanas han aprendido de las compañías extranjeras un hecho importante: vigilar de cerca a los competidores resulta de gran utilidad. Sobre todo las empresas japonesas han hecho una ciencia de vigilar y aprender de sus rivales.

Aunque a primera vista parece una designación extraña, la **inteligencia competitiva** no es otra cosa que el proceso de obtener y analizar la información pública sobre las actividades y planes de los competidores. Los datos con que se les estudia provienen de las más diversas fuentes tanto internas como externas. Las más comunes son las bases de datos que crean y venden las empresas de investigación. Las más simples son los servicios de recopilación de recortes de periódicos y revistas que monitorean a una gran cantidad de publicaciones en busca de artículos dedicados a determinadas industrias o compañías. En 1980 había en Estados Unidos bases de datos de todos los tipos; hoy hay más de 4000.[20]

Otra fuente la constituyen los informes gubernamentales que las dependencias del gobierno norteamericano y de otros gobiernos generan y ponen a disposición de los usuarios. El Centro Japonés de Información y Asuntos Culturales publica documentos del gobierno, estadísticas sobre Japón e información acerca de diversos grupos comerciales de ese país. En forma análoga, la Comunidad Económica Europea genera información financiera y competitiva relacionada con el comercio europeo.

Los empleados, en particular los vendedores, constituyen la fuente interna más importante de datos acerca de la competencia. Las compañías suelen reservar un espacio para este tipo de información en los formularios en que los vendedores consignan sus actividades. Otros empleados (entre ellos los ingenieros, personal de servicio y agentes de compras) reúnen y suministran información útil, si se les enseña a mantenerse alertas.

Comúnmente se aplican varias técnicas de observación para recabar información acerca de la competencia. Por ejemplo, los representantes de los fabricantes de productos de consumo periódicamente compran en las tiendas para monitorear los precios y promociones de la competencia. Y no es raro que una compañía adquiera un nuevo producto de un competidor a fin de examinarlo y probarlo.

Recopilar información, aunque es un paso decisivo, no es más que el primero de inteligencia competitiva eficaz. Sin un sistema bien organizado no es posible integrar cientos o hasta miles de trozos de información. Así, en todo el mundo AT&T cuenta con 1000 empleados que introducen información sobre 2400 temas bien definidos en su sistema de análisis de la competencia. Además, un equipo de investigación interna obtiene e introduce los informes técnicos de la competencia, los discursos de los directivos, material promocional y otro tipo de datos. Todo ello se procesa, se filtra y se organiza antes que pueda convertirse en información útil para los gerentes de AT&T distribuidos por todo el mundo.

Claro que siempre existe la posibilidad de abusos de carácter ético y legal al obtener inteligencia competitiva. Se han registrado casos de hurgar en la basura, de interceptar las conversaciones de la competencia por medios electrónicos y de contratar a empleados para conocer los planes de los rivales. Hay muchas situaciones poco claras, a pesar de las leyes relativas al secreto comercial que declaran ilegal la adquisición de datos por "medios incorrectos" como el robo. Según las sentencias de los tribunales, los intentos de conseguir información cuando un competidor toma medidas razonables para mantenerla en secreto son antiéticas y pueden ser ilegales. Muchas compañías recurren a precauciones rigurosas para proteger la seguridad de la información confidencial. Las técnicas más comunes son limitar la circulación de documentos delicados, utilizar trituradoras de papel y sensibilizar al personal en la importancia de la discreción.

¿QUIÉN REALIZA LA INVESTIGACIÓN DE MERCADO?

Pueden efectuarla el propio personal de la compañía o investigadores externos a ella. Algunas veces se divide el trabajo: el personal de la compañía se encarga de algunas partes de un proyecto y un especialista lleva a cabo las funciones de recopilar datos o diseñar modelos analíticos.

En el interior de la compañía

Las empresas más grandes tienen directores de investigación y algunas disponen de departamentos formales de investigación de mercado con especialistas en el diseño de investigaciones, obtención y análisis de datos. Las compañías de productos de consumo, como Kraft, Pillsbury y Colgate-Palmolive son empresas típicas que cuentan con ese tipo de departamentos. La tendencia actual es tener menor personal y presupuesto de investigación. De acuerdo con un estudio reciente, desde 1983 la proporción de compañías con departamentos de investigación ha decrecido en todas las áreas de los negocios menos en los servicios financieros.[21] En parte la reducción se debe a una mayor utilización de proveedores externos. En lugar de mantener un departamento interno de investigación con las técnicas más avanzadas, algunas organizaciones consideran más eficiente contratar a firmas especializadas según vayan necesitándolas. Otras han descubierto que, mediante las computadoras personales y programas amigables con el usuario, los ejecutivos pueden realizar personalmente una mayor cantidad de sus análisis. Ello no significa necesariamente que se realicen menos investigaciones; más bien, significa que una parte de ellas pasan a los proveedores externos o bien del especialista al director de marketing.[22]

Fuera de la compañía

Las compañías independientes de investigación de marketing tienden a especializarse. Podemos agruparlas en tres categorías atendiendo al servicio que dan:

- Las que cuentan con grandes bases de datos (por ejemplo, los referentes a determinada industria) o fuentes de datos (por ejemplo, un panel de consumidores que aceptan previamente responder a encuestas periódicas).
- Las que diseñan modelos cuantitativos y estadísticos para predecir los efectos de los cambios de precio, miden la eficacia de la publicidad, pronostican las ventas y llevan a cabo otro tipo de análisis.
- Las que recopilan, procesan y analizan los datos de las encuestas.

Estas organizaciones contratan a especialistas que en la solución de un problema aportan su experiencia adquirida trabajando en estudios similares con otros clientes.

COMPROMISO CON LA SATISFACCIÓN DEL CLIENTE

¡LOS INVESTIGADORES AHORA SE INVESTIGAN A SÍ MISMOS!

En AT&T el departamento de investigación de mercados evalúa su propio rendimiento pidiendo la opinión de sus clientes internos. En forma periódica, a los gerentes de alto nivel cuyas divisiones han utilizado ese departamento se les pide llenar un cuestionario de seis preguntas referentes al costo-beneficio de la investigación, la capacidad de respuesta del departamento y cuánto contribuyó a la toma de decisiones. Un segundo cuestionario, más amplio que el anterior, se entrega a los gerentes que trabajan directamente con los investigadores. Entre las cuestiones investigadas se encuentran la cooperación, credibilidad, oportunidad y aplicabilidad de los resultados. Con los resultados de estas encuestas se valora el desempeño a lo largo del tiempo y se corrigen los problemas antes que se vuelvan serios.

¿Por qué debería un departamento de investigación sentir la necesidad de este tipo de información, cuando el personal del departamento tienen contacto diario con los usuarios?

Fuente: Richard Kitaeff, "How Am I Doing?" *Marketing Research*, junio de 1992, pp. 38-39.

ESTADO ACTUAL DE LA INVESTIGACIÓN DE MERCADOS

Se han logrado importantes adelantos en los métodos de investigación cualitativa y cuantitativa, y los investigadores aplican con buenos resultados las ciencias de la conducta, las matemáticas y la estadística. Con todo, todavía hay muchas empresas que destinan mucho dinero a la investigación de producción y muy poco a la determinación de oportunidades de mercado para sus productos.

La investigación de mercados no goza de aceptación universal por varios factores.[23]

- Es difícil medir los beneficios. Los resultados de la investigación no siempre pueden medirse en rendimientos directos para la empresa. Difícilmente un investigador podrá efectuar un estudio y luego mencionar un aumento de ventas que se deba específicamente a su trabajo.
- La predicción del comportamiento no es exacta. A causa de la multitud de variables que intervienen, el investigador de mercados a menudo no puede pronosticar exactamente el comportamiento futuro del mercado. Cuando se trata del comportamiento de los consumidores, se sentirá presionado para determinar las actitudes o motivos (por las razones expuestas en los capítulos 5 y 6) actuales, mucho menos que las que mostrarán en el próximo año.
- Los investigadores, igual que los ejecutivos, están orientados a la producción cuando deberían estarlo hacia el marketing. Se absorben tanto en las técnicas de investigación y en la realización de estudios que olvidan que su meta principal es utilizar esos métodos para ayudar a los directivos a tomar mejores decisiones.
- La comunicación entre investigadores y gerentes es deficiente. Frecuentemente el gerente se ve obligado a tomar decisiones rápidas ante la incertidumbre, muchas veces sin

disponer de suficiente información. Por su parte, los investigadores están propensos a acometer los problemas con una actitud científica y cautelosa. Ello origina diferencia en el tipo de investigación que debe efectuarse, en el tiempo que debe durar y en la forma de presentar los resultados.

- Hay una orientación a la investigación a partir de problemas concretos. Muchos gerentes no consideran la investigación de mercados como un proceso permanente. Con demasiada frecuencia ven en ella una actividad fragmentada, un proyecto que se realiza una sola vez. La utilizan sólo cuando se dan cuenta de que existe un problema de marketing. Seguramente esta situación mejorará con el uso generalizado del sistema de información de marketing y el sistema de soporte a las decisiones.

RESUMEN

La presión competitiva, los mercados en expansión, el costo de cometer un error y las expectativas cada vez más exigentes de los consumidores son factores todos que aumentan la necesidad de la investigación de mercados. Para que una compañía funcione exitosamente, hoy se requiere que los gerentes diseñen un método que permita reunir y almacenar los datos pertinentes y convertirlos en información utilizable. Tres herramientas de la investigación moderna son el sistema de información de marketing, el sistema de soporte a las decisiones y el proyecto de investigación.

Un sistema de información de marketing (SIM) es un conjunto permanente de procedimientos cuya finalidad es generar, analizar, difundir, almacenar y recuperar información para emplearla en las decisiones de marketing. Un sistema de este tipo ofrece a los ejecutivos un flujo periódico de información y reportes. Un sistema de soporte a las decisiones (SSD) difiere del anterior en que el gerente puede interactuar directamente con los datos mediante una computadora personal.

Se emprende un proyecto de investigación para ayudar a resolver un problema determinado de marketing. Primero se define claramente el problema. Luego un investigador realiza un análisis de la situación y una investigación informal. Si hace falta una investigación formal, decide qué fuentes primarias y secundarias de información utilizará. Para reunir datos primarios se recurre a una encuesta, a la observación o bien a un experimento. El proyecto concluye cuando los datos se analizan y se presentan los resultados. El seguimiento aporta información que permite mejorar las investigaciones futuras.

En los últimos años los investigadores empezaron a mostrar interés por la inteligencia competitiva, o sea averiguar lo que está haciendo la competencia y pronosticar lo que probablemente hará en el futuro. La investigación es efectuada internamente por el personal de investigación de mercados y se compra externamente a empresas que se especializan en la realización de investigaciones.

La investigación de mercados todavía no alcanza todo su potencial, porque su valor muchas veces no es susceptible de medirse directamente, no siempre predice exactamente el futuro y los investigadores están demasiado orientados hacia la producción. Más aún, no siempre se comunican bien con los gerentes, y la investigación a veces se usa únicamente para resolver problemas específicos.

Más sobre SESAME STREET

Sesame Street afronta una intensa competencia en la programación infantil. También afronta la cuestión de la educación, tema sumamente importante para los padres de familia y para los educadores. Y su mercado primario está compuesto por telespectadores jóvenes pero expertos, que pueden concentrarse poco tiempo en algo. Para obtener y conservar el apoyo de los padres y atraer y retener a los niños, la Children's Television Workshop (CTW) no puede darse el lujo de cometer errores. Debido en gran parte a la investigación, ha tenido enorme éxito.

Basándose en *Sesame Street*, CTW se ha convertido en un conglomerado educacional. Opera en más de 80 países, con ventas de más de $90 millones de dólares provenientes de las producciones de televisión, publicaciones, concesión del nombre y los personajes para emplearlos en ropa infantil y en otros productos para niños.

¿Cómo se ha usado la investigación? La importancia de la deficiente preparación educacional de los preescolares se descubrió a partir de datos secundarios. Una vez identificado el problema, se formularon el concepto y diseño del producto por medio de la investigación informal y la observación. A continuación, para desarrollar el producto y determinar el mejor medio de instrumentarlo, se realizó una investigación de tres años acerca de varios esquemas. En seguida, después que el programa se había transmitido durante un año, se aplicó una prueba para verificar si realmente estaba dando a los preescolares las herramientas que necesitaban. En fecha más recientes, algunos segmentos del programa, entre ellos el del divorcio, fueron sometidos a pruebas preliminares entre representantes de la audiencia meta para averiguar si los temas eran comunicados en forma adecuada.

¿Qué decir del futuro? La Children's Television Workshop se orienta hacia dos direcciones en que la investigación seguirá desempeñando un rol importantísimo: el mercado internacional y la creación de nuevos programas. Ahora se producen ya versiones del programa en Noruega (*Sesame Stasjon*), España (*Barrio Sésamo*), México (*Plaza Sésamo*) y Alemania (*Sesamstrasse*). Si se quiere tener éxito en otros países habrá que llevar a cabo una investigación exhaustiva para determinar el nivel educacional apropiado del programa, el estilo de presentación más apropiado para la cultura y los temas que captarán el interés de padres e hijos.

CTW ha observado que los niños pasan ahora más tiempo con sus niñeras y con trabajadores de los centros de atención diurna. Le gustaría idear un método para capacitar a esas personas en la utilización de *Sesame Street* como herramienta pedagógica.

La creación de nuevos programas destinados a audiencias heterogéneas también requiere investigación. Por ejemplo, se comprobó que un esquema de historias de misterio era muy adecuado para un programa educacional destinado a niños de 7 a 10 años de edad.

1. ¿Qué tipos de investigación debería realizar CTW para mejorar la toma de decisiones sobre la programación a nivel internacional y para crear nuevos programas?
2. ¿Qué problemas descubre en la realización de investigaciones con los preescolares?

■ TÉRMINOS Y CONCEPTOS BÁSICOS

Investigación de mercados (112)
Sistema de información de marketing (SIM) (113)
Sistema de soporte a las decisiones (SSD) (116)
Base de datos (117)
Datos de una sola fuente (119)
Análisis de la situación (120)
Hipótesis (120)
Investigación informal (121)

Datos primarios (122)
Datos secundarios (122)
Encuesta (125)
Entrevistas personales (125)
Intercepción en centros comerciales (126)
Grupo de interés (126)
Encuestas por teléfono (126)
Encuesta por correo (127)
Método de observación (128)
Observación personal (128)
Observación mecánica (128)
Experimento (128)
Experimento de laboratorio (129)
Experimento de campo (129)
Pruebas de mercado (129)
Mercado simulado de pruebas (130)
Muestra aleatoria (132)
Muestras disponibles (132)
Inteligencia competitiva (135)

■ PREGUNTAS Y PROBLEMAS

1. Explique en qué difiere un sistema de información de marketing de un sistema de soporte a las decisiones.
2. ¿De qué manera, en su opinión, deberían los investigadores de mercado establecer estrategias para su organización?
3. En invierno, un grupo de ricos ejecutivos periódicamente pasa un tiempo en un conocido lugar de esquiar: Aspen (Colorado), Sun Valley (Idaho), Snow Valley (Vermont) o Squaw Valley (California). Les agradó mucho la posibilidad de fundar una empresa para crear y operar uno de esos lugares en Utah. Sería una empresa conjunta totalmente nueva y estaría en U.S. Forest Service. Sería un lugar vacacional con instalaciones atractivas para los mercados de ingresos medianos y altos. ¿Qué tipo de información querrán tener antes de decidir si conviene o no seguir adelante con la idea? ¿Qué información utilizarán?
4. Evalúe encuestas, la observación y el experimento como métodos para obtener datos primarios en los siguientes proyectos:
   a. Una tienda de artículos deportivos quiere conocer las preferencias de marca de los estudiantes universitarios en el caso de esquíes, raquetas de tenis y palos de golf.
   b. Una cadena de supermercados desea conocer las preferencias de los compradores por el diseño físico de los artefactos y patrones de tráfico, sobre todo alrededor de las cajas registradoras.
   c. Un fabricante de correas transportadoras quiere saber quién toma las decisiones de compra para su producto entre los usuarios actuales y potenciales.
5. Con los pasos del proceso de investigación expuestos en el texto, describa cómo investigaría la rentabilidad de un centro de copias cerca del campus de su universidad.
6. ¿Convendría entrevistar a 200 estudiantes, al salir de su estadio de futbol colegial, y pedirles su opinión sobre el financiamiento para los deportistas y luego generalizar los resultados a todo el estudiantado? Explique su respuesta, afirmativa o negativa.
7. Si tuviera que diseñar un programa académico para los futuros investigadores de mercado, ¿qué materias incluiría?

■ APLICACIÓN AL MARKETING

1. Suponga que trabaja para un fabricante de limpiadores líquidos para vidrios, el cual compite con Windex y Glass Wax. Su jefe quiere calcular la cantidad del producto que puede venderse en todo el país. Para ayudarle en este proyecto, prepare un informe que contiene la siguiente información relativa a su estado y, de ser posible, de su ciudad. Identifique cuidadosamente las fuentes a que recurrirá para obtener esa información.
   a. Número de familias o unidades familiares.
   b. Ingreso o poder adquisitivo por familia o unidad familiar.
   c. Ventas totales al detalle en los años más recientes acerca de los cuales encuentra datos confiables.
   d. Las ventas anuales totales de tiendas de comestibles, ferreterías y farmacias.
   e. El total de tiendas de comestibles.
2. Entrevista al gerente de una librería que atienda su escuela acerca del sistema de información de marketing que usa (recuerde que puede ser un sistema muy informal).
   a. ¿Cuáles son las fuentes de datos?
   b. ¿Cómo recaba los datos?
   c. ¿Qué informes se reciben y con qué frecuencia?
   d. ¿Qué problemas presenta el sistema de información de marketing?
   e. ¿Cómo podría mejorarse el sistema?

Investigación e información de mercados

■ NOTAS Y REFERENCIAS

1. RoseLee Goldberg, "Media Kids", *Artforum*, febrero de 1990, pp. 17-19; Cynthia Crossen, "'Sesame Street' at 23, Still Teaches Children while Amusing Them", *The Wall Street Journal*, 21 de febrero, 1992, pp. A1+.

2. En "New Marketing Research Definition Approved", *Marketing News*, 2 de enero, 1987, p. 1, la American Marketing Association define la investigación de mercados así: la investigación de mercados relaciona al cliente, al consumidor y al público con el mercadólogo a través de información, la cual sirve para identificar y definir las oportunidades y problemas del mercado; para generar, mejorar y evaluar las acciones de marketing; para monitorear el desempeño del marketing, y para conocer mejor el marketing como proceso. La investigación de mercados especifica la información necesaria para resolver estos problemas; diseña los métodos con que se recopila la información; administra y realiza el proceso de obtención de datos; analiza los resultados, y presenta los hallazgos y sus implicaciones.

3. Lexis F. Higgins, Scott C. McIntyre y Cynthia G. Raine, "Design of Global Marketing Information Systems", *The Journal of Business and Industrial Marketing*, primavera/otoño 1991, pp. 49-58.

4. Jeffery Rothfeder y Jim Bartimo, "How Software Is Making Food Sales a Piece of Cake", *Business Week*, 2 de julio, 1990, pp. 54-55.

5. Michael W. Miller, "Data Mills Delve Deep to Find Information about U.S. Consumers", *The Wall Street Journal*, 14 de marzo, 1991, pp. A1+.

6. Laura Bird, "Marketing in Big Brother's Shadow", *Adweek's Marketing Week*, 10 de diciembre, 1990, pp. 26-30.

7. Robert G. Blattberg y John Deighton, "Interactive Marketing: Exploiting the Age of Addressability", *Sloan Management Review*, otoño de 1991, pp. 5-14.

8. Joanne Lipman, "Latest Research Falls Shy of Groundbreaking", *The Wall Street Journal*, 4 de noviembre, 1991, pp. B1+.

9. Thomas C. Kinnear y Ann R. Root, *1988 Survey of Marketing Research*, American Marketing Association, Chicago, 1989.

10. Dianna Solis, "Grass-Roots Marketing Yields Clients in Mexico City", *The Wall Street Journal*, 24 de octubre, 1991, p. B2.

11. Una excelente lista de referencias sobre las principales fuentes secundarias de información empresarial se encuentra en James Woy, ed., *Encyclopedia of Business Information Sources, 1993-94*, 9a. ed., Gale Research, Detroit, 1992.

12. Blayne Cutler, "Reaching the Real Europe", *American Demographics*, octubre de 1990, pp. 38-54.

13. Una indicación de la diversidad de cuestiones que han sido estudiadas se encuentra en A. J. Faria y John R. Dickinson, "Mail Survey Response, Speed, and Cost", *Industrial Marketing Management*, febrero de 1992, pp. 51-60.

14. Ejemplos interesantes de las pruebas de mercado se encuentran en Leslie Brennan, "Meeting the Test", *Sales & Marketing Management*, marzo de 1990, pp. 57-65.

15. Aimee L. Stern, "Testing Goes Industrial", *Sales & Marketing Management*, marzo de 1991, p. 32.

16. Christopher Power, "Will It Sell in Podunk? Hard to Say", *Business Week*, 10 de agosto, 1992, pp. 46-47.

17. Howard Schlossberg, "Simulated vs. Traditional Test Marketing", *Marketing News*, 23 de octubre, 1989, pp. 1-2, 11.

18. Una comparación útil de varias técnicas para realizar las pruebas de mercado se encuentra en Leslie Brennan, "Meeting the Test", *Sales & Marketing Management*, marzo de 1990, pp. 57-65.

19. Kathy Gardner Chadwick, "Some Caveats Regarding the Interpretation of Data from 800 Number Callers", *Journal of Services Marketing*, verano de 1991, pp. 55-61.

20. Kate Bertrand, "The Global Spyglass", *Business Marketing*, septiembre de 1990, pp. 52-56.

21. Thomas C. Kinnear y Ann R Root, *1988 Survey of Marketing Research*, American Marketing Association, Chicago, 1989.

22. David W. Stewart, "From Methods and Projects to Systems and Process: The Evolution of Marketing Research Techniques", *Marketing Research*, septiembre de 1991, pp. 25-36.

23. Mark Lander, "The 'Bloodbath' in Market Research", *Business Week*, 11 de febrero, 1991, pp. 72-73.

CASOS DE LA PARTE UNO

CASO 1 *Blockbuster Video*

APLICACIÓN DEL CONCEPTO DE MARKETING

¿Qué importancia tienen los videos caseros? Les reportan más dinero a los estudios cinematográficos que los cines: en Estados Unidos las compañías cinematográficas obtienen de ellos $3 mil millones de dólares frente a $2 mil que reciben de los cines. La mayor parte de los ingresos de las tiendas de video provienen de la renta de películas. Esta industria ha tenido un acelerado crecimiento en los años 80: de ventas de $1 mil millones de dólares en 1983 pasó a $3.7 mil millones en 1985. El crecimiento se vio favorecido enormemente por la popularidad de las videocasseteras (más de 21% de las familias estadounidenses tenía una videocassetera en 1985) y por la proliferación de las tiendas de renta de videos: a fines de ese mismo año funcionaban 20 000 de ellas.

En los primeros días de la industria, para abrir una videotienda bastaba invertir apenas de $20 000 a $30 000 dólares para alquilar un local y comprar cerca de 1 000 videos. A mediados de los años 80, la mayor parte de las videotiendas eran negocios pequeños, con una o dos sucursales y un reducido número de estrenos. Los procedimientos de operación eran muy uniformes. Para evitar los robos, los videotapes se guardaban en el cuarto trasero. Los clientes escogían un título exhibido en el anaquel y lo mostraban a un dependiente, quien iba al cuarto trasero y traía el video. Con este sistema se controlaban los robos, pero originaban retrasos en la caja registradora y el cliente se sentía frustrado cuando los videos estaban archivados erróneamente y era imposible localizarlos.

En 1985 Blockbuster entró en el mercado con un enfoque original de marketing. El objetivo era dar un mejor servicio al cliente:

- Ofreciendo 7 500 videos en una "supertienda" que era cuatro o cinco veces más grande que la videotienda ordinaria.
- Ampliando las horas de servicio y ofreciendo alquiler por tres noches, no por una sola noche.
- Colocando los videos en los anaqueles y previniendo el robo por medio de un sistema de sensores electrónicos instalados en la puerta.
- Computarizando los alquileres y el inventario.
- Dirigiendo la publicidad a los que toman las decisiones.

Adaptado de un caso preparado por J. Bradley Bogle y C. Edward Schmitt, mientras eran estudiantes de administración en la University of Notre Dame, South Brend, Indiana.

La variedad de películas, a menudo siete veces mayor que la de una videotienda común, condujo a un descubrimiento inesperado por parte de Blockbuster: los clientes rentaban no sólo estrenos, sino también películas más viejas. Este hallazgo tuvo gran importancia, porque los competidores habían supuesto que el público usaría la televisión para ver películas viejas y alquilaría exclusivamente los estrenos. Esto le dio a Blockbuster dos opciones de hacer negocio. Primero, ofrece una amplia selección de películas nuevas y viejas, mezcla que no se encontraba en sus competidores. Segundo, como las películas más viejas se adquieren a precios más bajos que los estrenos, le dan a Blockbuster un mayor margen de utilidad al ser rentadas. Gracias a una fuerte inversión en inventario, rara vez se agotan las películas de mayor demanda. Una tienda común tiene de cuatro a cinco copias de un estreno; en cambio, Blockbuster cuenta hasta con 50.

Como las tiendas de Blockbuster abren a las 10 de la mañana y cierran a la medianoche, son más accesibles que los competidores que normalmente abren por la tarde y cierran a las 10 de la noche. Más importante que el horario es la política de renta por tres noches. Como las películas no se deben entregar al día siguiente, muchas personas alquilan varias. El alquiler promedio es de 1.6 videos por cada visita a la tienda. Blockbuster ofrece además la comodidad de los buzones para devolverlos.

Con el fin de agilizar el pago y mejorar la selección de videos en cada tienda, Blockbuster inventó un sistema de registro computarizado y punto de venta. El cliente escoge el video y lo lleva al mostrador. Todos los videos tienen un código de barras legible para la computadora, de modo que el dependiente utiliza un scaner para registrar la venta. Con este sistema se acelera el pago en la caja registradora y le permite a Blockbuster vigilar la demanda de los videos en sus tiendas para hacer los ajustes pertinentes en el inventario. Puesto que todos los clientes llevan una tarjeta de membresía, el sistema permite además saber cuáles títulos alquilan determinados clientes, con lo cual se facilita una publicidad muy selectiva de correo directo.

Desde su fundación, Blockbuster se ha esmerado en proyectar una imagen orientada hacia el cliente. Sus tiendas no ofrecen películas pornográficas, y los padres de familia pueden clasificar sus membresías para evitar que los hijos menores de 17 años alquilen películas exclusivamente para adultos. La publicidad de Blockbuster se dirige por igual a niños y adultos, centrándose de modo particular en la orientación a la familia.

Casos de la parte uno

Por ejemplo, en los anuncios aparecen familias seleccionando videos en tiendas limpias y bien iluminadas. Sabedora de que los niños influyen de modo decisivo en el alquiler de los videos, la compañía diseñó anuncios que incluyen personajes animados como los de Walt Disney para que sean exhibidos en los programas de caricaturas que se proyectan los sábados por la mañana. Además, se alió a otras cadenas como Domino's Pizza y McDonald's para efectuar promociones que también las benefician a ellas.

A fines de 1986, en Estados Unidos Blockbuster tenía 20 tiendas con ventas de $8 millones. En 1992, gracias a una ambiciosa estrategia de crecimiento que incluía franquicias, adquisiciones y apertura de tiendas propias, contaba con más de 2 000 sucursales en Estados Unidos y 900 en nueve países más. Las ventas de 1992 fueron de $1.2 mil millones. La segunda cadena de renta de videos tiene menos de 500 tiendas.

¿Qué le depara el futuro a Blockbuster? Cerca de un 80% de familias estadounidenses tienen videocassetera, por lo cual el mercado ha dejado de crecer. También parece que la novedad de ver películas en casa ha empezado a perder fuerza, como lo indica una disminución del alquiler de películas viejas. Esto plantea un problema para Blockbuster, pues en gran medida su estrategia se basa en el gusto por ese tipo de películas.

La política de renta por tres noches favorece la comodidad del cliente, pero tampoco está exenta de inconvenientes. Los más astutos planean de antemano: rentan películas los jueves para verlas los fines de semana. Y los clientes que acuden a la tienda el viernes y el sábado no encuentran ya los grandes éxitos del momento.

Al inicio el mejor servicio de Blockbuster y su mayor variedad de videos le permitían cobrar $3 por película, mientras que el promedio de la industria era de unos 2 dólares. Sin embargo, ahora hay más de 28 000 videotiendas, de modo que a veces existen hasta seis locales en un radio de 3 millas en zonas densamente pobladas. Esto da origen a una fuerte competencia de precios. Algunas tiendas alquilan los estrenos en $1.50 dólares y las películas más viejas llegan a costar hasta 99 centavos.

Otro posible problema es el advenimiento de los discos de videoláser. Si los usuarios aceptan esta tecnología, pueden hacer obsoletos los videos. También conviene mencionar el crecimiento de la televisión por cable, con posibilidades de ofrecer 150 canales mediante la fibra óptica y la opción del pago por evento (*pay-per-view*) si se desea ver películas y espectáculos en vivo. La expansión de la televisión por cable ofrece al público muchas más alternativas de diversión, sin necesidad de visitar una videotienda.

Ante la disminución del crecimiento en Estados Unidos una estrategia consiste en hacer negocio en otros países. En 1990 Blockbuster entró en el mercado internacional al inaugurar algunas sucursales en Londres. Alentada por el gran potencial de ese país, en 1992 compró a Citivision PLC la más grande cadena británica de videotiendas Ritz, dándole cerca de 800 tiendas en Gran Bretaña. Blockbuster también tiene sucursales en Austria, Canadá, Chile, México, Japón, Australia, España y Venezuela. En Japón, realizó una empresa conjunta con el operador local de McDonald's, y varias videotiendas han sido instaladas al lado de esta cadena de restaurantes.

PREGUNTAS

1. ¿Cómo aplicó Blockbuster el concepto de marketing en su crecimiento? ¿De qué manera debería usarlo en el futuro?
2. ¿Qué factores ambientales intervienen de manera importante en el mercado de los videos caseros?
3. ¿Cómo describiría la mezcla de marketing de Blockbuster?
4. ¿Cómo debería Blockbuster realizar la planeación en el futuro?

Fuentes: Michael J. McCarthy, "Slower Forward: After Frantic Growth, Blockbuster Faces Host of Video-Rental Rivals", *The Wall Street Journal*, 22 de marzo, 1991, pp. 1+; Gail DeGeorge, "The Video King Who Won't Hit 'Pause' ", *Business Week*, 22 de enero, 1990, pp. 47-48; Gail DeGeorge, Jonathan B. Levin y Robert Neff, "They Don't Call It Blockbuster for Nothing", *Business Week*, 19 de octubre, 1992, pp. 113-114; Eric J. Savitz, "An End to Fast Forward?", *Barron's*, 11 de diciembre, 1989, pp. 13+.

CASO 2 *Durex de Colombia, S.A.*

INVESTIGACIÓN DE MERCADOS

Orlando Ortiz Ortega, gerente de la empresa Durex de Colombia, S.A. (importante firma importadora de relojes, con oficinas en Bogotá y representaciones en Cali, Medellín, Barranquilla y Cúcuta), enfrentaba una situación difícil originada por una reducción importante de las ventas de la compañía y una pérdida apreciable de su participación en el mercado a pesar de su dinámico desenvolvimiento.

Hay 65 empresas que se dedican a la importación de relojes con oficinas y representaciones en las diez ciudades más grandes del país, a saber: Bogotá, Medellín, Cali, Barranquilla, Cartagena, Cúcuta, Bucaramanga, Pereira, Manizales e Ibagué.

Para este caso, debemos tener en cuenta que la tasa de natalidad en el país es de 36 por mil, la tasa de migración de 32%; la de emigración de 23%; la inflación tiene una tasa de 21.03; la tasa de interés es de 36% y el ingreso personal disponible per cápita es de $1 350 dólares.

Las cifras de venta de la empresa y los resultados de un análisis reciente de importaciones presentaban un cuadro pesimista. Estas cifras, junto con el desarrollo de las utilidades de la empresa que se presentan en los cuadros adjuntos, originaron una investigación de mercado tendiente a lograr una diversificación de las actividades de la compañía, el cual debía ser sometido a la aprobación de la junta.

Durex de Colombia, representaba en el país a una marca suiza muy conocida de relojes, de excelente reputación y prestigio en el mundo entero. Los productos que representaba desde hacía 30 años, tenían fama por su óptima calidad, sus diseños elegantes en una línea de tradición y manufactura para personas conocedoras que exigen lujo, exactitud y larga vida útil en sus relojes.

El personal de la empresa constituía un motivo de orgullo tanto para la firma importadora como para la empresa que representaban. Todos ellos gozaban de una remuneración promedio por encima de los niveles habituales del sector y su tasa de rotación era sorprendentemente baja, particularmente entre los integrantes del taller encargado de revisar los relojes antes de la entrega al público y de reparar las unidades devueltas para mantenimiento o compostura.

Caso preparado por el catedrático José Nicolás Jany C., Economista, Universidad Jorge Tadeo Lozano, Magister en Administración de Empresas, especialidad en el área comercial Universidad Social Católica de la Salle, Colombia.

Los vendedores y representantes tenían muchos años de trabajo con la empresa y eran conocedores de su oficio. Tenían fama de ser sumamente leales a la empresa y a la marca que representaban, serviciales y atentos con los clientes, y muy dinámicos y eficientes en el cumplimiento de sus funciones. Todos ellos visitaban puntualmente desde hacía largos años las joyerías de gran categoría del país que constituían los puntos de venta exclusivos de la línea de relojes de la compañía.

Desde hacía tiempo, algunos funcionarios de Durex señalaron que la competencia, particularmente la que representaba en el país a una firma japonesa de relojes, se mostraba sumamente activa en sus esfuerzos promocionales, enfatizando precios bajos y distribución masiva. Sin embargo, los ejecutivos más altos de la compañía consideraban que las acciones de las empresas competidoras no afectarían a los segmentos altos de la población, que constituían los clientes por excelencia de los productos que ellos representaban. Los relojes de la competencia se caracterizaban por sus diseños modernos, tanto en los relojes en sí como en las correas de cuero, material plástico y metales. Los ejecutivos de Durex de Colombia examinaron varias muestras de productos competidores, llegando a la conclusión de que muchas veces pecaban de falta de buen gusto y que en ocasiones eran francamente feos. Sin embargo, reconocían que algunos tenían diseños agradables y, casi siempre, precios considerablemente bajos o más bajos que los suyos.

Dos años atrás, la firma suiza envió un representante al país para promover entre sus agentes colombianos, la representación de una marca subsidiaria de relojes de calidad y precio inferiores. Esta oferta, después de ser evaluada cuidadosamente, fue rechazada. Entre las razones que se dieron, la más importante era la de que se había establecido una imagen de excelente calidad entre los joyeros detallistas, que se desvirtuaría con un reloj de calidad inferior, que además requeriría canales de distribución diferentes a los establecidos y la contratación de nuevos vendedores, lo cual era un esfuerzo largo y costoso.

Con el ánimo de contrarrestar la baja de las ventas, el gerente de Durex llamó a un conocido publicista extranjero establecido en Bogotá desde 1965, para encargarle una campaña promocional en favor de su marca, la que hasta el momento sólo mantenía publicidad institucional esporádica en revistas de circulación internacional. Los costos de estas campañas eran compartidos con los representantes de la marca en los diferentes países a los que llegaba la revista, en proporción con el tiraje enviado a cada país.

Aunque la campaña propuesta por el publicitario fue postergada indefinidamente en razón de su alto costo, el gerente mantuvo varias reuniones con él para consultarle diversos aspectos promocionales. En estas reuniones, el señor Ortiz, fue informado y documentado de las campañas publicitarias de los representantes de las firmas competidoras, que utilizaban medios masivos locales y nacionales, vallas, caminatas, correo y promoción en punto de venta. El publicitario también llamó la atención del gerente hacia el hecho de que incluso las joyerías de lujo habían comenzado a vender relojes de precios menores y de que los japoneses estaban vendiendo casi hasta en los almacenes de autoservicio.

Durante los últimos seis meses, los ejecutivos más altos de Durex estudiaron la forma de diversificar sus operaciones, ampliando sus líneas en forma compatible con los productos que representaban en ese momento. La oportunidad más interesante en ese momento era la representación de piedras preciosas. Otras líneas eran la representación de porcelanas finas de origen francés y de artículos de lujo de procedencia inglesa.

La posibilidad más atractiva para la firma la constituía la línea de piedras preciosas, basada en la importación de diamantes de Zaire y Sudáfrica, los que gozan de creciente reputación en el mundo entero. Los primeros cálculos hechos en forma relativamente conservadora revelaban que las ventas de diamantes podrían equivaler a un volumen del orden de 75% de las ventas de relojes dentro de los primeros tres años de operación y que las utilidades que generarían podrían ser equivalentes al doble de las ganancias obtenibles de la venta de relojes.

La reunión de la junta programada, estaba destinada a analizar las posibilidades de diversificación ya indicadas, pero se sabía que un grupo de accionistas presentaría críticas agudas a la administración por la decisión tomada tres años atrás en el sentido de no repartir dividendos, situación que se repitió en los dos años posteriores.

PREGUNTAS

1. Con esta situación que se le presenta a la compañía y teniendo en cuenta que el proceso de Toma de Decisiones afecta el proceso gerencial, ¿cómo asesoraría al gerente de Durex de Colombia? Desarrolle el proceso completo de toma de decisiones.
2. ¿Qué tipo de investigación de mercados debe desarrollarse con base en la alternativa seleccionada?
3. Determine los objetivos e hipótesis de dicha investigación.
4. Seleccione un tipo de muestreo para Bogotá y para cada una de las ciudades donde hay representación.
5. ¿Se puede emplear con éxito un cuestionario telefónico para dicha investigación?

Marcas competidoras	
Mido	Nina Ricci
Rado	Citizen
Omega	Orient
Casio	Seiko
Longiness	Tissot
Michele	Cyma
Sandoz	Bulova
Edox	Movado
Silvana	Beuchat
Cartier	Raimond Weil
Eterna	Watch
D'Mario	Gucci
Jawaco	Kolber Sa
Concord	

Índice de ventas de la empresa en unidades (1983 = 100)

AÑOS	ÍNDICE
1983	100
1984	191
1985	280
1986	175
1987	184
1988	166
1989	83
1990	103
1991	91
1992	78
1993	89
1994	76

Fuente: Estadísticas de ventas de la empresa, años selectos.

Índice de utilidad de la firma (1983 = 100)	
AÑOS	ÍNDICE
1983	100
1984	115
1985	126
1986	117
1987	88
1988	51
1989	46
1990	41
1991	49
1992	32
1993	27

Fuente: Balances de la empresa, años selectos.

Participación de mercadeo, con base en las unidades vendidas.	
AÑOS	PARTICIPACIÓN
1983	39%
1984	37%
1985	42%
1986	35%
1987	18%
1988	20%
1989	11%
1990	6%
1991	17%
1992	22%
1993	9%
1994	52%

Fuente: Análisis de importaciones (no toma en cuenta las ventas por importaciones ilegales o contrabando).

CASO 3 *Marketing ecológico*

DISEÑO DE UNA ESTRATEGIA DE MARKETING

Aunque no se cuenta con una definición del marketing ecológico aceptada por todos, con esta expresión se designa cualquier actividad mercadológica cuya finalidad es crear un impacto positivo o atenuar el impacto negativo que un producto tiene en el entorno y de ese modo aprovechar el interés del público por los problemas ambientales. El marketing ecológico abarca tanto la utilización de material reciclado en la elaboración de un producto como los mensajes publicitarios y los contenidos de las etiquetas del empaque. Muchos gerentes deben decidir si el marketing ecológico puede o debe formar parte de la estrategia de marketing de su empresa.

El marketing ecológico nació de los intentos de las compañías por responder a las críticas de individuos y grupos preocupados por la contaminación y los desechos. En un principio se pensó que se trataba de cuestiones de relaciones públicas, las cuales podían ignorarse o refutarse con algunos hechos y estadísticas sobre las preferencias de los clientes y los altos costos de los productos ecológicos. Sin embargo, las críticas continuaron y se hicieron más constantes y ásperas. A continuación se dan cinco ejemplos de los productos criticados:

- **Cajas asépticas.** Cuando la caja aséptica de bebidas fue introducida en los años 80, el Institute of Food Technologists la calificó como la innovación más importante de la ciencia de los alimentos que se había logrado en 50 años. Cada año se compran casi 3 000 millones de cajas, hechas de plástico, papel y papel aluminio. En su producción, llenado y embarque se utilizan menos energía y materias primas que las que se consumen en cualquier otro tipo de empaque listo para beberse. Las cajas asépticas son "estables en el anaquel", es decir, conservan la frescura de la bebida mucho tiempo sin necesidad de refrigeración. Son más seguras que los recipientes de vidrio y, horas después de la refrigeración, mantienen frío el contenido. Una caja típica contiene 96% de bebida y 4% de empaque, lo cual representa una doceava parte del desperdicio de un recipiente de vidrio. Pese a todas estas características, los críticos afirman que constituyen una verdadera pesadilla ambiental. Su estructura de capas múltiples hace más difícil su reciclaje que los empaques "de un solo material", como el vidrio o el aluminio. Además, en comparación con otros materiales, se dispone de pocas instalaciones para su reciclaje. El estado de Maine prohibió las cajas y otros estados están estudiando la conveniencia de promulgar leyes similares.
- **Pañales desechables**. El debate en torno a los pañales desechables lleva ya varios años. Con ventas mayores a $3.5 mil millones de dólares anuales, representan cerca del 1% de todos los desechos. El gran problema radica en que una gran proporción de este producto está hecho de plástico,

material no biodegradable. Más de 20 estados han considerado la posibilidad de aprobar leyes que prohíban o fijen impuestos especiales a los pañales desechables. Sin embargo, cuando comparamos los ciclos de vida (desde la producción hasta la eliminación) de los pañales de tela y de los desechables, no es tan evidente cuál de ellos dañe menos al ambiente. Dos grandes productores de pañales desechables, Kimberly-Clark y Procter & Gamble, han descubierto técnicas para reducir su volumen y empaque hasta en un 50%. Ambas compañías realizan actualmente experimentos con proyectos de reciclaje, pero las críticas prosiguen.

- **Poliestireno.** Los contenedores de espuma de tipo almeja, las tazas, los tazones y los platos hechos de poliestireno pesan poco y ofrecen aislamiento y comodidad. Pero eso no es suficiente en opinión de los críticos que presionaron a McDonald's para que reemplazara las cajas para las hamburguesas y los vasos hechos de contenedores de cartón. Los defensores de poliestireno, en especial National Polystyrene Recycling Company, empresa respaldada por los fabricantes de espuma como Mobil y Amoco, afirman que el material se recicla fácilmente y que puede reutilizarse en cosas como el material de empaque y el aislamiento.

- **Contenedores para usarse en hornos de microondas.** Las comidas diseñadas para cocerse en hornos de microondas buscan ante todo la comodidad y la calidad del producto. Los fabricantes quieren que la preparación de esos alimentos sea lo más fácil posible para el consumidor, conservando a la vez el sabor de la comida. A menudo ello da por resultado un contenedor que, a juicio de los críticos, incluye demasiado material. Por ejemplo, en lugar de decirle al usuario que cubra con algo el platillo mientras está calentándose, muchos de estos productos llevan una cubierta de plástico. Aunque algunas compañías, como Campbell Soup y ConAgra, se han comprometido a emplear la menor cantidad posible de empaque que no ponga en peligro la seguridad del alimento y a seleccionar materiales reciclables de empaque, los críticos señalan que sus contendores incluyen

gran cantidad de material desechable.

- **Empaques blister.** Este tipo de empaque es el estándar en productos para la salud y la belleza, en artículos de ferretería, en componentes electrónicos y cosméticos. Sin embargo, como representa casi el 1% de todos los desechos sólidos, los ambientalistas afirman que generan demasiados desechos. Una ventaja de estos empaques es que son lo bastante fuerte para proteger el producto y además el cliente puede verlo. Una de las principales críticas es el tamaño de algunos paquetes. Clearasil, por ejemplo, viene en un empaque lo bastante grande como para contener ocho tubos del producto. El tamaño tan grande tiene por objeto desalentar los hurtos en las tiendas. Otra razón es el valor percibido. El empaque de los rastrillos Gillette's Sensor, que parece una caja de la muñeca Barbie, contiene el doble del material necesario para proteger el producto. Se utilizó un empaque más grande porque, en opinión de los especialistas en marketing, así se igualaría el tamaño del empaque con el valor del producto.

Las compañías han respondido a los problemas ambientales con cuatro versiones estratégicas del marketing ecológico:

- **Realizar afirmaciones ecológicas sobre los productos actuales en las etiquetas o en los anuncios.** Los encabezados de las etiquetas, del tipo de "todos los ingredientes naturales", "reciclable" y "biodegradable" se han vuelto muy comunes. Algunos contribuyen a que el público tome decisiones bien fundamentadas, pero ¿a veces no resultan engañosas? Los fabricantes de muchos productos que se venden en contenedores de aerosol indican en las etiquetas que los productos no incluyen carbono de clorofloruro. Sin embargo, desde que en 1978 estas sustancias fueron prácticamente prohibidas en todos los aerosoles en Estados Unidos, los críticos opinan que la información hace pensar al consumidor que esos fabricantes son más sensibles al ambiente que sus competidores. En respuesta, los fabricantes de aerosol mencionan el estudio de Roper Organization, el cual muestra que 55% de los consumidores cree que los carbonos de clorofloruro todavía se permiten. Algunas afirmaciones más atrevidas, como "amistoso con el ozono" (utilizada por Albert-Culver en su fijador para el cabello Alberto VO5) o "fórmula ambiental más ligera" (usada por Carter-Wallace para el desodorante Arrid Extra Dry), han sido objeto de estudio por parte de las autoridades. En un caso, Alberto-Culver pagó una multa de $50 000 dólares y aceptó dejar de emplear mensajes ecológicos en lo sucesivo.

- **Adaptar los productos y/o empaques para hacerlos más adecuados al ambiente.** Esta estrategia de marketing ecológico requiere un esfuerzo mucho mayor. Una empresa podría reemplazar un ingrediente nocivo con otro más aceptable, cambiar los métodos de producción o distribución para reducir los contaminantes y los desechos o bien diseñar un producto más fácil de reciclar. Por ejemplo, Procter & Gamble vende versiones recicladas del suavizador de telas Downy en cartones y alienta al público a reutilizar el gran contenedor de plástico Downy en vez de desecharlo. Apache Red Popcorn se vende en una bolsa con cierre que los consumidores pueden reutilizar cuando se terminan las palomitas de maíz. Y S. C. Johnson and Son empaca Agree+ champú en una bolsa hecha con 80% menos de plástico que el frasco común de champú. Otras compañías han ido más allá del empaque. Marcal Paper Mills en Nueva Jersey recicla toneladas de correspondencia de tercera clase que no ha sido entregada (proveniente de 18 oficinas postales de Long Island) y las convierte en papel sanitario.

- **Introducir un producto enteramente nuevo diseñado para atraer a los consumidores sensibles a los problemas ambientales o para responder a mandatos legales.** Por ejemplo, Estee Lauder ha creado una línea de cosméticos llamada Origins, hecha totalmente de esencias de plantas y de flores. Y Chemlawn, compañía que se dedica al cuidado del pasto, formó una unidad especial que vende sus productos a los dueños de casas que quieren materiales menos nocivos para el césped. En respuesta a las regulaciones gubernamentales de que los carbonos de clorofluoro ya no podrán emplearse como refrigerantes en el año 1995, los fabricantes tratan a toda costa de encontrar sustitutos. Esas sustancias se utilizan en los compresores del refrigerador como agente enfriador y en la espuma de plástico que aísla al refrigerador. Como las alternativas disponibles son menos eficientes, el público obtendrá refrigeradores más grandes y de paredes de mayor espesor a precios más elevados que los aparatos actuales. A cambio del aumento del precio se liberará a la atmósfera de menos cantidades de esas sustancias que reducen la capa de ozono.

El marketing ecológico no se encuentra exclusivamente entre los productores. Loblaw, cadena canadiense de supermercados con 340 tiendas, introdujo una línea a la que puso el nombre de productos "amistosos con el ambiente" bajo el nombre de marca GREEN. La línea consta de 100 productos, entre ellos pañales desechables hechos con pulpa sin cloro, detergentes sin fosfato, jugo de manzana sin Alar, aceite reciclado para motor, baterías recargables y focos de alta eficiencia. Los productos con la etiqueta GREEN representan apenas la mitad del 1% de los productos de Loblaw y la cadena sigue ofreciendo artículos que muchos consideran nocivos para el ambiente; pero los resultados han sido positivos en cuanto a ventas y publicidad no pagada. También Wal-Mart adoptó una estrategia orientada al marketing ecológico. Pone etiquetas verdes especiales en mercancía que juzga de tipo ecológico. Además, ha creado centros de reciclaje en los estacionamientos de sus 1 500 tiendas y favorece el reciclaje por medio de sus comerciales de televisión.

Según algunas compañías, el movimiento ambientalista ha creado nuevos mercados. Watchmakers Swatch y Gruen lanzaron al mercado modelos de reloj en cuya carátula aparecen mensajes ecológicos o imágenes de especies en peligro de extinción. Swatch dona parte de sus ingresos a las Naciones Unidas para que se destinen a causas ambientales; Gruen, por su parte, hace aportaciones a la Audubon Society.

- **Vincular las marcas a las causas ambientales para crear buena voluntad en el público consumidor.** Coors Brewing Company instituyó un programa en el cual sus distribuidores ayudan a grupos ecologistas a limpiar el agua mediante donativos y actividades promocionales. James River, compañía que fabrica Dixie Cups, se asoció a las ligas pequeñas de béisbol para patrocinar campañas de reciclaje cuya finalidad es reunir fondos para las ligas locales.

La estrategia de marketing ecológico dará resultado sólo si logra atraer a un número suficiente de consumidores. La evidencia relativa al interés de ellos no es concluyente. La mayor parte de los estadounidenses opinan que la protección del ambiente constituye una alta prioridad, pero no están dispuestos a obrar conforme a ella. Según un estudio patrocinado por S. C. Johnson and Son, el interés del público norteamericano por el ambiente ha ido creciendo más rápidamente que cualquier otra cuestión. Sin embargo, tiende a atribuirle a las empresas los problemas ecológicos de tipo local, nacional y mundial. En opinión del 60% de los norteamericanos, las empresas tienen la culpa por no diseñar productos amistosos con el ambiente. Pero también los consumidores se culpan a sí mismos. El 70% afirma que a los compradores les interesa más la comodidad que el ambiente, y más del 50% cree que no estarían dispuestos a pagar más con tal de tener productos más inocuos.

Casos de la parte uno

Los resultados anteriores los corrobora la experiencia de Bic Corporation, fabricante de plumas, rastrillos y encendedores desechables. Cada año produce 4 millones de plumas, 3 millones de rastrillos y 800 000 encendedores de plástico, todos los cuales terminarán finalmente en los vaciaderos. Y hace poco introdujo un rastrillo desechable de corte doble. Podría diseñar plumas, rastrillos y encendedores que acepten repuestos, pero el público vota con su dinero y emite el mensaje de que no se introduzcan cambios en esos productos.

Los consumidores pueden afectar al ambiente en dos puntos: comprando o rechazando productos nocivos para el entorno y reciclando productos o arrojándolos a la basura. En este momento, el reciclaje es la conducta ecológica más común. Sin embargo, más de la mitad de los adultos nunca ha reciclado por lo menos un periódico. Los que actualmente observan un comportamiento en favor del ambiente poseen una escolaridad e ingresos más altos que el promedio. Y las mujeres son más dinámicas que los hombres en el ámbito ecológico.

Si se legisla sobre el marketing ecológico, como sucedió en el caso de los carbonos de clorofloruro, las compañías de una industria se verán obligadas a ajustarse a la norma. Y esto no puede considerarse estratégico. Por el contrario, si una empresa decide voluntariamente instituir un programa de marketing ecológico, le servirá para atraer a los clientes. Como se mencionó con anterioridad, la estrategia puede incluir desde una afirmación en la etiqueta hasta una nueva línea de productos.

Otra opción consiste en facilitarles a los consumidores observar una conducta ecológica. Una compañía que intenta hacer esto es Green Seal. Se sirvió de expertos de la industria, el gobierno y grupos de interés público para establecer normas ambientales a varios productos de consumo. En las normas se tuvo en cuenta el impacto del producto durante la elaboración, empaque, uso y eliminación. Si el producto de una compañía cumple con la norma, podrá usar el Green Seal de aprobación en sus empaques y publicidad. Con ello se trata de que un indicador cómodo de interés ambiental como el Green Seal les facilite a los consumidores ser congruentes con sus ideas ecológicas.

Sin embargo, también hay el peligro de que un programa de certificación como el anterior simplifique demasiado los problemas ambientales. Por ejemplo, los tubos fluorescentes ahorran más energía que los incandescentes; pero también contienen mercurio, el cual puede penetrar en los vaciaderos cuando se desechan los tubos. Por otra parte, el mercurio también es emitido al aire por las plantas que producen energía para iluminar los tubos incandescentes.

PREGUNTAS

1. ¿Es compatible el marketing ecológico con el concepto de marketing?
2. ¿Qué aspectos del ambiente interno y externo de una compañía podrían recibir el influjo de una estrategia de marketing ecológico?
3. ¿Cómo se aplicarían al marketing ecológico los cinco pasos de la planeación estratégica?

Fuentes: John Holusha, "The Refrigerator of the Future, for Better or Worse", *The New York Times*, 30 de agosto, 1992, Sec. 3, p. 3; S. K. List, "The Green Seal of Eco-Approval", *American Demographics*, enero de 1993, pp. 9-10; "Management Briefs: Food for Thought", *The Economist*, 29 de agosto, 1992, pp. 64-65; Udayan Gupta, "Natural-Product Makers Discover Power of an Image", *The Wall Street Journal*, 23 de junio, 1992, p. B2; Elaine Underwood, "A Self-Winding Eco-Pitch", *Adweek's Marketing Week*, 13 de abril, 1992, p. 18; Terry Lefton, "Disposing of the Green Myth", *Adweek's Marketing Week*, 13 de abril, 1992, pp. 20-21; Terry Lefton, "A Thrifty Green Brand Called Marcal", *Adweek's Marketing Week*, 17 de febrero, 1992, p. 6; Robert McMath, 'Green' Packing That Works", *Adweek's Marketing Week*, 2 de diciembre, 1991, p. 28; Judith Waldrop, "Educating the Consumer", *American Demographics*, septiembre de 1991, pp. 44-47; Alesia Swasy, "Color Us Green", *The Wall Street Journal*, 22 de marzo, 1991, p. B4; Terry Lefton, "Still Battling the Ozone Stigma", *Adweek's Marketing Week*, 16 de marzo, 1992, pp. 18-19; Joe Schwartz y Thomas Miller, "The Earth's Best Friends", *American Demographics*, febrero de 1991, pp. 26-35; Carolyn Lesh, "Loblaws", *Advertising Age*, 29 de enero, 1992, p. 38.

PARTE DOS

Mercados meta

Un análisis de las personas y organizaciones que compran, por qué compran y cómo compran

En la parte 1 el lector aprendió que:

- Prácticamente todas las empresas prósperas buscan ante todo satisfacer a sus clientes.
- La planeación estratégica es el proceso de adecuar los recursos de la organización a sus oportunidades de mercado.

De lo anterior se deduce que una organización debe averiguar cuáles son sus clientes potenciales. Sólo después de identificar a sus clientes podrán los ejecutivos diseñar una mezcla de marketing que satisfaga sus necesidades.

En esta parte del libro examinaremos cómo una organización identifica a sus clientes, es decir a sus mercados meta. Para ello, en el capítulo 5, explicaremos los conceptos de segmentación del mercado y estrategias relativas al mercado meta. El capítulo 6 versa sobre el comportamiento de compra y el proceso de compra en los mercados de los últimos consumidores. En el capítulo 7 trataremos del mercado de empresas e industrias.

CAPÍTULO 5

Segmentación del mercado y estrategias relacionadas con el mercado meta

¿Cómo llevó
SARA LEE
el dulce sabor del éxito más allá del negocio de los pasteles?

Además de vender pasteles y panecillos, en Estados Unidos Sara Lee tiene el 44% del mercado de medias que representa ingresos por $2.2 mil millones de dólares. Y en 1990 la compañía, con sede en Chicago, adquirió Dim, S.A., fabricante francés de medias y con ello ingresó en el mercado europeo cuyos ingresos ascienden a $4000 millones de dólares. Lo que hace que el éxito de Sara Lee sea muy interesante es la forma en que penetró en el mercado.

La mayor parte de los fabricantes de medias las tratan como un simple producto de consumo. Es decir, ven poca o nula posibilidad de diferenciar sus marcas de las ofertas de los competidores. Por ello, su estrategia primaria consiste en ofrecer el precio más bajo posible. En Sara Lee, los directivos han adoptado un enfoque totalmente diferente. Para ellos el mercado se compone al menos de tres submercados.

El primero es un segmento extenso, muy sensible al precio. Estas clientas exigen un nivel razonable de calidad, pero están dispuestas a sacrificar la diversidad de colores y texturas a cambio de precios más bajos. Buscan ante todo la comodidad cuando compran medias y aprecian la seguridad de que están adquiriendo una marca conocida. Con el fin de satisfacer este mercado, Sara Lee ofrece L'eggs en cadenas de tiendas de comestibles, tiendas de descuento y farmacias. Con su famoso nombre y exhibiciones bien diseñadas, L'eggs está en posibilidades de mantener bajos los precios, generando grandes volúmenes de ventas en un espacio pequeño.

El segundo segmento está constituido por las clientas de las tiendas de departamentos que buscan ante todo elegancia, servicio personal y diversidad de colores en las medidas. Sara Lee acomete esta parte del mercado con la marca Hanes. Para este mercado se requiere una selección más amplia de estilos y texturas. Por ejemplo, la diversidad de productos de la línea Hanes es 10 veces mayor que la de L'eggs. La principal competencia la constituyen las marcas privadas de las tiendas de departamentos, como Macy's Charter Club. Con el fin de hacer Hanes atractiva para las tiendas de departamentos, Sara Lee les ofrece servicios especiales. Por ejemplo, el diseño físico del departamento de medias es introducido en una computadora. Si una tienda quiere evaluar el diseño actual, reconfigurar el departamento, agregar productos o hacer otro cambio, Sara Lee le proporciona un plan para que obtenga el diseño óptimo.

El tercer segmento se centra en la calidad y en la elegancia, sin prestar mucha atención al precio. Este grupo de mujeres compra ropa y accesorios de alta costura. Acuden a tiendas como Neiman Marcus y Saks Fifth Avenue, sin que les importe gastar $20 dólares por un par de medias. A este segmento Sara Lee le ofrece Donna Karan's DKNY Coverings, medias revolucionarias hechas con la mejor hilaza que incluso en parte están hechas a mano para garantizar la máxima calidad. Desde su introducción en 1986, las ventas de la marca DKNY han aumentado un 50% al año. En respuesta al crecimiento de este mercado, Sara Lee introdujo las medias Liz Clairborne, otra marca de alta costura.[1]

¿Con qué criterio Sara Lee subdivide el mercado de medias? ¿Cuáles otras variables podría utilizar para dividirlo?

Sara Lee dividió el mercado de medias en varios submercados o segmentos y diseñó mezclas especiales de marketing para cada uno. En el presente capítulo veremos por qué se segmentan los mercados y la manera de hacerlo. También examinaremos otras estrategias relacionadas con el mercado meta, que una empresa puede escoger una vez segmentado el mercado. Al terminar de estudiar este capítulo, el lector deberá ser capaz de explicar:

OBJETIVOS DEL CAPÍTULO

- Los conceptos conexos de segmentación del mercado y mercados meta.
- El proceso de segmentación del mercado, examinando entre otras cosas sus beneficios y condiciones de uso.
- La diferencia entre mercados de consumidores finales y mercados de usuarios empresariales e industriales.
- Los criterios para segmentar los mercados de consumidores.
- Los criterios para segmentar los mercados empresariales e industriales.
- Tres estrategias relativas al mercado meta: agregación, estrategia de un solo segmento y estrategia de varios segmentos.

PANORAMA GENERAL DE LOS MERCADOS Y DE LOS MERCADOS META

En el capítulo 1 definimos el *mercado* como las personas u organizaciones con 1) necesidades por satisfacer, 2) dinero que gastar y 3) el deseo de gastarlo. Sin embargo, dentro de un mercado total siempre se da un poco de diversidad entre los compradores. No todos los que usan pantalones quieren usar jeans, ni tampoco todos los que compran palos de golf están dispuestos a pagar el mismo precio o comprarlos en una clínica de golf. Para algunos consumidores la razón principal por la que se van de vacaciones en un crucero es descansar y relajarse; en cambio, para otros es la aventura y la emoción de la experiencia. En el mundo empresarial, no todas las compañías que utilizan computadoras quieren la misma capacidad de memoria ni la misma velocidad, y tampoco todos los que compran software necesitan el mismo grado de asesoría de expertos.

En los ejemplos anteriores, salta a la vista que dentro de un mismo mercado general hay grupos de consumidores con necesidades distintas, preferencias de compra o comportamiento relacionado con el uso. En algunos mercados, tales diferencias son relativamente insignificantes, y el beneficio primario que desean los compradores puede satisfacerse con una sola mezcla de marketing. En otros mercados, los clientes no están dispuestos a adaptarse a una sola mezcla de marketing. De ahí la necesidad de contar con otras mezclas de marketing para llegar al mercado entero. Sin importar si es numeroso o reducido, el grupo de clientes (personas u organizaciones) para quienes el vendedor diseña una mezcla de marketing en particular es un **mercado meta**.

Hay dos estrategias para tratar de atender un mercado meta. Una de ellas consiste en tratar el mercado total como una sola unidad: un mercado masivo agregado. Esta opción se basa en la suposición de que podemos satisfacer con una mezcla de marketing a todos los integrantes del mercado pese a sus diferencias. Es decir, los clientes están dispuestos a hacer algunos compromisos con tal de disfrutar el beneficio primario que ofrece el producto, de manera que el mercado total es el objetivo de la compañía. Algunas veces a esto se le llama método de la "escopeta" (un programa, un mercado meta general).

Miles Laboratories identificó en el mercado de las vitaminas varios segmentos.

En la otra alternativa, se considera que el mercado total se compone de segmentos más pequeños con diferencias tan notables que una mezcla de marketing no logrará satisfacer a todos o ni siquiera a la mayor parte de él. Por lo regular la empresa no puede atender las necesidades de los submercados, por lo cual selecciona uno o varios como mercado meta. Esta estrategia adopta el método del "rifle" (programas individuales, mercados meta específicos) en las actividades mercadológicas.

En realidad, la noción de mercado agregado es poco común. Incluso un producto de consumo, como la gasolina, se vende con distintas concentraciones de octano, con etanol o sin él y junto con otros aditivos diversos. El mercado total de la mayor parte de los tipos de productos es demasiado variado (heterogéneo) como para poder considerarlo una entidad única y uniforme. Así, hablar de un mercado de las píldoras de vitaminas equivale a ignorar la existencia de submercados que difieren considerablemente entre sí. A causa de tales de diferencias, Miles Laboratories ofrece las vitaminas de fórmula regular One-A-Day para adultos, vitaminas One-A-Day para mujeres y vitaminas Flintstone para niños. Así, su decisión más común consiste en escoger en qué grupos o mercados meta del mercado global concentrará sus actividades promocionales.

Pero antes de seleccionar un mercado meta, hay que identificarlos y describirlos. A este proceso se le llama *segmentación del mercado*.

SEGMENTACIÓN DEL MERCADO

La variación de las respuestas de los consumidores ante una mezcla de marketing puede atribuirse a las diferencias de sus hábitos de compra, a las formas de utilizar el bien o el servicio o a los motivos de la compra. Los expertos en marketing orientados a los clientes tienen en cuenta tales diferencias, aunque rara vez pueden darse el lujo de adaptar una mezcla de marketing para cada uno. En consecuencia, la mayor parte de ellos operan entre dos extremos: uno que consiste en aplicar una mezcla para todos y el otro que consiste en utilizar una mezcla para cada cliente. Para ello se requiere la **segmentación del mercado**, proceso que consiste en dividir el mercado total de un bien o servicio en grupos más pequeños, de modo que los miembros de cada uno sean semejantes en los factores que repercuten en la demanda. Un elemento decisivo del éxito de una empresa es la capacidad de segmentar adecuadamente su mercado.

Beneficios de la segmentación del mercado

La segmentación del mercado está orientada al cliente y, por esa razón, es compatible con el concepto de marketing. Al segmentar, primero identificamos las necesidades de los clientes dentro de un submercado y luego decidimos si conviene diseñar una mezcla de marketing para satisfacerlas.

Al adaptar los programas de marketing a los segmentos individuales, los ejecutivos realizarán mejor su trabajo de marketing y harán un uso más eficiente de sus recursos. Una firma pequeña de escasos recursos podrá competir con muchas probabilidades de éxito en uno o dos segmentos pequeños; en cambio, esa misma compañía sería aplastada por la competencia si se concentrara en un segmento más amplio. Por ejemplo, Estee Corporation produce alimentos para los diabéticos: galletas sin azúcar, bocadillos, dulces y varios tipos de aderezos, jaleas y postres sin azúcar. A una empresa pequeña le resultaría imposible competir directamente con los gigantes de la industria alimentaria, como Kraft o General Foods.

En cambio, aplicando la estrategia de la segmentación del mercado, Estee está en condiciones de diseñar productos que correspondan a las necesidades de un grupo específico. También la publicidad será más eficaz, ya que los mensajes promocionales, y los medios de comunicación con que se difunden, pueden ser dirigidos a un segmento particular del mercado. Con un presupuesto apenas de $2 millones de dólares, Estee se centra en su mercado meta, coloca anuncios en revistas para médicos y diabéticos, y lleva a cabo una publicidad de correo directo entre estos últimos.[2]

Las empresas de tamaño mediano pueden crecer rápidamente, si obtienen una posición sólida en los segmentos especializados del mercado. Por ejemplo, AFG Industries of California se posicionó como el principal fabricante de vidrio para las puertas de los hornos de microondas y los canceles de baño. La Oshkosh Truck Company de Wisconsin ha llegado a ser el fabricante más grande de camiones para bomberos y rescate de los aeropuertos de todo el mundo. Reynolds & Reynolds Company, empresa con sede en Ohio, domina el mercado de los formularios estándar de papel entre los distribuidores de automóviles.

Hasta las compañías más grandes, con suficientes recursos para realizar el marketing masivo basado en costosas campañas a nivel nacional, han empezado a abandonar las estrategias generales de marketing. Prefieren la segmentación por ser una estrategia más eficaz para llegar a fragmentos que antes constituían un mercado masivo y homogéneo en Estados Unidos.

El marketing del jabón en barra ejemplifica elocuentemente las condiciones cambiantes del mercado. A fines del siglo pasado había dos grandes marcas: Ivory, fabricada por Procter & Gamble; y Lifebouy, un producto de Lever Brothers. Hoy, además de Ivory, P&G ofrece Zest, Coast, Safeguard, Camay y Oil of Olay. La línea de Lever Brothers ha crecido y ahora ofrece los jabones Dove, Caress, Shield, Luz y Lever 2000, además de Lifebouy. Otras variaciones son las barras de jabón de diferentes tamaños para lavabos y tinas, colores que armonizan con la decoración de los baños y jabón líquido en distribuidores de presión. Estos productos reflejan la existencia de un mercado que ha sido segmentado por tipo de piel (seca y grasosa), fragancia, preferencias estéticas, el deseo de comodidad y el beneficio primario buscado (por ejemplo, lavarse las manos sucias o desodorizar el cuerpo). Es evidente que todos los consumidores usan jabón en su aseo personal, pero esperan además otros beneficios del jabón. De ahí la existencia de muchos segmentos.

Condiciones de una buena segmentación

La finalidad de la segmentación es dividir un mercado para que cada segmento responda adecuadamente a una mezcla distinta o especial de marketing. Tres condiciones ayudan a los expertos en marketing a alcanzar el objetivo:

- El criterio de la segmentación (esto es, las características con que se describen los segmentos en que caen los compradores) ha de ser *mensurable* y los datos que las describen deben ser *obtenibles*. La edad de los compradores es a la vez mensurable y obtenible. Por otra parte, el "deseo de productos inocuos desde el punto de vista ecológico" puede constituir una característica útil para segmentar el mercado de pañales desechables que sean biodegradables. Sólo que esta característica no se mide fácilmente y tampoco podemos recabar fácilmente los datos.
- El segmento del mercado tiene que ser *accesible* a través de las instituciones actuales de marketing (intermediarios, medios publicitarios, fuerzas de venta de la compañía), con

un costo mínimo y sin desperdiciar esfuerzos. Con el propósito de no desperdiciar la cobertura, algunas revistas norteamericanas de circulación nacional, entre ellas *Time* y *Sports Illustrated*, y los grandes periódicos metropolitanos, publican ediciones especiales para algunas regiones. Ello permite a un anunciante insertar un anuncio en una revista dirigida, digamos, a un segmento del sur de Estados Unidos o un anuncio de periódico que llega a determinados suburbios, sin tener que pagar la exposición en otras áreas que no le interesan.

- Un segmento ha de ser lo *bastante grande* para que resulte rentable. En teoría, los ejecutivos podrían tratar a cada cliente como un segmento individual. En realidad, esa situación podría ser normal en los mercados de empresas e industrias, como cuando Boeing vende aviones para pasajeros a aerolíneas comerciales o cuando Citibank hace un préstamo al gobierno de México o Argentina. También se presenta en algunos mercados de consumidores como las casas diseñadas a gusto del comprador. Sin embargo, al segmentar la mayor parte de los mercados de consumidores, una empresa no necesita crear una amplísima gama de estilos, colores, tamaños y precios, porque la producción y los costos de inventario la haría impráctica.

Desde una perspectiva orientada a los clientes, el método ideal de segmentar un mercado es hacerlo partiendo de los beneficios que buscan ellos. Sin duda, utilizar los beneficios como criterio para segmentar un mercado es compatible con la idea de que una compañía debería vender los beneficios y no simplemente las características físicas del producto. Después de todo, un carpintero quiere una superficie lisa (el beneficio), no la lija (el producto). No obstante, muchas veces los beneficios deseados por el cliente no cumplen con la primera condición antes descrita. Es decir, no se miden fácilmente, pues los clientes no están dispuestos a manifestarlos o no quieren hacerlo. Por ejemplo, ¿qué beneficios obtiene la gente de la ropa cuya etiqueta está en la parte externa? Y a la inversa: ¿por qué otras personas se niegan a usarla?

Aun cuando se logre identificar los beneficios, posiblemente mediante estudios con grupos de interés, es difícil determinar en qué proporción existen en el mercado. De ahí que a menudo se utilicen varios indicadores indirectos de los beneficios para describir los segmentos. Esos indicadores (la edad, por ejemplo) no son la razón por la cual la gente compra, sino características fácilmente medibles que suelen tener en común las personas que buscan los mismos beneficios. Así, los norteamericanos de edad madura tienden a leer *Business Week* más que los adolescentes, no por su edad, sino porque el contenido de la revista guarda más estrecha relación con su vida. A los ejecutivos de marketing de *Business Week* les resulta más fácil medir la edad que la pertinencia, por lo cual la edad se convierte para ellos en una variable de la segmentación. A continuación se explican algunos de estos criterios de uso común.

Mercados de consumidores finales y de empresas

Una compañía puede segmentar su mercado de diversas maneras. Y los criterios para hacerlo dependen de cada producto en particular. Con todo, el primer paso consiste en dividir un mercado potencial en dos categorías generales: consumidores finales y usuarios de negocios. El único criterio de esta segmentación inicial es la *razón de compra* del cliente.

Los **consumidores finales** compran bienes o servicios para su uso personal o para su familia y están satisfaciendo necesidades no relacionadas con los negocios. Constituyen el llamado "mercado de consumidores". En el capítulo 6 trataremos del comportamiento de compra de los consumidores.

Los **usuarios empresariales** son organizaciones lucrativas, industriales o institucionales que compran bienes y servicios para utilizarlos en sus empresas, para revenderlos o bien para hacer otros productos. Un fabricante que adquiere productos químicos para elaborar fertilizantes es un usuario industrial de esos productos. El agricultor que compra el fertilizante para emplearlo en los cultivos comerciales es un usuario del fertilizante. Y los detallistas que lo compran para venderlo a los consumidores también pertenecen a esta categoría de usuarios. (Sin embargo, cuando el dueño de una casa compra fertilizante para utilizarlo en su patio, es el consumidor final porque lo adquiere para un uso personal, no de negocios.) También caen dentro de la categoría de usuarios de negocios los supermercados, los museos y los fabricantes de papel que contratan los servicios de un contador público. Los usuarios de negocios constituyen el "mercado empresarial", tema que estudiaremos en el capítulo 7.

Segmentar todos los mercados en dos grupos (consumidores y empresas) es sumamente importante desde el punto de vista mercadológico porque los dos segmentos muestran un comportamiento especial de compra. En consecuencia, la composición de la mezcla de marketing del vendedor (productos, distribución, precio y promoción) dependerá de si se dirige al primero o al segundo.

SEGMENTACIÓN DEL MERCADO DE CONSUMIDORES

La división del mercado total en los segmentos de consumidores finales y de empresas da origen a subdivisiones que siguen siendo amplias y diversas para la generalidad de los productos. Es preciso identificar algunas características dentro de cada segmento, pues sólo así podremos dividirlos en otros segmentos más específicos.

Como se advierte en la tabla 5-1, podemos dividir el mercado de los consumidores en segmentos más pequeños valiéndonos de las siguientes características:

- Geográficas
- Demográficas
- Psicográficas
- Comportamiento de compra

Al utilizar las características anteriores como **criterios para segmentar los mercados de consumidores**, hemos de tener presentes varias cosas.

Primero, el comportamiento de compra rara vez puede atribuirse a una característica solamente. Por tanto, una segmentación útil se obtiene al incluir varias características. He aquí un ejemplo: el mercado de un producto muy pocas veces está constituido por todas las personas que viven en cierta región de un país o por todas las que tienen más de 65 años. Por el contrario, muy probablemente el segmento se describe mejor usando una combinación de características. Así, un segmento de un servicio financiero podría componerse de todas las familias que habitan en determinada región, que tienen niños pequeños y cuyos ingresos rebasan cierto nivel. El mercado meta de un fabricante de ropa podrían ser las mujeres jóvenes y ricas (ingreso, edad y género). Por otra parte, hay que proceder con mucho cuidado al escoger las características de la segmentación, pues si se utilizan mucho los

TABLA 5-1 Criterios de segmentación de los mercados de consumidores

Criterios de segmentación	Segmentos típicos del mercado
Geográficos:	
Región	Nueva Inglaterra, región atlántica media y otras regiones de censo
Tamaño de la ciudad o de la área estadística metropolitana	Menos de 25 000, 25 001-100 000, 100 001-500 000, 500 001-1 000 000, etc.
Urbana-rural	Urbana, suburbana, rural
Clima	Caluroso, soleado, lluvioso-nublado
Demográficos:	
Ingreso	Menos de $10 000, $10 000-$25 000, $25 001-$35 000, $35 001-$50 000, más de $50 000
Edad	Menos de 6, 6-12, 13-19, 20-34, 35-49, 50-64, de 65 en adelante.
Género	Hombre, mujer
Ciclo de la vida familiar	Joven, soltero; joven, casado, sin hijos; etc.
Clase social	Clase alta, clase media alta, clase media baja, clase baja, etc.
Escolaridad	Solamente instrucción primaria, graduado en enseñanza media, graduado universitario
Ocupación	Profesionista, ejecutivo, oficinista, artesano, vendedor, estudiante, ama de casa, desempleado
Religión	Protestante, católico, judío, otros
Origen étnico	Africano, asiático, europeo, hispánico, habitante del medio este de Estados Unidos, etc.
Psicológicos:	
Personalidad	Ambicioso, seguro de sí mismo, agresivo, introvertido, extrovertido, sociable, etc.
Estilo de vida	Conservador, liberal, orientado a la salud y el condicionamiento físico, aventurero
Psicográfico:	VALS, VALS2, lista de valores
Conductuales:	
Beneficios deseados	Los ejemplos varían según el producto: electrodomésticos (costo, calidad, duración); pasta dental (prevención de la caries, control de la placa, dientes brillantes, buen sabor, precio bajo)
Tasa de uso	No usuario, usuario de pequeñas cantidades, usuario de grandes cantidades

segmentos seleccionados serán mucho más pequeños de lo necesario. La primera característica que escoja ha de ser la que ofrezca la división más clara y definida del mercado. Las otras han de seguir el orden de la eficacia con que discriminan entre los segmentos.

Segundo, deben conocerse las interrelaciones entre las características, sobre todo entre los factores demográficos. Así, la edad y el ingreso suelen estar relacionados entre sí. Y el ingreso depende, en cierta medida, de la escolaridad y la ocupación. En el caso de un producto en particular, pueden ser muy semejantes los segmentos resultantes de las divisiones hechas a partir del ingreso, escolaridad y ocupación. Cuando es así, sólo se necesita utilizar el atributo cuya información es más fácil colectar.

Y, tercero, no hay reglas que rijan las categorías de número y alcance de la mayor parte de las características. Por ejemplo, en la tabla 5-1 la primera categoría de edad abarca 6 años, dos categorías abarcan 7 años, tres abarcan 16 años y una está abierta. Según la situación, tal vez convenga servirse de menos o más categorías o bien hacer que todas tengan el mismo tamaño. Para determinar la categoría que proporciona las mejores descripciones del segmento se requieren a menudo muchos experimentos de tanteo.

Segmentación geográfica

La subdivisión de los mercados en segmentos por distribución geográfica (las regiones, estados, ciudades y pueblos donde vive y trabaja la gente) es una técnica muy común. Ello se debe simplemente a que las necesidades del consumidor y la utilización de los productos suelen estar relacionados con una o varias de esas subcategorías. Las características geográficas también son mensurables y accesibles, dos de las condiciones que se requieren para una buena segmentación. Examinemos de qué manera la distribución geográfica puede servir de base a la segmentación.

FIGURA 5-1

Distribución de la población estadounidense en 1980, el crecimiento proyectado de 1980 al año 2000 y el cambio porcentual de la población por región.

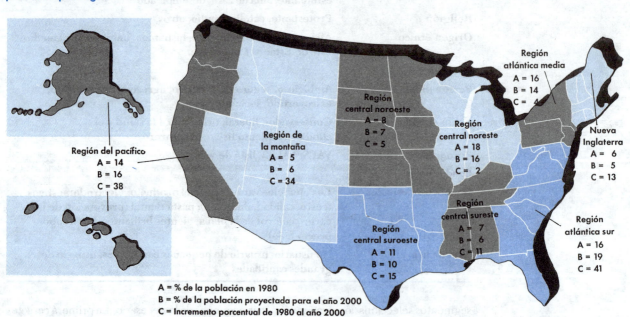

Fuente: *Statistical Abstract of the United States: 1991*, 11a. ed., Washington, D.C.: U.S. Bureau of the Census, 1991, pp. 20 y 24.

El sabor de Nacho Cheese, una de las marcas de Campbell's dirigidas a sabores regionales, se ha convertido en un gran éxito en la industria de los alimentos.

Distribución regional de la población. Muchas compañías venden su producto en un reducido número de regiones o bien lo hacen a nivel nacional, pero preparan una mezcla de marketing para cada una. Las cadenas de supermercados como Alpha Beta y Winn-Dixie concentran sus actividades mercadológicas en determinadas regiones. En algunas partes de Estados Unidos no se conocen ni siquiera los mercados más grandes, como Kroger y Safeway. Campbell Soup Company modificó algunas de sus recetas de sopas y frijoles para adaptarse a los gustos regionales, y General Foods se vale de métodos distintos para promover Maxwell House Coffe en varias regiones.

La **distribución regional de la población** constituye un factor importante para los expertos en marketing, porque las personas que viven *en* una región tienden a tener los mismos valores, actitudes y preferencias de estilo. Sin embargo, se dan divergencias importantes *entre* las regiones por las diferencias de clima, costumbres sociales y otros aspectos. Así, en Florida y el suroeste de Estados Unidos la gente prefiere los colores brillantes y cálidos, mientras que los colores grises y más fríos predominan en Nueva Inglaterra y en el oeste medio. Los habitantes del oeste son menos formales que los del este y, además, pasan más tiempo al aire libre. En consecuencia, en la región occidental estadounidense existe un gran mercado para los muebles de patio, la ropa deportiva y el equipo para actividades recreativas al aire libre.

Los ejecutivos de marketing deben conocer bien los patrones actuales y las tendencias futuras de la población regional. En la figura 5-1 aparece la distribución de la población estadounidense en 1980, el crecimiento proyectado de 1980 al año 2000 y el cambio porcentual de la población por región, según las proyecciones del U.S. Census Bureau. Los mercados más grandes se encuentran en la región central noreste, en la región atlántica sur y atlántica media. En estas tres regiones se concentran un poco más de la mitad de la población del país. Sin embargo, la tasa más alta de crecimiento demográfico durante las últimas cuatro décadas correspondió a las regiones del sur y del oeste, el "Sun Belt" (la zona del suroeste de EUA). En el año 2000 los tres estados más poblados serán California, Texas y Florida, en ese orden.

Distribución urbana, suburbana y rural. Muchas empresas segmentan su mercado por el tamaño de las ciudades o por la concentración de la población; es decir, utilizan una **distribución urbana-suburbana-rural**. En un principio Toys "R" Us, la cadena más grandes de jugueterías en Estados Unidos, ubicaba sus tiendas exclusivamente en las áreas metropolitanas con una población mayor de 250 000, para cerciorarse de contar con una base suficientemente amplia de clientes. En cambio, la estrategia inicial de Wal-Mart consistió en abrir sucursales sólo en poblaciones de menos de 35 000 habitantes para tener la menor competencia posible.

Desde hace muchos años la población norteamericana ha ido disminuyendo, y se prevé que esa tendencia continúe. Esta reducción ha hecho que algunos expertos en marketing subestimen el potencial del mercado rural. Sin embargo, el mercado agrícola sigue siendo un atractivo mercado industrial para equipo y suministros agrícolas y un importante mercado de consumidores con fuerte poder adquisitivo.

Estructura del área metropolitana. Al disminuir el porcentaje de la población estadounidense que vivía en el campo, se elevó el de los que viven en las zonas metropolitanas, es decir en la ciudad o cerca de ella. El gobierno federal reconoció este cambio de la población y por ello estableció una clasificación tripartita de las áreas metropolitanas que constituye una excelente herramienta de medición del mercado. En conjunto, las áreas metropolitanas incluidas en esta división representan cerca del 75% de la población del país y de las ventas al detalle. Claro que, para muchos productos, esas áreas son mercados atractivos por estar concentrados en ciertas zonas geográficas. También son un medio de detectar las regiones de población creciente y aquellas con población decreciente. Las tres categorías de la clasificación son las siguientes:

- El **área estadística metropolitana (MSA)** constituye la unidad fundamental. Estas áreas tienen un centro de población urbana por lo menos de 50 000 habitantes y una población total de un mínimo de 100 000. Sus confines se trazan a lo largo de las fronteras del condado y pueden cruzar los límites estatales. Pero los condados han de estar integrados en el aspecto social y prácticamente todos los empleos son de tipo no agrícola. En Estados Unidos hay 325 áreas estadísticas metropolitanas.
- Un **área estadística metropolitana primaria (PMSA)** es aquella que tiene al menos una población de 1 millón de habitantes. Cerca de 80 de las MSA más grandes caen dentro de esta categoría.
- Un **área estadística metropolitana consolidada (CMSA)** es un gigantesco centro urbano formado por dos o más PMSA contiguas. El centro urbano de aproximadamente 25 de estas áreas estadísticas es una gran ciudad como Nueva York, Los Ángeles, Chicago o Filadelfia.

Crecimiento suburbano. Al ir creciendo las áreas metropolitanas, también ha cambiado su composición. El centro de las ciudades crece muy lentamente, y en algunos casos las partes más viejas de ellas hasta han perdido población. El crecimiento real se observa en las zonas periféricas del centro o bien en los suburbios situados fuera de la ciudad. A medida que las familias de ingresos medios se han mudado a los suburbios, ha cambiado considerablemente la composición económica, racial y étnica de muchas ciudades (sobre todo en las áreas más importantes). Los cambios de esas zonas tienen consecuencias fundamentales para el mercado.

Primero, los detallistas han seguido a los consumidores del centro de las ciudades hacia los suburbios. Puesto que un elevado porcentaje de estas personas viven en residencias de una sola familia, existe un mercado en gran expansión para cortadoras de pasto, muebles de patio, mobiliario para el hogar y productos para reparaciones caseras. Más que los habitantes de la ciudad, los que viven en los suburbios suelen necesitar dos automóviles. Están propensos a pasar más tiempo libre en casa y, por lo mismo, representan un mercado más amplio para los productos relacionados con el entretenimiento y recreación en casa.

Segundo, las empresas de servicios suelen estar ubicadas cerca de sus mercados. Por ello las compañías de servicios personales, como los bancos, los restaurantes de comida rápida, las florerías y las agencias de viajes, abren sucursales o comienzan nuevas empresas en los suburbios. Además, muchos corredores de inversión y seguros, agentes de bienes raíces, médicos, dentistas y otras empresas de servicios profesionales han abandonado el centro de las ciudades. Algunos teatros, estadios deportivos y otros centros de diversión clausuraron ya sus instalaciones y se mudaron a los suburbios.

Tercero, la lenta pero constante migración de los grandes detallistas hacia los suburbios ha dejado un hueco en el centro de las ciudades. Descontentos con la escasa variedad y los

ALGUNOS CAMBIOS DEMOGRÁFICOS SORPRENDENTES

Nuestras creencias acerca de la población son obsoletos o, simplemente, incorrectos. Los expertos estadounidenses en marketing deben examinar periódicamente los cambios que van operándose en la población de ese país. Por ejemplo, ¿cuántos de los siguientes hechos demográficos conocen los estadounidenses?

- El porcentaje de la población de 20 a 35 años aumentó casi en un tercio entre 1970 y 1985. Sin embargo, de 1985 al año 2000, disminuirá en un 15%.
- Los matrimonios representaron apenas una tercera parte del incremento total de las unidades familiares durante los últimos 10 años.
- Las familias encabezadas por una persona de más de 50 años representan 45% del total de ellas, pero poseen el 75% de los bienes personales de todo el país.
- El nivel de vida de los estadounidenses promedio se duplicó desde 1955.
- En 1960, 55% de la población estaba en edad laboral; hoy lo está el 62%.
- Desde 1980 la economía norteamericana generó 20 millones de nuevos empleos, 60% de ellos desempeñados por mujeres.
- En 1960 dos terceras partes de los estudiantes universitarios eran hombres; hoy el 52% es de sexo femenino.

¿Qué consecuencias tienen estos hechos para las empresas que venden productos de primera necesidad como casas, electrodomésticos y ropa? ¿Y cuáles son las consecuencias para las que venden artículos de lujo?

Fuente: The Consumer Research Center, Nueva York, sin fecha.

---

precios más altos de las tiendas independientes que han quedado allí, los residentes recorren muchos kilómetros para realizar sus compras en los suburbios. Las grandes cadenas como Woolworth's, Tops (cadena de supermercados en Nueva York) y Smart & Final (distribuidor de alimentos en la costa occidental) se percataron de esta tendencia y ya empezaron a establecer sucursales en esas zonas.[3]

Un ejemplo de la complejidad que ha adquirido la segmentación geográfica es el agrupamiento por código postal (o geodemográfico). Este procedimiento lo inventó una firma de investigación, Claritas, con un sistema que llama **PRIZM** (siglas de Potential Rating Index for ZIP Markets = índice de clasificación potencial de mercados por ZIP). Con los datos que el U.S. Census proporciona sobre nivel escolar, ingresos, ocupación, vivienda, grupos étnicos, urbanización y otras variables, Claritas agrupó los 36 000 códigos postales de Estados Unidos en 40 segmentos. Después se analizaron las semejanzas de cada segmento en estilos de vida y comportamiento de consumo, asignándole nombres como "towns and gowns" (ciudades universitarias), "grey power" (comunidades de retirados de clase media) y "shotguns and pickups" (poblaciones a la orilla de las carreteras). Esta información permite a los ejecutivos de marketing identificar los códigos postales para efectuar promociones de correo directo, para seleccionar sitios donde abrir tiendas y para escoger la mejor mezcla de productos y marcas que ofrecerá cada tienda.[4]

Segmentación demográfica

El criterio más común con que se segmentan los mercados de consumidores es la demografía, estadística que describe a una población. Entre las características demográficas más

Los adolescentes constituyen un importante segmento del mercado, pero su uso de los medios masivos de comunicación hacen de ellos un grupo al cual es difícil llegar.

conocidas figuran la edad, el sexo, la etapa del ciclo de la vida familiar, la distribución del ingreso, la escolaridad, la ocupación y el origen étnico. Como se aprecia en el recuadro de la página anterior, los cambios demográficos dan origen a nuevos mercados y eliminan otros.

Edad. Dado que las necesidades cambian a lo largo de nuestra vida, la **distribución de la población por edad** es un criterio útil para segmentar el mercado de muchos productos. Sin embargo, los ejecutivos de marketing han de saber cómo está cambiando la población respecto a las edades. En Estados Unidos se prevé que en el año 2000 habrá 275 millones de habitantes, cifra que representa un incremento de 26 millones respecto a 1990, y la población será más vieja. A mediados de los años 80, por primera vez en la historia de ese país el número de estadounidenses de 65 años o más fue mayor que el de los adolescentes. Examinaremos brevemente algunos de los aspectos sobresalientes de cinco grupos de edad.

El mercado de los *niños* (de 12 años o menos) influye en los gastos en tres formas. Primero, los niños inciden en las compras que efectúan sus padres. En un estudio reciente se estimó que influyen en cerca de $132 mil millones de dólares que sus padres gastan en un año.[5] Segundo, tanto los padres como los abuelos invierten mucho dinero en este grupo. Tercero, los niños también compran bienes y servicios para su uso personal. Se calcula que su ingreso anual total asciende a $9 mil millones de dólares y es prácticamente discrecional.[6]

Los programas promocionales a menudo se diseñan para este segmento del mercado, aunque la mezcla de medios ha empezado a cambiar. El porcentaje de niños que ven programas matutinos de televisión los sábados ha disminuido en 15% desde 1986. Para compensar ese decremento, los anunciantes han optado por otros medios. Por ejemplo, empiezan a aumentar el número de revistas de interés especial destinadas a los niños, lo cual las convierte en un espacio cada vez más importante para anunciarse. Ya se expenden en el mercado versiones infantiles de *Sports Illustrated* y *Field and Stream*. Una nueva revista, *Sparks*, para niños de 6 a 11 años contiene proyectos de redacción y arte con anuncios de crayones Crayola, plumas Pentel y la goma de mascar Fruit Stripe. Esta tendencia también se refleja en el hecho de que desde 1986 han sido lanzadas al mercado 80 nuevas revistas para niños.[7]

El número de *adolescentes* ha decrecido considerablemente desde los años 70. Sin embargo, en los años 90 todavía habrá más de 25 millones de consumidores en esta categoría con ingresos considerables provenientes de empleos de medio tiempo y de las percepciones de ambos padres. Los adolescentes constituyen un gran mercado para los videocasets, la ropa, cosméticos, automóviles, aparatos de estéreo, discos y otros productos. Es un mercado grande y que gasta el dinero con generosidad; pero para los anunciantes no ha sido fácil llegar a él. Por ejemplo, sólo 68% de los adolescentes leen un periódico por lo menos una vez a la semana.[8] Sin embargo, a las empresas les interesa este grupo por su tamaño y porque sus miembros tienen mucho dinero para gastar. El error podría ser incorporarlos a todos en un solo grupo; sin duda el grupo constituido por los que tienen de 13 a 16 años es muy distinto del formado por aquellos cuya edad queda comprendida entre 17 y 19 años.

A través de la escuela podemos llegar a este mercado. Por ejemplo, más de 1.4 millones de números de la revista *Scholastic* se distribuyen anualmente en las escuelas. De ahí que Discover Card haya diseñado un suplemento que acompaña los números regulares de la revista con artículos sobre la banca y las finanzas personales.[9] Otra forma de llegar a él indica que los anunciantes consideran que se trata de un mercado sumamente atractivo: Chanel One, programa de noticias que incluye comerciales, se transmite a 10 000 escuelas de enseñanza media en Estados Unidos. El programa diario de 12 minutos de duración contiene apenas 2 minutos de publicidad. Channel One obsequia a las escuelas participantes antenas parabólicas y televisores a cambio de una garantía de que todos los alumnos verán el programa.[10]

En los años 90, el segmento demográfico compuesto por *personas de edad madura*, de 35 a 50 años, será un mercado muy grande y lucrativo. Esas personas pertenecen a la generación del auge de la natalidad en el postguerra, y muchos de ellos fueron los rebeldes sociales a fines de la década de 1960 y principios de la de 1970. Ahora, al llegar a la edad madura en los años 90, empiezan a vivir sus años de mayores ingresos. Por lo regular, su situación personal, sus valores y estilos de vida difieren mucho de los que tuvieron su misma edad en generaciones anteriores. Por ejemplo, 25% de los que hoy tiene de 35 a 44 años son solteros, frente a 12% en 1960. Los fabricantes empiezan a adaptarse a esta demografía cambiante. Minnetonka, Colgate, Crest y otros fabricantes norteamericanos de pastas dentales que hace 20 años hacían hincapié en la prevención de la caries, ahora están produciendo pastas que combaten la placa, problema dental propio de los adultos. Estos consumidores aprecian mucho el tiempo y no quieren desperdiciarlo; esa actitud se refleja en el crecimiento de las ventas por catálogo, en los servicios de reparaciones caseras y de cuidado del pasto, así como en los alimentos listos para servirse. Con el fin de llegar más fácilmente a este grupo, McDonald's sometió a prueba la venta de huevos, leche y pan en ventanillas de servicio en el auto.[11]

En el extremo del espectro correspondiente a personas de más edad se encuentra dos segmentos que no deben desatenderse.[12] Uno es el grupo de aquellos cuya edad fluctúa entre *cincuenta* y *sesenta años*. Se trata de un mercado extenso y con un gran poder adquisitivo. Sus miembros se encuentran en el periodo de mayores percepciones y generalmente ya no tienen la responsabilidad de mantener a sus hijos. Por eso, son un buen mercado meta para las empresas que venden bienes y servicios caros de gran calidad. Pero este segmento no está compuesto por incautos. Por ejemplo, a estas personas les interesa mucho la salud y la alimentación, pero no quieren que se les considere viejos. Con el propósito de llenar la brecha, SmithKline Beecham lanzó al mercado Geritol Extend, multivitamina destinada al grupo de edad de más de 50 años, con anuncios que combinan la música para bailar de los años 40 con consumidores de edad avanzada que realizaban actividades como conducir motocicletas y jugar softball.[13]

El otro grupo está constituido por *personas de más de 65 años*, segmento que está creciendo tanto en números absolutos como en porcentaje de la población total. Su ingreso familiar promedio ($17 000 dólares) es apenas la mitad de lo que percibe el resto de las familias estadounidenses. Pero como tienen menos obligaciones financieras, su poder adquisitivo discrecional per cápita de $5633 es mayor que el de cualquier otro grupo. Tanto los fabricantes como los detallistas empiezan a reconocer que los miembros de este grupo de edad son prospectos naturales para pequeñas unidades habitacionales, cruceros, viajes al extranjero, productos naturistas y cosméticos creados especialmente para los ancianos y juguetes (para sus nietos).[14]

Géneros. Durante muchos años la **segmentación del mercado por género** ha sido una opción lógica tratándose de productos como ropa, zapatos y artículos para el arreglo personal y una opción menos evidente para otros productos como automóviles y revistas. Pero en los últimos años se han dado algunas variaciones interesantes en la segmentación tradicional basada en el género. Así, en el caso de la ropa algunos productos tradicionalmente masculinos fueron rediseñados y reposicionados para el segmento femenino del mercado. Jockey vende una línea de Jockey Underwear for Her y Calvin Klein diseña para damas una línea de cortos de estilo masculino. Las empresas de financiamiento siempre habían identificado a los hombres como su mercado meta. Hoy VISA y American Express Company estimulan a las mujeres para que tramiten una tarjeta de crédito a su nombre, mientras que Merrill Lynch y otras firmas de inversión dirigen sus campañas promocionales al mercado femenino.

La cantidad de mujeres (casadas o solteras) que trabajan fuera de casa ha crecido de manera considerable. Cerca de tres cuartas partes de aquellas cuya edad fluctúa entre 20 y 30 años y aproximadamente la mitad de las que tienen hijos menores de 6 años trabajan fuera de casa. Este hecho es importante para las empresas. Los estilos de vida y el comportamiento de compra de las mujeres en la fuerza de trabajo externo son muy diferente a los de las amas de casa.

Las compañías que han entrado en el mercado internacional prestan atención también al género y a la edad, pero en ocasiones no son lo bastante cuidadosas. Los lugares de esquiar situadas en Utah, que colaboran entre sí para atraer esquiadores japoneses, se centraron en Estados Unidos, tal como lo harían en su país. No se dieron cuenta de que los jóvenes japoneses no acostumbran tomar vacaciones largas por sus obligaciones laborales. De haberlo estudiado con detenimiento, habrían descubierto que los mejores prospectos son las mujeres jóvenes y los hombres de edad que tienen un puesto seguro y disponen de más tiempo.[15]

Ciclo de la vida familiar. Muchas veces, el principal factor que explica las diferencias de los hábitos de consumo entre dos personas de la misma edad y sexo es el hecho de que se hallan en distintas etapas del ciclo de vida. Los investigadores han identificado nueve etapas bien diferencias del ciclo:[16]

- Etapa de soltero: personas jóvenes, solteras.
- Jóvenes casados: matrimonios sin hijos.
- Nido lleno I: jóvenes casados con hijos.
- Padres solteros: personas jóvenes o de edad madura con hijos dependientes.
- Divorciados y solitarios: divorciados sin hijos dependientes.
- Matrimonios de edad madura: matrimonios de edad madura, sin hijos.
- Nido lleno II: matrimonios de edad madura con hijos dependientes.
- Nido vacío: matrimonios ancianos, sin hijos que vivan con ellos.
- Solteros ancianos: solteros que siguen trabajando o que ya se jubilaron.

La **etapa del ciclo de vida familiar** constituye un factor central del comportamiento del consumidor, por lo cual puede ser un criterio útil para segmentar los mercados de consumidores. Club Med ha visto a sus miembros pasar por todo el ciclo. Su publicidad, que antaño se concentraba a los solteros en la década de 1960 y en la de 1970, se dirigió a las familias en los años 80. Ahora, con mayor hincapié en los niños, hace poco centró sus primeros anuncios televisivos en los niños los sábados por la mañana y en los momentos en que no están en la escuela.[17]

Un matrimonio joven con dos hijos (etapa del nido lleno) presenta necesidades muy distintas a las del matrimonio de personas de cincuenta años cuyos hijos ya no viven con

Segmentación del mercado y estrategias relacionadas con el mercado meta

Cuando segmentamos un mercado por el sexo, los anuncios presentan un aspecto muy peculiar.

ellos (etapa del nido vacío). Una familia de un solo progenitor (divorciado, viudo o que nunca se casó) con hijos dependientes afronta problemas socioeconómicos de índole muy diversa a los de un matrimonio. Las parejas de jóvenes casados sin hijos suelen dedicar gran parte de sus ingresos a la ropa, automóviles y actividades recreativas. Cuando empiezan a llegar los hijos, los hábitos de gasto cambian a medida que las familias jóvenes compran una casa y la amueblan. Las familias con adolescentes destinan una parte importante del presupuesto a la alimentación, la ropa y la educación.

Dos mercados de crecimiento rápido que reflejan los estilos cambiantes de la vida de los estadounidenses son los solteros y las **personas en unión libre**, o sea las parejas heterosexuales no casadas que cohabitan. El Census Bureau señala que actualmente hay 73 millones de adultos norteamericanos no casados, o sea casi el doble de la cifra correspondiente a 1970. El número de familias formadas por solteros también se incrementó a un ritmo mucho mayor que las unidades familiares. El impacto que los solteros de uno u otro sexo tienen en el mercado se demuestra por la existencia de bienes y servicios como los departamentos de solteros, los clubes sociales para esas personas y los viajes, cruceros y restaurantes destinados especialmente a este segmento de la población.

Los solteros en el grupo de edad de 25 a 39 años son especialmente atractivos para las empresas, por constituir un grupo numeroso y rico. Con todo, el marketing destinado a él no es una tarea fácil. Como Campbell's descubrió, incluso un buen producto puede comunicar el mensaje equivocado. Cuando su "sopa para uno", lata con una sola porción de sopa, no tuvo mucho éxito, un grupo de interés explicó la razón de ello. Los participantes la llamaron la "sopa solitaria". Les gustaba el producto, pero detestaban el nombre pues les recordaba que se lo comerían solos.[18]

El número de personas en unión libre se cuadriplicó entre 1970 y 1987, alcanzaron un total de 2.3 millones de parejas. (El aumento fue más de ocho veces en el caso de personas menores de 25 años.) Todavía representan apenas un pequeño porcentaje (2%) de todas las familias. No obstante, conviene seguir muy de cerca este fenómeno social y demográfico.

Ingreso. La gente no constituye por sí misma un mercado; es indispensable que tenga dinero para gastar. En consecuencia, la **distribución del ingreso** constituye uno de los criterios más comunes para segmentar los mercados de consumidores. Los ejecutivos de marketing deberán analizar los hábitos de gasto de personas con diferentes niveles de percepciones. Para mostrar las diferencias, en la tabla 5-2 se comparan los **hábitos de gasto** de tres grupos de ingresos.

A continuación se comentan algunos de los hallazgos obtenidos en los estudios de gastos de los consumidores que efectuó el Department of Labor.

- En todas las categorías de productos se observa un importante incremento *absoluto* en el dinero gastado al aumentar las percepciones (o, más correctamente, al comparar un grupo de ingresos con otro de mayores ingresos). Dicho con otras palabras, los miembros de un grupo de ingresos invierten mucho más en cada categoría de producto que los que se hallan en grupos de menores percepciones. Sin embargo, las familias de ingresos bajos destinan un *porcentaje* más alto de sus gastos totales a algunas categorías de productos, como los alimentos.
- En cada grupo de ingresos sucesivamente más alto, la cantidad invertida en alimentos disminuye como un porcentaje de los gastos totales.
- El porcentaje de los gastos totales dedicados al total de vivienda, servicios públicos y mantenimiento de la casa permanece bastante constante en los grupos de ingresos medianos y altos.
- El porcentaje de los gastos totales destinados al transporte, entre ellos la compra de automóviles, tiende a crecer al aumentar las percepciones de los grupos de ingresos bajos y medianos. La proporción se estabiliza o disminuye un poco en los grupos de ingresos superiores.
- En cada grupo de ingresos sucesivamente más altos, un porcentaje menor de los gastos totales de la familia se destina a la atención médica, pero un porcentaje más alto se invierte en seguros y pensiones.

TABLA 5-2 Hábitos de compra por grupo de ingresos

Categoría	Grupo de ingresos		
	20% más bajo	20% medio	20% más alto
Gastos promedio anuales	$10 893	$23 290	$48 718
	Porcentaje del total		
Vivienda, servicios públicos y accesorios	37	30	30
Transporte	15	21	19
Alimentos	18	15	13
Ropa	5	6	6
Atención médica	8	6	3
Seguros y pensiones	2	7	12
Otros bienes y servicios	15	15	17
Gastos totales	100	100	100

Fuente: Statistical Abstract of the United States: 1991, 111a. ed., U.S. Bureau of the Census, 1991, p. 447.

A pesar de haberse registrado, en los últimos 30 años, un considerable crecimiento del ingreso disponible, muchas familias se encuentran todavía en el grupo de percepciones bajas o bien consideran que sus ingresos son insuficientes para atender todas sus necesidades. Más aún, muchos clientes están dispuestos a renunciar a las comodidades y servicios que acompañan a precios más elevados, prefiriendo a cambio comprar productos equivalentes a precios más bajos. Una consecuencia de esa tendencia es la aparición de tiendas de autoservicio y de cadenas de descuento como Wal-Mart y PharMor.

Otro factor demográfico que ha tenido gran impacto en los ingresos familiares es el número de mujeres que trabajan. En el momento actual, hay en Estados Unidos muchas más familias con doble ingreso que con uno solo. Este aumento ha venido también a influir en el comportamiento de compra. A raíz de él, los niños realizan una parte más grande de las compras de comestibles de la familia, aumentó la demanda de una ubicación conveniente de las tiendas, de un horario de servicio que se adapte a los horarios de trabajo y una verdadera proliferación de productos que ahorran tiempo.

Al utilizar los ingresos como variable de la segmentación, es preciso definir rigurosamente ese término. Como se muestra en la siguiente tabla, los ingresos significan varias cosas.

Una fuente muy conocida de información para los ejecutivos norteamericanos, que combina datos sobre ingresos con información geográfica, se mencionó como una fuente secundaria en el capítulo 4. Nos referimos a la encuesta sobre el poder adquisitivo que cada año realiza la revista *Sales & Marketing Management*. Este informe de dos partes contiene información sobre población, ingresos y comportamiento de compra por estado, condado, grandes áreas metropolitanas, mercado de la televisión y mercado de periódicos. Esta información permite al experto de marketing comparar el poder adquisitivo y el comportamiento de compra entre varios mercados.

Clase social. Es una medida integrada por una combinación de características demográficas. El indicador más común de la clase social incluye el nivel de escolaridad, tipo de ocupación y clase de vecindario en que vive una persona. Por tanto, la clase social es una medida demográfica compuesta. Como veremos en el siguiente capítulo, la clase social de una persona (sin importar si pertenece a la clase alta, a la clase media o a la clase obrera) influye de manera considerable en sus preferencias de muchas categorías de productos. De ahí que muchas compañías escojan una o dos clases sociales como mercados meta y luego diseñen una mezcla de productos y marketing para llegar a ellas.

Otras variables demográficas de la segmentación. En el mercado de algunos productos de consumo influyen factores como escolaridad, ocupación, religión y origen étnico. Ahora que un número cada día mayor de personas alcanzan niveles más altos de *educación*, esperamos ver, por ejemplo, 1) cambios en las preferencias de los productos y 2) compradores con ingresos más altos y más selectividad en sus gustos. La *ocupación* puede ser un criterio más importante que el ingreso cuando se segmentan algunos mercados. Es posible que los conductores de taxis y los mecánicos automotrices ganen lo mismo que los jóvenes ejecutivos de ventas al detalle o que un catedrático universitario. Pero sus hábitos de compra tenderán a diferir mucho a causa de sus actitudes e intereses.

Tratándose de algunos productos, conviene segmentar la población atendiendo a la *religión* u *origen étnico*. Así, las costumbres religiosas del estado de Utah limitan los mercados del tabaco, licor y café, pero en cambio dan origen a una demanda mayor de dulces. Hay un amplio mercado para las salchichas polacas en algunas regiones del oeste medio. Los descendientes de mexicanos que habitan en el suroeste muestran preferencias por algunos productos, muy distintas de, digamos, los consumidores asiático-norteamericanos que viven en la costa occidental.

En muchas ciudades, los mercados étnicos son muy grandes. De hecho, los grupos minoritarios, asiáticos, negros, hispánicos y otros, representan el 50% de la población en 25 de las ciudades más grandes de Estados Unidos, entre ellas: Los Ángeles, San Antonio, Nueva Orléans, Miami, Atlanta, Baltimore, Washington, D.C., Detroit y Chicago.

LOS MÚLTIPLES SIGNIFICADOS DE "INGRESO"

Hay varios conceptos de ingreso. La siguiente "ecuación de palabras" muestra la relación existente en algunos de ellos.

Menos:

Es igual a:

Ingreso personal: ingreso proveniente de sueldos, salarios, dividendos, renta, intereses, negocios y profesiones, seguro social y trabajo agrícola

Menos: Todos los impuestos federales, estatales y municipales

Es igual a: **Ingreso personal disponible:** la cantidad que puede destinarse al consumo, gastos y ahorro personal

Menos: 1) Gastos indispensables para alimentos, ropa, servicios públicos y transporte local
2) Gastos fijos de renta, pagos de hipoteca, seguros y pagos de abonos

Es igual a: **Poder adquisitivo discrecional:** cantidad del ingreso personal que queda después de los compromisos fijos (pagos de deudas, renta) y de pagar los gastos necesarios de la familia. En comparación con el ingreso personal disponible, el poder adquisitivo discrecional es un mejor (más sensible) indicador de la capacidad del comprador para invertir en cosas *no indispensables*.

Un grupo étnico que ha recibido últimamente mucha atención por su creciente y gran poder adquisitivo es de los norteamericanos de raza negra. En 1990 este grupo incluía más de 30 millones de consumidores, con un poder adquisitivo combinado de más de $170 mil millones y, conforme a las estimaciones del U.S. Census Bureau, en el año 2025 crecerá en un 50%.

Otro grupo étnico que vale la pena estudiar se compone de 20 millones de hispánicos. Es un grupo numeroso y crece a gran ritmo. De hecho, en el año 2000, se espera que constituirán el grupo minoritario más grande de Estados Unidos, superando a los estadounidenses de raza negra. Es un mercado que se concentra geográficamente en la ciudad de Nueva York, Miami, California y el suroeste. Muchos ven en él un mercado de fácil acceso por 1) su idioma común y concentración geográfica, y 2) por la existencia de estaciones radiofónicas, programas de televisión, películas, periódicos y revistas en español.

Segmentar los mercados partiendo de la etnicidad plantea un reto interesante. Por una parte, una compañía debe conocer bien el comportamiento de compra del grupo étnico y su motivación. Estudios como el realizado por el Bureau of Labor Statistics y empresas privadas de investigación revelan que se dan algunas diferencias claras entre las razas. Por ejemplo, en términos generales los norteamericanos de raza negra y blanca difieren en cuanto al ingreso, el nivel de escolaridad y la probabilidad de vivir en zonas urbanas o rurales. Además, en algunas categorías de productos, el gasto es muy diferente. En general, los negros destinan una mayor parte de sus percepciones a la compra de carne, carne de pollo, pescado, azúcar y otros dulces, productos para el arreglo personal, lavandería y productos de limpieza, ropa para niños y un menor porcentaje a la diversión, servicios médicos, mobiliario para el hogar y bebidas alcohólicas.[19]

Por otra parte, los mercados étnicos no constituyen unidades homogéneas como tampoco lo son los otros segmentos de la población integrados por 20 o 30 millones de personas. La diversidad y las semejanzas se observan por igual en todos estos grupos. Los mercados formados por los norteamericanos de raza negra y por los hispánicos contienen subgrupos basados en ingresos, ocupación, ubicación geográfica y etapa del ciclo de vida. Por tanto, sería un grave error de marketing interpretar mal las cifras y promedios agregados. Por ejemplo, esta diversidad la reconocen las compañías fabricantes de productos en los cuales el color de la piel es un factor decisivo de compra. Prescriptives, subsidiaria de la compañía de cosméticos Estee Lauder, tiene una línea de bases de maquillaje con 115 tonos para mujeres de raza negra.[20]

Segmentación psicológica

Los datos demográficos se utilizan en la segmentación de mercados, porque se relacionan con el comportamiento de los compradores y porque son relativamente fáciles de obtener. Sin embargo, no son en sí mismos la causa del comportamiento. Los consumidores no compran equipo para surfing porque son jóvenes. Lo compran porque les gusta el estilo de vida al aire libre, y se da la coincidencia de que estas personas suelen ser más jóvenes que el resto de la población. Así pues, la demografía a menudo se correlaciona con el comportamiento, pero sin que lo explique.

Los expertos en marketing han ido más allá de las características demográficas con el propósito de entender mejor por qué los consumidores observan determinado comportamiento. Ahora realizan la **segmentación psicológica**, la cual consiste en examinar atributos como personalidad y estilos de vida. Cuando se combinan la demografía y los atributos

Las empresas reconocen que se dan semejanzas, lo mismo que diferencias, entre los grupos étnicos.

psicológicos, se obtienen descripciones más ricas de los segmentos. Consideremos, por ejemplo, la segmentación de los compradores de automóviles nuevos que se describe en el recuadro de la página 166.

Características de la personalidad.

Las **características de la personalidad** de un individuo suelen describirse a partir de los rasgos que influyen en el comportamiento. En teoría, parecen ser un excelente criterio de segmentación del mercado. Por experiencia personal sabemos que las personas compulsivas compran en forma distinta a como lo hacen los consumidores cautelosos; los introvertidos no compran las mismas cosas ni lo hacen en la misma forma que las personas extrovertidas de carácter gregario. No obstante, las características de la personalidad plantean problemas que limitan su utilidad en la segmentación práctica del mercado. Primero, su presencia y fuerza en la población son prácticamente imposibles de medir. Por ejemplo, ¿cuántas personas en Estados Unidos podrían ser clasificadas como agresivas? Otro problema se relaciona con la factibilidad de la segmentación. No se dispone de un medio publicitario que proporcione acceso especial a determinado tipo de personalidad. Es decir, la televisión llega por igual a introvertidos y a extrovertidos, a telespectadores agresivos y tímidos. Así pues, una de las finalidades fundamentales de la segmentación (evitar desperdiciar el esfuerzo de marketing) difícilmente se logrará si utilizamos la personalidad para realizarla.

Sin embargo, muchas compañías al elaborar sus mensajes publicitarios buscan centrarlos en determinados rasgos de la personalidad. Aun cuando la importancia de la personalidad no pueda medirse en una decisión particular, el vendedor piensa que desempeña un papel importante. Así, vemos que se anuncian productos y servicios a los consumidores que

¿Piensa que el tipo de personalidad es un buen predictor del comportamiento?

PERSPECTIVA INTERNACIONAL

¿LA UNIFICACIÓN ECONÓMICA DE LA COMUNIDAD EUROPEA HARÁ INNECESARIA LA SEGMENTACIÓN DEL MERCADO EN EUROPA?

En 1992 la Comunidad Europea (CE) se ha vuelto una unión económica más integrada. Sus 320 millones de consumidores constituyen un mercado 30% más grande que el de Estados Unidos y casi dos veces y medio más grande que la población total del Japón. A raíz de esa unión, oímos hablar del "euroconsumidor" o del "Mercado Común". Ambos términos indican que Europa puede ser un mercado homogéneo al cual es posible llegar con una sola estrategia de marketing. Sin embargo, Yves Franchet, director de la oficina estadística de la CE, manifiesta que las dos grandes ideas erróneas de Estados Unidos son que nunca existirá un solo mercado europeo y que ya existe un solo mercado europeo.

Muchos comparan la transición que ocurrirá en Europa con lo que sucedió cuando las Colonias Americanas se convirtieron en una sola unidad. Antes de crearse la federación, Virginia y Nueva York eran tan distintas como lo son hoy España y Dinamarca. Al cabo de más de 200 años esos estados tienen ahora mucho en común, aunque todavía siguen siendo diferentes.

Pongamos el caso del gasto per cápita de los diversos países de la Comunidad Europea (las cifras están indexadas; 100 es el promedio europeo):

	Lux	Dinam	Fran	GB	Ita	Irlan	Port
Gastos totales	116	115	110	106	104	60	52
Vivienda	87	127	94	118	112	52	78
Muebles	180	111	121	72	88	31	35
Electrodomésticos	168	102	100	133	94	39	29
Salud y medicamentos	88	83	147	93	84	53	32
Transporte público	26	104	89	139	105	42	35

Para interpretar las cifras de la tabla anterior, se comparan a lo largo de los renglones. Por ejemplo, el total de gastos per cápita en Luxemburgo y Dinamarca es casi el doble del de Irlanda; los gastos de atención médica y medicamentos son casi tres veces más grandes en Gran Bretaña que en Portugal.

Estas cifras indican las diferencias tan notables que existen entre las naciones de la Comunidad Europea, sin que hablemos todavía de la diversidad de idiomas. En conclusión, la idea de un euroconsumidor homogéneo es un mito por ahora. Si una compañía quiere vender exitosamente sus productos en la Comunidad de Europa durante los años 90, habrá de admitir que ese mercado consta de muchos segmentos.

Fuente: Blayne Cutler, "Reaching the Real Europe", *American Demographics*, octubre de 1990, pp. 38-43+.

"están progresando mucho", que son "hombres distinguidos" o que "quieren distinguirse de la muchedumbre".

Estilo de vida. Esta variable se relaciona con las actividades, intereses y opiniones. Nuestro **estilo de vida** refleja cómo usamos el tiempo y nuestras convicciones en varias cuestiones de índole socioeconómica y política. Es un concepto amplio que abarca incluso lo que, para muchos, son los rasgos de la personalidad.

Sin duda el estilo de vida influye en qué productos adquirimos y en las marcas que preferimos. Los ejecutivos de marketing lo saben muy bien y tratan de segmentar sus mercados atendiendo a las características del estilo de vida. Por ejemplo, a mediados de los años

USTED TOMA LA DECISIÓN

¿EL USO DE LAS CARACTERÍSTICAS PSICOLÓGICAS Y CONDUCTUALES MEJORAN EL VALOR DE LAS DESCRIPCIONES DE ESTOS SEGMENTOS DE COMPRA DE AUTOMÓVILES?

J. D. Power and Associates combinó los sentimientos de los clientes acerca de los automóviles y su comportamiento de compra con algunas variables demográficas. Logró identificar así seis segmentos en el mercado automotriz. He aquí los segmentos, su participación en el mercado y sus características:

1. Puristas (4%). Jóvenes, sin lealtad a las marcas y escépticos ante las afirmaciones de los fabricantes. Les gusta manejar y, sobre todo, los automóviles deportivos. Este segmento contiene la mayor proporción de trabajadores y de americanos de origen asiático que forman parte de la población global.
2. Funcionalistas (12%). Prefieren el transporte económico a los automóviles deportivos o elegantes. Son personas conservadoras, observantes de la ley y tienden a tener hijos. Escogen autos pequeños y de tamaño mediano.
3. Negativos (16%). Prefieren no tener automóvil. No les interesan mucho características como color u opciones. Este grupo generalmente tiene una mejor educación y pertenecen a él las familias de altos ingresos. Tienden a comprar autos importados pequeños o de tamaño mediano.
4. Amantes de automóviles (17%). Les encanta conducir automóviles y trabajar en ellos. Los consideran una extensión de su personalidad. En su mayor parte son hombres bien cualificados u obreros. Les gustan los autos importados y los de fabricación nacional.
5. Enemigos de la carretera (26%). Es el grupo al que más le preocupa la seguridad. No le gusta conducir y tampoco sabe mucho de automóviles. Incluye la mayor proporción de mujeres y es el que contiene más personas de edad madura. Muestra fuerte preferencia por automóviles grandes de fabricación nacional.
6. Epicúreos (26%). Prefieren automóviles cómodos, totalmente equipados y elegantes. Escogen autos de lujo, sobre todo convertibles.

Si estuviera preparando un anuncio de automóviles nuevos, ¿cómo utilizaría las descripciones anteriores?

Fuente: Marc B. Rubner, "The Hearts of New Car Buyers", American Demographics, agosto de 1991, pp. 14-15.

80, los hoteles y los lugares de temporada previeron una tendencia perturbadora. Las personas nacidas durante el auge de la natalidad en Estados Unidos (baby boomers), segmento muy atractivo cuando estaba compuesto por solteros o matrimonios sin hijos, se había convertido en un grupo de personas casadas y con hijos. Al examinar este segmento, los hoteles se dieron cuenta de que todavía disfrutaba los viajes llenos de aventuras que habían hecho antes de tener familia; sólo que ahora era difícil ir de vacaciones con los hijos. Sin embargo, estos consumidores no estaban dispuestos a tomar vacaciones sin sus hijos, porque muchos de ellos eran matrimonios en que ambos cónyuges trabajaban fuera de casa y apreciaban mucho el estar con su familia. El reto consistía en crear una oferta que permitiera a la familia vacacionar junta y que, al mismo tiempo, permitiera a padres e hijos cultivar sus intereses personales. Con el fin de adaptarse a los estilos de vida de este segmento, los Hyatt Hotels crearon "Camp Hyatts" en más de 100 hoteles y lugares de temporada. Con

Para adaptarse a los modernos estilos de vida, Hyatt ofrece programas especiales para niños.

ello se pretende ofrecer una extensa gama de actividades y de deportes supervisados a los niños de corta edad. Por ejemplo, en Maui el campo incluye un cine, bar donde se sirven helados y bebidas, una sala de videos, una sala de computadoras, ruedas y hornos de alfareros, un restaurante para niños, una alberca, clases de nutrición, acondicionamiento físico y apreciación artística.[21]

A pesar de ser una útil herramienta de marketing, la segmentación por estilo de vida presenta las mismas limitaciones que la segmentación basada en las características de personalidad. Es difícil medir exactamente el tamaño de estos segmentos en términos cuantitativos. Otro problema radica en que un segmento del estilo de vida quizá no pueda obtenerse a un costo razonable mediante el sistema habitual de distribución o el programa promocional de la empresa.

Psicografía. El término **psicografía** fue acuñado para designar una amplia serie de descripciones psicológicas y conductuales del mercado. La psicografía nació de los intentos de los expertos en marketing por encontrar medidas relacionadas más directamente con la compra y el consumo que con la demografía.

Los *valores* son uno de esos descriptores. De acuerdo con los psicólogos, en los valores se reflejan nuestras necesidades adaptadas a las realidades del mundo donde vivimos. La investigación realizada en el Survey Research Center de la University of Michigan identificó nueve valores fundamentales que se relacionan con el comportamiento de compra.[22] Estos nueve valores, llamados por ellos la **lista de valores**, son los siguientes:

- Respeto de sí mismo
- Autorrealización
- Seguridad
- Sentido de pertenencia
- Emoción
- Sentido del logro
- Diversión y disfrutar la vida
- Ser respetado
- Tener relaciones afectuosas

Aunque para la mayor parte de la gente los valores anteriores son positivos, su importancia relativa difiere según cada individuo y cambia a lo largo de su vida. Por ejemplo, a las personas que aprecian mucho la diversión y el placer les gusta mucho esquiar, bailar, andar en bicicleta y el alpinismo; las personas que valoran las relaciones afectuosas dan regalos sin que haya un motivo especial para ello. En conclusión, la fuerza relativa de los valores puede ser la base para segmentar un mercado.

Quizá la herramienta psicográfica más conocida sea **VALS**, ideada en 1978 por la empresa de investigación SRI International. Este sistema fue diseñado tras un prolongado estudio de la población estadounidense que dividió a los adultos en nueve segmentos, basándose para ello en las semejanzas de sus *valores* (creencias, deseos y prejuicios) y en sus *estilos de vida*. De ahí el acrónimo VALS. En lo que es ahora una aplicación clásica y exitosa de VALS, Merrill Lynch cambió su publicidad: ya no se presenta en ella una manada de toros que cargan a través de la pradera sino un solo toro, descrito como una "especie aparte". ¿El motivo? La manada corresponde más bien al segmento de VALS denominado "pertenecientes". Estas personas son tradicionalistas a quienes les gusta seguir a los otros y difícilmente serán grandes inversionistas. Pero Merrill Lynch quiere centrarse en los "realizadores", segmento de VALS caracterizado por pensadores independientes que piensan estar por encima de la multitud. ¿El resultado? Luego de cambiar los anuncios de la manada y presentar a cambio un solo toro, la publicidad de Merrill Lynch ha tenido un impacto mucho mayor en el público y su participación en el mercado creció de modo impresionante.[23]

En 1990 SRI International introdujo **VALS2** para incluir los cambios en la forma en que vivimos y tomar decisiones. Los dos aspectos primarios que se emplearon en la segmentación de la población de VALS2 son los recursos de un individuo y la autoorientación. En general, los recursos se definen de modo que incluyan no sólo los ingresos, sino también otros factores como escolaridad, salud y seguridad en sí mismo. La autoorientación indica la autoimagen del sujeto y la conducta con que se la comunica a los demás. Tres patrones de autoorientación se incluyen en VALS2: orientación a los principios (las decisiones que hacemos son regidas por nuestras creencias), orientación al estatus (las decisiones son regidas por nuestro deseo de recibir la aprobación de los demás) y la orientación a la acción (las decisiones se rigen por nuestro deseo de actividad social o física, de variedad y de correr riesgos). Los recursos pueden ser abundantes o mínimos. Basándose en una muestra representativa de la población estadounidense y usando los recursos y la autoorientación, se identificaron ocho segmentos de consumidores aproximadamente del mismo tamaño. Por ejemplo, un segmento (llamado de los "autorrealizadores") se caracterizó como optimista, comprometido, extrovertido y orientado al crecimiento. Los autorrealizadores cultivan muchos intereses, realizan varias actividades de tiempo libre, están bien informados y participan en la política. Por el contrario, otro segmento (el de los "experimentadores") se compone de personas espontáneas, activas, impetuosas y muy dinámicas. Les gustas las cosas nuevas y originales, les preocupa su imagen, admiran la riqueza y la fama, no les interesan las cuestiones políticas.[24]

Varias organizaciones usaron VALS2 para desarrollar o perfeccionar algunas estrategias de marketing. Transport Canada, organismo que opera los grandes aeropuertos de ese país, lo aplicó para estudiar los pasajeros que pasan por Vancouver (Columbia Británica). Si bien los autorrealizadores representan cerca del 12% de la población general, el estudio reveló que 37% de los viajeros pertenecían a ese grupo. Puesto que son un buen mercado de las artes y las artesanías finas, los resultados indicaron que tiendas como Sharper Image o Nature Company tendrían buenos resultados si se instalaban en los aeropuertos.[25]

Segmentación por comportamiento

Algunos ejecutivos de marketing tratan de segmentar sus mercados partiendo del comportamiento relacionado con el producto; es decir, se valen de una **segmentación por comportamiento**. En la presente sección examinaremos brevemente dos temas: los beneficios deseados de un producto y la tasa a que lo utiliza el consumidor.

Beneficios deseados. A Russel Haley se le atribuye el haber atraído la atención sobre el concepto de segmentación por beneficios, cuando describió una hipotética división del mercado de pastas dentales, basándose en los beneficios deseados por los compradores. He aquí los nombres de los segmentos, los beneficios buscados por cada uno y las marcas posiblemente preferidas:

- Sensoriales: sabor y aspecto (Colgate o Stripe).
- Sociables: brillantez de los dientes (MacLeans o Ultra Brite).
- Preocupados: prevención de la caries (Crest).
- Independientes: precio bajo (cualquier marca en oferta).[26]

Si hoy Haley preparara una división similar, podría incluir el "control de la placa" como un quinto segmento.

Dos cosas rigen la eficacia de este tipo de segmentación. Primero, es preciso identificar los beneficios específicos que buscan los consumidores. Para ello se requieren varias etapas de investigación, comenzando por detectar todos los beneficios posibles relacionados con un producto o comportamiento mediante una lluvia de ideas, la observación de los prospectos y escuchar las opiniones de los grupos de interés. Después, se utilizan más grupos de interés para eliminar los beneficios improbables o poco realistas, para ampliar y aclarar las posibilidades restantes. Por último, se administran encuestas a gran escala para averiguar la importancia de los beneficios y cuántos consumidores desean cada uno.

A manera de ejemplo nos permitimos citar un estudio reciente, en que los clientes de un supermercado fueron subdivididos atendiendo a sus estrategias de compras. He aquí los segmentos, sus tamaños y los beneficios que buscaba cada uno:

- Leales prácticos (29% de los clientes): fieles a la marca, aunque siempre atentos a formas posibles de ahorrar dinero en la compra de las marcas preferidas.
- Compradores de los artículos más baratos (26% de los clientes): seleccionan la opción menos cara, dándole poca o nula importancia a la marca.
- Cambiantes oportunistas (24% de los clientes): utilizan cupones y ofertas para escoger entre una serie bien definida de marcas.
- Buscadores de precios (13% de los clientes): ven en las compras un "juego" y para ellos es más importante hacer un buen negocio que la eficacia con que la marca o producto satisface sus necesidades.
- Compradores sin estrategias (8% de los clientes): creen que no vale la pena tanto esfuerzo y tiempo para encontrar una buena oferta.[27]

La segunda etapa, una vez conocidos los beneficios individuales, consiste en describir las características demográficas y psicográficas de los que buscan cada uno de los beneficios. Recuerde: la "accesibilidad" es un requisito de una buena segmentación. Por ejemplo, entre los segmentos de compradores que acabamos de describir, los "cambiantes oportunistas" tienden a tener una "educación universitaria". Por tanto, si quiere llegar a este grupo con la publicidad de un nuevo producto, una compañía deberá seleccionar los medios publicitarios que capten la atención de este tipo de consumidores.

Uso de tasa de consumo. Otro criterio con que se segmentan los mercados es la tasa con que el público usa o consume un producto. Una clasificación comúnmente usada de este indicador es la siguiente: no usuarios, usuarios de pequeñas cantidades y usuarios de grandes cantidades. Normalmente a una compañía le interesa sobre todo la última categoría. Conviene mencionar que cerca del 50% de los usuarios de un producto suelen representar de 80 a 90% de las compras totales. Por ejemplo, menos de la mitad de los que beben café toman casi 80% de todo el café que se consume. Estos usuarios a menudo se les llama en la industria la "mitad consumidora pesada" del mercado. Muchas empresas centran sus esfuerzos de marketing en conservar a los que constituyen la mitad consumidora pesada de su marca y alientan a ese mismo tipo de usuarios de la competencia para que cambien de marca.

Algunas veces un profesional del marketing seleccionará como mercado meta a los no usuarios o a los usuarios de pequeñas cantidades, con el propósito de que consuman más el producto. Por lo demás, esta última categoría de usuarios puede constituir un nicho sumamente atractivo simplemente porque los ignoran las compañías que se concentran en los usuarios de grandes cantidades. Una vez identificadas las características de los usuarios de pequeñas cantidades, los directivos pueden llegar a ellos directamente con una oferta introductoria de bajo precio. Otra opción consiste en lograr que aumenten sus tasas de consumo: 1) mostrándoles nuevas aplicaciones de un producto (el bicarbonato de sodio como desodorante para refrigeradores, el chicle como alternativa para dejar de fumar); 2) sugiriendo otros momentos o lugares para usarlo (la sopa como un bocadillo después de las clases, desodorantes aromatizados en los armarios de la escuela), o bien ofrecer una presentación con varias unidades (un empaque de 12 refrescos).

Ante la preocupación actual por el cáncer cutáneo, ¿cree que la "mitad consumidora pesada" de los bañistas que gustan tomar el sol ha cobrado mayor importancia para los fabricantes de lociones bronceadoras?

SEGMENTACIÓN DE LOS MERCADOS DE EMPRESAS

Algunos de los criterios mencionados al hablar de la segmentación de los mercados de consumidores también son **criterios para segmentar los mercados de empresas**. Por ejemplo, podemos segmentar estos mercados aplicando un criterio geográfico. Algunas industrias muestran gran concentración geográfica. Así, las compañías que procesan recursos naturales están instaladas cerca de la fuente de ellos con el fin de reducir al mínimo los costos de los embarques. Otras industrias, entre ellas los fabricantes de vehículos, presentan una concentración geográfica simplemente porque las más recientes optaron por instalarse cerca de los pioneros de la industria. Toda firma que les venda a estas industrias podría aplicar la segmentación geográfica.

Asimismo, igual que los consumidores, las empresas presentan aspectos demográficos que pueden emplearse para segmentar un mercado. Por ejemplo, el tamaño de una empresa (medido por el volumen de ventas o por la cantidad de empleados), su tipo de negocio (las agencias publicitarias suelen concentrarse en clientes que venden al público consumidor o en compañías que venden a otras empresas) o bien en el método de compra (algunas compañías dan preferencia al precio y seleccionar al proveedor que ofrezca el más bajo, mientras que otras aplican criterios como la calidad o el tiempo de entrega). Los vendedores también pueden segmentarse atendiendo a los beneficios deseados por el comprador o a la tasa de uso.[28]

Para que el lector tenga una idea más concreta de la segmentación del mercado de empresas, vamos a estudiar la segmentación 1) por tipo de cliente, 2) por tamaño del cliente y 3) por tipo de la situación de compra.

Tipo de cliente

Una compañía que venda a otras empresas en varias industrias posiblemente quiera segmentar su mercado atendiendo a los tipos de clientes. Por ejemplo, la que vende pequeños motores eléctricos tendrá un amplio mercado potencial en varias industrias. Sin embargo, le convendrá segmentarlo por el tipo de cliente y luego especializarse para satisfacer mejor las necesidades de las empresas en un reducido número de los segmentos.

El gobierno federal de Estados Unidos ideó un sistema para clasificar los diversos tipos de industrias estadounidenses. Al sistema, que examinaremos más a fondo en el capítulo 7, se le conoce con el nombre de Código de Clasificación Industrial Estándar (CIE). Se sirve de códigos de dos, tres y cuatro dígitos para identificar las principales industrias y las clases de que se compone cada una. Así, una compañía cuyos clientes sean fabricantes de ropa para caballero podrá comenzar con los clientes potenciales incluidos en el número de código de dos dígitos 23, que corresponde a los fabricantes de ropa. El código 232 de tres dígitos indica a posibles clientes que producen muebles para caballeros y niños. El código 2321 designa a los fabricantes de camisas y ropa de noche para caballeros. Los códigos CIE han resultado ser de gran utilidad para segmentar los mercados de empresas, porque la información publicada por el gobierno sobre aspectos como la cantidad de empresas, su tamaño y ubicación a menudo viene organizada a partir de este esquema.

Tamaño del cliente

El tamaño de las empresas puede medirse mediante factores como el volumen de ventas, la cantidad de empleados, número de plantas y de oficinas de ventas. Muchos vendedores dividen su mercado potencial en clientes grandes y pequeños, utilizando canales individuales de distribución para llegar a cada segmento. Su fuerza de ventas puede vender directamente a los clientes más importantes. En cambio, puede servirse de intermediarios para llegar a clientes más pequeños.

Tipo de situación de compra

Una cosa es que United Airlines decida entre comprar un nuevo modelo de Boeing frente a la opción de adquirir un avión McDonnell-Douglas o un Airbus. Otra cosa muy diferente es que decida reabastecer su inventario de grasa o de bolígrafos. Sin duda la primera situación de compra (una *nueva compra*) es muy distinta de la segunda (una *recompra simple*). Esas dos situaciones, junto con una situación intermedia llamada *recompra modificada*, se explican más ampliamente en el capítulo 7. Son situaciones lo bastante diversas como para que un proveedor segmente su mercado en esas tres categorías de compra. Otra alternativa consiste en que al menos cree dos segmentos al combinar en ellos la nueva compra y la recompra modificada. Habría que elaborar programas especiales de marketing para llegar a cada uno de esos dos o tres segmentos.

ESTRATEGIAS RELACIONADAS CON LOS MERCADOS META

Supongamos que una compañía segmentó ya el mercado total de su producto. Ahora los ejecutivos se encuentran en posibilidades de escoger uno o más segmentos como mercados

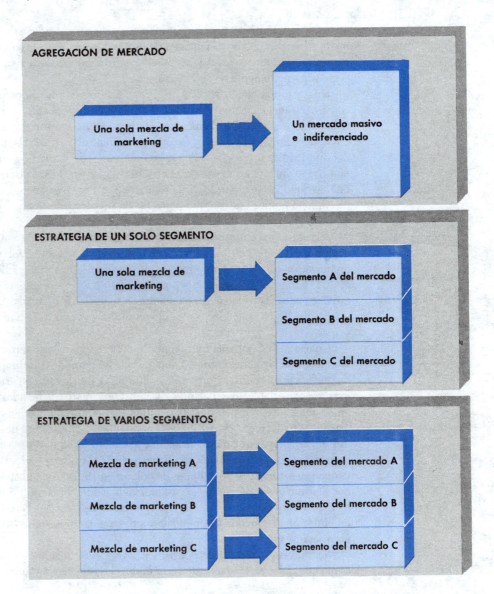

FIGURA 5-2

Las tres estrategias orientadas a los mercados meta.

meta. Como se observa en la figura 5-2, la compañía puede adoptar una de tres estrategias: agregar los mercados, concentrarse en un solo segmento o seleccionar varios segmentos como mercado meta. Si quieren evaluar las estrategias, los ejecutivos deberán determinar el potencial de mercado para cada uno de los segmentos que identificaron. Pero antes de seleccionar una estrategia, han de calcular el potencial de los segmentos. Y para ello se requiere establecer algunas directrices que rigen la selección del mercado meta.

Directrices para seleccionar el mercado meta

Cuatro directrices rigen la manera de determinar cuáles segmentos constituirán el mercado meta. La primera es que esos mercados deben ser compatibles con las metas e imagen de la organización. Durante años muchos fabricantes se resistieron a distribuir sus productos a través de Kmart debido a la imagen de descuento que tenía la compañía. Sin embargo, al alcanzar Kmart un alto nivel de aceptación entre el público, este tipo de preocupaciones por la imagen simplemente se desvaneció.

Una segunda directriz, compatible con nuestra definición de planeación estratégica, consiste en adecuar a los recursos de la organización la oportunidad de mercado representada por los segmentos identificados. Al examinar las oportunidades de nuevos productos, 3M analizó muchas opciones y finalmente escogió el mercado de mejoramiento de la casa del tipo "hágalo usted mismo", por las economías de marketing que podía conseguir. Su nombre ya era bien conocido entre el público, y los productos podían venderse en muchas tiendas donde ya se expendían los productos 3M. Por consiguiente, entrar en este mercado fue mucho menos costoso que penetrar en un mercado donde la compañía carecía de experiencia.

A la larga, una empresa necesita generar ganancias para sobrevivir. Esta afirmación tan evidente se traduce en la cuarta directriz que rige la selección del mercado. Es decir, una organización ha de buscar mercados que generen un volumen suficiente de ventas a un costo lo bastante bajo para que reporte utilidades. Es interesante señalar que las empresas muchas veces se olvidan de las ganancias en su busca de mercados muy prometedores. Su error consiste en concentrarse en el volumen de ventas, no en un volumen *rentable* de ventas.

Cuarto, una compañía normalmente deberá buscar un mercado donde haya menos competencia. No podrá entrar en uno que ya esté saturado con competidores, salvo en caso de que tenga una demoledora ventaja diferencial que le permita arrebatarles clientes a las empresas ya establecidas. Cuando Häagen-Dazs, marca de helados de gran calidad, entró en los mercados europeo y asiático a fines de los años 80, había poca competencia en el extremo alto del mercado. En ambos continentes el consumo de helados per cápita es muy inferior al de Estados Unidos; de ahí que a muchos no les hayan parecido muy atractivas las perspectivas de un marca cara en un mercado de consumo escaso. Pero Häagan-Dazs, con ventas por arriba de $500 millones de dólares en 1991, les demostró su error a los escépticos. Y no era que al público no le gustaran los helados; por el contrario muchos simplemente no habían conocido nunca una versión de alta calidad. Häagan-Dazs fue la primera empresa en entrar en el mercado y por ello ahora posee una importante ventaja sobre las que han ingresado después.[29]

Se trata tan sólo de directrices. Toca al vendedor decidir cuántos segmentos designar como mercados meta, tema que veremos en el siguiente apartado.

Estrategia de agregación. Al adoptar una **estrategia de agregación del mercado**, llamada también *estrategia de mercado masivo* o *de mercado indiferenciado*, un vendedor trata su mercado total como un solo segmento. A los miembros de un mercado agregado se les considera iguales respecto a la demanda del producto. Por tanto, los gerentes podrán diseñar una sola mezcla de marketing y llegar con ella a la mayor parte de los integrantes del mercado. Es decir, se desarrolla un solo producto para esta audiencia masiva; se establece una estructura de precios y un sistema distribución para el producto; y se destina un solo programa promocional a todo el mercado.

¿Cuándo una organización tenderá a adoptar la estrategia de agregación del mercado? Como señalamos al inicio del capítulo, esa estrategia no es muy común en el medio empre-

¿DILEMA ÉTICO?

Communidyne, Incorporated, fabricante de un detector manual de alcohol, tiene varios mercados meta, entre ellos: empleadores, centros de desintoxicación, departamentos de policía y bares. Otro de sus mercados son los bebedores que conducen y no quieren ser arrestados. Con el fin de identificar este grupo, la compañía recurre a los registros de los tribunales para encontrar los nombres de los que han sido condenados por manejar en estado de ebriedad. Les envía después una carta donde, entre otras cosas, se dice: "Su reciente condena por conducir en estado de ebriedad fue realmente desafortunada. Pero es algo que usted puede evitar. El analizador de aliento alcohólico Pro-Tech fue diseñado especialmente para personas como usted..." Los críticos de esta estrategia de selección de un mercado meta afirman que puede crear un falso sentido de seguridad entre los consumidores de alcohol, pues creerán que pueden seguir bebiendo y conducir. Les permitirá cumplir con la palabra de la ley (al asegurarse de que su nivel de alcohol en la sangre está por debajo del límite legal), pero hará que siga habiendo conductores que no están totalmente sobrios.

¿Es ético acometer un mercado meta cuyo uso del producto supone un peligro tanto para el sujeto como para otros?

Fuente: Brent Bowers, "For a Drinker-Driver's Christmas, Give This or Some Walking Shoes", *The Wall Street Journal*, 20 de noviembre, 1991, p. B1.

sarial. Por lo regular, se escogerá después que la organización haya analizado el mercado en busca de segmentos y concluya que la mayor parte de los clientes del mercado total probablemente respondan de manera similar ante una mezcla de marketing. La estrategia será adecuada para empresas que venden productos básicos e indiferenciados como azúcar o sal. Ante los ojos de mucha gente, el azúcar es azúcar sin importar la marca; además todas las marcas de sal de mesa se parecen mucho.

La eficacia de una estrategia de este tipo radica en que ayuda a reducir al mínimo los costos. Permite a la compañía fabricar, distribuir y promover sus productos con una gran eficiencia. Fabricar y comercializar un producto destinado a un mercado entero significan tandas de producción más prolongadas con menores costos unitarios. Los costos de inventario se minimizan cuando no hay variedad (o ésta es muy pequeña) de colores y tamaños. El almacenamiento y el transporte alcanzan su máxima eficiencia si un producto se destina a un mercado. Y lo mismo sucede con la promoción cuando un mismo mensaje se transmite a todos los clientes.

La estrategia de agregación del mercado suele acompañarse por la de diferenciación de los productos en el programa de marketing. Se da la **diferenciación de productos** cuando a los ojos del público una compañía distingue su producto de las marcas que la competencia ofrece al mismo mercado agregado. Por medio de la diferenciación, una empresa crea la percepción de que su producto es mejor que las otras marcas, como cuando C&H Sugar anuncia su producto como "azúcar puro de caña de Hawai". Además de generar la preferencia por la marca entre los consumidores, una buena diferenciación del producto reduce la competencia de precios.

Un vendedor diferencia su producto 1) al modificar alguna característica de su aspecto (en empaque o color, por ejemplo) o 2) utilizando un mensaje promocional que contiene una afirmación diferenciadora. Así, varias marcas de aspirina afirman ser las más eficaces para aliviar el dolor, aunque todas ellas contienen esencialmente los mismos ingredientes.

Estrategia de un solo segmento. La **estrategia de un solo segmento** (o de *concentración*) consiste en seleccionar como mercado meta un solo segmento del mercado total. Se diseña después una mezcla de marketing para llegar a él. Una compañía quizá desee concentrarse en un segmento individual en vez de luchar con muchos rivales en un mercado más extenso. Por ejemplo, Harley-Davidson se centra en el mercado de motocicletas de gran peso. No fabrica motocicletas pequeñas para andar en la calle ni para recorridos en carretera. En cambio, Honda compite en todos los segmentos de este mercado.

Cuando los fabricantes extranjeros de automóviles entraron por primera vez en el mercado estadounidense, casi siempre se centraron en un solo segmento. El Volkswagen Sedán fue diseñado para el mercado de automóviles pequeños de bajo precio y el Mercedez-Benz para personas de altos ingresos. Hoy, sobra decirlo, la mayor parte de ellos ha adoptado una estrategia de segmentos múltiples. Sólo unos cuantos, entre ellos Rolls-Royce y Ferrari, siguen trabajando exclusivamente en su segmento originario.

Muchos productores han intentado diferencir su gasolina con aditivos. Amoco, por su parte, ha tratado de eliminar algo: el color.

Una estrategia de un solo segmento permite al vendedor penetrar profundamente en un mercado y adquirir buena reputación como especialista o experto en él. Podrá emprender este tipo de estrategia aun disponiendo de pocos recursos. Y mientras el segmento no crezca, es muy probable que los grandes competidores no penetren en él. Sin embargo, si da señales de empezar a crecer y convertirse en un gran mercado, entonces los "grandes" se apresurarán a ingresar en él. Eso fue exactamente lo que sucedió en el mercado de té de hierbas. Desde 1971 Celestial Seasonings, por entonces una pequeña firma de Colorado, se especializó en este segmento y prácticamente dominó el mercado por casi 10 años. Pero cuando el té de hierbas empezó a cobrar popularidad, este segmento del mercado atrajo a los grandes competidores como Lipton Tea Company.

El riesgo y las limitaciones de la estrategia orientada a un solo segmento radican en que el vendedor tiene todos los huevos en una sola canasta. Si decrece el potencial del segmento, el vendedor saldrá terriblemente perjudicado. Además, si tiene una excelente reputación en un segmento tal vez le resulte muy difícil ampliarse a otro. Sears Roebuck, con una imagen de tienda de la clase media, no tuvo mucho éxito cuando intentó penetrar en el mercado de pieles caras y de ropa de alta costura. Gerber, considerada por el público como una compañía de alimentos para bebés, no consiguió vender entre los adultos raciones individuales de alimentos.

Estrategia orientada a varios segmentos. Cuando se aplica una **estrategia de varios segmentos**, se identifican como mercados meta dos o más grupos diferentes de prospectos. Se prepara una mezcla de marketing especial para cada segmento. Por ejemplo, Sterling Winthrop, fabricante de la aspirina Bayer, decidió que no todos los usuarios quieren tratar el dolor de la misma manera; así que produjo la línea Bayer Select de cinco medicamentos que no contienen aspirina y que alivian el dolor ocasionado por determinados síntomas. Al segmentar el mercado de automóviles de pasajeros, General Motors inicialmente diseñó programas individuales de marketing en torno a sus cinco marcas: Chevrolet, Pontiac, Buick, Oldsmobile y Cadillac. En efecto, trató de llegar al mercado total de automóviles con un enfoque de segmentación. Pero con los años ha ido desdibujándose la distinción entre sus marcas. Ahora hay modelos Chevrolet semejantes a los modelos Buick y Pontiac en el precio, aspecto y otras características. De ahí que sus mercados meta ya no estén tan bien diferenciados y que las marcas de General Motors compitan unas con otras.

En una estrategia de varios segmentos, un vendedor a veces crea una versión especial de un producto básico para cada segmento. Sin embargo, la segmentación también se logra sin que se introduzca cambio alguno en el producto, sino recurriendo a canales individuales de distribución o a mensajes promocionales diseñados especialmente para un segmento en particular. Wrigley's, por ejemplo, se centra en los fumadores al promover el chicle como una alternativa en situaciones en que no se permite fumar. Y el agua embotellada Evian ha ampliado su mercado: ahora ya no incluye tan sólo deportistas y personas que buscan el acondicionamiento físico, sino otros grupos entre los que cabe citar a las embarazadas y a los ecologistas.

Casi siempre una estrategia de varios segmentos favorece un mayor volumen de ventas que la que se orienta a un solo segmento. También es útil para la compañía que tenga una demanda estacional. Debido a la baja ocupación de los dormitorios en el verano, muchas universidades venden los espacios vacíos a los turistas, otro segmento del mercado. Una empresa con exceso de capacidad de producción posiblemente busque otros segmentos del mercado para aprovechar esa capacidad.

Los segmentos múltiples aportan beneficios a una organización, aunque la estrategia no está exenta de desventajas respecto a los costos y a la cobertura de mercado. En primer lugar, realizar el marketing en varios segmentos es caro tanto en lo tocante a la producción como a la comercialización. Incluso con recientes adelantos en la tecnología de la producción, evidentemente resulta más barato producir cantidades masivas de un modelo y color que en muchos modelos, colores y tamaños. Y una estrategia de segmentos múltiples acrecienta los gastos de marketing en varias formas. Aumenta el inventario total, pues es preciso mantener inventarios de cada estilo, color y otras características especiales. También se elevan los costos de la publicidad, porque tal vez se requieran anuncios diferentes para cada segmento del mercado. Los costos de distribución tenderán a incrementarse al tratar de poner los productos al alcance de varios segmentos. Finalmente, los gastos administrativos crecen cuando la gerencia debe planear y realizar varios programas de marketing.

En el presente capítulo hemos analizado quién compra, pero apenas hemos tocado brevemente las cuestiones de por qué lo hacen. En el capítulo 6 examinaremos las razones de compra entre los consumidores, y en el capítulo 7 estudiaremos más ampliamente las empresas como clientes.

■ RESUMEN

Un mercado se compone de personas y organizaciones con necesidades, dinero que gastar y el deseo de gastarlo. Sin embargo, dentro de la mayor parte de los mercados las necesidades de los compradores no son idénticas. Por tanto, un programa de marketing para el mercado entero difícilmente tendrá éxito. Un buen programa comienza identificando las diferencias que hay dentro del mercado, proceso denominado segmentación del mercado y decidiendo cuáles segmentos se seleccionarán como mercados meta.

La mayor parte de los expertos o ejecutivos de marketing adoptan alguna forma de segmentación como un término medio entre los extremos de una estrategia que considera el mercado como un todo agregado e indiferenciado y una estrategia que ve en cada cliente un mercado diferente. La segmentación está orientada al consumidor y es compatible con el concepto de marketing.

La segmentación permite a una compañía utilizar más eficientemente sus recursos de marketing. También permite a las empresas pequeñas competir exitosamente al concentrarse en uno o dos segmentos. Su principal desventaja es que ocasionará más altos costos de producción y marketing que la estrategia de un producto para un mercado masivo. Para que la segmentación sea eficaz se requiere que: 1) los criterios con que se realiza sean mensurables con datos obtenibles, 2) los segmentos identificados sean accesibles a través de las actuales instituciones de marketing y 3) los segmentos sean lo bastante grandes y potencialmente rentables.

El mercado total se divide en dos grandes segmentos: consumidores finales y usuarios de tipo empresarial. Los cuatro criterios fundamentales que se emplean para subdividir el mercado de los consumidores son: 1) el geográfico (la distribución de la población); 2) el demográfico (las estadísticas básicas de la población, como ingresos, edad y sexo); 3) el psicológico (rasgos de la personalidad y estilos de vida), y 4) el conductual (beneficios deseados y tasas de uso del producto).

Las compañías que venden sus productos en el mercado constituido por empresas pueden aplicar algunos de los criterios anteriores. Además, este mercado puede segmentarse atendiendo a las siguientes variables: 1) tipo de cliente, 2) tamaño del cliente y 3) tipo de la situación de compra. Normalmente, tanto en el mercado de consumidores como en el de empresas, el vendedor se servi-

Segmentación del mercado y estrategias relacionadas con el mercado meta

rá de una combinación de dos o más criterios de segmentación.

Las tres estrategias de que se dispone para seleccionar un mercado meta son: agregación de mercados, un solo segmento y varios segmentos. La agregación de mercados consiste en utilizar una mezcla de marketing para llegar a un mercado masivo indiferenciado. Cuando se emplea la estrategia de un solo segmento, una compañía usa sólo una mezcla de marketing, pero la dirige exclusivamente a un segmento del mercado total. Una estrategia de varios segmentos consiste en seleccionar dos o más segmentos y diseñar luego una mezcla de marketing para cada uno de ellos.

Más sobre SARA LEE

Sara Lee ha pasado de ser una compañía productora de pasteles y panecillos a ser un conglomerado global sumamente diversificado, con ventas que rebasan los $12 mil millones de dólares. Vende varios productos, desde carne empacada hasta grasa para el calzado, y tiene planes de incorporar otros más. Su estrategia consiste en identificar un producto de gran demanda que tenga un numeroso mercado total y luego atacar algunos segmentos mediante nombres de marcas muy conocidas. Como se aprecia en el caso con que se inicia el capítulo, fue así como ganó el control del mercado de las medias. Sara Lee adquirió marcas como Hanes y L'eggs, incorporando después las medias Liz Claiborne y DKNY Coverings de Donna Karan, con el propósito de atacar segmentos bien definidos del mercado total.

El uso de varios nombres permite a las marcas desarrollar sus propias identidades, evitando con ello confundir al público. Para reforzar sus mensajes específicos, cada marca se ofrece dentro de un intervalo bien definido de precios. Hanes comienza con $2.95, Liz Claiborne vende medias de $4 a $7.50 y los precios de DKNY Coverings llegan a $30.

Sin embargo, los segmentos, una vez definidos, no necesariamente han de ser permanentes. Con el fin de mantenerse en contacto con el mercado, las divisiones de medias de Sara Lee cuentan con empleados que periódicamente visitan las tiendas para averiguar lo que opinan de las marcas las compradoras, para escuchar los comentarios de los dependientes y para comprobar cómo se están vendiendo los diversos estilos y colores.

Como toda firma próspera, Sara Lee está muy atenta a los costos. Hace poco inauguró una fábrica automatizada de hilados y tejidos, y está reempacando L'eggs en contenedores de papel en vez de seguir utilizando el plástico en forma de huevo, pues tiene la intención de abatir los costos y acelerar el proceso de empacado. Sin embargo, el interés por abatir los costos no se debe a la reducción de precios. Al segmentar el mercado, al crear fuertes imágenes de marca manteniendo un nivel constante de calidad y de publicidad, y al colaborar con los detallistas, Sara Laa ha logrado evitar la competencia de precios que tanto daño ha ocasionado a muchas compañías en la industria de las medias.

¿Cómo podrá Sara Lee seguir aprovechando su segmentación y las estrategias orientadas al mercado meta en la industria de las medias?

■ TÉRMINOS Y CONCEPTOS BÁSICOS

Mercado meta (154)
Segmentación del mercado (155)
Consumidores finales (157)
Usuarios empresariales (158)
Criterios para segmentar los mercados de consumidores (158)
Distribución regional de la población (161)
Distribución urbana suburbana-rural (161)
Área estadística metropolitana (MSA) (162)

Área estadística metropolitana primaria (PMSA) (162)
Área estadística metropolitana consolidada (CMSA) (162)
PRIZM (163)
Distribución de la población por edad (164)
Segmentación del mercado por género (165)
Etapa del ciclo de vida familiar (166)
Personas en unión libre (167)

Distribución del ingreso (168)
Hábitos de gasto (168)
Ingreso personal (170)
Ingreso personal disponible (170)
Poder adquisitivo discrecional (170)
Segmentación psicológica (171)
Características de la personalidad (172)
Estilo de vida (173)
Psicografía (175)
Lista de valores (176)
VALS y VALS2 (176)

Segmentación por comportamiento (177)
Criterios para segmentar los mercados de empresas (179)
Estrategia de agregación del mercado (182)
Diferenciación de productos (183)
Estrategia de un solo segmento (184)
Estrategia de varios segmentos (185)

■ PREGUNTAS Y PROBLEMAS

1. Dé dos ejemplos de bienes o servicios en cuya demanda de mercado influyan mucho los siguientes factores demográficos:
   a. Distribución regional.
   b. Estado civil.
   c. Sexo.
   d. Edad.
   e. Distribución urbana-rural-suburbana.
2. Mencione tres tendencias demográficas básicas que se hayan expuesto en el capítulo (por ejemplo, un segmento creciente de la población estadounidense tiene más de 65 años). Explique cómo *en cada uno* de los siguientes tipos de tiendas detallistas podría incidir *cada una* de las tendencias.
   a. Supermercado.
   b. Tiendas de artículos deportivos.
   c. Farmacia.
   d. Restaurante.
3. De una encuesta reciente sobre el valor adquisitivo tome los datos disponibles referentes a la ciudad o estado donde vive. Comente cómo las diferencias que advierte pueden ser útiles para una franquicia de comida rápida que busca dónde instalar otro establecimiento.
4. Aplicando los criterios psicológicos expuestos en el capítulo, describa el segmento que probablemente sea el mejor mercado para:
   a. Lugar de esquiar.
   b. Buenos vinos franceses.
   c. Herramientas eléctricas de mano.
   d. Donativos a una obra de caridad.
   e. Parrillas para asado al aire libre.
5. ¿Qué beneficios del usuario pondría de relieve al anunciar los tres productos siguientes a cada uno de estos tres mercados?

Producto	Mercado
a. Grabadora estéreo.	a. Maestros de escuela.
b. Pasta dental.	b. Jubilados.
c. Crucero de 10 días por el Caribe.	c. Mujeres que trabajan.

6. En su opinión, ¿qué características demográficas tenderán a describir a los usuarios de grandes cantidades de:
   a. Alimentos para perros.
   b. Cereal listo para comerse.
   c. Videocaseteras.
   d. Calculadoras de bolsillo.
7. ¿Cómo segmentaría el mercado de las fotocopiadoras como Xerox y Canon?
8. Un crucero de línea está preparando estrategias de merca-

do meta para consumidores que se encuentran en distintas etapas del ciclo de la vida familiar. Describa cómo serán las mezcla de marketing para cada uno de los siguientes grupos:
a. Etapa de soltero.
b. Nido lleno I.
c. Nido vacío.

9. ¿De qué manera algunas de las siguientes organizaciones pondrían en práctica la estrategia de segmentación del mercado?
a. Fabricante de computadoras personales.
b. Una asociación nacional de cardiología.
c. Una compañía productora de películas.
d. Fabricantes de discos compactos.

■ APLICACIÓN AL MARKETING

1. Entreviste a tres amigos o familiares que tengan zapatos deportivos, pero que difieren en alguna variable demográfica (por ejemplo, escolaridad o edad). Aplicando los criterios demográficos, las variables psicológicas y las del comportamiento, describa lo más detalladamente posible los segmentos del mercado que representa cada uno de ellos.

2. Analice los informes anuales (disponibles en la biblioteca de su escuela) de dos fabricantes de productos de consumo y dos compañías que venden sus productos a otras empresas, a fin de determinar los mercados meta que atienden actualmente.

■ NOTAS Y REFERENCIAS

1. Aimee L. Stern, "Sara Lee's Hosiery Clings to Quality", *Adweek's Marketing Week*, 6 de abril, 1992, pp. 36-37; Richard Gibson, "Sara Lee Mulls Purchases to Satisfy Hunger for Growth", *The Wall Street Journal*, 14 de abril, 1992, p. B4.

2. David Kiley, "Estee Takes a Wake-Up Call", *Adweek's Marketing Week*, 9 de marzo, 1992, p. 24.

3. Mark Alpert, "The Ghetto's Hidden Wealth", *Fortune*, 29 de julio, 1991, p. 167-174.

4. Para más información consúltese a Michael J. Weiss, *The Clustering of America*, Harper & Row, Nueva York, 1988.

5. James U. McNeal, "The Littlest Shoppers", *American Demographics*, febrero de 1992, pp. 48+.

6. Chrisopher Power, Sandra Atchinson, Gail DeGeorge y Dean Foust, "Getting 'em While They Are Young", *Business Week*, 9 de septiembre, 1991, pp. 94-95.

7. S. K. List, "The Right Place to Find Children", *American Demographics*, febrero de 1992, pp. 44-47.

8. *Ibíd*.

9. Bill Kelley, "Marketers Go Back to School", *Sales & Marketing Management*, noviembre de 1991, pp. 58-66.

10. Suzanne Alexander, "Whittle's News Program has Little Effect on Students' Knowledge, Study Shows", *The Wall Street Journal*, 24 de abril, 1992, p. B4.

11. Susan Garland, Laura Zinn, Christopher Power, Maria Shao y Julia Flynn Siler, "Those Aging Boomers", *Business Week*, 20 de mayo, 1991, pp. 106-112.

12. Una explicación del mercado de consumidores ancianos y un análisis de posibles variables de segmentación relacionadas con este mercado se encuentran en George P. Moschis, "Marketing to Older Adults: An Overview and Assessment of Present Knowledge and Practice", *The Journal of Services Marketing*, primavera de 1991, pp. 33-41; y Paula Fitzgerald Bone, "Identifying Mature Segments", *The Journal of Services Marketing*, invierno de 1991, pp. 47-60.

13. Aimee L. Stern, "Geritol Extend Goes for the Old", *Adweek's Marketing Week*, 17 de febrero, 1991, pp. 30-31.

14. Melissa Campbell, "The Senior Market: Rewriting the Demographics and Definitions", *Sales & Marketing Management*, febrero de 1991, pp. 63-69.

15. Marj Charlier, "Troubled U.S. Ski Resorts Hope to Cure Ills with an Infusion of Foreign Tourists", *The Wall Street Journal*, 25 de noviembre, 1991, pp. B1+.

16. Para una perspectiva general del ciclo de la vida familiar que refleja el creciente número de adultos solteros, con hijos dependientes o sin ellos, consúltese a Patrick E. Murphy y William A. Staples, "A Modernized Family Life Cycle", *Journal of Consumer Research*, junio de 1979, pp. 12-22.

17. Jon Berry, "Club Med's New Ads Beckon to Kids", *Adweek's Marketing Week*, 11 de noviembre, 1991, p. 10.

18. Jon Berry, "Forever Single", *Adweek's Marketing Week*, 15 de octubre, 1990, pp. 20-24.

19. Melissa Campanelli, "The African-American Market: Community, Growth, and Change", *Sales & Marketing Management*, mayo de 1991, pp. 75-81.

20. Peter Kerr, "Cosmetic Maker Read the Census", *The New York Times*, 29 de agosto, 1991, pp. C1+.

21. Cathy Trost, "In a Game of Tag with Very High Stakes, Resort Industry Is Chasing after Childre", *The Wall Street Journal*, 14 de abril, 1991, pp. B1+.

22. Lyn R. Kahle, Saron E. Beatty y Pamela Homer, "Alternative Measurement Approaches to Consumer Values: The List of Values (LOV) y Values and Lifestyles (VAL)", *Journal of Consumer Research*, diciembre de 1986, pp. 405-409.

23. James Atlas, "Beyond Demographics", *Atlantic Monthly*, octubre de 1984, pp. 49-58.

24. Una explicación más completa sobre VALS y VALS2 se encuentra en William L. Wilkie, *Consumer Behavior*, 2a. ed., John Wiley & Sons, Nueva York, 1990.

25. Rebecca Piirto, "VALS the Second Time", *American Demographics*, julio de 1991, p. 6.

26. Véase a Russell J. Haley, "Benefit Segmentation: A Decision Orientad Research Tool", *Journal of Marketing*, julio de 1968, pp. 30-35. Una actualización de este artículo clásico y del concepto de segmentación por beneficios ver en Haley, "Benefit Segmentation —20 Years Later", *The Journal of Consumer Marketing*, vol. 1. núm. 2., 1983, pp. 5-13.

27. Laurie Petersen, "The Strategic Shopper", *Adweek's Marketing Week*, 30 de marzo, 1992, pp. 18-20.

28. Un interesante artículo que contiene una hoja de trabajo donde se describen algunas variables de segmentación es el de Marian B. Wood y Evelyn Ehrlich, "Segmentation: Five Steps to More Effective Business-to-Business Marketing", *Sales & Marketing Management*, abril de 1991, pp. 59-63.

29. Mark Maremont, "They're All Screaming for Häagen-Dazs", *Business Week*, 14 de octubre, 1991, p. 121.

CAPÍTULO 6

Comportamiento de compra del consumidor

¿Está ROLLING STONE haciendo lo necesario para no pasar de moda?

El 9 de noviembre de 1967, apareció en los puestos de periódico el primer número de *Rolling Stone*. Tenía 24 páginas, impresas en blanco y negro, y costaba 25 centavos de dólar. Jann Wenner, su fundador, lo describió como "una especie de revista y de periódico", cuyos temas eran la música y las cosas y actitudes que encierra ese arte. Se vendieron apenas 6000 ejemplares del primer número. Esos fueron los orígenes tan humildes de una gran publicación. Ahora, luego de aparecer cada dos semanas por más de 25 años y con una circulación de más de 1.2 millones de ejemplares, se plantean preguntas acerca de su futuro.

Rolling Stone nació como una crónica de música rock en la década de 1960, caracterizada por una gran rebelión. En poco tiempo se convirtió en la biblia de la música contra el orden establecido, las drogas y la cultura de los jóvenes. A partir de principios de los años 70, la cobertura de la revista se amplió para incluir reportajes y entrevistas con celebridades de gran popularidad entre los jóvenes, perfiles de personalidad, ficción, informes sobre películas relacionadas con la música rock, libros y videos musicales. En 1982 *Rolling Stone* fue comparada con *Atlantic, Esquire* y *Harper's* por la calidad y valentía de su cobertura de temas nacionales e internacionales. Se distinguía de los semanarios por la profundidad de sus reportajes y también de las revistas políticas más tradicionales, como *New Republic*, por la extensa gama de temas tratados.

A pesar de sus ingresos anuales superiores a $30 millones de dólares a mediados de los años 80, había la preocupación de que estaba desapareciendo el mercado primario de *Rolling Stone*. Si bien la demografía de la audiencia meta de lectores (varones de 18 a 34 años, con estudios universitarios) no había cambiado, su autoimagen ya no era la misma. El lector original era un hombre que usaba jeans azules, con pelo largo, que no se bañaba con mucha frecuencia y que tenía ideas políticas contrarias al orden establecido. En cambio, el perfil del lector de los años 80 había cambiado: era un hombre de pelo corto, que deseaba progresar en su carrera, con suficiente dinero para gastar y que buscaba oportunidades para expresar su individualidad. Los intereses de los lectores ya no se centraban en la música y en la política, sino en asegurar la subsistencia y alcanzar sus metas profesionales.

También la revista había cambiado. Nació impreso en papel prensa, en blanco y negro, formato compatible con su imagen contracultural. Ahora tiene el aspecto de una revista tradicional con cubierta satinada, cuatro colores, un formato elegante y adornado. La mezcla de anunciantes de la revista refleja asimismo el cambio de enfoque. En un principio hablaba principalmente de discos y negocios relacionados con la música. A mediados de los años 80 había anuncios de automóviles, tabaco, bebidas alcohólicas, ropa y productos para el arreglo personal.

A pesar de sus ventas de más de un millón de ejemplares por número, los anunciantes no mostraban mucho entusiasmo por la revista. Pensaban que el lector tendía a ser más bien un inadaptado social que un consumidor típico. Con el propósito de cambiar las percepciones de los anunciantes de que los lectores no habían modificado su estilo de vida desde la década de 1960, *Rolling Stone* preparó una campaña publicitaria dirigida a los anunciantes. En ella contrastaba imágenes tomadas de fotografías del lector de los años 60 que llamaba "percepciones" con las de los años 80 que llamaba "realidad". Por ejemplo, en una de las fotografías aparece la "percepción" como un hippie anciano que conduce un camión Volkswagen adornado con símbolos psicodélicos de la paz; en cambio, la fotografía de la "realidad" presenta a un *yuppie* manejando un Ford Mustang GT. Los anuncios hicieron que los anunciantes vieran la revista desde un nuevo punto de vista, pues les siguieron seis años consecutivos de crecimiento en ventas de publicidad.

¿Cuáles son las preocupaciones actuales de la revista? El número de páginas de anuncios disminuyó en 1991 y, aunque el total de ejemplares vendidos permaneció inalterado, las ventas en los quioscos disminuyeron casi 20%. ¿Por qué? Primero, los productores de música ya no gastan sus presupuestos de publicidad en los medios impresos, sino más bien en MTV, con lo cual se redujo muchísimo una importante fuente de ingresos. Segundo, la competencia ha venido intensificándose. Han aparecido nuevas revistas, entre ellas *Spin* y *Details*, que se centran en el segmento de los apasionados de la música, y algunas publicaciones de moda como *People* y *Entertainment Weekly*, han ampliado su cobertura de la música. Tercero, en opinión de muchos, la política editorial ha ido perdiendo vigor, de modo que ahora es más conformista. La reputación de *Rolling Stone* nació de la crítica de la música rock y de demoledoras críticas culturales; en cambio, ahora su cobertura se ha vuelto más moderada y ha perdido su fuerza polémica. Finalmente, la preferencia de Jann Wenner por la época de la música rock sobre la música más moderna y los reportajes recientes acerca de Jimi Hendrix, Jim Morrison y Rod Stewart han llevado a algunos a señalar que está obsoleta. De acuerdo con un ex editor, *Rolling Stone* es ahora más bien un "admirador de gustos" que un creador de ellos como lo fue antaño.[1]

A fines de los años 60, *Rolling Stone* fue un éxito extraordinario, pero a pesar de su fórmula del éxito ha pasado por muchos cambios a lo largo de los años. ¿A qué se debieron esos cambios?

194 CAPÍTULO 6

En el capítulo 5, la explicación de la segmentación del mercado y de las estrategias orientadas al mercado meta se centraron en la *capacidad del consumidor para comprar*. En el presente capítulo examinaremos su *deseo de comprar* tal como se determina a partir de las fuentes de información, el ambiente social, los factores psicológicos y los factores situacionales. Después de estudiar este capítulo, usted deberá ser capaz de explicar:

OBJETIVOS DEL CAPÍTULO

- El proceso por el cual pasa el consumidor cuando toma decisiones de compra.
- Cómo las fuentes de información comercial y social influyen en las decisiones de compra
- La influencia que la cultura, las subculturas, pertenencia a una clase social y los grupos de referencia tienen en el comportamiento de compra.
- De qué manera las decisiones de compra trascienden al individuo llegando a la familia y a la unidad familiar.
- Las funciones de la motivación, percepción, aprendizaje, personalidad y actitudes en el moldeamiento del comportamiento del consumidor.
- La importancia de los factores situacionales en la compra.

LA TOMA DE DECISIONES COMO SOLUCIÓN DE PROBLEMAS

¿Por qué es difícil vender *Rolling Stone* o cualquier otro producto a los consumidores? La respuesta es simple: porque los consumidores son complejos y cambian sin cesar. No sólo es difícil determinar cuál programa de marketing dará resultados satisfactorios, sino tam-

FIGURA 6-1

El proceso de decisión de compra y los factores que influyen en él.

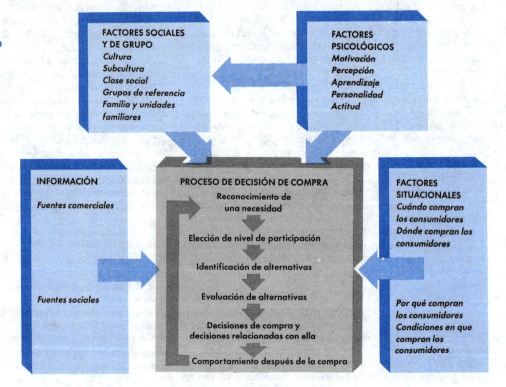

bién si lo que ayer funcionó bien lo hará también hoy. Así pues, los expertos en marketing deben mejorar constantemente su conocimiento de sus clientes.

La figura 6-1 integra todos los aspectos o variables del comportamiento de compra en un modelo que ofrece la estructura necesaria para nuestra exposición. El modelo describe un proceso de decisión de compra de seis etapas y los cuatro factores básicos que influyen en cada una de ellas.

Para afrontar el ambiente de marketing y efectuar compras, los consumidores llevan a cabo un proceso de decisión. Una forma de explicar el proceso es verlo como solución de problemas. Al hallarnos ante un problema susceptible de resolverse con una compra ("Estoy aburrido. ¿Cómo satisfago la necesidad de diversión?"), el consumidor pasa por una serie de etapas lógicas antes de llegar a una decisión.

Como se aprecia en el centro de la figura 6-1, las etapas del **proceso de decisión de compra** son:

1. **Reconocimiento de una necesidad:** el consumidor es impulsado a la acción por una necesidad.
2. **Elección de un nivel de participación:** el consumidor decide cuánto tiempo y esfuerzo invertir en el intento de satisfacer la necesidad.
3. **Identificación de alternativas:** el consumidor descubre productos y marcas alternas, recopilando información acerca de ellos.
4. **Evaluación de alternativas:** el consumidor pondera las ventajas y desventajas de las opciones identificadas.
5. **Decisión:** el consumidor decide comprar o no y toma otras decisiones relacionadas con la compra.
6. **Comportamiento después de la compra:** el consumidor busca la seguridad de haber tomado la decisión correcta.

A pesar de que este modelo es un útil punto de partida para analizar las decisiones de compra, el proceso no siempre es tan fácil como parece a primera vista. Examinemos las siguientes variaciones:

- El consumidor puede desistir en cualquier etapa previa a la compra propiamente dicha. Por ejemplo, si disminuye la necesidad o no se encuentran opciones satisfactorias, el proceso se interrumpirá abruptamente.
- A veces se omiten algunas de las etapas. Las seis de que consta el proceso tienden a emplearse sólo en determinadas situaciones de compra; por ejemplo, cuando se adquieren bienes caros que se compran raramente. En cambio, la compra se convierte en una rutina en el caso de productos conocidos que se adquieren con mucha frecuencia. La necesidad percibida se satisface recomprando una marca conocida, omitiéndose la tercera y cuarta etapas.
- Las etapas no tienen necesariamente la misma duración. Cuando un mecánico nos dice que el motor del automóvil necesita una reparación general, tal vez no tardemos más que unos segundos en reconocer la necesidad de un nuevo automóvil. Pero la identificación y evaluación de los modelos nuevos pueden requerir semanas.
- Algunas etapas se realizan de manera consciente en algunas situaciones de compra y de manera subconsciente en otras. Por ejemplo, no en todas las compras calculamos

Las compras con gran participación personal incluyen las seis etapas de la decisión de compra.

conscientemente el tiempo y el esfuerzo que pondremos. Pero el hecho de que dediquemos más tiempo a algunas compras y menos a otras indica que el nivel de participación personal forma parte del proceso.

En la siguiente explicación supondremos que este proceso de seis etapas generalmente caracteriza las decisiones de compra. Sin embargo, no olvide que tal vez haya necesidad de ajustarlas para que se adapten a las circunstancias de una situación particular de compra.

Reconocimiento de una necesidad no satisfecha

Todos tenemos necesidades y deseos insatisfechos que ocasionan tensión y malestar. Podemos satisfacer algunas de ellas con sólo adquirir y consumir bienes y servicios. Así, el proceso de decidir qué comprar se inicia cuando una necesidad susceptible de satisfacerse por medio del consumo se vuelve lo bastante fuerte como para motivar al sujeto. Este **reconocimiento de la necesidad** puede ocurrir internamente (cuando tenemos hambre, por ejemplo). La necesidad puede permanecer latente hasta que la despierta un estímulo externo, digamos un anuncio o la vista de un producto. El proceso de decisión puede ser desencadenado al agotarse un producto (a la pluma se le acaba la tinta) o por el descontento con el que usamos actualmente.

Sin embargo, el mero hecho de percatarse de la existencia de una necesidad no basta para generar la compra. Los consumidores tienen muchas necesidades y deseos, pero poco tiempo y dinero. Así pues, surge la competencia entre nuestras necesidades. Además, en nosotros influyen otras fuerzas que inciden en nuestro comportamiento de compra. Supongamos que un estudiante quiere adquirir una computadora personal para la escuela, pero con el mismo dinero podría comprar una reproductora de discos compactos o bien hacer un viaje en las vacaciones de verano. No sólo son convenientes todas esas opciones; además le preocupa la posibilidad de que, si compra la computadora, sus amigos piensen que se está volviendo "demasiado estudioso" y sus padres podrían considerar "frívolo" el viaje de vacaciones. Es necesario que resuelva estos conflictos; de lo contrario, el proceso de compra no irá más allá de la etapa de reconocimiento de una necesidad.

Elección de un nivel de participación

Una vez reconocida la necesidad, el consumidor decide de manera consciente o inconsciente cuánto esfuerzo pondrá en satisfacerla. Algunas veces, cuando surge una necesidad, el consumidor está insatisfecho con la calidad o cantidad de información sobre la situación de compra y opta por reunir y evaluar más datos. Se trata entonces de las compras con **gran participación** del consumidor, las cuales incluyen las seis etapas del proceso de la decisión de compra. En cambio, si el consumidor está satisfecho con la información y las alternativas disponibles, la situación será de **poca participación**. En tales casos, tenderá a pasar directamente del reconocimiento de la necesidad a una decisión, prescindiendo de las etapas intermedias.

He aquí algunas de las diferencias del comportamiento del consumidor en situaciones de mucha y poca participación:

Comportamiento	Gran participación	Poca participación
Tiempo invertido	Mucho	Poca
Búsqueda de información	Activa	Poca o nula
Respuesta a la información	Evaluación crítica	Se ignora o se acepta sin evaluarla
Evaluación de marcas	Claras y diferenciadas	Vaga y genérica
Probabilidad de crear lealtad a la marca	Grande	Poca

Aunque es riesgoso generalizar puesto que los consumidores no son iguales, la participación suele ser mayor en las siguientes condiciones:

- El consumidor carece de información sobre las alternativas que le permiten satisfacer la necesidad.
- Se invertirá mucho dinero.
- El producto tiene una gran importancia social.
- Se considera que el producto tiene muchas posibilidades de reportar beneficios muy importantes.

Como rara vez cumplen con alguna de las condiciones antes mencionadas, exigirán poca participación las decisiones acerca de productos relativamente baratos que tienen sustitutos bastante semejantes. Ejemplos comunes son la mayor parte de los artículos que se expenden en los supermercados, en las tiendas de variedades y en las ferreterías. Sin embargo, para un rico la compra de una membresía en un club elegante será una experiencia de poca participación; en cambio, para una persona que necesita la aceptación social, la compra de una pasta dental supondrá una gran participación. Así pues, debemos ver la participación desde la perspectiva del consumidor, no del producto.

La **compra por impulso**, o con poca o nula planeación, es una forma de toma de decisiones con poca participación. Un ejemplo de ella es el cliente que espera en la fila ante la caja registradora. De repente ve el encabezado: "Aterriza un avión perdido desde 1939" en alguna revista y la compra para satisfacer su curiosidad momentánea. La venta al detalle mediante exhibiciones y autoservicio ha condicionado al público y ahora éste realiza más compras por impulso. Reflexionemos brevemente sobre cuántas de nuestras compras no son planeadas (o las efectuamos por impulso). Ante el crecimiento de esta compra con poca participación, se ha de hacer más hincapié en los programas promocionales, como la reducción de precios en algunos artículos, para lograr que la gente entre en la tienda. Asimismo las exhibiciones y los empaques han de ser atractivos, puesto que cumplen la función de vendedores silenciosos.

Identificación de alternativas

Una vez reconocida una necesidad y seleccionado el nivel de participación, el consumidor identifica las opciones capaces de satisfacerla. Primero, encuentra productos y marcas alternas. Esto puede consistir simplemente en recordar las experiencias anteriores o en la realización de una exhaustiva búsqueda externa. Pongamos el siguiente caso: supongamos que un matrimonio decide no cocinar para la cena sino comer alimentos ya preparados. La identificación de las alternativas podría requerir ver si en el refrigerador hay algunos platillos ya preparados, leer el periódico en busca de ofertas o cupones de descuento y recordar los anuncios radiofónicos que describían un nuevo restaurante.

En la búsqueda de alternativas influye:

- La información que el consumidor ha obtenido de experiencias anteriores y de otras fuentes.
- La confianza que tiene en esa información.
- El valor esperado de información adicional o, dicho de otra manera, lo que obtendrá de ésta a cambio del tiempo y el dinero que invertirá para conseguirla.

Evaluación de alternativas

Después de identificar todas las opciones razonables, el consumidor las evaluará antes de tomar una decisión. La evaluación supone establecer algunos criterios a partir de los cuales comparará cada una. En el ejemplo precedente, el decisor tal vez no disponga más que de un criterio ("¿Cuánto tiempo necesitaremos para preparar la comida?") o de varios (rapidez, sabor, nutrición y precio). Cuando intervienen varios criterios, no todos suelen tener el mismo peso. Por ejemplo, el tiempo de preparación podría ser más importante que la nutrición.

Los criterios que los consumidores emplean en la evaluación provienen de su experiencia pasada y de sus opiniones respecto a diversas marcas, así como de las opiniones de los miembros de su familia y de sus amigos. Lo que determina los segmentos de mercado son las diferencias de criterio o la importancia relativa que cada persona les atribuye.

Las evaluaciones pueden ser incorrectas en la realidad, porque a menudo la experiencia es limitada u obsoleta y la información procedente de fuentes como la publicidad o los amigos puede ser poco objetiva. Es decir, un consumidor creerá que el precio de una marca A es mayor que el de la marca B, cuando de hecho es más bajo. Los ejecutivos de marketing vigilan al público consumidor para averiguar qué criterios de elección aplican, para conocer los cambios que están ocurriendo en sus criterios y para corregir las posibles ideas erróneas negativas.

Decisiones de compra y decisiones relacionadas con ella

Después de buscar y evaluar, el consumidor debe decidir si efectuará la compra. Así, el primer resultado es la decisión de comprar o no la alternativa que recibió la mejor evaluación. Si se decide comprar, habrá que adoptar una serie de decisiones conexas sobre las características, sobre dónde y cuándo realizar la transacción, cómo recibir la entrega o posesión, el método de pago y otras cuestiones. En consecuencia, la decisión de comprar no es más que el inicio de una serie totalmente nueva de decisiones que serán tan lentas y difíciles como la primera. Los mercadólogos muy hábiles saben que el resultado de estas decisiones adicionales incide en la satisfacción, por lo cual encuentra formas de ayudarles a los prospectos a tomarlas en la forma más eficiente posible. Por ejemplo, los distribuidores automotrices han agilizado mucho la aprobación de créditos, han modernizado el proceso con que se localiza el automóvil que corresponde a las especificaciones del cliente y han convertido la entrega de la unidad en una "miniceremonia" para hacerlo sentirse importante.

Escoger la fuente donde se efectuará la compra es una de las decisiones de compra. Las fuentes pueden ser tan diversas como las compañías de venta por correo o las tiendas de los fabricantes. La fuente más común es la tienda al detalle, y los motivos por los cuales una persona opta por hacer sus compras en una de ellas se llaman **motivos de compra de la clientela**. La gente quiere sentirse cómoda cuando va de compras. Quiere la seguridad de estar con personas afines a ella y en un ambiente que refleje sus valores. Así, algunos consumidores se sienten incómodos al efectuar sus compras en una tienda tan elegante como I. Magnin.

Los motivos de la clientela abarcan desde algo tan simple como la comodidad cuando uno quiere un refresco hasta algo tan complejo como la atmósfera de un restaurante. Por ejemplo, ha renacido el gusto por los comedores, restaurantes sencillos con un ambiente informal que ofrece comidas caseras a precios módicos. Muchos de ellos, como la cadena Silver Diner de Maryland, atraen a una clientela fiel con un diseño que recuerda los comedores al lado de la carretera, tan comunes en los años 50.[2]

A continuación se enumeran algunos motivos comunes de la clientela:

- Comodidad de la ubicación
- Servicio rápido
- Accesibilidad a la mercancía
- Cantidad de mercancía
- Precios
- Variedad de la mercancía
- Servicios ofrecidos
- Aspecto de la tienda
- Personal de ventas
- Mezcla de otros compradores

Igual que en el caso de los criterios que los consumidores aplican para escoger productos y marcas, sus motivos de preferencia dependerán de la situación de compra. Los detallistas exitosos evalúan rigurosamente a sus clientes y diseñan sus tiendas a partir de los resultados. Por ejemplo, algunos compradores se sorprenderían al enterarse de que The Limited opera tiendas de ropa para dama tan distintas como Victoria's Secret, Lane Bryant y Express. Un fabricante, a su vez, selecciona a los detallistas con características de preferencia que complementen su producto y atraigan al mercado meta.

El concepto de marketing pone de relieve la satisfacción del cliente; pero apenas en los últimos años se han hecho esfuerzos serios para entender lo que significa esa satisfacción. El grado de **satisfacción** se conoce cuando el consumidor compara el *desempeño esperado* de un producto con el *desempeño percibido* al consumir el producto.[3] Si el desempeño iguala o supera las expectativas, el cliente quedará satisfecho. Pero si no cumple con ellas, se sentirá insatisfecho. Las expectativas de los consumidores provienen del uso anterior del producto, de información procedente de fuentes sociales, de la presentación de ventas y de la publicidad.

No es fácil establecer y mantener un equilibrio entre las expectativas y la experiencia. Para ello se requiere algo más que la mera elaboración de un buen producto. Veamos dos ejemplos de cómo pueden distorsionarse las expectativas y la experiencia:

- Dado que las afirmaciones de la publicidad y la presentación de ventas influyen en las expectativas, los profesionales del marketing no deben prometer más de lo que pue-

La nostalgia constituye un importante motivo de preferencia de Silver Diner.

den cumplir. Si se crean expectativas que después no se cumplen, los consumidores se sentirán decepcionados y se perderán ventas en un futuro.
- Los profesionales del marketing también procuran que los consumidores utilicen correctamente los productos. Si un comprador no usa la máquina limpianieve con la mezcla correcta de gasolina y aceite o si sobrecarga una lavadora de ropa, surgirán problemas y no se cumplirán sus expectativas. De ahí que los profesionales del marketing supervisen estrechamente el diseño del producto, los instructivos, las demostraciones e incluso la capacitación para asegurarse de que los productos son empleados correctamente.

Comportamiento después de la compra

Lo que un consumidor aprende al realizar el proceso de compra influye en cómo se conducirá la próxima vez que se le presente la misma necesidad. Después de recabar la información, evaluar las opciones y llegar a una decisión, habrá adquirido conocimientos adicionales sobre el producto y varias marcas. Más aún, se habrá formado nuevas opiniones y creencias y habrá revisado las viejas. Es precisamente este cambio del consumidor el que se indica con una flecha en la figura 6-1: un retorno de la del **comportamiento postcompra** del modelo del proceso de decisión de compra a la etapa correspondiente al reconocimiento de una necesidad.

Algo más suele ocurrir después de la compra. ¿Alguna vez que haya pasado por un proceso riguroso de decisión para realizar una compra importante (digamos, un juego de llantas para el automóvil o una prenda cara de vestir), ha escogido lo que consideraba la mejor opción, pero luego ha tenido dudas sobre su decisión después de la compra? Lo que sintió es una **disonancia cognoscitiva** postcompra, es decir, un estado de ansiedad ocasionado por la dificultad de escoger entre varias alternativas. Desafortunadamente para los profesionales del marketing, la disonancia es muy común; y si la ansiedad no se alivia, el consumidor se sentirá molesto con el producto seleccionado aunque su desempeño sea adecuado.

La disonancia cognoscitiva postcompra se presenta cuando las opciones examinadas seriamente por el comprador tienen a la vez aspectos atractivos y no atractivos. Por ejemplo, en la compra de llantas, el juego escogido puede ser el más caro (no atractivo), pero ofrece mejor tracción en carreteras mojadas (atractivo). La marca no seleccionada fue recomendada por un amigo (atractivo), pero ofrecía una garantía muy limitada (no atractivo). Luego de efectuar la compra, las características no atractivas del producto adquirido cobran mayor importancia en la mente del comprador, lo mismo que las características atractivas de las opciones rechazadas. Así que comenzamos a dudar de haber tomado una buena decisión y ésta nos provoca ansiedad.

La disonancia normalmente se intensifica: 1) cuanto más grande sea el importe de la compra; 2) mayor será la semejanza entre el objeto seleccionado y el objeto u objetos rechazados, y 3) mayor será la importancia de la decisión de la compra. Así, la compra de una casa o automóvil genera más disonancia que la de una barra de chocolate.

Los consumidores tratan de atenuar la ansiedad que experimentan después de la compra. Rehúyen la información (por ejemplo los anuncios referentes a los productos rechazados) que tienda a intensificarla. Y buscan la información que corrobora su decisión, llegando incluso al extremo de leer anuncios del producto después de haberlo adquirido. Asimismo, si antes de la compra se pone más empeño en evaluar las alternativas, aumentará su confianza y disminuirá su disonancia.

Podemos hacer algunas generalizaciones muy útiles a partir de la teoría de la disonancia cognoscitiva. Por ejemplo, los vendedores pueden hacer mucho en su publicidad o en la venta personal para brindar seguridad a los compradores (por ejemplo, haciendo hincapié en el número de clientes satisfechos) y, de ese modo, atenuar la disonancia. Asimismo, la calidad de los programas de seguimiento y de servicio posterior a la compra son factores que contribuyen de manera importante a reducirla.

Una vez explicados estos factores del proceso de la decisión de compra, procederemos a examinar lo que influye en el comportamiento de compra. Comenzaremos con las fuentes y tipos de información utilizados por el comprador.

INFORMACIÓN Y DECISIONES DE COMPRA

Es necesario que los consumidores averigüen qué productos y marcas se expenden en el mercado, qué características y beneficios ofrecen, quién los vende, a qué precios se venden y dónde pueden obtenerse. Sin esta información de mercado no se daría el proceso de decisión, sencillamente porque no habría decisiones que tomar.

¿Cuáles son las fuentes y tipos de información que existen en el ambiente de compra? Como se advierte en la figura 6-1, los entornos social y comercial son dos fuentes. El entorno de la **información comercial** está compuesto por todas las organizaciones e individuos de marketing que tratan de establecer comunicación con los consumidores. Abarca a fabricantes, detallistas, anunciantes y vendedores, siempre que realizan una actividad tendiente a informar o a persuadir. El entorno de **información social** está constituido por la familia, amigos y amistades que directa o indirectamente suministran información sobre los productos. Para entender la importancia mercadológica de estas fuentes sociales, pensemos un poco en la frecuencia con que las conversaciones con nuestros amigos o parientes versan sobre compras que estamos considerando realizar o que ya hemos hecho.

La publicidad es la clase más común de información comercial. En Estados Unidos, más de $130 mil millones de dólares se invierten anualmente en todo tipo de publicidad.[4] Entre las fuentes comerciales también figuran las actividades de venta directa efectuadas por dependientes de tiendas y la venta por teléfono, lo mismo que la participación activa del comprador con los productos (examen de paquetes, uso de productos a prueba y el muestreo).

El tipo normal de información social es la comunicación de boca en boca, en la que dos o más personas hablan de un producto. Entre otras fuentes sociales cabe mencionar el hecho de observar a otros usando los productos y el contacto con ellos en casa de otras personas. Los mercadólogos reconocen el poder de esta modalidad de comunicación y de ahí que procuren estimularla. Por ejemplo, la promoción de llamadas de larga distancia "Amigos y Familias" de MCI ofrecía descuentos a los suscriptores que lograsen que otros también las hicieran.

Cuando se analizan los diversos tipos de información, se advierte de inmediato que existe una fuerte competencia para captar la atención del consumidor. Hace poco se estimó que el adulto norteamericano común está expuesto diariamente a unos 300 mensajes de anuncios, o sea casi 10 000 por mes.[5] En consecuencia, la mente del consumidor ha de ser en extremo eficiente para clasificar y procesar esta sobrecarga de información. Para conocer cómo funciona el consumidor, empezaremos examinando los factores sociales y de grupo que influyen en su estructura psicológica y que además intervienen en determinadas decisiones de compra.

FACTORES SOCIALES Y DE GRUPO

Los factores sociales y los grupos rigen en gran medida las formas en que pensamos, creemos y obramos. Y nuestras decisiones individuales de compra (entre las que cabe citar las necesidades que sentimos, las opciones que estudiamos y la manera en que las evaluamos) se ven afectadas por las fuerzas sociales que nos rodean. Con el fin de indicar este impacto doble, las flechas de la figura 6-1 se extienden en dos direcciones desde los factores sociales y de grupo: hacia la estructura psicológica del individuo y hacia el proceso de la decisión de compra. Comenzaremos nuestra exposición con la cultura, factor que ejerce el impacto más *indirecto*, y luego hablaremos del factor con el impacto más *directo*, la familia.

Influencias culturales

La **cultura** es un complejo de símbolos y artefactos creados por la sociedad y transmitidos de generación en generación como determinantes y reguladores del comportamiento humano. Los símbolos pueden ser intangibles (actitudes, creencias, valores, idioma) o tangibles (herramientas, vivienda, productos, obras de arte). No incluyen los actos instintivos. Sin embargo, la forma en que el hombre lleva a cabo los actos biológicos instintivos, como la ingestión de alimentos, recibe el influjo de la cultura. Así, todo mundo siente hambre, pero lo que se come, el momento en que se come y cómo se come varía de una cultura a otra.

Las culturas varían a lo largo del tiempo, a medida que los viejos patrones paulatinamente van siendo reemplazados por otros. En los últimos años, en Estados Unidos han tenido lugar tendencias culturales de consecuencias de largo alcance. Los ejecutivos de marketing han de estar atentos ante estos cambios, para que su planeación se ajuste al ritmo de los tiempos o incluso se anticipe a ellos. A continuación se comentan algunas tendencias culturales que inciden en el comportamiento de compra de los estadounidenses:[6]

- *El tiempo ha cobrado tanta importancia como el dinero.* Los norteamericanos se sienten demasiado comprometidos: tienen más obligaciones y exigencias de las que pueden cumplir en el tiempo de que disponen. Se observa que todos los grupos demográficos están dispuestos a sacrificar parte de sus ingresos a cambio de más tiempo disponible para ellos. También les gustaría tener más tiempo libre, a pesar de que los estadounidenses comunes ahora disponen de más tiempo que en los años recientes.
- *Las familias con doble ingreso son la norma.* Las familias con doble ingreso ya no son la excepción. Algunos señalan que este fenómeno se debe a la necesidad de alcanzar un buen nivel de vida. Para otros, especialmente para familias formadas por dos profesionistas, ha permitido adquirir muchos lujos. Cuando ambos adultos trabajan fuera de casa, ello no sólo influyen en la capacidad de compra, sino también en la elección de productos y del tiempo en que se compran y consumen.
- *Los roles de los sexos empiezan a perder su identidad.* La distinción entre los roles de hombres y mujeres o de maridos y esposas se ha ido diluyendo. Y ello se refleja en las oportunidades educacionales, en las carreras, en la ropa y en el lenguaje.
- *Ahora se busca ser sano y juvenil y se rechaza la imagen del viejo y enfermo.* Los estadounidenses quieren tener buena condición física y permanecer activos. La mayor parte de ellos considera un elogio que la gente les diga que aparentan menor edad de la que realmente tienen (después de los 21 años, claro está). Con el fin de mantenerse saludables y sin enfermedades, los estadounidenses han hecho del ejercicio una parte normal de su vida, modificando además sus hábitos de alimentación e ingestión de bebidas alcohólicas. Esta tendencia se refleja en el creciente rechazo al tabaquismo y al consumo de alcohol.

Influencia de las subculturas

En toda sociedad tan heterogénea como la norteamericana, existen necesariamente subculturas. Las **subculturas** son grupos dentro de una cultura que muestran patrones conductuales especiales que las distinguen del resto de los grupos pertenecientes a una misma cultura. Los patrones conductuales que las diferencian se fundan en factores como raza, nacionalidad, religión e identificación urbana-suburbana. Algunas de estas características se expusieron en el capítulo 5, al hablar de los factores demográficos del mercado.

Una subcultura adquiere importancia en el marketing si constituye una parte importante de la población y presenta hábitos peculiares de compra. En Estados Unidos, durante los años 90 se presta cada día mayor atención a los factores conductuales provenientes de las subculturas raciales o étnicas: negros, hispánicos, asiáticos, aborígenes norte-

Las subculturas son lo bastante fuertes para crear un mercado de revistas, periódicos y estaciones de radio y televisión especializadas en un segmento de la población.

americanos y otras. Los primeros inmigrantes llegaron a Estados Unidos procedentes principalmente de Europa. En los años 90 provendrán sobre todo de Asia y América Latina. Las ciudades de la costa occidental tienen desde hace más de un siglo numerosas poblaciones de origen chino y japonés. Sin embargo, la nueva oleada de inmigrantes asiáticos incluye personas procedentes de Corea, Vietnam y Tailandia. Estas nuevas subculturas traen consigo diferentes actitudes, creencias, costumbres e idiomas que han de tener en cuenta las compañías que deseen venderles sus productos.

En realidad, la subcultura no justifica por sí misma la segmentación del mercado. Es preciso que los profesionales del marketing conozcan cómo las características subculturales repercuten en el comportamiento de compra, pero también deberían tener presente que la raza y el origen étnico interactúan con otros atributos, como estilo de vida, personalidad y clase social, durante el proceso de decisión de compra. Según se señaló en el capítulo 5, debemos considerar a los negros, hispánicos y asiáticos como grandes mercados integrados por muchos segmentos más pequeños, basándonos para ello en factores demográficos, económicos, psicológicos y sociales.

Factores relacionados con la clase social

La **clase social** es una clasificación dentro de una sociedad, determinada por los integrantes de esta última. Aunque la idea de estructura social y las designaciones clase *alta*, *media* y *baja* haga que algunos estadounidenses se sientan incómodos, es un hecho que en Estados Unidos existen las clases sociales. Y a menudo en el comportamiento de compra de las personas influye de modo decisivo la clase a la que pertenecen o a la cual aspiran pertenecer.

Sin emitir juicios de valor sobre si una clase es superior o más feliz que otra, los sociólogos han hecho numerosos intentos por describir la estructura de las clases en forma adecuada. Un esquema útil para los directores de marketing es el modelo de cinco clases formulado por Coleman y Rainwater,[7] el cual clasifica a la gente basándose primordialmente en la escolaridad, ocupación y tipo de zona habitacional.

Nótese que el ingreso no es uno de los factores taxonómicos. La clase social no es un indicador de capacidad adquisitiva; más bien, indica las preferencias y estilo de vida. Por ejemplo, un joven abogado quizá perciba los mismos ingresos que un trabajador siderúrgico de edad madura, pero seguramente tendrán diferentes antecedentes familiares, gustos y aspiraciones.

En el resumen de las cinco clases que se anexa a continuación, los porcentajes no son más que aproximaciones y pueden variar según la región geográfica.

- La *clase alta*, aproximadamente 2% de la población total, comprende dos grupos: 1) las "familias de abolengo" con gran reconocimiento social y, a menudo, con una riqueza heredada; 2) los ejecutivos con una riqueza recién adquirida, los dueños de grandes negocios y los profesionistas. Todos ellos viven en grandes residencias de zonas exclusivas y muestran sentido de responsabilidad social. Los integrantes de esta clase frecuentan las tiendas de lujo. Compran bienes y servicios caros, pero no hacen ostentación de su riqueza.
- La *clase media alta*, cerca del 12% de la población total, se compone de hombres de negocios moderadamente exitosos, de profesionistas y de propietarios de compañías medianas. Son personas bien educadas, que tienen un gran deseo de éxito e impulsan a sus hijos a labrarse un buen futuro. Sus compras tienen un carácter más conspicuo que las de la clase alta. Adquieren productos que denotan su estatus y, sin embargo, son socialmente aceptable. Saben vivir bien, son miembros de clubes privados, apoyan las artes y las causas sociales.
- La *clase media baja*, aproximadamente 32% de la población total, está constituida por oficinistas, la mayor parte de los vendedores, maestros, técnicos y dueños de negocios pequeños (en conjunto se les suele llamar empleos con trato al público). Buscan la respetabilidad "haciendo bien las cosas" y comprando lo popular. Tienen casas con buen mantenimiento y ahorran dinero para enviar sus hijos a la universidad. Son personas previsoras y tratan de ascender en la escala social, tienen mucha seguridad en sí mismos y están dispuestos a correr riesgos.
- La *clase baja alta*, cerca del 38% de la población total, está constituida por los obreros, los trabajadores semicalificados y el personal de servicio. Son personas estrechamente vinculadas a su familia por el apoyo económico y emocional que de ella reciben. Los papeles del hombre y de la mujer están netamente definidos en la familia. Viven

PERSPECTIVA INTERNACIONAL

¿EXISTE REALMENTE UNA CULTURA EUROPEA?

Ocurrirán muchos cambios ahora que las barreras comerciales entre los miembros de la Comunidad Económica Europea empiezan a ser eliminadas para crear un solo mercado europeo. Entre los beneficios más notables se encuentra la creación de 5 a 6 millones de empleos, un incremento del producto interno bruto del 6% y más bienes y servicios de donde pueden elegir los consumidores europeos. Pero los profesionales del marketing también afrontan problemas atribuibles a las diversas culturas del continente. Aun prescindiendo de las restricciones comerciales, la creación de un solo mercado se ve obstaculizada por las diferencias de idioma, gustos, costumbres, climas y sistemas de distribución.

Algunas empresas afrontan problemas porque habían diseñado sus actividades mercadológicas para mercados nacionales bien definidos. Por ejemplo:

- Lever Europe tiene un ablandador de telas que se vende en 10 países europeos con siete nombres, en distintos contenedores y, algunas veces, con fórmulas diferentes. Los nombres, los empaques y los diseños de productos estaban destinados originariamente a satisfacer los idiomas y gustos locales. Sin embargo, el costo de fabricar y comercializar tantas marcas puso a la compañía en desventaja al irse integrando cada vez más los mercados europeos. La solución parece fácil: estandarizar. El problema de esta solución es que los consumidores se han acostumbrado a las marcas actuales y el cambio de nombre, empaque o fórmula podrá tener consecuencias devastadoras. Por ejemplo, representó un gran esfuerzo para Lever Europe dejar de vender Cif, su limpiador líquido, en un frasco de color naranja para venderlo en un frasco blanco. Primero, una campaña de anuncios mostró el nuevo recipiente. Después, para facilitar la transición, al inicio el nuevo frasco se vendió en una envoltura de color anaranjado que el consumidor debía quitar.

- Con el propósito de estandarizar sus productos, Mars, Inc. suprimió los nombres europeos de marca que tanto éxito habían alcanzado. En Gran Bretaña, a la barra de chocolate Marathon se le cambió el nombre y se le puso Snickers. Las galletas de chocolate Raider, las que tienen mayor demanda, se conviertieron en Twix, Y Bonitos de Francia ahora se llaman M&Ms. Aunque costosos, estos esfuerzos resultan menos complicados que los que ahora debe realizar la empresa para estandarizar las barras de Milky Way y de Mars. Ambas marcas se venden a nivel mundial, pero son productos diferentes en varios partes del mundo.

Tal vez sean menos graves los problemas de una compañía que entra por primera vez en el mercado europeo. Whirlpool, prácticamente desconocida en ese continente antes de 1989, evaluó más de 20 campañas publicitarias antes de seleccionar una diseñada especialmente para captar el interés de los consumidores de la Europa Occidental. La compañía ha puesto de relieve una tecnología de punta y el deseo del hombre moderno de disponer de más tiempo libre. Así consiguió en varios países un alto nivel de conocimiento y asociaciones positivas para sus electrodomésticos.

Fuente: E. S. Browning, "In Pursuit of the Elusive Euroconsumer", *The Wall Street Journal*, 23 de abril, 1992, pp. B1+.

en casas más pequeñas que los de la clase media, poseen automóviles más grandes, tienen más electrodomésticos y televisores más grandes. Tienden a mostrar una orientación local, adquieren productos norteamericanos y en las vacaciones no se alejan mucho de casa. Su perspectiva del futuro es a corto plazo y les preocupa mucho la seguridad.

- La *clase baja* baja, cerca del 16% de la población total, está compuesta por trabajadores no calificados, los desempleados permanentes, los inmigrantes no asimilados y personas que suelen vivir de la asistencia social. Suelen tener un bajo nivel escolar, perciben pocos ingresos y habitan en casas y barrios pobres. Tienen pocas oportunidades de pensar en el futuro; así que se concentran en el presente. A menudo sus compras no se basan en consideraciones económicas. El público tiende a diferenciar esta clase en dos grupos: "los trabajadores pobres" y los "pobres que viven de la asistencia social".

A continuación se mencionan las conclusiones obtenidas de la investigación de la clase social que se aplican al marketing:

- Prácticamente en todas las sociedades hay un sistema de clases sociales.
- Se dan diferencias esenciales entre las clases respecto al comportamiento de compra.
- Debido a su diversidad, las clases sociales tienden a emitir una respuesta diferente ante un programa de marketing. Por consiguiente, tal vez haya que diseñar programas de marketing especiales para cada clase social.

Influencias de los grupos de referencia

Cada grupo de una sociedad desarrolla sus propias normas de conducta que después sirven de directrices, o marcos de referencia, para sus integrantes. Las familias y un círculo de amigos son este tipo de grupo. Los miembros comparten los valores y han de observar los patrones conductuales del grupo. Pero no es necesario que una persona pertenezca a un grupo para que reciba su influjo. Existen grupos a los cuales aspiramos pertenecer (un club o una asociación estudiantil) y grupos que admiramos a pesar de que no podamos pertenecer a ellos (un equipo atlético profesional). Todos ellos son **grupos de referencia** potenciales, es decir grupos de personas que influyen en nuestras actitudes, valores y conducta.

Los estudios han demostrado que el consejo personal en grupos de contacto directo es mucho más eficaz como determinante del comportamiento que la publicidad. Es decir, al seleccionar productos y cambiar de marcas, tendemos a dejarnos influir más por la información de boca en boca de los integrantes de nuestro grupo de referencia que por los anuncios o los vendedores. Ello sucede especialmente cuando la información proviene de alguien a quien tenemos por una persona conocedora del producto o alguien en quien confiamos.

La influencia del grupo de referencia no sólo se extiende a la decisión de comprar un producto, sino también a la elección de una marca en particular.[8] Si un producto no es un artículo de primera necesidad sino de lujo, los grupos de referencia incidirán en la decisión de comprarlo o no. Además, si se consumirá en público y no en privado, la influencia del grupo de referencia tiende a incidir en la elección de la *marca*. Cuando la característ-

La influencia del grupo de referencia es fuerte para este artículo de lujo que se consume en público.

tica de artículo de lujo o necesario se combina con el atributo de consumo en público o en privado, se presentan las siguientes situaciones de influencia del grupo de referencia:

- Artículos de lujo que se consumen en público (la pertenencia a un club de lujo, por ejemplo): el grupo de referencia influye en la decisión de comprar el producto y en la elección de la marca.
- Artículos de lujo que se consumen en privado (purificadores de agua): el grupo de referencia influye únicamente en la decisión de adquirir el producto.
- Artículos de primera necesidad que se consumen en público (un reloj de pulsera): el grupo de referencia influye sólo en la elección de la marca.
- Artículos de primera necesidad que se consumen en privado (colchones): no influye ningún grupo de referencia.

Los anunciantes recurren a la influencia de los grupos de referencia cuando se sirven de celebridades como voceros. Los atletas, los músicos y los actores profesionales pueden influir en personas a quienes les gusta que de alguna manera se les asocie con ellos: Michael Jordan para los zapatos Nike y el conductor de autos de carrera Richard Petty para los lubricantes Texaco.

La influencia que los grupos de referencia ejercen sobre el marketing no se confina a personalidades bien conocidas. Esa función la cumple cualquier grupo cuyas cualidades admire una persona. Por ejemplo, los que tienen una excelente condición física, las personas con gran sensibilidad social y los que tienen éxitos profesionales han servido de grupos de referencia en la publicidad. El resultado de este proceso se refleja en los mensajes publicitarios que los utilizan como lo atestiguan las campañas publicitarias "Just Do It" de Nike, "Life Is Short, Play Hard" de Reebok.[9]

Influencias de las familias y de las unidades familiares

Una **familia** es un grupo de dos o más personas con relaciones de parentesco, matrimonio o adopción que conviven en un hogar. A lo largo de su vida muchos pertenecerán por lo menos a dos familias: aquella en que nacen y la que forman al casarse. La primera determina fundamentalmente los valores y actitudes básicos. La segunda, en cambio, tiene una influencia más directa en las compras específicas. Por ejemplo, el tamaño de la familia es un factor importante en la compra de un automóvil.

Una unidad familiar es un concepto más amplio que se refiere al alojamiento más que a la relación. Una **unidad familiar** puede ser una persona, una familia o grupo de personas sin parentesco alguno que ocupan una misma vivienda. Así, son ejemplo de unidades familiares un propietario soltero, unos estudiantes universitarios que comparten un departamento fuera del campus y las parejas que cohabitan.

Hubo una época en que los profesionales del marketing no se equivocaban al suponer que una unidad familiar constaba de un matrimonio y sus hijos. Ahora ya no es así. Más del 40% de los adultos estadounidenses son solteros.[10] En 1990 el tamaño de una unidad familiar promedio era de 2.63 miembros, mientras que el tamaño promedio de una familia era de 3.17 personas. Desde hace algunos años ambas cifras han ido disminuyendo paulatinamente. Estas tendencias a largo plazo se deben, en gran medida, a la existencia de más familias de un solo progenitor, a los matrimonios sin hijos y a las personas que viven solas.[11]

La sensibilidad ante la estructura familiar es importante al diseñar las estrategias de marketing. Las empresas respondieron cuando la investigación reveló que a los solteros les parecía muy solitaria la hora de la comida, que preferían dedicar poco tiempo en la preparación e ingestión de alimentos y que a menudo combinaban la comida con otra actividad como leer o trabajar para sentirse menos solos. Las comidas preparadas de alto precio de Campbell's Le Menu, Stouffer's Lean Cuisine y Swansons's Great Start Breakfast Sandwiches son productos que combinan la calidad con la comodidad y están dirigidos a este mercado. La estructura familiar también afecta a aspectos como tamaño del producto (¿de qué tamaño han de ser los refrigeradores?) y el diseño de la publicidad (¿cuándo no conviene presentar una familia tradicional en un anuncio televisivo?).

Además del impacto directo e inmediato que las familias tienen en el comportamiento de compra de sus miembros, también es interesante tener en cuenta el comportamiento de compra de la familia como unidad. ¿Quién realiza las compras de la familia? Los expertos en marketing deberían examinar esta pregunta como cuatro preguntas individuales, pues cada una de ellas requiere estrategias especiales:

- ¿Quién influye en la decisión de compra?
- ¿Quién toma la decisión de compra?
- ¿Quién realiza la compra?
- ¿Quién usa el producto?

Es posible que varios miembros de la familia asuman los roles anteriores o bien que un individuo desempeñe varios de ellos en una compra determinada. Tradicionalmente la madre de familia se encargaba de efectuar las compras diarias. Sin embargo, como se mencionó en el capítulo 5, eso ha cambiado a medida que un número creciente de mujeres entraron en la fuerza de trabajo, y los padres e hijos empezaron a asumir una mayor responsabilidad en las tareas domésticas. No ha escapado a la atención de los ejecutivos de marketing el hecho de la creciente influencia de los adolescentes y niños de corta edad en las compras familiares. De acuerdo con un estudio reciente a nivel nacional, en una cuarta parte de las familias con hijos, son éstos quienes controlan la selección de helados, fideos y queso, hojuelas de maíz y papas fritas, refrescos y pizza congelada.[12] Con el propósito de sacar partido de la influencia de los niños, los fabricantes de zapatos de gimnasio Keds, de las tarjetas de béisbol Topps y los anteojos para el sol Play Safe están invirtiendo en exhibidores de tiendas que se encuentran al nivel de los ojos de los niños.

El hecho de saber cuáles miembros de la familia suelen tomar la decisión de compra influirá en toda la mezcla de marketing de la empresa. Si los niños son los principales decisores, como sucede a menudo con productos como el cereal para desayuno, un fabricante producirá algo que les agrade y lo anunciará en los programas de caricaturas de los sábados por la mañana. Lo hará sin importar quién realmente efectúe la compra ni que otros miembros (además de los niños) puedan comerlo.

FACTORES PSICOLÓGICOS

Al tratar del componente psicológico del comportamiento del consumidor, seguiremos utilizando el modelo de la figura 6-1. Uno o más motivos del sujeto activan el comportamiento orientado a las metas. Uno de esos comportamientos es la percepción, esto es, la recopilación y el procesamiento de información. Otras actividades psicológicas que intervienen en las decisiones de compra son el aprendizaje, la formación de actitudes, la personalidad y el autoconcepto.

Motivación: el punto de partida

Para entender el comportamiento de los consumidores, primero hemos de preguntarnos por qué un individuo realiza una acción. La respuesta es: "Porque siente una necesidad". Toda conducta comienza con una necesidad. La seguridad, la aceptación social y el prestigio son ejemplos de necesidades. Una necesidad no se convierte en motivo si antes no es activada o estimulada. Así pues, un **motivo** es una necesidad lo suficientemente estimulada como para impulsar al individuo a buscar la satisfacción.

El hombre tiene muchas necesidades latentes que no originan comportamiento por no ser lo bastante intensas. He aquí dos ejemplos de necesidades activadas que se han convertido en motivos para iniciar una conducta: el hambre, cuando es lo bastante fuerte, nos impulsa a buscar alimento, y el miedo, si es muy intenso, nos lleva a buscar seguridad.

Algunas veces es difícil y otras imposible identificar el motivo o motivos del comportamiento. Por ejemplo, podemos agrupar los motivos de grupo en tres niveles según el conocimiento que el consumidor tenga de ellos y su disposición a revelarlos. En un nivel, los compradores reconocen, y están dispuestos a hablar de ellos, los motivos por los cuales compran los productos más comunes de uso diario. En un segundo nivel, conocen las razones por las que compran pero no las admitirán ante los demás. Una mujer quizá adquiera un automóvil de lujo por pensar que esto mejora su posición social en la comunidad. Un hombre posiblemente compra un abrigo de piel para estar a la altura de su grupo de amigos y colegas. Pero cuando se les preguntan sus motivos, ofrecerán otras razones que, a su juicio, son más aceptables desde el punto de vista social. Los motivos más difíciles de detectar son los del tercer nivel, en el cual ni siquiera los propios consumidores pueden explicar los factores que los impulsan a realizar una compra. A esas razones se les conoce con el nombre de motivos inconscientes o subconscientes; los estudiaremos más a fondo cuando hablemos de la personalidad.[13]

Y para complicar aún más el tema, a menudo una compra es resultado de varios motivos. Más aún, diversos motivos pueden chocar entre sí. Al comprar un traje nuevo, un joven querrá 1) sentirse cómodo, 2) agradar a su novia, 3) ser visto como un líder de la moda por los integrantes de su círculo social y 4) ahorrar dinero. Es muy difícil lograr los cuatro objetivos en una compra. Finalmente, un mismo motivo puede ocasionar comportamientos distintos de la misma persona en varios momentos, y el comportamiento idéntico de varios sujetos puede deberse a motivos totalmente diferentes. Por ejemplo, no todos los estudiantes que asisten a una escuela lo hacen por la misma razón.

¿Ha notado que la identificación de motivos se parece mucho a la segmentación por beneficios mencionada en el capítulo 5? Por desgracia, como se aprecia en la explicación anterior, descubrir los motivos (o beneficios buscados) resulta difícil en muchas situaciones de compra. Pese a ello, examinaremos lo que conocemos hasta ahora.

Clasificación de motivos. Podemos agrupar los motivos en dos grandes categorías:

- Necesidades activadas *a partir de estados fisiológicos* de tensión (la necesidad de sueño, por ejemplo).
- Necesidades activadas *a partir de estados psicológicos* (entre ellas las necesidades de afecto y de respeto de sí mismo).

El psicólogo Abraham Maslow formuló una teoría de la motivación. Identificó una jerarquía de cinco niveles de necesidades en el orden en que el ser humano trata de satisfacerlas.[14] La **jerarquía de necesidades de Maslow** aparece en la figura 6-2 (p. 206). Maslow reconoció que una persona normal tenderá a buscar la satisfacción simultánea de sus necesidades en diversos niveles y que rara vez logrará satisfacer plenamente todas las de un mismo nivel. Con todo, la jerarquía indica que hay que satisfacer razonablemente la mayor parte de las necesidades de un nivel antes que el sujeto se sienta motivado a pasar al siguiente nivel.

En sus intentos por vender sus productos o comunicarse con determinados segmentos, los ejecutivos de marketing a menudo deben ir más allá de una clasificación general como la de Maslow, a fin de entender los motivos específicos de donde nace la conducta. Cuando con el interrogatorio directo no obtienen toda la información y detalles que buscan sobre la motivación, recurren a otros métodos de investigación. Uno de ellos es la forma de observación tomada de la antropología, la *etnografía*. En marketing la **investigación etnográfica** consiste en observar detenidamente cómo los consumidores interactúan con un producto y deducir luego cómo éste encaja en su vida. En el caso del cereal, este estudio consistiría en observar a los consumidores buscar y comprar el producto, en ver a los miembros de la familia prepararlo, comerlo y en observar cómo y dónde lo guardan en la casa. Las herramientas de investigación son, entre otras, fotos fijas, videotapes, entrevistas prolongadas y descripciones escritas del comportamiento.

FIGURA 6-2

Jerarquía de necesidades de Maslow.

La etnografía se ha utilizado para estudiar cómo el U.S. Postal Service atiende las necesidades de la población. En contraste con las encuestas que revelaron que la gente tenía sentimientos ambivalentes ante ese servicio, la investigación demográfica indicó que la gente sentía afecto por sus repartidores del correo. Con el fin de sacar partido de esos sentimientos, la oficina diseñó el eslogan "We Deliver for You" (repartimos para usted) y lo empleó en todos sus servicios y programas.[15]

Si conocen bien los motivos del público, los profesionales del marketing estarán mejor preparados para diseñar tiendas y productos atractivos. No obstante, aún falta mucho por hacer para identificar los motivos propios del marketing y medir sus posibilidades.

Percepción

Un motivo es una necesidad activada. El motivo a su vez desencadena el comportamiento cuya finalidad es satisfacerla. Dado que el comportamiento puede asumir muchas formas, el sujeto obtiene información del ambiente para tomar una decisión más acertada. El proceso de recibir, organizar y dar significado a la información o estímulos detectados por nuestros cinco sentidos recibe el nombre de **percepción**. Es así como interpretamos o damos significado al mundo circundante. La percepción desempeña un papel central en la etapa de la decisión de compra, en la cual se recogen alternativas.

Lo que percibimos (el significado que damos a las sensaciones) depende del objeto y de las experiencias personales. En un instante la mente es capaz de recibir información, compararla con un enorme almacenamiento de imágenes de la memoria y de interpretarla. La percepción se realiza rápidamente y a menudo con muy escasa información, pero constituye un factor importantísimo en la toma de decisiones. Ty-D-Bol, limpiador de tazas de baño (excusados) sustituyó su contenedor de color azul y verde claro por una botella blanca sin adornos, con una inscripción contra un fondo oscuro para indicar po-

El frasco original Ty-D-Bol aparece a la izquierda, el de en medio fue un paso intermedio y el de la derecha es el empaque actual. La etiqueta modernizada y más atrevida cambió la imagen del producto y aumentó las ventas.

der, fuerza y limpieza. Gracias a estos cambios, el producto fue percibido en forma diferente y se consiguió un incremento del 40% de las ventas.[16]

Los estímulos visuales, aunque importantes, no son más que uno de los factores de la percepción. Los consumidores utilizan sus cinco sentidos. Las aromas, por ejemplo, son poderosos desencadenadores del comportamiento. ¿Quién puede resistir el aroma de las palomitas de maíz en un cine o de los pastelillos recién sacados del horno en la sección de panadería del supermercado? Igual que la percepción, la memoria desempeña un papel importante en las aromas. Un estudio reciente de olores comunes que evocan agradables recuerdos infantiles reveló lo siguiente: los consumidores de más edad los identificaban con los olores naturales de caballos, flores y heno. En cambio, los sujetos más jóvenes los asociaban a la fragancia de Play-Doh e incluso con el combustible de los aviones de propulsión. Los fabricantes utilizan este tipo de información para aromatizar los productos y los lugares de venta, a fin de generar percepciones positivas.[17]

Todos los días entramos en contacto con una extraordinaria cantidad de estímulos de marketing. Pero el proceso perceptual es selectivo en formas muy concretas. Examinemos los siguientes casos:

- Prestamos atención a los estímulos excepcionales. Es decir, de todos los estímulos de marketing a que estamos expuestos, sólo percibimos los capaces de captar y retener nuestra atención. A este fenómeno se le llama **atención selectiva**.
- Como parte de la percepción, la nueva información se compara con el acervo de conocimientos del sujeto, o marco de referencia. En caso de descubrirse una incongruencia distorsionaremos la nueva información para ajustarla a las creencias ya establecidas. Así, un "adicto" a las botanas podrá decir: "Todo lo que se dice acerca de la necesidad de observar una dieta balanceada no es sino propaganda de la industria de alimentos saludables." Nos hallamos aquí ante una **distorsión selectiva**.
- Retenemos sólo una parte de lo que hemos percibido de manera selectiva. Por ejemplo, casi el 80% de los norteamericanos no pueden recordar un comercial típico de la televisión un día después de haberlo visto.[18] A esto se le da el nombre de **retención selectiva**.

Este proceso de selectividad tiene muchas implicaciones para la comunicación. Por ejemplo, si se quiere captar y conservar la atención, un anuncio ha de ser lo bastante atractivo para estimular al consumidor a que busque más información. Si es demasiado conocido, simplemente será ignorado. Por otra parte, si resulta demasiado complejo, se pensará que no vale la pena dedicar tiempo y esfuerzo para entenderlo. Por tanto, la meta es suscitar una primera impresión ligeramente ambigua que despierte el interés. Un buen ejemplo es un anuncio impreso de Isuzu Trooper que presenta un auto sobre un lago congelado, rodeado de carritos de supermercado. La incongruencia de la situación provoca la curiosidad del lector. En el texto publicitario se explica luego cómo la calidad de la pintura Isuzu contribuye a que al automóvil "resista la atracción de los carritos de compras hacia los automóviles".

La distorsión selectiva nos indica que los expertos en marketing no pueden suponer que un mensaje, aun siendo correcto, será necesariamente aceptado como un hecho por el público. Así, si un consumidor piensa que los automóviles fabricados en el extranjero

¿QUIÉN DECIDE LOS COLORES DE LOS PRODUCTOS QUE COMPRAMOS?

El Color Marketing Group es una pequeña asociación que se reúne dos veces al año para decidir los colores de los productos. El grupo, integrado por expertos en colores que trabajan para compañías automotrices, fabricantes de pinturas y textiles, fabricantes de muebles y electrodomésticos, estudia las tendencias y preferencias del público para llegar finalmente a un conjunto de colores coordinados que utilizarán al siguiente año. Se trata de decisiones importantes, porque incluso un excelente producto tal vez no se compre si no corresponde a la decoración del cliente. Pero no basta la coordinación. Según un analista de colores, éstos transmiten un significado importante.

Trate de correlacionar los siguientes colores con lo que la mayor parte de los consumidores piensan que significan:

1. Rojo primario
2. Rosa vivo
3. Rojo con base amarilla
4. Rojo con base azul
5. Verde oscuro
6. Amarillo
7. Azul celeste
8. Azul pálido

A. Indicador de un gran estatus
B. Tranquilizante natural
C. Instintivamente preferido por los varones
D. Instintivamente preferido por las mujeres
E. Tranquilizador
F. Intensifica la emoción, el miedo o el enojo
G. Estimula la fantasía
H. Aumenta la ansiedad y la pérdida del control

Respuestas: 1-F; 2-E; 3-C; 4-D; 5-A; 6-H; 7-B; 8-G

Fuente: Randall Lane, "Clash of the Color Czars", *Adweek's Marketing Week*, 20 de abril, 1992, p. 18; Carlton Wagner, "Color Cues", *Marketing Insights*, primavera de 1990, pp. 42-46.

---

son mejores que los modelos de producción nacional, la afirmación de una calidad superior del fabricante nacional será vista como una exageración o un intento de engañar al público, no como un hecho comprobable. Al diseñar un mensaje, hay que tener en cuenta la distancia entre la creencia actual de la audiencia y la posición propuesta por el mensaje. Si la distancia es grande, una afirmación moderada será más creíble que otra más radical y, por lo mismo, tendrá mayores probabilidades de lograr que los consumidores acepten el mensaje.

Incluso los mensajes recibidos sin distorsión están sujetos a la retención selectiva. Por ello los anuncios se repiten muchas veces. Se espera que, tras muchas exposiciones a ellos, el mensaje llegue finalmente a la memoria del receptor. Esta finalidad explica en parte por qué una compañía con productos tan conocidos, como McDonald's, invierte en publicidad más de $700 millones de dólares anuales en publicidad.

Aprendizaje

El **aprendizaje** es el cambio de comportamiento resultante de la observación y la experiencia. Se excluyen comportamientos atribuibles al instinto como la respiración o los estados temporales como el hambre y la fatiga. Con la interpretación y predicción del aprendizaje del consumidor mejora nuestro conocimiento del comportamiento de compra, ya que el aprendizaje interviene en todas las etapas del proceso de decisión de compra.

No existe una teoría del aprendizaje aceptable que explique todas las situaciones. Pero la teoría del estímulo-respuesta tiene una aplicación directa a la estrategia de marketing.[19] De acuerdo con la **teoría de estímulo-respuesta**, el aprendizaje se realiza cuando una persona 1) reacciona ante algún estímulo conduciéndose en una forma particular y 2) se le premia por emitir una respuesta correcta y se le castiga por una respuesta incorrecta. Cuando la misma respuesta correcta se realiza en reacción ante un estímulo idéntico, quedará establecido un patrón conductual o aprendizaje.

Cinco factores son esencial para el aprendizaje:

- **Impulsos:** fuerzas internas o externas que requieren que el sujeto responda en alguna forma.
- **Estímulos sensoriales:** señales procedentes del ambiente que determinan el patrón de respuesta.
- **Respuestas:** reacciones conductuales ante el impulso y los estímulos sensoriales.
- **Reforzamiento:** se produce cuando se premia la respuesta. El reforzamiento puede ser positivo o negativo. El **reforzamiento positivo** consiste en experimentar un resultado deseable por haber realizado el comportamiento. El **reforzamiento negativo** se da cuando un comportamiento permite al sujeto evitar un resultado indeseable.
- **Castigo:** sanción infligida por una conducta incorrecta.

Si se premia la respuesta mediante un reforzamiento positivo o negativo, se establecerá una conexión entre impulso, estímulos sensoriales y respuesta. El aprendizaje, pues, surge del reforzamiento, y un reforzamiento repetido da origen a la formación de un hábito o a la lealtad a la marca. Por ejemplo, si una persona motivada para ir de compras (impulso) ha encontrado gangas (reforzamiento positivo) cuando entra en tiendas (respuesta) que tienen los letreros de "barata" en los escaparates (estímulos sensoriales), responderá (aprendizaje) yendo a otras tiendas que tengan el letrero de "barata". De manera análoga, si a un consumidor le satisface evitar problemas (reforzamiento negativo) debidos a una calidad deficiente pagando precios altos, aprenderá pronto este patrón de respuesta.

Los mercadólogos han enseñado a los consumidores a responder ante ciertos estímulos:

- Las exhibiciones en los extremos de los supermercados indican que el artículo está en oferta.
- Los letreros de barata en los escaparates indican que en el interior del establecimiento se encontrarán ofertas.
- Las letras grandes en los anuncios de prensa de las tiendas de comestibles indican que la mercancía es una verdadera ganga.

Una vez establecido un patrón habitual de conducta, reemplaza al comportamiento consciente y voluntario. Según nuestro modelo, ello significa que el consumidor pasará directamente de la necesidad reconocida a la compra, omitiendo los pasos intermedios del proceso. Cuanto más fuerte sea el hábito (cuanto más haya sido reforzado), más difícil será que lo suprima un producto de la competencia. En cambio, si se castiga una respues-

Los vendedores han descubierto que, además de proporcionar información, los anuncios de baratas suscitan una respuesta condicionada en muchas personas.

ta (una compra provoca una experiencia negativa), la mente del consumidor estará abierta a otros estímulos que lo lleven a otra respuesta. Por tanto, si una compra resulta insatisfactoria, el consumidor probará otro producto sustituto o bien cambiará de marca.

El aprendizaje no es un predictor perfecto de la conducta, pues en el consumidor influyen además otros factores. Por ejemplo, el hábito de comprar varias veces la misma marca puede interrumpirse por el deseo de diversidad o de novedades. Una situación temporal, como el contar con poco dinero o la presión del tiempo, puede suscitar un comportamiento distinto al que se aprendió. En conclusión, una respuesta aprendida no necesariamente se emite cada vez que aparece el estímulo correspondiente.

Personalidad

El estudio de la personalidad humana ha dado origen a muchas escuelas del pensamiento psicológico, incluso a corrientes antagónicas. De ahí que los intentos de hacer un inventario de los rasgos de la personalidad y de clasificarlos hayan generado varias estructuras. En nuestra exposición, por **personalidad** entenderemos en términos generales un patrón de rasgos del individuo que influyen en las respuestas conductuales. Así, decimos que una persona es segura de sí misma, agresiva, tímida, dominante, dinámica, introvertida, flexible o amistosa y que en ella influyen (pero sin que la controlen) esos rasgos cuando responde ante las situaciones.

Generalmente se acepta que los rasgos de la personalidad influyen en las percepciones y en el comportamiento de compra. No obstante, hay muchas discrepancias respecto a la naturaleza de dicha relación, es decir, respecto a *cómo* la personalidad incide en el comportamiento. Con resultados ambivalentes, se han hecho muchos estudios sobre los rasgos de la personalidad en relación con las preferencias de producto y marca en varias categorías de productos. En general, los hallazgos han sido demasiado discutibles como para que tengan valor práctico.[20] Por ejemplo, aunque sabemos que la personalidad de los individuos se refleja en la ropa que usan, en los automóviles que conducen (o en el hecho de que usen bicicleta o motocicleta en vez de auto) y en los restaurantes donde comen, no hemos conseguido predecir el comportamiento a partir de determinados rasgos. La causa es simple: aparte de la personalidad muchas otras cosas intervienen en el proceso de decisión de compra.

Teorías psicoanalíticas de la personalidad. La teoría piscoanalítica, formulada por Sigmund Freud a fines del siglo XIX y modificada después por sus partidarios y críticos, ha ejercido un influjo decisivo en el estudio del comportamiento humana. Freud sostuvo que la personalidad consta de tres partes: el ello (*id*), el yo (*ego*) y el superyó (*superego*).

- El **ello (id)** alberga los impulsos instintivos básicos, muchos de los cuales son antisociales.
- El **superyó (superego)** es la conciencia, que acepta principios morales y encauza los impulsos instintivos hacia canales aceptables. El ello y el superyó a veces chocan entre sí.
- El **yo (ego)** es el centro de control consciente y racional que mantiene el equilibrio entre los instintos sin inhibición del id y el superego, restrictivo y orientado a la sociedad.

¿DILEMA ÉTICO?

En los últimos años algunas empresas han probado la idea de utilizar personajes de las caricaturas de programas infantiles para promover bocadillos. Chester Cheetah de Frito-Lay y Cheeseasurus Rex de Kraft's son animales de caricaturas diseñados específicamente como estrellas de sus programas sindicados. De manera análoga, Ronald McDonald narró un programa especial de Navidad de McDonald's, y Fido Dido (personaje que apoya Slice de Pepsico) anuncia los comerciales de los programas de caricaturas de CBS. Los personajes de caricaturas empiezan a aparecer también en los videojuegos. McDonald's, Seven-Up y Domino's Pizza han cedido los derechos de Ronald, Spot y Noid para que aparezcan en ellos. En opinión de una portavoz de Seven-Up: "Es una forma de conseguir más contactos de marca con los consumidores en medios no tradicionales."

¿Es ético utilizar los mismos personajes en los programas o juegos destinados al público infantil y en la publicidad.

Fuente: Joanne Lipman, "Snack Maker Cook Up Stars for Kiddie TV", *The Wall Street Journal*, 8 de enero, 1992, pp. B1+; Marvin J. Smith, "Games Visible Feast for Kids, Companies", *Chicago Tribune*, 19 de abril, 1992, sec. 7, p. 8.

La tesis de Freud era que el hombre llega al mundo con ciertos impulsos biológicos de carácter instintivo, los cuales no pueden ser satisfechos en una forma socialmente aceptable. Al darnos cuenta de que no podemos satisfacer esas necesidades de modo directo, desarrollamos otros medios más sutiles para conseguirlo. Estos medios requieren reprimir los impulsos básicos y, en consecuencia, surgen tensiones y frustraciones internas. Asimismo, los sentimientos de culpabilidad o vergüenza ante esos impulsos hacen que los suprimamos y que se conviertan en motivos subconscientes. En lugar de satisfacerlos, los sustituimos por la racionalización y por una conducta aceptable desde el punto de vista social. Sin embargo, los impulsos básicos permanecen latentes.

El resultado neto de ello es que el comportamiento tiene razones sumamente complejas. Una importante aplicación al marketing es que el motivo o motivos verdaderos por los cuales alguien compra un producto o efectúa sus compras en determinada tienda puede quedar oculto. Algunos veces ni siquiera nosotros mismos sabemos por qué sentimos algo u obramos de determinada manera. La teoría psicoanalítica ha hecho que los expertos en marketing se den cuenta de que deben dirigir el marketing a los sueños, esperanzas y temores del público. Al mismo tiempo debe ofrecerle racionalizaciones socialmente aceptables de muchas compras. Así, vemos anuncios que destacan el aspecto práctico de automóviles de $60 000 dólares, la comodidad de los abrigos de piel y la permanencia de las joyas de diamantes.

Las técnicas de investigación directa, que sirven para recopilar datos demográficos y económicos, resultan ineficaces para descubrir las razones verdaderas del comportamiento dirigido por motivos inconscientes. Los métodos del psicoanálisis, como las entrevistas en profundidad y las pruebas de completación de oraciones, algunas veces aportan datos valiosos, pero son costosos y plantean problemas de interpretación.

¿Es un automóvil una expresión del autoconcepto del conductor?

El autoconcepto. El **autoconcepto**, llamado también *autoimagen*, es la forma en que nos vemos a nosotros mismos. Es también la imagen que pensamos que los demás tienen de nosotros. Los psicólogos distinguen entre el **autoconcepto real** (la forma en que nos vemos) y el **autoconcepto ideal** (la forma en que nos gustaría vernos o que nos viera la gente). En cierto modo, la teoría del autoconcepto es un reflejo de otras variables psicológicas o sociológicas expuestas en páginas anteriores. En el autoconcepto influyen, por ejemplo, las necesidades fisiológicas instintivas y aprendidas y las de carácter psicológico. Está condicionado además por factores económicos, demográficos y del grupo social.[21]

Los estudios de las compras muestran que la gente generalmente prefiere marcas y productos compatibles con su autoconcepto. Pero son ambivalentes los informes concernientes al grado de influencia que los autoconceptos real e ideal tienen en las preferencias de marca y producto. Algunos investigadores sostienen que las preferencias del consumidor corresponden a su autoconcepto *real*. Otras afirman que el autoncepto *ideal* predomina en estas decisiones.

Quizá no haya consenso porque en la vida real pasamos fácilmente del autoconcepto real al ideal. Un hombre de edad madura comprará alguna ropa cómoda pero poco elegante para usarla en casa o en los fines de semana, ocasiones en que manifiesta su autoconcepto real. Pero también comprará ropa cara y elegante, para verse a sí mismo como un hombre joven, dinámico y con aspiraciones de progreso (autoconcepto ideal). Esa misma persona tal vez conduzca un viejo y deteriorado camión para sus actividades de fin de semana (autoconcepto real). Pero usará su automóvil de lujo para ir al trabajo, donde desea proyectar un autoconcepto diferente (ideal).

Actitudes

Una **actitud** es una predisposición aprendida a responder ante un objeto o una clase de objeto en una forma constantemente positiva o negativa. En nuestro modelo del proceso de decisión de compra, las actitudes intervienen de manera importante en la evaluación de alternativas. En muchos estudios se ha encontrado una relación entre las actitudes del consumidor y su comportamiento de compra respecto a las marcas y productos seleccionados.[22] Por tanto, los profesionales del marketing harán bien en saber cómo se forman las actitudes, las funciones que desempeñan y la manera en que podemos modificarlas.

Todas las actitudes presentan las siguientes características:

- Las actitudes *son aprendidas*. La información que los individuos obtienen mediante sus experiencias directas con un producto o idea, mediante sus experiencias indirectas (por ejemplo, leer acerca de un producto en una revista especializada) y mediante las interacciones con sus grupos sociales contribuyen todas a la formación de actitudes. Así, las opiniones expresadas por un amigo acerca de los alimentos dietéticos y las experiencias positivas o negativas del consumidor en el uso de este tipo de alimentos contribuyen a crear una actitud frente a los alimentos dietéticos en general.
- Las actitudes tienen un *objeto*. Por definición, tenemos actitudes ante algo. El objeto puede ser general (deportes profesionales) o específico (un equipo de futbol); puede ser abstracto (la vida en el campo) o concreto (el centro de cómputo). Al tratar de determinar las actitudes del público, habrá que definir rigurosamente el objeto de la

actitud, pues una persona podría tener una actitud positiva frente al concepto general (el ejercicio) y una actitud negativa ante un aspecto particular del concepto (jogging).
- Las actitudes tienen *dirección* e *intensidad*. Nuestras actitudes son positivas o negativas hacia el objeto. No pueden ser neutrales. Además, tienen fuerza. Por ejemplo, nuestro libro puede gustarle mucho o poco al lector. Este factor es importante para los profesionales del marketing, porque es difícil cambiar ambos tipos de actitudes.
- Finalmente, las actitudes tienden a ser *estables* y *generalizables*. Una vez formadas, suelen perdurar mucho tiempo, y cuanto más tiempo se mantengan, más resistentes serán al cambio. El ser humano tiende además a generalizar sus actitudes. Por ejemplo, aquel a quien le gusta la sección de frutas y verduras del supermercado tiende a formarse una actitud favorable ante toda la tienda.

No siempre las actitudes del individuo predicen su comportamiento de compra. Es posible que alguien tenga actitudes sumamente favorables ante un producto, pero no lo compre a causa de algún factor inhibidor. Entre los inhibidores más comunes cabe citar el hecho de no tener suficiente dinero o descubrir que la marca o producto preferidos no están disponibles en el momento en que queremos adquirirlos. En tales circunstancias, el comportamiento de compra hasta puede contradecir a las actitudes.

A veces resulta extremadamente difícil cambiar actitudes profundamente arraigadas. En consecuencia, cuando el profesional del marketing se encuentre ante actitudes negativas o desfavorables, tiene dos opciones:

- Tratar de cambiar la actitud para que sea compatible con el producto.
- Determinar qué actitudes tiene el consumidor y luego modificar el producto para que se adecue a ellas.

Por lo regular es mucho más fácil cambiar el producto que las actitudes del consumidor. Las adaptaciones hechas a la revista *Rolling Stone*, descritas en el caso con que se inicia el capítulo, constituyen un buen ejemplo de esta opción.

No obstante, en algunas situaciones se ha logrado cambiar las actitudes. Recordemos el caso del cambio de actitud en favor del ejercicio regular, las comidas preparadas, las raquetas gigantes de tenis, la cerveza sin alcohol y las bolsas de aire para los automóviles.

FACTORES SITUACIONALES

A menudo las situaciones en que nos hallamos intervienen de manera importante para determinar cómo nos conducimos. Los estudiantes, por ejemplo, se portan de modo distinto en el aula a como lo hacen cuando asisten a un estadio de futbol americano. Y lo mismo sucede con el comportamiento de compra. Seguramente el lector se cortará el cabello cuando se prepare para una entrevista de empleo. En unas vacaciones de verano tal vez compre un recuerdo que la parezca muy extraño al retornar a casa. Si desea obsequiarle un regalo de bodas a un amigo, posiblemente adquiera una marca más lujosa de un electrodoméstico pequeña que la que compraría para usted. Todos los anteriores son ejemplos de o influencias **factores situacionales**, fuerzas temporales relacionadas con el ambiente inmediato de la compra que afecta al comportamiento.

USTED TOMA LA DECISIÓN

¿SE TRADUCEN FÁCILMENTE EN INFLUENCIAS DE COMPRA LAS ACTITUDES ANTE UNA CULTURA?

El uso de palabras inglesas en productos japoneses es muy común, puesto que los jóvenes de ese país tienen actitudes positivas hacia la cultura estadounidenses. Sin embargo, a menudo la elección de las palabras produce las más diversas impresiones, desde la sorpresa hasta la hilaridad.

En City Original Coffe	"Relájese los senos." (con ello se dice que el café relaja los nervios)
En una camiseta	"Servicios especializados a altas horas de la noche para histéricos desviados."
En una chaqueta	"Vómito vigoroso. Salga de viaje."
En una maleta deportiva	"Una gota de sudor es un magnífico regalo a su valor."

El empleo del inglés abarca también algunos nombres de marca muy extraños. Por ejemplo, hay una bebida para deportistas llamada Pocari Sweat y una galleta rellena de crema con el nombre Choco Sand. Los escritores japoneses de textos publicitarios piensan que las palabras inglesas son más bien arte que transmisores de mensajes. Desde su punto de vista, a los consumidores no les interesa el significado literal; simplemente quieren ver el inglés en las cosas que compran.

Mencione algunos ejemplos de actitudes hacia otras culturas que influyen en la comercialización de productos al público norteamericano.

Fuente: Yumiko Ono, "A Little Bad English Goes a Long Way in Japan's Boutiques", *The Wall Street Journal*, 20 de mayo, 1992, pp. A1+.

Los factores situaciones suelen ser menos significativos, cuando el cliente es muy leal a una marca y cuando participa activamente en la compra. Pero muchas veces desempeñan un papel central en las decisiones de compra. Las cinco categorías de factores se relacionan con el cuándo, dónde, cómo y por qué la gente compra y con las circunstancias en que lo hace.

Cuándo compran los consumidores: la dimensión temporal

Los profesionales del marketing han de saber contestar al menos tres preguntas relacionadas con el tiempo que repercuten en la compra:

- ¿De qué manera en la compra influyen la estación, la semana, el día o la hora?
- ¿Qué impacto tienen en la decisión de compra los hechos pasados y presentes?
- ¿De cuánto tiempo dispone la persona para efectuar la compra y consumir el producto?

La dimensión temporal de la compra tiene repercusiones en el programa promocional. Los mensajes promocionales deben llegar a los destinatarios cuando éstos se encuentra en un estado de ánimo propicio para la toma de decisiones. La dimensión temporal también influye en las decisiones sobre la fijación de precios, como ocurre cuando los directores de marketing ajustan los precios con el propósito de aumentar la demanda. Por ejemplo, los supermercados ofrecen a veces cupones dobles los martes, generalmente un día con poca afluencia de público. Si existen patrones estacionales de compra, los ejecutivos de marketing pueden adaptar a ellos sus ventas. En casi todas las regiones de Estados Unidos, la demanda de productos relacionados con el boliche alcanza su mayor auge cuando llega el invierno. En cambio, sucede lo contrario en regiones de clima caluroso. La demanda de equipo de boliche alcanza su máximo nivel durante el verano, cuando es demasiado caluroso para realizar actividades recreativas al aire libre. Por eso las tiendas Kmart en el área de Phoenix tienen un amplio surtido de esos artículos en el primavera, mientras que los Kmart de Detroit lo incrementan en el otoño.[23]

La segunda pregunta se refiere al impacto de los hechos pasados o futuros. Por ejemplo, el tiempo transcurrido desde la última vez que salimos a cenar a un restaurante de lujo puede influir en la decisión de dónde ir esta noche. La importancia de un evento próximo, como el viaje a un lugar de temporada, podría favorecer la adquisición de una cantidad mayor de ropa que la normal. Los expertos en marketing deben conocer lo suficiente sobre el comportamiento reciente y planeado de los consumidores para prever los efectos de estos hechos pasados y futuros.

El crecimiento y la popularidad de los restaurantes de comida rápida, de los servicios de cambio instantáneo de aceite y las tiendas que venden por catálogo, como L. L. Bean y Land's End, son la respuesta de las compañías a la gente que sufre presiones de tiempo. Las familias con doble ingreso, la actividad relacionada con el trabajo (por ejemplo, los viajes de negocios y el recorrido entre la casa y el lugar de trabajo) y las actividades obligatorias de tiempo libre (entre ellas llevar en auto a los hijos y a sus amigos para que asistan a eventos sociales y deportivos) dejan poco tiempo disponible para ir de compras sin prisas. Estos resultados son mensurables. En 1988 el consumidor común dedicaba 90 minutos a las compras en centros comerciales. Hoy el promedio es de 68 minutos.[24] Para ayudarle al público a ahorrar su tiempo, las empresas han empezado a introducir cambios grandes y pequeños. Así, algunas compañías procesadoras de fotografías devuelven por correo el material revelado, con el fin de evitar que el cliente tenga que volver de nuevo para recoger las fotografías. Para ayudarles a encontrar determinados productos y reducir así el tiempo dedicado a las compras, algunos supermercados cuentan con directorios computarizados adheridos a los carritos.

Dónde hacen sus compras los consumidores: el ambiente físico y social

El entorno físico está constituido por las características de una situación evidentes para los sentidos: iluminación, olores, clima y sonidos. Reflexione unos momentos sobre la importancia de la atmósfera de un restaurante o la emoción y acción suscitadas por las imágenes y sonidos en un casino. La música constituye un elemento central de la estrategia de una tienda. En un experimento en que participaron clientes de un supermercado, el ritmo de la música de fondo influyó claramente en su comportamiento. Pese a que dijeron que prestaban poco o nula atención a la música, las ventas aumentaron un 38% más con una música suave de fondo que con una música de ritmo más rápido.[25]

¿Cómo esta situación podría influir en el comportamiento de compra del consumidor?

El ambiente físico está formado por el número, mezcla y acciones de otras personas que se encuentran en el lugar de compra. Seguramente usted no entraría en un restaurante cuyo estacionamiento estuviera vacío a la hora de comer. Y en gran medida el éxito de una subasta depende del tamaño de los asistentes y del número de los que pujen. En una tienda atiborrada con compradores que esperan, lo más probable es que hagamos unas cuantas preguntas a los dependientes y pasemos menos tiempo comparando los productos.

Cómo compran los consumidores: condiciones de la compra

En el comportamiento del consumidor influyen los términos y condiciones de la venta, lo mismo que en las actividades relacionadas con la transacción que está dispuesto a efectuar. Por ejemplo, durante muchos años el crédito lo concedían tan sólo los detallistas que vendían bienes muy caros. En cambio, hoy la gente puede utilizar tarjetas de crédito en los restaurantes de comida rápida y en las tiendas de comestibles. Las personas no sólo usan crédito en las compras en abonos (para adquirir cosas que pagarán con ingresos futuros), sino que muchas usan el crédito por razones de comodidad. La posibilidad de emplear American Express, VISA, MasterCard o Discover para efectuar varias compras, sin necesidad de llevar en la bolsa dinero en efectivo, representa una opción muy atractiva para muchos.

Los expertos en marketing también han hecho experimentos en que transfieren algunas funciones o actividades al propio consumidor. Lo que antaño eran en Estados Unidos "estaciones de servicio" ahora se llaman "estaciones de gasolina", porque el usuario se llena el tanque de su automóvil y él mismo limpia el parabrisas. Los consumidores se muestran dispuestos a armar productos, empacar sus comestibles y comprar en cantidades pequeñas, todo ello a cambio de precios más bajos.

Por qué compran los consumidores: el objetivo de la compra

La intención o razón de una compra incide en las decisiones que se toman. Tendemos a conducirnos de manera muy diferente cuando adquirimos un producto para regalo y cuando lo adquirimos para nosotros. Cuando compramos un reloj de pulsera para uso personal, tal vez busquemos uno que marque bien el tiempo y no cueste demasiado. En cambio, el aspecto del reloj será muy importante si lo obsequiaremos a un graduado.

El experto en marketing debe conocer los objetivos de la persona que adquiere el producto, pues sólo así podrá diseñar una buena mezcla de marketing. Por ejemplo, el hecho de que la mayor parte de los fabricantes de relojes no hayan sabido captar el interés del mercado funcional que no compra relojes para regalo fue lo que le permitió a Timex alcanzar un enorme éxito con su producto de precio razonable. Y el interés de otro segmento del público por el aspecto elegante a precios razonables creó una oportunidad de mercado para los relojes suizos.

Condiciones en que compran los consumidores: estados de ánimo

Algunas veces la gente se encuentra en un estado temporal que influye en sus decisiones de compra. Cuando nos sentimos enfermos o enfadados, no estaremos dispuestos a esperar en la cola ni a dedicar el tiempo o la atención que merece una compra en particular. También los estados de ánimo repercuten en las compras. Sentimientos como la ira o la emoción propician compras que de lo contrario no se harían. Así, en la excitante atmósfera de un concierto de rock, los asistentes pagarán más por una camiseta conmemorativa de lo que estarían dispuestos a pagar en circunstancias normales. Es preciso que los vendedores están capacitados para reconocer el estado de ánimo de los prospectos y adapten a él sus presentaciones.

Los expertos en marketing han de vigilar además los factores situacionales de largo plazo. Los consumidores tan optimistas de los años 80 gastaban generosamente su dinero y sin preocuparse por el futuro. Las deudas de las familias crecieron un 50% más rápidamente que el ingreso disponible en esa década, a medida que la generación nacida durante el auge de la natalidad adquiría automóviles, casas y otras posesiones. Pero la recesión que cimbró la economía norteamericana a fines de la década ocasiona muchos cambios. Dio origen a compradores más conservadores, que ahorraban más, evitaban endeudarse y compraban menos generosamente. Un resultado de tales cambios fue la desaparición de más de 1200 distribuidoras automotrices en 1990.[26] Aunque es difícil predecir si estos cambios de la psicología del consumidor son temporales o permanentes, tienen consecuencias importantes prácticamente para todas las empresas.

Cuando un factor situacional tiene mucha aceptación y se arraiga profundamente en el mercado (como el ir de compras ciertos días de la semana), será difícil superarlo. Los ejecutivos de marketing tal vez deban llevar a cabo una campaña exhaustiva sin la garantía del éxito.

■ RESUMEN

El comportamiento de compra de los consumidores finales puede examinarse usando un modelo de cinco partes: proceso de la decisión de compra, información, factores sociales y grupales, factores psicológicos y factores situacionales.

El proceso de decisión de compra se compone de seis etapas por las cuales pasa el consumidor cuando efectúa alguna compra, a saber: reconocimiento de una necesidad, elección de un nivel de participación, identificación de alternativas, evaluación de alternativas, decisiones de compra y relativas a la compra, y comportamiento después de la compra.

La información desencadena el proceso de decisión de compra. Sin ella no habría decisiones. Existen dos categorías de fuentes de información: información comercial y social. Entre las fuentes comerciales cabe citar la publicidad, la venta personal, la venta por teléfono y la participación individual con un producto. También pertenecen a esta categoría la comunicación de boca en boca, la observación y la experiencia.

Los factores sociales y de grupo están constituidos por la cultura, subcultura, clase social, grupos de referencia, familia y unidades familiares. La cultura ejerce la influencia más amplia y general sobre el comportamiento de compra, en tanto que la familia tiene el impacto más inmediato. Los factores sociales y de grupo tienen un impacto directo en las decisiones individuales de compra, y en la estructura psicológica de la persona.

Los factores psicológicos que inciden en las decisiones de compra son la motivación, la percepción, el aprendizaje, la personalidad y las actitudes. Todo comportamiento es motivado por alguna necesidad activada. La percepción es la forma en que interpretamos el mundo circundante y está sujeta a tres tipos de selectividad: atención, distorsión y retención. El aprendizaje es el cambio de comportamiento debido a la experiencia. El aprendizaje de tipo estímulo—respuesta (asociativo) incluye impulsos, estímulos sensoriales, respuestas, reforzamiento y castigo. Un reforzamiento ininterrumpido favorece la compra habitual y la lealtad a una marca.

La personalidad es la suma de los rasgos de un individuo que influyen en sus respuestas conductuales. La teoría psicoanalítica de la personalidad, formulada por Freud, ha tenido un impacto importante en el marketing. Ha hecho que los profesionales del marketing se den cuenta de que los motivos verdaderos de la conducta suelen estar ocultos. El autoconcepto se relaciona con la personalidad. Dado que la compra y el consumo son acciones sumamente expresivas, nos permiten comunicarle al mundo nuestros autoconceptos real e ideal.

Las actitudes son predisposiciones aprendidas a responder ante un objeto o clase de objetos en una forma constante. Además de ser aprendidas, las actitudes se dirigen hacia un objeto, tienen dirección e intensidad y tienden a ser estables y generalizables. Es difícil cambiar las actitudes profundamente arraigadas.

Los factores situacionales se refieren a dónde, cuándo, cómo y por qué compran los consumidores, así como a su condición personal en el momento de la compra. A menudo son tan poderosos que anulan al resto de los factores que intervienen en el proceso de la decisión de compra.

Más sobre ROLLING STONE

Rolling Stone sigue creciendo en el mercado. Con ventas de 1.2 millones de ejemplares por número, figura entre las 60 revistas de mayor circulación en Estados Unidos, pero la versión moderna se parece muy poco al producto que hizo su aparición en 1967. Cada vez que se descubría un cambio en su contenido editorial, presentación o mezcla de anunciantes, los críticos se apresuraban a señalar que la revista había perdido su orientación. Sin embargo, en gran parte el éxito ininterrumpido de *Rolling Stone* es atribuible al hecho de haber entendido a sus lectores y de haberse adaptado a ellos.

La revista mantiene una importante proporción de sus lectores principales, a la vez que atrae a un segmento de lectores más jóvenes. De hecho, 45% de los lectores son varones de 18 a 24 años de edad. El editor y jefe de edición Jann Wenner tiene una explicación de la capacidad de la revista para llegar a un extenso auditorio. Sostiene que, durante los años 60, hubo una "brecha generacional" mucho más grande entre los estudiantes universitarios y sus padres. Y una revista no podía gozar de la aceptación de ambos grupos. Hoy las cosas han cambiado. Son muy similares los intereses, valores y creencias de padres y adultos jóvenes. De ahí que la revista se dirija a los dos grupos al perder un poco de su espíritu revolucionario y volverse más conformista, pero sigue abordando temas de gran actualidad (por ejemplo, fue la primera gran revista que adoptó una perspectiva responsable y seria ante el problema del SIDA) y noticias relacionadas con la música.

La transición editorial de la década de 1960 a la de 1990 se acompañó de varios cambios. Al ampliarse la audiencia, también se amplió la mezcla de anunciantes. En 1986, el número uno de ellos lo constituía la industria automotriz, seguida por la ropa elegante, los artículos deportivos y la industria alimentaria. Antaño los reportajes se basaban sobre todo en el instinto de los editores. Hoy, en cambio, para mantenerse en contacto con los intereses y gustos de una audiencia más heterogénea se requiere utilizar más la investigación. De ahí que el instinto editorial se complemente con las opiniones de grupos de interés.

También ha cambiado la venta de la revista. A medida que las suscripciones se convirtieron en una parte más importante de la circulación, fue necesario encontrar medios de llegar a la audiencia meta. El correo directo no es adecuado para los jóvenes. Y como están lejos de casa en la universidad o se mudan frecuentemente de domicilio, los directorios tampoco dan buenos resultados. Por lo demás, prestan menos aten-

Comportamiento de compra del consumidor

ción al correo que otras segmentos de la población. Para resolver el problema de llegar a este mercado, *Rolling Stone* realiza publicidad televisiva de respuesta directa. Los jóvenes pasan largas horas frente al televisor y tienden a ser espontáneos en su conducta. Han resultado muy productivos y rentables los anuncios transmitidos entre la medianoche y las cinco de la mañana, en los cuales aparece un presentador carismático (contrataron a Paul Schaeffer, el ayudante de David Letterman).

¿Qué le depara el futuro a *Rolling Stone*? Gracias a la popularidad de la música norteamericana, el mercado internacional le ofrece más oportunidades. Actualmente se publica en Australia y empiezan a ser explorados otros mercados.

1. ¿Cómo ha cambiado el papel de los factores sociales y de grupo respecto a la compra de la revista *Rolling Stone*?
2. ¿Qué tendencias y cambios en el comportamiento del consumidor tienden a influir en el futuro de *Rolling Stone*?

■ TÉRMINOS Y CONCEPTOS BÁSICOS

Proceso de decisión de compra (195)
Reconocimiento de la necesidad (196)
Gran participación (196)
Poca participación (196)
Compra por impulso (197)
Motivos de compra de la clientela (199)
Satisfacción (199)
Comportamiento postcompra (200)
Disonancia cognoscitiva (200)
Información comercial (201)
Información social (201)
Cultura (202)
Subculturas (203)
Clase social (205)
Grupos de referencia (207)
Familia (209)
Unidad familiar (209)
Motivo (210)
Jerarquía de necesidades de Maslow (211)
Investigación etnográfica (210)
Percepción (212)
Atención selectiva (213)
Distorsión selectiva (213)
Retención selectiva (213)
Aprendizaje (214)
Teoría de estímulo-respuesta (215)
Impulsos (215)
Estímulos sensoriales (215)
Respuestas (215)
Reforzamiento positivo (215)
Reforzamiento negativo (215)
Castigo (215)
Personalidad (216)
Ello (id) (216)
Superyó (superego), (216)
Yo (ego), (217)
Autoconcepto (211)
Autoconcepto real (218)
Autoconcepto ideal (218)
Actitud (218)
Factores situacionales (219)

■ PREGUNTAS Y PROBLEMAS

1. ¿Cuándo la compra de un televisor de color podría ser una decisión de poca participación personal?
2. Cuando la experiencia de un consumidor con un producto *corresponde* a sus expectativas, quedará satisfecho. ¿Tiene alguna desventaja la empresa cuyo producto *rebasa con mucho* las expectativas del público?
3. Desde el punto de vista del comportamiento del consumidor, ¿por qué es incorrecto considerar como mercados individuales la Comunidad Europea o los países asiáticos?
4. Explique por qué la influencia del grupo de referencia podría incidir en la elección de un producto, marca o en ninguno de ellos en los siguientes artículos:
   a. Jabón de baño.
   b. Afinación del automóvil.
   c. Mobiliario de oficina.
   d. Cama de agua.
5. Qué papeles supone que desempeñarán un marido, una esposa y su hijo de corta edad en la compra de los siguientes productos:

a. Videojuego.
b. Elección de un restaurante de comida rápida para cenar.
c. Computadora personal.
d. Servicio de cuidado del jardín.
6. ¿La teoría psicoanalítica de la personalidad tiene alguna aplicación práctica en la venta de automóviles que alcanzan una velocidad máxima de 180 km/h, cuando el límite de velocidad de un país es de 90 km/h?
7. Explique cómo el autoconcepto intervendría en la adquisición de los siguientes productos:
a. Anteojos.
b. Traje para caballeros.
c. Sombra de ojos.
d. Educación universitaria.
8. ¿Qué factores situacionales influirán en la elección de un motel de una ciudad desconocida, mientras una familia está de vacaciones?

APLICACIÓN AL MARKETING

1. Entreviste al gerente de una tienda que vende artículos costosos (muebles, electrodomésticos, equipo electrónico) acerca de los métodos que aplica para reforzar las decisiones de compra y reducir la disonancia cognoscitiva de sus clientes. ¿Qué métodos adicionales podría sugerir usted?

2. Haga que un amigo describa una compra de gran participación personal que haya efectuado recientemente. Indique cómo las seis etapas descritas en el capítulo se reflejan en la descripción de su amigo. Identifique los factores sociales primarios que intervienen en ella.

NOTAS Y REFERENCIAS

1. Patrick M. Reilly "At *Rolling Stone*, Times Are A-Changin' ", *The Wall Street Journal,* 20 de febrero, 1992, pp. B1+; Jack Hafferkamp, "*Rolling Stone* Moves Into Mainstream", *Advertising Age,* 13 de octubre, 1984, pp. 13-14; Charlene Canape, "Playing Politics in a Big Way", *Advertising Age,* 26 de julio, 1982, pp. M2-6; Stan Sutter, "*Rolling Stone* Gathers Some Critics", *Marketing,* 8 de octubre, 1990, p. 14.

2. Andrea Gerlin, "Diners Get Back on Track with Recipes for a NewAge", *The Wall Street Journal,* 8 de septiembre, 1992, p. B2.

3. La relación entre las expectativas y la experiencia se describe en Richard I. Oliver, "A Cognitive Model of the Antecedents and Consequences of Satisfaction Decisiones", *Journal of Marketing Research,* noviembre de 1980, pp. 460-469.

4. R. Craig Endicott, "Advertising Fact Book", *Advertising Age,* 6 de enero, 1992, p. S-11.

5. Michael McCarthy, "Mind Probe", *The Wall Street Journal,* 22 de marzo, 1991, p. B2.

6. Una buena fuente de las tendencias culturales de Estados Unidos es la revista *American Demographics.* Véase, por ejemplo, a John P. Robinson,"Your Money or Your Time", *American Demographics,* noviembre de 1991, pp. 22-26.

7. Véase a Richard P. Coleman, "Continuing Significance of Social Class to Marketing", *Journal of Consumer Research,* diciembre de 1983, pp. 265-280.

8. William O. Bearden y Michael J. Etzel, "Reference Group Influence on Product and Brand Purchase Decisions", *Journal of Consumer Research,* septiembre de 1982, p. 185.

9. No todas las figuras públicas pueden ser un referente eficaz. Una teoría sobre lo que se requiere para que un héroe deportivo llegue a ser un individuo de referencia se expone en Alf H. Walle, "Finding the Epic Hero", *Marketing Insights,* primavera de 1990, pp. 60-67.

10. Jon Berry, "Forever Single", *Adweek's Marketing Week,* 15 de octubre, 1990, pp. 20-24.

11. Judith Waldrop y Thomas Exter, "Demographic Highlights of the 1980s", *American Demographics,* marzo de 1991, pp. 33-38.

12. Valerie Reitman, "Children Have Pull On Shopping Cart", *The Wall Street Journal,* 3 de junio, 1992, p. B1.

13. Algunos investigadores piensan que los consumidores tienen motivos ocultos o subconscientes para realizar muchas de sus actividades, desde esquiar hasta usar corbata. Una recopilación de las observaciones referentes a la motivación efectuadas aplicando técnicas psicoanalíticas se encuentra en Ernest

Dichter, *The Handbook of Consumer Motivation*, McGraw-Hill, Nueva York, 1964.

14. A. H. Maslow, *Motivation and Personality*, Harper & Row, Nueva York, 1954, pp. 80-106.

15. Rebecca Piirto, "Socks, Ties, and Videotape", *American Demographics*, septiembre de 1991, p. 6.

16. Randall Lane, "Does Orange Mean Cheap?", *Forbes*, 23 de diciembre, 1991, p. 144-145.

17. Elaine Underwood, "What's in a Smell?" *Adweek's Marketing Week*, 11 de noviembre, 1991, pp. 18-19.

18. Michael J. McCarthy, "Mind Probe", *The Wall Street Journal*, 22 de marzo, 1991, pp. B1+.

19. Una explicación más completa de las teorías del aprendizaje tal como se aplican al marketing viene en libros dedicados al comportamiento del consumidor. Consúltese a William L. Wilkie, *Consumer Behavior*, 2a. ed., John Wiley & Sons, Nueva York, 1990.

20. Harold Kassarjian y Mary Jane Sheffet, "Personality and Consumer Behavior: An Update", en Harold Kassarjian y Thomas Robertson, eds., *Perspectives in Consumer Behavior*, 3a. ed., Scott, Foresman, Glenview, Il, 1981, pp. 160-180.

21. Una reseña analítica de los estudios dedicados al autoconcepto, los problemas de investigación relacionados con esos estudios y una bibliografía muy completa se encuentra en M. Joseph Sirgy, "Self-Concept in Consumer Behavior: A Critical Review", *Journal of Consumer Research*, diciembre de 1982, pp. 287-300.

22. Esta definición clásica está tomada de Gordon W. Allport, "Attitudes", en C. A. Murchinson, ed., *A Handboòd of Social Psychology*, Clark University Press, Worcester, MA, 1935, pp. 798-844.

23. Joe Schwarts, "Climate-Controlled Customers", *American Demographics*, marzo de 1992, pp. 24-32.

24. Eugene Fram, "The Time Compressed Shopper", *Marketing Insights*, verano de 1991, pp. 34-39.

25. Ronald E. Millman, "Using Background Music to Affect the Behavior of Supermarket Shoppers", *Journal of Marketing*, verano de 1982, pp. 86-91.

26. Eva Pomice y Dana Hawkins, "The New Fear of Buying", *U.S. News & World Report*, 4 de marzo, 1991, pp. 44-45.

CAPÍTULO 7

El mercado empresarial

¿Se convertirán
OLESTRA y **SIMPLESSE**
en productos de gran demanda para Procter & Gamble
y NutraSweet?

Procter & Gamble (P&G) hicieron mucho ruido en 1987 cuando buscaron la aprobación de la Food & Drug Administration (FDA) para producir y vender un sustituto de la grasa, al que provisionalmente llamaron olestra. Todo parecía indicar que se trataba del producto ideal. El ministerio de salud pública había recomendado reducir la ingestión de grasas, pero la población estadounidense estaba acostumbrada a consumir artículos ricos en calorías. En Estados Unidos, los procesadores de alimentos usan anualmente 8 mil millones de kilogramos de grasa; las estimaciones del tamaño del mercado de los sustitutos de la grasa oscilan entre $400 millones y más de $1000 millones de dólares al año. La idea de que muy pronto los supermercados estarían llenos de helados, aderezos para ensalada, mayonesa, yogurt, mantequilla, papas fritas y toda clase de productos de panificación sin grasa parecía demasiado buena para ser verdadera, y así fue.

Olestra se obtiene combinando ácidos grasos y azúcar, creándose con ello un compuesto hasta entonces desconocido. Conforme a la solicitud de aprobación hecha por P&G, olestra se distingue de la grasa porque el organismo no la absorbe. La FDA ha procedido con mucha cautela al evaluar esa afirmación y en 1992, cinco años después que el producto fue anunciado, todavía no concedía la aprobación. Mientras tanto, otros sustitutos de la grasa hechos con ingredientes naturales buscaron y consiguieron la autorización de la FDA. El más importante es Simplesse, producto de NutraSweet Company, cuyo uso en un postre congelado fue autorizado en 1990.

La desventaja de Simplesse es que se derrite cuando se calienta, por lo cual no puede emplearse en la cocción. Al comercializarlo, NutraSweet afronta una decisión estratégica. Una opción consistía en entrar en el mercado preparado, introduciendo para ello su línea de productos que incluían Simplesse. Si la estrategia daba resultado, lograría hacer de NutraSweet una gran compañía de alimentos. Pero para ello debería competir con empresas alimentarias ya establecidas en el mercado. La segunda alternativa consistía en venderlo a otras compañías para que lo utilizaran en sus productos. Esta opción ofrecía un menor potencial de ganancias, pero implicaba menos riesgo.

NutraSweet no podía tardarse en tomar una decisión, porque otras firmas estaban desarrollando sustitutos de la grasa. En 1991 se aprobó el uso comercial de al menos cuatro de ellos, hechos con ingredientes naturales. En 1992 National Starch & Chemical Company, subsidiaria de Unilever, aplicó una estrategia singular. En vez de fabricar un producto con muchas aplicaciones, lanzó al mercado una línea de seis sustitutos de grasa con el nombre de N-Lite, cada una diseñado para una aplicación específica. Por ejemplo, una reemplaza el aceite de los aderezos para ensalada, un segundo resiste las altas temperaturas de los productos de panificación y un tercero se utiliza en productos congelados.

N-Lite, lo mismo que otras marcas, ha encontrado reacciones cautelosas en la industria de los alimentos. A pesar de la fuerte inversión realizada en investigación y desarrollo, al parecer aún no se ha descubierto el sustituto perfecto de la grasa. Ninguno de los productos que se expenden en el mercado reproduce exactamente el sabor y la textura (es decir, la sensación que deja en la boca) de la grasa.[1]

Mientras siguen realizándose investigaciones para desarrollar el producto ideal, ¿con qué clase de marketing deben los actuales fabricantes de estos sustitutos de la grasa promover sus productos y cómo supone que responderán las empresas de alimentos?

Cualesquiera que sean las estrategias de marketing que adopten los fabricantes de Simplesse y otros sustitutos de la grasa, una cosa es clara: los mercados meta de éstos y otros productos son empresas lucrativas que los utilizarán para elaborar otros productos. Simplesse, N-Lite y Olestra son productos comerciales que se venden a usuarios del mercado de empresas. Este mercado es grande, rico y sumamente diversificado. Emplea millones de trabajadores en miles de puestos.

En muchos aspectos los mercados de empresas se parecen a los de consumidores que estudiamos ya en el capítulo 6, pero también hay diferencias importantes. Al terminar de estudiar este capítulo, además de poder señalar en qué se distinguen ambos tipos de mercados, usted podrá explicar:

OBJETIVOS DEL CAPÍTULO

- La naturaleza y objeto del mercado empresarial.
- Los componentes del mercado empresarial.
- Las características de la demanda del mercado empresarial.
- Los determinantes de la demanda del mercado empresarial.
- Los motivos, proceso y hábitos de compra de los mercados empresariales.

NATURALEZA Y OBJETO DEL MERCADO EMPRESARIAL

El **mercado empresarial** está constituido por **usuarios empresariales,** organizaciones que compran bienes y servicios con uno de los siguientes fines:

- **Para producir otros bienes y servicios**. Campbell's adquiere verduras frescas para elaborar sus sopas y Henredon adquiere madera para construir muebles.
- **Para revender a otros usuarios empresariales o bien a los consumidores finales**. Kroger's compra atún enlatado para venderlo a los consumidores y Western Pide Supply Company compra a los fabricantes equipo y suministros de aspersores para revenderlos a los contratistas de esos productos.
- **Para realizar las actividades de la organización.** La University of Vermont compra suministros y equipo electrónico de oficina para usarlos en el departamento de archivo, y el Denver General Hospital compra suministros para utilizarlos en los quirófanos.

En el mercado de empresas nos encontramos con productos para el consumidor y con productos para las organizaciones. El **marketing para el mercado empresarial** es, pues, la comercialización de bienes y servicios entre los usuarios empresariales en contraste con los consumidores finales.

El consumidor común no conoce la existencia de este mercado y, por lo mismo, tiende a subestimar su importancia. En realidad, es enorme en cuanto al volumen total de ventas y a la cantidad de organizaciones que lo integran. Cerca del 50% de todos los productos manufacturados se venden en él. Además, un 80% de los productos agrícolas y prácticamente todos los productos minerales, forestales y marítimos pertenecen también a esta categoría. Se venden a empresas que después los someten a un procesamiento ulterior.

La magnitud y complejidad del mercado empresarial se aprecian en la multitud de transacciones que se requieren para elaborar y vender un producto. Pongamos el ejemplo de las transacciones del marketing de empresas y el volumen total de ventas que se requieren para que los zapatos de trabajo de piel lleguen finalmente a los usuarios. Primero, se vende el ganado a través de uno o dos intermediarios antes que llegue al fabricante de calzado. Después las pieles se venden a un curtidor, quien a su vez vende la piel al fabricante de calzado. Éste venderá los zapatos a un mayorista, quien los vende a las zapaterías o bien a las fábricas que regalan los zapatos de trabajo a sus empleados. Cada venta constituye una transacción del marketing empresarial.

Además, el fabricante de calzado adquirirá ojetes, cintas, hilo, cola, punteras de acero, tacones, suelas y cera para calzado. Estudiemos el caso de algo tan simple como las cintas para zapatos. Otras compañías industriales deben comprar primero el algodón y luego hilarlo, tejerlo, teñirlo y cortarlo hasta que se convierte en cordón de zapato. Todos los fabricantes que intervienen en el proceso tienen plantas y oficinas con mobiliario, maquinaria, hornos, iluminación, equipo de mantenimiento y los suministros necesarios para mantenerlos en funcionamiento; también éstos son bienes industriales que es preciso producir y vender. En una palabra, miles de productos industriales y de actividades de marketing empresarial entran en juego antes que un producto, destinado al consumidor final o a las empresas, llegue a su destino final.

La magnitud y complejidad de este mercado se acrecientan cuando consideramos todos los servicios que participan en el ejemplo de los zapatos de trabajo. Cada compañía que interviene en una etapa del proceso de producción seguramente recurrirá a firmas externas de contabilidad y de asesoría legal. Algunas tal vez contraten agencias publicitarias. Y todas utilizarán sin duda los servicios de varias instituciones financieras.

Toda tienda al detalle y establecimiento mayorista son usuarios empresariales. Las compañías camioneras, las aerolíneas y los ferrocarriles forman parte de este mercado, lo mismo que cada hotel, restaurante, banco, compañía de seguros, hospital, teatro y escuela. En total, hay cerca de 15 millones de estos usuarios en Estados Unidos. Si bien esa cifra está muy lejos de los aproximadamente 250 millones de consumidores, las ventas totales de este segmento supera a las efectuadas entre el público consumidor. Tal diferencia se debe al gran número de transacciones del marketing empresarial que tienen lugar antes que un producto se venda al usuario final.

COMPONENTES DEL MERCADO EMPRESARIAL

Tradicionalmente, a este tipo de mercados se le designaba con el nombre de mercados industriales. Ello hacía que muchos creyeran que la designación se refería exclusivamente a las empresas manufactureras. Pero como se deduce de lo que acabamos de explicar, el mercado empresarial es algo más que eso. Cierto que los fabricantes representan una parte considerable del mercado, pero hay otros seis componentes: agricultura, revendedores, dependencias gubernamentales, compañías de servicios, organizaciones no lucrativas y empresas internacionales. Todas ellas desempeñan un papel significativo en el mercado de empresas, a pesar de que a menudo han sido subestimadas o no se les ha tomado en cuenta porque la atención se centraba en las compañías manufactureras.

El mercado agrícola

El alto nivel de ingresos obtenidos con la venta de productos agrícolas (más de $160 000 millones de dólares en 1992) da al grupo de agricultores estadounidenses un poder adquisitivo que lo convierte en un mercado muy atractivo. Más aún, los pronósticos referentes a la

La agricultura es uno de los principales mercados de las empresas.

población mundial y a la escasez de víveres en muchas naciones seguramente seguirá manteniendo sobre ellos una fuerte presión para que incrementen la producción. Las compañías que esperan venderle a este mercado han de analizarlo rigurosamente y conocer bien las tendencias más importantes. Por ejemplo, tanto la proporción de agricultores en la población total como la cantidad de granjas han ido decreciendo y tal vez siga haciéndolo. Esta tendencia se ve contrarrestada por el crecimiento de las granjas corporativas de gran tamaño. Incluso las "granjas familiares" que quedan han empezado a ampliarse con tal de sobrevivir. La agricultura se ha ido automatizando y mecanizando cada día más. Ello significa que también se ha incrementado la inversión de capital. El **mercado agrícola** (agricultura, procesamiento de alimentos y otros negocios relacionados con la agricultura a gran escala) es un gran negocio en todo el sentido de la palabra.

La agricultura se ha convertido en una industria moderna. Igual que otros ejecutivos, los agricultores buscan mejores formas de aumentar su productividad, reducir los gastos y administrar su flujo de efectivo. La tecnología es parte importante de ese proceso. Así Tri-R Innovations, compañía con sede en Illinois, ha desarrollado un sensor y un sistema de manejo a control remoto que dirige un tractor entre los surcos de un campo para evitar que destruya los cultivos. Y, a medida que disminuyen los agricultores y se vuelven más grandes, se requieren estrategias bien diseñadas para venderles. Por ejemplo, los fabricantes de fertilizantes, como Inernational Mineral y Chemical Company, cuentan con vendedores que visitan cada granja. Allí, junto con el agricultor, analizan el suelo y los cultivos para determinar exactamente cuál mezcla de fertilizantes es la más adecuada. Basándose en el análisis, el fabricante prepara después la mezcla correcta de ingredientes como un pedido especial.

El mercado de revendedores

En el sistema de marketing de Estados Unidos, aproximadamente 500 000 intermediarios mayoristas y 2 millones de detallistas, los intermediarios constituyen el **mercado de revendedores**. Su actividad fundamental, a diferencia de los otros segmentos del mercado de empresas, consiste en comprarles productos a los proveedores y venderlos esencialmente en la misma forma a sus clientes. Desde el punto de vista económico, los revendedores crean utilidades de tiempo, lugar y posesión más que de forma.

El mercado empresarial

El HUMMER fue diseñado como un vehículo militar para venderlo al gobierno, aunque también puede tener un mercado de consumidores.

Los revendedores también compran muchos bienes y servicios para operar su negocios: suministros y equipo de oficina, bodegas, equipo para manejar materiales, servicios legales, servicios eléctricos y suministros para el mantenimiento. En estas actividades de compra, los revendedores no difieren en lo esencial de los fabricantes, las instituciones financieras y cualquier otro segmento del mercado empresarial.

Es su función de compradores para la reventa lo que los caracteriza y atrae especialmente la atención de sus proveedores. Si queremos revender un bien, debemos satisfacer al cliente. Suele ser más difícil determinar qué le gusta a un cliente externo que lo que le agrada a alguien dentro de la organización. Por ejemplo, si una línea área decide rediseñar los uniformes de la tripulación de vuelo, deberá estudiar muy bien las condiciones en que los usarán y colaborar estrechamente con los que los usarán para conocer sus puntos de vista. Hecho esto, deberá ser capaz de seleccionar un diseño que sea a la vez funcional y aceptable. Compararemos lo anterior con un detallista que trata de prever qué tipo de ropa estará de moda en la temporada primaveral. En ambos casos se compra ropa, pero la oportunidad de interactuar con los usuarios y el mayor interés de los que se verán afectados por la adquisición hace que la compra destinada al uso interno sea menos difícil y riesgosa que cuando se compra para la reventa.

Comprar para revender, sobre todo en una gran empresa, resulta a veces un procedimiento complicado. En el caso de una cadena de supermercados, como Kroger's o Von's, la compra la realiza frecuentemente un comité formado por expertos en demanda, oferta y precios. Las tiendas norteamericanas de departamentos contratan a compradores residentes (agencias independientes) situados en Nueva York o en otros grandes centros, a fin de que se mantengan en contacto continuo con las últimas novedades de la moda. El control cuidadoso de la mercancía es indispensable para una operación rentable. Express (una división de The Limited, Inc.) diseñó un sistema de cómputo denominado IT2000 para monitorear la popularidad de las modas, crear un banco de datos sobre las compras de los clientes y generar perfiles detallados de ellos que contribuyan al diseño de los vestidos. El sistema sirve para controlar la obtención de tejidos y la creación de nuevas modas.[2]

El mercado gubernamental

El extensísimo mercado del gobierno estadounidense incluye más de 80 000 unidades federales, estatales y municipales que invierten anualmente más de $1.5 billones de dólares en compras para las instituciones gubernamentales como escuelas, oficinas, hospitales y bases militares. Tan sólo el gasto del gobierno federal representa cerca del 20% del producto interno bruto. Los gastos que se efectúan a nivel estatal y municipal constituyen otro 10%.

Los procesos de adquisición del gobierno son distintos a los que se aplican en el sector privado del mercado de empresas. Una característica especial de ese tipo de adquisición es el sistema de licitación competitiva. Por ley gran parte de las adquisiciones gubernamentales han de llevarse a cabo en esa forma. Es decir, la dependencia anuncia licitaciones utilizando un formado estándar denominado solicitud de propuestas, donde se indican las especificaciones de la compra. Después está obligada a aceptar la oferta más baja que cumpla con los requisitos.

En otros casos, el gobierno negocia un contrato de compra con un proveedor individual. Por ejemplo, esta práctica se utiliza cuando el Departamento de Defensa quiere que alguien desarrolle y construya un nuevo sistema de armamento y no existen productos semejantes en los cuales basar las especificaciones de la licitación.

Un vistazo a un número de *Commerce Business Daily*, publicación del gobierno norteamericano que contiene las oportunidades de negocios con él, le dará al lector una idea del tamaño de este mercado. El potencial es tan atractivo que empresas como AM General Corporation, fabricante del vehículo HUMMER para todo tipo de terreno, se concentra casi exclusivamente en el mercado gubernamental.

Pese a las oportunidades, muchas compañías no hacen el menor intento de hacer negocios con el gobierno, pues les intimidan los trámites burocráticos. No cabe duda que para hacer grandes negocios con él se requieren técnicas especializadas de marketing y abundante información. Algunas firmas, entre ellas Zenith Data Systems, han creado departamentos especiales para tratar con los mercados gubernamentales. Por lo demás, agencias como General Services Administration y Small Business Administration aportan información y directrices sobre los procedimientos adecuados para hacer negocio con el gobierno.

El mercado de servicios

En el momento actual, el número de las compañías prestadoras de servicios supera con mucho al de las que producen bienes. Es decir, hay más empresas de servicios que el total de fabricantes, compañías mineras, constructoras y empresas dedicadas a la agricultura, la silvicultura y la piscicultura. El **mercado de servicios** incluye a los transportistas, las empresas de servicios públicos y muchas compañías financieras, de seguros, de asesoría legal y de bienes raíces. A este mercado pertenecen asimismo las organizaciones que producen y venden servicios diversos tan heterogéneos como viviendas para alquiler, actividades recreativas, diversión, reparaciones, atención médica, cuidado personal y servicios empresariales.

Estas empresas constituyen un inmenso mercado que adquiere bienes y otros servicios. Hilton Hotels, por ejemplo, compra sábanas y toallas a los fabricantes textiles. Los hospitales de Estados Unidos y de otros países compran suministros a Baxter Healthcare Company. Los Cachorros de Chicago y otros equipos de ligas mayores adquieren sus bats Louisville Slugger de Hillerich and Bradsby. Y todas estas organizaciones contratan asesoría legal, contable y de consultoría de otras empresas de servicios.

El mercado de empresas no lucrativas

En los últimos años, finalmente hemos prestado la atención que se merece el multimillonario mercado de las organizaciones no lucrativas. El **mercado de empresas no lucrativas** incluye instituciones tan diversas como iglesias, universidades, museos, hospitales y otras instituciones de atención médica, partidos políticos, sindicatos e instituciones de caridad. En realidad, todas ellas son organizaciones de negocios. Sin embargo, en el pasado nuestra sociedad (y junto con ella las instituciones) no consideraban que un museo o un hospital fueran una empresa. Y todavía hoy a muchos les resulta incómodo concebir su iglesia, escuela o partido político como una empresa. No obstante, esas organizaciones prácticamente hacen lo mismo que las empresas: ofrecen un producto, obtienen dinero, efectúan inversiones, contratan empleados y, por lo mismo, requiere una dirección profesional.

Las empresas no lucrativas también llevan a cabo campañas de marketing, aunque no se les llame así, con el fin de captar millones de dólares en donativos. Por otra parte, invierten muchísimo dinero en la compra de bienes y servicios para financiar sus actividades.

El mercado internacional

En 1992, las exportaciones de las compañías estadounidenses ascendieron a más de $640 mil millones de dólares, cifra que ha ido creciendo constantemente desde mediados de los años 80. El crecimiento reciente más importante del mercado internacional se ha dado en los productos médicos, los instrumentos científicos, los sistemas de protección ambiental y los bienes de consumo. Más del 30% de las exportaciones de Estados Unidos corresponde a 50 grandes empresas, aunque también muchas más pequeñas exportan muchos de sus productos y en grandes cantidades. Entre los factores que han favorecido una mayor participación de estas últimas empresas cabe citar los siguientes: el perfeccionamiento de la comunicación mediante el fax y los números telefónicos 800 de servicio gratuito, la disminución de las barreras del idioma al usarse más el inglés en las transacciones internacionales y la ayuda del U.S. Commerce Department patrocinando ferias comerciales y programas de estandarización. Las compañías identifican nichos donde poseen una ventaja de calidad o desempeño; de ese modo han descubierto mercados para productos como acuarios domésticos, mezcladoras de alimentos, sillas de ruedas y cera para autos.[3]

Otro aspecto del mercado internacional lo constituyen las compañías que fabrican en el extranjero a través de sus subsidiarias. Aunque estas ventas no caen dentro de la categoría de exportaciones, representan una parte considerable de las operaciones de muchas de ellas. En 1991 Philip Morris, por ejemplo, obtuvo $3 mil millones en exportaciones y $13 mil millones a través de sus subsidiarias. Producir en el extranjero aporta varios beneficios a las compañías norteamericanas:

- Les permite entrar en países con tratados comerciales que hacen más difícil exportarles. Por ejemplo, una empresa conjunta de Dow Chemical con Sumitomo de Japón para fabricar plásticos de alto desempeño le da a la primera un acceso a los países de la cuenca del Pacífico que de lo contrario le estaría vedado.
- Les permite a las compañías conocer mejor los mercados locales y a los consumidores. En vez de exportar a Europa un parabrisas diseñado para el mercado estadounidense, a través de su subsidiaria en Alemania la Ford se enteró de que debía fabricar un limpiaparabrisas especial que correspondiera a la velocidad de las autopistas (donde no existen límites de velocidad).
- Las operaciones internacionales acrecientan el volumen de exportaciones. Casi 25% de las exportaciones de las empresas estadounidenses son ventas hechas a filiales situadas fuera del país.[4]

CARACTERÍSTICAS DE LA DEMANDA DEL MERCADO EMPRESARIAL

Cuatro características de la demanda distinguen el mercado de empresas y el de consumidores: en el primero, la demanda es derivada, tiende a ser inelástica, fluctúa mucho y el mercado está bien informado.

La demanda es derivada

La demanda de un producto para las empresas deriva de la que tengan los productos de consumo en que se utilice. Así, la demanda del acero depende en parte de la demanda de automóviles y refrigeradores por parte de los usuarios, pero también depende de la demanda de mantequilla, guantes de béisbol y reproductoras de discos compactos. Ello se debe a que las herramientas, máquinas y otro tipo de equipo necesario para fabricarlos están hechos de acero. En consecuencia, al aumentar la demanda de guantes de béisbol, la empresa que los fabrique deberá comprar más máquinas de coser hechas de acero o archiveros.

El hecho de que en el mercado de empresas la demanda sea derivada tiene dos consecuencias muy importantes para el marketing: primero, para estimar la demanda de un producto la compañía deberá estar familiarizada con la forma en que se usa. Ello es bastante fácil para firmas como Pratt & Whitney, fabricante de motores para aviones de propulsión. Pero, ¿qué decir del fabricante de anillos de goma (anillos en forma de donas de todos los tamaños con que se sellan las conexiones?). Hacen falta muchas investigaciones para identificar las aplicaciones y los usuarios.

Segundo, el fabricante de un producto para empresas puede realizar actividades de marketing que estimulen la venta. Por ejemplo, Du Pont lleva a cabo campañas de anuncios entre el público, en que les aconseja que cuando compren alfombras pidan las que están hechas con su fibra inmanchable Stainmaster. De manera análoga, NutraSweet Company realiza una campaña publicitaria cuya finalidad es crear lealtad para productos endulzados con NutraSweet. Se supone, claro está, que la demanda de los consumidores aumentará y a su vez la demanda derivada de estos productos industriales también se incrementará.

La demanda es inelástica

Otra característica del mercado de empresas es la demanda inelástica de este tipo de productos. Por elasticidad de la demanda se entiende la sensibilidad de la demanda ante el cambio del precio de una mercancía. (Si el lector desea repasar algunos conceptos de economía relativos a la elasticidad de la demanda, puede consultar las primeras páginas del capítulo 11.)

La demanda de muchos productos industriales es relativamente inelástica, lo cual significa que la demanda de un producto depende poco de los cambios de su precio. Si el precio de los botones de los abrigos para caballeros aumenta repentinamente o disminuye mucho, ¿qué efecto tendrá ello en el precio de los abrigos? Dado que los botones son una parte muy pequeña de esa prenda de vestir, el incremento de su precio difícilmente cambiará el precio de los abrigos. Así pues, la demanda de abrigos permanecerá inalterada, sin que se presente tampoco un cambio importante en la demanda de botones.

La característica de demanda derivada de los mercados de las empresas estimula a algunos fabricantes de productos industriales a hacer publicidad entre los consumidores finales.

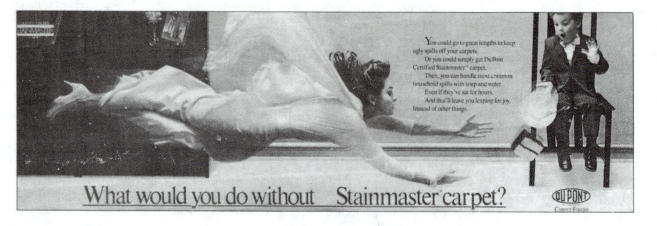

La demanda de los productos industriales es inelástica, porque normalmente el costo de una parte o material constituye una pequeña parte del costo total del producto terminado. El costo de las sustancias químicas de la pintura es una parte pequeña del precio que el consumidor paga por ella. El costo del esmalte de un refrigerador es una parte pequeña de su precio de lista. Incluso el costo de un equipo de capital muy caro (digamos el robot que se emplea al montar automóviles), cuando se distribuye en las miles de unidades que contribuye a producir, será una parte muy pequeña del precio final de cada una. Por eso, cuando cambia el precio de un producto industrial, se altera muy poco el precio de los productos conexos de consumo. Y como no existe un cambio considerable en la demanda de los bienes de consumo, entonces (en virtud de la característica de la demanda derivada) tampoco lo habrá en la demanda del producto industrial.

Desde el punto de vista del marketing, hay tres factores capaces de regular la inelasticidad de la demanda de los productos industriales:

- Los cambios de precios han de darse en toda la industria, no en una sola compañía. Una reducción generalizada en el precio de las bandas de acero de las llantas ejercerá un pequeño efecto sobre el precio de la llantas; por tanto, también será pequeño su efecto en la demanda de este tipo de llantas. En consecuencia, tendrá un impacto ligero en la demanda total de las bandas. Sin embargo, si un proveedor rebaja de modo considerable el precio de las bandas de acero, al hacerlo les quitará muchos clientes a sus competidores. Así pues, en poco tiempo la curva de la demanda de una empresa puede ser muy elástica. Pero la ventaja probablemente será temporal, porque sin duda los competidores contraatacarán de alguna manera para recobrar los clientes perdidos.
- El segundo factor de marketing capaz de modificar la inelasticidad de la demanda es el tiempo. En gran parte, lo que aquí decimos se aplica a las situaciones de corto plazo. A la larga, la demanda de un producto industrial es más elástica. Si aumenta el precio de la tela de vestidos para dama, tal vez no se opere un cambio inmediato en el precio del vestido terminado. Sin embargo, el incremento del costo de los materiales podría muy bien reflejarse en el aumento del precio de los vestidos en el siguiente año. Durante un año o más a partir de este año ese incremento a su vez influirá en la demanda de vestidos y, por tanto, en la de tela.
- El tercer factor es la importancia relativa que un producto industrial tiene en el costo del bien terminado. Podemos generalizar así: cuanto más elevado sea el costo de un producto industrial como porcentaje del precio total del bien terminado, mayor será la elasticidad de su demanda.

La demanda fluctúa mucho

Aunque la demanda de los bienes industriales no cambia en respuesta a las alteraciones de los precios, si lo hace frente a otros factores. De hecho, la demanda de casi todas las clases de bienes industriales fluctúa mucho más que la de los productos de consumo. La demanda de instalaciones (grandes plantas, equipos, fábricas, etc.) está muy sujeta al cambio. También se observan fluctuaciones en el mercado del equipo accesorio: mobiliario de oficina y maquinaria, camiones de reparto y productos similares. Todos ellos tienden a acentuar las oscilaciones de la demanda de materias primas y de piezas de fabricación. Esto lo apreciamos con toda claridad cuando las disminuciones de la demanda en las industrias de la construcción y automotriz afectan a los proveedores de madera, acero y otros materiales y piezas.

Una de las principales causas de las fluctuaciones es que a las empresas individuales les preocupa sufrir escasez de existencias cuando aumenta la demanda o quedarse con exceso de inventario cuando disminuye. Por ello suelen reaccionar exageradamente ante las señales de la economía: acumulan inventario al ver señales de crecimiento en la economía y los reducen si ven signos indicadores de un estancamiento. Cuando se combinan las acciones de todas las firmas, el efecto que ello ejerce sobre los proveedores es una demanda fluctuante en extremo. A esto se le llama *principio de aceleración*. Una excepción de esta generalización la encontramos en los productos agrícolas destinados a ser procesados. Puesto que la gente no puede prescindir de los alimentos, se da una demanda bastante constante de los animales que producen carne comestible, de frutas y verduras que se enlatarán o se venderán congeladas, de granos y productos lácteos con que se elaboran cereales y pan.

Las fluctuaciones de la demanda de los productos industriales pueden influir en todos los aspectos de un programa de marketing. En la planeación de productos, estimulará a diversificarse hacia otros productos para atenuar los problemas de elaboración y marketing. Por ejemplo, IBM ha dejado de concentrarse en las grandes computadoras y ahora fabrica muchas computadoras personales, software, chips para microcomputadoras y da asesorías. Las fluctuaciones de la demanda también repercuten en la estrategias de distribución. Cuando decae la demanda, un fabricante tal vez descubra que no es rentable venderles a algunos intermediarios, de modo que deja de considerárseles clientes. Al fijar los precios, los directivos rebajarán los precios con el propósito de contener la disminución de las ventas y de atraer clientes de la competencia. Bethlehem Steel hizo esto varias veces en su lucha con el acero importando y productos alternativos como el aluminio y la fibra de vidrio.

Los compradores están bien informados

Por lo regular los clientes industriales están mejor informados sobre lo que adquieren que los consumidores finales. Conocen más sobre los méritos de otras fuentes de suministro y de los productos de la competencia por tres razones. Primero, son relativamente pocas las opciones que han de considerar. Casi siempre el público consumidor tiene muchas más marcas y tiendas de donde escoger que ellos. Pongamos, por ejemplo, el caso de la multitud de opciones de que disponemos en la compra de un televisor de 19 pulgadas. Por el contrario, en la generalidad de las situaciones de la compra por parte de las empresas el cliente tiene unas cuantas firmas que ofrecen determinada combinación de las características del producto y los servicios deseados. Segundo, la responsabilidad de este tipo de comprador normalmente se limita a unos pocos productos. A diferencia del consumidor que adquiere muchas cosas diferentes, su tarea consiste en conocer perfectamente un conjunto rigurosamente definido de productos. Tercero, en la mayor parte de las compras un error no pasa de ser un problema insignificante. En cambio, en la compra industrial un error puede costar miles de dólares e incluso el decisor puede perder su empleo.

Esta necesidad de información tiene una importante consecuencia en el marketing. Los vendedores de productos industriales conceden mayor importancia a la venta personal que las compañías que comercializan productos de consumo. Los que venden a las empresas han de ser seleccionados con mucho cuidado, han de ser recibir una capacitación adecuada y una buena remuneración. Su obligación es realizar eficaces presentaciones de ventas y brindar un servicio satisfactorio tanto antes de la venta como después de realizada. Los

El mercado empresarial

Un fabricante de latas de aluminio puede identificar fácilmente a sus clientes potenciales.

ejecutivos de ventas ponen ahora mayor empeño en la asignación de los vendedores a los clientes más importantes, con el fin de asegurarse de que sean compatibles con ellos.

DETERMINANTES DE LA DEMANDA DEL MERCADO EMPRESARIAL

Si quiere analizar un mercado de consumidores, el experto en marketing habrá de estudiar la distribución de la población y varios aspectos demográficos, entre ellos el ingreso, y luego intentar averiguar sus motivos y hábitos de compra. Esencialmente el mismo tipo de análisis puede utilizar una compañía que venda sus productos en el mercado de las empresas. Los factores que inciden en el mercado de los productos industriales son la cantidad de posibles usuarios y su poder adquisitivo, los motivos y los hábitos de compra. En la siguiente exposición comentaremos las diferencias fundamentales que hay entre los mercados de consumidores y los de las empresas.

Número y tipos de usuarios industriales

Número de compradores. El mercado de las empresas contiene relativamente pocas unidades de compra en comparación con el mercado de consumidores. En Estados Unidos hay unos 15 millones de usuarios empresariales, mientras que los consumidores suman cerca de 250 millones divididos entre más de 85 millones de unidades familiares. A la mayor parte de las compañías el mercado de las empresas les parece aún más reducido, porque venden sus productos a un pequeño segmento. Así, una corporación que vende a los fabricantes norteamericanos de latas de metal cuenta apenas con 178 clientes potenciales, cada uno con 100 o más empleados. Dentro de esa misma categoría de número de empleados, hay sólo 35 plantas que producen hule sintético y 41 que fabrican maletas.[5] En consecuencia, los ejecutivos de marketing necesitan identificar cuidadosamente su mercado por el tipo de industria y la ubicación geográfica. A una compañía que vende equipo de minería para roca dura no le interesa el mercado total de empresas, ni siquiera las 30 000 que se dedican a toda clase de minería y excavaciones.

Una forma extremadamente útil de organizar la información inventada por el gobierno federal es el **Sistema de Clasificación Industrial Estándar (SIC),** el cual permite a una compañía identificar segmentos relativamente pequeños de su mercado de empresas.[6] En él todos los tipos de empresas norteamericanas se dividen en 10 grupos, con una serie de números de códigos de dos dígitos que se asignan a cada grupo así:

Intervalo del SIC	Grupo industrial
01 a 09	Agricultura, silvicultura, pesca
10 a 14	Minería
15 a 17	Compañías constructoras
20 a 39	Manufacturas
40 a 49	Transporte y otros servicios públicos
50 a 59	Venta al mayoreo y al menudeo
60 a 67	Finanzas, seguros y bienes raíces
70 a 89	Servicios
90 a 97	Gobierno: federal, estatal, municipal e internacional
99	Otros

PERSPECTIVA INTERNACIONAL

¿PUEDE EL ESTILO SER MÁS IMPORTANTE QUE EL CONTENIDO EN EL MERCADO INTERNACIONAL?

Al hacer negocios alrededor del mundo, los ejecutivos estadounidenses han descubierto que los ambientes económico y político son factores de los que, en gran medida, dependen el éxito o el fracaso. Pero, ¿qué han aprendido sobre los estilos de sus colegas extranjeros? Examine detenidamente las siguientes sugerencias acerca de lo que les espera a los profesionales del marketing que trabajan en el mercado internacional:

- En Alemania los ejecutivos son meticulosos, sistemáticos, bien preparados y extremadamente rígidos. Tienden a ser asertivos, llegando a veces a intimidar, y no están muy dispuestos hacer compromisos. Son puntuales y dan mucha importancia a la eficiencia y a la franqueza.
- En Francia, los gerentes insisten en que las negociaciones se lleven a cabo en francés. consideran que el habla es un arte y por ello no les gusta que los interrumpan. Las comidas que se prolongan largo tiempo y en las que se consume mucho vino afectan más las habilidades negociadoras de los norteamericanos que las de los franceses, pues ellos están más acostumbrados a a ese tipo de comidas de trabajo.
- En Inglaterra, el estilo es amistoso y afable. Es más probable que los ejecutivos muestren falta de preparación que una preparación excesiva. Son personas flexibles y abiertas a las iniciativas. Sin embargo, esta actitud afable a veces resulta engañosa, ya que pueden mostrarse muy obstinados si piensan que no se les está respetando.
- En México, las relaciones personales son muy importantes, de modo que el contacto personal resulta indispensable. A diferencia de lo que sucede en Estados Unidos, la regla consiste en participar primero en actividades sociales y trabajar después. Los mexicanos son muy egocéntricos en las decisiones de negocios, de manera que conviene hacerles concesiones que les permitan a los decisores proyectar una imagen positiva. Los ejecutivos mexicanos son muy flexibles cuando se trata de hacer compromisos, pero se recomienda negociar con ellos en privado, en conversaciones personales, y no en presencia de otras personas.
- En China, las pequeñas cortesías y los regalos de seguimiento contribuyen de manera importante a crear amistad. Es imprescindible preparar las presentaciones con meticulosidad y congruencia, porque los chinos son personas sumamente cuidadosas. No es posible apresurar la toma de decisiones; así que las negociaciones se tardan mucho tiempo.
- En Japón, los ejecutivos a menudo consideran que las relaciones duraderas con un contacto de negocios son tan importantes como las negociaciones inmediatas; por eso los que intervienen en ellas han de tener en cuenta el futuro y también el presente. Como en las decisiones frecuentemente participan más personas y niveles gerenciales que en Estados Unidos, la juntas tienden a prolongarse largo tiempo. A los japoneses no les gusta dar una negativa directa. De ahí que cualquier respuesta que no sea un sí sea, de hecho, una negativa. Si las circunstancias cambian después de llegar a un acuerdo, los japoneses suponen que tienen el derecho de renegociar.
- En Rusia, el tono de las negociaciones será extremadamente burocrático y los trámites serán engorrosos. Las personas que toman las decisiones probablemente desconozcan muchos de los conceptos del mercado libre y habrá que explicarles detalladamente las estrategias de costos y de precios. El precio de un error es altísimo, de manera que el empleo, y posiblemente hasta su carrera profesional, se juega en las negociaciones.

Fuente: Sergy Frank "Global Negotiating: Vive Les Differences!" *Sales & Marketing Management*, mayo de 1992, pp. 65-69.

Un número individual de dos dígitos se asigna a las principales industrias dentro de cada uno de los grupos precedentes. Por ejemplo, dentro del grupo de manufacturas (20-39), la industria alimentaria es el 20 y la industria de los muebles es el 25. Después se usan números de clasificación de tres y cuatro dígitos para subdividir las principales industrias en segmentos más pequeños. La figura 7-1 muestra los códigos SIC de la industria lechera, segmento de la categoría de productos alimenticios dentro del grupo general de manufacturas.

El gobierno federal publica abundante información referente a la clasificación de cada industria codificada con cuatro dígitos. Entre otras cosas en ella se incluye el número de establecimientos, empleos y volumen de ventas, todo ello por región geográfica. Estos datos tan valiosos los utilizan los expertos en marketing para identificar posibles industrias meta, mercados geográficos y patrones de crecimiento y declinación.

Una limitación de los datos recabados mediante los códigos SIC consiste en que una compañía de productos múltiples aparece sólo en una categoría. Así, se oculta la diversidad de un conglomerado como Sara Lee, que fabrica productos de panificación y medidas. Por lo demás, las normas del gobierno relativas a la confidencialidad impiden revelar información que identificaría a un establecimiento en particular. En consecuencia, la clasificación de cuatro dígitos no está al alcance de una industria dentro de una ubicación geográfica donde con esta información podría identificarse fácilmente una compañía determinada.

Tamaño de los usuarios industriales. Aunque el mercado de empresas es reducido en cuanto al número total de compradores, tiene un gran poder adquisitivo. Un porcentaje relativamente pequeño de compañías representa la máxima participación del valor agregado a los productos por la manufactura. El **valor agregado** es el valor monetario de la producción de una empresa menos el valor de los insumos que adquiere de otras compañías. Si un fabricante compra madera en $40 dólares y la convierte en una mesa que vende después en $100, el valor agregado del fabricante es $60.

Veamos ahora algunos ejemplos del más reciente *Census of Manufactures*. Menos del 2% de las empresas (aquellas con 500 o más empleados) representaron casi el 50% del valor monetario total agregado por la manufactura y casi el 40% del empleo total en las manufacturas. Las empresas con menos de 100 empleados constituyeron el 90% de todas las compañías manufactureras, pero generaron apenas el 23% del valor agregado por la manufactura.

La importancia que los hechos anteriores tienen en el marketing consiste en que el poder adquisitivo de muchos mercados de empresas está muy *concentrado* en unas cuantas empresas. Es decir, un alto porcentaje de las ventas industriales corresponde a un pequeñísimo número de compañías. De acuerdo con el *U.S. Census of Manufactures:*

- Treinta empresas producen 96% de las bombillas (focos).
- Cuatro empresas producen 78% de los lápices y artículos para las artes gráficas.
- Veintiuna empresas producen 83% del equipo y suministros fotográficos.
- Ocho compañías producen 84% de las aspiradoras para el hogar.

Por tanto, los vendedores tienen la oportunidad de tratar directamente con estos grandes usuarios. Los intermediarios no son tan importantes como en el mercado de consumidores.

FIGURA 7-1

Ejemplos de códigos SIC: segmento de la industria de productos lácteos de los productos alimenticios.

Por supuesto, las afirmaciones anteriores no dejan de ser simples generalizaciones que abarcan la *totalidad* del mercado de las empresas. No tienen en cuenta la variación de la concentración entre las diversas industrias. En algunas de ellas (vestidos para dama, muebles tapizados, queso natural y procesado, y el concreto listo para mezclarse, por ejemplo) hay muchos fabricantes y, por lo mismo, un nivel relativamente bajo de concentración. Pese a ello, incluso la industria de baja concentración no tiene paralelo en el mercado de consumidores.

Concentración regional de los usuarios industriales. Se observa una fuerte concentración regional en muchas grandes industrias y también entre los usuarios industriales en general. Una compañía que vende productos utilizados en la explotación del cobre tendrá el grueso de su mercado estadounidense en Utah y en Arizona. Los fabricantes de sombreros están ubicados principalmente en Nueva Inglaterra, y un gran porcentaje del calzado elaborado en ese país proviene de Nueva Inglaterra, Saint Louis y el sureste.

Los ocho estados que constituyen las regiones del censo formadas por la región atlántica media y la región noreste representan casi el 50% del valor total agregado por la manufactura. Diez áreas metropolitanas estándar generan por sí solas casi el 25% del valor total agregado por la manufactura en Estados Unidos.

Mercados verticales y horizontales de empresas. Si quiere realizar una buena planeación de marketing, una compañía debe saber si el mercado de sus productos es vertical u horizontal. Si su producto pueden utilizarlo prácticamente todas las compañías de una o dos industrias solamente, diremos que tiene un **mercado vertical de empresas**. Por ejemplo, algunos instrumentos de precisión se destinan exclusivamente al mercado marítimo, pero todo constructor de barcos o botes es un cliente potencial. Si el producto es utilizable en muchas industrias, se dice que tiene un **mercado amplio u horizontal de empresas**. Los insumos industriales, como los aceites lubricantes y las grasas de Pennzoil, los pequeños motores eléctricos de General Electric y los productos de papel de Weyerhauser, pueden venderse a una amplia gama de industrias.

En el programa de marketing de una organización de ordinario influye el hecho de que sus mercados sean verticales u horizontales. En un mercado vertical, puede elaborar un producto conforme a ciertas especificaciones para satisfacer las necesidades particulares de una industria. Sin embargo, ésta ha de ser lo bastante grande para soportar la especialización. Además, la publicidad y la venta personal pueden dirigirse más eficazmente en los mercados verticales. En un mercado horizontal, el producto se desarrolla como un objeto para cualquier uso a fin de llegar a un mercado más extenso. Pero seguramente afrontará una competencia más fuerte por ser más amplio el mercado potencial.

Poder adquisitivo de los usuarios industriales

Otro determinante de la demanda del mercado de empresas es el poder adquisitivo de este tipo de clientes. Podemos medirlo por sus gastos o por su volumen de ventas. Pero esa información no siempre está disponible o bien resulta muy difícil de estimar. En tales casos se estima indirectamente, recurriendo a un **indicador de actividad del poder adquisitivo**, es decir, un factor de mercado relacionado con las ventas y los gastos. En ocasiones el indicador de mercado es una medida combinada del poder adquisitivo y el número de usuarios industriales. Los organismos gubernamentales de Estados Unidos, tanto en el nivel municipal como en el federal, colectan muchas estadísticas de gran utilidad. A continuación se incluyen ejemplos de los indicadores de actividad que nos dan una idea general del poder adquisitivo de este tipo de usuarios.

Medidas de la actividad manufacturera. Las compañías que venden a los fabricantes podrían utilizar como indicadores de actividad el número de empleados, la cantidad de plantas o el valor monetario agregado por la manufactura. Una empresa que vende guantes de trabajo determinó el atractivo relativo de varias regiones geográficas partiendo del número de empleados de las plantas manufactureras ubicadas en ellas. Otra que vendía un producto regulador de la contaminación de ríos se sirvió de dos indicadores para calcular la demanda potencial: 1) la cantidad de procesadoras de productos de madera (fábricas de papel, fábricas de triplay o de madera chapeada, etc.) y 2) el valor de manufactura agregado por ellas. Este tipo de datos viene en el *Census of Manufactures*, que se realiza y se publica cada 5 años. Se ofrecen actualizaciones anuales en el *Annual Survey of Manufactures*, informe basado en una muestra de 55 000 empresas manufactureras.

Medidas de la actividad minera. El número de minas en operación, el volumen de su producción y el valor monetario agregado del producto al salir de la mina son factores todos que indican el poder adquisitivo de las compañías mineras. Estos datos aparecen cada 5 años en el *Census of Mineral Industries*. Es información de gran utilidad para las organizaciones que comercialicen productos relacionados con la extracción y el procesamiento de cualquier mineral, desde el aluminio hasta el circonio.

Medidas de la actividad agrícola. Una compañía que venda productos o equipo agrícola podrá estimar el poder adquisitivo de su mercado, con sólo estudiar indicadores como el ingreso en efectivo de los agricultores, los acres cultivados y las cosechas. Una compañía de productos químicos que le vende a un fabricante de fertilizantes podría estudiar los mismos indicadores, pues en este caso la demanda de sus productos se deriva de la de fertilizantes. En Estados Unidos esta información viene en *Census of Agriculture*.

Medidas de la actividad de la construcción. Si un negocio vende materiales de construcción (como madera, ladrillos, productos de yeso o ferretería para constructores), su mercado depende de la actividad de la construcción. Podemos calcularla atendiendo al número y el valor de los permisos de construcción concedidos o bien al número de construcciones iniciadas por tipo de estructura (casas para una sola familia, departamento o edificio comercial). En los registros municipales se encuentran datos de tipo local; en Estados Unidos, *Current Construction Reports*, publicación mensual del U.S. Commerce Department, contiene estadísticas de carácter regional y nacional.

COMPORTAMIENTO DE COMPRA DE LAS EMPRESAS

El comportamiento de compra de las empresas, como el de los consumidores, se inicia cuando se reconoce una necesidad (un motivo). Ello da origen a una actividad orientada a una meta, cuya finalidad es satisfacer la necesidad. Una vez más, los profesionales del marketing procurarán averiguar qué cosa motiva al comprador y luego entender el proceso y los hábitos de compra de las organizaciones de negocios en sus mercados.

Importancia de la compra en las empresas

La compra o adquisición por parte de las empresas, en el pasado una función de poca importancia en la generalidad de las organizaciones, es hoy una actividad en que ponen muchísimo más interés los ejecutivos de alta dirección. Antaño vista como una actividad aislada que se centraba primordialmente en buscar precios bajos, se ha convertido en una parte importante de la estrategia global al menos por tres razones:[7]

- Las compañías ahora producen menos y compran más. Por ejemplo, 93% del costo de una computadora Apple es contenido adquirido y para todos los fabricantes ese contenido representa más del 50% de sus productos finales. Desde hace muchos años General Motors poseía las plantas donde se construían muchas de las piezas de sus automóviles. Pero en 1992 anunció el cierre de siete de ellas que habían dejado de ser competitivas. Así pues, ahora utilizará más a proveedores independientes. Y con la importancia que han cobrado éstos, la compra se convierte en una cuestión estratégica primordial.
- Las compañías se encuentran bajo intensas presiones de tiempo y calidad. Con el fin de reducir los costos y mejorar la eficiencia, ya no adquieren y mantienen inventarios de piezas e insumos. Por el contrario exigen que las materias primas y los componentes que cumplan con las especificaciones les sean entregados "justo a tiempo" para introducirlos en el proceso de producción. La línea de computadoras personales Prolinea de Compaq es un buen ejemplo de ello.[8] La compañía tiene fama de vender productos de alta calidad y precios elevados. Sin embargo, una intensa competencia de computadoras baratas la obligó a cambiar. Se fijó la meta de crear la Prolinea en 6 meses y venderla en menos de $1000 dólares (o sea menos que una tercera parte del precio de su modelo similar Deskpro), sin disminuir la calidad. Con el fin de alcanzar la meta, Compaq buscó en todo el mundo proveedores que combinaran los mejores precios con una buena calidad y entrega oportuna.

- Para obtener lo que necesitan, las compañías concentran sus adquisiciones en un menor número de proveedores y establecen con ellos relaciones de "sociedad" a largo plazo. Es un nivel de participación que va más allá de la compra para incluir cosas como colaborar estrechamente para diseñar nuevos productos y dar apoyo financiero.[9]

Motivos de compra de los usuarios industriales

Según una concepción de los **motivos de compra**, las empresas la realizan en forma metódica y estructurada. En términos generales, se supone que los motivos de compra de las empresas son de carácter práctico y totalmente ajenos a las emociones. Este tipo de clientes están motivados para obtener la combinación óptima de precio, calidad y servicio en los productos que adquieren. Según otro punto de vista, son seres humanos y en sus decisiones de compra indudablemente influyen las actitudes, percepciones y valores. De hecho, en opinión de muchos vendedores, parecen estar motivados más a la consecución de objetivos personales que de las metas organizacionales, dándose frecuentemente conflictos entre esos objetivos y metas.

La verdad se encuentra entre ambos extremos. Este tipo de compradores persiguen dos metas: mejorar la posición de su organización (en cuanto a utilidades y aceptación por parte de la sociedad) y proteger o mejorar su posición personal en ellas (sus propios intereses). Algunas veces ambas metas son compatibles entre sí. Por ejemplo, tal vez la prioridad principal de una compañía sea ahorrar dinero, y el comprador sabe que se le premiaría por conseguir un precio bajo. Claro está que, cuando más compatibles sean las metas entre sí, mejor para la organización y para el individuo y también más fácil será tomar las decisiones de compra.

Hay, sin embargo, áreas importante donde los objetivos del comprador no coinciden con los de la organización, como sucede cuando ésta insiste en dar preferencia al proveedor con los precios más bajos; pero como el comprador ha establecido una buena relación con otro proveedor, no quiere cambiarlo. En tales casos, el vendedor deberá convencer al comprador de que "lo que es mejor para la organización" es también "mejor para él". Los mensajes promocionales dirigidos al interés personal del comprador son de gran utilidad, cuando dos o más vendedores ofrecen esencialmente los mismos productos, precios y servicios después de la venta.[10]

Tipos de situaciones de compra

En el capítulo 6 vimos que las compras de los consumidores pueden incluir desde decisiones rutinarias hasta decisiones muy intrincadas. De manera semejante, las situaciones de compra en las empresas lucrativas presentan gran diversidad en cuanto a su complejidad, número de personas que intervienen y el tiempo requerido. Los investigadores del comportamiento de compra institucional han identificado tres **clases de compra**, es decir, nueva compra, recompra directa y recompra modificada:

- **Nueva compra**. Es la situación más difícil y compleja por tratarse de la primera vez que se adquiere un producto importante. Por lo regular, más personas participan en ella que en las otras dos situaciones, porque el riesgo es grande. Las necesidades de información son fuertes y la evaluación de alternativas resulta difícil, ya que los decisores tienen poca experiencia con el producto. Los vendedores afrontan el reto de averiguar las necesidades del cliente y darle a conocer la capacidad del producto para satisfacerlas. A este tipo

Para Freightliner, fabricantes de camiones, la compra de motores es una recompra modificada.

de situación pertenece el hospital que por primera vez compra un equipo quirúrgico de rayos láser o bien una compañía que adquiere robots para su fábrica (o que adquiere la fábrica).

- **Recompra directa**. Es compra rutinaria con poca participación personal, con necesidades mínimas de información y sin que se preste mucha atención a las otras opciones. La amplia experiencia del cliente con el vendedor ha sido satisfactoria, por lo cual carece de incentivos para buscar en otras partes. Un ejemplo es la compra repetida de volantes por parte de Freightliner, fabricante de camiones. Esta clase de decisiones se toman en el departamento de compras, generalmente a partir de una lista previamente establecida de proveedores aceptables. A los que no se encuentran en ella les será difícil que les permitan llevar a cabo una presentación de ventas ante los prospectos.
- **Recompra modificada**. Esta situación de compra es intermedia entre las dos anteriores, si se atiende al tiempo y las personas que intervienen, a la información que se requiere y a las opciones consideradas. Al seleccionar los motores diesel para los camiones que fabrica, Freightliner examinó, entre otros, los productos de Detroit Diesel y de Caterpillar. Pero como estas compañías frecuentemente introducen nuevos diseños y características de desempeño, las evalúa en forma periódica.

Proceso de decisión de compra en las empresas

El proceso de decisión de compra en los mercados institucionales es una serie de cinco etapas parecidas a las que siguen los consumidores, según vimos en el capítulo anterior. No toda transacción incluye los cinco pasos. Las recompras directas (sin modificaciones) suelen ser situaciones de poca participación para el comprador, de manera que normalmente omite algunas de las etapas. En cambio, la primera compra de un bien o servicio caro tenderá a ser una decisión de gran participación personal que contiene las cinco etapas.

Para explicar el proceso por medio de un ejemplo, supongamos que Continental Baking Company está estudiando la conveniencia de utilizar un sustituto de grasa en los productos de panificación:

- **Reconocimiento del problema.** Los ejecutivos de marketing de la organización son sensibles a la preocupación de muchos consumidores por el contenido de grasa de sus dietas. La oportunidad de elaborar productos de panificación sabrosos, de buena calidad y sin grasa resulta sumamente atractiva, pero constituye un verdadero reto encontrar el sustituto adecuado.
- **Identificación de alternativas.** El personal de marketing prepara una lista de especificaciones referentes al desempeño de productos de panificación sin grasa: aspecto atractivo, sabor agradable y precio razonable. A continuación el departamento de compras identifica las marcas y las fuentes de suministro de sustitutos de grasa que generalmente cumplen con dichas especificaciones. He aquí las posibilidades: Simplesse, Litesse, Olestra, Slendid y otras marcas.
- **Evaluación de alternativas.** Los integrantes de los departamentos de producción, investigación y compras evalúan de manera conjunta los productos y fuentes alternas de suministro. Descubren que algunas marcas no soportan altas temperaturas, que se dan diferencias en la eficacia con que simulan el gusto y la textura de la grasa y que algunos no reciben todavía la aprobación definitiva de las autoridades correspondientes. En una evaluación completa se analizan factores como desempeño y precio del producto, así

como la capacidad de los proveedores para cumplir con las fechas de entrega y ofrecer una calidad uniforme.
- **Decisión de compra.** Basándose en la evaluación, el comprador escoge una marca y un proveedor. A continuación, el departamento de compras negocia el contrato. Por tratarse de sumas cuantiosas, el contrato contendrá muchos detalles. Por ejemplo, tal vez vaya más allá del precio y los programas de entrega para estipular que el fabricante del sustituto de la grasa dará soporte de marketing a los productos terminados de panificación de Continental.
- **Comportamiento posterior a la compra.** Continental sigue evaluando el desempeño del sustituto de la grasa y el proveedor seleccionado para asegurarse de que cumplan con las expectativas. Los tratos futuros con el proveedor dependerán de dicha evaluación y de la eficacia con que él resuelva los problemas que pueden surgir más tarde en relación con el producto.

Múltiples influencias de compras: el centro de compras

Uno de los retos más importantes del marketing entre empresas consiste en averiguar qué miembros de la organización desempeñan los diversos papeles (roles) de la compra. Es decir, ¿quién influye en la decisión de compra, quién determina las especificaciones del producto y quién toma la decisión final? En el mercado de empresas, en estas actividades suelen intervenir varias personas. Dicho de otra manera, se observan **múltiples influencias de compra**, sobre todo en las empresas medianas y grandes. Incluso en las empresas pequeñas, donde los dueños-gerentes toman las principales decisiones, casi siempre se consulta a empleados conocedores antes de efectuar ciertas adquisiciones.

El conocimiento del concepto de centro de compras ayuda a identificar los factores que influyen en la compra y a entender mejor el proceso de compra en las empresas lucrativas. Podemos definir el **centro de compras** como el conjunto de individuos o grupos que participan en el proceso de tomar este tipo de decisiones. Por tanto, el centro incluye a los que desempeñan uno de los siguientes papeles:

- **Usuarios.** Son aquellos que utilizarán el producto: quizá una secretaria, un ejecutivo, un miembro de la línea de montaje o un conductor de camiones.
- **Influyentes.** Los que establecen las especificaciones y los aspectos de las decisiones de compra por sus conocimientos técnicos, su posición en la organización y hasta por su poder político dentro de la compañía.
- **Personas con poder de decisión.** Los que toman la decisión final respecto al producto y al proveedor. Un agente de compras a veces es el decisor en una situación de recompra directa. Pero tal vez un alto directivo tome la decisión sobre si se compra una computadora muy cara.
- **Porteros.** Son los que controlan el flujo de la información referente a las ventas dentro de la organización, lo mismo que entre ella y los proveedores. Pueden ser agentes de compras, secretarias, recepcionistas y personal técnico.
- **Compradores.** Son los que interactúan con los proveedores, redactan las condiciones de la venta y procesan los pedidos de compra. Por lo regular ésta es la función del departamento de compras. Pero, una vez más, si se trata de una compra nueva, cara y compleja, esta función puede desempeñarla un ejecutivo de alta dirección.

¿DILEMA ÉTICO?

En el marketing industrial, los participantes llevan a cabo negociaciones o regateos antes de establecer las condiciones de la venta. En las negociaciones, los compradores se sirven de varias tácticas para obtener una ventaja. En un estudio reciente de decisiones de recompra de piezas, se descubrió que las cuatro tácticas más comunes empleadas por los agentes de compras son:

- Crear la impresión de que hay otros vendedores que compiten agresivamente para hacer el negocio.
- Se impone una presión de tiempo al comprador para llegar a un acuerdo.
- Se da a entender que el vendedor corre el peligro de perder el contrato.
- Se sugiere que un competidor ofrece un trato mucho más atractivo.

He aquí otras tácticas que utilizan los agentes de compras:

- Sugieren que el desempeño del vendedor se ha deteriorado.
- Prueban los límites del vendedor imponiéndole demandas exageradas.
- Crean la impresión de que el jefe del comprador no le permitirá aceptar las condiciones del vendedor.

¿Será inmoral utilizar todas o alguna de las tácticas anteriores en caso de que la situación mencionada realmente no existiera?

Fuente: Barbara C. Perdue y John O. Summers, "Purchasing Agents' Use of Negotiation Strategies", *Journal of Marketing Research*, mayo de 1991, pp. 175-189.

Varios miembros de una organización pueden realizar el mismo papel: tal vez haya varios usuarios del producto. O bien una misma persona puede cumplir más de una función: la secretaria puede ser también la usuaria, la influyente y el portero en la adquisición de un procesador de palabras.

El tamaño y la integración del centro de compras varían mucho en las empresas lucrativas. En un estudio realizado en Estados Unidos, el tamaño promedio y la estructura de los centros fluctuaba entre 2.7 y 5.1 personas.[11] En una organización, dependerán del precio del producto, la complejidad de la decisión y la etapa del proceso de compra. En el caso de una recompra directa de suministros de oficina, el centro será muy distinto del que maneje la adquisición de un edificio o de un flotilla de camiones.

La diversidad de los que intervienen en una situación de compra institucional, aunada a las diferencias que existen entre las compañías, plantea verdaderos retos a los vendedores. Al intentar averiguar los roles de los ejecutivos (esto es, lo que hace cada uno en una situación de compra), los representantes de ventas a menudo acuden a la persona equivocada. Algunas veces ni siquiera es suficiente saber quiénes son las personas con poder de decisión, puesto que será muy difícil llegar a ellos y, además, las personas entran y salen del centro a medida que la compra pasa por el proceso de decisión. Ello explica, en parte, por qué un vendedor no tiene más que unos cuantos clientes muy importantes.

Los retos planteados en el proceso de decisión de la compra institucional deberían indicar la importancia de coordinar las actividades de venta de las empresas con las necesidades de compra de la organización que hace la adquisición.

Patrones de compra de los usuarios industriales

El comportamiento de compra en el mercado de las empresas difiere considerablemente del comportamiento de los consumidores en varios aspectos. Las diferencias nacen de los productos, mercados y las relaciones entre vendedor y comprador.

Compra directa. En el mercado de los consumidores, rara vez éstos adquieren directamente del fabricante, salvo en el caso de los servicios. En cambio, en el mercado de empresas, la compra directa por el usuario industrial es muy común, aun tratándose de bienes. Ello se observa principalmente cuando el pedido es grande y el comprador requiere mucha asistencia técnica. Intel Corp. y Advanced Micro Devices, Inc., tratan directamente con los fabricantes de computadoras personales, porque la tecnología de los chips está cambiando con mucha rapidez. Desde el punto de vista del vendedor, la venta directa en el mercado de empresas es comprensible, especialmente si recordamos que hay relativamente pocos prospectos, que éstos son grandes o que presentan una gran concentración geográfica.

Naturaleza de la relación. Muchas empresas lucrativas asumen una perspectiva muy amplia ante los intercambios. En vez de centrarse exclusivamente en el cliente inmediato, ven en el marketing una cadena de valores. Es decir, analizan las funciones de proveedores, fabricantes, distribuidores y usuarios finales para ver cómo cada uno agrega valor al producto final. Esa perspectiva lleva a reconocer la importancia de todos los que cooperan para que el producto llegue al mercado y hacer hincapié en el establecimiento y conservación de las relaciones. Por ejemplo, Apple Computer, compañía que antes se basaba exclusivamente en los distribuidores, reconoció que muchos de sus clientes principales necesitaban un servicio especializado. Con el propósito de satisfacer este segmento del mercado y mantener estrechos vínculos con ellos, ahora hace que su fuerza de ventas visite personalmente a unos 1000 clientes importantes. No obstante, muchos de los pedidos levantados por la fuerza de ventas se envían a los distribuidores para asegurarse de que queden protegidos.[12]

Frecuencia de la compra. En el mercado de empresas, las compañías adquieren rara vez ciertos productos. Las grandes instalaciones se compran una vez en muchos años. Con contratos de largo plazo se adquieren piezas y materiales pequeños que se usarán en la manufactura de un producto. Incluso insumos estándar que se emplean frecuentemente, entre ellos los suministros de oficina y los artículos de limpieza, a menudo se adquieren una vez al mes.

Debido a este patrón de compra, reciben una fuerte carga los programas de venta personal de los representantes industriales. Deben visitar a los prospectos con bastante frecuencia para mantenerlos informados sobre los productos de la compañía y saber cuándo uno de ellos está estudiando la conveniencia de adquirir algo.

Tamaño del pedido. El pedido normal de una empresa es mucho mayor que los que se realizan en el mercado de consumidores. Ello, aunado a la poca frecuencia de las transacciones, pone de relieve la importancia de cada venta en el mercado de las empresas. Cuando Japan Airlines decidió comprar motores General Electric en la adquisición de los aviones de

Dado que McDonnell-Douglas utiliza sólo una marca de motores en el F-16, la venta fue muy importante para el fabricante de motores Pratt & Whitney.

propulsión Boeing 747, ello significó una pérdida de $1mil millones para su proveedor anterior Pratt & Whitney.

Duración del periodo de negociación. El periodo de negociación en una venta a empresas suele ser mucho más larga que una transacción con el consumidor. Así, General Electric negoció durante un periodo de más de 5 años la compra de una supercomputadora Cray de $9.5 millones. He aquí algunas razones que explican por qué las negociaciones se prolongan largo tiempo:

- Varios ejecutivos participan en la decisión de compra.
- En la venta se invierte una fuerte suma de dinero.
- El producto industrial se fabrica conforme a las especificaciones del cliente y se requiere un análisis profundo para establecerlas.

Convenios de reciprocidad. Una práctica muy controvertida en esta clase de transacciones es la reciprocidad: la política de "te compro tus productos si tú me compras los míos". Tradicionalmente la reciprocidad era una práctica común entre empresas que comercializaban productos homogéneos básicos (aceite, acero, hule, productos de papel y productos químicos).

Ha habido una importante disminución de esta práctica, pero sin que desaparezca por completo. La disminución se debe a dos causas: una de carácter legal y otra de índole económica. Tanto la Federal Trade Commission como la Antitrust Division del Department of Justice han prohibido su aplicación en forma *sistemática*, sobre todo en el caso de las grandes empresas. Una compañía puede comprarle a un cliente, pero deberá ser capaz de probar que no recibe privilegios especiales respecto al precio, calidad o servicio.

Desde el punto de vista económico, la reciprocidad no se justifica porque el precio, la calidad o el servicio ofrecidos por el vendedor tal vez no sean competitivos. Además, cuando una firma deja de perseguir los objetivos maximizadores de las ganancias, decae el espíritu de equipo de los vendedores y del departamento de compras.

Reciprocidad es un área donde las compañías estadounidenses tienen problemas cuando realizan negocios en el extranjero. En muchas partes del mundo se acostumbra que, si le compramos a una empresa un producto, ella a su vez nos comprará el nuestro.

Demanda de servicio. El deseo del usuario de obtener un servicio excelente constituye un fuerte motivo que puede determinar los patrones de compra en el mercado de empresas. Muchas veces la única característica diferenciadora de una organización es su servicio, ya que el producto puede estar tan estandarizado que se encuentra con cualquier otro proveedor. Pongamos el caso de la elección de un proveedor al que recurre un edificio de oficinas o un hotel. La instalación de los elevadores es tan importante como lograr que sigan funcionando de manera segura y eficiente. En consecuencia, los esfuerzos mercadológicos de una compañía como Montgomery Elevator ponen de relieve tanto el servicio de mantenimiento como sus productos.

Los vendedores han de estar preparados para dar servicios antes y después de la venta. Así, Kraft Foods lleva a cabo un análisis riguroso de los clientes de los supermercados y del desempeño de las ventas, recomendando después una serie de productos y el diseño del departamento de productos lácteos. Con el fin de atender a las empresas, General Electric fundó en 1984 su Business Information Center. El centro recibe al año 160 000 llamadas gratuitas de clientes potenciales y de dueños actuales de productos G. E. Un técnico que tiene acceso a una base de datos muy completa contesta las preguntas.[13] En el caso de fotocopiadoras para oficina, los fabricantes capacitan al personal del cliente en la utilización del equipo; una vez instaladas, le ofrecen otros servicios como reparación por técnicos especializados.

Seguridad (confiabilidad) de la oferta. Otro patrón de la compra industrial es la insistencia del cliente en una cantidad suficiente de productos de calidad uniforme. Las variaciones de la *calidad* de los materiales que forman parte de los productos terminados pueden ocasionar serios problemas a los fabricantes. Pueden ver interrumpidos sus procesos de producción, si las imperfecciones rebasan los límites del control de calidad. Las *cantidades* adecuadas son tan importantes como la calidad. Una interrupción causada por la escasez de materiales a veces resulta tan costosa como la debida a materiales de baja calidad. En un estudio sobre los problemas que afrontan los agentes de compras de los fabricantes pequeños, el que más se repetía era el hecho de que los proveedores no surtiesen el pedido en el plazo señalado.

La importancia que ha ido adquiriendo la administración de la calidad total aumenta el valor de la seguridad o confiabilidad. Ahora que se ha establecido que las empresas pueden operar prácticamente con cero defectos, los compradores esperan un altísimo nivel de desempeño.

Arrendar en vez de comprar. Una tendencia cada vez más generalizada en el mercado industrial consiste en arrendar este tipo de bienes en lugar de comprarlos. En el pasado esta práctica se limitaba al equipo grande, digamos las computadoras (IBM), el equipo para empacar (American Can Company) y equipo para grandes construcciones. En el momento actual, las compañías industriales han ampliado sus contratos de arrendamiento para incluir los camiones de reparto, los automóviles de los vendedores, las máquinas herramienta y otros bienes que generalmente cuestan menos que las grandes instalaciones.

El arrendamiento ofrece varias ventajas al arrendador, es decir, a la firma que proporciona el equipo:

- Un ingreso total neto (el que queda después de deducir los gastos de reparaciones y mantenimiento) suele ser mayor del que se obtendría si se vendiera el equipo.
- El mercado del arrendador puede ampliarse para incluir usuarios que en condiciones normales no podrían adquirir el producto, sobre todo tratándose de equipo pesado.
- El arrendamiento ofrece una método eficaz de lograr que los usuarios prueben un producto nuevo. Estarán más dispuestos a alquilarlo que a comprarlo. En caso de que no queden satisfechos, su gasto se reduce a unos cuantos abonos mensuales.

Desde el punto de vista del arrendatario o cliente, el arrendamiento ofrece los siguientes beneficios:

- Le permite conservar su capital de inversión y destinarlo a otros fines.
- Las compañías pueden iniciar un nuevo negocio con una menor inversión de capital del que se requeriría si tuvieran que comprar equipo.

- Los arrendadores suelen reparar los productos alquilados y darles mantenimiento, con lo cual el arrendatario se libera de uno de los graves problemas asociados a su posesión.
- El arrendamiento resulta particularmente atractivo para las organizaciones que necesitan equipo en forma temporal o esporádica, como sucede con las empacadoras o las compañías constructoras.

Ahora el lector ya sabe lo que es el marketing y cómo encaja dentro de la estrategia de una organización. Conoce asimismo la importancia de definir y entender muy bien el mercado de consumidores y de empresas. Con estos antecedentes, ya está listo para iniciar el estudio de los cuatro componentes de la mezcla de marketing (producto, precio, distribución y promoción) mediante los cuales los profesionales del marketing alcanzan sus metas.

RESUMEN

El mercado empresarial está constituido por las organizaciones que compran bienes y servicios para producir otros bienes y servicios, para revenderlos a otros usuarios industriales o a los consumidores o bien para llevar a cabo las actividades de la organización. Es un mercado extremadamente grande y complejo, pues abarca una amplia variedad de usuarios que adquieren muchos bienes y servicios. Además de las industrias, incluye la agricultura, los revendedores, el gobierno, los servicios, las organizaciones no lucrativas y los mercados internacionales.

La demanda de este mercado generalmente es derivada, inelástica y presenta una gran fluctuación. Los compradores suelen estar bien informados sobre lo que adquieren. La demanda se analiza evaluando el número y los tipos de usuarios industriales y su poder adquisitivo.

La adquisición o compra industrial ha cobrado mayor importancia estratégica porque las organizaciones cada día compran más y producen menos, sometidas como están a fuertes presiones de tiempo y calidad, estableciendo además relaciones de sociedad a largo plazo con los proveedores.

Los motivos de los clientes corporativos se centran en alcanzar sus objetivos, aunque también hay que tener en cuenta el interés de los compradores.

El proceso de decisión de compra en los mercados de empresas a veces puede incluir hasta cinco etapas, a saber: reconocimiento de la necesidad, identificación de alternativas, evaluación de alternativas, decisión de compra y comportamiento después de la compra. El número real de etapas en una decisión de compra depende principalmente de la situación de compra, según se trate de una compra nueva, de una compra directa o de una recompra modificada.

El concepto de centro de compras refleja los factores que influyen en las decisiones de compra industrial. En un centro típico hay personas que desempeñan los papeles de usuarios, influyentes, decisores, guardianes y compradores.

Los patrones (hábitos) de compra de este tipo de usuarios suelen ser muy diferentes de los que se observan en el mercado de consumidores. En éste, las compras directas (sin la intervención de intermediarios) son más comunes, las compras se efectúan con menor frecuencia y los pedidos son más grandes. El periodo de negociación normalmente es más amplio y los convenios de reciprocidad son más comunes. La demanda del servicio es mayor y la seguridad (confiabilidad) de la oferta es más importante. Finalmente, el arrendamiento (en vez de la compra del producto) es más frecuente en el mercado de empresas.

Más sobre NUTRASWEET y SIMPLESSE

En la comercialización de Simplesse, NutraSweet optó por una estrategia doble consistente en desarrollar ella misma los productos y vender su sustituto de grasa a los fabricantes de alimentos. En 1990 lanzó al mercado su principal producto, un postre congelado llamado Simple Pleasures con la mitad de calorías y $1/15$ de grasa del helado de gran calidad. Dado el interés del público por la salud y por el peso, el producto había despertado gran optimismo. Cuando se anunció, subieron cuatro puntos las acciones de Monsanto, compañía matriz de NutraSweet. En opinión de los analistas, el incremento se debió a la posibilidad de obtener ingresos de $500 millones de dólares.

Pero los resultados reales no correspondieron a las expectativas. En su primer año, Simple Pleasures produjo apenas $12 millones de ventas. Los fabricantes lo posicionaron como un producto semejante a los helados de gran calidad y le fijaron un precio similar ($2.39 por medio litro de helado). Pero, al ser probado con marcas como Häagen-Dazs, Simple Pleasures dejó mucho que desear. En cambio, su desempeño fue bastante satisfactorio en comparaciones de sabor con otros postres congelados de bajo contenido calórico, como Sealtest Free de Kraft y American Dream de Dreyer. Pero una mitad de galón estos productos tiene un precio que oscila entre $3 y $4 dólares. La diferencia radica en que están hechos con ingredientes baratos, como almidón de papa, y no con un moderno sustituto de la grasa que debía recuperar un enorme costo de desarrollo.

NutraSweet también tuvo problemas para vender Simplesse entre los fabricantes de alimentos. Muchos de ellos estaban molestos con ella por la forma en que había vendido su edulcorante en los años 80. Gracias a la protección legal de su patente, NutraSweet había podido fijar precios altos e insistir en que su logo apareciera en las etiquetas de los productos que contuviesen el ingrediente. Debido a sus experiencias anteriores con la compañía y su edulcorante, muchas empresas dudan en hacer tratos con Simplesse. Algunas optaron por otras marcas y otras, sobre todo Kraft, prefirió desarrollar sus propio sustituto de la grasa.

Los sustitutos de la grasa afrontan otro problema. Cuando la gente consume postres, en cierto modo están haciéndose una concesión y quieren la cosa verdadera, no un sustituto. Y los que verdaderamente anteponen la salud a cualquier otra consideración seguramente prescindirán de los postres de cualquier tipo. En esencia, todo ello significa que predecir la demanda de los sustitutos de la grasa tal vez sea más difícil de lo que se creyó al inicio.[14]

1. ¿Puede estimarse la demanda de los sustitutos de la grasa analizando la demanda de los productos que actualmente contienen grasa? ¿Qué aspectos deberían considerar los fabricantes de sustitutos de la grasa cuando estiman la demanda de sus productos?
2. ¿Cómo describiría usted el tipo de situaciones de compra de los sustitutos de grasa y el proceso de compra que probablemente utilice la mayor parte de los clientes?

■ TÉRMINOS Y CONCEPTOS BÁSICOS

Mercado empresarial (230)
Usuarios empresariales (230)
Marketing para el mercado empresarial (230)
Mercado agrícola (232)
Mercado de revendedores (232)
Mercado de servicios (234)
Mercado de empresas no lucrativas (234)
Sistema de Clasificación Industrial Estándar (SIC) (239)

Valor agregado (241)
Mercado vertical de empresas (242)
Mercado amplio u horizontal de empresas (242)
Indicador de actividad del poder adquisitivo (243)
Motivos de compra (245)
Clases de compra (245)
Nueva compra (245)
Recompra directa (246)
Recompra modificada (246)
Múltiples influencias de compra (centro de compras) (247)
Usuarios (247)
Influyentes (247)
Personas con poder de decisión (247)
Porteros (247)
Compradores (247)

■ PREGUNTAS Y PROBLEMAS

1. ¿Qué consecuencias tiene para el marketing el hecho de que la demanda de bienes industriales:
   a. Fluctúe mucho?
   b. Sea inelástica?
   c. Sea derivada?
2. ¿Qué implicaciones mercadológicas tiene para un vendedor el hecho de que los clientes industriales presenten gran concentración geográfica y sean pocos?
3. ¿Qué diferencias esperaría encontrar entre las estrategias mercadológicas de una compañía que vende en los mercados industriales horizontales y las de una empresa que lo hace en los mercados industriales verticales?
4. Un fabricante estadounidense ha estado vendiendo procesadores de palabras a una importante compañía petrolera de Noruega. ¿A cuáles de las tres clases de compra lo asignaría usted en esta relación entre vendedor y comprador? ¿Hay algún aspecto de la relación que probablemente caiga dentro de la categoría de recompra simple?
5. Explique de qué manera las cinco etapas del proceso de la decisión de compra podrían aplicarse en las siguientes situaciones:
   a. Compra nueva de una correa transmisora para una compañía embotelladora de refrescos.
   b. Recompra simple de servicios de mantenimiento para una correa transmisora.
6. ¿Cómo averiguaría quién influye en las decisiones de compra de los usuarios industriales?
7. NCR, IBM, Xerox y otros fabricantes de máquinas de oficina realizan gran parte de sus ventas entre los clientes industriales. A su vez los mayoristas de equipo de oficina tienen mucho éxito en este mercado. ¿Son dos situaciones incompatibles de mercado? Explique su respuesta.

■ APLICACIÓN DEL MARKETING

1. Encuentre un anuncio de un bien o servicio industrial dirigido al mercado de empresas y otro del mismo producto que esté dirigido a los consumidores (por ejemplo, un anuncio en que se alquilan flotillas de Chevrolets y un anuncio de esa empresa dirigido a los usuarios). Explique los motivos de compra que se emplean en los dos anuncios.
2. Entreviste a un agente de compras sobre la adquisición de un producto que caiga dentro de la categoría de recompra modificada. Trace un diagrama que muestre las percepciones del agente acerca de: a) las etapas del proceso de decisión; b) quién formó parte del centro de compras en cada etapa del proceso de decisión, y c) qué papel o papeles desempeñaron las personas en las etapas. Comente por qué este diagrama podría ser útil a un representante del producto en cuestión.

■ NOTAS Y REFERENCIAS

1. Kathleen Deveny, "Unilever Unit Serves Up Fat Substitutes", *The Wall Street Journal*, 8 de enero, 1992, p. B1; Alix M. Freedman y Richard Gibson, "Maker of Simplesse Discovers Its Fake Fat Elicits Thin Demand", *The Wall Street Journal*, 31 de julio, 1991, pp. A1+; Stuart Elliot y Ellen Neuborne, "Monsanto's Simplesse Weighs In", *USA Today*, 23 de febrero, 1990, p. B1; Zachary Schiller y John Carey, "Why P&G's Olestra Isn't on the Shelves Yet", *Business Week*, 26 de marzo, 1990, p. 101.

2. Walter F. Loeb, "Unbundle or Centralize: What Is the Answer?"

Retailing Issues Newsletter, Arthur Andersen & Co., mayo de 1992.

3. William J. Holstein y Kevin Kelly, "Little Companies, Big Exports", *Business Week*, 13 de abril, 1992, pp. 70-72.

4. Therese Eiben, "U.S. Exporters on a Global Role", *Fortune*, 29 de junio, 1992, pp. 94-95.

5. "1988 Survey of Industrial & Commercial Buying Power", *Sales & Marketing Management*, 25 de abril, 1988, pp. 20-21.

6. Una descripción del sistema de clasificación industrial estándar (SIC) y de todos sus números y clasificaciones viene en *Standard Industrial Classification Manual*, U.S. Government Printing Office, Washington, DC, 1972 y también en el 1987 Suplement. Consúltese también "SIC: The System explained", *Sales & Marketing Management*, 22 de abril, 1985, pp. 52-53.

7. Louis J. DeRose, "How Industrial Markets Buy Value Selling: A Strategy for Dealing with Change", *The Journal of Business and Industrial Marketing*, invierno de 1992, pp. 65-69.

8. Joanne Lipmann, "Compaq Pushing New Line, New Images", *The Wall Street Journal*, 2 de junio, 1992, p. B5; Michael Allen, "Developing New Lines of Low-Priced PCs Shakes Up Compaq", *The Wall street Journal*, 15 de junio, 1992, pp. A1, A4.

9. Algunos antecedentes sobre el establecimiento de relaciones se describen en E. Robert Dwyer, Paul H. Schurr y Sejo Oh, "Developing Buyer-Seller Relationships", *Journal of Marketing*, abril de 1987, pp. 11-27. Una técnica simple para establecer relaciones se explica en Barry J. Farber y Joyce Wycoff, "Relationships: Six Steps to Success", *Sales & Marketing Management*, abril de 1992, pp. 50-58.

10. Una descripción interesante de las imágenes del valor, o sea los factores psicológicos del comportamiento de compra industrial se encuentra en Paul Sherlock, "The Irrationality of 'Rational's Business Buying Decisions", *Marketing Management*, primavera 1992, pp. 8-15.

11. Robert D. McWilliams, Earl Naumann y Stan Scott, "Determining Buying Center Size", *Industrial Marketing Management*, febrero de 1992, pp. 43-49.

12. Ken Yamada, "Apple to Unveil Mail Order Catalog and Sell Directly to Big Companies", *The Wall Street Journal*, 17 de septiembre de 1992, p. B7.

13. Tom Eisenhart, "GE's 'Relational Database' Keeps Lines Open to All Costumers", *Business Marketing*, mayo de 1992, p. 27.

14. Jon Berry y Fara Warner, "Judgment Day for Fat-Free Foods", *Adweek's Marketing Week*, 6 de abril, 1992, pp. 22-26; Jerri Stroud, "NutraSweet Changes Simplesse Strategy", *St. Louis Post-Dispatch*, 8 de febrero, 1991, pp. B1+.

CASOS DE LA PARTE DOS

CASO 1 El HUMMER civil
POSICIONAMIENTO DEL PRODUCTO Y SELECCIÓN DE LOS MERCADOS META

En 1979 el ejército estadounidenses estableció las especificaciones de un vehículo de gran movilidad para usos múltiples (cuyo nombre oficial era HMMWV y al que más tarde los soldados le pusieron el mote de Humvee). El objetivo era producir un vehículo ligero y versátil, capaz de transportar tropas, equipo militar y pertrechos por terreno áspero. Seis compañías presentaron propuestas, y se seleccionaron tres de ellas (Teledyne, General Dynamics y AM General) para que construyeran el prototipo. Luego de someter a pruebas rigurosas tres versiones (un lanzamisiles, un camión para transportar tropas y una ambulancia) propuestas por los licitantes, el ejército otorgó a AM General el contrato para fabricar inicialmente 55 000 vehículos. La compañía le puso la marca HUMMER a su HMMWV. Aunque parezca extraño tratándose de un producto militar, el nombre no es un acrónimo. La compañía simplemente lo escogió para designar el vehículo.

El HUMMER es la versión más reciente de una línea de vehículos militares que probablemente apareció junto con las bestias de carga. Los ejércitos necesitan llevar eficientemente de un lugar a otro equipo, armamento y soldados. Para los militares norteamericanos, el jeep ha sido el vehículo más idóneo para ese fin y además el principal medio de transporte terrestre desde la Segunda Guerra Mundial. Aunque ha pasado por muchas variaciones y perfeccionamiento a través de los años, no ha cambiado su característica apariencia. Y cuando se puso a la venta en el mercado civil, pronto se convirtió en un objeto muy familiar en las carreteras del país. Ahora a AM General le gustaría hacer la misma transición con el HUMMER.

Tras la compra inicial, el ejército contrató la adquisición de otros 48 000 HUMMERS. Sin embargo, AM General reconoce que pronto quedará saturado el declinante mercado militar, por lo cual habrá que buscar otro tipo de usuarios. Una alternativa son los ejércitos de otros países. Lo han comprado las Filipinas (150), México (1 000), Tailandia (150), Djibouti (10), Luxemburgo (29) y Taiwán (1 000). Otros países manifestaron su interés, pero sin que se concreten aún las ventas.

La otra alternativa es el mercado civil. AM General llegó a la conclusión inesperada de que el HUMMER puede tener demanda en el mercado industrial y en el de consumidores. El actor Arnold Schwarzenegger quedó profundamente impresionado con la extensa película que vio de los HUMMERS usados durante la Operación Escudo y Tormenta del Desierto. Durante años, señala, había estado buscando un vehículo "con un aspecto diferente, que pareciera poderoso y especial". Convencido de haberlo encontrado en el HUMMER, se puso en contacto con AM General y convenció a los ejecutivos de que construyeran y le vendieran una versión diseñada especialmente para él. Eso fue el inicio de un gran negocio. En 1991 se anunciaron cuatro versiones comerciales del vehículo destinadas al uso de los civiles; en 1992 los primeros vehículos estaban listo para venderse.

James Armour, presidente y director general de la empresa, describió la estrategia en que se basa el HUMMER en los siguientes términos: "Aunque AM General es el primer y más importante contratista del Departamento de Defensa, la industria militar ha empezado a cambiar y hoy los contratistas deben responder buscando nuevas aplicaciones a los productos actuales y reinvirtiendo en nuevos negocios. Nuestra compañía ha afrontado este reto con el HUMMER para civiles."

AM General considera dos mercados industriales primarios y un mercado de consumidores para su producto. He aquí los mercados industriales:

- **Dependencias gubernamentales no militares.** Varias dependencias, entre ellas Border Patrol, Forest Service, Bureau of Land Management y National Park Service, necesitan una gran movilidad fuera de las carreteras.
- **Pequeñas y grandes empresas.** Muchas compañías operan fuera de las carreteras y les gustaría disponer de un vehículo de gran durabilidad. Entre ellas cabe citar las siguientes: lugares de temporada para esquiar, empresas taladoras, compañías exploradoras de pozos, empresas de servicios públicos, hacendados y agricultores.

También puede haber un interesante mercado de exportaciones para aplicaciones gubernamentales, no militares e industriales. El primer gobierno extranjero que compró la versión no militar de HUMMER fue China. El Ministerio Chino del Petróleo adquirió cinco vehículos diseñados especialmente para la exploración petrolera.

El mercado de consumidores está compuesto por entusiastas que usan poco la carretera, cazadores y pescadores que se sienten atraídos por el desempeño, durabilidad e imagen de rudeza del vehículo.

El HUMMER civil es básicamente igual que el militar. Es un vehículo de 1. 83 metros de alto y 2.13 metros de ancho, con

Casos de la parte dos

un motor diesel V-8 y 40.6 centímetros de espacio libre del suelo. Tiene el mismo sistema de tracción, chasis y carrocería básica que la versión militar. Entre las adaptaciones se encuentran las siguientes: un sistema eléctrico de 12 volts (en contraste con el sistema estándar de 24 volts de la versión militar), iluminación exterior y marcas para cumplir con las normas de las carreteras federales. Cuenta también con asientos más cómodos, cojines interiores para mayor seguridad, puertas de acero para aumentar la protección contra impactos laterales y varias llaves y cerraduras para una mayor seguridad. Su rendimiento por litro es de 3.59 en carretera y de 3.54 fuera de ella.

Las cuatro versiones del HUMMER civil y sus precios base son:

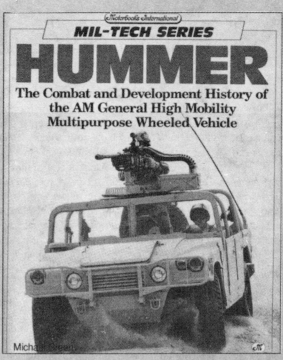

- 2 pasajeros con capota dura, $46 550 dólares
- 4 pasajeros con capota abierta, $48 500 dólares
- 4 pasajeros con capota dura, $49 950 dólares
- Vagón para 4 pasajeros, $52 950 dólares

Se ofrecen varias opciones; por ejemplo, aire acondicionado, un montacargas o malacate capaz de levantar 5.5 toneladas, un portador de llantas de repuesto, cubierta interior de lujo, una unidad de remolque y otros aditamentos. Algunas de las opciones son únicas, pues se obtuvieron de la tecnología desarrollada para el ejército norteamericano. Por ejemplo, el sistema central de inflado de las llantas permite al conductor ajustar la presión a las condiciones de manejo. Desde el interior de la cabina y mientras se está en movimiento, puede reducirse la presión de las cuatro llantas para una mejor tracción y menos saltos en terreno escabroso. Más tarde las llantas se vuelven a inflar desde la cabina. El total de las opciones aumenta a $65 000 dólares el precio del modelo más caro.

La garantía del vehículo que cubre todo es de 36 meses o 58 000 kilómetros, lo primero que ocurra. Después de 19 000 kilómetros se cobra un deducible de $100 por concepto del servicio de la garantía.

Inicialmente el producto se vendía en la fábrica. A fines de 1992, 25 distribuidores de todo el país habían conseguido franquicias y hay planes para incorporar a otros 25 más. Las franquicias actuales pertenecen a distribuidores de camiones que han empezado a vender el HUMMER como una extensión no rival de sus líneas actuales de productos. Obtienen un 18% de margen bruto de utilidad sobre el precio de lista de cada vehículo, pero ellos deben conseguir su propio financiamiento. En el contrato de la franquicia se estipula que el gerente de servicio del distribuidor y dos mecánicos recibirán capacitación por parte de AM General; se estipula asimismo la compra de algunas herramientas especiales de la fábrica e invertir $16 000 dólares en piezas de repuesto.

El HUMMER recibió enorme publicidad en las Operaciones Escudo y Tormenta del Desierto y a raíz de la compra que realizó Schwarzenegger. Para hacer el lanzamiento del HUMMER civil, la compañía anunció que la primera serie se limitaría a 1 000 vehículos de producción especial; cada uno llevaría una placa de identificación grabada en el número de serie del vehículo y el nombre del cliente.

AM General recibió una gran publicidad a consecuencia de un contrato con la tienda de departamentos Neiman-Marcus situada en Dallas. Durante 30 años esta cadena había producido un catálogo de Navidad que ofrecía muchos regalos y un par de superregalos "para él y para ella". En 1991 estos últimos consistieron en HUMMERS por un valor de $50 000 dólares.

El vehículo civil se anuncia combinando varios medios. Los spots televisivos se proyectan en algunas redes de televisión como ESPN y CNN. Los anuncios impresos aparecieron en *The Wall Street Journal, USA Today* y en varias revistas de interés especial como *Construction Equipment, Farm Journal* y *Fire Fighter News*. Se compraron espectaculares en Chicago, Tampa y Toledo. Otra forma de promoción consiste en exhibir el vehículo en las exposiciones comerciales de equipo para construcción y en exhibiciones de automóviles. De hecho, el vehículo se ha convertido en un atractivo tan grande en ese tipo de exhibiciones que la empresa recibe más invitaciones de las que puede atender. El HUMMER se emplea también en películas. Aparece en *The Last Action Hero* (El último gran héroe) y en *Demolition Man* (El demoledor) de Sylvester Stallone. En el nivel local, los distribuidores llevan a cabo publicidad por correo directo y en la prensa.

El HUMMER recibió comentarios muy favorables en las publicaciones automotrices. A continuación se citan algunas a manera de muestra:

"Nosotros lo sabíamos. Para trabajos duros, este vehículo de tipo bélico no tiene igual" (*Popular Mechanics*, junio 1992).

"Este es un camión extravagante con una extraordinaria tracción: sólo lo superan los camiones con bandas de rodamiento" (*Car & Driver*, julio 1992).

"En la última hora, el HUMMER y yo hemos vadeado una fuerte corriente de 75 centímetros de profundidad, hemos trepado una colina, hemos atravesado un terraplén de arena de 1 metro del río y nos hemos abierto paso por caminos lodosos, con una temperatura cercana a los 15° C. Me tragué la goma de mascar ante tantas proezas y claro que me divertí muchísimo con mi HUMMER" (*Road & Track*, julio 1992).

Con el propósito de reforzar el nombre y la imagen del HUMMER, AM General concedió la autorización de utilizarlo en varios objetos, desde llaveros hasta ropa.

Por lo visto, el vehículo corresponde a las expectativas de los usuarios. Un distribuidor de Oregón pasó un día en el Rubicon Trail del norte de California, el camino más duro y escabroso. Señaló que, "con un mínimo de daño de la carrocería", el HUMMER logró subir en la mitad del tiempo que normalmente tarda un jeep.

Descrito por el presidente de AM General como "el vehículo de cuatro ruedas más confiable del mundo", el HUMMER, según las previsiones, deberá competir con Range Rover, el líder del mercado cuyo precio es de más de $40 000 dólares. En 1992, 3 831 Range Rovers se vendieron en Estados Unidos.

Aunque el HUMMER no compite directamente con camiones (por la diferencia de precio), los ejecutivos de AM General confían aprovechar la popularidad actual de que es "el vehículo utilitario deportivo más importante". Prevén que las ventas en el primer año fluctúen entre 2 000 y 5 000 unidades.

El HUMMER civil ha tenido un inicio alentador aunque lento. Sólo se vendieron 350 de los 1 000 modelos de producción limitada. Sin embargo, los directivos de la compañía afirman no sentirse decepcionados ante el resultado, pues no podían saber qué esperar. Los distribuidores señalan que muchas personas acuden a admirar el vehículo, pero que hacen relativamente pocas ventas. En el Chicago Auto Show celebrado en 1992, un distribuidor repartió 20 000 folletos sobre el HUMMER. Pese al interés que esto despertó entre los consumidores, AM General juzga que las ventas comerciales o de flotillas son las que ofrecen las mejores perspectivas. Por ejemplo, un distribuidor vendió 15 vehículos a una compañía estadounidense de exploración petrolera.

PREGUNTAS

1. ¿Qué investigación debería haber realizado AM General antes de introducir en el mercado el HUMMER civil?
2. ¿Cómo segmentaría usted el mercado para este vehículo?
3. ¿Qué conceptos referentes al comportamiento del consumidor intervienen en el diseño de la publicidad para el HUMMER civil?
4. ¿Es una buena idea de producto el HUMMER civil?

Fuentes: Michael Green, *HUMMER*, Motorbooks International, Osceola, WI, 1992; Paul Dodson, "Hummer Maker Targets Fleet Sales", *South Bend Tribune*, 28 de febrero, 1993, pp. D1+; Greg Johnson, "Demand for Hummer Has Dealers Humming a Happy Tune", *Los Angeles Times*, 13 de octubre, 1992, pp. D1+.

CASO 2 *El Borceguí*

ESTRATEGIA DE SEGMENTACIÓN DE MERCADOS

Caminar es nuestro principal medio de locomoción, además de que representa la mejor y más natural forma de hacer ejercicio, mejora la circulación sanguínea, relaja el estrés, reduce la grasa del cuerpo, permite adelgazar, es muy económico y no contamina. Por esto, El Borceguí se preocupa por ofrecer zapatos de la más alta calidad, que resulten cómodos para hacer más confortable el diario caminar y evitar molestias físicas, como el dolor de espalda y el cansancio.

La importancia del calzado va en aumento ya que no sólo es necesario que los zapatos sean modernos, en colores diversos y llamativos, sino que resulta muy importante la comodidad y prevención de problemas físicos graves.

Caso preparado por los catedráticos Jorge A. Espejo Callado y Laura Fischer de la Vega, Facultad de Contaduría y Administración, Universidad Nacional Autónoma de México.

En 1865 la familia Chacón fundó El Borceguí y manejó la empresa por más de 50 años. Durante este tiempo sólo se contó con la casa matriz localizada en el centro de la capital del país mexicano.

Posteriormente, la familia Lizaur Permante adquirió la empresa y siguió con la misma línea de productos que se maneja desde un principio, es decir, la línea de zapatos ortopédicos. Éste es el valor que ha diferenciado a la empresa de otras zapaterías.

Hace 10 años la familia Villamayor adquirió El Borceguí y es a partir de esta fecha cuando el negocio empezó a crecer, actualmente se cuenta con 5 tiendas: "Satélite", "Interlomas", en la ciudad de Guadalajara y de Veracruz y la casa matriz.

La familia Villamayor pertenece a un grupo zapatero llamado La Joya. Poseen 3 cadenas de zapaterías para diferentes segmentos del mercado: La Joya, El Borceguí y Jean Pierre.

El objetivo de El Borceguí es brindar comodidad a sus clientes, principalmente a los niños con problemas ortopédicos. Estos problemas son detectados por el personal que labora en la empresa que cuenta con capacitación especial en técnicas de ortopedia.

Es posible definir la misión de la empresa como "dar comodidad a todos los clientes, ofreciéndoles calzado de buena calidad para cubrir plenamente sus necesidades". Esto es posible gracias a que se venden diferentes modelos y anchos de zapatos.

La línea de productos se divide genéricamente en dos categorías:

- **Zapatos ortopédicos.** Esta línea de zapatos está dirigida al público en general, pues aunque después de los 18 años ya no es posible corregir problemas de los pies, si una persona mayor tiene problemas ortopédicos, necesitará usar zapatos de este tipo. Una de las principales fuerzas en esta línea consiste en el servicio que se presta a los clientes, como es la pedigrafía que se realiza en forma gratuita y la medición correcta del pie. En otras zapaterías no se da este servicio y, por lo tanto, la gente tiene que ir con un médico ortopedista antes de adquirir sus zapatos, lo que significa un gasto extra.
- **Zapatos de vestir.** En esta línea se manejan 4 diferentes anchos de zapato y en ellas se incluyen bebés, niños, niñas, damas y caballeros. En el caso de los modelos para dama se fabrican y venden 4 tamaños de tacón: de 3, 5, 7 y 10 centímetros. Además se manejan diferentes colores y pieles exóticas (tiburón, iguana, etcétera).

En esta categoría, la estrategia de servicio consiste en ofrecer una estancia muy cómoda y agradable en el establecimiento. Además se procura atender al cliente lo más rápido posible, para ello se cuenta con un sistema que busca distribuir a los clientes de manera equitativa dentro del establecimiento, garantizando agilidad en el servicio. El cliente tiene a su alcance un timbre para solicitar la atención esperada en caso de no ser atendido en forma rápida y amable.

Además, El Borceguí obsequia tela para lustrar, acepta cheques personales y todas las tarjetas de crédito, con lo que se busca mayor satisfacción y comodidad de pago para los consumidores.

Es importante mencionar que todas la sucursales de El Borceguí cuentan con aire acondicionado, así como juegos para los niños y siempre se ofrecen refrescos a los clientes.

Se cuenta con un inventario de 150 000 pares de zapatos, alrededor de 430 modelos diferentes, en diferentes anchos, tipos y tamaños de tacón. En total se manejan cerca de 7 000 productos, entre modelos de zapatos y productos para el cuidado del pie como talco, crema, desodorante y plantillas.

En cuanto a precios se manejan dos estrategias: en el caso de los zapatos ortopédicos, los precios van desde el equivalente a 20 hasta 27 dólares; son precios competitivos pues se encuentran en el rango que se maneja en el mercado, si además se considera el servicio adicional que se ofrece, el valor agregado de los productos tiene una ventaja competitiva sobre la competencia.

Por otra parte, en relación con la línea de zapatos de vestir para dama y caballero, los precios varían mucho debido a los diversos modelos, pieles, colores, diseños, anchos, tacones, zapatos nacionales e importados, etc. El rango de precio en estos productos va del equivalente a 23 dólares hasta 150 dólares.

A futuro se tiene planeada la expansión de la empresa para abarcar todas las zonas de la República Mexicana.

El Borceguí es una empresa que ha basado su estrategia de venta de manera determinante en el servicio al cliente de donde es notoria una confianza exagerada en la fidelidad de sus clientes, la demanda es inelástica, esto lleva a la empresa a tener precios elevados para la mayoría de sus productos y ha provocado en los últimos dos años la pérdida de clientes potenciales y, en algunos casos, de clientes actuales, ya que éste es más consciente de la situación económica; es decir, analiza más a conciencia sus compras, considerando cada vez más importante la relación precio-calidad y en ocasiones se ve obligado a sacrificar ésta por aquél.

Debido a la estrategia de suma exclusividad, El Borceguí está desaprovechando una gran porción de mercado.

Debido a la misma estrategia de comercialización especializada, surge otro problema: la falta de puntos de venta. Existen algunos estados de la República en los que no se pueden encontrar distribuidores de la empresa, aun a pesar de que, por la naturaleza médica de los productos que se manejan (zapatos ortopédicos), pueden encontrar clientela en toda la República Mexicana.

PREGUNTAS

1. ¿Qué estrategia de segmentación sigue El Borceguí?
2. ¿Cómo se puede interpretar el dicho "zapatero a tus zapatos" para el caso de El Borceguí?
3. ¿Qué debería hacer la familia Villamayor para vender franquicias?

CASO 3 *Rubbermaid, Inc.*

SOSTENIMIENTO DE UNA INNOVACIÓN DE PRODUCTO

¿Quién puede sentirse emocionado ante productos de uso doméstico como palas para recoger basura, secadoras de platos y "loncheras"? Mucha gente, a juzgar por el gran éxito de Rubbermaid, Inc. Esta compañía genera ventas anuales aproximadamente de $2 mil millones de dólares y sus ganancias también son envidiables. Durante 10 años ofreció a los inversionistas un tasa promedio de rendimiento anual de 25.7%, porcentaje muy por arriba del rendimiento de 16.2% de todas las empresas entre las 500 de Standard y Poor's.

Ha satisfecho a muchos consumidores y accionistas, al mismo tiempo que ha impresionado a la comunidad de negocios. En una encuesta realizada por *Fortune*, todos los años Rubbermaid aparece como la empresa más admirada de Estados Unidos. De las 311 compañías encuestadas, en 1993 ocupó el segundo lugar en opinión de los 8 000 ejecutivos de alto nivel, directores y analistas de seguridad que participaron en la encuesta. Más aún, figuró entre las tres compañías más importantes en cinco de ocho atributos básicos de una reputación corporativa: calidad de los directivos, utilización de los activos de la empresa, calidad de los productos, responsabilidad con la comunidad y el ambiente, innovación (en los cuales le asignaron a Rubbermaid el primer lugar).

Los orígenes del éxito presente de Rubbermaid se remontan a fines de los años 50, cuando empezó a trabajar con plástico como sustituto de la goma o la madera en varios productos. Su primera innovación fue un plástico "lazy Susan", una bandeja giratoria para las mesas de comedores. Con el tiempo la compañía se hizo famosa por productos muy útiles de plástico o goma para la cocina y los baños.

En fecha más reciente introdujo productos para el resto de la casa: otros cuartos, el garage y el patio. Ahora está ampliando algunos de sus productos para que sean utilizados en la industria. Muchas veces sirven para guardar o conservar cosas: polvo, comida, basura, herramientas, maquillaje. En contra de la opinión popular, no todos ellos son un gran éxito. Por ejemplo, fracasó su línea de productos para la oficina y la de muebles para el jardín está envuelta en una guerra de precios.

Rubbermaid aplica su nombre prácticamente a todos sus productos. A menudo la marca se emplea junto con un nombre para la línea de productos, como los cestos de basura Roughneck, las sartenes Drain Tainer y Littlerless Lunch Kits. Gracias a esta estrategia, el 97% de los consumidores conocen su marca.

Rubbermaid distribuye sus productos en forma intensiva: a través de 100 000 tiendas al detalle. Para lograr una distribución tan amplia, los coloca no sólo en tiendas de departamentos, sino también en tiendas de descuento. El uso de varios tipos de locales puede confundir al público, molestar a los detallistas o ambas cosas. Al explicar la estrategia, un vicepresidente declaró que Rubbermaid: "... deja que los consumidores decidan qué les conviene más. Y decidieron que obtenían más variedad, mejores precios y situaciones más satisfactorias de existencias en las cadenas de descuento.

Ahora Rubbermaid está tratando de ir un poco más allá y establecer las secciones Everything Rubbermaid en algunas tiendas al detalle. En este concepto, todos los productos para el hogar se exhiben juntos. La sección facilita las compras a los clientes y además mejora la imagen de marca de la compañía. Este concepto fue probado en las tiendas de Kmart y de Venture. Los resultados iniciales revelaron lo siguiente: gracias a la nueva sección hubo un aumento del 40% de las ventas en las tiendas de Venture.

Rubbermaid se trazó la meta de obtener 30% de sus ventas anuales de productos que no existían hace 5 años. Para alcanzarla, lanza al mercado un nuevo producto cada día. Por experiencia se sabe que se requieren entre 20 y 25 ideas para generar un producto exitoso y 10 nuevos productos para lograr un éxito extraordinario. ¿De qué manera obtiene Rubbermaid las ideas tan numerosas necesarias para asegurar un flujo constante de productos nuevos? Varios métodos han resultado fecundos:

- **Orientarse hacia el mercado**. Según un vicepresidente de la compañía: "Es incorrecto decir que Rubbermaid está orientada hacia el *marketing*. Estamos orientados hacia el *mercado* y todas nuestras actividades tienen por objeto mejorar el producto". Así, como reconoce que la población estadounidense está envejeciendo, la compañía introdujo varios productos para guardar las cosas. En efecto, se supone que la gente a medida que envejece, empieza a acumular toda clase de pertenencias y que, por tanto, necesita almacenarlas. Rubbermaid también pregunta a los consumidores: "¿Qué marcha mal?" Con esta pregunta se les pide su opinión sobre los pequeños problemas de la vida diaria y sobre los que tienen los productos actuales. Las respuestas sirven de base para diseñar productos con pequeñas pero significativas ventajas. Por tanto, Rubbermaid introdujo productos como valet de ducha que mantiene el frasco de champú con la abertura hacia abajo (de modo que pueda utilizarse fácilmente hasta la última gota del contenido) y una "lonchera" que tiene tres compartimientos de plástico para un sandwich, una bebida y otro alimento (con lo cual se evita arrojar basura).

- **Utilizar equipos plurifuncionales.** Los equipos para productos nuevos en cada línea de producto incluyen a empleados no sólo de marketing y ventas, sino también de las áreas de finanzas, producción, compras, investigación y desarrollo. Con este enfoque de equipos se trata de aumentar la creatividad y la eficiencia en el desarrollo de productos nuevos.
- **Ingresar en nuevas categorías de productos.** Rubbermaid busca constantemente nuevas oportunidades para fortalecer su posición actual y las actividades de marketing. Por lo regular entra en una nueva categoría de productos cada 12 a 18 meses. Por ejemplo, en 1993 empezó a fabricar organizadores de belleza, categoría que genera más de $200 millones de ventas anuales, sobre todo entre las adolescentes. Con esta nueva línea de contenedores de plástico para maquillaje y accesorios del cabello confía conquistar una importante participación en ese segmento.
- **Mantener una feria interna de productos.** Durante más de dos días, los gerentes de productos nuevos y los miembros del departamento de investigación y desarrollo de todas las divisiones intercambiaron opiniones y discutieron ideas. Así se obtuvieron más de 2 000 ideas para diseñar nuevos productos.

En el futuro, Rubbermaid se ha propuesto conservar un flujo estable de productos nuevos. De ese modo evitará lo que su presidente ha llamado "los años de escasez".

La compañía planea además tener presencia en el mercado mundial. En 1991, el 15% de sus ventas provinieron de los mercados internacionales; la meta es de un 25% para el año 2000. Parte de ese crecimiento se logrará adquiriendo compañías extranjeras y otra parte se obtendrá de las empresas conjuntas con otras corporaciones.

PREGUNTAS

1. ¿Es buena la marca de Rubbermaid? ¿Tiene equidad de marca?
2. ¿Cuáles de las siguientes características son importantes para los productos de Rubbermaid: empaque, etiquetas, diseño, calidad, garantía y servicio después de la venta?
3. ¿En qué otras categorías de productos debería la compañía estudiar la conveniencia de entrar?

Fuentes: Jennifer Reese, "America's Most Admired Corporations", *Fortune*, 8 de febrero, 1993, pp. 44-47, 53; Elaine Underwood, "Rubbermaid Rolls into a Hot New Niche—Beauty Organizers", *Brandweek*, 11 de enero, 1993, p. 3,; Rahul Jacob, "Thriving in a Lame Economy", *Fortune*, 5 de octubre, 1992, pp. 45-46+; "Rubbermaid: Breaking All the Molds", *Sales & Marketing Management*, agosto de 1992, p. 42; Jon Berry, "The Art of Rubbermaid", *Adweek's Marketing Week*, 16 de marzo, 1992, pp. 22-25; Brian Dumaine, "Closing the Innovation Gap", *Fortune*, 2 de diciembre de 1991, pp. 56-59+, y Zachary Schiller, "At Rubbermaid, Little Things Mean a Lot", *Business Week*, 11 de noviembre, 1991, p. 126.

PARTE TRES

Producto

Planeación, desarrollo y administración de los bienes y servicios satisfactores de necesidades que son los productos de una compañía

En la parte 2 vimos cómo se clasifican y estudian los mercados y cómo se escogen los mercados meta de acuerdo con las metas de marketing de una empresa. El siguiente paso consiste en diseñar una mezcla de marketing que permite alcanzarlas en ellos. La mezcla de marketing es una combinación estratégica de cuatro elementos de la compañía: productos, precios, distribución y promoción. Son cuatro variables estrechamente relacionadas entre sí.

En la parte 3 el interés se centra en el primer elemento de la mezcla: el producto. En el capítulo 8 definiremos el término *producto*, examinaremos la importancia de planear e innovar el producto y hablaremos de lo que debe hacerse cuando se desarrollan productos nuevos. En el capítulo 9 nos concentraremos en las estrategias referentes a la mezcla de productos, la administración del ciclo de vida del producto y hablaremos también del estilo y la moda. En el capítulo 10 estudiaremos las marcas, el empaque y la calidad, algunas de las muchas características que afectan la función del producto en la mezcla de marketing.

CAPÍTULO 8

Planeación y desarrollo del producto

¿Puede GENERAL MOTORS renovar su línea de productos?

General Motors, compañía que en los últimos años ha sido menos competitiva y ha recibido críticas con mayor frecuencia, está luchando por recobrar su prestigio con varios productos nuevos. Hace poco lanzó al mercado una marca totalmente nueva: el saturn. Incluso se comprometió a fabricar un nuevo tipo de automóvil, un vehículo eléctrico cuyo nombre es Impact.

En la etapa de desarrollo, se planeó que el Impact tuviera carrocería de aluminio, que no pesara más de 1 tonelada y que alcanzara una velocidad de 90 kilómetros por hora. La potencia sería generada por baterías de ácido de plomo de 32-10 volts. Con una carga eléctrica completa, el modelo podría recorrer más de 160 kilómetros. Para recargarlo se requerirían unas 6 horas en una toma casera de corriente normal de 110 volts. El tiempo de recarga disminuiría aproximadamente a la mitad en una toma de 220 volts, pero este tipo de enchufes son poco comunes en las casas o en los lugares públicos.

General Motors no es la única compañía automotriz que trabaja en la fabricación de un automóvil eléctrico; en distintos grados, lo mismo están haciendo la mayor parte de estas empresas. En este caso adquiere gran importancia la rapidez con que se desarrolle el nuevo producto. Para alcanzar la meta de introducir Impact a mediados de los años 90, tendría que reducir el tiempo que normalmente se requiere para diseñar y producir un nuevo automóvil: de 8 a 4 años.

Con el fin de acelerar el proceso de desarrollo, la compañía formó un equipo más joven y pequeño de diseño que el ordinario, separándolo de las unidades que suelen trabajar en estos proyectos nuevos. Además, abandonó su práctica normal de seguir un proceso secuencial para diseñar un automóvil y, por el contrario, asignó varios grupos, entre ellos uno de marketing y otro de producción, para que colaboren en el proyecto.

Por ser un automóvil eléctrico, el modelo Impact tiene algunas limitaciones intrínsecas. Quizá las más graves sean el recorrido limitado y la necesidad de recargar las baterías frecuentemente. Además, será un vehículo bastante pequeño: de dos asientos. Y *no* será barato. Probablemente cueste unos $7500 dólares más que un automóvil similar de gasolina; su operación costará casi el doble de lo que cuesta el funcionamiento de un automóvil de gas.

Aun así, según el plan original de General Motors, el Impact fortalecerá su posición en el mercado nacional, factor decisivo si recordamos que ha perdido 13% de la participación en él desde fines de los años 70. Más aún, le ayudará a recuperar su reputación de innovador en el campo de la tecnología.

Puesto que se basa en combustibles no fósiles, el Impact podría posicionarla como una empresa más sensible a los problemas ecológicos. Pero esa sensibilidad se debe más que a un simple interés por la comunidad. Una ley recientemente aprobada en California estipula que, para 1998, al menos 2% de los automóviles que vendan los fabricantes en ese estado habrán de estar libres de emisiones (es decir, no deberán contaminar). Ese requisito señala un 10% para el año 2003. Y la solución más práctica es el vehículo eléctrico.[1]

¿Ha seguido General Electric un proceso adecuado en el desarrollo de su automóvil eléctrico Impact?

Tres factores destacan en el caso del modelo Impact. Primero, incluso las compañías gigantescas como General Motors no pueden subsistir sin un flujo constante de nuevos y exitosos productos. Segundo, la administración de este componente de la mezcla de marketing (tema de este capítulo y de los dos siguientes) es una tarea difícil y compleja. Y, tercero, nunca está garantizado el éxito de un producto nuevo, como lo indican los numerosos fracasos (que incluyen desde el Mercur hasta el Yugo, tan sólo en el mercado automotriz).

En este capítulo se ofrecen ideas referentes a cada uno de estos temas tan importantes. En concreto, después de estudiarlo, usted deberá ser capaz de explicar:

OBJETIVOS DEL CAPÍTULO

- El significado de la palabra *producto* en su sentido más amplio.
- Lo que es un producto "nuevo".
- La clasificación de los productos industriales y de consumo.
- La aplicación que estas clasificaciones de los productos tienen en la estrategia de marketing.
- La importancia de la innovación de productos.
- Los pasos del proceso del desarrollo de productos.
- Los criterios para incorporar un nuevo producto a la línea de una compañía.
- Los procesos de adopción y difusión que requieren los productos nuevos.
- Las estructuras organizacionales necesarias para la planeación y desarrollo del producto.

EL SIGNIFICADO DE PRODUCTO

En un sentido *riguroso*, un producto es una serie de atributos conjuntados en forma reconocible. Todo producto se designa con un nombre descriptivo (o genérico) que entiende la gente, como acero, seguro, raquetas de tenis o entretenimiento. Los atributos como nombre de marca y servicio después de la venta, que activan la motivación del consumidor o sus hábitos de compra no intervienen en absoluto en esta interpretación. De acuerdo con ella, una Leading Edge o una Compaq serían el mismo bien: una computadora personal. Disney World y Knott's Berry Farm serían un servicio idéntico: un parque de diversiones.

En el marketing, necesitamos una definición más amplia del producto para indicar que el público en realidad no está comprando un conjunto de atributos, sino más bien beneficios que satisfacen sus necesidades. Así, los consumidores no quieren papel lija, sino obtener una superficie lisa. Con el fin de formular una definición lo bastante amplia, empezaremos utilizando *producto* como un término genérico que abarque los bienes, servicios, lugares, personas e ideas. A lo largo del libro, cuando nos refiramos a los productos, estaremos aplicando este significado general.

Así pues, un producto que aporte beneficios puede ser algo más que un mero *bien* tangible. El producto de Red Roof Inn es un *servicio* que da el beneficio de pasar cómodamente la noche pagando un precio razonable. El producto de Hawaii Visitors Bureau es un *lugar* que ofrece romance, sol y arena, relajamiento, experiencias interculturales y otros beneficios. En una campaña política, el producto del Partido Demócrata o del Partido Republicano es una *persona* (el candidato) que los partidos quieren vender a los votantes. La American Cancer Society vende una *idea* y los beneficios de la abstinencia de fumar. En el capítulo 19 examinaremos más a fondo el marketing de productos intangibles como servicios e ideas.

Planeación y desarrollo del producto

¿Son iguales o diferentes estos productos?

Para ampliar más nuestra definición, consideraremos cada *marca* como un producto individual. En este sentido, las películas Kodacolor y Fujicolor son productos diferentes. Las aspirinas Squibb's y Bayer también son productos individuales, a pesar de que la única diferencia física sea el nombre de marca de las tabletas. Pero la marca indica al consumidor una diferencia de producto, y esto introduce en la definición el concepto de satisfacción de sus necesidades. Yendo un poco más allá, recordemos que algunos prefieren una marca (Squibb's) y otros otra (Bayer) de un producto semejante.

Todo cambio de una característica (diseño, color, tamaño, empaque), por pequeño que sea, ofrece al vendedor la oportunidad de emplear una nueva serie de atractivos para llegar a lo que puede ser un mercado esencialmente nuevo. Los analgésicos (Tylenol, Anacin) en la presentación de cápsulas son un producto diferente de la misma marca en presentación de tabletas, aunque el contenido químico de todos ellos sea idéntico. Algunos cambios aparentemente insignificantes pueden ser la clave del éxito (o la causa del fracaso) en el mercado internacional. Por ejemplo, con el fin de satisfacer a los consumidores japoneses, se diseñaron dos versiones modificadas de las galletas Oreo. Una tenía menos azúcar en la pasta y la otra no contiene el relleno de crema.[2] (Un estadounidense no puede imaginarse que Oreos no pueda romperse doblándolo.)

Podemos ampliar aún más esta interpretación. Un televisor Sony, que se compra en efectivo en una tienda de descuento, es un producto diferente a ese mismo modelo cuando se adquiere en una tienda de departamentos. En ésta, el cliente deberá pagar un precio más alto por él pero lo comprará a crédito, se lo entregan en su domicilio sin costo adicional y le dan otros servicios. Nuestro concepto de producto incluye ahora los servicios que lo acompañan cuando se vende. En ocasiones, el apoyo y las garantías del vendedor pueden ser extraordinarias. Por ejemplo, para estimular las ventas durante la última recesión, Volkswagen of America amplió su producto al punto de asegurarle a los clientes que la empresa pagaría

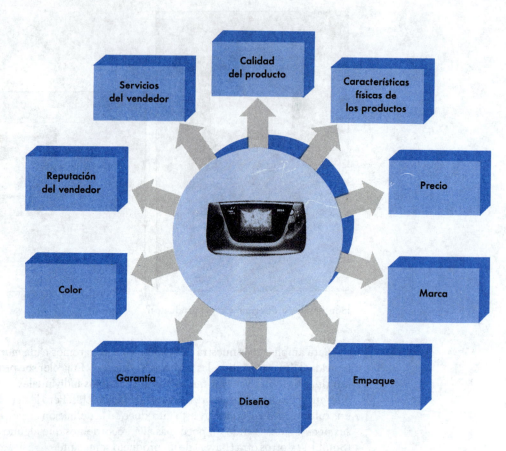

FIGURA 8-1

Un producto es mucho más que un conjunto de atributos físicos.

el préstamo y el seguro de su automóvil por un periodo hasta de 12 meses, en caso de que perdieran el empleo.[3]

Ahora podemos entender una definición de gran utilidad para los profesionales del marketing: un **producto** es un conjunto de atributos tangibles e intangibles, que incluye entre otras cosas empaque, color, precio, calidad y marca, junto con los servicios y la reputación del vendedor. Un producto puede ser un bien, un servicio, un lugar, una persona o una idea. (Véase la figura 8-1.) Así pues, en esencia, el público compra, mucho más que una simple serie de atributos físicos cuando adquiere un producto. Está comprando la satisfacción de sus necesidades en forma de los beneficios que espera recibir del producto.

CLASIFICACIONES DE LOS PRODUCTOS

Si quieren diseñar buenos programas de marketing, es preciso que las organizaciones sepan qué clases de productos están ofreciendo al mercado. Es, pues, conveniente clasificarlos en categorías homogéneas. Primero los dividiremos en dos categorías: productos de consumo y productos para las empresas, que corresponden a nuestra descripción del mercado. Después subdividiremos cada categoría.

Productos de consumo y para las empresas

Los **productos de consumo** son aquellos que usan las unidades familiares con fines no lucrativos. Los **productos para las empresas** se destinan a la reventa y se utilizan en la elaboración de otros productos o bien para prestar servicios dentro de una organización. Así, los dos tipos de productos se distinguen según *quien los use* y *cómo los use*.

La posición de un producto en el canal de distribución no influye en su clasificación. Las hojuelas de maíz de Kellog's se clasifican como productos de consumo, aun cuando se encuentren dentro de las bodegas de los fabricantes, en los camiones de los transportistas o bien en los estantes de las tiendas *si finalmente las familias los consumirán en su forma actual*. Sin embargo, las que se venden a los restaurantes y a otras instituciones caen dentro de la categoría de productos para las industrias, sin importar en qué parte del sistema de distribución se hallen.

A menudo no es posible asignar un producto sólo a una u otra clase. Los asientos en un vuelo de United Airlines de Chicago a Phoenix pueden considerarse como un producto de consumo, si los compran los estudiantes o una familia que sale de vacaciones. Pero un asiento en ese mismo vuelo se clasificará como producto industrial, en caso de que lo compre un representante de ventas para usarlo en su trabajo. En una situación similar, United Airlines u otra compañía aérea reconoce que su producto cae en ambas categorías y, por tanto, prepara programas individuales de marketing para cada mercado.

Las distinciones anteriores tal vez parezcan demasiado sutiles, pero son necesarias para la planeación estratégica de los programas de marketing. Las categorías importantes de productos pertenecen siempre a un tipo determinado de mercado; de ahí que requieran métodos distintos de marketing.[4]

Clasificación de los bienes de consumo

En el marketing, la distinción que se traza entre bienes de consumo y bienes para las empresas es útil tan sólo como un primer paso. La gama de los primeros sigue siendo muy amplia. En consecuencia, como se aprecia en la tabla 8-1, se clasifican ulteriormente en bienes de conveniencia, bienes de comparación, bienes de especialidad y bienes no buscados. Esta clasificación no se basa en las diferencias intrínsecas entre los productos. Más bien se funda en cómo los consumidores adquieren un producto en particular. Según el comportamiento de compra de varios consumidores, un producto (como el vino o los pantalones de vestir) caerán en más de una de las cuatro categorías.

Bienes de conveniencia. Se da el nombre de **bienes de conveniencia** a los productos tangibles de los que el consumidor conoce bastante antes de ir a comprarlos y que luego adquiere con un esfuerzo mínimo. Normalmente se piensa que no valen la pena el tiempo y el esfuerzo adicional que se necesita para comparar el precio y la calidad. Un consumidor está dispuesto a aceptar varias marcas y, por tanto, comprará la que sea más accesible. Para la mayor parte de los consumidores, pertenecen a este tipo de bienes muchos productos alimenticios, dulces baratos, artículos que se venden en farmacias, como aspirina y pasta dental, y productos eléctricos comunes como lámparas y baterías.

Los bienes de conveniencia suelen tener un bajo precio unitario, no son voluminosos y no reciben un fuerte influjo de la moda. Se adquieren frecuentemente, aunque ésta no es una característica indispensable. Artículos como las lamparitas del árbol navideño, tarjetas

TABLA 8-1 Categorías de los bienes de consumo: características y consideraciones de marketing

	Tipo de producto*		
	De conveniencia	**De comparación**	**De especialidad**
Ejemplos	Fruta enlatada	Muebles	Trajes caros
Características:			
Tiempo y esfuerzo dedicados por el consumidor a la compra	Muy poco	Considerable	No puede generalizarse; los consumidores a veces acuden a la tienda más cercana y compran con un mínimo de esfuerzo o bien deben ir a una tienda lejana y dedicar mucho tiempo y esfuerzo
Tiempo que se dedica a planear la compra	Muy poco	Considerable	Considerable
Rapidez con que se satisface la necesidad después que se presenta	Inmediatamente	Tiempo relativamente largo	Tiempo relativamente largo
¿Se comparan los precios y la calidad?	No	Sí	No
Precio	Generalmente bajo	Alto	Alto
Frecuencia de la compra	Generalmente frecuente	Poco frecuente	Poco frecuente
Consideraciones de marketing:			
Extensión del canal	Larga	Corta	De corta a muy corta
Detallista	Sin importancia	Importante	Muy importante
Número de tiendas	El mayor número posible	Pocas	Pocas, a menudo sólo en un mercado
Rotación de inventario	Alta	Más lenta	Más lenta
Utilidad bruta	Pequeña	Grande	Grande
Responsabilidad de la publicidad	Fabricante	Detallista	Responsabilidad conjunta
Exhibición en el punto de compra	Muy importante	Menos importante	Menos importante
Importancia del nombre de la marca o de la tienda	Nombre de la marca	Nombre de la tienda	Ambos
Empaque	Muy importante	Menos importante	Menos importante

* No se incluyen los productos no buscados. Véase la explicación respectiva en el texto.

del día de la madre pertenecen a esta categoría, aunque no se adquieran más que una vez al año.

Este tipo de bienes han de estar disponibles cuando se presenta la demanda; así que el fabricante debe estar preparado para distribuirlo rápidamente en varios lugares. Sin embargo, como las tiendas no venden más que un pequeño volumen de la producción total de los bienes de conveniencia (digamos determinada marca de dulces), no le conviene venderlo directamente a las tiendas. Por el contrario, recurre a los mayoristas para vender el producto a algunas tiendas.

Los detallistas generalmente venden varias marcas del mismo tipo del producto de conveniencia, por lo cual rara vez promueven una en particular. No les interesa hacerles propaganda porque muchas otras tiendas venden las mismas marcas (por ejemplo, los focos o bombillas de General Electric y de Sylvania). En consecuencia, la publicidad realizada por un detallista beneficiaría a los competidores. Esto hace que prácticamente toda ella quede en manos del fabricante.

Bienes de comparación. Se le llama **bien de comparación** a un producto tangible que el consumidor quiere comparar con otros respecto a la calidad, precio y quizá estilo, en varias tiendas antes de adquirirlo. He aquí algunos ejemplos de este tipo de bienes (al menos para la mayor parte del público): ropa de moda, muebles, grandes electrodomésticos y automóviles. El proceso de buscar y comparar prosigue mientras el sujeto crea que los posibles beneficios de una mejor opción compensan con creces el tiempo y el esfuerzo adicional dedicados a la compra. Una opción *mejor* podría ser ahorrarse algunos cientos de dólares en la compra de un nuevo automóvil o bien encontrar finalmente un paquete de software que prepare los estados financieros tal como lo desea el cliente.

En el caso de los bienes de comparación, los hábitos de compra inciden en las estrategias de distribución y promoción tanto de los intermediarios (las tiendas, entre otros) como de los fabricantes. Estos últimos necesitan un menor número de tiendas, ya que el público está dispuesto a buscar lo que desea obtener. Para facilitarles la comparación, los fabricantes que están convencidos de que sus productos son superiores en cuanto a la calidad y al precio tratan de colocarlos en tiendas situadas cerca de otras que ofrecen mercancía de la competencia. También a las tiendas de departamentos y otros detallistas que venden principalmente productos de comparación les gusta estar cerca una de otra.

Los fabricantes acostumbran colaborar estrechamente con los detallistas en la comercialización de este tipo de mercancía. Puesto que utilizan menos tiendas, mostrarán mayor dependencia respecto a las que seleccionan. Las tiendas al detalle compran bienes de comparación en grandes cantidades. Y es común que los fabricantes se las distribuyan directamente. La reputación de las tiendas que los venden a menudo es más importante para el público que la imagen de los fabricantes. Así, un consumidor estadounidense mostrará mayor lealtad a una tienda Circuit City que a varias marcas de equipo de audio y video, como JVC y Sanyo.

Bienes de especialidad. Se le llama **bien de especialidad** a un producto tangible por el cual los consumidores manifiestan una gran preferencia de marca y están dispuestos a dedicar mucho tiempo y esfuerzo para encontrar la marca deseada. Están dispuestos a prescindir de otros sustitutos más accesibles para emprender la tarea de buscar y adquirir la marca deseada. He aquí algunos ejemplos: trajes caros para caballero, equipo de sonido estéreo, alimentos naturistas, equipo fotográfico y, para muchos, los automóviles nuevos y algunos electrodomésticos. Hay marcas como Armani, Nikon y BMW que han alcanzado la condición de bienes de especialidad en la mente de algunas personas.

Los fabricantes pueden utilizar un menor número de tiendas, puesto que los consumidores *insisten* en adquirir una marca particular y están dispuestos a hacer lo posible por encontrarla. De ordinario el fabricante trata directamente con los detallistas. Éstos son

Algunas marcas sumamente satisfactorias y de gran prestigio alcanzan la condición de bienes de especialidad.

extremadamente importantes, sobre todo si el fabricante utiliza sólo uno en cada región. Y cuando se aprecia mucho la oportunidad de vender el producto, el detallista estará dispuesto a aceptar las políticas del detallista respecto al nivel de inventario que ha de mantenerse, cómo publicitar el producto y otros factores de marketing.

Dado que se utilizan pocas tiendas *y* que el nombre de marca es importante para el público, tanto el fabricante como el detallista realizan una gran publicidad. A menudo aquél paga una parte de los costos de publicidad de éste, y el nombre de la tienda que vende el producto frecuentemente aparece en los anuncios del fabricante.

Bienes no buscados. Hay otra categoría de bienes muy diferente. De hecho, es tan distinta de las otras tres que no la incluimos en la tabla 8-1. No obstante, merece que la estudiemos brevemente porque algunas compañías venden esta clase de productos.

Un **bien no buscado** es un producto nuevo que el consumidor todavía no conoce *o bien* un producto que conoce pero que no desea en este momento. Para muchos, a esta categoría pertenecen las computadoras que hablan y los teléfonos con video. Sin embargo, AT&T está segura de que con su nuevo VideoPhone 2500 logrará que los teléfonos con video dejen de ser bienes no buscados.

Entre los productos no deseados cabría mencionar las lápidas para aquellos que no han perdido un ser querido y las llantas para la nieve en pleno verano. Como vimos en el caso con

Planeación y desarrollo del producto

TABLA 8-2 Categorías de bienes para las empresas: características y consideraciones de marketing.

	\multicolumn{5}{c}{Tipo de producto}				
	Materias primas	**Materiales y piezas de fabricación**	**Instalaciones**	**Equipo accesorio**	**Suministros de operación**
Ejemplos:	Hierro de fundición	Bloques de motor	Altos hornos	Racks de almacenamiento	Grapas
Características:					
Precio unitario	Muy bajo	Bajo	Muy alto	Mediano	Bajo
Duración	Muy corta	Depende del producto final	Muy larga	Larga	Corta
Cantidades compradas	Grandes	Grandes	Muy pequeñas	Pequeñas	Pequeñas
Frecuencia de la compra	Entrega frecuente; contrato de compra a largo plazo	Compra poco frecuente, pero entrega frecuente	Muy poco frecuente	Frecuencia media	Frecuente
Estandarización de productos competitivos	Muy grande; la gradación es importante	Muy grande	Muy poca; según las especificaciones hechas por el cliente	Poca	Grande
Cantidad del suministro	Reducida; el suministro puede aumentar lentamente o no aumentar en absoluto	Generalmente sin problemas	Sin problemas	Generalmente sin problemas	Generalmente sin problemas
Consideraciones de marketing:					
Naturaleza del canal	Corto; sin intermediarios	Corto; intermediarios sólo para los compradores pequeños	Corto; sin intermediarios	Se utilizan intermediarios	Se utilizan intermediarios
Periodo de la negociación	Difícil generalizar	Mediano	Prolongado	Mediano	Breve
Competencia de precios	Importante	Importante	Varía la importancia	No es un factor importante	Importante
Servicio antes y después de la venta	No importa	Importante	Muy importante	Importante	Muy poco importante
Actividad promocional	Muy poca	Mediana	Los vendedores son muy importantes	Importantes	No demasiado importante
Preferencia de marca	Ninguna	Generalmente pequeña	Grande	Grande	Pequeña
Contrato de compra anticipada	Importante; contratos a largo plazo	Importante; contratos a largo plazo	No habitual	No habitual	No habitual

que se inicia el capítulo, un automóvil eléctrico podría ser un bien no buscado para la generalidad de la población, ya sea porque no lo conoce, ya sea porque no quiere adquirirlo después de conocerlo. Como su nombre lo indica, una empresa afronta una tarea especialmente difícil, quizá imposible, de publicidad y venta personal cuando intenta vender esta clase de mercancía. Lo mejor será lograr que el público conozca la existencia de los productos, de manera que cuando se presente la necesidad adquiera la marca publicitada.

Clasificación de los bienes para las empresas o industriales

Igual que en el caso de los bienes de consumo, la categoría general de *bienes industriales* resulta demasiado extensa como para emplearla en la elaboración de un programa de marketing. Así pues, como se advierte en la tabla 8-2, los dividimos en cinco categorías: materias primas, materiales y piezas de fabricación, instalaciones, equipo accesorio y suministros de operación. Esta clasificación se basa en los *usos* generales del producto. Por ejemplo, un bien industrial podría servir para elaborar otros productos, para operar una empresa y para otros fines que veremos luego.

Materias primas. Se clasifican en la categoría de **materias primas** los bienes industriales que se convierten en parte de otro producto tangible antes de ser sometidos a alguna clase de procesamiento (exceptuado el caso en que se use para el manejo del producto). Son materias primas:

- Los bienes en su estado natural, como minerales, terrenos y productos de los bosques y los mares.
- Productos agrícolas como algodón, frutas, ganado y productos de animales (entre ellos huevos y leche natural).

Debido a sus atributos especiales, ambos grupos han de comercializarse de manera diferente. Por ejemplo, el suministro de materias primas en su estado natural es limitado, no es posible incrementarlo de manera significativa y a menudo participan en él unos cuantos productores. Más aún, casi siempre son bienes de género natural, deben graduarse rigurosamente y, en consecuencia, están muy estandarizados. Pongamos el caso del carbón: se extrae en grandes cantidades y luego se gradúa atendiendo a su dureza y al contenido de azufre.

Las características de las materias primas en su estado natural inciden en la forma de venderlas:

- Generalmente los precios se fijan por la oferta y la demanda, acercándose a las condiciones de una competencia perfecta. Por ello, los productores tienen poco o nulo control sobre los precios.
- El transporte es un aspecto importante de las materias primas por su gran volumen, su bajo valor unitario y las grandes distancias que existen entre el productor y el usuario industrial. Un ejemplo de esto lo encontramos en el trigo y en el pescado.
- A causa de esos mismos factores, los productores suelen vender directamente las materias primas naturales al usuario industrial con un mínimo de manejo físico.
- Se usan muy poco las marcas o diferenciación con otros productos en este tipo de producto. Resulta difícil diferenciar el carbón de un productor del de otro productor.

- Rara vez los vendedores de materias primas recurren a la publicidad o intentan estimular la demanda con otros medios.

En el caso de las materias primas en su estado natural, la competencia gira en torno al precio y la seguridad de que un proveedor puede entregar el producto en las condiciones especificadas.

Los bienes agrícolas son suministrados por muchos productores pequeños situados lejos de sus mercados. Rara vez puede controlar el suministro, pero tampoco puede incrementarlo o reducirlo rápidamente. El bien es perecedero, sin que pueda producirse a un ritmo uniforme a lo largo del año. Así, la mayor parte de los cítricos maduran a fines del invierno y están disponibles en grandes cantidades durante esa época del año, empezando a escasear en los meses posteriores. La estandarización y la gradación son comunes en este tipo de bienes. Por otra parte, los costos del transporte tienden a ser altos en relación con su valor unitario.

Hacen falta muchos intermediarios para comercializar esta clase de bienes, pues los productores son numerosos y los mercados están muy distantes. El transporte y el almacenamiento vienen a influir de manera decisiva en la rapidez y eficacia de la distribución. Los productos agrícolas requieren poquísima actividad promocional.

Materiales y piezas de fabricación. Los bienes industriales que se convierten en parte de los productos terminados, tras ser procesados en cierta medida, caen dentro de la categoría de materiales y piezas de fabricación. El hecho de haber sido procesados los distingue de las materias primas. Los **materiales de fabricación** pasan por un procesamiento ulterior; he aquí algunos ejemplos: los lingotes de hierro que se funden para obtener acero, las bobinas de hilo que se tejen para obtener telas y la harina que se convierte en pan. Las **piezas de fabricación** se montan sin que cambien de forma; a esta categoría pertenecen productos como los cierres zipper para la ropa y los chips semiconductores de las computadoras.

Los materiales y piezas de fabricación suelen adquirirse en grandes cantidades. Normalmente las decisiones de compra se basan en el precio y en el servicio ofrecidos por el proveedor. Con el fin de asegurar un suministro adecuado y oportuno, el cliente puede hacer el pedido con un año o más tiempo de anticipación. Puesto que a los clientes les interesan mucho el precio, el servicio y la confiabilidad del suministro, la mayor parte de estos bienes son vendidos directamente del productor al usuario. Muchas veces se recurre a intermediarios cuando los compradores son pequeños o cuando tienen pedidos de poco valor (después de un gran pedido inicial) que han de ser entregados rápidamente.

Generalmente carecen de importancia las marcas que se usan con los materiales y piezas de fabricación. Pero por medio de ellas algunas marcas han logrado sacar del anonimato sus bienes industriales. Ejemplos de ellos son los cierres Talon y los edulcorantes NutraSweet.

Instalaciones. Se da el nombre de **instalaciones** a los productos manufacturados que constituyen el equipo más importante, caro y duradero de una compañía; por ejemplo, los grandes generadores de una presa, el edificio de una planta, los motores diesel de un ferrocarril y los hornos de fundición de una fábrica de acero. La característica de las instalaciones que las diferencia de otras categorías de bienes industriales es que *influyen directa-*

Algunos productos son adquiridos tanto por mercados de consumidores como de empresas.

mente en la escala de operaciones de una organización que produce bienes y servicios. El hecho de comprar 12 nuevos escritorios de la marca Steelcase no afectará a la escala de operaciones de American Airlines, pero sí el comprar 12 aviones de propulsión Boeing 767. Por tanto, los aviones de propulsión se clasificarán como instalaciones, no así los escritorios en condiciones normales.

La comercialización de las instalaciones plantea un gran reto, porque cada unidad vendida representa una fuerte suma de dinero. A menudo las unidades se fabrican conforme a las especificaciones hechas por el cliente. Asimismo se requieren muchos servicios antes de la venta y después de ella. Por ejemplo, una gran prensa para imprimir requiere instalación, mantenimiento e, inevitablemente, servicios de reparación. Las ventas suelen efectuarse directamente entre el productor y el usuario industrial, sin que intervengan intermediarios. Dada la naturaleza técnica de las instalaciones, para venderlas se necesita una fuerza de ventas de gran calidad y con una magnífica capacitación. Y como además requieren una explicación minuciosa y muy exhaustiva, en la promoción se hace hincapié en la venta personal, aunque podría emplearse un poco de publicidad.

Equipo accesorio. Se da el nombre de **equipo accesorio** a los productos tangibles que tienen un valor importante y que se utilizan en las operaciones de las empresas. Esta categoría de bienes industriales no llega a formar parte de un producto terminado ni ejerce un impacto significativo sobre la escala de operaciones. Su vida es más breve que la de las

Planeación y desarrollo del producto

instalaciones pero más larga que las de los suministros de operación. He aquí algunos ejemplos: terminales en el punto de venta de una tienda, herramientas eléctricas pequeñas, camiones elevadores de carga y escritorios para oficina.

Es difícil generalizar acerca de cómo debería comercializarse el equipo accesorio. Por ejemplo, la venta directa es apropiada para algunos productos de esta categoría, sobre todo cuando un pedido abarca varias unidades o cuando cada unidad cuesta mucho dinero. Un fabricante de camiones elevadores de carga los venderá directamente a los clientes, porque el precio de una unidad es lo bastante grande como para hacer rentable esta forma de distribución. Sin embargo, por lo regular los fabricantes recurren a intermediarios, como los distribuidores de equipo para oficina. Las razones: el mercado suele presentar una gran dispersión geográfica, hay muchos tipos de usuarios potenciales y los pedidos individuales a veces son bastante pequeños.

Suministros de operación. Se da el nombre de **suministros de operación** a los bienes industriales que se caracterizan por un bajo valor unitario, por una vida breve y por el hecho de que facilitan la realización de las operaciones sin que formen parte del producto terminado. Mencionaremos los siguientes ejemplos: aceites de lubricación, lápices y artículos de escritorio, combustible para calefacción. Los usuarios quieren comprar estos artículos con poco esfuerzo. De ahí que sean bienes fáciles de adquirir en el sector industrial.

Igual que en las otras categorías de bienes, las características de los suministros de operación influyen en la forma en que deberían comercializarse. Como tienen un bajo valor unitario y los compran muchas organizaciones diferentes, se distribuyen ampliamente como los bienes de uso común. Por eso los productores se sirven mucho de los intermediarios mayoristas. Asimismo la competencia de precios normalmente es fuerte porque los productos rivales están muy estandarizados y se insiste poco en la marca.

IMPORTANCIA DE LA INNOVACIÓN DE LOS PRODUCTOS

La finalidad de una empresa es satisfacer a los consumidores y, al hacerlo, obtener una ganancia. Fundamentalmente cumple este doble propósito por medio de sus productos. Una compañía no puede tener éxito si no planea y desarrolla productos nuevos. A la larga no logrará vender muy bien un producto malo.

Necesidad del crecimiento

Una exigencia de la dirección es "renovarse o morir". En el caso de muchas compañías, una parte considerable del volumen de ventas y la utilidad neta del año presente provendrá de productos que no existían hace 5 o 10 años. Tomemos el caso de Hewlett-Packard Company, que fabrica computadoras, chips microprocesadores e instrumentos de medición y prueba. En 1991, un 60% de los pedidos recibidos se referían a productos que no ofrecía en 1989. De hecho, en 1991 sustituyó totalmente su línea de 21 modelos de computadora. A principios de los años 90, Rubbermaid y Johnson & Johnson generaron más del 25% de sus ventas con productos que habían sido lanzados al mercado durante los últimos 5 años.[5]

Los productos, como el ser humano, pasan por un ciclo de vida; de ahí la necesidad de contar con nuevos productos para mantener los ingresos y ganancias de la compañía. Las ventas de un producto crecen y luego, casi de manera inevitable, empiezan a declinar; con el tiempo se reemplaza la mayor parte de los productos. El concepto de ciclo de vida de los

Las compañías exitosas continuamente actualizan y renuevan sus mezclas de productos.

productos se expone más a fondo en el capítulo 9, pero lo comentamos aquí por que tiene dos aplicaciones muy importantes en la innovación de los productos:

- Los productos actuales de una empresa se vuelven obsoletos con el tiempo a medida que decrece su volumen de ventas y su participación en el mercado por los deseos cambiantes del público o por la aparición de productos rivales de mejor calidad.
- Al envejecer un producto, empiezan a disminuir las ganancias. Si se introduce un nuevo producto en el momento oportuno, se contribuye a no perder las ganancias de una compañía.

Las empresas que desarrollan productos innovadores cosecharán sin duda importantes beneficios financieros. Según un estudio reciente, 39% de las empresas más prósperas de Estados Unidos han lanzado al mercado un producto revolucionario durante los 5 años anteriores, en comparación con apenas 23% de las menos exitosas.[6] Citemos algunos ejemplos concretos como Domino's Pizza, las palomitas hechas en hornos de microondas, el cable de fibra óptica y los cuadernillos para notas Post-It. Todas estas compañías ofrecieron beneficios que antes nadie prestaba. En fecha más reciente, Procter & Gamble desarrolló Pert Plus, una combinación de champú y acondicionador. Como daba buenos resultados y ahorra tiempo a los usuarios, pronto se convirtió en el principal champú dentro del mercado estadounidense.[7]

Mayor selectividad de los consumidores

En los últimos años, los consumidores se han vuelto más selectivos en la selección de productos. La última recesión redujo de manera considerable el ingreso disponible y los recursos de muchas organizaciones. Con un menor poder adquisitivo, estas personas, familias y organizaciones han empezado a ser muy cuidadosos en sus compras. Hasta las familias e individuos que escaparon a los efectos negativos de la recesión comienzan a ser selectivos en la realización de compras adicionales, pues ya cuentan con suficientes alimentos, tienen bastante ropa, poseen una casa, están bien equipados y han resuelto satisfactoriamente el problema del transporte. Lo mismo podemos decir de las empresas a las que no afectó la recesión.

Otra causa de la mayor selectividad en las compras es que el público debe escoger entre una enorme oferta (podríamos decir entre un exceso) de productos semejantes. Muchos productos nuevos son una mera imitación de otros ya existentes y, por lo mismo, ofrecen pocos o nulos beneficios adicionales. ¿Cuántos de los 124 nuevos condimentos (entre ellos Papa Joe Costa Rican Red Pepper Sauce), que hace pocos meses fueron introducidos en el mercado norteamericano, son realmente nuevos?[8] Este diluvio de productos nuevos puede ocasionar una "indigestión de productos" al público. La solución consiste en crear productos *verdaderamente* nuevos, en *innovar* y no limitarse a *imitar*.

Altos índices de fracaso

Durante muchos años, la regla práctica establecía que cerca del 80% de los productos nuevos fracasarían. A principios de los años 90, el índice fue mucho más elevado. De acuerdo con una encuesta, se esperaba que el 86% de los productos nuevos, que en 1991 fueron lanzados en Estados Unidos al mercado, no alcanzaran sus objetivos financieros.[9]

¿Por qué fracasan los productos nuevos? La mayor parte de ellos no tiene éxito porque no son diferentes de los que ya existen. Entre otros factores del fracaso cabe mencionar un posicionamiento deficiente y la falta de soporte del marketing. Otra causa es que el público piensa que el nuevo producto ofrece un bajo valor en relación con su precio.

A pesar del alto índice de fracasos, seguimos presenciando un verdadero torrente de introducciones de productos. Por ejemplo, en los dos primeros años de la década de 1990, se introdujeron más de 15 000 productos nuevos (de distintas variedades, formatos y tamaños) en las tiendas de comestibles y en las farmacias. Algunas compañías, como Philip Morris, Procter & Gamble y Avon, lanzan al mercado cientos de productos nuevos.[10]

Si recordamos que los productos nuevos contribuyen de manera decisiva al crecimiento de una organización, el gran número de estos lanzamientos y los elevados índices de fracaso, hemos de prestar mucha atención a la innovación de productos. Las empresas que descuidan sus productos nuevos pueden quedar arruinadas por el alto costo de los fracasos, que a menudo llegan a más de $10 millones de dólares en las grandes compañías. Las que saben administrar eficientemente la innovación podrán cosechar muchos beneficios: ventaja diferencial, incremento de las ventas y las ganancias, y una base sólida para el futuro.

¿DILEMA ÉTICO?

Un anuncio de revista para el jarabe Log Cabin señala que es la única marca de prestigio hecha con miel pura de maple. La afirmación es verdadera, pero al leer atentamente la lista de contenidos en la etiqueta nos damos cuenta de que apenas el 2% de Log Cabin es miel pura de maple.

¿Es ético promover el jarabe de maple como un ingrediente diferenciador cuando contiene una proporción tan pequeña del producto?

DESARROLLO DE PRODUCTOS NUEVOS

A menudo se dice que no sucede nada mientras alguien no venda algo. Esa afirmación no es del todo verdadera. Primero ha de haber algo que vender: un bien, un servicio, una persona, un lugar o una idea. Y hay que desarrollar ese "algo".

¿Qué es un producto "nuevo"?

¿Exactamente qué es un producto "nuevo"? ¿Pertenecen a esta categoría los modelos anuales de automóviles que presentan los fabricantes? ¿El automóvil eléctrico planeado? ¿El automóvil Saturn recientemente lanzado al mercado por General Motors? ¿O, en otras categorías de productos, es un producto nuevo el cereal Cheerios con sabor a manzana y canela? ¿Y qué decir de Ultra, detergente líquido superconcentrado que Procter & Gamble sometió a pruebas en 1992? ¿O bien el producto debe ser revolucionario y nunca antes visto para que podamos clasificarlo como *nuevo*?

La naturaleza del producto nuevo influye en cómo debería ser comercializado. Hay muchas connotaciones de esta designación, pero por ahora nos concentraremos en tres categorías distintas de **productos nuevos**:

- Productos que son *verdaderamente innovadores*, realmente originales. Un ejemplo reciente es un artificio inventado por Hewlett-Packard Company, que permite a los espectadores participar en programas "interactivos" de la televisión. Otro es un sustituto de grasa ideado por Unilever para utilizarse en helados, mayonesa y otros artículos alimentarios tradicionalmente con un alto contenido de grasas. Otros productos futuros que caerán dentro de esta categoría serían un remedio contra el cáncer y la reparación fácil y barata de los automóviles. Cualquier producto de este tipo satisfará una necesidad real que no ha sido cubierta hasta ahora.

- Las versiones que son *significativamente diferentes* de los productos actuales en cuanto a la forma, la función y, lo más importante de todo, los beneficios. Los lentes de contacto Acuvue de Johnson & Johnson y la delgadísima televisión (apenas 3 pulgadas de profundidad) de Sharp Corporation, que puede colgarse en la pared como un cuadro, empiezan a sustituir a los modelos tradicionales. Las reproductoras de discos compactos han ido desplazando a las reproductoras tradicionales de discos y cintas. Hay años en que las nuevas modas en la ropa son lo bastante diferentes como para caer dentro de esta categoría. Volviendo al caso que abre este capítulo, el auto eléctrico descrito, tal vez la línea Saturn de General Motors y el detergente P&G's Ultra, se cuentan en esta categoría.

- Los productos de imitación que son nuevos en una empresa, no así en el mercado. Generalmente, los modelos anuales de automóviles y las nuevas versiones de cereales son asignados correctamente a este categoría. En otros casos, una empresa querrá simplemente captar una parte de un mercado con un producto de imitación. Con el fin de aumentar al máximo las ventas en toda la compañía, los fabricantes de medicamentos para el resfriado y la tos lanzan sistemáticamente al mercado productos imitativos, algunos de los cuales compiten con un producto casi idéntico *de la misma compañía*. Es lo que sucede con Dristan Sinus y CoAdvil, medicamentos fabricados por American Home Products. En otro sector del mercado, tras el éxito logrado por hoteles que ofrecen suites de dos cuartos en vez de cuarto sencillo, otras cadenas hoteleras como Marriott y Quality Inns han incorporado productos similares.

En última instancia, el hecho de que un producto sea o nuevo o no dependerá de cómo lo perciba el mercado meta. Si los compradores consideran que se trata de productos muy distintos de los de la competencia en alguna característica importante (el aspecto o el desempeño, por ejemplo), se tratará efectivamente de un producto nuevo. Como en otros casos, *la percepción es la realidad*.

Estrategia de productos nuevos

Si quiere obtener ventas cuantiosas y buenas utilidades, el fabricante de bienes industriales o de bienes de consumo ha de contar con una estrategia explícita respecto al desarrollo y evaluación de productos nuevos. Esa estrategia debería guiar todos los pasos del proceso necesario para desarrollarlos.

Una **estrategia de productos nuevos** es un enunciado en que se indica la función que se espera que el producto desempeñe en la obtención de las metas corporativas y de marketing. Por ejemplo, tal vez se diseñe un nuevo producto para proteger la participación en el mercado o mantener la reputación de la empresa como innovadora. Otra función podría ser alcanzar la meta del rendimiento sobre la inversión o penetrar en un nuevo mercado.

El papel de un nuevo producto también podría consistir en influir en el *tipo* de producto a ser desarrollado. He aquí un ejemplo:

Meta de la compañía	Estrategia del producto	Ejemplos recientes
Defender su participación en el mercado.	Introducir una adición en una línea de productos o revisar el producto ya existente.	Postres de leche para complementar otros alimentos congelados "saludables" de Healthy Choice.
Consolidar la reputación de innovador.	Introducir un producto *realmente* nuevo, no una mera extensión de otro ya existente.	Las computadoras Palmtop que fueron lanzadas por Hewlett-Packard.

Sólo en años recientes algunas compañías han identificado conscientemente las estrategias relacionadas con los productos nuevos. El proceso con que se desarrollan éstos se ha vuelto más eficiente y adecuado para las empresas con estrategias, porque tienen una mejor idea de lo que tratan de hacer.

Etapas del proceso de desarrollo

Bajo la guía de la estrategia de productos nuevos de una compañía, un nuevo producto se desarrolla en forma óptima a través de una serie de seis etapas, como se muestra en la figura 8-2. En comparación con el desarrollo no estructurado, el desarrollo formal ofrece beneficios como niveles más altos de éxito, mayor satisfacción del cliente y una obtención más satisfactoria de los objetivos de tiempo, calidad y costos.[11]

En cada etapa, los gerentes deben decidir si pasan a la siguiente, si abandonan el producto o buscan más información.[12] A continuación se da una breve descripción de lo que debería hacerse en las etapas del **proceso de desarrollo de productos nuevos:**

FIGURA 8-2

Principales etapas del proceso de desarrollo de productos nuevos.

1. **Generación de ideas relacionadas con el nuevo producto.** El desarrollo de un nuevo producto comienza con una idea. Debe diseñarse un sistema que estimule ideas originales dentro de la organización y la manera de reconocerlas y evaluarlas en poco tiempo. A los clientes también ha de alentárseles para que propongan innovaciones. En un estudio reciente, 80% de las compañías dijeron que sus clientes eran la mejor fuente para obtener ideas de productos nuevos.[13]
2. **Selección de ideas.** En esta etapa, se evalúan las ideas relativas a productos nuevos, para determinar cuáles merecen ser estudiadas ulteriormente.[14] Por lo regular, un equipo de ejecutivos analiza el grupo de ideas.
3. **Análisis comercial.** Una idea que logre superar la fase anterior se amplía y se convierte en una propuesta concreta de negocios. Ello significa que los directivos a) identifican las características del producto, b) estiman la demanda del mercado, la competencia y la rentabilidad del producto, c) establecen un programa para desarrollarlo y d) asignan la responsabilidad para proseguir el estudio de factibilidad.
4. **Creación de prototipos.** Si los resultados del análisis comercial son favorables, se elabora un prototipo (o modelo de prueba) del producto. En el caso de bienes, se fabrica una pequeña cantidad de un modelo de prueba con las especificaciones señaladas. Se aplican pruebas de laboratorio y otras evaluaciones técnicas para determinar si conviene crear el producto. Tal vez una compañía pueda construir un prototipo de un tipo original de teléfono celular, pero no puede fabricarlo en grandes cantidades o a un costo lo bastante bajo para estimular las ventas y generar una ganancia. En el caso de los servicios, se diseñan y se prueban las instalaciones y procedimientos necesarios para elaborar y entregar un nuevo producto. Se trata, comparativamente, de un paso indispensable en la creación de un nuevo trayecto de la montaña rusa en un parque de diversiones.
5. **Pruebas de mercado.** A diferencia de las pruebas internas realizadas durante el desarrollo de un prototipo, en éstas participan los usuarios reales. Se dará el producto a una muestra de personas para que lo usen en su casa (en el caso de un bien de consumo) o en su compañía (un bien industrial). Terminada la prueba, se les pide que evalúen el producto. Las pruebas efectuadas con usuarios y consumidores finales son menos prácticas tratándose de servicios por su naturaleza intangible.

Esta etapa del desarrollo de productos a menudo requiere el **marketing de pruebas**, en que el producto se pone a la venta en una pequeña región geográfica. Los resultados, que abarcan entre otras cosas las ventas y las repeticiones de la compra, son vigilados por la compañía que desarrolló el producto y tal vez también por los competidores. En esta etapa, el diseño y los planes de producción se ajustarán teniendo en cuenta los hallazgos de la prueba. Una vez concluidas las pruebas de mercado, los directivos habrán de tomar una decisión definitiva sobre la introducción del producto.

Planeación y desarrollo del producto **283**

PERSPECTIVA INTERNACIONAL

¿PODEMOS ENCONTRAR IDEAS DE PRODUCTOS NUEVOS EN OTROS PAÍSES?

Un número creciente de compañías están analizando los mercados internacionales en busca de ideas de productos nuevos, a fin de obtener una ventaja de marketing y de incrementar las ventas. En esos mercados se encuentra el origen de algunos productos introducidos recientemente en Estados Unidos: el alimento para gatos Whiskas de Mars Inc., la barra de chocolate Symphony de Hershey Foods y la cerveza Dry Michelob de Anheuser-Busch.

¿Por qué las empresas han dejado pasar tantos años sin ir al extranjero en busca de ideas para productos nuevos? Por dos razones: primero, se han concentrado en competir eficazmente en sus mercados nacionales, llegando al punto de vigilar todos los movimientos estratégicos y la introducción de productos nuevos por parte de la competencia. Segundo, ha habido poca comunicación entre las divisiones nacionales e internacionales de casi todas ellas.

No obstante, varios factores han impulsado a muchas compañías estadounidenses a buscar nuevas ideas fuera de sus mercados nacionales:

- Cansados de las meras imitaciones, los consumidores están dispuestos a aceptar productos nuevos. De hecho, muchos los desean.
- Puede resultar mucho más barato adaptar un producto del extranjero para venderlo en el país de la empresa, sobre todo en lo tocante a los costos de investigación y desarrollo, que comenzar de cero el proceso de desarrollo. Eso hizo que Mars optara por utilizar las marcas Whiskas en Estados Unidos.
- Un producto internacional a veces es el medio mejor de satisfacer un segmento étnico del país que lo importa. Por ejemplo, Colgate-Palmolive piensa que la textura ligera y el aroma tan agradable de su limpiador Fabuloso, diseñado en otro país, será bien acogido por la población hispánica de Estados Unidos.
- A diferencia de las marcas e invenciones, los conceptos de los productos no gozan de protección legal y, por lo mismo, pueden ser "tomados" fácilmente por las empresas rivales.

El mero hecho de introducir un producto de gran éxito en su país de origen no garantiza su éxito en otro. ¿Cómo podemos aumentar al máximo las probabilidades de éxito? He aquí algunas recomendaciones:

- Concéntrese en productos que haya tenido un éxito generalizado en los mercados internacionales. Un ejemplo de ellos lo encontramos en las cervezas secas embotelladas en el Japón.
- No se base simplemente en la novedad del producto; asegúrese más bien de que posea una ventaja diferencial.
- Escoja productos que coincidan con las tendencias de su país. El gran interés por los alimentos naturistas le ayudó a Kellogg a vender muy bien en Estados Unidos Mueslix, cereal que contiene trigo, nueces y frutas y que fue inventado en Suiza.

¿Cómo buscan las compañías ideas nuevas en los mercados internacionales? Algunas contratan a consultores para que realicen el trabajo de investigación. Otras, entre ellas Unilever Group, le asignan esta tarea de los empleados. Y otras aplican el método más directo: preguntan a sus subsidiarias cuáles de sus productos han logrado fama y tienen gran demanda en otros países.

Fuentes: Michael J. McCarthy, "More Companies Shop Abroad for New-Product Ideas", *The Wall Street Journal*, 14 de marzo, 1990, pp. B1, B6; Bob Hagerty, "Unilever Scours the Globe for Better Ideas", *The Wall Street Journal*, 25 de abril, 1990, p. A11.

6. **Comercialización.** En esta etapa, se planean y finalmente se ponen en práctica los programas de producción y marketing a gran escala. Hasta esta fase del desarrollo, los gerentes tienen prácticamente el control absoluto del producto. Una vez que el producto "nace" y entra en su ciclo de vida, el ambiente competitivo externo se convierte en el principal determinante de su destino.

Nótese que las dos primeras etapas (generación de ideas y selección) están estrechamente vinculadas a la estrategia global del nuevo producto. Dicha estrategia ofrece un punto de partida para generar otras ideas y un criterio para juzgarlas.

En este proceso de seis etapas, las tres primeras son decisivas por ocuparse de ideas y, por lo menos, por ser las menos costosas. Y lo más importante: muchos productos fracasan porque la idea o el momento no son adecuados. Y la finalidad de las tres primeras etapas es precisamente identificar esas situaciones. Las etapas posteriores se tornan más costosas en cuanto a la inversión y a los recursos humanos que se necesitan para llevar a cabo las tareas requeridas.

Algunas compañías omiten algunas etapas del proceso de desarrollo, deseosas como están de introducir los productos en el mercado antes que la competencia. La quinta etapa, correspondiente a las pruebas de mercado, es la que se omite con mayor frecuencia.[15] Pero si no se realiza, la compañía no conocerá las reacciones del público ante el producto propuesto.

Tradicionalmente se ha dado mayor atención al marketing de bienes que al de servicios. Por ello no debe sorprendernos que el proceso de desarrollo de productos nuevos no esté tan avanzado en la industria de servicios como en la de bienes.[16] No obstante, el aspecto positivo consiste en que las empresas de servicios muestran mayor flexibilidad en el diseño de un proceso para el desarrollo de productos nuevos que se adaptan a sus exigencias específicas.

Criterios del fabricante acerca de los productos nuevos

¿Cuándo debería una compañía agregar un nuevo producto a su surtido actual? A continuación se dan algunas directrices que algunos fabricantes emplean al contestar esta interrogante:

- Debe haber *suficiente demanda de mercado*. Con demasiada frecuencia los gerentes empiezan haciéndose la pregunta equivocada, como: "¿Podemos utilizar nuestra actual fuerza de ventas?" o "¿Encajará el nuevo producto dentro de nuestro sistema de productos?" La primera pregunta insoslayable es: "¿Hay un número suficiente de personas que realmente quieran este producto?"
- El producto ha de *satisfacer ciertos criterios financieros básicos*. Por lo menos se plantearán tres preguntas: "¿Se dispone de suficiente financiamiento?" "¿Con el nuevo producto se reducirán las fluctuaciones estacionales y cíclicas de las ventas?" Y, sobre todo, "¿Lograremos obtener suficientes ganancias con el producto?"
- El producto debe *ser compatible con las normas ambientales*. Entre las preguntas básicas figuran las siguientes: "¿No contaminan el aire ni el agua los procesos de producción?" "¿Será benigno con el ambiente el producto terminado, incluido su empaque?" Y finalmente, "Después de usarlo, podemos reciclarlo?"
- El producto debe *encajar en la actual estructura de marketing de la compañía*. A la empresa Bill Blass seguramente le será fácil incorporar cobertores finos a su línea de

USTED TOMA LA DECISIÓN

¿PUEDE ESTIMULARSE LA INNOVACIÓN DE PRODUCTOS?

Muchas compañías han ideado medios para estimular y apoyar el desarrollo e introducción de nuevos productos. Por ejemplo, 3M Corporation (fabricante de la cinta Scotch, de las notas Post-It y de muchos otros productos) ha alcanzado un enorme éxito con el desarrollo de productos nuevos. Para seguir siendo una "máquina de innovaciones", se basa en unas cuantas directrices:

- Estar cerca del cliente. Los empleados de 3M visitan sistemáticamente a los clientes y les piden ideas de productos.
- Apoyar los esfuerzos de los empleados. Las subvenciones "Génesis" de $50 000 dólares se conceden a los que necesitan financiamiento para algún proyecto.
- Motivar a los triunfadores. Los sueldos y promociones dependen del avance en la creación de los productos.
- Tolerar el fracaso. Se alientan la experimentación y el correr riesgos, con lo cual se aumentan las probabilidades de obtener un nuevo producto exitoso.

Otras compañías que figuran entre "el selecto grupo de innovadoras" disponen de sus propios medios para innovar los productos:

- Hewlett-Packard recomienda a sus investigadores dedicar 10% del tiempo a sus "proyectos favoritos" y les da acceso permanente a los laboratorios y al equipo.
- Dow Corning establece sociedades de investigación con los clientes.
- En General Electric a los investigadores se les da una gran libertad para que conciban inventos y luego los "vendan" a otras divisiones de la corporación.

Si fuera vicepresidente de marketing de un productor, de bienes o servicios, ¿qué otra cosa podría hacer para crear un ambiente dentro de su compañía que estimulara y apoyase la innovación de productos?

Fuentes: Amal Kumar Naj, "GE's Latest Invention: A Way to Move Ideas from Lab to Market", *The Wall Street Journal*, 14 de junio, 1990, p. A1; Warren Berger, "The 'Scotch Tape Company' Embraces Home Repair", *Adweek's Marketing Week*, 5 de febrero, 1990, pp. 20-21, y "Masters of Innovation", *Business Week*, 10 de abril, 1989, p. 62.

---

ropa, en tanto que a Sherwin Williams posiblemente le resultaría muy difícil agregar mantequilla a su línea de pinturas. Entre las preguntas concretas relacionadas con la posibilidad de que un nuevo producto sea compatible con los conocimientos y experiencia de marketing de una empresa se encuentran las siguientes: "¿Puede utilizarse la actual fuerza de ventas?" "¿Pueden emplearse los actuales canales de distribución?"

Además de las cuatro interrogantes anteriores, un producto propuesto ha de cumplir con otros criterios. Por ejemplo, debe corresponder a los objetivos e imagen de la organización. También ha de ser compatible con sus capacidades de producción. Y además debe cumplir los requisitos legales pertinentes.

Criterios del intermediario acerca de los nuevos productos

Los intermediarios, entre ellos los mayoristas y minoristas, que consideren si conviene comprar un nuevo producto para revenderlo deberían utilizar todos los criterios anteriores

Las sábanas elegantes completan la imagen de Bill Blass, ¿pero encajan dentro de su actual estructura de marketing?

menos los relacionados con la producción. Además, han de aplicar las siguientes directrices:

- Deben tener *una buena relación de trabajo con el fabricante*. Cuando distribuye un nuevo producto, es necesario que el intermediario saque partido de la reputación del fabricante, pueda obtener el derecho de ser el vendedor exclusivo en determinado territorio y reciba la ayuda promocional y financiera que da el fabricante.
- El fabricante y el intermediario han de contar con *políticas y prácticas compatibles de distribución*. Habrá que hacer las siguientes preguntas: "¿Qué tipo de actividad de venta requiere el nuevo producto?" "¿Cómo encaja el producto propuesto en las políticas del intermediario referentes al servicio de reparación, modificaciones (en el caso de ropa), crédito y entrega?"
- Como en el caso de los fabricantes, el producto tendrá que *cumplir con algunos criterios financieros básicos*. Habrá que plantear al menos dos preguntas: "Si la incorporación de un nuevo producto exige eliminar otro por el poco espacio de los estantes, ¿se obtendrá con ello una ganancia neta en las ventas?" Y, "Podremos conseguir suficientes ganancias con el producto?"

ADOPCIÓN Y DIFUSIÓN DE PRODUCTOS NUEVOS

La probabilidad de alcanzar el éxito aumenta con un producto nuevo, sobre todo con uno realmente innovador, si los gerentes conocen bien los procesos de adopción y difusión de él. Una vez más, subrayamos la necesidad de que las empresas sepan cómo se comportan los consumidores. El **proceso de adopción** es el conjunto de decisiones sucesivas que *un*

Planeación y desarrollo del producto

individuo toma antes de aceptar la innovación. La **difusión** de un nuevo producto es el proceso en virtud del cual una innovación se propaga dentro de un *sistema social* a lo largo del tiempo.[17]

Si entiende los dos procesos anteriores, una empresa podrá saber por qué un producto es o no aceptado por el público y cuáles grupos de consumidores tenderán a comprarlo en el momento de ser introducido, poco después o nunca. Este conocimiento del comportamiento del consumidor será de gran utilidad para diseñar un buen programa de marketing.

Etapas del proceso de adopción

Un prospecto pasa por seis **etapas en el proceso de adopción**, o sea al decidir si compra algo nuevo:

Etapa	Actividad durante la etapa
Conocimiento	El individuo entra en contacto con la innovación; se convierte en prospecto.
Interés	El producto le interesa al prospecto lo bastante como para buscar información.
Evaluación	El prospecto juzga las ventajas y desventajas del producto.
Prueba	El prospecto adopta la innovación por algún tiempo. Un consumidor compra una muestra del producto, si éste se presta a ello.
Adopción	El prospecto decide utilizar la innovación en forma íntegra.
Confirmación	Luego de adoptar la innovación, el prospecto se convierte en usuario que inmediatamente busca la seguridad de que su decisión de adquirir el producto fue correcta.

Categorías de adoptadores

Algunos adoptan una innovación poco después de ser lanzada al mercado. Otros tardan algún tiempo en aceptarlo y hay quienes nunca lo adoptan. La investigación ha identificado cinco **categorías de adoptadores de innovaciones**, basándose para ello en el momento en que la gente adopta una innovación determinada. Los no adoptadores quedan excluidos de esta clasificación. En la tabla 8-3 se resumen las características de los adoptadores tempranos y tardíos.

Innovadores. Los **innovadores**, que representan cerca del 3% del mercado, son consumidores a quienes les gusta correr riesgos y que son los primeros en adoptar una novedad. A diferencia de los adoptadores tardíos, tienden a ser más jóvenes, a tener un estatus social más alto y a estar en una mejor situación económica. También suelen tener amplias relaciones sociales con diversos grupos en más de una comunidad. Por lo regular, recurren más a fuentes no personales de información (la publicidad, entre ellas) que a los vendedores o a otras fuentes personales.

TABLA 8-3   Características de los adoptadores tempranos y tardíos de innovaciones

	Adoptadores tempranos	Adoptadores tardíos
Características principales:		
Arriesgados	Innovadores (3% del total de los adoptadores)	
Respetados	Adoptadores tempranos (13%)	
Reflexivos	Mayoría temprana (34%)	
Escépticos		Mayoría tardía (34% del total de los adoptadores)
Tradicionalistas		Rezagados (16%)
Otras características:		
Edad	Más jóvenes	Más viejos
Escolaridad	Alta	Baja
Ingresos	Más altos	Más bajos
Relaciones sociales dentro de la comunidad o fuera de ella	Innovadores: fuera Otros: dentro	Totalmente locales
Estatus social	Más alto	Más bajo
Fuentes de información	Gran variedad; muchos medios	Poca exposición a los medios; poca utilización de los medios externos; utilización de los grupos locales de compañeros o colegas.

Adoptadores tempraneros. Los **adoptadores tempraneros** o **primeros adoptadores**, que representan aproximadamente el 13% del mercado, compran un nuevo producto después que los innovadores pero antes que el resto de los consumidores. A diferencia de los innovadores, que muestran una gran participación personal *fuera* de una comunidad local, tienden a participar socialmente *dentro* de ella. Además gozan de gran respeto en su sistema social; de hecho, la gente aprecia sus opiniones y recibe la influencia de ella. Así pues, la categoría de los adoptadores tempranos contiene más líderes de opinión que cualquier otro tipo. Son también los que más se sirven de los vendedores como fuentes de información.

En el proceso de difusión, un **agente de cambio** es una persona que trata de acelerar la propagación de una innovación. En el comercio, el responsable de introducir un producto innovador puede ser un agente de cambio. Pongamos el caso de una nueva generación de focos que consume menos energía y dura de 10 a 20 años, pero cuyo costo unitario oscila entre $15 y 20 dólares. Los vendedores de los focos o bombillas han de ser eficaces agentes de cambio, pues deberán convencer a la gente de que vale la pena gastar 15 veces el costo normal de una lámpara.[18] Un agente de cambio centra sus esfuerzos iniciales de persuasión en los adoptadores tempraneros, porque los demás respetan sus opiniones y terminarán por

Planeación y desarrollo del producto

imitar su conducta. Si una compañía logra que los adoptadores tempraneros acepten su producto innovador, el mercado terminará también por hacer lo mismo.

Mayoría temprana. La **mayoría temprana**, que representa cerca del 34% del mercado, incluye a personas más reflexivas que aceptan una innovación poco antes que lo haga el adoptador "promedio" del sistema social. Es un grupo que se halla un poco por encima del promedio en las medidas sociales y económicas. Estos consumidores utilizan mucho los anuncios, los vendedores y el contacto con los adoptadores tempraneros.

Mayoría tardía. La **mayoría tardía**, otro 34% del mercado, es un grupo de consumidores escépticos que normalmente adoptan una innovación para ahorrar dinero o porque ceden a la presión social de sus colegas. Recurren a sus compañeros (pertenecientes a la categoría de la mayoría temprana o tardía) como fuentes de información. La publicidad y la venta personal son herramientas menos eficaces para este grupo que la comunicación de boca en boca.

¿Cuál es la ventaja relativa de Safest Stripper?

Rezagados. Los **rezagados** son consumidores que observan la tradición y que, por lo mismo, son los últimos en adoptar una innovación. Representan aproximadamente 16%

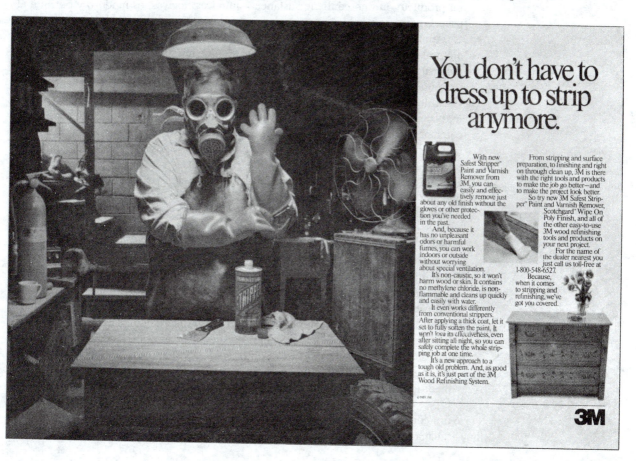

del mercado. Desconfían de las innovaciones y de los innovadores; se preguntan, por ejemplo, por qué motivo alguien estaría dispuesto a pagar mucho más por una nueva clase de focos o bombillas eléctricas. Cuando finalmente adoptan algo nuevo, posiblemente los innovadores ya lo hayan desechado por un concepto más novedoso. Los rezagados son personas de mayor edad y casi siempre se encuentran en el extremo inferior de las escalas sociales y económicas.

Aquí nos hemos referido tan sólo a los *adoptadores* de una innovación. En la generalidad de las innovaciones hay muchas personas que *no* quedan incluidas dentro de nuestros porcentajes. Son los **no adoptadores**, los que nunca adoptan una innovación.

Características de la innovación que influyen en la tasa de adopción

Hay cinco **características de la innovación que afectan la tasa de adopción:**[19]

- **Ventaja relativa:** grado en que una innovación es superior a los productos de que se dispone actualmente. La ventaja relativa puede traducirse en un costo menor, mayor seguridad, un uso más fácil o algún otro beneficio. Safest Stripper, producto que desprende la pintura y el barniz y que fue introducido por 3M sobresale en este aspecto. Es un producto que no contiene sustancias químicas nocivas, es inodoro y permite al usuario barnizar muebles en el interior sin tener que hacerlo al aire libre.
- **Compatibilidad:** grado en que una innovación coincide con los valores y experiencias culturales de los posibles adoptadores. Puesto que muchas personas quieren ahorrar dinero *y* satisfacer sus deseos ahora mismo, las palomitas hechas en hornos de microondas presentan esta característica.
- **Complejidad:** grado de dificultad en la comprensión o uso de una innovación. Cuanto más compleja sea una innovación, más lenta será su adopción, si es que se adopta. La combinación de champú y acondicionadores ciertamente es fácil de emplear, por lo cual la complejidad no impide que se adopte. Pero muchos tipos de seguros y algunos productos electrónicos tienen problemas en este aspecto.
- **Posibilidad de prueba:** grado en que una innovación puede mostrarse en forma limitada. Prescindiendo de otras características, a una mayor verificabilidad corresponde una tasa más rápida de adopción. Por ejemplo, un sistema central de aire acondicionado para el hogar tenderá a mostrar una tasa más lenta de adopción que una nueva semilla o fertilizante, los cuales pueden probarse en un terreno pequeño. En general, por esta características los productos caros se adoptarán más lentamente que los baratos. De manera análoga, muchos servicios (los seguros, entre otros) son difícil de usar a manera de prueba, por lo cual tienden a ser adoptados muy lentamente.
- **Observabilidad:** grado en que puede verse si una innovación es eficaz. En términos generales, cuanto mayor sea la observabilidad, más rápidamente se adoptará la innovación. Por ejemplo, un producto herbicida que dé buenos resultados con la hierba mala del jardín seguramente será adoptado más rápidamente que un producto que impida que brote. ¿El motivo? Este último, aun si es más eficaz, no destruye la hierba mala a la vista de los prospectos.

A una compañía le gustaría un producto innovador que reuniera las cinco características que acabamos de reseñar. Pero hay pocos que las reúnan. Las cámaras que se usan una sola

Planeación y desarrollo del producto

vez casi lograron hacerlo.[20] Son cámaras que se utilizan para un solo rollo de película, se venden con la película ya cargada (lo cual reduce la *complejidad*), cuestan sólo $10-$15 (lo que facilita la *posibilidad de prueba*), ofrecen un buen valor (que representa una *ventaja relativa*). Se distribuyen en forma masiva, lo que mejora la *compatibilidad* con el deseo de los usuarios de una compra cómoda, sobre todo si olvidamos traer nuestra cámara regular en el viaje. Kodak y Fuji, los principales fabricantes de este tipo de cámara, lograron la *observabilidad* regalando muchas cámaras en promociones, a fin de que los usuarios pudieran utilizarlas y ver los resultados sin tener que pagar el riesgo o el costo.

ORGANIZACIÓN PARA LA INNOVACIÓN PRODUCTIVA

Si queremos que los programas de productos nuevos sean exitosos, es preciso apoyarlos con un compromiso decidido y a largo plazo de la alta dirección. Es un compromiso que habrá de mantenerse aun cuando fracasen algunos de los productos. Para instrumentar este compromiso con la innovación de una manera eficaz, habrá que organizar rigurosamente los programas.

Tipos de organización

No hay una estructura organizacional óptima para planear y desarrollar cualquier tipo de producto. Muchas compañías utilizan más de una estructura en la dirección de esas actividades. A continuación se reseñan algunas estructuras organizacionales de uso común en la planeación y desarrollo:

- **Comité de planeación de productos.** Pertenecen a él los jefes de los principales departamentos (marketing, producción, finanzas, ingeniería e investigación) y, sobre todo en las empresas pequeñas, el presidente u otro ejecutivo de alto nivel.
- **Departamento de productos nuevos.** Estas unidades son pequeñas y están formadas por cinco o menos personas. El jefe del departamento está bajo las órdenes del presidente (quien, en una empresa grande, puede ser el gerente de una división).
- **Equipo de nuevos productos.** Un grupo pequeño con representantes de los departamentos de ingeniería, producción, finanzas e investigación de mercados opera como una unidad independiente de negocios. Casi siempre el equipo está bajo las órdenes directas de la alta dirección.[21]
- **Gerente de producto.** Este individuo se encarga de planear los productos nuevos y también de administrar los ya establecidos en el mercado. Aunque el puesto sigue vigente en algunas organizaciones, en la siguiente sección veremos por qué esta estructura está siendo absorbida en muchas compañías por una de las que acabamos de explicar.

Por ahora no nos interesa determinar cuál estructura organizacional se escoge, pues todas tienen sus ventajas e inconvenientes. Lo más importante es asegurarse de que alguna persona o grupo tenga la responsabilidad del desarrollo de los nuevos productos y que la respalden los ejecutivos de alto nivel. La innovación de productos es una actividad demasiado importante para ser dirigida en una forma desorganizada y con indiferencia, pensando que el trabajo se hará de alguna manera.[22] Si se desea aumentar al máximo las probabilidades de realizarlo exitosamente, es indispensable que los empleados responsables de la planeación reúnan las habilidades apropiadas, sobre todo la capacidad de colaborar con otros y de operar en un ambiente de apoyo mutuo.[23]

Cuando se termina el nuevo producto, la responsabilidad del marketing casi siempre pasa a un departamento ya existente o a un nuevo departamento establecido específicamente para él. En algunos casos, el equipo que lo creó puede asumir la función de núcleo gerencial de la nueva unidad.

Con todo, entraña por lo menos dos riesgos el hecho de integrar los productos nuevos en departamentos encargados de comercializar productos ya establecidos en el mercado. Primero, los ejecutivos que los administran tal vez tengan una perspectiva a corto plazo cuando resuelven los problemas cotidianos de los productos actuales. En consecuencia, posiblemente no reconozcan la importancia a largo plazo de los productos nuevos y, por lo mismo, quizá los descuiden. Segundo, los gerentes de productos exitosos a menudo se muestran renuentes a correr los riesgos del marketing de productos nuevos.

Gerente de producto

En muchas compañías, un **gerente de producto** (algunas veces llamado *gerente de marca*) se encarga de realizar la planeación de los productos *nuevos* y también de los ya *establecidos*. En una empresa grande puede haber varios gerentes de producto que "reportan" a ejecutivos de marketing de un nivel más alto.

En algunas corporaciones (Procter & Gamble, Pillsbury y General Foods por mencionar algunas), las responsabilidades del gerente de producto es muy amplia. Entre otras cosas incluye la *planeación de un programa completo de marketing* para la marca o grupo de productos. Debe además establecer las metas del marketing, elaborar los presupuestos y planes de la publicidad y las actividades de la venta personal. A veces también forman parte de la descripción de su puesto el desarrollo de productos nuevos y el mejoramiento de los ya establecidos. En el otro extremo, algunas compañías limitan sus actividades a las áreas de la venta y la promoción de ventas.

Tal vez el problema principal de esta estructura radica en que a menudo se les asigna una gran responsabilidad, pero sin que se les conceda autoridad suficiente. Por ejemplo, se supone que deben diseñar el plan que seguirá la fuerza de ventas al vender el producto a los mayoristas y detallistas, pero no tienen verdadera autoridad sobre los vendedores. Se encargan de trazar los planes de publicidad, pero rara vez seleccionan las agencias que los desarrollarán y los realizarán. Los gerentes de producto tienen la responsabilidad de obtener utilidades con sus marcas, pero a menudo se les niega el control sobre los costos del producto, los precios y los presupuestos de la publicidad. Su eficacia depende principalmente de la capacidad de influir en otros ejecutivos para que colaboren en la realización de sus planes.

La gerencia de producto se adoptó y prosperó ampliamente en el periodo comprendido entre los años 50 y 70, etapa de gran crecimiento económico y expansión del mercado. En la década de 1980, muchas industrias tuvieron un crecimiento lento en mercados maduros, aunado esto a una tendencia a la planeación estratégica que hacía hincapié en el control gerencial centralizado. Debido a estas fuerzas ambientales, la gerencia de producto ha sido abolida en algunas empresas y está siendo modificada en otras. Por ejemplo, al prepararse para los años 90, Procter & Gamble creó **gerentes de categoría**, quienes se encargan de supervisar las actividades de un grupo afín de gerentes de producto. P&G también decidió

Planeación y desarrollo del producto

utilizar más los equipos de negocios constituidos para atender las necesidades de un proyecto especial de marketing.[24]

■ RESUMEN

El primer mandamiento del marketing es "Conoce a tu cliente" y el segundo es "Conoce tu producto". El número y el éxito relativos de los nuevos productos son los determinantes principales de las ventas, tasa de crecimiento y ganancias de una compañía. Una empresa dará un óptimo servicio a su clientela si produce y comercializa bienes y servicios que satisfagan sus necesidades. La escasez de algunos recursos naturales y el interés cada día mayor por el ambiente hacen de la responsabilidad social un aspecto esencial de la innovación de productos.

Si desean administrar eficientemente sus productos, los profesionales del marketing deben conocer muy bien el significado de *producto*, que pone de relieve el hecho de que los consumidores compran la satisfacción de sus necesidades. Los productos pueden clasificarse en dos grandes categorías: productos de consumo y productos industriales. Después se subdivide cada categoría, porque se requiere un programa especial de marketing para cada grupo de productos.

Existen muchos puntos de vista sobre lo que constituye un *nuevo* producto. En el marketing, hay que reconocer tres categorías de productos nuevos: innovadores, muy diferentes e imitativos.

Una formulación clara de la estrategia de la empresa respecto a los productos nuevos sienta las bases para el proceso de seis etapas en que se desarrollan. Las primeras etapas tienen una gran importancia. Una empresa se ahorrará mucho dinero y trabajo, si toma una decisión oportuna *y correcta* para interrumpir el desarrollo de un producto propuesto.

Al decidir si incorpora un nuevo producto, el fabricante o intermediario deberán determinar si la demanda del mercado es suficiente o no. Además el producto tendrá que ser compatible con los recursos de marketing, producción y financieros de la organización. Es preciso que los gerentes conozcan los procesos de adopción y difusión de los productos nuevos.

Un usuario potencial pasa por seis etapas al decidir si adopta o no un nuevo producto. Los adoptadores de una innovación se dividen en cinco categorías, según la rapidez con que aceptan una innovación, como puede serlo un nuevo producto. Las categorías son: innovadores, adoptadores tempranos, mayoría temprana, mayoría tardía y rezagados. Además, suele haber un grupo de no adoptadores.

Al parecer, las cinco características de una innovación influyen en la tasa de adopción, a saber: ventaja relativa, compatibilidad, complejidad, posibilidad de prueba y observabilidad.

No se logran una planeación y desarrollo exitosos de los productos sin un compromiso y apoyo a largo plazo por parte de la alta dirección. Más aún, es necesario organizar correctamente los programas de productos nuevos. La mayor parte de las compañías se sirven de una de las cuatro estructuras organizacionales en el desarrollo de productos nuevos: comité de planeación de productos nuevos, departamento de productos nuevos, equipo de proyectos nuevos o gerente de producto.

Más sobre  **GENERAL MOTORS**

En algunos casos, el desarrollo de un nuevo producto tarda mucho tiempo y afronta muchos problemas en el proceso. Eso fue precisamente lo que sucedió con el modelo Impact. A fines de 1992, se encontraba ya en la quinta etapa del desarrollo, las pruebas de mercado. Supuestamente había recibido decisiones aprobatorias al final de las etapas anteriores. Si todo marchaba bien, el Impact ayudaría al debilitado pero todavía gigantesco fabricante de automóviles a incrementar considerablemente sus ingresos, a recuperar la participación del mercado que había perdido y a mejorar su reputación respecto al liderazgo tecnológico y a la protección del ambiente.

Sin embargo, al finalizar el año de 1992, el Impact se topó con un gran obstáculo. General Motors anunció que no intentaría producir ni comercializar su automóvil eléctrico, sino que haría una alianza con Chrysler y Ford para diseñarlo.

¿Qué había sucedido? Básicamente, el Impact fue víctima de la débil condición de General Motors luego de varios años de un desempeño deficiente. Poco después de ser nombrado presidente ejecutivo de la compañía, John Smith anunció varias reducciones tendientes a mejorar la situación financiera. El proyecto Impact se encontraba entre ella no sólo por requerir una inversión estimada de $1 mil millones de dólares, sino también porque General Motors empezaba a dudar de que pudiera vender suficientes unidades para evitar una fuerte pérdida.

Con todo, General Motors declaró que todavía tenía la intención de producir 50 prototipos del Impact. Le servirían para conocer las reacciones de los usuarios individuales y de posibles compradores de flotillas. Así pues, en vez de eliminar completamente el equipo encargado de desarrollar el Impact, el equipo fue reducido de 200 ingenieros y ejecutivos a cerca de 50.

La alianza de General Motors, Ford y Chrysler, parte del U.S. Council for Automotive Research (CAR), estudiará en forma conjunta la tecnología de los vehículos eléctricos. CAR diseñará, y tal vez hasta produzca, las partes básicas del automóvil. Es menos probable el ensamblado conjunto, porque podría violar las leyes antimonopolio de Estados Unidos.

Los "Tres Grandes" de Detroit piensan que esta alianza es recomendable por dos razones:

- Los funcionarios gubernamentales han empezado a presionar a los fabricantes estadounidenses para que produzcan automóviles eléctricos, pero los usuarios no han manifestado mucho interés en ellos. Concretamente, las tres compañías están seguras de que CAR será el medio más adecuado para acelerar el desarrollo de vehículos eléctricos, de modo que pueda cumplir con los requisitos de cero emisiones que California impondrá a los automóviles.
- Tal vez se necesite un esfuerzo conjunto de todos los estadounidenses para superar a sus colegas japoneses que cuentan para ello con el respaldo del gobierno de su país.

CAR posiblemente también se tope con obstáculos, entre ellos las opiniones divergentes de sus miembros. Con el Impact, General Motors manifestó el compromiso de producir un sedán eléctrico totalmente nuevo. En cambio, a Chrysler y Ford les interesaba más desarrollar las versiones eléctricas de sus actuales minicamiones. Más aún, General Motors daba la impresión de dirigir el Impact a los usuarios individuales, en tanto que los otros miembros de los Tres Grandes se concentraban en los compradores de flotillas.

1. a. ¿Debería General Motors haber continuado sus intentos de producir y comercializar el Impact?
   b. ¿Coincide con la decisión de General Motors de colaborar con dos competidores en el desarrollo de un vehículo eléctrico?

2. a. ¿Qué posición ocupa el automóvil eléctrico en las cinco características que influyen en la rapidez con que se adoptan las innovaciones?
   b. Basándose en la evaluación anterior, ¿con qué rapidez adoptarán los consumidores el Impact (u otra marca de automóvil eléctrico)?[25]

■ TÉRMINOS Y CONCEPTOS BÁSICOS

Producto (268)
Productos de consumo (269)
Productos para las empresas (269)
Bienes de conveniencia (269)
Bien de comparación (271)
Bien de especialidad (271)
Bienes no buscados (271)
Materias primas (274)
Materiales y piezas de fabricación (275)

Instalaciones (275)
Equipo accesorio (276)
Suministros de operación (277)
Productos nuevos (280)
Estrategia de productos nuevos (281)
Proceso de desarrollo de productos nuevos (281)
Análisis comercial (282)
Pruebas de mercado (282)
Marketing de pruebas (282)

Proceso de adopción (286)
Difusión (287)
Etapas en el proceso de adopción (287)
Categorías de adoptadores de innovaciones (287)
Innovadores (287)
Adoptadores tempraneros (288)
Mayoría temprana (289)
Mayoría tardía (289)
Rezagados (289)
Agente de cambio (289)

No adoptadores (290)
Características de la innovación que afectan a la tasa de adopción (290)
Comité de planeación de productos (291)
Departamento de productos nuevos (291)
Equipo de nuevos productos (291)
Gerente de producto (292)
Gerentes de categoría (292)

■ PREGUNTAS Y PROBLEMAS

1. ¿En qué aspectos son diferentes los productos en los siguientes casos?
   a. Una lavadora Whirlpool que se vende en una tienda de electrodomésticos y una lavadora parecida que se vende en Sears con el nombre de marca Kenmore. Suponga que Whirlpool fabrica ambas lavadoras.
   b. Sunbeam Mixmaster vendido por una importante tienda de departamentos y el mismo modelo vendido por una tienda de descuento.
   c. Un boleto de una línea área adquirido a través de un agente de viajes y el mismo boleto adquirido directamente en la compañía.
2. a. Explique las diversas interpretaciones de la designación *nuevo producto*.
   b. Dé algunos ejemplos, aparte de los citados en el capítulo, de productos pertenecientes a las tres categorías de productos nuevos.
3. "Las preferencias de marca está bien establecidas respecto a muchos artículos de ropa para dama, por lo cual los productos, considerados tradicionalmente como bienes de comparación, pasarán a la categoría de bienes de especialidad. Sin embargo, otros artículos de ropa para dama se expenden en supermercados y en tiendas de variedad; esto indica que algunos artículos son bienes de conveniencia."
   a. Explique el razonamiento en que se basan las afirmaciones anteriores.
   b. ¿Coincide en que la ropa para dama está abandonando la clasificación de bienes de comparación? Explique su respuesta.
4. Compare los elementos de una mezcla de marketing para un bien de conveniencia con los de una mezcla para un bien de especialidad.
5. ¿En cuál de las cinco categorías de bienes industriales deberían incluirse los siguientes productos? ¿Y cuáles pueden pertenecer a más de una categoría?
   a. Camiones.
   b. Equipo de rayos X.
   c. Papel para máquina de escribir.

d. Alambre de cobre.
e. Prensas para impresión.
f. Tuercas y roscas.
g. Clips para papel.
h. Terrenos.
6. Al desarrollar productos nuevos, ¿cómo puede una compañía asegurarse de que adopta una conducta socialmente responsable en relación con la escasez de recursos y el ambiente.
7. Suponga que las siguientes empresas están estudiando la conveniencia de aumentar sus líneas de productos. En cada caso, ¿de qué manera el producto propuesto cumple con los criterios que rigen la incorporación de un nuevo producto? Explique sus decisiones.
   a. McDonald's: una barra de ensaladas.
   b. Safeway: llantas de automóvil.
   c. Exxon: computadoras personales.
   d. Banks: seguros de vida.
   e. General Motors: motores fuera de borda para botes.
8. Algunos productos nuevos provenientes del extranjero se describen en el recuadro de Perspectiva Internacional. En su opinión, ¿cuáles obtendrán el mayor éxito en Estados Unidos? Explique sus decisiones.
9. Describa las clases de personas que tienden a caer dentro de a) la categoría de innovadores y b) la categoría de mayoría tardía.
10. Mencione algunos de los problemas que generalmente surgen en la estructura organizacional de gerente de producto.

■ APLICACIÓN AL MARKETING

1. Concierte una cita con el gerente de una gran tienda de su comunidad. Discuta dos temas con él:
   a. ¿Qué producto de introducción reciente ha sido un fracaso o parece condenado al fracaso?
   b. En una ojeada retrospectiva, ¿parece este producto reunir los criterios para incorporar un nuevo producto? (Además de los criterios de los intermediarios, no olvide incluir también los del productor.)

2. Diseñe (con palabras o dibujos) un nuevo producto que encaje dentro de una de las dos primeras categorías de productos nuevos, esto es, un producto realmente innovador o un sustituto significativo, no simplemente un producto de imitación. Evalúe después qué lugar ocupa en las cinco características de una innovación que influyen en la rapidez de la adopción.

■ NOTAS Y REFERENCIAS

1. Explicación basada en David Woodruff, "GM: All Charged Up over the Electric Car", *Business Week*, 21 de octubre, 1991, pp. 106, 108; Therese R. Welter, "GM Makes an Impact", *Industry Week*, 21 de enero, 1991, pp. 40-41, y Chris Kucway, "High-Tech Has Its Impact", *Advertising Age*, 23 de julio, 1990, p. S12.

2. Yumiko Ono, "Some Kids Won't Eat the Middle of an Oreo", *The Wall Street Journal*, 20 de noviembre, 1991, p. B1.

3. Jacqueline Mitchell, "Buyers of VWs Receive Cushion against Layoffs", *The Wall Street Journal*, 29 de enero, 1992, p. B1.

4. Otro esquema de clasificación que contiene directrices estratégicas para la dirección, relacionando los productos y los precios, y también una excelente bibliografía sobre la clasificación de productos viene en Patrick E. Murphy y Ben M. Enis, "Classifying Products Strategically", *Journal of Marketing*, julio de 1986, pp. 24-42. Véase también a Ernest F. Cooke, "The Relationship between a Product Classification System and Marketing Strategy", *Journal of Midwest Marketing*, primavera de 1987, pp. 230-240.

5. Los ejemplos de este párrafo se tomaron de Robert D. Hof, "Suddenly Hewlett-Packard Is Doing Everything Right", *Business Week*, 23 de marzo, 1992, pp. 88-89; Zachary Schiller, "At Rubbermaid, Little Things Mean a Lot", *Business Week*, 11 de noviembre, 1991, p. 126, y Joseph Weber, "A Big Company That Works", *Business Week*, 4 de mayo, 1992, pp. 124-127+.

6. "Study: Launching New Products Is Worth the Risk", *Marketing News*, 20 de enero, 1992, p. 2.

7. Alecia Swasy, "How Innovation at P&G Restored Luster to Washed-Up Pert and Made It No. 1", *The Wall Street Journal*, 6 de diciembre, 1990. p. B1.

8. "124 New Condiments Burst onto the Market", *St. Louis Post-Dispatch*, 26 de agosto, 1991, p. 24BP. Un área en que existe "indigestión de productos" es la de medicamentos para el

Planeación y desarrollo del producto

resfriado, tal como se explica en Kathleen Deveny, "Copycat Cold Medicines Proliferate, Creating Confusion among Consumers", *The Wall Street Journal*, 1 de febrero, 1991, p. B1.

9. Estas tasas de fracaso y también los motivos que se exponen en el siguiente párrafo están tomados de "The 1991 Innovation Survey", realizado por el Grupo EFO Limited of Weston, CT.

10. Estas estadísticas y ejemplos fueron recopilados por Marketing Intelligence Service Ltd. de Naples, NY, tal como se mencionan en Laura Bird, "New-Product Troubles Have Firms Cutting Back", *The Wall Street Journal*, 13 de enero, 1992, p. B1.

11. Los beneficios señalados se extrajeron de un estudio citado en Robert G. Cooper y Elko J. Kleinschmidt, "New Product Processes at Leading Industrial Firms", *Industrial Marketing Management*, mayo de 1991, pp. 137-147. Un método para mejorar la dirección de varios proyectos para desarrollar productos nuevos se describe en Steven C. Wheelwright y Kim B. Clark, "Creating Project Plans to Focus Product Development", *Harvard Business Review*, marzo-abril 1992, pp. 70-82.

12. Un informe sobre los criterios usados en la toma de decisiones de proseguir o interrumpir el proceso de desarrollo de productos se da en Ilkka A. Ronkainen, "Criterio Changes across Product Development Stages", *Industrial Marketing Management*, agosto de 1985, pp. 171-178.

13. "Study: Launching New Products Is Worth the Risk", loc. cit.

14. Más información sobre las dos primeras etapas, denominadas *identificación de oportunidades*, viene en Linda Rochford, "Generating and Screening New Product Ideas", *Industrial Marketing Management*, noviembre de 1991, pp. 287-296.

15. "Study: Launching New Products Is Worth the Risk", loc. cit.

16. Howard Schlossberg, "Services Development Lags Behind New Products", *Marketing News*, 6 de noviembre, 1989, p. 2.

17. Los fundamentos de la teoría de difusión y una evaluación de los estudios más sobresalientes acerca de la difusión de una innovación se explican en Everett M. Rogers, *Diffusion of Innovations*, 3a. ed., The Free Press, New York, 1983.

18. Joan E. Rigdon y Meredith K. Wadman, "New Long-Life Bulbs May Lose Brilliance in a Crowded Market", *The Wall Street Journal*, 2 de junio, 1992, p. B6.

19. Rogers, op. cit.

20. Joan E. Rigdon, "For Cardboard Cameras, Sales Picture Enlarges and Seems Brighter Than Ever", *The Wall Street Journal*, 11 de febrero, 1992, p. B1.

21. Véase a Frank G. Bingham y Charles J. Quigley, hijo, "Venture Team Application to New Product Development", *Journal of Business and Industrial Marketing*, invierno-primavera 1989, pp. 49-59.

22. Argumentos en favor de este punto se encuentran en Cooper y Kleinschmidt, op. cit., y C. Merle Crawford, "The Dual-Drive Concept of Product Innovation", *Business Horizons*, mayo-junio 1991, pp. 32-38. En el segundo artículo se pone de relieve que, sin importar la estructura organizacional que se utilice, es indispensable que la innovación de productos se base *tanto* en la tecnología *como* en los mercados.

23. Una explicación más amplia sobre las diferencias entre los líderes más o menos exitosos de productos nuevos se ofrece en Gloria Barczak y David Wilemon, "Successful New Product Team Leaders", *Industrial Marketing Management*, febrero de 1992, pp. 61-68.

24. Más detalles acerca de la preparación de P&G para la planeación y desarrollo se productos en los años 90 se encuentran en Alecia Swasy, "In a Fast-Paced World, Procter & Gamble Sets Its Store in Old Values", *The Wall Street Journal*, 21 de septiembre, 1989, pp. A1, A18; Jolie Solomon y Carol Hymowitz, "P&G Makes Changes in the Way It Develops and Sells Its Products", *The Wall Street Journal*, 11 de agosto, 1987, pp. 1, 12.

25. Material adicional se tomó de Joseph B. White, "GM Shelves Program to Make Its Own Electric Cars and Joins Ford, Chrysler", *The Wall Street Journal*, 14 de diciembre, 1992, p. A3, y Joseph B. White, "Detroit's Big Three Are Moving Quickly toward Joint Effort on Electric Vehicles", *The Wall Street Journal*, 10 de diciembre, 1992, p. A5.

CAPÍTULO 9

Estrategias de la mezcla de productos

¿Puede HEINZ incrementar sus ingresos con su línea Weight Watchers?

¡Cómo han cambiado las cosas! En 1989, H. J. Heinz Company tenía enorme éxito con sus alimentos congelados Weight Watchers. En los años subsecuentes disminuyeron en $100 millones de dólares sus ventas en este segmento del mercado. ¿Qué ocurrió?

Al crecer las ventas de esta categoría de productos, la competencia se intensificó también. En especial, ConAgra Inc. introdujo sus alimentos congelados Healthy Choice. El nombre de Weight Watchers sugería una dieta, en tanto que los alimentos Healthy Choice fueron posicionados como una alternativa adecuada frente a otros alimentos congelados. Al ser lanzadas al mercado, no sólo contenían pocas calorías, sino que además contenían menos sodio y grasa que las marcas de la competencia, como Weight Watchers. Heinz, ahora que Weight Watchers es la marca #4 del mercado, afronta muchos competidores entre los que se cuentan Healthy Choice de ConAgra, Lean Cuisine de Stouffer Corporation y Le Menu de Campbell Soup Corporation.

De hecho, posiblemente hoy existe un exceso de oferta de alimentos congelados (saludables y de otras clases). Según una encuesta reciente, 38% de los consumidores aseguran que hay demasiadas opciones de este tipo de alimentos, pero sólo un 23% sigue pensando que es una categoría novedosa. Más aún, son pocos los fabricantes que obtienen utilidades de esta categoría de productos tan fuertemente competida.

Heinz ha empezado a recuperar agresivamente las ventas y su participación en el mercado, obteniendo además ganancias con su línea Weight Watchers. Muchas marcas de la competencia ofrecen productos semejantes en cuanto al contenido de calorías, grasa y sal. Weight Watchers está tratando de conseguir una ganancia diferencial al crear el producto más sabroso de esta categoría. Para ello Heinz introdujo la línea Weight Watchers Ultimate 200, promoviéndola como el platillo principal "superbajo en calorías", cuyo sabor es mejor que el de cualquier otro alimento congelado. Y además está invirtiendo mucho más en el marketing de esta línea.

La competencia ataca, y contraataca, las tácticas de las otras marcas. Stouffer's promueve agresivamente su línea Lean Cuisine reduciendo aún más el contenido de sal y de grasa, incorporando otros platillos principales e invirtiendo mucho más en marketing. Campbell Soup Company está ampliando Le Menu, sus alimentos congelados más caros. Campbell admite que su línea New American Cuisine no es tan "saludable", pero tiene un sabor mucho más agradable. Otras compañías están atareadas reposicionando, cambiando fórmulas, modificando los precios o reempaquetando sus líneas de alimentos congelados.[1]

¿En qué ha acertado y en qué no H. J. Heinz Company al tratar de fortalecer su línea Weight Watchers de alimentos congelados?

OBJETIVOS DEL CAPÍTULO

Encontramos un aspecto común en este caso referente a líneas rivales de alimentos congelados. Es decir, con el tiempo, una compañía debe tomar muchas decisiones sobre su serie de productos. El hecho de que se tomen las decisiones correctas, y de que se adopten en el momento oportuno, influye profundamente en el éxito de una empresa, no sólo por un año sino por muchos.

En un momento dado, una empresa estará comercializando algunos productos nuevos y otros viejos, al mismo tiempo que planea y desarrolla otros. En el presente capítulo examinaremos varias decisiones estratégicas relacionadas con la variedad de productos. Después de estudiar este capítulo, usted podrá explicar:

- La diferencia entre una mezcla y una línea de productos
- Las principales estrategias de la línea y mezcla de productos:
  - Posicionamiento
  - Ampliación
  - Modificación
  - Contracción
- Aumento de la línea en precios altos y en precios bajos
- Administración de un producto durante el ciclo de vida
- Obsolescencia planeada
- Estilo y moda
- El proceso de adopción de la moda

MEZCLA Y LÍNEA DE PRODUCTOS

Carma Labs Incorporated vende únicamente crema para los labios y WD-40 Company vende sólo lubricante en aerosol.[2] A pesar de estos dos ejemplos, hay pocas firmas que se basen en un solo producto; por el contrario, la mayor parte de ellas vende varios productos. Al conjunto de bienes que una empresa ofrece al público se le llama **mezcla de productos**. La estructura de una mezcla tiene amplitud y profundidad. La **amplitud** se mide por el número de líneas que vende y su **profundidad** por la diversidad de tamaños, colores y modelos incluidos en cada una de las líneas. En la figura 9-1 se muestra la estructura de una mezcla de productos.

Una **línea de productos** es un grupo extenso de productos, que se diseñan para usos esencialmente semejantes y que presentan características físicas también parecidas. Las

FIGURA 9-1

Mezcla de productos: anchura y profundidad.

Parte de la mezcla de productos en una tienda de artículos para el cuidado del pasto y del jardín.

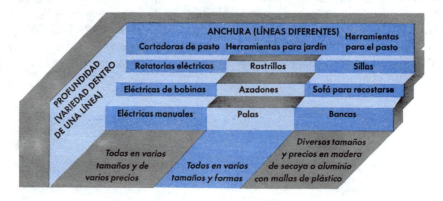

Estrategias de la mezcla de productos

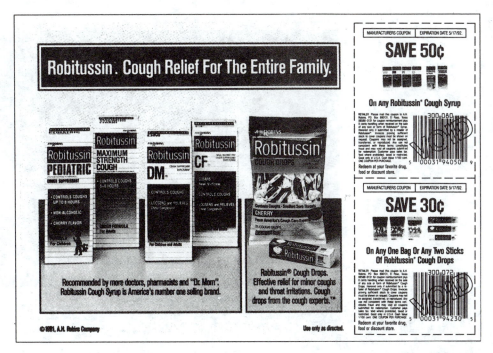

Robitussin cuenta con una extensa línea de productos para aliviar varios padecimientos.

compañías diseñan una línea de productos en varias formas. Para A. H. Robins Company, sus varios tipos de medicamentos para la tos Robitussin (por ejemplo, los jarabes "Pediatric" y "Maximum Strenght" y las gotas con sabor a cereza) constituyen una línea de productos. En cambio, en el caso de una farmacia o supermercado grandes, todas las marcas de medicamentos para la tos, no sólo los de Rubittussin, representan una de las numerosas líneas de productos que venden.

ESTRATEGIAS RELATIVAS A LA MEZCLA DE PRODUCTOS

Anheuser-Busch Companies, Inc. ofrece productos de panificación, botanas, entretenimiento familiar y 18 marcas de cerveza. ¿Este conjunto de productos tan heterogéneos se fue desarrollando en forma accidental? La respuesta es negativa: más bien obedece a una estrategia planeada de la corporación. Si quieren tener éxito en el marketing, tanto los fabricantes como los intermediarios necesitan estrategias rigurosamente planeadas para administrar sus mezclas de productos, como veremos en seguida.

Posicionamiento del producto

Los ingresos de la compañía y sus utilidades dependen, en gran medida, de la capacidad de los ejecutivos para atraer la atención sobre el producto y diferenciarlo favorablemente de otros productos similares. De ahí la necesidad de que realicen el **posicionamiento**, es decir, que creen la imagen que un producto proyecta en relación con los productos de la competencia y los de la empresa.

Los ejecutivos de marketing disponen de varias estrategias de posicionamiento. Algunas veces optarán por aplicar más de una para un producto en particular. A continuación se explican las más importantes.

Intel está tratando de convencer a los fabricantes y a los compradores de que su microprocesador es superior a los que ofrece la competencia.

Posicionamiento en relación con un competidor. Con algunos productos la estrategia más eficaz consiste en posicionar un producto directamente contra la competencia. Da excelentes resultados cuando se trata de una compañía que tiene una sólida ventaja diferencial o que intenta fortalecerla. Para no perder clientes ante los fabricantes rivales de microprocesadores, Intel Corporation lanzó un campaña cuya finalidad era convencerlos de que su producto era superior a los de la competencia. Incluso les paga a los fabricantes de computadoras para que incluyan en sus anuncios el eslogan "Intel Inside" (Intel incluido).[3] En otros mercados, Cadillac introdujo el modelo Allante para recuperar las ventas perdidas ante los elegantes automóviles de fabricación europea, pero fue en vano. Coca-Cola y Pepsi-Cola compiten en forma directa, prácticamente en todos los aspectos de la mezcla de marketing (hasta en la participación de celebridades que promocionan su refresco).

En el caso de otros productos, el posicionamiento directo es exactamente lo que *no* debe hacerse, sobre todo cuando el competidor tiene una fuerte posición en el mercado. En Francia, la red de televisión La Cinq decidió competir directamente con la popular red TF-1. Sin embargo, no logró ganar una ventaja sobre ella y este error de posicionamiento explica en gran parte su fracaso.[4]

Cuando Sears se percató de que las tiendas de departamentos con líneas viejas ya no podrían dominar la venta al menudeo, se reposicionó frente a sus competidores. Afrontó (y todavía afronta) una fuerte competencia en dos áreas: los detallistas de especialidades como las tiendas de ropa The Limited y las de electrodomésticos y aparatos electrónicos Circuit City; y las cadenas de descuento que tienen pocos gastos de operación como Wal-Mart y Kmart. Una parte del reposicionamiento consistió en crear departamentos de especialida-

COMPROMISO CON EL AMBIENTE

¿ESTÁ COMPRANDO EL PÚBLICO PRODUCTOS "ECOLÓGICOS"?

Los consumidores de la mayor parte de los países afirma que, con tal de proteger el ambiente, están dispuestos a pagar un 20% más por los productos. Según un estudio realizado en 22 países con miras a la Cumbre de la Tierra que se celebró en 1992 en Río de Janeiro, la mayoría de los ciudadanos de 16 naciones pagaría precios más altos para apoyar los esfuerzos que hacen las empresas para proteger el ambiente. En Estados Unidos, 65% de los entrevistados dijo que aceptaría los precios más elevados que se les fijaran a los productos "ecológicos" (es decir, que no dañan al ambiente).

Pero si "las acciones valen más que las palabras", llegaremos a la conclusión de que a los consumidores no les preocupa el ambiente. El hecho es que pocos productos ecológicos han tenido buena demanda. Ha disminuido incluso la venta de productos de papel reciclado. En Kmart, los únicos que se han vendido bien son los tees (puntos de partida) de golf; pero la venta de este producto no será suficiente para salvar el ambiente.

¿Por qué los consumidores no adquieren productos ecológicos? Probablemente porque suelen costar más que los otros. Y durante la recesión de principios de los años 90, los consumidores fueron muy sensibles a los precios. Otra razón puede ser que, en su opinión, los productos ecológicos no son tan buenos como los demás respecto al desempeño y a la facilidad de uso. La situación es diferente en Europa, donde los productos ecológicos tienen una gran demanda. Quizá el público estadounidense se mostrará más receptivo a este tipo de productos, a medida que la economía vaya mejorando y dispongan de más dinero para gastar.

¿Qué podría hacer una compañía para motivarlos a que compren su línea de productos ecológicos?

Fuente: "Poll: Most Would Pay More to Protect Earth", *Columbia* (Missouri) *Daily Tribune*, 8 de junio, 1992, p. 1; Valerie Reitman, " 'Green Products' Sales Seem to Be Wilting", *The Wall Street Journal*, 18 de mayo, 1992, p. B1.

---

des; por ejemplo, su departamento de electrodomésticos "Brand Central" vende las marcas de los grandes fabricantes además de su propia marca Kenmore. Para hacer frente al reto de las cadenas de descuento, Sears renovó su organización a fin de reducir los costos y acelerar la toma de decisiones (una de cuyas finalidades era obtener en menos tiempo las mercancías de mayor demanda). También adoptó el recurso de "precios bajos diario" para reemplazar las ventas frecuentes. Su nueva estrategia no le redituó los resultados esperados, porque un reposicionamiento eficaz es sumamente difícil: requiere cambios en las operaciones e imagen que la compañía proyecta ante el público.[5]

Posicionamiento en relación con una clase de productos o con un atributo. Algunas veces la estrategia de posicionamiento de una compañía requiere relacionar el producto con una clase de productos o con un atributo (o bien disociarlos de ellos). En la promoción algunas compañías afirman que sus mercancías pertenecen a una clase deseable, como "Hecho en América (U.S.A)", que poseen un atributo atractivo ("poco consumo de energía") o que son "amigables con el ambiente".

¿DILEMA ÉTICO?

Lifetime Learning Systems desarrolla paquetes de materiales didácticos que obsequia a los profesores de todo el país. La compañía realiza tratos con algunos fabricantes (como Quaker Oats, PepsiCo y Eastman Kodak) para mencionar e incluir sus productos en los materiales. El paquete de Quaker Oats, que presenta al personaje Cap'n Crunch del conocido cereal para desayuno, está dirigido a los alumnos desde preescolar hasta el tercer grado de primaria. Incluye algunos ejercicios en áreas como las habilidades visuales y seguir instrucciones. Por supuesto, Quaker Oats espera que Cap'n Crunch llegue a ser muy conocido en los salones de clase.

¿Es ético este método de promover un producto entre los niños?

Fuente: Richard Gibson, "Cereal Namesake Slips into Schools", *The Wall Street Journal,* 14 de febrero, 1992, p. B1.

Esta estrategia se aplica mucho con los productos alimenticios. Por ejemplo, Libby's, Del Monte, Campbell's, Kellogg's y otras compañías rivales han introducido líneas de verduras, sopas, cereales y otros alimentos con un común denominador: contiene nada o muy poca sal. Estos alimentos se posicionan frente a productos que se empacan con el contenido común de sal. De manera análoga, como se señaló en el caso con que inicia el capítulo, los fabricantes de alimentos congelados saludables los posicionan no sólo en relación con el contenido de sal, sino también con el contenido de calorías, colesterol y grasa. Algunas veces se hace hincapié en *lo que contiene* el producto (y no lo que se excluye de él). Esto se observa en el caso de Volvo, compañía que construyó una protección de acero alrededor del compartimiento de los pasajeros en su marca de automóvil.

Posicionamiento por precio y calidad. Algunos fabricantes y detallistas gozan de fama por la gran calidad de sus productos y por sus precios elevados. En el comercio al menudeo, Saks Fifth Avenue y Neiman-Marcus están posicionados en un extremo del continuo precio-calidad; las tiendas de descuento como Target y Kmart se hallan en el otro. Pero con ello no queremos decir que este tipo de establecimientos ignoran la calidad; más bien, dan prioridad a los precios bajos. En los últimos años, con poca fortuna, J. C. Penney ha intentado reposicionar sus tiendas en el continuo precio-calidad, mejorando las líneas de ropa y poniendo de relieve los nombres de marca.

En el campo de la industria automotriz, es común el posicionamiento por precio y calidad. Últimamente han venido proliferando los automóviles "de lujo" que acentúan la calidad y que se vendan a precios relativamente altos; Infiniti y Lexus son los modelos más recientes que vale la pena mencionar. No obstante, a los fabricantes de este tipo de automóviles le resulta difícil diferenciarse unos de otros respecto a atributos tan importantes como el desempeño, la comodidad y la seguridad. De ahí que los usuarios se sientan confundidos.[6]

Posicionamiento en relación con un mercado meta. Sin importar la estrategia de posicionamiento que se utilice, siempre habrán de tenerse en cuenta las necesidades del mercado meta. Esta estrategia no sugiere que las otras lo ignoren. Simplemente establece que el mercado meta, y no otro factor como la competencia, es el punto central al posicionar el producto.

Anheuser-Busch (A-B) aplica esta estrategia con su línea de cervezas, pues ofrece 18 productos distintos que buscan satisfacer diferentes deseos del público respecto al gusto, calorías y precio. Cuenta con cervezas ligera y pesada en cinco niveles de precios. A precios que incluyen desde el más alto hasta el más bajo, vende Carlsberg, Michelob, Budweiser, Busch y Natural en las versiones regular y ligera. Además, trata de satisfacer a otros consumidores con un licor de cerveza de malta "seca" e incluso con una cerveza sin alcohol denominada O'Doul's.[7]

Expansión de la mezcla de productos

La **expansión de la mezcla de productos** se logra aumentando la profundidad de una línea y/o el número de líneas que se ofrecen a los consumidores. A continuación examinaremos ambas opciones.

Cuando una compañía agrega un producto semejante a una línea ya existente con el mismo nombre de marca, a esto se le llama **extensión de la línea**. Así, cuando un estadounidense recorta el cupón insertado en el periódico del sábado, probablemente encuentre ejemplos como las galletas saladas Sunshine que ahora se ofrecen en versiones de trigo entero o sin sal, lo mismo que el producto original; Ocean Spray que anuncia sus bebidas en nuevos sabores, y Dannon que promueve su yogurt ligero y regular.

La estrategia de la extensión de la línea también la aplican la empresas en los servicios. Por ejemplo, las universidades norteamericanas ofrecen hoy programas que atraen a personas mayores y, por su parte, la Iglesia Católica amplió su línea de servicios religiosos celebrando misas los sábados y domingos por la tarde.

Las extensiones de líneas obedecen a muchas razones. La principal es que la empresa quiere atraer más segmentos del mercado y para ello les ofrece una gama más amplia de un producto en particular. Ésta podría ser la tendencia más notable en el marketing durante los primeros años de la década de 1990. Como se explica en el recuadro de la página siguiente, las extensiones de líneas se han vuelto tan comunes que se pone en tela de juicio su eficacia.

Otra forma de expandir la mezcla de productos, llamada **extensión de la mezcla**, consiste en agregar una nueva línea de productos a los actualmente existentes. Así, cuando Johnson & Johnson introdujo Acuvue, se trataba de una línea de lentes de contacto desechables que era una extensión de la mezcla porque incorporaba otro producto a la mezcla de productos de la compañía. En cambio, la extensión de la línea agrega más productos dentro de la misma línea. Esto lo vemos cuando, por ejemplo, J&J lanza al mercado nuevas versiones del analgésico Tylenol.

En la estrategia de la extensión de la mezcla, la nueva línea puede estar o no relacionada con los productos actuales. Más aún, puede tener uno de los nombres de marca de la compañía o bien puede asignársele un nombre totalmente nuevo. A continuación se dan algunos ejemplos de estas cuatro alternativas:

- **Productos conexos, misma marca:** toallas Kleenex para baño (sin duda un complemento de los pañuelos desechables Kleenex); bebida de chocolate de Hershey's (no una simple mezcla), y salsa Campbell para espagueti.
- **Producto inconexo, misma marca:** Forschner Group, Inc., fabricante de los Original Swiss Army Knives, que amplió su mezcla al introducir los relojes de pulsera y los anteojos de sol, y Swatch, compañía de relojes suizos, que agregó una línea de ropa y luego anunció una extensión menos previsible de la mezcla: automóviles pequeños.[8]

USTED TOMA LA DECISIÓN

¿CUÁNTOS PRODUCTOS SON DEMASIADOS?

Constantemente aparecen productos nuevos: algunas veces en forma de flujo estable, otras veces como verdaderas inundaciones, pero rara vez a cuentagotas. En un año reciente típico, se ofrecieron al público consumidor más de 1500 nuevos artículos de belleza y para el cuidado de la salud (en el sentido genérico del término) y más de 3000 nuevos productos alimenticios. Hubo al menos 50 productos nuevos en las siguientes categorías: espagueti/salsas para pastas, detergentes para ropa, medicamentos para tos/resfriado/alergias, pañales desechables y papas fritas.

¿Este flujo de nuevas ofertas beneficia al fabricante, lo mismo que a los consumidores y detallistas? Si atendemos a algunos de los datos, la respuesta será negativa. Por ejemplo, en un sondeo reciente de opinión, apenas de 2 a 35 categorías de productos (computadoras y aparatos electrónicos) fueron consideradas innovadoras por la mayoría de los consumidores. Más aún, casi la mitad de ellos coincidió en que "la gran cantidad de productos nuevos dificulta la selección en vez de facilitarla".

El problema para los consumidores radica en que cerca de cuatro quintas partes de los productos supuestamente nuevos no son más que meras ampliaciones de marcas ya existentes, no productos totalmente nuevos o ni siquiera marcas diferentes. De acuerdo con Procter & Gamble, las extensiones de línea son una forma en que las empresas responden a los deseos de los consumidores, determinados a menudo por medio de la investigación. Con todo, muchos de ellos no logran diferenciar las numerosas alternativas y al intentarlo se siente frustrados o molestos. En realidad, ¿conoce las diferencias entre los siguientes medicamentos: Tylenol Cold y Flu, Tylenol Flu, Tylenol Cold, Tylenol Sinus y Tylenol Allergy Sinus, sin que mencionemos sus presentaciones (tabletas, cápsulas, cápsulas en gel, etc.)?

La gran cantidad de productos nuevos también plantea problemas a muchos detallistas. Los supermercados, en particular, carecen de suficiente espacio en los estantes para colocar todos los productos nuevos o al menos la mayor parte de ellos. Los gerentes de estos establecimientos reducen el espacio promedio asignado a cada mercancía y así logran acomodar más productos individuales. Pero el aumento del surtido puede llegar a confundir al público. O bien, para dar cabida a la nueva mercancía, los gerentes de los supermercados posiblemente prescindan de algunos productos y esto molestará a los fabricantes. Además, los clientes leales a esos productos se enojarán con la tienda.

¿Con qué criterios un fabricante decidirá cuántos productos individuales de una línea satisfacen de manera óptima los intereses de los consumidores, los detallistas y a la propia empresa?

Fuentes: Gabreilla Stern, "Multiple Varieties of Established Brands Muddle Consumers, Make Retailers Mad", *The Wall Street Journal*, 24 de enero 1992, pp. B1, B5; Kevin Kerr, "Do Americans Have Too Many Brands?" *Adweek's Marketing Week*, 9 de diciembre, 1991, pp. 14-15.

- **Producto conexo, marca diferente:** Procter & Gamble introdujo en el mercado Luvs como complemento de sus pañales desechables Pamper.
- **Producto inconexo, marca diferente:** una cadena canadiense de supermercados llamada Loblaws lanza un nuevo servicio bancario dentro de la tienda; y McDonald's prueba Leaps and Bounds, patio de juego para niños y sus padres dentro de sus establecimientos.[9]

Estrategias de la mezcla de productos

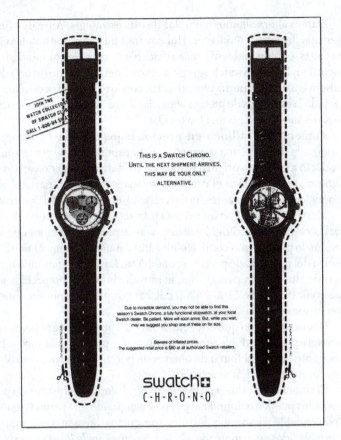

Para ampliar su mercado Swatch incorporó relojes más caros, con características adicionales.

Por lo regular, la nueva línea guarda relación con la mezcla actual de productos, puesto que la compañía querrá aprovechar al máximo su experiencia y sus conocimientos especializados. Ante el éxito de sus frascos de crema de cacahuate Reese's, Hershey's piensa que la marca dice "crema de cacahuate" al público, por lo cual lanzó una línea de cremas de cacahuate Reese's. Sin embargo, CPD International piensa lo mismo acerca de su marca Skippy, de modo que produjo galletas con crema de cacahuate. En uno y otro caso, las nuevas líneas llevan una de las conocidas marcas de la compañía para que al consumidor le beneficien el conocimiento y los sentimientos positivos que suscita esa marca. En el siguiente capítulo examinaremos más a fondo este método cuando hablemos de la *equidad de marca*.

Aumento de la línea en precios altos y en precios bajos

Estas dos clases de estrategia requieren un cambio en el posicionamiento del producto *y* en la expansión de la línea. **Aumento de la línea en precios altos** significa agregarle un producto de mayor precio para atraer un mercado más amplio. Por lo demás, el vendedor piensa que el prestigio del nuevo producto incrementará la demanda de sus productos de menor precio.

Damos ahora algunos ejemplos de esta estrategia. Ante una fuerte competencia en el mercado de precios medianos, Holiday Inns introdujo los hoteles Crowne Plaza con tarifas más altas, con un ambiente más agradable y con más comodidades. A su línea de relojes deportivos baratos Swatch agregó un cronómetro Chrono de $80 dólares y otros relojes de pulsera igualmente perfeccionados. Incluso los fabricantes de alimentos para animales han aplicado la estrategia de precios altos a las líneas "superfinas", como lo ejemplifican Pedigree de Kal Kan y King Kuts de Quaker Oats.

Aumento de la línea en precios bajos consiste en incorporar un producto más barato a la línea de una compañía. Ésta espera que la gente que no puede adquirir el producto a su precio original o que lo considera demasiado caro lo compre al nuevo y más bajo precio. El motivo: el producto rebajado ofrece en parte el estatus y algunos de los beneficios más importantes (el desempeño, entre ellos) del que costaba más.

Marriot Corporation aplicó esta estrategia cuando comenzó a construir 1) Courtyard por hoteles Marriott, dirigidos al mercado de precios medianos que hacía mucho tiempo era dominado por cadenas como Holiday Inn y Ramada Inn, y 2) Fairfield Inns, para competir dentro del mercado de precios económicos. La aplican también algunos diseñadores de la ropa de alta costura para damas, al introducir líneas con precios más bajos.[10] Las nuevas líneas cuestan entre $100 y $900 dólares por pieza, generalmente menos de la mitad del precio que ofrece la alta costura.

Hay ocasiones en que el efecto de esta estrategia se logra por medio de la publicidad, sin necesidad de introducir productos nuevos a precios más bajos. Esto podría hacerlo un fabricante de cristal fino o de objetos de porcelana anunciando algunos de los productos más baratos de sus líneas actuales.

El aumento de la línea en precios altos y bajos es una estrategia peligrosa pues los nuevos productos pueden confundir al público, generando una pequeña ganancia neta. Tampoco es recomendable si las ventas del nuevo producto o línea se consiguen a costa de los productos ya establecidos en el mercado. Cuando *se aumenta la línea en precios bajos*, la nueva oferta puede causar un daño irreparable a la reputación de la empresa y a la de su producto de gran calidad. Para que esto no ocurra, a los nuevos productos de menor precio pueden asignárseles nombres de marca distintos a las de los ya existentes. Por ello Givenchy y Christian Dior utilizan las marcas Life y Coordonnees, respectivamente, a sus líneas más baratas.

En cambio, en el caso de *aumento de la línea en precios altos* el problema dependerá de que el nuevo producto o línea tenga el nombre de la marca ya conocida o bien se le asigne otro. Si se utiliza el mismo nombre, la compañía deberá cambiar su imagen lo bastante para que los nuevos clientes acepten el producto de mayor precio. Por su parte, el vendedor no querrá perder a sus clientes actuales. La nueva oferta tal vez proyecte una imagen confusa, que no atraiga a otros compradores sino que además aleje a los clientes. Si se utiliza otro nombre de marca, la compañía habrá de hacer que el público lo conozca y luego estimularlo para que adquiera el nuevo producto.

Modificación de los productos actuales

Para disponer de una alternativa ante el desarrollo de un producto enteramente nuevo, los directivos ven con una óptica diferente los productos de la compañía. A menudo mejorar un producto ya establecido en el mercado (**modificación del producto**) es una estrategia más redituable y menos riesgosa que diseñar otro totalmente nuevo. La sustitución de sacarina por NutraSweet en los refrescos dietéticos acrecentó sus ventas. Sin embargo, la

Estrategias de la mezcla de productos

modificación de productos no está exenta de riesgos. Cuando Coca-Cola modificó la fórmula de su principal producto y le puso el nombre de New Coke, las ventas decrecieron al grado que la vieja fórmula fue utilizada al cabo de 3 meses con el nombre de Coca-Cola Classic.

Con el rediseño del producto se logra mantener su atractivo y hasta iniciar su renacimiento. Por ejemplo, la batería de respaldo ha despertado mucho interés en la industria de acumuladores para automóvil. Lo nuevo, y supuestamente benéfico, de este producto rediseñado es que tiene un sistema eléctrico de reserva con potencia suficiente para encender el motor cuando la principal batería se agota.[11] Los pañales desechables fueron rediseñados para que sean menos voluminosos y ofrecerlos en estilos para niños y niñas.

Otra opción, sobre todo tratándose de bienes de consumo, consiste en cambiar no el producto propiamente dicho, sino su empaque. Por ejemplo, Pillsbury diseñó un fondo unificador para el empaque de todas sus mezclas de postres: un campo de color azul claro con pequeños puntos blancos.[12] d-Con company puso su insecticida en plumón, mediante el cual las líneas invisibles destructoras de insectos podían introducirse en lugar difíciles de rociar. (Este "plumón" se prestaba a un mal uso, lo cual podía ocasionarle una demanda legal a la compañía.) Con el fin de obtener una pequeña ventaja diferencial, algunas empresas ofrecen sus quesos en rebanadas y molidos dentro de paquetes que sellan con una especie de cierre. De este modo pueden modificarlos para mejorar el aspecto o la utilización del producto.

Contracción de la mezcla de productos

Otra estrategia, la **contracción de la mezcla de productos,** se pone en práctica al eliminar una línea entera o bien al simplificar su contenido. Con líneas o mezclas más pequeñas o menos densas se suprimen los productos poco rentables o incosteables. Por medio de la contracción de la mezcla se busca obtener mayores utilidades con un menor número de productos. General Mills (Wheaties, Betty Crocker, la harina Gold Medal) decidieron concentrarse en la industria de los alimentos y, en consecuencia, vendieron sus acciones en Izod (fabricante de ropa con la marca del "cocodrilo") y también sus líneas de juguetes y juegos infantiles. En la industria de los servicios, algunas agencias de viajes dejaron de vender toda clase de viajes para concentrarse en tours y viajes especializados a sitios exóticos. Y, para reducir los riesgos de responsabilidad civil y los costos del seguro, mucho médicos ya no dan servicios de obstetricia.

En los primeros años de la década de 1990, la mayor parte de las compañías ampliaron (en lugar de reducir) sus mezclas de productos. Muchos casos confirman esta tendencia. La contracción de la mezcla de productos tiende a darse cuando las empresas descubren que tienen una cantidad excesiva de productos, que algunos de ellos o algunas líneas no son rentables, o bien cuando se presentan ambas situaciones. El resultado será, en muchos casos, que haya menos líneas de productos y que las restantes sean más cortas y menos densas.

CICLO DE VIDA DEL PRODUCTO

Como vimos en el capítulo 8, el ciclo de vida de un producto puede influir directamente en la supervivencia de una compañía. El ciclo consta de cuatro etapas: introducción, crecimiento, madurez y declinación (envejecimiento). El concepto de vida del producto *se aplica a una categoría genérica de productos* (hornos de microondas, por ejemplo) y no a determinadas marcas (Sharp o Litton). El **ciclo de vida de un producto** es la demanda agregada durante un largo periodo para todas las marcas que comprenden la categoría genérica de productos.

El ciclo puede dibujarse graficando el volumen de ventas de la categoría genérica a lo largo del tiempo, generalmente en años. También se recomienda que la curva del volumen de ventas se complemente con la curva correspondiente de utilidades, como se aprecia en la figura 9-2. Después de todo, queremos conocer la rentabilidad y no sólo las ventas.

Las *formas* de estas dos curvas puede variar según la categoría del producto. Pero, en casi todas las categorías, las formas básicas y la relación entre la curva de ventas y la de utilidades son las que se muestran en la figura 9-2. En este ciclo de vida típico, la curva de las utilidades de la mayor parte de los productos nuevos es negativa (indica pérdida) durante un largo periodo de la etapa de introducción. En la parte final de la etapa de crecimiento, la curva empieza a tener un crecimiento menor y, en cambio, el volumen de ventas sigue aumentando. Las utilidades disminuyen porque las compañías de una industria casi siempre deben intensificar su publicidad y actividades de ventas o bien reducir los precios (o hacer ambas cosas), con tal de mantener el crecimiento de ventas ante la competencia cada vez más fuerte que se presenta durante la etapa de madurez.

Con la introducción oportuna de un nuevo producto se contribuye a conservar el nivel deseado de ganancias. En sus esfuerzos por mantener su posición dominante en el mercado de rasuradas con rastrillo, Gillette Company ha afrontado muchas veces ese reto. Hace poco una gran compañía francesa redujo la participación de Gillete en el mercado al introducir los exitosos rastrillos desechables Bic. Tras muchas investigaciones y un laborioso trabajo de desarrollo, en 1989 Gillette contraatacó con el nuevo rastrillo Sensor, que contie-

FIGURA 9-2

Ciclo típico de vida de una categoría de productos.

Durante la etapa de introducción no es rentable una categoría de productos y, prácticamente, ninguna de las marcas pertenecientes a ella. Las utilidades son importantes en la etapa de crecimiento y luego comienzan a declinar, mientras el volumen de ventas sigue aumentando.

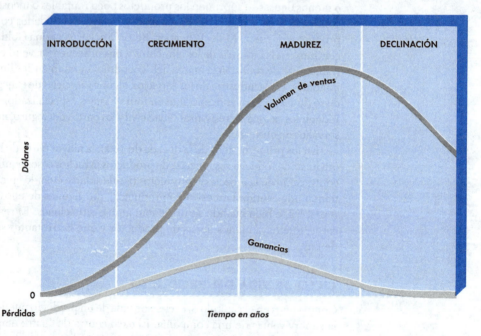

Estrategias de la mezcla de productos

ne hojas suspendidas independientemente. La estrategia dio buenos resultados, pues muchos usuarios renunciaron a la comodidad de los rastrillos baratos desechables y prefirieron la mejor rasurada que ofrece Sensor.[13] Si un nuevo producto resulta sumamente atractivo para el público y no tiene competencia, la empresa podrá cobrar precios altos y obtener buenas ganancias. Hasta ahora ésa ha sido la estrategia de Sensor, de modo que Gillette empezó a conseguir ya grandes utilidades en el mercado del rasurado con rastrillo.

Se ha criticado al concepto de ciclo de vida del producto, porque supuestamente no está respaldado por pruebas empíricas y es demasiado general para ser útil en casos concretos.[14] A pesar de que el ciclo de vida dista mucho de ser perfecto y es necesario adaptarlo para ajustarlo a cada situación, estamos convencidos de que es un modelo sencillo y poderoso. El éxito del marketing de una compañía depende mucho de su capacidad para determinar y adaptarse al ciclo de vida de cada una de las categorías de sus productos.

Características de cada etapa

Los ejecutivos han de ser capaces de determinar en qué parte del ciclo de vida se encuentra su producto en determinado momento. El ambiente de la competencia y las estrategias de marketing que deben utilizarse dependerán ordinariamente de cada etapa particular. La tabla 9-1 contiene una sinopsis de las cuatro etapas; a continuación las explicaremos por separado.

Introducción. Durante la **etapa de introducción**, un producto se lanza al mercado mediante un programa completo de marketing. Ya pasó por la fase de desarrollo (que, entre otras cosas, comprende la selección de ideas), la creación del prototipo y las pruebas de mercado. Puede tratarse de un nuevo producto, digamos un sustituto de la grasa en alimentos preparados. Puede tratarse asimismo de un producto conocido pero que, por incluir una característica nueva, pertenece a la categoría de productos nuevos; un ejemplo de ello es el automóvil eléctrico con que se inicia el capítulo 8.

Esta etapa introductoria (llamada en ocasiones *pionera*) es la más riesgosa y costosa, porque se invierte mucho dinero para obtener la aceptación del producto entre el público. Muchos productos no son aceptados por un número suficiente de consumidores y fracasan en ella. Existe muy poca competencia directa cuando se trata de productos verdaderamente nuevos. De ahí que el programa promocional se diseñe para estimular la demanda de toda la categoría y no sólo de la marca del vendedor.

Crecimiento. En la **etapa de crecimiento**, llamada también *etapa de aceptación del mercado*, crecen las ventas y las ganancias, a menudo con gran rapidez. Los competidores entran en el mercado, frecuentemente en grandes cantidades si las posibilidades de obtener fuertes ganancias son sumamente atractivas. Sobre todo a causa de la competencia, las utilidades empiezan a disminuir hacia el final de la etapa de crecimiento. En la tabla 9-1 se da un resumen de las estrategias de marketing apropiadas para esta fase y también para las tres restantes.

Madurez. En la primera parte de la **etapa de madurez**, las ventas siguen incrementándose, pero con menor rapidez. Cuando las ventas se estancan, declinan las ganancias de productores e intermediarios. La causa principal: una intensa competencia de

TABLA 9-1 Características e implicaciones de las diversas etapas del ciclo de vida del producto
Cada etapa del ciclo presenta características especiales; de ahí la necesidad de modificar el marketing a lo largo del ciclo.

	Etapa			
	Introducción	Crecimiento	Madurez	Declinación
Características				
Clientes	Innovadores	Mercado masivo	Mercado masivo	Leales
Competencia	Poco o nula	Creciente	Intensa	Decreciente
Ventas	Niveles bajos, que luego crecen	Crecimiento rápido	Crecimiento lento/no anual	Decrecientes
Utilidades	Nulas	Importantes y luego alcanzan el nivel máximo	Decrecen anualmente	Pocas/nulas
Consecuencias para el marketing				
Estrategia global	Desarrollo del mercado	Penetración en el mercado	Posicionamiento defensivo	Eficiencia o abandono
Costos	Altos por unidad	Decrecientes	Estables o crecientes	Bajos
Estrategia de producto	Productos indiferenciados	Productos mejorados	Diferenciados	Depuración de la línea
Estrategia de precios	Muy probablemente altos	Más bajos con el tiempo	Muy bajos	Crecientes
Estrategia de distribución	Distribución difusa	Intensiva	Intensiva	Selectiva
Estrategia de promoción	Conocimiento de la categoría	Preferencia de marca	Lealtad a la marca	Reforzamiento

Fuente: adaptado de material proporcionado por el profesor David Appel, University of Notre Dame, Notre Dame, In.

precios. Con el propósito de diferenciarse, algunas empresas amplían sus líneas con nuevos modelos. Durante la última parte de esta etapa, los fabricantes marginales, aquellos con costos elevados o sin una ventaja diferencial, se ven obligados a abandonar el mercado. Y lo hacen porque no cuentan con suficientes clientes o no obtienen suficientes ganancias.

Declinación. En la generalidad de los productos una **etapa de declinación**, estimada por el volumen de ventas de la categoría total, es inevitable por alguna de las siguientes razones:

- Desaparece la necesidad del producto, como cuando los jugos congelados de naranja eliminaron en general el mercado de los exprimidores.
- Aparece un producto mejor o más barato que cubre la misma necesidad. Gracias a los microprocesadores ya es posible inventar muchos productos sustitutos, como las calcu-

ladoras manuales (que hicieron obsoletas las reglas de cálculo) y los videojuegos (por los cuales la categoría de juegos de mesa, como Monopoly y Clue, iniciaron la etapa de declinación).
- La gente se cansa de un producto (un estilo de ropa, por ejemplo), de manera que éste desaparece del mercado.

Como la posibilidad de revitalizar las ventas o utilidades es poca, la mayor parte de los competidores abandonan el mercado durante esta etapa. Pero unos cuantos logran crearse un pequeño nicho en el mercado y conservan ganancias moderadas durante la etapa de declinación, como sucede con algunos fabricantes de estufas que usan madera. A menudo el hecho de que en esta etapa un producto sea abandonado o siga siendo rentable depende de las habilidades y de la creatividad del director de marketing.

Duración del ciclo de vida de los productos

La duración total del ciclo, desde el inicio de la etapa de introducción hasta el final de la de declinación, varía según la categoría del producto. Abarca desde unas cuantas semanas o una breve temporada (en el caso de una moda de ropa) hasta muchos decenios (en el caso de los automóviles o teléfonos). Y varía por la diferente duración de las etapas de las diversas categorías de productos. Más aún, aunque la figura 9-2 indica que las cuatro etapas comprenden periodos casi iguales, las de un producto determinado suelen presentar una duración distinta.

En la figura 9-3 se incluyen tres variaciones del ciclo ordinario:

- En una, el producto logra la aceptación generalizada del público sólo tras un prolongado periodo de introducción (véase la parte a de la figura). El videoteléfono sigue esta trayectoria, pues hace algunos años se introdujeron los primeros modelos pero atrajeron pocos compradores. La categoría de sustitutos de la grasa, que sirven para preparar alimentos desde helados hasta aderezos para ensalada, parece haberse estancado en la etapa de introducción.
- En otra variación, el ciclo entero de vida comienza y termina en un lapso relativamente breve (parte b de la figura). A esta categoría corresponde el ciclo de vida de una **moda pasajera**, producto o estilo que de la noche a la mañana adquiere gran aceptación entre el público y que luego, casi con la misma rapidez, pierde su favor. Los atuendos de los hippies y el uso de la pipa son ejemplos de modas ya pasadas; las muñecas que hablan y los forros con cuentas de madera para asientos de automóviles posiblemente sean modas de principios de los años 90.
- En una tercera variación, la etapa madura se mantiene casi por tiempo indefinido (parte c de la figura). Un ejemplo de ella lo encontramos en los refrescos enlatados que se expenden en Estados Unidos y también en el motor de combustión interna a base de gasolina. Otras formas, entre ellas los automóviles eléctricos y los impulsados por energía solar, han sido propuestas, pero sigue manteniendo su hegemonía el automóvil tal como lo conocemos.

Prescindiendo de las modas, que constituyen un caso especial, el ciclo de vida de los productos está reduciéndose en términos generales. Si los competidores introducen rápidamente una versión "imitativa" de un producto muy conocido, ésta entrará pronto en la etapa

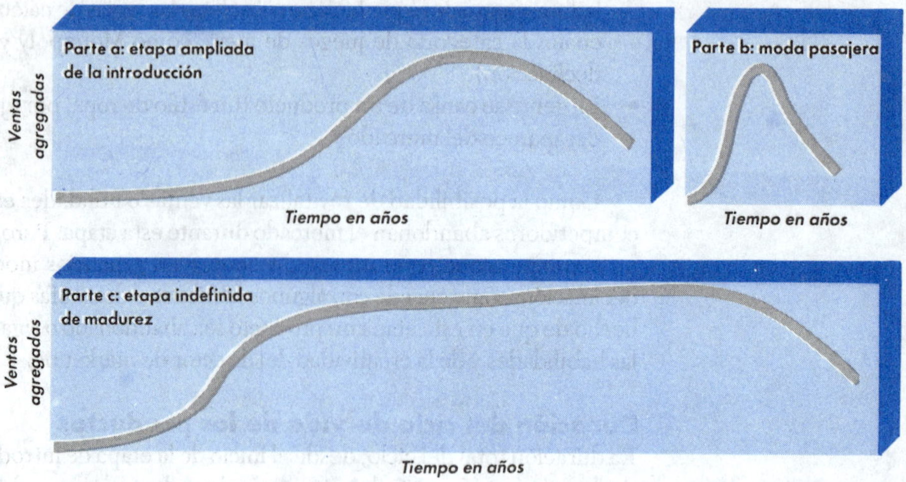

FIGURA 9-3

Variaciones del ciclo de vida del producto.

Parte a: etapa ampliada de la introducción — Ventas agregadas / Tiempo en años

Parte b: moda pasajera — Tiempo en años

Parte c: etapa indefinida de madurez — Ventas agregadas / Tiempo en años

de madurez. Por otra parte, los cambios de la tecnología pueden hacer obsoleto un producto en poco tiempo. ¿Podría suceder esto en la industria del audio, a medida que algunos empiezan a ver en los audiocassettes digitales (DAT) un sustituto de los discos compactos?

Más aún, varias categorías de productos no duran las cuatro etapas del ciclo. Algunos fracasan en la etapa de introducción. En los años 80, eso ocurrió con un producto que reproducía videodiscos en vez de videocassettes. Ahora ha vuelto al mercado, de modo que tal vez se encuentra en una prolongadísima etapa de introducción.

El ciclo de vida se refiere a las categorías de productos más que a las marcas individuales; de ahí que no todas las marcas pasen por las cuatro etapas. Por ejemplo, algunas marcas fracasan en las primeras fases. En la categoría de automóviles, eso fue lo que ocurrió con marcas como Cord y LaSalle. Otras no se introducen hasta que el mercado se encuentra en la etapa de crecimiento o madurez. El Saturn es el ejemplo más prometedor en el campo automotriz.

El ciclo de vida se relaciona con un mercado

Cuando decimos que un producto se halla en una etapa de su ciclo, implícitamente estamos refiriéndose a un mercado en particular. A veces un mercado goza de buena aceptación (etapa de crecimiento o madurez) en un mercado y todavía lucha por ser aceptado en otros. En el momento en que Orto Pharmaceutical lanzó su Retin-A para el tratamiento del acné, ya se utilizaban otros medicamentos para ese problema cutáneo. Por tanto, quizá la categoría tratamiento del acné se encontraba en la etapa de madurez. Pero después se descubrió que Retin-A podía reducir las arrugas del rostro. (El lector seguramente las tendrá algún día.) Nació entonces una nueva categoría. Por tanto, al comenzar los años 90, Retin-A cae dentro de la categoría tratamiento del acné, que estaba en la etapa de madurez entre los adolescentes, y en la de eliminador de arrugas, que estaba en la etapa de introducción o tal vez en la de crecimiento inicial entre las personas de edad madura.

Por lo que respecta a los mercados geográficos, un producto puede hallarse en la etapa de madurez en un país y en la de introducción (y posiblemente hasta se desconozca) en otro.

Estrategias de la mezcla de productos

Así, el café preparado en latas y en botellas goza de gran aceptación en Japón, mercado de $5 mil millones de dólares.[15] Pero prácticamente se desconoce en Estados Unidos. No obstante, Maxwell House y otras compañías han empezado a lanzar nuevos productos de café listo para servirse (casi siempre endulzado, con sabores y que se sirve frío). Las llantas radiales con cinturones de acero estaban en su etapa de madurez en Europa Occidente mucho antes de ser introducidas masivamente en el mercado estadounidense. En cambio, los alimentos rápidos pertenecen a la categoría de productos maduros en Estados Unidos, pero son mucho menos comunes en el resto del mundo.

Administración del ciclo de vida

Por extraño que parezca, podemos controlar la forma de las curvas de las ventas y ganancias de una categoría de productos. La moldean las acciones colectivas de las firmas que ofrecen productos competitivos pertenecientes a la misma categoría. Pero hasta las compañías individuales tienen cierta influencia. Una empresa gigantesca podrá abreviar la etapa de introducción, al ampliar la distribución e intensificar el esfuerzo promocional con que apoya el nuevo producto.

No obstante, la mayor parte de las compañías no está en condiciones de influir de manera decisiva en las curvas de ventas y ganancias de una categoría. De ahí que su función principal sea averiguar cómo alcanzarán el máximo éxito con sus marcas a lo largo del ciclo de vida de una categoría de productos. En el caso de una firma individual, una buena administración del ciclo de vida requiere 1) predecir la forma del ciclo del producto propuesto aun antes de introducirlo en el mercado y 2) adaptar exitosamente las estrategias de marketing en cada etapa.

Las latas de café líquido apenas empiezan a ser introducidas en Estados Unidos, por lo cual es necesario venderles sus beneficios a los consumidores.

Estrategias de entrada en el mercado. Una compañía que entra en un nuevo mercado habrá de decidir si lo hace durante la etapa de introducción. Otra opción consistirá en esperar e ingresar durante la primera parte de la etapa de crecimiento, después que las compañías pioneras hayan demostrado que se trata de un mercado viable.

La estrategia de entrar durante la etapa de introducción se debe al deseo de obtener cuanto antes una posición dominante en el mercado y, con ello, atenuar el interés de los competidores potenciales y la eficacia de los competidores actuales. Esta estrategia le dio buenos dividendos a Sony con su Walkman; a Amana y Litton con los hornos de microondas; a Perrier con el agua natural embotellada, y a Nike con los zapatos para correr. Sin duda conviene tomar una ventaja inicial cuando se comercializa un nuevo tipo de producto. Los obstáculos quizá resulten infranqueables cuando se entra con un producto "de imitación" y se intenta recobrar la ventaja de los rivales.

Algunas veces es preferible posponer el ingreso en el mercado hasta que se haya comprobado su viabilidad. Para hacer labor de pioneros se requieren una inversión cuantiosa, además de que los riesgos son muy grandes, como lo demuestra el alto índice de fracasos de los productos nuevos. Las grandes empresas con suficientes recursos de marketing para abrumar a las pequeñas firmas innovadoras suelen tener éxito al aplicar una estrategia de posposición del ingreso. Así, Coca-Cola introdujo Tab y Diet Coke, y Pepsico introdujo Diet Pepsi; de ese modo ambas superaron a Diet Rite Cola de Royal Crown, uno de los pioneros de la industria.

No sabemos con certeza cuál es la estrategia óptima para entrar en un mercado. Todas

PERSPECTIVA INTERNACIONAL

¿TENDRÁN PROBLEMAS DE MARKETING LAS COMPAÑÍAS JAPONESAS ALGÚN DÍA?

En los últimos años las compañías japonesas han dado lecciones dolorosas de marketing a las industrias norteamericanas. Pese a ello, también las compañías japonesas, sin exceptuar las más grandes y prósperas, cometen errores de marketing. A continuación citaremos dos casos, que aparentemente se presentaron en la etapa de crecimiento del producto. En uno se observa la competencia entre una empresa japonesas y varias corporaciones de Estados Unidos; en el otro participan dos enormes consorcios del Japón. En uno y otro caso, las empresas en cuestión aprendieron bien la lección.

NEC Corporation quería penetrar en el mercado estadounidense de las computadoras personales (PC). Por ser el líder de su país en esta industria, estaba segura de que sus esfuerzos de marketing en Estados Unidos tendrían éxito. No obstante, en comparación con su participación de cerca del 60% en el mercado japonés, obtuvo apenas un escaso 2.5% de participación en el mercado estadounidense.

¿Qué fue lo que falló? El producto de NEC no era compatible con las computadoras IBM, la principal marca de Estados Unidos. Por ello, pocos usuarios se sintieron satisfechos con las máquinas que ofrecía. NEC no comercializó adecuadamente sus productos en ese país; y, sobre todo, carecían de una ventaja diferencial. Por último, el gigante de la industria japonesa no podía mantener el ritmo con que los fabricantes norteamericanos de computadoras personales lanzaban nuevos modelos. Por ejemplo, no estaba en condiciones de asegurar el suministro de los microprocesadores más recientes, pieza clave en la fabricación de una computadora personal.

Examinemos ahora el segundo caso: la guerra que JVC y Sony libraron durante los años 80 para establecer un formato estándar de las videograbadoras. Mientras que Sony sostuvo a toda costa su sistema Betamax, JVC promovió el formato VHS. Ambos formatos se diferencian en varios aspectos, entre ellos el tamaño del videocassette. En esta guerra, JVC se proclamó vencedor y Sony fue el perdedor. Así, en 1989 Sony aceptó su derrota al comenzar a ofrecer productos en formato VHS, junto con los Betamax.

¿Cuál había sido la causa del fracaso? En esencia, Sony decidió no compartir la tecnología Betamax con otros fabricantes; en cambio, JVC concedió el uso de su tecnología VHS a muchas otras empresas. Puesto que la mayor parte de los videograbadoras utilizaban el formato VHS, casi todos los videocassettes venían en esa versión. De ahí que el público prefiriera las videos en el formato VHS, olvidándose por completo de Sony y de su tecnología Betamax.

Una vez más Sony y JVC están librando una guerra, esta vez en el mercado de las camcorders de tamaño manual. Sony vende el formato de 8 milímetros, en tanto que JVC adaptó su formato VHS para usarlo en estos aparatos. En esta ocasión, Sony permitió a muchos otros fabricantes de camcorder utilizar su tecnología de 8 mm. Según declara un ejecutivo de Sony: "Vender productos de 8 mm a otras compañías contribuye de manera importante a aumentar la penetración y estandarización de este formato." Y el resultado es que el formato de 8 mm está derrotando al VHS-C de JVC. Aunque la lección que aprendió Sony con las videograbadoras fue dolorosa, ha sabido aplicarla para alcanzar una éxito rotundo con los camcorders de tamaño manual.

Fuentes: Julie Pitta, "The Invasion That Failed", *Forbes*, 20 de enero, 1992, pp. 102-103; Andrew Tanzer, "Sharing", *Forbes*, 82.

tienen sus ventajas y limitaciones, sus éxitos y fracasos. Igual que en casi todas las decisiones relacionadas con el marketing, es necesario que los ejecutivos tengan buen sentido común.[16]

Administración durante la etapa de crecimiento. Cuando las ventas crecen de manera considerable y las ganancias son importantes en una categoría de productos, cabría suponer que el director de ventas no hace más que calcular el bono que recibirá. Por desgracia no es así. Durante la etapa de crecimiento, una compañía debe diseñar las estrategias apropiadas para su marca o marcas que se encuentren en dicha categoría. Habrá de diseñar la promoción que haga que el público desee la marca de la compañía. Amplía la distribución y analiza la conveniencia de mejorar el producto en varios aspectos. Las decisiones que se toman en esta fase influyen en a) cómo algunos competidores entren en el mercado y b) el desempeño que da una marca dentro de una categoría tanto en los años siguientes como en el futuro lejano.

Los videojuegos aparecieron en el mercado durante los año 70, pero la marca más atractiva (y quizá la que crea mayor adicción), Nintendo, creó realmente una nueva categoría en los años 80. Al comenzar la década de 1990, estaba en la etapa de crecimiento de su ciclo. Para mantener el crecimiento y evitar que se estancara la curva de ventas, Nintendo lanzó al mercado una mejor consola de juego; diseñó otros videojuegos para adultos; introdujo Game Boy, modelo que se maneja con la mano, y seleccionó Europa como su principal mercado.[17]

Administración durante la madurez. Diversas estrategias contribuyen a conservar o incrementar considerablemente las ventas de un producto durante la etapa de madurez de su ciclo de vida. Por supuesto, lo que da excelentes resultados con un producto puede ser un verdadero fiasco con otro.[18] Entre las más comunes cabe mencionar la modificación del producto, el diseño de una nueva promoción e idear nuevas aplicaciones.[19] Tales medidas favorecen el incremento de compras por parte de los usuarios actuales, pudiendo incluso atraer a otros compradores. Al estancarse las ventas de la industria de los cruceros en Estados Unidos, algunas compañías modificaron sus servicios incorporando programas de acondicionamiento físico y ofreciendo cruceros especiales (algunas veces en sociedad con algún equipo deportivo profesional). Incluso aspirina, el producto maduro más común, encontró un nuevo mercado entre personas que habían sufrido un ataque cardiaco. ¿El motivo? Se descubrió que la aspirina reducía considerablemente las probabilidades de otro ataque.

A Du Pont Company parece gustarle mucho conservar los productos maduros, entre los que sobresalen Teflon y Lycra.[20] Teflon lanzó una categoría entera de productos con recubrimiento protector que se destinan a usos especiales. Ahora, más de 50 años después, los gerentes de marketing mantienen un producto lleno de vitalidad, encontrándole otras aplicaciones. Por ejemplo, Teflon venía envasando en un bote de aerosol que podía emplearse, entre otras cosas, en las paredes para protegerlas contra las huellas de las manos o en ropa para esquiar para mantenerla seca en la nieve. Du Pont siguió una ruta similar con su marca Lycra de spandex, fibra que había inventado en 1959. Aun cuando había expirado hacía mucho tiempo, la demanda de Lycra sigue creciendo. La estrategia fundamental de Du Pont para generar un interés permanente por la marca consistió en desarrollar versiones perfeccionadas. Una vez hecho esto, el producto se emplea actualmente en varias ropas de alta costura.

Ante la persistente preocupación por el exceso de sal en la alimentación, Morton ha identificado nuevos usos para su producto.

Cómo sobrevivir en la etapa de declinación. Probablemente es en esta fase cuando una compañía afronta los retos más graves de la administración del ciclo de vida de sus productos. Por ejemplo, el advenimiento de los camcorders de video y las cámaras sin película presagian tal vez la desaparición de la película fotográfica como una categoría de productos. Eastman Kodak Company trata de evitar que muera este producto, a la vez que no se rezaga de sus competidores pues estudia nuevos y revolucionarios productos. Con uno de ellos, al que llama Photo CD, los usuarios toman fotografías como lo han hecho tradicionalmente; la gran diferencia se da en el momento de procesar la película: las impresiones pueden guardarse en un disco compacto. Después uno puede proyectarlas en un televisor, a condición de que posea una reproductora de videodiscos.[21]

Cuando las ventas empiezan a decrecer, los directivos disponen de las siguientes alternativas:

- Asegurarse de que los programas de marketing y producción sean lo más eficientes posible.
- Reducir los tamaños y modelos que hayan dejado de ser rentables. Con frecuencia esta táctica *disminuirá* las ventas, pero *incrementará* las ganancias.
- "Depurar" el producto; es decir, reducir todos los costos al mínimo indispensable, con el fin de maximizar la rentabilidad durante la vida tan limitada que le quede al producto.
- Lo más adecuado (y también lo más difícil): mejorar el producto en sentido funcional o bien revitalizarlo de alguna manera. Las editoriales de diccionarios impresos posiblemente han hecho esto. Otros materiales de consulta, entre ellos los diccionarios cargados en computadoras personales, parecen haber orillado al diccionario tradicional a entrar en esta etapa o por lo menos los han empujado hacia ella. Sin embargo, algunas editoriales están haciendo todo lo posible por mantener el atractivo del diccionario. Así, Houghton Mifflin incorporó 16 000 términos nuevos en su última edición y la apoyó con una promoción de $2 millones de dólares.[22]

En caso de que ninguna de las opciones anteriores dé resultados satisfactorios, los directivos habrán de estudiar la conveniencia de **abandonar el producto.** El gasto de tener productos no rentables va mucho más allá de lo que se observa en los estados financieros. Por ejemplo, los ejecutivos dedican mucho tiempo y esfuerzo en la administración de productos condenados a la muerte. Muchas veces no quieren eliminar un producto, en parte porque se han ido identificando con él a lo largo de los años.

En última instancia, la alternativa más convincente (aunque a veces dolorosa) tal vez consista en abandonar el producto. El saber cuándo y cómo hacer esto correctamente tal vez sea tan importante como saber cómo y cuándo lanzar un producto nuevo. Una cosa es cierta: los ejecutivos deberían elaborar procedimientos sistemáticos para deshacerse de los productos débiles.[23]

OBSOLESCENCIA PLANEADA Y MODA

Los consumidores norteamericanos dan la impresión de estar siempre en busca de "lo nuevo", pero no "*demasiado* nuevo". Les encanta lo novedoso: nuevos productos, nuevos estilos, nuevos colores. Pero quieren que paulatinamente se les saque de sus patrones habituales, no en forma repentina ni abrupta. En consecuencia, muchos fabricantes se sirven de una estrategia de obsolescencia planeada. Con ella hacen que un producto quede desactualizado y así aumentan el mercado de los productos sustitutos. A menudo el público satisface su gusto por lo nuevo a través de la moda. Y los productores de las modas recurren mucho a la obsolescencia planeada, según veremos luego.

Naturaleza de la obsolescencia planeada

La designación **obsolescencia planeada** puede interpretarse en dos formas:

- **Obsolescencia tecnológica o funcional.** Los mejoramientos importantes de índole tecnológica dan origen a un producto más adecuado. Por ejemplo, los cassettes hicieron

obsoletos los discos fonográficos; ahora los audiocassettes digitales amenazan con hacer obsoletos los cassettes y los discos compactos. En general se considera que este tipo de obsolescencia es conveniente desde el punto de vista social y económico, porque el producto sustituto ofrece más beneficios a un costo menor.
- **Obsolescencia de estilo.** Se modifican las características superficiales del producto, de modo que el nuevo modelo se diferencia fácilmente del anterior. Este tipo de obsolescencia, a veces denominada "psicológica" o de "moda", tiene por objeto hacer que la gente se considere fuera de época, si sigue usando modelos viejos. Entre los productos que caen dentro de esta categoría figuran la ropa, los muebles y los automóviles.

Cuando criticamos la obsolescencia planeada casi siempre nos referimos a la del estilo. En nuestra exposición, al hablar de la obsolescencia planeada, nos referiremos *exclusivamente* a la del estilo a menos que indiquemos lo contrario.

Naturaleza del estilo y la moda

Si bien las palabras *estilo* y *moda* se emplean generalmente como sinónimos, existe una clara distinción entre ambas. Un **estilo** es una forma específica de construcción o presentación en cualquier arte, producto o actividad (canto, juego, comportamiento). Tenemos, pues, estilos en automóviles (sedanes, camionetas), en trajes de baños (trajes de baño de una pieza, bikinis), en muebles (provenzal, francés, carly american) y en el baile (vals, lambada).

Una **moda** es cualquier estilo que goza de aceptación general y que compran grupos sucesivos de personas durante un periodo bastante largo. No todos los estilos se convierten en moda. Para que a un estilo se le catalogue como una moda, o se diga que "está de moda", es preciso que sea aceptado por muchos. Todos los estilos enumerados en el párrafo anterior, tal vez con la única excepción del estilo provenzal, caen dentro de la categoría de moda. La moda existe en todas las sociedad, desde los grupos primitivos contemporáneos hasta las sociedades europeas de la Edad Media.

La moda tiene su origen en factores sociológicos y psicológicos. En lo esencial, el ser humano tiende a ser conformista. Y, al mismo tiempo, le gusta proyecta una imagen y actuar en forma *un poco* diferente de los demás. Probablemente no nos rebelemos contra las costumbres; simplemente deseamos distinguirnos de la gente, pero sin que se nos acuse de mal gusto ni de que rechazamos las normas sociales. La moda nos brinda la oportunidad de lograr la autoexpresión.

Proceso de adopción de la moda

Este proceso refleja los conceptos de 1) los influjos ejercidos por grupos grandes y pequeños sobre el comportamiento de compra del consumidor y 2) la difusión de la innovación, fenómeno que se explicó en los capítulos 6 y 8. El ser humano trata de imitar a los que se encuentran en su mismo nivel socioeconómico o en otro superior. Una forma de hacerlo consiste en adquirir un producto que goza de la preferencia del grupo al cual desea parecerse.

Así pues, el **proceso de adopción de la moda** es una serie de oleadas de compra que surgen cuando un estilo recibe aceptación generalizada en un grupo, luego en otro y así sucesivamente, hasta que finalmente pasa de moda. Se da el nombre de **ciclo de moda** a

Estrategias de la mezcla de productos

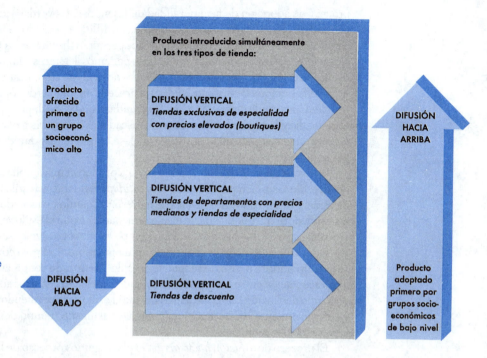

FIGURA 9-4
Proceso de adopción de la moda.

este movimiento, que representa la introducción, difusión, culminación popular y declinación de un estilo dentro de un mercado. Podemos afirmar que las fibras sintéticas, el poliéster entre ellas, de la ropa y el modelo convertible de los automóviles son dos productos que recorren el ciclo entero de la moda.

Existen tres teorías que explican la adopción de una moda (Fig. 9-4):

- **Difusión hacia abajo**, en que un ciclo de moda fluye *hacia abajo* a través de varios niveles socioeconómicas.
- **Difusión horizontal**, en que el ciclo se desplaza en forma *horizontal* y *simultáneamente dentro* de varios niveles socioeconómicas.
- **Difusión hacia arriba**, en que un estilo primero adquiere gran popularidad entre los estratos socioeconómicos bajos y luego *fluye hacia arriba* para obtener aceptación entre niveles más altos de la sociedad.

Tradicionalmente, la teoría de *difusión hacia abajo* ha servido para explicar el proceso de adopción de la moda. He aquí un ejemplo: los diseñadores de ropa para dama introducen primero un estilo entre las líderes de opinión de los grupos socioeconómicos altos. Si lo aceptan, rápidamente aparece en las principales tienda de moda. Al cabo de poco tiempo los mercados de ingresos medianos y de ingresos bajos quieren emular a las líderes, y entonces el estilo comienza a comercializarse de manera masiva. Al empezar a disminuir su popularidad, lo vemos en las tiendas de precios bajos y finalmente pasa de moda.

Hoy la teoría de *difusión horizontal* es la que explica de manera más satisfactoria el proceso de adopción de la generalidad de las modas. Es verdad que hay un poco de flujo hacia abajo y, evidentemente, también hay un flujo hacia arriba. Pero la producción, la comunicación y el transporte modernos nos permiten diseminar los productos y la información acerca del estilo con tanta rapidez que podemos llegar casi simultáneamente a todos los niveles sociales. Por ejemplo, pocas semanas después de comenzar el otoño, el mismo estilo de vestido (aunque de distinta calidad) aparece 1) en tiendas de ropa exclusivas y pequeñas frecuentadas por la clase alta, 2) en las grandes tiendas de departamentos donde acude la clase media y 3) en tiendas de descuento en cadenas de ropa lista para que la usen las damas, cuya clientela principal la constituye la clase baja que dispone de algunos ingresos para gastar.

La mayor parte de los fabricantes de ropa producen una amplia *variedad* esencialmente de un estilo. También producen diversa *calidad* de un mismo estilo básico, con el propósito de atraer grupos con varios niveles de ingreso.[24] Cuando un ciclo dura una sola temporada, los vendedores no pueden darse el lujo de aguardar a que el estilo se difunda hacia abajo. Se ven obligados a introducirlo al mismo tiempo en muchos niveles sociales.

Dentro de cada clase, los líderes de opinión (los innovadores) compran la ropa al iniciarse la temporada. En caso de aceptarse el estilo, la curva de ventas aumentará a medida que logra aceptación entre los primeros adoptadores y luego entre los adoptadores tardíos. Con el tiempo declinarán las ventas a medida que el estilo vaya perdiendo popularidad. Este ciclo es un movimiento horizontal, que tiene lugar al mismo tiempo dentro de cada uno de los niveles socioeconómicos.

El proceso de *difusión hacia arriba* explica algunos proceso de la adopción del producto. Reflexionemos cómo algunos estilos musicales, entre ellos el jazz y el rap, se volvieron populares. También examinemos el caso de los jeans, las prendas de mezclilla de algodón, las camisetas, los zapatos deportivos y hasta las pastas alimenticias durante los años 90. Todos ellos tienen un aspecto en común: primero lograron aceptación entre los grupos socioeconómicos bajos y luego su popularidad se "difundió" hacia los mercados con ingresos más altos.

Consideraciones de marketing en la moda

Cuando los productos de una empresa están sujetos al ciclo de la moda, los directivos deberán saber en qué etapa de él se encuentra en determinado momento. También habrán de decidir en qué momento entrar en el ciclo y cuándo salir de él.

Un pronóstico exacto es indispensable para tener éxito en la venta de este tipo de mercancías. Sin embargo, nos hallamos ante una tarea extremadamente difícil, puesto que el pronosticador maneja factores sociológicos y psicológicos de gran complejidad. Con frecuencia el detallista o el fabricante se basa principalmente en la intuición y en la inspiración, complementadas por una gran experiencia personal.

Por lo regular, un detallista no podrá participar con eficacia y al mismo tiempo en todas las etapas del ciclo de la moda. Por ello, una tienda de ropa de especialidad, cuyas existencias se exhiben en cantidades reducidas sin etiquetas de precios, deberá entrar en el mercado al iniciarse una tendencia de la moda. Y una tienda de departamentos, que se centra en el mercado de personas con ingresos medianos, ha de planear entrar en el ciclo a tiempo para comercializar masivamente el estilo, en el momento en que éste empieza a alcanzar la cima de la popularidad. En lo esencial, los ejecutivos de negocios al detalle deben tener presente el mercado meta del producto, cuando deciden en qué etapa o etapas del ciclo deben ofrecer la ropa de moda.

■ RESUMEN

Muchas decisiones estratégicas se toman para administrar eficientemente los productos de una compañía. ante todo, hay que seleccionar las estrategias referentes a la mezcla de productos. Una decisión se refiere a cómo posicionar el producto en relación con los de la competencia y con los que vende la compañía.

Otra decisión estratégica se refiere al hecho o a la manera de expandir la mezcla de productos, incorporando otros a una línea o bien introduciendo nuevas líneas. Otra posibilidad consiste en que los ejecutivos opten por aumentar la línea en precios altos o bajos en relación con los productos actuales. Modificar su diseño, su empaque u otras características es otra opción entre las estrategias con que se selecciona la mezcla óptima. Para cambiar la mezcla de productos también puede eliminarse una línea entera o bien simplificar la variedad de ella.

Es necesario que los ejecutivos conozcan el concepto de ciclo de vida del producto, el cual refleja el volumen total de ventas de una categoría genérica. Cada una de las cuatro etapas del ciclo: introducción, crecimiento, madurez y declinación, presenta características especiales que tienen consecuencias para el marketing. Plantea retos y oportunidades administrar el producto conforme va pasando por su ciclo de vida. Con el tiempo una categoría de productos irá perdiendo la aceptación de los consumidores; en ese momento, todas o casi todas las compañías abandonan sus versiones de él.

La obsolescencia planeada es una estrategia muy controvertida del producto, que gira en torno a los conceptos de estilo, moda y ciclo de la moda. La moda, esencialmente un fenómeno de índole sociológica y psicológica, sigue un patrón bastante predecible. Gracias a los adelantos en las tecnologías de la comunicación y la producción, el proceso de adopción de la moda ya no está sujeto al tradicional patrón de difusión hacia abajo. Hoy la mejor manera de describirlo es decir que se difunde en forma horizontal. También hay ejemplos de modas que se difunden hacia arriba. La administración de un producto, digamos ropa de gran valor, a través del ciclo de la moda tal vez sea más difícil que el simple ajuste de otro tipo de estrategias de un producto durante su ciclo de vida.

Más sobre

HEINZ

Ante un nuevo y poderoso rival, una compañía está obligada a lanzar un fuerte contraataque. Tenemos la impresión de que Heinz respondió con "muy poca convicción y demasiado tarde" en un intento por proteger su línea de alimentos congelados Weight Watchers. Una opción habría sido introducir una nueva línea de alimentos congelados saludables, con un nombre de marca distinto al de Weight Watchers. Ello

le habría ayudado a superar la imagen negativa de "dieta" a la cual muchos consumidores asociaban la marca Weight Watchers.

Pues bien, en 1992, Heinz hizo eso y lo hizo tres veces. Dos marcas nuevas, Ultimate 200 y Stir Fry 200, contenían apenas 200 calorías frente a cerca de 300 calorías del resto de los platillos de Weight Watchers. La tercera marca, Smart Ones, busca una ventaja diferencial, pues no contiene más de 1 gramo de grasa frente a los cerca de 5 gramos de los platillos de Weight Watchers.

Heinz y otros fabricantes de alimentos congelados afrontan tres grandes problemas al competir unos con otros:

- ¿Qué desean los consumidores? La voz del mercado indica que el sabor es un factor cada vez más importante, pues ahora los consumidores recorren los pasillos de los supermercados en busca de platillos preparados, sean congelados o de otro tipo. Es difícil, por no decir imposible, continuar reduciendo las calorías, la sal, la grasa y el colesterol, sin perder al mismo tiempo el sabor del producto (y, claro, mucho menos mejorarlo).
- ¿De qué manera una nueva marca de alimentos congelados, como Smart Ones, logran entrar en los refrigeradores de los supermercados? Habrá que hacer concesiones, dado el espacio relativamente fijo y el incesante flujo de nuevos productos. Para resolver ese problema, los supermercados exigen a las nuevas marcas que paguen una especie de "tarifa de entrada", suprimen una línea entera de platillos congelados (casi siempre la marca más débil) y sólo venden algunos elementos de cada línea. Si Smart Ones obtiene espacio a expensas de otros productos de Weight Watchers, Heinz habrá incrementado poco o nada sus ingresos.
- El tercer problema es: ¿Cómo una compañía gana dinero en este negocio? Tal vez no sea exagerado decir que ha habido dos posibilidades de ganancias en los alimentos preparados: "ganar poco o ganar nada". Los altos costos del desarrollo de producto y otras actividades de marketing casi han acabado con la rentabilidad de esta categoría de productos. Ahora los analistas ven una tregua: los fabricantes han empezado a abatir sus gastos de marketing y a concentrarse más en generar utilidades, no simplemente en incrementar las ventas de las comidas congeladas. Sin embargo, la competencia seguirá siendo muy dura y costosa, pues están en el mercado compañías tan grandes como Nestlé, Philip Morris, Campbell Soup, H. J. Heinz y ConAgra.

¿Hasta dónde llegará la competencia? ¿Es cierto el rumor de que una de las compañías, en su desesperada búsqueda de un producto de éxito rotundo, está desarrollando un platillo sin calorías: un paquete atractivo que contiene sólo una tarjeta, la cual al abrirse y olerse despide los aromas de una comida deliciosa, con abundantes calorías, saturada de sal, grasosa y rica en colesterol?[25]

1. ¿Cuál de las estrategias de la administración de productos expuestas en el presente capítulo debería aplicar Heinz si quiere mejorar las ventas y utilidades de sus líneas de alimentos congelados?
2. ¿Qué pasos debería dar Heinz en reconocimiento del lugar que ocupan los alimentos congelados, especialmente de tipo saludable, en la curva del ciclo de vida del producto?

■ TÉRMINOS Y CONCEPTOS BÁSICOS

Mezcla de productos (300)
Amplitud (300)
Profundidad (300)
Línea de productos (300)
Posicionamiento (301)
Expansión de la mezcla de productos (305)
Extensión de la línea (305)

Extensión de la mezcla (305)
Aumento de la línea en precios altos (307)
Aumento de la línea en precios bajos (308)
Modificación del producto (308)
Contracción de la mezcla de productos (309)
Ciclo de vida de un producto (310)
Etapa de introducción (311)
Etapa de crecimiento (311)
Etapa de madurez (311)

Etapa de declinación (312)
Moda pasajera (313)
Abandonar el producto (319)
Obsolescencia planeada (319)
Obsolescencia tecnológica funcional (319)

Estrategias de la mezcla de productos

Obsolescencia de estilo (de moda o psicológica) (320)
Estilo (320)
Moda (320)
Proceso de adopción de la moda (320)
Ciclo de moda (320)
Teoría de difusión de la moda hacia abajo (321)
Teoría de difusión horizontal de la moda (321)
Teoría de difusión de la moda hacia arriba (321)

■ PREGUNTAS Y PROBLEMAS

1. "Es incongruente que los ejecutivos apliquen simultáneamente las estrategias de líneas de productos referentes a la *expansión* de su mezcla de productos y las referentes a su *contracción*." Explique su respuesta.
2. "Las estrategias de aumento de la línea en precios altos y bajos se relacionan estrechamente con el ciclo de ventas. Las compañías optan por la primera estrategia en periodos de prosperidad y aplican la segunda durante las recesiones." ¿Está usted de acuerdo con esas decisiones? Explique su respuesta.
3. Nombre una categoría de bienes y otra de servicios que, a su juicio, se encuentren en la etapa de introducción del ciclo de vida. En cada producto identifique el mercado donde considere que sus ofertas de productos son verdaderamente nuevas.
4. Mencione dos productos que se encuentren en la etapa de declinación. En cada caso, indique si piensa que la declinación es permanente. ¿Qué recomendaciones propondría para renovar la demanda de ambos?
5. ¿En qué podrían diferir las estrategias publicitarias de una compañía, según que su marca de un producto esté en la etapa de introducción o en la de madurez?
6. ¿Qué otros productos, además de la ropa y los automóviles, ponen de relieve la moda y el estilo en el marketing? ¿Existen estilos entre los productos industriales?
7. ¿Podemos aplicar la teoría de difusión horizontal al proceso de adopción de la moda en líneas de productos que no sean la ropa de mujer? Explique su respuesta y cite ejemplos.
8. Se critica a la obsolescencia planeada por considerarla un desperdicio económico y social, ya que nos impulsa a adquirir productos que no nos gustan ni necesitamos. ¿Qué opina al respecto? Si está en contra de la obsolescencia planeada, ¿qué recomendaría para corregir la situación?

■ APLICACIÓN AL MARKETING

1. Seleccione una categoría de productos que le interese. Vaya a una biblioteca y localice la asociación comercial estatal o nacional que se ocupa de esa categoría. Escríbale después y pídale las estadísticas de ventas del producto a lo largo de los años y la información que le permite graficar el ciclo de vida del producto. ¿En qué etapa del ciclo se encuentra éste? Explique su respuesta.
2. Concierte una cita con el gerente de un supermercado o de un departamento de un supermercado. Explique Cómo resuelve el gerente el reto de las extensiones de línea. ¿En qué categoría de productos son más comunes las ampliaciones? Cuando a la línea se le agregan otros elementos, ¿de qué manera el gerente encuentra espacio para ponerlos: aumenta el espacio dedicado a la categoría, suprime otros artículos de la misma marca, depura algunas marcas de esta categoría o bien recurre a otros medios?

■ NOTAS Y REFERENCIAS

1. Basado en Richard Gibson, "Once Supermarkets' Leading Stars on Ice, Healthy Choice Frozen Dinners Stumble", *The Wall Street Journal*, 11 de mayo, 1992, pp. B1, B4; Gabriella Stern, "Makers of 'Healthy' Frozen Foods Watch Profits Melt as Competition Gets Hotter", *The Wall Street Journal*, 6 de febrero, 1992, pp. B1, B6. La encuesta administrada a los consumidores la cita Kevin Kerr, "Do Americans Have Too Many Brands?", *Adweek's Marketing Week*, 9 de diciembre, 1991, pp. 14-15.
2. David Kiley, "Going It Alone: One-Brand Companies", *Adweek's Marketing Week*, 26 de noviembre, 1990, pp. 20-22.

3. Russell Mitchell, "Intel Isn't Taking This Lying Down", *Business Week*, 30 de septiembre, 1991, pp. 32-33.

4. Barbara Rudolph, "The Clock Strikes Five", *Time* (edición australiana), 13 de abril, 1992, p. 60.

5. Véase a Francine Schwadel, "Sears Terms Retail Revenue Growth its 'No. 1 Priority' ", *The Wall Street Journal*, 3 de abril, 1992, p. B3; Babette Morgan, "Changing Profile", *St. Louis Post-Dispatch,* 29 de abril, 1991, p. 7BP.

6. Melinda G. Guiles, "Quiet Ride Ends for Luxury-Car Makers as a Crowded Market Befuddles Buyers", *The Wall Street Journal,* 22 de marzo, 1990, p. B1.

7. Robert Manor, "Turning On the Tap", *St. Louis Post-Dispatch*, 7 de abril, 1991, pp. F1, F8.

8. Ariane Sains, "Swiss Army Swells Ranks", *Adweek's Marketing Week*, 4 de junio, 1990, p. 24; Kathleen Deveny, "If Swatch Name Sells Watches, Why Not Cars?", *The Wall Street Journal*, 20 de septiembre, 1990, p. B1.

9. Suzanne McGee, "Ultimate Brand Extension: In-Store Bank", *The Wall Street Journal*, 25 de noviembre, 1991, p. B1; Cliff Edwars, "McDonald's Grows by 'Leaps & Bounds' ", *Daily Camera* (Boulder, Colo.), 3 de septiembre, 1991, p. 22.

10. La información sobre la ropa de alta costura que se incluye en este párrafo y en el siguiente está tomada de Bianca Riemer y Laura Zinn, "Haute Couture That's Not So Haute", *Business Week*, 22 de abril, 1991, p. 108.

11. Carlee R. Scott, "Car Batteries Go for New Gadget to Charge Sales", *The Wall Street Journal*, 1 de marzo, 1990, p. B1.

12. Laura Bird, "Romancing the Package", *Adweek's Marketing Week*, 21 de enero, 1991, pp. 10-11, 14.

13. Lawrence Ingrassia, "Gillette Holds Its Edge by Endlessly Searching for a Better Shave", *The Wall Street Journal*, 10 de diciembre, 1992, pp. A1, A6.

14. Las críticas se resumen en Geoffrey L. Gordon, Roger J. Calantone y C. Anthony di Benedetto, "Mature Markets and Revitalization Strategies: An American Fable", *Business Horizons*, mayo-junio 1991, pp. 39-50. Otros ciclos de vida se proponen en Edward D. Popper y Bruce D. Burskirk, "Technology Life Cycles in Industrial Markets", *Industrial Marketing Management*, febrero de 1992, pp. 23-31; y C. Merle Crawford, "Business Took the Wrong Life Cycle from Biology", *The Journal of Product and Brand Management*, invierno de 1992, pp. 51-57.

15. Dorian Friedman, "Get Your Iced, Cold Java", *U.S. News World Report*, 29 de abril, 1991, p. 59.

16. Este tema se trata más a fondo en Steven P. Schnaars, "When Entering Growth Markets, Are Pioneers Better than Poachers?", *Business Horizons*, marzo-abril 1986, pp. 27-36.

17. Susan Moffat, "Can Nintendo Keep Winning?", *Fortune*, 5 de noviembre, 1990, pp. 131-132, 136.

18. Un estudio que examina los productos industriales es el de Jorge Vasconcelos, "Key Success Factors in Marketing Mature Products", *Industrial Marketing Management*, noviembre de 1991, pp. 263-278.

19. Una explicación de las cuatro estrategias: recaptar, rediseñar, cambiar de enfoque y remoldear, que se aplican principalmente a los productos *industriales*, viene en Paul C. N. Michell, Peter Quinn y Edward Percival, "Marketing Strategies for Mature Industrial Products", *Industrial Marketing Management*, agosto de 1991, pp. 201-206; una explicación de las cinco estrategias utilizadas por Quaker Oats Company con sus productos de *consumo* se da en James R. Tindall, "Marketing Established Brands", *The Journal of Consumer Marketing*, otoño de 1991, pp. 5-10.

20. Laurie Hays, "Teflon Is 50 Years Old, But Du Pont Is Still Finding New Uses for Invention", *The Wall Street Journal*, 7 de abril, 1988, p. 30; Monica Roman, "How Du Pont Keeps 'Em Coming Back for More", *Business Week*, 20 de agosto, 1990, p. 68.

21. Joan E. Rigdon, "Kodak Tries to Prepare for Filmless Era without Inviting Demise of Core Business", *The Wall Street Journal*, 18 de abril, 1991, p. B1.

22. Meg Cox, "Ad Blitz Turns Dictionary into Best Seller", *The Wall Street Journal*, 23 de octubre, 1992, p. A9A.

23. Algunas sugerencias sobre cómo reconocer los límites tecnológicos de un producto actual (de hecho, sobre cómo saber cuándo salirse de la curva de un producto y pasar a la del siguiente producto) se dan en Richard Foster, "When to Make Your Move to the Latest Innovation", *Across the Board*, octubre de 1986, pp. 44-50.

24. Véase un ejemplo en Riemer y Zinn, loc. cit.

25. Más material se encuentra en Gabriella Stern, "Heinz to Introduce Line of Low-Fat Frozen Entrees", *The Wall Street Journal*, 2 de junio, 1992, p. B8.

CAPÍTULO 10

Marcas, empaque y otras características del producto

¿Tiene la marca LEVI'S aceptación en todo el mundo?

Levi's es la marca dominante de jeans en Estados Unidos, muy por encima de las marcas rivales Lee y Wrangler. No obstante, el público estadounidense cada vez compra menos pantalones Levi's. ¿Qué debe hacer la compañía?

Ante esta situación, Levi Strauss & Co. reconoció que sus ventajas fundamentales son el atractivo permanente de su marca y el producto propiamente dicho. Determinó asimismo que la marca era tan fuerte en otros países como en Estados Unidos. En muchos establecimientos de todo el mundo se conoce ampliamente y evoca imágenes positivas de la vida norteamericana. De ahí que, a mediados de los años 80, Levi Strauss haya decidido acelerar su expansión hacia los mercados internacionales.

Vender los jeans Levi's en Brasil, en Japón y en otros países es un reto muy distinto al que afrontó el fundador de la compañía, cuyo nombre era por supuesto Levi Strauss. Cuando hace más de 100 años vendía tiendas a los buscadores de minas durante la fiebre del oro en California, vio que había una gran demanda de pantalones de lona. Hace veinte años amplió, con poco éxito, su línea de productos agregando ropa elegante; pero en los últimos años sí tuvo mucho éxito al incorporar los pantalones informales para hombre y ropa de uso informal. Con todo, el producto básico de la compañía siguen siendo los jeans azules.

Levi Strauss actualiza periódicamente los productos básicos. En comparación con mediados de los años 80, cuando la mayor parte de sus pantalones se hacían con mezclilla de algodón sin aplicarles tratamiento alguno, hoy son sometidos a un lavado por fricción o a otro proceso. También se vigilan escrupulosamente la calidad y reputación del producto. Con tal fin se recurre a subsidiarias, y no a empresas conjuntas o concesionarias, para fabricar los productos y venderlos en el mercado internacional.

Más aún, Levi Strauss invirtió más de $2 millones de dólares para liberar el mercado de los jeans falsos. Tan sólo en 1991, se decomisó más de 1 millón de pantalones de imitación, casi todos ellos hechos en China con un costo apenas de $5 el par y destinados a los mercados europeos. Algunos de los jeans son casi idénticos al producto original, desde el nombre de la marca hasta la etiqueta. Sin embargo, Levi Strauss señala que las imitaciones son de baja calidad y, literalmente, pueden "deshacerse las costuras" tras las primeras lavadas.

Los anuncios destinados al mercado internacional ofrecen un sabor netamente norteamericano; de hecho, el diálogo suele ser en inglés. Dado que en el extranjero los pantalones Levi's tienen gran demanda como ropa elegante, su precio es elevado, normalmente de dos a tres veces más que en Estados Unidos.

A principios de los años 90, Levi Strauss confirmó su estrategia y se dispuso a conservar su posición dominante en el país y a continuar su expansión global. También proyecta establecerse en los mercados que recientemente se abrieron en la Europa Oriental, entre ellos el de la Unión Soviética.[1]

¿Cómo puede Levi Strauss proteger y fortalecer su nombre de marca en Estados Unidos y en otras naciones?

Como se advierte en el caso de Levi Strauss, la imagen de la marca es sumamente importante para muchos productos. De no ser así, ¿cómo podríamos explicar el hecho de que algunos compren la aspirina Bayer y que otros prefieran, o al menos acepten, la marca Walgreen, a pesar de que ambos medicamentos son idénticos desde el punto de vista físico y químico? En las preferencias de otros consumidores influyen no sólo la marca, sino el empaque, la garantía, el diseño u otra característica del producto. Por ser estas características un elemento importante del programa de marketing, trataremos de ellas en el presente capítulo. Después de estudiar este capítulo, usted deberá ser capaz de explicar:

OBJETIVOS DEL CAPÍTULO

- La naturaleza e importancia de las marcas.
- Las características de un buen nombre de marca.
- Las estrategias que los productores e intermediarios aplican a las marcas.
- Por qué y cómo un número cada vez mayor de empresas ha empezado a crear y utilizar el derecho de marca.
- La naturaleza e importancia del empaque y las etiquetas.
- Las principales estrategias de empaque.
- Las consecuencias que tienen en el marketing otras características del producto (diseño, calidad, garantía y servicio después de la venta) capaces de satisfacer los deseos de los consumidores.

MARCAS

La palabra *marca* es muy general pues abarca otros términos de sentido más estrecho. Una **marca** es un nombre o una señal cuya finalidad es identificar el producto de un vendedor o grupo de vendedores, para diferenciarlo de los productos rivales.[2]

Un **nombre de marca** está compuesto por palabras, letras o números que pueden *ser vocalizadas*. Un **emblema** o **logotipo** es la parte de la marca que aparece en forma de símbolo, diseño, color o letrero distintivos. El emblema se reconoce a simple vista, pero no puede expresarse cuando una persona pronuncia el nombre de marca. Crest, Coors y Gillette son nombres de marca. Los emblemas o logotipos son el cocodrilo en la ropa Izod y el globo con un forro especial de AT&T. Green Giant (verduras enlatadas y congeladas) y Arm & Hammer (bicarbonato de sosa) son a la vez nombres de marca y emblemas.

Una **marca registrada** es aquella que ha sido adoptada por un vendedor y que goza de protección legal. Incluye no sólo el emblema, como muchos creen, sino además el nombre de marca. En Estados Unidos la Lanham Act de 1946 permite a las firmas registrar este tipo de marcas ante el gobierno federal para que las proteja, entre otras cosas, del uso o mal uso por parte de otras compañías. La Trademark Law Revision Act, que entró en vigor en 1989, se propone fortalecer el sistema de registro en favor de las compañías de ese país.[3]

Un método de clasificar las marcas consiste en hacerlo a partir de los propietarios. Tenemos así **marcas de fabricantes** y **marcas de intermediarios**; estas últimas pertenecen a los mayoristas o detallistas. Florsheim, Head (productos para atletas), Sunbeam y Prozac (los antidepresores de Eli Lilly & Company) son marcas de fabricantes; Forenza, Shurfine, Craftsman y Penncrest son marcas de intermediarios.

Con los adjetivos *nacional* y *privada* se designa, respectivamente, la propiedad de la marca de fabricantes e intermediarios. Sin embargo, los profesionales del marketing prefieren la designación *fabricante-intermediario*. El significado de esos dos términos pierde rigor

Marcas, empaque y otras características del producto

Las marcas pueden transformar los productos agrícolas, haciendo que de bienes comunes se conviertan en productos de gran demanda.

cuando se dice que la marca de alimentos para aves de corral, vendida en tres estados por un pequeño productor de Birmingham (Alabama) es una marca *nacional* o que las marcas de Penney's y Sears son *privadas*.

Razones por las cuales se utilizan las marcas

Desde el punto de vista de los consumidores, las marcas sirven para identificar más fácilmente los bienes y servicios. Les ayudan a encontrar más pronto lo que buscan en un supermercado, en una tienda de descuento o en otro establecimiento al menudeo y a tomar las decisiones de compra. También les garantizan que obtendrán una calidad uniforme cuando vuelvan a hacer el pedido.

Desde el punto de vista de los vendedores, las marcas pueden ser promovidas. Se reconocen fácilmente al ser exhibidas en una tienda o incluidas en la publicidad. Con el uso de marcas se reduce la comparación de precios, porque son otro factor que ha de tenerse en cuenta cuando se comparan productos diferentes. Finalmente, las marcas pueden darles prestigio a mercancías de uso común (las naranjas Sunkist, la sal Morton y el azúcar Domino, por citar algunas).

No todas las marcas son reconocidas en forma amplia y positiva por sus mercados meta. Y entre las que sí lo son hay muchas incapaces de mantener un lugar dominante. Sin embargo, gracias a actividades como una promoción agresiva y un riguroso control de calidad, algunas conservan su posición de liderazgo durante un largo tiempo (Tabla 10-1). En consecuencia, se invierten enormes sumas de dinero para adquirir compañías poseedoras de marcas dominantes. RJR Company pagó miles de dólares para comprar Nabisco, con sus galletas Oreo y Ritz. Varias empresas deseaban adquirir Kraft Company (fabricante del queso Velveeta, del aderezo para ensalada Miracle Whip y de otras importantes marcas), con ofertas de más de $11 mil millones de dólares. Finalmente Philip Morris logró comprarla.

Razones por las cuales no se usan marcas

La propiedad de una marca supone dos responsabilidades: 1) promover la marca y 2) mantener una calidad constante de la producción. Muchas firmas no ponen marca a sus productos, porque no pueden o no quieren asumir tales responsabilidades.

Hay productos que no tienen marca porque no es posible diferenciarlos físicamente de los de otra empresa. Los ganchos para tender la ropa, los clavos y las materias primas (carbón, algodón, trigo) son ejemplos de bienes donde no se usa la diferenciación y tampoco las marcas. La naturaleza perecedera de productos como las frutas y verduras frescas tiende a desalentar el empleo de marcas. Sin embargo, marcas tan conocidas en Estados Unidos como los tomates y piñas Dole y los plátanos Chiquita demuestran que las marcas pueden utilizarse exitosamente incluso con productos agrícolas perecederos.

Selección de un buen nombre de marca

Algunos nombres de marca son tan buenos que favorecen el éxito de los productos; otros son tan inadecuados que contribuyen a su fracaso. En ocasiones, algunos productos alcanzan el éxito a pesar de malos nombres de marca; aquí cabe mencionar a Exxon y Xerox en el momento de ser lanzados al mercado.

El reto. En nuestros días, escoger un buen nombre de marca plantea un auténtico

TABLA 10-1 Los nombres de marca más duraderos en Estados Unidos

Algunas marcas conservan su liderazgo en el mercado durante largos años. A continuación se incluyen las marcas de mayor venta en 25 categorías de productos en 1923 y su posición casi 70 años después.

Principales marcas en algunas categorías de productos en 1923	Posición en 1991
Cámaras Kodak	No. 1
Fruta enlatada Del Monte	No. 1
Goma de mascar Wrigley	No. 1
Galletas Nabisco	No. 1
Rastrillos Gillette	No. 1
Refrescos Coca-Cola	No. 1
Jabón Ivory	No. 1
Sopa Campbell	No. 1
Pasta dental Colgate	No. 2

Fuente: datos del Boston Consulting Group incluidos en Mark Landler, "What's in a Name? Less and Less", *Business Week*, 8 de julio, 1991, p. 66.

reto. ¿El motivo? Simplemente se nos han ido agotando las opciones.[4] Por una parte, cada año se introducen en el mercado cerca de 10 000 productos nuevos; por la otra parte, un diccionario común suele contener apenas 50 000 palabras. Más aún, muchas palabras ya forman parte de los productos (Pert-Plus, Cascade y Leading Edge) o bien son inadecuadas como nombres de marca (como los adjetivos incómodo, hipócrita o difunto). Otro problema radica en que las compañías continuamente registran nombres aunque rara vez los emplean. De manera no intencional la Trademark Law Revision Act de 1989 suavizó las normas de registro, con lo cual facilitó esta táctica de sacar de la circulación algunos nombres posibles de marca.

Una solución consiste en crear nombres de marca que no formen parte del idioma inglés. ¿Qué les parece Xenoquin, Zoloft y Viatour? Los tres eran candidatos para bautizar un nuevo medicamento de Pfizer, Inc., y finalmente se escogió Zoloft. Otros ejemplos son Acura, Lexus y Compaq.[5] La dificultad para encontrar un nombre apropiado ha dado origen a compañías que se especializan en crear nombres imaginativos y atractivos. El proceso de imposición de nombre no es barato, pues el simple nombre llega a costar entre $25 000 y $50 000 y luego mucho más la promoción de la nueva marca.

Características apropiadas. Cinco características determinan la conveniencia de un nombre de marca para un bien o servicio.[6] Es difícil encontrar una marca que reúna las cinco. Sin embargo, el nombre debería tener el mayor número posible de las siguientes:

• Sugerir algo acerca del producto, sobre todo sus beneficios y empleo. Entre los nombres que, en inglés, connotan un beneficio cabe citar estos: Beautyrest, Mr. Goodwrench, Holiday Inn, Minute Rice y —tal vez el mejor de todos— DieHard. Dustbuster, Ticketron y las sillas La-Z-Boy indican el uso que se da al producto.

¿Hay nombres de marca mejores que DieHard para las baterías?

- Ser fácil de pronunciar, escribir y recordar. Los nombres simples, cortos y de una sílaba, como Tide, Ban, Aim y Surf, son los más idóneos. Pero hay consumidores a quienes les resulta difícil pronunciar incluso hasta algunos nombres cortos, como NYNEX y Aetna. Entre las marcas que no cumplen con este criterio figuran Frusen-Glädjé (helados), Au Bon Pain (bizcochos) y Asahi (cerveza).
- Ser distintivo. No cumplen con este requisito marcas con nombres como National, Star, Ideal, United, Allied o Standard. Las marcas de muchas empresas de servicios comienzan con adjetivos que connotan fuerza y luego agregan una descripción del negocio, creando marcas como Allied Van Lines y United Parcel Service. Pero cabe preguntar: ¿se trata verdaderamente de nombres distintivos?
- Ser adaptable a los nuevos productos que se vayan incorporando a la línea. Un nombre de familia (Kellogg, Litpon o Ford) puede ser más adecuado que un nombre muy específico que aluda a los beneficios del producto. Cuando los restaurantes de comida rápida agregaron el desayuno a sus menús, el nombre de McDonald's resultó más apropiado que Burger King o Pizza Hut. De manera análoga, nombres como Alaska Airlines y Southwest Airlines puede inhibir la expansión geográfica más que una designación como United Airlines.
- Ser susceptible de registro y de protección legal según la Lanham Act, su revisión de 1989 y otras leyes consuetudinarias o estatuarias. En este aspecto, el fabricante de Pam, aerosol que evita que los alimentos se peguen a las cacerolas, afirma que el nombre similar de una marca rival, Pan Lite, tiende a confundir al público y, por consiguiente, a lesionar la identidad de Pam.[7]

En la tabla 10-2 se incluyen las marcas consideradas las mejores en Estados Unidos, en el resto del mundo y, con fines de comparación, en dos países de Europa Oriental. Pocos productos figuran tanto en la clasificación de Estados Unidos como en la del resto del mundo; sólo Kodak y Mercedez-Benz aparecen en ambas listas. Nótese asimismo que unos cuantos servicios (Disney, UPS, AT&T y American Express) sufrieron una caída estrepitosa en ambas clasificaciones, y en las listas de Europa Orientan sólo figuran bienes. Todo parece indicar que las marcas más prestigiadas reúnen la mayor parte de las características apropiadas para un nombre de marca. Sin embargo, prácticamente ninguno de estos nombres alude a los beneficios o usos del producto, primera característica que debe poseer una marca.

Protección del nombre de marca

A lo largo de los años algunas marcas han logrado tal aceptación que normalmente se utilizan sus nombres en lugar del nombre genérico de determinados productos. Al margen se dan ejemplos de algunas muy comunes en Estados Unidos. En un principio esos nombres eran marcas registradas que tan sólo el dueño podía usar.

¿Qué sucedió? Pues que un nombre de marca puede volverse genérico en varios aspectos:

Términos genéricos que antaño eran considerados nombres de marca

aspirina   nailon
brassiere   hojuelas
celofán   de trigo
escalador   termo
armónica   yo-yo
queroseno   zipper
linóleo

- La patente expira
- No existe un nombre genérico simple, de modo que el público emplea un nombre de marca en vez de él. Esto ocurrió con el cereal para desayuno, el nailon y el celofán. Formica Corporation libra una guerra constante, exitosa hasta ahora, para conservar el estatus legal de su marca Formica de laminados decorativos.[8]
- Por contradictorio que pueda sonar, en ocasiones una firma promueve una marca demasiado bien. Nombres como Xerox, Levi's, Nescafé, Scotch Tape y Kleenex se encuentran en la frontera de productos genéricos y marcas, a pesar de no pertenecer todavía a la primera categoría desde el punto de vista legal. Se trata de marcas que han recibido una promoción tan intensa y tan exitosa que muchos las emplean genéricamente. He aquí un ejemplo, ¿qué palabras se usan en una conversación ordinaria, café soluble o Nescafé?, ¿pañuelos desechables o Kleenex? En ambos casos, es casi seguro que se use la marca registrada.

TABLA 10-2   Los mejores nombres de marca según algunas encuestas

Posición	En Estados Unidos	En el Mundo	En Hungría	En Polonia
1.	Disneyland/Disney World	Coca-Cola	Mercedes-Benz	Sony
2.	Kodak	Kellogg's	Adidas	Volvo
3.	United Parcel Service	McDonald's	BMW	Mercedes-Benz
4.	Hallmark	Kodak	Sony	Adidas
5.	Fisher-Price	Marlboro	Porsche	Toyota
6.	AT&T	IBM	Rolls-Royce	Ford
7.	Mercedes-Benz	American Express	Jaguar	BMW
8.	Arm & Hammer	Sony	Ford	Philips
9.	Chiquita	Mercedes-Benz	Philips	Porsche
10.	Levi's	Nescafé	Opel	Honda

Nota: lo que constituye "lo mejor" se definió y midió en forma diferente para elaborar estas listas.

Fuentes: Terry Lefton, "How Big Brands Rank", *Brandweek*, 29 de marzo, 1993, pp. 26-28, 30; Nancy Ryan, "Top Brands Struggle to Maintain Image in Sea of Labels", *Chicago Tribune*, 12 de abril, 1992, p. C1; Kathleen Deveny, "Brand Names Have Cachet in East Bloc", *The Wall Street Journal*, 27 de junio, 1990, p. B1.

Hay formas de evitar el uso genérico de un nombre de marca:

- Utilice el nombre junto con el de la compañía; por ejemplo, Polaroid Land.
- Mejor aún, utilice el nombre de marca junto con el nombre genérico: poliéster Dacron, por ejemplo.
- Notifique al público que se han registrado los derechos de autor de la marca. Rollerblade Incorporated entabló una demanda judicial en contra de los competidores que usaban "rollerblade" como término genérico. Así, el fabricante de Rollerblades rechaza proposiciones como aquellas en que se usa esa palabra y prefiere que se utilicen términos más genéricos.[9]

ESTRATEGIAS DE MARCAS

Tanto los productores como los intermediarios deben tomar decisiones estratégicas relacionadas con el uso de marcas para sus bienes o servicios.

Estrategias del productor

El fabricante debe decidir si impondrá marcas a sus productos y si venderá parte de su producción o toda ella con marcas de intermediarios.

Comercialización de la producción con las propias marcas del fabricante. Las compañías que utilizan estrictamente sus marcas suelen ser grandes y cuentan con un buen financiamiento y una dirección adecuada. Así, Polaroid, Maytag e IBM tienen extensas líneas de productos, sistemas bien establecidos de distribución y una gran participación en el mercado. Sólo un pequeño grupo de fabricantes se sirven de esta estrategia y su número parece ir disminuyendo cada día. La razón principal de ello es que hay muchísimas oportunidades de elaborar productos a los cuales los intermediarios imponen después sus propias marcas.

La razón por la cual un productor recurre estrictamente a sus propias marcas ya fueron explicadas en la sección dedicada a la importancia que tienen las marcas para el vendedor. Otro motivo es que a menudo los intermediarios prefieren manejar las marcas del productor, sobre todo si se trata de marcas con una gran aceptación entre el público.

Uso de marcas con los materiales y piezas de fabricación. Algunos productores aplican una estrategia consistente en ponerles **marcas a los materiales y piezas de fabricación** (bienes manufacturados que forman parte de otro producto después de la manufactura).[10] Esta estrategia se emplea en la comercialización de los algodones Dan River, los tejidos Acrilan y muchas refacciones automotrices: bujías para automóvil, baterías y filtros de aceite. Du Pont ha empleado en forma constante y exitosa esta estrategia, sobre todo con los recubrimientos no pegadizos de Teflón, la fibra Lycra y Stainmaster, sustancia repelente de manchas que se emplea en las alfombras.

Por medio de esta estrategia el vendedor procura crear una preferencia del mercado por los materiales o piezas de su marca. Dolby Labs intenta generar una situación de mercado en que los compradores insistan en que un sistema de sonido estéreo contenga un componente Dolby atenuador de ruidos. La compañía también convence a los fabricantes de que su ventas de esos sistemas aumentarán si incluyen las unidades Dolby.

Hay más probabilidades de que esta estrategia sea eficaz, cuando un tipo determinado de materiales o piezas de fabricación reúne dos características:

- El producto es además un bien de consumo que se adquiere con fines de sustitución: bujías Champion y los acumuladores Delco son dos ejemplos.
- El producto es parte fundamental del producto terminado; por ejemplo, el microprocesador de una computadora personal. Intel Corporation inventó el eslogan "Intel Inside" para fortalecer la posición de su producto.[11]

Marketing con marcas de intermediarios. Una estrategia común de los fabricantes consiste en vender una parte o toda su producción a los intermediarios para que ellos le pongan su marca. Para el fabricante, la producción destinada a las marcas de intermediarios representa ventas adicionales. Es una estrategia que puede beneficiar al fabricante. Los pedidos suelen ser grandes y el pago es rápido. Además la estrategia le ayuda al fabricante a utilizar la planta a toda su capacidad.

Algunos fabricantes se niegan a producir bienes para las marcas de mayoristas o detallistas. Sin embargo, con su obstinación no lograrán acabar con la competencia de los intermediarios. Algunos de éstos quieren vender sus propias marcas. Si un fabricante se niega a venderles sus productos, simplemente acudirán a otro.

El problema de producir artículos con marcas de intermediarios radica en que los ingresos del fabricante dependen de la fuerza de la campaña con que se promueva esa marca. El problema se agrava al ir aumentando la proporción de la producción que se vende con las marcas de los intermediarios.

Estrategias de los intermediarios

También los intermediarios deben contestar la pregunta de si conviene que utilicen sus propias marcas.

Vender únicamente las marcas de los fabricantes. La mayor parte de los mayoristas y detallistas siguen esta política. ¿Por qué? No tienen ni los medios financieros ni otra clase de recursos para promover una marca y mantener su calidad.

Vender a la vez las marcas de los fabricantes y las de los intermediarios. Muchos detallistas grandes y algunos de los más importantes mayoristas poseen sus propias marcas. A los intermediarios les conviene vender su marcas, porque de ese modo controlan mejor los mercados meta. Si los consumidores prefieren determinada marca del detallista, llamada algunas veces *marca de tienda*, no podrán obtenerla más que en las tiendas.

Más aún, los intermediarios están en condiciones de vender sus marcas a precios menores que los de las marcas de los fabricantes y aun así conseguir mejores utilidades brutas. Ello es posible porque a menudo pueden adquirir la mercancía con sus marcas a costos más bajos que los de la mercancía con las marcas del fabricante. Los costos serán menores porque el fabricante debe pagar la publicidad y la venta de sus marcas; pero estos costos no están incluidos en los precios de los productos vendidos a los intermediarios para que les pongan sus marcas. Además, los fabricantes pueden ofrecer buenos precios en este caso, porque buscan conseguir ventas adicionales a fin de mantener activas sus plantas durante las temporadas bajas. En algunos casos, los costos serán inferiores, pues la calidad de los productos con las marcas de los intermediarios es menor que la de los productos rivales con las marcas del fabricante.

No obstante, es preciso que los intermediarios sean cuidadosos al fijarle precios a sus marcas. De acuerdo con un estudio, si a las marcas de los comestibles de una tienda no se les pone un precio al menos 10% menor que el de las marcas del fabricante, muchas personas no los comprarán. Pero si el precio de la marca es más del 20% más bajo, algunos consumidores sospecharán de su calidad. Esta evidencia indica que a las marcas de comestibles de la tienda debe ponérseles un precio entre 10 y 20% por debajo de las marcas de los fabricantes rivales.[12]

La marca del detallista puede diferenciar sus productos. De ser así, al público le será más difícil hacer comparaciones de precios que pudieran ser desfavorables para el detallista. Además, éste logrará evitar la competencia de precios si establece sus propias y atractivas marcas. Algunas veces se rebajan drásticamente las marcas de los fabricantes, cuando las tiendas que las venden compiten entre sí. En años recientes, la reducción de precios ha caracterizado la comercialización de la ropa que llevan la etiqueta del fabricante, como Ralph Lauren y Liz Clairborne. En consecuencia, algunos detallistas grandes (I. Magnin, Neiman-Marcus y Bloomingdale's, por ejemplo) aumentaron sus existencias de ropa de alto precio que lleva las marcas de la tienda.[13] A su vez estas cadenas han disminuido sus existencias de ropa que tiene las marcas del diseñador.

Quizá las marcas de los intermediarios hayan tenido su mayor impacto en la comercialización de los bienes empacados de consumo, entre ellos los comestibles y los artículos para el cuidado personal. Un número cada vez mayor de supermercados, farmacias y cadenas de descuentos han empezado a introducir o mejorar sus marcas. En Estados Unidos, las farmacias Walgreen's venden desde hace mucho productos con el nombre de la compañía; la cadena de supermercados Safeway utiliza Lucerne y otras marcas suyas. Wal-Mart, la principal cadena de tiendas de Estados Unidos, ha ido aumentando muchísimo sus marcas de tienda, además de haber puesto la etiqueta Sam's American Choice a refrescos de cola, galletas y otros artículos. Por otra parte, su alimento para perros Ol'Roy, llamado así en honor del perro de presa favorito de Sam Walton, es la segunda marca más importante dentro de esta categoría.[14]

En Estados Unidos, las marcas de intermediarios representan casi el 15% del volumen total de los supermercados, si atendemos a los importes y no a las unidades vendidas. Más aún, tomadas en conjunto, son una de las tres principales marcas casi en el 10% de las categorías de productos que se expenden en los supermercados. Tienen una participación dominante en el mercado dentro de unas cuantas categorías, como los jugos de naranja congelados y el queso natural. Además han comenzado ya a incursionar en categorías como cigarros, medicamentos para el resfriado común y las alergias, pañales e incluso agua embotellada, que antaño eran dominio casi exclusivo de las marcas del fabricante.[15]

Tradicionalmente los principales compradores de las marcas de los intermediarios eran personas de bajos a altos ingresos que buscaban ofertas; ahora provienen de todos los niveles socioeconómicos. La demanda creció a fines de los años 80, al comenzar el público a buscar más valor por su dinero. La demanda no ha perdido fuerza, a pesar de que la economía ha mejorado mucho.

Las marcas de intermediarios han competido exitosamente con las de los fabricantes en diversas categorías de productos. Pero ninguna de ellas ha demostrado una neta superioridad sobre la otra en el mercado. Así pues, todo parece indicar que la "guerra de las marcas"

Algunas marcas de ropa de detallistas

Macy's: Morgan Taylor, Charter Club.

Saks Fifth Avenue: Real Clothes, The Works.

The Limited: Forenza, Outback Red.

seguirá siendo muy fuerte. De hecho, en la primavera de 1993 algunos de los fabricantes más importantes, entre ellos Procter & Gamble y Philip Morris, redujeron las ganancias recientes de las marcas de los intermediarios al rebajar los precios de algunas de sus marcas más conocidas.

Vender productos genéricos. A fines de los años 70, varias cadenas de supermercados introdujeron productos que vendían con su nombre genérico. Los **productos genéricos** llevan la simple designación de carne de puerco y frijoles, crema de cacahuate, queso cottage, toallas de papel, etc. Generalmente se venden de 30 a 40% menos que las marcas del fabricante y entre 10 y 20% menos que las de los detallistas. Están dirigidos a los consumidores sensibles al precio. Aunque su valor nutricional es igual al de los productos de marca del fabricante, no tienen ni el color, tamaño o consistencia de ellos.

Los productos genéricos obtuvieron ventas lo bastante importantes en algunas líneas de productos para constituirse en un factor decisivo en la guerra de marcas. Sin embargo, su participación en el mercado se ha estancado e incluso ha mermado en algunas líneas. Al empezar los supermercados a mejorar y promover sus marcas, un número creciente de compradores optó por las marcas de tienda a manera de compromiso entre los productos genéricos y las marcas del fabricante.

Estrategias comunes de productores e intermediarios

Los fabricantes e intermediarios por igual habrán de seleccionar estrategias respecto a la conveniencia de ponerles marcas a sus mezclas de productos o de saturar el mercado con sus marcas.

Uso de marcas con una mezcla de productos. Por lo menos tres estrategias aplican las firmas que venden más de un producto:

Los grandes detallistas a menudo crean y promueven sus propias marcas de tienda, llamadas también marcas de intermediarios y de detallistas.

- **Un nombre para cada producto.** Es la estrategia que utilizan Lever Brothers y Procter & Gamble. Como aplica esta estrategia, la mayor parte de los norteamericanos no conocen a ConAgra, procesador de alimentos con ventas anuales aproximadamente de $25 000 millones de dólares; pero casi todos ellos están familiarizados con sus marcas: alimentos congelados Healthy Choice, crema de cacahuate Peter Pan y carnes frías Armour.
- **El nombre de la compañía combinado con el nombre de un producto.** He aquí algunos ejemplos: Johnson's Pledge y Johnson's Glo-Coat, Kellogg's Rice Krispies y Kellogg's Corn Pops.
- **El nombre de la compañía solo.** En el momento actual, unas pocas empresas se sirven exclusivamente de esta política. La utilizan en general Heinz y Libby en el sector alimentario, lo mismo que Westinghouse y General Electric en varias industrias.

El uso del nombre de la compañía en las marcas, a menudo llamado **marca de familia**, facilita la incorporación de nuevos productos afines a una línea y reduce los costos. Por lo demás, el prestigio de una marca se esparce más fácilmente, si aparece en varios productos y no sólo en uno. Armor All Products aprovechó el extraordinario éxito de Armor All Protectant para agregar otros productos para el cuidado del automóvil, como Armor All Cleaner y Armor All Car Wax.

El nombre de la compañía es el más apropiado para comercializar productos que se parecen por la calidad, el uso o en algún otro aspecto. El nombre Dole, empleado desde hace muchos años en las piñas, fue elegido como la marca de los nuevos postres congelados Dole y de las barras Dole Fruit 'N Juice. Por otra parte, Honda seleccionó otro nombre, Acura, y una estructura diferente de distribución, cuando incorpora una línea de automóviles más grandes y caros.

Cuando se pone el nombre de la compañía a las marcas, hay una mayor responsabilidad por parte de ella para conservar la misma calidad entre todos sus productos. Un producto deficiente puede tener consecuencias negativas y hasta desastrosas en los demás que llevan la misma marca. Por tal razón, muchas compañías prefieren que cada producto triunfe o fracase sin repercutir en los demás, o sea aplican la primera estrategia de la lista.

Saturación del mercado con marcas.

Cada vez con mayor frecuencia, las empresas recurren a una **estrategia de marcas múltiples** con el fin de aumentar sus ventas totales en el mercado. Tienen más de una marca de un producto esencialmente idéntico, dirigido a un mismo mercado o a otros bien diferenciados. Supongamos, por ejemplo, que una compañía preparó un tipo de mensaje de ventas en torno a una marca determinada. Si quiere llegar a otros segmentos del mercado, podrá emplear otros mensajes con diversas marcas. Los detergentes de Procter & Gamble, Tide y Dreft, son un ejemplo de ello. Algunos piensan que, si Tide es lo bastante fuerte para limpiar la ropa sucia de trabajo, no podrá emplearse con ropa interior ni con prendas finas. A ese sector del público P&G le ofrece Dreft, detergente en cuya promoción se afirma que es más suave que Tide.

Algunas veces una compañía llega a la conclusión de que requiere varias marcas para penetrar en mercados individuales. Por ejemplo, la línea de herramientas de Black & Decker resulta sumamente atractiva para las personas que hacen trabajos manuales, no así para los artesanos profesionales. De ahí que haya suprimido el nombre de la compañía en las herramientas eléctricas destinadas a este segmento del mercado. Lo reemplazó con DeWalt,

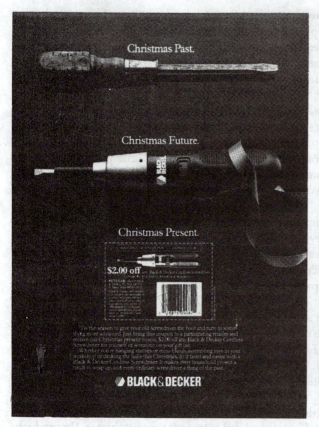 

¿Por qué Black & Decker necesita la marca DeWalt además de la de su propio nombre?

nombre de una fábrica de sierras estacionarias que Black & Decker adquirió hace algunos años.[16]

Creación y uso de las marcas como activos de la empresa

Compañías tan diversas como Sears, The Limited, Dole, Armor All y Marriott reconocen que sus marcas pueden ser activos más valiosos que los bienes físicos (edificio y equipo, por ejemplo).[17] Nos referimos aquí al *capital propio de marca*, uno de los temas de mayor trascendencia del marketing durante los años 90. El **capital de la marca** es el valor que ésta agrega a un producto.[18] En la mente de mucha gente, el simple hecho de que un producto lleve un nombre de marca como Sony, Kenmore o Reebok aumenta su valor. Además del valor intrínseco de un producto, basado en la capacidad de cumplir su función, una marca le agrega un valor adicional mediante el conocimiento de su nombre y las connotaciones de atributos positivos (la calidad o la economía, por citar algunos).

Marcas, empaque y otras características del producto **341**

PERSPECTIVA INTERNACIONAL

¿QUÉ ES MEJOR: UNA MARCA GLOBAL O UNA MARCA DIFERENTE EN CADA PAÍS?

Algunas empresas han adoptado una estrategia global de una marca individual, logrando un éxito extraordinario. Coca-Cola, Pepsi-Cola, Exxon y los jeans Levi's son marcas que se emplean en todo el mundo. La pasta dental Colgate se vende en 53 países y el jabón Palmolive en 43. American Express, VISA, la Cruz Roja y Holiday Inn utilizan una marca en todo el mundo.

	Alemania	Austria	Bélgica	Suiza	España	Francia
Detergente para ropa	Liz	Liz	LeChat	Liz	Sil	LeChat
Detergente para platos	Dixi	°	°	°	Misol	Rex
Limpiador de casa	Der General	Sheriff	Clien	°	Tenn	Maxinet

° En este país no existe la marca Henkel.

Sin embargo, hay empresas que poseen varias marcas de un mismo producto. Una de ellas es Lever Europe, que vende suavizantes similares de tejido en 10 naciones europeas con siete marcas, entre ellas Snuffle, Teddy Bear y Mimosin. Henkel Company, el gigantesco fabricante de detergentes en Alemania Occidental y uno de los principales rivales de Procter & Gamble en Europa, utiliza marcas especiales en cada país.

¿Qué es mejor: una marca global o un nombre específico para cada país? Como tantas otras preguntas del marketing, la respuesta correcta es: "Depende."

Por una parte, sin duda a una compañía le conviene emplear un solo nombre de marca en todo el mundo, con una campaña publicitaria estandarizada y la posibilidad de agregar bienes o servicios con esa marca. Ante la caída de las barreras comerciales en el seno de la Comunidad Europea, muchas empresas desean integrar numerosas marcas en una sola marca paneuropea.

Por otra parte, si el nombre global no significa nada en el lenguaje local o si implica una connotación negativa, es preferible un nombre para cada país. Además, si una marca ya goza de reconocimiento y aceptación en un país donde se proyecta crecer, sería riesgoso sustituirla por otro nombre. Varias compañías que venden productos en Europa, especialmente bienes empacados de consumo, han mantenido los nombres de marcas que son populares en las diversas naciones.

Una compañía que intenta establecer una marca global tal vez descubra que otra está empleando la misma marca en varios países. Por ejemplo, Anheuser-Busch de Estados Unidos y Budvar de Checoslovaquia utilizan la misma marca Budweiser. Más aún, en el primero se le conoce como "el rey de las cervezas" y en el segundo como "la cerveza de los reyes". Con el propósito de ampliar sus mercados, desde hace mucho ambas empresas libran una guerra por obtener los derechos de la marca Budweiser en toda la Comunidad Europea.

Fuentes: E. S. Browning, "In Pursuit of the Elusive Euroconsumer", *The Wall Street Journal*, 23 de abril, 1992, p. B1; Roger Thurow, "The King of Beers and Beer of Kings Are at Lagerheads", *The Wall Street Journal*, 3 de abril, 1992, p. A1; Marina Specht, "Henkel Thinks Pan-Europe", *Advertising Age*, 30 de enero, 1989, p. 44.

Tendemos a concebir el capital de la marca como un aspecto positivo del producto. Algunas veces una marca carecerá de ese atributo e incluso posiblemente tenga un capital negativo. Es decir, no agrega nada e incluso disminuye la capacidad del producto para cumplir con su función. Al iniciarse el año de 1993, Trans World Airlines sufrió problemas financieros y dio un servicio poco uniforme a los clientes; por tanto, en la mente de muchos pasajeros, la marca TWA tenía una connotación negativa. Fracasan muchos productos con la falta de una connotación positiva de marca; por ejemplo, Yugo en la industria automotriz y Leventhol & Horwath en los servicios contables y de consultoría.

Si no está convencido de que un nombre de marca posea un gran valor intrínseco, lo invitamos a analizar los resultados de dos estudios. En uno, la proporción de sujetos que escogía hojuelas de maíz aumentó de 47% cuando la marca era desconocida a 59% cuando la identificaban como Kellogg's. En otro estudio, cuando unos televisores físicamente idénticos se vendían con la marca General Electric y con la marca Hitachi, ésta superaba las ventas de GE en una proporción de 2 a 1, aun cuando los televisores Hitachi costaban $75 más que los GE.[19] Es evidente que Kellogg's, Hitachi y muchas otras marcas poseen una importante connotación positiva.

Para obtener una buena connotación de marca hay que crear una imagen positiva, recordable y congruente, tarea nada fácil por cierto.[20] La calidad y la publicidad del producto son elementos decisivos en ella. Una buena imagen de marca ofrece muchos beneficios a la firma:

- La propia marca puede convertirse en una ventaja diferencial, al influir en los consumidores para que compren determinado producto. Entre los ejemplos cabe citar los siguientes: BMW, Häagen Dazs y Kenmore (marca de electrodomésticos de Sears).
- El hecho de que es necesario invertir mucho dinero y tiempo para fincar la equidad de marca crea una barrera para las compañías que desean entrar en el mercado con un producto similar.
- Un producto puede sobrevivir a los cambios que se operen en el ambiente del mercado; por ejemplo, una crisis en la industria o en los gustos del consumidor. Tylenol parecía mucho mejor que Perrier cuando ambos medicamentos afrontaron crisis relacionadas con su pureza.

La equidad de marca a menudo sirve para ampliar una mezcla de productos, sobre todo una línea.[21] Entre los ejemplos podemos citar los refrescos Ocean Spray en otros sabores además del arándano original, el aceite de oliva y de canola Wesson y Cherry 7Up. De manera análoga, todo el nombre de marca o una parte de él pueden aplicarse a una nueva línea de productos. Así, hay Courtyard de los moteles Marriott, la línea de servicio de mesa para cena, relojes y otros enseres domésticos Betty Crooker Coordinates, y los postres congelados Dole. Se emplea un fuerte nombre de marca en un nuevo producto o línea porque la equidad de marca comunicará una impresión favorable del producto, aumentando además la probabilidad de que el público por lo menos lo pruebe.

Si una marca tiene una abundante equidad, ello no significa necesariamente que debe aplicarla a otros productos. Procter & Gamble decidieron que su tan exitosa marca Crest debería usarse con varias clases de pastal dental, no así en otras categorías como el enjuague bucal. Cuando estaba en el proceso de desarrollar una salsa para espagueti, Campbell determinó que su conocido nombre de marca debería proyectar una imagen italiana, por eso llamó Prego a su nueva salsa. Por lo demás, también una fuerte imagen positiva no garantiza el éxito de nuevos productos o línea que incluyan marcas muy apreciadas. A pesar de sus famosos nombres de marcas, ni los cigarros Harley Davidson, ni la ropa de diseño para caballeros Levi's, ni el cereal Dunkin' Donuts ni el refresco 7Up Gold lograron la aceptación del público.

Concesión para utilizar marcas registradas

Los productos con un gran capital de marca tienen gran potencial para la **concesión de marcas registradas**, llamada también *concesión de uso de marcas*. Por ejemplo, Sunkist Growers permite que su famosa marca Sunkist sea utilizada o licenciada a muchas compañías en varios productos, entre ellos bebidas y productos naturistas. Por medio de este convenio, el dueño de una marca autoriza (otorga una concesión) a otras compañías para que usen su nombre de marca y la marca registrada en sus productos. La compañía que recibe una licencia convirtiéndose en licenciatario paga regalías de entre 5 y 10% del precio al mayoreo de cada producto que lleve la marca. El porcentaje de regalías depende del grado de equidad relacionada con la marca que ofrece el propietario de ella o licenciante.

En 1977, esta estrategia arrojó $5 mil millones de dólares en ventas al menudeo y actualmente ya rebasó la cifra de 60 *mil millones* anuales. Sin embargo, a pesar de un crecimiento acelerado en los años 80, las ventas se estancaron a principios de la década de 1990, probablemente a causa de una economía recesiva. De hecho, las ventas al detalle de los productos licenciados disminuyeron un 2% en 1992.[22] Los juguetes de personajes famosos, como la sirenita o Tortugas Ninja Adolescentes Mutantes, representaron cerca del 12% del volumen de ventas. Pero la categoría más grande de mercancías licenciada es la ropa, con una venta aproximada de la tercera parte de este tipo de productos.

Tanto el licenciante como el licenciatario han de tomar decisiones estratégicas. He aquí la pregunta fundamental que debería hacerse Pierre Cardin: "¿Deberíamos permitir que otras empresas utilicen nuestra marca?" El fabricante de armazones de anteojos (un licenciante potencial) habrá de preguntarse: "¿Queremos lanzar al mercado una línea de armazones elegantes con el nombre de Pierre Cardin?"

Los propietarios de marcas bien conocidas desean licenciarlas por varios motivos:

- Puede ser rentable, porque el licenciatario no hace gastos fuertes, aunque el licenciatario ha de establecer criterios para otorgar este tipo de permisos y vigilar los acuerdos, si quiere proteger la reputación de su marca registrada.
- Existe un beneficio promocional, porque el nombre del licenciatario se da a conocer más allá del producto original. La decisión de Coppertone de permitir que su marca fuera colocada en varios productos para usarse al aire libre, como sombrillas y calzado informal, se explica así: "Cuanto más aparezca el nombre Coppertone en el tipo adecuado de productos de ciertas categorías, más se reforzará la posición de la marca dentro del mercado."[23]

Las licencias también resultan ventajosas para los posibles licenciantes. Entre las razones por las cuales se adquiere una concesión de uso de marca se encuentran las siguientes:

USTED TOMA LA DECISIÓN

¿QUIÉN APARECERÁ AHORA EN LAS CAMISETAS: REN Y STIMPY O SLICK Y SPIN?

Los personajes de las caricaturas han alcanzado una enorme visibilidad en las licencias para utilizar las marcas registradas. Los personajes del programa televisivo *The Simpsons* aparecen al menos en 50 y, tal vez, en 100 productos. Y la película *Batman* generó ventas por $500 millones de dólares en este tipo de mercancía.

Los personajes de las caricaturas se utilizan mucho en la concesión del uso de marcas registradas, porque gozan de una increíble popularidad entre los espectadores. Y nunca se divorcian, no son arrestados por la policía ni cometen otro tipo de delitos. Por supuesto, desde el punto de vista de la concesión de licencias su vida a veces resulta extremadamente corta, quizá unos cuantos meses.

¿Cuáles personajes de caricaturas tendrán la mayor demanda en la concesión de uso de marcas registradas? ¿Ren y Stimpy, las estrellas del programa de caricaturas Nickelodeon? ¿Slick y Spin, los Incredible Crash Dummies? ¿Los renovados Picapiedras o Tom y Jerry, personajes que nunca envejecen?

¿Para qué personaje de caricatura, de los que acabamos de mencionar, debería una compañía de juguetes obtener la concesión de uso?

Fuente: "Marketers Hope Success Is in Character", *The Wall Street Journal*, 5 de junio, 1992, p. B1.

- Aumentan las probabilidades de que el nuevo producto tenga éxito. Resulta mucho más fácil que una firma desconocida logre que los consumidores acepten su producto, si lleva una marca de prestigio.
- Pueden reducirse los costos del marketing. En particular, al emplear una marca bien conocida, la compañía obtiene una ventaja inicial para conseguir la aceptación del público. De ahí que se disminuyan los gastos de promoción y, de ser así, los ahorros compensarán el pago de regalías al licenciatario.

EMPAQUE

Aun después de desarrollar un producto y de ponerle una marca, hace falta diseñar estrategias para otros aspectos de la mezcla de marketing. Uno de ellos, y por cierto muy importante para algunos productos, es el **empaque**, el cual está constituido por todas las actividades de diseño y elaboración del contenedor o envoltura. Un **paquete** es el contenido o envoltura propiamente dichos. Así pues, el empaque es una función comercial y el paquete es un objeto.

El empaque y el paquete resultante tienen por objeto cumplir algunas funciones de gran importancia:

- **Proteger el producto en su camino hacia el consumidor.** Un paquete protege la mercancía durante el embarque. Además evita que se estropeen o alteren, sobre todo cuando se trata de medicamentos y alimentos, en la bodega o en la tienda.

- **Brindar protección después de comprar el producto.** En comparación con productos en bruto (es decir, sin empacar), los bienes empacados generalmente son más adecuados, limpios y menos susceptibles de pérdidas ocasionadas por evaporación, derrames y descomposición. Además los recipientes "a prueba de niños" (y también de adultos) impiden que éstos abran los contenedores de medicamentos y de otros productos peligrosos.
- **Formar parte del programa de marketing industrial de la compañía.** Un producto debe empacarse para atender las necesidades de mayoristas y detallistas. Por ejemplo, el tamaño y la forma del empaque deberán ser apropiados para exhibir y apilar la mercancía dentro de la tienda. Un empaque con una forma muy original tal vez capte la atención del público; pero si no es fácil apilarlo, el detallista difícilmente comprará el producto.
- **Formar parte del programa de marketing dirigido a los consumidores.** El empaque facilita la identificación del producto y, por lo mismo, evita que se sustituya por productos de la competencia. En el punto de venta, como los pasillos de un supermercado, el empaque sirve de "vendedor silencioso". En el caso de marcas de intermediarios, a los que normalmente no se les hace una gran promoción, el empaque es un medio de comunicarse con los compradores. Más aún, el texto promocional durará mientras el producto se utilice junto con el empaque.

En última instancia, el empaque debe constituir una ventaja diferencial del producto o, al menos, una parte importante de ella. En los casos de bienes de uso común o de suministros de operación, la mayor parte de los compradores piensan que una marca conocida es tan buena como cualquier otra. Así pues, estos tipos de productos podrían diferenciarse por una característica del paquete: pico que no gotee, jarra reutilizable, aplicador autosuficiente

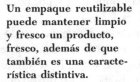

Un empaque reutilizable puede mantener limpio y fresco un producto, fresco, además de que también es una característica distintiva.

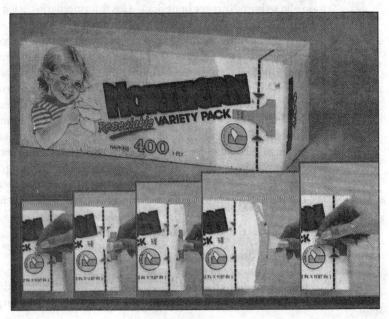

(por ejemplo, betún líquido para calzado y pegamento líquido). Al empacar la pasta dental en un despachador de bomba, recipiente que desde hace mucho se usaba en Europa, Colgate y Close-Up obtuvieron una ventaja diferencial en Estados Unidos e incrementaron considerablemente sus ventas. Con el fin de adquirir una ventaja, Procter & Gamble lanzaron al mercado Crest Neat Squeeze, una "bolsa en botella" que se comprime como un tubo pero que permanece erguido como una bomba.

Importancia del empaque en marketing

Tradicionalmente, con el empaque se buscaba ante todo brindar protección. Hoy, una vez que se le ha reconocido plenamente su importancia mercadológica, constituye un factor central de la competencia por conseguir clientes. De ahí que la responsabilidad y autoridad del empaque deban recaer en un departamento de marketing.[24]

Algunos hechos recientes han venido a concentrar aún más la atención en el empaque. Ante la escasez del espacio en los estantes, a los fabricantes no les resulta fácil lograr que sus productos sean exhibidos en las tiendas. Si no hay diferencias notables entre otros elementos de la mezcla de marketing, los detallistas tenderán a comprar y exhibir los productos con un empaque atractivo y funcional.

Uno de los grandes retos del empaque es desalentar los hurtos. Además, el uso generalizado del autoservicio en las tiendas y de las máquinas vendedoras hacen necesario que el empaque realice la función de ventas en el punto de compra. Además, en el empaque debe tenerse en cuenta el creciente interés del público por salvaguardar los productos hasta que se compren. Y su función no termina ni siquiera después que se adquiere una mercancía. Muchos productos alimenticios se empacan hoy, de modo que el consumidor pueda pasarlos directamente del estante o del congelador al horno de microondas.

Los directivos deben estudiar los cambios que se presentan sin cesar en el mercado. Vemos así que nuevos materiales de empaque reemplazan a los tradicionales, formas muy originales, tapas innovadoras y otras características (raciones medidas, flujo calibrado). Con todo ello se busca ofrecer beneficios a los intermediarios, a los consumidores y, por tanto, puntos de venta a los profesionales del marketing.

En el momento actual, el empaque atrae aún más la atención de las compañías estadounidenses ante la unificación de la Comunidad Europea iniciada en 1992. Los empaques que funcionan bien en Estados Unidos tal vez no sean tan exitosos en Europa. En términos generales, los consumidores europeos están acostumbrados a un diseño más refinado que los norteamericanos. En comparación con los empaques de ese país, los colores son más sutiles y las ilustraciones son más comunes.[25] Más aún, en Alemania una ley recién promulgada establece que se usará el mínimo de empaque que se requiera para proteger y vender un producto. Estipula además que las compañías reciclen o reutilicen su empaque, pues de lo contrario deberán pagar una cuota para financiar un programa alterno de reciclaje.[26] Muchas empresas estadounidenses temen que una ley similar sea adoptada por los países de la Comunidad Europea, con lo cual aumentarían necesariamente los gastos de empaque.

Estrategias de empaque

Para administrar el empaque de un producto, es preciso que los ejecutivos adopten las decisiones estratégicas que a continuación se explican.

Empaque de la línea de productos. Una compañía decidirá si crea una semejanza de familia cuando empaca productos conexos. En el **empaque de familia** se emplean paquetes muy parecidos para todos los productos o bien empaques con una característica común y claramente perceptible. Campbell Soup, por ejemplo, utiliza prácticamente el mismo empaque en todas sus sopas condensadas. Cuando agrega a la línea productos nuevos, a éstos se extiende el reconocimientos y las imágenes asociadas con los productos ya establecidos.

Conviene servirse del empaque de familia cuando los productos tienen una calidad parecida y se destinan a los mismos usos. Las etiquetas de la línea de rellenos para pastel (manzana, calabaza y carne picada) fueron rediseñados para que se pareciesen a un espectacular al ser colocados en un estante de supermercado.

Empaque múltiple. Durante muchos años ha habido una tendencia al **empaque múltiple**, práctica que consiste en poner varias unidades de un mismo producto dentro de un contenedor. Las sopas deshidratadas, el aceite de motor, la cerveza, las pelotas de golf, los materiales de construcción, las barras de dulce, las toallas y muchos otros productos vienen empacados en unidades múltiples. Prueba tras prueba se ha demostrado que con este sistema se incrementan las ventas totales de un producto.[27]

Cambio de empaque. A veces una empresa tendrá que corregir una característica deficiente de un empaque. O tal vez quiera aprovechar un adelanto tecnológico como el contenedor aséptico, hecho de hojas de papel, aluminio y plástico. Este contenedor herméticamente cerrado mantiene frescos los productos perecederos durante 5 meses, sin refrigeración, y cuesta aproximadamente la mitad de las latas y una tercera parte de los frascos. Los contenedores asépticos ya se utilizan en muchas bebidas, y sus aplicaciones futuras son innumerables. Sin embargo, la generalización de esta forma de empaque puede resultar lenta por no ser biodegradable.

En sus intentos por incrementar el volumen de ventas, muchas compañías han descubierto que cuesta mucho menos rediseñar un empaque que llevar a cabo una campaña publicitaria cara. La cadena de supermercados Kroger aumentó en un año 20% las ventas de su marca de helados, con sólo cambiar la fotografía y la inscripción del empaque.[28] Y cuando Pepperidge Farm Incorporated rediseñó el empaque de su línea de bizcochos Ols-Fashioned, las ventas crecieron casi un 30%.

Rediseñar un empaque cuesta de $20 000, en el caso de un producto simple, a $250 000 en el caso de un proyecto que incluya una línea de productos y requiere investigación y pruebas de consumidores.[29] Y esas cifras no incluyen los gastos promocionales del nuevo diseño. Con todo, un rediseño puede costar menos que un anuncio en una revista de circulación nacional o que un comercial en un popular programa de televisión. Además, el costo puede distribuirse a lo largo de la vida del nuevo diseño, que generalmente abarca algunos años.

Críticas contra el empaque

Hoy el empaque se encuentra en el centro de la atención del público, principalmente a causa de los problemas ambientales. Las críticas más comunes son:

- El empaque acaba con los recursos naturales. Para responder a esta crítica se ha recurrido al reciclaje de materiales en el empaquetado. Un punto en favor de un buen empa-

348 CAPÍTULO 10

quetado es que reduce al mínimo la descomposición y con ella disminuye una forma de desperdicio de los recursos naturales.

- El empaque resulta demasiado caro. Aun tratándose de un empaque aparentemente simple, como el de los refrescos, casi la mitad de los costos de producción corresponden al contenedor. Sin embargo, con un empaque apropiado se reducen los costos de transporte y las pérdidas por descomposición.

- Algunas formas de empaque plástico y de latas en aerosol son peligrosas para la salud. Las regulaciones gubernamentales de Estados Unidos prohíben varios materiales peligrosos de empaque, sobre todo los fluorocarbonos de cloro, que se emplean en los propulsores de aerosol. Otro hecho igualmente importante: un número cada día mayor de empresas están haciendo paulatinamente la transición de los despachadores en aerosol a los de bomba.

- El empaque es engañoso. Esta crítica ya ha sido atendida en cierta medida por las regulaciones del gobierno estadounidense, aunadas a una mayor integridad por parte de las empresas. El empaque usado y desechado viene a agravar de modo importante el problema de los desperdicios sólidos. Tal vez el principal reto que afrontan los fabricantes de empaques es cómo eliminar los contenedores usados. Sin embargo, es un problema que no necesariamente ha sido ocasionado por las corporaciones.

- El deseo del público de la mayor comodidad que ofrecen los contenedores desechables choca con su deseo expreso de vivir en un ambiente más sano. Este problema puede atenuarse empleando materiales biodegradables Otra solución parcial consiste en usar menos empaques (solución en que Sears ha empezado ya a trabajar con sus proveedores) o más simples como se describe en el recuadro de la página siguiente.

Una etiqueta rediseñada hace que el consumidor descubra de inmediato los rellenos de pastel Comstock en los estantes de la tienda.

¿DILEMA ÉTICO?

Ante el incremento de los costos, muchos productores sienten la necesidad de aumentar los precios. Pero temen la resistencia del público consumidor. ¿Qué pueden hacer? Varias compañías recurren a la disminución, o sea reducen la cantidad del producto en el paquete sin modificar el precio. Por ejemplo, tanto Kimberly-Clark como Procter & Gamble redujeron de 88 a 80 el número de pañales en sus paquetes, y StarKist Seafood disminuyó la cantidad de atún (junto con el tamaño de la lata) en 3/8 de onza.

Pero las tres compañías mantuvieron el mismo precio. El resultado neto de tal estrategia fue un incremento del precio que tal vez no advirtieron algunos consumidores.

¿Es ética la disminución? ¿La opinión de usted depende del hecho de que la compañía comunique al público la reducción de los contenidos del paquete?

Fuente: John B. Hinge, "Critics Call Cuts in Package Size Deceptive Move", *The Wall Street Journal*, 5 de febrero, 1991, p. B1.

Los ejecutivos de marketing afrontan el reto de responder a las críticas anteriores. Además deben conservar e incluso mejorar las características positivas del empaque: protección del producto, comodidad del usuario y soporte del marketing.

ETIQUETAS

El etiquetado, que guarda estrecha relación con el empaquetado, es otra característica del producto que merece la atención de los gerentes. Una **etiqueta** es la parte de un producto

COMPROMISO CON EL AMBIENTE

¿ES EL NUEVO EMPAQUE DE LOS DISCOS COMPACTOS "DULCE MÚSICA" PARA TODOS?

Cuando hace más de 10 años los discos compactos (CD) fueron introducidos en el mercado estadounidense, venían empacados en una caja dentro de otra caja. Un "joyero" de plástico, que protegía los discos, estaba empacado dentro de una "caja larga" de cartón, cuyo tamaño era aproximadamente el doble del "joyero". A primera vista la caja larga parecía innecesaria. Pero fue adoptada por varias razones, principalmente para disuadir los hurtos y facilitarles a las tiendas exhibir los discos compactos en anaqueles reservados previamente a los álbumes de discos.

La caja colocada dentro de otra caja originaba dos problemas. La primera caja era difícil de abrir. Más importante aún: la caja larga generaba innecesariamente basura. El primer problema cobró importancia al llegar las ventas a 300 millones de discos compactos anuales, aportando cerca del 43% de los ingresos por este concepto *y* más de 20 millones de libras de basura al año.

Los ambientalistas, lo mismo que algunos consumidores y artistas de la música, exigieron un empaque "más amigable" con el ambiente. Con el tiempo respondió la industria de los discos. En abril de 1993, adoptó una norma voluntaria según la cual los discos compactos se venderían en un "joyero" más pequeño y forrado, que es más o menos de la mitad del tamaño de la caja larga. Sin embargo, el problema no ha sido resuelto del todo, ya que los "joyeros" no son reciclables. Se espera que pronto aparezca una versión reciclable.

¿Está todo mundo satisfecho? Casi. Sin duda lo están los ambientalistas y sus aliados entre los artistas de la música. De hecho un representante de Sierra Club manifestó: "Haber eliminado la caja larga es dulce música para nuestros oídos." El público parece contento, sobre todo porque el nuevo y más barato empaque podría reducir ligeramente los precios de los discos compactos.

A pesar de todo, los detallistas distan mucho de estar contentos. Aceptan la idea de empaques de los discos compactos menos nocivos y que produzcan menos desperdicios. Pero temen que un empaque más pequeño favorezca los hurtos en las tiendas y dificulte la exhibición de los discos compactos para atraer la atención. Además, el nuevo empaque obligará a las tiendas a invertir mucho dinero en la remodelación de sus exhibidores de discos compactos. Los detallistas esperan que las compañías disqueras los ayuden a sufragar estos gastos, cediéndoles parte de los ahorros obtenidos con el nuevo empaque. Aunque el nuevo empaque es dulce música para los oídos, no todo es felicidad.

Fuentes: Sheila Rule, "Smaller CDE Boxes Promised amid Clamor about Waste", *The New York Times*, 28 de febrero, 1992, p. A1; Mex Cox, "CD Marketers Will Eliminate Paper Packaging", *The Wall Street Journal*, 28 de febrero, 1992, p. B1.

---

que contiene información acerca de él y del vendedor. Puede formar parte del empaque, aunque también puede ser un rótulo pegado al producto. Sin duda existe una relación muy estrecha entre etiquetado, empaquetado y marca.

Tipos de etiqueta
Las etiquetas caen dentro de tres grandes clases:

- Una **etiqueta de marca** no es otra cosa que la marca aplicada al producto o empaque. En Estados Unidos algunas naranjas traen la marca Sunkist o Blue Goose y algunas ropas la marca Sanforizado.

- Una **etiqueta descriptiva** proporciona información objetiva sobre el uso del producto, su construcción, cuidado, desempeño o alguna otra característica pertinente. En una etiqueta descriptiva de una lata de maíz habrá afirmaciones referentes al tipo de maíz, estilo, tamaño de la lata, raciones, otros ingredientes y contenido nutricional.
- Una **etiqueta de grado** indica la calidad del producto con una letra, número o palabra. Los duraznos enlatados se clasifican en los grados A, B y C; el maíz y el trigo se clasifican en los grados 1 y 2.

La etiqueta de marca es una forma aceptable de etiquetado, pero no aporta suficiente información al comprador. Las etiquetas descriptivas ofrecen más información del producto, aunque no necesariamente toda la que necesita o desea una persona al tomar una decisión de compra.

Requisitos legales sobre el uso de etiquetas

Las quejas del público estadounidense por el uso de etiquetas y empaques falsos o engañosos han dado origen a varias **leyes relativas al etiquetado.** La Federal Trade Commission Act (1914) y la Wheeler-Lea Amendment (1938) declaran ilegal la competencia injusta. Las etiquetas y empaques falsos o engañosos son casos concretos de una competencia injusta.

Aun con estas leyes no desapareció el descontento de los consumidores por el uso de etiquetas y empaques. Seguían quejándose, por ejemplo, de que las etiquetas contenían información incompleta o errónea y que algunos productos venían en demasiados tamaños y formas de empaque. Para responder a sus quejas, el Congreso de Estados Unidos aprobó la Fair Packaging and Labeling Act (1966). Es una ley que establece 1) requisitos *obligatorios* acerca de las etiquetas, 2) la oportunidad de que las empresas adopten *voluntariamente* las normas de empaque que limitan la proliferación del mismo producto en varios pesos y medidas y 3) organismos administrativos, sobre todo la Food and Drug Administration y la Federal Trade Commission, con facultad *discrecional* para emitir normas acerca del uso de empaques. De manera análoga, la Food and Drug Act (1906) y su enmienda, la Food, Drug, and Cosmetic Act (1938), establecen regulaciones explícitas para el uso de etiquetas con medicamentos, alimentos, cosméticos y agentes terapéuticos.

En fecha más reciente, la Nutrition Labeling and Education Act (NLEA) de 1900 estableció una serie de normas sobre las **etiquetas nutricionales** que se emplean con alimentos procesados, a fin de garantizar una descripción total de sus contenidos nutricionales. Las etiquetas deben indicar la proporción de calorías, grasa, colesterol, sodio, carbohidratos y proteínas en el contenido del empaque. Además, deben expresarse como porcentaje de la dieta diaria recomendada teniendo como base 2000 calorías. El contenido de vitaminas y minerales también debe indicarse como porcentaje de la ración diaria recomendada.

En conformidad con las directrices emitidas por la Nutrition Labeling and Education Act, la Food and Drug Administration formuló definiciones oficiales de los términos básicos que se utilizan en las etiquetas, como *ligero, magro* y *buena fuente*. Por ejemplo, para que se clasifique como *ligera*, una marca ordinariamente deberá contener la mitad de la grasa o una tercera parte menos de calorías que los productos estándar pertenecientes a la categoría del producto en cuestión. Más aún, esa ley permite a las empresas incluir en las etiquetas algunas afirmaciones concernientes a la salud, como la capacidad de la fibra para prevenir las enfermedades cardiacas. Y se les permitirá además mencionar en ellas los declaraciones en favor de sus productos hechas por organizaciones médicas como la American Heart Association.

Los cambios de las etiquetas nutricionales impuestos por la NLEA se aplican a unos 200 000 alimentos empacados, entre ellos la carne y las aves de corral. Se trata de cambios que representan un enorme gasto que los fabricantes habrán de hacer una sola vez, estimándose que fluctúan entre $2 mil y $6 mil millones de dólares. Los costos serán mayores para las empresas que nunca habían utilizado las etiquetas nutricionales y, por tanto, deberán hacer un gran esfuerzo para analizar el contenido nutricional de sus productos. No obstante, los partidarios de estas medidas sostienen que los nuevos requisitos del etiquetado impulsarán un mejoramiento de la alimentación, reduciendo así los costos relacionados con la atención médica.[30] Por supuesto, tales ahorros se lograrán sólo si los consumidores leen las etiquetas y utilizan la información para seleccionar los alimentos.

OTRAS CARACTERÍSTICAS DEL PRODUCTO QUE SATISFACEN LAS NECESIDADES

Un programa bien elaborado para planear y desarrollar productos incluirá estrategias y políticas concernientes a otros atributos más del producto: diseño y color, calidad, garantía y servicio después de la venta.

Diseño y color

Una forma de satisfacer a los consumidores y obtener una ventaja diferencial es el **diseño del producto**, que se refiere a la disposición de los elementos que en conjunto constituyen un bien o servicio. Con un buen diseño se mejora la comerciabilidad del producto, pues facilita su operación, mejora su calidad y su apariencia o reduce los costos de producción.

Un diseño especial tal vez sea la única característica que diferencia al producto. Veamos cómo el diseño decidió en gran medida el destino de dos marcas rivales de tenis para basketball que contenían acojinamientos inflables. La versión original Nike requería una bomba manual individual, de modo que no debe sorprendernos su fracaso. El modelo Reebok estaba equipado con una bomba en forma de un gran "botón" anaranjado en la lengüeta del tenis; hoy los tenis de esta marca siguen vendiéndose en grandes cantidades.

Lo que constituye un diseño excelente puede variar un poco entre los bienes industriales y de consumo y también según los tipos de producto. NCR, fabricante de computadoras y subsidiaria de AT&T, formó un equipo de estudio para que definiera la excelencia del diseño. Según NCR, la excelencia incluye utilizabilidad, estética, confiabilidad, funcionalidad, innovación y conveniencia.[31]

Desde hace mucho se reconoce que el diseño es muy importante en los bienes industriales y en los de consumo, desde los muebles hasta el equipo electrónico. Hoy se le presta más atención. De hecho, en opinión de un profesor de Harvard: "Hace quince años las compañías competían en precios. Hoy lo hacen en la calidad. Y mañana lo harán en el diseño."[32] Se estima que el diseño representa apenas 2% del costo total de la producción y comercialización de un producto. De ahí que un diseño exitoso con los consumidores pueda darle a la firma un enorme rendimiento sobre la inversión.

Un número cada vez mayor de empresas han recurrido a precios bajos como herramienta competitiva. Piden a los diseñadores que reelaboren algunos productos y que reduzcan los costos de producción, a fin de conservar las utilidades brutas.

Marcas, empaque y otras características del producto

La tina de baño de Kohler, con una puerta, resulta atractiva no sólo para los minusválidos, sino también para las personas que buscan ante todo la seguridad.

Se pide a las compañías que diseñen productos que puedan ser utilizados fácilmente por todos los consumidores, entre ellos los minusválidos, los ancianos y otras personas que requieren consideración especial. Esta técnica, denominada **diseño universal**, ha demostrado que los productos diseñados para los minusválidos funcionan mejor con todos los usuarios que los diseños tradicionales. Por ejemplo, Kohler Company diseñó una tina de baño con una puerta, con lo cual eliminó el peligro de tener que subirse a la tina. Y el teléfono Big Buttons de AT&T ha sido todo un éxito no sólo entre personas con deficiencias de la vista, sino también con los que tienen niños pequeños y con aquellas a quienes les gusta un estilo muy original.[33]

La función del diseño ha de estar debidamente asignada dentro de la estructura organizacional. En compañías con antecedentes de mucho éxito en este aspecto: Motorola y Black & Decker, por ejemplo, el diseñador forma parte de un equipo que incluye otras funciones básicas como ingeniería, producción y marketing.[34] Además, ante la creciente importancia del diseño el director de este departamento participa a menudo en la planeación estratégica y, en muchas compañías, está directamente bajo las órdenes de la alta gerencia.

Igual que el diseño, el **color del producto** suele ser un factor decisivo de la aceptación o rechazo de un producto, sea éste un vestido, una mesa o un automóvil. La posibilidad de la ventaja diferencial se obtiene al conocer el color adecuado y cuándo cambiar los colores. Puede sobrevenir un verdadero desastre, si el fabricante de ropa o el encargado de adquirir la mercancía de una tienda se equivoca al elegir el color que se pondrá de moda en la ropa para dama.

El color puede ser un factor importante incluso tratándose de productos de alta tecnología. No es mera casualidad que la caja de la computadora PowerBook de Apple sea de color gris oscuro. De acuerdo con los estudios efectuados, los usuarios asocian los colores más oscuros con la riqueza y con el valor. Sin embargo, no puede usarse su color favorito, el negro, porque no cumple con ciertos reqtuisitos europeos y, por tanto, habría obstaculizado las ventas en el extranjero.[35]

A principios de los años noventa, algunas empresas en industrias saturadas buscan una ventaja competitiva al eliminar el color de sus productos. Pepsi introdujo Chrystal Pepsi un refresco de cola transparente, con el propósito de posicionarlo como un refresco más saludable que el resto de los que contenían cola y que eran de color caramelo. Coca-Cola contraatacó lanzando Tab Clear al mercado, nueva versión de su marca prácticamente extinguida de refresco dietético. En otras categorías, las compañías también ofrecieron productos transparentes, como el detergente líquido Palmolive Sensitive Skin y la nueva versión Warner-Lambert de la loción de calamina Caladryl para tratar los arañazos con hiedra venenosa (y otros accidentes). Por supuesto, los productos incoloros corren el riesgo de ser considerados simple agua con alguna substancia más. En cambio, con los productos transparentes se logra que el público los asocie a atributos más favorables como "puro" y "suave".[36]

Calidad del producto

No existe una definición de la calidad del producto que goce de aceptación unánime, a pesar de que todos admiten su importancia. Una sociedad de profesionales define la **calidad del producto** como el conjunto de aspectos y características de un bien o servicio que determinan su capacidad de satisfacer necesidades.[37] A pesar de ser una definición aparentemente

Ford Motor Company busca una ventaja diferencial, basándose en la calidad del producto, en la protección del ambiente o en ambas cosas.

simple, los consumidores suelen tener opiniones diferentes sobre lo que constituye la calidad de un producto: trátese de un trozo de carne o del desempeño de una estrella del rock. Aquí los gustos personales desempeñan un papel decisivo: lo que le gusta a una persona le disgusta a otra. Por tanto, es importante admitir que la calidad, igual que la belleza, es en grande medida una cuestión subjetiva.

Además de los gustos personales, las expectativas individuales también influyen en los juicios sobre la calidad. Es decir, un consumidor tiene ciertas expectativas en una situación de compra. Algunas veces son muy grandes, como sucede en el caso de películas cuyas reseñas son sumamente elogiosas. Otras veces son muy modestas, como en el curso del próximo semestre que se considera "no muy aburrido". La evaluación de la calidad de un producto se basará en si la experiencia con él rebasa nuestras expectativas, cumple con ellas o las defrauda.

Para algunas compañías, la calidad *óptima* significa que el producto ofrece al comprador una experiencia que corresponde a sus expectativas, pero sin que las rebase. Desde este punto de vista, no tiene caso efectuar costos adicionales para brindar una calidad *excesiva*. Sin embargo, otras compañías tratan de superar las expectativas del público a fin de procurarle altos niveles de satisfacción y favorecer con ello su fidelidad a la marca.

Desde mediados de los años ochenta, la industria de Estados Unidos ha ido prestando más atención a la calidad de los productos.[38] A decir verdad, en muchos campos había que mejorar sustancialmente la calidad. Por ejemplo, los fabricantes alemanes y japoneses de automóviles estaban derrotando a sus competidores norteamericanos, porque producían autos más confiables y de mejor desempeño. En fecha más reciente, ante el número creciente de empresas que libran una dura lucha basada en precios bajos, ha mermado la calidad del producto. Un vicepresidente de ConAgra, uno de los más grandes procesadores de alimentos en Estados Unidos, explicó cómo las compañías pueden adoptar una perspectiva a corto plazo: "Algunas compañías han sacrificado la calidad con tal de incrementar sus ingresos o bien mantener determinado nivel de precios."[39]

En muchos casos, las compañías se ven obligadas a mejorar la calidad del producto para eliminar una *desventaja* diferencial. Por ejemplo, a principios de los ochenta las copiadoras Xerox estaban perdiendo participación en el mercado ante marcas japonesas más confiables. Para recuperar los clientes que había perdido, el presidente de la compañía asumió en nombre de la compañía el compromiso de mejorar la calidad de las copiadoras. Muchas organizaciones tratan de crear la calidad del producto para ganar una *ventaja* diferencial, pues no es fácil imitarla. En una encuesta aplicada a un grupo de gerentes, la calidad fue el criterio más mencionado de una gran ventaja diferencial.[40]

La calidad del producto debería ser una consideración fundamental no sólo de los fabricantes de bienes, sino también de los productores de servicios, como se verá en el capítulo 19. Es prácticamente imposible que una empresa de servicios alcance el mismo nivel de calidad en todas las unidades producidas. La calidad varía porque en la generación de servicios intervienen personas y no solamente máquinas.

En los últimos años muchas organizaciones han puesto en práctica programas de **administración de calidad total**. Ese tipo de dirección no sólo requiere procedimientos, políticas y prácticas específicas, sino también una filosofía que compromete la organización a mejorar continuamente la calidad en todas sus actividades. En Estados Unidos, ha sido adoptada por la administración de la calidad total todo tipo de empresas: fabricantes, compañías de servicios, dependencias gubernamentales e instituciones educativas.[41]

Garantías

La finalidad de una **garantía** es asegurar a los compradores que se les resarcirá en caso de que el producto no corresponda a sus expectativas razonables. En el pasado los tribunales parecían reconocer la validez sólo de las **garantías expresas**: las que se formulaban por escrito o forma oral. Generalmente su cobertura es muy limitada y parecían proteger sobre todo al vendedor contra las reclamaciones del cliente. De ahí que en las transacciones comerciales se cumpliera el proverbio latino: "*Caveat emptor*", es decir, el comprador debe estar muy alerta.

Pero las cosas han cambiado. Las quejas de los consumidores han hecho que el gobierno lance campañas cuya finalidad es protegerlos en muchas áreas, entre ellas la garantía de los

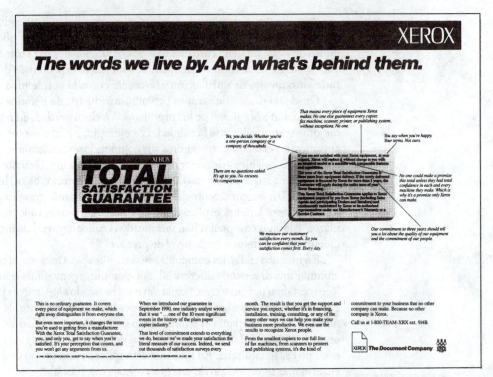

Xerox busca una ventaja competitiva por medio de esta garantía tan completa de su equipo.

productos. Los tribunales y los organismos gubernamentales han ampliado la cobertura de las garantías al aceptar la **garantía implícita**. Ello significa que el vendedor tenía la *intención de ofrecer* una garantía, aunque no la haya expresado explícitamente. Más aún, los productores son responsables aun cuando el contrato de ventas se celebre entre el detallista y el consumidor. Ahora la advertencia dice: *"Caveat venditor"*, expresión latina que significa "esté alerta el vendedor".

Durante las dos últimas décadas, se atribuyó responsabilidad civil a muchos fabricantes por las lesiones causadas por sus productos. En muchos casos, las compañías fueron responsables aunque no se demostró su negligencia en la producción. La designación *responsabilidad legal por el producto* se volvió común en el mundo de los negocios, y se presentaron muchas demandas judiciales. La **responsabilidad legal por el producto** es una acción legal en que se afirma que una enfermedad, accidente o muerte se debieron al producto en cuestión, por ser dañino, deficiente o tener una etiqueta inadecuada.

En Estados Unidos, las demandas por responsabilidad legal de los productos entabladas durante los 10 últimos años se refieren a determinadas marcas de tampones, juguetes, productos farmacéuticos, dispositivos para el control natal, sierras de cadena y llantas. También se han presentado demandas judiciales en contra de empresas de servicios como las que se dedican a la reparación de automóviles y los programas para adelgazar. Por ejemplo, Nutri/System Incorporated fue demandada por 19 personas quienes dijeron que su vesícula biliar había sido dañada por los servicios de la compañía para adelgazar. En muchas acciones legales de este tipo, el jurado concedió sumas muy grandes a los demandantes.

La oleada de demandas por la responsabilidad legal del producto parece haberse disipado en cierta medida. Sin embargo, miles de ellas se presentan cada año, alegando defectos en una amplia gama de productos. De ahí que la responsabilidad legal del producto siga siendo un problema serio para las empresas por el riesgo financiero que entrañan las demandas por daño presentadas por el público consumidor.[42]

En Estados Unidos, la aprobación de la Consumer Product Safety Act (1972) reflejó el cambio de actitud ante este tipo de responsabilidad civil y los productos perjudiciales. Es una ley federal que creó la Consumer Product Safety Commission (CPSC), organismo que posee la facultad de establecer normas obligatorias de seguridad para muchos productos de consumo no incluidos en leyes individuales ni considerados por otras oficinas del gobierno. La comisión puede publicar información sobre los productos nocivos: nombrar marcas y fabricantes. También puede prohibir su distribución sin necesidad de acudir a una audiencia en los tribunales. Los altos ejecutivos de las compañías pueden afrontar cargos penales y no solamente civiles.

El Congreso y los tribunales de Estados Unidos siguen afrontando la polémica cuestión de la responsabilidad legal de los productos. Se ha comprobado la dificultad de redactar una ley que sea juzgada justa por los grupos de ambas partes: el público y los empresarios. Sin embargo, todos reconocen la necesidad de leyes que despejen la confusión ocasionada por las divergencias de las leyes de los estados, las decisiones de los tribunales y los arreglos financieros en las demandas. Y seguramente los problemas relacionados con la responsabilidad de los productos seguirán aumentando para las compañías que vendan en Europa Occidental. Las leyes de ese continente ahora incluyen el pago de indemnización para los consumidores en los casos de lesiones corporales o de daño de la propiedad ocasionados por los productos, aun cuando no se pruebe negligencia por parte del vendedor.

Los fabricantes han empezado a responder a las leyes y a las quejas de los consumidores, ampliando y simplificando sus garantías. También ponen etiquetas más completas a sus productos, para que el público no les dé mal uso y les comunique cualquier posible peligro que entrañe su utilización. Esas **etiquetas de advertencia** llegan incluso a señalar: "No conduzca cuando esté colocado el protector contra el sol. Quítelo del parabrisas antes de encender el motor." "No use la escalera delante de puertas que no estén cerradas con llave." Y reflexione sobre la forma en que el siguiente aviso relativo a una secadora manual de cabello la influido en los hábitos de cuidado del cabello: "Nunca la use mientras duerme." Los fabricantes confían que estas advertencias tan claras y aparentemente obvias los protegerán en contra de demandas por no haberles dado a conocer a los consumidores el uso del producto, el mal uso y sus peligros potenciales.[43]

Algunas compañías no se han limitado a utilizar estas medidas defensivas, sino que han pasado a la ofensiva. Muchos vendedores empiezan a usar sus garantías como medios promocionales para estimular las compras, al reducir los riesgos de los consumidores. Si se atienden satisfactoriamente sus quejas relacionadas con las garantías, se fortalecerá de modo importante el programa de marketing. Xerox Corporation instituyó una garantía en que es el cliente, y no la empresa, quien decide si un producto de funcionamiento deficiente debería ser sustituido por otro modelo.[44] Y la garantía de Wal-Mart resulta simple y convincente: "Satisfacción garantizada, punto." Tales ejemplos indican cómo algunas empresas reconocen la importancia de las garantías.

Servicio después de la venta

Muchas compañías ofrecen hoy un **servicio después de la venta**, sobre todo reparaciones, para cumplir con lo que estipula su garantía. Otras ofrecen servicios como mantenimiento y reparación no sólo para satisfacer a sus clientes, sino también para acrecentar sus ingresos. Compañías como Otis y Montglomery, que venden elevadores, con los contratos de servicios obtienen una proporción considerable de sus ventas y utilidades. El servicio después de la venta se ha vuelto indispensable ante la creciente complejidad de los productos y ante un número cada vez mayor de consumidores que exigen más por su dinero. Una queja constante del público es que *ni* los fabricantes *ni* los detallistas ofrecen buenos servicios de reparación para los productos que venden.

Un fabricante puede delegar el servicio después de la venta a intermediarios, remunerar su esfuerzo y hasta capacitar a los que lo prestarán. Esta táctica se advierte principalmente en las industrias automotriz y de computadoras personales. Otra opción consiste en establecer centros regionales de servicio de fábrica, asignarles empleados calificados de la compañía y procurar en lo posible hacer del mantenimiento una actividad individual generadora de ganancias. Esto es común en la industria de electrodomésticos; por ejemplo, es una estrategia que aplica General Electric.

Algunos fabricantes consideran tan lucrativo el mercado de los servicios después de la venta que no quieren renunciar a él. Con este fin limitan la disponibilidad de las piezas de repuesto. Sin embargo, una decisión de la Suprema Corte tomada en 1992 dictaminó que Eastman Kodak había de someterse a juicio por haber proporcionado piezas de repuesto para sus copiadoras y otros equipos sólo a los clientes que se comprometían a utilizar sus servicios de reparación. Si bien este caso se resolverá en los tribunales, el fallo de la Suprema Corte favorecerá aún más la competencia, y quizá bajará mas los precios, por los servicios posteriores a la venta en muchos campos, desde las computadoras hasta las refacciones automotrices.[45]

Los consumidores se sienten frustrados cuando no pueden expresar su malestar y conseguir que les resuelvan los problemas relacionados con el servicio después de la venta. Quieren que alguien los escuche y atienda sus quejas. Los fabricantes más sensibles han establecido teléfonos que conectan con los departamentos de atención al cliente. Por ejemplo, para invitar a los clientes a expresar sus quejas o sugerencias, Taco Bell pone el número telefónico en la puerta de la entrada principal. Tal vez no sea grato escuchar las quejas de los clientes, pero sería mucho peor que acudieran a otros restaurantes.[46]

Otros negocios han revisado los procedimientos con que atienden las quejas del público. Para cumplir con esta función, American Express tenía antes empleados que realizaban funciones individuales (por ejemplo, encontrar las copias de las facturas). Pero aprendió que era mejor que un empleado atendiera una queja desde que la prestaba el cliente hasta que se resolvía el problema.[47]

Igual que el empaque y otras características que satisfacen alguna necesidad y que expusimos en el presente capítulo, el servicio después de la venta puede constituir una ventaja o desventaja diferencial para la empresa. De ahí que deba figurar en la lista de asuntos a los que los gerentes han de prestar una atención constante.

■ RESUMEN

Una buena gerencia de productos requiere desarrollar y luego vigilar sus diversas características: marca, empaque, etiqueta, diseño, calidad, garantía y servicio después de la venta. La decisión de compra ha de tener en cuenta no sólo el bien o servicio básico, sino también la marca y, quizá, una o varias de las características que satisfacen necesidades.

La marca es un medio de identificar y diferenciar los productos de una compañía. El empleo de marcas permite a los vendedores administrar sus actividades promocionales y de precios. Las dos responsabilidades de la propiedad de marca son promoverla y mantener un nivel homogéneo de calidad. Es difícil seleccionar un buen nombre de marca, y hay relativamente pocos buenos. Una vez que el público conoce una marca, quizá sea necesario que el dueño la proteja evitando que se convierta en un término genérico.

Los fabricantes deben decidir si imponen una marca a sus productos o si los venden con el nombre de marca de un intermediario. Éstos, por su parte, decidirán si venden las marcas de los fabricantes o si además crean sus propias marcas. Además, decidirán si ofrecen o no productos genéricos. Tanto los fabricantes como los intermediarios han de establecer políticas referentes a las marcas de grupos de productos y a la conveniencia de saturar el mercado con marcas.

Un número cada día mayor de compañías empiezan a reconocer que las marcas que poseen son o pueden ser sus activos más valiosos. Están creando el capital de la marca, es decir, el valor que una marca agrega a un producto. Es difícil crear el capital de marca; pero si logra hacerse constituirá la base para acrecentar la mezcla de productos. Los productos con una excelente equidad de marca se prestan a la concesión de la licencia de marca, estrategia de marketing que cada vez goza de mayor aceptación.

El empaque ha ido cobrando mayor importancia, a medida que los vendedores reconocen los problemas, y también las oportunidades de mercado, relacionados con él. Las compañías deben elegir entre diversas estrategias: empaque de familia, empaque múltiple y cambio de empaque. El uso de etiquetas, actividad estrechamente relacionada con el empaque, suministra información sobre el producto y el vendedor. Mucha críticas del marketing por parte de los consumidores se centran en el uso de empaques y etiquetas. De ahí que hayan sido aprobadas varias leyes que regulan ambas actividades.

Las empresas han empezado a reconocer el valor de marketing que tienen el diseño y la calidad del producto. Con un buen diseño mejora la comerciabilidad del producto: hasta puede ser la única característica que lo diferencie. La proyección de una imagen apropiada de calidad y proporcionar el nivel de calidad deseado por el público es indispensable para el éxito del marketing. Muchas veces es necesario que las compañías mejoren la calidad del producto para eliminar una desventaja diferencial; otras veces, tratarán de alcanzar la calidad para lograr una ventaja diferencial.

En el momento actual, las garantías y el servicio después de la venta requieren mucha atención por parte de los gerentes por las quejas de los clientes y las regulaciones del gobierno. La responsabilidad legal por el producto es una cuestión de gran importancia para las compañías por el riesgo que entrañan las demandas de los consumidores y los daños ocasionados por los productos de las empresas.

Hay empresas que brindan servicio después de la venta, principalmente el de reparaciones, para cumplir con las estipulaciones de sus garantías o incrementar sus ingresos. Con el fin de dar una mejor satisfacción al cliente, varias compañías han empezado a mejorar sus métodos de obtener las quejas y atenderlas.

Más sobre LEVI'S

El ingreso de Levi Strauss en los mercados internacionales ha sido un enorme éxito. Un indicador de ello es el creciente número de compañías que fabrican Levi's de imitación. Otro indicador es el hecho de que Levi's se convirtió en la marca #2 de Japón, mercado de gran importancia por el gran poder adquisitivo de los japoneses y su gusto por los estilos norteamericanos. Para Levi Strauss, acaso la medida más satisfactoria de su reciente éxito global sea que aproximadamente 40% de sus ingresos y más del 50% de sus utilidades provienen del mercado mundial.

Levi Strauss está intentando repetir el éxito de su marca Levi's con otra marca de ropa, Dockers. La creación de esta línea de pantalones y ropa informal a fines de los años ochenta ejemplifica la orientación general de la compañía. El nombre se tomó de la subsidiaria de Argentina y se aplicó a los pantalones holgados diseñados por la subsidiaria del Japón. Sin embargo, la marca Dockers se vende principalmente en Estados Unidos.

Igual que en el caso de los pantalones Levi's, la expansión internacional constituye una prioridad para Dockers. Con ventas en Canadá, México y otros países asiáticos, Levi Strauss piensa que la Europa Occidental es el siguiente mercado en que pueda crecer esa marca. Posicionados como productos diferentes, se supone que Levi's y Dockers no competirán entre sí. Por el contrario, hay posibilidad de cooperación en áreas como la distribución, y esto mejoraría la eficiencia e incrementaría las utilidades.

Siempre en busca de nuevas oportunidades, Levi Strauss creó una nueva línea de jeans de color marrón y les puso la marca Naturals. La ventaja diferencial que se busca con este producto, que ofrece una versión para caballeros y otra para damas, consiste en que no se usan químicos en el proceso que se aplicó en su elaboración. Así pues, la compañía trata de repetir el éxito obtenido con Levi's y Dockers, pues la marca Naturals será bien acogida entre las personas sensibles a los problemas ecológicos.[48]

1. ¿Con qué eficacia los nombres de marca (Levi's, Dockers, y Naturals) satisfacen los criterios de un buen nombre de marca?
2. ¿Juzga adecuada la estrategia de Levi Strauss, que consiste en mantener separadas las marcas Dockers y Naturals de la marca Levi's?

■ TÉRMINOS Y CONCEPTOS BÁSICOS

Marca (330)
Nombre de marca (330)
Emblema o logotipo (330)
Marca registrada (330)
Marcas del fabricante (330)
Marcas de intermediarios (tienda) (330)
Marcas a los materiales y piezas de fabricación (335)
Productos genéricos (338)
Marcas de familia (339)

Estrategia de marcas múltiples (339)
Capital de la marca (340)
Concesión de marcas registradas (343)
Empaque (344)
Paquete (344)
Empaque de familia (346)
Empaque múltiple (347)
Etiqueta (349)

Etiqueta de marca (350)
Etiqueta descriptiva (351)
Etiqueta de grado (351)
Leyes relativas al etiquetado (351)
Etiquetas nutricionales (351)
Diseño del producto (352)
Diseño universal (353)
Color del producto (353)
Calidad del producto (353)

Administración de la calidad total (355)
Garantía (355)
Garantías expresas (355)
Garantía implícita (356)
Responsabilidad legal por el producto (356)
Etiquetas de advertencia (357)
Servicio después de la venta (358)

PREGUNTAS Y PROBLEMAS

1. Evalúe los siguientes nombres de marca a la luz de las características de una buena marca, indicando los puntos fuertes y débiles de cada uno.
    a. Catviar (alimento para gatos).
    b. Kodak (cámaras fotográficas)
    c. Metropolitan (seguros)
    d. Hush Puppies (zapatos)
    e. Federal Express (servicio de entrega)
    f. Whirlpool (electrodomésticos)
2. Mencione una marca a punto de convertirse en un producto genérico.
    a. ¿Por qué debe una compañía proteger la identidad individual de su marca?
    b. ¿Qué medidas debería tomar para conseguirlo?
3. ¿En cuál de los siguientes casos debería la compañía utilizar su nombre como parte del nombre de marca del producto?
    a. Un fabricante de ropa interior para caballero lanza al mercado ropa interior para dama.
    b. Un fabricante de productos para el cuidado del cabello introduce una línea de secadoras portátiles de cabello.
    c. Una cadena de hoteles de lujo incorpora una cadena de hoteles de suites a precio mediano y otra cadena de hoteles austeros de precio bajo.
4. Un fabricante de esquíes, que se venden con una marca que ha adquirido importante renombre, compra una compañía que vende botas para esquiar con una marca que goza casi del mismo prestigio. ¿Qué estrategia de marca debería adoptar el fabricante? ¿Deberían todos los productos (esquíes y botas) llevar la misma marca que los esquíes? ¿La marca de las botas? ¿Hay alguna otra opción que a su juicio sea más adecuada?
5. ¿Por qué algunas compañías venden un producto idéntico con más de una de sus marcas?
6. Suponga que una gran cadena de tiendas de departamentos ofrece a los fabricantes de las lavadoras Maytag que le suministren lavadoras que lleven la marca de la tienda. ¿Qué factores deberían tener en cuenta los directivos de Maytag al tomar una decisión? Si se trata de una cadena de supermercados y de Jell-O de General Foods, ¿hasta qué punto habría que atender los diversos factores?
7. Un fabricante estadounidense planea introducir su línea de equipo para acampar (estufas, linternas, hieleras) en varios países de la Comunidad Europea. ¿Deberían los gerentes escoger la misma marca para todos los países o bien utilizar una marca para cada uno? ¿Qué factores deberían tenerse en cuenta al tomar una decisión? ¿Qué importancia debería dársele a la equidad de marca?
8. ¿Qué cambios recomendaría en el empaque de los siguientes productos?
    a. Coke Classic
    b. Champú y acondicionador para el cabello Vidal Sassoon
    c. Papas fritas
    d. Pasta dental
9. Dé ejemplos de productos cuyas ventas se hayan incrementado con un buen uso del color. ¿Podría citar ejemplos que demuestren que con el uso deficiente del color se perjudica la venta de un producto?
10. Explique la relación existente entre una garantía de pequeños electrodomésticos y el sistema con que el fabricante los distribuye.

APLICACIÓN AL MARKETING

1. Visite un gran supermercado de su localidad y:
    a. Recabe las opiniones del gerente sobre qué productos vienen en un empaque excelente y cuáles tienen un empaque deficiente. Pídales que le expliquen en qué se basa su opinión.
    b. Recorra la tienda y recopile una lista de empaques excelentes y deficientes. ¿De qué criterios se valió para juzgar la calidad del empaque?
2. Pida a cinco estudiantes que no estén tomando este curso evaluar los siguientes nombres que se piensa asignar a un perfume caro: Entice, Nitespark, At Risk y Foreglow. Para facilitar la evaluación comente con ellos las características de un buen nombre de marca. También pídales que sugieran un nombre más adecuado para el nuevo perfume.

NOTAS Y REFERENCIAS

1. Carrie Dolan, "Levi Tries to Round Up Counterfeiters", *The Wall Street Journal*, 19 de febrero, 1992, p. B1; Maria Shao, "For Levi's, a Flattering Fit Overseas", *Business Week*, 5 de noviembre, 1990, pp. 76-77.

2. Adaptado de Peter D. Bennett, ed., *Dictionary of Marketing Terms*, American Marketing Association, Chicago, 1988, p. 18.

3. Una descripción de los cambios recientes en las leyes de marcas y en las decisiones de los tribunales de Estados Unidos, así como de sus implicaciones para el marketing se da en Dorothy Cohen, "Trademark Strategy Revisited", *Journal of Marketing*, julio de 1991, pp. 46-59.

4. El material de este párrafo y del siguiente está tomado de Suein L. Hwang, "Picking Pithy Names Is Getting Trickier as Trademark Applications Proliferate", *The Wall Street Journal*, 14 de enero, 1992, p. B1.

5. Más detalles sobre la creación de los *morfemas* se encuentran en Casey McCabe, "What's in a Name", *Adweek's Marketing Week*, 16 de abril, 1990, p. 22.

6. Véase también a Kim Robertson, "Strategically Desirable Brand Name Characteristics", *The Journal of Product and Brand Management*, verano de 1992, pp. 62-72. Una explicación satisfactoria de las oportunidades y retos especiales relacionados con el uso de marcas en los servicios viene en Leonard L. Berry, Edwin F. Lerfkowith y Terry Clark, "In Services, What's in a Name?" *Harvard Business Review*, septiembre-octubre 1988, pp. 28-30; algunos de los ejemplos de esta sección se tomaron de ese artículo.

7. "Pam Charges Pan Lite Violates Its Trademark", *The Wall Street Journal*, 20 de septiembre, 1990, p. B1.

8. Jack Alexander, "What's in a Name Too Much, Said the FTC", *Sales & Marketing Management*, enero de 1989, pp. 75, 78.

9. "Business Bulletin", *The Wall Street Journal*, 16 de enero, 1992, p. A1.

10. Una excelente explicación de la naturaleza y beneficios de esta estrategia se da en Donald G. Norris, "Ingredient Branding: A Strategy Option with Multiple Beneficiaries", *The Journal of Consumer Marketing*, verano de 1992, pp. 19-31.

11. Russell Mitchell, "Intel Isn't Taking This Lying Down", *Business Week*, 30 de septiembre, 1991, p. 32-33.

12. Investigación realizada por el profesor Raj Sethuraman de la University of Iowa, citado por Richard Gibson en "Store-Brand Pricing Has to Be Just Right", *The Wall Street Journal*, 14 de febrero, 1991, p. B1.

13. Teri Agins, "Clothing Retailers Stress Private Labels", *The Wall Street Journal*, 9 de junio, 1988, p. 31.

14. Theodore P. Roth, "Walton Puts His Name on Package Goods Line", *Columbia* (Missouri) *Daily Tribune*, 27 de diciembre, 1991, p. 5B.

15. Las estadísticas y otros materiales de este párrafo y del siguiente se extrajeron de Kathleen Deveny, "Bargain Hunters Bag More Store Brands", *The Wall Street Journal*, 15 de abril, 1993, p. B1; Chip Walker, "What's in a Name?" *American Demographics*, febrero de 1991, pp. 54-66; y Kathleen Deveny, "More Shoppers Bypass Big Name Brands and Steer Carts to Private-Label Products", *The Wall Street Journal*, 20 de octubre, 1992, p. B1.

16. Patricia Sellers, "New Selling Tool: The Acura Concept", *Fortune*, 24 de febrero, 1992, pp. 88+.

17. Howard Schlossberg, "Brand Value Can Be Worth More than Physical Assets", *Marketing News*, 5 de marzo, 1990, p. 6.

18. Esta definición está tomada de un análisis muy exhaustivo sobre la equidad de marca en Peter H. Farquar "Managing Brand Equity", *Journal of Advertising Research*, agosto/septiembre, 1990, pp. RC-7-RC-12. Más detalles sobre la equidad, vea el primer libro completamente dedicado a este importante tema: David A. Aaker, *Managing Brand Equity: Capitalizing on the Value of a Brand Name*, The Free Press, Nueva York, 1991.

19. El ejemplo de Kellogg's lo describió Farquar, op. cit., p. RC-7; el ejemplo de Hitachi-GE fue mencionado originalmente por Norman C. Berry, "Revitalizing Brands", *The Journal of Product and Brand Management*, primavera de 1992, pp. 19-24.

20. Farquar, op. cit., pp. RC-8-RC-10.

21. Una explicación de las posibles ventajas y desventajas del uso del capital de marca en esta forma se da en David Aaker, "Brand Extensions: The Good, the Bad, and the Ugly", *Sloan Management Review*, verano de 1990, pp. 47-56.

22. Las estadísticas de este párrafo y del siguiente se extrajeron de "The Licensing Letter", citado en "Selling with License: Making Big Money with Other People's Ideas", *St. Louis Post-Dispatch*, 7 de junio, 1992, p. 5E. La estadística de 1992 está tomada de "Licensed Product Value Falls", *Marketing News*, 1 de marzo, 1993, p. 1.

23. "Coppertone Gives More Products a Place in the Sun", *Sales & Marketing Management*, mayo de 1990, p. 40.

24. Para las recomendaciones relativas a la la administración del empaque en la mezcla de marketing de una compañía, consúltese a Richard T. Hise y James U. McNeal, "Effective Packing Management", *Business Horizons*, enero-febrero 1988, pp. 47-51.

25. Janice Ashby, "European Unificiation en 1992 Challenges U.S. Export Packaging", *Marketing News*, 10 de octubre, 1988, p. 12.

26. John Pierson, "German Packaging Law May Set Precedent", *The Wall Street Journal*, 17 de marzo, 1992, p. B1.

27. Una explicación más completa sobre las estrategias relativas al diseño del empaque que pueden incrementar muchísimo las ventas y las ganancias se da en Sue Bassin, "Innovative Packaging Strategies", *Journal of Business Strategy*, enero-febrero 1988, pp. 38-42.

28. Alecia Swasy, "Sales Lost Their Vim? Try Repackaging", *The Wall Street Journal*, 11 de octubre, 1989, p. B1.

29. Gran parte de este párrafo, lo mismo que el ejemplo de las galletas Pepperidge Farm del párrafo anterior, se tomó de Laura Bird, "Romancing the Package", *Adweek's Marketing Week*, 21 de enero, 1991, p. 10.

30. La información referente a la National Labeling and Education Act se extrajo de John Sinisi, "New Rules Exact a Heavy Price as Labels Are Recast", *Brandweek*, 7 de diciembre, 1992, p. 3; Rose Gutfeld, "Food-Label 'Babel' to Fall as Uniform System Is Cleared", *The Wall Street Journal*, 3 de diciembre, 1992, p. B1.

31. John Pierson, "Defining the Elements of Design Excellence", *The Wall Street Journal*, 8 de junio, 1992, p. B1.

32. La cita y las estadísticas se tomaron de Brian Dumaine, "Design That Sells and Sells and...", *Fortune*, 11 de marzo, 1991, pp. 86 y 88, respectivamente.

33. Bruce Nussbaum, "What Works for One Works for All", *Business Week*, 20 de abril, 1992, pp. 112-113.

34. Dumaine, op. cit., pp. 92, 94.

35. Joan O'C. Hamilton, "He's Ga-Ga about His Baby-And He's Not Alone", *Business Week*, 11 de noviembre, 1991, p. 144.

36. Valerie Reitman, "Transparent Brands Are Clearly Trendy", *The Wall Street Journal*, 21 de mayo, 1992, p. B1.

37. Ross Johnson y William O. Winchell, *Marketing and Quality Control*, American Society for Quality Control, Milkwaukee, 1989, p. 2.

38. Una lista de las razones por las cuales la calidad del producto es tan importante y una explicación de la función mercadológica que desempeña la administración de calidad vienen en Neil A. Morgan y Nigel F. Pierce, "Market-Led Quality", *Industrial Marketing Management*, mayo de 1992, pp. 111-118.

39. Julie Liesse, "Brands in Trouble", *Advertising Age*, 2 de diciembre, 1991, p. 16.

40. D. A. Aaker, "Managing Assets and Skills: The Key to Sustainable Competitive Advantage", *California Management Review*, invierno de 1989, pp. 91-106.

41. Una discusión muy completa sobre la situación actual y las perspectivas de la administración de la calidad total se da en el siguiente número especial: "The Quality Imperative", *Business Week*, 25 de octubre, 1991; algunas dudas sobre la eficacia de esta orientación se exponen en Gilbert Fuchsberg, "Quality Programs Show Shoddy Results", *The Wall Street Journal*, 14 de mayo, 1992, p. B1.

42. Una buena reseña del problema de la responsabilidad legal por el producto se ofrece en Ronald J. Adams y John M. Browning, "Product Liability in Industrial Markets", *Industrial Marketing Management*, noviembre de 1986, pp. 265-271.

43. La mayor parte de este párrafo se basa en Ted Gest, "Product Paranoia", *U.S. News & World Report*, 24 de febrero, 1992, pp. 67-69.

44. "Xerox Guarantees 'Total Satisfaction'", *Marketing News*, 15 de octubre, 1990, p. 2.

45. Tim Smart, "Kodak Takes a Shot in the Mug", *Business Week*, 22 de junio, 1992, p. 40.

46. Algunas recomendaciones útiles se dan en Mary C. Gilly y Richard W. Hansen, "Consumer Complaint Handling as a Strategic Marketing Tool", *The Journal of Product and Brand Management*, verano de 1992, pp. 5-16. Véase también Roland T. Rust, Bala Subramanian y Mark Wells, "Making Complaints a Management Tool", *Marketing Management*, vol. 1, núm. 3, 1992, pp. 41-45.

47. Patricia Sellers, "What Customers Really Want", *Fortune*, 4 de junio, 1990, p. 59.

48. Información adicional se tomó de "Levi Strauss & Co.", *Women's Wear Daily*, 22 de abril, 1992, p. 11 y Thembi Mhlambiso, "Dockers Fetes Its Five Years", *Daily News Record*, 7 de enero, 1992, p. 11.

CASOS DE LA PARTE TRES

CASO 1 *Kodak Photo CD*
PLANEACIÓN DEL PRODUCTO Y DISEÑO DE LA MEZCLA DE MARKETING

En 1900 Eastman Kodak Company anunció una nueva tecnología, para guardar las imágenes fotográficas, para trabajar con ellas y para verlas. Es un disco compacto de plástico que contiene imágenes en forma de información digital. Ahora la compañía encara el reto de comercializar este sistema entre los usuarios industriales y el público en general.

Con la invención de las cámaras automáticas de 35 mm y los mejoramientos de la película, la fotografía de aficionados se ha vuelto mucho más fácil y la calidad de las fotos ha mejorado mucho. Sin embargo el almacenamiento y la recuperación de las imágenes terminadas han cambiado poco a través de los años. Para la generalidad de los usuarios, las cajas de zapatos llenos de fotografías o, posiblemente, un montón de álbumes fotográficos son los medios más comunes de almacenamiento. Por tanto, las fotografías a menudo se pierden o se dañan. Si alguien desea ver algunas fotografías en particular, deberá buscar entre muchas para encontrarlas. Y resulta prácticamente imposible que más de dos personas vean una misma fotografía al mismo tiempo.

El sistema Kodak Photo CD ofrece una alternativa. En su forma más simple, permite el usuario guardar fotografías en un disco compacto de video (CD) y proyectarlas en una pantalla de televisión. Un sólo disco compacto contiene hasta 100 fotografías, que puede verse, reordenarse y combinarse con sonido. Además, las imágenes de un CD puede copiarse indefinidamente, transmitirse por medios electrónicos a cualquier parte del mundo y, con ayuda de una computadora, recortarse, colorearse, hacerse más nítidas, sombrearse y combinarse.

Kodak inventó el sistema CD Photo junto con Philips NV, empresa holandesa de electrónica. La tecnología se parece a la de un disco compacto de audio. De no ser por su color dorado, un Photo CD podría confundirse con el de audio.

Para utilizar un Photo CD system, el cliente toma fotografías con una cámara y película estándar de 35 mm. Cuando la película se procesa, solicita un disco CD Master en vez de pedir impresiones o transparencias o junto con ellas. Las fotografías se proyectan insertando el disco en una reproductora de control remoto Photo CD, que está conectada a un televisor normal. El usuario puede seleccionar determinadas fotografías, programarlas para que aparezcan en cierto orden, girarlas u obtener un acercamiento.

Además de la característica anterior, los discos compactos ofrecen otras ventajas sobre las impresiones y los negativos. Son imborrables y, por tanto, las fotografías no se pierden por descuido. Proporcionan imágenes cuya resolución es 16 veces mayor que el estándar requerido para la televisión, de modo que la calidad de la reproducción es excelente. Un Photo CD también sirve de negativo con el cual el técnico puede obtener una cantidad ilimitada de impresiones, sin que merme la calidad de la fotografía. Por último, pueden agregarse fotografías al disco hasta saturar su capacidad.

El equipo necesario para producir este tipo de discos compactos le cuesta a un técnico cerca de $100 000 dólares. Al cliente le cuesta entre $20 y $25 revelar un rollo de 24 exposiciones y hacer que lo pongan en un disco CD Master. Y el precio de una reproductora de disco, necesaria para ver las fotografías, fluctúa entre 450 y $650, según las características que se deseen.

En 1993 Kodak introdujo en el mercado un sistema más avanzado de Photo CD, denominado disco Portfolio. Es un producto que permite combinar imágenes de Photo CD con texto, gráficas y sonido. Por ejemplo, pueden ordenarse las fotografías tomadas en un viaje de vacaciones incorporando con las voces de las personas de las fotografías que describen escenas, una grabación efectuada durante el viaje, música de fondo, mapas y fechas. Los discos Portfolio pueden crearse de dos maneras; ambas requieren la participación directa del usuario. Un método consiste en visitar a un técnico en acabados fotográficos que tenga un minilaboratorio equipado con software de acabados que le permite al usuario combinar fotografías con sonido, texto o gráficas. El otro método está destinado a los aficionados a la computación. Podrán hacer sus propias creacio-

nes en casa con sólo agregar un dispositivo de entrada de CD a su computadora personal y utilizar los programas que vende Kodak. Un disco Portfolio puede contener hasta 800 imágenes.

Kodak también prevé las aplicaciones comerciales de los discos Portfolio. Espera que las editoriales utilicen este formato para desarrollar y distribuir discos pregrabados de tipo educativo y de diversión. Por ejemplo, una compañía podría producir discos con tarjetas de beisbol para todos los equipos de las grandes ligas. Un disco podría incluir fotografías y estadísticas, lo mismo que entrevistas con los jugadores.

Kodak también se ha centrado en diversos segmentos del mercado y a identificado varias aplicaciones comerciales de Photo CD. He aquí algunas de ellas:

- **Fotógrafos profesionales**. Los discos Photo les ofrecen una forma más eficiente de almacenar y recuperar las miles de fotografías que toman.
- **Almacenamiento de registros corporativos.** Empire Blue Cross & Blue Shield de Nueva York produce diariamente imágenes digitales de 250 000 reclamaciones de seguros, y American Express procesa todas sus facturas de papel y las guarda. El Internal Revenue Service de Estados Unidos, los departamentos de policía (con fotografías de delincuentes y huellas digitales), las oficinas de licencias de conductor y muchas otras organizaciones que deben tener acceso rápido a miles de registros figuran entre los clientes potenciales.
- **Agentes de bienes raíces.** Los compradores potenciales pueden examinar el interior y el exterior de las casas dentro de determinado intervalo de precios o ubicación y oír la descripción, sin salir de la oficina del agente.
- **Los profesionales de la salud.** Un médico o dentista obtiene una segunda opinión o diagnóstico enviando electrónicamente el registro visual y de audio a otro colega.
- **Editores de fotografías.** Los que recopilan fotografías para publicaciones, como este libro, y las compañías que reúnen y ofrecen miles de fotografías de donde seleccionar pueden sistematizar el proceso de búsqueda.
- **Diversión y educación.** El Photo CD constituye un medio muy atractivo para una generación que creció viendo televisión. Por ejemplo, un libro acerca del viaje de una joven por Australia, titulado *From Alice to Ocean*, se acompaña de un Photo CD. Mientras lee el libro, uno puede también ver fotografías en televisión que incluyen la narración del autor y sonidos de la música de la región.
- **Catálogos.** Al cliente puede facilitársele un catálogo de lugares vacacionales, diversos productos, obras de arte y muchas otras cosas —combinadas con texto, gráficas y sonido—.

Para atender las necesidades de algunas aplicaciones comerciales, Kodak adaptó el disco básico. Por ejemplo, los discos compactos para catálogos necesitan más imágenes, pero pueden incluir fotografías de menor calidad. Utilizando una resolución más baja de video, Kodak logró desarrollar el disco Photo Cd Catalogo, capaz de almacenar 6 000 imágenes y ofrecer menús en la pantalla que permiten desplazarse rápida y fácilmente por el catálogo. Para los fotógrafos profesionales Kodak diseñó el Pro Photo CD Master, que les permite guardar los formatos más grandes de película que prefieren. Este modelo ofrece además algunas características de seguridad que impiden el uso o reproducción de las fotografías por personas no autorizadas.

Para los usuarios particulares e industriales Kodak inventó la tecnología Photo CD, con la cual pueden incorporarse fotografías de gran calidad a la autoedición. Las fotografías de formato digital en un disco pueden ser leídas por computadoras equipadas con los programas correspondientes. Después, esta tecnología puede emplearla cualquiera, tanto el que esté componiendo un boletín familiar como un director de arte que esté diseñando una página para una revista.

Aunque Photo CD tiene muchas aplicaciones, Kodak se concentró inicialmente en el mercado de consumidores, porque éstos toman cada año *60 000 millones* de fotografías en todo el mundo. Sin embargo, los particulares no captan con la misma rapidez que las empresas las ventajas de esta tecnología. Otro problema estriba en que para utilizar el sistema se necesita un diseo y una reproductora de disco. Ello plantea un problema para los consumidores. No quieren invertir $25 dólares para poner sus fotografías en un disco que no pueden tocar, y tampoco quieren comprar una reproductora si no tienen una colección de discos que ver.

PREGUNTAS

1. ¿Cuán nuevo es el producto Photo CD? Basándose en su respuesta, ¿qué retos especiales de marketing afronta Kodak?
2. Estudie los beneficios que Photo CD ofrece a los usuarios. ¿Cuál de las tres estrategias de mercado meta recomendaría en este caso?
3. ¿En qué debería diferir la actividad de marketing dirigida a los usuarios industriales de la dirigida a los consumidores?

Fuentes: Philip Elmer-Dewitt, "Can You Picture This?" *Time*, 24 de agosto, 1992, pp. 58-59; Bill Hurter y Amy Stone, "Kodak Photo System: It's Here!" Reimpreso de *Photographic Magazine*, septiembre de 1992; Dana Gardner, "Kodak Sparks a Photo Revolution", *Design News*, 7 de diciembre, 1992, pp. 58-65; Brian Fenton,"All about Photo CD", *Popular Electronics*, febrero de 1993, pp. 31-34+.

CASO 2 Seguros Tepeyac

LANZAMIENTO DE NUEVOS PRODUCTOS

¿Cómo hacer "despegar" un seguro de vuelo, sin tener pista para hacerlo?

Seguros Tepeyac es una compañía fundada en 1944. Cuenta con una gran tradición en el mercado de los seguros en México. Desde su fundación maneja toda clase de seguros (excepto el agrícola).

La empresa surgió como un negocio familiar que atendía cuentas generadas gracias a las relaciones de los propietarios. Todos los directores de área pertenecían a la familia.

En 1990, la compañía empezó a trabajar con una tendencia más institucional gracias a su asociación con la multinacional española MAPFRE.

MAPFRE es el grupo asegurador más importante de España y, en los últimos 10 años, se ha expandido hacia Europa y América. A la fecha cuenta con empresas en los siguientes países: Italia, Francia, Marruecos, Colombia, Guatemala, Puerto Rico, Brasil, Argentina, Paraguay y Chile.

Seguros Tepeyac inició pláticas con MAPFRE desde 1987, concretando la sociedad 3 años después, ya que hasta 1990 el gobierno mexicano permitió la participación de capital extranjero hasta un 49% en aseguradoras nacionales.

Tepeyac buscó una alianza de este tipo con miras a reforzar su estructura desde el punto de vista tecnológico y con la intención de traer nuevos y diferentes productos de MAPFRE al mercado mexicano.

Por su parte, MAPFRE vio en Seguros Tepeyac a una de las empresas aseguradoras más estables en México, por lo que se concretó la sociedad. Hoy por hoy Seguros Tepeyac es la empresa más rentable del sistema MAPFRE.

En 1993 el mercado asegurador mexicano estaba constituido por 42 compañías. Seguros Tepeyac ocupaba la sexta posición en el sector, con una participación del 5% de las primas cobradas a nivel nacional.

Las 5 compañías que anteceden a Seguros Tepeyac en volumen de primas son: Grupo Nacional Provincial, Comercial-América, Asemex, Monterrey y Seguros Inbursa. El volumen de primas cobrado por todo el mercado en 1993 fue de cerca de $1 850 millones de dólares. El mercado asegurador participó del 3% del PIB en 1993.

La operación de las aseguradoras en México está regulada por la Comisión Nacional de Seguros y Fianzas, quien a su vez depende de la Secretaría de Hacienda y Crédito Público.

La composición de la cartera del mercado asegurador mostró en 1993 los siguientes resultados en automóviles, vida, daños, accidentes y enfermedades:

	Mercado	TEPEYAC
AUTOS	29.84%	60%
VIDA	34.44%	20%
DAÑOS	27.31%	15%
SALUD	8.41%	5%

Tepeyac, en sus cincuenta años de vida, ha logrado la posición que ocupa hoy en el mercado, por los siguientes aspectos:

- Posee unos 4 500 agentes en todo el país.
- Cuenta con estructura de servicio en cada uno de los estados de la República Mexicana.
- En el Distrito Federal cuenta con 6 oficinas de atención a agentes y aseguradores.

Otro de los logros es que los resultados obtenidos han sido de manera independiente; es decir, ningún negocio se ha logrado por el hecho de pertenecer a algún grupo financiero.

Como base de su filosofía, Seguros Tepeyac siempre ha respetado a sus intermediarios (agentes). Ninguna cuenta, por importante que sea, se maneja directamente. Lo anterior le ha hecho merecedor de un gran respeto en el mercado.

A principios de 1993, la Dirección General solicitó al departamento de Mercadotecnia el lanzamiento de una adaptación del **Seguro Permanente de Vuelo** de MAPFRE al mercado mexicano.

Este producto cuenta con los siguientes atributos:

- Es único en el mercado mexicano.
- Cubre a los viajeros en vuelo por muerte accidental.
- El cliente paga una sola vez, pudiendo viajar asegurado toda la vida, en todos los vuelos que realice.
- Este seguro ofrece tres diferentes sumas aseguradas: el equivalente a $150 000, $230 000 y $300 000 dólares.
- Se puede asegurar cualquier persona mayor, sin límite de edad.

La competencia que enfrenta Seguros Tepeyac está conformada por:

Caso preparado por los catedráticos Jorge A. Espejo Callado y Laura Fischer de la Vega, Facultad de Contaduría y Administración, Universidad Nacional Autónoma de México.

- Las tarjetas de crédito, pues al adquirir boletos de avión con ellas se otorga un seguro al viajero.
- Los seguros de accidentes a corto plazo, vendidos en aeropuertos, que se pagan cada vez que se realiza un viaje.

Las ventajas del Seguro Permanente de Vuelo sobre la competencia son:

- El seguro que otorgan las tarjetas de crédito es muy "poco" seguro, ya que el viajero nunca recibe un documento que ampare a su familia.
- La suma asegurada de los seguros de las tarjetas es muy baja (alrededor de $45 000 dólares).
- En caso de que la empresa donde trabaja el asegurado pague el boleto, no existe certeza sobre quién sería el beneficiario.

El seguro de corto plazo, por otra parte, se compra en los aeropuertos antes de iniciar cada viaje, con las siguientes desventajas.

- Si el pasajero llegó tarde al aeropuerto, seguramente no podrá adquirirlo.
- Alto costo, ya que con el costo de un Seguro Permanente de Vuelo podría asegurarse tres veces en uno de corto plazo.
- Incertidumbre para la familia, pues al comprar el seguro, el cliente deposita su póliza en un buzón para enviarlo a su familia, lo cual puede no ocurrir.

La única ventaja de los seguros a corto plazo sobre el producto de Tepeyac, es la cobertura adicional de reembolso de gastos médicos.

Una limitación para el lanzamiento del Seguro Permanente de Vuelo es que Seguros Tepeyac no cuenta con un punto de venta en el aeropuerto de la Ciudad de México y no será posible tenerlo antes del lanzamiento. La importancia es que el aeropuerto de la Ciudad de México mueve el 70% de pasajeros en el país.

Ahí están instalados cinco competidores que venden seguros de corto plazo: Nacional Provincial, Comercial América, Interacciones, Latinoamericana y La Territorial.

Por un momento la dirección general de Seguros Tepeyac pensó en cancelar el lanzamiento, pues creía que sería un rotundo fracaso; sin embargo, la división de mercadotecnia asegura que el producto será completamente exitoso si el lanzamiento se realiza en forma adecuada.

Existe el antecedente de que MAPFRE había vendido entre 500 y 600 seguros en el primer año. Además el producto se considera como un "ábrete sésamo" para nuevos negocios, ya que el mercado meta está formado por hombres de negocios que viajaban frecuentemente, quienes a su vez toman decisiones de seguros para sus empresas y empleados.

La dirección general autorizó a la división de mercadotecnia para lanzar el producto al mercado y estableció como meta la venta de 1 000 seguros de este tipo para el primer año.

PREGUNTAS

1. ¿Qué conjunto de tácticas mercadológicas propondría para el lanzamiento de este seguro?
2. Explique con detalle cada una de ellas.

CASO 3 *Gillette Series*

IDENTIFICACIÓN Y POSICIONAMIENTO DE MARCA

Cuando la gente oye la palabra "Gillette", de inmediato una cosa le viene a la mente: los rastrillos de rasurar. Es natural pues los rastrillos de seguridad los inventó King C. Gillette en 1903, y desde entonces en varias versiones ha sido el principal producto de la compañía. Pocas empresas han dominado una industria de modo tan abrumador y por tanto tiempo. El rasurado con rastrillo húmedo (en contraste con las rasuradoras eléctricas) es un mercado con ingresos de $900 millones de dólares. La participación de Gillette es del 62%, y el resto del mercado se divide entre Schick (15%), Bic (11%), Wilkinson Sword (2%) y otras marcas privadas.

A Gillette le gustaría alcanzar una posición similar en la industria de artículos de tocador para caballeros, con una nueva línea de productos llamada Gilete Series. Pero no ha tenido un gran éxito en esta incursión.

Un éxito de Gillette, el desodorante Right Guard, fue el líder del mercado en los años 60. Fue uno de los primeros aerosoles y se convirtió en el desodorante "de la familia" que usaban por igual varones y mujeres. Sin embargo, nunca cambió pese a que el mercado de desodorantes se fragmentó muchísimo con la introducción de los antitranspirantes, varias formas y aplicadores del producto y muchas fragancias diferentes. De ahí que Gillette haya caído al tercer lugar en las ventas de desodorantes, detrás de Procter & Gamble y Colgate-Palmolive.

Una situación aún más precaria es la de la crema para rasurar Foamy, complemento natural de su negocio de rastrillos. Marca que ha sido reemplazada por Edge, el gel de gran éxito de S. C. Johnson & Johnson. Las experiencias anteriores causaron gran frustración en la compañía. No obstante su hegemonía en el mercado de los rastrillos y hojas de rasurar, no ha logrado mantener una posición de líder en toda la gama de artículos de tocador.

Gillette está sirviéndose de su éxito más reciente, el rastrillo Sensor, como trampolín para promover sus nuevos productos. La historia de Sensor nos da los antecedentes necesarios para entender el marketing de la Gillette Series y además nos permite apreciar la habilidad mercadológica de la empresa.

Sensor —un rastrillo de cartucho hecho con alta tecnología— fue una decisión muy arriesgada, pues iba en contra de las preferencias de compra del público. Los rastrillos desechables, que fueron introducidos por la empresa francesa Bic en 1974, habían adquirido en 1990 el control de casi el 60% del mercado de los rastrillos. Los análisis efectuados por Gillette revelaron que esos rastrillos no proporcionan un rasurado tan bueno como la hoja de cartuchos, su fabricación cuesta más y se venden con un menor margen de utilidad. A pesar de su desdén por el producto, las presiones de la competencia obligaron a Gillette a lanzar su propia versión: Good News.

A medida que se intensifica la presión que suponía el bajo margen de utilidad de los rastrillos desechables, Gillette empezó a buscar la manera de desplazarlos. Invirtió $300 millones de dólares para diseñar una tecnología que mejorase significativamente los tres atributos de un buen rasurado: afeitada uniforme, comodidad y seguridad. Inventaron el Sensor, rastrillo con hojas gemelas que se mueven independientemente una de otra. Con él se obtiene una excelente afeitada, pero también cuesta más producirlo que producir un rastrillo desechable. Por tanto, Gillette apostó a que una mejor rasurada bastaría para justificar un precio alto y, al hacerlo, desplazaría los rastrillos desechable de gran éxito, pero no muy rentables. Además de la inversión destinada a investigación y desarrollo, en el primer año la compañía gastó $110 millones en la publicidad de Sensor. La estrategia le dio buenos dividendos. En 1992 se obtuvieron ventas de $390 millones y, cosa igualmente importante, la participación en el mercado dominado por los rastrillos desechables se redujo a 42%. Gillette procedió entonces a aprovechar el éxito de Sensor. Estaba desarrollando una línea de artículos de tocador y tomó la decisión de vincularlos estrechamente a Sensor. La línea se componía de 14 artículos:

- Dos geles de rasurar para piel sensible y regular
- Dos cremas de rasurar
- Dos geles concentrados de rasurar
- Un antitranspirante de gel claro
- Un desodorante de gel claro
- Un antitranspiratne en tubo
- Un desodorante en tubo
- Un gel para después de rasurarse
- Un loción para después de rasurarse
- Un antitranspirante en aerosol y un desodorante en spray disponible únicamente en Europa.

Los productos de Gillette Series se desarrollaron en un periodo de 3 años, con un costo de $75 millones. Fueron probados en 70 000 usuarios. Una indicación de su originalidad es el hecho de que la empresa tiene 20 patentes de ellos en trámite. Se ha pensado en la conveniencia de introducir la línea en 1992, pero el lanzamiento fue cancelado por el director general Alfred Zeien. Insistió en que no debía lanzarse mientras las pruebas de mercado no mostrasen que los 14 productos superaban en las preferencias del público a la marca líder de la categoría.

Todos los productos de la serie tienen una fragancia común, que Gillette llama Cool Wave. Vienen en empaques azules y plateados como el Sensor, y las franjas negras de los empaques recuerdan los lados ranurados de la manija del rastrillo Sensor.

En las tiendas los artículos cuestan $2.69 cada uno, o sea entre 10 y 20% más que los precios de la competencia. Como en el caso de Sensor, Gillette confía que las innovaciones del producto convenzan a los usuarios a cambiar de marca y a pagar un mayor precio.

Durante el primer año de la serie, la compañía invirtió $60 millones de dólares en una campaña de publicidad conjunta con Sensor. Igual que este rastrillo, en enero la línea fue introducida en el mercado junto con anuncios relativos al Supertazón. Se utilizó el mismo eslogan que con Sensor: "lo mejor que puede conseguir un hombre". Los comerciales televisivos iniciales tenían 1 minuto de duración. Comenzaban con 15 segundos dedicados a los geles para rasurar, venían luego 30 segundos acerca de Sensor y luego 15 segundos en que se hablaba de productos para después de rasurarse. Los desodorantes se anunciaban por separado.

Gillette Series encara dos grandes problemas:

- Convencer a los consumidores de que la línea es mejor y que se justifica el mayor precio será más difícil que cuando se lanzó Sensor. En el caso de este rastrillo, Gillette gozaba del prestigio de ser la empresa líder en la industria. Además las diferencias de diseño eran visibles, y los usuarios podían experimentar directamente el afeitado más uniforme. En el caso de los artículos de tocador, la compañía no goza de tanto prestigio en la mente del público y tampoco son evidentes los beneficios de sus productos. Más aún, el mercado de estos artículos está muy competido. Poderosas corporaciones con bien probadas técnicas de marketing se han interesado más en estas categorías. Procter & Gamble compró Old Spice y Noxzema; Mennen es de Colgate, y Unilever adquirió Brut. Difícilmente las otras empresas del mercado se cruzarán de brazos e ignorarán la actividad de Gillette.
- Gillette está vinculando la nueva línea a Sensor, pero lo hace utilizando otro nombre de marca. Si los consumidores no asocian la serie a la originalidad y éxito de Sensor, la nueva línea no pasará de ser una marca más de un mercado ya saturado.

Según palabras del vicepresidente de Gillette, uno de los aspectos más interesantes de la serie es su sinergia con su negocio principal: el de los rastrillos. Si la nueva línea tiene éxito, se prevé incorporar más artículos de arreglo personal para caballeros, como sprays y champús. Zeien, director general, asegura: "Ya somos el líder mundial de hojas de rasurar. ¿Lo seremos también en otros artículos de tocador? Esa es nuestra meta".

PREGUNTAS

1. ¿Cómo está siendo posicionado Gillette Series respecto a *a*) la competencia, *b*) el mercado meta, *c*) la clase de producto, *d*) el precio y la calidad? ¿Qué otras posibilidades de posicionamiento hay?
2. ¿Está Gillette aprovechando al máximo la equidad de marca que se logró con Sensor?
3. En la declaración de misión de Gillette, se señala que en parte su misión se centra en productos en que "puede mejorar y lograr un liderazgo claro", semejante a lo que hizo en el mercado de rastrillos para afeitadas en seco. ¿En qué medida contribuirá la Gillette Series a cumplir con esta misión?

Fuente: Lawrence Ingrassia, "Gillette Ties New Toiletries to Hot Razor", *The Wall Street Journal*, 18 de septiembre, 1992, pp. B1+; Mark Marmont y Paula Dwyer, "Hot Gillette Is Honing Its Edge", *Business Week*, 28 de septiembre, 1992, pp. 60-61; Greg Muirhead, "Gillette Is Introducing Men's Toiletries Line", *Supermarket News*, 28 de septiembre, 1992, p. 33; Seema Nayyar, "Peter Hoffman", *Brandweek*, 16 de noviembre, 1992, p. 20; Lawrence Ingrassia, "Keeping Sharp: Gillette Holds Its Edge by Endlessly Searching for a Better Shave", *The Wall Street Journal*, 10 de diciembre, 1992, pp. A1+.

PARTE CUATRO

Precio

Creación de una estructura de precios y su uso como parte de la mezcla de marketing

Estamos en el proceso de diseñar una mezcla de marketing para llegar a los mercados meta y alcanzar nuestros objetivos de marketing. Una vez concluida la planeación del producto, nos ocuparemos ahora de la fijación de precios y aquí hemos de llevar a cabo dos funciones. Primero, determinaremos el precio base de un producto que sea compatible con los objetivos de la fijación de precios; este tema se examina en el capítulo 11. Segundo, estableceremos estrategias (descuentos y fijación de precios valor) que nos servirán para modificar y aplicar el precio base; estas estrategias se explican en el capítulo 12.

CAPÍTULO 11

Determinación del precio

¿Sufre **FRITO-LAY** indigestión por la competencia de precios en las frituras?

En los últimos años, casi todos nosotros (en especial, los que pasamos mucho tiempo frente al televisor) hemos contribuido al crecimiento del 8% anual de las ventas de botanas saladas. Entre ellas las de mayor demanda se encuentran las papas y tortillas fritas, pretzels salados, palomitas de maíz y frituras de queso y maíz. A principios de los años 90, la venta de estas frituras llegó casi a *$15 mil millones de dólares anuales*.

Durante largo tiempo Frito-Lay, división de PepsiCo, dominó la industria de las frituras. Sus marcas tan conocidas como Doritos, Cheetos y Fritos, lo mismo que Ruffles y las papas fritas Lay's, dominaban más del 40% del mercado total. La competencia empezó a ganar terreno desde mediados de la década de 1980. Borden amplió su negocio de frituras al adquirir algunas empresas más pequeñas. Basándose en marcas regionales de gran popularidad, como Wise y Old London, fue acrecentando su participación en el mercado hasta alcanzar el 12% antes de retroceder al 8% aproximadamente.

Después, en 1988, Anheuser-Busch empezó a aumentar su relativamente pequeña división Eagle Snacks. Se proponía incrementar muchísimo las ventas, aunque no esperaba obtener ganancias antes de 1993. A Eagle Snacks se le fijó un precio del 20% menos que los productos rivales de Frito-Lay. La división, dotada ahora de grandes recursos financieros, obtuvo fácilmente espacio en los estantes de los supermercados, algunas veces pagándoles dinero. Aumentaron las ventas. A principios de los años 90, Eagle Snacks había conquistado ya una participación del 5% del mercado de las botanas.

Cada punto porcentual de la participación representa cerca de $150 millones de dólares por concepto de ventas anuales. Frito-Lay se dio cuenta de que tanto Borden's como Eagle Snacks habían intensificado sus esfuerzos. Decidió contraatacar, generalmente rebajando los precios y aumentando su inversión en la promoción. Por ejemplo, dio prioridad a los productos baratos. Las ventas unitarias crecieron más del 10% en el sureste, cuando redujo el precio de sus grandes bolsas de bocadillos de 2.39 dólares a menos de 2.00. Además lanzó al mercado bolsas de 25 centavos de dólar para ayudarles a las tiendas pequeñas.

Las utilidades de Frito-Lay mermaron por la disminución de los precios y el aumento de los costos de promoción. En un año, el margen de utilidades de la división (la diferencia entre el precio y el costo) disminuyó de más de 21% a menos del 19%. En un análisis se describió el problema de las compañías que recurren al precio para conquistar y conservar a los clientes: "Se sirven de grandes rebajas de los precios para obtener una buena participación en el mercado y luego dicen 'Gracias, ahora ya pueden pagar los precios normales', pero no es así."

Últimamente, Frito-Lay ha puesto más empeño no sólo en impulsar decisivamente las ventas y las participación en el mercado, sino también en mejorar sus ganancias. Con ese fin, cambió la fórmula de sus marcas Doritos, Lay's y Ruffles, lanzando una nueva campaña publicitaria, llegando incluso a regalar 5 millones de bolsas de Doritos para promover este nuevo gusto de "mayor sabor a queso". Con estas medidas trataba de mejorar los productos y crear la lealtad de los consumidores para que no cambien de producto por el solo deseo de ahorrarse unos cuantos centavos. Pero también es cierto que un número creciente de personas desean precios más bajos.[1]

¿Qué debería hacer Frito-Lay en relación con los precios de sus frituras?

374 CAPÍTULO 11

"¿Qué precio deberíamos ponerle a nuestras frituras?" "¿De qué manera el precio encaja dentro de la mezcla de marketing?" Son preguntas que Frito-Lay se plantea constantemente. Y también se las hace, en cualquier momento, una organización que introduce un nuevo producto o que está estudiando la conveniencia de modificar el precio de alguno ya existente.

En el presente capítulo trataremos de la función que el precio desempeña en la mezcla de marketing: qué es el precio, cómo podemos utilizarlo y cómo se fija en relación con factores como costos del producto, demanda del mercado y precios de la competencia. Después de estudiar este capítulo, usted deberá ser capaz de explicar:

OBJETIVOS DEL CAPÍTULO

- El significado del precio.
- La importancia que el precio tiene para la economía de su país, una empresa individual y para el consumidor.
- El concepto de valor y cómo se relaciona con el precio.
- Los principales objetivos de la fijación de precios.
- Los factores centrales que influyen en el precio.
- Los tipos de costos en que se incurre al producir y comercializar un producto.
- Los métodos con que se calculan los precios, a saber: la fijación de precios basada en el costo total unitario y en la utilidad unitaria, el análisis marginal y la fijación de precios en relación con los que rigen en el mercado.
- El análisis del punto de equilibrio.

En este capítulo expondremos los principales métodos con que se determina un precio. Pero antes de abordar ese tema, es necesario que los ejecutivos, y también el lector, conozcan el significado y la importancia del precio.

SIGNIFICADO DEL PRECIO

Algunas de las dificultades que supone fijar un precio se deben a la confusión del significado del término *precio*, aun cuando el concepto es fácil de definir con palabras de uso común. En términos simples, el **precio** es la cantidad de dinero o de otros objetos con

No es sencillo definir el precio de un producto, porque a menudo resulta difícil determinar exactamente lo que se compra con él.

EL PRECIO ES LO QUE SE PAGA POR LO QUE SE OBTIENE

A continuación se incluyen algunos precios con varios nombres:

- Colegiatura → Educación
- Interés → Uso del dinero
- Alquiler → Uso de vivienda o de equipo durante determinado periodo
- Pasaje → Viaje en taxi o en avión
- Honorarios → Servicios de médico o abogado
- Honorarios profesionales → Servicios de un abogado o consultor durante cierto periodo
- Tarifa o peaje → Llamada telefónica de larga distancia o viaje en alguna autopista
- Sueldo → Servicios de un ejecutivo o de otro tipo de profesionista
- Salario → Servicios de un trabajador no profesionista
- Comisión → Servicios de un vendedor
- Cuota → Membresía a un sindicato o club

Y en situaciones que condena la sociedad hay precios llamados sobornos, rescate o chantaje.

Fuente: Basada en parte en John T. Mentzer y David J. Schwartz, *Marketing Today*, 4a. ed., Harcourt Brace Jovanovich, San Diego, 1985, p. 599.

---

utilidad necesaria para satisfacer una necesidad que se requiere para adquirir un producto. Recuérdese que **utilidad** es el atributo que posee la capacidad de satisfacer los deseos.

Así pues, el precio no sólo significa dinero. Para explicar esto con un ejemplo: el precio de una tarjeta de béisbol de Willie Mays podría ser de 1) $500, 2) las tarjetas de 10 jugadores novatos, entre ellos Barry Bonds y Nolan Ryan, y 3) alguna combinación de dinero y de tarjetas de béisbol. Se da el nombre de **trueque** al intercambio de bienes y/o servicios por otros productos. Dado que la economía moderna no se rige por un sistema lento y torpe como el trueque, normalmente expresamos el precio en términos monetarios y utilizamos el dinero como medio de intercambio.

En la práctica se presentan problemas cuando intentamos expresar de manera sencilla el precio de un producto. Suponga que un estudiante haya pagado 325 dólares por un escritorio y que el profesor haya pagado sólo 175 por otro de tamaño parecido. A primera vista, se tiene la impresión de que el instructor le dio una buena lección al alumno. A éste le entregaron el escritorio, por cierto de un magnífico acabado, en su departamento y le concedieron un año para liquidarlo. En cambio, el profesor (una de esas personas a quienes les gusta hacer las cosas por sí mismas) compró un escritorio parcialmente armado, sin acabado. Tenía que armarlo, pulirlo y barnizarlo. El vendedor no le dio el servicio de entrega ni crédito. Ahora bien, cabe preguntarnos: ¿quién pagó el precio más alto? La respuesta no es tan fácil como parecía a primera vista.

El ejemplo anterior indica que no se puede dar una definición si antes no se determina exactamente qué se va a vender. El vendedor suele fijar el precio a una combinación de 1) el bien o servicio que es el objeto de la transacción, 2) varios servicios complementarios (como la garantía) y 3), en un sentido muy real, los beneficios satisfactores de deseos que ofrece el producto. En ocasiones resulta difícil definir siquiera el precio del bien o servicio predominante. Así, el precio de un modelo de automóvil puede incluir la radio, la dirección hidráulica y los frenos de potencia. En otro modelo de la misma marca, quizá esas tres características tengan un precio individual. En conclusión, si queremos conocer el precio real de un producto, habrá que considerar los componentes identificables que lo forman.

IMPORTANCIA DEL PRECIO

El precio es un factor muy importante para la economía moderna, las empresas individuales y el consumidor. A continuación examinaremos esos tres elementos.

Importancia del precio para la economía

El precio de los productos influye en los sueldos, los ingresos, intereses y utilidades. Es decir, el precio de un producto incide en las cantidades pagadas por los factores de producción: mano de obra, terrenos, capital y empresarios. El precio es, pues, un regulador básico del sistema económico porque repercute en la asignación de los factores de la producción. Los sueldos altos atraen la mano de obra, las tasas elevadas de interés atraen al capital y así sucesivamente. Como un asignador de recursos, el precio determina lo que se producirá (oferta) y quién obtendrá los bienes y servicios producidos (demanda).

A menudo las reacciones negativas ante los precios o las políticas relativas a la fijación de precios provocan críticas contra el sistema estadounidense de relativamente libre empresa, lo cual lleva a exigir que se impongan más restricciones al sistema. Por ejemplo, la preocupación ante los precios rápidamente crecientes (es decir, la inflación) puede llevar a pedir el control de precios. Si quieren aminorar el riesgo de que intervenga el gobierno, las empresas deben establecer precios en una forma y en un nivel que correspondan a lo que el gobierno y el público consideran socialmente responsable. Desde luego, esta recomendación se aplica no sólo a los precios, sino también a todas las actividades de marketing.

Importancia del precio para las empresas individuales

El precio de un producto constituye un determinante esencial de la demanda del mercado. El precio afecta a la posición competitiva de la empresa y a su participación en el mercado. De ahí la influencia tan importante que ejerce sobre sus ingresos y utilidades netas. A través de los precios el dinero fluye hacia ella.

No obstante, existen varios factores que limitan el efecto que los precios tienen en el programa de marketing de una compañía. Las características diferenciales de los productos, una marca de gran demanda, la alta calidad, la comodidad de compra o alguna combinación de éstos y otros factores pueden ser más importantes para el público que el precio. Como vimos en el capítulo 10, una finalidad del uso de marcas es *atenuar* el efecto que el precio tiene en la demanda de un producto.

En el nivel de la venta al menudeo, las encuestas revelan que aproximadamente a una quinta parte de los compradores les interesan sobre todo los precios bajos.[2] Ello significa que el interés de las cuatro partes restantes se centra en otros factores, como los que acabamos de mencionar. De hecho, más o menos una cuarta parte de los consumidores no se fijan en absoluto en el precio cuando realizan sus compras. Es necesario poner en la perspectiva correcta la función que la fijación de precios desempeña en el programa de marketing; es uno de los cuatro elementos de la mezcla de marketing que deben combinarse adecuadamente y luego adaptarse con el tiempo para que la empresa prospere.

Importancia del precio para el consumidor

Las percepciones de algunas personas acerca de la calidad del producto dependen directamente del precio. Por lo regular, piensan que a precio más elevado corresponde una mejor calidad. ¿Acaso nunca ha dudado de la calidad de un artículo (por ejemplo, cuando lee los anuncios de reproductoras de discos compactos) si el precio es demasiado bajo? ¿O en el otro extremo ha escogido alguna vez un restaurante para una comida especial, porque se enteró de que era bastante caro y, por lo mismo, creyó que sería un excelente lugar?

El público emite juicios sobre precio-calidad particularmente cuando carece de otro tipo de información sobre la calidad del producto. En sus percepciones de la calidad también pueden influir factores como el prestigio de la tienda y la publicidad.[3]

En los años 90 un número cada vez mayor de consumidores muestran interés por el precio. ¿Por qué? Un motivo consiste en que el precio es un componente del valor. Y cada día son más los prospectos, tanto en el mercado de productos de consumo como en el de productos industriales, los que exigen un mejor valor de los bienes y servicios que adquieren.

El **valor** es la relación de los beneficios percibidos con el precio y otros costos incurridos. Entre estos últimos cabe citar los siguientes: el tiempo dedicado a comprar el producto, el tiempo y la gasolina que se necesitaron para ir al sitio de la compra, el tiempo y quizá la molestia de armar el producto. Cuando decimos que un producto tiene valor, no necesariamente queremos decir que no cuesta dinero. Por el contrario, el valor indica que un producto particular reúne las clases y beneficios potenciales (calidad, imagen y comodidad de compra) que los consumidores esperan de él en determinado nivel de precios.

Muchas compañías han empezado a responder a los reclamos de más valor por parte del público, desarrollando para ello nuevos productos. Ponen de relieve el valor Holiday Inn Express, Fairfield Inn y Hampton Inn, todas ellas empresas relativamente nuevas en la industria hotelera. Con ello se proponen aumentar el valor, esencialmente, la razón entre beneficios y precio. Esto puede lograrse si se conservan los elementos esenciales (cuartos limpios y elegantes), incorporando uno o dos elementos nuevos (un buffet de almuerzo en Holiday Inn Express), abandonando otros (servicio de cuarto, botones y, quizá, las albercas) para abatir los costos, y rebajar los precios.[4]

Otras empresas tratan de mejorar el valor de sus productos actuales. Las cadenas de restaurantes de comida rápida, entre ellas McDonald's y Taco Bell, redujeron los precios de las ofertas básicas. Han empezado a ganar mucha popularidad las "comidas combinadas", que constan de varios platillos que costarían más si se compraran por separado.[5]

La última recesión ha hecho que ahora se preste mayor atención al valor. Pero no hemos de suponer que el interés por el valor verdadero vaya a desaparecer. En opinión de Jack Welch, presidente de General Electric, los años 90 son la "década del valor".[6] Según los investigadores de mercado, el creciente interés en el valor se debe a un cambio más fundamental de las actitudes del consumidor. Al menos en Estados Unidos, los indi-

¿Cuál piensa que sea el nivel de precio y calidad de este perfume?

viduos, las familias y las organizaciones gastan ahora con menos generosidad. El mayor interés de los consumidores por la relación entre beneficios y precio dio origen a un nuevo método de fijar precios, llamado "precios basados en el valor", que examinaremos en el capítulo 12.

OBJETIVOS DE LA FIJACIÓN DE PRECIOS

Todas las actividades de marketing —y entre ellas la fijación de precios— debe encaminarse hacia una meta. Por tanto, los directivos han de establecer los objetivos antes de determinar el precio.[7] Con todo, por muy lógico que esto nos parezca, pocas empresas establecen, o expresan explícitamente, un objetivo de fijación de precios.

Para que sea útil, el objetivo que escojan los ejecutivos necesita ser compatible con las metas globales de la compañía y con las de su programa de marketing. Supongamos que la *meta de una compañía* es aumentar el rendimiento sobre la inversión partiendo de su nivel actual del 15% al 20% en un lapso de tres años. Llegamos a la conclusión de que la *meta de los precios* durante este periodo debe alcanzar algún rendimiento expreso sobre

Determinación del precio

Marriot cuenta con líneas de producto que son atractivas para personas sensibles al valor y con otras dirigidas a las que buscan ante todo el lujo.

la inversión. En este caso no sería lógico adoptar la meta de conservar la participación en el mercado o la estabilización de precios.

Estudiaremos los siguientes **objetivos de la fijación de precios**:

- Orientados a las utilidades:
  - Alcanzar un rendimiento meta
  - Maximizar las utilidades
- Orientados a las ventas:
  - Aumentar el volumen de ventas
  - Mantener o incrementar la participación en el mercado
- Orientados a la situación actual:
  - Estabilizar los precios
  - Hacer frente a la competencia

Reconozcamos que los objetivos anteriores pueden buscarse (y confiamos que también puedan cumplirse) no sólo mediante los precios, sino también realizando otras actividades de marketing como el diseño del producto y los canales de distribución. Y todos ellos se encaminan finalmente a lograr un desempeño satisfactorio a largo plazo. Para lograrlo, la empresa debe obtener grandes utilidades.

Metas orientadas a las utilidades

Las metas de utilidades pueden ser establecidas a corto o a largo plazo. Una compañía seleccionará como política una de las dos opciones.

Alcanzar un rendimiento meta. Una compañía puede establecer el precio de sus productos para **obtener un rendimiento meta**, esto es, un rendimiento porcentual específico sobre sus *ventas* o su *inversión*. Muchos mayoristas y detallistas utilizan el rendimiento *sobre las ventas* como objetivo de los precios para periodos cortos: un año o una temporada de moda. Agregan una cantidad al costo del producto, denominada **margen de utilidad**, para cubrir los gastos previstos de operación y obtener cierta utilidad durante el periodo. Safeway o Kroger, por ejemplo, pueden fijar un precio para tener una utilidad neta de 1% sobre las ventas. Una cadena de tiendas de ropa para caballero escogerá una utilidad meta de 6% de las ventas, y a partir de ella le pondrá precio a sus productos. (El margen de utilidad y otras razones de operación se explicarán con mayor amplitud en el Apéndice B que viene después de este capítulo.)

La consecución del rendimiento meta *sobre la inversión* se mide en relación con el capital neto de la empresa (sus activos menos sus pasivos). Esta meta a menudo la seleccionan las principales empresas de una industria. Lo hacen los líderes de la industria, como Du Pont, Alcoa y Exxon, porque están en posibilidades de imponerse metas con mayor independencia de la competencia que las compañías más pequeñas. Los líderes pueden establecer precios para obtener una utilidad neta que sea del 15 al 20% de su capital neto.

Maximizar las utilidades.

El objetivo de la fijación de precios que consiste en ganar la mayor cantidad posible de dinero es el que más se usa. El problema es que la expresión **maximización de utilidades** tiene para algunos una connotación peyorativa, pues indica acaparamiento de bienes, precios excesivos y monopolio.

Sin embargo, en la teoría económica y en la práctica de los negocios, la maximización de utilidades es algo enteramente legítimo y válido. En teoría, si en una industria se logran grandes ganancias porque la oferta es poca en comparación con la demanda, se atraerá más capital para incrementar la capacidad productiva. Esto a su vez aumentará la oferta y con el tiempo reducirá las ganancias hasta que alcancen un nivel normal. En el mercado es difícil encontrar muchas situaciones donde el acaparamiento se haya prolongado largo tiempo. Se dispone de productos sustitutos, las compras pueden posponerse y la competencia se intensifica para mantener los precios en un nivel razonable.

Cuando los precios son excesivamente altos y el ingreso en el mercado está muy restringido, el descontento del público pronto equilibra los niveles de precios. Fue lo que sucedió con el AZT, medicamento que alarga la vida de los enfermos de SIDA. Al inicio, Burroughs Wellcome Company fijó en 8000 dólares el precio de suministro por 1 año para cada paciente. Redujo el precio de AZT en un 20% ante las quejas de los pacientes y sus defensores. Puede intervenir el gobierno, en caso de que ni las condiciones del mercado ni la opinión pública logren precios razonables.[8]

Una meta de maximización de utilidades tiende a ser mucho más benéfica para una compañía, si se busca a *largo plazo*. Pero para ello a veces las empresas deben aceptar ganancias modestas y hasta pérdidas a corto plazo. Así, a una compañía que entra en un nuevo mercado geográfico o que introduce un nuevo producto le conviene a veces establecer precios bajos para conquistar una clientela numerosa. La repetición de compras entre este grupo de clientes le permitirá aumentar al máximo sus utilidades a largo plazo.

La finalidad deberá ser maximizar las utilidades *sobre la producción total* y no sobre cada producto individual. De hecho, una empresa puede lograr este objetivo si les fija precios bajos y poco rentables a algunos productos para estimular la venta de otros. En la publicidad hecha en los eventos atléticos, Gillette Company frecuentemente promueve rastrillos a precios muy bajos. Confía que, una vez que los usuarios adquieran sus rastrillos, se convertirán también en leales consumidores de las hojas Gillette, generando así grandes utilidades para ella.

Metas orientadas a las ventas

En algunas compañías, la fijación de precios por los gerentes se centra en el volumen de ventas. La meta puede ser incrementar las ventas o bien conservar o mejorar la participación de la compañía en el mercado.

Incrementar el volumen de ventas. La meta de **incrementar el volumen de ventas** suele adoptarse para alcanzar un crecimiento rápido o para desalentar a posibles competidores para que no entren en el mercado. Generalmente la meta se expresa cono un incremento porcentual del volumen de ventas durante cierto periodo, digamos 1 o 3 años. Los ejecutivos pueden tratar de obtener un volumen más alto de ventas aplicando descuentos o alguna otra estrategia muy agresiva de precios. Phar-Mor, cadena de farmacias de descuento, parece haber adoptado este objetivo: con precios muy bajos trata de elevar considerablemente sus ventas. Pero como sólo compra mercancía con descuentos especiales, a veces los clientes no encuentran las marcas más populares o ven que, de una semana a otra, una marca ha sido sustituida por otra.[9]

En ocasiones, las compañías están dispuestas a soportar una pérdida *a corto plazo*, con tal de aumentar después su volumen de ventas o bien realizar los objetivos de ventas. Las tiendas de ropa ofrecen baratas de fin de temporada, y las distribuidoras automotrices ofrecen descuentos y tasas de interés por debajo de las del mercado en la compra de automóviles nuevos. Muchos lugares vacacionales, entre ellos los campos de golf y las lugares de temporada, reducen los precios en temporada baja para aumentar sus ventas.

Mantener o aumentar la participación en el mercado. En algunas compañías, tanto grandes como pequeñas, al fijar los precios se busca **mantener o aumentar la participación en el mercado.** ¿Por qué se protege o se desea con tanto ahínco la participación en el mercado? Hoy la mayor parte de las industrias no crecen mucho o simplemente no crecen *y además* tienen un exceso de capacidad productiva. Muchas compañías necesitan ventas adicionales para utilizar más esa capacidad y, al mismo tiempo, lograr economías de escala y mejores utilidades. Dado que el tamaño del "pastel" no crece en la generalidad de los casos, las compañías que necesitan un mayor volumen deben captar una "rebanada más grande del pastel", es decir, una mayor participación en el mercado. Un ejemplo de ello lo constituyen las industrias automotrices y de las líneas aéreas en Estados Unidos.

Otras empresas tratan ante todo de conservar su participación en el mercado. Así, en los últimos años el yen aumentó considerablemente de valor en relación con el dólar estadounidense. En consecuencia, los productos del Japón (los automóviles, entre otros) incrementaron su precio en dólares y las compañías de ese país corrían el riesgo de perder participación en el mercado. Con el fin de mantenerla, Toyota, Nissan y Honda aceptaron márgenes más bajos de utilidad y redujeron sus costos para poder rebajar los precios de venta en Estados Unidos.

Metas orientadas a la situación actual

Dos metas estrechamente relacionadas entre sí: **estabilizar los precios** y **hacer frente a la competencia,** son las metas menos agresivas. Con ellos lo único que se busca es simplemente mantener la situación actual de la firma, es decir, el *status quo*. Cuando se busca una u otra, se trata de evitar la competencia de precios.

La estabilización se precios suele ser la meta en industrias donde el producto está muy estandarizado (por ejemplo, el acero y los productos químicos en grandes volúmenes) y una gran empresa, como Phelps Dodge en la industria del cobre, tradicionalmente ha sido el líder en el establecimiento de los precios. Las compañías más pequeñas de esas industrias tienden a "seguir al líder" cuando fijan sus precios. ¿A qué obedece semejante conducta? Si un líder rebaja el precio, las restantes seguramente harán lo mismo a fin de seguir siendo competitivas; por tanto, ninguna compañía individual gana sino que todas pueden ver mermados sus ingresos. Por el contrario, un incremento del precio difícilmente será imitado y la compañía que lo adopta sufrirá una ventaja diferencial porque se consideran muy semejantes otros elementos del producto estandarizado, como la gasolina.

Aun en las industrias donde no existen líderes de precios, muchísimas empresas fijan el precio de sus productos para que corresponda al que predomina en el mercado. Esta política pone en manos de los gerentes una herramienta que les permite eludir las decisiones difíciles relativas a la fijación de precios.

Las empresas que adoptan las metas orientadas a mantener la situación actual para evitar la competencia de precios no son necesariamente pasivas en el marketing. Todo lo contrario. Casi siempre compiten agresivamente empleando otros elementos de la mez-

¿DILEMA ÉTICO?

Según las declaraciones hechas por un ejecutivo de Northwest Airlines en un juicio reciente, su compañía recurrió a "enviar señales" de reducir el precio de sus tarifas. En esencia, rebajaba las tarifas para "indicarle" a otra línea área que no le gustaban sus tarifas de vuelo y que regresara a las anteriores. He aquí un escenario típico: Continental disminuye su tarifa en rutas de Minneapolis, territorio sede de Northwest. Y esta compañía contraataca reduciendo considerablemente sus tarifas en los vuelos entre Houston y la costa occidental, rutas muy importantes para Continental. Como ninguna de las dos líneas aéreas quiere iniciar una guerra de precios, con sus descuentos Northwest le comunicó a Continental que "suprimiera" sus rebajas y que regresa a la tarifa anterior. Aunque algunos observadores creen que ese "envío de señales" equivale a una manipulación ilegal de los precios, el ejecutivo de la Northwest negó cualquier tipo de falta de ética.

Esas "señales de regresar a los precios antiguos" es a veces un medio de alcanzar la meta en la fijación de precios. Sea como fuere, ¿son éticas las señales de regresar a los precios anteriores?

Fuente: Asra Q. Nomani, "Fare Warning: How Airlines Trade Price Plans", *The Wall Street Journal,* 9 de octubre, 1990, p. B1.

cla de marketing: producto, distribución y, sobre todo, la promoción. A este enfoque se le llama *competencia ajena a los precios*.

FACTORES QUE INFLUYEN EN LA DETERMINACIÓN DEL PRECIO

Una vez establecido el objetivo de la fijación de precios, una compañía pasará al aspecto central de la administración de precios: determinar el precio base de un producto. El **precio base**, llamado también *precio de lista*, indica el precio de una unidad del producto en el lugar de producción o de venta. No incluye los descuentos, el flete ni ninguna otra modificación (que se explicarán en el siguiente capítulo) como los precios del líder o los orientados al valor.

El mismo procedimiento se aplica en ponerles precio a los productos nuevos y a los ya establecidos en el mercado. Sin embargo, en el primer caso es más fácil, ya que el mercado dictará el precio exacto o un nivel reducido de precios.[10] Aparte de los objetivos, otros factores que influyen en la determinación se exponen a continuación.

Demanda estimada

Al fijar los precios, es preciso que una compañía estime la demanda total del producto. Ello le será más fácil tratándose de un producto establecido que de uno nuevo. Son dos los pasos de la estimación de la demanda: 1) averiguar si hay un precio que espere el mercado y 2) calcular cuál sería el volumen de ventas a precios diferentes.

El **precio esperado** de un producto es el que los consumidores le asignan de modo consciente o inconsciente, es decir, lo que piensan que vale. Suele expresarse como un *intervalo o serie de precios*, no como una cantidad concreta. Así el precio esperado podría oscilar "entre $250 y $300" o "no más de $20".

El productor deberá tener en cuenta además la reacción del intermediario ante el precio. Hay más probabilidades de que promueva un producto si aprueba su precio. Los compradores al mayoreo o al menudeo frecuentemente hacen una estimación exacta del precio de venta que el mercado aceptará.

A veces se fija un precio demasiado bajo. Si el precio es mucho menor de lo que espera el mercado, tal vez se pierdan ventas. Por ejemplo, posiblemente sería un error que L'Oreal, conocido fabricante de cosméticos, le pusiera un precio de $1.49 al lápiz labial o de $3.49 la onza a sus perfumes de importación. Las clientas sospecharían de la calidad del producto o su autoestima no les permitiría adquirir artículos tan baratos.

Tras incrementar el precio de un producto, algunas empresas han visto aumentar sus ventas. A esa situación se le conoce con el nombre de **demanda inversa**: cuanto más alto sea el precio, más unidades se venderán. La demanda inversa no se da más que en cierto intervalo y con niveles bajos de precios. En determinado punto (Fig. 11-1), termina y aparece la curva de la demanda de forma normal. Es decir, la demanda disminuye al elevarse los precios.

¿En qué forma los vendedores determinan los precios esperados? Para conseguir estimaciones de precios, un fabricante de bienes industriales podría mostrar modelos a los ingenieros que trabajan para posibles clientes. Otra opción consiste en preguntar a una muestra de personas lo que están dispuestos a pagar por un producto o cuál elemen-

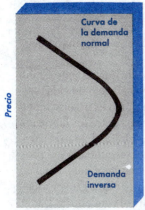

FIGURA 11-1
Demanda inversa

to de una lista de alternativas se asemeja más al producto en cuestión. Por medio de estos métodos podrá determinarse una gama razonable de precios.

Es muy útil estimar el volumen de ventas que se alcanzaría con varios precios. Al hacerlo, el vendedor estará en condiciones de determinar la curva de demanda del producto. Más aún, estará midiendo la **elasticidad de la demanda con respecto al precio**, que indica la sensibilidad de la cantidad demandada frente a los cambios de precio. (El tema de la elasticidad se expone más ampliamente en el Apéndice B que viene después de este capítulo.) Las estimaciones de las ventas en diversos niveles de precios también sirven para calcular los puntos de equilibrio (tema que veremos más adelante).

Los vendedores pueden elegir entre varios métodos para estimar las ventas en diversos niveles de precios. Recuérdense algunos de los métodos de pronóstico de la demanda que describimos en el capítulo 3: encuesta de intenciones de los compradores, marketing de pruebas y opiniones de la fuerza de ventas, por citar algunos. Dichos métodos también pueden emplearse en este caso.[11]

Reacciones de la competencia

La competencia influye mucho en el precio base. Un nuevo producto es especial mientras no llegue la inevitable competencia. La amenaza de la competencia *potencial* es muy grande cuando es fácil entrar en el mercado y las perspectivas de obtener ganancias son sumamente atractivas. La competencia puede provenir de las siguientes fuentes:

- **Productos directamente semejantes:** los zapatos Nike frente a los de Adidas o Reebok.
- **Sustitutos disponibles:** el transporte aéreo Emery frente a los transportistas camioneros Consolidated Freightways o los ferrocarriles Union Pacific.
- **Productos no relacionados destinados a los mismos consumidores:** videocaseteras (VCR) frente a una bicicleta o unas vacaciones de fin de semana.

En el caso de productos directamente similares, un competidor puede ajustar los precios. A su vez otras compañías habrán de decidir qué modificaciones del precio se requieren para no perder a sus clientes.

Otros elementos de la mezcla del marketing

En el precio base influyen de manera decisiva otros elementos de la mezcla del marketing.

Producto. Ya hemos dicho que en el precio incide el hecho de que se trate de un producto nuevo o de uno ya establecido en el mercado. A lo largo del ciclo de vida, hay que hacer cambios de precio para que siga siendo competitivo. También es preciso tener en cuenta su uso final. Por ejemplo, hay poca competencia de precios entre los fabricantes de materiales para empaque o de gases industriales; de ahí la estabilidad de su estructura de precios. Estos bienes industriales no son más que una parte secundaria del producto final, de manera que los clientes comprarán el que sea más barato y que, además, garantice la calidad requerida. En el precio también influye el hecho de que 1) el producto se arriende o se compre directamente, 2) que pueda ser devuelto al vendedor y 3) que se realice un trueque.

Determinación del precio **385**

PERSPECTIVA INTERNACIONAL

¿QUÉ CRITERIOS RIGEN LA DETERMINACIÓN DE PRECIOS DE LAS COMPAÑÍAS EXTRANJERAS?

¿Las compañías realmente establecen los objetivos de la fijación de precios y tienen en cuenta varios factores al determinar los precios adecuados para sus productos? Según una encuesta realizada en Gran Bretaña, la respuesta es afirmativa pero con algunas salvedades.

Entre los distribuidores industriales de Gran Bretaña, suele darse una verdadera guerra de precios. Para esas empresas (la mayor parte de las cuales son bastante pequeñas), competir en el precio puede ser riesgoso y costoso; hasta pueden ver mermadas sus ganancias. De hecho, la situación nos recuerda lo que sucede en Estados Unidos.

La encuesta se centró en los distribuidores industriales que compran a los fabricantes productos de papel y otros conexos con la ingeniería, para vendérselos después a otras firmas. La mayor parte de los distribuidores tienen menos de 50 empleados y las ventas anuales en libras representan menos de $20 millones. Cuando deben fijar los precios, ¿se trazan algunos objetivos? Los siguientes resultados indican que la mayor parte de ellas establecen objetivos múltiples:

Objetivos	Compañías que lo consideran "un objetivo muy importante"
Utilidad o rendimiento deseados sobre la inversión	77%
Precios justos para la empresa y los clientes	61%
Ingresos meta de las ventas	49%
Competitividad meta de precios	44%
Participación deseada en el mercado	18%
Imagen deseada en el mercado	18%

En términos generales, estos objetivos nos recuerdan a los que mencionamos en páginas anteriores. Los investigadores, es interesante señalarlo, no les preguntaron a los distribuidores si empleaban los dos objetivos (maximización de utilidades y estabilización de precios) que algunas veces se consideran como perjudiciales para la sociedad.

Al comenzar los distribuidores a fijar los precios, ¿qué factores rigen su pensamiento? Más del 70% de ellos manifestaron que tuvieron en cuenta los nueve factores enumerados por los investigadores. No obstante, los resultados revelan que algunos de ellos influyen más que otros:

Factores que influyen en las decisiones al fijar precios	Compañías que lo consideran "una influencia muy importante"
Calidad de los productos ofrecidos	69%
Objetivos de los precios	55%
Precios de la competencia	48%
Demanda en varios segmentos del mercado	30%
Necesidades de los proveedores	27%
Efecto del precio en la demanda de otros productos	12%

Los resultados anteriores son sorprendentes en dos aspectos. Primero, en el 45% de las compañías no influyen muchos los objetivos de precios que se trazan. Entonces surge espontáneamente una pregunta. ¿Por qué se establecen objetivos? Segundo, más del 50% de los distribuidores no muestran mucho interés por los precios de la competencia. Tal vez les preocupe más su situación (por ejemplo, la calidad del producto) y la de sus clientes, y estén tratando de evitar una guerra de precios que erosionaría sus ganancias.

Fuente: David Shipley y Elizabeth Bourdon, "Distribuitor Pricing in Very Competitive Markets", *Industrial Marketing Management*, agosto de 1990, pp. 215-224.

VARIOS TIPOS DE COSTOS

- Un **costo fijo**, digamos una renta, los sueldos de los ejecutivos o el impuesto a la propiedad, permanece constante sin importar cuantas unidades se produzcan. Esta clase de costo se conserva aun si la producción se interrumpe por completo. Se le llama fijo, porque es difícil cambiarlo a corto plazo (no así a largo plazo).
- El **costo fijo total** es la suma de todos los costos fijos.
- Los **costos fijos promedio** son los costos fijos totales divididos entre el número de unidades producidas.
- El **costo variable**, como la mano de obra o las materias primas, guarda estrecha relación con la producción. Puede controlarse a corto plazo con sólo modificar el nivel de producción. Cuando ésta se interrumpe, por ejemplo, se eliminan todos los costos variables de producción.
- El **costo variable total** es la suma de todos los costos variables. Cuantas más unidades se produzcan, más alto será este costo.
- El **costo variable promedio** es el costo variable total dividido entre el número de unidades producidas. Suele ser más alto en las primeras unidades. Disminuye después al incrementarse la producción, debido a factores como los descuentos por volumen en la compra de materias primas y a una utilización más eficiente de la mano de obra. Después de un nivel óptimo de producción, aumenta por factores como la saturación de las instalaciones de producción y el pago de horas extras.
- El **costo total** es la suma del costo total fijo y del costo variable total de determinada cantidad producida.
- El **costo total promedio** es el costo total dividido entre el número de unidades producidas.
- El **costo marginal** es el costo de producir y vender una unidad más. Por lo regular el costo marginal de la última unidad es el mismo que el costo variable.

Canales de distribución. Los canales y tipos de intermediarios escogidos repercutirán en los precios que establezca el fabricante. Una compañía que vende a través de mayoristas y directamente a los detallistas fija un precio distinto a unos y otros. El precio que ofrece a los primeros es más bajo, porque dan servicios que él debería realizar; por ejemplo, el almacenamiento, la concesión de crédito a los detallistas y la venta a las tiendas pequeñas.

Promoción. La promoción que dan al producto el fabricante o los intermediarios, así como los métodos que aplican, son un factor que debe tenerse presente. Si gran parte de la promoción queda en manos de los detallistas, casi siempre se les dará un precio más bajo que si el fabricante lleva a cabo una promoción intensa. Aun en este caso, tal vez quiera que los detallistas realicen una publicidad local para reforzar la que él está haciendo a nivel nacional. Tal decisión debe reflejarse en los precios que el fabricante impone a esos detallistas.

Costo de un producto

Al fijar el precio de un producto debe tenerse en cuenta su costo. El costo unitario está compuesto por varios tipos de costos; en cada uno de ellos influyen de manera diferente los cambios de la cantidad producida.

Determinación del precio

Los conceptos relativos al costo, que se muestran en el recuadro anexo, son indispensables para entender nuestra explicación de la fijación de precios. Esos conceptos, lo mismo que sus interrelaciones, se incluyen en la tabla 11-1 y en la figura 11-2. La interrelación de los *costos promedio por unidad* de la tabla aparece gráficamente en la figura. Podemos explicarla brevemente en los siguientes términos:

- La **curva del costo fijo promedio** se reduce al aumentarse la producción, porque el total de los costos fijos se distribuye entre un número mayor de unidades.
- La **curva del costo variable promedio** suele tener forma de U. Comienza arriba porque los costos promedio variables de las primeras unidades de producción son altos. Después los costos variables comienzan a descender a medida que la compañía logra eficiencias en la producción. Con el tiempo la curva llega a su nivel más bajo debido a la producción óptima respecto a los costos variables (no a los costos totales). En la figura 11-2, este punto corresponde a tres unidades de producción. Después de ese nivel aumenta el costo variable promedio debido a los costos variables unitarios provenientes del saturamiento de las instalaciones y de otras ineficiencias. Si los costos variables por unidad fueran constantes, la curva de costos promedio variables sería una línea horizontal en el nivel del costo unitario variable constante.
- La **curva del costo total promedio** es la suma de las dos primeras curvas: la del costo fijo promedio y la del costo variable promedio. Comienza arriba debido al hecho de que los costos *fijos* totales se distribuyen entre muy pocas unidades de producción. Al aumentar ésta, la curva del costo promedio declina porque también están disminuyendo los costos fijos unitarios y los costos variables unitarios. Con el tiempo, se alcanza el punto del costo unitario más bajo (cuatro unidades de producción en la figura). Después de ese nivel óptimo, aparecen los rendimientos decrecientes y se incrementa el costo promedio total.

TABLA 11-1   Ejemplo de los costos de una empresa individual

Los costos fijos totales no cambian a corto plazo, aunque aumente la cantidad producida. Los costos variables son los costos de los insumos: materiales y mano de obra, por ejemplo. Los costos variables totales crecen al aumentar la cantidad producida. El costo total es la suma de todos los costos fijos y variables. Las otras medidas de la tabla son simplemente métodos para examinar los costos por unidad; siempre requieren dividir un costo entre el número de unidades producidas.

(1) Cantidad producida	(2) Costos fijos totales	(3) Costos variables totales	(4) Costos totales (2) + (3)	(5) Costo marginal por unidad	(6) Costo fijo promedio (2) ÷ (1)	(7) Costo variable promedio (3) ÷ (1)	(8) Costo total promedio (4) ÷ (1)
0	$256	$ 0	$256		Infinito	Infinito	Infinito
1	256	84	340	$ 84	$256.00	$84	$340.00
2	256	112	368	28	128.00	56	184.00
3	256	144	400	32	85.33	48	133.33
4	256	224	480	80	64.00	56	120.00
5	256	400	656	176	51.20	80	131.20

- La **curva de costo marginal** tiene una forma de U más pronunciada que las otras de la figura 11-2. La curva del costo marginal se inclina hacia abajo hasta la segunda unidad de producción y luego los costos marginales comienzan a elevarse.

Nótese la relación entre la curva del costo marginal y la del costo total promedio. Ésta se inclina hacia abajo *mientras el costo marginal sea menor que el costo total promedio*. A pesar de que el costo marginal aumenta después de la segunda unidad, la curva del costo total promedio sigue inclinándose hacia abajo hasta la cuarta unidad. Ello obedece a que el costo marginal, aun cuando crezca, sigue siendo menor que el costo promedio total.

Las dos curvas: la del costo marginal y la del costo promedio total, se intersecan en el punto más bajo de la curva del costo total promedio. Después de ese nivel (la cuarta unidad en el ejemplo), el costo de producir y vender la siguiente unidad es mayor que el costo promedio de todas las unidades. Los datos de la tabla 11-1 muestran que la producción de la quinta unidad reduce el costo fijo promedio en $12.80 (de $64 a $51.20), pero hace que el costo variable promedio se incremente en $24. Así pues, a partir de ese momento aumenta el costo total promedio. Ello se debe a que el costo variable promedio está creciendo más rápidamente de lo que disminuye el costo fijo promedio.

FIJACIÓN DE PRECIOS BASADA EN COSTO TOTAL UNITARIO MÁS LA UTILIDAD UNITARIA

Hemos llegado al punto de la determinación de precios en que debemos hablar de cómo fijar un precio *específico* de venta. La mayor parte de las compañías establecen sus precios aplicando uno de los siguientes métodos:

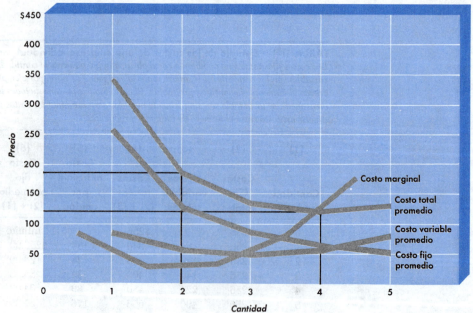

FIGURA 11-2

Curvas del costo unitario de una empresa.

Esta figura está basada en los datos de la tabla 11-1. Aquí vemos cómo los costos *unitarios* cambian al aumentar la cantidad. Usando la fijación de precios basada en los costos unitarios totales más la ganancia marginal, a dos unidades de producción se les pondrá un precio de $184 cada una; en cambio, cuatro unidades cuestan $120 cada una.

- Los precios se basan en una utilidad deseada con la inclusión de los costos. (El análisis del punto de equilibrio es una variante de este método.)
- Los precios se basan en el análisis marginal: se consideran tanto la demanda como la oferta.
- Los precios se basan exclusivamente en las condiciones competitivas del mercado.

Explicaremos primero la **fijación de precios basada en el costo unitario total más la utilidad unitaria**, que significa establecer el precio de una unidad para que sea igual al costo total unitario más la utilidad unitaria deseada. Supóngase que King's Kastles, un contratista, calcula que la mano de obra y los materiales necesarios para construir y vender 10 condominios costarán $750 000 dólares y otros gastos (alquiler de oficinas, depreciación de equipo, sueldos administrativos, etc.) serán de $150 000. Quiere obtener una utilidad de $990 000; así que a cada condominio le pone un precio de $99 000.

Aunque este método es fácil de aplicar, tiene ciertas limitaciones. Una consiste en que no reconoce los diversos tipos de costos ni el hecho de que en ellos influyen de manera diferente los cambios del nivel de producción. En el ejemplo de la construcción de viviendas, supóngase que King's Kastles construyó y vendió sólo ocho condominios a un precio de $99 000 cada uno. Como se advierte en la tabla 11-2, las ventas totales serían entonces de $792 000. La mano de obra y los materiales que se cargan a los ocho condominios darían un total de $600 000 ($75 000 por casa). Puesto que el contratista seguirá desembolsando $150 000 en gastos generales, el costo total sería de $750 000. Ello le dejaría una utilidad apenas de $42 000, o sea $5250 por condominio, en vez de los $9000 previstos. Expresada en porcentaje, la utilidad sería apenas del 5.6% del costo total y no el 10% deseado.

Una segunda limitación de este método es que prescinde de la demanda del mercado. Es decir, supone que toda la producción se realizará y se venderá. Si se producen menos unidades, cada una habrá de venderse a un precio más elevado para cubrir todos los costos y obtener una ganancia. Pero si se vende poco y hay que reducir la producción, no convendrá aumentar el precio unitario. Otra deficiencia de este método radica en que no

¿Cómo fijaría una constructora el precio de estos condominios?

TABLA 11-2 King's Kastles: ejemplo de la fijación de precios basada en los costos unitarios totales más la ganancia marginal

Los resultados reales a menudo difieren de los planeados, porque los tipos de costos responden de manera distinta a los cambios de la producción.

	Número de condominios construidos y vendidos por King's Kastles	
Costos, precio de venta y ganancia de King's Kastles	Planeados = 10	Reales = 8
Costo de la mano de obra y de los materiales ($75 000 por condominio)	$750 000	$600 000
Costos indirectos (fijos)	150 000	150 000
Costos totales	$900 000	$750 000
Ventas totales a $99 000 por condominio	990 000	792 000
Utilidad: Total	$ 90 000	$ 42 000
Por condominio	$ 9 000	$ 5 250
Como porcentaje del costo	10%	5.6%

reconoce que el costo total unitario cambia a medida que la producción crece o se contrae. Sin embargo, una aplicación más refinada de él puede tener en cuenta estos factores.

Precios basados exclusivamente en el costo marginal

Otra variante del método de costos totales unitarios más ganancia unitaria consiste en establecer **precios basándose exclusivamente en los costos marginales** y no en los costos totales. Consulte nuevamente los programas de costos que aparecen en la tabla 11-1 y en la figura 11-2, y suponga que la compañía está operando en un nivel de producción de tres unidades. Cuando se aplica la variante del costo marginal, la compañía aceptaría un pedido de más de una unidad por $80 o más, en vez del costo unitario total de $120. El ingreso de cada unidad vendida en $80 cubrirá los costos variables. Pero si la firma logra venderla por arriba de ese precio (digamos en $85 o $90) con el dinero adicional podrá sufragar los costos fijos.

No es posible fijarles un precio a todos los pedidos para cubrir únicamente los costos variables. Se utilizará la fijación de precios basada en el costo marginal, si los gerentes quieren mantener empleada la fuerza de trabajo durante una temporada de poca demanda. También podrá usarse cuando se espera que un producto sirva de gancho para vender otro. Así, una tienda de departamentos tal vez le ponga a las comidas de la cafetería precio que cubra tan sólo los costos marginales. Se supone que la cafetería atraerá clientes a la tienda y que éstos, una vez allí, comprarán productos más rentables para el negocio.

Fijación de precios por intermediarios

A primera vista, la fijación de precios basada en los costos totales unitarios más la ganancia unitaria parece ser muy común entre los mayoristas y detallistas. Así, un detallista paga cierta cantidad para comprar mercancías y hacer que se la envíen al establecimien-

Determinación del precio

to. Después le suma una cifra, llamada margen de utilidad, al costo de adquisición. Se estima que el sobreprecio sea suficiente para cubrir los gastos de la tienda y generar una ganancia razonable. Así, un establecimiento de materiales para construcción puede comprar un taladro eléctrico de $30 que incluya el flete y fijarle un precio de $50. El precio contiene un sobreprecio de 40% basado en el precio de venta, o sea 66⅔% calculado a partir del costo de la mercancía. Por supuesto, al establecer los precios, los intermediarios deberán tomar en cuenta las expectativas de sus clientes.

Varios tipos de detallistas requieren un tipo especial de sobreprecio por la naturaleza misma de los productos y servicios que ofrecen. Los costos de un supermercado de autoservicio son menores y, por tanto, su sobreprecio promedio es menor que las tiendas de comestibles preparados. En la figura 11-3 se dan ejemplos de este tipo de fijación de precios por parte de los intermediarios. (En el apéndice B se explican más a fondo los márgenes de utilidad.)

¿Utilizan los intermediarios esta forma de precio? Las siguientes razones nos permiten asegurar que *no* la emplean:

- La mayor parte de los precios al menudeo son en realidad ofertas. Si los clientes las aceptan, el precio será el adecuado. Si las rechazan, por lo regular se cambia rápidamente pues de lo contrario habría que retirar el producto del mercado. Así pues, en cierto modo los precios siempre están a prueba.
- Muchos detallistas no usan el mismo margen de utilidad con todos los productos que venden. Un supermercado pondrá uno de 6 a 8% al azúcar y a los productos de jabón, de 15 a 18% a las frutas y verduras enlatadas, de 25 a 30% a las carnes frescas y a los productos agrícolas. Los márgenes de utilidad que se asignan a diversas categorías de artículos reflejan consideraciones relacionadas con la competencia y con otros aspectos de la demanda del mercado.
- Los intermediarios rara vez establecen un precio base, sino que se limitan a agregarle un porcentaje al que ya fijó el fabricante. El precio del productor se establece para permitir a los intermediarios incorporar un margen de utilidad y seguir vendiendo a niveles competitivos del menudeo. El productor establece el precio base teniendo muy en cuenta el mercado final.

Así pues, lo que a primera vista parece ser un precio fijado con base en el costo unitario total más la ganancia unitaria suele ser un precio de mercado.

Evaluación de la fijación de precios basada en los costos unitarios totales más la utilidad unitaria

Una empresa podría estar orientada al mercado y concentrarse en satisfacer la necesidades de los consumidores, ¿por qué entonces estamos estudiando este tipo de fijación de precios? La respuesta es simple: es necesario conocerlo muy bien porque se emplea comúnmente en los negocios. Más aún, lo utilizan numerosas empresas industriales.[12]

Una perspectiva adecuada es que los costos deberían ser un determinante de los precios, *pero no el único*. Los costos constituyen el punto de referencia básico de los precios. Si los precios se establecen por debajo de él durante mucho tiempo, la compañía se arruinará. Pero si la fijación de precios basada en los costos unitarios totales más la utilidad unitaria se usa como único criterio, será un método irrealista y débil pues prescinde de la competencia y de la demanda del mercado.

ANÁLISIS DEL PUNTO DE EQUILIBRIO

Una manera de tener en cuenta tanto la demanda del mercado como los costos en la determinación de precios consiste en utilizar el **análisis del punto de equilibrio** para calcular los puntos de equilibrio. Un **punto de equilibrio** es la cantidad de producción en que los ingresos totales son iguales a los costos totales, *suponiendo cierto precio de venta*. Cada precio de venta tiene su propio punto de equilibrio. Las ventas que lo rebasan generan una utilidad por cada unidad adicional. Cuantas más altas sean las ventas por encima del punto de equilibrio, mayores serán las utilidades unitarias y totales. Las ventas por debajo del punto de equilibrio representan pérdidas para la empresa.

Determinación del punto de equilibrio

El método con que se determina el punto de equilibrio se muestra en la tabla 11-3 y en la figura 11-4 de la página 394. En nuestro ejemplo los costos fijos de Futon Factory ascienden a $25 000 dólares y los costos variables son constantes a $30 por unidad. Recuérdese que en el ejemplo anterior (tabla 11-1 y figura 11-2) supusimos que los costos variables unitarios *no* son constantes, sino que fluctúan. Con el fin de simplificar el análisis del punto de equilibrio, ahora suponemos que los costos variables *son* constantes.

El costo total de producir una unidad es de $25 300: sin duda Futon Factory necesita producir un mayor volumen si quiere absorber los costos fijos. Con 400 unidades el costo total es de $37 000 ($30 se multiplica por 400, más $25 000). En la figura 11-4, el precio unitario de venta es $80 y los costos variables de producir una unidad son de $30. En consecuencia, cualquier ingreso superior a $30 contribuye a cubrir los costos fijos (a veces llamados *costos indirectos*). Cuando el precio es $80, cada unidad costará $50. Con un precio de $80, el punto de equilibrio será 500 unidades, porque la contribución de $50 por unidad cubrirá los gastos fijos de $25 000.

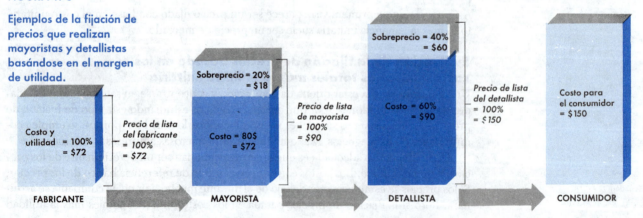

FIGURA 11-3
Ejemplos de la fijación de precios que realizan mayoristas y detallistas basándose en el margen de utilidad.

Dicho de otra manera, los costos variables de 500 unidades son $15 000 y los costos fijos son $25 000, lo cual nos da un costo total de $40 000. Esta cantidad equivale al ingreso de 500 unidades vendidas a $80 cada una. Por tanto, con un precio de venta de $80, el volumen del punto de equilibrio es de 500 unidades. La figura 11-4 muestra un punto de equilibrio con un precio de $80, pero conviene calcular los puntos de equilibrio con varios precios de venta.

Podemos obtener el punto de equilibrio por medio de la fórmula:

$$\text{Punto de equilibrio en unidades} = \frac{\text{Costos fijos totales}}{\text{Contribución de las unidades al costo general}}$$

La contribución unitaria a los costos fijos es igual al precio de lista menos el costo variable promedio, por lo cual la fórmula queda así:

$$\text{Punto de equilibrio en unidades} = \frac{\text{Costos fijos totales}}{\text{Precio de lista} - \text{Costo variable promedio}}$$

Los cálculos anteriores se fundan en dos suposiciones básicas:

- Los costos fijos totales son constantes. En realidad, pueden cambiar aunque rara vez a corto plazo.
- Los costos variables permanecen constantes por unidad de producción. En realidad, los costos variables promedio suelen fluctuar.

Evaluación del análisis del punto de equilibrio

Las suposiciones fundamentales sobre las que descansa el análisis del punto de equilibrio rara vez son válidas en el mundo de los negocios. De ahí la imposibilidad de utilizarlo de manera concluyente en compañías donde fluctúan la demanda, los costos unitarios promedio o ambos. Pero al menos ofrece una orientación general.

Otra limitación es su incapacidad de indicarnos si *podremos* vender la cantidad correspondiente al punto de equilibrio. Así, la tabla 11-3 muestra cuáles serán los ingresos con varios precios *si* logra venderse determinado número de unidades. La cantidad que adquirirá el mercado a un precio determinado bien podría situarse por debajo del punto de equilibrio. De ser así, la compañía no lo alcanzará y sufrirá una pérdida.

Pese a tales limitaciones, los gerentes no deben pensar que el análisis del punto de equilibrio no es una buena herramienta para fijar precios. Aun en su versión más simple, es de mucha utilidad porque a corto plazo muchas empresas presentan costos y estructuras de demanda bastante estables.[13]

TABLA 11-3 Futon Factory: cálculo del punto de equilibrio

En cada uno de los precios queremos determinar cuántas unidades debemos vender para cubrir todos los costos. Con un precio unitario de $100, la venta de cada unidad aporta $70 para pagar los costos fijos. Futon Factory deberá vender cerca de 357 unidades para cubrir sus costos fijos de $25 000. Véase en la figura 11-4 una descripción de los datos de esta tabla.

(1) Precio unitario	(2) Costos variables unitarios	(3) Contribución a los costos generales (1) – (2)	(4) Costos fijos totales	(5) Punto de equilibrio (redondeado) (4) ÷ (3)
$ 60	$ 30	$ 30	$25 000	833 unidades
80	30	50	$25 000	500 unidades
100	30	70	$25 000	357 unidades
150	30	120	$25 000	208 unidades

PRECIOS BASADOS EN EL ANÁLISIS MARGINAL

Otro método para fijar precios, el análisis marginal, también tiene en cuenta la demanda y los costos para determinar el precio óptimo que permita maximizar las utilidades. Las compañías con otras metas en la fijación de precios podrían utilizar los **precios basados en el análisis marginal** para comparar los que se calculan con diferentes medios.

FIGURA 11-4

Gráfica del punto de equilibrio de Futon Factory con un precio de lista de $80.

En esta figura el punto de equilibrio se alcanza cuando la compañía vende 500 unidades. Los costos fijos, sin importar la cantidad producida y vendida, son de $25 000. El costo variable unitario es de $30. Si esta compañía vende 500 unidades, los costos totales son de $40 000 (costo variable de 500 × $30, o sea $15 000, más costos fijos de $25 000). Con un precio de lista de $80, la venta de 500 unidades generará ingresos por $40 000, y los costos e ingresos serán iguales. Con el mismo precio de lista, la venta de cada unidad de 501 en adelante aportará una ganancia.

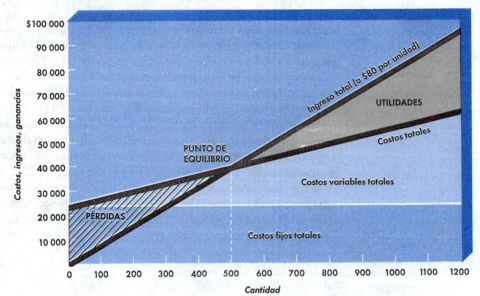

Determinación del precio

Si quiere emplear el análisis marginal, el encargado de establecer el precio deberá conocer los conceptos de ingreso promedio y ingreso marginal, así como los de los costos promedio y marginal. El **ingreso marginal** es el que se obtiene de la última unidad vendida. El **ingreso promedio** es el precio unitario en determinado nivel de ventas; se calcula dividiendo el ingreso total entre el número de unidades vendidas.

En relación con el programa de demanda hipotética que se incluye en la tabla 11-4, vemos que Limos for Lease puede vender una unidad (es decir, alquilar en $80 una limusina por un periodo de 2 horas en una noche de fin de semana). Si quiere atraer a un segundo cliente y con ello alquilar dos limusinas la misma noche, deberá reducir el precio a $72 por cada unidad. De ese modo obtiene $64 dólares adicionales (ingreso marginal) al vender una segunda unidad. Después de la cuarta unidad, el ingreso disminuye cada vez que el precio unitario se rebaja a fin de vender una unidad más. Por consiguiente, hay un ingreso marginal negativo.

El análisis marginal se muestra gráficamente en la figura 11-5. Suponemos que una compañía (una empresa de servicios como Limos for Lease o un fabricante) seguirá elaborando y vendiendo su producto mientras el ingreso de la última unidad vendida sea mayor que el costo de elaborarla. Es decir, la producción continúa creciendo mientras el ingreso marginal supere al costo marginal. En el punto donde ambos se encuentran, en teoría se interrumpirá la producción. Por lo regular una compañía no querrá vender una unidad a un precio menor que los costos variables que se requieren para producir un bien o servicio. El volumen óptimo de producción es el nivel de cantidad en que el *costo marginal es igual al ingreso marginal*, o sea la cantidad Q en la figura 11-5a.

Por tanto, el precio unitario se determina situando el punto en la curva de ingresos promedio que representa una producción de la cantidad Q, nivel en que el costo marginal es igual al ingreso marginal. Recuérdese que este último representa el precio unitario. En la figura 11-5b, donde se ha incluido la curva de ingreso promedio,° el precio unitario al que se vende la cantidad Q está representado por el punto C, es decir, el precio B.

En la figura 11-5c se ha incorporado la curva del costo total promedio. En la curva se indica que, en la producción de la cantidad Q, el costo unitario promedio está representado por el punto D, esto es, el costo unitario A. Por tanto, con un precio de B y un costo unitario promedio de A, la compañía consigue una utilidad unitaria dada por B menos A en la figura. La utilidad total es la cantidad Q multiplicada por la utilidad unitaria.

Evaluación de la fijación de precios mediante el análisis marginal

El análisis marginal se emplea poco como criterio para fijar los precios. En opinión de los hombres de negocios, puede servir para estudiar los movimientos anteriores de precios. Pero muchos gerentes piensan que no es un criterio práctico para establecer los precios, a menos que se obtengan datos exactos y confiables para trazar las curvas.

En el aspecto positivo, comprobamos que está mejorando el conocimiento de los costos y la demanda por parte de los gerentes. Las bases de datos les proporcionan cons-

°(N. R. T. La curva de los ingresos promedios es igual a la de la demanda).

TABLA 11-4 Limos for Lease: programa de demanda de una compañía

En cada precio de mercado se demandará cierta cantidad del producto (en este ejemplo, el alquiler de una limusina por 2 horas una noche de fin de semana). El ingreso marginal es simplemente el dinero adicional que se gana con la venta de una unidad más. Limos for Lease no obtiene ingresos adicionales después de rentar la cuarta limusina a un precio de $53.

Unidades vendidas (limusinas alquiladas)	Precio unitario (ingreso promedio)	Ingreso total	Ingreso marginal
1	$80	$ 80	
2	72	144	$ 64
3	63	189	45
4	53	212	23
5	42	210	–2
6	34	204	–6

tantemente información más detallada y completa. Y los de mayor experiencia están en condiciones de calcular con mucha exactitud los costos e ingresos marginales y promedio.

PRECIOS ESTABLECIDOS EXCLUSIVAMENTE EN RELACIÓN CON EL MERCADO

La fijación de precios basada en los costos unitarios totales más la utilidad unitaria se hallan en un extremo de los métodos. En el otro están aquellos con que los precios se fijan *únicamente* en relación con el precio de mercado. Posiblemente el vendedor seleccione un precio exactamente igual al de mercado para hacer frente a la competencia o bien lo establezca por encima o por debajo de ese nivel.

Fijación de precios para afrontar la competencia

Es fácil **fijar precios para hacer frente a la competencia**. La compañía averigua cuál es el precio de mercado y, tras incluir los márgenes de utilidad habituales de los intermediarios, determina su propio precio de lista. He aquí un ejemplo: una fábrica de zapatos para dama sabe que los detallistas quieren venderlos a $70 dólares el par. La compañía vende directamente a las tiendas, que desean un sobreprecio promedio del 40% sobre el precio al público. En consecuencia, luego de incluir $28 para ese sobreprecio, el precio del fabricante será de $42. Y entonces tendrá que decidir si esa cantidad es suficiente para cubrir los costos y obtener una ganancia razonable. En ocasiones un fabricante afronta un auténtico dilema si los costos están creciendo y el precio de mercado se mantiene estable.

Una situación en que los directivos podrían establecer el precio en el nivel del mercado se presenta cuando la competencia es fuerte y el producto no se diferencia mucho de los de las marcas rivales. En cierto modo, este método refleja las condiciones de la **competencia perfecta**. Es decir, no se da diferenciación de productos, los vendedores y compradores están bien informados, y éstos no ejercen un control tangible sobre el pre-

Determinación del precio

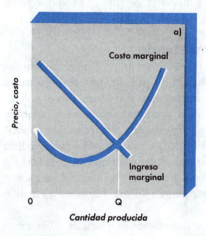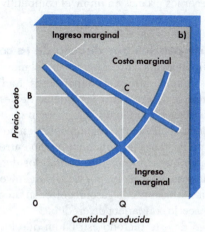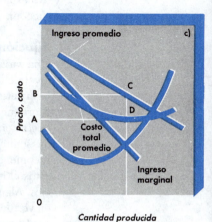

FIGURA 11-5

Fijación de precios y maximización de utilidades a través del análisis marginal.

cio al público. Este método lo aplican la mayor parte de los agricultores y de las pequeñas empresas que venden productos estandarizados y muy conocidos.

La abrupta disminución de ingresos que se observa cuando se incrementa el precio por encima del nivel de mercado indica que la compañía afronta una **demanda quebrada** (Fig. 11-6). El precio predominante se encuentra en A. Para el comerciante no es benéfico ajustarlo:

- Por encima del precio dominante decaerá abruptamente la demanda, como se observa en la curva bastante plana de ingresos promedio por arriba del punto P. Por encima del precio A, la demanda es muy elástica y, por lo mismo, decrecen los ingresos totales.
- Por debajo del precio A aumenta muy poco la demanda, como se aprecia en la curva promedio de pendiente tan pronunciada y en la curva de ingresos marginales negativos debajo del punto P. La demanda es muy inelástica y, por consiguiente, decrecen los ingresos totales.

En el caso de la demanda quebrada, el ingreso total disminuye cada vez que se ajusta el precio en relación con el de mercado, A en la figura 11-6. El precio de mercado es fuerte. En consecuencia, cuando una sola empresa lo rebaja, sus ventas unitarias no crecerán mucho, al menos no lo bastante para compensar la pérdida de ingresos promedio.

Hasta ahora, al hablar de la fijación de precios para afrontar la competencia, hemos observado situaciones de mercado en que intervienen *muchos* vendedores. Por extraño que parezca, este mismo método se aplica a menudo cuando el mercado está dominado por *unas cuantas* firmas, cada una de las cuales comercializa productos semejantes. Es un tipo de estructura de mercado, llamada **oligopolio**, que existe en industrias como la del cobre, aluminio, refrescos, cereales para el desayuno, llantas de automóvil y hasta entre las peluquerías y tiendas de comestibles en una comunidad pequeña. Cuando la curva de la demanda está quebrada, como en la figura 11-6, los oligopolistas se limitan simplemente a establecer los precios en un nivel competitivo y olvidarse de ellos. Y es lo que suele suceder.

Fijación de precios por debajo de la competencia
Una variante de fijar los precios a partir del mercado es asignar un precio *por debajo* del nivel de los competidores más importantes. La **fijación de precios por debajo de la competencia** se observa entre las cadenas de descuento, como Wal-Mart, Target y Phar-Mor, que buscan ante todo un bajo margen de utilidad, grandes volúmenes de ventas y pocos servicios al cliente (por ejemplo, tienen pocos vendedores). A marcas bien conocidas y muy publicitadas les ponen un precio entre 10 y 30% menos que el precio de lista recomendado, que comúnmente cobran los detallistas de servicios completos. Incluso estos últimos asignan precios por debajo del nivel competitivo al eliminar algunos servicios. Algunas estaciones de gasolina ofrecen un descuento a los que paguen en efectivo en vez de hacerlo con tarjeta de crédito.

El riesgo de este método estriba en que los consumidores empezarán a ver en el producto un bien indiferenciado, como el carbón y la sal sin refinar, cuya característica principal es la diferencia de precio. Si sucede eso (y algunos afirman que ya se da en mercados como el de las computadoras personales), entonces los usuarios seleccionarán la marca más barata. A su vez las firmas rivales terminarán librando una guerra de precios que disminuye las utilidades o acaba con ellas. Un observador hizo una pregunta que se aplica a todas las industrias donde las empresas utilizan el precio para obtener una ventaja competitiva sobre sus rivales: "¿Cómo pueden las cadenas de restaurantes volver a cobrar precios altos luego de haber promovido incansablemente precios muy bajos?"[14]

Fijación de precios por arriba de la competencia
Los fabricantes o detallistas algunas veces fijan sus precios *por encima* del nivel dominante en el mercado. Por lo regular la **fijación de precios por arriba de la competencia** da buenos resultados sólo cuando el producto se distingue de los demás o bien cuando el vendedor goza de renombre en el mercado. En casi todas las comunidades hay una boutique de ropa fina y una joyería de gran prestigio, donde los precios se encuentran muy por encima del nivel escogido por otros establecimientos que expenden productos aparentemente similares. Sin embargo, una estación de gasolina que tiene una gran ventaja basada en una ubicación excelente (quizá sea la única en varios kilómetros a la redonda en una carretera interestatal) quizá también pueda aplicar este método de precios.

A menudo establecen precios por encima del nivel de mercado los fabricantes de productos de mucho renombre y de precio muy alto, como los automóviles (Ferrari, Mercedes), cristales (Waterford), pieles (Gucci, Fendi) y relojes de pulsera (Breguet, Rolex). Patek Philippe, compañía suiza, fabrica apenas unos 15 000 relojes al año pero les pone un precio que fluctúa entre $5000 y $400 000 dólares cada uno. Un nuevo reloj Patek Philippe, con 1728 piezas y 33 usos, se vendió en unos $3.5 millones hace algunos años.[15] La fijación de precios por arriba de los del mercado algunas veces se encuentra incluso en productos relativamente baratos; por ejemplo, los dulces. Godiva, marca de chocolates importados de Bélgica, sigue esta práctica en Estados Unidos.

Algunas empresas de servicios también establecen precios superiores a los de la competencia. Por ejemplo, MGM Grand Air realiza vuelos únicamente entre Nueva York y

Determinación del precio

Figura 11-6

Curva quebrada de la demanda.

Este tipo de curva se encuentra en empresas que venden productos estandarizados y bien conocidos, lo mismo que en las que tienen una estructura de mercado oligopolístico. La inclinación de la curva tiene lugar en el punto que representa el precio predominante A. En los precios por arriba de ese punto, la demanda declina rápidamente. Cuando se establece un precio por debajo de A, se observa un pequeño incremento de volumen, de modo que se pierde el ingreso, es decir, el ingreso marginal es negativo.

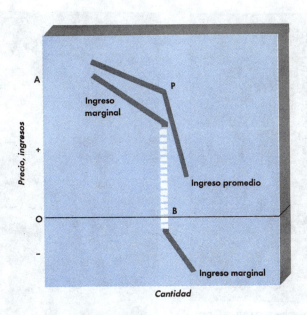

Los Ángeles, pero lo hace con gran estilo. Sus aviones de propulsión cuentan con asientos de un costo de $8000 dólares que giran y se inclinan, 35 monitores de video para que los pasajeros escojan entre tres películas y ofrecen otras comodidades. Por supuesto, un boleto de viaje redondo cuesta $2000 dólares.[16]

En los "difíciles años 90", a diferencia de los "dispendiosos años 80", a algunas compañías les resulta más difícil conservar los precios por arriba del nivel de mercado. Bill Blass,

USTED TOMA LA DECISIÓN

¿PUEDE RESOLVER EL PROBLEMA PLANTEADO POR UNA CURVA QUEBRADA DE LA DEMANDA?

La industria de las líneas aéreas en Estados Unidos se ha caracterizado por una intensa competencia de precios, desde que fue desregularizada. Con el propósito de aumentar el número de pasajeros, una compañía como United reduce sus precios en rutas de mucha demanda; por ejemplo, la de Nueva York a Los Ángeles. Pero los competidores de esa ruta, entre los cuales se cuentan American y America West, suelen rebajar de inmediato sus tarifas. Por tanto, no se observa un cambio significativo en la participación de mercado de las compañías que cubren esa ruta. Pero otro resultado es que los precios de mercado se estabilizan, al menos temporalmente, en el nivel más bajo. Si la cantidad de pasajeros no crece de manera importante, tenderán a disminuir las ganancias de las líneas aéreas que cubran esta ruta y reduzcan sus tarifas al nivel general.

¿Qué estrategias de marketing podría aplicar una línea aérea para no tener que igualar la rebaja de precios de la competencia?

Arriba: ¿está Wal-Mart fijando sus precios para afrontar o superar a su principal competidor?

A la derecha: Cartier recurre a precios por arriba del nivel de mercado para sus relojes más elegantes.

Donna Karan y otros diseñadores de ropa, cuyos precios están muy por encima del mercado (un traje cuesta $2000), han afrontado un poco de resistencia por parte de los clientes. De ahí que algunos de ellos han introducido líneas que venden marcas como Blass Dress y DKNY y ofrezcan precios más bajos (pero que siguen siendo caros pues un traje cuesta cerca de $600).[17] En otra industria, American Express tradicionalmente cobraba a los comerciantes tarifas más altas que el resto de las compañías de tarjetas de crédito. En los últimos años ajustó su estructura de precios, de modo que algunos de ellos puedan obtener tarifas más bajas. También mejoró los servicios que les presta, para justificar en cierto modo sus precios más altos que los de la industria.[18]

Los métodos básicos de fijación de precios descritos en el presente capítulo (la fijación basada en el costo unitario total y en la utilidad unitaria, y en análisis marginal entre otros) se aplican por igual al marketing de bienes y servicios que realizan las empresas. En el capítulo 19 trataremos específicamente la fijación de precios de los servicios. Sin embargo, la fijación de precios en las empresas no lucrativas requiere consideraciones especiales, según veremos en el capítulo 19.

Determinación del precio

■ RESUMEN

En la economía moderna, el precio influye en la asignación de recursos. En las compañías individuales, el precio constituye un factor importante para alcanzar el éxito en el marketing. Y en muchas situaciones de compra, tiene gran importancia para los consumidores. Sin embargo, es difícil definirlo. Una definición bastante general es la siguiente: el precio es la cantidad de dinero o de otros objetos con utilidad necesaria para satisfacer necesidades, requerido para adquirir un producto.

Antes de establecer el precio base de un bien, los directivos deberán determinar la meta que persiguen. Entre los principales objetivos de la fijación de precios se encuentran 1) obtener un rendimiento meta sobre la inversión o sobre las ventas netas, 2) maximizar las utilidades, 3) incrementar las ventas, 4) mantener o conseguir determinada participación en el mercado, 5) estabilizar los precios y 6) hacer frente a la competencia.

Aparte del objetivo de la empresa al determinar sus precios, otros factores muy importantes influyen en esta actividad: 1) demanda del producto, 2) reacciones de la competencia, 3) estrategias planeadas para otros elementos de la mezcla de marketing y 4) costo del producto. El concepto de elasticidad denota el efecto que los cambios de los precios unitarios ejercen sobre el número de unidades vendidas y los ingresos totales.

Tres métodos principales se aplican para determinar el precio base: fijación de precios basada en los costos totales unitarios más la utilidad unitaria, análisis marginal y establecimiento del precio exclusivamente en relación con el mercado. Si quiere aplicar eficazmente el primer método, el vendedor deberá tener en cuenta varios tipos de costos y sus reacciones respectivas ante los cambios de la cantidad producida. Casi siempre el fabricante escoge un precio para cubrir los costos totales. Sin embargo, hay casos en que es preferible establecer un precio que cubra tan sólo el costo marginal. La principal debilidad del precio basado en los costos totales promedio más una utilidad unitaria consiste en que prescinde por completo de la demanda. Si quiere compensar en parte esa deficiencia, una compañía podrá servirse del análisis del punto de equilibrio como herramienta en la fijación de precios.

En las situaciones concretas del mundo de los negocios, las condiciones del mercado influyen en la fijación de precios. De ahí que el análisis marginal, el cual tiene en cuenta la demanda y los costos al determinar un precio adecuado, sea un método de gran utilidad. Se establecen el precio y el nivel de producción en un punto donde el costo marginal es igual al ingreso marginal. La eficacia de este método depende de que se logren obtener datos realmente confiables de los costos.

En el caso de algunos productos, es relativamente fácil fijarles precio porque los gerentes se limitan a establecerlo en el nivel de la competencia. Esta estrategia es adecuada para las compañías que venden productos conocidos y estandarizados y, algunas veces, también para las que forman parte de un oligopolio. Dos variantes de la fijación de precios basada en los costos unitarios promedio más la utilidad unitaria son establecer el precio por debajo y por arriba de los niveles de los competidores principales.

Más sobre

FRITO-LAY

Los esfuerzos de Frito-Lay por atraer más clientes y acrecentar sus ganancias parecen empezar a darle buenos resultados. Sus utilidades durante los 6 primeros meses de 1992 crecieron un 15% respecto al año anterior.

Frito-Lay quiere continuar su estrategia actual: conseguir más consumidores que se sientan atraídos por sus famosas marcas y aumentar sus márgenes de utilidad. Reconoce asimismo que, cuando los fabricantes constantemente ofrecen precios bajos y los clientes adquieren el hábito de anteponerlos a otros factores, como la calidad y la imagen de marca, productos como las frituras tienden a convertirse en simples bienes de consumo como la sal o el azúcar. Por eso desea evitar la competencia permanente de precios que merma las ganancias y además aminora la lealtad del público a determinadas marcas.

¿Cómo puede Frito-Lay alcanzar estos objetivos? A continuación se exponen algunas formas posibles de lograrlos:

- La forma ideal consiste en crear equidad de marca diferenciando los productos y proyectando imágenes fuertes y positivas de marca para conseguir clientes fieles. Esto se debe a que esas personas son fieles al producto cuando una marca rival reduce su precio un poco o mucho. Para ello Frito-Lay dejó de usar soya y empezó a utilizar aceite de semilla de algodón para mejorar el sabor de sus papas fritas Lay's y Ruffles. También redujo el contenido de sal a fin de hacerlas más saludables. Sólo que son muy caras la innovación del producto y una promoción intensa y creativa.
- Otra alternativa es lograr mayor exposición en los supermercados, sitio donde se compran la mayor parte de los bocadillos. Pero también esto es costoso, ya que muchas cadenas de supermercados ahora cobran a los fabricantes un "descuento especial", que constituye una verdadera cuota para utilizar el espacio de los estantes.
- Una tercera opción consiste en atacar agresivamente los mercados donde haya menos competencia de precios. Por ejemplo, la competencia será menos intensa en las tiendas pequeñas que en los grandes supermercados. Pero Borden ya empezó a aplicar esta estrategia. Más aún, debido a su enorme capacidad Frito-Lay debe realizar la distribución a través de los supermercados, porque es allí donde el público masivo va en busca de botanas.
- Otra opción, en que participan el departamento de marketing y otras áreas del negocio, consiste en abatir los costos en lo posible. Esto ya lo hizo Frito-Lay al suprimir la mayor parte de los puestos gerenciales y administrativos, así como casi 100 tamaños y sabores de productos de movimiento lento. Ha aumento también la automatización de las funciones de producción y embarque. Tales medidas obedecen a que, al reducir los costos, se dispone de más dinero para el desarrollo de productos nuevos, una promoción más intensa y precios más bajos.
- Otra posibilidad es suspender unilateralmente la competencia tan agresiva de precios y poco a poco ir incrementando los precios. En teoría, esto suena bien pero si Eagle Snacks, Borden y otras marcas mantienen bajos sus precios, Frito-Lay correrá el riesgo de perder clientes y con ellos ventas.
- Una última alternativa consiste en mantener la competencia de precios nasta que los competidores más débiles abandonen el mercado. Cuando eso ocurra (si es que sucede algún día), las demás empresas estarán en condiciones de elevar sus precios. Por supuesto, Anheuser-Busch y Borden disponen de enormes recursos financieros, de manera que tal vez Frito-Lay no logre sobrevivirles. Impasible, a mediados de 1992 Frito-Lay rebajó los precios de algunas de sus marcas más importantes "a niveles", en palabras de un ejecutivo de Borden "que jamás habíamos visto".

1. ¿Cuál objetivo en la fijación de precios parece perseguir Frito-Lay?
2. ¿Cuál de las opciones de fijación de precios y de marketing que acabamos de explicar debería seleccionar Frito-Lay?

Determinación del precio

■ TÉRMINOS Y CONCEPTOS BÁSICOS

Precio (374)
Utilidad (375)
Trueque (375)
Valor (377)
Objetivos de la fijación de precios (379)
Obtener un rendimiento meta (379)
Margen de utilidad (380)
Maximización de utilidades (380)
Incrementar el volumen de ventas (381)
Mantener o aumentar la participación en el mercado (381)
Estabilizar los precios (382)

Hacer frente a la competencia (382)
Precio base (precio de lista) (383)
Precio esperado (383)
Demanda inversa (383)
Elasticidad de la demanda con respecto al precio (384)
Costo fijo (386)
Costo fijo total (386)
Costos fijos promedio (386)
Costo variable (386)
Costo variable total (386)
Costo variable promedio (386)
Costo total (386)
Costo total promedio (386)

Costo marginal (386)
Curva del costo fijo promedio (387)
Curva del costo variable promedio (387)
Curva del costo total promedio (387)
Curva del costo marginal (388)
Fijación de precios basada en el costo unitario total más la utilidad unitaria (389)
Precios basados exclusivamente en el costo marginal (389)
Análisis del punto de equilibrio (392)

Punto de equilibrio (392)
Precios basados en el análisis marginal (394)
Ingreso marginal (395)
Ingreso promedio (395)
Fijación de precios para afrontar la competencia (396)
Competencia perfecta (396)
Demanda quebrada (397)
Oligopolio (397)
Fijación de precios por debajo de la competencia (398)
Fijación de precios por arriba de la competencia (398)

■ PREGUNTAS Y PROBLEMAS

1. Explique por qué el objetivo de una empresa al fijar sus precios puede influir en el programa promocional del producto. ¿Cuál de las seis metas relativas a los precios requiere la campaña promocional más agresiva?
2. ¿Qué condiciones de mercado podría obligar lógicamente a una compañía a "hacer frente a la competencia" como objetivo de la fijación de precios?
3. ¿Cuál es el precio esperado de los siguientes artículos? ¿Y cómo lo estimó en cada caso?
   a. Un nuevo tipo de bebida que contenga extracto de cola y conserve su cantidad de gas mucho después de ser abierta; empacada en botellas de 12 onzas (355 ml) y de 2 litros.
   b. Un televisor modelo de consola de 23 pulgadas, activado por energía nuclear y con una garantía de 10 años de funcionamiento sin sustitución de ninguno de sus componentes originales generadores de energía; no requiere baterías ni cables eléctricos.
   c. Un control remoto para abrir las puertas de garage, diseñado para casas residenciales.
4. Nombre al menos tres productos que, a su juicio, tienen una demanda inversa. ¿En qué intervalo del precio existe la demanda inversa para cada uno de ellos?
5. En la figura 11-2, ¿qué importancia tiene el punto donde la curva del costo marginal interseca a la del costo total promedio? Explique por qué la segunda curva está inclinándose hacia la izquierda en el punto de intersección para luego ascender después de él. Explique cómo podemos elevar la curva del costo marginal, mientras la del costo total promedio sigue cayendo.
6. ¿Cuáles son las ventajas y limitaciones del método de fijar un precio base tomando como criterio los costos unitarios totales y la utilidad unitaria?
7. En un diagrama del punto de equilibrio, ¿es siempre horizontal la línea del costo *fijo* total? ¿Es siempre recta la línea del costo *variable* total? Explique su respuesta.
8. En relación con la tabla 11-3 y la figura 11-4, ¿cuáles serán los puntos de equilibrio de Futon Factory en los precios de $50 y de $90, si los costos variables son $40

por unidad y los costos fijos permanecen estables en $25 000?
9. Un pequeño fabricante vendió a los detallistas bolígrafos a $8.40 dólares la docena. El costo de producción fue de 50 centavos cada una. Los gastos, en que se incluyen todos los costos administrativos y de ventas menos la publicidad, fueron de $19 200. ¿Cuántas docenas deberá vender el fabricante para cubrir esos gastos y pagar una campaña publicitaria cuyo costo es de $6000?
10. En la figura 11-6, ¿por qué la compañía normalmente dejaría de producir en la cantidad Q? ¿Por qué fija el precio en B y no en D ni en A?

■ APLICACIÓN AL MARKETING

1. Seleccione 10 artículos que los estudiantes universitarios compran frecuentemente en el supermercado. Describa los artículos en forma detallada (por ejemplo, un paquete de seis refrescos Diet Coke). Realice entrevistas individuales con cinco de sus condiscípulos, pídales indicar el precio de cada artículo en el supermercado más cercano al campus. Compare sus respuestas con los precios que realmente cobra ese supermercado. ¿Cuántas de las 50 respuestas cayeron dentro del 5% del precio verdadero? ¿Y dentro del 10%? ¿Estos resultados, arrojados por una muestra evidentemente pequeña, indican que los consumidores conocen bien los precios de los comestibles y son sensibles a ellos?

2. Encuentre una tienda de su comunidad que generalmente ofrece precios *por debajo* de los niveles de las demás y otra tienda cuyos precios están *por arriba* del mercado. Concierte una entrevista con los gerentes de las tiendas. Pídales que le expliquen el motivo y los procedimientos relativos a sus estrategias de precios. También pregúntele al gerente de la tienda con precios más bajos que los del mercado cómo obtiene utilidades con precios tan castigados. Pregúntele después al gerente de la tienda con precios por arriba de los del mercado cómo atrae a los clientes y los satisface con precios tan elevados.

■ NOTAS Y REFERENCIAS

1. Wendy Zellner, "Frito-Lay Is Munching on the Competition", *Business Week*, 24 de agosto, 1992, pp. 52-53; Bill Saporito, "Why the Price Wars Never End", *Fortune*, 23 de marzo, 1992, pp. 68-71+; Laurie M. Grossman, "Price Wars Bring Flavor to Once-Quiet Snack Market", *The Wall Street Journal*, 23 de mayo, 1991, pp. B1, B5.

2. Encuesta efectuada para la revista *Progressive Grocer*, citada en Albert D. Bates, "Pricing for Profit", *Retailing Issues Newsletter*, septiembre de 1990, pp. 1-2. Este boletín lo publicó Arthur Andersen & Company junto con el Center for Retailing Studies de Texas A&M University.

3. Una explicación exhaustiva sobre este tema, además de excelentes bibliografías, se encuentra en David J. Curry y Peter C. Riesz, "Prices and Price/Quality Relationships: A Longitudinal Analysis", *Journal of Marketing*, enero de 1988, pp. 36-51; Valerie A. Zeithaml, "Consumer Perceptions of Price, Quality, and Value: A Means-End Model and Synthesis of Evidence", *Journal of Marketing*, julio de 1988, pp. 2-22. Datos sobre el hecho de que también el precio puede influir en las percepciones de una nueva función del producto por parte del consumidor se encuentran en Alfred S. Boote, "Price Inelasticity: Not All That Meets the Eye", *The Journal of Product and Brand Management*, primavera de 1992, pp. 41-46.

4. Pauline Yoshihashi, "Limited-Service Chains Offer Enough to Thrive", *The Wall Street Journal*, 27 de julio, 1992, p. B1; Amy E. Gross, "Value's Brands Head for Shelves", *Adweek's Marketing Week*, 29 de octubre, 1990, p. 6.

5. Richard Gibson y Laurie M. Grossman, "Fast-Food Chains Hope Diners Swallow New 'Value' Menu of Higher-Priced Items", *The Wall Street Journal*, 13 de marzo, 1992, p. B1.

6. Citado en Stratford Sherman, "How to Prospect in the Value Decade", *Fortune*, 30 de noviembre, 1992, p. 91. Para más sobre este tema, véase a Joseph B. White, " 'Value Pricing' Is Hot as Shrewd Consumers Seek Low-Cost Quality", *The Wall Street Journal*, 12 de marzo, 1991, p. A1.

7. Una lista de 21 objetivos de la fijación de precios y una explicación de los objetivos como parte de un programa estratégico de

la fijación de precios para la empresas industriales se encuentran en Michael H. Morris y Roger J. Calantone, "Four Components of Effective Pricing", *Industrial Marketing Management*, noviembre de 1990, pp. 321-329.

8. Marilyn Chase, "Burroughs Wellcome Cuts Price of AZT under Pressure from AIDS Activists", *The Wall Street Journal*, 19 de septiembre, 1989, p. A3.

9. James S. Hirsch, "Brash Phar-Mor Chain Has Uneven Selection, But It's Always Cheap", *The Wall Street Journal*, 24 de junio, 1991, p. A1.

10. Una explicación sobre la fijación de precios de productos nuevos, en la cual se tienen en cuenta sus beneficios percibidos y el momento en que se lanzan al mercado, viene en Eunsang Yoon, "Pricing Imitative New Products", *Industrial Marketing Management*, mayo de 1991, pp. 115-125.

11. Un informe sobre cómo se hace esto en el mercado industrial se da en Michael H. Morris y Mary L. Joyce, "How Marketers Evaluate Price Sensitivity", *Industrial Marketing Management*, mayo de 1988, pp. 169-176.

12. Morris y Calantone, op. cit., p. 323.

13. Un método del punto de equilibrio que incluye costos semifijos y de mayor utilidad práctica en las situaciones que normalmente afrontan los ejecutivos de marketing se explica en Thomas L. Powers, "Breakeven Analysis with Semifixed Costos", *Industrial Marketing Management*, febrero de 1987, pp. 35-41.

14. Dan Koeppel, "Fast Food's New Reality", *Adweek's Marketing Week*, 30 de marzo, 1992, pp. 22-23.

15. Margaret Studer, "Switzerland's Luxury-Watch Industry Continues to Defy Economic Downturn", *The Wall Street Journal*, 10 de agosto, 1992, p. A5B.

16. Doug Carroll, "MGM Upgrades Its Fleet in Grand Style", *USA Today*, 25 de abril, 1990, p. 2B.

17. Susan Caminiti, "The Pretty Payoff in Cheap Chic", *Fortune*, 24 de febrero, 1992, pp. 71, 73.

18. Peter Pae, "Amex to Cut Some Card Fees for Merchants", *The Wall Street Journal*, 24 de febrero, 1992, p. A3.

APÉNDICE B

Matemáticas para el marketing

En el marketing intervienen personas: consumidores, intermediarios y productores. Gran parte de las actividades comerciales de ellas está cuantificada de alguna manera. En consecuencia, el conocimiento de algunos conceptos de economía, contabilidad y finanzas es indispensable para la toma de decisiones en muchas áreas del marketing. Teniendo presente eso, en este apéndice ofrecemos un panorama general (o, para muchos de nuestros lectores, un repaso) de 1) elasticidad de la demanda ante el cambio del precio, 2) estado de operaciones, 3) márgenes de utilidad y 4) razones analíticas.

ELASTICIDAD DE LA DEMANDA ANTE EL CAMBIO DEL PRECIO

La **elasticidad de la demanda ante el cambio del precio** especifica la sensibilidad de la cantidad demandada frente a los cambios de precio. Más concretamente, mide el efecto que un cambio del precio de un producto tiene en la cantidad vendida y en los ingresos totales. (El ingreso total; es decir, las ventas totales en dólares, es igual al precio unitario multiplicado por las unidades vendidas.)

Decimos que la demanda es **elástica** cuando 1) al reducir los precios aumentan los ingresos totales *o* cuando 2) al aumentar el precio unitario decrecen los ingresos totales. En el primer caso, un precio menor provoca un gran incremento en la cantidad vendida que compensa con creces la reducción del precio y, por lo mismo, acrecienta los ingresos totales. En el segundo caso, el incremento del precio ocasiona una importante disminución de la cantidad vendida que anula la utilidad que se obtendría con el aumento del precio. De ahí que se observe una reducción de los ingresos totales.

Estas situaciones de elasticidad de la demanda se muestran gráficamente en la figura B-1. Comenzamos con una situación donde, con un precio de $5 dólares por sandwich, Campus Sandwich Company vende 100 unidades y el ingresos total (TR) es de $500. Cuando rebaja el precio a $4, la cantidad vendida se eleva a 150 y el ingreso total también crece (llega a $600). Pero si el precio se incrementa a $6, la cantidad vendida disminuye tanto (a 70 sandwiches) que también los ingresos totales disminuyen (a $420). Así pues, la demanda es *elástica* al cambiar el precio (hacia arriba o hacia abajo) y el cambio del ingreso se desplaza hacia la dirección *opuesta*.

La demanda es **inelástica** cuando 1) una reducción del precio hace declinar los ingresos totales *o* 2) un incremento del precio acrecienta los ingresos totales. En ambas

Matemáticas para el marketing

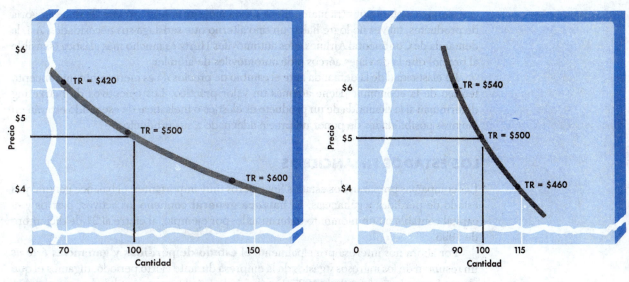

FIGURA B-1
Demanda elástica

FIGURA B-2
Demanda inelástica

situaciones, los cambios del precio unitario compensan con creces los cambios relativamente pequeños de las cantidades vendidas. Es decir, cuando se rebaja el precio, el incremento de la cantidad vendida no es suficiente para compensar la rebaja y, por tanto, decrecen los ingresos totales. Y si se eleva el precio unitario, se compensa con creces la disminución de la cantidad vendida; así que crecen los ingresos totales. En términos más simples, la demanda es *inelástica* cuando el cambio de precio y el cambio resultante de los ingresos totales siguen la *misma* dirección.

En la figura B-2 se muestran gráficamente algunas situaciones de demanda inelástica. Una vez más comenzamos con un precio unitario de $5. Paperbacks y More vende 100 unidades y su ingreso total es de $500. Cuando rebaja el precio unitario a $4, la cantidad de libros vendidos se eleva a 115. Pero con ello no se logra compensar la reducción del precio, de manera que el ingreso total cae a $460. Si elevamos a $6 el costo unitario, la cantidad vendida baja a 90. Pero el incremento del precio compensa con creces la disminución de ella y, por tanto, los ingresos totales aumentan a $540.

En términos generales, la demanda de artículos básicos (sal, azúcar, cigarros, gasolina, teléfono, gas y electricidad) tiende a ser inelástica. Si aumenta o disminuye el precio de la gasolina (digamos 10 o 15 centavos de dólar por galón), la cantidad total de galones vendidos no cambia mucho. Simplemente los consumidores la necesitan para su automóvil. Por el contrario, la demanda de los productos que se adquieren con el ingreso discrecional (artículos de lujo, grandes electrodomésticos, muebles y automóviles) suele ser mucho más elástica. Por ello, la demanda de los productos electrónicos nuevos a menudo se intensifica muchísimo, al bajar los precios en las primeras etapas del ciclo de vida.

Más aún, la demanda de las *marcas* individuales es más elástica que la de la categoría más amplia de *productos*. Si una marca tiene un precio que el consumidor juzga excesivo, casi siempre optará por otra marca. Pero si está molesta con los precios de una categoría de productos, tal vez no logre hallar un tipo alterno que satisfaga sus necesidades. Así, la demanda de Continental Airlines o los automóviles Hertz es mucho más elástica (sensible al precio) que la de viajes aéreos o de automóviles de alquiler.

La elasticidad de la demanda ante el cambio de precios no es meramente un concepto teórico de la economía. Tiene además un valor práctico. Los ejecutivos de marketing determinan si la demanda de un producto es elástica o inelástica; de ese modo estarán en mejores posibilidades de poner un precio adecuado a sus productos.

LOS ESTADOS FINANCIEROS

Las compañías preparan dos estados financieros muy importantes: el balance general y el estado de pérdidas y ganancias. El **balance general** contiene los activos, pasivos y el capital contable en un momento determinado; por ejemplo, al cierre al 31 de diciembre de 1995.

Por ahora nos interesa principalmente el **estado de pérdidas y ganancias** éste es un resumen de los ingresos y gastos de la empresa durante cierto periodo, digamos el que abarca hasta el año calendario 1995. En él se indica si obtuvo una utilidad neta o si sufrió una pérdida neta durante dicho lapso.

Un estado de resultados puede abarcar un periodo cualquiera. A fin de cumplir con las leyes fiscales, prácticamente todas las empresas preparan un estado financiero que incluye las transacciones realizadas durante un año calendario u otro periodo de 12 meses denominado año fiscal. Es también común que las compañías elaboren estados mensuales, trimestrales o semestrales.

La tabla B-1 es un estado de operaciones de una empresa ficticia, la Compañía Alfa-Zeta que puede ser un mayorista o un detallista. La diferencia fundamental entre el estado de operación de un intermediario y el de un fabricante es la sección de costo de los bienes vendidos. Un fabricante muestra el costo de los bienes *producidos* y un intermediario indica el costo de las *compras* netas.

La esencia del negocio es muy simple. Una compañía compra o elabora un producto y luego lo vende a un precio mayor. Con el ingreso de las ventas, trata de cubrir el costo de la mercancía y sus gastos, y espera obtener una ganancia que recibe el nombre de **utilidad neta.** Estas relaciones forman la estructura básica de un estado de operaciones:

- Las ventas menos el costo de los bienes vendidos es igual a la utilidad bruta, y
- La utilidad bruta menos los gastos nos da la utilidad neta.

A continuación se da un ejemplo basado en la Compañía Alfa-Zeta de la tabla B-1:

	Ventas	$80 000
menos	Costo de los bienes vendidos	48 000
es igual a	Utilidad bruta	32 000
menos	Gastos	27 200
es igual a	Utilidad neta	$ 4800

Veamos ahora los componentes fundamentales del estado de operaciones.

Matemáticas para el marketing

TABLA B-1   Ejemplo de un estado de operaciones de un mayorista o detallista

**Estado de operaciones de la Compañía
Alfa-Zeta para el año que termina el 31 de diciembre, 1993**

Ventas netas			$87 000
Menos: devoluciones y descuentos		$ 5 500	
Descuentos por pronto pago		1 000	7 000
Ventas netas			$80 000
Costo de los bienes vendidos:			
Inventario inicial, 1 de enero (al costo)		$18 000	
Compras brutas	$49 300		
Menos: descuentos por pronto pago obtenidos en compras	900		
Ventas netas	$48 400		
Más: Flete de entrada	1 600		
Compras netas (al costo de entrega)		50 000	
Costo de los bienes disponibles para la venta		$68 000	
Menos: inventario final, 31 de diciembre (al costo)		20 000	
Costo de los bienes vendidos			48 000
Margen bruto			$32 000
Gastos:			
Sueldos y comisiones de la fuerza de ventas		$11 000	
Publicidad		400	
Suministros de oficina		250	
Impuestos (exceptuados los impuestos sobre la renta)		125	
Teléfono y fax		250	
Gastos de entrega		175	
Alquiler		800	
Calefacción, luz y energía eléctrica		300	
Depreciación		100	
Seguros		150	
Intereses		150	
Cuentas incobrables		300	
Sueldos administrativos		7 500	
Sueldos de oficinistas		3 500	
Gastos diversos		200	
Gastos totales			27 200
Utilidad neta antes de impuestos			**$ 4 800**

Ventas

En el primer renglón del estado de operaciones aparecen las **ventas brutas**, o sea el importe total vendido por una empresa que se expresa en dólares. a esa cifra la Compañía Alfa-Zeta (en lo sucesivo, A-Z) le resta las devoluciones y los descuentos. También resta los descuentos concedidos a los empleados cuando compran mercancía o servicios.

En algún momento del periodo de operaciones, los clientes de una empresa querrán devolver o cambiar mercancía. En una **devolución** se les reembolsa íntegramente el precio en efectivo o en crédito. En un **descuento**, conservan la mercancía pero reciben una reducción por alguna queja. El ingreso de la venta de la mercancía devuelta se incluye en las ventas brutas, de modo que las devoluciones y descuentos han de restarse a las ventas brutas, para calcular las ventas netas.

Ventas netas

El concepto más importante en la sección de ventas del estado lo constituyen las **ventas netas**, que representan el ingreso neto de las ventas que servirán para pagar los productos y todos los gastos. En las ventas netas se basarán también muchas razones de operación. Se designan como 100%, y el resto de los conceptos se expresan como porcentaje de esta cifra.

Costo de los bienes vendidos

Al realizar las operaciones necesarias para determinar la utilidad neta de A-Z, restamos a las ventas netas el costo de la mercancía. Para calcular el **costo de los bienes vendidos** de un mayorista o detallista, partimos del valor de la mercancía disponible al iniciarse el periodo. Le sumamos el costo neto de lo que se compran durante él. A este total le restamos el valor de las unidades que no se venden al final del periodo.

En la tabla B-1 la compañía comenzó con un inventario de $18 000 y compró bienes por un valor de $50 000. Así tenía un total de $68 000 de bienes disponibles para venta. Si los vendía todos, el costo de los bienes vendidos habría sido de $68 000. Pero al final del año había todavía $20 000 de mercancía en inventario. Por tanto, durante el año A-Z vendió bienes que costaron $48 000.

Acabamos de hablar de mercancía *valuada* en determinada cantidad o *valor*. En realidad, el problema de la valuación de inventarios es complicado y, algunas veces, muy controvertido. En la práctica se acostumbra valuarlos al costo o al precio de mercado, seleccionando el que sea más bajo de los dos. La aplicación de esta regla en el mundo real puede resultar bastante difícil. Supongamos que una tienda compra seis balones de playa a $5 dólares cada uno y que, a la siguiente semana, compra seis más a $6 cada una. Coloca los 12 balones en desorden dentro de una canasta y las exhibe en barata. Después vende una, pero no hay una etiqueta que indique si cuesta $5 o $6. Por tanto, el valor de inventario de los 11 balones restantes puede ser $60 o $61. Si multiplicamos esta situación por miles de compras y ventas, comenzaremos a entender cuán complicado es el problema.

Un concepto que merece un comentario aparte es el **costo neto de las compras entregadas**. Una compañía comienza sus compras brutas con el costo facturado. Luego deberá restar las compras devueltas o los descuentos que le hayan hecho. También debería restar las rebajas obtenidas por pagar la factura dentro de determinado plazo. Una vez restadas las devoluciones, las rebajas y los descuentos, se obtiene el costo neto de las compras. El flete que paga el cliente (llamado **flete de entrada**) se suma a las compras netas para calcular el costo neto de las compras *entregadas*.

En una empresa manufacturera, la sección de costo de bienes vendidos presenta una forma un poco diferente. En vez de determinar el costo de los bienes *comprados*, calcula el costo de los bienes *manufacturados*, como se aprecia en la tabla B-2. El costo de los bienes manufacturados ($50 000) se suma al inventario inicial ($18 000) para obtener los bienes totales disponibles para la venta ($68 000). Después, una vez restado el inventario final de los bienes terminados ($20 000), el resultado será el costo de los bienes vendidos ($48 000).

Para calcular el costo de los bienes *manufacturados*, una compañía comienza con el valor de los bienes parcialmente terminados (inventario inicial de bienes en proceso: $24 000). A este inventario se suma el costo de las materias primas, la mano de obra y los costos fijos de la planta efectuados durante el periodo en cuestión ($48 000). El resultado serán los bienes totales en proceso durante el periodo ($72 000). Al restar el valor de los bienes todavía en proceso al final del periodo ($22 000), los gerentes determinarán el costo de los bienes manufacturados durante ese lapso ($50 000).

Utilidad bruta

La **utilidad bruta** se obtiene restando a las ventas netas el costo de los bienes vendidos. Algunas veces llamada *utilidad bruta*, es la cifra más importante del programa de marketing. Cuando decimos que una tienda tiene una *utilidad* de 30%, estamos refiriéndonos a este concepto.

Gastos

Los **gastos de operación** se restan a la utilidad bruta para determinar la utilidad neta. La sección de los gastos de operación incluye los gastos de marketing, los administrativos y otros diversos. Por supuesto, no incluye el costo de los bienes comprados o manufacturados, puesto que éstos ya se dedujeron.

Utilidad neta

La **utilidad neta** es la diferencia entre la utilidad bruta y los gastos totales. Claro que una utilidad neta negativa representa una pérdida.

TABLA B-2 Sección del costo de los bienes vendidos de un estado de operaciones de un fabricante

Inventario inicial de bienes terminados (al costo)			$18 000
Costo de los bienes producidos:			
Inventario inicial, bienes en proceso		$24 000	
más: Materias primas	$20 000		
Mano de obra directa	15 000		
Costos fijos	13 000	48 000	
Bienes totales en proceso		$72 000	
menos: Inventario final, bienes en proceso		22 000	
Costo de los bienes fabricados			50 000
Costo de bienes disponibles para venta			$68 000
menos: Inventario final, bienes terminados (al costo)			20 000
Costo de los bienes vendidos			$48 000

MARGEN DE UTILIDAD SOBRE EL PRECIO DE VENTA

Muchos mayoristas y detallistas recurren a porcentajes de margen de utilidad (MU) sobre el precio neto para determinar el precio de venta de un artículo. Normalmente dicho precio supera al costo de la mercancía en una cantidad suficientemente grande para cubrir los gastos de operación y generar la utilidad deseada. La diferencia entre el precio de venta de una mercancía y su costo es el **margen de utilidad sobre el precio de venta**, (MU) algunas veces llamado *sobreprecio.* (MO).

Por lo regular los márgenes de utilidad (sobreprecios) se expresan en porcentajes, no en moneda. Un margen de utilidad puede expresarse como porcentaje del costo o del precio de lista. Por tanto, hemos de decidir primero cuál será el *criterio* del margen de utilidad. Es decir, cuando hablamos de un sobreprecio (MO) del 40%, ¿queremos indicar con ello el 40% del *costo* o bien el 40% del *precio de lista*?

Si queremos calcular el porcentaje de sobreprecio (MO) cuando se basa en el *costo*, aplicaremos la siguiente fórmula:

$$\text{Margen de utilidad (MO) \%} = \frac{\text{Utilidad en dinero}}{\text{Costo}}$$

Cuando el sobreprecio se basa en el *precio de venta*, utilizaremos la fórmula

$$\text{Margen de utilidad (MU) \%} = \frac{\text{Utilidad en dinero}}{\text{Precios de venta}}$$

Todos los interesados deben saber cuál criterio se emplea en una situación determinada, pues de lo contrario puede haber confusión. Para explicar esto con un ejemplo, supongamos que Allan Aaron administra una tienda de ropa y afirma que necesita un sobreprecio (MO) del $66\frac{2}{3}$% para conseguir una pequeña utilidad neta. Blanche Brister, que dirige una tienda de la competencia, declara que necesita apenas un sobreprecio del 40% y que Aaron es ineficiente o demasiado ambicioso.

En realidad, ambos comerciantes están utilizando los mismos sobreprecios, sólo que aplican un criterio distinto. Compran sombreros a $6 cada uno y les fijan un precio de $10. Esto nos da un sobreprecio de $4 por sombrero. Aaron expresa el sobreprecio como un porcentaje de costo; de ahí el porcentaje $66\frac{2}{3}$ ($4 ÷ $6 = 0.67, o sea $66\frac{2}{3}$%). Brister basa su sobreprecio en el precio de lista ($4 ÷ $10 = 0.4, o sea 40%).

Sería un error que Aaron tratara de utilizar el 40% de Brister, mientras siga utilizando el costo como criterio. Si empleara el sobreprecio (MO) del 40% pero *lo basara en el costo*, el sobreprecio sería apenas de $2.40. Y el precio de lista sería de sólo $8.40. Este sobreprecio de $2.40, promediado en todo el departamento de sombreros, no le permitiría a Aaron cubrir sus gastos habituales y obtener una utilidad.

Se acostumbra expresar los porcentajes del sobreprecio como un porcentaje del precio de venta.

Sobreprecio basado en el precio de lista

El siguiente diagrama contiene las relaciones entre precio de lista, costo y sobreprecio. Puede servir para calcular esas cantidades sin importar si el sobreprecio se expresa en porcentajes o en importes ni si los porcentajes se basan en el precio de lista o en el costo:

		Dinero	Porcentaje
	Precio de venta		
menos	**Costo**	_____	_____
es igual a	**Margen de utilidad**		

Supongamos que un comerciante compra un artículo de $90 dólares y sabe que el margen de utilidad, basado en el precio de venta, ha de ser del 40%. ¿Cuál es el precio de venta? Al introducir en el diagrama la información conocida, obtendremos:

		Dinero	Porcentaje
	Precio de venta		100
menos	**Costo**	90	_____
es igual a	**Margen de utilidad**		40

El porcentaje que representa el costo deberá ser entonces del 60%. Por tanto, el costo de $90 es 60% del precio de venta. Éste será entonces $150. Es decir, $90 es igual al 60% del precio de venta. Después dividimos $90 entre 0.6 (o sea el 60%) para obtener el precio de venta de $150.

Una situación común que se da en el comercio es que la competencia fije un tope a los precios de venta. Otra consiste en que los comerciantes deben comprar un producto que encaje dentro de sus líneas de precios. Después querrán conocer la cantidad máxima que pueden pagar por un producto y que les permita obtener el margen normal de ganancia. Supongamos que un artículo tiene un precio de venta de $60, fijado por la competencia o por una línea de precios de $59.95. El margen de utilidad (MU) normal del detallista es de 35%. ¿Cuál será la cantidad máxima que pagará por el artículo? Una vez más introduzcamos en el diagrama lo que sabemos:

		Dinero	Porcentaje
	Precio de venta	60	100
menos	**Costo**	_____	_____
es igual a	**Margen de utilidad**		35

El sobreprecio en dinero es $21 (35% de $60). Por tanto, con una simple resta calcularemos el costo máximo que el comerciante estará dispuesto a pagar: $39.

Series de márgenes de utilidad

Los márgenes se obtienen del precio de venta en *cada nivel del negocio*, dentro de un canal de distribución. Un fabricante aplica un margen para determinar el precio de venta. Y después este último se convierte en el costo del mayorista. Éste habrá de determinar su propio precio de venta, aplicando el porcentaje normal de margen basado en su precio de venta. El detallista realiza el mismo procedimiento, empleando como su costo el precio de venta del mayorista.

Los siguientes cálculos ejemplifican lo que acabamos de explicar:

Costo del fabricante $7
Precio de venta del fabricante $10 } Margen (MU) del fabricante = $3, o sea 30%

Costo del mayorista $10
Precio de venta del mayorista $12 } Margen (MU) del mayorista = $2, o sea $16{}^{2}/_{3}$%

Costo del detallista $12
Precio de venta del detallista $20 } Margen (MU) del detallista = $8, o sea 40%

Márgenes basados en el costo

Si una compañía acostumbra utilizar márgenes basados en el costo (y algunas veces esto se hace entre los mayoristas), podrá emplear el mismo procedimiento del diagrama. La única variante consiste en que el costo será igual al 100%. El precio de lista será 100% más el margen basado en el costo. El sobreprecio en dinero es $14 (20% de $70). El precio de venta es de $84 ($70 más $14):

		Dinero	Porcentaje
	Precio de venta	84	120
menos	Costo	70	100
es igual a	Margen utilidad (MO)	14	20

Es importante la relación entre los sobreprecios basados en el costo y los basados en el precio de lista. Por ejemplo, si un producto cuesta $6 y se vende en $10, habrá un margen de $4. Es un margen del 40% basado en el precio de venta y un sobreprecio $66{}^{2}/_{3}$% basado en el costo. El siguiente esquema ayuda a entender estas relaciones y a pasar de un criterio a otro:

Si el precio de venta = 100%   Si el costo = 100%

$10 = 100% { 60% → Costo = $6.00 ← 100%
40% → Margen de utilidad (MO) = $4.00 ← $66{}^{2}/_{3}$% } $10 = $166{}^{2}/_{3}$%

Matemáticas para el marketing

Las relaciones entre los dos criterios se expresan en las siguientes fórmulas:

Porcentaje de margen (MU)

$$\text{sobre el precio de venta} = \frac{\text{Porcentaje de margen (MO) sobre el costo}}{100\% + \text{porcentaje de margen sobre el costo}}$$

$$\text{Porcentaje del margen sobre el costo} = \frac{\text{Porcentaje del margen sobre el precio de venta}}{100\% - \text{porcentaje de margen sobre el precio de venta}}$$

Para ejemplificar el uso de estas fórmulas, supongamos que un detallista tiene un margen de 25% sobre el *costo*. Quiere saber cuál es la cifra correspondiente, basada en el precio de venta. Con la primera fórmula obtenemos:

$$\frac{25\%}{100\% + 25\%} = \frac{25\%}{125\%} = 0.2, \text{ o } 20\%$$

Un margen de $33\frac{1}{3}\%$, basado en el *precio de venta*, se convierte en 50%, basado en el costo, según la segunda fórmula:

$$\frac{33\frac{1}{3}\%}{100\% - 33\frac{1}{3}\%} = \frac{33\frac{1}{3}\%}{66\frac{2}{3}\%} = 0.5, \text{ o } 50\%$$

El sobreprecio guarda estrecha relación con la utilidad bruta. Recuérdese que ésta es igual a las ventas netas menos el costo de los bienes vendidos. Al examinar la utilidad bruta en un estado de operaciones, vemos que es igual a los gastos de operación más la utilidad neta.

Normalmente el sobreprecio inicial de una compañía, departamento o línea de productos ha de establecerse un poco más alto que la utilidad bruta global deseada de la unidad de venta. ¿El motivo? Habrá algunas reducciones antes de vender el artículo. Por uno u otro factor, ciertos productos no se venden al precio original. Hay que rebajarlos, es decir, se disminuye el precio respecto al nivel inicial. También puede haber hurtos y otras mermas.

RAZONES ANALÍTICAS

A partir de un estudio del estado de operaciones, los directivos podrán diseñar varias razones para evaluar los resultados de su programa de marketing. En la generalidad de los casos, las ventas netas servirán de base (100%). De hecho, a menos que se especifique lo contrario, todas las razones que indican la utilidad bruta, la utilidad neta u algún gasto de operación se expresan como porcentaje de ellas.

Margen de utilidad bruta

La razón de utilidad bruta a ventas netas recibe el nombre de **margen de utilidad bruta**. En la tabla B-1, para A-Z ese porcentaje es de $32 000 ÷ $80 000, o sea 40%.

Margen de utilidad neta

La razón denominada **margen de utilidad neta** se calcula dividiendo la utilidad neta entre las ventas netas. Para A-Z esta razón es de $4800 ÷ $80 000 o sea 6%. Este porcentaje puede calcularse antes o después de deducir los impuestos federales, pero en el resultado deberá indicarse esto para poder interpretarlo correctamente.

Razón de gastos de operación

Cuando los gastos totales de operación se dividen entre las ventas netas, el resultado será la **razón de gastos de operación**. Al utilizar las cifras de la tabla B-1, para A-Z esta razón será de $27 000 ÷ $80 000, o sea 34%. De manera análoga podemos determinar la razón de gastos de cualquier costo. Así, en la figura vemos que el gasto correspondiente al alquiler fue de 1%, el de publicidad de 3% y el de sueldos de la fuerza de ventas y comisiones fue de 13.75%.

Rotación de inventario

A menudo los gerentes miden la eficiencia de sus actividades de marketing mediante la **rotación de inventario**. Esta cifra representa el número de veces que el inventario promedio *se vende* durante el periodo en cuestión. La rotación se calcula partiendo del costo o del precio de lista. El numerador y el denominador de la fracción deberán expresarse en los mismos términos: bien sea en costo o en precio de lista.

Cuando se toma como criterios el costo, la fórmula con que se calcula la rotación de inventario es:

$$\text{Rotación de inventario} = \frac{\text{Costo de los bienes vendidos}}{\text{Inventario promedio al costo}}$$

El inventario promedio se determina sumando los inventarios inicial y final y dividiendo el resultado entre 2. En la tabla B-1 el inventario promedio es ($18 000 + $20 000) ÷ 2 = $19 000. Por tanto, la rotación de inventario será $48 000 ÷ $19 000 = 2.53. Tal vez este promedio no sea representativo, pues los inventarios suelen ser demasiado bajos en el primer año en previsión de recibir existencias físicas. Por eso, algunas compañías calculan el inventario promedio sumando los inventarios históricos al inicio de cada mes y luego dividiendo el total entre 12.

Supongamos ahora que el inventario se registra partiendo del *precio de venta*, como lo hace la mayor parte de los detallistas. Entonces la rotación de inventario es igual a las ventas netas divididas entre el inventario promedio al precio de venta. Algunas veces la rotación se obtiene dividiendo el número de *unidades* vendidas entre el inventario promedio expresado en *unidades*.

Las asociaciones comerciales de mayoristas y detallistas en muchos tipos de industrias publican estadísticas que muestran la rotación de inventario entre sus miembros. Una compañía con poca rotación tenderá a invertir mucho en almacenamiento e inventario. Correrá un mayor riesgo de obsolescencia o desperdicio. Si la rotación llega a ser muy elevada, posiblemente el inventario promedio de la empresa sea demasiado bajo. A menudo en estos casos se compra en cantidades apenas suficientes (es decir, se adquieren pequeñas cantidades y se venden todas las existencias o la mayor parte de ellas antes de reabastecerse). Además de incurrir en elevados costos de manejo y facturación, tenderán a agotarse las existencias de algunos productos.

Porcentaje de descuento

Algunas veces los detallistas no pueden vender los productos a los precios inicialmente establecidos. Cuando ocurre esto, frecuentemente reducen los precios para que los productos se desplacen. Un **descuento** es una reducción del precio original de lista.

Muchas veces a los ejecutivos les conviene determinar el porcentaje del descuento. Después podrán analizar la magnitud y la cantidad de descuentos, así como las razones para concederlos. Los detallistas son los que más analizan los descuentos.

Los descuentos se expresan como un porcentaje de las ventas netas y *no* como un porcentaje del precio original de venta. Por ejemplo, un detallista compra un sombrero en $6 y le agrega un margen de utilidad de $40% para venderlo en $10. El sombrero no se vende a ese precio, por lo cual lo rebaja a $8. Ahora podrá anunciar una reducción del 20%. Sin embargo, conforme a nuestra regla, esta rebaja de $2 es 25% *del precio de venta de $8*.

El **porcentaje de descuento** se calcula dividiendo el total de descuentos monetarios entre las ventas netas efectuadas en determinado periodo. Conviene señalar dos puntos muy importantes. Primero, el porcentaje de descuento se obtiene de este modo, sin importar si los artículos se vendieron o todavía están en la tienda. Segundo, el porcentaje se calcula respecto a las ventas netas totales y no sólo en relación con las ventas de los artículos rebajados. Supongamos, por ejemplo, que un detallista compra 10 sombreros deportivos a $6 cada uno y les pone un precio de $10. A este precio se venden 5 sombreros. Los otros 5 se rebajan a $8 y tres se venden a un precio menor. Las ventas totales son $74 y los descuentos totales son $10. El detallista tiene una razón de descuento de $10 ÷ $74, o sea 13.5%.

Los descuentos no aparecen en el estado de pérdidas y ganancias porque se dan *antes* que el artículo se venda. El primer concepto de un estado de operaciones son las ventas brutas. Es una cifra que indica el precio real de venta, que puede ser el precio de venta una vez hecho el descuento.

Rendimiento sobre la inversión

Una medida que se usa comúnmente para medir el desempeño de los gerentes y el éxito de una compañía es el rendimiento sobre la inversión. En este caso empleamos el balance general y el estado de operaciones como fuente de información. El **rendimiento sobre la inversión** (ROI) se calcula aplicando la siguiente fórmula:

$$ROI = \frac{\text{Utilidad neta}}{\text{Ventas}} \times \frac{\text{Ventas}}{\text{Inversión}}$$

Dos preguntas nos vienen a la mente: ¿Qué se entiende por "inversión"? ¿Por qué necesitamos dos fracciones? A primera vista parecería que el componente de ventas de cada una se cancelaría, dejando la razón significativa una utilidad neta dividida entre la inversión.

Para contestar la primera interrogante, supongamos que el estado de operaciones de una firma muestra ventas anuales de $1 000 000 y una utilidad neta de $50 000. Al final del año, el balance general muestra:

Activos	$600 000	Pasivos		$200 000
		Capital social	$300 000	
		Utilidades retenidas	100 000	400 000
	$600 000			$600 000

En el rendimiento sobre la inversión (ROI) influye evidentemente la cifra que utilicemos. ¿Pero la inversión es $400 000 o $600 000? La respuesta depende de si tomamos a los accionistas o a los ejecutivos de la empresa. A los accionistas les interesa más el rendimiento sobre lo que han invertido, en este caso $400 000. Por tanto, el cálculo del rendimiento sobre la inversión (ROI) es:

$$\text{ROI} = \frac{\text{Utilidad neta } \$50\,000}{\text{Ventas } \$1\,000\,000} \times \frac{\text{Ventas } \$1\,000\,000}{\text{Inversión } \$400\,000} = 12\tfrac{1}{2}\%$$

Por su parte, a los ejecutivos les interesa más la inversión total, representada por los activos totales ($600 000). Esta es la cantidad que deben manejar, prescindiendo de que los activos sean adquiridos mediante la inversión de los accionistas, las utilidades retenidas o los préstamos de fuentes externas. Dentro de este contexto el cálculo del ROI se obtiene así:

$$\text{ROI} = \frac{\text{Utilidad neta } \$50\,000}{\text{Ventas } \$1\,000\,000} \times \frac{\text{Ventas } \$1\,000\,000}{\text{Inversión } \$600\,000} = 8\tfrac{1}{3}\%$$

En cuanto a la segunda pregunta, usamos dos fracciones porque estamos tratando con dos elementos independientes: la tasa de utilidades sobre ventas y la tasa de rotación de capital. Los ejecutivos determinan cada una por separado y luego multiplican las dos. En la tasa de las utilidades sobre ventas influyen consideraciones de marketing, sobre todo el volumen de ventas, la mezcla de productos y la actividad publicitaria. La rotación de capital es una consideración financiera que no interviene directamente en los costos ni en las utilidades, sino sólo en el volumen de ventas y los activos administrados.

Lo anterior lo explicaremos con un ejemplo. Supongamos que las utilidades de nuestra compañía se duplicaron con el mismo volumen de ventas e inversión, gracias al excelente programa de marketing que se realizó en el año actual. De hecho, duplicamos la tasa de utilidades con la misma rotación de capital:

$$\text{ROI} = \underbrace{\frac{\text{Utilidad neta } \$100\,000}{\text{Ventas } \$1\,000\,000}}_{10\%} \times \underbrace{\frac{\text{Ventas } \$1\,000\,000}{\text{Inversión } \$600\,000}}_{1\tfrac{2}{3}} = 16\tfrac{2}{3}\%$$

$$= 16\tfrac{2}{3}\%$$

Matemáticas para el marketing 419

Según lo previsto, este $16\tfrac{2}{3}\%$ es el doble del ROI calculado antes.

Ahora supongamos que obtuvimos la utilidad original de $50 000, pero que lo hicimos con una inversión apenas de $500 000. Redujimos el tamaño del inventario promedio y cerramos algunas sucursales. Al aumentar la rotación de capital de 1.67 a 2, elevamos el ROI de $8\tfrac{1}{3}\%$ a 10%, a pesar de que ni el volumen de ventas y ni las utilidades cambiaron:

$$\text{ROI} = \underbrace{\frac{\$50\,000}{\$1\,000\,000}}_{5\%} \times \underbrace{\frac{\$1\,000\,000}{\$500\,000}}_{2} = 10\%$$

$$= 10\%$$

Supongamos a continuación que incrementamos el volumen de ventas (lo duplicamos), pero no aumentamos las utilidades ni la inversión. La reducción de costos-utilidades nos ha generado una "prosperidad sin ganancias". Se presenta entonces el siguiente resultado:

$$\text{ROI} = \underbrace{\frac{\$50\,000}{\$2\,000\,000}}_{2\tfrac{1}{2}\%} \times \underbrace{\frac{\$2\,000\,000}{\$600\,000}}_{3\tfrac{1}{3}} = 10\%$$

$$= 8\tfrac{1}{3}\%$$

La tasa de utilidades se redujo a la mitad, pero esto se compensó al duplicar la rotación de capital. El resultado fue que el ROI permaneció inalterado.

■ PREGUNTAS Y PROBLEMAS

1. Elabore un estado de operaciones con los siguientes datos y calcule el porcentaje de utilidad bruta:

Compras al costo de facturación	$15 000
Ventas netas	30 000
Devoluciones y descuentos	200
Descuentos concedidos por pronto pago	300
Descuentos obtenidos por pronto pago	100
Alquiler	1 500
Sueldos	6 000
Inventario inicial al costo	10 000
Publicidad	600
Otros gastos	2 000
Inventario al costo al cierre	7 500

2. Prepare un estado de operaciones al menudeo basándose en la siguiente información y calcule el porcentaje de descuento:

Alquiler	$9 000
Inventario al costo al cierre	28 000
Devoluciones	6 500
Descuentos concedidos por pronto pago	2 000
Sueldos	34 000
Descuentos	4 000
Otros gastos de operación	15 000
Inventario inicial al costo	35 000
Ventas brutas	232 500
Publicidad	5 500
Flete de entrada	3 500
Utilidad bruta como porcentaje de ventas	35

3. ¿Qué márgenes porcentuales *sobre el costo* (MO) corresponden a los siguientes porcentajes de MO sobre el precio de lista?
   a. 20%
   b. $37\tfrac{1}{2}\%$
   c. 50%
   d. $66\tfrac{2}{3}\%$

4. ¿Qué márgenes porcentuales *sobre el precio de venta* corresponden a los siguientes porcentajes de margen sobre el costo?
   a. 20%
   b. $33\tfrac{1}{3}\%$
   c. 50%
   d. 300%

5. Una ferretería compró una docena de martillos, pagando

$602.40 por el pedido total. Estimó que los gastos de operación de este producto serían del 35% de las ventas y quería una utilidad neta de 5% de las ventas. No prevé conceder descuentos. ¿Qué precio de venta debería fijarle a cada martillo?

6. La competencia en la línea de artículos deportivos limita a $25 el precio de venta que puede cobrarse por determinada mercancía. Si el dueño de la tienda piensa que se requiere un margen del 35% para cubrir los gastos y obtener una utilidad razonable, ¿cuál es el precio máximo que puede pagar por ella?

7. Un detallista con ventas netas anuales de $2 millones de dólares mantiene un margen del 66⅔% basado en el costo. El promedio de los gastos es de 35%. ¿Cuál es su utilidad bruta y su utilidad neta en dólares?

8. Una compañía tiene una rotación de inventario de cinco veces al año, un volumen de ventas de $600 000 y una utilidad bruta de 25%. ¿Cuál será el inventario promedio al costo?

9. Una tienda tiene un inventario promedio de $30 000 al menudeo y una rotación de inventario de cinco veces al año. Si mantiene un sobreprecio del 50% basado en el costo, ¿cuál será el volumen anual de ventas y el costo de los bienes vendidos?

10. Con los siguientes datos calcule la razón de utilidad bruta y la razón de los gastos de operación:
   Rotación de inventario = 9
   Inventario promedio al precio de lista = $45 000
   Utilidad neta = $20 000
   Costo de los bienes vendidos = $350 000

11. Una tienda de esquíes vendió 50 pares en $90 c/u, después de hacer un descuento de 10%. Todos los esquíes los compró inicialmente al mismo precio y les fijó un margen de 60% sobre el costo. ¿Cuál fue su utilidad bruta sobre los 50 pares de esquíes?

12. Una tienda de ropa para dama compra 200 trajes a $90 cada uno. Les fijó un margen de 40%. A ese precio vendió 80. A los restantes les rebajó un 20% del precio inicial de venta y vendió todos. Calcule el volumen de ventas y el porcentaje de descuento.

13. Una tienda de electrodomésticos vendió 60 reproductoras portátiles de cassette a $40 cada una, después de hacer descuentos del 20% del precio de venta. Las había comprado al mismo precio y les había puesto un margen del 50% sobre el costo. ¿Qué porcentaje de utilidad bruta obtuvo en este caso?

14. Un fabricante produjo una línea de electrodomésticos pequeños, anunciándose su venta en $30. El fabricante planeó que los mayoristas tuvieran un margen del 20% y los detallistas uno de 33⅓%. Los costos totales de producción fueron de $12 por unidad. ¿Cuánto pagaron los detallistas por el producto? ¿Cuáles fueron el precio de venta del fabricante y el porcentaje de MU?

15. Un fabricante de artículos para el hogar produce uno que tiene un costo global de $4.80. A través de un agente lo vende directamente a los grandes intermediarios. El agente recibe una comisión del 20% sobre las ventas, los detallistas obtienen una utilidad bruta de 30% y el fabricante planea conseguir una utilidad neta del 10% sobre el precio de lista. ¿Cuál será el precio al menudeo de este artículo?

16. Un fabricante de materiales para construcción vendió en $350 una cantidad de uno de ellos a un mayorista, y éste a su vez se lo vendió a una maderería. El margen normal del mayorista era de 15% y el detallista fijaba un precio que incluyera un margen del 30%. ¿Cuál será el precio para los usuarios?

17. Con los siguientes datos, calcule el rendimiento sobre la inversión basándose en una definición de *inversión* que sea útil para evaluar el desempeño de los gerentes:

Ventas netas	$800 000
Utilidad bruta	280 000
Activos totales	200 000
Costo de los bienes vendidos	520 000
Pasivos	40 000
Inventario promedio	75 000
Utilidades retenidas	60 000
Gastos de operación	240 000
Margen de utilidad bruta	35%

CAPÍTULO 12

Estrategias de precios

¿Tiene PROCTER & GAMBLE fuerza suficiente para renovar los precios de los productos empacados?

Muchos supermercados libran una guerra en todo Estados Unidos. En un lado se encuentra Procter & Gamble (P&G), el gigantesco fabricante de bienes de consumo (especialmente comestibles, artículos de belleza y para el cuidado de la salud). En el otro lado están A&P, Vons, Safeway y otras grandes cadenas de supermercados.

¿Por qué luchan? Nada menos que por fijar los precios de la mercancía que los supermercados compran para venderla después a los consumidores finales. A fines de 1991, P&G adoptó una estrategia denominada precios bajos todos los días. Es la que emplean las grandes tiendas como Wal-Mart para atraer y satisfacer a los compradores. Lo nuevo radica en el hecho de que P&G la usa con los principales miembros de sus canales de distribución, sobre todo con las cadenas de supermercados.

Por lo regular, el fabricante ofrece a los intermediarios varios descuentos para que vendan y promuevan sus marcas. Entre ellos figuran fondos para publicitar determinados artículos y "convenios especiales" que, entre otras cosas, incluyen rebajas mayores y quizá hasta mercancía gratuita. P&G llegó a la conclusión de que este tipo de arreglos dejaron de ser excepciones para convertirse en la norma, lo cual le ha ocasionado serios problemas en su intento de lograr una producción eficiente y de obtener clientes leales.

La compañía eliminó la mayor parte de los convenios especiales en cerca de la mitad de sus productos, desde la mantequilla de cacahuate Jif hasta el detergente Oxydol, ofreciendo a cambio precios más bajos. Por ejemplo, en vez de venderles a los detallistas el detergente líquido Dawn en $1.56 la botella para una parte del año y a $0.82 ($1.56 menos un descuento especial de $0.74) para la otra parte, el precio bajo de todos los días fue de $1.10 por botella durante todo el año.

¿Qué impulsó a P&G a cambiar su estrategia de precios y, al hacerlo, a que se inicie una auténtica guerra entre los supermercados? P&G está convencida de que la estrategia de precios bajos todos los días le brinda dos beneficios muy importantes:

- Con precios uniformes de venta habrá menos fluctuaciones en los pedidos de varios productos por parte de los supermercados. Por consiguiente, deberá ser capaz de mejorar la eficiencia de la producción y esto a su vez le servirá para aminorar los costos.
- Si los precios al menudeo son más estables, el público consumidor se sentirá menos inclinado a basar sus decisiones de compra estrictamente en el precio. De ser así, P&G estará en posibilidades de aprovechar sus famosas marcas y otros aspectos de la equidad de marca que ha ido cultivando a lo largo de los años mediante una publicidad sumamente agresiva.

¿Cómo reaccionaron las cadenas de supermercados y los competidores de la compañía durante los primeros meses en que se aplicó la estrategia de precios bajos todos los días? La mayor parte los supermercados se sintieron muy irritados. Pensaban que la táctica mermaba sus ganancias, porque ellos no tenían acceso a los descuentos y rebajas. En términos generales, los competidores de P&G adoptaron una actitud de espera prudente. Compañías como Colgate-Palmolive, Dial y Lever Brothers ni la adoptaron como estrategia de precios ni ampliaron sus ofertas especiales con el propósito de arrebatarle a P&G espacio en los estantes de los supermercados.[1]

¿Cree usted que los precios bajos todos los días será una estrategia eficaz de precios a largo plazo para P&G?

Fundamentalmente, en la administración del elemento del precio en la mezcla de marketing, los ejecutivos de una empresa primero deberán trazarse una meta y luego fijar el precio base de un bien o servicio. La tarea final, como se advierte en la figura 12-1, consiste en diseñar estrategias de precios que sean compatibles con el resto de la mezcla de marketing. Habrá que contestar muchas preguntas estratégicas relacionadas con el precio y no sólo por una empresa, como en el caso anterior, sino por todas. Entre esas preguntas cabe citar las siguientes: ¿Qué clase de programa de descuentos se deberá adoptar? ¿Absorberá de cuando en cuando los costos del flete? ¿Competirá principalmente en el precio o en otros factores? ¿Son éticos y legales los métodos con que fijan los precios?

En el presente capítulo examinaremos algunas formas en que una firma ajusta el precio base de un producto para que coincida con su programa global de marketing. Después de estudiar este capítulo, usted deberá ser capaz de explicar:

OBJETIVOS DEL CAPÍTULO

- Las estrategias de precios para entrar en un mercado, sobre todo el descremado o la penetración en el mercado.
- Reducciones de precio y descuentos.
- Estrategias de fijación de precios con criterios geográficos.
- Estrategias especiales, entre ellas: un solo precio y precios flexibles, precios unitarios, líneas de precios, mantenimiento del precio de reventa, precios de líderes y precios impares.
- Cuestiones legales relacionadas con la fijación de precios.
- Competencia de precio frente a competencia ajena a los precios, incluyendo entre otros conceptos el de precios de valor y guerra de precios.

Utilizaremos frecuentemente el término *estrategia* a lo largo de este capítulo, por lo cual conviene que aclaremos su significado. Una **estrategia** es un plan general de acción en virtud del cual una organización se propone alcanzar su meta. Por ejemplo, una compañía podría adoptar una estrategia de ampliar las líneas de los productos que presentan una importante equidad de marca. Otra estrategia consistiría en ofrecer descuentos por volumen, a fin de conseguir la meta de incrementar las ventas en un 10% durante el próximo año.

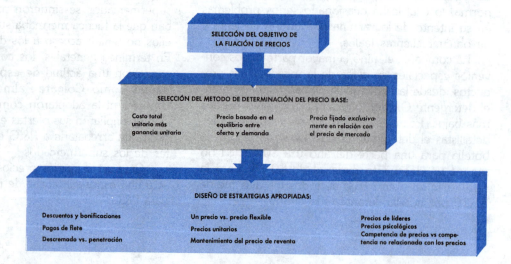

FIGURA 12-1

El proceso de determinación de precios.

Estrategias de precios

ESTRATEGIAS DE ENTRADA EN EL MERCADO

Al prepararse para entrar en el mercado con un nuevo producto, los ejecutivos deberán decidir si adoptan la estrategia del descremado del mercado o de la penetración en el mercado.

Precios basados en el descremado del mercado

La **fijación de precios basada en el descremado del mercado** consiste en ponerle a un nuevo producto un precio inicial relativamente alto. Normalmente el precio es elevado en relación con el nivel de precios esperados por el mercado meta. Es decir, se fija el precio en el máximo nivel que la mayor parte de los consumidores interesados están dispuestos a pagar por él.

Con esta estrategia se persiguen varios propósitos. Como debe generar buenos márgenes de ganancia, se propone ante todo recuperar los costos de investigación y desarrollo en el menor tiempo posible. Por lo demás, los precios elevados suelen connotar una gran calidad. Más aún, con ellos se limita la demanda a niveles que no rebasen la capacidad de producción de la empresa. Finalmente, le da suficiente flexibilidad, porque resulta mucho más fácil rebajar un precio inicial no grato para el público que incrementar un precio inicial demasiado bajo que no logre cubrir los costos.

Los precios basados en el descremado del mercado son adecuados en las siguientes situaciones:

Al introducir este producto en el mercado, ¿debería Kodak utilizar la estrategia de descremado del mercado o de penetración en el mercado?

- El nuevo producto posee características especiales que los consumidores desean intensamente.
- La demanda es bastante inelástica, lo cual sucede principalmente en las primeras etapas del ciclo de vida del producto. En este caso, con unos precios bajos difícilmente se generarán ingresos totales más cuantiosos.
- El nuevo producto está protegido de la competencia por una o más barreras que impiden el ingreso de otros; por ejemplo, una patente.

A menudo se utiliza el descremado del mercado al fijar los precios de nuevos productos tecnológicos como los teléfonos celulares y los televisores de alta resolución. Con el tiempo el precio inicial se reduce gradualmente. Sin embargo, como se observa en el siguiente recuadro de Dilema Ético, los altos precios iniciales asociados al descremado son objeto de críticas por parte de los consumidores y de otros.

Fijación de precios orientada a la penetración en el mercado

En la **fijación de precios orientada a la penetración en el mercado**, a un nuevo producto se le pone inicialmente un precio inicial relativamente bajo. El precio es bajo en relación con el nivel de los precios esperados en el mercado meta. El fin primario de esta estrategia es penetrar inmediatamente en el mercado masivo y, al hacerlo, generar un importante volumen de ventas, obteniendo con ello una gran participación en el mercado. Se busca asimismo desalentar a otras empresas para que no introduzcan productos competitivos.

Esta estrategia es la más idónea en las siguientes condiciones:

- El producto tiene un enorme mercado masivo.
- La demanda es sumamente elástica, generalmente en las últimas etapas del ciclo de vida de una categoría de productos.
- Pueden conseguirse importantes reducciones en los costos unitarios por medio de operaciones a gran escala. Dicho de otra manera, es posible obtener economías de escala.
- Ya existe una fuerte competencia por el producto en el mercado o bien se prevé que se materialice poco después de introducirlo.

Se basan en este tipo de fijación de precios los fabricantes que introducen en el mercado computadoras que imitan los modelos de IBM o de Apple. Los principales fabricantes contraatacan aplicando la misma estrategia de precios a sus nuevos productos. Apple desarrolló nuevas computadoras personales Macintosh y Compaq lanzó una línea enteramente nueva de Prolinea PC, aplicando las dos empresas los precios de penetración en el mercado.[2]

DESCUENTOS Y BONIFICACIONES

Los descuentos y bonificaciones producen una rebaja del precio base (o de lista). La rebaja puede darse como reducción del precio o bien como alguna otra concesión; por ejemplo, mercancía gratuita o descuentos publicitarios. Estas dos estrategias de precios son comunes en las transacciones comerciales.

Descuentos por volumen

Los **descuentos por volumen** son rebajas del precio de lista y su finalidad es estimular a los consumidores a comprar grandes cantidades o lo que necesitan del vendedor que ofrezca el descuento. Se basan en el tamaño de la compra, ya sea en importes o en unidades.

El **descuento no acumulativo** se basa en el tamaño del *pedido individual* de uno o más productos. Un detallista vende pelotas de golf a $2 dólares cada una o a $5 por tres. Un fabricante o mayorista puede establecer un programa de descuentos por volumen como el siguiente, que emplea un fabricante de adhesivos industriales:

¿DILEMA ÉTICO?

En 1992 Johnson & Johnson (J&J) lanzó al mercado un medicamento que previene la recurrencia del cáncer del colon después de la extirpación quirúrgica. Su nombre genérico es levamisole, y Ergamisol es su nombre de marca. Le puso un precio casi de $1500 dólares a un suministro de un año. Una versión anterior del mismo fármaco utilizada en el tratamiento de la helmintiasis de las ovejas cuesta unos $15 para ese mismo periodo. La compañía declaró que Ergamisol tenía un precio tan alto porque necesitaba recobrar la enorme inversión realizada en su desarrollo. Los críticos, entre ellos un oncólogo de Mayo Clinic, rechazaron ese argumento y dijeron que el excesivo incremento del precio no se justifica por la inversión que supone inventar una nueva aplicación de un medicamento ya conocido.

¿Es ético aplicar el descremado del mercado a un producto necesario para salvar la vida del ser humano?

Fuente: Marilyn Chase, "Doctor Assails J&J Price Tag on Cancer Drug", *The Wall Street Journal*, 20 de mayo, 1992, p. B1.

Estrategias de precios

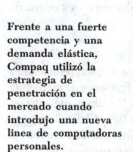

Frente a una fuerte competencia y una demanda elástica, Compaq utilizó la estrategia de penetración en el mercado cuando introdujo una nueva línea de computadoras personales.

Cajas compradas en un solo pedido	Descuento porcentual sobre el precio de lista
1-5	Ninguno
6-12	2.0
13-25	3.5
Más de 25	5.0

Los descuentos por volumen no acumulativos tienen por objetos generar grandes pedidos. Muchos gastos (entre ellos la facturación, el surtido de pedidos y los sueldos de los vendedores) prácticamente no varían cuando el vendedor recibe un pedido por $10 o uno por $500. De ahí que los costos de la venta como porcentaje de las ventas disminuya al aumentar el tamaño de los pedidos. Con un descuento no acumulativo, el comerciante comparte esos ahorros con el cliente que adquiere grandes cantidades.

El **descuento acumulativo** se basa en el volumen total adquirido *durante un periodo determinado*. Este tipo de descuento es útil para el vendedor, porque vincula los clientes más estrechamente a la empresa. Cuanto más grande sea la transacción, mayor será el descuento. Los programas de viajeros frecuentes de las líneas aéreas y los de huéspedes frecuentes de los hoteles constituyen una modalidad del descuento acumulativo. IBM ofrece varios descuentos por la adquisición de grandes volúmenes durante cierto periodo. Y MCI ha competido con AT&T en algunos mercados, concediendo importantes descuentos a los usuarios del servicio de larga distancia.[3] Los descuentos acumulativos también son comunes en la venta de productos perecederos. Con ellos se estimula al público para que compre frecuentemente provisiones frescas, de modo que la mercancía no se descomponga.

Los descuentos por volumen le ayudan al fabricante a obtener verdaderas economías en la producción y también en la venta. Por una parte, los grandes pedidos (motivados por un descuento no acumulativo) pueden aminorar los costos de producción y transporte. Por otra parte, los pedidos frecuentes de un cliente individual (motivado por un descuento acumulativo) permiten al fabricante utilizar más eficientemente la capacidad de producción, aun si los pedidos individuales son pequeños y no generan ahorros en los costos de comercialización.

Descuentos comerciales

Los **descuentos comerciales**, a veces llamados *descuentos funcionales*, son reducciones del precio de lista que se ofrecen a los compradores en pago por las funciones de marketing que realizarán: almacenamiento, promoción y venta del producto. Un fabricante cotizará un precio al detalle de $400 con descuentos comerciales entre 40 y 10%. El detallista paga $240 al mayorista ($400 menos el 40%), y éste le paga $216 al fabricante ($240 menos el 10%). El mayorista recibe descuentos del 40 y 10%. Se espera que conserve el 10% para cubrir los costos de las funciones de la venta al mayoreo y transmitir a los detallistas el descuento del 40%. Pero algunas veces, conserva más del 10% y, en Estados Unidos, esa conducta es ilegal.

Nótese que los descuentos de 40 y 10% no constituyen un descuento total del 50% sobre el precio de lista. No se suman; tampoco son descuentos sobre descuentos. Cada uno se calcula sobre la cantidad que queda después de restarle el descuento anterior.

Descuentos por pronto pago

Un **descuento por pronto pago** es una reducción concedida a los clientes por pagar sus facturas dentro de determinado plazo. El descuento se calcula sobre la cantidad neta que queda después de restar al precio base los descuentos comercial y por volumen. Todo descuento de este tipo incluye tres elementos, como se aprecia en la figura 12-2:

- El descuento porcentual
- El periodo durante el que pueden conseguirse descuentos
- La fecha en que se vencerá la factura

Supongamos que un comprador debe $360 después de obtener otros descuentos y que se le ofrecen condiciones de 2/10, n/30 en una factura fechada el 8 de noviembre. Ello significa que podrá obtener un descuento del 2% ($7.20) en caso de pagar en un plazo de 10 días contados a partir de la fecha de la factura (18 de noviembre). De lo contrario, deberá liquidar íntegramente la factura (neta) de $360 en 30 días (8 de diciembre).

Hay casi tantos tipos de descuentos por pronto pago como industrias. Por ejemplo, en la ropa para dama son comunes los grandes descuentos y los breves periodos de pago; así, no será sorprendente un descuento por pronto pago de 5/5, n/15. Tales diferencias persisten no tanto por razones comerciales, sino por la tradición en varias industrias.

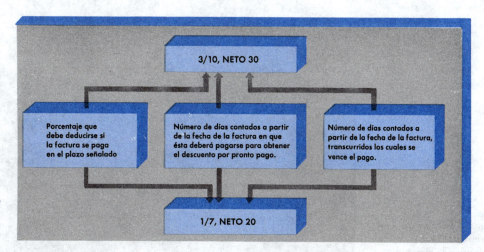

FIGURA 12-2

Partes de un descuento por pronto pago.

La mayor parte de los compradores desean pagar sus cuentas a tiempo para obtener los descuentos por pronto pago. El descuento en una situación de 2/10, n/30 tal vez no parezca demasiado atractivo. Pero ese 2% se gana con sólo pagar 20 días antes de la fecha de vencimiento de la factura. Si el cliente no aprovecha el descuento en este caso, en realidad estará obteniendo un préstamo con una tasa anual del 36%. Hemos llegado a esa tasa de interés así: en un año comercial de 360 días, hay 18 periodos de 20 días. Pagar 2% por uno de esos periodos equivale a pagar 36% durante un año entero.

Otros descuentos y bonificaciones

Un fabricante de bienes, como acondicionadores de aire o juguetes, comprados en forma estacional estudiará la conveniencia de conceder **descuentos de temporada**. Este descuento de, digamos, 5, 10, o 20% se otorga al cliente que hace un pedido durante la temporada de poca demanda. Los pedidos fuera de estación permiten a los fabricantes emplear más eficientemente sus instalaciones de producción y ahorrarse los costos de mantenimiento de inventario. Por ejemplo, Club Med y muchos otros lugares de temporada rebajan sus precios durante la temporada baja.

Las **facturas postdatadas** constituyen una variante de los descuentos de temporada y por pronto pago. Un fabricante de aparejos de pesca buscará y surtirá pedidos de mayoristas y detallistas durante los meses de invierno. Pero las facturas llevarán la fecha del 1 de abril, con condiciones de 2/10, n/30 ofrecidas en esa fecha. Los pedidos surtidos en diciembre y en enero servirán para mantener la producción durante la temporada baja para obtener una operación más eficiente. Las facturas postdatadas permiten al mayorista o detallista pagar sus facturas una vez iniciada la temporada, pudiendo recibir entonces algunos ingresos de los productos entregados antes.

Un **descuento promocional** es una reducción de precio que concede un vendedor para pagar los servicios promocionales efectuados por los vendedores. Por ejemplo, un fabricante de material y equipo para construcción regala cierta cantidad de bienes a los distribuidores que exhiben en forma prominente su línea. Un fabricante de ropa paga la mitad del costo de un anuncio del detallista en que aparece su producto.

Algunos hoteles ofrecen descuentos para estimular la demanda durante la temporada baja.

FIGURA 12-3

La Robinson-Patman Act.

La Robinson-Patman Act y la discriminación de precios

Los descuentos y bonificaciones que hemos expuesto aquí dan origen a una diversidad de precios para los consumidores. Tales diferencias representan una **discriminación de precios**. La Robinson-Patman Act prohíbe la discriminación en algunos casos; es una de las leyes federales más importantes de Estados Unidos que afectan al programa de marketing de una organización. (Las leyes federales que rigen la fijación de precios se aplican sólo en los casos en que existe comercio *interestatal*; sin embargo, muchos estados tienen normas de precios que abarcan las ventas realizadas *dentro del estado*, es decir, regulan el comercio *intraestatal*.)

Principales estipulaciones de la ley. La **Robinson-Patman Act**, aprobada en 1936, tenía por objeto impedir la discriminación de precios practicada por los grandes detallistas. Fue redactada en términos muy generales, de modo que con los años ha ido aplicándose también a los fabricantes, no sólo a los comerciantes.

La ley no declara ilegal todas las diferencias de precios. La discriminación de precios es ilegal, sólo cuando *puede* lesionar de manera importante la competencia. En otras palabras, se permite una diferencia de precio si no aminora mucho la competencia. Esta ley *no* se aplica a las ventas hechas a familias, porque supuestamente no se encuentran en competencia entre sí.

Defensas y excepciones. La discriminación de precios es legal en respuesta a las condiciones cambiantes que afectan a la venta de los productos. Por ejemplo, se permiten diferenciales en casos de obsolescencia estacional (de productos como los adornos navideños), el deterioro físico (frutas y verduras) y ventas de liquidación.

También pueden concederse diferenciales de precios en caso de que no rebasen las diferencias del costo de producción, de venta o entrega del producto (Fig. 12-3). Las diferencias de costos pueden provenir de 1) variaciones de la cantidad vendida o 2) diversos métodos de ventas o entrega del producto. Por tanto, si vender una gran cantidad de un producto directamente a Safeway es más eficiente que venderla a través de mayoristas a una tienda de comestibles, el productor podrá ofrecer legalmente a Safeway un precio más bajo por unidad. Tales diferenciales son legales aun cuando haya una probabilidad razonable de aminorar la competencia.

Según la Robinson-Patman Act, el comprador es tan culpable como el vendedor, si *deliberadamente* busca u obtiene un diferencial ilegal. Con esta cláusula se trata de evitar que los grandes intermediarios exijan precios discriminatorios. No obstante, desde el punto de vista práctico, no ha sido fácil probar que el comprador recibió *deliberadamente* un diferencial ilegal de precios.

Algunos tipos de servicios y materiales promocionales son legales, *sólo* si se ofrecen a todos los clientes de la competencia estipulando condiciones proporcionalmente iguales. Por ejemplo, si una gran cadena recibe soporte promocional valuado en $15 000 dólares cuando adquiere $750 000 de bienes de un fabricante, otro detallista no debería esperar la misma cantidad con un pedido mucho más pequeño, digamos $40 000. Sin embargo, este último tiene derecho a obtener el mismo porcentaje de apoyo que el que se dio a la cadena grande: 2% en este caso. Así, el pedido de $40 000 debería generar servicios y materiales promocionales por un valor de $800. A pesar de la sencillez de estas operaciones matemáticas, muchas veces se presentan disputas sobre lo que se entiende por "condiciones proporcionalmente iguales". Este concepto y sus implicaciones legales se examinarán más a fondo en el capítulo 16, cuando hablemos del programa promocional de la empresa.

En los descuentos por volumen se dan precios distintos a los clientes. En consecuencia, estos precios discriminatorios serían ilegales conforme a la Robinson-Patman Act, si se prueba que reducen la competencia. Para justificar los diferenciales de precio atribuibles a un programa de este tipo de descuento, una compañía recurrirá a la defensa de costo estipulada en la ley. En síntesis, los descuentos por volumen son legales, si los diferenciales resultantes no rebasan las diferencias del costo de producción, venta o entrega del producto.

Los descuentos comerciales no se mencionan en la Robinson-Patman Act ni en la ley anterior, la Clayton Act. Sin embargo, hace algunos años se dictaminó en los tribunales que pueden otorgarse descuentos individuales a diversas clases de clientes. Es decir, podría darse un descuento a los mayoristas y otro a los detallistas, siempre que se ofrezca el mismo descuento a todos los compradores de un grupo determinado.

ESTRATEGIAS DE FIJACIÓN DE PRECIOS CON CRITERIOS GEOGRÁFICOS

En la fijación de precios, el vendedor habrá de tener en cuenta los costos de enviar los bienes al cliente. Estos gastos adquieren mayor importancia a medida que el flete se convierte en una parte cada vez mayor de los costos variables totales. Pueden establecerse políticas de precios en virtud de las cuales el comprador pague todos los gastos del flete, el vendedor cargue con todos los costos o bien ambos comparten el gasto. La estrategia seleccionada puede influir en los límites geográficos del mercado de la compañía, en la ubicación de sus instalaciones de producción, de sus fuentes de materias primas y en su fuerza competitiva dentro de varios mercados geográficos.

Fijación de precios basada en el punto de producción

Cuando aplica una estrategia geográfica de uso generalizado, el vendedor cotiza el precio de lista en el punto de producción y el cliente selecciona el modo de transporte y paga todos los gastos de flete. Generalmente denominada **fijación de precios de fábrica LAB,** esta estrategia es la única de las cuatro explicadas en esta sección en que el vendedor no paga los costos del flete. Tan sólo paga el alojo del pedido en el transporte; de ahí su nombre LAB, siglas que significan *libre a bordo*.

En esta modalidad de precios, el vendedor obtiene la misma cantidad en cada venta de cantidades similares. El precio dado al comprador varía según los costos del flete. Al comprar bienes a un fabricante de Columbia (Missouri), un cliente de Saint Louis obtendrá un precio menor que otro de Pittsburg gracias a las diferencias de los costos de flete.

La Federal Trade Commission considera legales los precios de fábrica LAB. De hecho, hacen a un vendedor más atractivo para los compradores cercanos y mucho menos para los que viven lejos. ¿El motivo? Los costos del flete corren por su cuenta, por lo cual prefieren tratar con proveedores situados cerca de ellos. Así, la empresa de Pittsburgh mencionada en el párrafo anterior probablemente busque proveedores de Pennsylvania o del cercano Ohio y West Virginia como opciones frente al de Missouri. Desde luego, se supone que los proveedores alternos se parecen en otros aspectos importantes, como la calidad del producto.

Fijación de precios de entrega uniforme

En la **fijación de precios de entrega uniforme** se cotiza el mismo precio de entrega para todos los clientes prescindiendo de su ubicación. Algunas veces esta estrategia recibe el nombre de "precios con porte pagado" por su semejanza con los precios de servicio de correo de primera clase. Usando el ejemplo anterior, si el fabricante de Missouri la adoptara, el costo de entrega de los bienes sería el mismo para los proveedores de Pittsburgh y de Saint Louis o cualquier otra localidad de Estados Unidos.

Generalmente se recurre a la fijación de precios de entrega uniforme, cuando los costos del flete constituyen una parte pequeña de los costos totales del vendedor. También la utilizan muchos detallistas para quienes la entrega "gratuita" es un servicio adicional que viene a fortalecer su posición en el mercado.

Cuando se aplica esta estrategia, el ingreso neto del vendedor dependerá del costo del flete en cada transacción. En efecto, los clientes situados cerca de la planta pagan parte de los costos del envío de la mercancía a localidades más lejanas. Los críticos de los precios de fábrica LAB suelen ser partidarios de un precio de entrega uniforme. Sostienen que el costo del flete no debería cargarse a los clientes individuales, como tampoco se les cargan los otros gastos de marketing ni de producción.

Fijación de precios de entrega por zona

Cuando **se fijan los precios de entrega por zona**, el vendedor divide el mercado en un reducido número de zonas geográficas generales y luego escoge un precio uniforme de entrega para cada una. Esta modalidad se parece al sistema que se aplica al fijar el precio de los servicios de entrega de paquetería (como los que ofrece UPS). Así, una empresa del este de Estados Unidos que cotiza un precio y luego dice "Un poco más alto en el oeste de las Montañas Rocallosas" estará utilizando un sistema de precios de dos zonas. El importe del flete incluido en el precio de entrega es un promedio de las tarifas de todos los puntos de una zona.

Cuando se usa esta estrategia, el vendedor se encontrará en una situación muy delicada si quiere evitar ser acusado de discriminación ilegal de precios. Habrá que dividir las zonas de manera que todos los compradores que compiten en un mercado se hallen dentro de la misma zona. Es casi imposible cumplir esta condición en regiones muy pobladas, como el este y el oeste medio.

Fijación de precios con absorción del flete

Con tal de penetrar en mercados lejanos, tal vez un vendedor esté dispuesto a absorber parte de los costos del flete. Así pues, en la **fijación de precios con absorción del flete**, cotizará al cliente un precio de entrega igual a su precio de producción *más* los costos del flete que cargará un proveedor de la competencia situado cerca de ese cliente. En nuestro ejemplo, si la fábrica situada en Missouri acepta absorber el flete, el cliente de Pittsburgh no pagará todos esos gastos, sino sólo los que cobrará un proveedor de la competencia ubicado cerca de él; digamos en Youngstown (Ohio).

Esta estrategia se adopta para evitar las desventajas competitivas del precio de fábrica LAB. Con un precio de este tipo, una compañía se encuentra en desventaja si trata de vender a clientes situados en mercados cercanos a las plantas de sus competidores. ¿El motivo? Puesto que los compradores pagan los costos del flete en los precios de fábrica LAB, los costos se elevarán al aumentar la distancia entre ellos y el proveedor. Un proveedor cercano tiene una ventaja sobre los lejanos, por lo menos en lo tocante a los costos del flete. Con la absorción del flete desaparece cualquier ventaja de precio debida a las diferencias de esos gastos.

Un vendedor seguirá ampliando su mercado geográfico, mientras sus ingresos netos después de la absorción del flete sean mayores que sus costos marginales por unidades vendidas. Si los costos de producir, vender y embarcar una unidad más, es decir, su costo marginal, es de $75, conviene fijar los precios con absorción del flete a condición de que los ingresos del fabricante rebasen esa cifra. Los ingresos de la compañía estarán constituidos por el precio de lista del producto más los costos del flete cobrados al cliente.

La absorción del flete es muy útil para una compañía que tiene 1) exceso de capacidad, 2) altos costos fijos y 3) bajos costos variables por unidad de producto. En tales casos, los directivos deberán buscar constantemente formas de cubrir los costos fijos. Con esta estrategia se logran generar más ventas.

La absorción del flete es ilegal en Estados Unidos, en caso de emplearse independiente de otras firmas y no en colusión con ellas. Además debe usarse únicamente para hacer frente a la competencia. En efecto, si se realiza debidamente, puede fortalecer la competencia al acabar con los monopolios geográficos.

ESTRATEGIAS ESPECIALES DE FIJACIÓN DE PRECIOS

Para establecer precios iniciales y evaluar los ya existentes, una empresa necesita examinar varias estrategias.[4] Lo más seguro es que al menos una se aplique a determinada situación, pero no todas ellas.

Estrategias de un precio y de precios flexibles

Cuando los ejecutivos comienzan a deliberar acerca de los precios, deberán decidir si adoptan una estrategia de un precio o de precios flexibles. En el caso de una **estrategia de un precio**, el vendedor cobra el *mismo* precio a todos los clientes similares que adquieren las mismas cantidades de un producto. En el caso de una **estrategia de precios flexibles** (denominada también *estrategia de precios variables*), clientes semejantes pueden pagar *distintos* precios cuando compran las mismas cantidades de un producto. Aunque pensemos lo contrario, se trata de una práctica normalmente legal.

Muchas empresas recurren a la fijación de precios flexibles.[5] Varias aerolíneas, entre ellas Continental y TWA, usan agresivamente esta estrategia para penetrar en mercados nuevos y acrecentar su participación en las rutas actuales. (Pero no siempre han obtenido buenos resultados con ella.) Su nuevo negocio proviene de dos fuentes: los pasajeros que vuelan en otras líneas y los que no lo harán con tarifas más altas. Sobre todo en el segundo grupo, la demanda es sumamente elástica. Lo importante es mantener separados el segmento de los viajeros de placer (en que la demanda tiende a ser elástica) y los viajeros de negocios (en que la demanda normalmente es inelástica). Las líneas aéreas separan ambos segmentos al imponer restricciones a los boletos de menor precio: exigen una compra anticipada y pernoctar un sábado en la ciudad destino, por ejemplo.

Con precios flexibles, a menudo el precio final se decide mediante la negociación entre comprador y vendedor.[6] A pesar de que los precios del escaparate indiquen una política de un solo precio en la venta de automóviles, son muy comunes las negociaciones (el regateo) con trueque de venta o sin él. A veces también se recurre a precios variables para igualar el precio de un competidor. Por ejemplo, con el propósito de afrontar la competencia de los japoneses, Ford y General Motors vendieron automóviles compactos a distribuidores de la costa oeste en un precio menor que el que cobraban en otras regiones.

En Estados Unidos, la estrategia de un precio es más común que la de precios variables. Así, la mayor parte de los detallistas aplican esa política, salvo en casos en que se realice el trueque y entonces utilizan ampliamente los precios flexibles. Con una estrategia de un precio aumenta la confianza de los clientes en el proveedor, trátese de la venta a nivel producción, comercio al mayoreo o al menudeo, porque no le preocupa la posibilidad de que otros paguen precios más bajos que él. Así pues, en este caso las personas que no saben regatear no pensarán que se encuentran en una posición desventajosa.

Incluso en la venta de automóviles, en que los precios flexibles han sido la norma, empieza a tener aceptación la estrategia de un precio. Cuando lanzó al mercado su modelo Saturn, General Motors escogió esta estrategia para reducir al mínimo las discusiones entre el usuario y el vendedor acerca de los precios. Va en aumento el número de distribuidores que han reducido el regateo sobre el precio, pero sigue siendo un pequeño porcentaje. La mayor parte de ellos han conseguido ventas más altas. Sin embargo, casi todos los que aplican la estrategia de un solo precio todavía utilizan el trueque de venta.[7]

Estrategias de precios

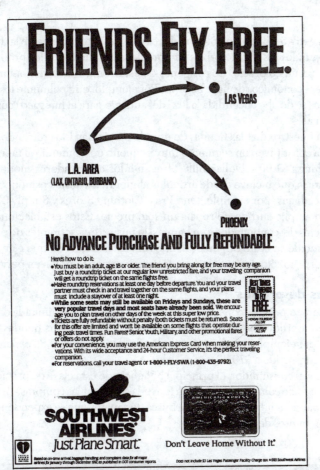

Quizá ninguna otra industria tenga precios tan flexibles como las líneas aéreas.

USTED TOMA LA DECISIÓN

¿DEBERÍA UNA EMPRESA ELIMINAR POR COMPLETO LA FLEXIBILIDAD EN LA FIJACIÓN DE SUS PRECIOS?

En el recuadro de Dilema Ético, se explicó la fijación del precio de un medicamento. Ahora examinaremos el precio de otro fármaco, Lotensin, que se emplea en el tratamiento de la hipertensión. Ciba-Geigy Corporation, fabricante de Lotensin, aseguró a los primeros compradores un precio constante para el resto de su vida.

He aquí como puso en práctica la estrategia: el paciente a quien se le prescribiera Lotensin durante los 12 meses después de la introducción del medicamento en el mercado podía inscribirse en un programa de precio constante. Una vez inscrito, Ciba-Geigy promete reembolsarle la diferencia entre el precio inicial y los precios más altos que pague en compras posteriores: si es que se da un incremento. Sabedora de que 20 millones de ancianos norteamericanos sufren serios problemas de hipertensión, la compañía farmacéutica está convencida de que con esta estrategia de precios le arrebatará clientes a las principales marcas de medicamentos para el tratamiento de la hipertensión.

¿Le dará buenos resultados a Ciba-Geigy su nueva estrategia para fijar los precios?

Fuente: J. D. Solomon, "Drug Maker Guarantees Cost", *USA Today*, 24 de julio, 1991, p. 2B.

La **estrategia de un solo precio** es una variante extrema de la de un precio. No sólo se cobra a todos los clientes el mismo precio, sino que todos los productos de la mercancía tienen un único precio. Los orígenes de esta estrategia se remontan probablemente a los moteles económicos de hace 30 años. Por ejemplo, originalmente los cuartos de un Motel 6 (donde "se dejaba encendida la luz" del anuncio para el huésped) costaban $6 la noche por persona.

En nuestros días las tiendas de un solo precio han ido creciendo rápidamente, aunque todavía constituyen un segmento muy pequeño del comercio al menudeo.[8] Cadenas como Everthing's $1.00 y Dollar Bill$ ofrecen a los compradores modestos gran variedad de mercancía que incluye desde artículos alimenticios hasta cosméticos por un precio de $1. Otras cadenas (por ejemplo, One Price Clothing Stores y Simply 6), atraen compradores con un amplio surtido de ropa a un solo precio. Estos establecimientos suelen comprar productos descontinuados y en baratas, lo mismo que sobrantes de producción, a un precio reducido de su costo original. Algunos analistas dudan de que este tipo de tiendas pueda prosperar no sólo durante épocas de recesión, sino también en periodos de prosperidad.

Líneas de precios

La **línea de precios** consiste en seleccionar una cantidad limitada de precios a los cuales se venderán productos conexos. La utilizan ampliamente las tiendas de ropa. The Athletic Store, por ejemplo, vende varios estilos de calzado en $39.88 el par, otro grupo a $59.95 y un tercer surtido a $79.99.

Para el consumidor, el principal beneficio de esta clase de precios es que simplifica las decisiones de compra. Al detallista le ayuda a planear las compras. El cliente de The Athletic Store puede acudir al mercado en busca de zapatos que se expenden al menudeo en uno de sus tres puntos de precios.

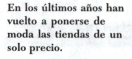
En los últimos años han vuelto a ponerse de moda las tiendas de un solo precio.

Estrategias de precios

El incremento de los costos plantea serios problemas para las líneas de precios. Ello se debe a que una compañía duda en cambiar su línea de precios cada vez que los costos aumentan. Pero si aumentan los costos y los precios no se incrementan en una proporción adecuada, se reducirán los márgenes de utilidad y el detallista se verá obligado a buscar productos más baratos.

Precios impares

En páginas anteriores, expusimos brevemente estrategias de fijación de precios que podríamos calificar de *psicológicas*: establecer un precio por arriba de los niveles competitivos, elevar un precio demasiado bajo para acrecentar las ventas y las líneas de precios. Las tres estrategias tienen por objeto transmitir imágenes positivas de los productos. Los **precios impares**, otra estrategia psicológica, se emplea mucho en la venta al menudeo. En ella se establecen precios en cifras impares; por ejemplo, 49 centavos o 19.95. A los automóviles se les pone un precio de $13 995 en vez de $14 000 dólares y las casas se venden en $119 500 en lugar de $120 000. Esta estrategia no se aplica en las tiendas de prestigio ni con artículos caros. Así, los trajes finos para caballero costarán $750 y no $749.95.

Los precios impares se basan en que sugieren precios menores y, por lo mismo, generan más ventas que los precios pares. De acuerdo con este razonamiento, un precio de 98 centavos aportará mayores ingresos que uno de $1 para el mismo producto. Las investigaciones recientes revelan que los precios impares son una buena estrategia para una compañía que dé prioridad a los precios bajos.[9]

Fijación de precios basados en precios líder y prácticas injustas

Muchas empresas, sobre todo los detallistas, rebajan temporalmente los precios en algunos artículos para atraer clientes. A esta estrategia se le llama **fijación de precios basados en precios líder**. Los productos a los que se les rebaja el precio se llaman **líderes**; si al líder se le pone un precio menor que el costo de la tienda, se dice que es un **líder de pérdidas.**

Los líderes deberán ser productos bien conocidos y muy publicitados que se adquieren con frecuencia. Se piensa que la gente acudirá a la tienda para comprar los líderes anunciados y que, una vez allí, adquirirá otra mercancía de precio normal. El resultado final, confía la compañía, será un incremento del volumen total de ventas y de la utilidad neta.

En Estados Unidos, más de 20 estados cuentan con **leyes contra prácticas injustas**, a veces llamadas *actos de ventas injustas*, que regulan esta modalidad de precios. Al redactar esas leyes, los estados tienden a seguir uno de los dos modelos siguientes:

- A un revendedor se le prohíbe vender un producto por debajo del costo de la factura (que incluye el flete) más un sobreprecio establecido. El sobreprecio suele ser del 2% al mayoreo y del 6% al menudeo.
- El precio mínimo se fija al costo de la factura (incluido el flete) más el costo de operación del mayorista o del detallista.[10]

COMPROMISO CON LA SATISFACCIÓN DEL CLIENTE

¿CUÁNTA INFORMACIÓN SOBRE EL PRECIO UTILIZARÁN LOS COMPRADORES?

Generalmente se acepta que los consumidores tienen ciertos derechos, entre ellos el de ser informados. Reconociendo esos derechos, y deseosos de satisfacer plenamente a sus clientes y crear lealtad a la tienda, muchas cadenas de supermercados han adoptado la **fijación de precios unitarios**. En esta estrategia, para cada producto y tamaño de paquete hay etiqueta de estante que indica: 1) el precio del paquete y 2) este precio expresado en dólares y centavos por onza, libra, pinta u otra medida estándar.

Los precios unitarios no son otra cosa que la respuesta de un negocio a las quejas de los consumidores referentes a la proliferación de los tamaños de los paquetes. Ante la enorme cantidad de tamaños resulta prácticamente imposible comparar los precios de productos similares. Por ejemplo, ¿es mejor oferta una lata con la etiqueta "15 ½ onzas" por 39 centavos que dos latas de "1 libra, 1 onza (482 gramos) por 89 centavos?

Los estudios concernientes a los primeros años en que se emplearon los precios unitarios revelaron que el público ignoraba estos datos. En cambio, los estudios más recientes señalan que un número cada día mayor de personas conoce esta información y la utilizan. Con todo, los residentes urbanos (entre quienes tiende a haber consumidores de ingresos bajos) siguen utilizándola mucho menos que los residentes de suburbios (quienes casi siempre perciben ingresos más altos).

¿Y usted? ¿Usa los precios unitarios cuando va de compras a un supermercado?

Fuente: David A. Aaker y Gary T. Ford, "Unit Pricing Ten Years Later: A Replication", *Journal of Marketing*, invierno de 1983, pp. 118-122.

En opinión de los partidarios de estas leyes, con ellas se elimina la reducción de precios cuya finalidad es sacar del mercado otros productos o compañías. Sin embargo, se permite a las empresas utilizar los líderes, si su precio está *por arriba* del mínimo estipulado.

En opinión de los críticos, los actos de prácticas injustas coartan la libertad de los detallistas para fijar precios. Yendo un poco más allá, podemos decir que el objetivo de una empresa es obtener utilidades sobre el negocio *total*, no necesariamente en cada transacción. Por tanto, las acciones de prácticas injustas aminoran la capacidad de las tiendas para decidir cuál es la mejor manera de generar ganancias. Además, los precios mínimos estipulados por estas leyes pueden dar origen a precios mayores que minan los ingresos del público. En algunos estados han sido declaradas inconstitucionales.

Mantenimiento del precio de reventa

Algunos fabricantes quieren controlar los precios a que los intermediarios revenden sus productos; a esto se le llama **mantenimiento del precio de reventa**. Procter & Gamble adoptó la estrategia de precios bajos todos los días por esta razón (y otras) que se describen en el caso con que se inicia el capítulo. Los fabricantes dicen que, al controlar los precios (y, por tanto, al evitar los precios rebajados), se aseguran de que los consumidores reciben ayuda de expertos en ventas y otros servicios cuando compran los productos a los interme-

Estrategias de precios

¿Venderá esta tienda de comestibles preparados más pasta a 89 centavos la libra que a 90 centavos?

diarios. Por su parte, los críticos señalan que ese control favorece el incremento excesivo de los precios y utilidades demasiado elevadas.

Una forma en que los fabricantes logran bastante control, y quizá al hacerlo orienten a los detallistas, consiste en utilizar un **precio de lista recomendado.** Este precio lo establecen en un nivel que da a las tiendas los sobreprecios normales. Supongamos, por ejemplo, que un fabricante vende a una ferretería un producto a $6 la unidad. Recomienda un precio de lista de $10, que le proporcionará su ganancia normal del 40% sobre el precio de venta. Se trata tan sólo de un precio *recomendado* al menudeo. Los detallistas tienen el derecho de venderlo a un precio mayor o menor.

Otros fabricantes ponen aún más empeño en controlar los precios al menudeo. Esos esfuerzos valen la pena sólo en el caso de los que venden a unas cuantas tiendas y quieren a toda costa que acepten sus productos. A veces llegan al punto de amenazar con dejar de surtirles a los detallistas que venden los productos muy por debajo del precio recomendado de lista.

¿Son legales las medidas agresivas tendientes a controlar los precios al detalle? En Estados Unidos, entre 1930 y 1975 una serie de leyes estatales y federales permitió a los fabricantes fijarles a sus productos precios mínimos al detalle. A las leyes estatales se les dio el nombre de *leyes de comercio justo*.[11] Sin embargo, esos controles de precios fueron prohibidos por la Consumer Goods Pricing Act de 1975: un fabricante ya no podía fijar los precios de reventa, imponerlos a los intermediarios y contar con el respaldo de la ley en todo esto.

Durante los años 80, el alboroto en torno al mantenimiento del precio de reventa aumentó en Estados Unidos por dos tendencias antagónicas. Primero, en opinión de algunos observadores, en esa década el gobierno federal no hizo cumplir con suficiente rigor las leyes antimonopolio. Según los críticos, se toleraron las medidas ilegales tendientes a controlar los precios al detalle a pesar de la Consumer Goods Pricing Act y las leyes antimonopolio vigentes desde mucho antes.[12]

Segundo, cada vez había más conflictos entre fabricantes e intermediarios respecto a los controles de precios. Durante muchos años los fabricantes chocaron con las tiendas de descuento al intentar establecer los precios al menudeo. El siguiente caso es muy representativo: Racket Doctor Shop en Los Ángeles solía vender raquetas de tenis Prince a un precio menor del recomendado por el fabricante. La táctica agradaba a los usuarios, pero irritaba a los competidores y al fabricante. Los competidores estaban molestos porque debían competir en el precio y al fabricante le preocupaba que la rebaja perjudicara la imagen del producto. El resultado: Prince Manufacturing dejó de surtirle a Racket Doctor la conocida marca de raqueta.[13]

Este tipo de conflicto persiste. Por ejemplo, a principios de 1993, New Balance estipuló que las tiendas que vendieran su marca de zapatos para atletas debían venderlos a un precio dentro de un margen del 10% del precio recomendado. Los establecimientos que no cumplieran con esa política correrían el riesgo de que les redujeran el suministro del producto. Otros fabricantes de este tipo de zapatos cuentan con políticas semejantes. Los ejecutivos defienden esta estrategia de precios no sólo como una medida legal, sino además necesaria para proteger la imagen de sus marcas y los márgenes de ganancia de los detallistas. Por su parte, los defensores de los consumidores critican esas políticas porque inflan los precios. La Federal Trade Commission ha empezado a investigar si con ellas se violan o no las leyes antimonopolio.[14]

Algunas acciones de los fabricantes tendientes a controlar los precios de reventa de sus productos han sido juzgadas ilegales, castigándose a las compañías transgresoras. Por ejemplo, Super Mario Brothers tal vez haya estado presionando a los detallistas. En efecto, la Federal Trade Commision acusó a Nintendo, fabricante de Super Mario Brothers y otros videojuegos muy populares de intentar controlar los precios al menudeo, amenazándolos con dejar de enviarles sus productos (o posponer el embarque) a los que fijen precios por debajo de los niveles recomendados.[15]

COMPETENCIA DE PRECIOS Y DE OTRO TIPO

Al elaborar un programa de marketing, los ejecutivos deben decidir si competirán principalmente en el precio o en otros elementos de la mezcla de marketing. Sin duda su decisión repercutirá en otras partes del programa.

Competencia de precios

Una compañía entra en la **competencia de precios** cuando normalmente ofrece productos al menor precio posible y con un mínimo de servicios. Esto es lo que hacen las tiendas de descuento y los detallistas que rebajan sus precios. Una compañía puede servirse del precio para competir al 1) cambiar sus precios y 2) responder ante los cambios que realice un competidor.

Como el lector se dará cuenta en esta sección, en la economía de Estados Unidos existe una fuerte competencia de precios, tendencia que ha ido difundiéndose a otras regiones del mundo. Por ejemplo, las rebajas se volvieron comunes en toda Europa durante los primeros años de 1990. Este cambio de estrategia competitiva se debió a la eliminación de varias barreras comerciales y también a los constantes problemas económicos del continente. Todo tipo de productos: aparatos electrónicos, computadoras, viajes por avión y automóviles, podían obtenerse con descuentos. Un economista explicó la situación en los siguientes términos: "Estamos presenciando una lucha por obtener una participación en un pequeño mercado mediante la competencia de precios."[16]

PERSPECTIVA INTERNACIONAL

¿SE EMPLEA EL MISMO SISTEMA DE FIJACIÓN DE PRECIOS EN ARGENTINA Y ZAMBIA QUE EN ESTADOS UNIDOS?

La fijación de precios se torna más compleja cuando los bienes y servicios de la empresa están destinados al mercado internacional. Para evitar problemas (más bien para obtener ganancias), ¿qué factores deberá tener en cuenta una empresa al establecer los precios base para diseñar después varias estrategias de precios aplicables a los productos que vende en el extranjero? A continuación examinaremos tres factores que son más o menos evidentes en ambientes internacionales:

- **Fluctuación del tipo de cambio.** El tipo de cambio presenta variaciones en el intercambio a nivel mundial. Por ejemplo, a principios de 1993, el dólar estadounidense equivalía a 1.65 marcos alemanes y a 125.25 yenes. En cambio, el marco y el yen valían $0.61 y $0.008 dólares, respectivamente. El tipo de cambio fluctúa diariamente. La fuerza de la moneda de un país repercute en la demanda internacional de sus productos. En la primera mitad de los años 80, el valor del dólar aumentó considerablemente, lo cual significaba que las monedas de las otras naciones valían menos en relación con él. Por eso, los productos fabricados en Estados Unidos eran más caros en el mercado internacional y esto perjudicaba a las compañías norteamericanas. Desde entonces el valor del dólar ha ido declinando y esto favorece a la exportación (pero resulta nocivo para otros aspectos de la economía). La fluctuación de los tipos de cambio obliga a los ejecutivos de marketing a vigilar sus precios en el mercado internacional y esto a su vez hace que los ajusten periódicamente.

- **Control de precios.** Tras una fuerte inflación o un cambio de gobierno, el control de precios se instituye a veces en una nación. Eso sucedió recientemente en Brasil, Argentina y México. Con el control se congelan los precios en el nivel actual o bien se les fija un tope máximo a los artículos de primera necesidad. ¿De qué manera una empresa estadounidense afronta esta situación en un mercado internacional? Una opción consiste en preverla (detectando para ello la posibilidad de una gran inflación, por ejemplo) y ajustando los precios hacia arriba antes que se instituya el control de precios. Otra estrategia es introducir un producto modificado que no sea uno de los controlados.

- **Leyes antidumping.** Estas leyes, cada vez más comunes, tienen por objeto evitar que las empresas trasnacionales fijen precios tan bajos que perjudiquen a los fabricantes nacionales de productos semejantes. Por ejemplo, la ley antidumping del país A estipulará que una compañía del país B no podrá ponerle precios al producto que venden en el país A por debajo del de su producción o de su precio en el país B. Aunque se discuten acaloradamente en las negociaciones del GATT (Acuerdo General sobre Aranceles Aduaneros y Comercio), las leyes antidumping parecen irse difundiendo por todo el mundo. Debemos precisar que, al encontrarse con ella, a una empresa estadounidense no le queda más remedio que acatarlas.

Otros factores, como los costos y los precios actuales y potenciales de la competencia, han de tenerse en cuenta cuando una firma establece los precios para el mercado internacional. Más aún, como se señaló en el capítulo 11, una compañía deberá estudiar sus objetivos de precios antes de fijar los de los productos que vende en varias partes del mundo. Puede servirse de precios bajos para entrar en un país que a su juicio tenga un gran potencial a largo plazo. Por el contrario, tal vez convenga fijar precios relativamente altos en un país que ofrece tan sólo una oportunidad a corto plazo.

Sin importar si el mercado es Argentina, Zambia o Estados Unidos, siempre serán aplicables algunos aspectos fundamentales de la fijación de precios (entre ellos tener presentes los objetivos y la competencia). Sin embargo, en los mercados internacionales esta función plantea retos y *oportunidades* por factores como la fluctuación del tipo de cambio, el control de precios y las leyes antidumping.

Fuente: James K. Weekly, "Pricing in Foreign Markets: Pitfalls and Opportunities", *Industrial Marketing Management*, mayo de 1922, pp. 173-179.

Fijación de precios orientada al valor. En el capítulo 11 vimos cómo un número creciente de consumidores buscan un valor más grande en sus compras. En respuesta a esa actitud muchas compañías de varias industrias han empezado a utilizar la **fijación de precios orientada al valor**. Esta forma de competencia tiene por objeto mejorar el valor de un producto, es decir, la razón de sus beneficios con su precio y costos conexos. Por medio de esta estrategia una compañía: 1) ofrece productos más baratos, pero con los mismos beneficios e incluso con más beneficios y 2) al mismo tiempo busca medios de abatir los costos para no aminorar las utilidades.

Durante los años 90, la fijación de precios orientada al valor se ha convertido en la tendencia dominante del marketing en sectores tan heterogéneos como los viajes en avión, los comestibles, las computadoras personales y las comidas rápidas. A continuación se dan dos ejemplos:

- En 1990 Taco Bell rebajó los precios de algunos de sus productos de mayor demanda, como tacos y burritos, e introdujo algunos más baratos de tipo bocadillos (que después abandonó). Tomó otra medida no menos importante: atacó su estructura de costos, sobre todo los costos de mano de obra. Los empleados ahora "montan" los tacos y otros platillos con carne y verduras que son cocinadas, rebanadas y preparadas por proveedores externos y luego entregadas en los restaurantes.[17]
- A mediados de 1992, Compaq Computer Corporation introdujo unas dos docenas de nuevas computadoras personales portátiles. En comparación con los modelos anteriores, éstas no sólo costaban un 50% menos, sino que además ofrecían mejores características. Para obtener una ganancia con ellas, la compañía redujo los costos de producción y los gastos industriales; por ejemplo, cambió de proveedores de muchos componentes y ensambló los productos en Singapur.[18]

La fijación de precios orientada al valor pone de relieve el elemento precio de la mezcla de marketing. Pero no es todo. Al respecto conviene citar las palabras del presidente de Compaq (fabricante de computadoras): "Si lo único que podemos ofrecer al público es un buen precio, no creo que ésa sea una estrategia eficaz a largo plazo en una década caracterizada por el valor."[19] En consecuencia, hay que combinar todos los elementos de la mezcla de marketing para aumentar al máximo los beneficios en relación con el precio y otros costos. Cuando se aplica este tipo de estrategia, a menudo los productos deben ser rediseñados para acrecentar los beneficios y disminuir los costos. También es necesario fortalecer las relaciones entre los miembros de los canales de distribución y los clientes para generar la repetición de ventas. Esto se logra, entre otras cosas, mediante programas de comprador frecuente, líneas telefónicas de servicio al cliente y garantías de fácil cumplimiento. También habrá que rediseñar la publicidad para incluir más datos concretos y menos mensajes de carácter emocional.

Cambios reactivos y proactivos. Una vez establecido un precio inicial, existen varias situaciones que impulsan a una firma a modificar su precio. Así, al incrementarse los costos, tal vez los directivos decidan elevar los precios en vez de mantenerlos y reducir la calidad del producto o promoverlo más agresivamente.

Estrategias de precios

Las rebajas temporales contribuyen a vender el exceso de inventario o bien a introducir un nuevo producto en el mercado. Si la participación de una compañía en el mercado ha empezado a disminuir ante una competencia muy intensa, posiblemente la primera reacción de los directivos consista en reducir los precios. Esto fue lo que hizo Monsanto Company con su herbicida Roundup.[20] Al afrontar no sólo la sequía sino también nuevos competidores, rebajó el precio en California para atraer más compradores. Confiaba que con un precio más bajo impulsaría a los agricultores a usar productos químicos para exterminar la mala hierba. Sin embargo, en el caso de muchos productos, una alternativa más adecuada a largo plazo consiste en mejorar el programa global de marketing.

Una empresa puede suponer con seguridad que la competencia cambiará sus precios tarde o temprano. En consecuencia, ha de contar con directrices sobre cómo reaccionará al llegar ese momento. Si el competidor *eleva de manera exorbitante* el precio, posponer un poco la reacción no será peligroso. Pero si lo *reduce*, habrá que responder de inmediato si no se quiere perder clientes.

En ocasiones, las rebajas se dan incluso en un oligopolio, porque no es posible controlar a todos los vendedores del producto. Cuando no hay colusión, de cuando en cuando algunas firmas reducirán sus precios. Y lo mismo hacen las demás para conservar su respectiva participación en el mercado. Por ejemplo, en los servicios de larga distancia, se ha señalado

Las empresas de comunicación de larga distancia ofrecen planes de descuento para atraer más clientes y crear lealtad a la marca.

que los precios de las tres compañías más importantes se parecen cada día más.[21] Pero los agresivos planes de descuento a corto plazo, como el programa "Friends and Family" (amigos y familia) de MCI, indican que AT&T, U.S. Sprint y MCI todavía libran una intensa competencia de precios.

Guerras de precios. Desde el punto de vista del vendedor, la principal desventaja de la reducción de precios radica en que los competidores contraatacan y no se dan por vencidos. Una **guerra de precios** puede empezar cuando una compañía rebaja su precio con el propósito de aumentar el volumen de ventas o la participación en el mercado. Estalla la guerra si otras empresas ejercen represalias, disminuyendo así el precio de los productos rivales. La compañía que redujo inicialmente el precio o sus competidores tienden a seguir rebajándolo hasta que uno de ellos decide que no puede seguir sosteniendo la merma de sus ingresos. La mayor parte de las empresas harán lo posible por evitar la guerra de precios.

Aunque las guerras de precios forman parte del mundo de los negocios, en los años 90 han estallado con más violencia que nunca, apareciendo en muchas áreas: desde los comestibles hasta los programas de computadora. En 1991 los fabricantes de computadoras empezaron a rebajar sus precios más rápidamente de lo que disminuían los costos gracias a los avances tecnológicos. La guerra de precios se prolongó hasta 1992, cuando Apple y Dell disminuyeron sus precios en más del 35%. A consecuencia de este conflicto, ahora hay dos grupos de productos en el campo de la computación: las innovaciones tecnológicas con precios elevados y los "productos de uso común" con precios cada vez más bajos.[22]

A corto plazo, a los consumidores les benefician las guerra de precios porque en ellas los precios decrecen considerablemente. Pero a la larga las consecuencias no son tan claras. Una cosa sí es evidente: las guerras de precios pueden perjudicar a muchas empresas, sobre todo a las más débiles de una industria. Al respecto un consultor recomendó a un grupo de detallistas: "La competencia prolongada de precios puede ocasionar un efecto devastador en las utilidades."[23] Al decrecer las utilidades, disminuye también el número de competidores y, a la larga, posiblemente la fuerza de la competencia. Tras guerras de precios muy prolongadas, han debido abandonar el mercado algunas compañías en industrias tan diferentes como los comestibles y las computadoras personales. Con el tiempo un número menor de competidores optarán por elaborar menos productos y cobrar precios más elevados al consumidor.[24]

Competencia no relacionada con los precios

En la **competencia no relacionada con los precios**, los vendedores mantienen estables los precios y tratan de mejorar su posición en el mercado, poniendo de relieve otros aspectos del programa de marketing. Desde luego, habrá que tener en cuenta los precios de los competidores, pudiendo darse cambios de precios a lo largo del tiempo. Sin embargo, en este tipo de competencia el interés se centra en otro aspecto que no sea el precio.

Si utilizamos algunos términos comunes de la teoría económica, podremos distinguir entre la competencia de precios y la de otro tipo. En la competencia de *precios*, los vendedores intentan subir o bajar por las curvas de la demanda cambiando los precios. En la competencia *ajena a los precios*, tratan de desplazarlas hacia la derecha mediante la diferen-

Estrategias de precios   **445**

FIGURA 12-4

Cambio de la curva de la demanda de esquíes.

La competencia no relacionada con los precios puede cambiar la curva de la demanda de un producto. Una compañía que vende esquíes en el mercado europeo se sirvió de un programa promocional para vender más esquíes al mismo precio, con lo cual convirtió DD en D'D'. El volumen creció de 35 000 a 55 000 unidades a $250 (punto X a punto Y). Además de la publicidad, ¿qué otros medios podría usar para cambiar su curva de la demanda?

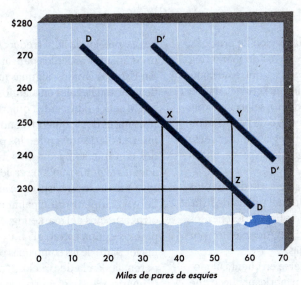

ciación de productos, las actividades promocionales o alguna otra técnica. En la figura 12-4, la curva de la demanda del productor de un modelo de esquíes es DD. A un precio de $250, el fabricante puede vender 35 000 pares al año en el mercado europeo. Tan sólo a partir de la competencia de precios, las ventas podrán aumentar a 55 000 si está dispuesto a rebajar el precio a $230. La curva de la demanda sigue siendo DD.

Pero el fabricante quiere acrecentar considerablemente las ventas sin disminuir el precio. En consecuencia, emprende un nuevo programa promocional, una forma de competencia no relacionada con el precio. Supongamos que persuade a un número suficientemente grande de consumidores para que compren al precio original de $250, de manera que las ventas unitarias crezcan a 55 000 pares al año. De hecho, la curva entera de la demanda ha cambiado a la posición D'D'.

Muchas empresas dan prioridad a la competencia no relacionada con los precios; a otras les gustaría basarse en ella más que en la competencia de precios. Deseosas de ser dueñas de su propio destino, las compañías están seguras de ejercer más control en el primer tipo de competencia. En la competencia de precios, muchos consumidores comprarán una marca mientras se ofrezca al precio más bajo. Existe poca lealtad por parte de ellos, cuando el precio es la única característica que diferencia los productos.

En cambio, en la competencia no relacionada con los precios, el vendedor conserva un poco de su ventaja competitiva cuando un rival decide rebajar los precios. La mejor estrategia entonces consiste en crear un fuerte, y de ser posible, invulnerable, capital de marca en favor de los productos de la empresa. Esto se logra aplicando dos métodos: desarrollar productos bien diferenciados, posiblemente únicos, o bien preparar un programa promocional atractivo y novedoso. Además, hay compañías que ponen de relieve la diversidad y calidad de los servicios complementarios que dan a los clientes.[25]

■ RESUMEN

Luego de establecer las metas de la fijación de precios y el precio base (o de lista), los ejecutivos de marketing deberán escoger las estrategias de precios que sean compatibles con el resto de la mezcla de marketing. Cuando una compañía lanza un nuevo producto, selecciona una estrategia de descremado del mercado o de penetración en el mercado. En la primera estrategia fija un precio inicial relativamente alto y en la segunda un precio inicial bajo.

También deben diseñarse estrategias de descuentos y bonificaciones, o sea deducciones del precio de lista. Los directivos tienen la opción de ofrecer descuentos por volumen, descuentos comerciales, descuentos por pronto pago u otros tipos de rebajas.

Los costos del flete deben tenerse en cuenta al momento de establecer los precios. Un fabricante hace que el cliente pague todos estos costos (precios de fábrica LAB) o bien él los absorbe en su totalidad (precios de entrega uniforme). Otra opción consiste en que ambas partes compartan el flete (absorción de flete). En Estados Unidos las decisiones sobre descuentos y bonificación por flete deben sujetarse a la Robinson-Patman Act, ley que regula la discriminación de precios.

Los gerentes deciden si cobran el mismo precio a todos los compradores similares de cantidades idénticas de un producto (estrategia de un precio) o bien si les fijan precios distintos (estrategia de precios flexibles). Muchas organizaciones, sobre todo los detallistas, aplican por lo menos una de las siguientes estrategias especiales: precios unitarios (que incluyen no sólo el precio total, sino también el precio de una medida estándar); la línea de precios (consistente en seleccionar un número limitado de precios a los cuales se venden los productos conexos); precios impares (o sea precios fijados en cantidades nones); y precios de líder (reducción temporal del precio en unos cuantos artículos para atraer a los consumidores). En Estados Unidos, algunas modalidades de los precios de líder son ilegales en algunos estados.

Muchos fabricantes quieren conservar el precio de reventa, es decir, quieren controlar los precios en que los intermediarios revenden los productos. Algunos métodos con que se hace esto son más eficaces que otros; además algunos pueden ser ilegales.

Otra decisión básica que adoptan los gerentes se refiere a competir principalmente en el precio o bien en otros aspectos del marketing. Aunque la competencia de precios es una estrategia muy común en los años 90, la mayor parte de las compañías prefieren otro tipo de competencia. En la de precios, éstos constituyen el medio primario, y acaso el único, para atraer clientela y conservarla. Un número creciente de negocios han empezado a adoptar la fijación de precios orientada al valor para mejorar la razón entre beneficios y precio, con el fin de arrebatarle así clientes a la competencia. Las oportunidades de mercado y los factores competitivos a veces impulsan a las compañías a introducir cambios de precios o, en otros casos, a responder ante los cambios que efectúan sus competidores. Una serie de rebajas sucesivas por parte de ellos puede provocar una guerra de precios, situación que merma las utilidades de todas las compañías de la industria.

En la competencia no relacionada con los precios, los vendedores mantienen estables los precios y buscan una ventaja diferencial en otros aspectos de sus mezclas de marketing. Entre los métodos más comunes de este tipo de competencia figuran los siguientes: ofrecer productos bien diferenciados y atractivos, promoción y servicios al cliente.

Estrategias de precios

Más sobre

PROCTER & GAMBLE

Con muchos de los productos que vende a cadenas de supermercados, Procter & Gamble (P&G) ha sustituido las "ofertas especiales" por precios bajos todos los días. Pensaba que los supermercados estaban aprovechando esas ofertas. Desde su punto de vista, compraban excesivas cantidades de productos cuando éstos tenían precios por debajo del nivel normal y los almacenaban para venderlos después, quizá al cabo de 6 meses. Más aún, de acuerdo con la compañía, los supermercados no estaban usando todos los fondos que los fabricantes les proporcionaban para las actividades del marketing; más bien los utilizaban para acrecentar sus ingresos.

Muchos supermercados se quejaban de la nueva estrategia que P&G aplicaba a la fijación de precios. Esperaban los descuentos comerciales y las bonificaciones promocionales no sólo para obtener fondos y realizar varias clases de promoción, sino también para aumentar sus estrechos márgenes de utilidad. Los supermercados que aplican la estrategia de precios altos se sienten muy molestos con el cambio de P&G. Necesitan ofertas especiales para adquirir productos que usan después como líderes (la parte "baja"); otros artículos de la tienda se expenden a precios normales (la parte "alta") y generar utilidades.

Algunos supermercados manifestaron su malestar con la compañía disminuyendo su relación con ella. Por ejemplo, a mediados de 1992 Safeway dejó de vender varias marcas y tamaños de P&G, aunque ninguna de ellas tenía gran demanda.

Según algunas cadenas de supermercados, la compañía puso en práctica la estrategia de precios bajos todos los días porque las cadenas de tiendas de descuento, como Wal-Mart, que son los principales clientes los ofrecen también a sus clientes. No podemos negar que P&G y Wal-Mart han establecido una estrecha relación de trabajo tras varios años de tratos muy amistosos. De hecho, para mantener buenas relaciones con su cliente principal, P&G envió un grupo de gerentes a Bentonville (Arkansas), localidad donde se encuentran las oficinas generales de Wal-Mart.

Ninguno de los supermercados que desprecia la estrategia de precios bajos todos los días instrumentada por P&G podrá negar que el método tradicional de fijar los precios plantea problemas. El primero de ellos es el creciente uso de la compra anticipada, en virtud de la cual los supermercados adquieren enormes cantidades de un producto en la época de ofertas especiales. ¿Qué sucede entonces? Muchos productos se compran en esa forma y estos inventarios no se agotan por varios meses; de ahí que las cadenas de tiendas se vean obligadas a construir o adquirir más bodegas. Por supuesto, ni estas bodegas ni los empleados que se requieren para operarlas son gratis. Los supermercados pierden, pues, parte (o la totalidad) de los ahorros logrados de ese modo.

Los fabricantes de bienes empacados que compiten con P&G poco a poco han ido adoptando la estrategia de precios bajos todos los días. Conforme a una encuesta realizada por Marketing Corporation of American, 6 de cada 10 empresas la aplican o tratan de aplicarla. Así, en 1991 Colgate-Palmolive redujo los descuentos a corto plazo de algunos productos relativos al cuidado personal. Algunos fabricantes están a la expectativa para ver si P&G gana la guerra con las cadenas de supermercados. Si la pierde, posiblemente las cadenas contraataquen y disminuyan el número de productos de la compañía que tienen en sus tiendas o reduzcan el espacio que les tienen asignado en sus estantes. De ser así, otras compañías de bienes empacados ajenos al problema podrían obtener más espacio en los estantes, requisito indispensable para alcanzar el éxito en esta industria. Pero si P&G sale vencedora, su método de fijar los precios se convertirá en la norma de los bienes empacados. Y entonces seguramente sus competidores se apresurarán a adoptar la estrategia de precios bajos todos los días.

Hubo además otros factores que impulsaron P&G a probar una nueva forma de establecer los precios. Por ejemplo, durante algunos años los supermercados dominaron a sus proveedores. Hoy P&G trata de recobrar el control de sus canales de distribución, y un medio de conseguirlo es aplicar la estrategia de precios bajos todos los días.[26]

1. ¿Aporta la estrategia de precios bajos beneficios a las cadenas de supermercados?
2. ¿Seguirán otros fabricantes de bienes empacados el ejemplo de P&G, disminuyendo la frecuencia de las ofertas especiales y recurriendo más bien a la estrategia de precios bajos todos los días?

■ TÉRMINOS Y CONCEPTOS BÁSICOS

Estrategia (424)
Fijación de precios basada en el descremado del mercado (425)
Fijación de precios orientada a la penetración en el mercado (425)
Descuentos por volumen (426)
Descuento no acumulativo (426)
Descuento acumulativo (427)
Descuentos comerciales funcionales (428)
Descuento por pronto pago (428)
Descuentos de temporada (429)
Facturas postdatadas (429)
Descuento promocional (429)
Discriminación de precios (430)
Robinson-Patman Act (430)
Fijación de precios de fábrica LAB (432)
Fijación de precios de entrega uniforme (432)
Fijación de precios de entrega por zona (433)
Fijación de precios con absorción de flete (433)
Estrategia de un precio (434)
Estrategia de precios flexibles (precios variables) (434)
Estrategia de un solo precio (436)
Líneas de precios (436)
Fijación de precios impares (437)
Fijación de precios basados en precios líder (437)
Líderes (437)
Líder de pérdidas (437)
Leyes contra prácticas injustas (actos de ventas injustas) (437)
Fijación de precios unitarios (438)
Mantenimiento del precio de reventa (438)
Precio de lista recomendado (439)
Competencia de precios (440)
Fijación de precios orientada al valor (442)
Guerra de precios (444)
Competencia no relacionada con los precios (444)

■ PREGUNTAS Y PROBLEMAS

1. En cada uno de los siguientes productos, ¿debería el vendedor adoptar una estrategia de fijación de precios orientada al descremado del mercado y a la penetración en él? Fundamente su respuesta con argumentos.
    a. Vestidos de alta costura diseñados y confeccionados por Yves St. Laurent.
    b. Pintura para exteriores de casas que dura el doble de cualquier otra marca.
    c. Un cigarro que *no contiene nada* de alquitrán ni nicotina.
    d. Una tableta que convierte un galón de agua en un galón de combustible para automóvil.

Estrategias de precios

2. A medida que se va realizando la unificación económica y se eliminan las barreras comerciales en 12 países de la Comunidad Europea (CE), muchas compañías analizan la mejor manera de conseguir ventas y ganancias en todo este enorme mercado o en una parte de él. Mencione dos marcas norteamericanas que podrían adoptar una estrategia de fijación de precios con descremado del mercado en la Comunidad Europa y otras dos que podrían aplicar una estrategia diseñada para penetrar en el mercado.
3. Distinga exactamente entre descuento acumulativo y descuento no acumulativo. ¿Qué tipo de descuento por volumen tiene una mejor justificación social? ¿Por qué?
4. Un fabricante de electrodomésticos cobra un precio de lista de $800 por unidad de un modelo de refrigerador y concede descuentos comerciales de 35, 20 y 5%. ¿Cuál es el precio de lista del fabricante? ¿Quién podría recibir estos descuentos?
5. Craig Charles Company vende sus productos al mismo precio a todos sus clientes. Uno de sus gerentes de ventas descubre que Jamaican Enterprises ofrece venderle más barato a uno de sus clientes, Rocky Mountain Sports. Después Craig Charles Company reduce el precio a ese tienda, aunque conserva el precio original al resto de los clientes. ¿Viola con esta rebaja la Robinson-Patman Act?
6. "Un sistema de precios basado en el punto de producción LAB es el único sistema geográfico que resulta justo para los compradores." Comente esta afirmación.
7. Una compañía del este de un país desea competir en los mercados del oeste, donde hay una importante ventaja respecto a los costos del flete. ¿Qué alternativas de precios podrá adoptar para superar esas diferencias?
8. ¿En qué condiciones una compañía tenderá a servirse de una estrategia de precios variables? ¿Puede mencionar empresas que la apliquen en otros casos en que no se utiliza el trueque de venta?
9. Basándose en los temas explicados en el presente capítulo, diseñe una serie de estrategias de precios para el fabricante de un nuevo limpiador de vidrios que se vende a los supermercados a través de intermediarios. Vende a $15 cada caja con frascos de 16 onzas del limpiador.

■ APLICACIÓN EL MARKETING

1. Realice un seguimiento para ver qué está sucediendo con la estrategia de precios bajos todos los días de P&G. Hágalo entrevistando al gerente de un gran supermercado de su localidad. Pregúntele si la empresa está empleando esa estrategia en su trato con la cadena y, de ser así, si a esta cadena de supermercados le gusta o disgusta la estrategia y si ha hecho algo en respuesta a ella. Si el gerente dice que no están utilizando la estrategia, pregúntele la razón. En caso de que no la conozca, pregúntele si puede hablar personalmente o por teléfono con uno de los clientes que compra bienes empacados de P&G.
2. Entreviste al dueño o al director general de una compañía de su localidad sobre si recurren a la competencia de precios o a la no relacionada con los precios, pidiéndole que le explique por qué lo hacen. También pregúntele si su método es semejante o diferente al que emplean los competidores para comercializar el producto primario de la empresa.

■ NOTAS Y REFERENCIAS

1. Eben Shapiro, "P&G Takes On the Supermarkets with Uniform Pricing", *The New York Times*, 26 de abril, 1992, p. F5; Zachary Schiller, "Not Everyone Loves a Supermarket Special", *Business Week*, 17 de febrero, 1992, pp. 64, 66, 68.
2. Stephanie A. Forest, "Compaq Declares War on the Clones", *Business Week*, 15 de junio, 1992, p. 43; Kate Bertrand, "Apple Bites Back", *Business Marketing*, agosto de 1991, pp. 12, 14, 16, 17.
3. George S. Day y Adrian B. Ryans, "Using Price Discounts for a Competitive Advantage", *Industrial Marketing Management*, febrero de 1988, pp. 1-14.
4. Una exposición más completa sobre las estrategias y políticas de precios se encuentra en Gerard J. Tellis, "Beyond the Many Faces of Price: An Integration of Pricing Strategies", *Journal of Marketing*, octubre de 1986, pp. 146-160.
5. Una reseña de los aspectos gerenciales, legales y éticos de los precios flexibles en los mercados industriales se da en

Michael H. Morris, "Separate prices as a Merketing Tool", *Industrial Marketing Management*, mayo de 1987, pp. 79-86.

6. Una explicación exhaustiva sobre los precios flexibles, en que además se estudia un modelo teórico y las implicaciones gerenciales viene en Kenneth R. Evans y Richard F. Beltramini, "A Theoretical Model of Consumer Negotiated Pricing: An Orentation Perspective", *Journal of Marketing*, abril de 1987, pp. 58-73.

7. "Can Buyers Like Single Price", *St. Louis Post-Dispatch*, 1 de septiembre, 1992, p. 6b.

8. Christina Duff, "Single-Price Stores' Formula for Success: Cheap Merchandise and a Lot of Clutter," *The Wall Street Journal*, 30 de junio, 1992, p. B1; Kate Fitzgerald, "$1 Store Fills the Bill," *Advertising Age*, 16 de diciembre, 1991, p. 26.

9. Robert M. Schindler y Lori S. Warren, "Effects of Odd Pricing on Price Recall," *Journal of Business*, junio de 1989, pp. 165-177; Robert Blattberg y Kenneth Wisniewski, "How Retail Price Promotions Work: Empirical Results," Marketing Working Paper No. 42, University of Chicago, 1987.

10. Un estudio sobre los efectos que las leyes relativas a las ventas injustas tienen en los niveles de precios y en la competencia entre las tiendas pequeñas y los grandes almacenes de comestibles se encuentra en Willard F. Mueller y Thomas W. Paterson, "Effectiveness of State Sales-below-Cost Laws: Evidence from the Grocery Trade", *Journal of Retailing*, verano de 1986, pp. 166-185.

11. Una exposición sobre la situación legal de la conservación del precio de reventa y sobre algunas medidas que los fabricantes pueden tomar para evitarse problemas legales cuando instituyan programas de mantenimiento de dichos precios se da en Mary Jane Sheffet y Debra L. Scammon, "Resale Price Maintenance: Is It Safe To Suggest Retail Prices?" *Journal of Marketing*, otoño de 1985, pp. 82-91.

12. Paul M. Barrett, "FTC's Hard Line on Price Fixint May Foster Discounts", *The Wall Street Journal*, 11 de enero, 1991, p. B1.

13. Paul M. Barrett, "Anti-Discount Policies of Manufacturers Are Penalizing Certain Cut-Price Stores", *The Wall Street Journal*, 27 de febrero, 1991, p. B1.

14. Gary Strauss, "Athletic-Shoe Makers Pressure Retailers on Prices", *USA Today*, 10 de diciembre, 1992, p. 4B.

15. "Nintendo Gets Zzapped! in the Price Game", *Newsweek*, 22 de abril, 1991, p. 48.

16. Bill Javetski, "Price War I Is Raging in Europe", *Business Week*, 6 de julio, 1992, pp. 44-45.

17. Bill Saporito, "Why the Price Wars Never End", *Fortune*, 23 de marzo, 1992, pp. 68-71+.

18. Forest, loc. cit.; Michael Allen, "Developing New Line of Low-Priced PCs Shakes Up Compaq", *The Wall Street Journal*, 15 de junio, 1992, pp. A1, A4.

19. Stratford Sherman, "How To Prosper in The Value Decade", *Fortune*, 30 de noviembre, 1992, p. 98. Más información acerca de este tema se da en Christopher Power, "Value Marketing", *Business Week*, 11 de noviembre, 1991, pp. 132-135+.

20. Robert Steyer, "Weedkiller's Price Cut to Fight Drought, Competition", *St. Louis Post-Dispatch*, 18 de marzo, 1991, p. 7BP.

21. Peter Coy, "Sounding More and More Like a Three-Man Band", *Business Week*, 23 de abril, 1990, p. 30.

22. Andrew Kupfer, "Who's Winning the PC Price Wars", *Fortune,* 21 de septiembre, 1992, pp. 80-82; Kathy Rebello, "They're Slashing as Fast as They Can", *Business Week*, 7 de febrero, 1992, p. 40; Bertrand, loc. cit.

23. Albert D. Bates, "Pricing for Profit", *Retailing Issues Newsletter*, septiembre de 1990, p. 1.

24. John R. Wilke, "PC Giants' Price War Hurts Tiny Makers", *The Wall Street Journal*, 2 de noviembre, 1992, p. B1; Katia Hetter, "Grocery Rivals Plunge Houston into a Price War", *The Wall Street Journal*, 20 de agosto, 1992, p. B1.

25. Tres formas recomendadas de competencia no relacionada con los precios entre los detallistas se explican en Bates, op. cit., p. 4.

26. Información adicional se encuentra en Jon Berry, "It's Closer Than You Think", *Brandweek*, 26 de octubre, 1992, pp. 26, 28; Valerie Reitman, "P&C Strategy on Discounts Faces Problems", *The Wall Street Journal*, 16 de junio, 1992, p. B8; Judann Dagnoli, "P&G Plays Pied Piper on Pricing", *Advertising Age*, 9 de marzo, 1992, p. 6.

CASOS DE LA PARTE 4

CASO 1   AT&t VideoPhone

FIJACIÓN DE PRECIOS DE PRODUCTOS NUEVOS

En la Feria Mundial de 1964 celebrada en Nueva York, AT&T exhibió un prototipo de "teléfono con imagen", aparato que podía enviar películas a través de las líneas telefónicas. En 1970 el público ya podía alquilar Picturephone a $160 dólares mensuales. Tres años después, AT&T abandonó el producto ante la falta de interés de los usuarios potenciales.

Pero los adelantos de la tecnología y las necesidades de los consumidores cambian con el tiempo. Por tanto, en agosto de 1992 la empresa lanzó al mercado VideoPhone 2500. A diferencia de lo sucedido dos o tres décadas antes, el videofono es ahora factible desde el punto de vista económico y tecnológico, pues ya se cuenta con chips más perfeccionados y baratos, con cámaras diminutas y también se ha avanzado muchísimo en la transmisión de señales por audio y video a través de las mismas líneas telefónicas. AT&T dedicó 2 años, 30 empleados de tiempo completo y $10 millones a la misión de desarrollar el VideoPhone 2 500. Y además tuvo que solicitar la ayuda de una corporación independiente, Compression Labs Incorporated de San Jose, California, para "hacer caber" las imágenes visuales en las líneas telefónicas ordinarias.

VideoPhone es un gran teléfono de escritorio, con un teclado y un módulo de video de plegable que contiene una pantalla de color situada debajo de un pequeña lente de cámara. Un blindaje móvil permite al usuario bloquear la cámara y tener una breve privacidad durante una llamada de video. Desde luego, el VideoPhone también permite llamadas exclusivamente de audio.

Un gran adelanto en la compresión de imágenes de video en datos analógicos permite a los nuevos videofonos utilizar las líneas telefónicas comunes. Una buena noticia: basta que el cliente conecte el nuevo VideoPhone a un aparato telefónico ordinario y estará listo para funcionar. Además, como se emplean líneas normales, el costo de una llamada de video es igual a la de una llamada de audio. Una mala noticia: las líneas telefónicas comunes no disponen de suficiente espacio para transmitir una imagen excelente. Por tanto, la imagen es un poco borrosa e inestable; además, los elementos del audio y video no están complementante sincronizados.

El precio de introducción de VideoPhone fue de $1,499. A principios de 1993, el precio se rebajó a $999. Desde luego, para usarlo debidamente se requiere que ambos interlocutores tengan un VideoPhone. Este aparato lo distribuye At&T a través de sus tiendas Phone Center y también en algunos otros establecimientos. En todos esos comercios la gente puede alquilar un VideoPhone por $30 diarios e incluso rentar temporalmente uno que se exhiba en la tienda.

Como sucede con muchos productos nuevos, el elevado precio de introducción limitó la demanda. Con todo, AT&T piensa que VideoPhone tiene enorme potencial en el mercado industrial y en el de consumidores. La mayor demanda posiblemente provenga de los abuelos (aquellos que cuentan con un ingreso discrecional) que viven muy lejos de sus nietos y quieren verlos periódicamente, aunque sea en una pantalla de 11 pulgadas. Por supuesto, quizá tengan que desembolsar $2 000: una unidad para ellos y otra para la casa de sus nietos. Otro mercado potencial lo constituyen las personas con problemas de sordera, que pueden servirse del videofono empleando el lenguaje de señales.

Entre los mercados más prometedores figuran las compañías que quieren mostrar los productos a los prospectos o hacer demostraciones de equipo para los empleados que se encuentran en sitios apartados. Los abogados pueden utilizar el VideoPhone para tomar la declaración de testigos en otras

ciudades y a los trabajadores sociales les servirá para orientar a clientes que no pueden salir de casa. AT&T también está posicionando el producto como una opción práctica ante los caros sistemas de conferencias de video, cuyo equipo cuesta $30 000 y las líneas de comunicación tienen un precio aproximado de $30 por hora. Sin embargo, el tamaño reducido de la pantalla y la baja calidad visual hacen que VideoPhone no sea una alternativa adecuada ante los sistemas de videoconferencias de mejor calidad.

AT&T no ha dado a conocer los resultados iniciales de ventas de VideoPhone. Pero al parecer hasta ahora son modestas. Por ejemplo, la tienda Phone Center situada en un suburbio de St. Louis vendió 22 aparatos durante los primeros 7 meses que el producto estuvo en el mercado. Y nueve de ellos los compró el mismo cliente.

Prescindiendo de su nivel actual de ventas, la compañía no tiene todo el mercado para ella sola. A principios de 1993, MCI comenzó a vender un producto similar que fabrica una firma inglesa, GEC-Marconi. Este videofono, que se parece al producto de AT&T (Fig. 1), tiene un precio de $750 dólares. Los dos productos se construyeron atendiendo a diferentes estándares; la versión MCI, por ejemplo, se ajusta al estándar europeo de telecomunicaciones. De ahí la preocupación por la incompatibilidad entre marcas rivales, algo semejante a lo que ocurrió hace algunos años con los videotapes de formato VHS y Betamax. Por su parte, AT&T piensa que tanto a los usuarios como a los fabricantes les convendría que las marcas rivales de videofono tuvieran estándares compatibles.

Conforme a algunos pronósticos, las ventas de videofonos y de sistemas de teleconferencias de mejor calidad pronto ascenderán a cientos de millones de dólares. Por eso, el VideoPhone afrontará una competencia más amplia e intensa de productos similares introducidos por empresas europeas y japoneses. Por ejemplo, aunque en los años 80 Mitsubishi Electric trató en vano de vender un videofono en blanco y negro y de imagen fija, proyecta reingresar en el mercado con un nuevo producto que incorpore la tecnología más reciente.

No todos están convencidos de que el videofono resulta muy atractivo para el público en general, cualquiera que sea su precio. Algunos pesimistas no quiere ver al interlocutor al otro lado de la línea. Otros críticos se quejan de violación de la intimidad o privacía. No obstante hay muchos que ven con optimismo el futuro de esta innovación. De acuerdo con un pronóstico, este aparato cambiará radicalmente la vida del hombre. Como escribió alguien en *The Wall Street Journal*: "El videofono reunirá a amigos y parientes, a hombres de negocios y clientes, a médicos y pacientes en una forma en que no lo hacen los teléfonos ordinarios y con una rapidez que no puede igualar ningún transporte".

FIGURA 1 Comparación entre los videofonos de AT&T y los de MCI

Característica	Videofono de AT&T	Videofono de MCI
Auricular	Sí	Sí
Pantalla de Color	Sí	Sí
Tamaño de la pantalla	11 pulgadas cuadras	9 pulgadas cuadradas
Calidad de imagen	Adecuada	Adecuada
Precio	$999	$750
Compatible con marca de la competencia	No	No
Visión automática	Sí, pero no cuando se ve el video de llegada	Sí, en el ángulo de la pantalla

PREGUNTAS

1. Dada la naturaleza del producto y la importancia relativa del precio, ¿debería AT&T competir basándose en factores de precio o en factores ajenos al precio al comercializar el VideoPhone?
2. ¿Ha aplicado AT&T una estrategia de descremado del mercado o de penetración en el mercado al fijar el precio de VideoPhone?
3. Evalúe los precios puestos a VideoPhone hasta la fecha.
4. ¿Qué otros mercados meta (aparte de los abuelos, las compañías, etc.) ofrecen gran potencial como compradores de VideoPhone?

Fuente: Mark Lewyn, "Comb Your Hair, Honey - It's for You", *Business Week*, 18 de enero, 1993, p. 88; Anthony Ramirez, "Rethinking the Plain Old Telephone", *The New York Times*, 3 de enero, 1993, sección 3, pp. 1, 6; William M. Bulkeley, "The Videophone Era May Finally Be Near, Bringing Big Changes", *The Wall Street Journal*, 10 de marzo, 1992, pp. A1, A10; Joe Holleman, "Video Phones for Ordinary People; Grand Idea If You Can Spare a Grand", *St. Louis Post-Dispatch*, 30 de marzo, 1993, p. 3A.

Casos de la parte 4

CASO 2   *Cuadernos para el año 2000*

ESTRATEGIA COMUNICACIONAL Y DE PRECIO

¿Se acuerda usted de los cuadernos que usó en la enseñanza media? Lo más probable es que tenga un vago recuerdo de ellos y esto por la simple razón que este tipo de producto se adquiría sólo por la necesidad de escribir. Casi todos los cuadernos eran iguales y se diferenciaban muy poco uno de otro, excepto en el número de hojas y en el tipo de cuaderno: para matemáticas, para caligrafía, para dibujo, etc. Lo mismo pasaba por ejemplo con las zapatillas de gimnasia, todas eran iguales de color blanco de goma y lona.

¿Qué sucede en la actualidad? Es obvio que las cosas han cambiado no sólo en el mercado de los cuadernos, sino en la gran mayoría de los sectores, como resultado de que ha mejorado la economía, la tecnología, etc. Hoy, el consumidor exige mucho más: más calidad, más servicio, más estética, más beneficios, etc. Los principales fabricantes de cuadernos en el transcurso de los últimos años han incorporado una serie de atributos y beneficios con el fin de enfrentar la dura y difícil competencia, para obtener el beneplácito de sus distintos mercados objetivos. Es así como vemos cuadernos con tapa reforzada, agenda y horarios, separadores, autoadhesivos, doble espiral, entre otros atributos.

Todos sabemos que la venta de este tipo de producto es bastante estacional. De ahí que, los fabricantes deben prepararse estudiando durante el año analizando e investigando los nuevos diseños que estrenarán en la próxima temporada, al inicio del año escolar. En estos últimos tiempos se puede observar cómo las temáticas responden a los distintos grupos objetivos: deportes, mundo infantil (dibujos animados), la pareja, los cantantes de música moderna, el cuidado y preservación del medio ambiente, la flora y la fauna, etcétera.

La campaña comunicacional es clave para hacer resaltar los beneficios que obtendrá cada uno de los públicos objetivos. Recuerde que en este último caso intervienen no sólo los usuarios de los cuadernos, sino otros, que son quienes influyen y deciden la compra.

Cerca del 90% de las ventas de este sector se realiza durante los meses de febrero y marzo, y se destinan entre 8000 y 9000 toneladas de papel para cuadernos.

Caso preparado por Alexis Gutiérrez Caques, ingeniero comercial, Universidad de Carolina del Norte; master en Administración y Gestión, Universidad C. Lovaina, Bélgica, catedrático de Marketing, Universidad Diego Portales y Universidad Santo Tomás (Chile).

Uno de los primeros cambios que se observaron en los cuadernos fue lo relacionado a sus tapas (forros). En efecto, normalmente son bastante delgadas y de poco colorido. La primera innovación correspondió a cuadernos con tapas duras y colores llamativos (rojo, azul, verde, etc.), luego se introdujo el *coilock* (espiral) pasando al año siguiente el *twinlock* (doble espiral).

Respecto al precio, se encuentra una notoria diferencia y es así como la marca Torre tiene los precios más altos y, por tanto, si la gente se fijara sólo en esta variable, no sería el líder de mercado, de ahí la importancia de su posicionamiento. En relación con las ventas, Torre tiene una participación del 40%, siendo su mercado objetivo el estrato socioeconómico alto; con su marca Austral, Propa logra un 20% (dirigido al mismo estrato), y Rhein, un 6%. Otras marcas de Mex, como Colón y Record, están dirigidas a los estratos medios y bajos; y la marca Mistral, de Propa se encuentra dirigido al estrato medio.

Los insumos para fabricar los cuadernos son casi los mismos y en este sentido es digno de destacar que el principal abastecedor de la materia prima (papel) es el mismo para todos los fabricantes: Compañía Manufacturera de Papeles y Cartones. En materia comunicacional, una vez más la tapa es el medio clave en donde los fabricantes utilizan sus distintas temáticas dirigidas a sus grupos objetivos: Torre, reciclable; Austral, la fauna; Rhein, la pareja, etcétera.

Debido a la estacionalidad de las ventas, la inversión en publicidad se concentra fuertemente en enero y febrero, y año a año ha ido aumentando y las estrategias son cada vez más refinadas en la búsqueda de lograr el posicionamiento deseado y captar la preferencia de sus mercados meta.

A modo de ejemplo es posible señalar que sólo lo que se invirtió en televisión durante el mes de febrero de 1994, alcanzó una cifra cercana a los $170 000.000. Mex, con sus marcas Torre y Colón invirtió 31.3% y 7%, respectivamente, de lo señalado anteriormente. Propa, con sus principales marcas Austral y Mistral, invirtió 14.06% y 20.7%, respectivamente. Por su parte, Rhein, la última marca que entró al mercado, invirtió 19.4%.

PREGUNTAS

Si un exportador argentino le solicitara a usted una propuesta de investigación a fin de establecer la estrategia comunicacional y de precio, para lanzar en Chile una marca de cuadernos que ya es líder en Argentina y Brasil, ¿qué presentaría para llenar los siguientes puntos?

a) Objetivo general y específicos de la investigación.
b) Tipos de estudio a realizar.
c) Grupos objetivos a investigar.

CASO 3 *Southwest Airlines*

CRECIMIENTO MEDIANTE LA COMPETENCIA DE PRECIOS

En años recientes el precio ha sido el arma favorita en la lucha de las aerolíneas por ganar clientes. La evidencia indica lo siguiente: las guerras de precios han beneficiado a los viajeros con tarifas más bajas, pero normalmente no han generado clientes leales ni ganancias uniformes a las compañías aéreas. De hecho, los precios bajos y las estrategias irracionales relacionadas con ellos contribuyeron a la desaparición de algunas (Eastern, Braniff) y obligaron a otros a buscar protección contra la quiebra (TWA, Continental, America West).

En medio de este caos, por lo menos una compañía —Southwest Airlines— se sirvió del elemento del precio de su programa de marketing para asegurarse la preferencia de los clientes y obtener ganancias. Ofrece un servicio austero con tarifas baratas en más de 1 200 vuelos diarios y cortos, aproximadamente entre tres docenas de ciudades en una tercera parte de los estados. A lo largo de los años tiene una marca de ganancias constantes que no ha sido igualada por otras compañías aéreas de Estados Unidos.

El vuelo inaugural de Southwest Airlines se efectuó en 1971. En un principio, sus cuatro aviones daban servicio solamente a tres ciudades de Texas: Dallas, Houston y San Antonio. En 1978 comenzó el servicio interestatal. Se concentra en rutas nacionales cortas; por ejemplo, Phoenix-Las Vegas y St. Louis-Kansas City. Los vuelos duran un promedio de 55 minutos. No da servicio internacional.

Southwest Airlines prefiere evitar la competencia directa con las grandes empresas. Se concentra en mercados que, a su juicio, tienen pocos vuelos y tarifas relativamente altas. Sus precios están sin duda por debajo del precio de mercado, quizá 50 o 60% menos que los que los competidores cobran en las mismas rutas. Algunas veces su ingreso en el mercado desencadena una prolongada guerra de precios.

De 100 000 pasajeros en 1971, su base de clientes aumentó a más de 25 millones de pasajeros por año. Su éxito sorprende al recordar que la compañía *no* ofrece a los viajeros: sección de primera clase, asientos asignados, comidas ni transferencia de equipaje entre las líneas aéreas. Por lo visto, estas carencias se compensan con creces por lo que los clientes reciben a cambio: vuelos frecuentes, arribos puntuales, servicio amistoso y precios por debajo del mercado.

Al respecto el presidente de la empresa Herb Kelleher señala: "La gente siempre quiere un mejor servicio a un precio más bajo, prestado por personas a quienes les gusta su trabajo". Southwest ha sido el triunfador mensual más constante de la "triple corona" de la industria: mejores resultados en puntualidad, menor cantidad de quejas de los clientes e índice más bajo de pérdida de equipaje.

A lo largo de los años, sus temas promocionales han ido cambiando, y por buenas razones. Durante parte de los años 70, se promovía como "a beatiful way to fly" (hermosa manera de volar) y las azafatas usaban *shorts*. Ahora, con un presupuesto anual de publicidad aproximadamente de $25 millones, la compañía se concentra en campañas destinadas a mercados locales. Por ejemplo, en estos momentos en que se encuentra en construcción la principal ruta terrestre al enorme aeropuerto O'Hare de Chicago, pone de relieve cuán fácil es tomar los vuelos procedentes de Midway y con destino a ese sitio: el "otro aeropuerto" de Chicago.

La compañía ofrece precios bajos y, por tanto, debe conservar bajos los costos si quiere ser rentable. Teniendo presente esto, procura conservar sus aviones en vuelo el mayor tiempo posible. Al hacerlo, utiliza con un máximo de eficiencia sus activos más caros: su flota de 125 aviones. Y lo logra: sus aviones vuelan 11 horas diarias, en tanto que el promedio de la industria es de 8 horas. Una vez que aterriza uno de sus aviones, generalmente tarda 15 minutos (y no los 45 minutos que son el promedio de la industria) en prepararse para el siguiente vuelo. Además, a fin de reducir los costos de adiestramiento del personal y el inventario de piezas de repuesto, sólo utiliza un tipo de avión: el Boeing 737.

Otra forma en que Southwest Airlines controla los costos consiste en tener una fuerza laboral productiva. Así, el avión a menudo usa solo una agente de sala, y no tres agentes, para ayudar a los pasajeros a abordar el avión. Estas tácticas le permiten tener los costos más bajos de operación en la industria: menos de 7 centavos por asiento disponible por milla. En cambio, los del resto de las empresas fluctúa entre 9 y 15 centavos.

El ambiente organizacional del trabajo lo crea Kelleher, quien refuerza la cultura orientada a los pasajeros visitando a empleados hospitalizados y llevando rosquillas a los que trabajan en mantenimiento a medianoche.

Ante la ausencia de servicios (comida, asientos asignados y otras comodidades), cabría esperar poca lealtad de la marca. Sin embargo, muchos clientes son muy fieles, y hasta fanáticos, en su apoyo a la compañía. ¿Por qué? Por una simple razón: los beneficios de un servicios amistoso, frecuente y a tiempo, combinado con tarifas bajas, constituye un gran valor para muchos pasajeros. Southwest Airlines también los trata como personas: envía tarjetas de cumpleaños a los viajeros frecuentes y hace que algunos de ellos asistan a las entrevistas de las candidatas a azafatas.

La compañía busca —y a menudo consigue— una presencia hegemónica en los mercados que atiende. Por ejemplo, transporta cerca de dos terceras partes de los pasajeros en el Estado de Texas. Y, desde que entró en California hace algunos años, ha obtenido el 25% de la participación de ese mercado estatal.

La presencia de Southwest Airlines no ha pasado inadvertida a otras compañías. Algunas están estudiando la conveniencia de adoptar su estrategia. Por ejemplo, la compañía aérea más grande de Estados Unidos, American Airlines, emprendió estudios para determinar si debe introducir una estrategia de servicio austero en algunos de sus servicios.

Desde su punto de vista, Southwest Airlines no considera que las otras empresas son su competencia principal. Por el contrario, lo son los automóviles de los particulares y el servicio de autobuses entre las ciudades por su servicio de precio bajo y sin lujos. Las estadísticas indican que con el ingreso de la compañía puede expandirse el mercado de viajes por avión en un región. Por ejemplo, el número de pasajeros que vuelan entre Oakland y Ontario (California) aumentó un 123% durante el primer trimestre en que atendió a esas ciudades.

La meta de Kelleher es aumentar la cantidad de clientes en un 15% anual. Es obvio que hay mucho espacio para crecer, pues la compañía no tiene presencia en unas 36 ciudades. Muchas le piden que empiece a atender sus comunidades, pero ella ha procedido con mucha cautela en relación con los nuevos mercados. Por ejemplo, en 1991 sólo incorporó Sacramento a su lista de destinos.

En la organización se teme que el crecimiento incesante cambiará la naturaleza fundamental de Southwest Airlines, y ello la haría menos atractiva a los pasajeros, a los empleados o a unos y otros. Para contrarrestar ese riesgo, ha pedido a un grupo de empleados determinar la mejor manera de conservar su atmósfera amistosa, orientada a las personas.

PREGUNTAS

1. Dado su método de precios, ¿qué tipos de costos (entre ellos los activos fijos y los costos marginales) debe Southwest Airlines controlar muy bien?
2. ¿Cuál es la ventaja diferencial de Southwest Airlines?
3. ¿Qué estrategias de precios debería utilizar la compañía si/cuando otras líneas aéreas imiten su servicio de precios bajos y sin lujos?

Fuentes: Bridget O'Brien, "Southwest Airlines Is a Rare Air Carrier: It Still Makes Money", *The Wall Street Journal*, 26 de octubre, pp. A1, A7; James Campbell Quick, "Crafting an Organizational Culture: Herb's Hand at Southwest Airlines", *Organizational Dynamics*, otoño de 1992, pp. 45-46; Elaine Underwood, "Just Plane Hot", *Brandweek*, 24 de agosto, 1992, pp. 16, 18; Richard S. Teiltelbaum, "Where Service Flies Right", *Fortune*, 24 de agosto, 1992, pp. 115-116;.Wendy Zellner, "Striking Gold in the California Skies", *Business Week*, 30 de marzo, 1992, p. 48; Edward O., Welles, "Captain Marvel",*·Inc.*, enero de 1992, pp. 44-47.

PARTE CINCO

Distribución

El diseño de los arreglos necesarios para transferir la propiedad de un producto y transportarlo de donde se elabora a donde finalmente se consume.

Estamos en el proceso de diseñar un programa de marketing para satisfacer los mercados meta y alcanzar las metas establecidas en la planeación estratégica de marketing de una compañía. Hasta ahora hemos estudiado el producto y los elementos de precio de la mezcla de marketing. Ahora trataremos del sistema de distribución, o sea el medio de hacer llegar el producto al mercado.

La distribución es una parte de la mezcla de marketing que abarca varios aspectos generales: 1) estrategias para seleccionar y operar los canales de distribución; 2) el mercado al detalle y las principales instituciones detallistas que intervienen en la distribución, y 3) el mercado al mayoreo, las principales instituciones mayoristas que se utilizan en la distribución y los arreglos fundamentales para distribuir físicamente los materiales y suministros entre las instalaciones de producción y luego llevar a los mercados meta los productos terminados. Estos temas se estudian en los capítulos 13, 14 y 15, respectivamente.

CAPÍTULO 13

Canales de distribución

¿Mejorarán las ventas de GOODYEAR agregando más canales?

Goodyear Tire and Rubber Company y sus distribuidores tenían un problema muy grave. La relación tan prolongada entre ellos no correspondía a los deseos de gran parte del mercado de compra de llantas. Incluso Stanley Gault, presidente de la compañía desde mediados de 1991, reconocía que su compañía "no estaba dando al mercado lo que los usuarios querían".

Un número cada vez mayor de personas compran llantas en establecimientos que ofrecen muchas marcas con descuento o en las tiendas mayoristas que tienen pocas marcas pero conceden grandes descuentos. En cambio, Goodyear seguía vendiendo sus llantas exclusivamente a través de sus propias tiendas y distribuidores independientes que las ofrecían al público. Aparte de esta deficiencia de la distribución, la compañía tenía otros problemas, como el hecho de contar con escasos productos nuevos. De ahí que su participación en el mercado de llantas de repuesto para automóvil hubiera disminuido del 15% en 1987 al 12% en 1991. Michelin de Francia y Bridgestone de Japón lograron una mayor participación a expensas de ella. Más aún, Goodyear perdió dinero en 1990, primer año sin utilidades en cerca de 60 años de existencia.

No corrieron mejor suerte los distribuidores independientes cuyos ingresos dependían principalmente de los productos de Goodyear. Los usuarios querían que los distribuidores de llantas les ofrecieran una gama muy amplia de precios, pero Goodyear no respondió con suficiente prontitud. Por tanto, sus distribuidores perdieron clientes ante la competencia. Finalmente, aunque acaso demasiado tarde, la compañía les dio a sus distribuidores líneas más baratas de llantas: All-American, Decathlon y Concorde.

A principios de 1992 Goodyear tomó una iniciativa muy atrevida para llegar a un mayor número de usuarios: realizó los arreglos necesarios para vender siete de sus líneas de llantas en las tiendas Sears. Entre las marcas que le suministró figuran la popular Arriva, Eagle GT y Wrangler HT. El convenio fue un paso lógico para Goodyear, puesto que Sears vende más llantas que cualquier otro detallista (cerca de 10 millones al año, o sea 10% del mercado de las llantas de repuesto). Mediante su convenio con Sears, la compañía esperaba agregar otros 2.5 millones de llantas a los 60 millones que vende cada año.

Bajo el liderazgo de Gault, Goodyear ha fortalecido otros elementos de su mezcla de marketing. Lanza al mercado nuevos productos a un ritmo más rápido. Hasta ahora el principal ha sido Aquatred, que deberá brindar una mayor tracción sobre carreteras húmedas. Además, incrementó su presupuestos de publicidad en una tercera parte (a $50 millones anuales) para promover mejor su número creciente de líneas de llantas. Por otra parte, también aumentó el presupuesto publicitario de sus distribuidores cooperando con ellos en este aspecto.

Son verdaderamente alentadores los primeros resultados de los cambios tan radicales del marketing, entre ellos los convenios con Sears. La compañía recuperó su participación en el mercado y obtuvo importantes ganancias en 1992.

Con todo, el camino no está libre de escollos todavía. En particular, muchos de sus distribuidores tradicionales se sintieron molestos o menospreciados (o ambas cosas), cuando Goodyear amplió sus canales de distribución para incluir Sears. Algunos todavía están enojados porque perdieron los derechos exclusivos sobre las famosas marcas de Goodyear. Otros temen que se desencadene una guerra de precios con Sears. Uno de ellos manifestó: "Sentimos como, si después de 35 años de matrimonio, nuestra esposa nos abandonara." Goodyear reconoce que, cuando miles de sus principales canales de distribución están irritados, no todo marcha bien.[1]

Todo considerado, ¿es una buena estrategia de distribución el convenio de Goodyear con Sears?

Aun antes que un producto esté listo para introducirlo en el mercado, ¿los directivos deberían determinar cuáles métodos y medios emplearán para hacérselo llegar? Ello supone establecer estrategias para los canales de distribución del producto y la distribución física. Después, como se aprecia en el caso de Goodyear, las actividades y relaciones de distribución deberán vigilarse y ajustarse a lo largo del tiempo.

La dirección de un canal de distribución a menudo comienza con el fabricante. Por eso estudiaremos los canales principalmente desde el punto de vista de él. Pero, como veremos luego, el problema y las oportunidades que tienen los intermediarios al administrar sus canales se asemejan a los de los fabricantes. Después de estudiar este capítulo, usted deberá ser capaz de explicar:

OBJETIVOS DEL CAPÍTULO

- La naturaleza e importancia de los intermediarios.
- Lo que es un canal de distribución.
- La secuencia de las decisiones que se toman al diseñar un canal.
- Los principales canales de los bienes de consumo, los bienes industriales y los servicios.
- Los sistemas de marketing vertical.
- Intensidad de la distribución.
- Cómo seleccionar a intermediarios individuales.
- La naturaleza de los conflictos y del control dentro de los canales de distribución.
- Algunas consideraciones legales en la administración de canales.

INTERMEDIARIOS Y CANALES DE DISTRIBUCIÓN

La propiedad de un producto debe transferirse de alguna manera del individuo u organización que lo elabora al consumidor que lo necesita y lo compra. Los bienes deben además ser transportados físicamente de donde se producen a donde se necesitan. Por lo regular los servicios no pueden enviarse, sino que más bien se producen y consumen en el mismo lugar (cómo veremos en el capítulo 19).

Dentro de la mezcla del marketing, la función de la distribución consiste en hacer llegar el producto a su mercado meta. La actividad más importante para lograr esto es arreglar su venta (y la transferencia de la propiedad) del fabricante al consumidor final. Otras actividades (o funciones) comunes son promover el producto, almacenarlo y correr parte del riesgo financiero durante el proceso de distribución.

Un productor puede llevar a cabo las funciones anteriores a cambio de un pedido (y, supuestamente, un pago) de un comprador. O bien él y el consumidor comparten estas actividades. Sin embargo, en términos generales las empresas denominadas intermediarios realizan algunas de ellas en favor del productor o del consumidor.

Un **intermediario** es un empresa lucrativa que da servicios relacionados directamente con la venta y/o compra de un producto, al fluir éste del fabricante al consumidor. El intermediario posee el producto en algún momento o contribuye activamente a la transferencia de la propiedad. Algunas veces tiene la posesión física de él.

Se acostumbra clasificar a los intermediarios según que adquieren la propiedad o no de los productos que distribuyen. Los **comerciantes intermediarios** obtienen la propiedad de los productos que contribuyen a comercializar. Los dos grupos de esta categoría son mayoristas y detallistas. Los **agentes intermediarios** nunca obtienen la propie-

Canales de distribución

dad de los productos, pero arreglan la transferencia de la misma. Ejemplos de esta categoría son los corredores de bienes raíces, los agentes de los fabricantes y las agencias de viajes.

¿Qué importancia tienen los intermediarios?
Algunos críticos señalan que los precios son elevados porque existen demasiados intermediarios que realizan funciones superfluas o redundantes. Durante la última recesión de Estados Unidos, algunos fabricantes llegaron a la misma conclusión y procuraron reducir los costos eliminando a intermediarios mayoristas.[2] A veces podemos suprimir los intermediarios en los canales, pero no siempre se logran disminuir los costos. El resultado dista mucho de ser predecible a causa de un axioma básico del marketing: *Podemos eliminar a los intermediarios, pero no las actividades esenciales de distribución que realizan.* Podemos asignar estas actividades (entre ellas crear surtidos y almacenar productos) a otro u otros con el fin de mejorar la eficiencia. Pero siempre habrá alguien que las lleve a cabo: si no es un intermediario, entonces será el fabricante o el consumidor final.[3]

Los intermediarios llevan a cabo las actividades de distribución con mayor eficiencia o con un costo más bajo que los fabricantes o consumidores. Además, rara vez conviene que el fabricante trate directamente con los consumidores finales. Pensemos los problemas que tendría si no hubiera intermediarios detallistas: supermercados, estaciones de gasolina ni taquillas de venta de boletos, por ejemplo.

Como se advierte en la figura 13-1, los intermediarios cumplen la función de agentes de compras para sus clientes y de especialistas de ventas para sus proveedores. Dan servicios financieros a unos y otros. Tanto los proveedores como el público en general se beneficia de los servicios de almacenamiento de los intermediarios, de su capacidad de dividir grandes embarques en cantidades más pequeñas para la reventa y de su conocimiento del mercado.

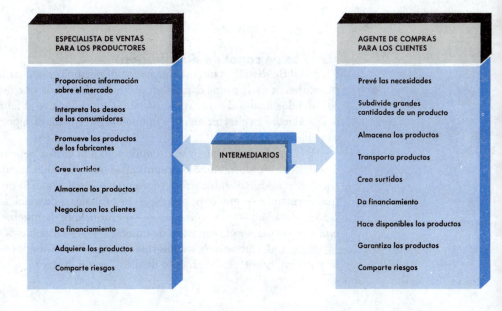

FIGURA 13-1

Actividades comunes de un intermediario.

Los sofás, como muchos otros bienes, suelen distribuirse a través de un canal que incluye al fabricante, al detallista y al consumidor final.

¿Qué es un canal de distribución?

Un **canal de distribución** está formado por personas y compañías que intervienen en la transferencia de la propiedad de un producto, a medida que éste pasa del fabricante al consumidor final o al usuario industrial. Siempre incluye al fabricante y al usuario final del producto en su forma actual y también a intermediarios; por ejemplo, los mayoristas y detallistas.

El canal de un producto se extiende sólo a la última persona u organización que lo compra sin introducir cambios importantes en su forma. Cuando se modifica la forma y nace otro producto, entra en juego un nuevo canal. Cuando procesamos la madera y la transformamos en muebles, participan dos canales individuales. El de la *madera* podría ser el aserradero ⟶ corredor ⟶ fabricante de muebles. El de los *muebles terminados* podría ser el fabricante de muebles ⟶ mueblería ⟶ consumidor.

Además del fabricante, los intermediarios y el consumidor final, hay otras instituciones que intervienen en el proceso de distribución. Entre ellos se encuentran las siguien-

Canales de distribución

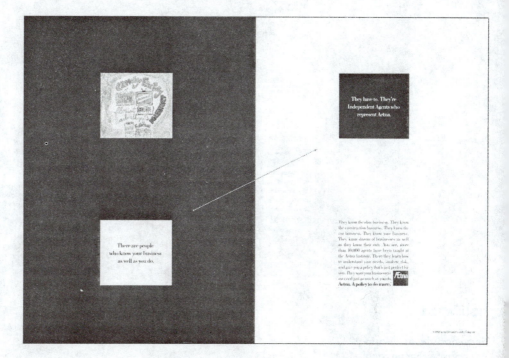

A diferencia de All State y State Farm que utilizan varios canales, Aetna recurre a agentes independientes para distribuir su marca de seguros.

tes: bancos, compañías de seguros, compañías de almacenamiento y transportistas. Pero como no obtienen la propiedad de los productos ni participan activamente en las actividades de compra o de venta, no se incluyen formalmente en los canales de distribución.

En el presente capítulo nos concentraremos en el flujo (o transferencia) de la propiedad de un producto; en una parte del capítulo 15 estudiaremos el flujo físico de los bienes. Se trata de flujos distintos y, por lo mismo, son diferentes las instituciones que los realizan. Por ejemplo, un contratista podría hacerle un pedido de tejas para techo a un distribuidor de materiales de construcción. Para reducir al mínimo el flete y los costos de manejo de materiales, el material podría ser enviado directamente; es decir, fabricante de tejas ⟶ contratista. Pero el canal de transferencia de la propiedad podría ser fabricante ⟶ distribuidor ⟶ contratista.

DISEÑO DE LOS CANALES DE DISTRIBUCIÓN

Las compañías semejantes a veces poseen diferentes canales de distribución. Por ejemplo, en Estados Unidos los tres principales aseguradores automotrices emplean canales distintos. State Farm vende a través de su propia fuerza de ventas que trabajan en sucursales situadas en comunidades locales. Los vendedores de All State suelen vender en sus oficinas instaladas dentro de la cadena Sears. Atena se vale de agentes independientes de seguros para llegar a los clientes.

Una compañía quiere un canal de distribución que no sólo satisfaga las necesidades de los clientes, sino que además le dé una ventaja competitiva. Algunas empresas obtie-

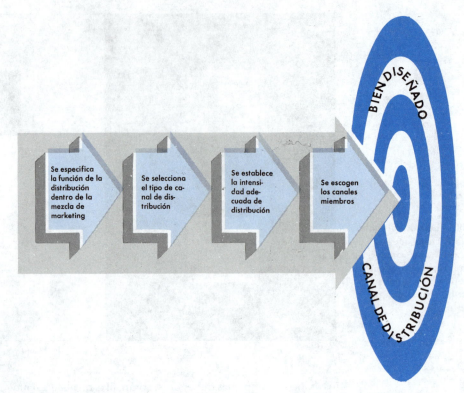

FIGURA 13-2

Secuencia de las decisiones para diseñar un canal de distribución.

nen una ventaja diferencial con sus canales. John Deere en el equipo agrícola y Caterpillar en el equipo grande para construcción se sirven de distribuidores que prestan muchos servicios de gran utilidad, desde asesoría sobre el financiamiento del equipo hasta el rápido surtido de pedidos de piezas de repuesto. Northwester Mutual Life trata de conseguir una ventaja competitiva, proporcionando a sus agentes lo que espera sea la mejor capacitación en la industria de los seguros.[4]

Se requiere un método bien organizado para diseñar canales que satisfagan a los clientes y superen la competencia.[5] Como se observa en la figura 13-2, recomendamos una serie de cuatro decisiones:

1. **Especificar la función de la distribución.** Una estrategia de canales debe diseñarse dentro del contexto de la mezcla global de marketing. Ante todo se repasan los objetivos del marketing. A continuación se especifican las funciones asignadas al producto, al precio y a la promoción. Cada uno de los elementos puede tener una función especial o bien es posible que se asigne la misma a dos elementos. Por ejemplo, un fabricantes de manómetros podrá servirse de intermediarios y de la publicidad del correo directo para convencer a los prospectos de que ha asumido el compromiso de darle mantenimiento al producto después de la venta.

Una compañía habrá de decidir si la distribución se empleará en forma defensiva u ofensiva. En el primer caso, procurará que sea tan buena como la de sus rivales, pero no necesariamente mejor. En una estrategia ofensiva, se valdrá de la distribución para obtener una ventaja competitiva. General Motors decidió buscar una ventaja competitiva para su línea Saturn de automóviles caros, al crear distribuidores especiales para ella en vez de recurrir a los que ya había; lo mismo hizo Honda con su línea Acura de automóviles de lujo. Pero algunos distribuidores de Acura fallaron porque dependen de una sola marca de automóvil dirigida a un segmento bastante pequeño del mercado automotriz total.

2. **Seleccionar el tipo de canal.** Una vez especificada la función de la distribución en el programa global de marketing, se escoge el tipo de canal más adecuado para el producto de la compañía. En esta fase de la secuencia, se debe decidir si se utilizarán intermediarios en el canal y, de ser así, qué tipos de intermediarios.[6]

    Vamos a dar un ejemplo de la amplia gama de instituciones disponibles y también de la dificultad de seleccionar un canal: un fabricante de reproductoras de disco compacto. Si opta por utilizar intermediarios, deberá seleccionar entre diversos tipos de ellos. En el nivel de la venta al detalle, entre las posibles instituciones se cuentan las tiendas especializadas en audio-video, las tiendas de departamentos, las tiendas de descuentos y las compañías de venta por correo. ¿Cuál tipo o combinación de tipos le permitirá al fabricante cumplir sus objetivos de distribución? Habrá de tomar otra decisión, si decide utilizar también a intermediarios mayoristas. En una sección posterior del libro, estudiaremos más a fondo esta decisión y también las principales clases de canales de distribución de bienes y servicios.

3. **Determinar la intensidad de la distribución.** La siguiente decisión se refiere a la intensidad de la distribución, o sea al número de intermediarios que participarán en los niveles de venta al detalle y al por mayor en un territorio. Según veremos más adelante, en este decisión influyen directamente el comportamiento de compra del mercado y la naturaleza del producto.

4. **Seleccionar a miembros específicos del canal.** La última decisión consiste en escoger determinadas compañías para que distribuyan el producto. En cada tipo de institución suele haber numerosas empresas de donde escoger.

    Supongamos que el fabricante de reproductoras de disco compacto prefiere dos clases de intermediarios: tiendas de departamentos y tiendas de especialidades. Si las reproductoras se venderán en Chicago, deberá decidir a cuáles tiendas de departamentos (Marhsal Field y/o Carson Pirie Scott) les pedirá que distribuyan su línea de productos. También podría seleccionar una o varias cadenas de aparatos electrónicos (de un grupo que incluiría United Audio Centers, MusiCraft y Hi Fi Hutch). Decisiones parecidas tomará para cada territorio de su mercado.

    Cuando el fabricante selecciona determinadas firmas para que formen parte de un canal de distribución, deberá evaluar los factores que se relacionan con el mercado, el producto, su propia empresa y los intermediarios. Otros dos factores son si el intermediario vende al mercado que el fabricante desea llegar y si la mezcla de productos del intermediario, su estructura de precios, la promoción y el servicio al cliente son compatibles con las necesidades del fabricante.

SELECCIÓN DEL TIPO DE CANAL

Las empresas pueden recurrir a los canales ya existentes o bien a otros nuevos para dar un mejor servicio a los clientes actuales o llegar a otros prospectos. Al seleccionar sus canales, también deberán tratar de conseguir una ventaja diferencial. Por ejemplo, tras largos años de utilizar exclusivamente su propia fuerza de ventas, IBM agregó 18 canales más para llegar a su mercado en constante crecimiento.[7] En cambio, una compañía pequeña llamada New Pig (nombre real) decidió prescindir de los intermediarios habituales, como los supermercados y las ferreterías, para vender un nuevo limpiador de tela con propiedades especiales para recoger el polvo. Con el fin de llegar principalmente al mercado meta de mujeres está distribuyendo su producto a través de los salones de belleza.[8]

La mayor parte de los canales de distribución incluyen a intermediarios. Un canal formado sólo por el productor y el consumidor final, sin intermediarios que presten ayuda, recibe el nombre de **distribución directa.** ServiceMaster aplica esta estrategia para vender sus servicios de limpieza de edificios a las residencias y a los clientes comerciales.

Por el contrario, un canal constituido por el productor, el consumidor final y al menos por un nivel de intermediarios es una **distribución indirecta.** TWA se basa principalmente en esta modalidad, que incluye entre otras cosas agencias de viajes para vender sus servicios de transporte aéreo al público. Un nivel, detallistas pero no mayoristas, por ejemplo, o varios niveles pueden participar en un canal indirecto. (En el caso de los bienes de consumo, algunas veces se llama distribución *directa*, no indirecta, a un canal en que se prescinde de mayoristas y se utilizan detallistas.) En la distribución indirecta el productor deberá escoger el tipo o tipos de intermediarios que mejor satisfagan sus necesidades. La gama de opciones en el nivel de venta al mayoreo y al menudeo se describirá en los dos capítulos siguientes.

A continuación estudiaremos los principales canales empleados tradicionalmente por los productores y dos canales especiales. Después analizaremos los factores que influyen más en la elección de canales por parte de una empresa.

Principales canales de distribución

Hoy existen diversos canales de distribución. Los más comunes para los bienes de consumo, los bienes industriales y los servicios se explican enseguida y se resumen en la figura 13-3 de la página 443.

- **Distribución de los bienes de consumo.** Cinco canales se usan ampliamente en la venta de productos tangibles al consumidor o usuario final.

  - **Productor → consumidor.** El canal más breve y simple para distribuir bienes de consumo no incluye intermediarios. El productor puede vender de puerta en puerta o bien hacerlo por correo. Por ejemplo, Southwester Company contrata a estudiantes universitarios que venden sus libros de casa en casa.
  - **Productor → detallista → consumidor.** Muchos grandes detallistas compran directamente a los fabricantes y productores agrícolas. Con gran malestar de muchos intermediarios mayoristas, Wal-Mart ha aumentado sus tratos directos con los productores.

Canales de distribución

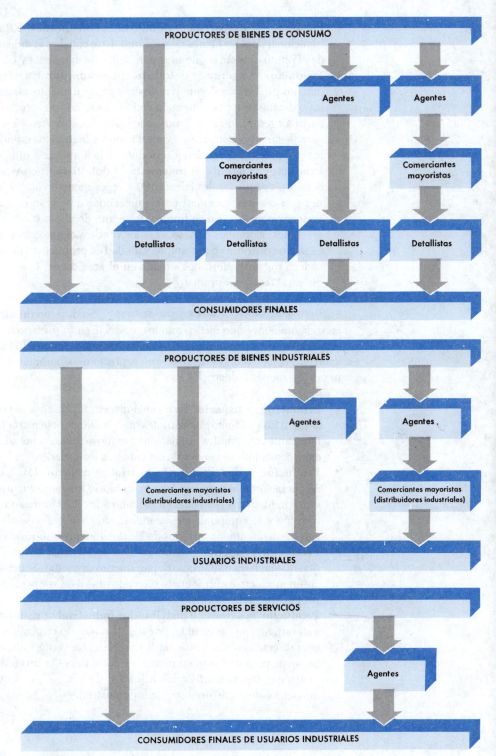

FIGURA 13-3

Principales canales de marketing para varias categorías de productos.

- **Productor → mayorista → detallista → consumidor.** Este es acaso el único canal tradicional para los bienes de consumo. Este canal es la única alternativa factible desde el punto de vista económico para miles de detallistas y fabricantes.
- **Productor → agente → detallista → consumidor.** En vez de utilizar a mayoristas, muchos productores prefieren servirse de agentes intermediarios para llegar al mercado detallista, especialmente a los detallistas *a gran escala*. Por ejemplo, Clorox recurre a agentes intermediarios (como Eisenhart & Associates, agente de alimentos) para llegar a los detallistas (como Dillon's y Schnucks, grandes cadenas de comestibles), que a su vez venden los productos de limpieza al público general.
- **Productor → agente → mayorista → detallista → consumidor.** A fin de llegar a detallistas *pequeños*, los fabricantes a veces recurren a agentes intermediarios, quienes a su vez utilizan a mayoristas que venden a las grandes cadenas de tiendas o a las tiendas pequeñas. En su trabajo de agente de algunos fabricantes de productos comestibles, Eisenhart & Associates los vende a algunos mayoristas (SuperValu, entre ellos) que distribuyen una amplia variedad de productos a detallistas (como Dierberg's, cadena de supermercados situada en el área de St. Louis). Dierberg's a su vez los ofrece al consumidor final.

Distribución de bienes industriales. Se dispone de varios canales para llegar a las organizaciones que incorporan los productos a su proceso de manufactura o bien los emplean en sus operaciones.[9] En la distribución de bienes industriales, *distribuidor industrial* y *comerciantes mayorista* son expresiones sinónimas. Los cuatro canales comunes de los bienes industriales son:

- **Productor → usuario.** Este canal directo representa el volumen de *ingresos* más altos en los productos industriales que cualquier otra estructura de distribución. Los fabricantes de grandes instalaciones, como aviones, generadores y plantas de calefacción, acostumbran vender directamente a los usuarios.
- **Productor → distribuidor industrial → usuario.** Los fabricantes de suministros de operación y de pequeño equipo accesorio frecuentemente recurren a los distribuidores industriales para llegar a sus mercados. Los fabricantes de materiales de construcción y de equipo de aire acondicionado son dos ejemplos de empresas que utilizan ampliamente los servicios de los distribuidores industriales.
- **Productor → agente → usuario.** Este es un canal de gran utilidad para las compañías que no tienen su propio departamento de ventas. Si una empresa quiere introducir un producto o entrar en un mercado nuevo tal vez prefiera utilizar agentes y no su propia fuerza de ventas.
- **Productor → agente → distribuidor industrial → usuario.** Este canal se parece al anterior. Se emplea cuando, por alguna razón, no es posible vender al usuario industrial directamente a través de los agentes. La venta unitaria puede ser demasiado pequeña para una venta directa o quizá se necesita inventario descentralizado para abastecer rápidamente a los usuarios; de ser así, se requerirán los servicios de almacenamiento de un distribuidor industrial.

Distribución de servicios. La naturaleza intangible de los servicios da origen a necesidades especiales en su distribución. Hay sólo dos canales comunes para los servicios:[10]

- **Productor → consumidor.** Dada la intangibilidad de los servicios, el proceso de producción y la actividad de venta requiere a menudo un contacto personal entre el productor y el consumidor. Por tanto, se emplea un canal directo. La distribución directa caracteriza a muchos servicios profesionales (como la atención médica y la asesoría legal) y los servicios personales (como el corte de pelo y la orientación para someterse a dieta). Otros servicios (entre ellos el transporte, los seguros y entretenimiento) también se prestan a través de una distribución directa.
- **Productor → agente → consumidor.** Aunque a veces la distribución directa es necesaria para dar un servicio, no siempre se requiere el contacto entre productor y consumidor en las actividades de distribución. Los agentes frecuentemente asisten al productor de servicios en la transferencia de la propiedad (la función de ventas) u otras funciones conexas. A través de agentes se venden muchos servicios, entre los que cabe citar los viajes, el alojamiento, los medios publicitarios, entretenimiento y los seguros.

Canales múltiples de distribución

Muchos productores, tal vez la mayor parte de ellos, no se contentan con un solo canal de distribución. Por el contrario, debido a razones como lograr una cobertura amplia del mercado o no depender totalmente de una sola estructura, se sirven de **canales múltiples de distribución**. (De manera análoga, muchas compañías establecen múltiples canales de *suministro* para asegurarse de que tienen los productos en el momento en que los necesitan.)

Los canales múltiples, a veces denominados *distribución dual*, se emplean en situaciones bien definidas.[11] Un fabricante tenderá a utilizarlos para llegar a *diferentes tipos de mercado* cuando vende:

- El mismo producto (por ejemplo, artículos deportivos o impresoras para computadora) al mercado de usuarios y al mercado industrial[12]
- Productos inconexos (mantequilla y pintura; productos de hule y plásticos)

Los canales múltiples también sirven para llegar a *diferentes segmentos de un mismo mercado* cuando:

- El tamaño de los compradores varía mucho. Así, una línea aérea puede vender directamente al departamento de viajes de las grandes corporaciones, pero valerse de agencias de viajes para llegar a los pequeños negocios y al usuario final.
- La concentración geográfica difiere entre las partes del mercado. El fabricante de maquinaria industrial podrá emplear a sus propios representantes para venderles directamente a los clientes situados cerca de la planta; en cambio, recurrirá a agentes en los mercados poco poblados.

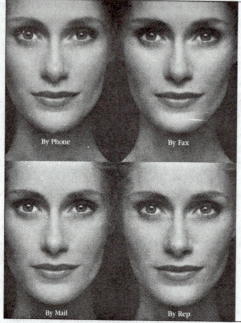

En respuesta a las actuales tendencias socioculturales, Avon ha empezado a emplear canales múltiples para llegar a su mercado formado principalmente por mujeres.

Una importante tendencia consiste en vender la *misma marca a un solo mercado* por medio de canales que compiten entre sí. Las pinturas de Sherwin-Williams y las llantas de Goodyear se distribuyen a través de sus tiendas y también por medio de mayoristas, detallistas independientes y grandes cadenas al por menor. Los fabricantes pueden operar sus propias tiendas, con lo cual generan una distribución dual, cuando no están satisfechos con la cobertura de mercado que ofrecen los establecimientos detallistas. Otra opción consiste en que abran sus propias tiendas principalmente como campo de pruebas de nuevos productos y técnicas de marketing.

Aunque los canales múltiples aportan beneficios al productor, pueden molestar a los intermediarios. Se originan así disputas entre ellos. Por ejemplo, los dueños de las franquicias de Häagen-Dazs se rebelaron cuando se encontraron con canales múltiples. Los franquiciatarios (que son intermediarios) sostenían que sus actividades de marketing se veían minadas (y decaían sus ventas y ganancias), cuando el productor decidió vender su helado caro en supermercados y también a través de franquicias. Algunas veces es posible organizar canales múltiples en forma tal que los intermediarios no se enfaden. Una estrategia, difícil de poner en práctica, consiste en diseñar estrategias individuales de precios y promoción para cada canal.[13]

Sistemas de marketing vertical

Tradicionalmente los canales de distribución han hecho hincapié en la independencia de los miembros. Es decir, el productor utilizaba varios intermediarios para conseguir sus objetivos de distribución; sin embargo, normalmente no le interesaban las necesidades de ellos. Por su parte, los mayoristas y detallistas deseaban más conservar su libertad que coordinar las actividades con él. Estas prioridades de los canales comunes crearon la oportunidad de un nuevo tipo de canal.

En las tres últimas décadas, el sistema de marketing vertical se ha vuelta quizá *la* forma dominante de los canales de distribución. Un **sistema de marketing vertical (SMV)** es un canal rigurosamente coordinado, cuya finalidad específica es mejorar la eficiencia operativa y la eficacia del marketing. Refleja el concepto de cambio de función al que ya nos referimos en páginas anteriores. En este sistema ninguna función mercadológica es exclusiva de un nivel determinado o de una empresa del canal. Por el contrario, todas se llevan a cabo en la posición más ventajosa de él.

El alto grado de coordinación o control que caracteriza al sistema se logra por uno de los tres medios siguientes: propiedad común de los niveles sucesivos de un canal, contratos entre los canales miembros o el poder de mercado de uno o más miembros. Como se observa en la tabla 13-1, hay tres formas de sistemas de marketing vertical.

En un **sistema corporativo de marketing vertical**, una compañía situada en un nivel del canal es dueña de la compañía del siguiente nivel o bien de todo el canal. Sherwin-Williams y Goodyear, por ejemplo, poseen tiendas al menudeo. Y un número cada vez mayor de fabricantes de ropa empiezan a inaugurar tiendas para vender sus marcas de ropa.

Los intermediarios también participan en este tipo de integración vertical. Por ejemplo, muchas cadenas de comestibles (entre ellas Kroger) poseen instalaciones para procesar alimentos, como lecherías, que abastecen sus tiendas. Y algunos cadenas grandes, entre ellas Sears, poseen todas las instalaciones de producción (o una parte) que suministra muchos productos a sus tiendas.

En un **sistema contractual de marketing vertical**, los productores, mayoristas y detallistas independientes operan por contratos que estipulan cómo intentarán mejorar la eficiencia de su distribución. Se han diseñado tres tipos de sistemas contractuales:

TABLA 13-1 Tipos de sistemas de marketing vertical

Tipo de sistema	Control mantenido por	Ejemplos
Corporativo	Propiedad	Singer (máquinas de coser), Goodyear (llantas), Tandy Corporation (aparatos electrónicos)
Contractual:		
Cadena voluntaria patrocinada por mayoristas	Contrato	Tiendas Western Auto, tiendas Ben Franklin, tiendas IGA
Cooperativa propiedad de detallistas	Acciones propiedad de los detallistas	Ferreterías True Value
Sistemas de franquicias:	Contrato	
Detallistas patrocinados por fabricantes		Ford, Chrysler y otras distribuidoras automotrices
Mayoristas patrocinados por fabricantes		Coca-Cola y otros embotelladores de refrescos
Vendedores de servicios		Wendy's, Midas Muffler, Holiday Inn, alquiler de autos National
Administrado	Poder económico	Maletas Hartman, General Electric, productos lácteos Kraft

cadenas voluntarias patrocinadas por mayoristas (por ejemplo, las tiendas de comestibles SuperValu), las cooperativas propiedad de los detallistas (las ferreterías True Value) y los sistemas de franquicias (Domino's Pizza y Midas que da servicio de mantenimiento y reparación de automóviles). De todo esto trataremos en el capítulo 14.

Un **sistema administrado de marketing vertical** coordina las actividades de distribución mediante el poder económico o de mercado de un miembro o el poder compartido de dos miembros. Esto lo ejemplifica Corning en hornos, Rolex en relojes de pulsera y Kraft en productos alimenticios. Algunas veces la equidad de marca y la posición de mercado del fabricante son tan fuertes que logran la cooperación voluntaria de los detallistas en aspectos como los niveles de inventario, la publicidad y las exhibiciones dentro de la tienda. Pero los detallistas, sobre todo los gigantescos como Wal-Mart, ahora más que antes tienden a dominar las relaciones entre los canales.

En una variante del sistema administrado, un **integrador de sistemas** reúne todos los bienes y servicios que se necesitan para presentarle una solución al cliente industrial. Este tipo de empresa, que ha ido proliferando en los mercados industriales, representa a múltiples productos, proveedores y subcontratistas. Por ejemplo, Harnischfeger Engineers ofrece a las fábricas equipo automatizado para el manejo de materiales. En calidad de integrador de sistemas, arma un paquete de bienes y servicios de muchas fuentes para ofrecerle al cliente una solución para toda la planta. Por lo regular un intermediario se convierte en integrador de sistemas; sin embargo, algunos grandes fabricantes como IBM y Digital Equipment Corporation también han empezado a asumir esta función.[14]

En el pasado, la competencia en la distribución se concentraba casi siempre en dos canales comunes. Por ejemplo, un canal de tipo Productor → Detallista → Consumidor tendía a competir con otro de Productor → Detallista → Consumidor. En los últimos años la competencia oponía un canal tradicional contra alguna modalidad del sistema de marketing vertical. Así pues, un canal tradicional Productor → Detallista → Consumidor luchaba con un sistema contractual de marketing vertical por los clientes. Cada vez son más frecuentes las batallas competitivas entre varias clases de los sistemas de marketing vertical. Por ejemplo, un sistema corporativo (como el de las tiendas propiedad de Goodyear) compite con un sistema contractual (como los franquiciatarios de Firestone). Cabe suponer que siga el número e importancia de los sistemas de marketing vertical, si tenemos en cuenta los beneficios que puede aportar.

Factores que influyen en la elección de canales

Si una compañía está orientada a los consumidores (y debe estarlo si quiere prosperar), los hábitos de compra de éstos regirán sus canales. La naturaleza del mercado habrá de ser el factor decisivo en la elección de canales por parte de los directivos. Otras consideraciones son el producto, los intermediarios y la estructura de la compañía.

Consideraciones de mercado. Un punto lógico de partida consiste en estudiar el mercado meta: sus necesidades, estructura y comportamiento de compra.

- **Tipo de mercado.** Puesto que los consumidores finales se comportan en forma diferente a los usuarios industriales, se llega a ellos a través de otros canales de distribu-

Canales de distribución

En este sistema administrado de marketing vertical, Ralph Lauren y May Department Stores tratan de alcanzar metas comunes.

ción. Por definición, los detallistas atienden a los consumidores finales, por lo cual no se encuentran en los canales de distribución de bienes industriales.

- **Número de compradores potenciales.** Un fabricante con pocos clientes potenciales (firmas o industrias) puede utilizar su propia fuerza de ventas para vender directamente a los consumidores o usuarios finales. Boeing aplica esta estrategia en la venta de sus aviones de propulsión. Cuando hay muchos prospectos, al fabricante le gustaría servirse de los intermediarios. Reebok recurre a muchos de ellos, especialmente a detallistas, para llegar a una gran cantidad de consumidores en el mercado de zapatos deportivos. Si una compañía utiliza intermediarios, no necesitará una fuerza de ventas tan grande como la que vende directamente a los usuarios finales.

- **Concentración geográfica del mercado.** Cuando la mayor parte de los compradores potenciales están concentrados en unas cuantas regiones geográficas, conviene utilizar la venta directa. Esto sucede en las industrias de textiles y de fabricación de ropa. Cuando los consumidores se encuentran muy dispersos, la venta directa resultará impráctica por los costos tan altos de los viajes. Las compañías pueden establecer sucursales de ventas en mercados con gran densidad demográfica y valerse de intermediarios en los mercados menos concentrados.

- **Tamaño de los pedidos.** Cuando el tamaño de los pedidos o el volumen total del negocio son grandes, la distribución directa resulta económica. Así, los fabricantes de productos alimenticios venden directamente a las grandes cadenas de tiendas de comestibles. Sin embargo, un mismo fabricante se servirá de intermediarios para llegar a las tiendas pequeñas, cuyos pedidos suelen ser demasiado pequeños para justificar la venta directa.[15]

Consideraciones acerca del producto.   Hay muchos factores relacionados con el producto que es preciso tener en cuenta, pero aquí nos concentraremos en tres:

- **Valor unitario.** El precio fijado a cada unidad de un producto influye en la cantidad de fondos disponibles para la distribución. Por ejemplo, una compañía podrá pagar a su propio empleado para que venda una pieza de reactor nuclear que cuesta más de $10 000. Pero sería absurdo que el vendedor visitara una familia o una empresa para venderles un bolígrafo de $2. En consecuencia, los productos de bajo valor unitario se distribuyen a través de canales indirectos (es decir, por medio de uno o varios niveles de intermediarios). Pero se dan excepciones. Por ejemplo, si el tamaño de un pedido es grande porque el cliente compra simultáneamente muchos productos a la compañía, tal vez un canal directo sea conveniente desde el punto de vista económico.
- **Carácter perecedero.** Algunos bienes, entre ellos muchos productos agrícolas, se deterioran físicamente con gran rapidez. Otros bienes, como la ropa, son perecederos en cuanto a la moda. Como veremos más ampliamente en el capítulo 19, los servicios son perecederos a causa de su naturaleza intangible. Los productos perecederos requieren canales directos o muy cortos.
- **Naturaleza técnica de un producto.** Un producto *industrial* muy técnico a menudo se distribuye directamente a los usuarios industriales. La fuerza de ventas del fabricante debe dar un servicio muy completo antes de la venta y después de ella; esto no pueden hacerlo normalmente los mayoristas. Los productos de *consumo* de naturaleza técnica plantean un verdadero reto de distribución a los fabricantes. Por lo regular, no pueden vendérselos directamente al consumidor. En lo posible tratan de venderlo a los detallistas, pero aun entonces el mantenimiento presenta problemas.

Consideraciones acerca de los intermediarios.   Aquí comenzamos a ver que una compañía tal vez no pueda organizar los canales exactamente como desea:

- **Servicios que dan los intermediarios.** Cada fabricante debería escoger intermediarios que ofrezcan los servicios de marketing que él no puede dar o le resultarían poco rentables. Por ejemplo, las compañías extranjeras que tratan de penetrar en los mercados industriales de Estados Unidos suelen utilizar a distribuidores industriales, porque cuentan con las capacidades necesarias: cobertura de mercado, contactos de ventas y almacenamiento de inventarios.[16]
- **Disponibilidad de los intermediarios idóneos.** Tal vez no se disponga de los intermediarios que desea el fabricante. Es posible que vendan los productos rivales y, por lo mismo, no querrán incorporar otra línea más. Esto fue lo que le sucedió a Famous Amos Chocolate Chip Cookie Corporation. No logró hacer llegar su producto a los estantes de suficientes cadenas de supermercados. Por ello ha incrementado muchísimo sus ventas recurriendo a otros intermediarios: tiendas mayoristas, máqui-

Canales de distribución

nas de venta automática y hasta los restaurantes Burger King.[17]

- **Actitudes de los intermediarios ante las políticas del fabricante.** Cuando los intermediarios no quieren unirse a un canal porque piensan que las políticas del fabricante son inaceptables, a éste le quedan pocas opciones. Por ejemplo, algunos mayoristas o detallistas venderán la línea del fabricante, sólo si éste les garantiza que ningún otro intermediario la venderá en el mismo territorio.

Consideraciones acerca de la compañía. Antes de seleccionar un canal de distribución para un producto, la empresa deberá estudiar su propia situación:

- **Deseo de controlar los canales.** Algunos fabricantes establecen canales directos porque quieren controlar la distribución de sus productos, a pesar de que un canal directo puede ser más caro que uno indirecto. De este modo, logran una promoción más agresiva y están en mejores condiciones de controlar la frescura de la mercancía y los precios al menudeo. A mediados de 1992, IBM comenzó a vender por correo

A los fabricantes no siempre les es fácil encontrar distribuidores idóneos.

directo sus computadoras personales. Al prescindir de los intermediarios, esperaba mejorar el servicio al cliente final y también los índices de satisfacción del cliente con sus computadoras personales.[18]

- **Servicios dados por el vendedor.** Algunos fabricantes toman decisiones respecto a sus canales, basándose para ello en las funciones que los intermediarios desean de la distribución (y que en ocasiones exigen). Por ejemplo, muchas cadenas al menudeo no venden un producto si el fabricante no realiza la preventa por medio de una publicidad intensa.
- **Capacidad de los ejecutivos.** La experiencia de marketing y las capacidades gerenciales del fabricante influyen en las decisiones sobre qué canal emplear. Muchas compañías que carecen de estos conocimientos prácticos dejan la distribución en manos de los intermediarios.
- **Recursos financieros.** Un negocio con suficientes recursos financieros podrá contratar su propia fuerza de ventas, conceder crédito a los clientes y contar con almacenamiento para sus productos. En cambio, una compañía con pocos recursos de este tipo utilizará intermediarios para prestar estos servicios.

En unos cuantos casos, prácticamente todos los factores anteriores indican determinada extensión y tipo de canal. Sin embargo, en la generalidad de los casos indican diversas clases de canales. Algunos denotan la conveniencia de utilizar canales directos; otros sugieren el uso de mayoristas y detallistas. También puede suceder que la compañía no tenga a su alcance el canal que desea. Supongamos el siguiente caso: una empresa tiene un producto no probado, de poco potencial para generar utilidades, y no puede colocarlo entre los intermediarios, tal vez no le quede más remedio que tratar de distribuirlo directamente en su mercado meta.

DETERMINACIÓN DE LA INTENSIDAD DE LA DISTRIBUCIÓN

En este punto del diseño de un canal, la compañía ya sabe lo siguiente: qué función ha sido asignada a la distribución dentro de la mezcla de marketing; si es mejor la distribución directa o indirecta, y qué tipo de intermediarios utilizará (suponiendo que la distribución indirecta sea la adecuada). A continuación habrá de escoger la **intensidad de la distribución**, es decir, cuántos intermediarios participarán en los niveles al mayoreo y al menudeo en un territorio determinado.

Hay muchos grados de intensidad. Como se advierte en la figura 13-4, estudiaremos las tres categorías principales: que abarcan desde la *intensiva* hasta la *selectiva* y la *exclusiva*. Generalmente se piensa que la distribución intensiva es una decisión individual.

FIGURA 13-4

Intensidad del continuo de la distribución.

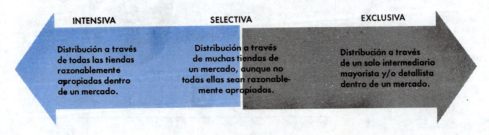

Pero si el canal cuenta con más de un nivel de intermediarios (mayorista y detallista, por ejemplo), en cada nivel debe seleccionarse la intensidad apropiada.

Se requieren distintos grados de intensidad en los niveles sucesivos de la distribución. Un fabricante puede lograr una cobertura intensiva en el nivel de ventas al detalle usando la distribución al mayoreo y no la intensiva. También puede conseguir la intensidad selectiva en la venta al detalle mediante la intensidad exclusiva en el nivel al mayoreo. Por supuesto, el mayorista o mayoristas deciden qué tiendas recibirán el producto. A pesar de esta falta de control, el fabricante debería planear los grados de intensidad necesarios en la venta al mayoreo y al menudeo. El hecho de tomar sólo una decisión acerca de la intensidad es simplista y puede ocasionar serios problemas.

Distribución intensiva

En la **distribución intensiva**, un productor vende su producto a través de las tiendas disponibles en el mercado donde previsiblemente el público lo buscará. Los consumidores finales reclaman una satisfacción inmediata de los bienes de uso común y no posponen la compra para encontrar una marca en especial. Así pues, la distribución intensiva la emplean comúnmente los fabricantes de esta categoría de productos. A menudo los detallistas controlan el hecho de que una estrategia de distribución intensiva pueda ponerse en práctica. Por ejemplo, un nuevo fabricante de pasta dental o un pequeño productor de papas fritas querrán realizar la distribución en todos los supermercados, pero éstos pueden limitar sus surtidos a cuatro marcas de venta rápida.

Los detallistas no pagan la publicidad de un producto que vende también la competencia. Por tanto, la distribución intensiva impone casi todo el peso de la publicidad en los hombros del fabricante.

Distribución selectiva

En la **distribución selectiva**, un fabricante vende su producto a través de varios mayoristas y detallistas (pero no mediante todos ellos) en un mercado donde una persona suele buscarlo. La distribución selectiva es adecuada para los bienes de comparación (como diversos tipos de ropa y electrodomésticos) y para el equipo accesorio industrial (equipo y herramientas manuales, por ejemplo).

Una compañía a veces adopta una estrategia de distribución selectiva después de aplicar durante algún tiempo la distribución intensiva. La decisión del cambio casi siempre se basa en el alto costo de esta última o bien del desempeño poco satisfactorio de los intermediarios. Hay intermediarios que acostumbran ordenar en cantidades pequeñas y nada rentables; otros son un mal riesgo de crédito. Al eliminar a este tipo de intermediarios, se reduce el número de tiendas y, *en cambio*, aumenta el volumen de ventas. Muchas compañías han comprobado esto simplemente porque pudieron realizar mejor la función de ventas con un número menor de clientes.

Una empresa adopta a veces una distribución más selectiva para mejorar la imagen de sus productos, fortalecer el servicio al cliente y aumentar el control de calidad. Por ejemplo, la firma italiana Guccio Gucci llegó a la siguiente conclusión: su marca se encontraba en demasiados artículos de piel y accesorios de moda y la vendía un número excesivo de detallistas. Por tanto, como parte de una nueva estrategia de marketing, Gucci redujo considerablemente su línea de productos y la cantidad de tiendas que los vendían.[19]

Por lo visto, Giorgio Armani piensa que la distribución exclusiva (a través de Saks Fifth Avenue, por ejemplo) le da a su perfume suficiente exposición en cada mercado.

Distribución exclusiva

En la **distribución exclusiva**, el proveedor acepta vender su producto únicamente a un intermediario mayorista o detallista en determinado mercado. En el nivel mayorista, a esta estrategia suele dársele el nombre de *distribución* exclusiva; en el nivel detallista, se le llama *comercialización* exclusiva. Un fabricante puede prohibir a los intermediarios que tienen uno de estos tipos de distribución manejar una línea de productos que compita directamente con los suyos.

Los fabricantes adoptan a menudo una distribución exclusiva cuando es indispensable que el detallista mantenga un gran inventario. Así esta estrategia se emplea frecuentemente en la comercialización de productos de especialidad como los trajes caros. También es adecuada cuando un distribuidor debe dar el servicio de instalación o de reparación. Por tal razón, los fabricantes de maquinaria agrícola y de equipo para construcción conceden la distribución exclusiva.

La distribución exclusiva ayuda al fabricante a controlar el último nivel de intermediarios antes de llegar al consumidor final. Un intermediario con derechos exclusivos casi siempre estará dispuesto a promover agresivamente el producto. ¿Por qué? Los clientes interesados deberán comprárselo a él, porque ninguna otra tienda del área ofrece la misma marca. Sin embargo, el fabricante pierde si sus intermediarios exclusivos en varios mercados no atienden bien a los clientes. Podemos decir que tiene "todos los huevos en una canasta".

Un distribuidor exclusivo tiene la oportunidad de cosechar los beneficios de las actividades mercadológicas de un productor en una región determinada. Sin embargo, en la distribución exclusiva el intermediario puede volverse demasiado dependiente del fabricante. Si éste fracasa, también él fracasa (al menos en ese producto). Otro riesgo consiste en que, una vez alcanzado cierto nivel de ventas en el mercado, el fabricante puede incorporar otros distribuidores o, peor aún, prescindir de ellos y crear su propia fuerza de ventas.

CONFLICTO Y CONTROL EN LOS CANALES

Esporádicamente la distribución se caracteriza por metas que comparten proveedores y clientes y también por acciones cooperativas. Pero los conflictos y las luchas por el control son más comunes. Para administrar eficazmente los canales de distribución es necesario conocer el conflicto y el control, entre otras cosas las técnicas para 1) atenuar el conflicto o al menos sus efectos negativos y 2) aumentar el control de la compañía dentro de un canal.

Se da el **conflicto entre canales**, cuando un canal miembro piensa que otro está actuando de tal manera que le impide alcanzar sus objetivos de distribución. A menudo las empresas de un canal compiten vigorosamente con las de otros canales; esto da origen al conflicto horizontal. Incluso dentro del mismo canal, las compañías discuten acerca de las prácticas de operación y tratan de obtener el control sobre las acciones de los otros miembros; éste es un conflicto vertical.

Conflicto horizontal

El **conflicto horizontal** tiene lugar entre compañías situadas en un mismo nivel de distribución. El mercado de las computadoras personales constituye un excelente ejemplo. Prácticamente todas ellas se vendían antes a través de tiendas de computadoras. Hoy pueden adquirirse en muchos otros establecimientos (tiendas de suministros de oficina, tiendas de departamentos, tiendas mayoristas, tiendas de aparatos electrónicos y gigantescas supertiendas de computadoras como Comp USA y CompuAdd.[20]

El conflicto horizontal puede darse básicamente entre:

- **Intermediarios del mismo tipo:** entre Maryvale Hardware (detallista independiente) y Fred's Friendly Hardware (otro detallista independiente), por ejemplo.
- **Varios tipos de intermediarios en un mismo nivel:** entre Fred's Friendly Hardware (detallista independiente) y Dunn Edwards Paint (tienda de una gran cadena) y Kmart (departamento individual de una tienda de una cadena gigantesca).

La principal causa del conflicto horizontal es la **mezcla de mercancía**, en que los intermediarios se diversifican agregando líneas de productos que tradicionalmente no se venden en su tipo de negocio. Los supermercados, por ejemplo, se ampliaron al agregar a los productos alimenticios artículos de belleza y del cuidado de la salud, pequeños electrodomésticos, discos, bocadillos en barras y servicios diversos. Los detallistas que inicialmente vendían esas líneas de productos se molestaron con los supermercados por diversificarse y con los productores por utilizar canales de distribución múltiple.

PERSPECTIVA INTERNACIONAL

¿PUEDEN LAS COMPAÑÍAS NORTEAMERICANAS PENETRAR EN EL SISTEMA DE DISTRIBUCIÓN JAPONÉS?

En el Japón la distribución se ha caracterizado por numerosos (algunos dirían *innumerables*) mayoristas y por pequeñas tiendas operadas por familias. En Japón, se realizan en promedio 4 transacciones mayoristas por cada transacción al detalle, en comparación con 1.8 que se efectúan en Estados Unidos. En otras palabras, la propiedad de bienes en aquel país suele pasar por varios intermediarios mayoristas antes de llegar a las tiendas. En el nivel detallista hay cerca de 1 millón de tiendas "papamama", nombre con que se conocen en el Japón. Su número ha empezado a disminuir, aunque todavía representa una gran proporción de las tiendas al menudeo (quizá 50%), mientras que en Estados Unidos llegan apenas al 3%.

Además, muchas regulaciones gubernamentales protegen los canales tradicionales de distribución y desalientan el cambio. Una ley recientemente rechazada establecía que, si una cadena desea abrir una tienda, debía obtener la aprobación de *todas* las tiendas situadas en un tercio de milla del sitio propuesto. Otra ley limitaba el tamaño de las tiendas nuevas a menos de 6000 pies cuadrados. Sin embargo, las cambiantes necesidades de los consumidores y de las actitudes del gobierno han empezado a modificar el complejo y, según muchos observadores, ineficiente sistema japonés de distribución.

Al descubrir una oportunidad tan magnífica, muchas compañías estadounidenses están tratando de distribuir sus productos en el Japón. ¡Buena suerte! Casi todas se dan cuenta de que se trata de un gran reto; algunas han llegado a la conclusión de que es insuperable. Con el fin de crear canales de distribución y tener éxito en ese país, algunas de ellas recurren a estrategias como las siguientes:

- **Encontrar un nicho para el producto en un canal tradicional.** A pesar de su tamaño relativamente grande, algunas empresas comerciales que por muchos años dominaron la distribución en el Japón no cuentan con líneas completas de productos. En tal caso, se mostrarán receptivas a un producto extranjero. Por ejemplo, Yanese Trading Company representa a algunas empresas automotrices internacionales.
- **Utilizar a intermediarios no tradicionales.** Tal vez no parezca lógico, pero puede dar buenos resultados. Por ejemplo, Schick obtuvo la mayor parte del mercado japonés de rasuradoras usando un gran mayorista de cubiertos y Volvo penetró en el país por medio de canales controlados por Teijin, empresa de textiles.
- **Formando empresas conjuntas.** Este sistema de distribución es propiedad conjunta de una compañía japonesa y de otra firma extranjera. Una empresa conjunta entre Nestlé y un fabricante nacional conquistó el 75% del mercado del café instantáneo en el Japón.

¿Cuáles son las perspectivas de la distribución en el Japón? Se prevé que los mayoristas y detallistas tradicionales perderán terreno ante los nuevos métodos de distribución. Las tiendas de descuento, los grandes centros comerciales, los canales de compra por televisión y las ventas por catálogo empiezan a tener aceptación entre los consumidores japoneses que quieren ahorrar dinero y tiempo. Y lo mismo sucede en muchas otras partes del mundo.

Fuentes: las estrategias de ingreso se tomaron de James D. Goodnow y Rustan Kosenko: "Strategies for Successful Penetration of the Japanese Market or How to Beat Japan at Its Own Game", *The Journal of Business and Industrial Marketing*, invierno de 1992, pp. 41-49. La descripción de la distribución en Japón se basa en el artículo anterior y también en ". . . and Sayonara to Mom-and-Pops", *Fortune*, 30 de noviembre, 1992, p. 13, y Damon Darlin, "'Papa-Mama' Stores in Japan Wield Power to Hold Back Imports", *The Wall Street Journal*, 14 de noviembre, 1988, p. A1, A7.

La mercancía extensa y la resultante competencia horizontal pueden provenir de los consumidores, intermediarios o fabricantes. Muchos *consumidores* prefieren comprar todo lo necesario en un solo lugar; así que las tiendas amplían su surtido para satisfacer ese deseo. Los *intermediarios* constantemente tratan de obtener mayores márgenes de utilidad y más afluencia de clientes, por lo cual aumentan su número de líneas. Los *fabricantes* procuran ampliar su cobertura de mercado y reducir los costos unitarios de la producción; de ahí que incorporen más tiendas. Con tal diversificación se intensifica el conflicto horizontal.

Conflicto vertical

Tal vez los conflictos más graves de la distribución se refieren a empresas en distintos niveles de un mismo canal. El **conflicto vertical** casi siempre ocurre entre el productor y el mayorista *o* entre el productor y el detallista.

Conflicto entre productor y mayorista.
Un productor y un mayorista pueden discrepar respecto a algunos aspectos de su relación. Por ejemplo, Deere & Company ha discutido con sus distribuidores sobre sí deben limitar sus actividades de ventas a la marca Deere o bien vender también otras marcas de equipo agrícola.

¿Por qué surgen los conflictos? Básicamente los fabricantes y los mayoristas tienen diferentes puntos de vista. Por una parte, aquéllos piensan que éstos no promueve los productos agresivamente ni mantienen inventarios suficientes. Y, además, los servicios de los mayoristas cuestan demasiado. Por otra parte, éstos piensan que los fabricantes esperan demasiado de ellos (por ejemplo, les exigen mantener un gran inventario del producto) o no comprenden la obligación primaria que el mayorista tienen con sus clientes. Para ejemplificar esto veamos cómo los mayoristas se distanciaron de Procter & Gamble, haciendo finalmente que abandonara sus esfuerzos por rejuvenecer Orange Crush, Hire's Root Beer y otras marcas de refrescos. P&G presionó a los embotelladores de refrescos para que concentrasen en los supermercados sus actividades de producción; sin embargo, ellos querían centrarse en otras tiendas como las tiendas de conveniencia y las distribuidoras automáticas, porque les resultaban más atractivas. Como carecía de una buena distribución, P&G vendió esta división de refrescos.[21]

El conflicto entre canales algunas veces se debe a los intentos del fabricante por prescindir de los mayoristas y tratar directamente con los detallistas o con el consumidor. Se realizan las ventas directas porque los productores están insatisfechos con los servicios del mayorista o bien porque las condiciones del mercado exigen más ventas de este tipo. Las guerras por las ventas directas son más comunes en los canales de bienes de consumo que en los de bienes industriales.

Si quiere prescindir de los mayoristas, el productor tiene dos alternativas:

- **Vender directamente a los consumidores.** Los fabricantes recurren a la venta de casa en casa o al correo directo. También pueden establecer sus propios centros de distribución en varias áreas y hasta sus propias tiendas en los mercados más importantes.
- **Vender directamente a los detallistas.** Este tipo de distribución es factible y conveniente en ciertas condiciones de mercado y de producto. El mercado ideal al menudeo para esta opción son los detallistas que compran grandes cantidades de una línea limitada de productos. Luxottica Group of Italy, empresa que fabrica más arma-

USTED TOMA LA DECISIÓN

¿QUÉ NIVEL DE CONFLICTO PUEDE TOLERARSE?

La mayor parte de los individuos y empresas desdeñan el conflicto y procuran evitarlo. Otros admiten que es inevitable o que hasta puede ser conveniente en ciertas situaciones. Esta parece ser la actitud asumida por Don Bennett, director general de Richfood Holdings. Poco después de empezar a trabajar para este gran mayorista de productos alimenticios, llegó a la conclusión de que eran demasiado altos los precios que cobraban algunos fabricantes.

Aunque esperaba una reacción negativa, dedujo cierta cantidad de todas las facturas que esos fabricantes le enviaban a Richfood. Tal vez haya valido la pena crear este conflicto, ya que la compañía tuvo que pagar menos del 10% de las deducciones. Más aún, perdió pocos proveedores o ninguno.

Si usted fuera ejecutivo de marketing en una compañía productora de alimentos, ¿seguiría trabajando con Richfood u otro intermediario que busca el conflicto en sus relaciones comerciales en vez de evitarlo?

Fuente: Elicia Brown, "Squeezing the Turnip", *Financial World*, 4 de febrero, 1992, pp. 26-27.

---

zones para anteojos que cualquier otra, ha eliminado la mayor parte de sus distribuidores al mayoreo. De acuerdo con ella, al hacerlo no sólo ha incrementado muchísimo sus márgenes de utilidad, sino que además mejoró el servicio a los clientes, sobre todo en las ópticas de Italia, Estados Unidos y otros países.[22]

La distribución directa (un canal corto) es conveniente, cuando el producto 1) está sujeto a caducidad física o a la moda, 2) tiene un elevado precio unitario, 3) está hecho según especificaciones del cliente o 4) requiere instalación o servicio técnico. Pero impone una pesada carga financiera y administrativa al fabricante. Éste debe operar sus propia fuerza de ventas y administrar la distribución física de sus productos. Afronta además la competencia de sus exmayoristas, que sin duda ahora venderán productos de la competencia.

También los mayoristas pueden mejorar su posición competitiva. Entre sus opciones figuran las siguientes:

- **Mejorar la administración interna.** Muchos mayoristas han modernizado sus operaciones. Se han construido funcionales almacenes de un piso fuera de las zonas congestionadas del centro de la ciudad, instalándose equipo automático para el manejo de materiales. Con las computadoras se han hecho más eficientes el procesamiento de pedidos, el control de inventarios y la facturación.
- **Dar asistencia gerencial a los detallistas.** Los mayoristas se percataron de que todos se benefician si se mejoran las operaciones de los detallistas. De ahí que contribu-

yan a satisfacer algunas de sus necesidades: diseño de la tienda, selección de mercancía, promoción y control de inventario.
- **Formar una cadena voluntaria.** En esta clase de cadenas, el mayorista celebra un contrato para proporcionar a un grupo de detallistas servicios gerenciales y poder de compra de grandes volúmenes. Y ellos a su vez prometen comprársela toda o casi toda. Entre los ejemplos de cadenas voluntarias patrocinadas por mayoristas se encuentran IGA (mercado de comestibles) y Ben Franklin (tiendas de variedades).
- **Crear marcas de intermediarios.** Algunos grandes mayoristas han logrado producir sus propias marcas. SuperValu desarrolló su marca Flavorite de comestibles y Chateau, de productos para el cuidado personal. Una cadena voluntaria de detallistas constituye un mercado natural para las marcas del mayorista.

Conflicto entre productor y detallista. Otra lucha por el control de los canales se da entre el productor y el detallista. El conflicto entre ellos (de hecho entre dos canales cualesquiera) tiende a intensificarse en época de crisis económica. Fue lo que sucedió durante la última recesión en Estados Unidos. Con el propósito de reducir al mínimo las salidas de efectivo, algunos detallistas retrasaron los pedidos o incluso rechazaron las entregas de mercancía ya pedida que no se vendía bien en el momento de recibirla. Por su parte, los fabricantes tuvieron que disminuir la producción o bien acumular inventarios. Harwood Companies, fabricante de ropa, no se limita a esperar que las tiendas acepten las entregas; hace que un miembro del personal se ponga en contacto con los clientes y confirme su deseo de recibir la mercancía. Después les envía inmediatamente el pedido, antes que el cliente cambie de opinión.[23]

Habrá necesariamente conflicto cuando los fabricantes compitan con los detallistas vendiendo de casa en casa o a través de sus propias tiendas. Algunas fábricas de ropa (entre ellas Polo, Gucci y Liz Claiborne) han abierto sus propias tiendas. Esta acción irrita a las tiendas de departamentos y a las de especialidades que venden esas marcas.[24]

El productor y el detallista a veces también discrepan respecto a los términos de la venta o las condiciones de la relación existente entre ambos. Así, algunos detallistas exigen un **descuento por apertura** para poner el producto del fabricante en los estantes de la tienda. Esta tendencia se advierte sobre todo en el mercado de artículos alimenticios. En algunos casos, a las compañías con nuevos productos se les pide una contribución de $100 o más de $1000 por tienda por cada versión del producto. Otras veces el pago se efectúa obsequiando productos. Una cadena de supermercados de Nueva Inglaterra le pidió a Pillsbury Company "alquilar" espacio en los estantes por una cantidad mayor del presupuesto que tenía para introducir su nuevo bizcocho de chocolate en Estados Unidos.

Por supuesto, no todos los fabricantes pagan todas estas cuotas. Y algunos pequeños no tienen dinero para hacerlo. Los fabricantes critican los descuentos por apertura, afirmando que obstaculizan la introducción de nuevos productos, en especial los desarrollados por empresas pequeñas. Por su parte, los detallistas los defienden en forma decidida. Los supermercados sostienen que necesitan encontrar la manera de recuperar los costos de revisar la multitud de nuevos productos, almacenar algunos de ellos y eliminar los que fracasan.[25]

Fabricantes y detallistas disponen de métodos para obtener un mayor control. Los fabricantes pueden:

Algunos fabricantes como Gucci corren el riesgo de tener conflictos al distribuir sus productos a través de sus propias tiendas y de otras cadenas al detalle.

- **Crear una fuerte lealtad a la marca entre los consumidores.** Una promoción creativa y agresiva es la clave para conseguirlo.
- **Establecer una o más formas del sistema de marketing vertical.** Procter & Gamble utiliza el tipo administrado de este sistema, asignando un equipo especial de trabajo a los principales clientes, entre los que se cuentan Wal-Mart y Target.
- **Negarse a vender a detallistas que no cooperan.** Es necesario que esta táctica pueda ser defendida desde el punto de vista legal.

Los detallistas disponen de armas muy eficaces de marketing. Pueden:

- **Crear lealtad a la tienda entre los clientes.** Una buena publicidad y marcas fuertes de tienda son medios adecuados para crear clientes leales.
- **Mejorar los sistemas de información computarizada.** La información es poder. Al negociar con los proveedores, es de gran utilidad saber qué se vende y la rapidez con que se vende.
- **Formar una cooperativa detallista.** En esta forma de sistema de marketing vertical, un grupo de detallistas (generalmente bastante pequeños) se une para establecer y operar un almacén al mayoreo. Su intención primaria es conseguir mercancía más barata mediante el poder de compra de grandes cantidades. Ejemplos de cooperativas detallistas son las ferreterías True Value y Certified Grocers.[26]

Canales de distribución

¿DILEMA ÉTICO?

A cambio del espacio en sus tiendas, algunas cadenas de supermercados exigen a los fabricantes pagar descuentos de apertura (como vimos en páginas anteriores del capítulo). Parte o la totalidad de los ingresos que una cadena recibe de esos descuentos podrían pasarse a los consumidores por medio de precios más bajos. La cadena también podría conservar los descuentos para cubrir el aumento de los costos de mano de obra que se requieren para guardar en los estantes productos nuevos o incrementar las ganancias. Suponga que usted es el vicepresidente de una cadena de supermercados y que es encargado de establecer las políticas referentes a las relaciones con los proveedores.

¿Es ético que la cadena les exija los descuentos por apertura? ¿Influirá decisivamente en su opinión el hecho de que los ingresos así obtenidos se pasen a los consumidores mediante una reducción de los precios?

¿Quién controla los canales?

A toda empresa le gustaría regular el comportamiento de las otras en su canal de distribución. Cuando un canal miembro está en posibilidades de hacerlo, decimos que tiene el **control del canal.** El poder es un requisito indispensable del control en muchas situaciones, entre las que se cuentan los canales de distribución. El **poder de canal** es la capacidad de influir o controlar el comportamiento de otro canal miembro. Hay varias fuentes de poder dentro del contexto de los canales. Entre ellas podemos citar las siguientes: conocimientos especializados (por ejemplo, poseer un conocimiento técnico esencial acerca del producto), premios (proporcionar beneficios financieros a los canales cooperativos) y sanciones (eliminar del canal a los canales no cooperativos).

Tradicionalmente se ha considerado que los fabricantes controlan los canales, es decir, toman las decisiones concernientes a los tipos y número de tiendas, a la participación de los intermediarios y a las prácticas comerciales que debe observar un canal. Pero se trata de un punto de vista unilateral ya superado.

Con frecuencia los intermediarios establecen libremente sus propios canales. Sin duda los nombres Safeway, Ward's y Nordstrom significan más para los consumidores que los nombres de la mayor parte de las marcas que se expenden en esas cadenas. Los grandes detallistas les disputan a los fabricantes el control de los canales, en la misma forma que éstos les arrebataron el control a los mayoristas hace años. Hasta los pequeños detallistas pueden influir en los mercados locales, pues tal vez su prestigio sea mayor que el de los proveedores.

Los fabricantes sostienen que ellos deberían asumir el papel de líder dentro de un canal, porque crean nuevos productos y necesitan un mayor volumen de ventas para aprovechar las economías de escala. Por su parte, también los detallistas tratan de obtener el liderazgo, ya que se encuentran más cerca de los consumidores finales y, por consiguiente, son los que mejor conocen sus necesidades. Esto les permite diseñar y supervisar los canales que los satisfarán. Varios factores han favorecido la creciente capacidad de los detallistas para controlar los canales. Por ejemplo, muchos de ellos han instalado aparatos de exploración electrónica, que les dan acceso a información más exacta y oportuna que la de los fabricantes acerca de las tendencias de ventas de algunos productos.[27]

El canal visto como una sociedad

Algunas veces los miembros ven al canal como un grupo fragmentado de empresas rivales e independientes. Ni los proveedores ni los intermediarios deberían concebir el canal como algo que "mandan y controlan", sino más bien como sociedades cuya finalidad es atender las necesidades de los usuarios finales.[28] Así pues, se requiere coordinación a lo largo de un canal de distribución.

Una causa posible de problemas para un canal radica en el hecho de que la mayor parte de los fabricantes no tienen una persona encargada de coordinar las actividades de los canales de la firma. Casi todos los productores cuentan con un director de *publicidad* y un director de *ventas*, pero pocos tienen un director de *canales*. Tal vez sea el momento de que creen este puesto.

Cada vez más estas sociedades impulsan a los altos directivos a reunirse con sus colegas en las organizaciones de los clientes. Muchas veces las juntas se celebran en el negocio de estos últimos. Por ejemplo, Baxter Healthcare organiza esas juntas para conocer la misión y estrategias de sus clientes más importantes. Con la información recabada en esas reuniones diseña estrategias para darle un mejor servicio al cliente y reducir los costos. Este proveedor de suministros para hospitales ha descubierto (felizmente) que las sociedades con los clientes le dan una ventaja diferencial sobre la competencia.[29]

CONSIDERACIONES LEGALES EN LA ADMINISTRACIÓN DE CANALES

Los intentos de controlar la distribución están sujetos a restricciones legales. Ahora trataremos de los aspectos legales de cuatro métodos de control que a veces aplican los proveedores (generalmente productores). En Estados Unidos, todos los métodos están limitados por la Clayton Antitrust Act, la Sherman Antitrust Act o la Federal Trade Commission Act. Ninguno de los cuatro métodos es intrínsecamente ilegal. El control de la distribución se torna ilegal, cuando 1) aminora considerablemente la competencia, 2) crea un monopolio o 3) restringe el comercio.

Comercialización exclusiva

Si un fabricante prohíbe a sus tiendas vender los productos de la competencia, estará realizando una **comercialización exclusiva.** También lo estará haciendo, si estipula que cualquier tienda que venda su producto no podrá vender las marcas rivales. Este tipo de convenio tiende a ser *ilegal*, bajo las leyes de E.U.A. cuando:

- El volumen de ventas del fabricante es una parte importante del volumen total de las que se obtienen en un mercado. Con ello los competidores quedan excluidos de una parte importante del mercado.
- El contrato se celebra entre un gran productor y un intermediario más pequeño, se considera que el poder del proveedor es intrínsecamente coercitivo y que, por lo mismo, limita el comercio.

Sin embargo, en algunos fallos de los tribunales se ha determinado que la distribución exclusiva es *permisible*, cuando:

- En el mercado existen productos equivalentes o bien los competidores del fabricante tienen acceso a distribuidores semejantes. En tales casos, la distribución exclusiva será legal si la competencia no disminuye de modo considerable.
- Un fabricante está entrando en el mercado o su participación en el mercado total es tan pequeña que resulta insignificante. Un contrato de distribución exclusiva fortalecerá su posición competitiva, en caso de que los intermediarios decidan respaldar el producto con un gran esfuerzo de marketing.

Contratos restrictivos

Cuando un fabricante vende un producto a un intermediario a condición de que también le compre otro producto (posiblemente no deseado),[*] las dos partes habrán celebrado un **contrato restrictivo.** Si una empresa exige a los intermediarios que le compren modelos viejos y sin demanda de reproductoras de cassettes para poder venderles modelos nuevos y populares de reproductoras de disco compacto, estaremos frente a un contrato de este tipo. En una variante de este tipo de contratos, el intermediario se compromete a *no* comprar el *otro* producto a ningún otro proveedor.

Los fabricantes tratan de obtener un contrato restrictivo en varias situaciones. Cuando escasea un producto de gran demanda, verá en ello la oportunidad de vender otros productos de menor demanda. Si concede una franquicia (como sucede con los restaurantes de comidas rápidas), tal vez vea en los franquiciatarios compradores cautivos de todo el equipo y suministros necesarios para operar el negocio. Otra situación se da cuando un proveedor recurre a distribuidores exclusivos (en electrodomésticos, por ejemplo); tal vez quiera entonces que vendan una línea completa de sus productos.

En términos generales, se piensa que los contratos restrictivos infringen las leyes antimonopolio. Con todo, se dan excepciones. Pueden ser *legales* cuando:

- Una compañía nueva está tratando de entrar en un mercado.
- Un distribuidor exclusivo tiene la obligación de vender la línea completa de productos del fabricantes, pero no se le prohíbe vender los de la competencia.

Negativa a distribuir

Con tal de seleccionar sus canales (y acaso controlarlos), un productor posiblemente se niegue a venderles a algunos intermediarios. Esta práctica recibe el nombre de **negativa a distribuir.** En un caso juzgado en 1919, un tribunal dictaminó que los fabricantes pueden seleccionar intermediarios a quienes venderles, a condición de que no exista la intención de crear un monopolio. Las empresas independientes de servicios han acusado a Eastman Kodak Company de tratar de monopolizar el mercado de reparación de su marca de fotocopiadoras. A mediados de 1992, la Suprema Corte de Estados Unidos decidió que Kodak debía someterse a juicio, acusada de negarse ilegalmente a vender

---

[*] N. del R.T. Este tipo de contratos son ilegales en México por la Ley de Protección al Consumidor.

piezas de sus fotocopiadoras y equipo conexo a compañías independientes de servicio.[30]

La decisión de un productor de dar por terminada la relación con un mayorista o detallista puede no ser legal. Generalmente es *ilegal* dejar de utilizar un intermediario por 1) vender los productos de la competencia, 2) negarse a firmar un contrato restrictivo o 3) establecer precios menores a los deseados por el fabricante. Cuando Best Buy Company convirtió muchas de sus tiendas de aparatos electrónicos en establecimientos de tipo almacén Concept 2 con precios bajos y pocos servicios, se enojaron muchos de los proveedores. Algunos dejaron de enviar productos a esos establecimientos. Best Buy entabló una demanda en contra de Onkyo, principal fabricante de estéreos y reproductoras de cassettes, acusándolo de intentar manipular los precios. Onkyo defendió su negativa a distribuir, señalando que las tiendas Concept 2 no contaban con suficiente personal para vender bien un equipo caro y sofisticado de audio.[31]

Política de territorio exclusivo

En una **política de territorio exclusivo**, el productor exige a todos los intermediarios vender *únicamente* a clientes situados dentro del territorio asignado. En algunos casos juzgados en los tribunales, se dictaminó que los territorios exclusivos (llamados también *cerrados*) de ventas son ilegales, porque disminuyen la competencia y limitan el comercio. Los tribunales trataron de estimular la competencia entre los intermediarios que manejaban la *misma* marca.

Los territorios exclusivos pueden *permitirse* cuando:

- Una compañía es pequeña o acaba de ingresar al mercado.
- Un fabricante establece un sistema corporativo de marketing vertical y conserva la propiedad del producto mientras éste no llegue al usuario final.
- Un fabricante utiliza intermediarios independientes para que distribuyan el producto bajo consignación, sistema en que el intermediario no paga al proveedor antes de vender la mercancía.

Como se advierte, las condiciones anteriores están sin duda sujetas a interpretación. De ahí que los tribunales deban resolver los conflictos que surgen.

RESUMEN

La función de la distribución consiste en hacer llegar el producto al mercado meta. Un canal de distribución lleva a cabo esta misión por medio de intermediarios que realizan algunas tareas. El intermediario es una empresa que presta servicios directamente relacionados con la compra y/o venta de un producto, al fluir éste del fabricante al consumidor. Podemos eliminar los intermediarios de un canal, pero siempre hará falta alguien que realice sus funciones esenciales.

Un canal de distribución es el conjunto de personas y empresas que intervienen en el flujo de la propiedad de un producto, al pasar éste del productor al consumidor final o al usuario industrial. Un canal incluye al fabrican-

Canales de distribución

te, al consumidor final y a los intermediarios que participan en el proceso.

Un canal de distribución para un producto se diseña en una secuencia de cuatro decisiones: 1) se define la función de la distribución dentro de la mezcla de marketing; 2) se escoge el tipo apropiado de canal; 3) se determina la intensidad idónea de la distribución, y 4) se seleccionan los canales miembros.

Se emplean varios canales para distribuir los bienes de consumo, los bienes industriales y los servicios. Las empresas a menudo se sirven de canales múltiples para lograr la cobertura del mercado, si bien esta estrategia puede irritar a algunos intermediarios. Debido a las deficiencias de los canales ordinarios, los sistemas de marketing vertical se han generalizado en la distribución. Esos sistemas presentan tres formas: sistemas corporativos, contractuales y administrados.

Deben tenerse en cuenta muchos factores al seleccionar un canal de distribución. La consideración básica es la naturaleza del mercado meta. otras se relacionan con el producto, los intermediarios y la compañía.

Por intensidad de la distribución se entiende el número de intermediarios que un productor utiliza en los niveles mayorista y detallista dentro de un territorio. Puede ser intensiva, selectiva y exclusiva.

Algunas veces chocan las compañías que distribuyen bienes y servicios. Hay dos tipos de conflicto: horizontal (entre compañías situadas en el mismo nivel de distribución) y vertical (entre compañías situadas en diferentes niveles de un mismo canal). La mercancía extensa es la causa primaria del conflicto horizontal. El conflicto vertical suele enfrentar al fabricante con el mayorista o detallista. Los intentos del fabricante por prescindir de los intermediarios son la causa primaria del conflicto vertical.

Los miembros de un canal frecuentemente tratan de obtener el control. Según las circunstancias, el fabricante o los intermediarios ocuparán la posición dominante de un canal. Las compañías que tienen un canal determinado logran resultados óptimos, si lo ven como una sociedad que requiere coordinar las actividades de distribución.

Los intentos de controlar la distribución pueden estar sujetos a restricciones legales. De hecho, algunas prácticas, como la distribución exclusiva y los contratos restrictivos, pueden ser ilegales.

Más sobre

GOODYEAR

Goodyear quedó satisfecha con los resultados iniciales de su contrato de distribución con Sears, aunque sabe que la mayor parte de sus ventas siguen realizándolas las redes de distribuidores independientes. De ahí que esté tomando medidas tendientes a darles confianza:

- Sólo los distribuidores, y ni Sears ni los fabricantes de automóviles, tendrán acceso a la nueva línea Aquatred de gran demanda.
- Goodyear no permitirá que las cadenas de descuento propiedad de Sears (Western Auto y Tire America) vendan las líneas que venden Sears y los distribuidores independientes.
- A fin de darles a los usuarios motivos para visitar las tiendas de los distribuidores, Goodyear ha em-

pezado a introducir productos nuevos con mayor frecuencia. Aplicando la segmentación de mercado, las nuevas llantas presentan diversos diseños cuya finalidad es ajustarse a los distintos patrones de manejo de los grupos de consumidores.

Las medidas anteriores tal vez no logren calmar a los distribuidores independientes. Uno de ellos se quejó: "Estuvimos con ellos en las buenas y en las malas, ahora quieren abandonarnos a la mitad del río." Algunos de los distribuidores molestos comenzaron ya a ofrecer marcas de llantas que compiten, directa o indirectamente, con las de Goodyear. Aunque sólo unos cuantos han optado por vender también las famosas llantas Michelin y

Bridgestone, muchos aumentaron sus mezclas de productos con marcas menos conocidas pero más baratas.

Ni siquiera la relación de Goodyear con Sears está exenta de problemas. Por ejemplo, Sears podría promover la marca Goodyear para atraer clientes a sus centros automotrices, pero en el contacto personal con ellos podría ofrecerles primero Roadhandler y otras marcas suyas. Y cuando eso sucede, Goodyear no obtiene ventas.

Más aún, Goodyear sigue afrontando una fuerte competencia de precios en varias áreas. Con el propósito de resolver este problema, estableció las tiendas Just Tires que ofrecen precios bajos pero pocos servicios. Y está probando ventas en grandes establecimientos que venden muchas marcas de llantas. Por supuesto, se trata de estrategias que pueden irritar una vez más a los distribuidores independientes y hasta hacer que rompan relaciones con la compañía.[32]

1. ¿Debería Goodyear mantener su nueva estrategia de canales múltiples de distribución, incluido su contrato con Sears?
2. a. De no ser así, ¿qué debería hacer para fortalecer su distribución.
   b. De ser así, ¿qué otra cosa debería hacer para conservar y satisfacer a los distribuidores independientes?

■ TÉRMINOS Y CONCEPTOS BÁSICOS

Intermediario (460)
Comerciantes intermediarios (460)
Agentes intermediarios (460)
Canal de distribución (462)
Distribución directa (466)
Distribución indirecta (466)
Canales múltiples de distribución (469)
Sistema de marketing vertical (SMV) (471)
Sistema corporativo de marketing vertical (471)
Sistema contractual de marketing vertical (471)
Sistema administrado de marketing vertical (472)
Integrador de sistemas (472)
Intensidad de la distribución (476)
Distribución intensiva (477)
Distribución selectiva (477)
Distribución exclusiva (477)
Conflicto entre canales (479)
Conflicto horizontal (479)
Mezcla de mercancía (479)
Conflicto vertical (481)
Descuento por apertura (483)
Control del canal (485)
Poder de canal (485)
Comercialización exclusiva (486)
Contracto restrictivo (487)
Negativa a distribuir (487)
Política de territorio exclusivo (488)

■ PREGUNTAS Y PROBLEMAS

1. ¿Cuál de las siguientes instituciones son intermediarios? Explique su respuesta.
   a. Vendedor de Avon
   b. Mayorista de aparatos
   c. Corredor de bienes raíces
   d. Ferrocarril
   e. Agencia publicitaria
   f. Tienda de comestibles
   g. Corredor de bolsa
   h. Banco
2. ¿Cuál de los canales mostrados en la figura 13-3 es el más adecuado para emplearse con los siguientes productos? Sustente su elección en cada caso.
   a. Seguro contra incendios
   b. Residencias para una sola familia
   c. Empaquetador de heno
   d. Lavadoras
   e. Fijador (*spray*) de pelo
   f. Crucero marino
3. "La gran mayoría de las ventas industriales se realizan directamente del productor al usuario industrial." Explique a que se debe esto, primero a partir de la naturaleza del mercado y luego en función del producto.
4. "Podemos eliminar a los intermediarios, pero no las acti-

vidades esenciales de la distribución." Explique por qué los sistemas de marketing vertical apoyan o refutan esta afirmación.
5. Un pequeño fabricante de carnadas para pescar encara el problema de seleccionar su canal de distribución. ¿Qué opciones razonables tiene? Considere sobre todo la naturaleza de su producto y la de su mercado.
6. ¿Una política de distribución intensiva es compatible con los hábitos de compra de bienes de conveniencia por parte del público? ¿Y con los de compra de bienes de comparación? ¿Se usa normalmente la distribución intensiva en la comercialización de cualquier tipo de bienes industriales?
7. Desde el punto de vista del productor, ¿cuáles son las ventajas competitivas de la distribución exclusiva?
8. Un fabricante de una conocida marca de ropa para caballeros lleva muchos años vendiéndola a un distribuidor de una ciudad. Durante algún tiempo el mercado ha sido lo bastante grande como para sostener dos distribuidores en una forma muy rentable. Pero el distribuidor actual se opone a que el fabricante incorpore otra tienda. ¿De qué alternativas dispone el fabricante en este caso? ¿Qué acción recomendaría usted?
9. "Los fabricantes deben tratar de seleccionar siempre el canal más barato de distribución." ¿Coincide usted con esta afirmación? ¿Deberían tratar siempre de recurrir a los intermediarios con los costos más bajos de operación? Explique su respuesta.
10. ¿Qué recomendación sobre los canales de distribución haría usted a una pequeña compañía estadounidense que produce ropa elegante para damas y quiere distribuir su línea de productos en el Japón?

■ APLICACIÓN AL MARKETING

1. Concierte una entrevista con el dueño o un ejecutivo de alto nivel de una fábrica pequeña. Pregunte sobre a) qué canal o canales de distribución usan para su producto primario, b) qué factores fueron los que influyeron de manera decisiva en la selección del canal o de los canales y c) si preferirían algún otro canal o canales.
2. Visite al gerente de un supermercado o a un comprador de una cadena de supermercados, para que averigüe más sobre los descuentos de apertura o cualquier otro cobro que imponen a los fabricantes. Pregunte si esos cargos han ocasionado conflicto entre los canales y cómo la cadena de supermercados maneja este tipo de problema. También pregunte si algunos fabricantes de productos alimenticios se niegan a pagar los descuentos de apertura y si la cadena alguna vez renuncia a estos cargos.

■ NOTAS Y REFERENCIAS

1. Peter Nulty, "The Bounce Is Back ato Goodyear", *Fortune* 7 de septiembre, 1992, pp. 70-72; Zachary Schiller, "Goodyear Is Gunning Its Marketing Engine", *Business Week*, 16 de marzo, 1992, p. 42; Dana Milbank, "Goodyear Plans to Sell Its Tires at Sears Stores", *The Wall Street Journal*, 3 de marzo, 1992, p. B1.
2. Michael Selz, "Independent Sales Reps Are Squeezed by the Recession", *The Wall Street Journal*, 27 de diciembre, 1991, p. B2.
3. El concepto de cambio de actividades, la posibilidad de que los fabricantes priven sus compañías de algunas funciones y la oportunidad de que los pequeños mayoristas realicen funciones adicionales para mantener la viabilidad económica se explican en Ronald D. Michman, "Managing Structural Changes in Marketing Channels", *The Journal of Business and Industrial Marketing*, verano/otoño 1990, pp. 5-14.
4. Estos ejemplos se describen en Allan J. Magrath, "Differentiating Yourself via Distribution", *Sales & Marketing Management*, marzo de 1991, pp. 50, 56, 57.
5. Otro método, que se centra en el análisis del mercado, se expone en Allan J. Magrath y Kenneth G. Hardy, "Six Steps to Distribution Network Design", *Business Horizons*, enero-febrero de 1991, pp. 48-52.
6. Más información sobre la selección de canales para los mercados internacionales, especialmente la decisión de utilizar o no intermediarios, se encuentra en Saul Klein, "Selection of

International Marketing Channels", *Journal of Global Marketing*, vol. 4, 1991, pp. 21-37.

7. Rowland T. Moriarty y Ursula Moran, "Managing Hybrid Marketing Systems", *Harvard Business Review*, noviembre-diciembre 1990, p. 146.

8. "Unconventional Channels", *Sales & Marketing Management*, octubre de 1988, p. 38.

9. Una excelente explicación de los canales de distribución para los bienes industriales y los servicios se da en Michael D. Hutt y Thomas W. Speh, *Business Marketing Management*, 4a. ed., The Dryden Press, Ft. Worth, TX, 1992, pp. 359-392.

10. Una excelente exposición de este tema se encuentra en Donald H. Light, "A Guide for New Distribution Channel Strategies for Service Firms", *The Journal of Business Strategy*, verano de 1986, pp. 56-64.

11. Moriarty y Moran, op. cit., pp. 146-155, utilizan la expresión *sistema híbrido de marketing* y ponen de relieve la importancia de analizar las funciones básicas del marketing para determinar cuántos canales se necesitan y de qué tipo.

12. Una explicación muy completa de esta estrategia viene en John A. Quelch, "Why Not Exploit Dual Marketing?", *Business Horizons*, enero-febrero, 1987, pp. 52-60.

13. Una exposición más completa de las ventajas y desventajas de los canales múltiples y también de los medios para atenuar en lo posible el conflicto resultante de ellos se da en Martin Everett "When There's More Than One Rout to the Customer", *Sales & Marketing Management*, agosto de 1990, pp. 48-50+.

14. Martin Everett, "Systems Intergrators: Marketing's New Maestros", *Sales & Marketing Management*, noviembre de 1990, pp. 50+.

15. La idea de que las consideraciones de mercado deberían determinar la estructura de los canales del productor se expone más ampliamente en Louis W. Stern y Frederick D. Sturdivant, "Customer-Driven Distribution Systems", *Harvard Business Review*, julio-agosto de 1987, pp. 34-41.

16. Bert Rosenbloom y Trina L. Larsen, "How Foreign Firms View Their U.S. Distributors", *Industrial Marketing Management*, mayo de 1992, pp. 93-101.

17. "Putting the Aim Back into Famous Amos", *Sales & Marketing Management*, junio de 1992, p. 31.

18. Paul B. Carroll, "IBM Will Test Selling Its PCs by Mail Order", *The Wall Street Journal*, 29 de abril, 1992, p. B5.

19. John Rossant, "Can Maurizio Gucci Bring the Glamour Back?" *Business Week*, 5 de febrero, 1990, pp. 83-84.

20. Lois Therrien, "Whatever Happened to the Corner Computer Store?" *Business Week*, 20 de mayo, 1991, pp. 131ss.

21. Allan J. Magrath, "The Hidden Clout of Middlemen", *The Journal of Business Strategy*, marzo/abril de 1990, pp. 38-39.

22. Bill Saporito, "Cutting Out the Middleman", *Fortune*, 6 de abril, 1992, p. 96.

23. Dana Milbank, "As Stores Scrimp More and Order Less, Suppliers Take On Greater Risks, Costs", *The Wall Street Journal*, 10 de diciembre, 1991, p. B1.

24. Más detalles acerca de esta tendencia y los conflictos resultantes vienen en Teri Agins, "Clothing Makers Don Retailers' Garb", *The Wall Street Journal*, 13 de julio, 1989, p. B1.

25. El material de este párrafo y del anterior está tomado de Eben Shapiro, "New Products Clog Food Stores", *The New York Times*, 29 de mayo, 1990, p. D1; y Richard Gibson, "Supermarkets Demand Food Firms's Payments Just to Get on the Shelf", *The Wall Street Journal*, 1 de noviembre, 1988, pp. 1, 14. Este primer artículo va más allá de los descuentos por apertura y estudia los pagos por el fracaso que los fabricantes aceptan hacer a los intermediarios, si un nuevo producto lanzado por un fabricante no obtiene buenas ventas.

26. Una explicación más amplia sobre las estrategias que crean o atenúan el conflicto entre los productores y detallistas se da en Allan J. Magrath y Kenneth G. Hardy, "Avoiding the Pitfalls in Managing Distribution Channels", *Business Horizons*, septiembre-octubre de 1987, pp. 29-33.

27. El dominio que los grandes detallistas y sus decisiones empiezan a ejercer sobre los fabricantes se describen en Zachary Schiller y Wendy Zellner, "Clout!", *Business Week*, 21 de diciembre, 1992, pp. 66-69+. El poder del mercado de los consumidores en relación con el control de los canales se explica en Gul Butaney y Lawrence H. Wortzel, "Distributor Power versus Manufacturer Power: The Customer Role", *Journal of Marketing*, enero de 1988, pp. 52-63.

28. Magrath, *The Journal of Business Strategy*, op. cit., p. 41. Más ideas acerca de cómo establecer una buena relación entre productor e intermediarios se incluyen en James A. Narus y James C. Anderson, "Distributor Contributions to Parnership with Manufacturers", *Business Horizons*, septiembre-octubre de 1987, pp. 34-42.

29. B. Yovovich, "Partnering at Its Best", *Business Marketing*, marzo de 1992, pp. 36-37.

30. Brent Bowers y Jeffrey A. Tannenbaum, "Small Businesses Laud High Court Ruling on Kodak", *The Wall Street Journal*, 10 de junio, 1992, p. B2.

31. "No Frills: New Best Buy Setting Angers 2 Suppliers", *St. Louis Post-Dispatch*, 1 de enero, p. 9B.

32. Se encuentra material adicional sobre este tema en Dana Milbank, "Independent Goodyear Dealers Rebel", *The Wall Street Journal*, 8 de julio, 1992, p. B2.

CAPÍTULO 14

Venta al detalle

¿Puede HOME DEPOT crear una dinastía en el mercado de productos del tipo hágalo-usted-mismo?

No hace mucho tiempo, los productos del tipo hágalo-usted-mismo o destinados al mejoramiento del hogar se vendían a través de ferreterías o madererías. La mayor parte de estos establecimientos eran pequeños, y muchos eran unidades individuales de propietarios independientes. Tal vez Depot es la empresa que más que ninguna otra ha venido a revolucionar la venta al menudeo de artículos para el mejoramiento del hogar.

Desde que en 1979 inició operaciones con cuatro tiendas en Atlanta, Home Depot ha ido creciendo y hoy cuenta con más de 200 tiendas y en 1992 sus ingresos anuales fueron de más de $6 mil millones y siguen aumentando. Las ventas promedio por tienda son aproximadamente de $30 millones anuales. En 1989 Home Depot superó a Lowe's, convirtiéndose así en la cadena más grande de artículos para el mejoramiento del hogar.

¿Cómo ha logrado crear una cadena tan exitosa de tiendas en tan poco tiempo? Quizá su característica más distintiva sea el tamaño de sus establecimientos. Un Home Depot típico contiene 30 000 productos diferentes de madera, herramientas, artículos de iluminación y de plomería que se exhiben en 10 000 metros cuadrados de superficie de la tienda. Vende únicamente productos para el mejoramiento del hogar, pero en muchos tipos y modelos: cerca de tres veces más de lo que se encuentra en una ferretería común.

Home Depot emplea una estrategia de precios bajos todos los días, que están cerca del 25% por debajo de los que se cobran en las ferreterías. Puede ofrecer precios bajos y aun así obtener grandes ganancias, porque mantiene un riguroso control sobre los costos de los productos y los de operación. Consigue precios más bajos comprándoles directamente a los proveedores y no a través de mayoristas. Además, en comparación con otros grandes detallistas, su publicidad presenta niveles muy modestos.

Sin embargo, los vendedores constituyen probablemente su punto fuerte más importante y la fuente principal de su ventaja diferencial. Su estrategia consiste, fundamentalmente, en enseñarles a los clientes a hacer las cosas por sí mismos, *sin importar* si se trata de construir una cerca, renovar una cocina o colocar un tablero de madera en la pared. Al seleccionar los candidatos de la fuerza de ventas, da más importancia a su entusiasmo que al conocimiento del producto. Les paga un sueldo fijo (pero muy competitivo), a fin de que se concentran en el método más rentable para un proyecto de mejoramiento del hogar, en vez de tratar de incrementar las ventas para ganar una comisión mayor. Y Home Depot imparte diariamente varias clínicas de tipo hágalo-usted-mismo.

Las semejanzas entre Home Depot y Wal-Mart son notables. A partir de sus orígenes sureños ambas compañías alcanzaron rápidamente posiciones de dominio en sus tipos de venta al detalle. Más aún, las dos pueden crecer todavía más porque no han penetrado en muchos estados. Home Depot tiene tiendas sólo en una tercera parte de ellos. Y por grande que sea, constituye una pequeña fracción de la industria del mejoramiento del hogar, cuyas ventas anuales ascienden a más de $125 mil millones de dólares. Bernard Marcus, presidente y director general, piensa que la compañía puede tener 1 000 tiendas en Estados Unidos.[1]

¿Qué estrategias de marketing necesitará Home Depot para seguir satisfaciendo a los clientes, para defenderse en contra de la competencia y crecer con mayor rapidez?

La distribución de bienes a los consumidores comienza con el fabricante y termina con el usuario final. Pero entre los dos suele haber al menos un intermediario: el detallista. El tema del presente capítulo son los tipos de instituciones detallistas y sus actividades de marketing.

Como consumidor, el lector tiene mucha experiencia con el comercio al detalle. Y tal vez también haya trabajado en él. El capítulo se basa en esa experiencia y ofrece ideas sobre los mercados al menudeo, varios tipos de tiendas y sobre las estrategias y tendencias fundamentales que se dan en esta área. Después de estudiar este capítulo, usted deberá ser capaz de explicar:

OBJETIVOS DEL CAPÍTULO

- Los conceptos conexos de segmentación del mercado y mercados meta.
- La naturaleza de la venta al detalle.
- Lo que es un detallista.
- Tipos de detallistas clasificados por la forma de propiedad.
- Tipos de detallistas clasificados por las estrategias de marketing.
- Formas de venta al detalle no relacionadas con las tiendas.
- Tendencias de la venta al detalle.

NATURALEZA E IMPORTANCIA DE LA VENTA AL DETALLE

Por cada superestrella de la venta al menudeo como Home Depot, hay miles de pequeños detallistas que atienden al público en áreas muy pequeñas. Pese a su diferencias, todos ellos presentan dos características comunes: sirven de enlace entre los productores y los consumidores finales, realizando además importantísimos servicios en favor de unos y otros. Lo más probable es que todos sean detallistas, aunque algunas de sus actividades no pueden clasificarse dentro de ésta. En seguida veremos por qué esto es así.

Venta al menudeo y detallistas

Si un supermercado Winn Dixie vende cera para piso a un administrador de una tienda de regalos para pulir el piso, ¿estamos ante una venta al menudeo? Cuando una estación de gasolina Chevron hace publicidad a la barata de llantas al "precio de mayoreo", ¿está efectuando una venta al detalle? ¿Puede un mayorista o un fabricante realizar este tipo de transacciones? Es evidente la necesidad de definir algunos términos, particularmente *venta al detalle y detallista*, si queremos contestar las preguntas anteriores y evitar malos entendidos posteriores.

La **venta al detalle** (o *comercio al menudeo*) designa la venta, y todas las actividades relacionadas directamente con ella, de bienes y servicios al consumidor final para su uso personal, no empresarial. Si bien casi toda esta clase de transacciones tiene lugar en las tiendas, también puede llevarlas a cabo cualquier institución. La venta al menudeo la realizan Avon que vende cosméticos de puerta en puerta y Tupperware que vende contenedores de plástico en reuniones celebradas en una fábrica a la hora de comer, lo mismo que un agricultor que vende verduras en un pequeño puesto a la orilla de la carretera.

Cualquier empresa (fabricante, mayorista o detallista) que venda algo a los consumidores finales para uso, y no para negocios estará realizando una venta al menudeo. Se realiza este tipo de transición sin importar *cómo* se venda el producto (en forma personal, por teléfono o mediante una máquina automática) ni dónde se efectúe la venta (en una

Venta al detalle

tienda o en casa del cliente). A la empresa que se dedica *fundamentalmente* a este tipo de comercio se le llama **detallista**. En el presente capítulo nos concentraremos en los detallistas más que en otros tipos de instituciones que esporádicamente llevan a cabo ventas al menudeo.

La gente asocia el término *detallista* a la venta de bienes y no a la de servicios. Así, el U.S. *Census of Retail Trade* se concentra en bienes, mientras que el *Census of Service Industries* abarca la venta al mayoreo y al menudeo de servicios. Si bien en este capítulo nos concentraremos principalmente en los detallistas de *bienes*, gran parte de lo que se dice (sobre todo en relación con las estrategias de marketing) se aplica también a los detallistas de *servicios*.

Justificación económica de la venta al detalle

Como se indicó en el capítulo 13, los intermediarios cumplen básicamente la función de agentes de compras para sus clientes y de especialistas en ventas para sus proveedores. Para realizar ambas funciones llevan a cabo muchas actividades, entre ellas prever las necesidades de los consumidores, crear variedad de productos, adquirir información sobre el mercado y conceder financiamiento.

Es relativamente fácil convertirse en detallista. No se necesita invertir mucho en equipo de producción, la mercancía a menudo se obtiene a crédito y puede alquilarse el espacio del establecimiento sin un "enganche". La facilidad con que se ingresa en el comercio al

FIGURA 14-1

Comercio total al menudeo en Estados Unidos.

El volumen de ventas creció de manera sostenida durante los últimos 25 años. Nótese, por el contrario, que el número de tiendas detallistas aumentó considerablemente en los años 1977-1987, tras un periodo de relativa estabilidad durante 1967-1977.

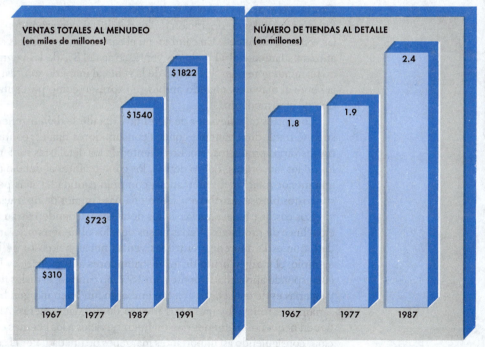

Nota: 1987 fue el último año en que se dio a conocer la cantidad de tiendas al detalle.
Fuentes: Statistical Abstract of the United States: 1992, 112a. ed., U.S. Bureau of the Census Washington. DC. 1992, p. 764: *1987 Census of Retail Trade.* Nonemployer Statistic Series-Northeast, U. S. Bureau of the Census, Washington, D.C., 1990, p. 1-3; *1977 Census of Retail Trade,* vol. 1, Subject Statistics, 1978, p. 1-8: y *1967 Census of Business,* vol. 1, Retail Trade-Subject Reports, 1971, p. 1-4.

detalle da origen a una competencia muy fuerte y hace que el público obtenga mejores productos.

Si entrar en el comercio al detalle es fácil, más fácil es fracasar. Si quiere sobrevivir, una empresa debe dar un buen desempeño en su función primaria: agradar a los consumidores. Stanley Marcus, ex presidente de Neiman Marcus, describe al detallista exitoso en los siguientes términos: "Un comerciante que vende mercancía que no se devuelve a clientes que sí vuelven."[2] Desde luego, una empresa al detalle también debe cumplir su otra función: dar servicio a los productores y mayoristas. Esta doble función es la vez la justificación de la venta al detalle y la clave de su éxito.

Tamaño del mercado al detalle

En Estados Unidos, en 1991 las ventas al menudeo ascendieron a más de 1.8 *billones* de dólares, como se aprecia en la figura 14-1. El incremento del volumen total de ventas ha sido extraordinario: cinco veces el obtenido en el periodo comprendido entre fines de los años 60 y principios de los años 90. Aun después de hacer los ajustes correspondientes por el aumento de precios, han crecido considerablemente las ventas totales al detalle y per cápita.

Hay unos 2.4 millones de tiendas al menudeo en Estados Unidos. El incremento de ellas entre 1977 y 1987 (año en que se efectuó el último censo sobre el comercio al detalle) coincidió con el crecimiento de la población y de los ingresos de la población.

Costos de operación y ganancias

Los costos totales de operación de los detallistas corresponden, en promedio, al 28% de las ventas al menudeo. En cambio, en el caso de los mayoristas esos mismos costos llegan aproximadamente al 11% de sus ventas, o sea el 8% de las ventas al *menudeo*.[3] Así pues, en términos generales, los costos de la venta al menudo son casi dos veces y medio los de la venta al mayoreo, cuando ambas se expresan como porcentaje de las ventas de cada tipo de intermediario.

Los costos más elevados de la venta al detalle se deben generalmente a los gastos que supone tratar directamente con los consumidores finales: contestar sus preguntas, mostrarles varios productos, etc. Los clientes de los detallistas suelen exigir más servicios que los de los mayoristas. Por lo demás, los comerciantes al detalle tienen ventas más bajas y una menor rotación de mercancía; compran cantidades más pequeñas y, por lo mismo, sus costos fijos se distribuyen sobre una base menor de operaciones.

Los costos y las ganancias de los detallistas dependen de su tipo de operación y principal línea de productos. Varias clases de ellos obtienen muy variables márgenes de utilidad, que es la diferencia entre las ventas netas y el costo de los bienes vendidos. Por ejemplo, el margen bruto de los distribuidores automotrices y las estaciones de gasolina corresponde aproximadamente a un 15%; en cambio, el de las tiendas de ropa, zapaterías y joyerías es de cerca del 40%. Sin embargo, un buen margen bruto de utilidad no necesariamente refleja los más altos niveles de utilidades netas. Algunos comerciantes que tienen pequeños márgenes dan un buen servicios a los clientes con bajos costos de operación, consiguiendo así importantes márgenes de utilidad. Por el contrario, otros comerciantes obtienen grandes márgenes pero sus ganancias son pequeñas porque incurren en fuertes costos de operación.

Igual que los márgenes brutos de utilidad de los comerciantes al menudeo, sus utili-

Venta al detalle

dades netas también muestran una gran variación. Los supermercados obtienen una utilidad menor que el 1% sobre las ventas, mientras que algunos detallistas especializados obtienen hasta un 10%. En general, las utilidades netas promedian cerca del 3% de las ventas. Este porcentaje tan modesto puede sorprender a los que creen que los detallistas obtienen ganancias enormes.

Tamaño de las tiendas

Casi todos los establecimientos al menudeo son muy pequeños. En el último censo, cerca del 16% de las tiendas que trabajan todo el año tenían ventas anuales por debajo de $100 000 (que equivale a menos de $275 diarios, si la tienda permaneciera abierta todos los días del año). No debe sorprendernos, como se observa en la figura 14-2, que apenas 1% de las tiendas al detalle correspondiera a estos establecimientos.

En Estados Unidos hay una gran concentración del comercio al detalle. Un reducido número de establecimientos representa una parte muy importante de él. Apenas 21% de las tiendas tenía un volumen anual de ventas de más de $1 millón (que equivale a menos de $2 750 dólares diarios), pero constituyen cerca del 77% de las ventas totales al menudeo.

La figura 14-2 nos da un panorama completo del comercio detallista a gran escala, porque representa una tabulación de las ventas de *tiendas* individuales y no el volumen de ventas de la *compañía*. Una empresa puede poseer muchas tiendas, como en el caso de las cadenas. Cuando se analizan las ventas por empresas, se torna más evidente el alto nivel de concentración. Como se muestra en la figura 14-1, las ventas combinadas de los 10 principales detallistas representan más del 14% del total del comercio al menudeo.

Las tiendas de diferentes tamaños afrontan retos y oportunidades. El hecho de que el volumen de ventas de una tienda sea grande o pequeño influye en la compra, en la promoción, en las relaciones personales y en el control de gastos. El tamaño de un estableci-

FIGURA 14-2

Distribución de tiendas y tiendas al menudeo por su tamaño

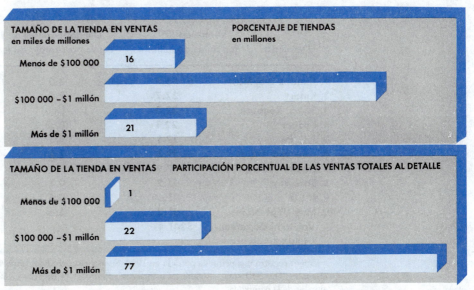

Fuente: 1987 Census of Retail Trade, Subject Series-Establishment and Firm Size, U.S. Bureau of the Census, Washington, D.C., 1990, p. 1-3.

miento crea ciertas ventajas y desventajas, algunas de las cuales se describen en la tabla 14-2. Teniendo en cuenta esos factores, las grandes tiendas por lo regular tienen una ventaja competitiva sobre las pequeñas.

Los pequeños comerciantes encaran varias dificultades y pueden fracasar. ¿Cómo entonces logran alcanzar el éxito? La respuesta es doble:

- Muchos consumidores buscan beneficios que las tiendas pequeñas a menudo dan mejor que las grandes. Por ejemplo, algunos desean un alto nivel de comodidad en sus compras. Los pequeños establecimientos, situados cerca de las zonas residenciales, ofrecen ese tipo de comodidades. Otros quieren un servicio muy personalizado. El gerente-propietario muy motivado y los vendedores bien supervisados de una tienda chica superarán a los de una tienda grande en este aspecto tan importante de las compras.
- Muchos pequeños comerciantes han formado sistemas contractuales de marketing vertical o bien se han afiliado a ellos. Estas organizaciones (llamadas cooperativas detallistas, cadenas voluntarias o sistemas de franquicias) ofrecen a los miembros algunas de las ventajas de las grandes tiendas: dirección especializada, poder de compra y un nombre conocido.

Instalaciones físicas

Más adelante en este capítulo clasificaremos a los detallistas atendiendo a su variedad de productos, estrategias de precios y métodos promocionales. En la presente sección trata-

TABLA 14-1 Ventas a nivel mundial de los 10 principales detallistas en Estados Unidos

Detallista	Ventas en 1992 (en miles de millones)	Utilidades netas en 1992 como porcentaje de las ventas	Cambio porcentual de las ventas, 1988-1992
1. Tiendas Wal-Mart	$ 55.5	3.6	+ 167
2. Kmart	37.7	2.5	+ 36
3. Sears, Roebuck	32.0	(9.3)*	+ 6
4. Kroger	22.1	(0.0)*	+ 16
5. J.C. Penney	19.1	4.1	+ 20
6. American Stores	19.1	1.1	+ 3
7. Dayton Hudson	17.9	2.1	+ 47
8. Safeway	15.2	0.3	+ 11
9. A & P	11.6	0.6	+ 15
10. May Dept. Stores	11.2	5.4	+ 26
Vol. total de ventas	$241.4		
Utilidad neta promedio		0.8	

* Kroger registró una pequeña pérdida en 1992; Sears sufrió pérdidas importantes en 1992.
Fuentes: "The 50 Largest Retailing Companies", *Fortune*, 31 de mayo, 1993, pp. 220-221; y los informes anuales de la compañía.
Nota: en las estadísticas exactas de ventas no figuran las operaciones que no sean al menudeo, pero se incluyen los ingresos provenientes de créditos e intereses.

Venta al detalle

TABLA 14-2 Posiciones competitivas de las tiendas al detalle tanto grandes como equeñas

Algunos criterios de evaluación	¿Quién tiene la ventaja?
División de trabajadores y especialización de los gerentes	Tiendas a gran escala: su principal ventaja
Flexibilidad de operación: selección de mercancía, servicios ofrecidos, diseño de la tienda, reflejo de la personalidad del dueño	Tiendas pequeñas: su principal ventaja.
Poder adquisitivo	Las grandes tiendas compran en grandes cantidades y así logran costos más bajos.
Acceso a la mercancía adecuada	Las grandes tiendas prometen a los proveedores acceso a muchos clientes, mientras que puede considerarse insignificante a una tienda pequeña.
Desarrollo y promoción de la marca del detallista	Las grandes tiendas.
Uso eficiente de la publicidad, sobre todo en los medios urbanos.	En los mercados de las grandes tiendas hay una mejor circulación de los medios.
Capacidad de dar un esmerado servicio personal.	Las tiendas pequeñas, si sus propietarios dan atención personal al cliente y además seleccionan y supervisan al personal de ventas.
Oportunidad de probar nuevos productos y técnicas de ventas	Las grandes tiendas están en mejores condiciones de correr riesgos.
Solidez financiera	Las grandes tiendas poseen suficientes recursos para obtener algunas de las ventajas antes señaladas (como marcas privadas y la experimentación).
Imagen pública	Las tiendas pequeñas cuentan con el apoyo y simpatía del público. Pero a menudo ese mismo público vota con su cartera al comprar en los grandes establecimientos.

remos de las **instalaciones físicas**, que representan el elemento de distribución de la mezcla de marketing.

Algunas compañías realizan la venta al menudeo *fuera de la tienda* (venden a través de catálogos o de puerta en puerta, por ejemplo), pero muchas más se sirven de las *tiendas* al menudeo. Las compañías que las operan deben considerar tres aspectos de las instalaciones físicas:

- **Ubicación.** Frecuentemente se dice que las claves del éxito de la venta al detalle son tres: ubicación, ubicación y ubicación. Aunque parezca una exageración, este axioma

En los últimos años se han inaugurado pocos centros comerciales regionales, pero Mall of American en Bloomington (Minnesota) constituye una gigantesca excepción.

expresa la importancia que los comerciantes dan a la ubicación. Por tanto, el sitio de la tienda ha de ser la primera decisión que se tome respecto a las instalaciones. Consideraciones como la población del área, el tránsito y el costo determinan dónde debe construirse una tienda.

- **Diseño.** Este factor se refiere al aspecto, tanto exterior como interior, de la tienda.
- **Distribución.** Designa el espacio asignado a varias líneas de productos, ubicaciones específicas de productos y la distribución en el piso de los exhibidores, racks y mesas.

Como cabe suponer, las ubicaciones de las tiendas tienden a corresponder a la población. En consecuencia, el grueso de las ventas al detalle se lleva a cabo en zonas urbanas y no en áreas rurales. Y las zonas comerciales de los suburbios han ido adquiriendo popularidad, mientras que han decaído las áreas del centro de la ciudad.

Los centros comerciales se han convertido en el tipo predominante de la ubicación del comercio al detalle en casi todas las zonas suburbanas. Un **centro comercial** está compuesto por un grupo planeado de establecimientos al detalle que alquilan espacio dentro de una estructura que suele ser propiedad de una sola organización y que puede albergar a muchos inquilinos. Los centros se clasifican por el tamaño y por el mercado que atienden:

- **Centro de conveniencia** (de tiendas y establecimientos de servicios comunes). Generalmente consta de 5 a 10 tiendas: una tintorería, una sucursal bancaria, tienda de comestibles y tienda de alquiler de videos.
- **Centro de vecindario.** Tiene de 11 a 25 inquilinos, entre ellos un supermercado y, posiblemente, una farmacia.
- **Centro comunitario.** Incluye de 26 a 50 establecimientos y una tienda de descuento y/o una gran tienda de especialidades (como Circuit City o Marshall's). También puede incluir un supermercado o una tienda mayorista (Sam's o Price Club). Por la variedad de sus tiendas, el centro comunitario atrae personas desde una área más grande que el centro de vecindario.
- **Centro regional.** Está apoyado por una o varias tiendas de departamentos y complementado hasta por 200 establecimientos más pequeños; generalmente una galería cerrada y con control del clima. Muchos centros regionales son gigantescos. El más grande de ellos, Mall of America en un suburbio de Minneapolis, fue inaugurado en 1992. Dentro de una galería cerrada, combina cientos de comercios con un parque de diversiones, un campo de golf en miniatura, dos lagos y más de una docena de cines, todo ello contiguo a un estacionamiento con 12 000 lugares (¿acaso eso no es suficiente?).[4]

En el periodo comprendido entre los años 60 y 70, los centros regionales catalizaron las compras y las actividades sociales en muchas comunidades. Sin embargo, en los años 80, disminuyó de manera considerable la construcción de nuevos centros, a medida que se saturaba el mercado. Con el tiempo muchos compradores empezaron a valorar demasiado su tiempo y dedicaron menos tiempo para ir de compras a esos lugares o a realizar sus actividades sociales en ellos. Así, el tiempo promedio que pasaban en los centros disminuyó de 12 a 4 horas por mes entre 1980 y 1990. No es mera coincidencia que relativamente pocos centros regionales hayan sido construidos en Estados Unidos durante los años 90, aunque Mall of America es una excepción notable. Pero muchos de los centros actuales han empezado a ser renovados y modernizados a fin de hacerlos más atractivos para el público.[5]

El crecimiento de las compras suburbanas, especialmente en los centros comerciales regionales, llevó a una disminución de las ventas al detalle en muchas áreas del centro de la ciudad. De ahí que, en los últimos años, algunas ciudades hayan trabajado por revitalizar las zonas de compras; por ejemplo, Ghirardelli Square (antes una fábrica de chocolate) y The Cannery (antes una fábrica de conservas de pescado) en San Francisco. Los centros comerciales cercados que presentan diseños originales (por ejemplo, Water Tower Place en Chicago) son exitosos en varias zonas del centro de la ciudad. Pero muchos otros (entre ellos Underground Atlanta, The Conservatory en Minneapolis y Pavilion en San José), no han logrado ni mantener un número suficiente de clientela.[6]

Clasificación de los detallistas

Para entender cómo los detallistas atienden tanto a los proveedores como a los consumidores, los clasificaremos a partir de dos criterios:

1. Forma de propiedad
2. Estrategias de marketing

Toda tienda puede clasificarse con base en dos criterios, como se muestra en la siguiente comparación entre Sears y una tienda de pinturas del vecindario:

	Criterios de clasificación	
Tiendas muestra	Forma de propiedad	Estrategias de marketing
Sears	**Cadena corporativa**	**Tienda de departamentos con una variedad amplia y relativamente profunda, precios moderados y niveles de servicio personal que varía según el departamento.**
Tienda de pinturas independiente		**Tienda de líneas limitadas que del vecindario ofrece una variedad poco extensa y relativamente profunda, evita la competencia de precios y da un amplio servicio personal.**

DETALLISTAS CLASIFICADOS POR LA FORMA DE PROPIEDAD

Las principales formas de propiedad en el comercio al menudeo son la cadena corporativa, el sistema independiente de marketing vertical y el sistema contractual. Esta última categoría incluye varios tipos de organización: cadenas voluntarias patrocinadas por mayoristas, cooperativas propiedad de detallistas y sistemas de franquicias.

Cadenas corporativas

Una **cadena corporativa** es una organización de dos o más tiendas, de propiedad y administración centralizadas, que generalmente manejan las mismas líneas de productos.

Aunque los dos son detallistas, Sears y Johnson Paint Company se distinguen en aspectos importantes.

Tres factores distinguen una cadena independiente y la forma contractual del sistema de marketing vertical:

- Desde el punto de vista técnico, dos o más tiendas constituyen una cadena. Sin embargo, muchos pequeños comerciantes que abren varias tiendas en los centros comerciales y en zonas recién pobladas no se consideran cadenas. En consecuencia, tal vez convendría considerar un número mayor de tiendas como un mínimo razonable cuando se clasifica al detallista dentro de esta categoría. (Según el Bureau of Census, se requieren por los menos 11 tiendas para formar una cadena.)
- La propiedad de estas cadenas está centralizada; como veremos luego, la de un sistema contractual no lo está.
- Debido a la dirección centralizada, las unidades individuales de una cadena suelen tener poca autonomía. Las decisiones estratégicas se toman en las oficinas generales, y por lo regular las políticas de operación están estandarizadas para todas las unidades de la cadena.

Las cadenas corporativas han seguido incrementando su participación en el comercio detallista total. Entre 1980 y 1991, en Estados Unidos la proporción de las ventas hechas por las cadenas de 11 o más tiendas aumentó de 37 a 39%. Durante ese mismo periodo, las cadenas capturaron una parte más grande de las ventas en todas las principales áreas del comercio detallista menos en las tiendas de variedades.[7]

Las cadenas son más comunes en algunas clases de venta al menudeo. Dominan la industria de las tiendas de departamentos, representando el 97% del total de estas ventas. Pero no ocupan un lugar importante entre las tiendas de artículos automotrices y productos para el hogar, pues generan apenas el 29% de las ventas. Hay algunas empresas gigantescas en el mercado de los comestibles, pero éstas y otras cadenas representan menos del 60% de las ventas generadas por las ventas de comestibles. En esencia, las cadenas son instituciones detallistas a gran escala. De ahí que tengan fuerzas y debilidades semejantes, como se observa en la tabla 14-2.[8]

Las tiendas de cadena se caracterizan por un alto grado de estandarización. Aunque un factor importante de su éxito, la estandarización va acompañada de la inflexibilidad. Y ello significa que a veces una cadena no está en posibilidades de adaptarse rápidamente a las condiciones del mercado. Con el fin de superar esta debilidad, la mayor parte de ellas conceden cierto grado de autonomía a los gerentes de las tiendas locales.

Tiendas independientes

Una **tienda independiente** es una compañía con una sola tienda que no está afiliada a un sistema contractual de marketing vertical. La mayor parte de los detallistas pertenecen a esta categoría, y la mayor parte de las tiendas independientes son muy pequeñas. Desde luego, una tienda de departamentos o un supermercado independientes pueden alcanzar $10 millones de dólares o más en ventas anuales, de modo que tienen mayor poder económico que las cadenas pequeñas compuestas por unas cuantas tiendas. Con todo, las tiendas independientes suelen presentar las mismas características de los pequeños detallistas incluidas en la tabla 14-2.

Generalmente se considera que este tipo de detallistas vende a precios más caros que las tiendas de cadena. Sin embargo, debido a las diferencias de mercancías y servicios, no es fácil comparar directamente los precios de ellas con los de las cadenas. Por ejemplo, las cadenas a menudeo cuentan con sus propias marcas privadas que no venden los comerciantes independientes. Además, con frecuencia éstos y las cadenas ofrecen a los consumidores distintos niveles de servicio y, tal vez, de calidad. Muchos están dispuestos a pagar más por servicios que juzgan útiles: crédito, entrega, modificaciones, instalación, una política muy flexible de devoluciones y el servicio de vendedores afables y conocedores.

Sistemas contractuales de marketing vertical

En un **sistema contractual de marketing vertical**, un grupo de empresas de propiedad independiente se unen por un contrato donde se especifica cómo operarán. A continuación se explican los tres tipos de este sistema de marketing.

Cooperativas de detallistas y cadenas voluntarias.
La principal diferencia entre estos dos clases de sistemas consiste en quién los organiza. Una **cooperativa de detallistas** está constituida por un grupo de tiendas pequeñas que se comprometen a establecer y operar un establecimiento mayorista. En cambio, una **cadena voluntaria** está patrocinada por un mayorista que celebra un contrato con los detallistas interesados en afiliarse a ella.

Tradicionalmente estos dos tipos de sistema contractual se han organizado con fines defensivos: para permitir a los detallistas independientes competir eficazmente con las cadenas grandes y fuertes. Lo logran al dar a sus miembros poder de compra de grandes cantidades y asistencia gerencial en el diseño del establecimiento, programas de capacitación para empleados y ejecutivos, promoción, sistemas de contabilidad y control de inventario.

Las cooperativas de detallistas han empezado a declinar, pero siguen teniendo importantes representantes en el mercado de comestibles (Certified Grocers) y de las ferreterías (True Value). Las cadenas voluntarias, por su parte, predominan en el mercado de los comestibles (IGA, Super Valu), aunque también se encuentran en el de las ferreterías (Ace), refacciones automotrices (Wester Auto) y tiendas de variedades (Ben Franklin).

Sistemas de franquicias. Las **franquicias** suponen una relación continua en la cual un franquiciante (la compañía matriz) concede el derecho de usar su marca registrada y brinda asistencia gerencial a cambio de pagos por parte de un franquiciatario (el dueño de la unidad de negocios). A la combinación de ambos se le llama **sistema de franquicias**. Este tipo de sistema contractual de marketing vertical ha ido creciendo rápidamente, generando más de $800 mil millones de dólares de ventas anuales y representando más de una tercera parte de las ventas al menudeo en Estados Unidos.[9]

Hay dos clases de franquicias:

- **Franquicia de producto y nombre comercial.** Tradicionalmente es el tipo dominante y predomina en la industria automotriz (Ford, Honda) y petrolera (Chevron, Texaco). Es un contrato en que un proveedor (el franquiciante) autoriza a un distribuidor (el franquiciatario) a vender una línea de productos utilizando el nombre comercial de la compañía con fines promocionales. El franquiciatario se compromete a comprarle al franquiciante y cumplir con las políticas estipuladas. Este tipo de franquicia se centra en *lo que se vende*.
- **Franquicia de formato de las empresas.** En gran medida, el crecimiento y la publicidad no pagada que han recibido las franquicias durante las últimas tres décadas se relacionan con la clase de formato de la empresa (usado por corporaciones como Kentucky Fried Chicken, Midas y H & R Block). Este tipo de franquicia abarca un método (o formato) entero de operar un negocio. Un detallista exitoso vende el derecho de operar el mismo negocio en varias regiones geográficas. Espera recibir de la compañía matriz un método eficaz para operar un negocio; a cambio ella recibe de cada dueño del negocio pagos y también una estricta observancia de las políticas y normas. Este tipo de franquicia se centra en *cómo se administra el negocio*.

En las franquicias de formato (método) de las empresas, el franquiciante puede ser un fabricante que proporciona mercancía a los franquiciatarios. Muchas veces no es así. Por ejemplo, Little Professor Book Centers, Inc., no vende libros a las tiendas franquiciatarias; por el contrario, éstas adquieren su inventario de mayoristas. El franquiciante tiene la obligación de darle al franquiciatario asistencia gerencial, especialmente sus conocimientos técnicos.

Vender franquicias es un negocio atractivo para un detallista exitoso que desee ampliarse. He aquí algunas de sus ventajas:

- Se facilita una expansión rápida, porque el franquiciatario aporta capital cuando adquiere una franquicia.
- Como su inversión no corre peligro, el franquiciatario suele sentirse muy motivado para poner todo su empeño y respetar el formato de la compañía matriz.

La compra de una franquicia ofrece protección a una tienda independiente que encara una competencia muy fuerte de las cadenas o a una futura tienda. Entre los beneficios cabe citar los siguientes:

Muchas franquicias se han vuelto famosas; otras trabajan duro para conseguirlo.

- El franquiciatario puede utilizar el nombre comercial de una compañía muy conocida, lo cual sin duda le ayudará a atraer más clientes.
- Varias formas de asistencia gerencial se ofrecen al franquiciatario tanto antes como después que inaugure el establecimiento, a saber: selección del sitio y orientación en el diseño del local, capacitación técnica y gerencial, programas promocionales y sistema de control de inventario.

Las franquicias no están exentas de problemas. Algunas se basan en productos de baja calidad o bien en prácticas empresariales deficientes; de ahí que fracasen. Más aún, algunos franquiciatarios critican a los franquiciantes por aplicar políticas como las siguientes: atraer franquiciatarios potenciales ofreciendo ingresos demasiado altos o costos de operación excesivamente bajos; no proporcionarles los niveles prometidos y necesarios de apoyo empresarial; situar muchísimos establecimientos de la compañía dentro del mismo mercado; cancelar o no renovar la franquicia sin una causa razonable. Por su parte, los franquiciantes también tienen sus quejas, sobre todo la de que algunos franquiciatarios se aparten de las políticas y prácticas del sistema. Como en tantos otros sectores comerciales, si la autorregulación no da resultados satisfactorios, probablemente haya que imponer regulaciones adicionales en los niveles federal y estatal.[10]

Pese a algunos retos, las franquicias han ido proliferando según las previsiones.[11] Los detallistas ambiciosos y prósperos las explotarán como un medio ofensivo para conseguir una expansión rápida. Muchos detallistas pequeños las utilizarán con fines defensivos para obtener una buena posición competitiva frente a las cadenas corporativas. Y los futuros dueños de negocios seguirán comprándolas por sus dos atributos principales: cierto grado de independencia y varios servicios de asistencia gerencial. De hecho, muchos que tienen poca o nula experiencia en el mundo de los negocios han adquirido franquicias precisamente por esta razón.

Un número cada día mayor de compradores de franquicias son personas que trabajaron antes en grandes corporaciones. Entre los nuevos franquiciantes se incluyen desempleados de oficina y del departamento de producción, lo mismo que muchos gerentes y ejecutivos que fueron víctimas de alguna reestructuración corporativa o que aceptaron una jubilación anticipada. Todos ellos entraron en la industria de las franquicias deseosos de decidir ellos mismos su propio destino financiero.[12]

DETALLISTAS CLASIFICADOS POR LAS ESTRATEGIAS DE MARKETING

Cualquiera que sea su forma de propiedad, un detallista debe diseñar estrategias de la mezcla de marketing para tener éxito en los mercados seleccionados. En la venta al detalle, la mezcla de marketing hace hincapié en la variedad de productos, el precio, la ubicación, la promoción y los servicios al cliente. Este último elemento consiste en servicios cuya finalidad es contribuir a la venta de un producto. Entre ellos se cuentan el crédito, la entrega, la envoltura de regalos, la instalación del producto, la devolución de mercancía, el horario de atención al público, el estacionamiento y, algo muy importante, el servicio personal. (Cuando con él se trata de realizar una venta, entonces se realiza una venta personal, que es un tipo de promoción.)

USTED TOMA LA DECISIÓN

¿ADQUIRIRÍA USTED UNA FRANQUICIA?

Muchos productos llegan a los mercados de consumidores a través de franquicias. Examine los siguientes ejemplos:

Categoría de producto	Franquicias muestra
Comidas rápidas y otras comidas preparadas	McDonald's, Domino's, Subway, Arby's
Reparaciones automotrices	Midas, Car-X, Jiffy Lube, Lee Myles
Ropa	T-Shirts Plus, Just Pants, Fashions under $10
Cuidado del cabello	Fantastic Sam's, Supercuts, Cost Cutters
Comestibles y otros productos alimenticios	7-Eleven, Hickory Farms, Rocky Mountain Chocolate Factory
Programas educativos	Sylvan Learning Center, Arthur Murray School of Dance, Huntington Learning Centers
Productos para decorar el hogar	Wallpapers to Go, Decorating Den, Stained Glass Overlay

El costo de comprar una franquicia varía muchísimo. Como se aprecia en los siguientes ejemplos, tomados de la venta de alimentos al menudeo, algunas cuestan poco y otras son muy caras:

Nombre de marca	Tipo de negocio	Valor aprox. de la franquicia	Costos totales aprox. para iniciar operac.
Subway	Restaurante de sandwiches	$10 000	$ 35 000
Domino's	Pizzas a domicilio	$ 6 500	$ 135 000
Dunkin's Donuts	Tienda de donas	$40 000	$ 200 000
Hardee's	Restaurante de comida rápida	$15 000	$ 1.2 millones

La mayor parte de estos sistemas de franquicias son muy prósperos. Algunas tiendas TCBY (The Country's Best Yogurt) luchan por sobrevivir a causa de la naturaleza estacional del producto y una durísima competencia de otros proveedores de alimentos, entre ellos tiendas similares de yogurt congelado. Y el sistema de tiendas de conveniencia 7-Eleven también ha vivido momentos difíciles.

Si quisiera abrir una tienda al menudeo, ¿lo haría como un comerciante independiente o adquiriría una franquicia?

Fuente: Veronica Byrd, "Hamburgers or Home Decorating? Businesses That Sell", *The New York Times*, 4 de octubre, 1992, p. F10.

A continuación describiremos los principales tipos de tiendas al detalle, concentrándonos sobre todo en los tres elementos de su mezcla de marketing:

- Amplitud y profundidad de la variedad de productos
- Nivel de precios
- Nivel de servicios al cliente

En la tabla 14-3 se clasifican las tiendas atendiendo a esos tres elementos.

Algunos tipos de detallistas, emtre ellos las tiendas eliminadoras de categorías (que más adelante describiremos en forma pormenorizada), son bastante nuevos y están creciendo con mucha rapidez. Otros, como las tiendas de variedades, han empezado a perder importancia. Y hay otras, especialmente las tiendas de departamentos, que sufren una fuerte presión competitiva para que modifiquen algunas de sus estrategias. Veremos que ciertos detallistas se parecen a otros, porque instituciones nuevas o modificadas han llenado los "huecos estratégicos" que antaño separaban a los diversos tipos de ellos.

TABLA 14-3 Tiendas detallistas clasificadas por las principales estrategias de marketing

Tipo de tienda	Amplitud y profundidad de la variedad	Nivel de precios	Nivel de servicios al cliente
Tienda de departamentos	Muy amplia, profunda de precios	Evita la competencia	Una gran gama
Tienda de descuento	Amplia, poco profunda	Ofrece precios bajos	Relativamente poco
Tienda de línea limitada	Poco amplia, profunda evitan la competencia de precios; los tipos más recientes ofrecen precios bajos	Los tipos tradicionales	Varían según el tipo
Tienda de especialidades	Muy poco amplia, profunda	Evita la competencia de precios	Al menos el común; alto en algunas
Tienda con precios rebajados	Poco amplia, profunda	Ofrece precios bajos	Pocos
Tienda eliminadora de categorías moderados	Poco amplia, muy profunda	Ofrece precios bajos	De pocos a
Supermercado	Amplia, poco profunda	Algunos ofrecen precios bajos; otros evitan las desventajas de la competencia de precios	Pocos
Tienda de conveniencia	Poco amplia, muy profunda	Precios altos	Pocos
Tienda mayorista	Muy amplia, muy profunda	Ofrece precios muy bajos	Pocos (sólo se permite el ingreso a los miembros)
Hipermercado	Muy amplia, profunda	Ofrece precios bajos	Algunos

Tiendas de departamentos

Las **tiendas de departamentos**, durante largos años un verdadero baluarte del comercio al menudeo, son instituciones a gran escala que tienen un surtido amplio y profundo de productos, tratan de competir en el precio y ofrecen una amplia gama de servicios al cliente. En Estados Unidos, entre las más famosos cabe mencionar las siguientes: Filene's, Dillard's, Foley's, Dayton Hudson, Rich's, Marshall Field, Sears, J.C. Penney y Montgomery Ward.

Las tiendas tradicionales de departamentos ofrecen una mayor variedad de mercancía y de servicios que otros detallistas. Cuentan con "artículos suaves" (ropa, cobertores, toallas y ropa de cama) y "artículos duros": muebles, electrodomésticos y aparatos electrónicos. También atraen y satisfacen a los consumidores ofreciéndoles muchos servicios (ajustes de prendas, planes de crédito y registros de regalos nupciales exhibidos). Se considera que la combinación de mercancía atractiva y original, así como numerosos servicios al cliente, les permitirán mantener los precios de lista. Es decir, tratan de cobrar precios "completos" o "sin descuento".

Pero las tiendas de departamentos afrontan serios problemas.[13] Debido a su ubicación especial (es decir, muy adecuada pero cara) y a los abundantes servicios que proporcionan, sus gastos de operación son mucho más altos que los de otros detallistas. Muchas marcas de fábrica que antes tan sólo podían obtenerse en ellas tienen hoy una amplia distribución y a menudo se encuentran a precios rebajados en otros establecimientos. Y la calidad del servicio personal, caracterizada por vendedores muy conocedores, se ha ido deteriorando en algunas tiendas de departamentos.

La intensa competencia horizontal también las perjudica. Otros tipos de instituciones detallistas, tiendas de especialidad, tiendas con precios rebajados y hasta algunas tiendas de descuento, intentan con mucha agresividad arrebatarles la clientela. En diversos grados, cadenas de tiendas como Kmart, Wal-Mart, Circuit City y Victoria's Secret compiten con las tradicionales tiendas de departamentos.

Ante las presiones de la competencia y las deficiencias de marketing, en Estados Unidos algunas se han visto obligadas a buscar la protección de la quiebra o simplemente han optado por abandonar el mercado. Entre ellas podemos mencionar las siguientes: Macy's, Federated Department Stores, Bonwit Teller y Garfinckel's. En términos generales, la participación de estas instituciones en el comercio total al menudeo disminuyó aproximadamente un 5% entre los primeros años de la década de 1980 y los primeros años de la de 1990.[14]

Con el propósito de conseguir una ventaja, muchas tiendas de departamentos modificaron sus mercados meta y los elementos de su mezcla de marketing. Así, Penney's ha tratado de atraer consumidores con ingresos más altos. Para ello eliminó varias líneas de artículos duros (como la de electrodomésticos y la de artículos deportivos) y ahora se centra más en la ropa, las joyas, los cosméticos y otras líneas de productos que busca la gente de grandes recursos. Hasta ahora no ha logrado atraer suficientes prospectos para compensar la pérdida de los consumidores de ingresos medianos que para quienes los precios actuales resultan demasiado elevados.[15]

Algunas tiendas de departamentos tratan de ser más competitivas en el precio. En 1989 Sears abandonó la práctica de promover precios reducidos temporalmente y adoptó una estrategia de "precios bajos todos los días". La estrategia ha recibido alabanzas y críticas a la vez. La mayor parte de las tiendas de departamentos han instalado computadoras en el punto de venta, destinadas a controlar mejor los inventarios. Estos sistemas les ayudan a mantener un inventario de los tipos y cantidades adecuadas de mercancía para satisfacer a los clientes y, al mismo tiempo, evitar el costo de un exceso de inventario.

Con el fin de fortalecer la capacidad de atraer al público y abatir los costos, Ward's, Penney's y Sears quieren convertir sus tiendas con mercancía tan extensa en un grupo de

Montgomery Ward estableció "tiendas dentro de las tiendas".

"tiendas" de línea limitada. Ward's, por ejemplo, estableció en sus locales áreas de Auto Express, Electric Avenue y Home Ideas.

Almacenes de descuento

La **venta al detalle con descuento** ofrece precios relativamente bajos como principal punto de venta, combinada con una reducción de los costos de la venta. Algunas instituciones, entre ellas los detallistas con precios rebajados y las tiendas mayoristas (de las que trataremos más adelante) aplican la venta con descuento como su estrategia fundamental de marketing.

El ejemplo más importante de este tipo de detallistas es el **almacén de descuento**, institución de gran escala que ofrece una variedad amplia y superficial de productos, precios bajos y pocos servicios al cliente. Normalmente vende un extenso surtido de artículos suaves (especialmente ropa) y artículos duros (marcas populares de electrodomésticos y muebles para el hogar) y realiza una publicidad exhaustiva. Wal-Mart, Kmart y Target son los líderes en esta categoría.

El éxito inicial de estas instituciones puede atribuirse a dos factores:

- Los competidores cobraban un alto margen de utilidad en los electrodomésticos y en otras mercancías, lo cual les dio a las tiendas de descuento la oportunidad de obtener márgenes más pequeños cobrando precios más bajos.
- Muchos consumidores deseaban precios más reducidos, aunque recibieran menos servicios.

Este tipo de detallistas ejerce un fuerte impacto sobre el comercio al menudo, pues obliga a muchos establecimientos a reducir sus precios.

Algunas cadenas de descuento han empezado a incrementar sus niveles de precios. Por ejemplo, Kmart trata de dejar de ser un establecimiento muy sobrio para convertirse en un comercio de mercancías de gran valor y calidad, gran parte de las cuales llevan el nombre de marcas muy famosas. Por ello Kmart está invirtiendo $2.5 mil millones de dólares para renovar más de 2 000 de sus locales, buscando ante todo mejorar la decoración y la tecnología. Hasta ahora los resultados han sido una mezcla de buenos y malos.[16] Ese remozamiento les permite competir con las tiendas de departamentos y los detallistas de precios reducidos. Este cambio estratégico puede generar márgenes de utilidad más alto, pero casi siempre se acompaña también de un incremento de los costos.

Por lo menos unos cuantos detallistas han empezado a probar un tipo mucho más ampliado de tienda de descuento denominado **supercentro.** En lo esencial, es una combinación de tienda de descuento y tienda completa de comestibles. Así pues, no es una sorpresa que Wal-Mart Stores Incorporated opere en esta área. Aparte de un surtido más completo de mercancía y de un local más grande, sus nuevos supercentros se diferencian de las tiendas de descuento en dos aspectos básicos: tienen pasillos más amplio y una decoración más atractiva. Y ofrecen más servicios a los clientes, a menudo mediante nuevos aparatos tecnológicos como carritos con pantallas de video. Kmart se ha percatado de la apertura de supercentros por parte de Wal-Mart y está pensando inaugurar 450 Super Kmarts en 1998.[17]

Tiendas de línea limitada

En gran medida la "acción" del comercio al menudeo durante los últimos años se ha centrado en las **tiendas de línea limitada**. Este tipo de institución tiene una variedad reducida pero profunda de productos y servicios al cliente que varían de una tienda a otra. Tradicionalmente, las que venden productos como ropa, productos de panificación y muebles luchaban por cobrar precios completos, sin descuento. Como veremos luego, los nuevos tipos de esta categoría han logrado establecerse en el mercado ofreciendo precios bajos.

La amplitud del surtido varía un poco entre las tiendas de línea limitada. Una tienda puede optar por concentrarse en:

- Algunas líneas de productos conexos (zapatos, artículos deportivos y accesorios)
- Un solo producto (zapatos)
- Parte de una línea de productos (zapatos para deportes)

Identificamos las tiendas de línea limitada por el nombre de la línea primaria de productos; por ejemplo, mueblería, ferretería o tienda de ropa. Algunos establecimientos como las tiendas de comestibles y las farmacias que antes pertenecían a esta categoría ahora venden variedades más grandes a causa de la mercancía extensa, estrategia que explicamos ya en el capítulo anterior.

Tiendas de especialidad.

En una **tienda de especialidad** se ofrece al público una variedad muy estrecha y profunda, a menudo concentrada en una línea especializada (productos de panificación) o incluso como parte de una línea especializada (panes de canela). He aquí algunos ejemplos: panaderías, tiendas de pieles, tiendas de zapatos para deportes, mercados de carne y tiendas de ropa. (Hay que distinguir las *tiendas* de especialidades y los *bienes* de especialidad. En cierto modo, el nombre de las tiendas no es el más correcto, porque pueden vender cualquiera de las categorías de bienes de consumo que explicamos en el capítulo 8, no sólo los de especialidad.)

En Estados Unidos, The Limited opera el grupo más importante de estos establecimientos. Posee varias cadenas de ropa, prácticamente todas ellas dirigidas a diversos segmentos del mercado femenino. Entre sus tiendas conviene mencionar las siguientes: Victoria's Secret, Lerner New York, Express, Henri Bendel, Lane Bryant y, naturalmente, Limited Stores.

Casi todas las tiendas de especialidades procuran conservar el precio recomendado de lista, aunque a veces venden sus propias marcas a precios menores. En general, ofrecen al menos los servicios estándar al cliente. Pero algunas dan especial importancia a servicios más completos, sobre toda una buena atención por parte de vendedores conocedores y afables.

El éxito de las tiendas de especialidades depende de su capacidad de atraer primero y luego satisfacer a los consumidores que desean ante todo una variedad profunda y servicios muy completos de excelente calidad. Entre las más prósperas conviene citar las siguientes: Bed, Bath & Beyond, que se concentra en cobertores, toallas y productos conexos; Bombay, que vende muebles y otros artículos de decoración de estilo inglés Victoriano; y Museum Company, que vende pinturas de arte, copias de estatuas y productos similares que normalmente sólo se encuentran en las tiendas que venden piezas de museos de arte.

Venta al detalle

Otras tiendas se han ganado la lealtad de los clientes ofreciéndoles principalmente productos relacionados con el ambiente. Ejemplos de estas "ecotiendas" son Wild Birds Unlimited y NatureWorks Gifts & Books.[18]

Detallistas a precios rebajados. Cuando algunas tiendas de descuento probaron el aumento de la línea en precios altos durante los años 80, los **detallistas a precios rebajados** se posicionaron por debajo de ellas con precios más bajos en algunas líneas de productos. Estas instituciones tienen una variedad estrecha y profunda de productos, precios bajos y pocos servicios al cliente. Son las más comunes en los mercados de la ropa y del calzado. En muchas localidades de Estados Unidos el público ya está familiarizado con nombres como Marshall's, Ross Dress for Less, T.J. Maxx, Syms, Payless Shoesource y Athletic Shoe Factory.

Estos detallistas se concentran en marcas bien conocidas de fabricantes. A menudo compran excedentes de los fabricantes, el inventario sobrante al terminar la temporada o mercancía con defectos a precios de mayoreo menores que los ordinarios. Y los precios son mucho más bajos que los de la mercancía regular de temporada que se vende en otras tiendas. El público se siente atraído por los precios bajos y por artículos bastante actuales.

Es interesante aclarar que muchas de estas tiendas son propiedad de las grandes cadenas.[19] T.J. Maxx es propiedad de Zayre y Filene's Basement de Federated Department Stores. Algunas cadenas de gran prestigio, entre las que se encuentran Neiman Marcus, Woodward & Lothrop y recientemente Nordstrom, han empezado a inaugurar tiendas de precios rebajados por dos razones. Las cadenas que cultivan una imagen de excelencia consideran inconveniente conservar largo tiempo en sus establecimientos la mercancía pasada de moda y de exhibición prolongada en ella. Además están convencidas de que es más rentable venderla en sus propias tiendas que recurrir a compañías externas.

Las **tiendas de fábrica** son un tipo especial de detallistas de precios rebajados. Suelen vender una sola mercancía del productor. Antes acostumbraban tener artículos de liquidación o productos con defectos (llamados *segundas*); hoy, en cambio, tienden a ofrecer la misma mercancía que se encuentra en otros establecimientos, generalmente a precios más bajos. A esta categoría pertenecen comerciantes como Esprit, Calvin Klein, Corning, L.L. Bean, Paul Revere, Royal Doulton y Dansk.

Puesto que los fabricantes normalmente son dueños de sus propias tiendas, ejercen un control completo sobre la mercancía. Este tipo de tienda parece ser el segmento de más rápido crecimiento en el comercio al menudeo. Es una situación muy agradable para los fabricantes (pues así adquieren otro canal de distribución) y para el público (que paga precios más bajos); pero a otros detallistas no les gusta en absoluto el hecho de que sus proveedores compitan directamente con ellos.

Una tendencia afín consiste en agrupar muchas tiendas de fábrica en un centro comercial. Por ejemplo, 160 establecimientos constituyen el Belz Factory Outlet World en Orlando (Florida) y 75 forman un centro Factory Shops en San Marcos (Texas). Para no irritar a los detallistas que distribuyen los mismos productos, estos centros a menudo están situados lejos de las grandes zonas metropolitanas.[20]

Tiendas eliminadoras de categorías. Las **tiendas eliminadoras de categorías**, fenómeno característico de los años 80, ofrece una variedad estrecha pero profunda, precios bajos y pocos o moderados servicios al cliente. Como lo indica su nombre, su finalidad es arrasar con la competencia en una categoría específica de productos.[21] Entre

Con una extensión de 200 000 metros cuadrados, el centro de tiendas de fábrica Gurnee Mills situado entre Milwaukee y Chicago es un verdadero centro comercial regional.

las de mayor éxito citamos: Circuit City en el mercado de aparatos electrónicos, Home Depot en el de suministros para la construcción y Toys "R" Us.

Otros áreas en que trabajan estos detallistas son los suministros de oficina, los artículos para el hogar y la música grabada. El mercado de los artículos deportivos comienza a saturarse con comercios tradicionales de esa mercancía, que ahora afrontan la competencia de varias cadenas pequeñas, pero ambiciosas, de tiendas eliminadoras de categorías. Entre estas últimas figuran las siguientes: Sports Authority (propiedad de Kmart), Sportmart, SportsTown y Sports & Recreation. (¿Quedan todavía algunos nombres disponibles?)

Una tienda eliminadora de categorías se concentra en una línea de productos o en varias estrechamente relacionadas entre sí. Lo que la distingue es la combinación de tamaños, modelos, estilos y colores de los productos *y* los precios bajos. Por ejemplo, Circuit City vende más de 150 modelos de televisores y más de 50 tipos de refrigeradores; Ikea ofrece más de 15 000 artículos.[22]

Estas instituciones al detalle están arrebatándole ventas y clientes a los detallistas tradicionales, entre ellos las tiendas de descuento y las de departamentos. Se les pronostica un crecimiento sostenido. Sin embargo, ni la mayor clase de las mercancías ni la multitud de áreas geográficas generarán los grandes volúmenes de ventas que permitirían cobrar precios bajos gracias a un alto poder adquisitivo.

Más aún, las actuales tiendas eliminadoras de categorías tienen algunos problemas. Deben mantener inventarios lo bastante grandes como para satisfacer la demanda, pero no tan grandes que originen un exceso de inventario, el cual requeriría importantes reducciones de precios. Y cuando varias marcas de estos gigantes compiten en un mismo mercado geográfico, terminan destruyendo no otras formas de competencia sino unos a otros.

Supermercados

Igual que *descuento*, la palabra *supermercado* designa un método de venta al detalle *y* un tipo de institución. En cuanto método, la **venta al detalle en supermercados** incluye varias líneas de productos conexos, un alto grado de autoservicio, pago muy centralizado y precios competitivos. Sirve para vender varias clases de mercancía: materiales de construcción, productos de oficina y, naturalmente, comestibles.

En cuanto término, *supermercado* designa una institución en el campo de la venta detallista de comestibles. Dentro de este contexto, **supermercado** es una institución al menudeo que tiene una variedad regularmente amplia y profunda que abarca comestibles y otras líneas no relacionadas con alimentos, ofreciendo además relativamente pocos servicios al cliente. En la generalidad de los supermercados se pone de relieve el precio. Algunos lo utilizan *de modo ofensivo*, ofreciendo precios bajos para atraer compradores. Otros lo emplean *de modo defensivo*, recurriendo a los precios de líder para evitar una desventaja en este aspecto de marketing. Como sus márgenes de utilidad son sumamente reducidos, necesitan una gran rotación de inventario para obtener rendimientos satisfactorios sobre el capital invertido.

Los supermercados nacieron a principios de los años 30. Establecidos por comerciantes independientes para competir con las cadenas de tiendas de abarrotes, obtuvieron gran éxito en muy poco tiempo. La innovación fue pronto adoptada por las cadenas. En los últimos años los supermercados incorporaron varias líneas no relacionadas con los alimentos, para brindarle al público mayor comodidad en sus compras y mejorar los márgenes de utilidad.

Las tiendas que aplican el *método* de supermercado son las que ahora dominan el comercio al detalle de comestibles y productos alimenticios. A medida que fueron agregando más productos y espacio de venta, algunas recibieron el nombre de *supertiendas* y *tiendas de combinación*. A semejanza de los nuevos *supercentros,* de los que hablaremos en la sección dedicada a las tiendas de descuento, las supertiendas y las tiendas de combinación constituyen una versión más ampliada del supermercado.

Durante largos años el supermercado ha sufrido los embates de sus competidores. La persona que compra alimentos y artículos para el hogar puede elegir no sólo entre muchas marcas de los supermercados (Publix, Safeway, Alberton's y Vons, por nombrar algunos), sino también diversas clases de instituciones (tiendas mayorista, mercados de carne y pescado, tiendas de conveniencia y, ahora, supercentros). Los supermercados reaccionaron ante las presiones de la competencia del modo siguiente: algunos redujeron los costos y trataron de fijar precios bajos, ofreciendo más marcas privadas, más productos genéricos y pocos servicios al cliente. Otros agrandaron la tienda y ampliaron su surtido, incorporando líneas de productos no alimenticios (especialmente los productos que se encuentran en las farmacias), tiendas de alimentos y artículos para el hogar dirigidas a determinado segmento del mercado (comestibles que prefiere un grupo étnico particular, por ejemplo) y varios departamentos de servicios (alquiler de videos, restaurantes, comestibles preparados, instituciones financieras y farmacias).[23]

Tiendas de conveniencia

Hace algunas décadas surgió la **tienda de conveniencia** (pequeño comercio al menudeo que permanece abierta hasta altas horas de la noche y que vende artículos de consumo básico) para satisfacer la creciente demanda de comodidad por parte del público consumidor, sobre todo en las zonas suburbanas. Esta institución se concentra en productos alimenticios y artículos para el hogar y en productos no alimenticios, generalmente tiene precios más altos que otros comercios y ofrece pocos servicios al cliente. En ella también pueden encontrarse gasolina, comida rápida y algunos servicios (como lavado de automóvil y cajeros automáticos).

El nombre de *tiendas de conveniencia* (conveniencia = comodidad, confort, bienestar) refleja su atractivo y explica por qué se justifican los altos precios que cobran. Generalmente están ubicadas cerca de las zonas residenciales y su horario de servicio es muy amplio; de hecho, algunas permanecen abiertas las 24 horas del día. Ejemplos de este tipo de establecimiento son 7-Eleven (que originalmente abría de las 7 de la mañana a las 11 de la noche, pero que hoy está abierta las 24 horas en casi todas sus sucursales), Stop N Go y Convenient Food Mart.

Las tiendas de conveniencia compiten en cierto grado con los supermercados y los restaurantes de comida rápida. Más aún, en los años 80 las compañías petroleras modificaron muchas de sus estaciones de servicio eliminando las reparaciones automotrices y agregando una sección de productos de uso común. Por ejemplo, Arco tiene AM/PM Mini Marts y tanto Shell Oil como Texaco tiene Food Marts.

En el momento actual la industria de este tipo de detallistas se encuentra en plena efervescencia en Estados Unidos. Dos compañías, 7-Eleven y Circle K, se endeudaron

PERSPECTIVA INTERNACIONAL

¿QUE TIENE LA EXTENSIÓN DE SEIS CAMPOS DE FUTBOL AMERICANO, VENTAS DE 11 000 DÓLARES CADA HORA Y AUN ASÍ PUEDE SER UN FRACASO?

Esa tienda tan monstruosa, de gran éxito en Europa, se conoce con el nombre de hipermercado. A principios de los años 70 fue introducido en Estados Unidos y fracasó; fue vuelto a lanzar a mediados de los años 80. Algunas veces fue una empresa conjunta entre un detallista estadounidense y un hipermercado europeo. Entre los primeras compañías norteamericanas que aparecieron se cuentan Super Valu (con el hipermercado Bigg's), Kmart y Bruno's (socios de American Fare) y Wal-Mart (Hipermart USA).

Un **hipermercado** es una institución detallista a gran escala que ofrece una variedad muy amplia y moderadamente profunda, precios bajos y algunos servicios al cliente. Se dirige a los consumidores de ingresos medios y altos. Su inventario se divide aproximadamente en 40/60 entre alimentos y otra clase de productos: la proporción de los ingresos es lo opuesto. Vende marcas bien conocidas, sobre todo en las líneas de ropa.

Los hipermercados han prosperado a expensas de otros comercios al detalle, como se muestra en la tabla anexa. De hecho, un hipermercado Carrefour de Filadelfia ocupa 30 000 metros cuadrados, espacio capaz de albergar seis campos de futbol americano. Las ventas anuales de estos establecimientos se acercan a los $100 millones de dólares, o sea más de $11 000 cada hora.

Pese a ventas tan enormes (y de su impresionante nombre) que generan estos detallistas, su situación es difícil. Desilusionado con las bajas utilidades de sus hipermercados, a mediados de los años 90 Wal-Mart anunció que ya no abriría más tiendas de este tipo. Bruno's canceló su empresa conjunta con Kmart, que llegó a la conclusión de que tres hipermercados eran más que suficientes.

Hubo una época en que los hipermercados eran considerados lo más novedoso en las tiendas de compras completas. Ahora se duda de que los consumidores estén dispuestos a dedicar tanto tiempo, recorrer largas distancias y comprar todo lo que necesitan en la misma tienda. Por eso, los hipermercados no atraen la multitud de compradores que se requieren para sostenerlos. Y obtienen márgenes de utilidad muy pequeños por sus precios tan bajos.

---

demasiado y terminaron en un tribunal especializado en quiebras. Sus estrategias de marketing están siendo ajustadas y debatidas. Stop N Go trata de mejorar la decoración y modificar su variedad para incluir alimentos más frescos y sanos (ensaladas para pastas, frutas y sandwiches de comestibles preparados). En su esfuerzo renovador, 7-Eleven sigue un política semejante con sus productos y decoración, pero intenta decidir si reducirá los precios a los niveles de los supermercados o bien si los incrementará y procurará ofrecer al público más servicios. Circle K parece favorecer un enfoque de "regreso a los aspectos básicos", dando prioridad a las categorías de productos que inicialmente dieron tanto éxito a este tipo de establecimientos: cerveza, cigarros y refrescos.[24]

Tiendas mayoristas

Otra institución que ha tenido un crecimiento impresionante desde mediados de los años 80 es la **tienda mayorista**, llamada también *asociación mayorista*. Combinación de ins-

Venta al detalle

Comparación entre hipermercados y otros tipos de tiendas

Tipo de tienda	Tamaño (metros cuadrados)	Número de artículos ofrecidos	Margen bruto de utilidad (%)	Costo de mano de obra (% de ventas)	Ventas anuales
Hipermercado	20 500	60 000	10	5.0	$100 millones
Tienda mayorista	10 000	3 500	10	4.5	$ 50 millones
Almacén de descuento	6 000	70 000	20	10.0	$ 15 millones
Supermercado	3 500	30 000	18	12.5	$ 15 millones

Fuente: Basada en cifras incluidas en los artículos citados.

¿Por qué los supermercados, que tuvieron extraordinario éxito en Europa, posiblemente fracasen (otra vez) en Estados Unidos? Posiblemente el factor clave es la gama de opciones de que dispone el consumidor. Cuando los hipermercados aparecieron en Europa, había pocas tiendas de descuentos, pocos centros comerciales y otras imponentes instituciones al menudeo. En cambio, los norteamericanos tienen muchas instituciones donde satisfacer sus necesidades de compradores: todo, desde tiendas eliminadoras de categorías hasta tiendas detallistas. Quizá piensen que ir de compras a estos establecimientos tan grandes sea frustrante, ineficiente o ambas cosas.

Fuente: Laurie M. Grossmann, "Hypermarkets: A Sure-Fire Hit Bombs", *The Wall Street Journal*, 25 de junio, 1992, p. B1; Kevin Kelly, "Wal-Mart Gets Lost in the Vegetable Aisle", *Business Week*, 28 de mayo, 1990, p. 48; y Bill Saporito, "Retailers Fly into Hyperspace", *Fortune*, 24 de octubre, 1988, pp. 148+.

La original tienda mayorista, Price Club, tiene ahora fuertes competidores, incluyendo al Sam´s Club y Pace

titución al mayoreo y al menudeo, ofrece variedades muy amplias pero poco profundas de productos, precios extremadamente bajos y pocos servicios al cliente. A estos establecimientos no tienen acceso más que los miembros que, en Estados Unidos, pagan una cuota anual de cerca de $25 dólares. Este formato, que nació en Europa hace muchos años, fue aplicado exitosamente en Estados Unidos a mediados de los años 70 por Price Club. Las otras compañías son Sam's Club (propiedad de Wal-Mart), Pace (propiedad de Kmart) y Costco.

Los mercados de las tiendas mayoristas son las empresas pequeñas (que compran mercancía para revenderla) y algunos grupos de empleados (burócratas y personal escolar, por ejemplo), así como también los miembros de asociaciones cooperativas de crédito. En muchas de ellas, los precios para el consumidor final son aproximadamente el 5% más alto que los que se ofrecen a los miembros corporativos.

Una tienda mayorista cuenta casi con una variedad tan amplia como una gran tienda de descuento, pero mucho menos profundas. Tiene apenas una o dos marcas de cada producto y un número limitado de tamaños y modelos. Está albergada en un edificio de tipo bodega, con racks metálicos muy altos que exhiben la mercancía a nivel de piso y la almacenan en los niveles más altos. Los clientes pagan al contado (no se aceptan tarjetas de crédito) y se encargan del manejo de su mercancía, aunque se trate de artículos voluminosos y pesados.

El crecimiento de este tipo de tiendas es impresionante: en el periodo comprendido entre 1985 y 1992, las ventas aumentaron de $4 mil millones de dólares a la cifra estimada de $35 mil millones. Cerca de una octava parte de los adultos estadounidenses tiene acceso a ellas. La competencia horizontal ha empezado a intensificarse. Las tiendas mayoristas siguen luchando contra los supermercados y las tiendas de descuento. Además, a medida que rebasan las fronteras de las regiones donde nacieron, han comenzado a competir entre sí cada vez con mayor intensidad. Por ejemplo, en Texas tres de las principales tiendas mayoristas han entablado una reñida competencia. A mediados de 1993, ante una competencia muy fuerte, dos de las tres compañías más importantes anunciaron que planeaban fusionarse y formar Price/Costco. Todo considerado, se espera que a mediados de los años 90 las ventas de este tipo de detallista crezca aproximadamente la mitad del volumen actual, pero aun así representarían el doble del resto de los detallistas.[25]

Las tiendas mayoristas tienen algunas limitaciones. Hay clientes que quieren un surtido más abundante de productos y cantidades o paquetes más pequeños. Igual que en el caso de otras instituciones detallistas, ya se iniciaron modificaciones y otras innovaciones. Así, algunas tiendas han agregado o están probando la venta de alimentos perecederos (carne fresca, frutas y verduras, productos de panificación) y más departamentos de servicio (farmacia, ópticas y ventas de automóviles nuevos).[26]

VENTAS AL DETALLE FUERA DE LA TIENDA

Una gran mayoría (85% o más) de las transacciones al menudeo se llevan a cabo dentro de las tiendas. Pero un creciente volumen de ventas tiene lugar lejos de ellas. Se da el nombre de **ventas al detalle fuera de la tienda** a las actividades del comercio al menudeo que no se efectúan en el interior de los establecimientos comerciales.

Se calcula que, en Estados Unidos, este tipo de operaciones representa entre 10 y 15% del comercio al detalle. Así, el volumen de ventas obtenido probablemente fluctúa entre $200 mil y $250 mil millones de dólares anuales.

Estudiaremos cuatro tipos de venta fuera de las tiendas: venta directa, telemarketing, venta automática y marketing directo. (Aconsejamos al lector que, en vez de preocuparnos por nombres tan confusos, se concentre en las características y competencia entre los cuatro tipos.) Productores y detallistas pueden utilizar alguno de estos tipos de venta.

Venta directa

Dentro del contexto del comercio al menudeo, la **venta directa** se define como un contacto personal entre un vendedor y un cliente fuera de un establecimiento al detalle. También se le conoce con el nombre de *venta en casa*; pero como veremos los papeles cambiantes de la mujer han hecho menos exacta esta última designación.[27]

El volumen anual de ventas directas en Estados Unidos fue de cerca de $15 mil millones de dólares en 1992. Cifra tan impresionante se debió al trabajo de más de 5 millones

¿DILEMA ÉTICO?

El propietario de una pequeña librería independiente tiene pocos "best sellers" (éxitos de librería) en los días culminantes de la época navideña. Se requieren varios días para obtener más inventario de su proveedor normal, un mayorista de otra ciudad. Mientras tanto, perderá cientos, quizá miles, de dólares. Una tienda mayorista, situada unos 8 kilómetros de la librería, vende una selección limitada de libros; de hecho, tienen más o menos el mismo precio que los del mayorista. Si compra los éxitos de librería en la tienda mayorista, sustituye las etiquetas de ésta por las de los nuevos precios y pone los libros en los estantes, la librería independiente incrementará mucho sus ventas durante este periodo tan crítico y satisfará a sus clientes.

¿Es ético el comportamiento comercial del dueño de la librería? Recuerde que los clientes no saben que adquirió algunos de sus libros de mayor venta de una tienda mayorista y luego se los revendió.

---

de vendedores independientes. De acuerdo con una encuesta, 57% de los consumidores le compraron un producto a una compañía que había utilizado la venta directa durante los últimos 12 meses; en cambio, 69% realizó compras por catálogo en ese mismo periodo.[28]

Hay muchas compañías de prestigio que recurren a la venta directa, como Avon, Mary Kay, Tupperware, Electrolux (aspiradoras), Amway, Shaklee (vitaminas y suplementos alimenticios), West Bend (artículos para la cocina) y World Book. Diversos productos se venden a través de esta modalidad, la mayor parte de los cuales requiere una demostración muy completa (cosméticos, artículos para la limpieza del hogar). La venta directa, lo mismo que otras formas de la venta fuera de las tiendas, se emplean también en otros países; es una práctica muy común en Japón. Por ejemplo, Nissan contrató a 2500 profesionistas para vender automóviles de puerta en puerta y Amway también entró en el mismo mercado. De hecho, Japón representa más del 40% del volumen mundial de las ventas directas, Estados Unidos cerca del 25% y otras naciones 35% aproximadamente.[29]

Los dos tipos de venta directa son la de puerta en puerta y la del plan de fiesta. Algunas veces la **venta de puerta en puerta** requiere una visita no planeada, la cual consiste en no realizar una selección anticipada de prospectos. En general, el contacto inicial se efectúa a través de un cupón enviado por correo, a través del teléfono o por medio de un amigo, vecino o compañero de trabajo.

En la **venta mediante plan de fiesta**, una persona invita algunos amigos a una fiesta. Los invitados saben de antemano que el anfitrión, representante de una compañía de cosméticos o artículos para el hogar, realizará una presentación de ventas. El representante dispone de un mercado más amplio de prospectos y de condiciones más propicias de venta que si visitara a los invitados casa por casa. Y ellos por su parte pueden hacer sus compras en una atmósfera amistosa y de convivencia placentera. Con todo, cada día resulta más difícil convencer a mujeres con un programa saturado de actividades para que acudan a las fiestas. En consecuencia, durante los últimos años Tupperware ha ido perdiendo representantes y ventas en Estados Unidos (aunque sus operaciones internacionales marchan muy bien).[30]

Ahora que tantas mujeres estadounidenses (más de la mitad) trabajan fuera de casa, las compañías dedicadas a la venta directa han tenido que encontrar nuevas formas de establecer contacto con los prospectos. Por ejemplo, muchos representantes se entrevistan con la gente en su lugar de trabajo u organizan fiestas de ventas en las oficinas a la hora de comida. Es obvio que esto no les agrada en absoluto a algunos empleadores. Con el fin de llegar a nuevos clientes y recuperar a los exclientes, Avon comenzó a enviar catálogos a determinados hogares. Como no quiere desalentar a su fuerza de ventas, les paga una comisión por cada pedido que los clientes de su área hagan por medio del catálogo.[31]

La venta directa no está exenta de problemas y limitaciones. Algunas comisiones llegan hasta el 40 o 50% del precio de lista. (Por supuesto, se pagan sólo después de realizada la venta.) No es fácil reclutar, capacitar y conservar a los buenos vendedores, pues la mayor parte de ellos son empleados de medio tiempo. Además, algunos vendedores recurren a tácticas de "alta presión" o engañan a los clientes. Por ello, en casi todos los estados de Estados Unidos hay leyes que permiten a los consumidores cancelar un pedido hecho en un plan de fiesta o en una venta de puerta en puerta durante varios días, después de efectuarse la operación.

La venta directa ofrece también importantes beneficios. Los consumidores tienen la oportunidad de comprar en casa o en otro lugar cómodo fuera de la tienda. Para el vendedor, la venta directa ofrece el método más atrevido de tratar de persuadir a los consumidores finales para que hagan la compra. Lleva los productos a la casa de ellos o a su lugar de trabajo y hasta les hace una demostración.

Telemarketing

El **telemarketing**, algunas veces llamado *venta por teléfono*, se refiere a un vendedor que inicia el contacto con un cliente y cierra la transacción por teléfono. Puede consistir simplemente en hacer llamadas a partir del directorio telefónico o bien en telefonear a prospectos que han solicitado información a la compañía o cuyos datos demográficos correspondan a su mercado meta.

Se venden por teléfono muchos productos que pueden comprarse sin ser vistos. Ejemplos de ellos son los servicios del control de plagas, las suscripciones a revistas, la obtención de una tarjeta de crédito y la membresía a clubes atléticos. Se estima que asciende a $100 mil millones de dólares el volumen anual de telemarketing, incluidos el mercado de consumidores y el mercado industrial.[32]

A pesar de varios problemas, las ventas por telemarketing se han incrementado por diversas causas. A algunos consumidores les agrada la comodidad de efectuar una compra por teléfono. Además, al introducirse hace unos 25 años las líneas de salida WATS, el telemarketing se volvió más rentable para los habitantes de lugares distantes. Por último, hoy los sistemas de cómputo pueden marcar automáticamente un número telefónico o, yendo un poco más allá, reproducir un mensaje grabado y luego registrar la información que el cliente da para realizar la venta. Estos sistemas reducen los costos generalmente elevados asociados al telemarketing.

La reputación del telemarketing se ha visto dañada por las prácticas constantes y poco éticas de algunas firmas. Para citar un ejemplo de ello, algunas compañías le aseguran al consumidor que están llevando a cabo una investigación de mercado y que "no desean venderle nada". Otras veces llaman prácticamente a cualquier hora del día o de la noche. Debido a tales problemas, la Federal Communications Commission hace poco dictaminó que las compañías de telemarketing deberán tener listas de consumidores que no desean ser llamados y no telefonearles. Entre otras restricciones, las nuevas reglas prohíben llamar antes de las 8 de la mañana y después de las 9 de la noche. Otro método criticado es el uso de computadoras que marcan automáticamente los números telefónicos, luego transmiten mensajes grabados y hasta aceptan pedidos. De ese modo se reduce los costos tan altos asociados al telemarketing, pero se considera que violan el derecho del público a la intimidad (y a comer sin interrupciones).[33]

Máquinas vendedoras automáticas

Se da el nombre de **máquinas vendedoras automáticas** a la que se realiza por medio de una máquina sin que haya contacto entre comprador y vendedor. Su ventaja es la comodidad de la operación. Los productos que se venden en esta forma suelen ser marcas bien conocidas, vendidas previamente y con una gran rotación. Durante años el volumen más grande correspondía a cuatro productos: refrescos fríos, café, dulces y cigarros. Se estima que las ventas por estas máquinas genera más de $30 mil millones de dólares anuales, cifra que representa entre 1 y 2% de comercio al menudeo.[34]

Las máquinas de venta automática amplían el mercado de la empresa, al llegar a consumidores en sitios y en momentos en que no pueden ir a una tienda. De ahí que se encuentren prácticamente por doquiera, sobre todo en las escuelas, en los lugares de trabajo y en las instalaciones publicas. Los costos de operación son elevados por la necesidad de reponer frecuentemente los inventarios. Además las máquinas requieren mantenimiento y reparación.

Se vislumbra un futuro incierto para la venta automática. Algunos prevén que los problemas anteriores impedirán un crecimiento mayor. Otros se muestran más optimistas por las innovaciones introducidas. Hoy algunas máquinas están equipadas para vender una "tarjeta de débito" que sirve para hacer compras de este tipo. Al introducirla en la máquina automática, la compra se carga al saldo de la tarjeta. Por lo demás, hay un flujo continuo de productos nuevos para venderlos en esta forma, entre ellos jugos de naranja recién exprimidos, pizzas de microondas, comidas dietéticas preparadas, café capuchino y hasta papas fritas. Con todo, las máquinas más avanzadas son caras: por lo menos $5 000 dólares cada una.[35]

Marketing directo

No existe todavía consenso sobre la naturaleza exacta del marketing directo; en cierto modo, abarca todos los tipos de comercio al menudeo fuera de las tiendas menos la venta directa, el telemarketing y la venta automática. El **marketing directo** consiste en utilizar la publicidad para ponerse en contacto con los consumidores quienes, a su vez, adquieren productos sin visitar una tienda. (Cerciórese de que sabe distinguir las designaciones *marketing* directo, *venta* directa y *distribución* directa.)

Las empresas de marketing directo contactan al público consumidor a través de uno o más de los siguientes medios: radio, televisión, periódicos, revistas, catálogos y materiales promocionales por correo (correo directo). Los consumidores hacen sus pedidos por teléfono o por correo. El marketing directo es un negocio sumamente próspero: en Estados Unidos genera hoy cerca de $250 mil millones en ventas anuales al detalle y ventas al por mayor.[36]

Algunas compañías comenzaron en la venta al detalle fuera de las tiendas y más tarde establecieron cadenas masivas de tiendas; Sears y Ward's constituyen un ejemplo elocuente. Otras se concentraron exclusivamente en el marketing directo durante largos años; Spiegel representa a este grupo. Más y más compañías, que habían trabajado exclusivamente o de manera predominante en el marketing directo empezaron ya a inaugurar tiendas para ampliar sus esfuerzos mercadológicos; un buen ejemplo de esto es The Sharper Image. Las empresas de marketing directo se clasifican en compañías de mercancía general, que ofrecen muchas líneas de productos, o de especialidad, que vende sólo una o dos líneas como libros o fruta fresca.

En una definición poco rigurosa, entre las variedades de marketing directo conviene citar las siguientes:

- **Correo directo**. En él las empresas envían a los consumidores cartas, folletos y hasta muestra de productos, y les piden que compren por correo o teléfono. Esta modalidad es la más idónea para vender artículos muy conocidos (revistas y música grabada, por ejemplo) y varios servicios (entre ellos, tarjetas de crédito y membresía de clubes).
- **Venta por catálogo**. En ella las compañías envían catálogos a los prospectos o los ponen en las tiendas a la vista del público. Tras una expansión anual del 10% durante los años 80, la venta por catálogo ha visto reducido a la mitad (y quizá menos) su índice de crecimiento durante la década actual. Una disminución tan drástica ha perjudicado a las grandes cadenas (como Penney's y Ward's), lo mismo que a las compañías bien establecidas de venta por catálogo: L.L. Bean, Lands' End y J. Crew). Muchas de las más pequeñas han fracasado. Y Sears canceló su enorme catálogo, porque "Big Book" estaba sufriendo pérdidas sobre más de $3 mil millones de ventas anuales. Los analistas señalan que, desde hace años, debió haber hecho la transición de un solo catálogo a varios catálogos de especialidades (o "nichos").[37]
- **Compras por televisión.** En ellas los canales y programas de televisión (como Home Shopping Network en Estados Unidos) venden a los telespectadores aparatos electrónicos, joyas y otros productos a precios relativamente bajos. Esta modalidad creció de manera extraordinaria durante los años 80, pero en los últimos años disminuyó bastante.

El marketing directo tiene algunas desventajas y limitaciones. Los consumidores hacen los pedidos sin ver ni probar la mercancía real (aunque pueden ver fotografías o imágenes de ella). Para compensar esta limitación, las empresas deben contar con políticas muy flexibles de devolución. Además, los catálogos y en cierto modo los envíos de correo directo son caros y han de prepararse mucho antes de venderse al público. Los cambios de precios y los nuevos productos no pueden anunciarse sino mediante catálogos o folletos complementarios.

Pero, como otros tipos de venta fuera de las tiendas, el marketing directo ofrece la ventaja de una gran comodidad en las compras. Las empresas que lo utilizan tienen bajos costos de operación, porque sus costos fijos no son tan grandes como los de las tiendas. En este tipo de venta al detalle sucede lo mismo que en los otros: el deseo de una mayor comodidad en las compras permite augurarle un futuro halagüeño. Sin embargo, las com-

Como Land's End les recuerda a sus clientes, la venta por catálogo ofrece algunas ventajas sumamente satisfactorias.

pañías de venta directa, venta por catálogo y venta por televisión deberán superar una muy fuerte competencia y los costos crecientes si quieren alcanzar un crecimiento sostenido.

PERSPECTIVAS DE LA VENTA AL MENUDEO

Hoy los detallistas estadounidenses encaran retos quizá nunca antes vistos desde la Depresión de los años 30. Muchas tendencias son verdaderas amenazas para ellos. Pero como sabemos, una amenaza percibida y manejada correctamente se convierte en una auténtica oportunidad. Para explicar la dinámica de la venta al detalle nos concentraremos en algunas tendencias significativas:[38]

- **Demografía cambiante y estructura de la industria.** En los últimos 20 años la población norteamericana envejeció; la edad promedio aumentó de 28 a 33 años. Y seguirá envejeciendo, con una edad promedio proyectada de 35.7 en el año 2 000. En el periodo comprendido entre 1970 y 1990, el espacio dedicado a la venta al detalle se duplicó con creces: de .75 a 1.67 metros cuadrados por persona. De ahí la disminución del importe promedio de ventas por metro cuadrado. Lo anterior significa que hay más centros comerciales y tiendas de los que se necesitan. Por tanto, se prevé una

COMPROMISO CON LA PRESERVACIÓN DEL AMBIENTE

¿PRODUCEN PÉRDIDAS O GANANCIAS LAS VENTAS AL DETALLE ORIENTADAS A LA PROTECCIÓN DEL AMBIENTE?

Si las operaciones de la venta al menudeo se realizan en una forma que proteja al ambiente (**comercio ecologista al detalle**), pueden aumentar los costos. Cuando se llega a los extremos en esto, una empresa puede sufrir pérdidas económicas. Pero también es posible comprometerse con la preservación del ambiente y obtener con ello ganancias. A continuación examinaremos unas cuantas razones y ejemplos concretos.

El ambiente natural es un tema que interesa cada día a un mayor número de consumidores. Sin embargo, en opinión de dos ejecutivos de Mary Kay Cosmetics: "En vez de invertir un poco más de dinero en la adquisición de un producto 'ecológico', la gente quiere comprarlo ahora al mismo precio que cualquier otro."

Muchos detallistas han emprendido iniciativas relacionadas con una o más de las "4 R" de la protección ambiental:

- **Reducción.** Varios detallistas han comenzado a disminuir la cantidad de empaque en artículos que compran o producen para la reventa.
- **Reciclado (material).** Otros se valen de materiales reciclados para el empaquetado de productos y los suministros de operación (papelería para la oficina y otros productos de papel). La mayor parte del cartón que usa Mary Kay en sus envíos está hecho con material reciclado.
- **Reciclaje.** Además del papel de reciclaje y productos conexos, hay detallistas que reciclan los contenedores de bebidas y otras formas de empaque. Kmart va un poco más allá: actualmente está probando un programa de reciclaje. Si todo sale bien, los materiales reciclados aparecerán en forma de tapetes de hule, asfalto para estacionamiento y estantería de plástico.
- **Reutilización.** Algunas tiendas aconsejan al público no desechar, sino usar los paquetes vacíos como jarras de vidrio y botellas de plástico. Por ejemplo, Body Shop International, proveedor de productos para el cuidado de la piel y del cabello, pide a los clientes que lleven sus contenedores vacíos para volvérselos a llenar.

Estas "erres" demuestran un buen espíritu cívico. Más aún, un número creciente de detallistas están convencidos de que representan un buen negocio, ya que brindan una ventaja diferencial y atraen más clientes. Un buen ejemplo es Body Shop, compañía que amplió su base en Gran Bretaña a más de 100 tiendas en Estados Unidos. En gran parte, su atractivo se funda en utilizar muchos ingredientes naturales en sus productos, un mínimo de empaque y contenedores rellenables. Complementa su sensibilidad ecológica comprometiéndose con las causas sociales, como adquirir ingredientes de los aldeanos que viven en los países subdesarrollados.

¿Qué otras acciones puede y debe tomar un detallista para proteger el ambiente?

Fuentes: Richard C. Bartlett y Liz Barrett, "A Retailer's Perspective on the Environment", *Retailing Issues Letter*, junio de 1992, pp. 1-4; Lola Butcher, "Body Shop Founder Gives Retail Success Stylish New Rules", *Kansas City Business Journal*, 24-30 de abril, 1992, p. 1.

---

consolidación en el comercio al menudeo. Una predicción ominosa señala que, en el año 2000, las reorganizaciones del tipo de fusiones y quiebras acabarán con detallistas (cuyos nombres no se mencionan) que representan la mitad de todas las ventas. Claro que los supervivientes serán más grandes y tendrán mayor poder para negociar con los proveedores.[39]

- **Avance de la tecnología de la computación.** Este avance repercute profundamente en el comportamiento del consumidor y en la dirección de las ventas al menudeo. En particular, los sistemas de cómputo que capturan datos de ventas y de inventario influyen en la mercancía que compran los detallistas y también en qué y cuándo reordenan. Gracias a sistemas más modernos, las tiendas hacen automáticamente pedidos y reórdenes a proveedores con quienes se conectan a través de la computadora. Los detallistas que no dispongan de esta tecnología se hallarán en seria desventaja.
- **Hincapié en precios y costos más bajos.** Se prevé que cada vez será mayor el número de detallistas para quienes el valor es lo más importante. En opinión de ellos, esa estrategia obligará a reducir los precios y, si quieren conservar la rentabilidad, a abatir los costos. Para aminorar gradualmente sus gastos a lo largo de algunos años, un número creciente de cadenas habrán de tomar medidas (como eliminar uno o más niveles gerenciales, disminuir la publicidad) e invertir en equipo que ahorre mano de obra; por ejemplo, las computadoras que monitorean el inventario y automáticamente reordenan la mercancía según vaya necesitándose.[40]
- **Acento en la comodidad y en el servicio.** A diferencias de años anteriores, los consumidores son personas más ocupadas, de mayor edad y disponen de más dinero para gastar. Quieren productos y formas de comprarlos que les brinden el máximo de comodidad y un servicio óptimo. La comodidad significa comercios más cerca de ellos, un horario más amplio, poco tiempo de espera y otros factores que facilitan las compras. El servicio incluye también la atención de vendedores conocedores y amables, facilidad de crédito, políticas muy flexibles de devolución y un servicio muy completo después de la venta. La cadena Nordstrom goza de fama por haber identificado los deseos de un servicio de alta calidad entre los clientes y haberlos satisfecho en forma rentable. Muchas tiendas de departamentos tratan de impresionar al público brindándoles comodidad y servicio esmerado. Pero deben hacerlo de una manera eficiente. Como manifestó el presidente de las tiendas de departamentos Woodward & Lothrop: "El reto consiste en implantar programas que no nos asfixien con los costos."[41]
- **Énfasis en la productividad.** A causa de las utilidades tan bajas, los detallistas se ven obligados a optimizar sus recursos (espacio de piso, personal e inventarios). De ahí que los productos se vendan cada día más a través del autoservicio. Los sistemas de cómputo también contribuyen a incrementar la productividad. Es probable que un número mayor de grandes detallistas sigan el ejemplo de Macy's y Bloomingdale's, que pagan a los vendedores por comisión y no un sueldo más la comisión. Con ello se busca motivarlos más. Además, algunas tiendas probablemente imiten a cadenas como Target, que ejerce un agresivo control sobre los niveles de inventario, aunque para ello deba quedarse a veces sin existencias.[42]
- **Una mayor experimentación.** Debido principalmente a la competencia, un número creciente de detallistas ha empezado a probar ubicaciones no tradicionales y también métodos nuevos o modificados. En el futuro, posiblemente más tiendas ampliarán su mercados mediante nuevos tipos de ubicación; por ejemplo, "los centros de poder". A diferencia de una tienda ancla importante (como una tienda de departamentos), un **centro de poder** tiene tiendas populares de línea limitada (Circuit City, Home Depot y Toys "R" Us). En lo tocante a otros formatos alternos, las tiendas de departamentos seguramente seguirán depurando sus surtidos, al eliminar las líneas

de artículos básicos (como tejidos y colchones) para luego buscar ante todo la calidad y la moda. Se prevé que las tiendas de descuentos aumentarán la línea en precios altos o bien se enfrasquen en una guerra de precios. Aparecen formatos más innovadores de venta al detalle del tipo de Nike Town o Incredible Universe. El Nike Town más grande, situado en Chicago, se asemeja más a una especie de combinación de teatro y museo que a una tienda tradicional; la finalidad es divertir al público, darle a conocer los productos Nike y, naturalmente, vender mercancía. Tandy Corporation, dueña de la cadena Radio Shack, concibe Incredible Universe como una tienda de computadoras y de aparatos electrónicos mucho más grande que cualquier otra que venda mercancía parecida.[43]

- **Crecimiento continuo de la venta fuera de las tiendas.** Las tiendas seguirán dominando el comercio al menudeo. Pero un número cada vez mayor de detallistas complementan las suyas con uno o varios tipos de venta fuera de las tiendas. Mucha gente prefiere la novedad o la comodidad de esta clase de atención.

Las modalidades de la venta al detalle cambian junto con los consumidores. A los ejecutivos les gustaría prever los cambios antes que ocurran. En cierta medida ello es posible, ya que muchos de los que se operan en el comercio al menudeo siguen un patrón cíclico denominado **rueda del menudeo.**[44] Esta teoría establece que un nuevo tipo de detallista entra en el mercado como tienda de precios y costos bajos. Otros detallistas e inversionistas no lo toman en serio. Pero los consumidores responden favorablemente a los precios bajos y acuden a la nueva institución. Con el tiempo ésta les quita ventas a los otros detallistas que inicialmente la ignoraron y mantuvieron sus viejas estrategias.

Según la rueda del menudeo, con el tiempo la nueva y exitosa institución aumenta la línea en precios altos para atraer un mercado más extenso, conseguir mejores márgenes de utilidad y obtener un estatus más alto. Con esta estrategia mejora la calidad de los productos e incorpora más servicios al cliente. Inevitablemente llega el momento en que los costos elevados y, finalmente, los precios caros (percibidos así por los mercados meta) la hacen vulnerable a los nuevos tipos de detallistas. El siguiente innovador entra en el mercado como una opción de bajo costo y precio, y así vuelve a iniciarse el proceso cíclico.

Hay muchos ejemplos de la rueda del menudeo. Para mencionar algunos, las cadenas de tiendas crecieron a expensas de los comercios independientes durante los años 20, sobre todo en el campo de los alimentos y artículos para el hogar. En la década de 1950, las tiendas de descuento ejercieron una gran presión sobre las tiendas de departamentos, que se habían vuelto instituciones demasiado formales y se habían estancado. La década de 1980 presenció la expansión de las tiendas mayoristas y las de precios rebajados, que obligaron a muchas otras instituciones (supermercados, tiendas de especialidades y tiendas de departamentos) a modificar sus estrategias de marketing.

¿Cuáles serán las innovaciones de la venta al detalle en los próximos 10 años? Quizá la venta de aparatos electrónicos, alguna otra forma de venta al menudeo fuera de las tiendas, un nuevo tipo de tienda de costo y precios bajos como los supercentros o bien las tiendas gigantescas de especialidades que opacan incluso la categoría de tiendas eliminadoras de categorías. Los comerciantes al menudeo deberán identificar las tendencias más importantes que influyen en la venta al detalle y responder a ellas diseñando estrategias de marketing que atiendan las necesidades y, de ser preciso, modificando las actuales.

RESUMEN

La venta al detalle consiste en vender bienes y servicios al consumidor final para un uso personal, no lucrativo. Cualquier institución (un fabricante, por ejemplo) puede realizarla, pero se da el nombre de detallista a la compañía que se dedica principalmente a ella.

Los detallistas cumplen la función de agentes de compras para el consumidor y de especialistas en ventas para los productores e intermediarios mayoristas. Realizan muchas actividades específicas: preveén las necesidades y deseos de los clientes, crean variedades de productos y dan financiamiento.

Los 2.4 millones de tiendas al menudeo de Estados Unidos generan en forma conjunta ventas aproximadamente de $1.8 billones de dólares anuales. Sus gastos de operación corresponden a un 28% de las ventas. Sus utilidades suelen ser una parte muy pequeña de las ventas, generalmente cerca del 3%.

La mayor parte de los detallistas son pequeños (tiendas individuales o grupos de tiendas de propiedad común). Pese a ello, las cadenas generan casi el 40% de las ventas. Algunos detallistas pequeños pueden sobrevivir, y hasta prosperar, si conservan su flexibilidad y prestan más atención a satisfacer personalmente las necesidades de los clientes.

Además de las decisiones concernientes al producto, al precio, a la promoción y a los servicios al cliente, deben tomar decisiones estratégicas respecto a las instalaciones físicas. Algunas decisiones se refieren a la ubicación, el diseño y la distribución de la tienda. Han decaído las zonas comerciales del centro de la ciudad, y han crecido los centros comerciales suburbanos.

Los detallistas pueden clasificarse atendiendo a 1) la forma de propiedad (cadenas corporativas, tiendas independientes y varias clases de sistemas contractuales de marketing vertical como las franquicias) y 2) a las estrategias básicas de marketing. Los tipos de detallistas, clasificados según la variedad de productos, los niveles de precios y el servicio al cliente son: tiendas de departamentos, tiendas de descuento, tiendas de líneas limitadas (categoría a la que pertenecen las tiendas de especialidades, las de precios rebajados y las tiendas eliminadoras de categorías), supermercados, tiendas de conveniencia, tiendas mayoristas e hipermercados. Las instituciones tradicionales, como las tiendas de departamentos, las tiendas de descuento y los supermercados, afrontan fuertes retos de la competencia, en particular de las tiendas de línea limitada.

Aunque la mayor parte de las ventas al detalle se realizan dentro de las tiendas, el 15% o más se lleva a cabo fuera de ellas. Y esta proporción sigue aumentando. Cuatro tipos fundamentales de la venta fuera de las tiendas son la venta directa, el telemarketing, la venta automática y el marketing directo. Cada tipo tiene ventajas e inconvenientes.

Varias tendencias ofrecen oportunidades o significan una amenaza para los detallistas. Los cambios de estas instituciones frecuentemente pueden explicarse por una teoría llamada rueda del menudeo. Si quieren tener éxito, deberán identificar las tendencias más importantes y cerciorarse de que diseñan estrategias de marketing que verdaderamente satisfagan las necesidades de los consumidores.

Más sobre HOME DEPOT

El mercado primario de Home Depot son los consumidores de tipo hágalo-usted-mismo, aunque el 20% de sus ventas provienen de los contratistas profesionales. Como lo atestigua el rápido crecimiento de las ventas, sabe satisfacer a ambos grupos de clientes. En opinión del presidente de la cadena, para ello es necesario escuchar las solicitudes de nueva mercancía por parte de los consumidores, sus peticiones de ayuda e incluso sus quejas. Después la compañía invierte fuertes sumas de dinero en la capacitación de los vendedores para que les enseñen a los clientes a realizar los proyectos de tipo hágalo-usted-mismo.

Todas las buenas noticias acerca de Home Depot son malas noticias para sus competidores. Algunas cadenas de productos para el mejoramiento del hogar han visto reducirse sus ganancias e incluso algunas se han arruinado, ante la intensa competencia de Home Depot. Unas pocas compañías, entre ellas Mr. Goodbuy's de Filadelfia, tuvieron que clausurar.

Las perspectivas de que se mejore el mercado de artículos para el mejoramiento para el hogar son halagüeñas. Según un pronóstico, en el año 2 000 la inversión hecha en este renglón superará la dedicada a casas nuevas. Por tanto, como quieren una parte de este mercado cada vez mayor, otros detallistas están reconsiderando sus estrategias. Algunas, como Lowe's, Channel Home Centers y Hechinger, han empezado a modificar su formato y ahora se asemeja mucho al del líder. Otros buscan nuevos nichos, concentrándose quizá en ciertas líneas de mercancía para evitar competir directamente con Home Depot.

En el momento actual, Home Depot encuentra magníficas oportunidades en las zonas metropolitanas del noreste de Estados Unidos. Una vez entrado en el mercado, crea un grupo de tiendas (5 o más) situándolas cerca del área metropolitana. Algunas tiendas del noreste compiten con Home Depot en cuanto a variedad de mercancía. Pero la competencia directa tiende a ocasionar reducciones de precio y, quizá, hasta una guerra de precios. Esto beneficiará a los consumidores, pero perjudica la rentabilidad de las cadenas de artículos para el mejoramiento del hogar que carecen de economías de escala o son ineficientes en algún aspecto.[45]

1. Con una fuerte base en los estados de la región cálida (sobre todo en Florida, California y su sede de Georgia), ¿en qué estados de la Unión Americana a su juicio debería concentrarse Home Depot en su expansión geográfica?
2. ¿Qué estrategias de marketing deberían adoptar otras cadenas de artículos para el mejoramiento del hogar si quieren competir eficazmente con Home Depot?

TÉRMINOS Y CONCEPTOS BÁSICOS

Venta al detalle (comercio al menudeo) (496)
Detallista (497)
Instalaciones físicas (500)
Centro comercial (501)
　Centro de conveniencia (501)
　Centro de vecindario (501)
　Centro comunitario (501)
　Centro regional (501)
Cadena corporativa (503)
Tienda independiente (505)
Sistema contractual de marketing vertical (505)

Cooperativa de detallistas (505)
Cadena voluntaria (505)
Franquicias (506)
Sistema de franquicias (506)
Franquicia de producto y nombre comercial (506)
Franquicia de formato de las empresas (506)
Tiendas de departamentos (509)
Venta al detalle con descuentos (511)
Almacén de descuento (511)
Supercentro (511)

Tiendas de línea limitada (512)
Tienda de especialidad (512)
Detallistas a precios rebajados (513)
Tiendas de fábrica (513)
Tiendas eliminadoras de categorías (513)
Venta al detalle en supermercados (514)
Supermercado (514)
Tienda de conveniencia (515)
Tienda mayorista (asociación mayorista), (516)
Hipermercado (517)

Ventas al detalle fuera de la tienda (518)
Venta directa (518)
Venta de puerta en puerta (519)
Venta mediante plan de fiesta (519)
Telemarketing (520)
Máquinas vendedoras automáticas (521)
Marketing directo (521)
Correo directo (522)
Venta por catálogo (522)
Compras por televisión (522)
Comercio ecologista al detalle (524)
Centro de poder (525)
Rueda del menudeo (526)

■ PREGUNTAS Y PROBLEMAS

1. Explique los términos *comercio al detalle, venta al detalle* y *detallista* dentro del contexto de las siguientes situaciones:
   a. Venta de cosméticos de Avon de puerta en puerta por medio de representantes.
   b. Un contratista independiente que vende de puerta en puerta servicios de jardinería.
   c. Un agricultor que vende sus productos de puerta en puerta
   d. Un agricultor que vende sus productos en un puesto al lado de la carretera.
   e. Una tienda de artículos deportivos que vende uniformes a un equipo profesional de beisbol.
2. ¿Qué recomendaciones haría para reducir los costos de la venta al detalle?
3. Respalde o rechace los siguientes enunciados, valiéndose de hechos y estadísticas donde convenga:
   a. "La venta al detalle normalmente es un negocio a escala pequeña."
   b. "Hoy existe un alto grado de concentración del comercio al menudeo; los gigantes lo controlan."
4. La facilidad con que entran en el comercio al menudeo contribuye sin duda al alto índice de fracasos de las tiendas, que e opinión de algunos representa un verdadero desperdicio económico. ¿Debería restringirse la entrada en esta actividad? Y de ser así, ¿cómo debería hacerse?
5. ¿Está de acuerdo en que hay tres claves del éxito en el comercio al menudeo: ubicación, ubicación, ubicación? ¿Cómo concilia esto con el hecho de que se da una gran competencia de precios en el momento actual?
6. ¿Qué pueden hacer las tiendas de departamentos para fortalecer su posición competitiva?
7. "El supermercado, con su razón de costos de operación del 20%, es quizá la institución detallista más eficiente en nuestros días." ¿Coincide con esta afirmación? ¿Cómo podrían los supermercados reducir aún más sus gastos?
8. "La venta de puerta en puerta es la forma más eficiente del comercio al menudeo, porque elimina a los mayoristas y las tiendas." Comente este enunciado.
9. ¿Cuáles de las tendencias de la venta al detalle explicadas en la última sección del capítulo cree que representa la mejor oportunidad para los detallistas? ¿Y la amenaza más seria?
10. De los tipos de tiendas al detalle de Estados Unidos que hemos descrito en el capítulo, ¿cuál o cuáles considera que han sido o serán las más exitosas en otros países?, ¿cuál o cuáles han fracasado o fracasarán en otros países? Explique sus respuestas.

■ APLICACIÓN AL MARKETING

1. Concierte una entrevista con un comerciante en pequeño. Comente con él las posiciones competitivas generales de los pequeños y grandes detallistas, que se explican en el presente capítulo. ¿Con cuáles de estos puntos no está de acuerdo el comerciante y por qué? También pregúntele qué hará para lograr o mantener una posición competitiva. Entreviste a otro comerciante en pequeño, plantéele las mismas preguntas y compare las respuestas de ambos.

2. Escriba a las oficinas generales de dos sistemas de franquicias al menudeo que conozca y solicite la información que se proporciona a los compradores potenciales de una franquicia. (Las unidades locales de los sistemas de franquicias deberían darle los domicilios de las oficinas generales.) Una vez recibida la información, evalúe si le gustaría ser dueño de alguna de las franquicias. ¿Qué criterios aplicará al hacer su evaluación?

NOTAS Y REFERENCIAS

1. Isadore Barmash, "The 'How' in Home Improvement", *The New York Times*, 14 de junio, 1992, p. F5; Chuck Hawkins, "Will Home Depot Be 'the Wal-Mart of the '90s'?", *Business Week*, 19 de marzo, 1990, p. 124, 126.
2. Citado en Lou Grabowsky, "Globalization: Reshaping the Retail Marketplace", *Retailing Issues Letter*, noviembre de 1989, p. 4.
3. *1987 Census of Retail Trade*, Subject Series, U.S. Bureau of the Census, Washington, D.C., 1991, p. 2-9; *1987 Census of Wholesale Trade*, Geographic Area Series-U.S., U.S. Bureau of the Census, Washington, D.C., 1989, p. US-9. El 8% se calculó multiplicando el 11% que representa los gastos de operación de las ventas al mayoreo por 72, diferencia que se obtiene al restarle el 28% (que representa los gastos de operación al menudeo) al 100% que representa las ventas al menudeo (o el dinero del consumidor).

4. Más hechos y estadísticas acerca del centro comercial en Estados Unidos se dan en Dan Koeppel, "The Mall's Last Hurrah", *Adweek's Marketing Week*, 22 de junio, 1992, pp. 20-24; y "Nation's Largest Mall Seeks Big Niche", *Marketing News*, 27 de abril, 1992, p. 2.

5. Las estadísticas referentes a los tiempos promedio de compras y un profundo análisis de los centros comerciales vienen en Jonathan R. Laing, "The New Ghost Towns", *Barron's*, 16 de marzo, 1992, p. 8. Una explicación más completa sobre los problemas actuales y futuros de los centros comerciales se encuentra en Michael J. McDermott, "Too Many Malls Are Chasing A Shrinking Supply of Shoppers", *Adweek's Marketing Week*, 5 de febrero, 1990, p. 2.

6. Laurie M. Grossman, "Developed to Reinvigorate Downtowns, Many Urban Malls Are Disappointments", *The Wall Street Journal*, 16 de noviembre, 1992, p. B1.

7. *Statistical Abstract of the United States: 1992*, 112a. ed., U.S. Bureau of Census, Washington, D.C., 1992, p. 764.

8. Ibíd.

9. Jeffrey A. Tannenbaum, "Franchise Fever", *The Wall Street Journal*, 16 de octubre, 1992, p. R14; Bruce J. Walker, "Retail Franchising in the 1990s", *Retailing Issues Letter*, enero de 1991, pp. 1-4.

10. Michele Galen y Laurel Touby, "Franchise Fracas", *Business Week*, 22 de marzo, 1993, pp. 68-70+; Jeffrey A. Tannenbaum "Franchisees Weigh Joint Actions to Gain Protections", *The Wall Street Journal*, 28 de septiembre, 1992, p. B2.

11. Basado en Walker, loc. cit.

12. Keith L. Alexander y Marianne Taylor, "At Least 1 Growth Area in Recession: Franchises", *Chicago Tribune*, 28 de julio, 1991, pp. C1, C8.

13. Una comparación entre las tiendas de departamentos y la industria automotriz, así como un pronóstico sobre el futuro de las tiendas de departamentos en Estados Unidos se ofrece en Thomas S. Gruca y Charles D. Schewe, "Department Stores and Detroit: Is It *Déjà Vu* All Over Again?" *Journal of Marketing Channels*, vol. 1, núm. 4, 1992, pp. 17-30.

14. Gretchen Morgenson, "Back to Basics", *Forbes*, 10 de mayo, 1993, pp. 56, 58; Stephanie Strom, "Department Stores' Fate", *The New York Times*, 3 de febrero, 1992, p. A1. En el primer artículo se describen las estrategias con que algunas cadenas de tiendas de departamentos mejoran su imagen.

15. Stephanie A. Forrest, "Trapped between the Up and Down Escalators", *Business Week*, 26 de agosto, 1991, pp. 49-50.

16. Más datos sobre la renovación de Kmart vienen en Stuart Elliott, "Kmart Is Trying to Fashion New Image for Its Apparel", *The New York Times*, 5 de octubre, 1992, p. D7; Judith Richheimer, "The 'New' Kmart Has the Last Laugh", *Adweek's Marketing Week*, 24 de febrero, 1992, pp. 26-27; y Laura Zinn, "Attention, Shoppers: Kmart Is Fighting Back", *Business Week*, 7 de octubre, 1991, pp. 118, 120.

17. Kevin Helliker, "Wal-Mart's Store of the Future Blends Discount Prices, Department-Store Feel", *The Wall Street Journal*, 17 de mayo, 1991, p. B1; David Woodruff y Christopher Power, "Attention Kmart Shop... Hey, Where Is Everybody?", *Business Week*, 18 de enero, 1993, p. 38.

18. Stuart Mieher, "Stores Offering Stylish Products Fare Very Well", *The Wall Street Journal*, 15 de diciembre, 1992, p. B1; Christina Duff, " 'Eco-Retailers' Are Celebrating Green Holiday", *The Wall Street Journal*, 15 de diciembre, 1992, p. B1.

19. Teri Agins, "Upscale Retailers Head to Enemy Turf", *The Wall Street Journal*, 25 de agosto, 1989, p. B1.

20. Kevin Helliker, "Thriving Factory Outlets Anger Retailers as Store Suppliers Turn into Competitors", *The Wall Street Journal*, 7 de octubre, 1991, p. B1.

21. Algunas veces a las tiendas eliminadoras de categorías se les llama *supertiendas*. Pero si utilizamos este término dentro del presente contexto podríamos crear confusión, ya que también se aplica a supermercados muy grandes.

22. William Finnie, "Category Killers Latest Attempt to Wipe Out Competitors", *St. Louis Business Journal*, 11-17 de enero, 1993, p. 29. Más detalles sobre las estrategias y tácticas de dos grandes cadenas de tiendas eliminadoras de categorías se encuentran en Dean Foust, "Circuit City's Wires Are Sizzling", *Business Week*, 27 de abril, 1992, p. 76; y Bill Saporito, "Ikea's Got 'Em Lining Up", *Fortune*, 11 de marzo, 1991, p. 72.

23. "There Are Two Kinds of Supermarkets: The Quick and the Dead", *Business Week*, 11 de agosto, 1986, p. 62. Pronósticos poco optimistas acerca de los supermercados y las tiendas de departamentos, lo mismo que algunas recomendaciones para ambos tipos de institución, se incluyen en Richard A. Rauch, "Retailing's Dinosaurs: Department Stores and Supermarkets", *Business Horizons*, septiembre-octubre de 1991, pp. 21-25.

24. Más detalles acerca de los retos y cambios de la industria de las tiendas de conveniencia se dan en Kevin Helliker, "Some 7-Elevens Try Selling a New Image", *The Wall Street Journal*, 25 de octubre, 1991, p. B1; y Kevin Helliker, "Stop N Go's Van Horn Wants to Reinvent the Convenience Store", *The Wall Street Journal*, 6 de febrero, 1991, p. A1.

25. Amy Barrett, "A Retailing Pacesetter Pulls Up Lame", *Business Week*, 12 de julio, 1993, pp. 122t; Wendy Zellner, "Warehouse Clubs Butt Heads-And Reach for the Ice Pack", *Business Week*, 19 de abril, 1993, p. 30; Elaine Underwood, "Pace Warehouses Taps Value Marketer", *Brandweek*, 14 de enero, 1993, p. 5; James M. Degen, "Warehouse Clubs Move from Revolution to Evolution", *Marketing News*, 3 de agosto, 1992, p. 8.

26. Más detalles acerca de la naturaleza, crecimiento y futuro de las tiendas mayoristas se encuentran en Degen, loc. cit.; y Richard Gibson, "Warehouse Clubs Have Big Impact on Grocers", *The Wall Street Journal*, 6 de abril, 1992, p. B1.

27. Las consecuencias que los cambiantes roles de las mujeres y otras tendencias socioeconómicas tienen en la venta directa se explican en Vic Sussman, "Return of the Pink Cadillac", *U.S. News & World Report*, 17 de septiembre, 1990, pp. 71, 74. Siete artículos que tratan varios aspectos de la venta directa se incluyen en *Journal of Marketing Channels*, vol. 2, núm. 2, 1992.

28. Las estimaciones de ventas se basan en datos contenidos en una 1992 Fact Sheet, distribuida por Direct Selling Association, Washington, D.C.; el número de vendedores se tomó de la misma fuente. Los índices de ventas se extrajeron de Robert A. Peterson, Gerald Albaum y Nancy M. Ridgway, "Consumers Who Buy from Direct Sales Companies", *Journal of Retailing*, verano de 1989, p. 275.

29. La incursión de Amway en el mercado japonés se describe en Yumiko Ono, "Amway Translates with Ease into Japanese", *The Wall Street Journal*, 21 de septiembre, 1990, p. B1. Las estimaciones de las ventas mundiales se extrajeron de la 1992 Fact Sheet, distribuida por Direct Selling Association, Washington, D.C.

30. Laurie M. Grossman, "Families Have Changed but Tupperware Keeps Holding Its Parties", The Wall Street Journal, 21 de julio, 1992, p. A1.

31. Jeffrey A. Trachtenberg, "Catalogs Help Avon Get a Foot in the Door", *The Wall Street Journal*, 28 de febrero, 1992, p. B1.

32. Joel Dreyfuss, "Reach Out and Sell Something", *Fortune*, 26 de noviembre, 1984, pp. 127-128.

33. Mary Lu Carnevale, "FCC Adopts Rules to Curb Telemarketing", *The Wall Street Journal*, 18 de septiembre, 1992, p. B1; Mary Lu Carnevale, "Telemarketers Fight Banning of Autodialers", *The Wall Street Journal*, 20 de enero, 1993, p. B1.

34. Estas estadísticas y el párrafo dedicado a las innovaciones de las máquinas vendedoras automáticas están tomados de Cyndee Miller, "Vending Industry Cooks Up New Meals in Machines", *Marketing News*, 28 de octubre, 1991, p. 1.

35. Trish Hall, "Vending Machines, The Next Generation in Dining", *The New York Times*, 9 de septiembre, 1992, pp. C1, C6.

36. Esta estimación de ventas se basa en un cálculo anterior que se incluye en William A. Cohen, "The Future of Direct Marketing", *Retailing Issues Letter*, noviembre de 1987, p. 1. Aunque lo hemos estudiado en una sección aparte, el telemarketing algunas veces se incluye bajo el tema general de marketing directo. Otro término que se asocia frecuentemente a esta modalidad, *el pedido por correo*, en realidad designa la forma en que se hace o se entrega un pedido; en cambio, los tres tipos que describimos aquí se centran en la manera de establecer contacto con los consumidores.

37. Los problemas y tribulaciones de las compañías que se dedican a la venta por catálogo se explican en Cyndee Miller, "It Was the Worst of Times", *Marketing News*, 15 de marzo, 1993, p. 1; Francine Schwadel, "Sears Roebuck to Streamline Catalog Business", *The Wall Street Journal*, 8 de enero, 1992, p. B1; y John B. Hinge, "Catalog Houses That Once Boomed Find the Checks Are no Longer in the Mail", *The Wall Street Journal*, 4 de abril, 1991, p. B1.

38. Algunas de estas y otras tendencias se describen en Richard V. Sarkissian, "Retail Trends in the 1990s", *Journal of Accountancy*, diciembre de 1989, pp. 44-46+.

39. Las estadísticas demográficas se tomaron de Babette Morgan, "Companies Maneuver as Boomers Step Up Spending", *St. Louis Post-Dispatch*, 8 de febrero, 1993, pp. BP12, BP13; las estadísticas referentes al espacio y las ventas al menudeo se extrajeron de Laura Zinn, "Retailing: Who Will Survive?" *Business Week*, 26 de noviembre, 1990, pp. 134-137+; la predicción de la consolidación del comercio al menudeo es de Zachary Schiller y Wendy Zellner, "Clout!" *Business Week*, 21 de diciembre, 1992, pp. 66-68+.

40. Laura Zinn y Christopher Power, "The Browsers Are Finally Buying", *Business Week*, 11 de enero, 1993, p. 93.

41. Cyndee Miller, "Nordstrom Is tops in Survey", *Marketing News*, 15 de febrero, 1993, p. 12; la cita proviene de Teri Agins, "Stores Try to Boost Service, but Cheaply", *The Wall Street Journal*, 16 de diciembre, 1992, p. B1.

42. Barnaby J. Feder, "A Store Chain Unfazed by a Few Empty Shelves", *The New Nork Times*, 23 de diciembre, 1992, p. D1.

43. Christina Duff, "Megastores That Entertain and Educate May Signal the Future of Merchandising", *The Wall Street Journal*, 11 de marzo, 1993, p. B1; Michael Allen, "Tandy Bets Big with New Giant Stores", *The Wall Street Journal*, 16 de abril, 1992, p. B1.

44. La rueda del menudeo fue descrita originalmente en M. P. McNair, "Significant Trends and Developments in the Postwar Period", en A. B. Smith (ed.), *Competitive Distribution in a Free, High-Level Economy and Its Implications for the University*, The University of Pittsburgh Press, Pittsburgh, 1958, pp. 17 18.

45. Información adicional se tomó de Dave Kansas, "Hechinger's Refurbishing Effort Faces Additional Test", *The Wall Street Journal*, 23 de diciembre, 1992, p. B4; Cyndee Miller, "Big Chains Battle for Market Share in Home Improvement", *Marketing News*, 28 de septiembre, 1992, p. 1.

CAPÍTULO 15

Venta al mayoreo y distribución física

¿Está UNION PACIFIC RAILROAD en la vía correcta?

Durante muchos años los ferrocarriles han ocasionado grandes daños a los usuarios: retrasos de embarques, mercancía dañada, contratos inflexibles y otras deficiencias en sus servicios. De ahí que hayan perdido participación en el mercado frente a otros medios de transporte, en especial frente a los camiones. En los últimos años, los ferrocarriles de Estados Unidos han intentado recuperar la clientela ofreciéndole mejores programas de embarques, altos índices de entrega puntual y diversos servicios adaptados a las exigencias del usuario. En una palabra, se concentran ahora en las necesidades del cliente.

Union Pacific Railroad, junto con Consolidated Rail Corporation y Burlington Northern, encabeza la revitalización de esta clase de transporte. Los clientes fueron terminantes al señalar que Union Pacific (UP) y otras compañías ferrocarrileras debían mejorar sus servicios cuanto antes. De lo contrario, se convertirían en un simple medio de transporte que se utilizaría tan sólo en circunstancias especiales (el envío de grandes cantidades de materias primas voluminosas, por ejemplo). Peor aún: podían desaparecer del mercado. En palabras del presidente de Union Pacific, Richard Davidson: ". . . de todos los factores mencionados como prioritarios por los clientes, el primero fue la confiabilidad y simplemente no estábamos correspondiendo a sus expectativas."

Con el propósito de mejorar sus operaciones, en particular la confiabilidad, la nueva misión de Union Pacific está orientada a los clientes: "Proporcionar servicios de transporte que satisfagan siempre las necesidades de los clientes con costos competitivos." Esta declaración tiene importantes consecuencias para el marketing y otras funciones comerciales de la empresa. Debe generar y poner de relieve una ventaja diferencial, basada en desplazar a bajo costo grandes volúmenes de carga a lo largo de grandes distancias. Al hacerlo, Union Pacific y otras compañías de ferrocarriles estarán en posibilidades de superar las ventajas reales o percibidas de los camiones: velocidad y servicio.

A fin de brindarles a los usuarios un mejor servicio, Union Pacific ha instituido un programa de mejoramiento de la calidad que abarca prácticamente todas sus operaciones. El programa consta de tres fases. En la primera, se analizaron las operaciones actuales. He aquí algunos de los resultados: facturas inexactas de flete eran una de las principales causas de malestar de los clientes, y cerca del 15% de las locomotoras se encontraban inhabilitadas en un momento dado. En la segunda fase, se mejoró la planeación. En particular, se perfeccionó la forma de responder cuando la cantidad real de embarques no coincidía con la pronosticada.

En la tercera fase, el interés se centró en conseguir que todos los empleados participaran en la renovación, facultándolos después. Con ello se busca que los 30 000 empleados se sientan comprometidos y den un servicio esmerado. Para ello, Union Pacific ha creado equipos de mejoramiento de la calidad que incluyen empleados sindicalizados y no sindicalizados, provenientes de varios departamentos. Un equipo trata de descubrir y luego recomendar la forma de derribar las barreras que impiden dar un servicio de calidad; o bien diseñan formas de enriquecer el servicio y luego se lo proponen a la gerencia.

Como quiere prestar un servicio confiable, la compañía monitorea el curso de sus trenes desde su centro de control en Omaha (Nebraska). En el video aparecen en dos hileras los cientos de metros del trayecto donde se encuentran los trenes, sus contenidos y, en caso de necesidad, la ubicación de las cuadrillas de reparaciones más cercanas de Union Pacific dispone de esta información y la comparte con los clientes; de ese modo trata de mantener su lealtad y recuperar a los que había perdido.[1]

¿Logrará Union Pacific Railroad recuperar con su programa de mejoramiento a los clientes que actualmente se sirven de otros modos de transporte; por ejemplo, los camiones?

Aunque la gente realiza periódicamente sus compras en las tiendas de intermediarios detallistas, rara vez ve los establecimientos de los intermediarios mayoristas. Sí observa los vehículos de carga, como los camiones y trenes, pero tiene poco contacto con la manera en que los productos son llevados del punto de producción al punto de venta y de consumo. Por ello, los consumidores tienen generalmente una idea errónea de la venta al mayoreo y la distribución física, llegando incluso a criticarla. Con todo, los intermediarios mayoristas son un elemento indispensable de los canales de distribución, y la distribución física constituye un aspecto integral de la comercialización de casi todos los bienes. Por consiguiente, el lector debe conocer la naturaleza y los problemas gerenciales de la venta al mayoreo y la distribución física. En el presente capítulo explicaremos de qué manera los mercados al mayoreo, las instituciones mayoristas y las actividades de la distribución física se relacionan con el marketing.

Después de estudiar este capítulo, usted deberá ser capaz de explicar:

OBJETIVOS DEL CAPÍTULO

- La naturaleza y justificación económica de la venta al mayoreo y la función de los intermediarios mayoristas.
- Las diferencias entre las tres categorías de intermediarios mayoristas.
- Los principales tipos de comerciantes mayoristas, agentes intermediarios mayoristas y las instalaciones de ventas de los fabricantes, así como los servicios que proporcionan.
- ¿Qué es la distribución física?
- El enfoque de sistemas aplicado a la distribución física.
- Cómo se usa la distribución física para fortalecer un programa de marketing y reducir los costos del marketing.
- Los cinco subsistemas del sistema de distribución física: ubicación y almacenamiento del inventario; manejo de materiales; control de inventario; procesamiento de pedidos, y transporte.
- Las tendencias de la venta al mayoreo y de la distribución física.

NATURALEZA E IMPORTANCIA DE LA VENTA AL MAYOREO

Gracias a la venta al mayoreo y la venta al menudeo, lo que se produce puede adquirirse para su consumo. Ya vimos que el comercio al menudeo consiste en venderles a los consumidores finales lo que necesitan para su uso personal. Ahora veremos que el comercio al mayoreo cumple una función distinta dentro del sistema de marketing.

Venta al mayoreo e intermediarios mayoristas

La **venta al mayoreo** (o *comercio al mayoreo*) es la venta, y todas las actividades relacionadas directamente con ella, de bienes y servicios a empresas lucrativas y a otro tipo de organización para 1) la reventa, 2) para producir otros bienes o servicios o 3) para operar una organización. Cuando una compañía vende camisas y blusas a una tienda de ropa que las venderá después a los consumidores finales, estamos ante un caso de venta al mayoreo. Cuando una fábrica vende harina a una gran compañía panificadora para que elabore pan y repostería, una vez más estamos ante una transacción al mayoreo. Y cuando una firma vende uniformes a una compañía u otra organización para que sus empleados los usen al realizar su trabajo, se trata una vez más de una venta al mayoreo.

Venta al mayoreo y distribución física

Las ventas realizadas entre productores son transacciones al mayoreo, lo mismo que la venta efectuada por un fabricante. Asimismo, una tienda de descuento lleva a cabo este tipo de operación al vender calculadoras y suministros de oficina a una empresa lucrativa. Así la venta al mayoreo es aquella que hace una empresa a un cliente cualquiera *menos* al consumidor final que compra para su uso personal. Desde este punto de vista, todas las ventas pertenecen a la categoría mayorista o detallista, distinguiéndose tan sólo por el uso que el comprador da al bien o servicio.

En el presente capítulo nos concentraremos *principalmente* en las ventas al mayoreo. Las compañías que las realizan reciben el nombre de **intermediarios mayoristas.** No hablaremos de los detallistas que esporádicamente llevan a cabo transacciones de este tipo. Y tampoco de los fabricantes ni de los agricultores, ya que se dedican sobre todo a la producción más que a la venta. No olvide, pues, que la *venta al mayoreo* es una *actividad* comercial susceptible de ser efectuada por diversas clases de empresas; en cambio, *un intermediario mayoristas* es una *institución* comercial que se concentra en ella.

Justificación económica del comercio al mayoreo

La mayor parte de las empresas industriales son pequeñas y especializadas. No disponen de suficiente capital para mantener una fuerza de ventas que entre en contacto con muchos detallistas o usuarios finales que son (o pueden ser) sus clientes. Incluso en el caso de los que tienen bastante capital, algunos de sus líneas o productos generan un volumen tan pequeño de ventas que no les resultaría rentable crear una fuerza de ventas para manejarlos.

En el otro extremo del canal de distribución, la mayor parte de los detallistas y los usuarios finales compran en cantidades pequeñas y no conocen muy bien ni el mercado ni las fuentes de suministro. Por tanto, con frecuencia existe una brecha entre el vendedor (productor) y el comprador (detallista o usuario final). Un intermediario mayorista está en condiciones de llenarla proporcionando servicios de calidad a los fabricantes, a los detallistas o a unos y otros. Por ejemplo, puede reunir los pedidos de varias tiendas o usuarios finales, creándole así un mercado al pequeño productor. Al mismo tiempo, un intermediario mayorista selecciona varios productos de muchas alternativas y al hacerlo obtiene su mezcla de productos; de ese modo cumple la función de agente de compras para los detallistas pequeños y los consumidores finales. En esencia, como veremos a lo largo del presente capítulo, las actividades de los intermediarios mayoristas crean la utilidad de tiempo, lugar o posesión.

Desde un punto de vista global, con el comercio al mayoreo el sistema de distribución logra las economías de técnicas mayoristas, de escala y transacciones:

- Las *técnicas* del comercio al mayoreo se concentran eficientemente en unas cuantas manos. Con ello se evita la duplicación de esfuerzos que ocurriría, si muchos productores tuvieran que realizar personalmente este tipo de funciones. Por ejemplo, con un almacén de un mayorista situado en Memphis (Tennessee), muchos fabricantes no deberán construir su propia bodega para ofrecer un servicio rápido a los clientes de esta región.
- Las economías de *escala* se logran cuando los intermediarios mayoristas se especializan y realizan funciones de las que, de lo contrario, deberían encargarse pequeños

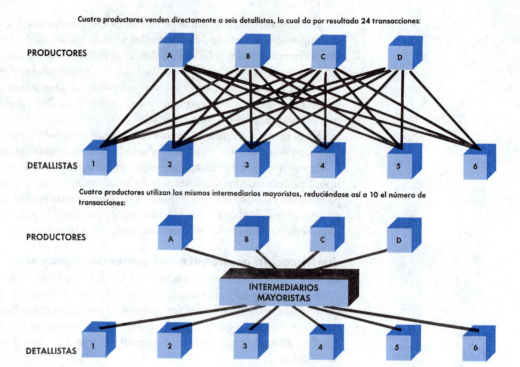

FIGURA 15-1

Economía de las transacciones en la venta al mayoreo.

departamentos de los fabricantes. Por lo regular los mayoristas están en posibilidades de efectuar estas funciones con mayor eficiencia que los fabricantes.
- Las economías de *transacción* tienen lugar cuando los intermediarios mayoristas o detallistas desempeñan su papel entre los productores y sus clientes. Supongamos que cuatro productores quieren venderle a seis detallistas. Como se aprecia en la figura 15-1, *sin* la intervención de un intermediario, habría 24 transacciones por realizar; *con* la intervención de un intermediario mayorista, el número de las transacciones se reduce a 10. Tienen lugar cuatro transacciones cuando todos los fabricantes le venden sus productos y otras seis cuando él los vende a los detallistas.

Tamaño del mercado al mayoreo

En Estados Unidos, el volumen total de ventas anuales de los intermediarios mayoristas fue de más de $2.5 *billones* en 1987 (año en que se publicó el último censo nacional sobre el comercio al mayoreo). Como se advierte en la figura 15-1, este nivel de ventas representa un incremento de 101% sobre el de 1977 y de 450% sobre el de 1967. Aun si tuviéramos en cuenta los efectos de la inflación, las cifras anteriores reflejan un aumento considerable.

Quizá se sorprenda al ver, en la tabla 15-1, que el comercio total al mayoreo supera al comercio al menudeo por un amplio margen. ¿A qué se debe eso, sobre todo si recordamos que el precio al detalle de un producto es mayor que el precio al mayoreo? Encontraremos una explicación si consideramos a los clientes de los intermediarios mayoristas. Dos terceras partes de las ventas de los intermediarios mayoristas se hacen a organizacio-

TABLA 15-1 Comparación entre el comercio total al mayoreo y el comercio total al menudeo en Estados Unidos

Las ventas totales al mayoreo crecieron 101% entre 1977 y 1987. Compare estas cifras con el crecimiento de las ventas al detalle durante el mismo periodo.

Año	Número de intermediarios mayoristas	Ventas al mayoreo (miles de millones)	Ventas al detalle (miles de millones)
1987	470 000	$2 525	$1 540
1977	383 000	1 258	723
1967	311 000	459	310

Fuente: 1987 *Census of Wholesale Trade,* Geographic Area Series- U.S., U.S. Bureau of the Census, Washington, D.C., 1989, p. U.S.-9; 1987 *Census of Retail Trade.* Nonemployer Statistics Series-Northeast, U.S. Bureau of the Census, Washington, D.C., 1990, p. 1-3; y los censos correspondientes de años anteriores.

nes *que no son* detallistas.[2] Por ejemplo, algunos productos que se les venden son bienes *industriales* (impresoras grandes o mineral de hierro, por ejemplo), los cuales por definición nunca se venden al menudeo. Otros pueden ser bienes de *consumo* (productos alimenticios, artículos para el hogar o juguetes) que se venden más de un nivel en el comercio al mayoreo, contándose estas operaciones como parte del total de las ventas al mayoreo. Así pues, este tipo de comercio es mayor que el comercio al detalle, porque incluyen las ventas de bienes industriales y las ventas sucesivas de bienes de consumo en aquel nivel.

En un último recuento, 470 000 intermediarios mayoristas realizaron actividades en Estados Unidos. De acuerdo con la tabla 15-1, esa cantidad creció muchísimo desde fines de la década de 1960 hasta los últimos años de la de 1980. Tales estadísticas demuestran que los intermediarios mayoristas aparecen en más canales de distribución.

Perfil de los intermediarios mayoristas

Un productor o detallista que esté examinando la conveniencia de servirse de estos intermediarios deberá saber de qué alternativas dispone, a quienes atienden estos intermediarios y cómo operan.

Principales categorías. Los intermediarios mayoristas varían muchísimo según los productos que manejan, los mercados que atienden y sus métodos de operación. Explicaremos cerca de 10 tipos de ellos. No obstante, todos caen dentro de las tres categorías propuestas por el U.S. Bureau of the Census (Fig. 15-2). A continuación ofrecemos breves descripciones de cada una, y más adelante expondremos más detalles.

- **Comerciante mayorista:** una empresa de propiedad independiente que se dedica fundamentalmente al comercio al mayoreo y que posee los productos que distribuye. Algunas veces a esta clase de intermediarios se les conoce con el nombre de *mayoristas, corredores (o pequeños mayoristas) y distribuidores industriales.*[3] Constituyen el segmento más grande de las compañías mayoristas si se miden atendiendo al número de establecimientos o bien al volumen de ventas. Son intermediarios que han tenido un gran crecimiento en los últimos años, pues su ventas se incrementaron a una tasa anual de 3.6 % entre 1981 y 1991.[4]

- **Agentes intermediarios mayoristas:** empresas independientes que se dedican fundamentalmente a las ventas al mayoreo, negociando la venta o compra de productos en beneficio de otras compañías, pero que *no* los adquieren en propiedad.
- **Establecimiento de ventas del fabricante:** es un establecimiento que se dedica sobre todo a la venta al mayoreo, que es propiedad de un fabricante quien se encarga de administrarla, pero que está físicamente separada de sus plantas.[5] Es muy común en campos tan dispares como los grandes electrodomésticos, los artículos de plomería y suministros eléctricos. Los dos grandes tipos se asemejan en todo menos en un aspecto muy importante: La **sucursal de ventas del fabricante** tiene inventario del producto que vende, no así la **oficina de ventas del fabricante.**

Los intermediarios mayoristas no forman parte de todos los canales de distribución. De acuerdo con una encuesta efectuada en Estados Unidos, 32% de los productores de bienes industriales se sirve de comerciantes mayoristas. Otro 42% utiliza a agentes mayoristas y el restante 26% distribuye sus productos directamente (quizá usando sucursales u oficinas de ventas) a los consumidores finales.[6]

Las estadísticas de la figura 15-3 indican que los comerciantes mayoristas realizan la mayor parte de las ventas efectuadas a través de los intermediarios mayoristas. Y durante los últimos 20 años, han ido aumentando de manera constante su participación en este tipo de comercio, mientras que han disminuido las otras dos categorías. Esta tendencia se debe probablemente a los servicios y costos relacionados con sus diversas modalidades, tema que veremos a continuación.

Gastos de operación y utilidades. Los gastos totales promedio de operación de los intermediarios mayoristas representan el 11% de las ventas *al mayoreo*; los gastos

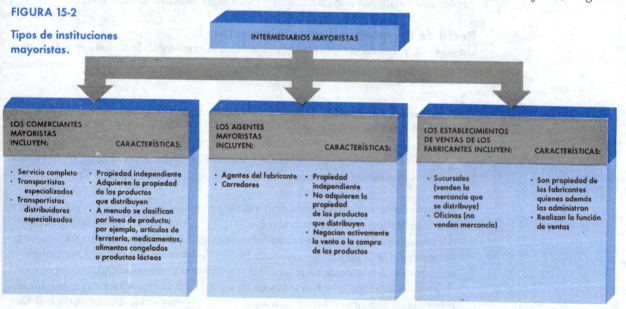

FIGURA 15-2

Tipos de instituciones mayoristas.

Venta al mayoreo y distribución física

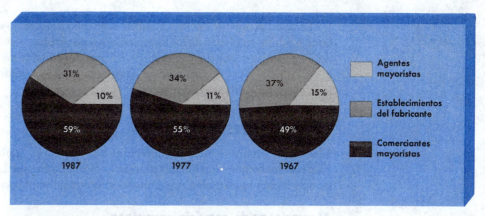

FIGURA 15-3

Participación del comercio al mayoreo, por categoría de institución.

Fuente: *1987 Census of Wholesale Trade*, Geographic Are Series —U.S., U.S. Bureau of the Census. Washington D.C., p. US-9; y los censos correspondientes de años anteriores.

de operación de los detallistas promedian cerca del 28% de las ventas *al menudeo*. Por tanto, en términos generales, los costos de este tipo de intermediarios absorben aproximadamente 8% de lo gastado por el usuario final.[7]

Los gastos de operación varían mucho en las tres categorías de intermediarios mayoristas:

- Los comerciantes mayoristas tienen los gastos promedio más elevados: un 15% de las ventas. Pero la variación es muy grande. Así, en el caso de los mayoristas que venden una variedad completa de productos alimenticios y artículos para el hogar, los gastos de operación suelen estar por debajo del 10% de las ventas; mientras que es de un 30% en el caso de los mayoristas de equipo para oficina.
- Los agentes intermediarios mayoristas tienen costos bastante bajos: cerca del 5% de las ventas.
- Los dos tipos de establecimientos de ventas del fabricante tienen una estructura muy diferente de costos. En las oficinas de ventas los gastos de operación representan cerca del 4% de las ventas; en las sucursales de ventas son aproximadamente el 11%, debido a los costos del manejo de la mercancía.

Es preciso interpretar rigurosamente estos costos. No deberíamos llegar a la conclusión de que los agentes intermediarios son muy eficientes y los comerciantes mayoristas poco eficientes por la disparidad de sus gastos de operación. Las diferencias de costos se deben en parte a las diferencias de los servicios que dan. Asimismo, se observan variaciones muy notorias de los costos relacionados con la venta al mayoreo de diversos productos por causa de factores como su carácter perecedero, el valor en relación con el volumen y requisitos especiales de almacenamiento. Por ejemplo, las joyas tienen un valor mucho más alto en relación a su volumen que los muebles; así que este factor indicaría costos menores de almacenamiento. No obstante, los ahorros obtenidos en este renglón podrían ser contrarrestados por el aumento de los gastos necesarios para garantizar la seguridad de las joyas en un almacén.

La utilidad neta de operación expresada como porcentaje de las ventas netas es bastante modesta en el caso de los intermediarios mayoristas, considerándose menor que las de los detallistas (salvo en el caso de las grandes tiendas de productos alimenticios y artículos para el hogar). En general, las utilidades de los comerciantes al mayoreo fluctúan entre 1.5 y 4% de las ventas.

COMERCIANTES MAYORISTAS

Muchos de los intermediarios mayoristas que adquieren la propiedad de los productos (es decir, los comerciantes mayoristas) se dedican a la comercialización de bienes de consumo y bienes industriales. A continuación examinaremos varios tipos de ellos.

Mayoristas de servicio completo

Se da el nombre de **mayorista de servicio completo** al comerciante independiente que lleva a cabo una extensa gama de funciones mayoristas (desde la creación de variedades hasta el almacenamiento). Este tipo de intermediario maneja bienes de consumo e industriales que pueden estar manufacturados o no (por ejemplo, productos agrícolas o extraídos de la tierra), importados, exportados o bien hechos y vendidos dentro del país.

A esta categoría pertenece la mayor parte de los comerciantes mayoristas. Libran su propia lucha competitiva con otras modalidades de distribución indirecta, entre ellas los establecimientos del fabricante y los agentes mayoristas. En realidad, ha aumentado su participación en el comercio al mayoreo. Pero es una tendencia que puede ser un poco engañosa. Aunque los mayoristas de servicio completo hayan ganado terreno en algunas industrias, lo han perdido en otras.

En algunas industrias los fabricantes comenzaron ya a distribuir sus productos directamente, eliminando así a algunos o a todos los mayoristas en sus canales. Amana Refrigeration, fabricante de electrodomésticos, decidió poner fin a sus relaciones con comerciantes mayoristas y tratar directamente con las tiendas. Claro que semejante acción molestó, y tal vez devastó, a muchos mayoristas que manejan esa línea. Por lo menos uno de ellos, Cooper Distributing de Newark (Nueva Jersey) lo demandó ante los tribunales, alegando que la cancelación carecía de una "causa razonable" y, por lo menos, era ilegal.[8]

Los mayoristas de servicio completo sobreviven y prosperan ofreciendo los servicios que requieren tanto los clientes como los productores. Esos servicios se resumen en la tabla 15-2. Los grandes mayoristas se valen de su influencia para conseguir buenos precios de los productores. También aplican la tecnología de punta para diseñar sistemas computarizados de inventario y así poder atender mejor a los clientes. Les ayudan a mantener inventarios pequeños y de ese modo obtienen mayor fidelidad de ellos.

Fleming Companies ejemplifica la manera en que opera un mayorista de servicio completo. Esta empresa, la segunda más importante en el área de productos alimenticios y conexos, se fijó una sola meta: ayudar a las tiendas independientes a conservar su rentabilidad proporcionándoles las herramientas comerciales con que cuentan las cadenas de este tipo de tiendas.[9] Para llegar a esa meta (y con ello asegurar su prosperidad económica), ofrece 100 servicios a sus clientes, a saber: estudios demográficos sobre los consumidores, elaboración de planes de marketing para las tiendas, soporte de publicidad, directrices para asignar espacio en los estantes y programas de capacitación para los empleados.

TABLA 15-2 Servicios comunes que los mayoristas de servicio completo dan a los clientes y productores

Servicio	Descripción
Compra	Actúan como agente de compras para los clientes.
Creación de variedades	Compran a muchos proveedores para obtener un inventario que corresponda a las necesidades de los clientes.
Subdivisión	Compran en grandes cantidades (una carga de camión, por ejemplo) y luego revenden en cantidades más pequeñas (digamos una docena).
Venta	Ofrecen una fuerza de ventas a los productores para llegar a los pequeños detallistas y otros negocios, con un costo menor del que harían los productores si contaran con su propia fuerza de ventas.
Transporte	Hacen entregas rápidas y frecuentes a los clientes, reduciendo así los riesgos y la inversión de inventario por parte de ellos.
Almacenamiento	Almacenan productos en instalaciones que están más cerca del lugar de los consumidores que las plantas del fabricante.
Financiamiento	Conceden crédito a los consumidores, disminuyendo así sus necesidades de capital. Ayudan a los fabricantes al ordenar y pagar los productos antes que los adquiera el cliente.
Asumir los riesgos	Reducen el riesgo del productor al adquirir la propiedad de los productos.
Información de mercado	Suministran información a los consumidores sobre nuevos productos y ofertas especiales de los fabricantes, y también al fabricante—proveedor acerca de las necesidades del público consumidor y las actividades de la competencia.
Asistencia gerencial	Ayudan a los clientes, sobre todo a los detallistas pequeños, en aspectos como control de inventario, asignación del espacio de los estantes y administración financiera.

Otros comerciantes mayoristas

También hemos de estudiar dos tipos de comerciantes mayoristas con actividades muy propias:

- Los **transportistas especializados**, llamados también *distribuidores en camiones*, manejan una línea especial de productos perecederos y los entregan en camión a las tiendas. Se encuentran principalmente en la industria de productos alimenticios. Cada uno transporta una marca anunciada a nivel nacional de bienes de movimiento rápido, perecederos o semiperecederos, como dulces, lácteos, papas fritas y tabaco. Estos comerciantes abastecen los productos frescos con tanta frecuencia que los detallistas pueden comprar bienes perecederos en pequeñas cantidades, reduciendo al mínimo el riesgo de pérdida. Pero los transportistas especializados tienen altos costos de operación, ocasionados principalmente por el tamaño pequeño de los pedidos y un uso ineficiente de sus camiones (por ejemplo, sólo circulan en determinadas horas del día).

- Los **transportistas distribuidores especializados**, llamados también *corredores*, venden mercancía para entregar directamente del *productor al cliente*. No manejan físicamente los productos. Se encuentran principalmente sólo en determinadas categorías de productos (carbón, madera y materiales de construcción) que suelen venderse en grandes cantidades y cuyo flete es muy alto en relación con su valor unitario.

AGENTES INTERMEDIARIOS MAYORISTAS

A diferencia de los comerciantes mayoristas, los agentes intermediarios mayoristas 1) *no* adquieren la propiedad de los productos y 2) normalmente prestan menos servicios. Reciben una comisión que cubre sus gastos y les deja una ganancia. Las comisiones varían muchísimo, pues fluctúan entre el 3 y 10% según la naturaleza del producto y los servicios dados.

Como se indica en la figura 15-3, estos intermediarios perdieron una tercera parte de sus ingresos desde fines de los años 60. En el caso de los productos agrícolas, están siendo reemplazados por los comerciantes mayoristas o bien por las ventas directas a las compañías procesadoras de alimentos. Asimismo en la industria de los bienes manufacturados, empiezan a ser sustituidos por los comerciantes mayoristas o por la distribución directa. Según se muestra en la tabla 15-3, las características del producto y las condiciones del mercado determinan si un canal de distribución debe incluir agentes o comerciantes mayoristas.

Tomando como criterio el volumen de ventas, los tipos más importantes de agentes mayoristas son los agentes del fabricante, los corredores y los comisionistas. En las siguientes secciones describiremos los tres junto con otras clases especiales de agente mayorista.

TABLA 15-3 Factores que indican cuál tipo de intermediario mayorista debería usarse en un canal

Factores	Que favorecen al intermediario mayorista	Que favorecen a comerciantes mayoristas
Naturaleza del producto	No estándar, quizá hecho por pedido	Estándar
Naturaleza técnica del producto	Simple	Complejo
Margen bruto de utilidad del producto	Pequeño	Relativamente grande
Número de clientes	Pocos	Muchos
Concentración de clientes	Concentrados geográficamente y en unas cuantas industrias	Dispersos geográficamente y en muchas industrias
Frecuencia de los pedidos	Relativamente raros	Frecuentemente
Tiempo transcurrido entre el pedido y la recepción del envío	Cliente satisfecho con un tiempo de espera relativamente largo	El cliente requiere o desea un menor tiempo de espera

Fuente: Adaptado de Donald M. Jackson y Michael F. d'Amico, "Products and Markets Served by Distributors and Agents", *Industrial Marketing Management*, febrero de 1989, pp. 27-33.

Agentes del fabricante

Un **agente del fabricante**, o *representante del fabricante*, es un agente mayorista independiente que vende parte o toda la mezcla de productos de una compañía en una territorio geográfico asignado. Los agentes no son empleados de los fabricantes; son empresas independientes. Sin embargo, tienen poco o nulo control sobre los precios y las condiciones de la venta, que son establecidos por la compañía que representan.

Dado que un agente vende dentro de un territorio limitado, cada productor recurre a muchos de ellos para lograr una cobertura total de sus mercados. Los representantes tienen relaciones constantes con las compañías que representan. Cada agente atiende varios productores no rivales de productos conexos. Por ejemplo, un agente puede especializarse en juguetes y manejar varias líneas no rivales de juegos de mesa, muñecas, materiales didácticos y equipo para jugar fuera de casa.

Cuando a un fabricante no le resulta rentable contar con su propia fuerza de ventas, lo más práctico es recurrir a un agente. Éste es un medio económico porque los grandes gastos (viaje y hospedaje) se reparten entre varias líneas de productos. Los productores le pagan una comisión que es un porcentaje del volumen de ventas; así que le pagan únicamente por lo que vende.

Los agentes de los fabricantes intervienen sobre todo en la distribución de varios tipos de bienes de consumo y de bienes industriales: desde artículos deportivos hasta acondicionadores de aire, ventiladores y ductos. El principal servicio que dan al productor es la venta. Como manejan muchas menos líneas que los mayoristas de servicio completo, cabe suponer que realicen una venta agresiva, propia de gente conocedora.

Este tipo de intermediarios son de gran utilidad para:

- Una pequeña firma con un reducido número de productos y sin fuerza de ventas.
- Una compañía que desee incorporar una nueva línea y, posiblemente, inconexa de productos a su mezcla actual, pero cuyos vendedores no tengan experiencia en la nueva línea y cuyos agentes pueden cubrir el mismo territorio geográfico, pero para otras líneas de productos.
- Una empresa que quiera entrar en un nuevo mercado, con un desarrollo tal que no justifique la utilización de una fuerza de ventas propia.

Los agentes de los fabricantes no pueden hacer todo. No mantienen un inventario de la mercancía, rara vez instalan la maquinaria y el equipo y generalmente no están capacitados para dar a los clientes asesoría técnica completa o servicio de reparación.

Los gastos de estos intermediarios varían enormemente, según el grado de dificultad de la venta del producto y si él lo guarda. Sin embargo, en promedio representan 7% de las ventas.[10] Algunos representantes trabajan por una comisión apenas del 2% sobre las ventas netas; otros llegan a cobrar el 20%; la remuneración promedio es de 5.5% aproximadamente.

Corredores

Los corredores no suelen manejar físicamente los productos que distribuyen ni trabajar de manera permanente con los proveedores o compradores. Por el contrario, un **corredor** es un agente mayorista independiente que reúne a compradores y vendedores, suministrándoles además información. Da información sobre muchos temas: precios, productos y condiciones generales del mercado. En los últimos años, se han ido pareciendo cada vez más a los agentes del fabricante en cuanto a atributos y servicios.

Muchos corredores trabajan para los vendedores, aunque algunos representan a los compradores. Los corredores no tienen autoridad para fijar precios. Se limitan a negociar una venta y después depende del vendedor aceptar o rechazar la oferta del cliente.

PERSPECTIVA INTERNACIONAL

¿POR QUÉ LOS MERCADOS GRISES CAUSAN TANTOS PROBLEMAS A ALGUNOS PRODUCTORES E INTERMEDIARIOS?

Los productos distribuidos por intermediarios mayoristas no siempre terminan donde lo desean los fabricantes. Esporádicamente se venden a través de canales de distribución que no están autorizados por ellos. Esta práctica, conocida con el nombre de *mercado gris*, representa cerca de $7 mil millones de dólares anuales en Estados Unidos. Por lo regular se trata de productos hechos en un país y destinados a venderse en otro.

Las cámaras fotográficas, las unidades de disco de computadora, los perfumes, los automóviles, el licor y las computadoras personales figuran entre los productos que se venden a través de mercados grises. El marketing gris suele surgir cuando un producto, con un nombre de marca muy conocido, tiene diferentes precios en circunstancias diversas. Por ejemplo, un precio al mayoreo de un artículo dependerá del país al que se venda o la cantidad que se adquiera.

El marketing gris adopta muchas formas. Casi siempre un intermediario mayorista, digamos un agente de exportación o importación, compra un producto hecho en un país y se compromete a distribuirlo en un segundo país, pero lo envía a un tercer país (a menudo Estados Unidos). Dado que el producto normalmente se vende con descuento en un establecimiento de prestigio (no en el "mercado negro" ni en las cajuelas de los automóviles), es evidente que no se utilizó la distribución normal.

¿Y entonces por qué el marketing gris es un problema? Después de invertir mucho tiempo y dinero para promover un producto, los distribuidores autorizados pierden ventas ante otros que venden el mismo producto en el mercado gris. Los fabricantes deben entonces tranquilizar a los distribuidores autorizados. El marketing gris altera las estrategias de distribución y precios del fabricante. Y cuando los consumidores compran productos a través de él, terminarán sin contar con garantías ni contrato de servicios.

Con todo, algunos (pero de ninguna manera los distribuidores autorizados) se benefician con este tipo de marketing. Los distribuidores no autorizados pueden vender productos que normalmente no están en condiciones de adquirir. Con el fin de vender su excedente de producción, algunos fabricantes se apresuran a participar en el marketing gris o al menos no lo desalientan. El consumidor paga precios más bajos por productos de gran demanda e incluso puede encontrarlos en más tiendas.

A muchos fabricantes les gustaría eliminar este tipo de marketing. Pero algunos han llegado a la conclusión de que sería demasiado difícil y costoso hacerlo. Otros intentan reducirlo al mínimo revisando los programas de precio y las políticas de distribución, además de demandar a los distribuidores no autorizados. El marketing gris representa un reto más tanto para los productores como para los intermediarios mayoristas.

Fuente: Robert E. Weigand, "Parallel Import Channels-Options for Preserving Territorial Integrity", *Columbia Journal of World Business*, primavera de 1991, pp. 53-60; Peter Engardio et al., "There's Nothing Black-and-White about the Gray Market", *Business Week*, 7 de noviembre, 1988, pp. 172-173ss; y Larry S. Lowe y Kevin McCrohan, "Gray Markets in the United States", *Journal of Consumer Marketing*, invierno de 1988, pp. 45-51.

¿DILEMA ÉTICO?

A través del marketing gris algunos productos terminan siendo distribuidos fuera de los canales de distribución autorizados por el fabricante. Por ejemplo, un exportador puede establecer una relación con un fabricante europeo para distribuir su línea de equipo estéreo en Sudamérica (pero no en Estados Unidos). Pero sin que el fabricante se entere, el exportador desvía un embarque muy grande a Estados Unidos para venderlo allí. Suponga que compra equipo estéreo para una cadena de tiendas de descuento. El exportador se pone en contacto con usted y le propone venderle algunos estéreos a precios muy por debajo del que normalmente tienen al mayoreo.

¿Sería ético comprar esos estéreos para revenderlos en sus tiendas? ¿Dependerá su respuesta de si sabe con seguridad que se trata realmente de bienes del mercado gris?

Los corredores trabajan en bienes raíces y en seguros, pero sobre todo en la industria alimentaria. Por ejemplo, un corredor de mariscos maneja la producción de una empacadora de salmón, la cual opera sólo unos 3 meses al año. La empacadora contrata a un corredor para que encuentre clientes entre las tiendas, los mayoristas y otros establecimientos. Una vez vendida toda la producción, se termina la relación entre él y la empacadora, pero puede renovarse el próximo año.

Los corredores ofrecen servicios limitados y, por lo mismo, sus gastos son bastante bajos, cerca del 3% de las ventas.[11] Asimismo, reciben comisiones pequeñas, generalmente menos del 5%.

Otros agentes mayoristas

Otros cuatro tipos de agentes mayoristas tienen una participación menor en el comercio al mayoreo que los representantes del fabricante y los corredores, a saber:

- Los **comerciantes comisionistas**, que manejan sobre todo muchos productos agrícolas, fijan los precios y condiciones de venta, venden el producto y en ocasiones lo manejan físicamente. (Pese a la palabra *comerciante*, un comerciante comisionista es un agente que normalmente no adquiere la propiedad de los productos que maneja o vende.)°

- Las **compañías subastadoras** ayudan a los compradores y vendedores reunidos a llevar a cabo sus transacciones. Ofrecen 1) subastadores que realizan la venta y 2) instalaciones físicas para exhibir los productos del cliente. Aunque constituyen apenas el 1% del comercio total al mayoreo, estas empresas son extremadamente importantes en la venta de automóviles usados y ciertos productos agrícolas (como tabaco, ganado y fruta).

- Los **agentes de ventas** sustituyen en lo esencial al departamento de marketing al comercializar toda la producción del fabricante. Aunque representan tan sólo 1% del comercio al mayoreo, participan de manera importante en la distribución de produc-

---

° N. del R.T. En México sí adquieren la mercancía y, por lo tanto, su propiedad, aunque sea sólo por minutos u horas, ya que es revendida casi inmediatamente a otro mayorista.

Grainger, un gran mayorista, ofrece varios tipos de utilidad a sus clientes.

tos textiles, de carbón y, en menor medida, de la ropa, los alimentos, la madera y los productos metálicos.

- Los **agentes de exportación-importación** ponen en contacto a los vendedores y compradores de diferentes países. Los agentes de exportación trabajan en el país donde se elabora el producto; los de importación viven en el país en que se venderá.

NATURALEZA E IMPORTANCIA DE LA DISTRIBUCIÓN FÍSICA

Una vez que una compañía ha establecido sus canales de distribución, deberá organizar la distribución física de sus productos a través de ellos. La **distribución física**, que usamos como sinónimo de *logística*, está compuesta por todas las actividades relacionadas con llevar la cantidad adecuada de un producto al lugar apropiado en el momento oportuno. En su sentido más amplio, en el caso de los fabricantes incluye el flujo de *materias primas* de las fuentes de suministro hacia la línea de montaje y el movimiento de los *bienes terminados* desde el fin de dicha línea hasta el lugar donde se encuentran las usuarios finales. Los intermediarios dirigen los flujos de bienes *hacia* sus estantes y también *desde* su estantes hasta los hogares de los clientes, las tiendas o bien otros sitios de negocios.

Las actividades de que consta la distribución física son las siguientes:

- Ubicación de inventario y almacenamiento
- Manejo de materiales
- Control de inventario
- Procesamiento de pedidos
- Transporte

Cualquier decisión referente a algunas de las actividades interiores repercute en el resto de ellas. La ubicación de un almacén influye en la selección de los métodos de transporte y de las compañías transportistas; a su vez la elección del transportista influye en el tamaño óptimo de los embarques.

Atención creciente a la distribución física

A través de los años, los gerentes han avanzado mucho en la disminución de los costos de producción. También se han logrado reducciones en otros costos del marketing. La distribución física tal vez sea la última área del marketing con excelentes oportunidades para abatir los costos. Y pueden obtenerse grandes ahorros en ella. Los gastos de operación más importantes se relacionan con la distribución física en el caso de determinados productos, como los muebles y los materiales de construcción. En el caso de otros, la mitad de los costos de la venta al mayoreo se destinan al transporte y al almacenamiento. Algunos negocios que se dedican a la distribución obtienen ganancias pequeñas; así que aprecian mucho cualquier ahorro. Un supermercado, por ejemplo, gana una utilidad neta del 1% sobre las ventas. De ahí que cada dólar que se ahorre en los costos de distribución física tiene el mismo efecto en las utilidades que un incremento de $100 en las ventas.

Una buena distribución física también puede ser la base para que una compañía consiga y mantenga una fuerte ventaja diferencial. La entrega oportuna, que no se consigue sin una eficaz distribución física, ofrece una ventaja competitiva. Teniendo en cuenta esto, Caterpillar está en condiciones de surtir, en 72 horas, el 99.7% de los pedidos de piezas de repuesto.[12]

Un negocio tiene un problema (o quizá una oportunidad), cuando su almacén de Atlanta está saturado de bienes y hay clientes insatisfechos en Nueva Orléans o bien en su almacén de Phoenix hay demasiados abrigos de piel y muy pocos en Missoula (Montana). Estos ejemplos indican la importancia de la ubicación en el marketing, sobre todo en lo tocante a la mercancía. Es decir, el surtido de productos debe estar en el sitio apropiado y en el momento oportuno para maximizar la oportunidad de grandes ventas. Esto es lo que la distribución física ayuda a lograr.

Las oportunidades de reducir los costos, obtener una ventaja competitiva y satisfacer a los clientes aumentaron considerablemente hacia 1980, cuando en Estados Unidos las actividades mercadológicas (el precio en especial) en las industrias del transporte fueron liberadas de muchas regulaciones federales.[13] Antes de ese año, los precios de las empresas ferrocarrileras, las líneas aéreas y las compañías camioneras estaban sujetas a normas muy restrictivas.

Después de la desregulación, las compañías transportistas han podido decidir qué tarifas (precios) y niveles de servicio satisfarán mejor a sus mercados meta. Por ejemplo, Landair Transport Incorporated promete entregas oportunas y, de hecho, el 99% de los envíos llegan con un margen de 15 minutos de la hora programada. Para lograrlo equipó

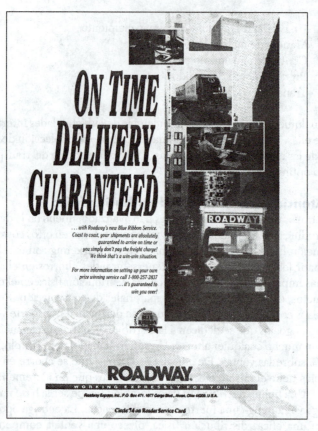

En un ambiente no regulado, los transportistas garantizan una entrega puntual.

sus camiones con aparatos conectados a satélites que le permiten vigilar el recorrido y comunicarse con los conductores.[14] Por otra parte, las empresas que envían bienes buscan las tarifas y niveles de servicio que mejor correspondan a sus necesidades.

El enfoque de sistemas aplicado a la distribución física

A lo largo del libro hemos aludido varias veces al marketing como un *sistema total* de acción comercial más que como una serie fragmentada de operación. Y esto se advierte especialmente en la distribución física. Pero no siempre ha sido así. Tradicionalmente las actividades relacionadas con ella estaban fragmentadas.

En muchas compañías, la distribución física sigue estando incoordinada. La responsabilidad gerencial de ella se delega a varias unidades que a menudo persiguen metas contrarias y hasta antagónicas. Así, el departamento de producción busca ante todo largas series de producción para minimizar los costos unitarios de manufactura, a pesar de que con ello crezcan considerablemente los costos de mantenimiento de inventario. Por el contrario, el departamento de finanzas desea una inversión mínima en inventarios. Y, por su parte, el departamento de ventas desea contar con una amplia variedad de productos disponibles en sitios cercanos al público. Desde luego, existe siempre la tentación de seleccionar transportistas de tarifas bajas, pese a que ello signifique recorridos más lentos.

Situaciones sin coordinación como las anteriores hacen imposible lograr un flujo de productos que satisfaga las metas de la organización. Sin embargo, el **enfoque de sistemas aplicado a la distribución física** integra estas actividades individuales en un todo unitario.

El concepto del costo total

Según lo establece el enfoque de sistemas aplicado a la distribución física, los ejecutivos deberían utilizar el **concepto del costo total.** Dicho con otras palabras, una compañía debería determinar el conjunto de actividades que producen las relaciones óptimas entre costos y utilidades para el sistema *completo* de la distribución física. Este método es mejor que concentrarse estrictamente en los costos individuales de cada una de las actividades de la distribución.

Muchas veces una empresa trata de minimizar el costo de un solo aspecto de la distribución física; por ejemplo, el transporte. Tal vez los directivos estén inconformes con el elevado costo del transporte aéreo. Pero lo compensan con creces los ahorros provenientes de 1) costos más bajos de inventario, 2) un costo menor de seguros e intereses, 3) costos más bajos de embalaje y 4) disminución de la pérdida de ventas por falta de existencias. Con ello *no queremos decir* que el transporte aéreo sea el mejor. Más bien, que la distribución física debería verse como un proceso *total*, analizando al mismo tiempo todos los costos conexos.

Uso estratégico de la distribución física

Si la distribución física se emplea estratégicamente, una compañía estará en posibilidades de fortalecer su posición competitiva al darles mayor satisfacción a los clientes y aminorar los costos de operación. La dirección de la distribución física también repercute en la mezcla de marketing de la compañía, sobre todo en la planeación del producto, en la fijación de precios y en los canales de distribución.[15] A continuación se describe cada oportunidad por separado.

Mejorar el servicio al cliente. Con un sistema logístico bien administrado se logra mejorar el servicio que se da a los clientes, sin importar si se trata de intermediarios o de usuarios finales. Un ejemplo de una red muy completa de distribución creada con este fin se incluye en la figura 15-4. Además, el nivel del servicio incide directamente en la demanda. Esto se observa sobre todo en la venta de productos indiferenciados (productos químicos y materiales de construcción, entre otros), en los cuales un buen servicio constituye a veces la única ventaja diferencial. Por ejemplo, Hillebrand Industries Incorporated tiene el objetivo de entregar, en un plazo de 48 horas, cualquiera de los 300 modelos de féretros a las funerarias.[16]

Para garantizar un servicio confiable, los directivos deberán establecer niveles de desempeño a cada subsistema de la distribución física. Y esos niveles o estándares habrán de ser susceptibles de una medición cuantitativa. He aquí algunos ejemplos:

- Fabricante de productos electrónicos: realizar la entrega en un plazo de 7 días contados a partir de la recepción del pedido.
- Mayorista de artículos deportivos: surtir exactamente 98% de los pedidos

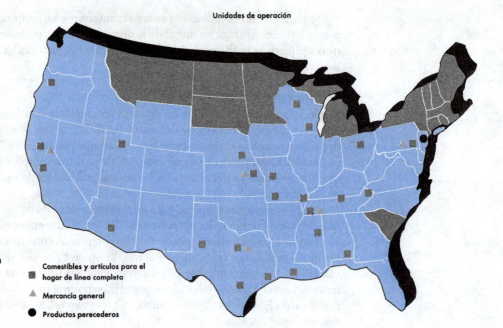

FIGURA 15-4

Red de distribución de Fleming Companies.

Los centros de distribución de Fleming le dan un mejor control sobre las existencias y la calidad de sus productos.

- Distribuidor industrial: mantener niveles de inventario que permitan surtir un mínimo de 85% de los pedidos recibidos.

Reducir los costos de distribución. Muchas alternativas para disminuir los costos se obtienen con una dirección eficiente de la distribución física. Por ejemplo, al clausurar bodegas innecesarias se aminoran los costos. Los inventarios (junto con los concomitantes costos de mantenimiento de inventario e inversión de capital) se reducen al poner las existencias en menos lugares.

Crear utilidades de tiempo y de lugar. El almacenaje, que forma parte del almacenamiento, genera *utilidad de tiempo*. Es además indispensable para corregir los desequilibrios del tiempo de producción y consumo. Puede presentarse un desequilibrio cuando hay *consumo durante todo el año* y una *producción de temporada*, como sucede con los productos agrícolas. Por ejemplo, se obtiene utilidad de tiempo y se agrega valor cuando los plátanos se cortan verdes y se dejan madurar en la bodega. Y el uso eficiente del almacenamiento permite al productor guardar el excedente estacional, para venderlo mucho después de terminada la cosecha. En otros casos, con el almacenamiento se ajusta la *producción durante el año al consumo de temporada*. Un fabricante puede producir cortadoras de pasto todo el año; durante el otoño y el invierno los almacena para venderlos en primavera y verano.

El transporte aumenta el valor de los productos al generar la *utilidad de lugar*. Un elegante traje colgado de los percheros del fabricante en la Ciudad de Nueva York posee menos valor que ese mismo traje exhibido en una tienda de Baltimore. El transporte del traje desde Nueva York a Baltimore produce la utilidad de lugar e incrementa su valor.

COMPROMISO CON LA CALIDAD

¿HACE CONFORMISTAS A LAS PERSONAS EL PREMIO BALDRIGE?

En 1990, Federal Express Corporation (Fed Ex) se convirtió en la primera compañía de distribución física en ganar el prestigioso Malcolm Baldrige National Quality Award. En realidad, fue la primera en obtenerlo *en el sector de los servicios de la economía estadounidense*.

Para alcanzar niveles inigualables de calidad, Fed Ex se basa en su indicador de calidad del servicio, que consta de varios criterios que diariamente le indican el éxito o el fracaso. Entre esas medidas figura:

- Entrega en el plazo señalado.
- Prueba de la entrega, como lo indica la firma del cliente.
- Ausencia de daño durante el trayecto.

Las medidas incluidas en el indicador de calidad del servicio se fundan en la retroalimentación proporcionada por los clientes. Para conseguir los resultados del indicador se realizan más de 8000 entrevistas anuales con los clientes. Después al asignar los bonos a los empleados se tienen en cuenta las puntuaciones logradas en el indicador de la calidad del servicio.

¿Se ha vuelto conformista Fed Ex tras conquistar el Baldrige Award? Todo parece indicar que no. En palabras de su director de mejoramiento de calidad: "No estaremos contentos mientras no alcancemos el 100% de satisfacción del cliente y una entrega puntual."

¿Qué deberían hacer los competidores para igualar la calidad real y percibida de Federal Express?

Fuente: Howard Schlossberg, "Baldrige Winner Aims for 100% Satisfaction", *Marketing News*, 4 de febrero, 1991, p. 1.

Estabilizar los precios. Una rigurosa administración del almacenamiento y del transporte contribuye a estabilizar los precios de una compañía o de la industria entera. Si un mercado pasa por una saturación temporal de un producto, los vendedores pueden almacenarlo hasta que se equilibre la situación de la demanda y de la oferta. El uso de estas instalaciones es frecuente en la comercialización de los productos agrícolas y de otros bienes de temporada. Más aún, el desplazamiento acertado de los productos de un mercado a otro permite al vendedor 1) no entrar en un mercado de precios deprimidos o 2) aprovechar un mercado con escasez de oferta y precios más altos. Si la demanda de combustible para aparatos de calefacción es más fuerte en Akron (Ohio) que en Des Moines (Iowa), el fabricante estará en condiciones de obtener ingresos mayores al enviar sus productos a Akron en vez de Des Moines.

Influencia en la selección de canales. Las decisiones referentes a la administración de inventario ejercen una influencia directa en la elección de canales por el fabricante y en la ubicación de los intermediarios. Las consideraciones de logística pueden resultar decisivas, por ejemplo, cuando una compañía determina descentralizar el inventario. En este caso, los directivos deciden 1) cuántos sitios establecer y 2) si utilizarán mayoristas, las bodegas propias o los almacenes públicos. Un fabricante puede escoger a comerciantes mayoristas que dan servicios de almacenamiento y otros relacionados con él. Otro preferirá una combinación de 1) agentes del fabricante para lograr una venta agresiva y 2) bodegas públicas para distribuir los productos ordenados.

La tecnología avanzada está siendo incorporada en los centros de distribución para mejorar el servicio a cliente y reducir los costos.

Minimizar los costos de envío. Los gerentes con responsabilidades de envío necesitar asegurarse de que su compañía cuenta con las rutas más rápidas y con las tarifas más bajas sin importar los métodos de transporte que utilizan. Los precios de los servicios de transporte constituyen uno de los aspectos más complicados del comercio de Estados Unidos. El programa de tarifas es la lista de precios del transportista. Por lo regular esto es muy complejo. Para citar un ejemplo, los fletes varían según el tipo de bienes y muchos otros factores: no sólo la distancia entre el punto de embarque y el destino, sino también el volumen y peso de la mercancía. Por tanto, la capacidad de interpretar adecuadamente el programa de tarifas es una habilidad que le permite ahorrar dinero al gerente encargado de los embarques.

FUNCIONES DE ADMINISTRACIÓN DE LA DISTRIBUCIÓN FÍSICA

La *distribución física* se refiere al flujo físico de los productos. En cambio, por **administración de la distribución física** se entienden el diseño y operación de los procesos que permiten el flujo eficiente de los productos. Un buen sistema de distribución física se basa en cinco subsistemas interdependientes: ubicación y almacenamiento de inventario, manejo de materiales, control de inventario, procesamiento de pedidos y transporte. Es preciso coordinar cada uno de ellos con los otros.

Ubicación y almacenamiento del inventario

La administración del inventario es la clave para tener éxito en la distribución física. Una consideración importante es el **almacenamiento**, que abarca diversas funciones: ensamblado, división (de empaques voluminosos) y almacenamiento de productos, así como su preparación para el reembarque. Los ejecutivos también han de tener en cuenta el tamaño, la ubicación y transporte de los inventarios. Estas cuatro áreas están interrelacionadas. Así, el número y la ubicación de los sitios del inventario influyen en el tamaño de éste y en los métodos de transporte. Tales interrelaciones suelen ser complicadas.

Centros de distribución. Una buena estrategia relativa a la ubicación del inventario puede consistir en crear uno o varios **centros de distribución**, o sea instalaciones que se construyen a partir de los mercados y no de las necesidades de transporte. Con ellos se busca construir bajo un techo un sistema eficiente y totalmente integrado para el flujo de los pedidos: recibir pedidos, surtirlos y prepararlos para entregarlos a los clientes.

Muchas empresas de renombre han establecido ya este tipo de centros. The Limited, por ejemplo, usa uno en Columbus (Ohio), como el núcleo de su sistema de distribución; gracias a él coloca ropa en sus tiendas 60 días después de hacer el pedido a los proveedores. Para casi todos los competidores, el tiempo que transcurre entre hacer un pedido y tener la mercancía en la tienda es de 6 meses o más. Por vía satélite, The Limited hace lo mismo a sus proveedores asiáticos. Los bienes terminados son llevados después a Hong Kong, donde el Boeing 747 alquilado por la compañía realiza cuatro vuelos semanales al centro de distribución. Allí los bienes se clasifican, se les fija precio y se preparan para embarque por camión o avión hacia las 3200 tiendas de The Limited, incluidas las tiendas Limited Express y Victoria's Secret.[17]

Los centros de distribución pueden aminorar los costos de distribución disminuyendo la cantidad de almacenes, depurar el exceso de inventario y eliminar los casos de falta de existencias. El tiempo de almacén y de entrega ha sido reducido al mínimo, reconociendo así el adagio según el cual las compañías están en el negocio para *vender* bienes, no para *guardarlos*. IKEA, proveedor escandinavo de muebles, se amplió muy lentamente en Estados Unidos porque quería encontrar sitios e instalación acordes a las necesidades de sus centros de distribución.[18]

Tipos de almacén. Todo productor, mayorista o detallista dispone de la opción de operar su propia bodega o bien de utilizar los servicios de un almacén público. Un **almacén privado** tiende a ser una ventaja si 1) la compañía desplaza un gran volumen de productos y 2) si el flujo presenta una fluctuación estacional.

Un **almacén público** ofrece servicios de almacenamiento y de manejo de mercancía a los individuos u organizaciones. Los costos que esto supone son un gasto variable. Los clientes pagan únicamente el espacio que utilizan y sólo cuando lo usan. Los almacenes públicos también ofrecen oficinas y espacio para exhibir los productos, aceptando y surtiendo pedidos en favor de los proveedores. Más aún, los recibos que expiden por los productos guardados pueden servir de garantía colateral para obtener un préstamos bancario.

Manejo de materiales

El subsistema de la administración de la distribución física, llamado **manejo de materiales**, consiste en seleccionar el equipo apropiado para el manejo físico de los productos, entre los que cabe mencionar el edificio del almacén. Con un equipo apropiado se logra disminuir al mínimo las pérdidas por rupturas, deterioro y hurto. También se reducen los costos y el tiempo del manejo de materiales.

Los almacenes modernos son enormes estructuras de un piso, situadas lejos de los centros urbanos, donde el terreno cuesta menos y los camiones y trenes tienen fácil acceso a las plataformas de carga. La mercancía se desplaza con bandas transportadoras, los camiones provistos de elevadores de carga y otro equipo mecanizado. En algunas bodegas los encargados de surtir los pedidos están equipados con patines.

La **contenedorización** es un sistema de manejo de carga que se ha vuelto una práctica corriente en la distribución física. Los envíos se introducen en un gran contenedor de metal o madera. Después se transporta sin abrirlo desde el momento en que sale de las instalaciones del cliente (la planta del fabricante, por ejemplo) hasta que llega a su destino (como puede ser la bodega del mayorista). Con la contenedorización se reduce al mínimo el manejo físico; por tanto, se disminuyen el daño y el riesgo de robo, facilitándose al mismo tiempo un transporte más eficiente.

Control de inventario

Mantener el control del tamaño y composición del inventario, que representa una importante inversión para la mayor parte de las empresas, es indispensable para un sistema de distribución física. La finalidad del **control de inventario** es surtir los pedidos en forma rápida, completa y exacta, a la vez que se minimizan la inversión y las fluctuaciones de los inventarios.

Necesidades de servicio al cliente. Para determinar el tamaño del inventario se encuentra el justo medio entre los costos y los niveles deseados de servicio al cliente.

Dicho con otras palabras, ¿qué porcentaje de pedidos espera la compañía llenar inmediatamente con el inventario disponible? Cuando se agotan las existencias se pierden ventas, la buena voluntad del público y hasta clientes. Sin embargo, se requiere un inventario muy grande y costoso si se quiere surtir sin tardanza el 100% de los pedidos. En términos generales, se requiere aproximadamente un 80% *más* de inventario para surtir 95% de los pedidos que sólo un 80%. Por ejemplo, si en el momento actual una firma satisface 80% de ellos con un inventario de 20 000 unidades, habrá de aumentar sus existencias a 36 000 unidades para surtir el 95% de los pedidos.

Quizá el adelanto más importante en el control de inventario durante los últimos años sean los avances de la tecnología de la computación. Gracias a ellos los ejecutivos están en posibilidades de abreviar el tiempo de entrega *y* de reducir significativamente el tamaño de los inventarios. Dillard's, cadena de tiendas de departamentos situada en el oeste medio y en el suroeste de Estados Unidos, es una de las muchísimas empresas que ha sabido aprovechar el control computarizado del inventario. A través de su sistema Quick Response, los bienes llegan al sitio de venta 12 días después de haber sido pedidos por medios electrónicos y no en 30 días, tiempo habitual de reorden entre detallistas similares.[19]

Lote económico del pedido. Los directivos deben establecer la cantidad óptima de reorden cuando llega el momento de reponer las existencias. El **lote económico del pedido** (EOQ = economic order quantity) es el volumen en que la suma de los costos de mantenimiento de inventario y los del procesamiento de pedidos se encuentran en su nivel mínimo. Por lo regular, al aumentar el tamaño del pedido, 1) se eleva el costo de mantenimiento de inventario (porque el inventario promedio es mayor) y 2) disminuye el costo de procesamiento de pedidos (porque hay menos pedidos).

En la figura 15-5, el punto EOQ representa la cantidad del pedido con el más bajo costo total. En realidad, la cantidad del pedido que una firma juzga óptima suele ser mayor que EOQ. Ello se debe a que los ejecutivos procuran encontrar un punto medio entre las a veces antagónicas metas de bajos costos de inventario y un servicio esmerado al cliente. Por varias razones, entre ellas obtener una ventaja diferencial, a veces se da mayor prioridad al servicio al cliente que a los costos de inventario. Si se quieren surtir los pedidos de modo oportuno, posiblemente se requiera una cantidad mayor que la cantidad económica; por ejemplo, la cantidad *X* en la figura 15-5.

Justo a tiempo. Una forma común de controlar el inventario, efectuar las compras y programar la producción es el **concepto de justo a tiempo** (JAT): se compran pequeñas cantidades que llegan *justo a tiempo* para la producción y luego se produce en cantidades suficientes *justo a tiempo* para la venta. Esta técnica es la preferida de la *alta* dirección, no sólo de los ejecutivos del marketing o de la distribución física—, en muchas compañías estadounidenses.

Cuando se pone en práctica de manera adecuada, el concepto de justo a tiempo aporta muchos beneficios. Al comprar pequeñas cantidades y mantener bajos niveles de inventario de piezas y productos terminados, una compañía consigue excelentes ahorros porque disminuye el número de bienes que se dañan, se roban o quedan inutilizados en alguna otra forma. Los programas de producción y de entrega pueden abreviarse, hacerse más flexibles y confiables. Los japoneses descubrieron que la calidad mejora con compras justo a tiempo. Cuando los pedidos son pequeños y las entregas frecuentes, se pue-

Venta al mayoreo y distribución física

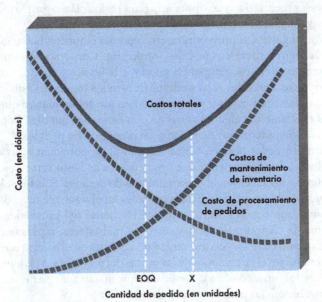

FIGURA 15-5

Lote económico de pedido.

den detectar y corregir rápidamente los problemas de calidad en los productos recibidos.[20]

El concepto justo a tiempo fue adoptado muy lentamente en Estados Unidos. Ello obedece fundamentalmente a diferencias culturales entre ese país y el Japón. A diferencia de lo que ocurre en Japón, las relaciones de canales en Estados Unidos tradicionalmente se caracterizaron por rivalidades: cada compañía negociaba vigorosamente para lograr alguna ventaja. Por lo demás, muchos fabricantes se sentían más seguros con un gran inventario de piezas y suministros. Por su parte, los proveedores temían ser eliminados si los fabricantes recurrían a una fuente o a un pequeño grupo de fuentes de suministros.

En Estados Unidos, la filosofía de justo a tiempo fue adoptada inicialmente en la industria automotriz. Pero ha sido retomada por las firmas más importantes de otras industrias, como IBM, Xerox, Apple, Black & Decker y General Electric. Para algunas de ellas los resultados han sido sumamente alentadores. Xerox eliminó 4 700 proveedores en 1 año; Black & Decker redujo más del 50% de sus proveedores en 2 años.[21] Un productor que utiliza esta técnica tiende a contar con menos proveedores, porque éstos deben estar cerca de las instalaciones de él y también porque ha de haber una sociedad muy sólida con ellos, lo cual no es posible con muchos proveedores. Los miembros del canal, incluso de canales enteros, que la aplican bien pueden obtener una ventaja diferencial. A medida que el concepto de justo a tiempo va generalizándose, las compañías o canales que lo ignoran corren el riesgo de tener una desventaja diferencial.[22]

Procesamiento de pedidos

Otra parte del sistema de distribución física es un conjunto de procedimientos para recibir, manejar y surtir pedidos. Este subsistema de **procesamiento de pedidos** debería incluir procedimientos para facturar, conceder crédito, preparar facturas y cobrar cuentas ya vencidas. La compañía puede perder clientela si comete errores en el surtido de pedidos o se tarda mucho en cumplir esta función. Por ello, un número cada día mayor de empresas recurren a la computadora para realizar la mayor parte de sus actividades relacionadas con el procesamiento de pedidos.

Por su parte, los proveedores ofrecen a las empresas la tecnología del cómputo para que la usen al hacer sus pedidos. McKesson Corporation, el principal distribuidor de medicamentos y artículos para la salud y la belleza, equipa a la farmacias con dispositivos electrónicos manuales. Los pedidos integrados mediante este dispositivo, parte de un sistema llamada Economost, se transmiten por teléfono para que McKesson pueda surtirlos rápidamente, algunas veces en el mismo día. También dota a los hospitales de un sistema computarizado (Econolink) de recepción de pedidos.[23]

Un proveedor obtiene varias ventajas al proporcionar a los clientes una tecnología que les ayude a hacer pedidos. Estos tienden a no llevar errores, lo cual viene a mejorar la exactitud y eficiencia en el procesamiento de pedidos. Si la tecnología de la computación disminuye el número de artículos agotados en el siguiente nivel del canal de distribución, entonces aumentarán necesariamente las ventas del proveedor. Por ejemplo, si con el sistema de cómputo de un mayorista se reabastecen rápidamente los estantes de una tienda y esto contribuye a incrementar las ventas en el nivel al menudeo, a los fabricantes les beneficiará el incremento de las ventas del mayorista. Más aún, el consumidor mostrará lealtad al proveedor, en la medida en que una tecnología perfeccionada genere ahorros u otros beneficios para los empleados del cliente.

Transporte

En muchas compañías, una función importante del sistema de distribución física es el **transporte**, o sea enviar productos a los clientes. Los directivos habrán de escoger en cada caso el **tipo de transporte** y los transportistas. En nuestra exposición nos concentraremos en los envíos *entre ciudades*.

Principales tipos de transporte. El ferrocarril, los camiones, los ductos, los barcos y los aviones son los principales tipos de transporte. En el tabla 15-4 los cinco se comparan a partir de los criterios que tienden a emplear los gerentes de la distribución física al seleccionar alguno de ellos. Por supuesto, las comparaciones de la tabla son generalización, y la evaluación de los cinco tipos variará de un gerente a otro e incluso dentro de un mismo centro de compras de una organización.[24]

En la tabla 15-5 se muestra el uso relativo de los cinco tipos de transporte, junto con las tendencias de utilización. Nótese que la tabla no contiene el tráfico *dentro de las ciudades* ni el tráfico costero entre los puertos de Estados Unidos. Los camiones realizan prácticamente todo el movimiento de fletes dentro de las ciudades. Como se indica en la tabla, el uso de camiones se ha generalizado en los últimos 40 años. Pese a ello, el ferrocarril sigue siendo con mucho el principal transporte entre las ciudades. Aunque su posición relativa decayó de manera constante desde 1950, la cantidad absoluta de carga transportada por ferrocarril ha crecido considerablemente desde entonces.

Transporte intermodal. Cuando dos o más tipos o modos de transporte se emplean para mover carga, a esto se le llama **transporte intermodal.** Su finalidad es aprovechar las ventajas de las diversas clases de transporte.

Un tipo de transporte intermodal son los camiones y el ferrocarril. El **servicio piggyback** consiste en llevar camiones en planas de ferrocarril. En el primer caso, una

Venta al mayoreo y distribución física

TABLA 15-4 Comparación de los métodos de transporte

	Método de transporte				
Criterios de selección	Ferrocarril	Vía fluvial y marítima	Carretera	Ductos	Vía aérea
Rapidez (entre origen y destino)	Mediana	La más lenta	Rápida	Lenta	La más rápida
Costo de transporte	Mediano	El más bajo	Alto	Bajo	El más alto
Confiabilidad en el cumplimiento de los programas de entrega	Mediana	Poca	Buena	Excelente	Buena
Variedad de productos ofrecidos	La más amplia	La más amplia	Mediana	Muy limitada	Un poco limitada
Ubicaciones geográficas atendidas	Muchísimas	Pocas	Ilimitadas	Muy pocas	Muchas
Productos más idóneos	Largos recorridos de cantidades grandes de productos voluminosos, cuando los costos de transporte son elevados en relación con el valor de la mercancía	Bienes perecederos voluminosos y de poco valor	Recorridos cortos de bienes de alto valor	Petróleo, gas natural, productos pastosos	Bienes perecederos de alto valor, en que la rapidez de entrega es sumamente importante

remesa de cristales para automóvil fue cargada en los camiones J.B. Hunt Transport en la planta Libbey-Owens-Ford cerca de Toledo (Ohio). En Chicago se colocaron los camiones en un tren Santa Fe Pacific con rumbo a Los Ángeles. Allí los camiones llevaron el embarque a su destino en Fontana, California.[25] Este tipo de transporte intermodal ofrece 1) mayor flexibilidad que los ferrocarriles, 2) costos más bajos de flete que los camiones y 3) menos manejo físico de los bienes.

TABLA 15-5 Distribución del tráfico de carga entre las ciudades estadounidenses realizado por transportistas

	Porcentaje del total	
	1991	1950
Ferrocarriles	37	56
Camiones	26	16
Ductos	22	12
Barcos	16	15
Aviones	*	0
Total	100	100

* Menos del 1% del total
Nota: por el redondeo la suma de las columnas no nos da el 100%.
Fuente: Railroad Facts, edición 1992, Association of American Railroads, Washington, D.C., 1992, p. 32.

Otro tipo semejante de transporte intermodal combina barcos o barcazas con ferrocarril, camión o ambos. Una versión del **servicio *fishyback*** transporta camiones en transbordadores o barcos. Los camiones son llevados por ferrocarril al muelle y allí son trasladados al barco. Después, al final del viaje marítimo, se cargan otra vez en trenes para completar el recorrido. En otra aplicación del servicio *fishyback*, la mercancía se lleva directamente a los puertos por camión y allí los camiones son cargados en transbordadores. Al final del viaje marítimo, los camiones se trasladan por camión hasta la estación receptora.

Consolidadores de carga. Una institución especializada de marketing que atiende a las compañías que envían cantidades menores a una carga de vagón recibe el nombre de **consolidador de carga**. Su función principal consiste en reunir los embarques menores que una carga de vagón o de camión de varios clientes hasta lograr una cantidad suficiente para enviarla por camión o ferrocarril. Los consolidadores de carga recogen la mercancía en el negocio del proveedor y hacen los arreglos necesarios para que se entregue en la puerta del comprador. Un proveedor pequeño se beneficia con la rapidez y el mínimo manejo físico relacionados con los grandes embarques. Un consolidador de carga también ofrece los servicios de manejo de tráfico, como seleccionar los mejores métodos y rutas de transporte.

Casi 1 millón de embarques se distribuyen diariamente en SuperHub de Federal Express en Memphis.

Empresas con reparto de paquetería. En los últimos 25 años hemos presenciado la formación de compañías que entregan pequeños envíos de paquetes y correspondencia de alta prioridad. Sin duda el lector está familiarizado con United Parcel Service (UPS), Federal Express (Fed Ex) y Airborne Freight. En Estados Unidos, las tres compiten con el U.S. Postal Service.

En muchos aspectos, estas compañías ofrecen los mismos servicios que los consolidadores de carga. Sin embargo, mientras que éstos no tienen equipo propio de transporte, ellas sí los tienen. Empresas como UPS y Fed Ex están integradas esencialmente como aerolíneas y compañías camioneras de carga. Además, todas ellas se sirven del transporte intermodal. Pongamos el caso de Fed Ex: recoge un paquete en un camión, por avión lo transporta de una ciudad a otra o a través del mar y lo entrega localmente con un camión.

PERSPECTIVAS DE LA VENTA AL MAYOREO Y AL MENUDEO

Si quieren sobrevivir y prosperar en el futuro, los intermediarios mayoristas y las compañías de distribución física habrán de identificar algunas tendencias de su ambiente de operación y dar una respuesta adecuada.

Tendencias de la venta al mayoreo

Los intermediarios mayoristas habrán de afrontar varios retos a sus funciones en el proceso de distribución, entre otros:

- Una distribución directa en que los proveedores y los clientes prescinden de los intermediarios mayoristas para tratar directamente entre sí. En una economía débil, como la provocada por la última recesión, los fabricantes intentarán abatir los costos elimi-

COMPROMISO CON LA PRESERVACIÓN DEL AMBIENTE

¿CUÁNTA PROTECCIÓN SE NECESITA?

Un factor que determina en gran medida si un envío llega sin daño alguno es el tipo de materiales protectores y la envoltura que se usan al preparar el paquete. Por supuesto, aumenta el costo si se utiliza demasiada protección (aumentando así el peso o el volumen). Además, el exceso de protección consume innecesariamente los recursos naturales (sobre todo los árboles) de los cuales se obtienen los materiales protectores y la envoltura.

Para ayudar a los clientes a determinar la cantidad y el tipo óptimos de empaque protector, United Parcel Service evalúa cada año los paquetes de más de 10 000 de sus clientes. Más de 100 empleados realizan las pruebas, con ayuda de varios equipos. Por ejemplo, para decidir si un paquete puede soportar la vibración, un aparato simula el movimiento de un paquete dentro de un camión de carga durante un recorrido muy largo. Otro equipo de prueba es el probador de caída, cuya función la indica su nombre.

Con los resultados se preparan directrices respecto a la cantidad y el tipo de empaque protector que garantizarán un viaje seguro del paquete. En opinión de un ejecutivo de UPS, la meta principal del programa de pruebas es "minimizar el desperdicio y maximizar la protección". En la medida en que el programa tiene éxito, se benefician ella, sus clientes *y el medio ambiente*.

Además de la conservación de los recursos naturales, ¿qué otros beneficios podrían UPS y sus clientes obtener con este programa de pruebas de los empaques protectores?

Fuente: Tim Miniban, "UPS Gets Wrapped Up Building a Better Package", *Purchasing*, 21 de noviembre, 1991, pp. 49, 51.

nando intermediarios (a menudo un agente).[26] (Por supuesto, no se tiene la garantía de que con ello logren reducir los costos de la distribución.) A fines de 1991, Wal-Mart anunció que dejaría de tratar con intermediarios para hacerlo directamente con los fabricantes en muchos casos. Los intermediarios (en especial los representantes y corredores del productor) y sus defensores dijeron que Wal-Mart había tomado esta medida para disminuir los costos de la mercancía al eliminar los márgenes de ganancia de los intermediarios o sus comisiones. Sin embargo, las leyes antimonopolio de Estados Unidos prohíben a las compañías reducir los precios en esta forma. Wal-Mart sostuvo haber realizado el cambio para asegurarse de disponer de suficiente inventario.[27]

- Aparición de nuevas instituciones al mayoreo que dan un servicio más novedoso y satisfactorio a proveedores y clientes. Una de ellas es el **comerciante de servicios**, mayorista que suministra a las tiendas (sobre todo a los supermercados y otras tiendas de comestibles y artículos para el hogar) artículos no alimenticios que incluyen desde productos para el cuidado de la salud y de belleza hasta refacciones automotrices. Tres unidades de merchandising de McKesson distribuyen 30 000 productos a más de 20 000 detallistas.[28]
- Un crecimiento sostenido de los sistemas de marketing vertical. Los fabricantes y sus clientes, ya sean intermediarios o usuarios finales, han empezado a formar varias clases de sociedades, que normalmente pertenecen al tipo administrado de sistema (como

A fin de obtener una ventaja diferencial, algunos mayoristas permiten a los clientes usar una computadora para que después hagan pedidos directamente.

vimos en los dos capítulos anteriores). Por ejemplo, VWR Scientific Corporation vende probetas y equipo de laboratorio a Du Pont; sin embargo, la relación va más allá en el sentido de que sus sistemas de cómputo están conectados para lograr una mejor administración del inventario.[29]

- La búsqueda constante de una mejor calidad y de una tecnología más perfecta para mantener la competitividad y acrecentar mucho las utilidades. Esta tendencia se manifiesta sobre todo entre los comerciantes mayoristas. Así Wallace Company, distribuidora de las industrias del aceite y los productos químicos en el área de Houston, hoy da una mejor capacitación a los empleados para mejorar el servicio al cliente. Gracias a ello, su marca de entregas a tiempo aumentó de 75 a 92% en un periodo de tres años.[30] American Lock & Supply Incorporated de California instaló un sistema en que cualquier cliente puede usar una computadora personal para hacerle un pedido. A su vez la computadora de American Lock indica cuándo se enviará el pedido. Este sistema computarizado reportó un beneficio secundario: algunos de los empleados pasaron de la recepción de pedidos a servicio al cliente.[31]

El número total de comerciantes mayoristas puede disminuir a causa del aumento de fusiones y adquisiciones. Hasta los grandes mayoristas sienten la necesidad de fusionarse. Por ejemplo, dos de las más grandes cadenas de comestibles y artículos para el hogar,

Wetterau y SuperValu, se fusionaron en 1992.[32] La maniobra produjo el más importante mayorista de Estados Unidos, con ventas por más de $16 mil millones de dólares. Algunos distribuidores piensan que deben ser más grandes para mantener su ventaja competitiva. Los mayoristas más pequeños tendrán que decidir si desean adquirir, ser comprados o en alguna forma aislarse de esta tendencia (quizá atendiendo pequeños nichos del mercado).

En un futuro inmediato, aun sí se reduce el número de comerciantes mayoristas, lo más probable es que capten una mayor participación del comercio total al mayoreo a expensas de los agentes mayoristas y de las sucursales de los fabricantes. En esta tendencia se prolongará el patrón aparecido en los datos del censo referentes a los últimos veinte años o a un periodo más largo. El futuro dista mucho de ser halagüeño, en particular para los agentes mayoristas.

Tendencias de la distribución física

La administración de la distribución física afronta oportunidades y retos extraordinarios. Algunos provendrán del interior de las empresas y otros de compañías externas:

- La necesidad de coordinar más eficientemente las actividades de la distribución física en la generalidad de las empresas. En lo esencial, se trata de un problema de carácter organizacional. Si preguntamos: "¿Quién se encarga de la distribución física?", muchas veces nos contestan: "Nadie." Con el propósito de atenuar este problema, varias compañías comenzaron ya a establecer departamentos especiales que se encargan de todas las actividades relacionadas con la distribución física. Aun cuando esto ocurra en las grandes empresas, la distribución no está integrada al departamento de marketing. Esta separación origina problemas cuando una compañía intenta formular estrategias coordinadas de marketing, entre ellas la distribución física.[33]
- La exigencia reciente de desregularizar algunas modalidades del transporte *interestatal* en Estados Unidos. Debido a las normas estatales tendientes a proteger a las compañías camioneras con rutas de bajo volumen, los costos por milla en los envíos intraestatales suelen rebasar los de los envíos interestatales. En un caso, cuesta $350 dólares transportar alimentos congelados 510 kilómetros desde Little Rock (Arkansas) hasta Dallas (Texas), en comparación con $684 dólares que cuesta un envío similar en un viaje de 290 kilómetros de Houston a Dallas, dentro del mismo estado (Texas). Por tanto, las empresas que envían grandes cantidades de bienes a distancias bastante cortas piden que se abroguen las regulaciones estatales que permiten, o favorecen, tales discrepancias de costos.[34]
- El surgimiento o renovación de firmas que prestan servicios especializados relativos a la distribución física. Un ejemplo lo constituyen los ferrocarriles de tramos cortos, con un promedio apenas de 95 kilómetros por vía. Desde la desregulación efectuada en 1980, más de 300 ferrocarriles de este tipo comenzaron a aparecer, generalmente recuperando rutas abandonadas por las grandes empresas ferrocarrileras.[35]
- Las cada vez más numerosas y necesarias aplicaciones de la tecnología. Varias formas de tecnología, en especial las computadoras, están transformando la forma en que se llevan a cabo las actividades de la distribución física. Por ejemplo, las computadoras a bordo (entre ellas, las antenas rotatorias de los satélites) permiten a las compañías camioneras monitorear el recorrido de los embarques.

- Con el fin de fortalecerse en la industria de la distribución física, algunas firmas empezaron ya a formar alianzas logísticas. Previo contrato, un fabricante y una o más empresas que realizan actividades especializadas de distribución física se asocian para planear y realizar los flujos físicos que llevarán los bienes adecuados al sitio indicado en el momento oportuno y en cantidades suficientes. Este tipo de alianza va más allá de la cooperación normal de las organizaciones en muchos aspectos, entre ellos la naturaleza permanente de las relaciones. Sears Business Systems estableció una alianza logística con Itel Distribution Systems; lo mismo hicieron Procter & Gamble y Wal-Mart.[36]

■ RESUMEN

El comercio al mayoreo está compuesto por la venta, y todas las actividades relacionadas directamente con ella, de bienes y servicios para la reventa, su uso en la producción de otros bienes o servicios o la operación de una organización. Las firmas dedicadas primordialmente a este tipo de venta reciben el nombre de intermediarios, ofrecen economías de habilidad, escala y transacción a otras compañías que participan en la distribución.

Hay tres categorías de intermediarios: comerciantes mayoristas, agentes mayoristas y sucursales de ventas del fabricante. Las dos primeras son empresas independientes; la tercera es propiedad del fabricante. Los comerciantes mayoristas adquieren la propiedad de los productos que distribuyen, no así el agente mayorista.

A la categoría de comerciantes mayoristas, cuya participación en el comercio al mayoreo ha crecido en los últimos años, pertenecen los mayoristas de servicios completos y de servicios limitados. De las tres grandes categorías de intermediarios, los comerciantes son los que ofrecen la más amplia variedad de servicios y, en consecuencia, sus gastos de operación son los más altos.

Los agentes mayoristas han perdido terreno ante el grupo anterior en las últimas décadas. Los tipos principales de esta categoría son agentes y corredores del fabricante. Por dar un reducido número de servicios, sus costos tienden a ser más bajos que los de los comerciantes mayoristas.

La distribución física es el flujo de productos de las fuentes de suministro a las compañías y luego de éstas a los consumidores. Su meta es llevar la cantidad apropiada de los productos solicitados al lugar indicado en el momento oportuno. Los costos de esta actividad mercadológica son parte importante de los costos totales de operación en muchas compañías. Además, la distribución física constituye probablemente el único medio disponible de reducir los costos en algunas empresas.

Aunque en muchos casos las actividades de la distribución física siguen todavía fragmentadas desde el punto de vista operacional y organizacional, han de ser tratadas como un sistema. El concepto de costo total debería aplicársele; es decir, el interés tendría que centrarse en el costo global de la distribución física y no en los de elementos individuales. Sin embargo, los ejecutivos *no* deberían buscar el menor costo total de ella, sino el equilibrio óptimo entre el servicio al cliente y dicho costo. Con una buena administración de la distribución física se contribuye a que una compañía adquiera una ventaja sobre los competidores mediante un mejor servicio al cliente y costos más bajos de operación.

La operación de un sistema de distribución física exige que los directivos pongan su atención en cinco áreas y que tomen decisiones al respecto: 1) ubicación del inventario y almacenamiento, 2) manejo de materiales, 3) control de inventario, 4) procesamiento de pedidos y 5) transporte. No han de verse como actividades individuales, sino como elementos interrelacionados dentro de un sistema de distribución física. No se logra una buena administración de las cinco actividades anteriores sin conocer bien los centros de distribución, la cantidad económica del pedido, los procesos justo a tiempo y el transporte intermodal.

En el futuro, los intermediarios mayoristas y las compañías dedicadas a la distribución física afrontarán retos en el desempeño de sus funciones relacionadas con ella. No obstante, las más emprendedoras e innovadoras en estas dos áreas estarán en condiciones de aprovechar excelentes oportunidades de negocios. Entre los retos y oportunidades cabe citar los siguientes: el continuo crecimiento de los sistemas de marketing vertical, la constante desregulación de las industrias del transporte, funciones y adquisiciones, así como el mejoramiento de la calidad y la tecnología. Si quieren tener éxito, las empresas dedicadas al mayoreo y a la distribución física habrán de vigilar estrechamente las tendencias en la distribución y también en sus ambientes más amplios de operación, para diseñar luego estrategias de marketing muy eficaces.

Más sobre

UNION PACIFIC RAILROAD

Pese a los esfuerzos de Union Pacific Railroad y de otras compañías ferrocarrileras por dar un mejor servicio de transporte de carga, todavía siguen proyectando una imagen deficiente a los ojos de algunos fletadores. Por ejemplo, James Mitchell, director de transporte de Boise Cascade Corporation, censuró duramente la industria del ferrocarril porque los empleados y directivos son personas "a quienes les importa un bledo lo que quiere el cliente. Simplemente desean seguir trabajando en su negocio". Es, pues, difícil convencer a los clientes que tienen este tipo de actitudes de que los ferrocarriles han ampliado y mejorado sus servicios.

A las compañías ferrocarrileras les resulta difícil superar sus desventajas intrínsecas (como estar limitadas a los trayectos marcados por las vías) o las ventajas de otros tipos de transporte (una mayor velocidad, por citar alguna). Algunos grandes clientes han optado por utilizar una de las opciones disponibles. Por ejemplo, ante la disminución de negocios con las plantas siderúrgicas y con otras compañías de bienes de consumo, en 1981 los ingresos más importantes de los ferrocarriles empezaron a declinar en su nivel más alto alcanzado hasta entonces.

Con el propósito de mejorar su posición competitiva, Union Pacific y otras compañías procuran satisfacer mejor las necesidades de sus clientes. Así, ofrecen recorridos especiales desde los sitios más remotos e importantes para ellos; por ejemplo, una fábrica de papel situada en lo más profundo de un bosque. También comenzaron a mejorar sus registros de entrega oportuna para satisfacer a empresas que utilizan los procesos de producción justo a tiempo. Y hasta están cooperando con otros tipos de transporte, a fin de atender las peticiones de sus clientes relativas a los servicios intermodales.

Los ferrocarriles son regionales y no de alcance nacional, por lo cual deben colaborar con el transporte pluvial de uno a otro extremo del país. Así, cuando un embarque requiere la intervención de más de una compañía ferrocarrilera, Union Pacific les permite a otras acceder a su programación computarizada y sistema de rastreo. De este modo procura darles a los clientes el servicio oportuno y sin problemas que reclaman, y eso los tipos rivales de transporte es lo que desean ofrecerles.

1. ¿Cuál es la principal competencia de Union Pacific Railroad?
2. ¿Qué podría hacer Union Pacific para mejorar la rapidez, costo y confiabilidad de sus servicios a fin de obtener una gran ventaja diferencial?

TÉRMINOS Y CONCEPTOS BÁSICOS

Venta (comercio) al mayoreo (534)
Intermediarios mayoristas (535)
Comerciante mayorista (537)
Agentes intermediarios mayoristas (538)
Establecimiento de ventas del fabricante (538)
Sucursal de ventas del fabricante (538)
Oficina de ventas del fabricante (538)
Mayorista de servicio completo (540)
Transportistas especializados (541)
Transportistas distribuidores especializados (542)
Agente (representante) del fabricante (543)
Corredor (543)
Comerciantes comisionistas (545)
Compañías subastadoras (545)
Agentes de ventas (545)
Agentes de exportación-importación (546)
Distribución física (logística) (546)
Enfoque de sistemas aplicado a la distribución física (548)
Concepto del costo total (549)
Administración de la distribución física (552)
Almacenamiento (552)
Centros de distribución (552)
Almacén privado (553)
Almacén público (553)
Manejo de materiales (553)
Contenedorización (553)
Control de inventario (553)
Lote económico del pedido (554)
Concepto de justo a tiempo (554)
Procesamiento de pedidos (555)
Transporte (556)
Tipo de transporte (556)
Transporte intermodal (556)
 Servicio *piggyback* (557)
 Servicio *fishyback* (558)
Consolidador de carga (558)
Comerciante de servicios (559)

PREGUNTAS Y PROBLEMAS

1. ¿Cuáles de las siguientes son operaciones al mayoreo?
   a. Color Tile vende papel tapiz a un contratista de edificios de departamentos y también a la esposa de él para usarlos en su casa.
   b. General Electric vende motores a Whirlpool para sus lavadoras.
   c. Un cultivador de camarones los vende a un restaurante local.
   d. Una familia le compra una alfombra a un amigo (que es asesor de decoración doméstica) con un 50% de descuento sobre el precio de lista. Le entregan la alfombra en el domicilio.

2. Como se observa en la figura 15-3, unos agentes mayoristas y los establecimientos del fabricante perdieron parte de su participación en el comercio al mayoreo ante comerciantes detallistas desde los años 60. ¿Cómo explicaría usted esto?

3. ¿Por qué los agentes del fabricante a menudo logran penetrar en un mercado con mayor rapidez y a un costo más bajo que la fuerza de ventas del fabricante?

4. ¿Qué tipo de intermediarios mayoristas tenderá a ser utilizado por las siguientes firmas? Explique su elección en cada caso.
   a. Un pequeño fabricante de un limpiador líquido de vidrio que se venderá en supermercados?
   b. Un pequeño empacador de Vermont que procesa frutas de gran calidad, pero sin marca.
   c. Una fábrica de herramientas pequeñas con sus propios representantes que las vende en el mercado internacional y que ahora quiere incorporar a su mezcla de productos un equipo para asar carne en el patio.
   d. Una fábrica textil de Carolina del Norte que produce toallas, cobertores, almohadas y sábanas.

5. Con miras al futuro, ¿qué tipos de intermediarios mayoristas piensa que aumentarán de importancia y cuáles irán perdiéndola? Explique su respuesta.

6. "La meta de un moderno sistema de distribución física debería ser operar con los costos *totales* más bajos posible." ¿Está de acuerdo con esta afirmación?

7. Nombre algunos productos cuyos costos de distribución física constituye, en su opinión, al menos la mitad del precio total de los bienes al nivel mayorista. ¿Podría recomendar medios para reducir el costo de su distribución física?

8. "Un fabricante aplica una estrategia de concentración de la ubicación de inventario en vez de una estrategia de dispersión. El tamaño de su inventario será más pequeña, pero crecerían los gastos de transporte y almacenamiento si lo dispersara." ¿Está usted de acuerdo con esta afirmación? Explique su respuesta.

9. "El uso de almacenes públicos permite a los fabricantes prescindir de los mayoristas en sus canales de distribución." Explique esta afirmación.

10. Para cada uno de los siguientes productos, escoja el mejor método de transporte para enviarlos a un centro de

Venta al mayoreo y distribución física

distribución situado en la comunidad donde se halla su escuela. En cada caso, el comprador (no el vendedor) pagará el flete y, si no se especifica lo contrario, el tiempo no es importante. El centro de distribución tiene un desvío de ferrocarril y una plataforma de carga y descarga para camiones.
a. Pañales desechables procedentes de Wisconsin. El peso total de la carga es de 50 toneladas.
b. Una tarjeta de memoria para su computadora, que ahora está fuera de servicio. El peso del envío es de 680 gramos, y usted necesita la tarjeta cuanto antes.
c. Cheques de nómina en blanco para la compañía. (Hay suficientes cheques disponibles para el pago de nóminas durante las dos próximas semanas.) El peso de la carga es de 45 kilogramos.
d. Helados de crema provenientes de St. Louis. El peso total de la carga es de 19 toneladas.

APLICACIÓN AL MARKETING

1. Entreviste al dueño o al director de una compañía de tipo comerciante mayorista (un mayorista de servicios completos, por ejemplo). Pídale que describa las actividades de la compañía, su ventaja o desventaja diferencial en el momento actual y sus perspectivas futuras. Realice una entrevista similar con el propietario o director de una empresa de tipo agente mayorista (digamos un corredor). ¿Cómo explicaría las discrepancias entre los resultados de las entrevistas y el contenido de este capítulo (excluyendo la posibilidad de que los encuestados aseguren que la información incluida en él está equivocada)?

2. Un fabricante de lentes de precisión que se usan en el equipo médico y en el equipo de hospitales quiere enviar una caja de $2\frac{1}{4}$ kilogramos de ellos de la ciudad donde estudia usted a un laboratorio situado en Estocolmo (Suecia). El laboratorio quiere la entrega en 5 días o menos. El fabricante desea utilizar un servicio de paquetería, pero no sabe cuál compañía elegir. Recopile y compare los tipos de servicio que ofrecen y los precios que cobran Federal Express, United Parcel Service y otras compañías de entrega de paquetería.

NOTAS Y REFERENCIAS

1. William Finnie, "Union Pacific Railroad's Customer-Driven Strategy", *St. Louis Business Journal*, 4-10 de mayo, 1992, p. 30A; Tom Shedd, "UP's Quest for Quality", *Railway Age*, febrero de 1992, pp. 22-24, 26; Joseph Weber, "Big Rail Is Finally Rounding the Bend", *Business Week*, 11 de noviembre, 1992, pp. 128-129.

2. *1987 Census of Wholesale Trade*, Subject Series-Miscellaneous Subjects, U.S. Bureau of the Census, Washington, D.C., 1990, p. 4-3.

3. Algunas veces la designación *comerciante mayorista, o comerciante*, se usa como sinónimo de *intermediario mayorista*. Pero no es muy exacto. El *intermediario mayorista* es un término genérico que abarca las tres grandes categorías de empresas dedicadas al comercio al mayoreo; en cambio, *mayorista* es un término más restrictivo, pues se aplica a una sola categoría: el intermediario comerciante mayorista.

4. Deborah Zizzo, James M. Kenderdine y Robert F. Lusch, *The Changing Economics of Wholesaling: A North American Chart Book*, Distribution Research Program, University of Oklahoma, Norman, OK, 1993, p. A-1. En este informe también se resume el desempeño financiero de los comerciantes mayoristas y se describen 136 mayoristas y distribuidores estadounidenses y canadienses de propiedad pública.

5. Los establecimientos de los fabricantes son propiedad de éstos y no de intermediarios verdaderamente independientes, por lo cual han de clasificarse como canales de distribución *directa*, más que los intermediarios propiamente dichos que se utilizan en la distribución indirecta. Aunque este punto de vista tiene sus ventajas, los consideramos como una clase de intermediarios porque el Census Bureau hace lo mismo y también porque se distinguen de las empresas manufactureras por su ubicación, no por la propiedad.

6. Donald M. Jackson y Michael F. d'Amico, "Products and Markets Served by Distributors and Agents", *Industrial Marketing Management*, febrero de 1989, p. 28.

7. Los gastos promedio de operación incluidos en este párrafo y en el siguiente se basan en *1987 Census of Wholesale Trade*, Geographic Area Series-U.S., U.S. Bureau of the Census, Washington, D.C., 1989, p. US-9; y *1987 Census of Retail Trade*, Subject Series, U.S. Bureau of the Census, Washington, D.C., 1991, p. 2-9. El 8% se calculó multiplicando el 11% que representa los costos totales de operación por 72%, la diferencia que

se obtiene al restarle el 28% (que representa los gastos de operación al menudeo) al 100% (que representa las ventas al detalle, o sea el dinero del consumidor.

8. Jeffrey A. Tannenbaum, "Cold War: Amana Refrigeration Fights Tiny Distributor", *The Wall Street Journal*, 26 de febrero, 1992, p. B2.

9. Más detalles sobre las estrategias y operaciones de este gran mayorista se dan en Steve Weinstein, "Fleming's Goal: Be the Best", *Progressive Grocer*, junio de 1990, pp. 38+.

10. *1987 Census of Wholesale Trade*, Geographic Area Series-U.S., loc. cit.

11. *1987 Census of Wholesale Trade*, Geographic Area Series-U.S., loc. cit.,

12. Anil Kumar y Graham Sharman, "We Love Your Product, But Where Is It?" *Business Edge*, octubre de 1992, p. 21.

13. Véase a Lewis M. Schneider, "New Era in Transportation Strategy", *Harvard Business Review*, marzo-abril de 1985, pp. 118-126.

14. Bruce G. Posner, "Growth Strategies", *Inc.*, diciembre de 1989, p. 125.

15. Un informe sobre cómo con un sistema bien diseñado de distribución puede ponerse en práctica el plan estratégico de marketing de una compañía se incluye en Roy D. Shapiro, "Get Leverage from Logistics", *Harvard Business Review*, mayo-junio de 1984, pp. 119-126.

16. Tom Murray, "Just-in-Time Isn't Just for Show-It Sells", *Sells & Marketing Management*, mayo de 1990, p. 64.

17. Jeremy Main, "The Winning Organization", *Fortune*, 26 de septiembre, 1988, p. 50.

18. Janet Bamford, "Why Competitors Shop for Ideas at IKEA", *Business Week*, 9 de octubre,1989, p. 88.

19. Susan Caminiti, "A Quiet Superstar Arises in Retailing", *Fortune*, 23 de octubre, 1989, p. 167.

20. Una explicación más completa sobre el concepto de justo a tiempo viene en Claudia H. Deutsch, "Just in Time: The New Partnerships", *The New York Times*, 28 de octubre, 1990, sección 3, p. 25; Gary L. Frazier, Robert E. Spekman y Charles R. O'Neil, "Just-in-Time Exchange Relationship in Industrial Markets", *Journal of Marketing*, octubre de 1988, pp. 52-67; William D. Presutti, hijo, "Just-in-Time Manufacturing and Marketing-Strategic Relationship for Competitive Advantage", *Journal of Business and Industrial Marketing*, verano de 1988, pp. 27-35.

21. Earnest C. Raia, "Journey to World Class (JIT in USA)", *Purchasing*, 24 de septiembre, 1987, p. 48.

22. Steve McDaniel, Joseph G. Ormsby y Alicia B. Greshman, "The Effect of JIT on Distributors", *Industrial Marketing Management*, mayo de 1992, pp. 145-149.

23. "Dispensing Marketing Savvy to Help Independent Pharmacists Thrive", *McKesson Today*, junio de 1990, pp. 14-17.

24. Los resultados de la investigación según los cuales las percepciones de los diferentes modos varían entre los miembros del centro de compras se reseñan en James H. Martin, James M. Daley y Henry B. Burdg, "Buying Influences and Perceptions of Transportation Services", *Industrial Marketing Management*, noviembre de 1988, pp. 305-314.

25. Joseph Weber, Seth Payne, Kevin Kelly y Stephanie A. Forrest, "The Great Train Turnaround", *Business Week*, 2 de noviembre, 1992, pp. 56-57; Sally Solo, "Every Problem Is an Opportunity", *Fortune*, 16 de noviembre, 1992, p. 93.

26. Michael Selz, "Independent Sales Reps Are Squeezed by Recession", *The Wall Street Journal*, 27 de diciembre, 1991, p. B2.

27. Karen Blumenthal, "Wall-Mart Set to Eliminate Reps, Brokers", *The Wall Street Journal*, 2 de diciembre, 1991 p. A3; Selz, loc. cit.

28. "Giving Grocery Retailers the Edge", *McKesson Today*, junio de 1990, p. 20.

29. Joseph Weber, "Getting Cozy with Their Customers", *Business Week*, 8 de enero, 1990, p. 86.

30. Joseph Weber, "The Practice of Making Perfect", *Business Week*, 14 de enero, 1991, p. 86.

31. Joseph Weber, "It's 'Like Somebody Had Shot the Postman' ", *Business Week*, 13 de enero, 1992, p. 82.

32. La tendencia se menciona en Joseph Weber, "Mom and Pop Move out of Wholesaling", *Business Week*, 9 de enero, 1989, p. 91; la fusión citada se describe en Jerri Stroud, "Wetterau Makes a Logic Match", *St. Louis Post-Dispatch*, 15 de junio, 1992, pp. 6BP, 7BP.

33. Un informe en que se examina por qué el marketing y la distribución física han sido separadas y las razones por los cuales conviene volver a integrarlas para obtener una base más firme de las estrategias de negocios en los años 90 se encuentra en Roy Dale Vorhees y John I. Coppett, "Marketing Logistics Opportunities for the 1990s", *Journal of Business Strategy*, otoño de 1986, pp. 33-38.

34. Elizabeth Lesly, "What Do Sears, Nader, Frito-Lay y Bush Have in Common?", *Business Week*, 6 de abril, 1992, p. 30.

35. Sandra D. Atchison, "The Little Engineers That Could", *Business Week*, 27 de julio, 1992, p. 77.

36. Más detalles sobre este tipo de alianza se encuentran en Donald J. Bowersox, "The Strategic Benefics of Logistics Alliances", *Harvard Business Review*, julio-agosto de 1990, pp. 36-45.

CASOS DE LA PARTE 5

CASO 1 *Kmart Corporation**

CÓMO SER COMPETITIVO EN UN MERCADO CAMBIANTE

Casi a mediados de los años 90, Kmart Corporation se mantuvo firme como el segundo detallista más importante de Estados Unidos. Sus operaciones rebasaron las fronteras de Estados Unidos y llegaron a otros países: Canadá, Australia y Puerto Rico, entre otros. No obstante, la compañía estaba concluyendo una reestructuración de su negocio principal y dando mayor importancia a esquemas relativamente nuevos de venta al menudeo. Prácticamente todas sus tiendas de descuento presentaban un aspecto muy diferente al que tenían a mediados de los años 80 y también operaban en forma muy distinta. Su "mezcla de productos" incluía ahora varias cadenas crecientes de especialidades, con nombres como Builders Square, Waldenbooks, PACE Membership Warehouse, Pay Less Drug Stores, Sports Authority y OfficeMax.

Las estrategias de marketing de Kmart han de ser refinadas constantemente para seguir siendo competitivas en un mercado cambiante. En primer lugar, no permanecen estáticos los valores, los estilos de vida y las necesidades de los consumidores. En segundo lugar, la compañía afronta un grupo de fortísimos competidores; entre ellos destaca Wal-Mart, la cadena de tiendas más importante de Estados Unidos. De ahí que Kmart deba evaluar de manera constante —y refinar cuando se requiera— sus orientaciones estratégicas para los próximos 10 o 20 años.

El liderazgo en las tiendas de descuento

Kmart es descendiente de una empresa fundada en 1899 en Detroit por Sebastian S. Kresge. La primera tienda S. S. Kresge representaba un nuevo tipo de venta al menudeo: ofrecía mercancía barata que se pagaba en efectivo en edificios pequeños con poco mobiliario. Kresge se convirtió en una de las exitosas cadenas de "tiendas de variedades".

Tras largos años de éxito, Kresge hubo de afrontar nuevas modalidades de competencia. A fines de los años 50, se hizo evidente el nacimiento de una nueva clase de tienda, orientada a una estrategia de "descuento". La gerencia respondió estableciendo las primeras tiendas de descuento Kmart, que ofrecían un surtido más amplio de mercancía que las tiendas Kresge, pero que se parecían a ellas en otros aspectos.

* Adaptado, con autorización, de un caso preparado por el profesor James W. Camerius de la Northern Michigan University.

En lo esencial, las tiendas de descuento habían sido diseñadas como establecimientos bien ubicados, donde los clientes podían comprar en un solo viaje gran variedad de productos de calidad a precios de descuento. El Kmart típico tenía 75 000 pies cuadrados, en un solo piso. Generalmente se encontraba en un área suburbana, sin otros comercios y con un espacioso estacionamiento. Las primeras tiendas usaban todas un plan semejante de piso.

No todas las tiendas de descuento tuvieron éxito. Aproximadamente una docena (E. J. Korvette, W. T. Grant y Ames, entre otras) quebraron o fueron reorganizadas. Aunque Kmart sufrió problemas esporádicos, sus ventas crecieron de manera estable y las ganancias fueron muy buenas. Junto con otras cadenas de descuento, como Wal-Mart y Target, prosperó por casi tres décadas.

Retos de las tiendas de descuento

Durante muchos años las compañías más prósperas en esta industria no quisieron introducir cambios drásticos tras largo tiempo de éxito financiero. Sin embargo, los directivos de Kmart terminaron admitiendo que su concepto iba volviéndose obsoleto y que sus tiendas afrontaban una fuerte competencia en varios frentes. He aquí dos ejemplos:

- En comparación con las tiendas de descuento, algunos detallistas ofrecían mayor profundidad de surtido en algunas categorías de productos. Por ejemplo, Toys "R" Us no sólo conserva enorme variedad de juguetes en establecimientos de 20 000 pies cuadrados, sino que también da precios de descuento. Estos nuevos "matacategorías" realizaron importantes incursiones en juguetes, artículos deportivos, pinturas y otras líneas de productos que son importantes para las tiendas de descuento.
- Algunos detallistas de ropa probaron el concepto de "rebaja", en el que vendían las "marcas de nombre" a precios entre 20 y 70% por debajo del normal.

Estas modalidades de comercio al menudeo mermaron poco —a veces considerablemente— la base de ventas de Kmart. Esencialmente, muchos competidores ofrecieron algo que era nuevo y diferente en lo tocante a una variedad más profunda, precios más bajos y diseños distintivos de tienda. Los directivos

de Kmart estaban preocupados porque las nuevas tiendas reducían su capacidad de conservar —ni pensar en mejorar— su crecimiento de ingresos y su participación en el mercado de los productos clave.

Los cambios de las estrategias de marketing requieren un profundo conocimiento de los mercados de consumidores. La investigación de mercado reveló que la base de clientes de Kmart difería de la población general, pues incluía:

- Más familias de doble ingreso
- Familias más pequeñas (es decir, con menos hijos)
- Más dueños de casa.

La investigación reveló además que los clientes de Kmart:

- Eran cuidadosos al gastar su dinero
- Deseaban buena calidad en los productos que compraban
- Querían precios competitivos.

Las cadenas exitosas de tiendas de descuento tendían a concentrarse en ciertos segmentos del mercado. Target se centraba en la población acomodada, cuyos niveles de ingresos eran superiores a los de los clientes normales de las tiendas de descuento. Wal-Mart creció fundamentalmente atendiendo a los residentes de pequeñas comunidades rurales. Se pensaba que se dirigía a los consumidores de la clase de bajos ingresos. Sin embargo, su base de clientes contenía más profesionistas y miembros de la clase media de lo que se creía, pues sus establecimientos se concentraban en los suburbios, donde existen magníficas oportunidades de crecimiento para los detallistas.

Joseph Antonini fue nombrado presidente de Kmart Corporation en octubre de 1987. Recibió la encomienda de conservar y acelerar el crecimiento de la compañía. Él y otros altos directivos estaban convencidos de que la tienda de descuento era un tipo maduro de comercio al detalle. A pesar de que algunas veces se considera que la madurez es la antesala de la muerte, la compañía pensaba que ese formato todavía tenía mucha vitalidad. Pero las tiendas de descuento de Kmart necesitaban renovarse y revitalizarse. Más aún, se llegó a la conclusión de que no convenía "tener todos los huevos en una canasta". En consecuencia, Kmart Corporation decidió prestar más atención a otros formatos del comercio al menudeo. Dentro de este contexto, se diseñaron nuevas estrategias para asegurarse de que la compañía siguiera siendo líder en la industria.

Renovación de las tiendas Kmart

Una de las principales estrategias fue revitalizar las tiendas ya existentes. Así, en febrero de 1990 Kmart anunció un programa quinquenal de $2.3 mil millones de dólares para inaugurar nuevas tiendas y reubicar, ampliar y remozar las ya existentes. El programa incluía prácticamente a los 2 300 establecimientos de la compañía. Se construirían aproximadamente 250 tiendas, se reubicarían 280 y se ampliarían 620. Además, 1260 se remozarían para ajustar su diseño y mobiliario a las nuevas normas. Finalmente, se clausurarían 30 establecimientos.

Entre las mejoras de las tiendas figuraban las siguientes:

- Mejor presentación de la mercancía. El diseño tradicional de Kmart por categoría de productos fue complementado o, algunas veces, sustituido por un nuevo concepto de "tienda": se combinaban departamentos anteriormente separados, como el de artículos de ferretería, pinturas y productos eléctricos, en un sólo departamento de "hágalo-usted-mismo". Otras tiendas que combinaban departamentos individuales eran Kitchen Korner y Home Electronics Center. El objeto de cada departamento era presentar un grupo de bienes complementarios, de modo que el público pudiera comprar productos afines y no simplemente uno.
- Adición de más marcas de fabricantes conocidos (las llamadas "marcas de nombre") tanto en productos baratos como caros. Los gerentes se dieron cuenta de que los consumidores generalizaban sus sentimientos hacia la calidad de las marcas de los fabricantes incluyendo en ellas juicios sobre las marcas de Kmart. Al respecto manifestaron: "Si vendemos Wrangler, el público sabe que se trata de una buena marca. Entonces concluye que la marca privada [Kmart] también debe ser una buena marca".
- Una tecnología mejorada. Un sistema computarizado de reposición de inventario indicaba la rapidez con que se vende la mercancía. Además ayudaba a reponer la mercancía de movimiento rápido. Se utilizaron exploradores en el punto de venta como parte del sistema. El sistema daba un registro de todas las ventas y además permitía transmitir datos a las oficinas centrales por medio de la tecnología de satélite. Gracias a este sistema, era posible responder más rápidamente a lo que es nuevo, a lo que tiene demanda y a lo que genera repetición de ventas.
- Precios rebajados. Miles de precios fueron rebajados para mantener el "liderazgo de precios en Estados Unidos".

Como lo expresó un directivo: "Es indispensable que demos a nuestros clientes productos de buen valor y calidad a precios bajos". Aunque la reducción de precios aminoró los márgenes de utilidad y contribuyó al deterioro de las ganancias, los directivos creían que la rotación de productos mejoraría notablemente y "le permitiría a Kmart conservar su liderazgo de precios que tendría un impacto muy favorable para el negocio en los años futuros".

- Mejoramiento de la imagen. Se mantuvo en la nómina al jugador profesional de golf Fuzzy Zoeller para que promoviera los artículos de golf. Mario Andreotti, el conocido conductor de automóviles de carrera, aceptó que Kmart copatrocinara su auto. Martha Stewart, autora de best sellers acerca de alta cocina y costosas diversiones en casa, fue contratada como "consultora y portavoz de estilos de vida".
- Adopción de un nuevo eslogan promocional y logotipo. El nuevo eslogan era "The quality you need, the price you want" (La calidad que necesita y el precio que quiere". El nuevo logotipo incluía una grande "K" de color rojo, con la palabra "mart" escrita en una letra script blanca dentro de la "K". Su finalidad era simbolizar los cambios que estaban realizándose dentro de las tiendas.
- Aspecto interior y exterior modernizado. Por ejemplo, se ampliaron los pasillos y se instaló una iluminación más brillante. El nuevo aspecto también ofrecía una franja ancha "de color rojo amapola" y dorada alrededor de paredes interiores a manera de "horizonte", nuevos anaqueles donde se exhibían líneas enteras de ropa y nuevas cajas registradoras con aspecto más moderno y con más mercancía.

Creación de nuevas cadenas de especialidades

Otra importante estrategia de Kmart Corporation fue buscar un mayor crecimiento a través de nuevos formatos de venta de especialidades al menudeo. Así, al mismo tiempo que mejoraba su producto principal (las tiendas de descuento), diseñó varios productos nuevos (cadenas de tiendas de especialidades). A lo largo de la década de 1980, adquirió o estableció varias cadenas con formatos diferentes al concepto de tienda de descuento. Teniendo presente esto, probó la venta de ropa con precios rebajados. Dos nuevas cadenas, Designer Depot y Garment Rack, fueron creadas para atraer a clientes que deseaban ropa de calidad a buen precio. Sin embargo, ninguna de ellas tuvo éxito.

En 1984, tras largas deliberaciones, Kmart compró Home Centers of America of San Antonio, Texas. Esta firma operaba centros de 80 000 pies cuadrados que vendían artículos para mejorar la casa en locales estilo bodega. Builders Square, nombre que se dio a la nueva división, aprovecha los terrenos de Kmart, sus construcciones y experiencia gerencial, así como los conocimientos técnicos de merchandising de Home Centers.

En 1984 Kmart compró Waldenbooks, cadena de unas 900 librerías, a Carter, Hawley, Hale, Inc. La adquisición fue parte de una estrategia tendiente a obtener una mayor participación del mercado en categorías de productos que Kmart ya vendía en sus establecimientos.

En 1987 formó una empresa conjunta con Bruno's Incorporated para crear "hipermercados", en los cuales se venden artículos para el hogar, comestibles y mercancía general. Estos locales, generalmente de unos 225 000 pies cuadrados, aprovecharon la experiencia de Bruno's en ese tipo de productos y la experiencia de Kmart en mercancía general.

En 1988 y 1989, respectivamente, Kmart compró Makro Inc. y PACE Membership Warehouse, Inc. Ambas compañías operaban tiendas mayoristas exclusivas para miembros que vendían comestibles frescos y congelados, ropa y bienes duraderos a precios bajos. El nombre PACE fue colocado en todas las tiendas mayoristas de Kmart.

Antonini respaldó —y de hecho defendió— la expansión más allá de las tiendas de descuento. Trabajó para ampliar los formatos experimentales y convertirlos en cadenas rentables. "Nueva visión exige un examen constante e ininterrumpido de nuevos modos de vender al menudeo", afirmó, "de manera que nuestro negocio principal de las tiendas Kmart en Estados Unidos puede renovarse y fortalecerse continuamente por lo que aprendemos en nuestros otros negocios".

A principios de 1993, Kmart Corporation operaba más de 4 400 tiendas de diversos formatos. El grupo de tiendas de especialidades incluía siete cadenas constituidas por más de 2 000 establecimientos, como se ilustra en el cuadro de la siguiente página.

Kmart Corporation tiene muchas esperanzas en las cadenas de especialidades. Se espera que este grupo, que en 1991 representó cerca de una cuarta parte de las ventas de la compañía, en 1996 genere de una tercera parte a dos quintas partes de los ingresos totales. Una forma de crear sinergia entre varias cadenas detallistas de Kmart consiste en ubicarlas juntas, a menudo en un "centro de poder".

Perspectivas futuras de los supercentros

En los últimos años Antonini ha empezado a prestar mucha atención a nuevos supercentros y a invertir sumas importantes en ellos. El primer Super Kmart fue inaugurado en Medina (Ohio) en la segunda mitad de 1991. Este ingreso en el grupo de formatos de tiendas al detalle combina una tienda regular de descuento con un gran supermercado.

	Tamaño promedio (pies cuadrados)	Número de tiendas (1992)	Crecimiento proyectado
Borders Books	30 000	22	Muy rápido
Tiendas Builders Square	100 000+	154	Moderado
OfficeMax (suministros para oficina)	25 000	265	Moderado
PACE Membresía Almacenes	100 000+	115	Moderado
Pay Less Drug Tiendas	25 000	545	Mínimo
Sports Authority (artículos deportivos)	40 000	55	Rápido
Waldenbooks	3 000	1 275	Sin crecimiento

A Kmart le atrae la economía de los supercentros, por lo menos a juzgar por las cifras que se manejan en el escritorio. Una tienda típica de 100 000 pies cuadrados generará hasta $20 millones de ventas. Los datos iniciales indican que un Super Kmart, con una extensión de cerca de 150 000 (o más) pies cuadrados, producirá $40 millones —quizá $50— de ventas. Por tanto, al aumentar el tamaño de la tienda en un 50% y al ampliar el surtido para incluir comestibles y productos conexos, al parecer pueden duplicarse con creces las ventas. Otro motivo por el cual Super Kmarts generan mayores ventas que una tienda común es que el horario de servicio es más amplio. Por lo regular los Super Marts permanecen abiertos las 24 horas.

Kmart y Wal-Mart están luchando como tiendas de descuento por obtener el liderazgo en los supercentros. Wal-Mart inauguró su primer supercentro años antes que Kmart lo hiciera. A fines de 1993, Wal-Mart tendrá cerca del cuádruple de los supercentros con que cuenta Kmart.

Si los supercentros dan buenos resultados, Antonini proyecta establecer 450 Super Kmarts para 1996, en contraste con los menos de veinte que había en 1993. Si la compañía decide invertir mucho en esta modalidad, el proceso de renovar las tiendas ordinarias (la mitad ya fue remozada a fines de 1992) seguramente habrá de reducirse porque no se dispone de recursos ilimitados. A juicio de algunos observadores, a Kmart Corporation le perjudicará abandonar el plan de revitalizar las tiendas de descuento. Otros dudan de que cuente con suficientes conocimientos técnicos y experiencia en la industria de la venta de comestibles y otros productos para tener éxito a largo plazo.

Kmart anunció su intención de continuar siendo "uno de los detallistas más importantes del país y para ello se propone conservar el liderazgo en precios bajos todos los días e instituir estrategias que favorezcan ganancias reales en ventas, ingresos y flujo de caja". Tarea nada fácil, por cierto. Para lograrlo se requieren planes realistas y sólidos, así como una realización muy hábil de los planes a lo largo de algunos años.

PREGUNTAS

1. a. ¿Qué aspectos de un Super Kmart tienen la posibilidad de ser este tipo de ventaja diferencial de la tienda?
   b. ¿Cuál es su ventaja diferencial?
2. ¿Debería Kmart Corporation concentrarse en sus dos principales estrategias para renovar su cadena de tiendas de descuento y ampliar sus cadenas de especialidades o bien destinar parte de su tiempo, energía y recursos financieros a aumentar la cantidad de Super Kmarts?
3. En su búsqueda de varias formas de llegar a los consumidores, ¿debería ampliarse en uno o más tipos de venta al detalle sin tiendas?

Fuente: Bill Saporito, "The High Costo of Second Best", *Fortune*, 26 de julio, 1993, pp. 99-100+; Babette Morgan, "Kmart Looks at Area for Super Store", *St. Louis Post-Dispatch*, 4 de abril, 1993, p. E1; John P. Cortez, "Kmart Unleashes Its `Category Killer' Chains", *Advertising Age*, 1 de febrero, 1993, p. S4; "Kmart Looks to New Logo to Signify Broad Changes", *The Wall Street Journal*, 13 de septiembre, 1990, p. A10; Francine Schwadel, "Attention Kmart Shoppers: Style Coming to This Aisle", *The Wall Street Journal*, 9 de agosto, 1988, p. 6; Jerry Main, "Kmart Plan to Be Born Again", *Fortune*; 21 de septiembre, 1981, pp. 74-77+; Eleanore Carruth, "Kmart Has to Open Some New Doors on the Future", *Fortune*, julio de 1977, pp. 143-150+, *1989 Annual Report*, Kmart Corporation, pp. 2-3; entrevista personal con Michael Wellman, entonces director de planeación e investigación, Kmart Corporation, Troy, Michigan, 6 de agosto, 1984.

CASO 2 Distribuidora JAR, C.A.
SISTEMA DE DISTRIBUCIÓN

Distribuidora de Quesos JAR, C.A., es una empresa mayoritaria comerciante de productos derivados de la leche (quesos, sueros, etc.) y embutidos (jamones, mortadelas, salchichas, etc.). Su clientela aumentó de 40 en 1987 a 200 en 1991, actualmente distribuye a más de 700 clientes ubicados principalmente en las áreas metropolitanas de Maracay, capital del estado Aragua, y de Valencia, capital del estado Carabobo, en la zona norcentral de Venezuela.

En el proceso de adaptar el concepto mercadotécnico orientado al cliente, se ve en la necesidad de evaluar y adecuar su canal de distribución. Específicamente, en lo referente a cambiar de un canal dual de distribución de vendedores de tiempo completo e independientes a uno de distribución directa sólo de vendedores de tiempo completo de la empresa.

Distribuidora de Quesos JAR, C.A. es una empresa dedicada a la comercialización de productos lácteos y cárnicos a tiendas de víveres y abarrotes. Sus fundadores, los hermanos Juan y Tito Rodríguez, iniciaron sus actividades con un solo camión de reparto en 1983. El primero desempeñaba la función de vendedor y el segundo era su ayudante.

Ambos tenían la fuerte convicción de que a través de una buena y oportuna atención a sus clientes, aunada a la calidad de sus productos, la empresa lograría prosperar rápidamente.

Inicialmente, la empresa contaba con unos 40 clientes a los cuales atendía con esmero. No sólo les llevaban los víveres oportunamente, los precios también eran bastante competitivos. Inclusive los Rodríguez se tomaban la molestia de limpiar los estantes y vitrinas, antes de colocar sus productos, de manera que resultase atractiva a la vista de los consumidores finales.

La empresa comenzó a crecer rápidamente, fruto de la dedicación y el trabajo de los socios. Pronto hubo la necesidad de adquirir otro camión de reparto. Así, Tito pasó de ayudante a vendedor. Para ese entonces la empresa ya contaba con alrededor de 100 clientes. Pero en la misma proporción que crecía la empresa surgieron algunos inconvenientes. En la empresa no había nadie dedicado a la gestión administrativa, ya que los dueños estaban muy dedicados a la actividad de ventas. No se poseía para ese entonces un estricto control del flujo de efectivo; se desconocía, por ejemplo, el monto total de la deuda a proveedores o las ganancias del último mes.

Entonces se hizo patente la necesidad perentoria de incluir un gerente dentro de la empresa, siendo Tito el más indicado, ya que Juan tiene más vocación de vendedor que de gerente. Una vez que el primero tomó las riendas de la empresa, se inició un proceso de expansión dentro de la misma. Se consideró y se adoptó la figura del distribuidor asociado; es decir, un vendedor autorizado por la empresa para distribuir sus productos, pero sin ser empleado de ella.

La figura del vendedor asociado funcionaba de la siguiente manera: la empresa le vendía sus productos a un menor precio, permitiéndole obtener así un margen de ganancia. El vendedor, a su vez, se encargaba de distribuir los productos en vehículos propios, con la autorización para realizar esta actividad bajo el nombre de JAR, C.A., lo cual era una ventaja para ellos, ya que la empresa gozaba de buena reputación.

Como beneficio, la empresa no incurría en pagos de comisiones, horas extras y gastos de mantenimiento de vehículos. Con este tipo de vendedores la empresa se ahorraba el 15% de los ingresos netos, lo cual se traducía en una ganancia para la empresa.

De esta manera, la empresa pasó a tener 4 vendedores, 2 de ellos empleados de la empresa y 2 como distribuidores asociados independientes. Sin embargo, con la inclusión de estos vendedores aparecieron nuevos problemas. Como no se sentían comprometidos con la misión de la empresa por el hecho de ser autónomos, prestaban más atención a su beneficio personal que al de la empresa o al bienestar de los clientes. Se comenzaron a recibir continuas quejas de los mismos.

Por supuesto, los clientes culpaban a la empresa y no a los vendedores asociados. Para colmo, éstos comenzaron a vender a escondidas otros productos ajenos a los de la empresa, lo cual incidió en una sustancial baja en las ventas de la compañía. Como los vendedores no estaban asignados por zonas, se daba el caso de que más de un vendedor atendía una misma región.

Inclusive se daba el caso en que los vendedores de la empresa y los distribuidores asociados competían por el mismo cliente. A los vendedores de la empresa se les pagaba comisiones por el monto total de las ventas, sin distinguir si las ventas eran al contado o a crédito.

Algunos síntomas que se experimentaban en JAR, C.A. eran:

- Falta de compromiso, apatía y desinterés por parte de los vendedores independientes.

Caso preparado por el catedrático Abdul Álvarez, Instituto Superior de Mercadotecnia (ISUM), Venezuela.

- Choques entre los vendedores por clientes y productos.
- Los vendedores independientes negociaban productos de la competencia.
- Vendían otro tipo de productos.
- Las ventas se estancaron en menos de un año de adoptado el sistema dual.
- No había forma de estimular a los vendedores independientes para comercializar más los productos de JAR, C.A.
- Cuando escaseaba el producto, surgía la disyuntiva de surtir a una clase o a otra de vendedores.
- Los ayudantes de los vendedores independientes estaban en desventaja en cuanto a beneficios comparándolos con los ayudantes de los vendedores de la empresa.

Los problemas detectados en la compañía eran:

- Existía la dificultad de lograr que los vendedores independientes acataran las directrices respecto al trato a los clientes.
- Los vendedores independientes no tenían ninguna formación en ventas.
- No existía una normativa de las relaciones entre los vendedores y la empresa.
- No existía una asignación de zonas, rutas y cuotas a los vendedores.

Para la selección de una alternativa se debe considerar:

- El alto costo social del personal empleado, generado por el sistema de prestaciones sociales.
- La política del gobierno nacional en cuanto al control de precios sobre la venta de quesos.
- La poca fidelidad de los detallistas.
- La inestabilidad de los proveedores.
- La competencia débil, de hecho JAR, C.A. es la empresa líder.

Luego de un análisis de las ventas, el gerente determinó que 5% de las transacciones se realizaba al contado; 35% eran a crédito de hasta 8 días; 30% hasta de 15 días, y el resto de los clientes pagaban sus facturas de 15 días en adelante. El 5% del total de las ventas eran incobrables. Los proveedores de la empresa otorgaban 20 días de crédito para el pago de los productos cárnicos y 8 días los productos lácteos, que representaban el grueso de las ventas.

PREGUNTAS

1. Frente a una demanda de mayor atención a la satisfacción del cliente, ¿es el sistema de distribución actual de JAR, C.A. el más adecuado para las nuevas exigencias?
2. ¿Se debe mantener el sistema actual de comercialización o se deba adaptar? Si usted considera que debe cambiar, proponga algunas alternativas.

CASO 3 Venta por catálogo

CÓMO HACER FRENTE AL CAMBIO

La venta por catálogo representa $82 000 millones anuales de dólares de las compras de los consumidores. Hasta hace poco era un tipo de comercio que pasaba relativamente inadvertido. Pero algunos hechos recientes han impulsado a las compañías de venta por catálogo a reconsiderar la forma en que realizan el negocio.

Muchos marcan 1896 como el año en que nació este tipo de comercio. Fue el año en que se distribuyó el primer catálogo de mercancía general de Sears, Roebuck & Co. Las primeras compañías se centraron en los consumidores rurales a quienes les resultaba imposible visitar las grandes ciudades para hacer sus compras en las tiendas. Los catálogos no sólo les daban acceso a una amplia gama de mercancía a la que de otro modo no podían llegar, sino que además ofrecían una forma de diversión para toda la familia. Hojear catálogos y preparar "listas de deseos" era una práctica común de tiempo libre. Muchos habitantes de las ciudades también se sintieron atraídos por los catálogos. Sin embargo, para ellos la motivación consistía en la comodidad de la compra que les brindaban.

A medida que crecía la industria, unas cuantas grandes empresas alcanzaron una posición dominante. Algunas, principalmente Sears, Montgomery Ward y J. C. Penney, también operaban tiendas al detalle, y otras como Spiegel y Fingerhut realizaban todas sus operaciones por medio de catálogos. Durante más de 50 años, la venta por catálogo tuvo un crecimiento constante, aunque no impresionante, que reflejaba el aumento demográfico.

El catálogo de Sears generó el máximo volumen de ventas y se le consideraba como el líder de la industria. Debido a su éxito (y a su enorme volumen), se le llegó a conocer simplemente como el Big Book (el gran libro). Pero en años recientes el mercado ha cambiado, y Sears no logró adaptar su negocio de catálogo.

En la década de 1970 la mayor parte de los consumidores, incluidos los de las zonas rurales, tuvieron fácil acceso a las tiendas donde podían ver y tocar personalmente la mercancía. Además, las tiendas de descuento como Kmart y Wal-Mart ofrecían precios frecuentemente menores a los de los catálogos. Por ello perdieron importancia las ventajas diferenciales del catálogo tradicional de mercancía general: acceso a la mercancía y precios razonables.

En los años 80, la venta por catálogo presentó un nuevo aspecto en respuesta a los cambios demográficos y los nuevos estilos de vida. El aumento de las familias de doble ingreso significó menos tiempo disponible para efectuar las compras, pero al mismo tiempo un mayor ingreso discrecional. Las compañías de venta por catálogo que ofrecían teléfono gratuito para atender pedidos las 24 horas del día, entrega rápida y ausencia de restricciones de devolución hicieron que las compras desde casa fueran muy cómodas para un público con poco tiempo disponible.

Otro cambio fue el enfoque de los catálogos. Cuando su finalidad era sustituir a la tienda, el catálogo ideal contenía un surtido completo de productos básicos. (Hubo un tiempo en que Sears llegó a vender casas y automóviles por medio de su catálogo.) A menudo se daba el nombre de "libros para hojear" a estos catálogos de mercancía general, por la forma en que se usaban. Otro tipo de catálogo, que incluía mercancía especializada y una presentación llamativa y colorida hizo su aparición en los años 70 y floreció en los años 80. La ropa es una categoría de mercancía en que la venta por catálogo ha tenido mucho éxito, con empresas tan conocidas para el público norteamericano como Land's End, J. Crew, Tweeds, Talbot's y L. L. Bean.

Hay pocas categorías de productos que no estén representadas en la industria de los catálogos. Por ejemplo, los consumidores pueden comprar por catálogo productos electrónicos, mascotas, muebles, juguetes, cosméticos, plantas, antigüedades y monedas. Habrá quienes digan que lo que puede venderse por correo no tiene límites. Así, entre las 3 600 compañías que venden alimentos por correo hay una que se especializa en champiñones, otra que vende exclusivamente espárragos y una tercera que ofrece sólo varios tipos de palomitas de maíz.

En 1980 se distribuyeron 5.8 mil millones de catálogos. En 1990, la cifra había ya aumentado a 13.6 mil millones. En el periodo comprendido entre 1985 y 1990, las ventas crecieron en un porcentaje anual de 12.5%. Pero el incremento del número de catálogos empezó a disminuir en 1989 y presentó una reducción de 13.4 mil millones en 1991. Tanto en 1990 como en 1991, el crecimiento de las ventas se redujo al 6%, porcentaje no mucho mayor que la inflación. Los adultos estadounidenses que compraron por teléfono o correo decayó de la cifra récord de 54.4% en 1990 a 52.6% en 1991.

En 1993, tras 8 años consecutivos de pérdidas ($130 millones tan sólo en 1992), Sears anunció el cierre de su división de catálogos. A pesar de ventas anuales por más de $3.3 mil millones, no consiguió hacer rentable la operación. En vez de continuar sus esfuerzos por revitalizar el catálogo, decidió eliminarlo. Aunque tal decisión no fue una sorpresa inesperada, el fracaso de Sears conmocionó a toda la industria.

La caída de las ventas ha afectado a casi todas las compañías de venta por catálogo. Algunas de ellas que tienen tiendas al detalle, como Gantos y Shaper Image, han abandonado la industria o reducido su inversión. Hasta empresas prósperas, entre ellas Spiegel y Lillian Vernon, empiezan a ver disminuir sus tasas de crecimiento.

Varios factores contribuyeron a esta situación:

- Falta de flexibilidad. Imaginemos una tienda donde el surtido de mercancía y las exhibiciones se modifican sólo dos o tres veces al año. Eso es precisamente lo que sucede en las compañías de venta por catálogo. Una vez impreso un catálogo, la compañía estará limitada a los artículos incluidos hasta que publique el nuevo catálogo. En cambio, las tiendas ofrecen constantemente a los clientes mercancía nueva.
- Naturaleza de los bienes. La mayor parte de los productos que se ofrecen por catálogo no son indispensables. De la experiencia de Sears las compañías aprendieron que no pueden basar su éxito en artículos de precio semejante a los que se encuentran en las tiendas. Así pues, como la gente puede posponer este tipo de compras, son las primeras de que prescinde cuando piensa que debe reducir sus gastos, como ocurrió durante la última recesión en Estados Unidos.

- Aumentos de las tarifas de correo y de los envíos. Las tarifas postales de tercera clase (que se usan en la generalidad de los catálogos) aumentaron 40% en 1991. United Parcel Service, empresa que reparte 90% de la mercancía que se pide por catálogo, aumentó en un 16% sus tarifas por entrega a domicilio. Lo más probable es que estas tarifas sigan aumentando.

Hay otras situaciones que hacen que las compañías de venta por catálogo miren el futuro con poco optimismo:

- Aumento de la competencia. El número de catálogos creció en un 16.5% anual en la década de 1980. Al irse saturando el mercado, las empresas establecidas trataron de llegar a más audiencias muy específicas con catálogos especializados adicionales. Por ejemplo, junto con su catálogo de ropa para adultos, Lands' End diseñó un catálogo con mercancía para niños y otro con artículos para baños y recámaras. Y, ante las pocas barreras en contra del ingreso, muchas nuevas empresas han entrado en la industria. En consecuencia, el público se ve inundado por catálogos, muchos de los cuales ofrecen productos similares.
- Preocupaciones por la intimidad o privacía. Al perfeccionarse los métodos para recabar, guardar y utilizar información relativa a los consumidores, ha surgido la inquietud ante la posibilidad de que las compañías de venta por catálogo (y otras empresas de venta directa) violen la intimidad del público. Algunos estados, entre ellos California, New Hampshire y Washington, han empezado a preparar leyes que prohíban a esas empresas contactar a los consumidores sin su autorización previa. Los analistas de la industria temen que esa legislación acabe destruyendo la venta por catálogo.
- Impacto ambiental. En Estados Unidos, cada año se imprimen y distribuyen 13 000 millones de catálogos; este hecho ha molestado a muchos ambientalistas. En respuesta, las compañías comenzaron ya a imprimir sus materiales con papel reciclado, utilizando material de empaque que dañe menos al ambiente y ofreciendo productos más sensibles al entorno.
- La amenaza de impuestos a las ventas. Algunos estados han tratado de recaudar impuestos de las ventas por correo que realizan entre los residentes empresas situadas fuera del estado. Hasta ahora tales intentos han fracasado, pero es posible que el Congreso considere en el futuro la conveniencia de promulgar las leyes correspondientes.

La venta por catálogo se basa en llegar al consumidor con la mercancía adecuada y darle un servicio excelente: facilidad para hacer los pedidos, entrega rápida de la mercancía correcta y satisfacción garantizada. Pero eso no es suficiente para muchas compañías. Por tanto, están probando otras estrategias:

- Un marketing selectivo más refinado. La clave del éxito de la venta por catálogo es un buen directorio. Las compañías dedican más tiempo a diseñar las bases de datos de los clientes y a analizar la información de los prospectos; de ese modo logran crear productos más adecuados para los clientes y fijarles un precio más adecuado. Por tanto, están en condiciones de seleccionar segmentos más específicos del mercado para enviarles catálogos más especializados.
- Ajustes en la operación. No es difícil reducir la escala de operaciones en la industria de los catálogos. Se aminoran los costos si se disminuyen el tamaño del catálogo y el peso del papel, utilizando diseños más simples y acortando el directorio.
- Envíos conjuntos. Otra técnica con que se abaten los costos son los catálogos envueltos con revistas que se envían a los suscriptores. Otra opción consiste en enviar catálogos de empresas no rivales y compartir los costos.
- Servicios particulares de entrega. Algunas compañías están examinando otras alternativas, además del servicio postal, para distribuir sus catálogos. Por ahora estos servicios sólo están disponibles en algunas regiones.
- Transferencia de los costos a los consumidores. Algunas empresas han sustituido la política de absorber el flete por un cargo a todos los pedidos. Por primera vez en sus 80 años de existencia, L. L. Bean agregó un cargo por flete a las facturas. Otras han empezado a cobrar los catálogos y exigirles a los clientes el pago de los costos de envío de las devoluciones.
- Ingreso en los mercados mundiales. El interés por los productos estadounidenses en el extranjero ha impulsado a a varias compañías de venta por catálogo a explorar las ventas en el mercado internacional. En una empresa conjunta con Seiyu y Matsushita, L. L. Bean obtuvo ventas por $14 millones en Japón en 1991. Lands' End entró en el mercado de la Gran Bretaña y de Francia.

El principal cambio respecto a los primeros días de los catálogos es la especialización o enfoque. Del mismo modo que las tiendas tienden a dejar de ser comercios generales para convertirse en establecimientos de especialidades, también los catálogos han ido especializándose. Pese a largos años de vender ropa tradicional, en los últimos años a Lands' End le ha sido difícil satisfacer a sus clientes. Se halla en el dilema de mantener los estilos que tanto éxito le dieron u ofrecer mercancía más moderna y elegante.

El éxito de otra empresa se basa en el sexto sentido de su fundador para detectar las necesidades del mercado. En 40 años, Lillian Vernon ha dejado de ser un negocio de una mujer para convertirse en una compañía que envía 142 millones anuales de catálogos y genera $162 millones de ventas. Su éxito se basa en la habilidad de Lillian Vernon para percibir qué clases de productos comprarán por correo las mujeres de clase media. Aunque recientemente la compañía introdujo catálogos de especialidades en muebles para el hogar y ropa y juguetes para niños, el catálogo básico de Vernon ha ignorado persistentemente la tendencia a la especialización, al combinar toda clase de mercancía en un solo catálogo.

PREGUNTAS

1. *a.* ¿En qué se distinguen la venta por catálogo y las venta en las tiendas?
   b. ¿Cuáles son los requisitos del éxito en la venta por catálogo?
2. *a.* ¿Qué características hacen que el merchandising sea apropiado para la venta por catálogo?
   b. ¿Qué función desempeñan la variedad y profundidad del surtido en el éxito de una compañía de este tipo?
3. ¿Qué factores influirán en el futuro de la venta por catálogo?

Fuentes: Cyndee Miller, "Sears Closes Book on Era: Competitors Hope to Improve Own Success Stories", *Marketing News*, 15 de marzo, 1993, pp. 1+; Lisa Coleman, "I Went Out and Did It", *Forbes*, 17 de agosto, 1992, pp. 102-104; Cathy Dydahl, "Catalog Retailing Cools Down After Growth of 1980s", *Chain Store Age Executive*, agosto de 1992, pp. 38A-39A; "Cost Squeeze for Catalogs", *St. Louis Post-Dispatch*, 14 de abril, 1991, p. 8E; John b. Hinge, "Catalog Houses That Once Boomed Find the Checks are No Longer in the Mail", *The Wall Street Journal*, 4 de abril, 1991, pp. B+; Brian Bremner y Keith H. Hammond, "Lands' End Look a Bit Frayed at the Edges", *Business Week*, 19 de marzo, 1990, p. 42; Mariann Caprino, "$1 Billion Is Spent on Edible Mail", *St. Louis Post-Dispatch*, 25 de noviembre, 1990, pp. E1+.

PARTE SEIS

Promoción

La promoción es el diseño y la administración de este elemento de la mezcla de marketing para informar, persuadir y recordar a los clientes actuales y potenciales

En capítulos anteriores examinamos el producto, el precio y la distribución, tres de los cuatro elementos de la mezcla de marketing con que se llega a los mercado meta de una organización y se cumplen sus metas de marketing. Para completar la mezcla en esta parte del libro nos ocuparemos de la promoción.

En el capítulo 16 ofrecemos un panorama general de la promoción; entre otras cosas, trataremos de los tipos de promoción, la promoción como forma de comunicación, la dirección de la promoción incluyendo aquí la mezcla promocional, el presupuesto promocional, el concepto de campaña y la regulación de la promoción. En el capítulo 17 estudiaremos el proceso de la venta personal y la dirección de la fuerza de ventas. La publicidad, la promoción de ventas, las relaciones públicas y la publicidad no pagada son el tema del capítulo 18.

CAPÍTULO 16

El programa promocional

¿Tiene BAUSCH & LOMB una idea clara de la higiene bucal?

La mayor parte de los consumidores asocian Bausch & Lomb (B&L) a los lentes de contacto y a los anteojos de sol. De ahí que se pregunten por qué ahora vende cepillos de dientes y enjuagues bucales. Esta estrategia, según los directivos, forma parte de un plan lógico para convertirse en una empresa de una gran variedad de productos para el cuidado de la salud, que se venden sin receta médica.

Desde su fundación, B&L ha sabido aprovechar las oportunidades. Su primer producto, desarrollado a mediados de la década de 1880, fue un armazón para anteojos de hule duro, adornado con molduras que costaba menos que los anteojos de metal. Su siguiente gran éxito se produjo a petición del ejército norteamericano. En 1929, le pidió desarrollar anteojos oscuros para pilotos que no los deslumbrasen. Estos anteojos, llamados Ray-Ban, se convirtieron en la norma de los pilotos y de toda persona que quisiera atenuar los efectos de los rayos ultravioleta e infrarrojos del sol. Durante años tuvieron gran demanda por su funcionalidad. Pero eso cambió en 1983, año en que B&L pagó la cantidad de $50 000 para que Tom Cruise usara un par de ellos en la película *Risky Business*. Los anteojos se pusieron pronto de moda en todo el mundo. Ahora controlan el 40% del mercado mundial de los anteojos oscuros caros.

En 1971, la compañía obtuvo los derechos exclusivos para producir lentes de contacto blandos, desarrollados en lo que antes era Checoslovaquia. Otras firmas estadounidenses tardaron 10 años en conseguir la aprobación de la FDA para vender sus versiones de este tipo de lentes de contacto. B&L se labró una excelente reputación entre los oftalmólogos, oculistas y consumidores como el líder de la industria, logrando el control del 23% del mercado mundial. En los años 80 lanzó al mercado los lentes de contacto desechables; se intensificó entonces la competencia de precios entre los fabricantes, de modo que B&L hubo de buscar otras oportunidades.

Su primer intento de entrar en la industria de la higiene bucal lo realizó en 1988 al adquirir Interplak, cepillo de dientes diseñado para remover la placa dental. Hubo dos razones básicas por las cuales adquirió un cepillo de dientes para iniciar su diversificación y no limitarse a la venta de productos ópticos. Primero, 20% de las ventas de Interplak se efectuaban en los consultorios dentales y otro 50% se atribuía a las recomendaciones de los dentistas. Y la compañía tenía experiencia en este tipo de promoción, por haber establecido relaciones semejantes con los oftalmólogos. Segundo, tenía acceso a este mercado gracias a los canales de distribución que había creado para vender los productos relacionados con el cuidado de los lentes de contacto. Todo parecía indicar que la decisión había sido acertada, pues al cabo de cuatro años Interplak estaba generando ventas de $100 millones de dólares.

El enjuague bucal fue desarrollado por que B&L deseaba ampliar la posición alcanzada con Interplak. Hay tres grandes competidores en este segmento del mercado: Listerine (fabricado por Warner-Lambert), con 33% del mercado, Scope (de Procter & Gamble), con 24% y Plax (de Pfizer), con 10%.

Las marcas de mayor demanda contienen alcohol e ingredientes artificiales que les dan colores característicos. B&L descubrió que, en general, el público no sabe que las marcas de enjuague contienen alcohol. Al mismo tiempo, un estudio clínico al que se le dio gran publicidad describía un posible nexo entre el alcohol del enjuague bucal y un elevado riesgo de contraer cáncer. La investigación efectuada por B&L también descubrió que a los usuarios les molestaba el uso de ingredientes para darles color a los enjuagues. Finalmente, la investigación indicaba que el mercado meta de los enjuagues bucales se parecía muchísimo al que ya utilizaba los lentes de contacto y estaba familiarizado con el nombre de la compañía. Por tanto, ésta desarrolló Clear Choice, enjuague bucal de color claro que no contiene alcohol.

¿Puede B&L penetrar en un mercado dominado por dos de las empresas más poderosas de productos que se venden sin receta? Tiene un producto dotado de lo que parece ser una diferencia positiva. Su precio es competitivo y la compañía dispone de canales de distribución que apoyan eficazmente los productos relacionados con los lentes de contacto. El otro elemento de la mezcla de marketing es la promoción. Warner-Lambert invierte $25 millones anuales en la publicidad de Listerine y Procter & Gamble destina más de $20 millones a la promoción de Scope.

B&L asignó un presupuesto de $15 millones para el lanzamiento de Clear Choice. La campaña promocional de lanzamiento incluyó:

- Un total de 48 millones en cupones de descuento que aparecieron en los periódicos del domingo.
- Un anuncio de televisión que se transmitió en noticieros matutinos de una red.
- Anuncios impresos que comenzaron a aparecer en revistas cerca de 3 meses después de colocar el producto en las tiendas.
- Cupones de Clear Choice incluidos en los productos para el cuidado de los ojos Bausch & Lomb.
- Frascos con muestras de Clear Choice.[1]

¿Qué circunstancias influyeron en la combinación de las actividades promocionales con que se lanzó al mercado Clear Choice?

Como todas las compañías, Bausch & Lomb tuvo que decidir qué nivel y tipos de promoción emprender en favor de su producto, Clear Choice. Estas decisiones se complican por el hecho de que existen muchas formas de promoción, sin que haya dos situaciones de marketing totalmente idénticas. El presente capítulo le ayudará a entender cómo se toman decisiones como las anteriores, pues veremos qué es la promoción y cómo encaja dentro del programa total de marketing de una empresa. Después de estudiar este capítulo, usted deberá ser capaz de explicar:

OBJETIVOS DEL CAPÍTULO

- Los componentes de la promoción y en qué difieren entre sí.
- El papel que desempeña la promoción en una compañía y en la economía.
- De qué manera el proceso de la comunicación se relaciona con una buena promoción.
- El concepto y el diseño de la mezcla promocional.
- La campaña promocional.
- Otros métodos para elaborar el presupuesto promocional.
- La regulación de la promoción.

NATURALEZA DE LA PROMOCIÓN

Las actividades de planeación del producto, fijación de precios y distribución relacionadas con la mezcla de marketing se llevan a cabo fundamentalmente dentro de un negocio o bien entre un negocio y los miembros de sus canales de distribución. Sin embargo, a través de sus actividades promocionales la compañía se comunica directamente con los clientes potenciales. Y, como veremos luego, no se trata de un proceso simple.

La promoción es básicamente un intento de influir en el público. Más exactamente, la **promoción** es el elemento de la mezcla de marketing que sirve para informar, persuadir y recordarle al mercado la existencia de un producto y su venta, con la esperanza de influir en los sentimientos, creencias o comportamiento del receptor o destinatario.

Métodos promocionales

Hay cinco formas de promoción: venta personal, publicidad, promoción de ventas, relaciones públicas y publicidad no pagada. Cada una tiene características especiales que determinan en qué situaciones dará mejores resultados.

- La **venta personal** es la presentación directa de un producto que el representante de una compañía hace a un comprador potencial. Tiene lugar cara a cara o bien por teléfono, pudiendo dirigirse a un intermediario o al consumidor final. La mencionamos en primer lugar porque, en todas las industrias, se invierte más dinero en ella que en cualquier otra clase de promoción.
- La **publicidad** es una comunicación masiva e impersonal que paga un patrocinador y en la cual éste está claramente identificado. Las formas más conocidas son los anuncios que aparecen en los medios electrónicos (televisión y radio) y en los impresos (periódicos y revistas). Sin embargo, hay muchas otras alternativas, desde el correo directo y los espectaculares hasta las páginas de la sección amarilla del directorio telefónico.
- La **promoción de ventas** es una actividad estimuladora de la demanda, cuya finalidad es complementar la publicidad y facilitar la venta personal. La paga el patrocinador y a menudo consiste en un incentivo temporal que estimula la compra. Muchas veces está

El programa promocional

Estudiantes universitarios internos recorren 80 000 kilómetros al año en seis de estos automóviles salchicha de 7 metros de largo, realizando labores de relaciones públicas en favor de Oscar Mayer Food Corporation.

dirigida al consumidor. Pero la mayor parte de las veces tiene por objeto incentivar a la fuerza de ventas u otros miembros del canal de distribución para que vendan más agresivamente los productos de la empresa. Esta última categoría recibe el nombre de promoción comercial. Incluye un amplio espectro de actividades: concursos, exhibiciones comerciales, exhibiciones en la tienda, bonificaciones, muestras gratuitas, premios, descuentos y cupones.

- Las **relaciones públicas** abarcan una amplia gama de actividades comunicativas que contribuyen a crear actitudes y opiniones positivas respecto a una organización y sus productos. A diferencia de la publicidad y la venta personal, no incluyen un mensaje específico de ventas. Los destinarios de estas actividades pueden ser los clientes, los accionistas, una dependencia gubernamental o un grupo de interés especial. Las relaciones públicas adoptan muchas formas: boletines, informes anuales, cabildeo y patrocinamiento de eventos caritativos o cívicos. Los globos dirigibles de Goodyear y Fuji, así como el auto salchicha de Oscar Mayer son ejemplos muy conocidos de técnicas de relaciones públicas.

- La **publicidad no pagada** es una forma especial de relaciones públicas que incluye noticias o reportajes sobre una organización o sus productos. A semejanza de la publicidad, comunica un mensaje impersonal que llega a una audiencia masiva a través de los medios. Pero varios elementos la distinguen de la publicidad: *no* se paga, la organización que la recibe no tiene control sobre ella y, como aparece en forma de noticias, su credibilidad es mayor que la publicidad. Las organizaciones buscan este tipo de publicidad y frecuentemente suministran material para obtenerla por medio de noticias, conferencias de prensa y fotografías. Desde luego, también existe la mala publicidad no pagada, que las empresas tratan de evitar o rechazar.

El proceso de comunicación y la promoción

La **comunicación** es la transmisión verbal o no verbal de información entre alguien que quiere expresar una idea y otro que desea recibirla. Por ser la promoción una forma de comunicación, podremos aprender a estructurarla mucho mejor si examinamos el proceso comunicativo.

La comunicación requiere fundamentalmente sólo cuatro elementos: un *mensaje*, una *fuente* del mensaje, un *canal de comunicación* y un *receptor*. Pero en la práctica importantes componentes adicionales entran en juego:

- Primero debe **codificarse** en una forma transmisible la información que la fuente emisora quiere compartir. En el marketing esto significa expresar una idea ("Una línea aérea tan grande como United Airlines debe encontrar una forma de personalizar su imagen") en palabras ("Fly the friendly skies" = vuele por los cielos amistosos), imágenes u otra modalidad; por ejemplo, una muestra.

- Una vez transmitido el mensaje por algún canal de comunicación, el receptor deberá **decodificar** los símbolos, o sea darles un significado. El mensaje recibido puede corresponder a lo que el emisor deseaba transmitir (" 'cielos amistosos' significa 'empleados cuidadosos' ") o bien otra cosa distinta ("Creo que United ha sustituido el profesionalismo por la afabilidad"), según el conocimiento o experiencia del receptor.

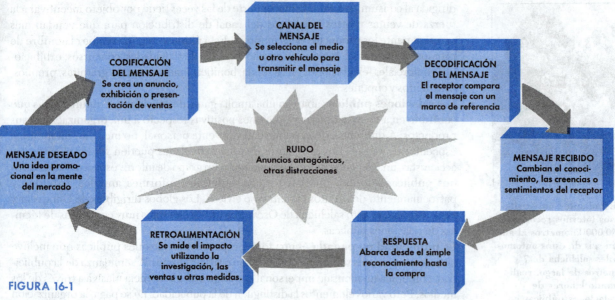

FIGURA 16-1

El proceso de comunicación en la promoción.

- Si el mensaje se transmitió adecuadamente, habrá algún cambio en el conocimiento, creencias o sentimientos del receptor. A causa de este cambio emitirá una **respuesta**. La respuesta puede ser no verbal (una sonrisa mientras ve el comercial de United Airlines), verbal (recomienda la línea aérea a un amigo) o conductual (la compra de un boleto de esa compañía).
- La respuesta sirve de **retroalimentación**, pues le indica al emisor si el mensaje se recibió y cómo fue percibido por el destinatario. A través de la retroalimentación el emisor sabrá por qué una comunicación fracasó y cómo mejorarla en el futuro.
- En todas las etapas del proceso puede influir el **ruido**, es decir, cualquier factor externo que interfiera con una buena comunicación. (En el caso de United Airlines, los anuncios de Northwest, Delta y otras compañías aéreas producen ruido.)

La figura 16-1 muestra estos componentes del proceso de la comunicación, relacionándolas con las actividades de la promoción.

¿Qué nos revela el proceso de la comunicación acerca de la promoción? En primer lugar, el acto de codificación nos recuerda que los mensajes pueden adoptar muchas formas. Los mensajes pueden ser físicos (una muestra gratuita, un premio) o simbólicos (verbales, visuales); hay multitud de opciones dentro de cada una de esas categorías. Por ejemplo, un mensaje verbal puede ser factual, humorístico y hasta amenazador.

Segundo, el número de canales o métodos de transmisión de un mensaje depende tan sólo de la imaginación o creatividad del emisor. La mayor parte de los mensajes promocionales se transmiten por canales muy conocidos, como la voz del vendedor, las ondas sonoras de la radio, el correo, el costado de un autobús o la película que precede a la principal en un cine. Cada canal posee sus propias características en cuanto a cobertura de audiencia, flexibilidad, permanencia, credibilidad y costo. Al seleccionar un canal, el ejecutivo de marketing deberá

El programa promocional

¿QUÉ SE PIERDE EN UNA TRADUCCIÓN?

Rara vez nos detenemos a reflexionar sobre nuestra capacidad de comunicarnos. Sin embargo, el simple proceso de traducir un mensaje de un idioma a otro a menudo es un recordatorio elocuente de cuán difícil puede resultar la comunicación. A continuación se incluyen anuncios que no han sido traducidos adecuadamente:

En un hotel de Tokio: Está prohibido robarse las toallas del hotel. Si usted no es un ladrón haga el favor de no leer este anuncio.

En una lavandería de Roma: Damas, hagan el favor de dejar su ropa aquí y tengan una buena tarde.

En una sastrería de Hong Kong: Las damas pueden tener un ataque arriba.

En un hotel de Atenas: Los huéspedes deben quejarse diariamente en la oficina de las 9 a las 11 de la mañana.

En el zoológico de Budapest: No dé alimentos a los animales. Si tiene un alimento para ellos, por favor déselo al guardia de turno.

En una agencia de alquiler de automóviles en Tokio: Cuando un pasajero se cruce en su camino, procure evitar que se ponga en su camino. Pero si le obstruye el paso, empújelo con vigor.

En un restaurante suizo: Con nuestros vinos ya no tiene usted nada que esperar.

En un elevador de Lepzig: No entre de espaldas en el elevador y sólo cuando esté iluminado.

En una oficina del aeropuerto de Copenhage: Nos encargamos de su maleta y se la enviamos a todas direcciones.

En un hotel de Moscú: Si ésta es la primera vez que visita Rusia, le damos la bienvenida.

En un hotel de Acapulco: El gerente ha probado personalmente toda el agua que se consume aquí.

En un bar de hotel de Noruega: Se suplica a las damas que no tengan hijos aquí.

En un consultorio de Roma: Especialista en mujeres y en otras enfermedades.

---

tener definidos claramente sus objetivos y estar familiarizado con las características de varias opciones. McDonald's invirtió menos en una red de televisión y realizó la compra más grande en la historia de la publicidad externa, cuando adquirió 20 000 espectaculares para llegar a los clientes que se hallaban en la carretera y que en pocos minutos tomarían una decisión de compra.[2]

Tercero, la forma de decodificar el mensaje o de interpretarlo depende de su forma (codificación y transmisión), así como de la capacidad e interés del receptor. Al diseñar y enviar mensajes, los expertos en marketing han de ser sensibles ante la audiencia. ¿Cuál es su vocabulario y nivel de dominio verbal? ¿Qué otros mensajes han recibido? ¿Qué experiencias han tenido? ¿Qué captará y mantendrá su atención?

Por último, todo promoción debería tener un objetivo mensurable que pueda determinarse partiendo de la respuesta y la retroalimentación de los destinatarios. La retroalimentación se obtiene por muchos medios: cambios de las ventas, recordación de los mensajes publicitarios, actitudes más favorables, un mayor conocimiento del producto o la organización, según el objetivo que se busque con la promoción. En el caso de algunas actividades promocionales, el objetivo puede ser modesto; por ejemplo, mejor conocimiento de la marca por parte de la audiencia. En otros, como sucede con el envío de material publicitario, el objetivo podría ser determinado nivel de ventas. Sin objetivos no será posible evaluar la eficacia de un mensaje.

PROPÓSITOS DE LA PROMOCIÓN

Uno de los atributos de un sistema de mercado libre es el derecho de utilizar la comunicación como medio para influir en el público. En las sociedades modernas esa libertad se manifiesta en las actividades promocionales de las empresas, cuya finalidad es influir en los sentimientos, creencias y comportamiento de los clientes potenciales. En seguida veremos, desde una perspectiva económica y de marketing, cómo funciona la promoción.

Promoción y competencia imperfecta

El mercado estadounidense funciona en condiciones de competencia imperfecta, la cual se caracteriza por diferenciación de productos, comportamiento emocional de compra e información incompleta acerca del mercado. Una compañía se vale de la promoción para suministrar más información destinada al proceso de la toma de decisiones de compra, para diferenciar más fácilmente sus productos y persuadir a los posibles compradores.

Desde el punto de vista de la economía, la finalidad de la promoción es cambiar la ubicación y forma de la **curva de la demanda** (ingresos) de un producto. (Véase la figura 16-2 y recuérdese lo dicho en el capítulo 12 sobre la competencia no relacionada con el precio.) Mediante la promoción una compañía trata de acrecentar el volumen de ventas de sus productos a un precio determinado (Fig. 16-2a), es decir, desplaza la curva de la demanda hacia la derecha. En pocas palabras, intenta hacer más atractivo el producto para el público. Esto lo ha logrado Reynolds Aluminum haciendo primero que los vendedores identifiquen casos en que el aluminio puede reemplazar al acero u otras materias primas y luego encontrando medios para que su uso sea rentable. Un ejemplo es el mercado de latas para refrescos, que antaño estaba dominado por el acero y ahora el aluminio tiene una participación del 96%.[3]

Una empresa espera además que la promoción influirá positivamente en la elasticidad de la demanda de su producto (Fig. 16-2b). La intención es lograr que la demanda sea más *inelástica* cuando aumentan los precios y *más elástica* cuando disminuyen. En otras palabras, los directivos quieren aumentar el atractivo de un producto por medio de la promoción, de manera que la cantidad demandada disminuya muy poco si se eleva el precio (demanda inelástica) y aumenta considerablemente si se reducen (demanda elástica).

Promoción y marketing

La promoción cumple tres funciones esenciales: informa a los compradores potenciales, los persuade y les recuerda la existencia de una compañía y sus productos. La importancia relativa de estas funciones varía según las circunstancias en que se encuentre la compañía.

Por muy útil que sean un producto o una marca, fracasarán si uno no sabe que están disponibles. Dado que los canales de distribución suelen ser largos, un producto pasará por muchas manos antes de llegar al consumidor final. Por tanto, un fabricante deberá *informar* a los intermediarios y también a los consumidores finales o a los usuarios industriales acerca del producto. A su vez los mayoristas informan a los detallistas y éstos al público. A medida que aumenta el número de compradores potenciales y se expanden las dimensiones geográficas de un mercado, irán aumentando también los problemas y el costo de informar al mercado.

Franklin Sports Industries vende $65 millones anuales de todo tipo de artículos deportivos. Para alcanzar un éxito tan grande en un mercado dominado por nombres como Wilson

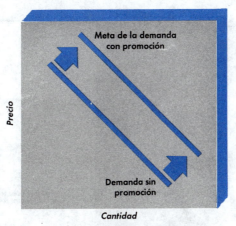 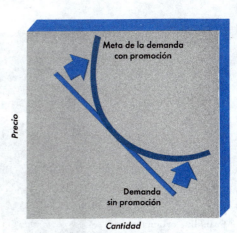

FIGURA 16-2

La meta de la promoción es cambiar el patrón de la demanda de un producto.

a. Desplazamiento de la curva de la demanda hacia la derecha.

b. Cambio de la forma (elasticidad) de la curva de la demanda.

y Spalding se requiere una estrategia especial de promoción, cuya finalidad es dar a conocer el nombre de la marca. Franklin diseñó unos guantes de alta calidad para batear, con su logotipo en grandes dimensiones pegado en la parte posterior. Se regalaron docenas de guantes a jugadores profesionales y universitarios de béisbol. Al cabo de poco tiempo casi todos los bateadores que aparecían en televisión o en las revistas deportivas exhibían en forma prominente el nombre Franklin. La exposición le dio credibilidad a la empresa en las tiendas de artículos deportivos, que comenzaron entonces a vender sus otros productos.[4] En conclusión, uno de los principales propósitos de la promoción es difundir información: permitirles a los compradores potenciales enterarse de la existencia del producto, de su disponibilidad y de su precio.

Otra finalidad de la promoción es la *persuasión*. La competencia tan intensa entre varias industrias, lo mismo que entre las empresas de una misma industria, impone una enorme presión a los programas promocionales de los vendedores. En una economía de tanta opulencia como la de Estados Unidos, incluso un producto diseñado para satisfacer una necesidad fisiológica primaria requiere una fuerte promoción persuasiva, ya que el público dispone de muchas alternativas de donde escoger. Campbell Soup Company lleva más de 120 años vendiendo sopa y sus ventas anuales rebasan los 1.6 mil millones de dólares. Según los estudios realizados, prácticamente toda familia estadounidense tiene alguna sopa de esta compañía en la despensa. Pese a ello, la compañía invierte $50 millones al año en la publicidad de la sopa, a causa de la competencia tan fuerte de las otras marcas y de productos más recientes como los fideos ramen.[5] En el caso de un producto de lujo, cuya demanda dependerá de la capacidad del vendedor para convencer a los consumidores de que sus beneficios superan a los de otros productos, la persuasión cobra aún mayor importancia.

Además a los consumidores se les debe *recordar* de la disponibilidad del producto y de su potencial para satisfacerlos. Todos los días las empresas bombardean al mercado con miles de mensajes, con la esperanza de atraer más compradores y crearles mercados a los nuevos productos. Ante la competencia tan intensa por captar la atención del público, hasta

Los guantes para batear Franklin, originalmente un herramienta promocional para dar a conocer la compañía, se ha convertido en un importante producto por sí mismo.

Esta unidad de merchandising de refrescos fríos en las cajas registradoras genera de 25 a 40 casos semanales de ventas adicionales de refrescos entre los detallistas, simplemente porque les recuerda a los consumidores la existencia del producto.

las compañías bien establecidas en el mercado se ven obligadas a recordarle a la gente su marca para que no la olviden. Por ejemplo, rara vez transcurre un día en que no veamos alguna forma de promoción (un anuncio, una exhibición en la tienda, un letrero, un espectacular o una camiseta) de Coca-Cola. Así, algunas veces la promoción no tiene otro fin que contrarrestar la actividad mercadológica de la competencia, atrayendo la atención del mercado sobre una marca determinada.

Promoción y planeación estratégica de marketing

La venta personal, la publicidad y otras actividades promocionales de la empresa deberían constituir un programa promocional bien coordinado dentro de su plan global de marketing. Muchas veces esas actividades están fragmentadas, con consecuencias potencialmente perjudiciales. Por ejemplo, la obtención de recursos puede provocar pugnas o conflictos entre los gerentes de publicidad y los de la fuerza de ventas. Pero ello no debería ocurrir si los elementos de la promoción fueran una parte coordinada del plan estratégico global de marketing.

Las actividades promocionales no podrán ser eficaces, si no se coordinan también con la planeación del producto, la fijación de precios y la distribución, los otros tres elementos de la mezcla de marketing. Así, en la promoción influye la singularidad de un producto y el hecho de que su precio esté por encima o por debajo de la competencia. Un fabricante o intermediario deberá tener en cuenta también su interdependencia promocional con otras firmas dentro del canal de distribución. Por ejemplo, Chrysler admite que su éxito está íntimamente ligado al desempeño de los distribuidores. Por consiguiente, además de hacerles publicidad directamente a sus automóviles entre los usuarios, ofrece incentivos en efectivo a los distribuidores que logran altas puntuaciones de satisfacción del cliente y capacitan

PERSPECTIVA INTERNACIONAL

¿PUEDE UNA PROMOCIÓN ESTANDARIZADA SER PARTE DE UNA ESTRATEGIA GLOBAL DE MARKETING?

A medida que un número creciente de compañías entran en el mercado internacional, se hace menos claro que haya un medio óptimo de promover sus productos aplicable a todos los casos. Coca-Cola, por ejemplo, consiguió excelentes resultados con el eslogan publicitario: "Can't Beat the Feeling" (no puedes superar la sensación) en muchas partes del mundo. ¿Pero podría estandarizar también su promoción de ventas? Hay varias razones por las cuales tal vez esto no sea posible:

- **Nivel del desarrollo económico.** El escaso poder adquisitivo, combinado con bajos niveles de escolaridad limita el número de opciones de la promoción de ventas en los países subdesarrollados. En las Filipinas, casi todos compran en cantidades tan pequeñas (cigarros y porciones individuales de champú, por ejemplo) que no es posible ofrecer premios en paquetes. En los países en vías de desarrollo, las muestras gratuitas y las demostraciones son las más comunes herramientas promocionales; en cambio, rara vez se usan los cupones, herramienta promocional muy frecuente en los países industrializados.
- **Etapa del desarrollo del mercado.** El mismo producto suele venderse en los mercados maduros donde hay muchos competidores y los consumidores están familiarizados con otras marcas, y también en mercados nuevos donde no sólo se desconoce la marca, sino que la clase de producto resulta novedosa para el público. En los mercados maduros, se procura aumentar la cantidad de tiendas que venden el producto, sirviéndose para ello de herramientas promocionales, como los descuentos comerciales que se otorgan a los intermediarios. Por el contrario, en los mercados nuevos conviene más lograr que la gente pruebe el producto obsequiándole muestras y distribuyendo cupones.
- **Valores de los consumidores.** Las técnicas de promoción de ventas se juzgan en forma diferente según las culturas. En Japón, país donde los cupones fueron utilizados inicialmente en 1976, algunas personas sentían vergüenza de que las vieran usándolos. Así, lo que en un país se considera un premio puede verse en otro como una prueba de pobreza.
- **Regulaciones gubernamentales.** Las leyes que rigen lo permisible y la manera en que pueden efectuarse las promociones no son iguales en todos los países. En Japón, el valor de un premio no puede rebasar el 10% del precio del producto y tampoco costar más de 100 yenes (unos 80 centavos de dólar). En Malasia, los concursos promocionales pueden ser juegos de habilidad, pero no de azar. Las únicas promociones de ventas que se permiten en los países miembro de la Comunidad Europea son las muestras gratuitas, las demostraciones en la tienda y los paquetes reutilizables.
- **Estructura del comercio al menudeo.** El predominio de cadenas grandes y poderosas de tiendas frente a los pequeños detallistas independientes en un mercado influirá en el éxito de las promociones. Las cadenas prefieren las promociones comerciales que ofrecen descuentos y promociones en las tiendas para el público. Sin embargo, las tiendas más pequeñas no compran en cantidades lo suficientemente grandes para que aprovechen este tipo de descuentos. En Japón, país donde las tiendas son sumamente pequeñas, sus exhibiciones ocupan demasiado espacio generando apiñamientos.

La finalidad de la publicidad es que el público conozca una marca y se familiarice con ella; por ello, pueden obtenerse buenos resultados utilizando temas comunes en todo el mundo. Pero el objetivo de la promoción de ventas es la acción: prueba, compra, recompra, adquisición de grandes cantidades, etc. Por tanto, deberá adaptarse a las condiciones particulares de cada mercado.

Fuente: Kamran Kashani y John A. Quelch, "Can Sales Promotion Go Global?" *Business Horizons,* mayo-junio de 1990, pp. 37-44.

a los vendedores en la presentación de los automóviles y en la realización de un recorrido de prueba.[6]

La promoción deberá contribuir además a realizar el plan estratégico global de la organización. Bausch & Lomb tuvo éxito con los lentes de contacto al concentrar gran parte de sus actividades promocionales en la educación de los oftalmólogos y oculistas. Pero, ante la creciente popularidad de los lentes desechables, la distribución de los lentes de contacto ya no se centró en los consultorios de esos especialistas, sino en las ópticas. Con el fin de conservar su posición de líder del mercado, juzgó necesario dejar de dirigir su promoción a los médicos para concentrarse en las personas que usan lentes de contacto, en especial los adolescentes. Para llegar a este mercado, a través de un número de servicio en MTV ofreció certificados para probarse gratuitamente lentes desechables, publicitó ofertas de este tipo de pruebas en revistas de adolescentes y distribuyó portadas de libros y mochilas deportivas en los planteles de enseñanza media.[7]

DETERMINACIÓN DE LA MEZCLA PROMOCIONAL

Se da el nombre de **mezcla promocional** a la combinación de venta personal, publicidad, promoción de ventas, relaciones públicas y publicidad no pagada. Una buena mezcla promocional es parte esencial prácticamente de toda estrategia de marketing. La diferenciación de producto, la segmentación del mercado, el aumento de línea en precios altos y en precios bajos y el uso de marcas requieren una promoción adecuada. Para diseñar una mezcla promocional eficaz es preciso tomar varias decisiones estratégicas, según veremos en seguida.

Factores que influyen en la mezcla promocional

Los siguientes factores deberán tenerse en cuenta cuando se seleccione la mezcla promocional: 1) el mercado meta, 2) la naturaleza del producto, 3) la etapa del ciclo de vida del producto y 4) la cantidad de dinero de que se dispone para la promoción.

El mercado meta. Como en el resto de las áreas del marketing, en las decisiones concernientes a la mezcla promocional influirá poderosamente la audiencia o mercado meta. Por lo menos cuatro variables inciden en la elección del método promocional para un mercado en particular:

- **Disposición a comprar.** Un mercado meta puede encontrarse en una de las seis etapas de esta disposición. Estas etapas (reconocimiento, conocimiento, simpatía, preferencia, convicción y compra) reciben el nombre de **jerarquía de efectos**, pues son las etapas por las que pasa un comprador al decidirse por una compra y cada una define una meta o efecto posible de la promoción.

    En la etapa de *reconocimiento*, la misión del vendedor consiste en darle a conocer al prospecto la existencia de la marca o producto. Aquí el objetivo es establecer familiaridad con el nombre del producto y de la marca. Recuerde los anuncios tan originales que precedieron el lanzamiento del automóvil Infiniti. En un mercado ya saturado con tantas marcas, los anuncios tan novedosos de escenas naturales generaron un alto grado de reconocimiento del nombre de marca, antes que el público viera el modelo.

El programa promocional

MetLife se sirve de Snoopy para lograr el reconocimiento de sus servicios. ¿Es Snoopy un símbolo apropiado para una compañía de seguros?

El *conocimiento* va más allá del simple reconocimiento y el sujeto se entera de las características del producto. Goodyear y BF Goodrich son compañías de llantas que a menudo se confunden, simplemente porque los fundadores tenían nombres parecidos. Y la eficacia de los globos dirigibles de Goodyear como símbolos corporativos hizo que muchos las confundieran. Por ejemplo, Goodrich introdujo llantas radiales de banda de acero en el mercado estadounidense, pero la mayor parte de los usuarios atribuye la innovación a Goodyear. Con el propósito de establecerse como líder de la industria en la mente de la gente, Goodrich diseñó una campaña de información cuya finalidad era que se conocieran mejor sus innovaciones.

La *simpatía*, o gusto, se refiere a la actitud del mercado frente a la marca o producto. Con la promoción se logra que una audiencia conocedora deje de ser indiferente ante una marca y empiece a gustarle. Una técnica común consiste en asociar el producto con una persona o símbolo atractivo, lo cual explica por qué Reebok contrató al jugador de basketball Shaquille O'Neal por $15 millones para que promoviera su línea Shaq Attaq de zapatos y ropa.

No puede crearse la *preferencia* si no se logra que el público distinga las marcas, de modo que el mercado escoja la nuestra. Muchas veces al consumidor le gustan varias marcas de un mismo producto, pero no puede tomar una decisión mientras no opte por alguna de ellas. Los anuncios que realizan comparaciones directas con la competencia tienen por objeto crear una preferencia. En la competencia por clientes de llamadas telefónicas de larga distancia, MCI compara su precio con el de AT&T, y esta empresa compara la reputación de su servicio con el que da MCI.

La *convicción* supone la decisión real o el compromiso de efectuar una compra. Un estudiante puede preferir la IBM PC sobre algún otro modelo, pero no está convencido de que debe adquirirla. El objetivo de la promoción en este caso es aumentar la fuerza de la necesidad del comprador. Se fortalece mucho la convicción de poseer un producto si se prueba y se sienten los beneficios de su uso. Un ejemplo de ello es permitirle a los niños jugar con un Nintendo en la exhibición de una tienda.

La *compra* puede posponerse indefinidamente, aun tratándose de personas convencidas de que deben comprar un producto. El inhibidor puede ser un factor situacional como el no tener suficiente dinero en el momento o bien la resistencia natural al cambio. La acción puede desencadenarse mediante un descuento promocional o bien ofreciendo incentivos adicionales. Northwest Airlines generó una verdadera avalancha de demanda con su promoción "Grow-Ups Fly Free" (los grandes vuelan gratis), que permitía a los adultos obtener un boleto gratis al comprar el boleto de su hijo.

- **Dimensión geográfica del mercado.** La venta personal tal vez sea adecuada en un mercado local pequeño, pero a medida que crece la extensión geográfica del mercado habrá que darle mayor importancia a la publicidad. La excepción será una compañía que vende a grupos concentrados de clientes dispersos en un país. Por ejemplo, el mercado de algunos plásticos está más concentrado en Ohio y Michigan, porque en ambos estados los emplean los proveedores de componentes de la industria automotriz. En este caso, quizá convenga darle prioridad a la venta personal.

- **Tipo de cliente.** La estrategia promocional depende en parte del nivel de canal de distribución en que la organización espera influir. A veces los consumidores finales y los intermediarios compran el mismo producto, pero requieren una promoción diferente. Por ejemplo, la compañía 3M vende sus disquetes a los usuarios finales a través de tiendas de computadoras y de suministros para oficina. La promoción dirigida a los distribuidores incluye compartir el costo de los anuncios que aparecen en las páginas de la sección amarilla y la publicidad en las revistas especializadas de negocios, como *Office Products Dealer*. Los anuncios dirigidos a los usuarios finales se publican en revistas como *Personal Computing, Fortune* y *Business Week*. Muchas veces los intermediarios influirán profundamente en la estrategia promocional del fabricante. Las grandes cadenas al detalle pueden negarse a vender un producto, si el fabricante no accede a dar cierto nivel de apoyo promocional.

Otra consideración es la diversidad de los mercados meta de un producto. Un mercado con un solo tipo de cliente requerirá una mezcla promocional distinta a un mercado que tiene muchos mercados grandes. Una compañía que venda grandes sierras eléctricas, que sólo usan los fabricantes de madera, recurrirá de manera exclusiva a la venta personal. Por el contrario, una empresa que venda sierras portátiles a individuos y a constructoras probablemente incluya mucha publicidad en su mezcla. La venta personal resulta demasiado costosa para llegar a los numerosos clientes de la empresa.

- **Concentración del mercado.** Otra consideración es la cantidad total de compradores. Cuantos menos compradores potenciales haya, la venta personal será más eficaz que la publicidad. Por ejemplo, en Estados Unidos existen apenas 31 fabricantes de aspiradoras y ocho de ellos producen el 85% del total de ellas. Claro que, para una empresa que venda piezas de aspiradoras, la venta personal será el medio más idóneo para llegar a este mercado.

Naturaleza del producto.
Algunos atributos del producto influyen en la estrategia promocional. Los más importantes son:

- **Valor unitario.** Un producto con poco valor unitario suele ser relativamente simple, entraña poco riesgo para el comprador y debe ser atractivo para el mercado masivo si es que quiere sobrevivir. Por eso, la publicidad será la principal herramienta promocional. En cambio, a menudo los productos de gran valor unitario son complejos y caros. Estas dos características indican la necesidad de recurrir a la venta personal. A los distribuidores de BMW se les alienta para que ordenen a sus vendedores salir de la sala de exhibición y visitar a los prospectos. BMW espera estimular las ventas decrecientes en Estados Unidos, aumentando la actividad de la venta personal mediante técnicas como la entrega de automóviles a los compradores potenciales para realizar recorridos de prueba.[8]
- **Nivel de adaptación.** Se requerirá la venta personal si un producto debe ser adaptado a las necesidades de cada cliente. Así, cabe suponer que se prefiera la venta personal en el caso de bienes como remodelación de casas o un traje muy caro. Con todo, los beneficios de la mayor parte de los productos estandarizados pueden comunicarse eficazmente en la publicidad.
- **Servicio antes y después de la venta.** Se prestan a la venta personal los productos que deben demostrarse, en los cuales se dan trueques de venta o que requieren mantenimiento para que funcionen adecuadamente. Ejemplos comunes son las cortadoras automáticas de pasto, los botes motorizados y las computadoras personales.

Etapa del ciclo de vida del producto.
En las estrategias de promoción influye la etapa del ciclo de vida del producto. Cuando se introduce en el mercado un producto nuevo, se comunican su existencia y sus beneficios a los prospectos y se convence a los intermediarios para que lo ofrezcan. Así pues, tanto la publicidad (dirigida a los consumidores) como la venta personal (dirigida a los intermediarios) son indispensables en la etapa de introducción en el mercado. El lanzamiento de un producto nuevo también puede ser una novedad y, por lo mismo, ofrecer excelentes oportunidades para realizar la publicidad no pagada. Más tarde, si tiene éxito, se intensificará la competencia y se dará mayor importancia a la publicidad persuasiva. En la tabla 16-1 se muestra cómo las estrategias promocionales cambian al pasar un producto por su ciclo de vida.

Fondos disponibles.
Sin importar cuál puede ser la mezcla promocional más conveniente, el dinero disponible será el factor que rija la elección. Una compañía que posea grandes recursos financieros utilizará mejor la publicidad que otra con escasos recursos. Las empresas pequeñas o débiles desde el punto de vista financiero tienden a recurrir a la

TABLA 16-1 Estrategias promocionales para varias etapas del ciclo de vida del producto

Situación del mercado	Estrategia promocional
Etapa de introducción	
Los clientes no conocen las características del producto y tampoco saben en qué les beneficiará.	Se informa y educa a los compradores potenciales respecto a la existencia del producto, la forma en que puede usarse y los beneficios que ofrece en cuanto a la satisfacción de sus necesidades. En esta etapa, el vendedor estimula la *demanda primaria* (la del tipo de producto) en contraste con la *demanda selectiva*, o sea la de una marca en particular. Por ejemplo, los fabricantes tenían que venderle al público el valor de los discos compactos en general antes de poder promover una marca en especial. Normalmente, habrá que hacer hincapié en la venta personal. Las exhibiciones en las exposiciones comerciales también se emplean mucho en la mezcla promocional. En este tipo de exhibiciones un producto nuevo recibe gran exposición ante muchos intermediarios. Los fabricantes también utilizan ampliamente la venta personal para lograr que los intermediarios manejen un nuevo producto.
Etapa de crecimiento	
Los clientes conocen los beneficios del producto. Éste se vende bien y los intermediarios quieren manejarlo.	Se estimula la demanda selectiva (de marca) al ir aumentando la competencia. Se concede mayor importancia a la publicidad. Los intermediarios comparten más la actividad global de la promoción.
Etapa de madurez	
La competencia se intensifica y se estancan las ventas.	La publicidad se utiliza más para persuadir y no sólo para dar información. Una competencia muy intensa obliga a los vendedores a destinar grandes cantidades a la publicidad, contribuyendo así a la disminución de las utilidades que se observa en esta etapa.
Etapa de declinación	
Las ventas y las utilidades van decreciendo. Nuevos y mejores productos empiezan a aparecer en el mercado.	Se reducen de modo sustancial todas las actividades promocionales. El enfoque es, ante todo, recordarles a los consumidores la existencia del producto.

venta personal, a las exhibiciones de los distribuidores o a promociones conjuntas con fabricantes y detallistas. Por ejemplo, con un costo de $300 000 dólares al año, K-Swiss, fabricante de zapatos deportivos, y Foot Locker, una tienda, en algunas grandes ciudades

¿A QUÉ SE DEBE QUE PODAMOS PUBLICITAR UN PRODUCTO?

Además de las condiciones mencionadas en esta sección, Neil Borden (verdadera autoridad en materia de publicidad) descubrió cinco criterios que hacen que algunos productos sean más "fáciles de publicitar" que otros. He aquí los criterios:

- **Demanda positiva del producto.** En contraste con la opinión generalizada, la publicidad no logrará vender exitosamente un producto que el público no desee. Por ejemplo, a pesar de los esfuerzos constantes realizados por una asociación industrial, la publicidad difícilmente logrará un incremento importante en la demanda de la escarola belga entre el público estadounidense, pues no le agrada el sabor amargo de ese producto.
- **La presencia de características físicas que brinda la oportunidad de diferenciar el producto.** Con un producto diferenciado el anunciante tiene más cosas que decir acerca de él. Por esa razón Mrs. Field's Cookies son más fáciles de anunciar que la sal Morton's. Los productos que no son fáciles de diferenciar por *marca* pueden ser anunciados por una asociación comercial como Beef Industry Council o Pineapple Growers Association.
- **Cualidades ocultas en el producto.** Esto le da al vendedor la oportunidad de educar al mercado por medio de la publicidad. Basándose en este criterio, una cámara Kodak será más fácil de anunciar que las tarjetas de felicitaciones Hallmark.
- **La existencia de motivos emocionales de compra.** A algunos productos la sociedad les atribuye poderosos motivos emocionales de compra. La acción de compra puede estimularse concentrándose en estos motivos. Es más fácil crear una campaña publicitaria muy eficaz para el perfume Obsesión que para las llaves de casquillo Craftsman.
- **Suficientes fondos para apoyar adecuadamente un programa de publicidad.** Gillette invirtió $100 millones de dólares para lanzar el rastrillo Sensor y $50 millones para introducir una línea de artículos de tocador para caballero.

Si se cumple con todos estos criterios, habrá una magnífica oportunidad de publicitar. Cuando un producto no los reúne todos, la publicidad será menos eficaz.

---

patrocinan de modo conjunto concursos de producción de videos para estudiantes de enseñanza media. Con un costo menor al de un anuncio televisivo a nivel nacional, los concursos alcanzan un alto nivel de reconocimiento de la marca entre los principales prospectos.[9]

La falta de dinero puede reducir las opciones de que dispone la compañía para realizar sus actividades promocionales. Por ejemplo, la publicidad por televisión lleva un mensaje promocional a muchos más a un costo menor *por persona* que la mayor parte de los medios de comunicación masiva. Sin embargo, a veces las empresas deberán servirse de medios menos caros, como la publicidad en las páginas de la sección amarilla, porque carece de fondos para sacarle partido a la eficiencia de la televisión.

Selección de una estrategia de jalar y de empujar

Como vimos con anterioridad, los productores dirigen la mezcla promocional tanto a los intermediarios como a los usuarios finales. Se da el nombre de **estrategia de empujar** al programa promocional dirigido principalmente a los intermediarios y de **estrategia de**

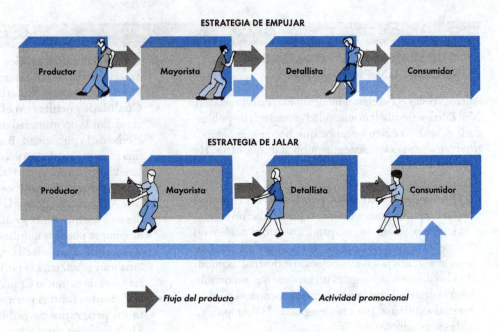

FIGURA 16-3

Estrategias promocionales de empujar y jalar.

jalar al que está dirigido fundamentalmente a los usuarios finales. La figura 16-3 compara ambas estrategias.

Cuando el miembro de un canal utiliza una estrategia de *empujar*, dirige su promoción básicamente a los intermediarios que constituyen el siguiente eslabón en el canal de distribución. Se "empuja" el producto a través del canal. Pongamos el caso de un fabricante que vende sus herramientas y las piezas de repuesto a consumidores caseros por medio de mayoristas y detallistas como Ace y True Value. Realizará una intensa promoción entre los mayoristas, que después aplicarán a sus detallistas la estrategia de empujar. A su vez éstos promoverán los productos entre los compradores. Por lo regular una estrategia de empujar incluye una fuerte venta personal y promoción de ventas: concursos entre vendedores y *stands* en las exhibiciones. Esta estrategia promocional es aconsejable para muchos fabricantes de productos industriales y también de bienes de consumo.

Cuando se recurre a una estrategia de *jalar*, la promoción se dirige a los usuarios finales: generalmente los consumidores finales. La intención es motivarlos para que pidan el producto a los detallistas. Éstos a su vez lo solicitarán a los mayoristas, quienes lo ordenarán al fabricante. En efecto, la promoción destinada a los consumidores tiene por objeto "jalar" el producto a través del canal. Es una estrategia que usa mucho la publicidad y diversas formas de promoción de ventas como premios, muestras gratuitas o demostraciones dentro de la tienda.

Los detallistas no tienen un gran incentivo para exhibir en sus estantes las variaciones menores de las marcas actuales, a menos que estén seguros de que las venderán. De ahí que los fabricantes de bienes empacados a menudo recurran a la estrategia de jalar para que los supermercados vendan sus nuevos productos. Por ejemplo, Johnson & Johnson invirtió $40 millones de dólares en la publicidad y en la promoción de ventas para lanzar Tylenol

Esta estrategia de empujar aplicada a las uvas pasa Sun Maid incluye la publicidad dirigida a las tiendas.

Extra Strength Headache Plus, una extensión de su línea. Ante una inversión tan cuantiosa, las tiendas tenían cierta seguridad de que la marca se vendería bien.

EL CONCEPTO DE CAMPAÑA

Después de estudiar los factores que influyen en la mezcla promocional, a continuación nos concentraremos en la campaña promocional. Al planear el programa promocional de una organización, los directivos deberán pensar en función del concepto de campaña. Una **campaña** es una serie coordinada de actividades promocionales que se organizan en torno a un tema y cuya finalidad es cumplir una meta específica en un periodo determinado. En realidad, una campaña es un ejercicio de la planeación estratégica.

Aunque el término *campaña* suele asociarse al componente publicitario de la promoción, debería abarcar todo el programa promocional. Al desarrollar una campaña, una empresa coordina la publicidad, la venta personal, la promoción de ventas, las relaciones públicas y la publicidad no pagada para alcanzar un objetivo. Por ejemplo, H.J. Heinz estableció el rápido crecimiento de las ventas como uno de sus objetivos para 1993. Con el fin de cumplir su meta, redujo en un 43% el presupuesto de anuncios y aumentó en un 100% el de la promoción de ventas destinado a actividades como cupones, concursos y

En esta campaña Duracell refuerza su tema con varios anuncios semejantes.

promociones en las tiendas, ya que por medio de ella puede obtener un crecimiento más rápido de las ventas que con la publicidad.[10]

Una compañía puede utilizar muchos tipos de campañas promocionales y hasta realizar algunos simultáneamente. Según los objetivos y los fondos de que disponga, podrá efectuar al mismo tiempo campañas a nivel local, regional, nacional e internacional. Además, puede dirigir una campaña a los consumidores y otra a los mayoristas y detallistas.

Una campaña promocional comienza siempre con un objetivo. Pepsi fijó a Crystal Pepsi el objetivo de obtener un 2% de participación en el mercado de los refrescos, tanto en Canadá como en Estados Unidos. A continuación se examinan los motivos de compra del mercado meta para determinar el mensaje más vendedor. Una campaña promocional no tendrá éxito, si no ofrece al público medios para resolver sus problemas, satisfacer sus deseos o cumplir sus metas. Pepsi piensa que muchos adultos, que desde pequeños bebieron refrescos a base de cola, buscan ahora otros refrescos más ligeros y sin cafeína ni conservativos. Por ello, su mensaje de venta es el sabor natural y el aspecto claro y limpio de Crystal Pepsi.

Una campaña gira en torno a un tema o idea central. El **tema de una campaña** es simplemente el mensaje promocional formulado en una forma original que capte la aten-

ción del público. El tema de Crystal Pepsi es "You've never seen a taste like this" (nunca has visto un sabor como éste). Expresa elocuentemente los beneficios del producto: claridad, pureza y buen sabor. Frecuentemente, como en el caso de Crystal Pepsi, el tema adopta la forma de eslogan o lema.

El tema (lema) se encuentra presente en todas las actividades promocionales y contribuye a unificar la campaña. Algunas empresas utilizan el mismo tema en varias campañas; otras diseñan un tema para cada una. Luego de usar "Can't Beat the Real Thing" (no puede superarse lo natural) durante 5 años en Estados Unidos y "Can't Beat the Feeling" (no puede superarse la sensación) en el extranjero, Coca-Cola empezó a buscar un nuevo eslogan para emplearlo en todo el mundo.[11]

Una vez escogido el tema o eslogan de la campaña, se coordinará rigurosamente cada elemento de la mezcla promocional para comunicar el mensaje deseado. Ello significa que:

- El *programa publicitario* consta de una serie de anuncios bien sincronizados y colocados acertadamente que refuerzan la venta personal y las actividades de la promoción de ventas.
- La *venta personal* se coordina con el programa publicitario. A los vendedores se les da toda la información relacionada con la parte publicitaria de la campaña: el tema, los

medios que se emplearán y el programa de aparición de los anuncios. Los vendedores han de estar capacitados para explicar y demostrar los beneficios del producto resaltados en los anuncios. También deben transmitir el mensaje promocional a los intermediarios, a fin de que también ellos participen en la campaña.
- Los *medios de la promoción de ventas*, como los materiales para la exhibición en el punto de compra, se coordinan con otros aspectos de la campaña. Se preparan nuevos materiales para cada campaña. Deberán reflejar los anuncios y mensajes utilizados en la campaña actual, pues sólo así podrán aumentar su impacto en el punto de venta.
- Las actividades *relacionadas con la publicidad no pagada y con* las *relaciones públicas* se programan de modo que coincidan con otros componentes de la mezcla y pongan de relieve el mismo tema.

El último paso de una campaña consiste en evaluar los resultados. Éstos se comparan con el objetivo para determinar si la actividad promocional tuvo éxito. Por desgracia, al evaluar la promoción es imposible distinguir exactamente los efectos causados por una campaña y los que habrían ocurrido sin ella. Por tanto, es imposible determinar con precisión el valor de una campaña. Sin embargo, al comparar su costo con los resultados, podrá decidirse si tuvo éxito en términos generales o si fracasó y se identificarán medios de mejorarla en el futuro.

EL PRESUPUESTO PROMOCIONAL

Es sumamente difícil establecer los presupuestos promocionales, porque los gerentes no cuentan con normas confiables para calcular cuánto invertir en la publicidad o en la venta personal y cuánto del presupuesto total deben asignar a cada elemento de la mezcla promocional. Una compañía puede tener la opción de contratar otros siete vendedores o de aumentar en $200 000 el presupuesto destinado a exhibiciones; pero no puede determinar exactamente el incremento que obtendrá en ventas o en utilidades. Por ello, en vez de un método universal de establecer el presupuesto promocional, hay cuatro **métodos comunes de presupuesto promocional**: porcentaje de ventas, todos los fondos disponibles, seguir la competencia y presupuesto por función u objetivo. Estos métodos frecuentemente se explican al hablar del presupuesto publicitario, aunque pueden aplicarse a cualquier actividad promocional y también sirven para determinar el presupuesto promocional total.

Porcentaje de ventas

Podemos relacionar de alguna manera el presupuesto promocional con los ingresos de la compañía, como un porcentaje de las ventas pasadas o previstas. Una técnica común con que se calcula la base de ventas consiste en obtener el promedio entre las ventas del año anterior y las que se prevén para el año próximo. Algunas compañías prefieren presupuestar una cantidad fija de dinero por *unidad* de las ventas pasadas o las que se prevé realizar. Los fabricantes de productos con un alto valor unitario y baja tasa de rotación (automóviles y electrodomésticos, por ejemplo) acostumbran emplear el método unitario.

Dado que el *método basado en un porcentaje de las ventas* es fácil de calcular, probablemente es el más común de todos. Además, establece el costo de la promoción en relación con el ingreso por concepto de ventas, lo cual lo hace un costo variable y no fijo.

USTED TOMA LA DECISIÓN

¿DEBE LA PROMOCIÓN CONSIDERARSE COMO UN GASTO O COMO UNA INVERSIÓN?

Generalmente a las actividades promocionales se les asigna un presupuesto como gastos actuales de operación, lo cual significa que sus beneficios pueden emplearse inmediatamente. Sin embargo, con el paso de los años algunos economistas y ejecutivos han propuesto que la publicidad (y supuestamente también otras actividades promocionales) sean tratadas como inversión de capital.

Sostienen que los beneficios y rendimientos de estos gastos se asemejan a los de las inversiones: a menudo no se evidencian de inmediato sino que van acumulándose a lo largo de varios años. Por ejemplo, una empresa como Hertz logrará el reconocimiento y la familiaridad de los usuarios a través de años de publicidad, antes de realizar una venta.

¿De qué manera influirá en los gerentes el hecho de considerar la promoción no como un gasto con fines contables, sino como una inversión con fines de marketing?

Hay dos cosas que deben entenderse sobre basar los gastos promocionales en las ventas pasadas. Primero, los ejecutivos realmente están haciendo de la promoción un *resultado* de las ventas, cuando de hecho es la *causa* de ellas. Segundo, el método basado en un porcentaje de las ventas anteriores reducen los gastos promocionales cuando disminuyen las ventas, precisamente cuando más se necesita la promoción.

Todos los fondos disponibles

Una nueva compañía o empresa que introduce un producto nuevo en el mercado suele destinar todos los fondos disponibles al programa promocional. El objetivo es generar ventas y obtener cuanto antes una participación en el mercado, durante esos primeros años tan decisivos. Al cabo de un tiempo, los directivos se dan cuenta de que deben invertir en otras cosas (nuevo equipo o una ampliación de la capacidad de producción), de modo que cambia el método con que establecen el presupuesto promocional.

Seguir la competencia

Un método débil de determinar el presupuesto promocional, que no obstante se emplea esporádicamente, consiste en igualar los gastos promocionales de los competidores o invertir en proporción con la participación en el mercado. Algunas veces se imita un solo competidor. Otras veces, si los gerentes tienen acceso a los gastos promedio que la industria realiza en la promoción a través de una asociación comercial, éstos se convierten en su punto de referencia.

Este método presenta al menos dos problemas. Primero, posiblemente los competidores tampoco sepan cómo establecer su presupuesto promocional. Segundo, las metas promocionales de una organización a veces son muy distintas de las de sus competidores a causa de las diferencias de la planeación estratégica de marketing.

Función u objetivo

El mejor método de establecer el método promocional consiste en determinar las funciones u objetivos que el programa debe cumplir y luego decidir cuánto costarán. Este método obliga a los directivos a definir realistamente las metas de su programa promocional.

Algunas veces se le da el nombre de *método acumulativo* por la forma en que se realiza. Por ejemplo, una compañía decide entrar en un nuevo mercado geográfico. Los directivos determinan que para ello se requerirán 10 vendedores más. Su compensación y gastos costarán un total de $520 000 dólares anuales. El sueldo de un supervisor más de ventas y los gastos para pagar la oficina adicional y las necesidades administrativas costarán $70 000. Así, en la parte de la mezcla promocional relacionada con la venta personal, habrá que incluir en el presupuesto $590 000 más. Pueden hacerse estimaciones semejantes sobre los costos previstos de la publicidad, la promoción de ventas y otras herramientas promocionales. El presupuesto promocional *se construye* sumando los costos de las funciones promocionales individuales sin las cuales no se alcanzaría la meta de entrar en un nuevo territorio.

REGULACIÓN DE LAS ACTIVIDADES PROMOCIONALES

Como el objetivo primario de la promoción es vender algo persuadiendo, siempre existe la posibilidad de abusos. De ahí la necesidad de evitar que, de manera intencional o involuntaria, los productos de una compañía sean promovidos incorrectamente. Además, es preciso proteger a algunos consumidores y evitar que se les engañe, pues la falta de ciertos conocimientos o habilidades los hace muy vulnerables. En conclusión, hace falta la regulación para desalentar los abusos y corregir los que se cometan.

En Estados Unidos, el gobierno federal y la mayor parte de los estados y gobiernos municipales han establecido regulaciones en respuesta a los reclamos del público. Además, muchas empresas ya instituyeron normas voluntarias para sus actividades promocionales. Lo mismo se observa en la propia industria de la publicidad a través de la American Association of Advertising Agencies y el National Advertising Review Board.

Regulación federal

Dos leyes muy importantes autorizan la regulación federal de las actividades promocionales: la Federal Trade Commission Act y la Robinson-Patman Act. Ambas son administradas por la Federal Trade Commission (FTC).

La norma que tiene mayor influencia en los mensajes promocionales dentro del comercio interestatal es la **Federal Trade Commission Act.** Esta ley prohíbe los métodos injustos de competencia. Y, según las decisiones de la FTC y los tribunales federales, cierto tipo de competencia injusta es la publicidad falsa, engañosa o falaz.

Conforme lo estipulado por la Federal Trade Commission Act original, la publicidad falsa o engañosa tenía que perjudicar a un competidor para poder ser considerada una violación. Este vacío originó la promulgación de la **Wheeler-Lea Amendment** en 1938. Es una enmienda que fortaleció la ley original al especificar que un acto de competencia injusta viola la ley si lesiona al *público*, prescindiendo del efecto que tenga en un *competidor*.

La FTC ejerce una influencia poderosa, especialmente en los casos de una publicidad posiblemente engañosa o falaz. Por ejemplo, está autorizada para exigirle a una empresa comprobar las afirmaciones hechas en su publicidad presentando resultados de pruebas u otras investigaciones de apoyo. Más aún, esa información puede hacerse pública aun cuan-

El programa promocional

Un ejemplo de la regulación federal sobre la promoción es la cantidad de información que los medicamentos de patente han de incluir.

do la avergüence. Cuando la comisión dictamina que la publicidad es engañosa, pide al anunciante firmar un **decreto de consentimiento**, el cual equivale a un compromiso de dejar de hacer la afirmación engañosa. Otra herramienta regulatoria de la FTC es la **orden de cesar y desistir.** Si se juzga que un anuncio o mensaje son engañosos y si el anunciante se niega a firmar el decreto, la comisión puede obligarlo a sacarlos de la circulación. Aunque se puede apelar contra la orden de cesar y desistir ante la FTC y recurrir a los tribunales federales, hasta ahora ha sido una arma muy eficaz para hacer cumplir la ley.

La Federal Trade Commission tiene además la autoridad suficiente para ordenar una **publicidad correctiva.** Las órdenes de cesar y desistir obligan a una compañía a dejar de utilizar un anuncio engañoso, pero no la obligan a rectificar las impresiones incorrectas ocasionadas por él. La publicidad correctiva, pagada por la firma culpable y presentada conforme al programa aprobado por la FTC, tiene por objeto rectificar la información resultante de anuncios supuestamente engañosos. Entre los productos para los cuales se han empleado anuncios correctivos cabe mencionar los siguientes: Hawaiian Punch, Profile Bread, STP, Listerine y el jugo de arándano Ocean Spray. Por ejemplo, para contrarrestar una afirmación hecha durante largo tiempo, Listerine hubo de incluir mensajes en una publicidad de $10 millones en los cuales se decía que este producto no cura los resfriados ni atenúa su intensidad. Se ha reducido el uso de los anuncios correctivos, ya que está comprobado que no logran eliminar las impresiones falsas.[12]

¿DILEMA ÉTICO?

Al promover sus galletas Wheatables y Munch'ems, Keebler incluyó la frase "Baked not Fried" (horneadas no fritas) en los paquetes y en los comerciales. Aunque la afirmación era correcta, su rival Frito-Lay se quejó de que el público podría pensar que las galletas contenían menos grasa que las otras marcas fritas. Pero como a Wheatables y Much'ems se les rocía aceite después de hornearlos, su contenido de grasa es semejante al de las galletas fritas.

¿Es ético hacer una afirmación correcta en los hechos, si se corre el riesgo de que los consumidores la interpreten erróneamente?

Fuente: "NAD Crunches Keebler's `Baked not Fried' Ad Claim", *Advertising Age,* 19 de octubre, 1992, p. 36.

La **Robinson-Patman Act**, que prohíbe la discriminación de precios, contiene dos secciones relacionadas con los descuentos promocionales que se ofrecen a mayoristas y detallistas. (Véase en el capítulo 12 una explicación de las cláusulas de esta ley.) En esas secciones se estipula que un vendedor deberá ofrecer a todos los mayoristas y los detallistas servicios e instalaciones promocionales, o pagar por ellos, con un *criterio proporcionalmente igual*. Por tanto, si un fabricante quiere proporcionar demostradores en la tienda, soporte publicitario u otro tipo de ayuda promocional, deberá hacer que estén proporcionalmente disponibles para todas las empresas que compiten en la reventa del producto. Algunas veces ha sido difícil determinar qué se entiende por "criterio proporcionalmente igual". En general, los tribunales han aceptado la cantidad del producto adquirido como un criterio de asignación. Digamos, por ejemplo, que Martin's, cadena regional de supermercados, cada año compra al mismo mayorista mercancía por $150 000, y Hank's, una tienda de comestibles y productos para el hogar, adquiere del mismo proveedor mercancía por $15 000. Después ese mismo mayorista podrá ofrecer los descuentos promocionales de Martin's que valen 10 veces más que los ofrecidos por Hank's.

Regulación estatal y municipal

En el nivel estatal, hay leyes que rigen las actividades promocionales en el comercio *intraestatal*. La mayor parte de esos estatutos se diseñan a partir de un modelo ideado por la revista *Printer's Ink* en 1911 para determinar la verdad de la publicidad. Varios estados también crearon oficinas estatales encargadas de la protección del consumidor y los fiscales de algunos estados han adoptado una actitud muy proactiva en la reglamentación de la actividad promocional.

Un tipo general de legislación local que afecta a la venta personal es el reglamento Green River (llamado así en honor de Green River, Wyoming, que fue una de las primeras ciudades en promulgar esta ley). Los reglamentos de Green River restringen la actividad de los representantes de empresas situadas fuera de la ciudad en cuestión, que venden de puerta en puerta o que visitan las empresas. Si un vendedor desea trabajar dentro de un comunidad que siga el reglamento de Green River, normalmente deberá registrarse en ella y pagar una licencia. Estas normas, aprobadas para proteger a los ciudadanos locales en contra de defraudadores, también sirven para aislar los negocios locales de la competencia externa.

Regulación por organizaciones privadas

Muchas organizaciones privadas ejercen un gran control sobre las prácticas promocionales de las empresas. Una de ellas, National Advertising Division's Children's Advertising Review Unit (CARU), estableció directrices que definen específicamente las normas de una publicidad aceptable. Por ejemplo, los anuncios dirigidos a los niños que incluyen un premio junto con el producto deben resaltar el producto más que el premio. En un estudio de más de 10 000 anuncios de este tipo, CARU descubrió 385 que violaban sus normas. Los transgresores más comunes eran las compañías de comida rápida que utilizaban exageradamente los premios y los anunciantes de servicios telefónicos. La influencia de CARU se debe al hecho de que publicita esos datos y da los nombres de los transgresores.[13]

Cuando las compañías consideran que el mensaje de un competidor es engañosa, suelen quejarse con los medios de comunicación que transmiten el mensaje. Fue lo que sucedió cuando Volvo utilizó un anuncio en que afirmaba que el índice de fallecimientos por accidente era dos veces mayor en las minicamionetas que en las camionetas Volvo. Chrysler replicó que los datos usados en la comparación ya eran viejos y no incluían los adelantos de las minicamionetas.[14] En casos como éstos, los medios revisan las tarifas y los anuncios, negándose a publicar anuncios que juzgan incorrectos.

Algunas asociaciones comerciales establecen códigos de ética que contienen las normas reguladoras del comportamiento de la fuerza de ventas y la actividad publicitaria. Y Business Bureaus, situados en las grandes ciudades de Estados Unidos, trabajan arduamente para controlar la promoción falsa o engañosa.

■ RESUMEN

La promoción: el cuarto componente de la mezcla total de marketing, es indispensable en el marketing moderno. Los tres métodos fundamentales de la promoción son la venta personal, la publicidad y la promoción de ventas. Otros dos son las relaciones públicas y la publicidad no pagada.

La promoción es, ante todo, comunicación. En lo esencial, el proceso de comunicación consta de una fuente que a través de un canal emite un mensaje a un receptor. El éxito de la comunicación depende de la eficacia con que se codifique el mensaje, de la facilidad y claridad con que se realice la descodificación y de si en su transmisión interfiere o no el ruido. La retroalimentación, respuesta suscitada por el mensaje, es un medida de la eficacia lograda por la comunicación.

Los propósitos de la promoción son informar, persuadir y recordarles algo a los clientes. En lo tocante a la economía, ello significa cambiar la curva de demanda de una empresa: desplazarla hacia la derecha y cambiar su forma para hacer inelástica la demanda cuando aumentan los precios y elástica cuando disminuyen.

Es preciso integrar la promoción en la planeación estratégica, porque no se logra una realización satisfactoria si no se coordinan todos los elementos de la mezcla de marketing: producto, precio, distribución y promoción. Cuando se escoge la mezcla promocional (combinación de publicidad, venta personal y otras herramientas promocionales), los ejecutivos habrán de tener en cuenta los siguientes factores: 1) naturaleza del mercado (por ejemplo, el tipo de cliente, la disposición de los prospectos a comprar y la extensión geográfica del mercado); 2) naturaleza del producto, como el valor unitario, el grado de adaptación requerida y el nivel de servicio antes de la venta y después de ella; 3) la etapa del ciclo de vida del producto, y 4) los fondos con que se cuenta para la promoción.

Una decisión importantísima es determinar la actividad promocional que se centrará en los intermediarios y la que se dirigirá a los usuarios finales. Las opciones son una estrategia de empuje, la cual requiere concentrar la actividad promocional en el siguiente eslabón de la cadena de distribución y una estrategia de jalar, en que la promoción se dirige fundamentalmente al usuario final.

Una campaña promocional es una serie coordinada de esfuerzos organizados en torno a un solo tema (eslogan o lema) y tendientes a cumplir una meta previamente establecida. La clave del éxito de las campañas es planear y coordinar rigurosamente la publicidad, la promoción de ventas, la venta personal, las relaciones públicas y la publicidad no pagada.

Por ser impredecibles los efectos de la promoción, resulta difícil calcular el importe del presupuesto promocional total. El método más común consiste en establecer el presupuesto como porcentaje de las ventas anteriores o previstas. Un procedimiento más adecuado consiste en fijar primero los objetivos de la promoción y luego estimar cuánto habrá que invertir para cumplirlos.

En respuesta al deseo de proteger a los consumidores y frenar los abusos, se han promulgado leyes federales que regulan la promoción. Las principales leyes federales de Estados Unidos son las siguientes: Federal Trade Commission Act, su Wheeler-Lea Amendment y la Robinson-Patman Act. La FTC administra las tres. Las prácticas promocionales son reguladas por la legislación estatal y municipal, por organizaciones privadas y por la industria de cada área.

Más sobre BAUSCH & LOMB

El objetivo de Bausch & Lomb es obtener cerca del 10% del mercado de los enjuagues bucales (que debería generar entre $50 y $70 millones de ventas anuales). En palabras de James Kanaley, presidente de la división de productos para el cuidado personal: "No vamos a invertir en promoción más que Procter & Gamble. No pretendemos desplazar a los dos líderes del mercado."

Pero al prepararse la compañía para el lanzamiento de Clear Choice, no fue la única que vio la oportunidad. Den-Mat Corporation, fabricante del conocido blanqueador de dientes, ya había introducido un enjuague bucal sin alcohol con la marca Rembrandt. Por su parte, Dep Corporation (fabricante de Lavoris) planeaba una marca con poco contenido de alcohol denominado Lavoris Crystal Fresch. Y no cabe duda de que, si esta clase de enjuagues bucales empiezan a mostrar signos de éxito, Warner-Lambert y Procter & Gamble lanzarán las extensiones de marca de Listerine y Scope. Estas marcas gozan de gran demanda, y sus dueños no están dispuestos a renunciar a esa importante participación del mercado sin luchar a brazo partido por conservarla.

En la comercialización de los lentes de contacto, B&L se concentró en una estrategia de empuje y en sus esfuerzos promocionales procuró ante todo establecer relaciones con oftalmólogos y optometristas. Incluso con Interplak, recurrió básicamente a la promoción entre los dentistas. Ahora, con Clear Choice, dirige casi todas sus actividades promocionales a los consumidores finales aplicando una estrategia de jalar. Para lograr que el público pruebe el producto, se basa en su reputación de fabricante de productos de calidad y en el conocimiento generalizado de su nombre. Confía que, una vez que los usuarios prueben su producto, les gustará mucho y un gran número de ellos se convertirán en usuarios regulares, dándole a la compañía una posición pequeña pero cómoda en el mercado de la higiene bucal.

1. ¿Qué otros elementos de la mezcla promocional debería examinar Bausch & Lomb?
2. ¿Cómo debería Bausch y Lomb establecer un presupuesto promocional para Clear Choice?

El programa promocional

■ TÉRMINOS Y CONCEPTOS BÁSICOS

Promoción (580)
Venta personal (580)
Publicidad (580)
Promoción de ventas (580)
Relaciones públicas (581)
Publicidad no pagada (581)
Comunicación (581)
Promoción (581)
Codificación (581)
Decodificación (581)
Respuesta (582)
Retroalimentación (582)
Ruido (582)
Promoción y curva de la demanda (584)
Mezcla promocional (588)
Jerarquía de efectos (588)
Estrategia de empujar (593)
Estrategia de jalar (593)
Campaña (595)
Tema de una campaña (596)
Métodos comunes de presupuesto promocional (598)
Federal Trade Commission Act (600)
Wheeler-Lea Amendment (600)
Decreto de consentimiento (601)
Orden de cesar y desistir (601)
Publicidad correctiva (601)
Robinson-Patman Act (602)

■ PREGUNTAS Y PROBLEMAS

1. Describa y explique los componentes del proceso de comunicación en las siguientes situaciones:
   a. Un estudiante universitario que trata de convencer a su padre para que compren un automóvil usado.
   b. Un vendedor que trata de vender un automóvil a un estudiante universitario.
2. Expliqué cómo la naturaleza del mercado afecta a la mezcla promocional de los siguientes productos:
   a. Lentes de contacto
   b. Pelotas de golf
   c. Madera terciada
   d. Pollo frito preparado
   e. Discos compactos
   f. Macrocomputadoras (*mainframes*)
3. Explique por qué la clasificación de los bienes de consumo en productos de conveniencia (de uso común), de comparación o de especialidad ayuda a seleccionar la mejor mezcla de marketing.
4. Evalúe los siguientes productos respecto a los criterios de facilidad de publicidad. Suponga que se dispone de suficientes fondos.
   a. Llantas de automóvil
   b. Cosméticos Revlon
   c. Lámparas
   d. Cambios de aceite de automóvil en 10 minutos
   e. Educación universitaria
   f. Maletas
5. Explique si la venta personal tiende a ser el elemento básico de los siguientes productos:
   a. Cuentas de cheques
   b. Albercas de casa
   c. Detergente líquido para ropa
   d. Pedidos grandes de papas fritas de McDonald's
6. Explique si las actividades promocionales al menudeo deberían ponerse de relieve en la mezcla promocional de los siguientes productos:
   a. jeans 501 de Levi's
   b. Naranjas de California
   c. Cosméticos para damas
   d. Tarjeta bancaria de crédito
7. Identifique la idea central (el tema) de tres campañas promocionales del momento.
8. Suponga que está vendiendo un líquido que elimina la creosota (y el peligro de incendio) en las chimeneas de las estufas de leña. Describa brevemente los papeles que asignará a la publicidad, la venta personal y la publicidad no pagada en su campaña promocional.
9. En su opinión, ¿se requieren más leyes que regulen la publicidad? ¿La venta personal? Si su respuesta es afirmativa, explique qué recomendaría usted.

■ APLICACIÓN AL MARKETING

1. Un anuncio deberá tener un objetivo específico que ha de ser evidente a un observador atento. Para los siguientes objetivos promocionales encuentre un ejemplo de un anuncio impreso:
   a. Diseñado principalmente para informar
   b. Diseñado principalmente para persuadir
   c. Diseñado principalmente para recordar
2. Una campaña promocional es una serie coordinada de acti-

vidades promocionales organizadas en torno a un tema individual y tendientes a alcanzar una meta determinada. A menudo incluye publicidad, promoción de ventas, venta personal, relaciones públicas y publicidad no pagada. Describa las herramientas promocionales utilizadas en la campaña en favor de un evento importante de su escuela (el regreso a casa, el reclutamiento de nuevos alumnos, la recaudación de fondos) y evalúe su conveniencia a partir de los criterios expuestos en el capítulo que rigen el diseño de una mezcla promocional.

■ NOTAS Y REFERENCIAS

1. Seema Nayyar, "In Your Face", *Brandweek*, 7 de diciembre, 1992, pp. 24-31; Rahul Jacob, "Bausch & Lomb: Trust the Locals, Win Worldwide", *Fortune*, 4 de mayo, 1992, pp. 76-77; Harlan S. Byrne, "Bausch & Lomb: Another Year of Record Earnings in Sight", *Barron's*, 9 de noviembre, 1992, pp. 37-38.

2. Richard Gibson, "McDonald's Ads Will Combine Food and Board", *The Wall Street Journal*, 26 de marzo, 1992, pp. B1+.

3. Dana Millbank, "Aluminum Producers, Aggressive and Agile, Outfight Steelmakers", *The Wall Street Journal*, 1 de julio, 1992, pp. A1+.

4. William M. Bulkeley, "It Needn't Cost a Bundle to Get Consummers to Notice Unfamiliar Brands", *The Wall Street Journal*, 14 de febrero, 1992, pp. B1+.

5. Joseph Weber, "From Soup to Nuts and Back Again, *Business Week*, 5 de noviembre, 1990, pp. 114+.

6. Bradley A. Stertz, "For LH Models, Chrysler Maps New Way to Sell", *The Wall Street Journal*, 30 de junio, 1992, pp. B1+.

7. Nayyar, loc. cit.

8. Bruce Hager y John Templeman, "Now, They're Selling BMWs Door-to-Door–Almost", *Business Week*, 14 de mayo, 1990, p. 65.

9. Ann de Rouffignac, "School Contests Help Concerns Promote Brands", *The Wall Street Journal*, 3 de julio, 1992, p. B1.

10. Joanne Lipman, "Food Companies Cut Ad Budgets While Beefing Up Promotions", *The Wall Street Journal*, 2 de abril, 1992, p. B6.

11. Michael J. McCarthy, "Coca-Cola Plans a New Slogan for Coke Classic", *The Wall Street Journal*, 12 de mayo, 1992, pp. B1+.

12. Una excelente descripción del pasado, presente y futuro de la Federal Trade Commission y también de la regulación de la promoción en general se encuentra en Patrick E. Murphy y William L. Wilkie, *Marketing and Advertising Regulation*, University of Notre Dame Press, Notre Dame, IN, 1990.

13. Steven W. Colford, "Top Kid TV Offender: Premiums", *Advertising Age*, 29 de abril, 1991, p. 52

14. Jacqueline Mitchell, "Volvo Creates a Stir Again with TV Ads", *The Wall Street Journal*, 18 de noviembre, 1991, pp. B1+.

CAPÍTULO 17

Venta personal y administración de ventas

¿Qué debería hacer AVON para renovar su negocio?

Los productos Avon alcanzaron gran éxito (y llegaron a formar parte de la cultura estadounidense) cuando su fuerza de ventas, compuesta casi exclusivamente por mujeres, empezó a vender cosméticos y otros productos de puerta en puerta. Avon la apoyaba con comerciales por radio y televisión que eran fácil de reconocer: "Avon llama".

Pero en las décadas de 1970 y 1980, los métodos tradicionales de venta de Avon afrontaron algunos problemas. Tres factores de la sociedad norteamericana redujeron considerablemente las ventas de puerta en puerta. Primero, un elevado porcentaje de mujeres trabajan ahora fuera de casa, de modo que no están en ella cuando las visitan los vendedores. Segundo, cuando se encuentran en el hogar, muestran cada día mayor renuencia a abrir a extraños que tocan la puerta. Y, tercero, los grandes complejos de departamentos con empleados de seguridad o con cerradura en la entrada dificultan la entrada de los re-presentantes o la visita a los departamentos individuales.

Más aún, los descuentos han mermado considerablemente los márgenes de utilidad de la compañía.

Otro factor que la perjudicó es la prolongada recesión de principios de los años 90. Para esa época, más del 60% de sus ventas y ganancias se generaban fuera de Estados Unidos. Pero las filiales internacionales también resintieron los efectos de la recesión económica y la devaluación de la moneda en varios países. Afectó principalmente a los dos mercados más grandes: Brasil y Japón.

La compañía también tuvo problemas para mantener en niveles razonables la rotación de vendedores, el índice anual llegó al 250%, se trata del porcentaje de representantes que cada año abandonan la fuerza de ventas. A semejanza de la mayor parte de los que se dedican a la venta directa, los de Avon no son empleados sino contratistas independientes. La rotación es alta porque sólo una minoría sumamente productiva considera su trabajo como una vocación. Pero los problemas de rotación aumentaron en la nueva situación.[1]

James Preston, presidente de Avon Products, afrontó importantes retos de marketing a principios de los años 90. ¿Qué recomendaciones le haría en estas áreas problema?

Si la venta personal no funciona bien en una organización, lo más seguro es que su situación económica se deteriore. El caso de Avon viene a corroborar la afirmación anterior. En gran medida su futuro dependerá de la eficacia con que logre fortalecer la venta personal y la administración de la fuerza de ventas.

Después de estudiar este capítulo, usted deberá ser capaz de explicar:

OBJETIVOS DEL CAPÍTULO

- El papel que la venta personal cumple en la economía de un país y en el programa de marketing de una empresa.
- Las diversas funciones de la venta personal.
- Los patrones cambiantes de la venta personal.
- Las principales funciones de asesoramiento y de dirección de una fuerza de ventas.
- Los principales problemas de la evaluación del desempeño de los vendedores.

NATURALEZA DE LA VENTA PERSONAL

"Todo mundo vende algo para poder vivir." Esta afirmación es tan verdadera hoy como cuando la escribió Robert Louis Stevenson hace 100 años. De hecho, podemos definir la **venta personal** como la comunicación personal de información para convencer a alguien de que compre algo.

Reconocemos que se realiza algún tipo de venta personal, cuando un estudiante compra una motocicleta Honda o una tienda Laura Ashley vende un vestido a una mujer que trabaja en una agencia publicitaria. Pero también debemos reconocer lo mismo 1) cuando un Citicorp recluta a un estudiante recién graduado en finanzas o, a la inversa, cuando un estudiante de esa área trata de convencer a Citicorp de que lo contrate; 2) cuando un ministro religioso platica con un grupo de estudiantes para animarlos a que asistan a los servicios litúrgicos; 3) cuando un abogado intenta persuadir de la inocencia de su cliente a un jurado, o incluso 4) cuando un niño convence a su madre de que le dé algunas galletas de chocolates. Así pues, la venta personal se realiza prácticamente en toda interacción humana.

La finalidad de todas las actividades del marketing es aumentar las ventas rentables, ofreciéndole al público satisfacer sus necesidades a largo plazo. La venta personal es sin duda el método promocional más usado para cumplir con este objetivo. En Estados Unidos, cerca de 500 000 personas trabajan en la publicidad. Y casi 13 *millones* de personas se dedican a la venta personal. En muchas compañías, ésta representa el costo de operaciones más grande, llegando algunas veces a ser entre el 8 y 15% de las ventas. En cambio, el costo promedio de la publicidad es de 1 a 3% de las ventas.

En el capítulo 16 explicamos los cuatro factores que influyen en la mezcla promocional: el mercado, el producto, la etapa del ciclo de vida del producto y los fondos disponibles para la promoción. En relación con esos factores, la venta personal tenderá a representar el grueso de la carga promocional cuando:

- El mercado está concentrado geográficamente en unas cuantas industrias o en unos pocos clientes importantes.
- El producto tiene un alto valor unitario, es de índole muy técnica o requiere una demostración.

Venta personal y administración de ventas

En una situación de venta personal, un vendedor bien informado es extremadamente útil.

- Es necesario adaptar el producto a las necesidades de cada cliente, como sucede con los seguros o las acciones.
- La venta supone un trueque comercial
- El producto se halla en la etapa introductoria de su ciclo de vida.
- La organización no dispone de suficiente dinero para realizar una buena campaña publicitaria.

Ventajas de la venta personal

La venta personal es la comunicación *individual* y *personal* en contraste con la comunicación *masiva e impersonal* de la publicidad, la promoción de ventas y otras herramientas promocionales. Ello significa que resulta más *flexible* que las herramientas mencionadas. Los vendedores pueden modificar su presentación para adaptarse a las necesidades y al comportamiento de cada cliente. Observan la reacción de ellos ante determinada técnica de ventas y luego hacen los ajustes necesarios de inmediato.

La venta personal generalmente se *centra* en los compradores potenciales, con lo cual se reduce al mínimo la pérdida de tiempo. En cambio, gran parte del costo de la publicidad se invierte en enviar mensajes a personas que de ninguna manera son prospectos verdaderos.

Otra ventaja de la venta personal es que busca *realizar una venta*. Otras formas de promoción tienen por objeto estimular al prospecto para que compre. La publicidad capta la atención, proporciona información y despierta el deseo, pero rara vez provoca la acción de compra o termina el cambio de propiedad del comprador al vendedor.

Una de las grandes limitaciones de la venta personal es su *elevado costo*. Aunque reduce al mínimo la pérdida de esfuerzos, cuesta mucho formar y administrar una fuerza de ventas. Otra desventaja consiste en que una compañía a veces *no está en condiciones de atraer el tipo de personal que necesita* para hacer el trabajo. Por esta razón, en el nivel detallista, muchas empresas han prescindido de su fuerza de ventas y se han visto obligadas a recurrir al autoservicio.

Tipos de venta personal

Hay dos tipos de venta personal, como se aprecia en la figura 17-1. Uno es aquel en que los *consumidores acuden al vendedor*. Algunas veces llamada **venta de mostrador**, incluye fundamentalmente *la venta en tiendas al menudeo*. A esta clase pertenecen los vendedores de las compañías que venden por catálogo como Land's End o L. L. Bean, que aceptan pedidos por teléfono. La mayor parte de los vendedores de Estados Unidos caen dentro de la primera categoría.

El segundo tipo de venta personal es aquel en que los *vendedores visitan a los clientes*. En este grupo se encuentran lo que llamamos **fuerza externa de ventas**, es decir, los representantes que se dedican a la venta de campo. Visitan personalmente a los clientes en su lugar de trabajo o en su hogar.

La fuerza externa de ventas suele representar a los fabricantes o a intermediarios mayoristas, pues venden los productos a las empresas para su reventa y no a los últimos consumidores. Sin embargo, en la definición de fuerza externa de ventas también incluimos: 1) los fabricantes que venden directamente a las familias (por ejemplo, las compañías de seguros como State Farm o Northwestern Mutual) y los vendedores en casa como

FIGURA 17-1
Tipos de venta personal

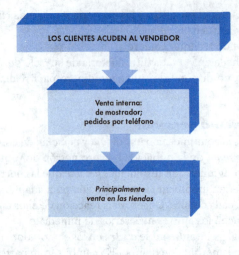
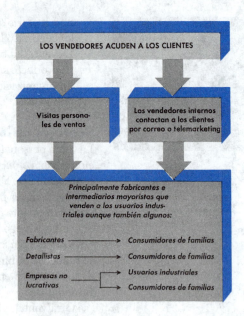

La comodidad de la compra por televisión desde la casa ha estimulado un rápido crecimiento de esta modalidad de la venta personal.

Avon Products; 2) los vendedores al menudeo como los que trabajan para contratistas de instalación de calefacción y aislamiento, y 3) los vendedores externos que laboran en organizaciones no lucrativas; por ejemplo, las que recaudan fondos para sociedades de caridad, los misioneros religiosos y los colaboradores de candidatos políticos.

Hoy algunas compañías tienen una fuerza de ventas que se pone en contacto con los clientes, pero no mediante visitas personales. Más bien lo hacen a través del teléfono, la computadora o el fax. De hecho, una parte de la venta externa se ha ido volviendo electrónica, y el término **telemarketing** describe estos sistemas de comunicación. Muchas empresas llevan años vendiendo por medio del teléfono, y algunos representantes contactan periódicamente a los clientes por correo o por teléfono. Lo que caracteriza al telemarketing es el nuevo equipo de telecomunicaciones que sirve para "llegar al cliente".

Naturaleza de los trabajos de ventas

En nuestros días, el trabajo de ventas es muy distinto al de hace algunos años. Ya pasó de moda el estereotipo del vendedor que fumaba su puro, adoptaba una actitud muy amistosa y contaba chistes (y hasta hace algunos años casi todos los representantes externos era varones). Es verdad que siempre habrá la venta de gran presión en algunos mercados, pero ya no es el tipo más común.

El vendedor profesional. En los últimos años ha empezado a emerger un nuevo tipo de representante: el **vendedor profesional**. Hoy estas personas son gerentes de un área del marketing: su territorio. Realizan un trabajo de ventas *global*: atienden a los clientes, crean buena voluntad entre el público, venden sus productos y capacitan a los vendedores de los clientes. En el momento actual, los representantes son una especie de espejo del mercado al transmitirle a la firma información sobre el mercado. Organizan gran parte de su tiempo y actividades. A menudo participan en el reclutamiento de los vendedores, la planeación de ventas en su territorio y en otras actividades gerenciales.

¿Cuáles fuerzas de ventas reflejan mejor este nuevo profesionalismo? La revista *Sales & Marketing Management* realiza anualmente una encuesta entre ejecutivos de ventas para determinar a los mejores vendedores de Estados Unidos. Los resultados de 1992 se incluyen en la tabla 17-1.

Ambigüedad y conflicto de roles. Los vendedores profesionales suelen desempeñar muchas funciones según las personas con quienes traten. Por ejemplo, los representantes de ventas convencen a los prospectos, agilizan el surtido de pedidos, coordinan las entregas, organizan exhibiciones, atienden a sus clientes, reúnen información sobre el mercado y le ayudan al comprador a resolver problemas. Al llevar a cabo estas actividades, sufren dos problemas conexos: ambigüedad y conflicto de roles o papeles.

La **ambigüedad de roles** se produce cuando un representante no sabe qué hacer si no hay política de la compañía referente a una situación concreta. ¿Qué deberá hacer cuando un cliente muy importante pida un descuento adicional o uno de los mejores exija un entretenimiento muy costoso?

El **conflicto de roles** se da cuando varios grupos de clientes piden cosas antagónicas al vendedor. El concepto de marketing pone de relieve la necesidad de satisfacer al cliente. Pero algunas veces lo que más le conviene choca con los intereses a corto plazo del vendedor o de la compañía. Por ejemplo, el centro automotriz de una tienda de departamentos paga a sus vendedores una comisión sobre las ventas. Posiblemente ellos recomienden realizar trabajo innecesario en los automóviles de los clientes, a fin de aumentar su comisión o bien alcanzar una alta cuota de venta impuesta por la dirección. Los representantes de ventas quedarán atrapados en medio, si los deseos del cliente chocan con las políticas de la compañía. Un caso nos ayudará a entender esto: un representante

TABLA 17-1   Las mejores fuerzas de ventas de Estados Unidos*

Industria	Compañía
Bebidas	**Anheuser-Busch**
Productos alimenticios	**Archer-Daniels-Midland**
Seguros de vida	**Northewester Mutual**
Fábrica de metales	**Bethlehem Steel**
Equipo científico y fotográfico	**Eastman Kodak**
Servicios de compra y entrega	**United Parcel Service**

* Los ejecutivos de ventas clasificaron las 10 empresas más grandes usando como criterios las siete actividades siguientes:

  Reclutamiento de vendedores   Apertura de cuentas nuevas
      de gran calidad   Conservación de los clientes
  Capacidad de conservarlos   Conocimiento técnico y del producto
  Calidad de la capacitación   Prestigio entre los clientes

Fuente: William Keenan, hijo, "America's Best Sales Forces", *Sales & Marketing Management*, septiembre 1992, p. 46.

de ventas está a punto de cerrar una gran transacción, pero el departamento de finanzas no quiere aprobar el crédito del comprador. Deberá entonces identificarse con la compañía y con el cliente, surgiendo a veces un conflicto respecto a la posición que deberá defender.

Gran diversidad de los trabajos de ventas. Son muy heterogéneos los tipos de los trabajos de ventas y las actividades relacionadas con ellos. Pongamos, por ejemplo, el trabajo de un repartidor-vendedor de Coca-Cola que visita sistemáticamente un grupo de tiendas al menudeo. Ese trabajo difiere totalmente del de un representante de IBM que vende un sistema para manejar las reservaciones de Delta Airlines. De manera análoga, un representante de Avon Products que vende de puerta en puerta en Japón o en la India realiza labores que poco se parecen a las de un representante de los aviones Cessna, que vende aviones de tipo ejecutivo a Dow Chemical y a otras grandes corporaciones de Estados Unidos.

Los trabajos de ventas pueden clasificarse atendiendo a las habilidades creativas de venta que se requieren, desde las simples hasta las más complejas. La clasificación que proponemos en seguida está adaptado de la que hace algunos años formuló Robert McMurry, psicológico industrial de renombre.

Un receptor interno de pedidos puede adaptarse a las reacciones del cliente y establecer buenas relaciones con él.

1. **Conductor-vendedor.** En este trabajo el vendedor se dedica primordialmente a la entrega del producto; por ejemplo, refrescos o combustibles. Las responsabilidades de venta son secundarias; pocos de ellos generan ventas.
2. **Receptor interno de pedidos.** Es una posición en que el vendedor recibe pedidos en el lugar de negocios del vendedor; por ejemplo, un dependiente que está detrás del mostrador de una tienda J. C. Penney o un representante de teléfono en una empresa de venta por catálogo como Eddie Bauer o L. L. Bean. La mayoría de los clientes ya decidieron efectuar la compra, y la misión del vendedor consiste en darles una atención esmerada.
3. **Receptor externo de pedidos.** En este puesto el vendedor acude al cliente en el campo y acepta un pedido. Un ejemplo es el vendedor de artículos de ferretería de True Value, que visita una ferretería o un representante de una estación radiofónica que vende tiempo de publicidad a las empresas locales. En general, se trata de repetición de pedidos logrados entre clientes seguros, aunque en ocasiones los vendedores les ofrecen productos nuevos.
4. **Vendedor misionero.** Con estos tipos de ventas se busca crear buena voluntad, realizar actividades promocionales y dar información y otros servicios a los clientes. Estos vendedores no están obligados a levantar pedidos. Un ejemplo lo encontramos en los representantes misioneros de la destilería de Seagram, en la división de alimentos de Procter & Gamble o en el vendedor al detalle de una empresa farmacéutica como Merck o Lilly.
5. **Ingeniero de ventas.** En esta posición lo más importante es la habilidad del vendedor para explicarle el producto al prospecto y también de adaptarlo a sus necesidades particulares. Por lo regular se trata de productos complejos y de gran sofisticación tecnológica. Normalmente el ingeniero de ventas da soporte técnico y colabora con otro representante que visita periódicamente al cliente.

La venta personal de un caro equipo industrial a menudo requiere conocimientos técnicos especializados por parte de los ingenieros vendedores.

6. **Vendedor creativo-generador de pedidos.** Es un trabajo en que se realiza la venta creativa de bienes e intangibles, fundamentalmente servicios, aunque también causas sociales e ideas (evitar las drogas, dejar de fumar y obedecer los límites de velocidad, por ejemplo). A esta categoría pertenecen los trabajos más complejos y difíciles, sobre todo la venta creativa de intangibles, pues no podemos verlos, tocarlos, gustarlos ni olerlos. Muchas veces la gente no se percata de que necesita el producto de un vendedor. También cabe la posibilidad de que sepa cómo con él logrará satisfacer sus necesidades mejor que con el que está usando. A menudo la venta creativa consiste en diseñar un sistema que corresponda a las necesidades de un cliente en particular. Por ejemplo, para hacer una venta, AT&T diseñará un sistema de comunicación para un hospital u Otis desarrollará un sistema de elevadores verticales para un nuevo edificio de oficinas.

En resumen, los seis tipos anteriores de ventas caen dentro de tres grupos: **receptor de pedidos** (categorías 1, 2 y 3), **personal de soporte de ventas** (categorías 4 y 5) y **generador de pedidos** (categoría 6). Una organización tendrá varios tipos de puestos de ventas. IBM, por ejemplo, cuenta con vendedores en la categorías que acabamos de mencionar, menos la de conductor-vendedor.

Los trabajos de ventas son distintos a los demás.

A continuación se comentan las características que distinguen estos trabajos de los otros:

- **La fuerza de ventas tienen la responsabilidad general de poner en práctica las estrategias de marketing de la empresa.** Más aún, son los representantes los que generan los ingresos administrados por los financieros y utilizados por los miembros del departamento de producción.
- **Los vendedores representan a la compañía frente a los clientes y la sociedad en general.** Muchos trabajos de ventas exigen al representante tratar con clientes que ocupan puestos de alta jerarquía en la empresa. Las opiniones relativas a una compañía y sus productos se forman partiendo de las impresiones que causan los vendedores en su trabajo y en sus actividades externas. El público no acostumbra juzgar una empresa por su fábrica ni por su oficinistas.
- **Los representantes trabajan con poca o nula supervisión.** Si quiere tener éxito, un vendedor deberá trabajar muy duro, tanto desde el punto de vista físico como mental, ser creativo y persistente y mostrar una gran iniciativa. Y para ello hace falta una fuerte motivación.
- **Con frecuencia los trabajos de ventas requieren viajar mucho y permanecer largo tiempo fuera de casa.** Muchas compañías han reducido el tiempo de viaje al redistribuir los territorios de ventas, al planear mejor los itinerarios y al recurrir más al telemarketing. No obstante, como están en el campo, los vendedores deben tratar con multitud de clientes que aparentemente están decididos a no adquirir sus productos. Estas tensiones, aunadas a jornadas de trabajo muy largas y a viajes constantes, exige una gran fuerza mental y vigor físico que rara vez se requieren en otros trabajos. ¡La venta personal es un trabajo muy duro!

PATRONES CAMBIANTES EN LA VENTA PERSONAL

Tradicionalmente, la venta personal era una situación de trato personal entre dos interlocutores: un vendedor y un comprador. La situación se daba tanto en las ventas al menudeo dirigidas a los consumidores finales como en las transacciones entre empresas. Sin embargo, en los últimos años han surgido algunos patrones de venta muy diferentes. Reflejan un conocimiento de compras cada vez más especializado entre los consumidores finales y entre los clientes industriales, fenómeno que a su vez ha hecho que la venta personal se profesionalice cada vez más. En los apartados siguientes trataremos de estos nuevos patrones.

Centros de venta-venta en equipo

Para igualar la especialización de los compradores, sobre todo en los mercados industriales, un número creciente de compañías han adoptado el concepto organizacional de **centro de ventas**. Algunas veces también se le da el nombre de *equipo de ventas* o *ventas en equipo*. Un centro de ventas es un grupo de personas que representan a un departamento de ventas y también otras áreas funcionales de una firma como finanzas, producción, investigación y desarrollo. La venta en equipo es costosa, por lo cual no se utiliza sino cuando hay posibilidades de obtener un alto volumen de ventas y grandes utilidades.

Procter & Gamble, por ejemplo, cuenta con equipos de ventas formados por vendedores y representantes de los departamentos de finanzas, distribución y producción. Cada equipo se encarga de atender a un gran detallista como Wal-Mart. Cuando AT&T vende productos a una importante corporación multinacional como Nestlé, envía un equipo de ventas para que trate con cada una de las grandes divisiones de Nestlé.

Venta de sistemas

Por **venta de sistemas** se entiende la venta de un paquete completo de bienes y servicios conexos (un sistema) para resolver el problema de un cliente. Se supone que el sistema (el paquete total de bienes y servicios) satisfará las necesidades del comprador más eficientemente que la venta de productos individuales por separado. Xerox, por ejemplo, en un principio vendía productos individuales, utilizando una fuerza de ventas para cada línea principal de productos. Hoy, aplicando una técnica de venta de sistemas, estudia los problemas de información de las oficinas y de operación del cliente. Después le proporciona un sistema automatizado global de máquinas y los servicios conexos para resolvérselos.

Relaciones de venta

Se da el nombre de **relaciones de venta** al hecho de establecer con algunos clientes una relación mutuamente benéfica. Puede tratarse de una extensión de la venta en equipo, aunque también puede ser creada por representantes individuales en su trato con los clientes. En las relaciones de venta el representante abandona la práctica territorial de atender muchas cuentas. Intenta más bien establecer una relación más profunda y duradera basada en la confianza con los clientes principales, generalmente los que más compran.

Por desgracia, muchas veces no se observa una gran confianza en las relaciones de comprador-vendedor, tampoco en las de detallista-consumidor ni en la venta entre em-

Una representante de ventas de Premier Electronics, Suzanne Spagnoletti, practica las relaciones de venta cuando viaja a las fábricas de los clientes para conocer personalmente sus necesidades.

COMPROMISO CON LA SATISFACCIÓN DEL CLIENTE

¿CÓMO, EN EL MOMENTO ACTUAL, PUEDEN LAS COMPAÑÍAS ATRAER A LOS CLIENTES MÁS RENUENTES?

En una palabra, la respuesta es "venta con ingenio", que significa centrar toda la compañía en la venta y en el servicio al cliente. En los años 80, la gran cruzada buscaba ante todo mejorar la calidad y abatir los costos. Muchas empresas ya recorrieron un gran trecho y están cerca de la victoria final. De hecho, "en el momento actual el producto debe ser excelente si queremos que permanezca en el mercado", declaró un ejecutivo de Learning International, compañía dedicada a la capacitación de vendedores. Ahora, en los años 90, el campo de batalla de la competencia se ha ido concentrando en la venta y en el servicio al cliente.

Las compañías que ven hacia el futuro han descubierto seis directrices para cumplir la meta de la venta con ingenio:

- ***Orientar toda la organización hacia las ventas y el servicio al cliente.*** Los flexibles equipos de ventas de Du Pont, compuestos por representantes, técnicos, químicos, gerentes de planta y financieros colaboran estrechamente en el desarrollo y venta de nuevos productos. Uno de ellos, un herbicida que los productores de maíz utilizan con menor frecuencia, alcanzó la extraordinaria cifra de $57 millones de dólares en su primer año de venta.
- ***Lograr la participación de los altos directivos en la venta con ingenio.*** Los fundadores y dirigentes de alto nivel de las tiendas Home Depot colaboran y participan periódicamente en los programas de capacitación de los representantes. El director general de Cincinnati's Fifth Third Bancorp visita regularmente a los clientes.

- ***Establecer relaciones estrechas y duraderas con los clientes.*** Telefonee frecuentemente a los clientes o escriba una nota a los clientes asiduos de una tienda. Utilice la tecnología computarizada para llevar un registro de las relaciones con los clientes, cerciorándose de que los productos llegan oportunamente al sitio correcto. General Electric cuenta con ingenieros asignados a tiempo completo a una planta de sus clientes (Praxair, fabricante de gases industriales) para ayudarles a incrementar la productividad.
- ***Reelabore el programa de capacitación.*** Olvide la venta de alta presión y enseña nuevas técnicas de venta a los representantes. Compañías como Acclivus, empresa de Dallas dedicada a la capacitación de los vendedores, prefieren utilizar nuevos métodos como la enseñanza de la venta en equipo, cómo detectar problemas de servicio y medios para establecer relaciones a largo plazo con los clientes.
- ***Modifique el programa de motivación, especialmente la compensación.*** No recurra a los planes tradicionales basados en la comisión, pues estimulan la venta de gran presión y a corto plazo. Premie a los vendedores que se esfuerzan por conservar a los clientes y mejorar su satisfacción a largo plazo.
- ***Utilice a los vendedores para resolver problemas y no sólo para recibir sus pedidos.*** Los vendedores de Kraft Foods ofrecen investigaciones y sugerencias para mejorar la rentabilidad de una tienda. Hoy los representantes ya no se limitan a diseñar promociones en la tienda.

¿Son las directrices anteriores realistas o simplemente un catálogo de buenas intenciones?

Fuente: Christopher Power, "Smart Selling", *Business Week*, 3 de agosto, 1992, p. 46.

presas. ¿Cómo se crea esta confianza mutua? Los siguientes rasgos conductuales de la venta contribuirán a generarla:[2]

- **Sinceridad:** diga siempre la verdad.
- **Confiabilidad:** observe una conducta que inspire confianza.
- **Competencia:** muestra su habilidad, conocimiento y recursos.
- **Orientación hacia el cliente:** dé a las necesidades e intereses del cliente la misma importancia que a los suyos.
- **Afinidad:** busque una similitud de personalidad entre usted y el cliente, así como intereses y metas comunes.

Muchas compañías grandes: Procter & Gamble, Hyatt Hotels, RJR Nabisco, Kraft General Goods y ABB (Asea Brown Bovery, fabricante de equipo industrial con sede en Suiza) por nombrar unos cuantos, empezaron ya a capacitar su fuerza de ventas para que realicen las relaciones de venta. En 1991 la división de herramientas eléctricas de Black & Decker creó las relaciones de equipo en las ventas hechas a Wal-Mart y Home Depot. En comparación con las ventas de 1990, las que Wal-Mart obtuvo en 1991 fueron mayores en un 10% y las de Home Depot las rebasaron casi en un 40%.

Telemarketing

Con anterioridad dijimos que el *telemarketing* es la aplicación innovadora del equipo y los sistemas de telecomunicación como parte de la categoría de la venta personal de tipo "vaya al cliente". El telemarketing ha ido creciendo por las siguientes razones: 1) muchos compradores la prefieren a las visitas de vendedores en *ciertas situaciones* y 2) algunas empresas se han dado cuenta de que con él mejora la eficiencia de la venta. Los compradores que colocan por teléfono o computadora reórdenes sistemáticas o nuevos pedidos de productos estandarizados dedican ahora menos tiempo a esto que a las visitas de venta. Las compañías deben invertir cantidades más fuertes para mantener activa su fuerza de ventas; con la venta por telemarketing se reducen esos gastos. Además, permite a los representantes de campo dedicar más tiempo a la venta creativa, los clientes principales y a otras actividades más rentables.

A continuación se dan ejemplos de algunas actividades que se prestan a ser incluidas en un programa de telemarketing:

- La búsqueda de pistas para encontrar nuevos clientes e identificar a buenos prospectos, a quienes después los representantes pueden dar seguimiento por medio de visitas personales.
- El procesamiento de pedidos de productos estandarizados. En el caso de Baxter Hospital Supply y de algunos de sus clientes, la computadora del cliente habla con la de Baxter para determinar las fechas de embarque y hacer pedidos.
- El trato con clientes que hacen pedidos pequeños, sobre todo cuando la compañía perdería dinero si recurriera a las visitas de ventas de campo.
- El mejoramiento de las relaciones con intermediarios, Deere & Company (equipo

agrícola) "habla" a través de la computadora con sus distribuidores sobre inventarios, servicio y dirección de finanzas.
- Mejorar la comunicación con los intermediarios del extranjero y competir mejor con los fabricantes de esos países. Por ejemplo, en Europa las industrias automotriz, de productos químicos, del acero y de la construcción naviera han inventado sistemas de comunicación que usan los fabricantes, los proveedores y hasta los agentes aduanales y de transporte.

EL PROCESO DE LA VENTA PERSONAL

El proceso de la venta personal es una serie lógica de cuatro pasos que realiza el vendedor en su trato con un prospecto (figura 17-2). Se espera que el proceso lleve al cliente a realizar una acción deseada y termine con un seguimiento para garantizar su plena satisfacción. La acción deseada suele ser que compre un bien o servicio. Sin embargo, el mismo proceso de cuatro pasos puede aplicarse con la misma eficacia en otras situaciones de venta. Por ejemplo, mediante un programa especial de promoción RJR Nabisco convence a Safeway de que ponga las galletas Oreo en una buena ubicación en sus estantes; Northwestern University persuade a los alumnos para que colaboren en una campaña especial de recaudación de fondos; BMW quiere que sus distribuidores realicen publicidad local en favor de sus automóviles.

Prospección

El primer paso del proceso de la venta personal recibe el nombre de **prospección**. Consiste en identificar primero a los compradores potenciales y luego en clasificarlos, es decir, determinar si poseen suficiente poder de compra, autoridad o deseo de adquirir algo.

Identificación de los compradores potenciales. Un representante comenzará el proceso de identificación trazando el perfil del prospecto ideal. Los registros de clientes anteriores y actuales le ayudarán a determinar las características de ese prospecto. A partir del perfil comenzará a elaborar una lista de compradores potenciales.

FIGURA 17-2

Proceso de la venta personal.

Se dispone de muchas fuentes para preparar una lista de prospectos. El director de ventas puede confeccionar una lista; los clientes actuales pueden dar nuevas pistas; las asociaciones comerciales y los directores de las industrias constituyen una excelente fuente; y pueden obtenerse pistas de personas que devuelven un cupón o llaman al número de servicio publicado en un anuncio.

Y a veces con un poco de creatividad se obtienen prospectos sumamente atractivos. Homestead House (tienda de muebles) y US West (compañía telefónica) encuentran prospectos en listas de permisos para construcción. Los distribuidores de Toyota y Nissan van de puerta en puerta en busca de prospectos para venderles automóviles nuevos. Las compañías de seguros (Northwestern Mutual o Prudential), las de bienes raíces (Re/Max, Century 21) y hasta los servicios locales de pañales utilizan fuentes como los anuncios de matrimonios y nacimientos que aparecen en los periódicos.

Clasificación de los prospectos. Una vez identificados los posibles compradores, el vendedor deberá realizar una **clasificación**, es decir, determinar si tienen suficiente disposición, poder adquisitivo y autoridad para comprar. Con el fin de averiguar la *disposición para comprar*, buscará información sobre la relación del prospecto con sus proveedores actuales. Por ejemplo, una compañía o consumidor familiar tal vez tenga una relación prolongada y satisfactoria con Liberty Mutual para el seguro de su automóvil. En este caso habrá pocas probabilidades de que el vendedor de Allstate o State Farm le venda seguros. Por tanto, le conviene buscar otros prospectos.

Para determinar la *capacidad financiera de pago* de un prospecto, el vendedor puede recurrir a los servicios de clasificación de crédito como Dun & Bradstreet. En el caso de consumidores o pequeños negocios de un área, obtendrá información de una oficina local de crédito. A veces resulta difícil averiguar quién tiene, en una empresa o familia, la *autoridad para comprar*, como vimos en los capítulos 6 y 7. En una empresa, esa autoridad puede tenerla un comité o ejecutivo que se encuentran muy lejos. Además de determinar la autoridad de compra, el vendedor deberá identificar una o más personas que *influyen* en la decisión de compra. Un agente de compras puede tener la autoridad, pero lo que adquiera tal vez dependa de la recomendación de una secretaria de la oficina o de un ingeniero industrial.

Acercamiento preliminar a prospectos individuales

Antes de visitar a un prospecto el vendedor deberá averiguar todo lo relacionado con las personas o compañías a quienes presentará el producto. Este **acercamiento preliminar en las ventas** podría incluir, entre otras cosas, investigar qué productos están utilizando los prospectos y sus reacciones ante ellos. En la venta entre empresas, el representante o equipo de ventas deberá averiguar cómo se toman las decisiones de compra dentro de la organización del cliente. (Recuerde que en el capítulo 7 se explicaron los papeles del proceso de la toma de decisiones en las empresas lucrativas.) Un representante de ventas puede dirigirse a las personas apropiadas, si sabe quién es el guardián de la información, quién influye en la toma de decisiones o las adopta y quién realiza realmente la compra.

Los vendedores deberían, además, tratar de averiguar los hábitos y preferencias del prospecto. Conviene que procuren obtener la mayor cantidad de información posible, pues sólo así podrán adaptar su presentación a cada cliente.

Las ventas personales en el hogar son muy eficaces en el caso de algunos productos como Encyclopedia Brittanica.

Presentación del mensaje de ventas

Con la información recabada en el acercamiento preliminar, un vendedor estará en condiciones de diseñar una **presentación de ventas** que capte la *atención* del prospecto. El vendedor tratará después de mantener su *interés* y crear el *deseo* del producto: cuando sea el momento oportuno, intentará estimular la *acción* mediante el cierre de la venta. Muchas organizaciones se sirven de este método, denominado **AIDA** (acrónimo formado por las primera letras de *A*tención, *I*nterés, *D*eseo y *A*cción).

Atraer la atención: el acercamiento.
Lo primero que debe hacerse en una presentación de ventas es captar la atención del prospecto y despertar su curiosidad. En los casos en que reconoce la existencia de una necesidad y busca una solución, basta mencionar el nombre de la compañía y del producto. Pero generalmente se requiere más creatividad.

Por ejemplo, si un cliente le dio al vendedor el nombre del prospecto, el enfoque adecuado consistiría en comenzar por mencionar a ese amigo común. Algunas veces a esto se le llama el método de "Me envió Juan". Otra opción consiste en indicar los beneficios del producto haciendo alguna afirmación extraordinaria. Un consultor de capacitación en ventas acostumbra saludar a los prospectos con la pregunta: "Si puedo reducir sus costos de venta a la mitad y luego duplicar su volumen de ventas, ¿le interesarían mis servicios?"

Mantener el interés y despertar el deseo.
Después de captar la atención del prospecto, el representante podrá mantenerla y estimular el deseo del producto con una presentación de ventas. No se cuenta con una regla para todos los casos. Sin embargo, normalmente una demostración del producto resulta de gran utilidad. Cualquiera que

sea la técnica que se aplique en la presentación, el representante siempre debe mostrar cómo el producto beneficiará al prospecto.

Algunas compañías capacitan a su fuerza de ventas para que utilicen una **presentación estandarizada de ventas**: una presentación memorizada diseñada para abarcar todos los puntos establecidos por los ejecutivos. Todos los representantes ofrecen la misma presentación literalmente o con pequeños cambios. Las compañías que se dedican a la venta por teléfono o de puerta en puerta (Encyclopedia Britannica, por ejemplo) emplean este tipo de presentación. Aunque a juicio de muchos se trata de una práctica deficiente, ha demostrado su eficacia una y otra vez. No obstante, hoy se emplea cada vez menos, porque las empresas están convencidas de que las presentaciones flexibles son más personalizadas y corresponden mejor a las necesidades de cada cliente.

Respuesta a las objeciones y cierre de la venta. Luego de explicar el producto y sus beneficios, el vendedor deberá tratar de **cerrar la venta**, es decir, conseguir la aceptación de la compra por parte del cliente. (Es la última A del método AIDA: lograr la *acción* deseada.)

Durante la presentación, el vendedor puede intentar periódicamente un **cierre de prueba** para determinar si el prospecto está dispuesto a realizar la compra. Al plantear algunas preguntas de tipo disyuntiva, podrá llevar la presentación al cierre: "¿Prefiere el modelo de color gris o el de color verde?" o "¿Planea cargarlo a su cuenta o pagar en efectivo?"

El cierre de prueba es importante porque le indica al vendedor cuán cerca está el prospecto de tomar una decisión. Algunas veces se pierden las ventas simplemente porque el representante no solicita el pedido.

El cierre de prueba sirve además para que el comprador haga sus objeciones. El vendedor deberá alentarlo para que las manifieste. Así tendrá la oportunidad de **contestar las objeciones** y mencionar otros beneficios más del producto o bien resaltar los que ya haya señalado. Las objeciones más difíciles de responder son aquellas que no se expresan. Si el vendedor no descubre las objeciones reales, no podrá realizar el cierre.

Servicios después de la venta

Un buen trabajo de ventas no termina cuando el cliente firma el pedido. La etapa final del proceso es una serie de **actividades después de la venta** que crean buena voluntad en el cliente y sientan las bases de más ventas en el futuro. Un vendedor inteligente dará seguimiento a las transacciones para asegurarse de que no surjan problemas en la entrega, en el financiamiento, en la instalación, en la capacitación de los empleados y en otras áreas tan importantes para la satisfacción del cliente.

Con estas actividades se atenúa la **ansiedad después de la compra** (*disonancia postventa*, tema que expusimos en el capítulo 6), que suele tener lugar luego que una persona toma una decisión de compra. En esta etapa final del proceso de venta, el representante podrá reducir al mínimo la disonancia del cliente si 1) terminada la compra resume los beneficios del producto, 2) repite por qué el producto es mejor que las otras opciones y 3) insiste en la gran satisfacción que el producto le procurará al cliente.[3]

DIRECCIÓN ESTRATÉGICA DE LA FUERZA DE VENTAS

Para administrar la función de la venta personal hay que aplicar el proceso gerencial de tres etapas (planeación, implementación o instrumentación y evaluación) a la fuerza de ventas y a sus actividades. Los ejecutivos de ventas comienzan por establecer las metas de ventas y planear las actividades de los representantes. Para ello es necesario hacer un pronóstico de las ventas, preparar los presupuestos de ventas, distribuir los territorios de ventas y fijar las cuotas de ventas.

Después habrá que organizar la fuerza de ventas, integrarla y operarla para instrumentar los planes estratégicos y alcanzar las metas que se establecieron. La etapa final consiste en evaluar el desempeño de cada vendedor y también el de las ventas totales.

Para dirigir eficazmente la fuerza de ventas se requiere ante todo un buen director de ventas. No es fácil encontrar a la persona idónea. En muchas organizaciones, se acostumbra premiar con un ascenso al vendedor más productivo cuando queda vacante este puesto. Se supone que en su nuevo trabajo el vendedor podrá compartir su experiencia y conocimientos con otros para que también ellos sean exitosos. Sin embargo, como se observa en los siguientes enunciados, las cualidades necesarias para una buena dirección de ventas a menudo se oponen diametralmente a los atributos de un vendedor exitoso.[4]

- El vendedor debe estar automotivado para poder alcanzar buenos resultados. Un director de ventas debe ser muy cuidadoso y no presionar a sus subalternos para obtener resultados.
- El vendedor debe ser impaciente. Un gerente de ventas deja que las cosas maduren espontáneamente.
- El vendedor requiere reconocimiento constante por los resultados logrados. Un director de ventas aprende a dar el reconocimiento y a aceptar un papel secundario.
- El vendedor debe "cumplir con las cuotas" a corto plazo. Un director de ventas debe adoptar una perspectiva de largo plazo sobre el crecimiento de la empresa y el desarrollo del personal.
- El vendedor debe ser una persona que no necesita a la gente. Un director de ventas se servirá casi totalmente de otras personas.
- El vendedor es una persona que realiza cosas. Un director de ventas es un organizador.
- Un vendedor crea lealtad entre sus clientes. Un director de ventas crea lealtad hacia la compañía.
- Un vendedor ha de ser tenaz, seguro de que con suficiente tiempo y esfuerzo puede venderle a cualquier prospecto. Un director de ventas necesita aprender a deshacerse inmediatamente de los productos poco rentables y asignar los recursos a las oportunidades más productivas.
- El vendedor goza de gran libertad mientras obtenga buenos resultados. Un director de ventas habrá de sujetarse a las políticas y procedimientos y acatar las reglas.

FIGURA 17-3

Selección y operación de una fuerza de ventas.

ASESORÍA Y OPERACIÓN DE LA FUERZA DE VENTAS

La mayor parte de los ejecutivos de ventas dedican la mayor parte de su tiempo a integrar y operar la fuerza de ventas. Por tanto, ahora explicaremos lo que hacen en tales actividades, como se advierte en la figura 17-3.

Reclutamiento y selección de la fuerza de ventas

La selección de personal es la actividad gerencial más importante en toda organización, sin importar si la organización es una empresa, un equipo deportivo o una facultad universitaria. En consecuencia, la clave del éxito en la dirección de la fuerza de ventas está en seleccionar a las personas idóneas. Aunque la dirección de ventas sea de gran calidad, los competidores ganarán si la fuerza de ventas es muy inferior a la de ellos.

La **selección de la fuerza de ventas** incluye tres aspectos:

1. Determinar el tipo de personas que se quieren, preparando para ello una descripción escrita del puesto.
2. Reclutar un número suficiente de candidatos.
3. Escoger entre ellos a los mejor calificados.

Determinar las especificaciones de la contratación. El primer paso consiste en establecer las especificaciones de la contratación, como si la compañía fuera a adquirir equipo o suministros y no empleados. Para ello, los directivos deberán conocer antes lo que requiere el puesto de ventas. Y esto, a su vez, exige un análisis pormenorizado del puesto y una descripción escrita. La descripción será después de gran utilidad en la capacitación, al fijar la compensación y al realizar la supervisión.

Establecer los requisitos necesarios para ocupar el puesto es la parte más difícil de la función de selección. En realidad, todavía desconocemos todas las características que hacen a un buen vendedor. Tampoco podemos medir el grado en que el candidato debe reunir cada cualidad. Y tampoco sabemos en qué medida el hecho de poseer una en alto grado compensa la ausencia de otra.

Prosigue la investigación sobre las cualidades que necesita un buen vendedor. Así algunas compañías han analizado los antecedentes de sus ex representantes, con el propósito de determinar los rasgos comunes a los de mucho éxito (y también los rasgos comunes de los que fracasan).

Reclutamiento de candidatos. Un sistema planeado para reclutar un número suficiente de solicitantes es el siguiente paso de la selección. Un buen sistema de reclutamiento:

¿DILEMA ÉTICO?

Es difícil encontrar a vendedores calificados, sobre todo a personas que estén familiarizadas con la industria del reclutador. Una forma de conseguir a ese tipo de empleados es reclutarlos agresivamente entre los que trabajan para la competencia, pues no sólo conocen el negocio, sino que hasta podrían traer consigo algunos de sus clientes. Los competidores se oponen decididamente a este tipo de "piratería", nombre con que se le conoce en el medio, pues tuvieron que invertir mucho en esos vendedores y apenas si empiezan a cosechar los frutos. Las empresas reclutadoras piensan que esta práctica no es muy distinta al hecho de arrebatarle clientes a las otras; se trataría de una mera modalidad de competencia.

¿Es ético que un director de ventas le ofrezca personalmente empleo a un representante de un competidor?

- Funciona de manera permanente, no sólo cuando hay vacantes en la fuerza de ventas.
- Llega de manera sistemática a las fuentes apropiadas de candidatos.
- Ofrece un flujo de más solicitantes idóneos que los que se necesitan.

Para identificar a los candidatos, las grandes organizaciones a menudo cuentan con servicios de empleo en los campus universitarios o en las agencias profesionales de empleo. Las empresas más pequeñas que necesitan hacer menos ventas nuevas pueden poner anuncios clasificados en publicaciones especializadas y en periódicos. Muchas compañías solicitan recomendaciones a sus empleados, clientes o proveedores. El reclutar una fuerza de ventas en el extranjero puede plantear problemas especiales para las empresas estadounidenses, como se ve en el recuadro Perspectiva Internacional de la página 626.

Adecuación de los candidatos y las especificaciones de contratación. Los directores de ventas aplican varias técnicas para determinar cuáles personas poseen los requisitos deseados, entre ellas formularios de solicitud, entrevistas, referencias, informes de crédito, tests psicológicos, pruebas de aptitudes y exámenes físicos. Prácticamente en todas se les pide llenar una solicitud. Además de incluir la información básica para hacer la selección, la solicitud revela áreas que habrá que analizar durante la entrevista.

A nadie deberá contratársele sin hacerle antes una entrevista personal. Y casi siempre conviene que varias personas las realicen en diversos ambientes físicos. Cuando se cuenta con sus opiniones, habrá mayores probabilidades de descubrir características negativas y atenuar los efectos de los prejuicios de un entrevistador. Gracias a la entrevista, el empleador podrá 1) determinar el interés del solicitante por el puesto, 2) la correspondencia entre requisitos del puesto y las habilidades conexas y 3) su motivación para trabajar duro.

Se discute la ética de administrar pruebas de inteligencia, de atributos y de personalidad. En Estados Unidos, algunas compañías evitan aplicarlas por temor de que se les

PERSPECTIVA INTERNACIONAL

¿PUEDE DIRIGIRSE UNA FUERZA DE VENTAS GLOBAL?

Administrar una fuerza de ventas es una tarea muy difícil en Estados Unidos, pero al menos hay muchas semejanzas en el mundo de los negocios y en su cultura social. Pero pensemos en los ajustes que una empresa estadounidense deberá efectuar país por país, cuando dirige una fuerza de ventas nacional en un país extranjero. Por ejemplo, los criterios para reclutar y seleccionar a los vendedores a menudo se aplican allí en forma muy diferente. Factores como la clase social, la religión y el origen étnico son importantes criterios de selección tanto en los países industrializados como en las naciones en vías de desarrollo. A continuación se dan algunos ejemplos de los retos que la dirección de la fuerza de ventas plantea en varias regiones del mundo:

- En Japón, la teoría de dar reconocimiento al representante de ventas choca con el enfoque de equipo aplicado a los negocios.
- En Arabia Saudita, es difícil contratar a representantes de ventas por la escasez de mano de obra del país y porque a la venta se le considera una ocupación indeseable.
- En India, el riguroso sistema de castas y la multitud de idiomas y dialectos tienden a fragmentar el mercado, de manera que a los representantes les resulta difícil vender fuera de su grupo social y lingüístico.
- En Brasil, las leyes laborales y la inflación galopante complican la compensación de los vendedores, haciendo difícil pagarle a uno menos de lo que percibía el año anterior.
- En Hong-Kong, muchas personas de ascendencia china están abandonando su empleo para irse a trabajar en Canadá y Taiwán, pues Hong Kong se reintegrará a China en 1997.

Fuente: Estudio efectuado por Personnel Corporation of America, tal como se publicó en *Marketing News*, 8 de mayo, 1989, p. 7.

---

acuse de discriminación. Sin embargo, las pruebas de empleo son herramientas legítimas de selección, mientras se logre demostrar que predicen exactamente el desempeño en el trabajo.

Integración de nuevos vendedores a la organización

Una vez contratados los candidatos, los directivos tienen la obligación de integrarlos a la familia de la compañía. Muchas veces se omite este paso. A los futuros vendedores se les selecciona cuidadosamente y se les trata con esmero para incorporarlos a la organización. Después, en cuanto se les contrata, termina la luna de miel y se les deja solos. En tales casos, pueden sentirse desanimados y hasta renunciar al empleo. Un buen gerente de ventas se dará cuenta de que los vendedores de ingreso reciente conocen muy poco sobre los detalles del puesto, sobre sus compañeros de trabajo o su estatus dentro de la empresa.

Venta personal y administración de ventas

Algunas compañías usan anuncios atractivos y hermosos para reclutar a sus vendedores.

Capacitación de la fuerza de ventas

Tanto los vendedores nuevos como los de gran experiencia necesitan un buen programa de capacitación para mejorar sus habilidades de venta, conocer mejor los nuevos productos y perfeccionar las prácticas gerenciales de su tiempo y territorio. Los directivos deberían contestar las siguientes preguntas cuando diseñan un **programa de capacitación de la fuerza de ventas:**

- **¿Cuáles son las metas del programa?** En términos muy generales, la finalidad de un programa debería ser incrementar la productividad y estimular la fuerza de ventas. Además, los ejecutivos deben determinar cuáles metas desean alcanzar. Por ejemplo, puede ser aumentar las ventas de los productos más rentables o mejorar los métodos de prospección a fin de obtener más clientes.
- **¿Quién debería realizar la capacitación?** El programa de capacitación pueden realizarlo los ejecutivos de ventas, el departamento de capacitación, especialistas externos en capacitación o alguna combinación de los tres.
- **¿Qué debe contener el programa?** Un programa muy complejo de capacitación ha de contener tres temas generales: conocimiento del producto, políticas de la compañía y técnicas de ventas.
- **¿Dónde y cuándo debe llevarse a cabo la capacitación?** Algunas compañías creen que la capacitación de los empleados de nuevo ingreso ha de efectuarse antes que empiecen a trabajar en el campo. Otras dejan que primero prueben que tienen el deseo y la capacidad de vender, y luego en la oficina les imparten un curso intensivo

Continental Airlines hace que a los empleados que tienen contacto con los clientes asistan a un seminario de dos días sobre servicio y entusiasmo, parte de su programa para capacitarlos y motivarlos.

de capacitación. Pueden aplicarse programas centralizados o descentralizados de capacitación. Un programa centralizado, que normalmente se administra en las oficinas matrices, consiste en reuniones periódicas a las que asisten todos los vendedores. Un programa descentralizado puede realizarse en las sucursales de la organización o bien durante la capacitación en el trabajo.

- **¿Qué métodos de enseñanza deberán utilizarse?** Puede emplearse el método de conferencia para darles a conocer a los vendedores de nuevo ingreso la historia y prácticas de la organización. Con las demostraciones puede impartirse el conocimiento del producto o las técnicas de venta. La capacitación en el trabajo puede usarse en cualquier fase del programa.

Motivación de la fuerza de ventas

Los vendedores, sobre todo los externos, necesitan una gran motivación. Piense en la explicación anterior sobre la naturaleza del trabajo de ventas: las presiones causadas por el conflicto y ambigüedad de roles, por ejemplo. También considere en qué este trabajo se distingue de los otros. Los vendedores trabajan generalmente por su cuenta, sin supervisión ni orientación de los gerentes. Los vendedores externos rara vez cuentan con el apoyo y la comodidad del ambiente de oficina y del hogar.

En consecuencia, los gerentes tienen el reto de **motivar a los vendedores**. Un aspecto clave consiste en averiguar lo que los motiva: ¿es la necesidad de estatus, el control, el logro o alguna otra cosa? Otro es diseñar un programa motivacional que en lo posible llegue a cada uno de ellos.

Los ejecutivos de ventas disponen de una gran variedad de herramientas motivacionales. Los incentivos económicos (planes de compensación, cuentas de gastos, prestaciones) suelen ser muy buenos motivadores. Pero no siempre. Los premios de otra índole: enriquecimiento del trabajo, elogio por parte de los gerentes, reconocimientos y premios al mérito (prendedores, trofeos, certificados), pueden ser el medio de estimular a algunos. Otros medios de uso frecuente son las reuniones y concursos de ventas. Hoy muchas compañías: Aritech (alarmas contra incendio y robo), Cox Cable Communications (TV) y Xerox entre otras que ofrecen cruceros, estancia en lugares vacacionales y otros incentivos de viajes como premio a los representantes que logran un excelente desempeño.[5]

Compensación de la fuerza de ventas

Los premios financieros continúan siendo sin duda la herramienta con que más a menudo se motiva a los vendedores. En consecuencia, el diseño y la administración de un **plan adecuado de compensación** forma parte importante de las obligaciones de un director de ventas. Los premios financieros pueden ser pagos *directos* en efectivo (sueldo, comisiones) o una compensación *indirecta* (vacaciones pagadas, pensiones, planes de seguro).

El establecimiento de un sistema de compensación requiere tomar decisiones concernientes al nivel de remuneración y también al método con que se calculará. El *nivel* se refiere al ingreso total que el vendedor gana durante cierto periodo. En él influye el tipo de persona requerida y el sueldo competitivo que se paga a puestos semejantes. El *método* es el sistema o plan mediante los cuales se llegará al nivel deseado.

Los tres métodos de mayor uso en la compensación son: sueldo simple, compensación simple y un plan que combina los dos. El **sueldo** es un pago fijo por un periodo en que el vendedor trabaja. El plan de sueldo solamente (llamado *sueldo simple*) da seguridad y estabilidad de ingresos. Es un plan que permite a los gerentes controlar las actividades de los representantes, y éstos tienden a anteponer los intereses del cliente a cualquier otra consideración. La principal desventaja de este método estriba en que no ofrece un incentivo adecuado para incrementar el volumen de ventas. Por lo demás, se trata de un costo fijo, sin relación con el volumen de ventas ni con el margen bruto de utilidad.

Este tipo de planes se emplea cuando:

- Se remunera a nuevos vendedores o a vendedores misioneros.
- Se abren nuevos territorios.
- Se vende un producto técnico durante un largo periodo de negociación.

Una **comisión** es un pago por determinada unidad de logro. Así, a un representante se le pagará un 5% por cada dólar de ventas o bien el 8% por cada dólar de margen de utilidad bruta. El plan de *comisión simple* (comisión solamente) suele tener las ventajas y las limitaciones contrarias del sueldo simple. Ofrece un fuerte incentivo a los vendedores, y es una variable que guarda relación directa con el volumen de ventas o con el margen bruto de utilidad. Por otra parte, resulta difícil controlar a este tipo de vendedores. Y no es nada fácil lograr que realicen trabajos por lo que no se les paga una comisión.

Este tipo de planes de compensación dan buenos resultados cuando:

- Hace falta un gran incentivo para alcanzar la cuota de ventas.
- Se requiere poco trabajo no relacionado con las ventas, como organizar e instalar exhibiciones en las tiendas.
- La compañía es débil desde el punto de vista financiero y debe relacionar los gastos de compensación directamente con las ventas o el margen bruto de utilidad.
- La compañía no está en posibilidades de supervisar la fuerza de ventas cuando labora fuera de las oficinas corporativas.

El **plan ideal de compensación por combinación** reúne los aspectos más positivos del sueldo y de la comisión simples, con el mínimo de sus aspectos negativos. Para alcanzar este ideal, hay que adaptarlo a cada empresa, producto, mercado y tipo de venta.

En el momento actual lo utilizan unas tres cuartas partes de las compañías estadounidenses. Sin embargo, a principios de los años 90, algunas grandes tiendas de departamentos, entre ellas Bloomingdale's Brudine's (Florida), Broadway (California), Nordstrom's y Frederick & Nelson (Seattle), abandonaron este plan y utilizaron la comisión simple. Pero al cabo de un par de años algunas de ellas comenzaron a introducir de nuevos sus agresivos planes de comisión y sueldo por dos razones. Una es que los propios vendedores se opusieron firmemente a perder el sueldo del plan de combinación (un buen ejemplo de ello es Dayton-Hudson, Minneapolis). La otra es que con los planes de comisión comenzaba a deteriorarse el servicio al cliente. Sears, Roebuck, por ejemplo, abandonó el plan de comisión en sus Auto Centers después que los funcionarios de California la acusaron porque los representantes de ventas recomendaban reparaciones automotrices innecesarias. Lo hacían para cumplir con sus cuotas e incrementar sus comisiones. Al respecto, un funcionario de Sears declaró: "Es preciso alcanzar el equilibrio entre motivar a los empleados [mediante un plan de pagos] y un buen servicio al cliente."[6]

Supervisión de la fuerza de ventas

Es difícil supervisar a los vendedores porque trabajan de manera independiente y en sitios donde no pueden ser observados en forma constante. Pese a ello, la supervisión es un medio de continuar la capacitación y un medio para asegurarse de que se cumplan las políticas de la compañía.

Una decisión que los gerentes habrán de tomar es el grado de supervisión. Si supervisan demasiado, puede surgir un conflicto de roles con el vendedor. Uno de los atractivos de la venta personal es la libertad de que gozan los representantes de ventas para resolver creativamente los problemas del cliente. Una supervisión estrecha acaba con esta sensación de independencia. Y, por el contrario, una supervisión laxa puede ocasionar la ambigüedad de roles. Los vendedores a quienes no se les supervisa estrechamente no conocen las expectativas del supervisor ni de la organización. Tal vez no sepan, entre otras cosas, cuánto tiempo deberían dedicar a atender a los clientes actuales y cuánto a generar nuevos clientes.

El método más eficaz de supervisión es la observación personal en el campo. Por lo regular, el director de ventas pasa al menos la mitad del tiempo viajando con los vendedores. Entre otras herramientas de la supervisión citamos los informes, la correspondencia y las reuniones de ventas.

EVALUACIÓN DEL DESEMPEÑO DEL VENDEDOR

La dirección de la fuerza de ventas incluye **evaluar el desempeño** de los vendedores. Los ejecutivos de ventas deben saber lo que están haciendo sus subordinados para premiarlos o hacer propuestas constructivas para mejorar las cosas. Al establecer criterios de desempeño y al estudiar las actividades de los vendedores, podrán diseñar nuevos programas de capacitación para mejorar en lo posible el desempeño. Y, desde luego, la evaluación constituye la base de las decisiones relacionadas con la compensación y otros premios.

La evaluación del desempeño también ayuda a los vendedores a descubrir oportunidades de mejorar lo que hacen. Aquellos con pocas ventas saben que algo están haciendo mal. Pero tal vez no sepan cuál es el problema, si no cuentan con normas objetivas que les permitan medir su desempeño.

Deben utilizarse factores cuantitativos y cualitativos como medios para evaluar el desempeño. Los **criterios cuantitativos** normalmente poseen la ventaja de ser específicos y objetivos. Los **criterios cualitativos**, a pesar de reflejar dimensiones más generales del comportamiento, están limitados por el juicio subjetivo de los evaluadores. En ambos tipos de evaluación, los gerentes afrontan la difícil tarea de establecer normas a partir de las cuales medir el desempeño de los representantes.

Criterios cuantitativos

El desempeño de los vendedores debería evaluarse en función de las *entradas* (actividades) y *salidas* (resultados). Las entradas (por ejemplo, el número de visitas realizadas diariamente y el servicio al cliente) y las salidas (como el volumen de ventas o el margen de utilidad bruta) constituyen en conjunto una medida de la eficiencia de los vendedores.

A continuación se enumeran algunas medidas de *salida cuantitativa*:

- Volumen de ventas por producto, grupo de clientes y territorio.
- Volumen de ventas como porcentaje de la cuota o potencial del territorio.
- Margen de utilidad bruta por línea de productos, grupo de clientes o territorio.
- Pedidos: número e importes.
- Porcentaje de cierres: cantidad de pedidos dividida entre el número de visitas.
- Clientes: porcentaje de clientes actuales y número de nuevos clientes.

Entre las *entradas cuantitativas* figuran las siguientes:

- Porcentaje de visitas: número de visitas por día o por semana.
- Gastos relacionados con la venta directa: total de gastos o como porcentaje de las ventas.
- Actividades no relacionadas con las ventas: exhibiciones de promoción instaladas, sesiones de capacitación celebradas con distribuidores.

Factores cualitativos

La evaluación del desempeño sería mucho más fácil, si pudiera basarse exclusivamente en criterios cuantitativos. De ese modo se reduciría al mínimo la subjetividad y el perjuicio personal de quienes la realizan. Sin embargo, es preciso tener en cuenta muchos factores *cualitativos*, pues influyen en el desempeño de los vendedores. He aquí algunos de ellos:

- Conocimiento de los productos, de las políticas de la compañía y de la competencia.
- Administración del tiempo y preparación de las visitas.
- Relaciones con los clientes.
- Aspecto personal.
- Personalidad y actitud: cooperación, creatividad, ingenio.

Un buen programa evaluará el desempeño del vendedor basándose en el mayor número posible de criterios. De no ser así, los gerentes podrán equivocarse. Un alto porcentaje de visitas puede resultar impresionante, pero nada nos dice acerca de cuántos pedidos fueron firmados. Un alto porcentaje de cierres (que se obtiene dividiendo los pedidos entre las visitas) puede ocultar un bajo tamaño promedio de los pedidos o un alto volumen de ventas de productos poco rentables.

■ RESUMEN

La venta personal es el principal método promocional que se emplea en las empresas estadounidenses, tanto si la medimos por el número de empleados como por los gastos totales o los gastos como porcentaje de las ventas. El campo total de la venta personal abarca dos grandes categorías. Una se refiere a las actividades en que los clientes acuden al vendedor (principalmente venta en las tiendas o por catálogo). La otra incluye todas las situaciones en que los vendedores acuden al cliente, principalmente los vendedores externos.

Las ventas es una profesión que ha cambiado mucho. Un nuevo tipo de representante: el vendedor profesional, ha surgido durante las últimas décadas. Pero esta nueva generación sigue afrontando los problemas de la ambigüedad y conflicto de roles. En el momento actual, los trabajos de ventas abarcan desde los que reciben pedidos a través de los vendedores de apoyo (vendedores misioneros, ingenieros de ventas) hasta los que los generan (vendedores creativos). La venta es un trabajo que se distingue de los demás en varios aspectos. En los últimos años han surgido algunos patrones de la venta personal; por ejemplo, los centros de ventas (venta en equipo), la venta de sistemas, las relaciones de venta y el telemarketing.

El proceso de la venta personal consta de cuatro pasos; los dos primeros son la prospección de los compradores potenciales y el acercamiento preliminar a cada prospecto. El tercer paso es la presentación de ventas, que incluye atraer la atención, despertar el deseo e interés del comprador, contestar las objeciones y finalmente cerrar la venta. Por último, las actividades después de la venta requieren servicios de seguimiento para garantizar la satisfacción del cliente y atenuar la disonancia causada por la compra.

El proceso de la dirección de ventas incluye los siguientes pasos: planear, implementar (instrumentar) y evaluar las actividades de la fuerza de ventas con base en las directrices establecidas en la planeación estratégica de marketing de la compañía. Las funciones de integrar y operar la fuerza de ventas plantean retos en diversas áreas. La clave de una buena dirección de los vendedores consiste en seleccionar bien a los candidatos. Después se trazan planes para integrarlos en la compañía y capacitarlos. Los gerentes deben organizar programas para motivar, compensar y remunerarlos. La última etapa de la dirección de los vendedores consiste en evaluar el desempeño de cada uno.

Más sobre **AVON**

Al inicio de este capítulo dijimos que Avon Products y su presidente James Preston habían empezado a sufrir un problema. Pero, a fines de la década de 1980 y principios de la de 1990, Preston empezó a introducir algunos cambios. Vendió sus acciones en casas para jubilados y en servicios médicos. Al hacerlo, devolvió Avon a sus negocios básicos tradicionales de cosméticos, perfumes y artículos de tocador.

Y al mismo tiempo fortaleció lo que la compañía hace mejor: la venta personal de esos productos. Por ejemplo, en Estados Unidos los representantes de Avon han empezado a abandonar las visitas domiciliarias. Ahora empiezan a vender sus productos a las mujeres en las horas de la comida o después que terminan su jornada laboral en oficinas y fábricas. En realidad se trata de una modalidad del plan de fiesta, la venta en grupo (tema que abordamos en el capítulo 14) más que la venta tradicional de puerta en puerta.

Preston también amplió las actividades de venta e inició la venta de catálogo por correo directo. La compañía cuenta con números de servicio y faxes para recibir pedidos por teléfono. Con el propósito de apoyar estos nuevos negocios, en 1992 comenzó otra vez a realizar publicidad en Estados Unidos, después de una interrupción de varios años. Después, en 1993, cuadruplicó su presupuesto publicitario.

Venta personal y administración de ventas

Preston está tratando de conservar a los representantes Avon a fin de reducir la alta rotación de los vendedores. También ofrece incentivos a los actuales para que contribuyan a reclutar representantes.

Por otra parte, Preston comenzó ya a expandir las operaciones internacionales. La compañía entró en el mercado de Europa Oriental inmediatamente después de la caída de la Cortina de Acero. En el sureste de China, otro ejemplo de su marketing internacional, comenzó a vender cosméticos y limpiadores fabricados en su planta de Guangzhou (no lejos de Hong Kong, antes Canton). En el primer año las ventas se duplicaron respecto a los pronósticos. La clave de ello fue una fuerza de ventas que actualmente llega a 15 000 mujeres que van tocando puerta tras puerta (la mayor parte de los hogares chinos no tienen timbre), con lo cual se prescinde del lento sistema tradicional de intermediarios. Estas "damas Avon" se centran en las mujeres jóvenes de las ciudades, quienes ya utilizan cosméticos y pagarán precios más altos por marcas extranjeras. Y el mercado potencial parece casi infinito, ya que aproximadamente 60 millones de personas viven a 100 millas de distancia de esa fábrica. Ahora Avon está ampliándose para abarcar otras provincias de China.

1. En su opinión, ¿son correctos los cambios de la venta y la administración de ventas instituidos en Avon por James Preston?
2. En el área de la venta personal, ¿qué debería hacer Avon en el momento actual?

■ TÉRMINOS Y CONCEPTOS BÁSICOS

Venta personal (610)
Venta de mostrador (611)
Fuerza externa de ventas (611)
Telemarketing (612)
Vendedor profesional (612)
Ambigüedad de roles (613)
Conflicto de roles (613)
Conductor-vendedor (614)
Receptor interno de pedidos (614)
Receptor externo de pedidos (614)
Vendedor misionero (614)

Ingeniero de ventas (614)
Vendedor creativo-generador de pedidos (615)
Receptor de pedidos (615)
Personal de soporte de ventas (615)
Generador de pedidos (615)
Centro de ventas (616)
Venta de sistemas (616)
Relaciones de venta (616)
Prospección (619)
Clasificación (620)
Acercamiento preliminar

en las ventas (620)
Presentación de ventas (621)
AIDA (621)
Presentación estandarizada de ventas (622)
Cierre de la venta (622)
Cierre de prueba (622)
Contestar las objeciones (622)
Actividades después de la venta (622)
Ansiedad después de la compra (622)
Selección de la fuerza de ventas (624)

Programa de capacitación de la fuerza de ventas (627)
Motivar a los vendedores (628)
Plan adecuado de compensación (628)
Sueldo (629)
Comisión (629)
Plan ideal de compensación por combinación (629)
Evaluar el desempeño (630)
Criterios cuantitativos (630)
Criterios cualitativos (630)

PREGUNTAS Y PROBLEMAS

1. Un anuncio de una página a cuatro tintas en la revista *Sports Illustrated* cuesta mucho más que contratar a dos vendedores durante un año entero. Un ejecutivo de ventas insiste en que la compañía elimine algunos de esos anuncios y, a cambio de ellos, contrate unos cuantos vendedores. Está convencido de que un buen vendedor que trabaje todo el año logrará vender más que un anuncio insertado en un número de *Sports Illustrated*. ¿Usted que haría su tuviera que tomar la decisión?
2. Consulte la clasificación de los trabajos de ventas, desde el conductor-vendedor hasta el vendedor creativo y conteste las siguientes preguntas:
   a. ¿En qué tipo de trabajo de ventas tiende una persona a estar más libre de una supervisión estrecha?
   b. ¿Qué tipos tienden a ser los mejor remunerados?
   c. ¿En qué tipos de trabajos se requiere el mayor grado de motivación?
3. Mencione algunas fuentes a las que podría acudir para conseguir una lista de prospectos de los siguientes productos:
   a. Cuentas bancarias para los nuevos residentes de un área
   b. Equipo dental de rayos X
   c. Computadoras portátiles
   d. Clientes de United Way.
   e. Muebles y ropa para bebé
4. Si estuviera preparando una presentación de ventas para los siguientes productos, ¿qué información acerca de un prospecto buscaría como parte de su preparación?
   a. Condominio de dos recámaras
   b. Automóvil nuevo
   c. Alfombra para un proyecto de redecoración de una casa
5. ¿Qué fuentes utilizaría para reclutar solicitantes de un puesto de ventas en las siguientes compañías? Explique el motivo de su elección en cada caso.
   a. Un hotel Mariott que quiere que las compañías utilicen el hotel para sus convenciones.
   b. IBM, para la venta de mainframes (grandes computadoras)
6. ¿Qué características de los solicitantes debería incorporar a sus criterios de selección una corporación multinacional estadounidense que está contratando vendedores en el extranjero?
7. Compara las ventajas de los planes de sueldo y comisión simple para remunerar a los vendedores. ¿Cuáles son los dos tipos de trabajos de ventas en que uno y otros podrían ser adecuados?
8. ¿Cómo podría una empresa determinar si un vendedor está empleando tácticas de ventas de gran presión que podrían perjudicar las relaciones con los clientes?
9. ¿Cómo puede un gerente de ventas evaluar el desempeño de los vendedores en las consecución de nuevos clientes?

APLICACIÓN AL MARKETING

1. Repase sus actividades en los últimos días e identifique aquellas en que:
   a. Realizó alguna venta personal.
   b. La gente trató de venderle algo.
   Seleccione una situación de cada categoría en que, a su juicio la venta fue especialmente eficaz e indique por qué.
2. Entreviste a tres estudiantes de su escuela que recientemente hayan participado en entrevistas de trabajo realizadas por compañías que utilizaron la oficina de empleo de la escuela. Pídales que comparen, contrasten y hagan una evaluación general de los métodos de reclutamiento. Prepare un informe que abarque sus hallazgos.

NOTAS Y REFERENCIAS

1. Bruce Hager, "Despite the Face-Lift, Avon Is Sagging", *Business Week*, 2 de diciembre, 1992, p. 101; James McGregor, "U.S. Companies in China Find Patience, Persistence y Salesmanship Pay Off", *The Wall Street Journal*, 3 de abril, 1992, pp. B1; Jennifer Reese, "Avon Knocking on China's Doors", *Fortune*, 17 de diciembre, 1990, p., 12.
2. Stephen X. Doyle y George T. Roth, "The Use of Insight Coaching to Improve Relationships Selling", *Journal of Personal Selling & Sales Management*, invierno de 1992, pp. 61-63. Más ideas acerca de la venta de relaciones se encuentran en David Shani y Sujana Chalasani, "Exploiting Niches Using Relationship Marketing", *Journal of Consumer Marketing*, ve-

rano de 1992, pp. 33-42; Naoko Oikawa y John F. Tanner, hijo, "The influence of Japanese Culture on Business Relationships and Negotiations", *Journal of Consumer Marketing*, verano de 1992, pp., 67-74; y Barry J. Farber y Joyce Wycott, "Relationships: Six Steps to Success", *Sales & Marketing Management*, abril de 1992, p. 50.

3. Más detalles sobre las actividades después de la venta, sobre todo en la competencia internacional, se dan en A. Coskun Samli, Laurence W. Jacobs y James Willis, "What Presale and Postsale Services Do You Need to Be Competitive?" *Industrial Marketing Management*, febrero de 1992, pp. 33-41.

4. Adaptado de Jack Falvey, "The Making of a Manager", *Sales & Marketing Management*, marzo de 1989, p. 42.

5. "Travel Incentives: Case Studies", *Marketing Insights*, verano de 1992, p. 98, Véase también a James Feldman, "Targeted Motivation", *Marketing Insights*, verano de 1991, p. 91.

6. Gregory A. Patterson, "Distressed Shopper, Disaffected Workers Prompt Stores to Alter Sales Commissions", *The Wall Street Journal*, 1 de julio, 1992, p. B1.

CAPÍTULO 18

Publicidad, promoción de ventas y relaciones públicas

¿Pueden
CHANNEL ONE
*y otras empresas que usan la publicidad basada en lugares
ampliar el alcance de la publicidad?*

En 1989 Whittle Communications presentó en Estados Unidos Channel One. Este canal obsequia a las escuelas suscriptoras con estudiantes de secundarias y de enseñanza media superior una antena parabólica, televisores y videocassetteras a cambio de un convenio con ellos para que vean diariamente 10 minutos de noticieros pagados con 2 minutos de comerciales.

La reacción inicial de muchos educadores ante la exhibición de comerciales en la escuela fue sumamente negativa. En consecuencia, los distritos escolares de Chicago, California y Nueva York se negaron a permitir que sus planteles contrataran el servicio. Sin embargo, algunas escuelas (posiblemente bajo el influjo del equipo que recibirían gratis) consideraron atractivo el sistema. Firmaron, pues, contratos donde se estipulaba que todos los días los noticieros se exhibirían a determinado número de estudiantes. A mediados de 1992, ya se habían inscrito en el programa 10 000 escuelas.

Un noticiero típico de Channel One comienza con cinco noticias relámpago, precedidas por un mapa que muestra el sitio exacto del evento. Después de las noticias viene un breve reportaje que intenta relacionar una de ellas con la vida de los adolescentes. En seguida se exhiben dos comerciales, seguidos por un reportaje sobre un tema orientado a los adolescentes, como la educación universitaria o relaciones con compañeros. Finalmente, se muestran otros dos comerciales y un reporte de interés general acerca de la educación.

Channel One marcó el inicio de la publicidad televisiva dirigida a una "audiencia cautiva". Conocida en los medios publicitarios con el nombre de publicidad basada en lugares o para afuera del hogar, este concepto es una respuesta a la creciente fragmentación de las audiencias. Ante los estilos de vida de ritmo rápido y el aumento de actividades que compiten por la atención de los consumidores, los publicistas ya no pueden recurrir a las redes de televisión para llegar a grandes cantidades de espectadores en casa. De ahí que empiecen a ir directamente a ellos.

El éxito de Channel One ha dado origen a varios imitadores y competidores. Al parecer, los sitios de este tipo de publicidad no tienen más límite que la imaginación de los proveedores. Turner Broadcasting Systems está examinando las oportunidades de colocar televisores en lugares donde la gente hace cola (bancos, restaurantes de comida rápida y aeropuertos) o pasa el tiempo (clubes de acondicionamiento físico, consultorios médicos, talleres automotrices y salones de belleza).

Pero no toda la publicidad basada en lugares es bien acogida por el público. En 1992 Turner probó y abandonó Checkout Channel, una combinación de noticias, sugerencias de modas y reportes metereológicos acompañados de publicidad, transmitidos a los clientes que esperaban frente a las cajas registradoras de los supermercados. El sistema fue pagado íntegramente por los anunciantes. A los supermercados se les obsequiaba un televisor por cada caja registradora y además una antena parabólica; Turner se encargaba de las transmisiones. La programación incluía unos 2 minutos de anuncios por cada 5 minutos de noticias y diversión. Checkout Channel transmitía anuncios que creaban conocimiento de la marca, pero lo hacía después que los consumidores habían tomado las decisiones de compra. Al respecto señaló un gerente: "Al volver a comprar, uno necesariamente recuerda la experiencia de su última visita al supermercado."

Empiezan a aparecer otras formas de publicidad basada en lugares. Whittle Communications se asoció con Philips Electronics para probar Medical News Network, un servicio interactivo de noticias por televisión, el cual permite a los médicos que se suscriben a él conocer nuevos tratamientos y medicamentos, pedir muestras de medicamentos por medios electrónicos y solicitar información y estudios adicionales de investigación sobre las noticias médicas que vieron. La televisión interactiva puede reemplazar gran parte de la publicidad actual y reducir el número de visitas personales de ventas que se hacen a los médicos.

Capital Cities/ABC introdujo una versión ligeramente modificada de este tipo de publicidad. En un convenio con J. C. Penney, empezó ya a transmitir programación deportiva por los televisores en los departamentos de ropa deportiva de las tiendas de esa cadena. Los programas de cuatro horas de duración presentan los eventos deportivos que transmitirá ABC (el Derby de Kentucky y las 500 millas de Indianápolis, por ejemplo) y exhiben anuncios de compañías como General Motors y VISA. Esta versión de la publicidad basada en lugares tiene por objeto hacer más agradable las compras y no servir de distracción a una audiencia cautiva. Penney's compra los televisores, ABC produce y transmite la programación y el anunciante paga una cuota.[1]

¿En qué condiciones, a su juicio, la publicidad basada en lugares dará buenos resultados?

La publicidad, la promoción de ventas y las relaciones públicas son las herramientas de la comunicación masiva de que disponen los ejecutivos de marketing. Como su nombre lo indica, la comunicación masiva utiliza un mismo mensaje para todos los miembros de una audiencia. El comunicador que la emplea cambia la ventaja de la venta personal y la oportunidad de adaptar el mensaje a cada prospecto por la de llegar a muchos con un costo más bajo por persona. Pero, como se ejemplifica en el caso con que se inicia el capítulo, la comunicación masiva no es indiscriminada. Los anunciantes buscan siempre presentar su mensaje a audiencias bien definidas.

En el presente capítulo trataremos de las herramientas promocionales de la comunicación masiva: publicidad, promoción de ventas y relaciones públicas. Después de estudiar este capítulo, usted deberá ser capaz de explicar:

OBJETIVOS DEL CAPÍTULO

- La naturaleza de la publicidad, lo que significa para cada empresa y su importancia en la economía de un país.
- Las características de los tipos principales de la publicidad.
- Cómo se diseña una campaña publicitaria y cómo se seleccionan los medios publicitarios.
- Qué es la promoción de ventas y cómo se administra.
- El papel que en la mezcla promocional tienen las relaciones públicas y la publicidad no pagada.

NATURALEZA E IMPORTANCIA DE LA PUBLICIDAD

Los anuncios presentan cuatro características:

- Un mensaje verbal o visual.
- Un patrocinador a quien se identifica.
- Transmisión a través de uno o varios medios.
- Pago que hace al patrocinador a los medios que transmiten el mensaje.

Así pues, la **publicidad** consta de todas las actividades necesarias para presentar a una audiencia un mensaje impersonal y pagado por un patrocinador identificado que se refiere a un producto o a una organización. La mayor parte de las empresas la utilizan en una u otra forma.

La cantidad de dinero que se invierte en la publicidad indica su enorme importancia. Así, durante 1992 los gastos de publicidad rebasaron los $131 mil millones de dólares en Estados Unidos, cifra que representa más del doble de lo que se gastó en 1982. En la tabla 18-1 se muestra la importancia relativa de los principales medios publicitarios durante los últimos 30 años. A lo largo de este periodo los periódicos han sido el medio de mayor uso, a juzgar por la inversión total hecha en la publicidad. No obstante, su participación ha disminuido, al aumentar lo que se destina a la publicidad por televisión y por correo directo.

La publicidad como un porcentaje de ventas

Puede parecer exorbitante el dinero que se invierte en la publicidad. Por ejemplo, tan sólo en Australia, Cadbury Schweppes destina $20 millones anuales a la publicidad de sus

TABLA 18-1 Costos de la publicidad en Estados Unidos, por medio

Los costos de la publicidad se redujeron en 1991, la primera disminución en medio siglo; pero volvieron a aumentar en 1992. Los periódicos conservaron el primer lugar entre los diversos medios, la televisión ocupó el segundo lugar y el correo directo ha ido creciendo rápidamente.

Medio	Dólares gastados en 1992 (en miles de millones)	%	1990 (%)	1980 (%)	1970 (%)	1960 (%)
Prensa	31	23	25	28	29	31
Televisión	29	22	22	21	18	13
Correo directo	25	19	18	14	14	15
Radio	9	7	7	7	7	6
Sección amarilla del directorio	9	7	7	-	-	-
Revistas	7	5	5	6	7	8
Publicaciones de negocios	3	2	2	3	4	5
Publicidad al aire libre	1	1	1	1	1	2
Diversos°	16	14	12	20	20	20
Porcentaje total		100	100	100	100	100
Gastos totales (en miles de millones)	$131		$128	$55	$20	$12

° Antes de 1988 esta categoría comprendía las páginas de la sección amarilla del directorio telefónico. También incluye la publicidad en transportes, las publicaciones semanales y la publicidad en el punto de compra.

Fuentes: Robert J. Cohen, "Ad Gains Could Exceed 6% This Year", *Advertising Age*, 5 de mayo, 1993, p. 4; las estadísticas correspondientes a 1980 están tomadas de *Advertising Age*, 22 de marzo, 1982, p. 66. Otras se adaptaron de *Advertising Age*, 17 de noviembre, 1975, p. 40.

dulces,[2] o sea más de $1.50 por habitante para una sola marca. En la tabla 18-2 aparecen las 10 compañías estadounidenses que invierten más *dinero* en la publicidad. Sin embargo, si queremos evaluar este tipo de inversión, debemos compararlo con algún marco de referencia y no simplemente fijarnos en la cifra global. Muchas veces se expresa como un porcentaje de las ventas de la compañía. Nótese en la tabla 18-2 que algunos de los principales anunciantes (GM, Sears, Ford) en realidad destinan a la publicidad un pequeñísimo porcentaje de sus ventas.

El tamaño de la organización y la fuerza de sus competidores influyen en la cantidad destinada a la publicidad. Coca-Cola invierte en ella cerca del 4% de sus ventas, mientras que el presupuesto publicitario de Royal Crown Cola se aproxima al 40% de sus ventas. Pese a esta diferencia tan notoria, Coca-Cola destina unos $9 dólares a la publicidad por cada dólar que invierte Royal Crown.[3]

Comparación entre el costo de la publicidad y el de la venta personal

A pesar de que no contamos con cifras exactas sobre el costo total de la venta personal, una cosa sí sabemos: rebasa con mucho lo que se gasta en publicidad. Sólo unas cuantas industrias manufactureras (medicamentos, artículos de tocador, productos de limpieza, tabacos y bebidas, destinan más a la publicidad que a la venta personal. La publicidad

TABLA 18-2 Los 10 principales anunciantes en 1991, clasificación basada en los gastos totales hechos en Estados Unidos

Compañía	Gastos de publicidad		
	Importe (millones)	Como % de ventas	Ventas por dólar inver. en anuncios
1. Procter & Gamble	2 149	13.8	7.26
2. Philip Morris	2 046	5.4	18.52
3. General Motors	1 442	1.7	58.23
4. Sears, Roebuck & Co.	1 179	2.1	48.53
5. PepsiCo	903	6.0	16.79
6. Grand Metropolitan PLC (Burger King)	745	9.5	10.58
7. Johnson & Johnson	733	11.7	8.52
8. McDonald's	695	18.7	5.34
9. Ford	677	1.1	90.38
10. Eastman Kodak	661	6.1	16.45

Fuentes: "100 Leading National Advertisers", *Advertising Age*, 4 de enero, 1993, p. 16; "100 Leaders by Most-Advertised Segment", *Advertising Age*, 23 de septiembre, 1992, p. 68.

representa entre 1 y 3% de las ventas netas de muchas empresas; en cambio, los gastos de reclutar y operar una fuerza de ventas representa entre el 8 y el 15% de las ventas.

En el nivel mayorista, los costos de la publicidad son muy bajos. Sin embargo, para ellos los gastos de la venta personal pueden ser de 10 a 15 veces más que los que destinan a la publicidad. Incluso entre los detallistas (por ejemplo, los que tienen negocios de autoservicio) el costo total de la venta personal es mucho mayor de lo que dedican a la publicidad.

Tipos de publicidad

La publicidad puede clasificarse atendiendo a 1) la audiencia meta, ya sean los consumidores o las empresas; 2) lo que se publicita (un producto o una institución), y 3) el objetivo (estimular la demanda primaria o la selectiva). Si queremos entender cabalmente el campo de la publicidad, es indispensable que conozcamos estas tres clasificaciones.

Publicidad a consumidores y entre empresas. Un anuncio se dirige a los consumidores o a las empresas; por tanto, es una **publicidad dirigida a los consumidores** o **publicidad entre empresas.** Por definición los detallistas venden únicamente a los consumidores, de manera que son la única organización que no tiene que tomar esta decisión. Así, los editores de la revista *Money* habrán de determinar qué proporción del presupuesto publicitario se empleará para atraer compañías que se anuncien en ella (publicidad comercial) y que proporción se destinará a conseguir suscriptores y vender las revistas.

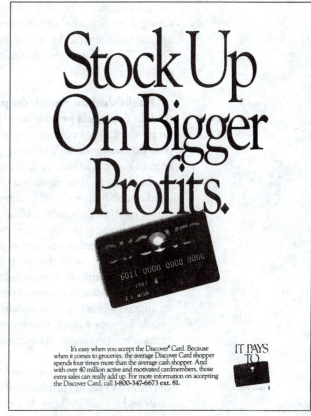

Discover ® Card dirige sus anuncios a los consumidores y a las tiendas.

Publicidad del producto y publicidad institucional. La publicidad puede clasificarse en publicidad del producto o institucional. La **publicidad del producto** se centra en un producto o marca particular. La **publicidad institucional** presenta información sobre el anunciante o bien trata de crear una actitud positiva (buena voluntad) hacia la organización.

Este tipo de publicidad se subdivide en la que se orienta a la acción directa y la que se orienta a la acción indirecta:

- La **publicidad orientada a la acción directa** busca generar una respuesta rápida; por ejemplo, un anuncio de una revista que contenga un cupón o un número de servicio puede impulsar al lector a enviar o solicitar por teléfono una muestra gratuita; un anuncio de un supermercado en un periódico destaca las ofertas especiales de la semana.
- La **publicidad orientada a la acción indirecta** tiene por objeto estimular la demanda a lo largo de un periodo más largo. Su objetivo es informarle al público o recordarle que existe el producto y poner de relieve sus beneficios. Un ejemplo de ello es Dave Thomas al realizar su trabajo de portavoz de Wendy's. A esta categoría pertenece la mayor parte de la publicidad efectuada por las televisiones de red.

En cambio, la publicidad institucional no tiene por objeto vender un producto en especial. Su finalidad es crearle una imagen a la compañía. Revlon diseñó una campaña institucional acerca de la "mujer inolvidable", en la cual aparecían celebridades como Oprah Winfrey, Audrey Hepburn y Nancy Sinatra. La meta era darle fuerza a la imagen de calidad de Revlon.[4]

Publicidad de demanda primaria y de demanda selectiva. Con la **publicidad de demanda primaria** se busca estimular la demanda de una categoría genérica de un producto: café colombiano, naranjas, ropa hecha de algodón. En cambio, la **publicidad de demanda selectiva** se propone estimular la demanda de determinadas marcas como Folgers Coffee, naranjas Sunkist o ropa deportiva Liz Claiborne.

La publicidad de demanda primaria se emplea en dos situaciones. Primero, cuando el producto se halla en la etapa introductoria del ciclo de vida. A esto se le llama **publicidad pionera**. Una compañía utilizará un anuncio acerca de su nuevo producto, explicando sus beneficios, pero sin que recalque el nombre de la marca. El objetivo de este tipo de publicidad es darle a conocer el producto al mercado meta, no persuadirlo. El modelo del proceso de la toma de decisiones explica por qué tales anuncios tan sólo aportan información. En el capítulo 6 se señaló que primero se logra que una persona *reconozca* un producto, pues sólo entonces podrá *interesarle* o *desearlo*. Al combinar esto con el hecho de que un anuncio puede comunicar una información limitada; se dará cuenta de que no puede lograrse más de un objetivo a la vez. En los últimos años, los anuncios pioneros se transmiten en caseteras de disco compacto digital, teléfonos con video y proyectores de realidad virtual.

La otra situación en que se utiliza la publicidad de demanda primaria ocurre a lo largo del ciclo de vida del producto; de ahí que se le considere **publicidad sustentadora de la demanda.** Casi siempre la realizan asociaciones comerciales que intentan estimular o mantener la demanda del producto de su industria. Así, los anuncios de Beef Industry Council animan al público a consumir productos de res. No le interesa qué marca de carne de res se adquiera, simplemente que la gente la consuma. De manera análoga, la National Dairy Association estimula a los estadounidenses para que consuman más leche y productos lácteos.

La publicidad de la demanda selectiva es esencialmente de carácter competitivo. Opone una marca a las del resto del mercado. Se emplea cuando un producto ya superó la etapa introductoria del ciclo de vida. El producto es bastante bien conocido y está compitiendo por obtener una mayor participación en el mercado. El objetivo de la publicidad de demanda selectiva consiste en aumentar la demanda de una marca, poniendo de relieve sus características y beneficios especiales: su **ventaja diferencial**. Una modalidad subraya las características y beneficios sin reconocer explícitamente la competencia. Por ejemplo, los anuncios de la computadora portátil IBM ThinkPad recalca su peso, longitud y ancho, el tamaño de su procesador, la resolución de su pantalla, su teclado ergonómico y otros más, sin aludir nunca a la competencia.

La **publicidad comparativa** es otra clase de la publicidad de demanda selectiva. En ella el anunciante señala de manera directa (mencionando el nombre de la marca rival) o indirecta (mediante inferencia) las diferencias existentes entre las marcas. Hace poco Pizza Hut comparó su servicio de entrega a domicilio con el de Domino's; AT&T y MCI han utilizado anuncios comparativos en su lucha por conquistar el mercado de telefonía de larga distancia.

La Federal Trade Commission ha alentado este tipo de publicidad para estimular la competencia y la difusión de información útil para los consumidores. Sin embargo, con la aprobación de la Trademark Law Revision Act de 1988, es más fácil demandar a un competidor por ataques hechos en los anuncios. Ahora es ilegal la presentación engañosa de los productos del anunciante *o* de una firma rival. Con esta ley se llenó una laguna de la legislación anterior, la cual prohibía tan sólo las afirmaciones falsas acerca de los *propios* productos.[5]

Las comparaciones están más restringidas fuera de Estados Unidos. En Japón, cuando Pepsi empezó a mostrar los anuncios que mencionaban su reto con los consumidores japoneses, las redes la obligaron a incluir el nombre de Coca-Cola. En años más recientes, en ese país no se le permitió utilizar el eslogan: "The choice of a new generation" (la elección de una nueva generación), porque Pepsi no es la marca de mayor demanda entre los jóvenes.[6]

DESARROLLO DE UNA CAMPAÑA PUBLICITARIA

Una **campaña publicitaria** está compuesta por todas las funciones necesarias para transformar un tema en un programa coordinado tendiente a cumplir determinada meta en favor de un producto o marca. Por ejemplo, hace años en Estados Unidos se lanzó una campaña impresa y televisiva para Royal Caribbean Cruise Line, con un costo de $40 millones de dólares: "Pronto disfrutará un poco los cruceros de Royal Caribbean". La campaña giraba en torno al tema de que los trabajadores fatigados merecen unas buenas vacaciones. Una campaña publicitaria se planea dentro del marco de referencia del programa estratégico global de marketing y de la campaña promocional. Antes de diseñar este tipo de campaña, los ejecutivos deberán:

- Conocer la audiencia meta.
- Establecer las metas promocionales globales.
- Fijar el presupuesto promocional total.
- Determinar el tema promocional general.

Una vez terminado lo anterior, la compañía comenzará a formular la campaña publicitaria. Los pasos de su diseño son: definir los objetivos, establecer un presupuesto, crear un mensaje, seleccionar los medios y evaluar la eficacia.

Definición de los objetivos

La finalidad de la publicidad es vender algo ahora o más tarde: un bien, servicio, idea, persona o lugar. Esta meta se alcanza estableciendo objetivos específicos susceptibles de expresarse en anuncios individuales que después son incorporados a la campaña. Recuerde otra vez que, en el proceso de la decisión de compra, las personas pasan por una serie de etapas desde el simple reconocimiento hasta la acción de compra. El objetivo inmediato de un anuncio es lograr que los clientes pasen a la siguiente etapa de la jerarquía, digamos del reconocimiento al interés. Nótese asimismo que rara vez la publicidad es la única herramienta promocional que se emplea. Más bien, suele ser parte de una estrategia que abarca además la venta personal, la promoción de ventas y otras técnicas. Por tanto, su objetivo puede ser "abrir puertas" a la fuerza de ventas.

Los objetivos específicos de la publicidad son dictados por la estrategia global de marketing de la empresa. Estos objetivos son:

- **Apoyar la venta personal.** Con la publicidad se consigue familiarizar a los prospectos con la compañía y sus productos, facilitando así la labor de la fuerza de ventas.
- **Mejorar las relaciones con los distribuidores.** A los mayoristas y detallistas les gusta ver que un fabricante apoya la venta de sus productos.
- **Introducir un producto nuevo.** Los consumidores necesitan estar informados aun sobre extensiones de línea que utilizan nombres conocidos de marca.
- **Ampliar el uso de un producto.** Con la publicidad se alarga la temporada de un producto (como lo hizo Lipton para el té helado), se aumenta la frecuencia de reposición (como lo hizo Fram en el caso de los filtros de aceite) o se acrecienta la variedad de aplicaciones de un producto (el bicarbonato de sosa de Arm & Hammer).
- **Contrarrestar la sustitución.** La publicidad refuerza las decisiones del cliente y reduce la probabilidad de que adopte otras marcas.

Establecimiento del presupuesto publicitario

Una vez determinado el presupuesto promocional (tema que se expuso en el capítulo 16), debe repartirse entre las actividades que constituyen el programa global de la promoción.

COMPROMISO CON LA RESPONSABILIDAD SOCIAL

¿QUIÉN ESTÁ SIENDO IGNORADO EN LA PUBLICIDAD?

Durante muchos años los anunciantes no han querido presentar a minusválidos en sus anuncios. Ahora los tiempos han cambiado. Algunos de ellos asumieron ya una nueva actitud, pues en Estados Unidos hay 43 millones de minusválidos y la Americans with Disabilities Act estipula que estas personas deben tener acceso al transporte público y a los edificios públicos. He aquí algunos ejemplos:

- En un catálogo, Eddie Bauer presenta a un esquiador con una pierna artificial.
- En un anuncio de Disney aparece un minusválido en el momento de recibir su diploma y, al preguntarle que hará en el futuro, contesta: "¡Irme a Disneylandia!"
- En uno de sus comerciales, Budweiser presenta a un atleta sin piernas.
- Los anuncios de Kmart muestran a clientes en sillas de ruedas.
- Target utiliza a modelos de niños minusválidos en los anuncios que aparecen en el suplemento dominical de los diarios.

Para algunos, estos anuncios no son otra cosa que intentos por llegar al mercado de los minusválidos no explorado hasta ahora. Pero las compañías que iniciaron este tipo de publicidad corren el riesgo de que se les tache de explotadoras.

¿Tiene la publicidad la responsabilidad de contribuir a cambiar las percepciones sociales?

Fuente: Elizabeth Roberts y Annetta Miller, "This Ad's for You", *Newsweek*, 24 de febrero, 1992, p. 40.

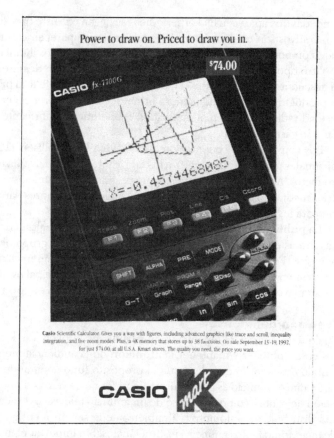

Este anuncio de publicidad cooperativa vertical beneficia a Casio y a Kmart.

En el caso de una marca en particular, la compañía querrá tal vez tener varios anuncios, lo mismo que actividades de promoción de ventas y relaciones públicas y dirigir todas al mismo tiempo a las audiencias meta. Cuando Pepsi lanzó la campaña "Pruébelo todo", para Diet Pepsi fue la primera campaña totalmente nueva para ese refresco desde 1982. El tema de ésta, cuyo costo anual fue de $60 millones de dólares, es que Diet Pepsi encaja en el estilo de vida de quienes saben "sacarle sabor a la vida". La campaña incluía publicidad, cambios de etiqueta, exhibiciones en el punto de venta y concursos entre el público con premios como viajes en balsas, en ríos y vacaciones en ranchos. Como hay que pagar todas estas actividades con el presupuesto promocional, el valor potencial de cada una ha de ponderarse rigurosamente y después se harán las asignaciones más adecuadas.

Un método que permite acrecentar el presupuesto promocional es la **publicidad cooperativa.** Ésta consiste en promover productos de dos o más empresas, que comparten el costo de la publicidad. Hay dos tipos de anuncio cooperativo: vertical y horizontal. En la **publicidad cooperativa vertical** las compañías participan en distintos niveles de distribución. Por ejemplo, un fabricante y un detallista comparten el costo de la publicidad que el segundo realiza en favor de los productos del primero. Muchas veces el fabricante prepara el anuncio, dejando espacio para el nombre y la dirección del detallista. Después ambos comparten el costo promedio de colocar el anuncio. Muchos anuncios de tiendas que aparecen en los periódicos se pagan con este tipo de fondos.[7] Los anuncios cooperativos son comunes también en la radio, y aparecen con menor frecuencia en la televisión por la gran complejidad de la producción de los anuncios televisivos.

Otro tipo de publicidad cooperativa vertical utiliza un **descuento publicitario**, o sea un descuento en efectivo que el fabricante le ofrece al detallista para alentarlo a publicitar un producto o exhibirlo de manera prominente. La diferencia entre ambos tipos de publicidad radica en que en la publicidad cooperativa el fabricante ejerce el control sobre cómo se gasta el dinero.

Los convenios de cooperación benefician a los detallistas al proporcionarles fondos adicionales para la promoción. Y a los fabricantes porque da una identificación local a sus productos. Además, el presupuesto que destinan a los anuncios rinde más, pues las tarifas de los medios locales (como el periódico) suelen ser menores para los anunciantes locales que para los anunciantes a nivel nacional.

La **publicidad cooperativa horizontal** es la que realizan de manera conjunta dos o más firmas en el mismo nivel de distribución, como un grupo de tiendas, compartiendo los costos. Por ejemplo, todas las tiendas de un centro comercial suburbano pueden colocar un anuncio conjunto en un diario. El beneficio principal es que, al reunir sus fondos, logran mayor exposición que si efectuaran la publicidad en forma individual.

Creación del mensaje

Cualquiera que sea el objetivo de una campaña publicitaria, los anuncios han de lograr dos cosas: obtener y mantener la **atención** de la audiencia meta e **influir** en ella en el sentido deseado. Recuérdese que el propósito fundamental de la publicidad es vender algo y que el anuncio es por sí mismo un mensaje de ventas. Puede ser una rápida presentación de ventas, como en el caso de un anuncio televisivo de acción directa por parte de una distribuidora automotriz. También puede ser un mensaje poco intenso y de largo alcance, como tantos anuncios institucionales. Sin importar el método, el objetivo es vender algo tarde o temprano.

La atención se despierta de muchos modos. (Recuérdese lo dicho sobre la percepción en el capítulo 6.) La técnica más común consiste en presentar el mensaje en una forma inesperada. La televisión permite lograr efectos especiales; por ejemplo, el balón desinflado en la arena del desierto que se infla y se convierta en una Honda CRX que se aleja después a toda velocidad. La radio aprovecha la imaginación de los oyentes para generar imágenes mentales que sería imposible producir en la realidad. Entre las técnicas más comunes con que se capta la atención figuran la sorpresa, el choque, la diversión y la curiosidad. Así, un anuncio impreso podría ser fundamentalmente un espacio en blanco o un anuncio televisivo podría mostrar el producto en un ambiente insólito. No obstante, en ocasiones el elemento que atrae la atención puede oscurecer el mensaje. Por ejemplo, seguramente los norteamericanos recuerdan el producto que la señora Fletcher necesitaba en el anuncio "Fracasé y no puedo recuperarme", que llegó a formar parte de la cultura popular de ese país.[8] Cuando se pierde el mensaje, el anuncio puede volverse memorable o entretenido (y tal vez hasta gane premios), pero no habrá cumplido con su objetivo.

Si un mensaje logra captar la atención de la audiencia, el publicista dispone de unos cuantos segundos para comunicar un mensaje tendiente a influir en las creencias, en el comportamiento o en ambos. El mensaje consta de dos elementos: atracción y ejecución. La **atracción** de un anuncio es la razón o justificación para creer algo u observar cierta conducta. Es el beneficio que la persona recibirá al aceptar el mensaje.

Algunos anunciantes centran erróneamente la atracción en las características o atributos del producto. Confunden los atributos con los beneficios o bien suponen que, si presentan los atributos, la audiencia deducirá los beneficios correspondientes. El decirle al público que un cereal contiene fibra (un atributo) es mucho menos significativo que decirles que, por contener fibra, si lo consumen reducirán las probabilidades de sufrir cáncer del colon (el beneficio). Entre las atracciones, o beneficios y ejemplos de las categorías de producto en que suelen emplearse, se cuentan:

- Salud (alimentos, medicamentos que no requieren receta médica)
- Aceptación social (cosméticos, ayudas para la salud y la belleza)
- Éxito material (automóviles, inversiones)
- Reconocimiento (ropa, joyas)
- Placer sensorial (películas, dulces)
- Ahorro del tiempo (alimentos preparados, tiendas de artículos de uso común)
- Tranquilidad (seguros, llantas)

La **ejecución** consiste en combinar, de manera convincente y compatible, con la atracción la característica o medio que capta la atención. Una atracción puede ejecutarse de diversas maneras. Pongamos el ejemplo de las formas en que podríamos comunicar el beneficio del desempeño confiable de un electrodoméstico: presentar las estadísticas de operación, conseguir el respaldo de una persona u organización de prestigio, recabar

¿DILEMA ÉTICO?

¿Qué responsabilidad tienen en la selección de sus patrocinadores los organizadores de eventos deportivos y las redes de televisión y radio que los transmiten? Las compañías de cerveza y tabaco patrocinan algunos torneos de tenis, carreras de autos, partidos de volibol y muchos otros espectáculos deportivos. Las redes de televisión exhiben anuncios de cerveza en los programas deportivos. Y en las arenas y estadios hay letreros con los nombres y logotipos de compañías productoras de cerveza y tabaco. Estas preocupaciones no carecen de fundamento si tenemos en cuenta la crítica contra la publicidad de las cervezas por parte de la National Commission on Drug-Free Schools, que entre otras cosas menciona el abuso del alcohol entre menores de edad en su informe de 1991. Un número cada día mayor de críticos sostienen que esta clase de patrocinadores son inapropiados, porque muchísimos adolescentes y niños asisten a esos eventos, los escuchan por radio o los ven por televisión.

¿Tienen los organizadores de los eventos deportivos y los que los transmiten por radio y televisión la responsabilidad ética de no aceptar el patrocinio de algunos productos?

Fuente: Matthew Grimm, "The Next Crusade? Tobacco, Beer and Sports", *Adweek's Marketing Week*, 27 de mayo, 1991, pp. 18-23.

TABLA 18-3 Herramientas de publicidad de mayor uso
Respaldo. Una figura de autoridad o una celebridad presenta el producto. El anunciante espera que la credibilidad o atractivo del portavoz se difunda hacia el producto. Ejemplos: American Express, con su campaña "Cardholder since. . ." (tarjetahabiente desde. . .)"; ropa interior Jockey, con Jim Palmer; Diet Pepsi, con Ray Charles; Nuprin, con Jimmy Connors y Michael Chang.
Problemas de la vida real. En el formato típico se muestra a "personas reales" que afrontan un dilema o crisis, se interrumpe la historia para dar información sobre la marca y luego se reanuda y se indica cómo la marca resuelve el problema. El anunciante confía en que la audiencia recuerde la historia y asocie la marca con el final feliz. Ejemplos: el relato de un hombre y una mujer a quienes les encanta el café Taster's Choice; un joven que invita a una muchacha a un baile enviándole una tarjeta Hallmark; multitud de antiácidos y analgésicos.
Demostración. Se presenta el funcionamiento de los productos. Una demostración puede ser de gran utilidad tratándose de un producto nuevo o cuyo uso sea complicado. La finalidad es indicar cómo utilizarlo correctamente y los beneficios que pueden conseguirse. Ejemplos: los pañales Luvs que absorben los contenidos de un globo de agua que gotea; el rastrillo de cabeza flotante de Norelco, que corta la barba por debajo del ras de la piel.
Comparación. Se demuestra en qué el producto difiere de los de la competencia. La emplean a menudo las marcas del 2o. y 3er. lugar en el mercado para que el consumidor las asocie al líder. Ejemplos: Pepsi contra Coca-Cola; el servicio de entrega de Pizza Hut contra el de Domino's; Pontiac Grand Am con Toyota Camry y Honda Accord.
Simbolismo. Símbolo que sirve para describir los beneficios del producto en forma concreta. Común en el caso de servicios en que la visualización no es posible. Ejemplos: Rock of Gibraltar de Prudential; Mr. Goodwrench de Chevrolet; Good Hands de Allstate.
Humorismo. Por medio de la exageración, comedias o historias jocosas, los anunciantes intentan atraer la atención de la audiencia hacia el mensaje. Ejemplos: uso de Simbad el marino por Nike; el conejillo rosa de Energizer; Motel Six con Tom Bodett; Vince y Larry, maniquies que el Department of Transportation utiliza en sus campañas antiaccidentes.
La anterior no es una lista completa de todas las herramientas posibles de la publicidad. Otras más son: fantasía, nostalgia, sexo e interés humano. ¿Puede pensar en algunos ejemplos de campañas en que se utilicen estas últimas? Ejemplos recientes: fantasía (Nissan con Bob's Road); sexo (la nueva lata de Pepsi con Cindy Crawford); interés humano (las llantas Michelin con bebés sentados en ellas); las imágenes múltiples de Ralston-Purina del mismo perro que retoza en una forma idéntica.

testimoniales de usuarios satisfechos o describir el proceso tan meticuloso de fabricación. Maytag no eligió ninguna de estas modalidades y optó por el "reparador solitario", ejecución divertida y memorable que capta la atención y comunica el beneficio de la confiabilidad. En la tabla 18-3 se incluye otras ejecuciones y ejemplos comunes.

Selección de medios

Al describir los pasos del desarrollo de una campaña publicitaria, hemos expuesto la posibilidad de crear un mensaje antes de tratar de la selección de un **medio publicitario** donde poner el anuncio. En realidad, se trata de decisiones que se toman simultáneamente. Tanto el mensaje como la elección del medio dependen del mensaje y de la audiencia meta.

Los anunciantes deben tomar decisiones en estos tres niveles sucesivos para determinar cuál medio publicitario utilizar:

1. ¿Qué *tipo* de medio se empleará: periódico, televisión, radio, revistas o correo directo? ¿Qué decir de medios menos prominentes como los espectaculares y las páginas de la sección amarilla?
2. ¿Qué *categoría* del medio seleccionado se utilizará? La televisión tiene televisión por cable y de red; las revistas incluyen las categorías de interés general (*Newsweek, People*) y de interés especial (*Popular Mechanics, Runner's World*) y hay periódicos de circulación nacional y local.
3. ¿Qué *vehículos de medios específicos* se usarán? Un anunciante que escoge primero la radio y luego las estaciones locales habrá de determinar cuáles estaciones utilizará en cada ciudad.

A continuación se comentan algunos factores generales que influyen en la elección de los medios:

- **Objetivo del anuncio.** La finalidad de un anuncio particular y las metas de la campaña entera influyen en qué medios se emplearán. Por ejemplo, si con la campaña se busca generar citas para los vendedores, se recurrirá al correo directo. Si un anunciante quiere provocar una acción rápida, le convendrá elegir la prensa o la radio.
- **Cobertura de la audiencia.** La audiencia alcanzada por el medio deberá corresponder a la región *geográfica* donde se distribuye el producto. Más aún, el medio seleccionado habrá de llegar a los *tipos deseados de prospectos* con un mínimo de cobertura desperdiciada. Esta última se da cuando un anuncio llega a personas que no son prospectos del producto. Muchos medios, incluso los de nivel nacional y otros de mercados muy extensos, se dirigen a segmentos pequeños y especializados. Así, la revista *Time* publica ediciones regionales con anuncios locales en el este, en el oeste medio y en el oeste de Estados Unidos. Los grandes periódicos metropolitanos publican ediciones suburbanas y también regionales dentro de una misma ciudad.
- **Requisitos del mensaje.** El medio debe ser adecuado para el mensaje. Por ejemplo, la presentación visual es la mejor para los productos alimenticios, las alfombras y la ropa. Los espectaculares son un medio apropiado si el anunciante puede utilizar un mensaje muy breve (la práctica establece que sean seis palabras o menos).
- **Tiempo y lugar de la decisión de compra.** El medio deberá llegar a los compradores potenciales en el momento y en el lugar en que normalmente tomen la decisión de compra. La investigación realizada por Radio Advertising Bureau muestra que la radio es la que ofrece más alta exposición inmediata. Más del 50% de los adultos oyeron la radio 1 hora antes de efectuar la compra más importante del día. Este factor pone de relieve una de las ventajas de la publicidad basada en lugares. Los anuncios dentro de las tiendas, por ejemplo, en los carritos de compras y en los pasillos de los supermercados, llegan a los consumidores en el momento mismo de la compra.
- **Costo de los medios.** El costo de cada medio se estudia en relación con los fondos disponibles para la publicidad y también en relación con su alcance o circulación. Por ejemplo, el costo de una televisión de red rebasa los fondos disponibles de muchos anunciantes.

Las computadoras instaladas en los carritos dirigen a los consumidores hacia los productos y muestran además los anuncios en el momento más oportuno: durante las compras.

El **costo por millar** de personas (CPM) cubiertas es una medida estándar que los medios publicitarios dan a los anunciantes potenciales. Les permite comparar los costos de varios medios. El CPM se calcula así:

$$CPM = \frac{\text{costo del anuncio} \times 1000}{\text{circulación}}$$

Por ejemplo, la tarifa de publicidad para un anuncio a cuatro tintas de una plana en *Travel & Leisure* es de $42 000 y su circulación es de 1 200 000 ejemplares. Por tanto, el costo por mil personas (CPM) es:

$$CPM = \frac{(\$42\,000 \times 1000)}{1\,200\,000} = \$35$$

Desde luego, resulta indispensable estimar qué proporción de la audiencia son verdaderamente prospectos del producto del anunciante. Si a éste le interesan exclusivamente las mujeres mayores de 50 años de edad, podríamos descubrir que hay 650 000 lectoras de esta categoría. En consecuencia, tendríamos que calcular un *CPM ponderado*:

$$CPM\ ponderado = \frac{(\$42\,000 \times 1000)}{650\,000} = \$64.62$$

Además de estos factores generales, la dirección deberá evaluar las características publicitarias de cada medio. Hemos elegido a propósito el término *características* y no el de ventajas o desventajas, porque un medio que da buenos resultados para un producto no necesariamente será el más idóneo para otro. He aquí un ejemplo: una característica de la radio es que crea impresiones a través del sonido y la imaginación. El rugido de una multitud, el agua que corre, el estruendo de un trueno o el rechinido de las llantas sirven para generar rápida y fácilmente imágenes mentales. Pero la radio no conseguirá el mismo efecto tratándose de productos que se benefician con la fotografía de colores. A continuación examinaremos las características de los principales medios.

Prensa. Los periódicos son un medio publicitario de gran flexibilidad y oportunidad. Podemos insertar y cancelar anuncios en muy poco tiempo, y podemos colocar desde pequeños avisos clasificados hasta anuncios de varias planas. Pueden agregarse o suprimirse páginas, de modo que los periódicos no presentan las limitaciones del tiempo como la televisión y la radio. Podemos utilizarlos para llegar a una ciudad entera o, donde existen ediciones regionales, a determinadas áreas.

El costo por persona cubierta es relativamente bajo. Por otra parte, la vida de los periódicos es sumamente breve: la gente los desecha después de leerlos. Se considera que ofrecen una cobertura bastante completa de un mercado local. Pero, en las grandes ciudades, ha ido disminuyendo su circulación. Y además es difícil diseñar anuncios que destaquen pues su formato es muy uniforme.

Televisión. Combina el movimiento, el sonido y efectos visuales especiales. Los productos pueden ser demostrados y descritos en ella. La televisión brinda una gran cobertura geográfica y mucha flexibilidad en la presentación del mensaje. Sin embargo, es un medio relativamente caro. Cuesta unos $400 000 dólares crear y producir un comercial de 30 segundos para una televisión de red. De ahí que cada vez se produzcan menos y que duren más tiempo en el aire. Chanel, por ejemplo, utilizó dos anuncios para su perfume durante 8 años. El tiempo de transmisión también es caro. Un spot de 30 segundos en un horario de gran audiencia, transmitido en un programa de red, llega a costar $100 000 o más. (Treinta segundos durante la transmisión del Supertazón de 1992 les costaron a los anunciantes $850 000.) La naturaleza fugaz de las imágenes de la televisión significa que los anuncios carecen de permanencia. Por tanto, hay que verlos y entenderlos al instante. Por la misma razón este medio no es idóneo para los mensajes muy complicados.

La televisión por cable está cambiando este medio de publicidad. Casi 50% de los hogares norteamericanos tienen cable, con un promedio de 20 estaciones por familia. Esto da origen a más mercados fragmentados y a transmisiones especializadas, lo cual dificulta llegar a un mercado masivo. En el aspecto positivo, la programación especializada por canales de televisión, como MTV, CNBC y VH1, ofrece al anunciante un grupo más homogéneo de espectadores a un precio más bajo (porque la audiencia es más pequeña) que las redes.

Las videocaseteras y los controles remotos han creado nuevos problemas a los anunciantes. "Zapping" (cambio de canal cuando aparece un comercial) y "zipping" (avanzar los comerciales cuando se ven programas grabados previamente) reducen el tamaño de las audiencias. Con el propósito de reducir al mínimo estas dos maniobras del espectador, los anunciantes han empezado a darles más importancia a los comerciales que informan y a la vez entretienen.

Correo directo. Este medio, llamado también marketing directo, es el más personal y selectivo de todos. Kraft General Foods creó una base de datos que contiene los nombres y domicilios de 25 millones de usuarios de sus 140 productos. Los nombres se compilan cuando los consumidores envían pruebas de compra para obtener camisetas, bolsas de mandado y otras mercancías que se obsequian en las promociones. Kraft a su vez les envía cupones, premios y otros incentivos de los productos por los que han mostrado interés. Por ejemplo, los compradores de las bebidas Crystal Light reciben por correo material promocional con cupones que después canjean por productos sin grasa, con poca grasa, sin colesterol o sin cafeína: aderezos para ensalada, queso y café.[9] También pueden comprarse listas de correo directo (entre las muchas disponibles cabe mencionar la de controladores de tráfico aéreo, distribuidores de pelucas, profesores universitarios, embarazadas y *disk jookeys*), aunque a veces cuestan mucho. La impresión y los portes hacen que el costo del correo directo por persona sea mucho más alto que el de otros medios. Pero como el correo directo llega exclusivamente a las personas que el anunciante desea contactar, prácticamente no se desperdicia cobertura.

Sin embargo, el hecho de llegar al prospecto no significa que el mensaje haya sido recibido. El correo directo es publicidad pura. No se acompaña de material editorial (a menos que el anunciante lo proporcione). Por tanto, el anuncio del correo directo debe atraer a sus propios lectores. Y esto es decisivo cuando recordamos que, en algunos países como Estados Unidos, el hogar promedio recibe más de 10 materiales promocionales a la semana y que el destinatario decide en 4 segundos si lo lee o lo desecha.

Radio. En los últimos diez años la radio ha vuelto a recobrar su importancia como medio cultural y publicitario. Cuando el interés por la televisión alcanzó su auge después de la Segunda Guerra Mundial, las audiencias de la radio (sobre todo de la radio de red nacional) disminuyeron de modo tan drástico que algunos predijeron su desaparición. Pero, desde 1980, aparecieron más de 1200 estaciones (75% de ellas de FM). La radio es un medio de bajo costo por millar de personas a causa de su gran alcance. Casi 80% de los estadounidenses la oyen diariamente. Con una programación que incluye desde conversación solamente hasta música country y música rock, es posible llegar eficazmente a algunos mercados. Este medio sólo causa una impresión auditiva, basándose enteramente en la capacidad del radioescucha para retener la información oída y no vista. Por lo demás, la atención de la audiencia a menudo presenta un bajo nivel, porque la radio suele emplearse como un estímulo de fondo para trabajar, estudiar o realizar alguna otra actividad.

Revistas. Son el medio que se utiliza cuando en un anuncio se desea una impresión de gran calidad y colorido. Puede llegar a un mercado nacional con un costo relativamente bajo por lector. A través de revistas de interés especial o ediciones regionales de las revistas de interés general, el anunciante llegará a determinada audiencia con un mínimo de desperdicio de la circulación. Generalmente las revistas se leen en el tiempo libre, en contraste con la prisa con que se leen otros medios impresos. Esta característica resulta de gran utilidad para el anunciante que debe comunicar un mensaje largo o complicado. Las revistas tienen una vida bastante larga, de una semana a un mes, y pasan de un lector a otro.

Con programas de producción menos flexibles que los periódicos, las revistas exigen que los anuncios le sean enviados varias semanas antes de la publicación. Además, como aparecen semanal o mensualmente, es más difícil utilizar mensajes de interés actual. A menudo se leen en momentos o sitios (en aviones o en consultorios médicos, por ejemplo) muy lejos de los lugares donde puede influirse en el impulso de compra.

Publicidad al aire libre. La inversión en este tipo de publicidad permanece en un nivel bastante constante: cerca de 1% de la publicidad total. En 1991 representó $1.2 mil millones de dólares.[10] El bajo costo por exposición constituye su ventaja más importante, aunque el costo total de una campaña nacional de espectaculares puede resultar muy cara. Dada la naturaleza tan móvil de la sociedad moderna, los anuncios al aire libre llegan a un gran porcentaje de la población. Así, un espectacular en la carretera 80 de Nueva Jersey puede ser visto por 45 000 personas diariamente. Pero como la gente lo ve fugazmente, es un tipo de publicidad adecuada únicamente para mensajes breves. Un buen ejemplo de espectacular es "QTR PNDR 4U" (un cuarto de libra para usted), parodia de una placa lujosa creada por McDonald's.

Tradicionalmente, las industrias del cigarro y del tabaco son las que más han utilizado la publicidad al aire libre, en parte porque se les prohíbe utilizar los medios electrónicos. Sin embargo, la eficacia que los espectaculares tienen en la publicidad de recordatorio los hace atractivos también para otras industrias. Por ejemplo, Prudential Insurance tiene

Algunas veces un mensaje complejo puede comunicarse con unas cuantas palabras o mediante un espectacular.

4500 espectaculares en Estados Unidos con el mensaje "Tan sólida como la roca desde 1875" para reforzar los anuncios de televisión y de las revistas.[11]

Además de su gran tamaño y colorido, los espectaculares pueden incorporar figuras en movimiento y tridimensionales para captar mejor la atención de la gente. Gracias a los recientes avances en la pintura computarizada de los espectaculares, se ha agilizado enormemente su producción y se ha estandarizado su calidad.

Los espectaculares ofrecen gran flexibilidad en su cobertura geográfica y ofrecen una intensa cobertura de mercado dentro de una región. Pero si el producto anunciado no es un bien o servicio de uso generalizado, hay gran desperdicio de la circulación puesto que muchos de los transeúntes o conductores no serán prospectos. Finalmente, algunos anunciantes lo piensan muy bien antes de elegir este medio por las críticas de que destruye el panorama.

Publicidad de especialidades. Se llama así a una mercancía impresa con el nombre, mensaje o logotipo del anunciante que se regala al público. Según la Speciality Advertising Association International, más de 15 000 objetos, desde plumas hasta tazas para café y calendarios, se utilizan en este medio publicitario y los costos anuales ascienden a más de $5 mil millones de dólares.

La publicidad de especialidades normalmente se usa junto con otras actividades promocionales, aunque en ocasiones la utilizan sólo las compañías cuyos presupuestos publicitarios son pequeños. Su ventaja principal es una vida larga. Cada vez que se utiliza un producto de especialidad, se repite el mensaje publicitario.

Medios emergentes. Muchos anunciantes juzgan muy útiles algunos medios menos conocidos, sobre todo cuando se emplean junto con otros más conocidos.

La sala de espera de un aeropuerto es el sitio ideal para la publicidad basada en lugares.

- **Páginas de la sección amarilla del directorio telefónico.** Desde 1 800 existe esta sección como la conocemos hoy: un directorio impreso con los nombres de las empresas locales y sus números telefónicos. Con más de 6 400 directorios en Estados Unidos, fue el medio de más rápido crecimiento en los años 80. En 1991, los ingresos aportados por esta clase de publicidad rebasaron los obtenidos con la publicidad en radio y en revistas.
- **Infocomerciales.** Son largos anuncios de televisión (de 30 a 60 minutos de duración), que a menudo combinan la información con la diversión y la promoción. Antes relegados a los espacios (*slots*) menos deseados de los canales de televisión por cable y asociado con productos como remedios para la calvicie y protectores de la pintura de automóviles, los infocomerciales parecen haber logrado una mayor credibilidad durante la campaña presidencial norteamericana de 1992, cuando los utilizó mucho Ross Perot. Volvo y Club Med también se sirven de ellos, lo mismo que General Motors para promover Saturn. Los ingresos que las estaciones de televisión obtienen con esta clase de publicidad es de cerca de $1 mil millones de dólares al año.[12]
- **Aparición de productos en películas.** Durante muchos años las compañías han pagado para que sus productos se usen como parte de las películas, y esta práctica ha ido generalizándose. En los primeros minutos de la película *Back to the Future II* (Volver al futuro II), aparecen 16 productos. Estas colocaciones en los programas de televisión son ilegales si no se mencionan expresamente, de manera que las redes no las aceptan. Les preocupa mucho que un anunciante que paga $100 000 o más por 30 segundos de tiempo de publicidad se ofenda al ver un producto del rival en el programa y que se le mencione en los créditos. Para resolver este problema los anunciantes regalan los productos.[13]
- **Medios basados en lugares.** Como se señaló en el caso con que se inicia el capítulo, ahora es más difícil llegar a algunas audiencias muy atractivas (jóvenes profesionistas, adolescentes, mujeres que trabajan) a través de los medios tradicionales. Para garantizar esta cobertura, empresas como Whittle Communications y Turner Broadcasting empezaron ya a colocar televisores en las aulas, las salas de espera, los supermercados, los aeropuertos, los clubes de acondicionamiento físico y otros locales donde hay "audiencias cautivas".[14] Los anunciantes al aire libre también están realizado este tipo de publicidad mediante lo que llaman "publicidad para fuera de casa". Seguramente el lector habrá notado un aumento de letreros en lugares como los autobuses, los taxis, los aeropuertos, las cabinas telefónicas y hasta las puertas de los sanitarios públicos. Asimismo han venido proliferando los anuncios en las tiendas, tanto en los estantes como en sitios más altos.

Los encargados de la toma de decisiones en el extranjero se encuentran en condiciones especiales que les exigen conocer otras culturas. Por ejemplo, la tendencia a una mayor democracia ha dado origen a nuevas opciones de medios en algunos países de Europa Oriental, donde ahora las estaciones privadas de radio y televisión transmiten publicidad cuatro veces más de lo que se les permitía antes a las estaciones del estado.[15] Antes de 1993, los bancos del Japón estaban limitados a 375 segundos de tiempo comercial al mes en cada estación de televisión, prohibiéndoseles anunciar en las primeras cuatro páginas de las revistas o en la primera tercera parte de una plana de los periódicos.[16]

En esos países los anunciantes deberán determinar el grado de receptividad de las audiencias ante la liberalización de las normas de publicidad.

Evaluación de la actividad publicitaria

En la dirección de su programa de publicidad, una compañía habrá de evaluar cuidadosamente la eficacia de los anuncios anteriores y utilizar los resultados para mejorar la calidad de los anuncios futuros. La disminución de los márgenes brutos de utilidad y la competencia cada vez más intensa, tanto en el extranjero como a nivel nacional, obligan a los gerentes a vigilar mucho los gastos. Los directivos de alto nivel quieren pruebas de la eficacia de la publicidad. Quieren saber si el dinero invertido en ella está generando las mismas ventas que podrían conseguir invirtiendo la misma cantidad en otras actividades mercadológicas.

Dificultad de la evaluación. Resulta difícil medir la eficacia con que la publicidad genera ventas. Por la misma naturaleza de la mezcla de marketing, todos sus elementos, y entre ellos la publicidad, están tan íntimamente interrelacionados que es prácticamente imposible medir el efecto aislado de cada uno. He aquí los factores que aumentan la dificultad de medir el impacto de la publicidad en las ventas:

- **Los anuncios persiguen varios objetivos.** Aunque con la publicidad se busca ante todo incrementar las ventas, no siempre los anuncios individuales tienen por objeto producir resultados inmediatos. Algunos simplemente dan a conocer el nuevo horario de las tiendas o las políticas del servicio. Otros crean buena voluntad o contribuyen a mejorar la imagen de la compañía.
- **Los anuncios producen su efecto con el tiempo.** Incluso un anuncio que debe tener un impacto inmediato en las ventas puede generar resultados semanas o meses después de aparecer. Un anuncio puede influir en el consumidor, pero tal vez éste no esté en condiciones de actuar inmediatamente. O un anuncio puede sembrar en él una semilla que durante semanas no da origen a una venta. Es imposible determinar, exceptuada la publicidad por correo directo, cuándo determinado anuncio o campaña produce resultados.
- **Problemas de medición.** Por lo regular los consumidores no pueden decir cuándo o si un anuncio en particular influyó en su comportamiento, menos aún si los impulsó a comprar algo. La motivación humana es demasiado complicada para ser explicada por un solo factor.

A pesar de estos problemas, los anunciantes tratan de cuantificar la eficacia de la publicidad porque es su obligación y es mejor tener un idea general que quedar en la ignorancia absoluta. Y la eficacia de un anuncio puede probarse antes de ser presentado a la audiencia meta, en el momento de ser presentado o luego de haber terminado su ciclo.

Métodos para medir la eficacia. La eficacia de un anuncio puede medirse de manera directa e indirecta. Las **pruebas directas**, que miden o predicen el volumen de ventas atribuibles a un anuncio o campaña, tan sólo pueden emplearse con unos cuantos

¿Cómo mediría el efecto de este anuncio?

tipos de anuncios. La tabulación del número de redenciones de un cupón de descuento incluido en un anuncio indicará su eficacia. Los cupones frecuentemente se codifican de modo que pueda determinarse de qué publicación proceden. Otra prueba directa, con la cual se predicen las ventas, mide el número de preguntas recibidas de un anuncio que ofrece información adicional a los prospectos que telefoneen o escriban solicitándola.

La mayor parte de los tipos restantes de medidas son **pruebas indirectas** de la eficacia o bien medidas que no cuantifican el comportamiento real. Una de las más frecuentes es la **recordación del anuncio.** Son pruebas que se basan en la suposición de que un anuncio puede ejercer su efecto, sólo si se percibe o se recuerda. Las tres pruebas más comunes son:

- **Reconocimiento:** se muestra a las personas un anuncio y se les pregunta si lo han visto antes.
- **Recordación facilitada:** se les pregunta si recuerdan haber visto los anuncios de una marca determinada.
- **Recordación no facilitada:** se les pregunta si recuerdan haber visto anuncios pertenecientes a determinada categoría de productos.

En el caso de los medios electrónicos, este tipo de prueba puede realizarse mediante una encuesta telefónica, telefoneándoles a las personas a su casa pocas horas después de transmitir el anuncio.

Una medida indirecta muy común de los anuncios impresos es la prueba Starch de lectores. Para medir la cantidad de lectores, el investigador hojea una revista con alguien que la haya leído antes y anota si recuerda haber visto los anuncios en esa revista, cuánto leyó del texto publicitario y si el anuncio estaba asociado a un patrocinador. Las respuestas obtenidas de una muestra representativa de la audiencia meta se presentan como puntuaciones porcentuales del anuncio. Por ejemplo, un anuncio típico de una tarjeta de crédito en la revista *Time* podría recibir puntuaciones de:

- 42% de recordación de haber visto el anuncio.
- 23% de haber leído la mayor parte del texto publicitario.
- 16% de haber leído la parte correspondiente al anuncio que incluye el nombre del patrocinador.

Los anunciantes se sirven de estos resultados para comparar otras ejecuciones del mismo mensaje o la misma ejecución en varias publicaciones. También utilizan las puntuaciones para comparar el número de lectores de sus anuncios y el número de los que leen los anuncios de la competencia. Los críticos de este método ponen en tela de juicio la capacidad de los consumidores para recordar exactamente haber visto determinado anuncio en una revista y lo artificioso de la situación donde se recaban los datos.

A menudo los anuncios de la televisión se prueban antes de ser presentados al público general en lo que se llama **pruebas preliminares o prepruebas.** Los comerciales en su forma terminada o casi terminada (con el fin de ahorrar costos de producción) se presentan a grupos de consumidores para averiguar su reacción. A menudo esto se hace en un ambiente de teatro: el anuncio de prueba se exhibe junto con otros durante un programa de televisión. Luego de ver el programa y los anuncios, a los consumidores se les hacen preguntas sobre los comerciales en cuestión.

Una crítica de este tipo de pruebas señala que la situación es poco realista. Los anuncios suelen no estar en la forma definitiva en que los verá la audiencia, los encuestados han sido invitados a un teatro y casi siempre se les da un incentivo para que participen. Los investigadores sostienen que, como esos mismos factores existen en todos los comerciales, en realidad se cancelan y las puntuaciones aportan información comparativa de gran utilidad.

Constantemente se perfeccionan las pruebas de la publicidad. Los avances en áreas como mercados de pruebas de laboratorio y las simulaciones por computadora resultan muy prometedoras. Sin embargo, la complejidad de la toma de decisiones, junto con los innumerables factores que influyen en el consumidor seguirán haciendo difícil medir la eficacia de la publicidad.

ORGANIZACIÓN DE LA PUBLICIDAD

Hay tres formas en que una compañía puede administrar su publicidad:

- Crear un departamento interno de publicidad.
- Utilizar una agencia publicitaria externa.
- Usar una combinación de un departamento interno y de una agencia externa.

PERSPECTIVA INTERNACIONAL

¿DEBERÍA UN ANUNCIO EXITOSO EN JAPÓN PASAR LA PRUEBA DE COPY CHASERS?

Los editores de la revista *Business Marketing* han ideado 10 criterios para evaluar los anuncios impresos elaborados conjuntamente por las empresas. Estos criterios los utiliza cada año un grupo de expertos en publicidad, los Copy Chasers, para seleccionar los anuncios más sobresalientes. A continuación se enumeran los 10 criterios y una descripción de cómo funcionan en Japón, hecha por un ejecutivo que trabajó en ese tipo de publicidad en Estados Unidos y en Japón.

1. **Ofrecer un alto grado de magnetismo visual.** Ello significa que el anuncio debe captar rápidamente la atención del lector y conservarla. En Estados Unidos esto suele hacerse con una imagen o ilustración muy llamativas o atractivas; no se resalta el nombre de la compañía como estímulo de la atención, por considerársele un elemento común y aburrido. En Japón sucede lo contrario: el nombre y el logotipo de las compañías son estímulos mucho más importantes y atraen la atención.

2. **Dirigirse a la audiencia apropiada.** En ambos países el anuncio debe centrarse en el problema, la pregunta u oportunidad del encargado de tomar la decisión.

3. **Invitar el lector a la escena.** Una vez más, este criterio se aplica por igual en ambos países.

4. **Prometer un premio.** En Estados Unidos, los anuncios tienden a hacer afirmaciones drásticas y hasta exageradas. En Japón esto se consideraría una actitud presuntuosa y jactanciosa.

5. **Respaldar la promesa.** En Estados Unidos, esto se logra a menudo realizando una comparación con la competencia; en cambio, en Japón las comparaciones no son bien vistas pues se les cataloga como críticas.

6. **Presentar la propuesta de venta en una secuencia lógica.** En Estados Unidos se admira mucho una presentación lógica, franca y directa. En Japón, si una presentación lógica y firme lleva a una conclusión diferente a la del prospecto, puede avergonzar a la persona y hacer que el producto sea rechazado.

7. **Dar "un tratamiento familiar".** En Estados Unidos los anuncios utilizan la forma personal "tú". Y los mensajes se diseñan como un intercambio personal y amistoso con una persona. Esto sería una grave violación de la etiqueta en Japón, país donde la relación entre anunciante y consumidor es muy formal.

8. **El anuncio debe ser fácil de leer.** Esta regla se aplica en todas partes. Pero en Japón, donde el lenguaje se complica por la gran diversidad de alfabetos y dialectos, las palabras se imprimen vertical y horizontalmente y el material se lee de derecha a izquierda, producir un anuncio fácil de leer constituye un auténtico reto.

9. **Subrayar el servicio, no la fuente.** En Japón el servicio se da como un hecho. Lo que distingue las compañías es su estabilidad y reputación. Este criterio se invertirá en la publicidad de los japoneses.

10. **Reflejar el carácter de la compañía.** Esto es un aspecto decisivo en Japón, donde a menudo el carácter de una compañía es más importante que las características de su producto. Lo que difiere es el sentido de lo que lo determina. En Japón, son la confianza y el respeto. En Estados Unidos, es el entusiasmo por el producto y por la tecnología.

¿Qué consecuencias tienen las observaciones anteriores en el empleo de la publicidad global del marketing entre empresas?

Fuente: Joseph P. Helgert, "Don't Apply All Copy Chasers' Rules 'Locally' —at Least Not in Japan", *Business Marketing*, enero de 1992, pp. 34-35.

Sin importar cuál de las dos alternativas se seleccione, en general se requieren los mismos conocimientos especializados para llevar a cabo esta función. Se necesitan creativos que preparen el texto publicitario, que elaboren las ilustraciones y realicen el diseño gráfico. Hacen falta expertos en medios que escojan los más apropiados, compren el tiempo o espacio y organicen el programa de aparición de los anuncios. Y también se necesitan las habilidades gerenciales para planear y dirigir el programa global de la publicidad.

Departamentos internos

Un departamento interno puede realizar todas estas funciones de la publicidad, algunas de ellas o tan sólo la dirección general. Una compañía cuya publicidad constituye parte esencial de esta mezcla de marketing suele contar con su propio departamento de publicidad. Los grandes detallistas, por ejemplo, los tienen y muchos de ellos prescinden por completo de las agencias. Si una compañía con un departamento interno ha adoptado el concepto de marketing, el jefe de ese departamento estará directamente bajo las órdenes del director de marketing.

Agencias publicitarias

Muchas compañías, especialmente los fabricantes, se sirven de las agencias para llevar a cabo algunas o todas sus actividades publicitarias. Una **agencia publicitaria** es una compañía independiente que ofrece servicios especializados de publicidad y también asistencia más general en marketing.

Las agencias planean y realizan todos los aspectos de las campañas publicitarias. Cuentan con más especialistas en publicidad que sus clientes, porque distribuyen el costo entre varios clientes. Una compañía podrá aprovechar la experiencia que la agencia adquiere de otros productos y clientes. Muchas agencias grandes han ampliado sus servicios para incluir la promoción de ventas y las relaciones públicas; a menudo se les contrata para que colaboren en el desarrollo de nuevos productos, en el diseño de empaques y en la selección de nombres del producto. De hecho, muchas de ellas se han convertido en agencias *integradas*, que ofrecen una gama completa de servicios (desde la planeación estratégica hasta la investigación de mercados) que hasta entonces habían sido realizados por otros especialistas externos o bien por los propios anunciantes.[17]

Departamento interno y agencia externa

Muchas empresas tienen su propio departamento de publicidad y también recurren a los servicios de una agencia publicitaria. El departamento interno cumple la función de enlace con la agencia, dándole así a la organización un mayor control sobre este gasto tan importante. El departamento de publicidad aprueba los planes y anuncios de la agencia, se encarga de preparar y administrar el presupuesto publicitario y coordina la publicidad con la venta personal. Algunas veces también lleva a cabo el marketing directo, las exhibiciones de los distribuidores y otras actividades promocionales en caso de que la agencia no se encargue de ellas.

PROMOCIÓN DE VENTAS

Es uno de los términos menos rigurosos del vocabulario del marketing. Por **promoción de ventas** se entienden los medios que estimulan la demanda y cuya finalidad es reforzar la publicidad y facilitar la venta personal. Ejemplos de promoción de ventas son: cupones, premios, exhibiciones en la tienda, muestras gratuitas, demostraciones en la tienda y concursos.

Los fabricantes e intermediarios realizan la promoción de ventas. La que realizan los fabricantes se dirigen a los intermediarios, usuarios finales (familias o usuarios industriales) o bien su propia fuerza de ventas. Los intermediarios la destinan a sus vendedores o a los prospectos situados más abajo en el canal de distribución.

Naturaleza y campo de la promoción de ventas

La promoción de ventas se distingue de la publicidad y la venta personal, pero estas tres formas de promoción a menudo se emplean juntas de manera coordinada. Por ejemplo, una exhibición dentro de la tienda (promoción de ventas) que Michelin ofrece a las tiendas que vendan sus llantas puede presentar un eslogan o ilustraciones (entre ellas Michelin Man, naturalmente) tomadas de la campaña publicitaria de la empresa llantera. Esta exhibición, que ayuda a los detallistas a vender las llantas, también los predispone a que conversen con los representantes de ella. He aquí otro ejemplo: pueden surgir prospectos entre las personas que participan en un concurso que se celebra en una exhibición de copiadoras Canon durante una exhibición comercial de máquinas de oficina. Se les puede enviar material promocional por correo directo y luego un vendedor se pondrá en contacto con ellos.

Hay dos categorías de la promoción de ventas: **promociones comerciales**, que se dirigen a los miembros de un canal de distribución, y **promociones a los consumidores**, que se dirigen al público consumidor. Los fabricantes invierten casi dos veces más en la promoción de ventas que lo que destinan a la publicidad, y una cantidad casi igual a la publicidad en las promociones al consumidor.[18]

Durante los últimos años, en Estados Unidos la promoción de ventas ha sido el método de promoción con un mayor crecimiento, recortándose la publicidad para disponer de más fondos. La magnitud de este tipo de actividades resulta impresionante. Millones de personas asisten cada año a las exposiciones comerciales y miles de millones de dólares se invierten en exhibiciones en el punto de compra dentro de las tiendas. La cantidad de concursos y el valor monetario de los premios duplica con creces lo que se gastó entre mediados de los años 80 y 1990. Más de 310 mil millones de cupones fueron distribuidos en 1992 y los consumidores redimieron más de 7.7 mil millones de ellos.[19] Según las estimaciones de los expertos, casi *400 mil millones* se distribuirán durante 1995.

El uso de cupones también ha ido proliferando en Europa, aunque los métodos de distribución son distintos a los de Estados Unidos. Más del 80% de los cupones que se reparten en ese país vienen en periódicos y en revistas como inserciones desprendibles. En Canadá a menudo forman parte de los anuncios. Los anunciantes españoles e italianos ponen los cupones dentro de los paquetes o sobre ellos. Y en algunas naciones de Europa, se distribuyen de puerta en puerta.[20]

Publicidad, promoción de ventas y relaciones públicas

Las exhibiciones en la tienda son un excelente recordatorio en el punto de venta.

Varios factores del ambiente del marketing han propiciado la creciente popularidad de la promoción de ventas.

- **Resultados a corto plazo.** Con la promoción de ventas, como el uso de cupones y los descuentos comerciales, se logran resultados más rápidos y mensurables. Sin embargo, los críticos de esta estrategia sostienen que tales beneficios se obtienen creando el capital de marca. En su opinión, se pone en peligro el futuro de una marca si se insiste demasiado en la promoción de ventas.
- **Presión de la competencia.** Si los competidores ofrecen incentivos a la compra, una empresa tal vez se vea obligada a contraatacar realizando promociones de venta.
- **Expectativas de los compradores.** Una vez ofrecidos los incentivos de la compra, los consumidores y los miembros del canal se acostumbran a recibirlos y pronto empezarán a exigirlos. Esto lo ejemplifica muy bien la resistencia de los detallistas del programa Every Day Low Prices (precios bajos todos los días) de Procter & Gamble.
- **Baja calidad de la venta al menudeo.** Muchos detallistas tienen vendedores sin una buena capacitación o han hecho la transición al autoservicio. En estos establecimientos, las herramientas de la promoción de ventas como las exhibiciones de productos y las muestras gratuitas a menudo constituyen el único medio profesional eficaz de que disponen en el punto de venta.

Administración de la promoción de ventas

La promoción de ventas ha de incluirse en los planes promocionales de la organización, junto con la publicidad y la venta personal. Ello significa establecer sus objetivos y estrategias, determinar su presupuesto, seleccionar las técnicas más idóneas y evaluar el desempeño de las actividades relacionadas con ella.

Un problema que afrontan los gerentes consiste en que muchas de las técnicas de promoción de ventas son acciones de corta duración y de índole táctica. Por ejemplo, los

Los cupones colocados en los anaqueles o estantes al lado del producto tienen un porcentaje de redención nueve veces mayor que las inserciones aisladas en los periódicos y revistas.

cupones, premios y concursos tienen por objeto suscitar respuestas inmediatas (de breve duración). Por ello tienden a utilizarse como medidas de emergencia para revertir una caída imprevista de las ventas y no como partes integradas de un plan de marketing.

Determinación de los objetivos y estrategias. Al definir el significado de la promoción de ventas, hemos identificado tres objetivos generales:

- Estimular la demanda de un producto entre los usuarios industriales o entre las familias.
- Mejorar el desempeño mercadológico de los intermediarios y de los vendedores.
- Complementar la publicidad y facilitar la venta personal.

Con una técnica de promoción de ventas se lograrán uno de estos dos objetivos, pero difícilmente ambos.

Los objetivos más específicos se parecen mucho a los de la publicidad y la venta personal. He aquí algunos ejemplos:

- **Realizar una prueba de un producto nuevo o mejorado.** Kellogg's inserta periódicamente una muestra de un nuevo cereal dentro de las cajas de marcas bien establecidas en el mercado.
- **Erradicar los hábitos actuales de compra.** Un cupón que ofrece un descuento podría provocar el cambio de marca de producto, como el jugo de naranja o el lubricante para automóvil, por el cual los usuarios no muestran una fuerte preferencia.
- **Atraer nuevos clientes.** Con las demostraciones de productos, como aspiradoras o procesadores de alimentos, se indica a la gente la facilidad de su uso y la eficacia de su desempeño.
- **Estimular un uso mayor entre los usuarios actuales.** Las líneas aéreas fueron las primeras en ofrecer los programas de frecuencia United's Mileage Plus, por ejemplo. Luego se sirvieron de ellos las compañías de alquiler de automóviles y últimamente también tiendas como Sears, Waldenbooks y los supermercados Piggly Wiggly.
- **Combatir la actividad promocional de un competidor.** Una cadena de supermercados recurre a una lotería o juego para atraer al público, y un competidor contraataca ofreciendo cupones de triple valor.
- **Incrementar la compra por impulso.** Con las exhibiciones en los pasillos y en otras partes de los supermercados se incrementan las ventas de un producto hasta en un 50%.
- **Lograr una mayor cooperación de los detallistas.** Un fabricante de artículos deportivos consigue mayor espacio en los estantes, si organiza exhibiciones en el punto de compra, si capacita a los vendedores de los detallistas y si les distribuye bolsas para que las regalen a los clientes.

La elección de las técnicas de promoción deberá basarse en los objetivos del programa global de marketing. Analice las siguientes situaciones y las estrategias disponibles:

- El objetivo de una compañía es aumentar las ventas entrando en nuevos mercados geográficos. Con una *estrategia de jalar* se estimula la prueba del producto y se atraen los que utilizan marcas conocidas. Entre las tácticas de la promoción de ventas podemos citar las siguientes: cupones, reembolsos en efectivo, muestras gratuitas y premios.
- El objetivo de una empresa es proteger su participación en el mercado ante una competencia muy intensa. Para ello se recurre a una *estrategia de empujar* a fin de mejorar el desempeño y la buena voluntad de los detallistas. Capacitar a los vendedores, realizar buenas exhibiciones en el punto de compra y conceder descuentos publicitarios serían opciones recomendables de promoción de ventas.

Determinación de los presupuestos. El presupuesto de la promoción de ventas deberá establecerse como parte específica del de la mezcla promocional total. Si se incluye la promoción de ventas en un presupuesto de publicidad o relaciones públicas, difícilmente se favorecerá el diseño de una estrategia especial. Y, por tanto, la promoción de ventas se omitirá o bien se integrará de manera deficiente a los otros elementos de la promoción. El hecho de establecer un presupuesto individual para ella obliga a la compañía a reconocerlo y administrarlo.

Teniendo en cuenta el concepto de diseñar una estrategia promocional integrada, la cantidad presupuestada para la promoción de ventas se calculará con el método de funciones. Esto obliga a los directivos a incluir objetivos específicos y las técnicas de promoción de ventas que se aplicarán para cumplirlos.

Selección de las técnicas apropiadas. Las técnicas más comunes se muestran en la tabla 18-4, en la cual están divididas en tres categorías basadas en la audiencia meta:

- **Usuarios empresariales o familias.** En el caso de los usuarios empresariales, la promoción de ventas más frecuentes es un descuento comercial, ya sea mediante una reducción del precio o mercancía gratuita. Seguramente el lector está familiarizado con los métodos orientados al cliente que aparecen en la tabla 18-4, pero tal vez no conozca su importancia. Por ejemplo, en un lapso de 20 años, el número de cupones distribuidos por las compañías aumentó más de 1200%, y todo parece indicar que seguirá creciendo. Las compañías están poniendo cupones incluso en los estantes donde están sus productos. Así pues, no debe sorprendernos que estos cupones tengan una tasa de redención nueve veces mayor que los que se insertan en los periódicos. Una tendencia interesante, que se observa entre los fabricantes de bienes empacados (alimentos, tabaco, refrescos, medicamentos, artículos para el cuidado de la salud y la belleza, y productos para el hogar), es la mayor importancia que se da a las promociones dirigidas a ciertos grupos étnicos. Los programas más comunes se destinan a los hispánicos: casi 70% de las compañías han empezado a instituirlos.[21]

Intermediarios. Las asociaciones mercantiles en industrias tan heterogéneas como la del calzado, los viajes y los muebles patrocinan exposiciones a las que son admitidos únicamente los mayoristas y detallistas. Muchos fabricantes también dedican mucho tiempo y dinero a capacitar la fuerza de ventas de estos intermediarios.

- **Fuerza de ventas de los fabricantes.** Las promociones dirigidas a los intermediarios y las destinadas a la fuerza de ventas del fabricante muestran varios aspectos en común. Los concursos de ventas son probablemente las más importantes de ellas, pues cerca del 30% de las compañías ofrecen uno u otro tipo de concurso.[22] El incentivo más común es el efectivo que se utiliza en más de la mitad de ellos. Otros son mercancía gratuita, distintivos, joyas y viajes. A veces también se obsequian paquetes de materiales promocionales, ayudas visuales de la venta (rotafolios, transparencias) y folletos que refuerzan la presentación de ventas.

Un aspecto clave de la administración de la promoción consiste en decidir cuáles técnicas le ayudarán a la empresa a alcanzar sus metas promocionales. Entre los factores que influyen en esta decisión se encuentran los siguientes:

- **Naturaleza de la audiencia meta.** ¿Es el grupo meta leal a una marca de la competencia? De ser así, tal vez se requiera un cupón de gran valor para modificar los patrones de compra de la gente. ¿Se compra por impulso el producto? En este caso, posiblemente una llamativa exhibición en el punto de compra baste para generar la venta.
- **Los objetivos promocionales de la organización.** ¿Una estrategia de jalar o empujar complementa de manera óptima el resto del programa promocional?
- **Naturaleza del producto.** ¿Se presta un producto al obsequio de muestras, a las demostraciones o a la compra de varios artículos?
- **Costo de la técnica.** Tal vez resulte demasiado costoso regalar muestras en un mercado muy grande.
- **Actuales condiciones económicas.** Los cupones, premios y descuentos son buenas opciones durante los periodos de recesión o inflación, en que los consumidores son particularmente sensibles a los precios.

Evaluación de la promoción de ventas. Es mucho más fácil evaluar la eficacia de la promoción de ventas y los resultados más exactos que cuando se juzga la eficacia de la publicidad. Por ejemplo, las respuestas a una oferta de premios o a un cupón con una fecha de cierre pueden contarse y compararse con un periodo similar en el cual no se hayan ofrecido. Es más fácil medir la promoción de ventas porque:

- **La mayor parte de este tipo de promociones tienen un punto de inicio y de terminación.** Los cupones han de redimirse en determinada fecha. La solicitud para participar en un concurso debe hacerse antes del plazo señalado. En los concursos destinados a la fuerza de ventas se incluyen únicamente las ventas realizadas en cierto periodo. Esto es muy distinto a la publicidad, en la cual puede haber importantes efectos residuales y los resultados de una campaña se empalman con los de otra.
- **La mayor parte de las promociones de ventas tienen por objeto influir directamente en las ventas.** Es más difícil medir un cambio de actitud o un aumento de información sobre un producto o marca que contar las ventas.

Sin embargo, la medición de los efectos de la promoción de ventas no está exenta de limitaciones y deficiencias. Primero, no todas las promociones reúnen las condiciones

TABLA 18-4 Principales herramientas de la promoción de ventas, agrupadas por audiencia meta

Usuarios industriales o familias	Intermediarios y su fuerza de ventas	Fuerza de ventas del fabricante
Cupones	Exposiciones y exhibiciones comerciales	Concursos de ventas
Descuentos en efectivo	Exhibiciones en el punto de compra	Manuales de capacitación en ventas
Premios	Productos gratuitos	Juntas de ventas
Muestras gratuitas	Descuentos publicitarios	Paquetes con materiales promocionales
Concursos y loterías	Capacitación de la fuerza de ventas de los intermediarios.	Demostraciones con muestras del producto
Exhibiciones en el punto de compra	Demostraciones del producto	
Demostraciones del producto	Especialidades publicitarias	
Exposiciones y exhibiciones comerciales		
Especialidades publicitarias		

que acabamos de mencionar. Por ejemplo, la capacitación dada a los representantes de un distribuidor tal vez sea adecuada pero no produzca resultados inmediatos. Segundo, los resultados de las promociones actuales pueden inflarse con ventas "robadas" al futuro. Es decir, la promoción hace actuar en el momento presente a personas que de cualquier manera habrían adquirido el producto en el futuro. Una prueba de este efecto canibalizador es el nivel más bajo de ventas *después* de terminar la promoción que *antes* de iniciarse. Tercero, todo intento de cuantificación ha de tener en cuenta las condiciones externas como el comportamiento de los competidores y la situación de la economía. Por ejemplo, la participación que una compañía tiene en el mercado quizá no aumente tras una costosa promoción de ventas, pero posiblemente haya atenuado el impacto negativo de la actividad promocional de un competidor.

RELACIONES PÚBLICAS

Las **relaciones públicas** son una herramienta gerencial cuya finalidad es influir positivamente en las actitudes hacia la organización, sus productos y sus políticas. Es una forma de promoción a la cual frecuentemente se le da poca importancia. En la generalidad de las organizaciones, esta herramienta promocional es el patito feo: se le relega después de la venta personal, la publicidad y la promoción de ventas. Tal situación obedece a varias razones:

- **Estructura organizacional.** En la mayor parte de las compañías, las relaciones públicas no son responsabilidad del departamento de marketing. Si hay un esfuerzo bien organizado, normalmente está a cargo de un pequeño departamento bajo las órdenes directas de la alta dirección.

- **Definiciones poco exactas.** La designación *relaciones públicas* se emplea con poco rigor entre el público y el mundo de los negocios. De ahí que a menudo no esté bien definido lo que constituye su esencia.
- **Falta de reconocimiento de los beneficios**. Apenas en los últimos años, las organizaciones han empezado a apreciar el valor de buenas relaciones públicas. Al incrementarse los costos de la promoción, las compañías se han percatado de que una exposición positiva a través de los medios o de una generosa participación en problemas de la comunidad compensa con creces su inversión de tiempo y esfuerzo.

Naturaleza y campo de las relaciones públicas

Las actividades de relaciones públicas tienen por objeto crear o mantener la imagen positiva de una organización ante sus públicos: clientes, prospectos, accionistas, empleados, sindicatos, comunidad local y gobierno. Sabemos que esta descripción se parece mucho a la definición de la publicidad institucional. Pero, a diferencia de ella, las relaciones públicas no necesariamente se sirve de los medios para comunicar su mensaje.

Pueden lograrse buenas relaciones públicas apoyando proyectos de caridad (ofreciendo trabajo voluntario u otros recursos), participando en los eventos de servicio comunitario, patrocinando equipos deportivos, financiando el cultivo de las artes y publicando un boletín para los empleados o los clientes, difundiendo información a través de exposiciones, exhibiciones y excursiones. Las grandes empresas como Exxon y Johnson & Johnson patrocinan programas de televisión como parte de este tipo de actividades.

La propaganda como forma de relaciones públicas

La **propaganda no pagada** es cualquier comunicación referente a una organización, sus productos o políticas a través de medios que *no* reciben un pago de la empresa. Este tipo de propaganda casi siempre consiste en un reportaje que aparece en un medio masivo o en un apoyo dado por un individuo de manera formal o bien en un discurso o entrevista. Ésta es sin duda una buena propaganda.

Pero también existe la mala propaganda: un reportaje negativo acerca de una empresa o su producto que aparecen en los medios. En una sociedad cada vez más sensible ante el ambiente y donde los medios buscan errores que dar a conocer al público, las organizaciones tienden a centrarse en este aspecto negativo de la propaganda no pagada. De ahí que los gerentes estén tan preocupados por evitar la mala propaganda que no aprovechan el potencial de una buena propaganda.

Se dispone de tres medios para lograr una buena propaganda no pagada:

- Preparar un reportaje o artículo (el *comunicado de prensa*) y hacerlo circular en los medios. Con ello se busca que los periódicos, estaciones de televisión u otros medios transmitan la información en forma de noticias.
- La comunicación personal con un grupo. Una conferencia de prensa atraerá la atención de los representantes de los medios, si piensan que el tema o el portavoz generarán noticias de interés. Los recorridos por las instalaciones de una empresa y los discursos ante grupos civiles o de profesionistas constituyen otras formas de este tipo de comunicación.

- La comunicación personal entre dos interlocutores, a veces denominada *cabildeo*. Las compañías cabildean con legisladores o con otras personas de gran influencia y poder a fin de influir primero en su opinión y luego en sus decisiones.

La propaganda no pagada contribuye al cumplimiento de cualquier objetivo de la comunicación. Sirve para anunciar nuevos productos, dar a conocer nuevas políticas, brindar reconocimiento a los empleados, describir los adelantos de la investigación o exponer el desempeño financiero, si los medios consideran que el mensaje, la persona, el grupo o evento valen la pena. Y esto es precisamente lo que distingue la publicidad y la propaganda no pagada: esta última "no se impone" a la audiencia. Es también la causa de su principal beneficio. Su credibilidad suele ser mayor que la de la publicidad. Si decimos que nuestro producto es excelente, tal vez la gente se muestre escéptica. Pero si un tercero independiente y objetivo afirma en el noticiero vespertino que nuestro producto es excelente, lo más seguro es que el público lo crea.

Otros beneficios de la propaganda no pagada son:

- **Menor costo que el de la publicidad o la venta personal**. La propaganda no pagada normalmente cuesta menos, porque no se paga el tiempo ni el espacio de los medios para comunicar el mensaje y tampoco hay vendedores a quienes remunerar.
- **Un mayor número de lectores.** Muchos consumidores están condicionados para ignorar la publicidad o bien para prestarle poca atención. La propaganda no pagada puede presentarse por medio de material editorial o noticias, con lo cual aumentan los lectores.
- **Más información.** Dado que se presenta como material editorial, la propaganda no pagada puede contener más detalles que el simple anuncio. En el mensaje pueden incluirse más información y contenido persuasivo.
- **Plazos.** Una compañía puede emitir un comunicado de prensa casi en el mismo momento en que ocurre un evento inesperado.

Por supuesto la propaganda no pagada también tiene sus limitaciones:

- **Pérdida de control sobre el mensaje.** Una organización no tiene garantía alguna de que un comunicado de prensa aparecerá en los medios. De hecho, apenas una pequeña proporción de los que prepara llegan a emplearse. Además, no hay forma de controlar cuánto o qué proporción de un comunicado se imprimirá o se transmitirá por radio o televisión.
- **Exposición limitada.** Por lo regular los medios utilizan material publicitario para llenar el espacio, cuando faltan otras noticias y tan sólo lo usan una vez. Si la audiencia meta no recibe el mensaje en el momento de ser presentado, no hay una segunda ni una tercera oportunidad. Tampoco es posible repetirlo en forma de publicidad pagada.
- **La propaganda no pagada no es totalmente gratuita.** Pese a que no se paga el tiempo ni el espacio de los medios, sí cuesta la integración del departamento de propaganda no pagada, así como la preparación y difusión de los comunicados de prensa.

Sabedoras del valor de la propaganda algunas organizaciones disponen de unidades especiales que se encargan de los comunicados de prensa. Por ejemplo, Gatorade creó el Sports Science Institute, Reebok opera el Aerobic Information Bureau y Nutri-System estableció el Health and Fitness Information Bureau, oficinas cuya finalidad es vincular las empresas respectivas a los intereses de los consumidores en lo tocante a la investigación del cuidado de la salud y los productos que mejoran el desempeño.

Evaluación de las relaciones públicas

Aunque pocos ejecutivos se atreverán a sostener que carece de importancia tener una buena imagen y permanecer en contacto con el público, es difícil evaluar la publicidad pagada y la propaganda. En el pasado, la evaluación consistía casi siempre en un informe de actividades más que en la obtención de resultados. El departamento conservaba álbumes de recortes para mostrarles a los gerentes cuántos reportajes se habían escrito y publicado, el número de empleados que se habían ofrecido voluntariamente a participar en proyectos cívicos y cosas semejantes. En el momento actual, para justificar los gastos un número cada vez mayor de empresas exigen al departamento que establezca objetivos específicos a las relaciones públicas y muestre resultados cuantificables. Deben emplearse otras medidas ante imposibilidad de relacionarlas directamente con la publicidad no pagada. Una de ellas es la investigación del comportamiento que muestra, por ejemplo, una mayor conciencia de un producto o marca o bien los cambios de actitudes y creencias acerca de una compañía.

■ RESUMEN

La publicidad es el elemento no personal y de comunicación masiva de la mezcla promocional de una compañía. La publicidad puede dirigirse a los consumidores o a las empresas, centrándose en los productos o instituciones. Los anuncios de acción directa requieren una acción inmediata; los de acción indirecta tienen por objeto estimular la demanda a lo largo de un periodo más largo. Los anuncios de productos se clasifican también como estimuladores de la demanda primaria o de la demanda selectiva. Con los primeros se introducen nuevos productos, se estimula la demanda de un producto genérico o se sostiene la demanda de productos industriales. Los anuncios de demanda selectiva, que incluyen la publicidad competitiva y comparativa, buscan aumentar la demanda de una marca en particular.

En la publicidad cooperativa vertical, los fabricantes y sus distribuidores al menudeo comparten el costo de la publicidad hecha al producto de los primeros en el nivel local. La publicidad horizontal cooperativa consiste en que las compañías situadas en el mismo nivel de la distribución patrocinen de manera conjunta los anuncios.

Los gastos de la publicidad son grandes, aunque el costo promedio de la publicidad de una compañía suele ser de 1 a 3% de sus ventas, porcentaje mucho menor que el costo promedio de la venta personal. La mayor parte del presupuesto publicitario se invierte en anuncios de prensa. Vienen después la televisión y el correo directo. Otros medios de gran uso son la radio, las revistas, las páginas de la sección amarilla y la publicidad al aire libre.

Una campaña publicitaria debería formar parte de un programa promocional total. Los pasos del diseño de una campaña son: definir los objetivos específicos, establecer un presupuesto, crear un mensaje, seleccionar los medios y evaluar la actividad publicitaria. Los objetivos abarcan desde crear el reconocimiento de una marca hasta generar ventas. Los convenios de publicidad cooperativa, tanto vertical como horizontal, tienen un importante impacto en el presupuesto publicitario. La audiencia meta y los medios con que se transmite el mensaje influye en el mensaje publicitario, que consta de la atracción y la realización del anuncio.

Uno de los elementos centrales en el diseño de una campaña consiste en seleccionar los medios publicitarios: el tipo general, la categoría particular y el vehículo específico. La elección deberá basarse en las características del medio, de las que dependen la eficacia con que se comunica el mensaje y su capacidad de llegar a la audiencia meta.

Una función muy difícil de la administración de la publicidad es evaluar la eficacia de la actividad publicitaria, tanto la de la campaña total como la de los anuncios publicitarios. Con excepción de las pruebas referentes a los resultados de las ventas, las técnicas comunes miden únicamente la recordación del anuncio. Si quiere poner en práctica un programa publicitario, la empresa deberá contar con su propio departamento de publicidad, con una agencia publicitaria o con una combinación de ambos.

La promoción de venta se compone de los medios estimuladores de la demanda que completan la publicidad y facilitan la venta personal. En los últimos años ha ido creciendo de manera considerable, a medida que los ejecutivos han empezado a buscar resultados medibles y a corto plazo de las ventas.

A la promoción de ventas debería concedérsele la misma atención estratégica que se da a la publicidad y a la venta personal; entre otras cosas deberían establecerse objetivos y un presupuesto. Este tipo de promoción puede dirigirse a los consumidores finales, a los intermediarios o a los empleados. Para poner en práctica sus planes estratégicos, los gerentes pueden escoger entre varias herramientas de la promoción de ventas. Habrá de evaluarse el desempeño de esta actividad.

Las relaciones públicas son una herramienta gerencial cuya finalidad es influir positivamente en las actitudes ante una organización, sus productos y sus políticas. Es una clase de promoción que frecuentemente se descuida mucho. La propaganda, parte de las relaciones públicas, es toda comunicación acerca de una compañía, sus productos o políticas que se realizan a través de los medios y por la cual *no* se paga. Normalmente de estas actividades se encarga un departamento independiente del de marketing. No obstante, el proceso gerencial de planeación, instrumentación y evaluación debe aplicarse a su desempeño tal como se aplica a la publicidad, la promoción de ventas y la venta personal.

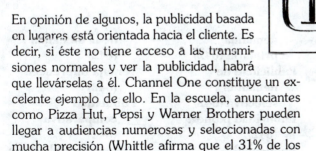

Más sobre

PUBLICIDAD BASADA EN LUGARES

En opinión de algunos, la publicidad basada en lugares está orientada hacia el cliente. Es decir, si éste no tiene acceso a las transmisiones normales y ver la publicidad, habrá que llevárselas a él. Channel One constituye un excelente ejemplo de ello. En la escuela, anunciantes como Pizza Hut, Pepsi y Warner Brothers pueden llegar a audiencias numerosas y seleccionadas con mucha precisión (Whittle afirma que el 31% de los estadounidenses de 12 a 17 años de edad ven este canal). Por el contrario, apenas el 5% de ese mismo grupo de edad ve tres grandes redes de televisión.

Para otros, la publicidad basada en lugares es una violación de la intimidad o privacía. A esto los críticos lo llaman "medios ineludibles", pues los espectadores son a menudo una audiencia cautiva mientras esperan en el consultorio médico o hacen ejercicio en bicicleta dentro de un establecimiento de acondicionamiento físico. De hecho, en un caso

De hecho, en un caso los miembros de Vertical Club, uno de los clubes más elegantes de ejercicio en Nueva York, recibieron mucha publicidad cuando le pidieron a la dirección quitar de su gimnasio los monitores de televisión.

Los medios basados en lugares tienen varias ventajas:

- Dan acceso a audiencias, como los adolescentes a través de Channel One, a las que de lo contrario no tendrían acceso.
- Llegan a los consumidores cuando éstos tienen pocas opciones salvo ver el monitor.
- Eliminan el control remoto, de manera que el espectador no puede cambiar de canal (*zap*) ni adelantar el comercial (*zip*).

La publicidad basada en lugares no está exenta de desventajas para el anunciante:

- Los consumidores tal vez no vean los anuncios, aunque visiten un lugar donde se exhiben. Por ejemplo, en los supermercados hay muchas distracciones, desde extender un cheque hasta el ruido de fondo, que pueden ahogar el mensaje del anunciante.
- Algunos ven las transmisiones como un simple elemento del apiñamiento en un ambiente ya sobrecargado. En palabras de un ejecutivo dr la agencia publicitaria J. Walter Thompson: "El simple hecho de que uno transmita una película [dentro de una tienda Penney's] no significa que la gente le ponga atención."
- Es prácticamente imposible determinar cuántas personas ven los anuncios. Por ejemplo, algunos profesores realizan discusiones de grupo durante la exhibición de los anuncios en Channel One. De ahí la imposibilidad de que los anunciantes conozcan los resultados de su inversión.

Quizá la cuestión más importante la planteó Robert Giacomino, vicepresidente de Grey Advertising al decir: "¿Necesitan los consumidores este tipo de publicidad?"

Los medios basados en lugares ya no se limitan exclusivamente a la televisión. Whittle Communications publicó una serie de libros que están destinados a mejorar las habilidades de los directores generales de las empresas. Los escriben escritores de reconocido prestigio y se envían gratuitamente a los directores generales. Lo que los hace únicos es el hecho de que contienen 18 páginas de anuncios de Cessna Aircraft Co. Whittle tiene planes de ampliar el concepto y publicar libros con publicidad para otros segmentos del mercado de gran perfil y muy atractivos, pero a los cuales es difícil llegar.[23]

1. ¿De quiénes satisface las necesidades la publicidad basada en lugares?
2. ¿Qué determinará el éxito de este concepto?

■ TÉRMINOS Y CONCEPTOS BÁSICOS

Publicidad (638)
Publicidad dirigida a los consumidores (640)
Publicidad entre empresas (640)
Publicidad del producto (641)
Publicidad institucional (641)
Publicidad orientada a la acción directa (641)
Publicidad orientada a la acción indirecta (641)
Publicidad de demanda primaria (642)
Publicidad de demanda selectiva (642)
Publicidad pionera (642)
Publicidad sustentadora de la demanda (642)
Ventaja diferencial (642)
Publicidad comparativa (642)
Campaña publicitaria (643)

Publicidad, promoción de ventas y relaciones públicas

Publicidad cooperativa (645)
Publicidad cooperativa vertical (645)
Descuento publicitario (646)
Publicidad cooperativa horizontal (646)
Atención (646)
Influencia (646)
Atracción (647)
Ejecución (647)
Medio publicitario (648)
Costo por millar (CPM) (650)
Pruebas directas (655)
Pruebas indirectas (656)
Recordación del anuncio (656)
Pruebas preliminares (prepruebas) (657)
Agencia publicitaria (659)
Promoción de ventas (660)
Promoción comercial (660)
Promoción a los consumidores (660)
Relaciones públicas (665)
Propaganda no pagada (666)

■ PREGUNTAS Y PROBLEMAS

1. ¿Cómo explica la variación de los gastos de publicidad como porcentaje de las ventas entre las compañías de la tabla 18-2?
2. Encuentre un ejemplo de un anuncio impreso, por televisión o por radio que represente las ejecuciones o realización descritas en la tabla 18-3.
3. Seleccione un medio publicitario para cada uno de los siguientes productos y explique su elección.
    a. Plataformas de madera
    b. Pantimedias Hanes
    c. Servicio de contaduría fiscal
    d. Funeraria
    e. Juguetes para niños de corta edad
    f. Ganchos o pinzas de plástico para tender ropa
4. Muchos fabricantes de dulces y de productos alimenticios destinan una buena parte del presupuestos publicitario a las revistas. En cambio, las tiendas de departamentos usan más los periódicos que las estaciones radiofónicas locales como medio de publicidad. ¿Se están tomando las decisiones adecuadas para estas industrias y empresas? Explique su respuesta.
5. ¿Por qué vale la pena someter los anuncios a pruebas preliminares antes que aparezcan en los medios? (Le aconsejamos repasar el marketing de pruebas, tema expuesto en el capítulo 4.)
6. ¿Qué procedimientos puede aplicar una compañía para determinar el importe de ventas generados por un anuncio de correo directo? ¿Cómo averiguaría si ya se realizaron por anticipado algunas ventas futuras?
7. ¿Es la promoción de ventas un medio eficaz para vender productos caros de consumo como casas, automóviles o cruceros? ¿Cuál es su respuesta en el caso de productos industriales de alto precio?
8. Explique cómo la promoción de ventas podría servir para compensar una venta personal débil en las tiendas.
9. Lleve a la clase un artículo tomado de un periódico que parece ser el resultado de las activiades de una firma relacionadas con la publicidad no pagada. Resuma los puntos que pueden beneficiarla. ¿Podrían obtenerse los mismos beneficios por medio de la publicidad pagada?

■ APLICACIÓN AL MARKETING

1. Lleve a la clase cuatro anuncios impresos o bien describa cuatro anuncios de radio o televisión que ejemplifiquen al menos cuatro de los objetivos de la publicidad descritos en páginas anteriores del capítulo. O bien encuentre y describa dos anuncios de la misma marca que parezcan perseguir distintos objetivos.
2. Visite un supermercado, una farmacia o una ferretería y haga una lista de todas las herramientas de promoción de ventas que observe. Describa de qué manera cada una se relaciona con los objetivos de la promoción de ventas que hemos descrito en el capítulo. ¿Cuáles son, a su juicio, sumamente eficaces y por qué?

NOTAS Y REFERENCIAS

1. Martin Zabell, "Getting Plugged into the News", *Chicago Tribune*, 5 de abril, 1992, sec. 5, p. 1; Joanne Lipman, "ABC Tests 'Place-Based Media' at Penney", *The Wall Street Journal*, 11 de mayo, 1992, p. B4; Eben Shapiro, "TV Commercials Chase Supermarket Shoppers", *The New York Times*, Business Section, 25 de mayo, 1992, p. 1; Patrick M. Reilly, "Whittle, Philips Plan Interactive M.D. TV", *The Wall Street Journal*, 6 de junio, 1992, p. B1; Checkout's Checkout: Marketers Unimpressed with In-Store Ads", *Brandweek,* 1 de marzo, 1993, p. 8.

2. Neil Shoebridge, "Shoebridge", *Business Review Weekly*, 27 de marzo, 1992, p. 81.

3. Joseph Pereira, "Name of the Game: Brand Awareness", *The Wall Street Journal*, 14 de febrero, 1991, pp. B1+.

4. Larry Light y Laura Zinn, "Painting a New Face on Revlon", *Business Week*, 6 de abril, 1992, pp. 26-27.

5. Una descripción de la Trademark Law Revision Act y sus implicaciones para la publicidad se da en Bruce Buchanan y Doron Goldman, "Us vs. Them: The Minefield of Comparative Ads", *Harvard Business Review*, mayo-junio 1989, pp. 38-50.

6. Yumiko Ono, "Pepsi Challenges Japanese Taboo as It Ribs Coke", *The Wall Street Journal*, 6 de marzo, 1991, p. B1.

7. Si examina un número de un periódico de su localidad, observará frecuentemente detallistas rivales que presentan el mismo anuncio (por ejemplo, sofás reclinables de Lazy-Boy, 7-Up o películas Kodak). Ésta es una buena señal de que están usándose los fondos de la publicidad conjunta.

8. El producto es un servicio llamado The Immediate Response.

9. Lori A. DiBella, "Not Just for the littleGuys", *Direct Marketing*, mayo de 1991, pp. 20-22.

10. Alison Fahey, "Outdoor Spending Slips in '90", *Advertising Age*, 1 de abril, 1991, p. 6.

11. Lisa Marie Petersen, "Outside Chance", *Mediaweek*, 15 de junio, 1992, pp. 20-23.

12. Mark Landler, "The Infomercial Inches Toward Respectability", *Business Week,* 4 de mayo, 1992, p. 175.

13. Joanne Lipman, "Brand-Name Products Are Showing Up in TV Shows", *The Wall Street Journal*, 19 de febrero, 1991, pp. B1+.

14. Joanne Lipman, "ABC Tests 'Place-Based' Media at Penney", *The Wall Street Journal*, 11 de mayo, 1992, p. B4.

15. "Czechoslovakia Opens Up Media", *The Wall Street Journal*, 31 de octubre, 1991, p. A14.

16. "Japanese Bank-Ad Curbs Eased", *The Wall Street Journal*, 15 de enero, 1992, p. A6.

17. Problemas como la aceptación por parte de los clientes y la determinación de la base de la compensación de las agencias de servicios integrados se describen en David Kalish, "The New Advertising", *Agency,* otoño de 1990, pp. 28-33.

18. Scott Hume, "Trade Promos Devour Half of All Marketing $", *Advertising Age*, 13 de abril, 1992, p. 3.

19. Scott Hume, "Coupons Set Record: but Pace Slows", *Advertising Age,* 1 de febrero, 1993, p. 25.

20. "Global Coupon Use Up; U.K., Belgium Tops in Europe", *Marketing News*, 15 de agosto, 1991, p. 5.

21. Daniel M. Gold, "A Shift in Direction?", *Adweek's Marketing Week*, 13 de abril, 1992, pp. 26-27.

22. "1989 Survey of Selling Costs", *Sales & Marketing Management*, 20 de febrero, 1989, p. 26.

23. Joanne Lipman, "Consumers Seek Escape from Captive-Ad Gimmicks", *The Wall Street Journal*, 13 de septiembre, 1991, p. B1; Meg Cox, "Whittle to Unveil New Book Series Sponsored by Ads", *The Wall Street Journal*, 3 de junio, 1992, p. B5.

CASOS DE LA PARTE 6

CASO 1 *American Express*

LA PROMOCIÓN EN UN AMBIENTE MUY COMPETITIVO

American Express Company (AmEx) es una gran organización financiera de tipo global. Uno de sus principales negocios, el de las tarjetas de crédito, afronta una fuerte presión de la competencia y ha empezado a perder participación en el mercado. El número de tarjetahabientes disminuyó en 500 000 durante los tres primeros trimestres de 1992. El reto es decidir cómo servirse de la promoción para posicionar más eficazmente la tarjeta de crédito.

AmEx fue fundada a mediados de la década de 1 800 como repartidor de paquetes pequeños, mensajes importantes y efectivo. Pronto se dio cuenta de que el público necesitaba urgentemente un método seguro y económico para transportar o enviar dinero en efectivo de un lugar a otro. Con el fin de satisfacer esa necesidad, la empresa diseñó los giros postales y, con el tiempo, los cheques de viajero.

En 1958 amplió sus servicios financieros para incluir una tarjeta de crédito destinada a los que realizan viajes de negocios. El tarjetahabiente efectúa sus compras sin la incomodidad de llevar dinero en efectivo y recibe un informe mensual de su cuenta de sus operaciones para que lleve un control de sus gastos y sus obligaciones fiscales. Sin embargo, cada mes debe pagar el importe total de lo que adeude. Las ventajas fundamentales de la tarjeta AmEx son la comodidad y el servicio (por ejemplo, la reposición de las tarjetas extraviadas y anticipos de dinero en casos de urgencia). Por estas dos características a la tarjeta se le conoce como la tarjeta de crédito "para viajes y entretenimiento".

A principios de los años 60 otras instituciones financieros, sobre todo los bancos, descubrieron la oportunidad de proporcionarle a la gente, en forma de tarjetas de crédito, lo que equivale a préstamos previamente autorizados. A lo largo de los años estos planes de crédito bancario por medio de tarjetas de plástico crecieron y se consolidaron, convirtiéndose en dos grandes programas, conocidos ahora como VISA y MasterCard. Los planes bancarios difiere de la tarjeta AmEx en que ofrecen un crédito revolvente. Es decir, los tarjetahabientes pueden optar por pagar mensualmente la totalidad del saldo o sólo una parte del saldo cada mes y liquidar los intereses de la parte no pagada.

Las tarjetas bancarias que ofrecen crédito revolvente han logrado una gran aceptación entre el público. En el periodo comprendido entre 1970 y 1991, la deuda de los tarjetahabientes estadounidenses pasó de $125 000 millones a $765 000 millones. En ese mismo periodo, la deuda en tarjetas de crédito aumentó de $4 000 millones a $194 000 millones. El pago de intereses representa ahora más de $33 000 millones. El rápido crecimiento de la deuda atrasada se debe a:

- Mayor acceso (condiciones menos rigurosas de aprobación del crédito)
- Mayor deseo de disfrutar la comodidad de las transacciones entre los consumidores
- Una gran generosidad en la realización de gastos en los años 80
- Pagos mensuales mínimos requeridos por la mayor parte de las tarjetas.

Los emisores de tarjetas de crédito obtienen sus ingresos de dos fuentes: los usuarios de las tarjetas y los comerciantes que las aceptan. Los ingresos que reciben de los primeros provienen del pago anual de membresía y de los intereses sobre el saldo de la tarjeta. American Express, que no cobra intereses, cobra a los tarjetahabientes un pago de membresía que fluctúa entre $55 por su Green Card estándar y $300 por su Plantinum Card. En cambio, el pago anual promedio de una tarjeta bancaria es de $17.62.

Las tarjetas bancarias perciben ingresos adicionales de consumidores y comerciantes. A aquéllos se les cobran intereses sobre el saldo no liquidado. Las tasas de interés son variables según los planes, pero normalmente oscilan entre 17 y 21%. La otra fuente de ingresos son los pagos realizados por los comerciantes. Según el volumen de negocios hechos con ellas, los comerciantes que aceptan tarjetas bancarias pagan entre 2 y 3% de la cantidad cobrada, mientras que American Express les cobra cantidades un poco mayores, de 3 a 5%. A nivel mundial hay cerca de 3.5 millones de comerciantes que aceptan la tarjeta American Express; en cambio unos 10 millones de establecimientos reciben VISA y MasterCard.

Tres hechos recientes indican cómo se ha intensificado la presión competitiva en la industria de las tarjetas de crédito:

- La introducción de Discover Card por parte de Sears, Roebuck y Company en 1986. Se trata de una tarjeta de intereses revolventes, sin pago anual y con un descuento del 1% anual sobre todas las compras que se efectúan con ella. Por ser una subsidiaria de Sears, Discover tenía acceso inmediato a los registros de cobro y pago de todos los tarjetahabientes de Sears. De ese modo tenía millones de prospectos con crédito aprobado de antemano. Además, al suprimir el pago anual, Discover obtuvo una ventaja diferencial temporal sobre otros emisores de tarjetas. En 1992 ya contaba con más de 41 millones de tarjetahabientes.
- En 1990 American Telephone & Telegraph introdujo su tarjeta de crédito de marca conjunta. Su tarjeta Universal no cobraba un pago anual ni una tasa de interés variable ligada a la tasa diferencial establecida por la Federal Reserve Board. Una tarjeta de marca conjunta es la que patrocinan una compañía de tarjetas de crédito (como VISA o MasterCard) y otra firma normalmente no asociada a este tipo de negocios (digamos AT&T). Este tipo de tarjetas ofrecen una características especial proporcionada por la firma patrocinadora. Por ejemplo, los tarjetahabientes pueden hacer llamadas de larga distancia con descuento. Otras corporaciones introdujeron después tarjetas de marca conjunta. La tarjeta de General Motors premia a los usuarios frecuentes con rebajas aplicables a la compra de la mayor parte de automóviles nuevos de su marca. General Electric lanzó al mercado la tarjeta Ge Rewards, la cual da descuentos en varios productos para estimular su uso. Estos ejemplos no son más que las puntos de iceberg. De acuerdo con un estudio, hay más de 500 combinaciones de tarjetas que ofrecen más de 100 emisores. Difieren en la mezcla de pago anual, intereses, los descuentos, la duración del periodo de gracia entre el tiempo de la compra y el momento en que la compañía empieza a calcular el interés.
- En 1991 el Senado aprobó una ley que limita las tasas de interés de las tarjetas de crédito. La legislación fue una reacción al hecho de que los intereses promediaban 17.95% anual, en tanto que el interés que los bancos pagaban a las cuentas de ahorros eran menores al 4%. La industria de las tarjetas de crédito respondió con una estructura estratificada de intereses que redujo ligeramente las tasas, al proporcionar tasas más bajas a los clientes que estén al corriente en sus pagos y cobrando tasas más altas a los morosos. La mayor atención que empezó a prestarse a las tasas de intereses no pasó inadvertida a los tarjetahabientes. Según una encuesta realizada en 1992, el 32% de ellos cambiaría de tarjeta si le ofrecieran una tasa de interés 1% menor que la actual.

Los hechos anteriores impusieron una presión más fuerte a todos los emisores de tarjetas. Sin embargo, American Express sintió el impacto más que otras compañías. Su tarjeta tradicional había sido posicionada como un producto que combinaba el prestigio de poseerla con un servicio excelente. Los eslogans utilizados a través de los años indican la imagen que desea proyectar. La primera campaña publicitaria se llevó a cabo en 1958. Incluía el eslogan: "The company por people who travel" (la compañía para personas que viajan). Más tarde, el valor de la tarjeta se vio reforzado con el eslogan que duró varios años: "Don't leave home without it" (No salga sin ella). Vinieron después campañas diseñadas para poner de relieve el estatus que daba el poseerla, asociándola con personajes prominentes (la campaña "Member since _____" —miembro desde _____), y un mensaje de los años 80 que se centraba en la satisfacción de los deseos y que empleaba el eslogan "Membership has its privileges" (la membresía tiene sus privilegios). Este posicionamiento tuvo mucho éxito en las décadas de 1970 y de 1980, pero los valores conservadores de los años 90 han reducido su atractivo. Con la campaña más reciente se busca reforzar la imagen de prestigio de la tarjeta con el eslogan: "The card. The American Express Card (La tarjeta. La tarjeta American Express).

Por lo menos un competidor ha adoptado una actitud muy práctica ante su publicidad. Durante años VISA hizo hincapié en el gran número de comercios que aceptan su tarjeta y no la de American Express, centrándose en ejemplos concretos y concluyendo con una variación del eslogan "But don't bother to bring your American Express card, because at _____ they only accept VISA" (pero no se moleste en traer su tarjeta American Express, porque en _____ sólo se acepta VISA). En calidad de patrocinador oficial de los Juegos Olímpicos de invierno de 1992, VISA utilizó el mismo lema con anuncios en que se decía "The Olympics don't take American Express" (los Juegos Olímpicos) no aceptan American Express. Los anuncios se referían a las ventas de boletos para los eventos olímpicos y los comerciantes instalados allí, pero a juicio de American Express el mensaje resultaba engañoso. En consecuencia, se sirvió de anuncios en que se recomendaba a los consumidores que iban a "divertirse a los juegos invernales" a no pensar que los comerciantes del área rechazarían su tarjeta American Express como decían algunas "tarjetas bancarias". American Express dijo que se trataba de una publicidad aclaratoria; VISA la considero marketing "de emboscada": sacar partido de un evento cuyo patrocinio había pagado un competidor.

A continuación se incluyen (en millones de dólares) los recientes gastos de publicidad de las tarjetas de créditos hechos por las principales compañías:

Tarjeta	1990	1991	1992
American Express	$110	$100	$100
MasterCard	49	44	60
VISA	66	60	65
Discover	50	50	50

American Express respondió ante la competencia en dos formas:

- Ampliando sus ofertas al incorporar la tarjeta Optima. Con esta extensión de su línea de productos ofrece, por un pago de $15 dólares anuales, a los tarjetahabientes la característica de crédito revolvente de las tarjeta bancarias (el resto de las personas paga $25 al año). La tasa de interés sobre el saldo fluctúa entre 12% y 18.9%, según la cantidad que se gaste y el registro de pagos del cliente. Desde su introducción en 1987, ha atraído sólo 3.5 millones de tarjetahabientes, cifra mucho menor que los 185 millones de VISA y los 140 millones de MasterCard.
- Ampliación de los lugares donde se acepta la tarjeta. VISA y MasterCard han ampliaron la aceptación de su tarjeta en áreas no tradicionales. Por ejemplo, convencieron a médicos y dentistas a aceptarla y recientemente aumentaron su aceptación en las tiendas de comestibles. Ahora empezaron a entrar en mercados de "operaciones con pequeñas unidades", como los restaurantes de comida rápida, los cines y las tiendas de conveniencia. Ante la disminución de sus tarjetahabientes, American Express trata de aumentar los ingresos haciendo que la tarjeta sea aceptada en más sitios. En palabras de uno de sus ejecutivos "para asegurarse de que la tarjeta sea aceptados en los lugares donde los miembros quieren usarla, American Express creó una fuerza especial de ventas que visita a los más importantes clientes potenciales como Sears, Kmart y Wal-mart.

Gracias a la aceptación de la tarjeta en las tiendas de descuento y otros establecimientos, crecerá la base de detallistas en que se emplea la tarjeta y al mismo tiempo se atraerán nuevos usuarios. Sin embargo, American Express siempre se ha centrado en los mercados de altos ingresos: la clase media y otros sectores de la población más ricos. La pregunta importante es determinar si las ventajas de su nueva táctica compensarán el daño que le causará a su imagen y a su posición en los mercados tradicionales.

PREGUNTAS

1. ¿Qué factores debe incluir la decisión de American Express sobre el tipo del programa de promoción que diseñe para su tarjeta de crédito? Tenga en cuenta los mercados de la compañía: comerciantes y consumidores.
2. ¿Debería American Express recurrir a diferentes mezclas promocionales para dirigirse a los consumidores de mayores ingresos con su tarjeta de viaje y entretenimiento (su posición en los años 70) y entrar en la industria del crédito revolvente (como la hizo con Optima)?

Fuentes: James B. Stewart, "Wild Card", *The New Yorker*, 25 de enero, 1993, pp. 38-45; Leah Nathans Spiro y Mark Lander, "Less-than-Fantastic Plastic", *Business Week*, 9 de noviembre, 1992, pp. 100-101; Rob Wells, "Credit Card Market Becoming Competitive", *South Bend Tribune*, 15 de noviembre, 1992, p. D7; Scott Donaton y Gary Levin, "AmEx Heads Downscale", *Advertising Age*, 12 de octubre, 1992, pp. 1+; Suzanne Woolley, "A Poker-Faced AmEx Plays a New Card Game", *Business Week*, 24 de agosto, pp. 64-65; Allan J. Magrath, "Alternative Strategies To Market Share Battle", *Sales & Marketing Management*, junio de 1992, p. 28; Gary Levin, "AmEx's Olympic Ambush May Goad IOC into Action", *Advertising Age*, 10 de febrero, 1992, p. 2.

CASO 2 IUSATEL

ESTRATEGIA DE PRECIO, PROMOCIÓN Y DISTRIBUCIÓN

En enero de 1994, Matías Searovic, licenciado en Administración con unos 7 años de experiencia como asistente de marketing en la Compañía de Teléfonos de Chile (CTC), fue contratado como gerente de Marketing por la nueva empresa de telecomunicaciones Iusatel, propiedad del consorcio Iusacell (México) y Bell Atlantic (Estados Unidos), que se ha convertido en uno de los nuevos participantes en el mercado de la telefonía de larga distancia en Chile. La principal y gran tarea del licen-

---

Caso preparado por el profesor José I. Rojas Méndez, de la Escuela de Administración de la Universidad de Talca, Chile. Algunos de los hechos y nombres han sido creados por el autor.

ciado Searovic consistía en preparar y presentar la primera etapa del plan estratégico de marketing que permitiera a Iusatel entrar y posicionarse en este mercado recientemente abierto a la libre competencia.

El sistema Multicarrier (MC) comenzó a operar progresivamente en ciertas regiones de Chile desde fines de agosto de 1994, pero Iusatel había decidido hacer su estreno en forma abierta en el mercado chileno a fines del mes de octubre.

Históricamente, CTC controlaba el 95% del mercado de telefonía local y asignaba las cuotas de tráfico a los portadores de las llamadas de larga distancia, mercado que en general era controlado por Entel. La idea de tener un MC, recuerda Matías, se remonta a 1988, cuando se comenzó a plantear la posibilidad de que se diera cabida a todas las empresas que estuvieran dispuestas a invertir en la infraestructura necesaria. CTC dio un gran empuje a la implementación del MC al digitalizar la red de telefonía invirtiendo unos 1500 millones de dólares.

La gran diferencia entre lo que ocurría antes, y el actual sistema MC, es que ahora son los propios usuarios finales quienes eligen su transportador de las llamadas y no las compañías telefónicas locales. Esta modalidad era en sí todo un desafío para Searovic, ya que si bien conocía la industria telefónica, jamás había trabajado en un ambiente de competencia. Ahora los usuarios podían acceder al sistema de MC mediante tres modalidades:

- **Servicio MC discado directo:** Anteponiendo los dígitos que corresponden al carrier seleccionado y hacer la llamada.
- **Servicio MC vía operadora:** A través de una operadora de la empresa escogida, se seleccionan los dígitos del carrier.
- **Servicio MC contratado:** Se suscribe un contrato con un carrier con condiciones y tiempo definido, lo que por antigüedad da derecho a descuentos adicionales a los usuarios. Este contrato no impide discar directamente otro carrier.

Actualmente en el mercado chileno, compuesto por 14 millones de personas y 1 540 000 líneas telefónicas, existen además de Iusatel otras 10 empresas autorizadas para operar como portadoras en las llamadas de larga distancia (más 2 en trámite de obtener la autorización), todas obtuvieron por sorteo un código de operación. Ellas son Entel (123), Chilesat (171), VTR (120), HSI (110), Visat (180), Iusatel (155), Transam (113), Etse (177), Bellsouth (181), CTC Mundo (188) y CNT (121).

Searovic había recolectado información de la industria y había identificado a las 5 más grandes compañías que cubrían este mercado tan competitivo. Estaba seguro que, como producto del análisis de esta información, podría tener una opinión más fundamentada respecto a dónde debería competir Iusatel. Los futuros competidores con sus características y expectativas eran los siguientes:

CTC Mundo. Una empresa filial de CTC. Durante los primeros 4 años de operación del MC, tiene restringida su participación de mercado en la larga distancia nacional e internacional en un porcentaje que varía progresivamente desde un 20% hasta un 55%. En su campaña promocional inicial destaca: *a)* que entre los primeros usuarios que contraten el servicio de larga distancia "Más Mundo", se sortearán todos los días dos premios que consisten en un año gratis de llamadas de larga distancia con tope de 25 dólares mensuales, y *b)* los días domingos y festivos, y los días de semana entre las 22:00 y las 8:00 horas la tarifa en las llamadas de larga distancia tendrá un 50% de descuento. Se espera que CTC Mundo privilegie los contratos con grandes empresas.

BellSouth. Es una de las 5 empresas de telecomunicaciones más grandes a nivel mundial y actualmente se encuentra operando en 18 naciones. Es una subsidiaria de la estadounidense BellSouth. En América Latina opera en Argentina, Uruguay, Venezuela y ahora en Chile, aspira a alcanzar un 20% de participación de mercado en 1996. Durante la primera semana de funcionamiento del MC, anunciaron como oferta especial que todas las llamadas a Estados Unidos tendrían un 60% de descuento. Esto hace pensar que esta empresa tenderá a traficar más hacia el exterior. Su eslogan es "feel the spirit".

Chilesat. Empresa propiedad de Telex Chile, por convenio con CTC durante el último año, antes de entrar en vigencia el MC, cursaba cerca de un 20% de las llamadas de larga distancia. Aspira a un 40% de participación de mercado y está dispuesta a bajar las tarifas tanto como sea necesario para lograr dicha participación. En su campaña promocional destacó: *a)* "Círculo FamiliAmigos" (campaña dirigida al sentimiento de las personas) consistente en inscribir 10 números telefónicos, tanto nacionales como extranjeros, por lo cual el suscriptor tendrá garantizado un descuento del 25% cada vez que llame a ellos. Además, quienes contrataron el servicio antes de la entrada en funcionamiento del MC, disfrutarían de un mes de llamadas de larga distancia gratis (promedio gastado en los 4 primeros meses de uso del MC en llamadas a los teléfonos inscritos en el contrato), y *b)* el teléfono al que más se llamó durante septiembre de 1994, tendría un 51% de descuento en la tarifa. Lo anterior hace pensar que el segmento elegido son los nacionales.

Entel. Tiene unos 30 años operando en larga distancia. Las llamadas internacionales estuvieron históricamente en sus manos y por ello se enorgullece en señalar que es la empresa que posee las mejores ventajas. La empresa no está dispuesta a transar su actual participación de mercado. Entel ofreció en un comienzo rebajas de un 25% en promedio en las llamadas nacionales y 20% en promedio para las internacionales. Actualmente, ofrece un 50% de descuento en todas las llamadas sin restricción de horario. Se espera que Entel tienda a desarrollar mayormente el tráfico nacional como también el mercado de las grandes empresas. Su eslogan es "en multicarrier nadie sabe más".

VTR. También prestaba servicio de larga distancia antes del funcionamiento del multicarrier, con especial énfasis en las tarifas de su servicio. Es la empresa de telecomunicación privada más antigua del país (desde 1926). Entre sus empresas ligadas está Telefónica del Sur que a su vez tiene como filial a CNT, otra de las que participa en el sistema de MC. Aspiran a tener entre un 23 y un 25% del mercado de larga distancia, tanto por servicios contratados como por discado. Esta empresa hace una presentación institucional, destacando en su promoción: *a)* que cobra las llamadas internacionales segundo a segundo y no por minutos como ocurre con la competencia, y *b)* que premiará con descuentos adicionales la permanencia o duración del contrato. Ha definido mercados objetivos de empresas y personas, con cierta mezcla de productos para cada uno.

El negocio de larga distancia en Chile se estima, para 1994, en unos 600 millones de dólares anuales, con una tasa de crecimiento en los últimos años de entre 20 y 25% anual. El plan de marketing para el lanzamiento en octubre del servicio de Iusatel en larga distancia, se vería fuertemente afectado por lo que ya hubiera hecho la competencia. En consecuencia, la inversión publicitaria no se había hecho esperar. En 1993 las empresas que ya habían decidido operar en el MC, invirtieron en publicidad más de 9 millones de dólares. Y en los primeros 7 meses de 1994, ya habían destinado más de 25 millones de dólares a publicidad con la siguiente distribución: Chilesat 25%, VTR 19%, CTC 30%, Entel 17%, BellSouth 6% y otras 3%.

Las primeras informaciones indicaban que después de algunas semanas de operación del MC y aún faltando por incorporarse al sistema la gran zona metropolitana de Santiago, las participaciones de mercado a nivel nacional eran como sigue: Entel 30%, Chilesat y CTC Mundo 21% cada una, VTR 17% y otras 11%.

El licenciado Searovic debía exponer la primera parte de su plan al gerente general de Iusatel, quien en definitiva daría el visto bueno para la implementación, estaba consciente que su carrera futura en esta empresa dependía en gran medida de la calidad profesional de esta primera propuesta que, de ser exitosa, daría lugar a la definición estratégica de precio, promoción y distribución. Entre otros aspectos, Searovic debía presentar una proposición concreta respecto de la estrategia de cobertura de mercado, microsegmentación y definición del mercado objetivo como también un esbozo del tipo de producto a ofrecer.

PREGUNTA

¿Cuál es su sugerencia con respecto a esta primera etapa del plan de marketing para el lanzamiento del servicio de Iusatel? Fundamente su respuesta.

CASO 3 *Publicidad*

¿REFLEJO O CREADOR DE LOS VALORES DE LA SOCIEDAD?

El consumidor estadounidense común ve la televisión 30 horas a la semana. A lo largo de un año, también escucha 1200 horas de radio, dedica 180 horas a leer el periódico y 110 a leer revistas. Por supuesto, todos esos medios masivos contienen publicidad que reciben el espectador, el oyente o el lector. Otro medio de presentar los mensajes publicitarios al público son los espectaculares, el correo, los autobuses, los taxis y los ferrocarriles subterráneos. Hay quien dice que los anuncios se encuentran por doquiera. De hecho, en Estados Unidos un consumidor verá u oirá más de 7 millones de anuncios en su vida.

La finalidad de la publicidad realizada por empresas lucrativas es vender sus productos. Esta meta se alcanza informando, persuadiendo y recordando los productos a los clientes reales y posibles. Muchos ponen en tela de juicio lo que intenta hacer la publicidad y la forma en que lo hace. Prácticamente desde que nació la publicidad no ha dejado de discutirse su impacto en la sociedad.

Una categoría de críticas es de índole económica. La principal cuestión se refiere a los efectos que la publicidad tiene en la competencia y en los precios. Por lo que respecta a la competencia, los críticos afirman que la enorme publicidad de las grandes compañías acaba por abrumar a los competidores más pequeños. Por medio de ella captan la atención del público y así impiden que se fije en empresas nuevas o pequeñas. De ser cierto esa acusación, la publicidad sería una especie de barrera que les impide a éstas entrar en el mercado, limitando la competencia en detrimento del público consumidor. El argumento contrario sostiene que los consumidores no son tan ingenuos como para aceptar las marcas muy publicitadas que no satisfacen sus necesidades. La publicidad puede lograr que la gente pruebe un producto una vez, pero si no quedan satisfechos con él buscarán otra alternativa la siguiente vez que surja la necesidad.

El otro gran argumento de índole económica se refiere al efecto que la publicidad tiene en los precios. Claro que se carga al precio de los productos. Conforme a este argumento, los productos publicitados cuestan más. Debe determinarse si el costo adicional se justifica por los beneficios reportados por la publicidad. Habrá pocos que nieguen la función informativa de la publicidad: saber dónde y cuándo está disponible un producto, conocer su precio y sus características mediante la publicidad les ahorra a los consumidores mucho tiempo y esfuerzo.

Sin embargo, los críticos señalan que el propósito de gran parte de la publicidad no es informar sino persuadir. Según ellos, no haría otra cosa que alternar la demanda entre marcas que son esencialmente iguales y aumentar de ese modo el costo total de los productos. El argumento contrario sostiene que la publicidad en realidad da por resultado la reducción de los precios. Si logra acrecentar el mercado de un producto haciendo que más gente lo compre, las empresas estarán en condiciones de producir mayores cantidades y lograr economías de escala que redundan en costos unitarios más bajos. Estos ahorros se transmiten luego al público por medio de menores precios.

Los partidarios y los críticos de la publicidad pueden aducir casos concretos para defender su posición. De ahí que no haya una respuesta clara y generalizable a la pregunta de si la publicidad siempre tiene un impacto positivo o negativo.

Una cuestión aún más difícil de dilucidar es la función social de la publicidad. Aun cuando favorezca el bienestar económico, no faltan quienes piensen que ocasiona efectos socialmente indeseables. A continuación se describen algunas de las críticas:

- La publicidad favorece el materialismo. Como se mencionó en páginas anteriores, su objetivo fundamental consiste en crear una venta. En consecuencia, por su propia naturaleza se centran en intereses materiales. Esto lo logra transmitiendo el mensaje de que el consumo de bienes y servicios resuelve problemas y da la felicidad. Los críticos afirman que la publicidad no se limita a vender bienes y servicios, pues además moldea también valores. Como presenta con tanta frecuencia mensajes materialistas en forma profesional y convincente, la gente llega a aceptarlos como norma o criterio del comportamiento. Y así juzga su valor personal y el de los otros por lo que poseen.
- La publicidad es intrusiva. Para que un anuncio surta efecto, antes debe captar la atención. Así pues, una de sus características consiste en que interrumpe lo que estemos haciendo. Algunos críticos se quejan de que resulta prácticamente imposible escapar a ella. No sólo se encuentra en los medios, también aparece impresa en la ropa, la vemos pegada en los sanitarios públicos, la reciben los usuarios del teléfono mientras aguardan que entre su llamada, se incluye en los videotapes, está en los tableros de las competencias deportivas y la hallamos en todos los sitios donde los anunciantes creen que el público la verá o escuchará.
- En opinión de algunos, la publicidad es tanta que la gente se ha vuelto inmune a sus mensajes. Dado que siempre está presente en una u otra forma, aprendemos a ignorarla. Otros sostienen que es tan excesiva que los consumidores no la ponen en tela de duda. Simplemente se limitan a aceptarla en forma pasiva junto con el mensaje que comunica. ¿De qué otra manera, se pregunta, los *jingles* (anuncios comerciales cantados), eslogans y frases de venta penetran en nuestra cabeza sin que hagamos un esfuerzo consciente?
- La publicidad es manipuladora. La eficacia de muchos anuncios se basa en su capacidad para provocar una respuesta emocional. Esta puede ser una emoción positiva: generosidad, afecto, patriotismo, seguridad o sociabilidad. Pero a menudo la publicidad explota las ansiedades y temores de la gente, así como el lado más oscuro de su personalidad. La desconfianza en sí mismo, la inseguridad, la envidia, el rechazo, la avaricia y la sensualidad son muchas veces el centro de los mensajes. Un estilo de vida autocomplaciente se racionaliza con eslogans sobre el hecho de haberse ganado premios y satisfacciones por medio de un duro trabajo ("Merece una buena diversión hoy") o por el simple hecho de estar vivo ("Sólo se vive una vez").
- La publicidad crea imágenes irrealistas. En la publicidad la imagen del hombre o de la mujer ideal se basa en el aspec-

to físico y en la condición social. Estos mensajes crean estereotipos simplistas de lo que se necesita para ser feliz y tener éxito en la vida. Y así los consumidores se forman criterios superficiales para evaluarse ellos mismo y a los demás.
- La publicidad utiliza el mal gusto y contribuye a deteriorar las normas de decencia. En la publicidad, nada es sagrado ni privado. Prácticamente cualquier función orgánica, malestar físico o aspecto de la higiene es buen tema para ser descrito y expuesto en forma gráfica. La utilización de temas e insinuaciones sexuales, de poses provocativas y de modelos con poca ropa para captar la atención y hacer que los productos parezcan deseables rebasa con frecuencia los límites del buen gusto.
- La publicidad explota la ingenuidad de los niños. Los anunciantes saben que los niños influyen en muchas de las compras de sus padres y también que gastan mucho dinero. Por ello, tratan de aprovechar la falta de madurez de los niños para estimular el consumo desenfrenado de alimentos poco nutritivos ("chatarra"), exageran el placer que procuran los juguetes y otros productos y crean valores materialistas.
- La publicidad favorece la desconfianza y el cinismo. En términos legales —e incluso desde el punto de vista legal—, se acepta que la publicidad puede caer en el bombo. Esta es una forma elegante de decir que a los anunciantes se les permite exagerar las cosas. El resultado es que, con los años, ello ha creado en el público una gran tolerancia ante las deformaciones y el engaño. Los críticos llegan a la siguiente conclusión: si la publicidad puede transmitir medias verdades y afirmaciones engañosas, ¿por qué no debería aceptarse eso mismo en toda clase de comunicación? Y de ser así, todos tenemos que desconfiar de los comunicadores, sin importar su posición o estatus.

El argumento contrario a estas críticas establece que la publicidad tiene por objeto vender productos, no moldear los valores de la sociedad. La publicidad dará resultado sólo si la audiencia la acepta, y esto sucederá a condición de que refleje las normas y creencias de la sociedad. Si presenta imágenes contrarias a los valores, será rechazada junto con el problema que vende. En conclusión, la publicidad es un reflejo de la sociedad para bien o para mal.

PREGUNTAS

1. ¿Cuál debería ser la función de la publicidad en una economía de empresa libre?
2. ¿Son legítimas las inquietudes expresadas por los críticos respecto a la publicidad?
3. ¿Qué debería hacerse para responder a estas críticas?

Fuentes: Richard W. Pollay, "The Distorted Mirror: Reflections on the Unintended Consequences of Advertising", *Journal of Marketing*, abril de 1986, pp. 18-36; Morris B. Holbrook, "Mirror, Mirror, on the Wall, What's Unfair in the Reflections on Advertising?", *Journal of Marketing*, julio de 1987, pp. 95-103; Richard W. Pollay, "On the Value of Reflections on the Values in 'The Distorted Mirror'", *Journal of Marketing*, julio de 1987, pp. 104-110; William L. Wilkie, *Consumer Behavior*, 2a. ed., John Wiley, Nueva York, 1991, pp. 545-552.

PARTE SIETE

Marketing en campos especiales

Los programas de los profesionales del marketing que trabajan en empresas lucrativas y no lucrativas y de las compañías que venden sus productos en el mercado internacional

En esta parte trataremos de dos campos especiales del marketing: en el capítulo 19, del marketing de servicios en contraste con los bienes tangibles y, en el capítulo 20, del marketing internacional (el marketing de bienes y servicios en el mercado internacional).

En el capítulo 19 se explican dos categorías de empresas de servicios. La primera abarca organizaciones cuya meta es obtener una ganancia, es decir, su meta es obtener utilidades. La segunda incluye instituciones donde la utilidad *no* es la meta, o sea que no están orientadas al lucro. Ambos tipos de empresas se explican en el mismo capítulo, porque la mayor parte de las no lucrativas venden servicios en lugar de bienes.

La planeación estratégica de marketing de estos campos especiales es básicamente la misma que describimos en el capítulo 3 y que se ha ido exponiendo a lo largo del libro. Sin embargo, su realización a menudo es muy diferente de la que se observa en las empresas nacionales de bienes tangibles. Esas diferencias, aunadas a la extraordinaria importancia de los servicios y de las empresas internacionales en la sociedad y economía modernas, hacen que estos dos capítulos sean esenciales en el estudio del marketing.

CAPÍTULO 19

Marketing de servicios en empresas lucrativas y no lucrativas

¿Está ROBERT PLAN en el camino correcto en la venta de seguros de automóviles?

En la sección Flushing de Queens, de Nueva York, casi cada hora se roban un automóvil. En Newark, Nueva Jersey, anualmente se roban uno de cada veinte automóviles. ¿Por qué, entonces, a una compañía podría interesarle vender seguros de automóviles a sus dueños? Pero algunas compañías (Robert Plan Corporation de Lynbrook, de Nueva York, e Integon Corporation de Winston-Salem, de Carolina del Norte, por citar sólo dos ejemplos) venden seguros en esos mercados. Y al hacerlo hacen buenos negocios y, algunas veces, también enemigos, en un mercado de alto riesgo donde la mayor parte de las aseguradoras no entran.

Para entender bien esta situación comenzaremos por apuntar algunos antecedentes. Primero, y fundamentalmente, en caso de accidente las pólizas de seguros de automóviles cubren la responsabilidad civil por daño a terceros y en propiedad ajena; también, las reclamaciones por robo, incendio y vandalismo. Para la generalidad de las compañías, asegurar los automóviles en el momento actual es un negocio muy riesgoso, costoso y poco rentable. En los últimos años los robos de auto, los elevadísimos costos de las reparaciones y exorbitantes gastos médicos han hecho del seguro de automóviles uno de los segmentos menos atractivos de la industria de seguros. Por ejemplo, en 1991 más de 1.6 millones de automóviles fueron robados en Estados Unidos, cifra que representa un incremento del 32% en 10 años. Más aún, en muchos estados no permiten aumentos de las primas de seguros de automóvil. El gobierno de California incluso está tratando de obligar a las aseguradoras a reducir sus primas.

En un ambiente tan negativo, los márgenes brutos de utilidad se redujeron tanto en algunas grandes empresas que éstas disminuyeron la escala de sus operaciones en algunos estados y se retiraron de otros. Así, Aetna Life y Casualty Insurance Company ya no venden seguros de automóvil en muchos estados. Y Allstate Insurance Company se retiró de Nueva Jersey en 1991, alegando que ya no era rentable trabajar allí.

Por otra parte, pocas compañías como Robert Plan e Integon han aprendido a operar rentablemente en los segmentos más riesgosos del mercado de los seguros de automóvil. Se concentran en personas que las otras tratan de evitar: conductores con malos antecedentes de manejo, baja clasificación de crédito, antecedentes laborales negativos y que viven en zonas peligrosas del centro de la ciudad donde frecuentemente se roban los automóviles.[1]

¿Cómo pueden dos compañías como Robert Plan e Integon obtener magníficas utilidades en mercados de alto riesgo donde sufren pérdidas empresas como Aetna y Allstate?

Las compañías del caso con que se inicia el capítulo venden un servicio: el seguro de automóviles. Casi todas las aseguradoras, en especial las de seguros de vida, comprendieron desde hace mucho la importancia del marketing y en general realizan una buena labor mercadológica. Por desgracia, no sucede lo mismo en todas las industrias de servicios: en muchas de ellas el marketing es una actividad empresarial nueva o poco conocida y, algunas veces, se le respeta poco.

Sin embargo, en los años 90 se ha ido comprobando que las empresas de servicios deben orientarse más al mercado si quieren sobrevivir. En el presente capítulo junto con las organizaciones lucrativas incluimos las no lucrativas en la exposición sobre el marketing de servicios. La mayor parte de estas últimas comercializan servicios más que bienes. Los bienes que vende una empresa de servicios (por ejemplo, las reproducciones de famosas pinturas que se venden en un museo de arte) suelen estar subordinados a su misión principal: prestar servicios.

Después de estudiar este capítulo, usted deberá ser capaz de explicar:

OBJETIVOS DEL CAPÍTULO

- Lo que son y lo que no son los servicios.
- La importancia de los servicios en la economía moderna.
- Las características de los servicios y sus implicaciones en el marketing.
- Las actitudes de las empresas de servicios, tanto lucrativas como no lucrativas, ante el marketing.
- El concepto de mercados de donadores y mercados de clientes en las empresas no lucrativas.
- Planeación de la mezcla de marketing para el marketing de servicios.
- El futuro del marketing de servicios.

NATURALEZA E IMPORTANCIA DE LOS SERVICIOS

En teoría, los servicios se venden de la misma manera que los bienes tangibles. Y en las empresas de servicios no lucrativas el marketing es fundamentalmente el mismo que en las lucrativas. Lo que aquí deseamos señalar es que, sin importar si se trata de bienes o servicios, de empresas lucrativas o no lucrativas, la compañía debería ante todo seleccionar y analizar sus mercados metas. Después conviene que diseñe un programa basado en su mezcla de marketing: los bienes o servicios, la estructura de precios, el sistema de distribución y las actividades promocionales.

En la práctica, las características que distinguen los bienes y servicios dan origen a diversos programas de marketing. Las estrategias y tácticas que se emplean en el marketing de productos no son adecuadas para el marketing de servicios.

FIGURA 19-1

Continuo de bienes y servicios.

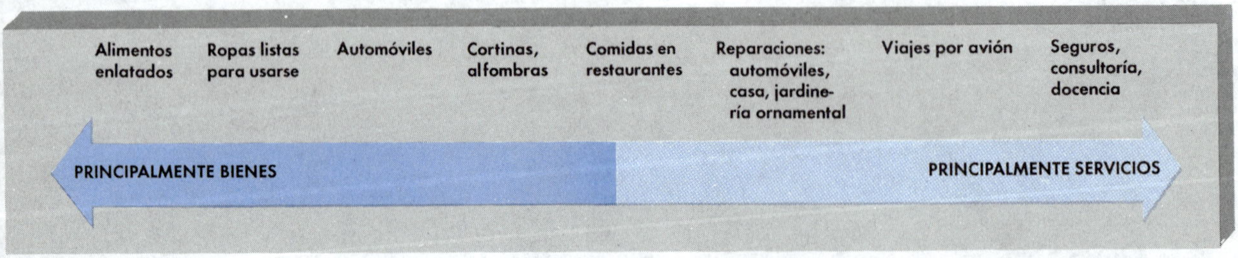

| Alimentos enlatados | Ropas listas para usarse | Automóviles | Cortinas, alfombras | Comidas en restaurantes | Reparaciones: automóviles, casa, jardinería ornamental | Viajes por avión | Seguros, consultoría, docencia |

◄ PRINCIPALMENTE BIENES — PRINCIPALMENTE SERVICIOS ►

En la mayor parte del marketing de servicios se manejan algunos bienes.

Definición de servicios

¿Qué se entiende por "servicio"? El término es difícil de definir, porque invariablemente los servicios se venden junto con bienes tangibles. Los servicios quieren bienes de soporte (se necesita un avión para dar el servicio de transporte aéreo) y los bienes requieren servicios de apoyo (para vender una camisa o una lata de frijoles se necesita al menos el servicio de la cajera). Más aún, una compañía puede vender una combinación de bienes y servicios. Así, uno podría comprar bujías o un filtro de aceite junto con el servicio de reparación. Tal vez convenga concebir todo producto como una mezcla de bienes y servicios situados sobre un continuo que va desde lo que son netamente servicios a lo que son netamente bienes, como se aprecia en la figura 19-1.

Para dar una definición útil, identificamos dos clases de servicios. A la primera pertenecen los servicios que son el *objeto o propósito básico de una transacción*. Supongamos que rentamos un automóvil de Avis. Esta compañía necesita un automóvil (un bien tangible) para dar el servicio de alquiler. Pero no estamos comprando el automóvil, sino su alquiler. A la segunda clase pertenecen los *bienes complementarios* que apoyan o facilitan la venta de un bien o de otro servicio. Así, cuando compramos una reproductora de discos compactos, tal vez deseemos información técnica (un servicio) de un vendedor o la oportunidad de pagar con una tarjeta de crédito (otro servicio).

Así pues, esta es nuestra definición: los **servicios** son actividades identificables e intangibles que constituyen el objeto principal de una transacción cuyo fin es satisfacer las necesidades o deseos del cliente. Con esta definición excluimos los servicios complementarios que apoyan la venta de bienes o de otros servicios.

Tipos de servicios

La amplia gama de servicios que venden las empresas lucrativas aparecen en la siguiente **clasificación de servicios** por industria:

- **Vivienda:** alquiler de hoteles, moteles, departamentos, casas y granjas.
- **Cuidado de la casa:** servicios públicos, reparaciones de la casa, reparaciones de equipo casero, jardinería y limpieza.
- **Recreación y entretenimiento:** alquiler y reparación del equipo con que se participa en las actividades recreativas y de entretenimiento; también ingreso a los eventos recreativos, de entretenimiento y de esparcimiento.
- **Cuidado de la persona:** lavandería, tintorería y cuidado de la belleza.
- **Atención médica y otro tipo de atención médica**: todos los servicios médicos, dentales, de enfermería, hospitalización, optometría y otros servicios conexos.
- **Educación privada:** escuelas vocacionales, guarderías, algunos programas de educación continua.
- **Servicios empresariales y otros servicios profesionales**: legales, contabilidad y consultoría gerencial.
- **Seguros, servicios bancarios y otros servicios financieros:** seguros personales y de negocios, crédito y servicio financiero, asesoría de inversión.
- **Transporte:** servicio de flete y de pasajeros en transportes comunes, reparaciones automotrices y alquiler de automóviles, entrega rápida de paquetería.
- **Comunicación:** servicio de teléfono, fax, computadora y copiado.

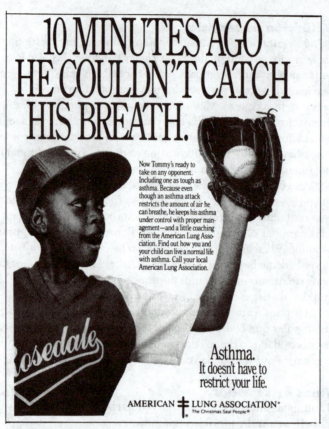

Hoy muchas organizaciones no lucrativas llevan a cabo muchas actividades de marketing.

No hemos intentado subdividir estos grupos en servicios industriales y de consumidores, tal como lo hicimos en el caso de los bienes. De hecho, ambos grupos de mercados compran la mayor parte de estos servicios.

El campo de los servicios se amplía considerablemente cuando agregamos la siguiente **clasificación de empresas no lucrativas.** Hay miles de organizaciones donde la utilidad monetaria *no* es la meta operacional. En conjunto se dedican a un gran número de actividades:

- **Educativas:** escuelas primarias privadas, escuelas de enseñanza media, universidades.
- **Culturales:** museos, zoológicos, orquestas sinfónicas, grupos de ópera y teatro.
- **Religiosas:** iglesias, sinagogas, templos, mezquitas.
- **Caritativas y filantrópicas:** grupos de asistencia social (Ejército de Salvación, United Fund, Cruz Roja), fundaciones para la investigación y grupos recaudadores de fondos.
- **Causas sociales:** organizaciones para la planificación familiar, de derechos civiles, para dejar de fumar, de prevención de enfermedades cardiacas, ecologistas, las que luchan en pro o en contra del aborto, las que luchan en favor o en contra de la energía nuclear.
- **Sociales:** asociaciones fraternales, clubes cívicos.

- **Atención médica:** hospitales, asilos, organizaciones de investigación médica (American Cancer Society, American Heart Association), asociaciones para la conservación de la salud.
- **Políticas:** partidos políticos, políticos individuales.

El lector notará que en las dos listas hay puntos comunes. Por ejemplo, la instrucción particular aparece en ambas, porque algunas instituciones educativas son de lucro y otras no. Asimismo, algunos museos y hospitales son empresas no lucrativas, pero hay algunos de carácter lucrativo.

Finalmente, el campo de los servicios crece de modo considerable, si incluimos en él los servicios gubernamentales que se encuentran en varias categorías de la lista anterior. Sin embargo, exceptuados unos cuantos ejemplos, la gama de los servicios que presta el gobierno es demasiado amplia como para ser expuesta en el presente capítulo.

Importancia de los servicios

Estados Unidos ya superó la etapa económica en que producir los bienes es la actividad principal, para convertirse en la primera economía de servicios de todo el mundo. Más de tres cuartas partes de los trabajadores no agrícolas laboran en las industrias de servicios que generan más de dos terceras partes del producto interno bruto. El U.S. Department of Labor predijo que, entre 1986 y el año 2000, se crearán más de 21 millones de empleos, correspondiendo el 90% de ellos a estas industrias.

Más aún, la mayor parte de un crecimiento tan impresionante en los empleos relacionados con los servicios *no* corresponde a trabajos de baja remuneración, hecho que contradice las creencias de muchos economistas, líderes empresariales y sindicales y políticos. Durante varios años la categoría ocupacional de más rápido crecimiento ha sido "el trabajo profesional, técnico y conexo". Los empleados perciben sueldos por encima del nivel promedio, y casi todos ellos se encuentran en las industrias de servicios.[2]

Los consumidores destinan a los servicios cerca de la mitad de sus gastos. Según las proyecciones para el año 2000, los servicios atraerán una proporción todavía mayor de ellos. El auge de la economía de servicios tiene una limitación: los precios de casi todos los servicios han ido creciendo a un ritmo mucho mayor que los de los productos tangibles. Seguramente el lector se habrá percatado de ello, cuando ha llevado a reparar su automóvil, su televisor o cuando le ha pagado al médico o al hospital.

Cuando decimos que los servicios representan aproximadamente la mitad de los *gastos del consumidor*, no les damos a los servicios su verdadera importancia económica. En estas cifras no se incluyen las enormes cantidades destinadas a los *servicios industriales*. Todo parece indicar que esa inversión ha crecido con mayor rapidez que los costos de los servicios al consumidor. El mercado de los servicios industriales presenta un gran auge, a medida que las empresas han ido volviéndose más complejas, especializadas y competitivas. En consecuencia, los directivos se han visto obligados a contratar los servicios de los expertos en investigación, impuestos, publicidad, relaciones laborales y muchas otras áreas.

Importancia del marketing no lucrativo

Finalmente se presta al marketing la atención que desde hace mucho merecía. Este tipo de empresas manejan millones de dólares e influyen en una gran multitud de personas. A menudo sus operaciones son ineficientes. Las camas y aulas vacías de hospitales y escuelas constituyen un desperdicio de recursos que ya no podemos seguir sosteniendo. Muchas veces gran parte del dinero recaudado por las organizaciones sin fines lucrativos sirve para pagar gastos administrativos y no para atender los mercados meta. Se desperdician así los donativos y a los clientes no se les da un servicio eficiente.

Cuando esta clase de empresas no realizan un buen trabajo de marketing, se incurre en costos adicionales de carácter socioeconómico. Todos perdemos si la mortalidad por tabaquismo aumenta, porque la American Cancer Society y asociaciones similares no logran convencer al público del daño que les causa el hábito de fumar. Y lo mismo sucede cuando las organizaciones contra la basura tratan en vano de convencer a la gente de que controle la eliminación de desperdicios sólidos.

Características de los servicios

Los servicios tienen varias características distintivas, que originan retos y oportunidades especiales de marketing.

Intangibilidad. Por ser intangibles, es imposible que los clientes prueben un servicio (gustándolo, sintiéndolo, oyéndolo u oliéndolo) antes de comprarlo. En consecuencia, un programa promocional deberá presentar los *beneficios* que se obtendrán en lugar de destacar el servicio propiamente dicho. Pueden emplearse cuatro estrategias promocionales para indicar los beneficios, a saber:[3]

- **Visualización.** Por ejemplo, Carnival Cruise Lines describe los beneficios de sus cruceros con anuncios donde aparecen personas bailando, cenando, participando en juegos de cubierta y visitando sitios exóticos.
- **Asociación.** Se conecta el servicio con un bien, persona, objeto o lugar tangibles. Qantas, línea aérea australiana, utiliza un pequeño oso en la publicidad para proyectar una imagen agradable y amistosa de Australia. Prudential Insurance sugiere estabilidad y seguridad con su anuncio Rock of Gibraltar, General Motors se sirve de Mr. Goodwrench para crear confianza en su servicio de reparaciones automotrices.
- **Representación física.** American Express utiliza el color (dorado o platino) en sus tarjetas de crédito para simbolizar la riqueza y el prestigio. Las cadenas de comida rápida, las compañías telefónicas y muchas otras empresas hacen que sus representantes de servicios vistan uniformes limpios y especiales para subrayar la visibilidad, pulcritud y confiabilidad.
- **Uso de estadísticas.** Northwest y otras líneas áreas incluyen hechos y datos en sus anuncios para corroborar las afirmaciones de confiabilidad, calidad de su servicio, la atención esmerada al pasajero y la seguridad.[4]

Inseparabilidad. Los servicios rara vez pueden separarse de su creador-vendedor. Más aún, muchos se crean, se dan y se consumen al mismo tiempo. Por ejemplo, los dentistas crean y prestan la mayor parte de sus servicios al mismo tiempo, y requieren la presencia del consumidor de ellos. La inseparabilidad significa que muchas personas participan simultáneamente en la producción y en el marketing de las empresas de servicios. Por su parte, los clientes reciben y consumen los servicios en el sitio donde se genera: la "fábrica" de la compañía por así decirlo. En consecuencia, las opiniones del público respecto al servicio se realizan frecuentemente por el contacto con el personal de producción-marketing y por la impresión que causa el ambiente físico de la "fábrica".

Desde el punto de vista del marketing, la inseparabilidad significa que la venta directa es el único canal posible de distribución y que los servicios de una empresa no pueden venderse en muchos mercados. Esta característica limita la escala de sus operaciones. Un individuo puede reparar diariamente un número determinado de automóviles o bien atender a cierto número de pacientes.

Una excepción de esta característica es que puede vender los servicios un representante del creador-vendedor. Así, un agente viajero, un corredor de seguros o un agente de arrendamiento pueden representar y promover servicios que venderá la institución que los produce.

Heterogeneidad. Es imposible que una industria de servicios, e incluso una compañía individual, puedan estandarizar la producción. Cada "unidad" del servicio es de alguna manera distinta a las otras "unidades" del mismo servicio. Delta Airlines, por ejemplo, no da la misma calidad de servicio en todos sus vuelos. Ni las interpretaciones de una orquesta sinfónica ni los cortes de pelo son todos de la misma calidad. Una complicación adicional consiste en que a menudo resulta difícil juzgar la calidad del servicio, como cuando se acude al médico o se recibe un consejo de un sacerdote o ministro. (Por supuesto, lo mismo podemos decir de algunos bienes que adquirimos.) Es particularmente difícil pronosticar la calidad antes de realizar la compra de algunos servicios. Cuando se compra un boleto para asistir a un partido de los Cachorros de Chicago o de los Lakers de Los Ángeles, no se sabe si será un juego interesante o aburrido.

Por eso, las empresas de servicios deberían prestar mucha atención a la etapa de los programas de marketing correspondiente a la planeación del producto. Desde un principio los gerentes harán lo posible por garantizar la uniformidad de la calidad y mantener altos niveles de control de calidad. Hablaremos de la calidad del servicio más adelante en este mismo capítulo.

Carácter perecedero y fluctuante de la demanda. Los servicios son muy perecederos y además no pueden almacenarse. El tiempo ocioso del teléfono, los asientos vacíos de un estudio y los mecánicos sin trabajo en un taller representan negocios perdidos irremisiblemente. Más aún, el mercado de los servicios fluctúa muchísimo según la temporada, el día de la semana o la hora. Muchos teleféricos para esquiadores permanecen vacíos todo el verano, mientras que en muchas regiones los campos de golf no se usan en el invierno. La utilización de los autobuses urbanos presenta grandes oscilaciones durante el día.

Esta generalización del carácter perecedero y almacenamiento de los servicios admite excepciones. Así, en los seguros de vida y de gastos médicos una persona o una compañía compran el servicio. Después la compañía (el vendedor) lo mantiene hasta que el comprador o el beneficiario lo necesiten. Esta retención constituye un tipo de almacenamiento.

La combinación del carácter perecedero y fluctuante de la demanda plantea retos a los ejecutivos de servicios en la planeación del producto, la fijación de precios y la promoción. Algunas compañías han ideado nuevas aplicaciones para la capacidad ociosa de las plantas en épocas fuera de temporada. Durante el verano, en los lugares para esquiar los teleféricos transportan a alpinistas y personas que desean admirar el panorama. También recurren a la publicidad y a precios creativos con el fin de estimular la demanda en tiempos de poca demanda. Marriott Hotels ofrece tarifas más bajas y paquetes familiares en los fines de semana. AT&T cobra menos por las llamadas de larga distancia durante las noches y los fines de semana.

ACTITUDES DE LAS EMPRESAS DE SERVICIOS HACIA EL MARKETING

El crecimiento de los servicios *no* se debe al conocimiento del marketing entre este tipo de compañías. Más bien se debe al desarrollo de la economía y al mejoramiento del nivel de vida en la sociedad moderna. Es interesante investigar el origen de los cambios en las actitudes que tienen ante el marketing. Dichos cambios han ocurrido en muchas compañías durante los últimos 10-15 años. A otras todavía les queda un largo camino por recorrer si quieren poner en práctica una orientación hacia el marketing.

En años anteriores

Tradicionalmente las industrias de servicios, tanto las lucrativas como las no lucrativas, no han mostrado una orientación hacia el mercado. Se rezagaron respecto a las empresas de bienes al aceptar el concepto del marketing y han adoptado estas técnicas con mucha lentitud.

Hay varias razones que explican su actitud. En muchas industrias, sobre todo en los servicios profesionales, los que los prestan se consideran como productores o creadores del servicio, no como sus vendedores. Orgullosos de su habilidad para reparar un automóvil, diagnosticar una enfermedad o hacer un buen corte de pelo, piensan que no son hombres de negocios. Los altos directivos de muchas de estas compañías no han entendido 1) lo que es el marketing o 2) cómo contribuyen al éxito de ellas. La mayor parte de las empresas de servicios no cuentan con un ejecutivo encargado exclusivamente del marketing, puesto equivalente al de vicepresidente de marketing en una compañía productora de bienes.

A la generalidad de las empresas *sin fines de lucro* les incomodaba la idea del marketing. Para ellas esta actividad equivalía a la publicidad o la venta personal; no comprendían cabalmente el concepto de un programa global de marketing. El problema fundamental era que la mayor parte de estos grupos no creían que dirigían un negocio. Por ello no utilizaban muchas técnicas empresariales, entre ellas la del marketing.

Quizá la elección de los términos sea un elemento decisivo. El cuerpo directivo de una iglesia, por ejemplo, no se opondrá a insertar "avisos informativos" (no los llame "publicidad") en los periódicos o en las páginas de la sección amarilla sobre las actividades litúrgicas. Cuando los miembros de una iglesia se dirigen a un país extranjero para convertir a otros pueblos, las iglesias no se refieren a esta actividad como "venta personal", sino como "labor misionera".

Sin embargo, como queremos ser objetivos al enjuiciar algunas industrias de servicios, hemos de reconocer que algunos factores externos favorecieron el descuido del marketing. Antes de los años 80, en Estados Unidos había grandes industrias de servicios agobiadas por muchas normas de los gobiernos federal y estatal y de las asociaciones profesionales. Así, los servicios bancarios y los tipos más importantes de transporte interestatal tenían fuertes restricciones en sus actividades mercadológicas como fijación de precios, distribución, expansión del mercado y lanzamiento de productos. En el campo legal, contable y del cuidado de la salud, las leyes estatales y las regulaciones de las sociedades de profesionistas les prohibían a sus miembros participar en la publicidad, la competencia de precios y otras actividades de carácter mercadológico.

La actual situación cambiante

Durante los últimos años, en Estados Unidos el marketing en las industrias de servicios, tanto en las empresas lucrativas como en las no lucrativas, ha cambiado de manera importante. Las protestas de los consumidores, las nuevas leyes y las decisiones de los tribunales han venido a anular muchas de las restricciones que el gobierno y las asociaciones profesionales imponían al marketing en algunas industrias. Esos cambios, aunados a una mayor competencia y a una economía deprimida, hicieron que cada vez se reconozcan más y mejor los retos y oportunidades de las industrias de servicios en general. Por ejemplo, la industria bancaria ha establecido un Bank Marketing School, un programa de desarrollo para ejecutivos. Se creó la National Association of Law Firm Marketing para ayudar a los abogados en la comercialización de sus servicios.[5] Algunas universidades (Arizona State y Florida Atlantic, entre otras) han fundado centros del marketing de servicios, financiados por la industria privada. El éxito que a lo largo de los años han tenido compañías como Marriott, Club Med, Avis y Federal Express en gran medida se debe a su orientación hacia el marketing.

Las empresas no lucrativas han introducido más lentamente en sus actividades las técnicas de la administración moderna. Pero las cambiantes condiciones de la economía las obligaron a reconocer la necesidad de dirigir y comercializar más eficazmente sus operaciones. Han sufrido reducciones de la ayuda federal, los cambios fiscales que desalientan los donativos y una notable disminución en las contribuciones de las compañías. Además, compite por los fondos una nueva generación de causas sociales: SIDA, enfermedad de Alzheimer, maltrato del niño y conducción en estado de embriaguez. Como lo señaló el presidente de la National Easter Seal Society: "Ya no es suficiente comprometerse con una causa. También hay que ser muy profesional, pues de lo contrario uno se queda fuera del negocio."

Por eso, muchas instituciones sin fines de lucro han comenzado a adoptar las técnicas de la administración moderna, entre ellas el marketing con su orientación al cliente. A continuación se da una lista de organizaciones con gerentes de gran calidad en varios campos de las organizaciones no lucrativas:[6]

- **Servicio social:** Girl Scouts of America; Easter Seal Society.
- **Cultura:** National Gallery of Art (Washington, D.C.); Lyric Opera (Chicago).
- **Educación:** Las universidades de Harvard, Brown y Cornell.
- **Atención médica:** Johns Hopkins; Baylor.

Por lo demás, muchas de estas organizaciones no muestran mucho entusiasmo por el marketing. Pero su actitud hacia él sigue mejorando. Cada día son más los grupos que reconocen la necesidad de contar con buenos programas de marketing.[7]

PERSPECTIVA INTERNACIONAL

¿CÓMO SE SUPERAN LAS BARRERAS COMERCIALES EN EL MARKETING INTERNACIONAL DE SERVICIOS?

Antaño la explicación de las barreras internacionales se centraba casi exclusivamente en los bienes tangibles. Ya no es así. Cierto que se expresan preocupaciones por el comercio de los productos agrícolas y las manufacturas cuando se habla del GATT. Sin embargo, hoy estas discusiones se refieren también al comercio internacional de servicios.

Ello se ha vuelto inevitable, porque los servicios afrontan más barreras en el comercio internacional que los bienes. Existen dos clases de barreras: las arancelarias y las de otra índole. Las primeras son relativamente simples y transparentes. En cambio, las segundas a menudo representan un problema más grave para los ejecutivos del marketing internacional, a causa de su naturaleza indirecta y compleja. A continuación se dan algunos ejemplos de este tipo de barreras:

- **"Compre los productos nacionales."** El gobierno estadounidense compra servicios de capacitación únicamente a las empresas del país.
- **Prohibición de empleo contra los extranjeros.** Canadá da prioridad a sus ciudadanos cuando se trata de vacantes de empleo. En algunos países está prohibido contratar a médicos titulados en el extranjero.
- **Distancia entre los mercados.** Educación en la administración internacional: ¿lleva los estudiantes a una escuela del extranjero o trae a profesores extranjeros a su escuela?
- **Competencia directa del gobierno.** Los gobiernos de Holanda y de Indonesia tienen el monopolio de las comunicaciones por televisión.
- **Escasos factores de la producción.** Falta de trabajadores médicos calificados en algunos países; falta de personas calificadas para administrar un lugar turístico de primera clase.

Las barreras anteriores plantean verdaderos retos a los ejecutivos, incluso a los exportadores con más experiencia. Pero no son insuperables, como lo atestiguan varias empresas, en muchas industrias de servicios que han tenido mucho éxito en el marketing internacional. En seguida se explican algunas estrategias que los gerentes pueden aplicar para franquear las barreras:

DESARROLLO DE UN PROGRAMA ESTRATÉGICO DE MARKETING

En lo esencial, un programa de marketing se diseña de la misma manera que en cualquier empresa: de bienes o servicios, lucrativa o sin fines de lucro. Primero, se identifican y analizan los mercados meta. Después se diseñan e instrumentan las estrategias de la mezcla de marketing para llegar a ellos y alcanzar los objetivos de marketing. En cada paso, se utiliza la investigación mercadológica para tomar decisiones más acertadas. Sin embargo, a menudo las características de los servicios hacen que el programa sea distinto y más difícil en la industria de los servicios.

Mercados no lucrativos: donadores y clientes

Los ejecutivos de las empresas lucrativas definen su mercado como el conjunto de clientes actuales y potenciales, dirigiendo el marketing hacia ese mercado. En cambio, las

Marketing de servicios en empresas lucrativas y no lucrativas

Pizza Hut en Moscú. Varias empresas estadounidenses han superado las barreras comerciales internacionales al establecer franquicias en el extranjero.

- **Incluir servicios de altas tarifas** como parte de una venta de bienes baratos. Yves St. Laurent exporta sus servicios de diseño incorporándolos a los vestidos que se venden en otros países. Una compañía dedicada al mantenimiento de las computadoras puede hacer arreglos para que el contrato de servicios sea parte de una computadora que exportará a otro país.

- **Ofrecer un servicio conforme a las necesidades del cliente** para superar la barrera de la distancia. Las compañías norteamericanas penetraron rápidamente en el mercado de Corea al diseñar políticas que encajan dentro de las necesidades de los clientes de ese país.

- **Aprovechar los sistemas de una dirección de calidad superior**, con lo cual se superan algunas de las barreras. La utilización de franquicias como McDonald's es un buen ejemplo. Hyatt Hotels tiene contratos para administrar hoteles en el extranjero por su habilidad para estandarizar un servicio de gran calidad.

- **Ofrecer un servicio de excelente calidad**. Domino's logró entrar en los mercados europeos porque su servicio de entrega era mejor que el de los competidores locales. Con esta estrategia puede contrarrestarse una política de compras de productos nacionales.

Las estrategias anteriores no pueden instrumentarse sin la autorización del gobierno del país extranjero. Y ese permiso se concede ya sea por un convenio bilateral entre ambas naciones o por el temor de que el otro país tome represalias.

Fuente: Lee Dahringer, "Marketing Services Internationally: Barriers and Management Strategies", *Journal of Services Marketing*, verano de 1991, pp. 5-17.

---

organizaciones sin fines de lucro deben dirigirse a dos mercados. Uno es el **mercado de donadores** (los que les aportan dinero, trabajo o materiales). El otro es el **mercado de clientes** (formado por los receptores del dinero o servicios de la organización). Este último se asemeja mucho al anterior en el caso de una empresa lucrativa. Sin embargo, las instituciones no lucrativas (iglesias, hospitales o universidades) no llaman clientes a las personas que atienden, sino feligreses, pacientes o estudiantes.

Como una organización sin fines de lucro atiende a dos mercados distintos, debe desarrollar dos programas: uno dirigido a sus donadores y el otro a sus clientes.

Selección de los mercados meta

La selección del mercado meta es esencialmente idéntica, sin importar si una firma vende un bien o servicio. En los capítulos 5 a 7 vimos que las empresas de servicios necesitan conocer los componentes de la población y el ingreso (factores demográficos) y cómo repercuten en el mercado de un servicio. También habrán de investigar el comportamiento de compra del consumidor: sus motivos y hábitos de compra. Sus determinantes psicológicos (motivación, percepciones, actitudes, personalidad) adquieren más importancia cuando se venden servicios que bienes. Ello se debe a que no podemos tocarlos, olerlos ni probarlos. Además, los factores de la estructura de la clase social y de los grupos de referencia afectan de modo importante al comportamiento de compra en los mercados de servicios.[8]

En la selección de los mercados meta, el concepto de **segmentación del mercado** ha sido adoptado por muchas empresas de servicios. En Estados Unidos se alquilan edificios para estudiantes y personas mayores de 55 años. Hay talleres de reparaciones automotrices que se dirigen exclusivamente para automóviles importados. Las cadenas de moteles con servicios limitados (Motel 6, Days Inn) procuran atraer el segmento de viajeros orientados al ahorro; los hoteles que sólo ofrecen suites (Embassy Suites, Residence Inns) tratan de atraer familias y hombres de negocios que prefieren "una casa lejos del hogar". La industria bancaria segmenta el mercado en tres clases: comercial, fideicomisos y al detalle. En el tercer segmento algunos bancos incluyen a los clientes de altos ingresos.[9]

Las estrategias de segmentación son de gran utilidad para las organizaciones no lucrativas. Recuérdese que tienen dos mercados muy distintos que analizar: donadores y clientes (receptores). Casi siempre es necesario subdividirlos de manera detallada. Un mensaje general (sin segmentar) dirigido al mercado de donadores seguramente dará resultados insatisfactorios. Si se intenta satisfacer a todos los integrantes del mercado de clientes, tal vez se termine por no contentar a nadie y quebrar en el intento.

Los criterios con que se segmentan los mercados en las instituciones no lucrativas son los mismos que los expuestos en el capítulo 5. Por ejemplo, para llegar al mercado de donadores, una organización puede segmentar sus mensajes por grupo de edad, lugar geográfico de residencia o antecedentes de donativos anteriores.

Muchas organizaciones sin fines de lucro segmentan los mercados de sus clientes, aunque quizá no piensen que están segmentando. Por ejemplo, desde la Gran Depresión, el Partido Demócrata ha diseñado mensajes individuales para segmentos del mercado como los trabajadores organizados, grupos de bajos ingresos, demócratas sureños, católicos, judíos y residentes urbanos de los centros industriales del noreste. Los clubes deportivos preparan programas específicos para los jugadores de golf y de tenis, para los nadadores y los jugadores de baraja. Las orquestas sinfónicas elaboran programas especiales para los niños o bien organizan el transporte de autobús y funciones matutinas para los ancianos.[10]

Planeación del producto

La planeación y desarrollo de bienes tiene su equivalente en el marketing de servicios, tanto en las organizaciones lucrativas como en las no lucrativas. Sin embargo, en éstas se requiere un programa de planeación de productos para el mercado de donadores y otro para el mercado de clientes. La intangibilidad, el carácter perecedero y la incapacidad de almacenar los servicios plantean importantes retos de planeación del producto en el marketing de servicios. En lo tocante a la **planeación del producto**, una empresa de servicios ha de tomar decisiones estratégicas sobre:

Marketing de servicios en empresas lucrativas y no lucrativas

Las tiendas Baby Gap son una de tantas compañías que realizan la segmentación del mercado.

- Qué servicios ofrecerá.
- Qué estrategias de mezcla de servicios adoptará.
- Qué características, como el uso de marcas y garantía, tendrán los servicios.
- Cómo administrará la calidad del servicio.

Oferta de servicios. Los nuevos servicios son tan importantes para la compañía de este tipo como los nuevos productos para una empresa de bienes. Muchas empresas de servicios han logrado gran éxito al detectar una necesidad no satisfecha o reconocida con anterioridad. Por ejemplo, Dressed to Kill (en West Hollywood, California) alquila elegantes trajes de noche y vestidos para coctel hechos por Dior, Givenchy, Ungaro y otros diseñadores de gran prestigio.[11] ¿El nicho del mercado? Las mujeres que quieren un vestido para una ocasión especial, pero no quieren pagar más de $3000 dólares por una prenda que usarán una vez solamente. También podemos citar el American Transitional Hospital (Dallas) y otros prestadores de servicios médicos que han entrado en el nicho del mercado recién descubierto de atención hospitalaria y de enfermería de servicio limitado. Estas firmas constituyen una alternativa de bajo costo para los pacientes que ya no necesitan todo el equipo ni los servicios del hospital tradicional, pero sí un poco de terapia u otro tipo de atención antes de ser dados de alta.[12]

En la mayor parte de las instituciones no lucrativas, el "producto" que se ofrece a los *clientes* suele ser un servicio (educación, atención médica, religión, cultura), una persona (en políticas), una causa (dejar de fumar o rechazar las drogas) o fondos en efectivo (para la investigación). Algunas ofrecen bienes como alimento y ropa a sus clientes, pero se trata de bienes secundarios de los servicios principales que dan.

Al seleccionar los servicios que ofrecerá, una organización primero deberá decidir 1) en qué "negocio" está y 2) a qué clientes desea llegar. Si una iglesia piensa que su misión consiste tan sólo en dar servicios religiosos, su oferta de servicios será limitada. En cambio, si tiene una visión amplia de su misión (crear un ambiente que favorezca la camaradería, la espiritualidad y el desarrollo personal), ofrecerá más servicios a un mayor número de mercados. Después ofrecerá servicios de orientación familiar, de atención diurna, cursos de catequesis y actividades sociales para solteros.

Es más difícil planear la oferta de servicios destinados al mercado de *donadores*. Una organización pide a la gente donar dinero o tiempo en favor de una causa. El tiempo o el dinero son el precio que los contribuyentes pagan por los servicios de ella. ¿Pero qué recibe a cambio? ¿Qué servicios están adquiriendo con sus donativos? Son una combinación de beneficios que, entre otras cosas, incluyen:

- Hacer a los donadores sentirse bien o atenuar sus sentimientos de culpabilidad.
- Apoyar sus organizaciones preferidas.
- Proporcionarles una deducción de impuestos.
- Mejorar su estatus en los grupos de referencia.
- Sostener sus creencias religiosas.

Estrategias de la mezcla de servicios. Las empresas de servicios pueden utilizar algunas de las estrategias relativas a la mezcla de productos explicadas en el capítulo 9. Reflexione en la estrategia de *expansión de línea*. Las compañías aseguradoras, como Allstate y State Farm, que antes se especializaban en pólizas contra incendio de automóviles han incorporado una línea más rentable: el seguro de vida. Keystone (Colorado) Resort y otros lugares para esquiar han agregado recorridos difíciles para atraer a esquiadores profesionales.[13] Donohue-Lensing (Iowa City) y un número creciente de funerarias han incorporado servicios después del entierro, entre ellos los grupos de apoyo para los deudos.[14]

En la industria de servicios no lucrativos, las orquestas sinfónicas ampliaron su línea al ofrecer conciertos para niños y conciertos de música popular para adolescentes y estudiantes universitarios. Las universidades ofrecen ahora clases nocturnas para adultos, programas de televisión y cursos concentrados entre uno y otro semestre.

Carnival Cruise Lines *contrató su mezcla de servicios* vendiendo un hotel con casino en las Bahamas, parte de una serie de movimientos tácticos cuya finalidad es abandonar la industria de los lugares de recreo. Ante el elevado costo de los seguros contra negligencia médica, algunos médicos redujeron la mezcla de sus servicios profesionales eliminando los de obstetricia.

En respuesta a las crecientes críticas de sus graduados y de las compañías, las escuelas de administración colegiada han *modificado la oferta de sus servicios*. Los cambios de las reglas de acreditación para las escuelas norteamericanas de administración han propiciado cambios en lo que enseñan y en la manera de enseñar.[15]

Sea World es un parque de tema que ha agregado nuevas atracciones y de ese modo ha prolongado el ciclo de vida de su producto.

La *administración del ciclo de vida* de un servicio es otra estrategia. VISA reconoció que la industria de las tarjetas de crédito se encuentra en la etapa de madurez, por lo cual comenzó a buscar formas de mantener su crecimiento. La respuesta se encontraba en nuevas aplicaciones (nuevos mercados) en vez de emitir un mayor número de tarjetas. Empezó a concentrar sus esfuerzos en los dentistas, médicos y supermercados, tratando de hacer que animaran a sus clientes a pagar las facturas médicas y de alimentos con la tarjeta VISA.[16] Knott's Berry Farm (California), el parque de diversiones más antiguo sobre un tópico, ha logrado evitar la etapa de declinación de ventas agregando periódicamente nuevas atracciones.[17]

Hace muchos años se fundó la March of Dimes Foundation, organización sin fines de lucro, para combatir la parálisis infantil (poliomielitis). Cuando con la vacuna Salk se erradicó tan terrible enfermedad, la fundación entró en la etapa de declinación. Pero no cerró las puertas: no abandonó el producto, como se diría hablando del ciclo de vida. Por el contrario, cambió su nombre por el de National Foundation y escogió una nueva misión: la prevención y el tratamiento de defectos congénitos en los niños. De hecho, se rejuveneció al adoptar otro producto, iniciando así otro ciclo de vida.[18]

Características del servicio. En algunos aspectos, la planeación del producto es más fácil en el caso de los servicios que de los bienes. El empaque y la etiqueta no existen en el mercado de servicios. Pero otras características (el uso de marcas y la administración de la calidad) plantean retos más difíciles.

El **uso de marcas de servicios** es un problema porque no es fácil mantener una calidad uniforme (responsabilidad de la propiedad de marca). Además, una marca no puede incorporarse físicamente a una etiqueta ni al servicio. La meta de la compañía debería ser crear una buena imagen de marca. La estrategia para lograrlo consiste en desarrollar un tema total que contenga algo más que un buen nombre de marca. Se recomiendan las siguientes estrategias para realizarla:[19]

- **Incluir un bien tangible en la imagen de marca**: como la sombrilla de Travelers Insurance, el toro de Marrill Lynch o el peñón de Gibraltar de Prudential.
- **Vincular un eslogan a la marca**: por ejemplo, "Fly the friendly skies of United" (vuele por los cielos amistosos de United) o "You're in good hands with Allstate" (usted está en buenas manos con Allstate).
- **Utilizar un juego especial de colores:** como el rojo de Avis o el blanco y dorado de Hertz.

Las organizaciones sin fines de lucro han sido lentas en adoptar las marcas y el color. Lo poco que han hecho al respecto demuestra que estas características dan un importante apoyo de marketing. Durante muchos años, las universidades usaron apodos (una forma de nombre de marca) principalmente para sus equipos deportivos, pero también para identificar a sus estudiantes y alumnos. La mayor parte de ellas tienen ahora un color que las identifica, otra característica que sirve para aumentar el reconocimiento de la escuela en el mercado. Entre las organizaciones de investigación médica, Lung Association ha registrado como marca su cruz de dos barras Christmas Seal. La gente reconoce fácilmente las marcas registradas de los Boy Scouts, YMCA y el Ejército de Salvación.

Administración de la calidad del servicio. En el capítulo 10 mencionamos el carácter elusivo de la calidad del producto. La **calidad del servicio** es difícil de definir, medir, controlar y comunicar. Sin embargo, en el marketing de servicios es un aspecto decisivo del éxito de la compañía. Dos líneas aéreas vuelan un Boeing 747 cobrando la misma tarifa; dos talleres de reparación automotriz utilizan piezas de la Ford o la Chrysler y cobran el mismo precio, y dos bancos manejan la misma moneda con idénticas tasas de interés. Suponiendo que también la ubicación y el horario sean iguales, la calidad del servicio será el único factor que diferencia lo que se ofrece.

Por difícil que sea definir la calidad del servicio, los gerentes han de percatarse de una cosa: *es el cliente quien define la calidad y no el productor-vendedor*. Nuestro estilista tal vez esté encantado con el corte que nos ha hecho. Pero si pensamos que el corte es horrible, ello significa que el servicio no fue bueno. Lo importante es la opinión de los clientes acerca del servicio. Cuando no corresponde a sus expectativas, pueden perderse ventas entre los clientes actuales y no atraerse a otros nuevos.[20]

En consecuencia, los ejecutivos deberán tratar de conservar una calidad *uniforme* del servicio correspondiente a las expectativas de la gente o incluso superarlas. Con todo, en ocasiones resulta imposible estandarizar la calidad del servicio, es decir, mantener su uniformidad. La calidad del desempeño suele variar incluso dentro de una misma organización. Esto se observa en campos tan heterogéneos como la ópera, los servicios legales, la ornamentación, el beisbol, la atención hospitalaria y los cursos universitarios.

Si quiere administrar eficazmente la calidad del servicio, una organización debería diseñar y operar un programa permanente de mejoramiento que le permita vigilar el nivel y la uniformidad de la calidad. Una función conexa, y también ardua, consiste en evaluarla midiendo la satisfacción del cliente, es decir, sus percepciones de la calidad de los servicios.[21]

En los años 80 algunas empresas de servicios adoptaron un concepto que desde hacía mucho se empleaba en Japón, la *administración de la calidad total (ACT)*. Hasta ahora los resultados no han sido uniformes. (Este concepto, mencionado en los capítulos 1 y 10, fue adoptado principalmente por las compañías productoras de bienes como Xerox, Motorola y Harley-Davidson.) En la industria de servicios, Federal Express ha obtenido buenos resultados con esta técnica, mientras que Florida Power & Light redujo su programa de calidad total. Para que un programa de esta índole dé buenos resultados, las compañías deben ser pacientes y saber esperar los frutos a largo plazo, actitud que no es fácil de encontrar en las empresas estadounidenses.[22]

Estructura de precios

En el marketing de servicios, se requiere una gran habilidad gerencial en el manejo de los precios. Dado que los servicios son perecederos, no es posible almacenarlos y su demanda fluctúa de modo considerable. Ambas características tienen importantes consecuencias al momento de fijar los precios. Y para complicar aún más las cosas, los clientes tienen casi siempre la opción de "hágalo usted mismo", como sucede con las reparaciones de automóviles o del hogar. Según vimos en los capítulos 11 y 12, el diseño de una **estructura de precios** comprende dos aspectos: determinar el precio base y seleccionar estrategias con las cuales modificarlo.

Determinación de precios en empresas lucrativas. Este tipo de compañías pueden utilizar al menos dos de los tres métodos principales que se describieron en el capítulo 11: precio basado en el costo total unitario y precio basado en el mercado solamente. Así, las compañías eléctricas y telefónicas recurren a un costo base para establecer los precios que generarán determinado rendimiento sobre la inversión. Los pintores, plomeros y electricistas frecuentemente fijan el precio de sus servicios con este método. En cambio, las líneas aéreas tienden a basarse en los precios de la competencia, sobre todo tratándose de rutas cubiertas por dos o más aerolíneas, aun si los precios les ocasionan pérdidas financieras.

Las características de los servicios (su naturaleza perecedera, por ejemplo) indican que la elasticidad de la demanda de un servicio debería influir en el precio. Pero es interesante señalar que las compañías a menudo reconocen la inelasticidad de la demanda. Entonces cobran precios más altos. Pero no actúan en sentido inverso cuando afrontan la demanda elástica, a pesar de que con un precio más bajo incrementarían las ventas unitarias, los ingresos totales, la utilización de las instalaciones y, probablemente, las utilidades netas.

Determinación de precios en las empresas no lucrativas. En estas empresas el precio no se establece de la misma manera que en las lucrativas. En efecto, nos encontramos ante dos tipos de precios: los del mercado de donadores y los del mercado de clientes.

En el mercado de *donadores*, no fijan el precio, o sea el importe del donativo. Ese precio lo determinan los contribuidores en el momento de decidir cuánto están dispuestos a dar a cambio de los beneficios que recibirán. Con todo, es posible sugerir un precio; por ejemplo, donar el sueldo de un día o un día al mes de trabajo.

En el mercado de *clientes*, algunas empresas sin fines de lucro encaran la misma situación y pueden aplicar los métodos de las empresas lucrativas. Los museos y las compañías de ópera, por ejemplo, deben decidir los precios de admisión; las asociaciones fraternales establecen un programa de cuotas, y las universidades determinan el importe de las colegiaturas. Pero la mayor parte de estas empresas no pueden utilizar los mismos métodos de precios que las organizaciones lucrativas, pues saben que no pueden cubrir sus costos con los precios impuestos a los clientes. La diferencia entre los ingresos y los costos previstos se pagará con las aportaciones. Hasta la fecha no se cuenta aún con directrices seguras para fijar los precios.

Por lo demás, las instituciones sin fines lucrativos tienden a creer que *no* hay consideraciones de precios orientados al cliente, por la sencilla razón de que no se les cobra nada. En realidad, los bienes y servicios que se les dan rara vez son gratuitos, es decir, sin alguna clase de precio. Cierto que el precio tal vez no sea un cargo monetario. Sin embargo, a menudo el cliente paga un precio (en forma de viaje y tiempo de espera y, quizá, una atención menos esmerada) que no tendría que pagar si el servicio lo diera una empresa lucrativa. Los niños indigentes que usan ropa regalada de segunda mano pagarán un precio, si sus compañeros de clase se burlan de ellos.

Estrategias de precios. Algunas de las estrategias de precios que examinamos en el capítulo 12 se aplican también al marketing de servicios, tanto en las organizaciones lucrativas como en las no lucrativas. Las *estrategias de descuento,* por ejemplo, se usan ampliamente en la venta de servicios. Un boleto para asistir a la temporada de la Ópera Metropolitana o de la Orquesta Sinfónica de Los Ángeles cuesta menos por función que los que se adquieren para cada una. Las tarifas diarias de Hertz o Avis son más bajas, si se alquila un automóvil por semana o por mes. Todas ellas son formas de descuento por volumen. American Express redujo la tasa de interés de su tarjeta de crédito Optima por pago inmediato, una modalidad del descuento por pronto pago.[23] Liberty Mutual ofrece este tipo de descuento, si las primas se pagan anualmente y no cada trimestre.

Una *estrategia flexible de precios* se emplea en muchas empresas de servicios. Los museos y los teatros cobran precios más bajos a niños y ancianos. En algunas ciudades, el transporte de autobús cuesta menos en las horas de menor tráfico. Las líneas aéreas ofrecen tarifas reducidas si se compra un boleto 2 semanas antes del vuelo o si se pernocta un sábado por la noche. La University of Colorado cobra una colegiatura más cara en las facultades de administración de empresas y de ingeniería que en las de ciencias y artes. Por su parte, Notre Dame y muchas otras universidades privadas adoptan una *estrategia de un solo precio.* Es decir, todos los estudiantes pagan la misma colegiatura por el curso completo.

Marketing de servicios en empresas lucrativas y no lucrativas

Tradicionalmente, la mayor parte de las empresas de servicios han evitado la competencia de precios, optando por otras formas de competencia ajena a ellos. Sin embargo, en años recientes ha aumentado considerablemente una *estrategia de competencia de precios* en muchas áreas de servicios, pasando por tres etapas fáciles de identificar:[24]

1. El precio se menciona rara vez en la publicidad. Por ejemplo, una organización dedicada al cuidado de la salud utilizará un anuncio donde explica sus servicios, pero sin insistir mucho en el precio.
2. La organización se sirve de una estrategia de segmentación para concentrarse en determinado mercado con un precio específico. Así, en su publicidad una compañía de servicios legales hará hincapié en sus precios bajos de los trámites de divorcio o en la preparación de un testamento.
3. La competencia de precios se da cuando las organizaciones subrayan los precios comparativos en su publicidad. Las aerolíneas y las compañías telefónicas de larga distancia han invertido mucho en la publicidad que compara los precios con los de la competencia.

La recesión de los años 90 aceleró la tendencia a la competencia de precios en algunas industrias de servicios. Hasta los dentistas y los oftalmólogos ahora realizan más publicidad orientada a los precios. Y Universal Pictures propuso un plan en que las salas cinematográficas ofrecerían boletos a mitad de precio todos los martes.[25]

Sistema de distribución

Para diseñar un **sistema de distribución** en una empresa de servicios (tanto de tipo lucrativo como sin fines de lucro) se requieren dos cosas. La primera es seleccionar los canales de distribución y la otra es contar con las instalaciones físicas para distribuir los servicios.

Algunas veces el canal de distribución de un servicio incluye a un agente intermediario. En esta fotografía se usa un agente de viajes en un canal para que dé servicios de viajes y turismo.

Canales de distribución.
El canal de la mayor parte de los servicios es corto y muy simple, porque normalmente no es posible separarlos de su creador-vendedor. Más aún, muchos servicios se crean, venden y consumen al mismo tiempo. Los peluqueros realizan cortes de pelo; los dentistas curan los dientes; United Way y la Cruz Roja solicitan donativos y prestan servicios de atención; los mecánicos reparan nuestros automóviles o televisores; su estación radiofónica preferida, su club deportivo, o la compañía de ópera le ofrecen diversión. En todos estos ejemplos, el canal de distribución va directamente del productor al consumidor, sin que participen intermediarios.

El único canal de uso frecuente es el agente intermediario. Por ejemplo, un agente o corredor interviene cuando se venden seguros, planes de viaje o alquiler de casas. Con el propósito de aumentar las aportaciones, un partido político o una universidad pueden contratar a una empresa dedicada a recaudar fondos. Los teatros y los equipos deportivos a veces venden boletos a través de agencias independientes.

Instalaciones para realizar la distribución.
Una buena ubicación es indispensable cuando se distribuye un servicio directamente del productor al usuario, sobre todo hoy cuando el público busca ante todo la comodidad. Algunas empresas de servicios han ampliado su base de distribución aumentando sus sucursales, con lo cual de alguna mane-

La distribución física es una actividad mercadológica sumamente importante para las empresas de servicio de entrega rápida.

ra superan las limitaciones que les impone el factor de la inseparabilidad. El First National Bank of Jackson (Tennessee) utiliza un carro blindado que sirve de sucursal bancaria itinerante. Esta unidad móvil llega a lugares que no son atendidas por los bancos normales: asilos y hospitales, fábricas y proyectos de viviendas públicas.[26] Desde hace algunos años, los cajeros automáticos dan algunos servicios bancarios en sitios muy distantes del banco. American Express y las compañías aseguradoras han ampliado la distribución de sus servicios al instalar máquinas automáticas en los aeropuertos.

Las empresas no lucrativas tratan de ofrecer varias opciones en sus sucursales para que los donadores hagan sus aportaciones con mayor facilidad y comodidad. Además de los servicios de cheques y pagos en efectivo, las instituciones de caridad utilizan deducciones de la nómina, planes de pagos a plazos y tarjetas de crédito. Si uno quiere regalar objetos usados, Disabled American Veterans pasa a recogerlos a la casa. La ubicación también es un factor decisivo cuando se trata con este tipo de mercados. Las universidades norteamericanas crean sucursales en todo el estado; algunas ofrecen cursos por correspondencia. El Ejército de Salvación sitúa sus tiendas en las zonas de bajos ingresos. Las organizaciones dedicadas al cuidado de la salud cuentan con unidades móviles para obtener radiografías de los pulmones. Los museos de las grandes ciudades organizan exhibiciones móviles para recorrer los pueblos.

El ambiente físico (la atmósfera) en la distribución de un servicio influye mucho en la percepción del servicio y de su creador-productor por parte del consumidor. Como los servicios son intangibles, el consumidor observa detenidamente la instalación y a los empleados cuando realiza una evaluación anterior a la compra. A sabiendas de esta situación, Thrifty Rent-a-Car System empezó ya a remodelar sus instalaciones para proyectar una atmósfera más informal que sea interesante para clientes y empleados.[27] Ahora se presta más atención al diseño interior, la iluminación y hasta el olor de la instalación. Escoja una fragancia que corresponda a la idiosincrasia de su mercado: use un aroma penetrante para varones de 30 a 40 años y un aroma floral mixto para mujeres de 60 a 70 años.[28] ¿Qué fragancia recomendaría para atraer a los estudiantes universitarios de ambos sexos?

Programa promocional

Varios tipos de **promoción** se utilizan ampliamente en el marketing de servicios, tanto en las empresas lucrativas como en las no lucrativas. De hecho, la promoción es la parte de la mezcla de marketing con que están más familiarizadas las empresas de servicios y también es la que más usan. Muchas de ellas, sobre todo las empresas no lucrativas, creen que la promoción y el marketing son la misma cosa.

Venta personal. Desempeña un papel dominante en sus programas promocionales. Así, las empresas no lucrativas la usan en la recaudación de fondos. Puede emplearse una campaña de puerta en puerta; de esta forma, por medio de recaudadores de fondos (vendedores), se llegará a grandes donadores potenciales. En la temporada navideña, los voluntarios del Ejército de Salvación, vestidos de Santa Claus, recogen donativos en el centro de la ciudad y en los centros comerciales. Muchas instituciones no lucrativas también se valen de la venta personal para llegar a sus clientes. Quizá no les den ese nombre, pero en realidad son vendedores. Durante siglos los misioneros religiosos hicieron labor de proselitismo por medio del contacto (venta) personal. También se usa la venta personal para reclutar miembros de las organizaciones fraternales como YMCA, Boy Scouts y Elks. Las universidades envían "representantes": funcionarios de admisión, alumnos, estudiantes, para que hablen con estudiantes de enseñanza media superior, con sus padres y orientadores.

Se den cuenta o no, los empleados de una empresa de servicios que entran en contacto con un cliente son en realidad parte de la fuerza de ventas. Además de la fuerza de ventas regular, el personal que tiene contacto con el público podría incluir asistentes de mostrador de las líneas aéreas, recepcionistas de bufetes legales, personal de entrega de Federal Express, cajeros de bancos, recogedores de boletos y valets de los estadios y los teatros. Con la expresión **encuentro de servicio** designamos una interacción del cliente con un empleado o con un elemento tangible cualquiera, como el ambiente físico donde se presta el servicio (banco, estadio deportivo, consultorio médico). A menudo los clientes se hacen una opinión de una compañía y de su servicio a partir de este tipo de encuentro.[29] En consecuencia, los gerentes han de preparar el personal de contacto y el ambiente físico para la realización de los encuentros. La preparación incluye a la fuerza de ventas y, entre otras cosas, su reclutamiento, capacitación y supervisión. Muchas empresas de servicios, en especial las no lucrativas, no piensan así ni tienen experiencia suficiente para llevar a cabo esta función gerencial.[30]

Publicidad. Durante años la publicidad se ha usado ampliamente en muchas industrias de servicios: vivienda, transporte, recreación y seguros. Lo nuevo *es* su utilización por empresas de servicios profesionales como los servicios legales, contables y médicos. Antes las asociaciones de estas profesiones prohibían la publicidad alegando que era inmoral. Todavía siguen tratando de reducirla y controlarla. Pero varios organismos y tribunales han dictaminado que prohibirle a una empresa realizar este tipo de publicidad es limitar el comercio y, por lo mismo, una violación de las leyes antimonopolio. Por otra parte, algunos estados de la Unión Americana cuentan con leyes que regulan la publicidad televisiva realizada por abogados y muchas otros están analizando la conveniencia de introducir una legislación semejante.[31]

Las organizaciones no lucrativas recurren a la publicidad para llegar a sus mercados de donadores. Los medios masivos (prensa, televisión y radio) se emplean en las campa-

COMPROMISO CON LA RESPONSABILIDAD SOCIAL

¿PUEDE COMPRARSE UNA BUENA IMAGEN PÚBLICA CON DINERO?

Las compañías japonesas han comprado sitios tan importantes como el Rockfeller Center de Nueva York y el campo de golf Pebble Beach en California. A lo largo de los años Japón ha ido acumulando enormes excedentes en su comercio con Estados Unidos. Toyota y Nissan se convirtieron en compañías muy importantes del mercado automotriz; Sony y Panasonic dominan el de aparatos electrónicos. Estos ejemplos muestran lo que ha llevado a un profundo malestar contra ese país por parte de muchos norteamericanos.

Con el propósito de contrarrestar esa actitud y mejorar su imagen entre el pueblo estadounidense, las compañías japonesas emprendieron una extraordinaria misión filantrópica. En 1986 aportaron $30 millones de dólares en favor de organizaciones norteamericanas no lucrativas. En 1991 esa cifra alcanzó los $500 millones. Durante el mismo periodo de 5 años, sus aportaciones a United Way of America creció de 1.8 millones a $13.5 millones. En 1990 tan sólo Toyota donó $3.1 millones a los programas de enseñanza de matemáticas y ciencias en niveles preuniversitarios, así como a otras causas.

Los japoneses también realizan donativos a más organizaciones de este tipo como nunca antes en toda su historia. Por ejemplo, en el pasado financiaron cátedras en las universidades de gran prestigio. Hoy su filatropía llega también a instituciones populares y a los grupos minoritarios. Hitachi destinó $4 millones a proyectos para minorías entre 1986 y 1991. Toyota donó $100 000 al National Hispanic Scholarship Fund; algunas compañías japonesas hicieron contribuciones a United Negro College Fund. Ante una gran urgencia por reunir fondos, muchas organizaciones no lucrativas de Estados Unidos han diseñado una "estrategia japonesa" para estimular un flujo contante e importantes de fondos por parte de las empresas japoneses.

Pero debemos hacernos algunas preguntas de carácter moral y social acerca de todo esto. ¿Quieren los japoneses simplemente ganarse (comprar) el aprecio del pueblo norteamericano, para que deje de criticar al Japón y sus prácticas comerciales? ¿Quieren tan sólo mejorar su imagen ante los estadounidenses? ¿O admiten que su crecimiento económico ha de acompañarse de responsabilidad social? ¿Qué opina usted?

Fuente: Suzanne Alexander, "Japanese Firms Embark on a Program of Lavish Giving to American Charities", *The Wall Street Journal*, 23 de mayo, 1991, p. B1.

Marketing de servicios en empresas lucrativas y no lucrativas

Avis utiliza exitosamente su eslogan promocional "we try harder" (nos esforzamos más que los demás) en sus programas de marketing internacional.

ñas anuales de recaudación de fondos. El correo directo es un medio excelente para llegar a determinados segmentos de donadores, como los contribuyentes de efectivo, los grupos religiosos o étnicos y los estudiantes universitarios.

Las instituciones no lucrativas también pueden comunicarse con sus mercados a través de la publicidad. Para compensar la disminución de la matrícula, los colegios y universidades comunican sus anuncios en varios medios. Un número creciente de iglesias se anuncian agresivamente en los medios impresos y electrónicos para acrecentar el número de feligreses y de asistencia. Los hospitales recurren a la publicidad para llenar las camas.

Otros métodos promocionales. Varias formas de *promoción de ventas* se usan en las empresas de servicios. Las tintorerías y compañías de lavado en seco, las ópticas y los talleres de reparación de autos incluyen cupones con reducción de precios en libros de cupones que envían periódicamente a las familias de la localidad. Los agentes viajeros, los lugares para esquiar y los servicios de jardinería ornamental organizan demostraciones en los espectáculos deportivos y en las exhibiciones caseras, donde muestran los resultados benéficos del uso del servicio. United Way, Cruz Roja y otras organizaciones de caridad tienen cabinas en los centros comerciales.

Las organizaciones no lucrativas llevan mucho tiempo usando eficazmente la publicidad para llegar a los mercados de clientes y donadores.

Muchas empresas de servicios, sobre todo en las industrias de la recreación y la diversión, aprovechan muy bien la *publicidad no pagada.* La cobertura de los deportes por los periódicos, la radio y la televisión ofrecen este tipo de publicidad, lo mismo que las reseñas de películas, obras de teatro y conciertos que aparecen en los periódicos. Las secciones de viajes en los periódicos ayudan a vender el transporte, el alojamiento y otros servicios relacionados con la industria de los viajes.

EL FUTURO DEL MARKETING DE SERVICIOS

Hasta hace poco muchas industrias de servicios tenían un gran crecimiento, apoyado por el gobierno y la regulación de las asociaciones profesionales, por la ausencia de competencia extranjera y una economía sólida. Pero los años 90 son tiempos turbulentos en este tipo de industrias. El ambiente de los servicios ha ido cambiando, y al hacerlo se ha concentrado en aumentar la productividad y medir cómo se están satisfaciendo las necesidades del cliente.

El ambiente cambiante de los servicios

Durante los últimos años, varios factores han estimulado una intensa competencia en muchas industrias de servicios de Estados Unidos:

¿DILEMA ÉTICO?

Algunos dentistas han provocado una verdadera controversia al anunciar que no tienen el virus del SIDA. Señalan que lo hacen para tranquilizar a los pacientes que temen contraer el virus al ser atendidos por ellos. Afirman que los pacientes tienen el derecho de saber que sus dentistas no sufre el SIDA. Los críticos, por su parte, sostienen que los anuncios se sirven de afirmaciones engañosas para explotar el temor de los clientes. Sostienen además que, en sus primeras etapas, el virus del SIDA no siempre aparece en las pruebas clínicas.

Todavía no sabemos si esos anuncios son una buena herramienta de marketing. Gracias a ellos, un dentista consiguió 100 nuevos pacientes y otro perdió el 10% de su clientela.

Pero tal vez la pregunta más importante sea ésta: ¿es ético que los dentistas o los médicos anuncien que no sufren el SIDA?

Fuente: Cyndee Miller, "Critics Assail Dentists Who Advertise 'HIV-Free' Status", *Marketing News*, 25 de noviembre, 1991, p. 1.

- La recesión económica en los años 90.
- El aumento de la competencia extranjera en varias industrias: los japoneses en la banca, los alemanes e ingleses en la venta al menudeo y varios países en el transporte aéreo.
- La reducción de la regulación gubernamental en algunas industrias: líneas aéreas, transporte por camión y la banca.
- Las decisiones de los tribunales que permiten la publicidad en la profesión médica, legal y en otras actividades profesionales.
- Aumentos en la oferta de algunos prestadores de servicios (médicos, dentistas, abogados, por ejemplo) que introducen la competencia en campos antes protegidos.

Las nuevas técnicas han dado origen a otras áreas de servicios; por ejemplo, la energía solar y el procesamiento de información. Los adelantos tecnológicos también han introducido la automatización (el cajero automático de los bancos) y otras características industriales en industrias de servicios donde antes predominaban la mano de obra y el trabajo manual. En muchas industrias y profesiones, las cadenas y los sistemas de franquicias empezaron ya a reemplazar a pequeñas compañías independientes y a profesionistas: atención médica (Kaiser y Humana); reparaciones automotrices (Midas Muffler); servicios ópticos (Pearle y Lenscrafters) y la correduría de bienes raíces (Re/Max y Century 21).

Necesidad de una mayor productividad

El cambiante ambiente de los servicios ha desenmascarado la ineficiencia y la deficiente dirección en muchas industrias, demostrando la evidente necesidad de una reestructuración.[32] Esta ineficiencia y la consecuente necesidad de incrementar la productividad, es quizá el problema más grave que afronta hoy la industria de los servicios.

Hace diez años los intentos de mejorar su productividad se centraban en un enfoque orientado hacia la producción. Por ejemplo, Burger King y McDonald's adoptaron las técnicas de la línea de ensamble, aumentado así la productividad por empleado. La tecnología que tuvo mayor aceptación fue algún tipo de sistema de información computarizado. Con la introducción de la computadora se mejoró la eficiencia de las operaciones en muchas compañías. Y durante años dio magníficos resultados este modelo que estaba orientado a la producción y cuyo fin era aumentar los servicios.

Sin embargo, su postulado fundamental es que las máquinas y la tecnología constituyen la clave para incrementar la productividad y las operaciones eficientes. Las personas que prestan los servicios tienen menos importancia, al menos es lo que se supone. Pero este supuesto simplemente ha perdido vigencia en un ambiente tan competitivo como el actual. Por el contrario, necesitamos un modelo que anteponga a cualquier otra consideración los empleados en contacto con el cliente y que a partir de ellos diseñe las operaciones del negocio. Los cuatro elementos fundamentales de este nuevo modelo son:[33]

- Las compañías conceden a los empleados al menos el mismo valor que a su inversión en maquinaria.
- Las compañías se sirven de la tecnología para *apoyar* el trabajo de los empleados que tienen contacto con los clientes, en vez de usarla para vigilarlos o desplazarlos.
- Para las compañías, el reclutamiento y la capacitación de los vendedores y otros empleados en contacto con el cliente son tan importantes como cuando se trata de los ejecutivos.
- Los directivos vinculan la compensación al desempeño de los empleados en todos los niveles, desde el más bajo hasta el más alto de la jerarquía organizacional.

McDonald's, Taco Bell, Dayton-Hudson y ServiceMaster son ejemplos de compañías que hacen lo posible por poner en práctica el nuevo modelo. Coincidirían con Ron Zemke, presidente de Performance Research Associates de Minneapolis, quien manifestó: "Por más que se invierte en marketing y por mucha agresividad que se ponga, no se podrá cancelar el efecto de un servicio deficiente por parte del personal." Michael Quinlan, presidente ejecutivo de McDonald's, resume en las siguientes palabras los tiempos cambiantes actuales: "En los años 70 nos centramos en *atender* al cliente; en los 80 en *satisfacerlo* y ahora, en los años 90, nuestra meta será *superar sus expectativas*."[34]

Medición del desempeño en las empresas de servicios

Las empresas de servicios pueden juzgar su desempeño mediante medidas cuantitativas como la participación en el mercado o el rendimiento sobre la inversión, para luego comparar esos datos con el promedio y tendencias de la industria. Sin embargo, en el caso de la mayor parte de ellas no se dispone de medidas cuantitativas similares. De ahí que medir el desempeño del marketing constituya un auténtico reto para los gerentes. En el momento actual, resulta muy difícil, si no es que imposible, para muchas instituciones sin fines lucrativos.

Este tipo de empresas pueden cuantificar las aportaciones que reciben, pero el resultado no refleja más que su capacidad de recaudar fondos. No mide los servicios prestados a los clientes. ¿De qué manera evaluaríamos cuantitativamente el desempeño de una institución como la Cruz Roja? ¿Quizá por el número de personas que albergan y alimentan tras un huracán o algún otro desastre natural? ¿O bien por la cantidad de personas a

Marketing de servicios en empresas lucrativas y no lucrativas

quienes capacitan las técnicas de primeros auxilios y para salvar la vida en casos de emergencia? Las iglesias, museos y YMCA pueden contar su número de afiliados, ¿pero cómo medir los servicios que dan a los clientes?

El análisis y la atención de las quejas de los clientes son una herramienta de evaluación que pueden utilizar tanto las empresas lucrativas como las no lucrativas. El proceso de atención de quejas requiere llevar un control de: 1) quejas de los clientes; 2) cómo las resuelven los empleados, y 3) determinación de si la queja se atendió de manera bastante satisfactoria como para que el cliente vuelva a comprar. Hampton Inns, una cadena hotelera, aprovecha muy bien este proceso para:

- Decidir dónde concentrar la atención orientada a la satisfacción del cliente.
- Comparar la rentabilidad de varias actividades relacionadas con la atención de las quejas.
- Demostrar a los empleados que tienen contacto con los clientes la importancia de atender bien las quejas.[35]

Perspectivas de crecimiento

Los servicios seguirán absorbiendo una proporción cada vez mayor del dinero del consumidor, tal como ha sucedido en los últimos 40 años. Es un pronóstico que parece bastante razonable, aun durante periodos de depresión económica. La historia muestra que la demanda de servicios es menos sensible a las fluctuaciones de la economía que la de otros bienes. También la demanda de servicios *empresariales* debería seguir ampliándose, a medida que las compañías se vuelvan más complejas y los directivos reconozcan que necesitan a especialistas en este tipo de servicios. Sobre todo en los servicios *profesionales*, se prevé que el uso de programas de marketing aumente considerablemente en la próxima década. Esta expansión tendrá lugar conforme los médicos, los abogados y otros profesionistas se vayan dando cuenta de los beneficios económicos que puede darles un buen programa de marketing.

Por desgracia, hoy la mayor parte de las empresas de servicios no brindan un nivel satisfactorio de calidad. Los consumidores sin duda estarán de acuerdo con este juicio de Leonard Berry, quien durante muchos años se dedicó a investigar el marketing de servicios. Todas las predicciones de un posible crecimiento se basan en el hecho de que los directivos de alto nivel mejoren sus aspiraciones, aprendan de los errores anteriores y ofrezcan un buen liderazgo. Más exactamente, la rentabilidad futura de la industria de los servicios depende de la capacidad de una compañía para corregir los siguientes errores básicos relacionados con la calidad de los servicios:[36]

- **Inversión de dinero en prioridades equivocadas.** Un hotel Marriott planeaba instalar televisores a color en algunos baños de huéspedes, cuando el 66% de sus llamadas telefónicas al ama de llaves eran peticiones para que les enviaran planchas y tablas de planchar. Más tarde el hotel revisó y modificó estas prioridades.
- **Reducción de la calidad por errores en el diseño del servicio.** Relaciones de gastos generadas por computadora que los clientes no pueden entender; vestidores de las tiendas de ropa que no tienen al menos dos ganchos: uno para ropa de calle y otra para ropa informal.

- **Búsqueda de soluciones fáciles a los problemas de calidad.** Soluciones superficiales y a corto plazo, soluciones triviales cuando en realidad se requiere que los gerentes dispongan de más tiempo, pongan más entusiasmo y decisión para cambiar los hábitos de los empleados y ejecutivos, así como sus actitudes ante la calidad del servicio.
- **Comisión de fraude en perjuicio de los clientes.** Hoteles y líneas aéreas que no respetan las reservaciones confirmadas; compañías de seguros que no manifiestan al cliente toda la información importante.
- **Poca inversión en el desarrollo de líderes.** En todos los niveles gerenciales, las compañías necesitan el liderazgo de empleados que afrontan a numerosos clientes exigentes, a veces hasta groseros, y otras condiciones que ocasionan estrés, fatiga y desaliento.

Si los miembros de las empresas no lucrativas quieren que su futuro sea promisorio, deben entender qué es el marketing y lo que puede hacer por ellos. Según señalamos en páginas anteriores del capítulo, las instituciones no lucrativas no están familiarizadas con él, aunque lo practican bajo varios nombres. Las actividades mercadológicas que realizan (generalmente la promoción) no están bien coordinadas, y los encargados de ellas tienen otros puestos y obligaciones. En una universidad, por ejemplo, la venta personal puede estar en manos del director de admisiones y la publicidad a veces la lleva a cabo un funcionario de información pública. Si quieren realizar más eficientemente la función de marketing, las empresas no lucrativas necesitan una estructura de marketing más formal y definida.

Ha ido creciendo el interés por el marketing no lucrativo. Se escriben libros, artículos y tesis doctorales sobre la materia. Hace algunos años, la investigación en esta área fue iniciada principalmente por académicos y otros individuos que no trabajaban en las instituciones sin fines lucrativos. Hoy la investigación la realizan personas que trabajan en varias industrias no lucrativas. Y eso es un signo alentador para un futuro promisorio.

■ RESUMEN

La mayor parte de las ofertas de productos son una combinación de bienes tangibles y de servicios intangibles, sin que predominen ni unos ni otros. Los servicios son actividades identificables e intangibles que constituyen el objeto principal de una transacción cuya finalidad es satisfacer necesidades. Las características que distinguen los servicios y los bienes requieren distintos programas de marketing. En el presente capítulo se trata el tema del marketing de las empresas no lucrativas, porque casi todas ellas no venden bienes sino servicios.

Los servicios son intangibles e inseparables del vendedor, heterogéneos, muy perecederos y su demanda fluctúa mucho. Todas estas características tienen varias consecuencias para el marketing.

El campo del marketing de servicios es enorme. Aproximadamente la mitad de lo que gastamos se destina a ellos, y más de 75% de los trabajos no agrícolas corresponde a las industrias de servicios. Entre las organizaciones no lucrativas se encuentran miles de instituciones que realizan actividades educativas, culturales, religiosas, caritativas, sociales, políticas y de atención médica.

El conocimiento de la administración de los servicios o la aceptación del concepto del marketing no han ido a la par con el crecimiento de los servicios. Muchas de las empresas dedicadas a ellos han adoptado lentamente las técnicas del marketing que, en la comercialización de los bienes, han dado satisfacción a los consumidores y ganancias a los productores. Sobre todo en las organizaciones sin fines de lucro, muchos no entienden lo que es el marketing ni las ventajas que pueden obtener de él.

El desarrollo de un programa para vender servicios se parece mucho al de la venta de servicios; sólo que tiene en cuenta sus características. Los ejecutivos primero identifican el mercado meta, aplicando especialmente las estrategias de segmentación, y luego diseñan una mezcla de marketing para satisfacer las necesidades del segmento. La mayor parte de las organizaciones no lucrativas deben atender dos mercados: el de donadores y el de los clientes que son los receptores del dinero o sus servicios. Por tanto, habrán de desarrollar dos programas de marketing: uno para obtener recursos de los donadores y otro para atender a los clientes.

En la etapa de planeación del producto, las empresas de servicios se valen de varias estrategias de la mezcla de productos, y deberían tratar de usar marcas en sus servicios. Mantener un nivel uniforme de la calidad que espera el cliente es esencial para el éxito de estas compañías. Deben determinar el precio base y seleccionar las estrategias adecuadas de fijación de precios. Esta función se realiza de manera muy distinta en organizaciones no lucrativas a como se lleva a cabo en las empresas lucrativas.

Los canales de distribución son muy simples en el marketing de servicios; rara vez se recurre a intermediarios. El principal reto de la distribución física consiste en ubicar la compañía en un lugar donde atienda bien a sus mercados. En cuanto a la promoción, se usan ampliamente la venta personal y la publicidad, a menudo de una manera agresiva y con mucha eficacia. Este tipo de compañías empiezan a reconocer la importancia de los encuentros de servicio y del personal que tiene contacto con el cliente.

El cambiante ambiente de los servicios durante los años 90 ha puesto de manifiesto la ineficiencia de las industrias de servicios y ha demostrado la necesidad de reestructurar las operaciones en muchas firmas, si se quiere incrementar la productividad. Se espera que el crecimiento de las empresas de servicios (tanto de las lucrativas como de las no lucrativas) continúe al menos durante el resto del siglo xx.

Más sobre ROBERT PLAN

A mediados de la década de 1990, el marketing de nichos ha sido una estrategia popular entre las empresas de servicios y también entre las de bienes. En vez de intentar satisfacer a todos los consumidores y usuarios y llegar a los mercados masivos, hoy casi todas las compañías se concentran en un segmento particular de un mercado extenso. En especial las compañías pequeñas y medianas buscan un nicho que no sea muy explotado por las grandes corporaciones.

Generalmente y esto es comprensible, este tipo de compañías buscan segmentos del mercado donde haya una oportunidad de conseguir utilidades adecuadas con un mínimo de riesgo. Pero como vimos en el caso con que se inicia el capítulo, esta generalización admite algunas excepciones notables en la industria de seguros de automóviles. Compañías como Robert Plan e Integon se concentran intencionalmente en clientes de alto riesgo que viven en los mercados del centro de la ciudad. Y sus utilidades de operación están muy por arriba del promedio de la industria. Cabe, entonces, preguntarse: ¿cómo lo logran?

Su éxito se basa en dos estrategias: la primera se refiere a la fijación de precios. Como asegura el vicepresidente de Integon: "No hay un mal riesgo, tan sólo hay malos precios". Estas dos compañías cobran primas muy caras. Las de los clientes del centro de la ciudad son casi tres veces más caras que la de los conductores que viven en los suburbios.

La segunda estrategia se refiere al tratamiento de las solicitudes y reclamaciones que busca ante todo impedir los fraudes. Robert Plan, por ejemplo, investiga minuciosamente todas las solicitudes de los prospectos que habitan en el centro de la ciudad. Si surgen sospechas en la entrevista preliminar con el solicitante, la compañía investiga más a fondo; algunas veces hasta envía un investigador a su casa. Sobre todo le interesa saber cuántas personas manejarán el automóvil y qué edad tienen. Algunas veces los solicitantes no dicen la verdad en este punto, porque la cobertura de una póliza de automóvil para un varón menor de 25 años puede aumentar las primas en cientos de dólares al año.

Las compañías de seguros generalmente aceptan la mayor parte las reclamaciones tal como se las presentan, sin realizar una investigación de seguimiento. Juzgan más fácil pagarlas que invertir dinero para averiguar si las reclamaciones proceden o no. Por el contrario, Robert Plan investiga 200 de cada 1000 reclamaciones: *diez veces* más que el promedio de la industria.

Con el propósito de combatir los fraudes, algunas veces sus investigaciones son exhaustivas. En consecuencia, provocan el enojo de los asegurados y dan origen a quejas formales ante la oficina del comisionado estatal de seguros en Nueva York. Desde 1990, año en que la compañía empezó a investigar casi todas las quejas, un 70% de ellas han sido rechazadas por el estado. Robert Plan ya no se encuentra en la lista de aseguradoras con el mayor número de quejas.

Los críticos de las estrategias de precios de estas compañías juzgan inmoral cobrar precios tan elevados en mercados donde los compradores perciben ingresos sumamente bajos. Los críticos de Robert Plan sostienen además que esta compañía no está orientada hacia los clientes, en la medida en que hostiliza demasiado a los asegurados y aplica métodos de espionaje en la investigación de las reclamaciones. Algunos ejecutivos de la industria señalan que investiga las reclamaciones con más agresividad que el resto de las aseguradoras. También observan que las analiza minuciosamente y que exige mayor verosimilitud de las pruebas. En respuesta a tales acusaciones, Robert Plan le recuerda a sus críticos que en su mercado primario abundan los fraudes, robos y otras violaciones.

1. ¿Son adecuados y éticos los métodos y estrategias con que Robert Plan maneja las solicitudes y resuelve las reclamaciones?
2. ¿Qué estrategias que incluyen otros importantes elementos de la mezcla de marketing deberían utilizar Robert Plan e Integon?

■ TÉRMINOS Y CONCEPTOS BÁSICOS

Servicios (685)
Clasificación de servicios (685)
Clasificación de empresas no lucrativas (686)
Características de los servicios:
Intangibilidad (688)
Inseparabilidad (688)
Heterogeneidad (689)
Carácter perecedero (689)
Fluctuación de la demanda (689)
Mercado de donadores (contribuyentes) (693)
Mercado de clientes (receptores) (693)
Segmentación del mercado (694)
Planeación del producto (694)
Uso de marcas de servicios (698)
Calidad del servicio (698)
Estructura de precios (699)
Sistema de distribución (701)
Promoción (703)
Encuentro de servicio (703)

Marketing de servicios en empresas lucrativas y no lucrativas

■ PREGUNTAS Y PROBLEMAS

1. ¿Cuáles son algunas de las consecuencias que tiene para el marketing el hecho de que los servicios tengan la característica de la intangibilidad?
2. Los servicios son muy perecederos y a menudo están sujetos a fluctuaciones de la demanda. Al vender sus servicios, ¿cómo puede una empresa compensar eso?
3. Cite algunos ejemplos de grandes empresas de servicios que parezcan estar orientadas hacia el cliente y describa lo que han hecho en este aspecto.
4. Identifique varios segmentos del mercado de donadores de su escuela.
5. Presente un breve análisis del mercado para cada una de las siguientes empresas de servicios. Utilice los componentes del mercado que se explicaron en los capítulos 5 a 7.
   a. Un hospital de su ciudad.
   b. Un hotel cercano a un gran aeropuerto.
   c. Un club cubierto de tenis.
6. ¿En qué formas las siguientes empresas de servicios podrían ampliar su mezcla de servicios?
   a. Un contador público registrado.
   b. Una estética.
   c. Un banco.
7. El consultor financiero de una universidad privada propuso un cambio en los métodos de fijación de precios. Recomendó a la escuela suspender su política de un solo precio. Y propuso que la colegiatura variara según los departamentos de la universidad. Así, los alumnos que estudiaban especialidades de alto costo, como ingeniería o ciencias, pagarían una colegiatura mayor que los que cursaban carreras de bajo costo, como literatura o historia. ¿Deberá la escuela adoptar su recomendación?
8. Explique cómo el concepto de mezcla de marketing (producto, precio, distribución y promoción) se aplica al marketing de las siguientes causas sociales:
   a. El uso de botellas retornables en vez de las desechables.
   b. La prevención de enfermedades cardiacas.
   c. Una campaña contra el tabaquismo.
   d. Respetar los límites de velocidad en las carreteras.
9. ¿Cómo mediría el desempeño de marketing de las siguientes instituciones?
   a. Una iglesia
   b. Su escuela
   c. El Partido Republicano de Estados Unidos.
   d. Un grupo en favor del control de armas de fuego.

■ APLICACIÓN AL MARKETING

1. Clasifique el desempeño de marketing de una muestra de empresas de servicios en su comunidad universitaria. Basándose en la encuesta, identifique las que están realizando una buena labor de marketing y las que no la están realizando. En su informe, explique brevemente las razones de la clasificación en cada caso.

2. Entreviste a un grupo de estudiantes extranjeros en su campus y prepare un informe donde resumirá las diferencias y semejanzas entre las universidades de los países de ellos y su escuela. Incluya temas como el ambiente del aula, las relaciones entre profesores y alumnos, las actividades políticas del campus y la vida social en él.

■ NOTAS Y REFERENCIAS

1. Tim Smart, " 'There's No Bad Risk, Just a Bad Price' ", *Business Week*, 16 de noviembre, 1992, p. 102; y Susan Pulliam, "Auto Insurer Strikes Gold In Neighborhoods Others Have Forsaken", *The Wall Street Journal*, 10 de noviembre, 1992, p. A1.

2. Richard I. Kirkland, hijo, "Are Service Jobs Good Jobs?" *Fortune*, 10 de junio, 1985, p. 38.

3. Leonard L. Berry y Terry Clark, "Four Ways to Make Services More Tangible", *Business*, octubre-diciembre 1986, p. 53.

4. Una escala para medir la intangibilidad de un servicio y estrategias específicas de marketing basadas en ella se encuentran en Gordon H. G. McDougall y Douglas W. Snetsinger, "The Intangibility of Services: Measurement and Competitive Perspectives", *Journal of Services Marketing*, otoño de 1990, pp. 27-40.

5. Carol Kleiman, "Marketing Becomes More in Evidence at Law Firms", *Chicago Tribune*, 1 de abril, 1990, p. 8-1.

6. John A. Byrne, "Profiting from the Nonprofits", *Business Week*, 26 de marzo, 1990, p. 66. La mayor parte de este párrafo y del anterior se basan en esta fuente.

7. Una excelente explicación de las diferencias y dificultades del marketing no lucrativo se da en Katherine Gallagher y Charles B. Weinberg, "Coping with Success: New Challanges for Nonprofit Marketing", *Sloan Management Review*, otoño de 1991, pp. 27-42.

8. Un ejemplo del comportamiento de compra de las compañías cuando compran servicios de arquitectura e ingeniería viene en Ellen Day e Hiram C. Barksdale, hija, "How Firms Select Professional Services", *Industrial Marketing Management*, mayo de 1992, pp. 85-91.

9. Véase a Rajshekhar G. Javalgi, "Marketing Financial Services to Affluent Consumers", *Journal of Services Marketing*, primavera de 1992, pp. 34-44.

10. Allan Magrath, "Give Marketing Performance a Bigger Role in the Arts", *Marketing News*, 1 de octubre, 1990, p. 16.

11. "In L.A.: Looking Good and Renting It", *Travel & Leisure*, julio de 1990, p. 37.

12. Robert Tomsho, "Limited-Service Hospitals Find a Market", *The Wall Street Journal*, 23 de julio, 1992, p. B1.

13. Marj Charlier, "Resorts Go to Extrems to Attract Skiers", *The Wall Street Journal*, 21 de febrero, 1992, p. B1.

14. Carlee R. Scott y Carrie Dolan, "Funeral Homes Hope to Attract Business by Offering Services after the Service", *The Wall Street Journal*, 11 de abril, 1991, p. B1.

15. Véase a Gilbert Fuchsberg, "Under Pressure, Business Schools Device Changes", *The Wall Street Journal*, 23 de abril, 1991, p. B1.

16. Jon Berry, "VISA Explores New Frontiers", *Adweek's Marketing Week*, 7 de enero, 1991, p. 18.

17. David J. Jefferson, "Nation's Oldest Theme Park Changes with the Times", *The Wall Street Journal*, 14 de mayo, 1990, p. B2.

18. Un marco de referencia y un modelo para revitalizar servicios que llevan muchos años en el mercado se proponen en Stephen W. Brown, Ray M. Haynes y Donald L. Saunders, "Revitalizing Service Innovations", *International Journal of Service Industry Management*, vol. 1, núm. 1 (1990), pp. 65-77.

19. Leonard L. Berry, Edwin F. Lefkowith y Terry Clark, "In Services, What's in a Name?" *Harvard Business Review*, septiembre-octubre, 1988, pp. 28-30. Véase también a Sak Onkvisit y John J. Shaw, "Service Marketing: Image, Branding and Competition", *Business Horizons*, enero-febrero 1989, pp. 13-18.

20. Véase a Cynthia Webster, "Influences upon Consumer Expectations of Services", *Journal of Service Marketing*, invierno de 1991, pp. 5-17.

21. Más detalles sobre la medición de las percepciones de los servicios por parte de los clientes se dan en J. Joseph Cronin, hijo, y Steven A. Taylor, "Measuring Service Quality: A Reexamination and Extension", *Journal of Marketing*, julio de 1992, pp. 55-68; Kevin M. Elliott y Mark C. Hall, "An Assessment of Service Quality in the Banking Industry: Dimensions and Marketing Implications", *Journal of Marketing Management*, otoño de 1991, pp. 37-42; y David L. Kurtz y Kenneth E. Clow, "A Model for Evaluating Service Quality", *Journal of Marketing Management*, otoño de 1991, pp. 51-60.

22. Jay Mathews y Peter Katel, "The Cost of Quality", *Newsweek*, 7 de septiembre, 1992, p. 48.

23. Peter Pae, "American Express Cuts Optima Rates for Prompt Payers", *The Wall Street Journal*, 6 de febrero, 1992, p. B1.

24. Adaptado de Stephen W. Brown, "New Patterns Are Emerging in Service Marketing Sector", *Marketing News*, 7 de junio, 1985, p. 2.

25. Thomas R. King, "Coming Soon: Cut-Rate Films on Tuesday", *The Wall Street Journal*, 13 de febrero, 1992, p. B1.

26. Rick Christie, "Marketing", *The Wall Street Journal*, 11 de mayo, 1990, p. B1.

27. Adam Bryant, "New President of Thrifty Wants Renting Cars to Be Fun", *The New York Times*, 12 de mayo, 1992, p. D5.

28. Cyndee Miller, "Research Reveals How Stress Can Win by a Nose", *Marketing News*, 4 de febrero, 1992, p. 1. Más detalles sobre este aspecto en la distribución de servicios se ofrecen en L. W. Turley y Douglas L. Fugate, "The Multidimensional Nature of Service Facilities: Viewpoints and Recommendations", *Journal of Services Marketing*, verano de 1992, pp. 37-45, y Mary Jo Bitner, "Service-scapes: The Impact of Physical Surroundings on Customers and Employees", *Journal of Marketing*, abril 1992, pp. 57-71.

29. Para una explicación más completa sobre la venta personal y los encuentros de servicios véase a Charles A. Pranter y Charles L. Martin, "Compatibility Management", *Journal of Services Marketing*, primavera de 1991, pp. 43-53; Madeline Johnson y George M. Zinkhan, "Emotional Responses to a Professional Service Encounter", *Journal of Services Marketing*, primavera de 1991, pp. 5-16; Mary Jo Bitner, Bernard H. Booms y Mary Stanfield Tetreault, "The Service Encounter: Diagnosing Favorable and Unfavorable Incidentes", *Journal of Marketing*, enero de 1990, pp. 71-84; y Mary Jo Bitner, "Evaluating Service Encounters: The Effects of Physical Surroundings and Employee Responses", *Journal of Marketing*, abril de 1990, pp. 69-82.

30. Más detalles sobre la gerencia de puestos que tienen contacto con los clientes se incluyen en Philip E. Varca, "Power, Policy, and the New Service Worker", *Marketing Management*, primavera de 1992, pp. 16-23; y Leonard L. Berry y A. Parasuraman, "Services Marketing Starts from Within", *Marketing Management*, invierno de 1992, pp. 25-34.

31. Milo Geyelin, "Debate Intensifies over State Regulations That Restrict TV Advertising by Lawyers", *The Wall Street Journal*, 31 de marzo, 1992, p. B1.

32. Algunas sugerencias sobre la reestructuración se indican en Stephen S. Roach, "Services under Siege-The Restructuring Imperative", *Harvard Business Review*, septiembre-octubre 1991, pp. 82-91.

33. Leonard A. Schlesinger y James L. Heskett, "The Service-Driven Service Company", *Harvard Business Review*, septiembre-octubre 1991, pp. 71-81.

34. Ambas citas están tomadas de "How Does Service Drive the Service Company?" (cartas al editor sobre el artículo mencionado en el pie de nota anterior), *Harvard Business Review*, noviembre-diciembre 1991, pp. 146-147.

35. Ronald T. Rust, Bala Subramanian y Mark Wells, "Making Complaints a Management Tool", *Marketing Management*, vol. 1 núm. 3, pp. 41-45.

36. Leonard L. Berry, "Improving America's Service", *Marketing Management*, vol. 1, núm. 3, pp. 28-38. En cada uno de los errores básicos, el autor expone varios ejemplos, las causas de los errores y recomendaciones para corregirlos.

CAPÍTULO 20

Marketing internacional

¿Se convertirá el mundo en un campo de juego para TOYS "R" US?

Cuando Toys "R" Us fue fundada en 1957, las tiendas de especialidades y de departamentos dominaban la industria de ventas de juguetes al menudeo en Estados Unidos. La fórmula de operación de la compañía consistía en un surtido estrecho pero muy profundo de mercancía y en precios de descuentos que ofrecía gracias a su trato directo con los fabricantes. Obtuvo tanto éxito con esta estrategia que se convirtió en el prototipo de la clasificación de los detallistas designados como eliminadores de categorías en el capítulo 14. En 1992 la cadena ya tenía ventas anuales de $6 mil millones de dólares y controlaba el 20% del mercado de juguetes.

El éxito de Toys "R" Us no pasó inadvertido. Las cadenas de descuento, entre ellas Kmart, Wal-Mart y Target (una división de Dayton-Hudson) empezaron a ampliar sus ofertas de juguetes. Sin embargo, más importante que su variedad de productos es la estrategia de estos competidores, para quienes los juguetes son una mercancía de bajo margen de utilidad que favorece un mayor aflujo, es decir, se sirve de ellos para atraer a personas que también adquieren otras cosas. De ahí que a menudo sus precios sean más bajos que los de Toys "R" Us.

Ante el decremento de las ventas en el mercado doméstico, la compañía empezó a buscar otros mercados en el extranjero. Los directivos se percataron de que el ambiente competitivo de muchos países se parecía al que inicialmente habían encontrado en Estados Unidos: los juguetes se vendían en pequeñas tiendas de especialidades o en los departamentos de los grandes establecimientos. Además, la demanda parecía basarse exclusivamente en la presencia de niños que desean un juguete o de padres y abuelos que desean obsequiárselo. De ahí que se hayan propuesto repetir en el mercado internacional el éxito que lograron en su país.

Toys "R" Us inauguró su primera tienda internacional en Canadá y luego pasó a Europa. En 1984 abrió su primera tienda asiática en Singapur. En los siguientes años fundó otras tiendas en Hong Kong, Malasia y Taiwán. Igual que en Estados Unidos, se benefició de su amplia selección y de sus precios más bajos que la competencia. Más aún, durante los años 80 mejoró el nivel de vida de esos países asiáticos. Por tanto, la gente disponía de más dinero para gastarlo en juguetes.

Además de su estrategia global de tiendas más grandes y precios más bajos, la compañía ha obtenido buenos resultados aplicando globalmente algunas tácticas. Por ejemplo, vende con grandes rebajas dos productos más: pañales desechables y una fórmula para lactantes. Con ellos atrae a los padres jóvenes quienes descubren las otras mercancías y se convierten en clientes regulares.

Sin embargo, Toys "R" Us no se ha limitado simplemente a aplicar en el extranjero los mismos métodos que usa en Estados Unidos. De acuerdo con el vicepresidente Robert Nakasone: "En todos los países en que entramos procuramos pensar globalmente y actuar en forma local." Una de las estrategias a que recurren consiste en encontrar un socio que esté familiarizado con los métodos del país. También se les da a los gerentes internacionales más libertad que las otras empresas norteamericanas para que adapten las tiendas a las costumbres y gustos locales. Por ejemplo, cada tienda mantiene un gran inventario de artículos producidos en el país anfitrión; por ejemplo, los tradicionales juegos de mesa en Malasia y las muñecas de porcelana en Japón. Y algunos viejos productos de gran éxito se adaptan y así se hacen más aceptables para el público. Por ejemplo, en la versión de Monopoly, Boardwalk y Park Place hechas en Hong Kong son sustituidas por los suburbios locales de Sheko y Repulse Bay.

Toys "R" Us ha empezado a entrar agresivamente en otros países de Europa: Austria, Suiza, Bélgica, Holanda, Luxemburgo, Hungría, Polonia y la ex Checoslovaquia. La meta es contar con 150 tiendas en Europa para el año 2000. Las ventas en el extranjero fueron de $1 mil millones de dólares en 1992, y se proyecta rebasar los $4 mil millones en 1997.[1]

¿Qué retos afrontará Toys "R" Us al continuar su expansión internacional?

OBJETIVOS DEL CAPÍTULO

Cuando vende en países extranjeros, una empresa se encuentra con sistemas culturales, económicos y legales muy distintos a los de su país de origen. Debe, pues, entender el nuevo ambiente y adaptarse a él, como lo hizo Toys "R" Us en Asia. Más aún, si una compañía desea entrar en el marketing internacional, su nivel de participación puede incluir desde la simple venta de bienes de exportación hasta la inversión en él. Por tanto, debemos examinar con detenimiento el marketing internacional.

Después de estudiar este capítulo, usted deberá ser capaz de explicar:

- La importancia que tiene el marketing internacional para las empresas y naciones.
- El impacto que los factores ambientales de cultura, economía y fuerzas legales/políticas ejercen sobre el marketing internacional.
- Las estructuras organizacionales alternas para trabajar en los mercados internacionales.
- Las consideraciones estratégicas al formular programas de marketing internacional.
- El papel de las balanzas comerciales en el marketing internacional.

EL ATRACTIVO DEL MARKETING INTERNACIONAL

¿Qué entendemos por marketing internacional? Una empresa cuyos productos se venden en dos o más países realiza el **marketing internacional**. Los principios básicos del marketing se aplican a él en la misma forma que al marketing doméstico. Sin importar si una compañía de Ohio vende en Toledo, Taiwán o Timbuktú, su programa de marketing deberá girar en torno a un buen producto que tiene un precio adecuado, que se promueve bien y que se distribuye a un mercado seleccionado con mucho cuidado.

Los mercados internacionales son vitales para muchas empresas. Algunas grandes corporaciones de Estados Unidos obtienen más de la mitad de sus utilidades después de impuestos de sus operaciones de marketing y producción en el extranjero. IBM y Boeing Aircraft consiguen regularmente la mitad de sus ingresos de las ventas efectuadas fuera del país. Seguramente el lector sabe que Sony, Benetton, Bic, Gucci, Heineken, Toyota y Adidas son compañías transnacionales. Pero, ¿qué decir de Lipton, Lever Bros., Columbia Pictures, Shell Oil, A&P y Burger King? ¿Sabía que estas empresas también son propiedad de corporaciones extranjeras? Para que tenga una idea general de la enorme importancia del mercado internacional, le recordamos que Francia, Canadá y el Reino Unido exportan cada uno una cantidad igual al 25% de lo que producen anualmente y que tanto Estados Unidos como Alemania exportan cerca de $400 mil millones de productos al año. Y en países que no podríamos imaginar, la exportación es también muy importante. Por ejemplo, Brasil exporta bienes por $35 mil millones y Corea del Sur, más de $60 mil millones anuales.

Una empresa pasa del mercado doméstico al internacional por varias razones. La primera es simplemente la existencia de los mercados internacionales. Existe una gran demanda de muchos productos de consumo en las naciones subdesarrolladas. Tomemos, por ejemplo, el caso de las diversiones, una categoría de productos a la que casi no se da importancia cuando se trata de exportar. La película *Pretty Woman* es la más popular de todos los tiempos en Israel y Suecia. Un 70% de los $20 mil millones que anualmente genera la

¿Sabía usted que una empresa japonesa, Matsushita, filmó la película *Jurassic Park (Parque Jurásico)*?

Marketing internacional

M&M/Mars tal vez no tenga una ventaja comparativa ni tecnológica, pero el gusto universal por el chocolate crea una oportunidad de marketing internacional.

industria de la música estadounidense proviene del exterior.² Y tanto en los países en vías de desarrollo como en los países industrializados, hay demanda de productos industriales como máquinas herramienta, equipo para construcción y computadoras.

Segundo, al irse saturando los mercados domésticos, los fabricantes (incluso quienes carecen de experiencia internacional) buscan mercados internacionales. Según vimos en el caso con que inicia el capítulo, Toys "R" Us encuentra algunos extremadamente atractivos, en parte por la presencia de competidores tan fuertes como Kmart y Wal-Mart en el ámbito nacional.

Tercero, algunos países poseen recursos naturales o humanos muy singulares que les dan una **ventaja comparativa**, cuando se trata de producir ciertos bienes. Este factor, por ejemplo, explica el predominio de Africa del Sur en los diamantes y la capacidad de los países subdesarrollados de Asia con bajos niveles de sueldos para competir exitosamente en el montaje manual de los productos.

Otro factor de la expansión internacional es el hecho de contar con una **ventaja tecnológica**. En un país, una industria determinada, frecuentemente alentada por el gobierno y estimulada por los esfuerzos de unas cuantas compañías, adquiere una ventaja tecnológica sobre el resto del mundo. Así, Estados Unidos dominó durante largos años la industria de la computación, a causa de la tecnología inventada por corporaciones como IBM y Hewlett-Packard. ¿Quién tiene hoy esta ventaja? La revista *Business Week* elaboró un índice de fuerzas tecnológicas, basado en el número y calidad de las patentes concedidas en un año. En 1991, las cuatro puntuaciones más altas del mundo correspondieron a las compañías japonesas (Toshiba, Hitachi, Canon y Mitsubishi) y los 10 más sobresalientes en este aspecto fueron las empresas del Japón o de Estados Unidos (Estman Kodak, IBM, General Motors y General Electric ocuparon los lugares quinto a octavo.)³

ESTRUCTURAS ORGANIZACIONALES PARA OPERAR EN LOS MERCADOS INTERNACIONALES

Los mercados internacionales dan origen a oportunidades muy atractivas, pero la competencia es intensa. El éxito lo obtienen las compañías que entienden los factores ambientales que influyen en el marketing internacional y se adaptan a ellos.

Al decidir si se entra en un país extranjero, los directivos han de seleccionar la estructura organizacional idónea. Hay muchos métodos para trabajar en los mercados internacionales (Tabla 20-1), que representan una participación cada vez mayor en ellos.

TABLA 20-1 Estructuras organizacionales para operar en los mercados internacionales

Exportar directamente o a través de exportadores-importadores	Sucursales de ventas	Licencias a productores extranjeros	Contratos de producción por fabricantes extranjeros	Empresas conjuntas y alianzas estratégicas	Subsidiarias de propiedad completa	Empresa multinacional

Poca participación en el extranjero ⟷ **Gran participación en el extranjero**

Exportación

La forma más simple de operar en el extranjero es **exportando**, ya sea directamente a los importadores de otros países, ya sea mediante intermediarios exportadores-importadores. En los mercados internacionales, lo mismo que en los mercados domésticos, hay comerciantes intermediarios y agentes intermediarios.

Un **comerciante exportador** es un intermediario que opera en el país del fabricante y compra bienes y servicios para exportarlos. Corre pocos riesgos y no invierte grandes cantidades. Tampoco debe poner mucho esfuerzo o dedicar mucho tiempo a esta actividad. Sin embargo, el exportador tiene poco o nulo control sobre los comerciantes intermediarios.

Un **agente exportador** puede encontrarse en el país del fabricante o bien en el país a donde se exportan los bienes. Negocia la venta del producto y a veces da los servicios tradicionales como obtener financiamiento internacional, embarques y seguros en favor del productor. Corre más riesgos porque el productor retiene la propiedad de los bienes. Como normalmente tratan con varios fabricantes, estos dos tipos de intermediarios generalmente no son vendedores agresivos y tampoco generan grandes volúmenes de ventas.

Con el fin de compensar estas deficiencias, a veces los gerentes pueden exportar a través de las **sucursales de ventas de la compañía**, situadas en el extranjero. De este modo pueden 1) promover sus productos de una manera más agresiva, 2) desarrollar sus mercados internacionales más eficazmente y 3) controlar mejor las actividades de ventas. Desde luego, los gerentes tienen entonces la tarea de dirigir una fuerza de ventas. El problema radica en que los vendedores son empleados enviados del país sede de la compañía que no están familiarizados con el mercado local o nativos del país anfitrión que no conocen el producto ni las prácticas mercadológicas de la organización. Como es la forma más fácil de llegar a mercados internacionales, la exportación es frecuente entre las compañías pequeñas.

Contratos

El **contrato** es una relación legal que permite a una compañía entrar en un mercado extranjero indirectamente, establecer en poco tiempo su presencia en él y no exponerse a muchos riesgos. Una forma de contrato es el convenio de licenciamiento. La **licencia** significa otorgar a otro fabricante (previo pago de honorarios o regalías) el derecho de utilizar el proceso de producción del cedente, sus patentes, marcas registradas y otros activos. Por ejemplo, en Japón la cervecería Suntory tiene permiso de Anheuser-Busch para producir la cerveza Budweiser, mientras que en Inglaterra Budweiser se elabora por autorización de la cervecería Watney.

Las **franquicias** han permitido a muchos detallistas de Estados Unidos, como McDonald's, Kentucky Freid Chicken y Pizza Hut expandirse rápidamente en el extranjero. Combinan una fórmula de reconocida eficacia operacional con el conocimiento local y la iniciativa emprendedora.

En el **contrato de manufactura**, una compañía como Sears, Roebuck firman un contrato con un fabricante extranjero para obtener productos que Sears vende después en el país del fabricante. Por ejemplo, en vez de importar herramientas y artículos de ferretería fabricados en Estados Unidos para sus tiendas de departamentos en México, Brasil y España, Sears celebra contratos con los fabricantes locales para obtener muchos productos.

Los contratos dan a las empresas flexibilidad con una inversión mínima. Le permiten al fabricante entrar en un mercado al que de lo contrario quizá no tendría acceso por las restricciones del intercambio, las cuotas de importación o aranceles prohibitivos. Por lo demás, al utilizar las concesiones, los fabricantes tal vez estén favoreciendo la aparición de futuros competidores. Un concesionario aprenderá todo lo que puede del productor y se independizará en cuanto se venza la concesión.

Inversión directa

Los consumidores de Budapest están dispuestos a soportar la lluvia con tal de comprar los Levi's auténticos.

Otra alternativa es la **inversión directa**, es decir, una compañía puede crear o adquirir sus propias plantas en un país extranjero. La estructura organizacional será entonces una empresa conjunta o bien una subsidiaria enteramente propiedad de la compañía matriz.

Una **empresa conjunta** (*joint venture*) es una sociedad en que se forma una empresa y es propiedad de la empresa doméstica y de una compañía extranjera. Un fabricante de ropa para niña de una conocida marca, OshKosh B'Gosh, opera en Wisconsin una empresa de este tipo con Poron, fabricante francés de ropa para niño. Esta estructura le proporciona a OshKosh una red de producción, ventas y distribución en el mercado europeo. Goldstar, compañía coreana de aparatos electrónicos, tiene una empresa conjunta con Iberna (Italia) y Gepi (Alemania) para producir refrigeradores. Los electrodomésticos se diseñan en la planta que Goldstar tiene en Irlanda, se hacen con componentes suministrados por Gepi y en Italia, Iberna fabrica los electrodomésticos.[4] Cuando el control de las acciones (más del 50%) es propiedad de empresas extranjeras, la compañía nacional no ejerce verdadero control ni sobre las actividades de marketing ni sobre las de producción. Pese a ello, una empresa conjunta a veces es la única estructura (fuera de las licencias) mediante la cual a una organización se le permite entrar en algunos mercados internacionales.

Muchas veces este tipo de empresa se crea país por país. Por ejemplo, una compañía estadounidense puede formar una empresa conjunta con varios socios de Canadá, México y Australia. Algunas grandes corporaciones han llevado a un nivel superior este concepto, formando alianzas estratégicas. Una **alianza estratégica** es un convenio formal y a largo plazo entre dos compañías para combinar sus capacidades y recursos a fin de alcanzar objetivos globales. Así, British Air y USAir constituyeron una alianza estratégica que con el tiempo les permitirá convertirse en una sola organización. Por ahora están integrando sus programas de vuelo, ventas de boletos, precios, servicios y publicidad. El convenio le da a British Airways acceso a las ciudades de Estados Unidos y a USAir le permite ofrecer a sus clientes rutas cómodas a más de 70 países.[5]

Las **subsidiarias de propiedad total** situadas en el extranjero son una modalidad que suelen emplear las compañías que han llegado ya a una etapa avanzada del mercado internacional. Les dan un control absoluto sobre el programa de marketing y las operaciones de producción. Gran parte del éxito de jeans 501 de Levi Strauss se atribuye a su sociedad con American West. De ahí la importancia de la autenticidad. Para asegurarse de que el producto se elabore y se presente en la misma forma en todo el mundo, Levi Strauss se sirve de subsidiarias y no de licenciatarios.[6] Sin embargo, este tipo de subsidiarias requiere una fuerte inversión de capital, mano de obra y atención gerencial. Por ejemplo, Cadbury Schweppes, compañía británica, compró Aguas Minerales (Peñafiel), el más grande productor de agua mineral en México. Adquirió una empresa con 80% de participación en el mercado mexicano de agua mineral junto con un sistema de distribución de sus refrescos: Canada Dry y Orange Crush. Para aumentar su participación en el mercado, implantó nuevas técnicas de embotellamiento e invirtió $13 millones de dólares en investigación de mercados.[7]

Corporación multinacional

Esto nos lleva al nivel máximo de participación en el mercado internacional (al que muy pocas compañías han llegado hasta la fecha): la **corporación multinacional.** Las compañías del extranjero y las domésticas se integran, sin que se las identifique por separado. Una oficina regional de ventas de Atlanta es esencialmente la misma que la de París. En otras palabras, ya no se cree automáticamente que las oportunidades del propio país sean más atractivas. Desde el punto de vista estratégico, una verdadera transnacional *no* se considera una empresa estadounidense (Ford Motor Company) ni suiza (Nestlé) ni una compañía holandesa (Shell Oil) que casualmente tiene plantas y mercados en el exterior. En una empresa verdaderamente mundial, la planeación estratégica de marketing se lleva a cabo con una perspectiva global.

En la tabla 20-2 aparecen diez corporaciones con sede en Estados Unidos que se clasifican como multinacionales. Nótese la ausencia de algunas de las más grandes de ese país como Boeing y Procter & Gamble. Ello se debe a que la lista contiene las compañías con más ventas provenientes de inversiones directas en el extranjero. En las estadísticas no figuran las ventas de exportación. A pesar de vender millones de dólares fuera de su país, Boeing y Procter & Gamble poseen inversiones más pequeñas que las de la tabla.

TABLA 20-2 Las 10 compañías estadounidenses con el mayor volumen de ventas de inversiones directas en el extranjero

Compañía	Ventas en el extranjero ($ millones)	Porcentaje de ventas totales en el extranjero
Exxon	78 073	76
IBM	40 358	62
General Motors	39 083	32
Mobil	38 778	68
Ford	34 477	39
Texaco	24 754	50
Chevron	17 180	38
E.I. Du Pont	17 086	45
Citicorp	16 848	53
Philip Morris	13 152	27

Fuente: "U.S. Corporations with the Biggest Foreign Revenues", *Forbes*, 20 de julio, 1992, p. 298.

Hemos descrito los anteriores métodos de investigación como técnicas individuales, pero no es raro que una firma utilice más de una al mismo tiempo. Así, Hershey exporta dulces a Canadá, participa en una empresa conjunta con la más grande compañía de dulces de Escandinavia y hace poco adquirió una subsidiaria de propiedad completa en Alemania al comprar Gubor, compañía de chocolates en caja.[8]

PLANEACIÓN ESTRATÉGICA DEL MARKETING INTERNACIONAL

Las empresas que han logrado un gran éxito en el marketing doméstico no tienen seguridad alguna de que también lo consigan en los mercados internacionales. Un desempeño satisfactorio en ellos requiere: 1) conocer el ambiente del mercado internacional y 2) determinar cuáles métodos gerenciales y elementos de la mezcla del marketing a nivel nacional han de transferirse directamente a los mercados internacionales, cuáles hay que modificar y de cuáles se prescindirá.

La expresión **marketing global** designa una estrategia en que en todo el mundo se aplica esencialmente el mismo programa de marketing.

Probablemente la firma que mejor representa este enfoque es Coca-Cola. Pero, a pesar de vender los mismos productos y utilizar temas promocionales comunes en todo el mundo, también ella adopta su estrategia a cada mercado. Por ejemplo, el tamaño y tipo de contenedor (botella, lata o ambas) se ajustan a las regulaciones y costumbres locales. En la presente sección examinaremos las consideraciones fundamentales que rigen el diseño de un plan estratégico de marketing internacional.

Análisis del ambiente

En todo el mundo, la demanda del mercado depende de la cantidad de personas, de la capacidad y el comportamiento de compra. Por lo demás, las necesidades y deseos del

COMPROMISO CON LA CALIDAD

¿POR QUÉ DEBE INICIARSE EL DESARROLLO DE LAS HABILIDADES DE LA DIRECCIÓN INTERNACIONAL?

En muchas corporaciones, a las misiones en el extranjero se envía a gerentes de alto nivel que ya han demostrado su capacidad y a quienes se está preparando para ocupar puestos muy importantes. Pero ahora las cosas empiezan a cambiar. Luego de reconocer la necesidad de crear un equipo con experiencia internacional, empresas como American Express, Colgate-Palmolive, General Electric, Honda y PepsiCo preparan a algunos de sus mejores gerentes jóvenes para que aprendan a realizar negocios en otras culturas y a entender las necesidades globales de los consumidores. A los empleados con apenas 2 años de experiencia se les enseñan idiomas, se les envía en viajes de negocios y se les asignan reponsabilidades en el extranjero. Con una experiencia temprana de este tipo adquieren una perspectiva amplia, elemento indispensable en los mercados globales del mundo actual.

¿Qué pasos habrá de dar un estudiante universitario que aspira a trabajar en el mercado internacional después de graduarse?

Fuente: Joann St. Lublin, "Younger Managers Learn Global Skills", *The Wall Street Journal*, 31 de marzo, 1992, p. B1.

---

hombre son semejantes en todo el mundo. El ser humano necesita alimento, ropa y vivienda. Busca una mejor calidad de vida: menores cargas de trabajo, más tiempo libre, reconocimiento y aceptación social. Pero aquí parecen terminar las semejanzas entre el mercado nacional e internacional; habrá que tener en cuenta las diferencias de cultura, el ambiente económico y los factores legales y políticos.

Factores socioculturales. La cultura es un conjunto de valores compartidos que se transmiten de una generación a otra dentro de una sociedad. Esos valores determinan lo que es una conducta aceptable desde el punto de vista social. A continuación se explican algunos de los muchos elementos culturales que influyen en el programa de marketing de una compañía.

Familia. En algunos países la familia es una unidad muy compacta, mientras que en otros los miembros de una familia obran de una manera muy independiente. Las situaciones de las familias de un país tal vez exijan un tipo especial de promoción y, posiblemente, hasta clases diferentes de productos.

Conducta y costumbres sociales. A veces es difícil entender el comportamiento habitual. Así, cuando toman una medicina, los ingleses y holandeses prefieren píldoras de color blanco, los franceses las prefieren de color morado y a todos ellos les disgusta el rojo, que es el color más popular en Estados Unidos. En otros casos, las preferencias se explican fácilmente. Un ejemplo de ello lo encontramos con la pasta preparada para panecillos, que

Pillsbury vende en tubos. Pero como los ingleses esperan que los tubos contengan salchichas, Pillsbury reempacó la pasta en otro tipo de contenedores para su venta en Inglaterra.[9]

Educación. El nivel escolar de un país incide en el porcentaje de analfabetismo, lo que a su vez influye en la publicidad, el uso de marcas y etiquetas. La marca puede constituirse en el aspecto central de la estrategia del marketing, si los consumidores potenciales no saben leer y deben reconocer el producto por la imagen de la etiqueta.

Diferencias de lenguaje. Este tipo de diferencias también plantea problemas. Una traducción literal de un mensaje publicitario o del nombre de una marca puede hacer que el público se burle del producto o hasta lo rechace. Algunas palabras poseen distintos significados en países que, supuestamente, hablan un mismo idioma. Mars, fabricante norteamericano de dulces, introdujo su barra de chocolate Snickers en Inglaterra con el nombre Marathon, porque *snickers* (en español: risita) se parece mucho a *knickers* que es la palabra con que los británicos designan las pantaletas o calzones.[10]

Ambiente económico. Una empresa multinacional ha de analizar rigurosamente las condiciones económicas del país. La infraestructura y la etapa de su desarrollo económico serán factores clave que afectan al atractivo de un mercado y indican cuál será una estrategia apropiada de marketing.

Infraestructura. La capacidad de un país para proporcionar transporte, comunicaciones y energía es lo que se llama **infraestructura**. Según el producto y el método de marketing de que se trate, una empresa multinacional necesitará ciertos niveles de infraestructura. Por ejemplo, para un fabricante de bienes de consumo que venda un producto barato será indispensable un sistema de transporte que permita una distribución masiva. ¿Y qué decir de las comunicaciones? A algunas compañías les será imposible realizar sus operaciones si no disponen de periódicos dónde anunciarse o de teléfonos para ponerse en contacto con otras firmas.

Existe el peligro de que las compañías supongan que en otros países también hay los sistemas y servicios con que cuentan en el suyo. El experto en marketing internacional deberá saber qué estructura se requiere y de cuáles dispone. Por ejemplo, en Estados Unidos hay 50 teléfonos por cada 100 persona, mientras que en la ex República Alemana hay cerca de 1.5 teléfonos por cada 100 personas.[11]

Nivel del desarrollo económico. El **nivel de desarrollo económico** de un país es una indicación general de los tipos de productos que probablemente tengan demanda. Así, una compañía puede servirse del nivel de desarrollo al momento de identificar los mercados potenciales. El criterio más común para evaluar el desarrollo es el producto interno bruto (PIB), medida del valor de todos los bienes y servicios que produce un país durante un año.

Entre las aproximadamente 150 naciones del mundo, cerca de 80 tienen un PIB menor que $1700 dólares per cápita. Estos países carecen de la mayor parte de los recursos necesarios para crecer y a menudo requieren ayuda del exterior. Frecuentemente su gobierno es inestable y afronta problemas de sobrepoblación. A esta categoría pertenecen Etiopía, Somalia, Sudán, Afganistán, Burma, Vietnam, Haití y Bangladesh. La mayor parte de estos

USTED TOMA LA DECISIÓN

¿DEBERÍAN ENSEÑARSE LAS DIFERENCIAS CULTURALES A LOS GERENTES QUE TRABAJAN EN EL MARKETING INTERNACIONAL?

El comportamiento puede ser interpretado de manera diferente según el lugar del mundo donde se realice. A continuación se dan ejemplos capaces de ocasionarle problemas al experto en marketing poco informado:

Lenguaje corporal
- Estar de pie con las manos en la cintura es un gesto de desafío en Indonesia.
- Conversar con las manos en los bolsillos causa una mala impresión en Francia, Bélgica, Finlandia y Suecia.
- Cuando uno mueve la cabeza de un lado a otro, ese gesto significa "sí" en Bulgaria y Sri Lanka.
- Cruzar las piernas y dejar ver la suela de los zapatos no es una conducta aceptable en los países musulmanes.

Contacto físico
- Darle una palmadita a un niño en la cabeza es una grave ofensa en Tailandia y Singapur, ya que en esos países la cabeza se reverencia como la sede del alma.
- En una cultura oriental, tocar a otra persona se considera una violación de la intimidad, mientras que es una señal de amistad y cortesía en el sur de Europa y en los países arábigos.

Puntualidad
- Ser puntual es una señal de respeto en Dinamarca y en China.
- En las naciones latinas, el anfitrión o el socio de negocios se sorprenderá (y probablemente no esté preparado) si uno llega a la hora convenida.

Ingestión de alimentos
- Es una descortesía dejar algo en el plato cuando se come en Noruega, Malasia o Singapur.
- En Egipto, es descortés *no* dejar algo en el plato.

Mencione algunas diferencias culturales de su país que los gerentes extranjeros deben tener presentes.

---

países menos desarrollados no son mercados atractivos para los bienes de consumo ni para productos de alta tecnología. Pero no se les debe ignorar por completo. Los países con un menor desarrollo industrial desean adquirir tecnología que, entre otras cosas, les permite incrementar la producción agrícola. Con el propósito de atraer tecnología y expertos en varios campos de la tecnología y crear empleos para la población, los gobiernos de esas naciones ofrecen incentivos a las empresas extranjeras. Por ejemplo, tal vez garanticen el pago de los bienes que se vendan a crédito a las compañías locales.

El siguiente nivel de países tienen un PIB promedio que fluctúa entre $1700 y $5500. A este grupo de unas 35 naciones (entre ellas Singapur, Corea del Sur y Taiwán) se les da el nombre de **países recién industrializados.** Combinan una industriosa fuerza de trabajo, sueldos bajos y gobiernos estables para generar altos índices de crecimiento económico. Normalmente exportan bienes manufacturados e importante tecnología y bienes de consumo. Son mercados sumamente atractivos para empresas que poseen una ventaja tecnológica.

Por último, tenemos los **países muy industrializados**, cuyo PIB per cápita supera las $5500. Cerca de 35 países caen dentro de esta categoría, encabezados por Estados Unidos, Canadá, Japón, Alemania, Italia, Francia e Inglaterra. Tienen infraestructuras bien desarrolladas, altos niveles de escolaridad y alfabetismo, gobierno estables, una tecnología en constante progreso y trabajadores bien capacitados. Todos ellos exportan gran cantidad de bienes. Aunque son los países más ricos, en ellos los importadores afrontan la competencia más dura.

Nótese que una clasificación como ésta es de gran utilidad, pero ha de combinarse con otros indicadores para evaluar el potencial del mercado. Por ejemplo, los promedios a veces resultan engañosos. Por sus ingresos petroleros y su pequeña población, Arabia Saudita se encuentra en el mismo grupo de Suiza, Japón y Estados Unidos. Pero su nivel de desarrollo económico es muy distinto al de esas tres naciones. Así pues, cuando analicen la *capacidad económica de compra* en determinado mercado, los gerentes deberán examinar además factores como 1) distribución del ingreso, 2) tasa de crecimiento del poder adquisitivo y 3) financiamiento disponible.

Factores políticos y legales. En el aspecto político, a las compañías multinacionales les interesan sobre todo la estabilidad de los gobiernos y sus actitudes hacia el comercio libre. Sin duda la inestabilidad aumenta el riesgo al hacer negocios en un país. Por ejemplo, los frecuentes golpes de estado en Tailandia la hacen menos atractiva, desde el punto de vista de las empresas, que algunos otros países del sureste de Asia. El otro factor político es el riesgo de **expropiaciones**, o sea el hecho de que el gobierno se adueñe de las inversiones extranjeras. La expropiación se ha vuelto una práctica poco común (los casos más recientes son los de los países productores de petróleo en el Golfo Pérsico) a causa de los efectos negativos a largo plazo que tiene en las inversiones futuras.

Barreras comerciales. Las principales fuerzas legales que afectan a las compañías multinacionales son las barreras levantadas por los gobiernos para limitar el comercio y proteger a las industrias nacionales. A continuación se dan algunos ejemplos de este tipo de barreras:

- **Aranceles.** Se llama así a los impuestos fijados a los productos que se importan. Sirven para proteger a los productores nacionales y para incrementar los ingresos. Así, Japón impone un alto arancel a la importación del arroz.
- **Cuotas de importación.** Es la cantidad máxima que puede importarse. Igual que los aranceles, las cuotas tienen por objeto proteger la industria nacional.
- **Leyes de contenido local.** Son regulaciones que especifican la proporción de los componentes y mano de obra de un producto terminado con que ha de cumplir el país importador. Por ejemplo, los automóviles japoneses no pueden venderse en Taiwán si una parte de ellos no se montan en este país. A fin de cumplir con este tipo de leyes, una firma puede importar la mayor parte de un producto, comprar algunas en el país anfi-

Taiwán, país recién industrializado con un ingreso discrecional cada día mayor, es un mercado muy atractivo para McDonald's.

trión y hacer que el producto final se arme allí. Con estas leyes se busca crear empleos y proteger las empresas nacionales.
- **Boicot.** Es la negativa a comprarle productos a determinada compañía o nación. El gobierno utiliza los boicots, que también reciben el nombre de embargos para castigar a otro país por lo que considera reglas injustas de importación.

Tratados comerciales. Con estos convenios se aminoran las barreras comerciales al darse un trato preferencial a las compañías de los países miembros. Sin embargo, también pueden hacer que éstos levanten barreras que obstaculizan el comercio con el resto del mundo. Y, por tanto, pueden afectar de una u otra manera a todas las empresas. Al examinar cuatro tratados comerciales muy importantes, podremos hacernos una idea bastante exacta de la función que desempeñan en el marketing internacional:

- El **GATT (Acuerdo General sobre Aranceles Aduaneros y Comercio).** Esta organización se fundó en 1948 para establecer prácticas de comercio justo entre sus miembros. Hoy más de 100 naciones participan en negociaciones periódicas referentes a cuestiones como reducción de los aranceles, restricciones de importación, reglas de contenido local y subsidio de la industria por parte del gobierno.

  Un asunto que se ha presentado al GATT es la protección de la propiedad intelectual por medio de leyes uniformes de copyright y de patente. Un ejemplo nos servirá para entender bien este problema. Compañías como Pfizer Pharmaceuticals invierte un promedio de $230 millones de dólares y 10 años de trabajo en el desarrollo de un nuevo medicamento. Pero, una vez en el mercado, un químico bien calificado puede reproducirlo en unas cuantas semanas. Dado que las leyes de patente varían según cada país, el medicamento puede producirse y venderse en otras partes del mundo sin que Pfizer reciba beneficio alguno.

  Otro problema que afronta el GATT en muchos países subdesarrollados son las regulaciones de Estados Unidos que protegen sus industrias textiles y de ropa. Se estima que con ellas se incrementan, en un 50%, los costos de la ropa al mayoreo en Estados Unidos.[12] El GATT ofrece un foro para celebrar negociaciones, pero sin que garantice que se llegue a soluciones definitivas.

- La **Comunidad Europea (CE)**. Esta alianza político-económica ha ido evolucionando desde la creación del Tratado de Roma firmado en 1957 por seis países (Francia, Italia, Bélgica, Alemania Occidental, Luxemburgo y Países Bajos) y originalmente se llamó Mercado Común Europeo. Con los años el número de miembros ha crecido (en 1993 ya se habían incorporado Dinamarca, Gran Bretaña, Grecia, España, Irlanda y Portugal, y otras naciones habían solicitado su admisión) (Fig. 20-1). Su objetivo central es liberalizar el comercio entre sus miembros. Más exactamente, la meta es crear un solo mercado para todos ellos, el cual permita el libre intercambio de bienes, servicios, personas y capital. Además, sus integrantes se regirán por las mismas reglas de transporte de bienes, regulación de los negocios y protección del ambiente.

  Se fijaron los últimos años de 1992 como el plazo para llevar a cabo un plan tan ambicioso. Si bien se había avanzado mucho en su realización, todavía quedan por resolver muchas cuestiones. Por ejemplo, los fabricantes de automóviles aún no produ-

Marketing internacional

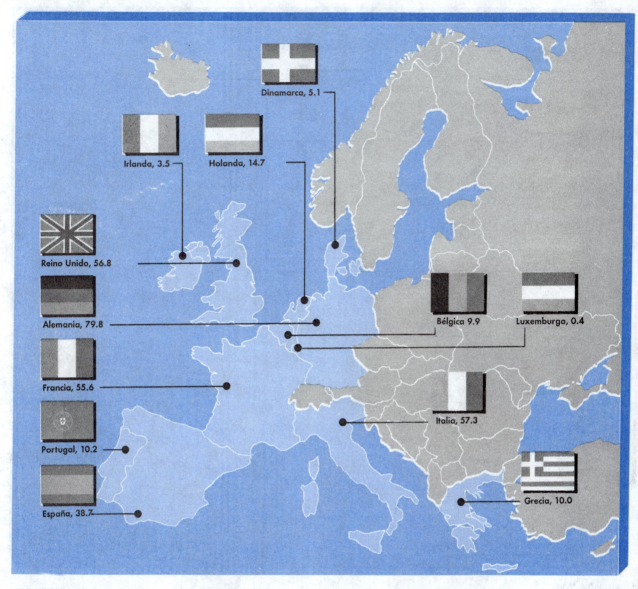

FIGURA 20-1

Los países de la Comunidad Europea en 1993 (población en millones)

cían varios motores para cumplir con las normas de los países miembros y una compañía con sede en la Comunidad Europea estaba obligada a establecer una subsidiaria en Italia para poder vender acciones en ese país.[13] A pesar de los retrasos y deficiencias, se reconoce que es inevitable una mayor liberalización del comercio en Europa.

Resulta sumamente atractivo un mercado de 325 millones de consumidores con regulaciones comunes respecto a la publicidad, empaque y distribución. Pongamos un ejemplo: a causa de las restricciones aduaneras de los países y de los retrasos por trámites administrativos, en el viejo sistema un camión que partía de Londres recorría un

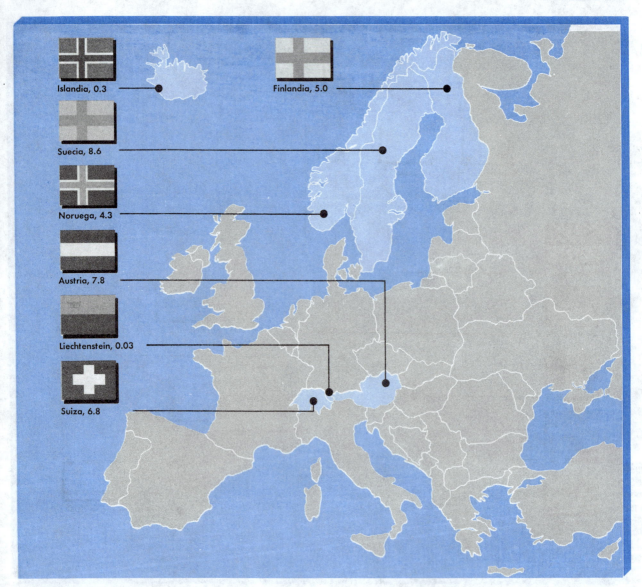

FIGURA 20-2

Países miembros de la Asociación Europea de Comercio Libre (con la población en millones)

promedio apenas de 12 millas por hora. Sin esos retrasos, el viaje dura hoy al menos un 50% menos.[14]

¿Qué significa lo anterior para el resto del mundo? Si bien con el tiempo la unificación económica de la Comunidad europea terminará suprimiendo las barreras comerciales internas, las compañías de otras partes del mundo temen que las barreras externas limiten el ingreso de sus productos. Estas organizaciones prevén una "fortaleza europea" que restringirá la competencia externa en los países miembros. La Comunidad

Marketing internacional

FIGURA 20-3

Costa asiática del Océano Pacífico (población en millones)

Esta región del mundo alberga 2 mil millones de personas, con distintas culturas y niveles muy heterogéneos de desarrollo económico.

Europea será además una importante fuerza competitiva como exportadora en los mercados mundiales. En consecuencia, hubo una verdadera invasión de inversiones del extranjero, cuando antes de 1992 muchas compañías empezaron a establecer fábricas, sucursales de venta y a realizar otras formas de negocios en estas naciones. Por ejemplo, International Paper, empresa estadounidense, compró fábricas de papel en Francia, Suiza y Alemania en 1989 y en 1990.[15]

Sin duda la Comunidad Europea seguirá expandiéndose ahora que varios países de Europa Central y Europa Oriental se convirtieron en miembros asociados (con los

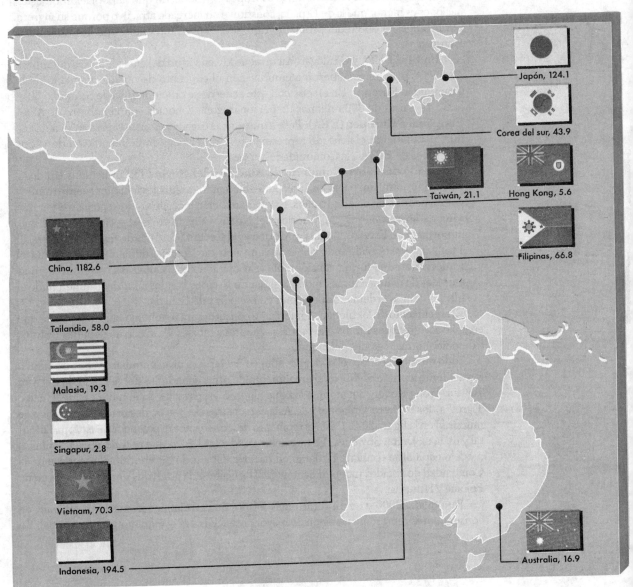

mismos privilegios comerciales) y luego en miembros con todos los derechos (que pueden participar en el establecimiento de políticas). Se piensa que esas naciones, las cuales hoy consumen pequeñísimas cantidades de bienes elaborados en Occidente, serán en el futuro los mercados de mayor crecimiento.[16]

- La **Asociación Europea de Comercio Libre (EFTA).** Esta organización, constituida en 1960, ha logrado eliminar la mayor parte de las barreras comerciales existentes entre sus miembros. Está formada por Austria, Finlandia, Islandia, Liechtenstein, Noruega, Suecia y Suiza (Fig. 20-2; Dinamarca, Inglaterra y Portugal dejaron de pertenecer a ella para afiliarse a la Comunidad Europea). A pesar de que la población de estas naciones es menor que la de España, constituye un mercado atractivo porque su ingreso per cápita es el doble del promedio que perciben los integrantes de la Comunidad Europea.

  En 1992 EFTA y CE llegaron a un acuerdo en virtud del cual los países miembros de EFTA se comprometieron a cumplir con el concepto de un solo mercado de la Comunidad Europea. En efecto, con este acuerdo se creó una zona de comercio libre entre 19 países de 380 millones de personas, zona conocida con el nombre de **Área Económica Europea (EEA)**. Pese a que ambas organizaciones conservan su autonomía, para muchos el acuerdo representa un primer paso en la integración de varios miembros de EFTA a la Comunidad Europea.

- El **Tratado del Libre Comercio de América del Norte (TLC).** Estados Unidos y Canadá firmaron un pacto en 1989 para eliminar los aranceles aduaneros entre ambos por un periodo de más de 10 años. Esta organización incorporó a México para crear una zona de libre comercio en América del Norte. Canadá ya es el socio comercial más importante de Estados Unidos, y México es el tercero (después de Japón). Así pues, el TLC, que se irá realizando por etapas en más de 15 años, difícilmente amentará el comercio en una forma considerable. En opinión de los analistas, veremos algunas empleos de manufacturas y montaje pasar de Estados Unidos a México, aumentando al mismo tiempo la demanda de bienes de ese país y de Canadá.

El crecimiento de los bloques comerciales constituye un fenómeno muy importante que creará oportunidades y retos a las empresas multinacionales. Pero ello no debería llevarnos a descuidar otras regiones del mundo.

Todo mundo reconoce el poder económico del Japón a nivel mundial. Lo que no resulta tan evidente a primera vista es el crecimiento de otras economías del Asia: Corea del Sur, Taiwán, Hong Kong y Singapur, a los que algunas veces se les da el mote de los "Cuatro Tigres" o los "Cuatro Dragones" de Asia. Los países de mayor desarrollo económico se muestran en la figura 20-3. Hasta el momento desconocemos el potencial de Europa Oriental y de la ex Unión Soviética. Es imposible predecir el éxito que obtendrán al adoptar el modelo capitalista o cuánto tardarán en hacerlo. Con todo, es enorme el potencial de la Comunidad de Estados Independientes (CEI), encabezada por Rusia y otras naciones como Polonia y Hungría.

Para el año 2000 y en un futuro más lejano, tal vez China con sus *1 mil millones* de consumidores represente la región de mayor potencial para el marketing internacional. Y a

Marketing internacional

su vez tiene una gran capacidad como exportador de productos baratos. Ya hemos presentado un panorama general de estas posibilidad. En 1990, China fue un importante exportador de ropa. Allí se han incrementado de modo impresionante las ventas de cosméticos importados, cosa inimaginable hace unos cuantos años. Kentucky Fried Chicken inauguró recientemente la tienda más grande de su cadena en la plaza situada frente al mausoleo de Mao en Beijing. Coca-Cola y Pepsi-Cola, por su parte, empiezan a competir agresivamente por conseguir una mayor participación en el mercado de China.

Diseño de la mezcla de marketing

Una vez examinado el ambiente de un mercado internacional, el gerente está listo para diseñar una mezcla de marketing que satisfaga las necesidades de los consumidores y logre los objetivos de la organización. Como veremos en seguida, es preciso modificar las prácticas nacionales o bien reemplazarlas totalmente en el marketing internacional.

Investigación del mercado. La escasez de *datos estadísticos confiables* puede ser el problema más grave de algunos mercados internacionales. Por lo regular, la calidad de los datos guarda relación directa con el desarrollo económico de un país, aunque no siempre es así. Por ejemplo, la mayor parte de las naciones (entre ellas Inglaterra, Japón, Francia, España e Italia) no incluyen preguntas sobre el ingreso en sus censos a nivel nacional.[17] En algunas partes del mundo, las estadísticas sobre población y producción no pasan de ser meras estimaciones. En los países subdesarrollados, rara vez se realizan estudios acerca de aspectos como hábitos de compra o cobertura de los medios. En el diseño de un proyecto de investigación, la falta de listas confiables dificulta muchísimo incluso la selección de una muestra representativa. Otro problema lo constituye la ausencia de uniformidad en la forma de definir, en varias partes del mundo, medidas como desempleo y costo de vida. De ahí la escasa confiabilidad de las comparaciones que se realizan entre las naciones.

Otro problema se relaciona con la obtención de datos directamente de los prospectos y clientes. Así, las encuestas por teléfono tienden a ser inválidas, si prácticamente toda la población de un país no dispone de este servicio. La calidad de la información depende también de la disposición de los encuestados a responder con la verdad, cuando los investigadores les planteen preguntas respecto a sus actitudes o hábitos de compra. Efectuar encuestas siempre es muy difícil en sociedades donde los sondeos de opinión son poco comunes, a los extranjeros se les ve con suspicacia, no se confía en el gobierno o la gente piensa que las decisiones y opiniones referentes a las compras son un asunto privado.

Planeación del producto. Una pregunta decisiva en la planeación del producto se refiere a lo siguiente: ¿hasta qué punto puede una compañía vender un mismo producto en varias naciones? La **extensión del producto** describe la situación en que un producto estándar se vende en dos o más países. Por ejemplo, los fabricantes del cereal Kellogg y General Mills han ampliado el mercado de marcas norteamericanas tan famosas como Cheerios y Rices Krispies llevándolas a muchas partes del mundo. Levi Strauss también ha vendido con éxito su marca 501 de jeans en muchas partes del mundo.

Podemos hacer generalizaciones sobre las extensiones de los productos. El área más prometedora para la estandarización la constituyen los bienes industriales duraderos. En

Tokio Disneyland ha sido una extensión de producto mucho más exitosa que EuroDisney en Francia.

muchas industrias como la aviación, la computación y los tractores, el mercado mundial (al menos entre las naciones industrializadas) es muy uniforme. En la mitad del espectro de la estandarización podemos situar los bienes duraderos de consumo: cámaras fotográficas, relojes de pulsera, calculadoras manuales, pequeños electrodomésticos y televisores. Los bienes más difíciles de estandarizar son los productos alimenticios y las bebidas. (Coca-Cola y Levi Strauss constituyen la excepción.) Ello se debe a los gustos y hábitos de cada pueblo. Por ejemplo, en Francia el consumo de cereal seco por cápita es apenas de 0.59 kilogramos anuales, mientras que en Estados Unidos es de 6.03 kilogramos.[18] Aún en mercados nacionales como el estadounidense, a menudo se observan importantes diferencias regionales en las preferencias por la ropa y los alimentos.

Una segunda opción es la **adaptación del producto**, la cual consiste en modificar un producto que se vende bien en un mercado para ajustarlo a las necesidades o exigencias de otros. Cuando Sara Lee Corporation entró en el mercado británico, cambió la capa final de fresas para su pastel de queso (de gran aceptación en Estados Unidos) por el de grosellas negras.[19]

La tercera opción es la estrategia de **invención**, o sea desarrollar un producto enteramente nuevo para un mercado extranjero. Se ideó un detergente concentrado en cajas compactas para que cupiera en las pequeñas alacenas de los hogares japoneses.

Los expertos en marketing deben estudiar detenidamente el ambiente cultural y económico de los mercados, tanto internacional como doméstico, antes de planear los productos correspondientes. Así, en Europa un refrigerador de 6 pies cúbicos es el tamaño más popular; en cambio, en Estados Unidos se prefieren unidades más grandes. Es verdad que la diferencia del costo y el predominio de las cocinas más pequeñas en Europa son factores de decisión. No obstante, las razones fundamentales se encuentran en los patrones culturales del comportamiento de la población. En Europa, muchas amas de casa compran alimentos diariamente y, por tanto, no adquieren grandes cantidades que deberían guardar varios días dentro de un refrigerador. Muchas de ellas no tienen automóvil, de modo que caminan a la tienda y no quieren cargar grandes cantidades de comestibles. Y además los europeos comen cerca de la mitad de alimentos congelados que los norteamericanos, por lo cual para ellos no es importante un gran espacio en el congelador.

El uso de marcas y de etiquetas es otra importante consideración en el marketing internacional. Como se señaló con anterioridad, la marca puede a veces ser la única parte de la etiqueta que el público reconoce en algunos países. También señalamos que los problemas de idioma pueden hacer que un nombre de marca sea inapropiado en ciertos mercados. Casi todas las firmas prefieren utilizar el mismo nombre de marca en los mercados nacional e internacional, pues ofrece mayor familiaridad y reconocimiento global, además de que permite lograr ahorros en la promoción. Heinz utiliza la marca Weight Watchers en sus carnes frías de Gran Bretaña, como lo hecho tan exitosamente en Estados Unidos. Unilever tiene más éxito en ese mismo mercado con un producto similar llamado Healthy Options. A diferencia de sus colegas norteamericanos, los ingleses son más influenciables por un producto que mejore salud que por otro que les ayude a bajar de peso.[20]

Fijación de precios. En capítulos anteriores vimos que determinar el precio base y formular las estrategias de precios son tareas complejas, las cuales a menudo requieren tomar decisiones de tanteo. Y se vuelven más complejas todavía en el caso del marketing internacional. Un exportador afronta variables como conversión del tipo de cambio, las diferencias de lo que se incluye en la cotización de precios y falta de control sobre los precios establecidos por los intermediarios.

Los precios basados en el costo total unitario y en la ganancia marginal son una práctica bastante común en el marketing de exportación. Debido a los gastos adicionales de la distribución física, los aranceles aduaneros y otros gastos de exportación, los precios internacionales suelen ser mucho mayores que los que el mismo producto tiene a nivel nacional. Por ejemplo, el Jeep Cherokee cuesta unos $12 000 dólares más en Japón que en Estados Unidos.[21] En el comercio al menudeo, la negociación de precios es muy común en muchos mercados internacionales (particularmente en Asia, Africa y Sudamérica) y ha de tenerse en cuenta al momento de fijar el precio inicial.

En ocasiones el precio internacional es menor que el nacional. El precio puede reducirse para hacer frente a la competencia de las compañías multinacionales o bien para deshacerse de productos obsoletos. Algunas veces las compañías practican el **dumping**, o sea venden productos en el mercado mundial a precios más bajos que los que cobran en el mercado doméstico. A las compañías automotrices y de aparatos electrónicos se les ha acusado de aplicarla en Estados Unidos, a fin de aumentar las ventas y lograr participación en el mercado. La mayor parte de los gobiernos considera que el dumping (vender bienes por debajo del costo) es una práctica mercantil injusta que generalmente provoca amenazas de imponer aranceles o de establecer cuotas.

Los intermediarios extranjeros no suelen ser agresivos en sus estrategias de precios. Prefieren obtener altos márgenes unitarios de utilidad con pequeños volúmenes de ventas; de ahí que no rebajen los precios para generar grandes volúmenes. De hecho, en muchos mercados mundiales se observa una gran rigidez de precios. En algunos casos la inflexibilidad obedece a que las compañías firman convenios que limitan los precios independientes. También puede deberse a la legislación. Por ejemplo, las leyes británicas prohíben a los mayoristas venderles a los consumidores finales. Ello le ha causado problemas a Costco, tienda mayorista de Estados Unidos que trata de entrar en el mercado de ese país. Su fórmula de operación está diseñada para generar dos terceras partes de las ventas entre los negocios pequeños que compran a precios al mayoreo y una tercera parte entre el público consumidor.[22]

Los precios pueden cotizarse en la moneda de la compañía vendedora o en la del cliente extranjero. Aquí nos encontramos con problemas de tipo de cambio internacional y problemas relacionados con la conversión de la moneda. En términos generales, una empresa dedicada al comercio internacional, ya sea exportando o importando, preferirá tener el precio cotizado en su moneda nacional. De ese modo, en la transacción los riesgos de las fluctuaciones en el tipo de cambio internacional recaerán sobre el otro.

Una alternativa de los precios basados en la moneda es el trueque, llamado también **trueque industrial.** En vez de comprar bienes con dinero, algunos países prefieren intercambiar productos de fabricación nacional por bienes importados. PepsiCo, por ejemplo, intercambia refrescos a Polonia por sillas de madera que emplea en sus tiendas Pizza Hut de Estados Unidos.[23] Dos razones que justifican el trueque industrial son:[24]

- **Falta de una moneda fuerte.** Los países menos desarrollados no tienen una moneda bastante fuerte (el dinero de los países que presentan una estabilidad razonable en los mercados mundiales) para adquirir los bienes de capital necesarios. Por ello ofrecen productos menos sofisticados a cambio de equipo y tecnología. Una compañía canadiense que vende acero en Indonesia recibe a cambio aceite de palma, café, madera y muebles hechos con junco de Indias.
- **Una deficiente estructura de marketing.** Algunos países carecen de una estructura de marketing que aliente el mercado internacional o que permita realizarlo. Sin un sistema global de distribución, sin suficiente promoción o sin la capacidad de dar el servicio, no están en condiciones de vender sus bienes domésticos en el extranjero. Con el propósito de superar este problema, tal vez las compañías extranjeras que exportan productos hacia ellos deban aceptar bienes locales como pago parcial o total. Tanto China como Rumania imponen a los importadores la obligación de aceptar el trueque industrial.

Las combinaciones de fabricantes e intermediarios se toleran mucho más en algunos países que en Estados Unidos. Se permiten aun cuando su finalidad sea limitar el comercio y aminorar la competencia. Sabedor de esta situación, el Congreso estadounidense aprobó en 1918 la Webb-Pomerene Act. Es una ley que permite a las empresas del país unirse a este tipo de combinación comercial en el extranjero, sin que se les acuse de violar las leyes antimonopolio de Estados Unidos.

El cártel es la forma más conocida de estas combinaciones de marketing internacional. Un **cártel** es un grupo de compañías que elaboran productos similares y que actúan de manera colectiva para reducir la competencia en la producción y en el marketing. En varios grados existen cárteles en la industria de productos de aluminio, fertilizantes, aparatos eléctricos, productos de petróleo, rayón, colorantes y azufre. Quizá el cártel más conocido a nivel mundial sea la Organización de Países Exportadores de Petróleo (OPEP), que con un éxito variable trata de controlar los precios del petróleo crudo.

Sistemas de distribución.
El estudio del ambiente de un mercado extranjero sirve para entender el sistema de distribución, ya que las instituciones de marketing (entre ellas los diversos tipos de detallistas) nacen de ese ambiente. Por ejemplo, la compra de un solo golpe todavía se desconoce en la mayor parte del mundo. En muchos países, la gente compra en pequeñas unidades, algunas veces prácticamente para cada comida. Y lo hace en pequeñas tiendas de especialidades. A diferencia de Estados Unidos, donde las compras son un trabajo para la gente, en muchos países forma parte de la vida social de la población.

En las naciones de Europa Occidental, algunos de los hábitos tradicionales de compras han empezado a cambiar. Los detallistas astutos sabrán aprovechar el cambio ambiental introduciendo innovaciones que se anticipan a estas tendencias. Varios detallistas europeos han hecho una buena labor de innovación. En unos cuantos años han pasado de la etapa de las tiendas especializadas y pequeñas a varios conceptos de la venta al menudeo tan avanzados como los de los países más modernos.

Estas compañías innovadoras omitieron varias etapas intermedias del desarrollo institucional. En la venta masiva, el hipermercado francés y el *Verbrauchermarkt* alemán son enormes supertiendas de autoservicio que operan de una manera muy rentable y con mucho menores márgenes brutos de utilidad que las cadenas de Estados Unidos. Por el contrario, los sistemas de distribución en Japón son totalmente distintos. Los fabricantes, tantos extranjeros como japoneses, deben luchar con una estructura de canales ligados a la cultura y de alto costo que están constituidos por pequeñas tiendas al menudeo y varios niveles de mayoristas.

Intermediarios y canales de distribución. Los cuatro grupos de intermediarios que operan en el comercio internacional son:

- Intermediarios nacionales dedicados al comercio internacional: mayoristas situados en el país del fabricante que venden en el exterior.
- Intermediarios del comercio internacional situados en el extranjero: mayoristas situados en otros países distintos al del vendedor que compran bienes en el extranjero.
- Mayoristas y detallistas que operan dentro de los mercados internacionales.
- Sucursales y oficinas de ventas del fabricante, ubicadas en el extranjero.

En páginas anteriores del capítulo nos referimos a los intermediarios internacionales, al hablar de las estructuras organizacionales del marketing internacional. Los intermediarios que operan *en* el extranjero son, en general, menos agresivos y dan menos servicios de marketing que los que trabajan a nivel nacional. Sin embargo, la situación del mercado internacional casi siempre desaconseja prescindir de ellos. A menudo la demanda es demasiado pequeña para justificar abrir una oficina o sucursal de ventas en otro país. Por lo demás, en muchas naciones el conocimiento del mercado puede ser más importante que el del producto, aun tratándose de productos de alta tecnología. Y algunas veces los controles del gobierno impiden utilizar la fuerza de ventas. En conclusión, en los países extranjeros los intermediarios normalmente forman parte de la estructura de los canales de distribución.

Distribución física. En el comercio internacional, varios aspectos de la distribución física son muy diferentes de lo que se observa en el comercio a nivel nacional. En términos generales, los costos de la distribución física en el extranjero representan una proporción mucho mayor del precio final de venta que en el mercado nacional. En los embarques internacionales han de tenerse en cuenta los problemas causados por la humedad, los hurtos, el manejo y un marcado deficiente. También se complican por los requisitos de los envíos comerciales, los seguros y los trámites gubernamentales. Según se señaló con anterioridad, uno de los beneficios principales de las alianzas económicas del tipo de EEA es la eficiencia que aportan a la distribución física. Ahora que los bienes se desplazan libremente entre los países europeos, el tiempo y los gastos de distribución disminuirán de manera drástica.

Sobornos en la distribución internacional. Los sobornos, las comisiones confidenciales y hasta la extorsión son comunes en la distribución internacional. El soborno es una práctica tan arraigada en muchas sociedades que se le llama con palabras vulgares: *mordida* en América Latina, *dash* en el occidente de África y *baksheesh* en el Medio Oriente.

¿DILEMA ÉTICO?

En la mayor parte de los países del Medio Oriente, raramente una empresa extranjera puede vender directamente a un organismo del gobierno a firmas privadas. Casi siempre lo hace por medio de agentes locales que tienen contactos personales (a menudo mediante parientes) en las organizaciones que compran. En tales condiciones, si quiere realizar la venta, debe pagarles a estos agentes una comisión que supera con creces los servicios que prestan.

Si su compañía quisiera ampliarse y entrar en los mercados mundiales, ¿juzgaría ético efectuar esos pagos a los agentes?

Los franceses lo llaman *pot de vit* (jarra de vino). En Italia se le conoce con el nombre de *la bustarella* (el sobre pequeño), que se deja en el escritorio del burócrata para que agilice los trámites. En Chicago se usa *a little grease* (un poco de grasa) para lograr algo.

A mediados de los años 70 el soborno fue el centro de un gran escándalo mundial. La reacción política provocada por él en Estados Unidos impulsó a muchas compañías a establecer normas éticas por escrito. En 1977 el Congreso estadounidense aprobó la Foreign Corrupt Practices Act, ley de gran alcance y muy restrictiva que limita considerablemente la posición competitiva de Estados Unidos en el comercio mundial.

Lo que complica esta situación es el hecho de que el soborno no es una actividad bien definida. Algunas veces no es fácil distinguir entre un soborno, un regalo para mostrar nuestro aprecio, una comisión razonable por los servicios prestados y lo que se paga a una persona por abrir un nuevo canal de distribución. Si hemos de ser realistas, en algunos mercados internacionales el vendedor paga siempre un estipendio o comisión a un agente para ponerse en contacto con los clientes potenciales. Si no se pagan esos honorarios, simplemente no se tiene acceso al mercado.

Publicidad. En vez de discutir la promoción en su totalidad, nos limitamos a los aspectos que reflejan los problemas estratégicos de la promoción internacional. Sin embargo, reconozcamos que hay cuestiones relacionadas con la venta personal y con la promoción de ventas que los expertos en marketing internacional han de afrontar.

Publicidad estandarizada. Una cuestión muy debatida es hasta qué punto puede estandarizarse la publicidad en los mercados internacionales. En el pasado, se concedía poca importancia a la estandarización y se elaboraban programas individuales (texto publicitario, mensajes y medios) para cada país y hasta para cada región de un país. Por ejemplo, en 1988 se hizo publicidad a las plumas Parker en todo el mundo usando más de 30 temas. Aunque no se da la uniformidad absoluta, hoy goza de gran aceptación la idea de que las campañas publicitarias presenten aspectos comunes. Muchas compañías emplean básicamente los mismos mensajes, tema, texto publicitario y diseño en toda su publicidad internacional o en gran parte de ella, particularmente en las naciones de Europa Occidental. Unilever utiliza con éxito el mismo mensaje con el jabón de barra Dove (contiene "un cuarto de crema limpiadora") en Australia, Francia, Alemania, Italia y Estados Unidos.[25] De manera análoga, Toys "R" Us emplea en Alemania y Japón anuncios de televisión ligeramente modificados (que se crearon en Estados Unidos).

El desarrollo de la comunicación y la diversión a nivel mundial ha venido a impulsar la estandarización de publicidad. Muchas estaciones de televisión llegan a audiencias de todo el mundo a través de los satélites y las redes de cable. Se estiman en $500 millones de dólares las ventas anuales de los programas de televisión que hace Estados Unidos a Europa. Los reestrenos de Alf y Cosby se ven en todo el mundo. Muchas revistas y periódicos europeos circulan en otros continentes. Además, son muy comunes los viajes de vacaciones y negocios de un país a otro. En los últimos 3 años, 38% de los habitantes de Europa Occidental han ido de vacaciones al extranjero.[26]

Un segundo factor que favorece la estandarización de la publicidad son los costos de producción. Cuesta mucho crear una publicidad de buena calidad y por eso resulta sumamente atractiva la oportunidad de ahorrar dinero aprovechando las mismas ideas o realizaciones en otras partes del mundo. En toda Europa, IBM está empleando el mismo anuncio de televisión para su computadora personal PS/1, modificando sólo el lenguaje del presentador. El resultado es un ahorro de $2 millones de dólares en los costos de trabajo creativo y de producción.[27] Levi Strauss ha ido más allá: produce anuncios de televisión para un uso global que incluye música de rock norteamericano de los años 60 y actores silenciosos. Con actores que no hablan, se supera el problema de las diferencias de lenguaje y los mismos anuncios pueden utilizarse en muchas partes del mundo.[28]

Quizá el problema se centra en el siguiente punto: la meta de la publicidad es la misma en cualquier país, a saber, comunicar eficazmente información y mensajes persuasivos. En el caso de algunos productos, los mensajes son suficientemente universales y los mercados muestran bastante homogeneidad como para permitir el uso de una publicidad muy semejante en varias naciones. Únicamente la estrategia de medios y los detalles de un mensaje han de adaptarse al ambiente cultural, económico y político de cada una. Pero debe tenerse cuidado en reconocer las diferencias de las características e identidad nacional que requiere una publicidad especial en cada país. Por ejemplo, el anuncio de Procter & Gamble para Camay, en el cual aparece un esposo que se acerca a su esposa sentada en la bañera, tuvo extraordinario éxito en Francia e Inglaterra. La misma presentación fracasó en Japón, donde los espectadores consideraban descortés el inesperado ingreso del marido.[29]

BALANZAS COMERCIALES INTERNACIONALES

¿Cuáles son las perspectivas del marketing internacional? En el nivel macro, los altos niveles de las exportaciones son muy importantes para la riqueza de la economía nacional. Si queremos apreciar cabalmente esta relación, debemos estudiar los conceptos de balanza de pagos y balanza comercial; nos serviremos de Estados Unidos como ejemplo.

La **balanza de pagos** de un país es el registro contable de todas sus transacciones con el resto de las naciones. Las principales categorías de gastos e ingresos de Estados Unidos

La publicidad de Microsoft presenta un aspecto muy diferente en Colombia, Italia y Alemania.

son la ayuda militar e internacional, las inversiones en el extranjero, los rendimientos sobre esas inversiones, el turismo y la balanza comercial. Todos los términos anteriores se entienden a primera vista menos la balanza comercial. La **balanza comercial** es la diferencia entre lo que se exporta y lo que se importa. Cuando las exportaciones son mayores que las importaciones, la balanza será positiva, y se dice entonces que el país tiene un **excedente comercial**. Si las importaciones superan a las exportaciones, la balanza es negativa y el país presenta un **déficit comercial**.

Por definición, la balanza de pagos debe tener equilibrio. Es decir, la salida de riqueza ha de ser igual a la entrada de riqueza. Así, por ejemplo, cuando lo que los ciudadanos de un país invierten en turismo (egresos) exceden lo que gastan los turistas que lo visitan (ingresos), la diferencia debe compensarse con una de las otras categorías de la balanza de pagos. ¿Qué sucede si no contienen suficientes excedentes para cubrir el déficit? El país deberá entonces solicitar préstamos para compensarla y aquí es donde radica el problema. A medida que crece la deuda de un país, afrontará la presión de aumentar los impuestos y reducir el gasto público.

Tradicionalmente Estados Unidos ha hecho grandes gastos en cuatro sectores que inciden profundamente en la balanza de pagos: 1) las fuerzas militares estacionadas en el extranjero; 2) ayuda exterior; 3) importaciones petroleras, y 4) los turistas que viajan a otros países. Para hacer frente a estos gastos y conservar el equilibrio de la balanza de pagos, las empresas estadounidenses tuvieron que superar con mucho las importaciones. Más o menos antes de 1970 ello no representaba un problema, porque el país casi siempre había tenido una balanza comercial positiva. Pero después la balanza empezó a declinar llegando al punto en que ya no había bastantes ingresos para compensar los gastos del exterior. Durante los años 80, Estados Unidos tuvo una enorme balanza comercial negativa (desfavorable). Los grandes déficits comerciales ejercen un efecto negativo directo sobre el empleo, la inversión y la riqueza.

Varios factores influyen en la balanza comercial. En el caso de Estados Unidos cabe destacar los siguientes:

LA REGULACIÓN DE LA PUBLICIDAD ADOPTA MUCHAS FORMAS

En algunas partes del mundo, las actitudes negativas hacia el marketing en general y hacia la publicidad en particular constituyen un verdadero problema para las empresas. Los gobiernos de algunos países piensan que los consumidores se hallan en gran desventaja ante las habilidades de los expertos en publicidad; de ahí que les brinden protección especial. Igual que muchas otras naciones, Brasil tiene una ley que protege a los consumidores contra las afirmaciones exageradas o falsas de la publicidad. Pero esa ley obliga al anunciante a probar la veracidad de la publicidad, en vez de obligar al consumidor a probar los daños. Y los castigos de las violaciones abarcan desde una multa de $500 000 hasta 5 años de prisión y la clausura del negocio.

Las normas de la publicidad no son iguales en todos los países, lo cual ocasiona problemas a las empresas que desean globalizar su publicidad. A continuación se dan ejemplos de este tipo de normas:

- En Noruega, MTV Europe no puede exhibir anuncios de cerveza con bajo contenido de alcohol.
- En Polonia, la letra de los comerciales debe estar en polaco.
- En Brasil, todos los anuncios transmitidos deben tener un contenido local.
- En Australia, están prohibidos los comerciales extranjeros.
- Hasta hace poco, en Suiza estaba prohibido mostrar niños en los comerciales.
- La comparación directa no se permite en Austria.

Fuentes: Julia Michaels, "Strict Ad Code Puts Hex on Brazil Shops", *Advertising Age*, 15 de abril, 1991, p. 44; Ken Wells, "Selling to the World: Global Ad Campaigns, after Many Missteps, Finally Pay Dividens", *The Wall Street Journal*, 27 de agosto, 1992, pp. A1+.

- **Preferencias del consumidor.** Los norteamericanos han llegado a conocer muchos productos de importación. Así han respondido favorablemente a los aparatos electrónicos (Sony), las motocicletas (Yamaha), las cámaras fotográficas (Canon, Nikon) y los automóviles (Nissan, Toyota) del Japón. Compran zapatos italianos, autos alemanes, rasuradoras eléctricas holandesas, vino francés, esquíes austriacos y relojes suizos. Algunas preferencias han cobrado una fuerza tal, que siguen comprando productos importados aun cuando cuestan más que productos similares hechos en el país.
- **Tecnología.** La "brecha tecnológica" existente entre Estados Unidos y otros importantes países industriales se ha ido cerrando o bien ha desaparecido por completo, según cada industria en particular. Como indica el índice de fuerza tecnológica que se describió al inicio del capítulo, Estados Unidos no goza ya de la ventaja que en esto tenía hace algunos años. Hoy muchas naciones fabrican productos industriales y de consumo de gran calidad. Cuando a la capacidad de producción se aunan sueldos extremadamente bajos, como sucede en México y Corea, se da una combinación difícil de superar.

Marketing internacional

- **Barreras comerciales.** Muchos países han establecido barreras que limitan mucho o prohíben totalmente la importación de bienes capaces de competir con los de fabricación nacional. Los aranceles, o sea impuestos sobre los bienes importados, constituyen una barrera. Con todo, los aranceles son el problema menos grave en muchos casos. Algunos países ya los eliminaron en algunos artículos, pero conservan otras barreras que restringen a cantidades irrisorias las importaciones. Por ejemplo, Japón cuenta con regulaciones muy estrictas sobre la importación de productos agrícolas. Las cuotas de importación, las regulaciones y los atrasos en la aduana sirven para reducir las importaciones capaces de competir con productos nacionales. Las normas regulatorias de Alemania, por ejemplo, hacen casi imposible introducir cerveza embotellada en el extranjero.
- **Otras políticas gubernamentales.** Las políticas gubernamentales de algunos países favorecen más a sus exportaciones que las de Estados Unidos. Una de esas políticas consiste en *nacionalizar* o *subsidiar* las industrias en vez de hacer que compitan en el mercado internacional únicamente con sus recursos propios. Así, muchos países tienen una línea aérea nacional (Lufthansa, Air France, Alitalia, SAS y KLM) que es propiedad total o parcial del gobierno. Se dan situaciones parecidas en las industrias del acero, los aviones comerciales, las computadoras y los motores de aviones de propulsión. Gracias

Algunos dirán que los subsidios dados por el gobierno a Airbus Industrie le dan una ventaja sobre los fabricantes de aviones de Estados Unidos.

a los subsidios, los fabricantes venden sus productos en el mercado mundial a precios más bajos que los de los fabricantes nacionales. Sin embargo, también favorecen la complacencia. Al cabo de varios años de pérdidas (más de $130 millones de dólares en 1991), Air France redujo el número de empleados, instituyó evaluaciones para los gerentes, rebajó el precio de los boletos para igualar los de la competencia e introdujo la capacitación en el servicio al cliente con el fin de hacerse más competitiva.[30]

- **Estructura de los impuestos.** Algunos países obtienen importantes ingresos de impuestos directos, como el del valor agregado, que a menudo se rebajan cuando se exporta. En otros países (Estados Unidos, por ejemplo), la fuente principal de ingresos son los impuestos a las empresas, los cuales *no* se rebajan en las exportaciones.
- **Capacidades relativas del marketing.** Los fabricantes extranjeros (sobre todo en Europa y en Asia) han mejorado sus técnicas mercadológicas durante los últimos 25 años. Ahora compiten agresiva y eficazmente con las compañías estadounidenses. Innovan mucho en cuanto a planeación de producto y su marketing se orienta más al cliente; de ese modo, muchos de ellos han logrado enorme éxito en el mercado internacional.
- **El precio y la cantidad de petróleo.** Pese a que el precio del petróleo ha disminuido de los niveles tan altos que alcanzó en la década de 1970, sigue siendo un factor muy importante de la balanza comercial negativa de Estados Unidos. Si se excluyera al momento de calcularla, habría un excedente de $21 mil millones dentro de la categoría de bienes y servicios.[31]

USTED TOMA LA DECISIÓN

¿DEBERÍA EL GOBIERNO ESTADOUNIDENSE SUBSIDIAR A LAS EMPRESAS DEL PAÍS QUE ENTRAN EN LOS MERCADOS INTERNACIONALES?

El U.S. Department of Agriculture cuenta con un programa cuya finalidad es ayudar a los agricultores del país, promoviendo las exportaciones de bienes que contengan al menos 50% de productos agrícolas. Dos terceras partes de los $200 millones anuales se destinan a las asociaciones industriales que diseñan los programas promocionales de productos como melocotones y fresas. La otra tercera parte corresponde a las compañías que anuncian sus marcas en el extranjero. Sin embargo, muchos de los beneficiados son grandes corporaciones como Hershey, Del Monte, Quaker Oats y Nabisco. Por ejemplo, McDonald's recibió $465 000 dólares para promover Chicken McNuggets en todo el mundo y Campbell Soup Company obtuvo $450 000 para anunciar su jugo V-8 en Asia. Los ejecutivos de esas compañías aseguran que el programa les ayuda a vender más productos en el extranjero y que, por tanto, también ayuda a los agricultores. Además, con sus anuncios dan a conocer en todo el mundo los bienes que se producen en Estados Unidos. En opinión de los críticos, esas compañías deberían pagar su propia promoción.

¿Cree que el gobierno debe subsidiar las actividades del marketing internacional? De ser así, ¿cómo tendría que asignar los fondos?

Fuente: "U.S. Subsidizes Big Food Companies in Their Search for Foreign Markets", *Marketing News*, 2 de marzo, 1992, p. 7.

La balanza comercial de Estados Unidos ha mejorado, pero sigue siendo negativa. He aquí un ejemplo: en 1991 su déficit comercial fue de $29 mil millones menos que los $143 mil de 1987.[32] Varios acontecimientos contribuyeron a tan drástica disminución. Mejoró notablemente la calidad de muchas manufacturas. Los mejoramientos de la productividad del país, combinados con los crecientes costos de la producción en el exterior y la devaluación del dólar lo han convertido en el productor más barato en muchas industrias. Los resultados de estos factores ambientales de la economía han venido a incrementar de modo considerable sus exportaciones de manufacturas.

Un aspecto interesante del renacimiento del comercio de exportación es el hecho de que las empresas pequeñas y medianas encabezan este auge en muchas industrias. Las exportaciones de los gigantes multinacionales *se han incrementado*, aunque al mismo tiempo creció muchísimo la importación de piezas, suministros y otros productos de las subsidiarias que tienen en el extranjero. Por ejemplo, muchos de los automóviles de Chrysler construidos en Estados Unidos están equipados con motores V-6 hechos en Japón por Mitsubishi Motor Company. Por tanto, el resultado neto no favorece la balanza de pagos de Estados Unidos como podría parecer a primera vista.

Así pues, en términos generales la situación del comercio internacional está mejorando en Estados Unidos, pero lo más probable es que las importaciones sigan siendo grandes a causa de los factores señalados en páginas anteriores. En consecuencia, ese país debe continuar acrecentando sus exportaciones:

- Mejorando la calidad y la productividad.
- Adaptando las actividades de marketing a otras culturas.
- Aprendiendo el idioma que se habla fuera del país.
- Invirtiendo en el futuro, para lo cual deberá adoptar una visión a más largo plazo que la que tienen actualmente las compañías norteamericanas.

RESUMEN

Muchas compañías de Estados Unidos y de otros países obtienen una proporción importante de sus ventas totales y ganancias de sus actividades en el mercado mundial. Las realizan por la demanda en el exterior y la saturación de los mercados domésticos y porque poseen una ventaja comparativa o tecnológica.

Lo mismo que en el mercado nacional, las empresas internacionales deben adaptarse al macroambiente. Las diferencias del entorno sociocultural se reflejan en los valores familiares, las costumbres, la educación y el idioma. Entre los factores económicos más importantes se encuentran la infraestructura del mercado y la etapa del desarrollo económico en que está un país. Los factores legales y políticos propios del marketing internacional son las barreras comerciales y los tratados comerciales a nivel mundial. Las alianzas económicas de Europa (Comunidad Europea) y de América del Norte (TLC) tienen consecuencias para las empresas que operan en las naciones miembro y en el resto de ellas.

Por lo que respecta a la estructura organizacional, la manera más simple de operar en un mercado internacional consiste en exportar a través de intermediarios especializados en él. Otro método es hacerlo por medio de sucursales de ventas situadas en el extranjero. Otras técnicas más complejas son los contratos, la participación en empresas conjuntas o crear una subsidiaria de propiedad completa. La estructura organizacional más desarrollada es la corporación multinacional.

Un aspecto fundamental del diseño de un programa de marketing internacional es el grado de estandarización del marketing. En algunos casos todos los elementos de la mezcla de marketing requieren modificaciones o adaptaciones. Esto se dificulta porque la investigación de mercados es muy rudimentaria en muchas partes del mundo.

El comercio mundial favorece el crecimiento de la economía nacional. En el caso de Estados Unidos, se requieren excedentes comerciales para cubrir los déficits en otras categorías de la balanza de pagos. En los últimos años, en la balanza han influido negativamente las preferencias de los consumidores por los productos importados, las barreras comerciales y otras políticas de los gobiernos extranjeros, así como por las crecientes capacidades tecnológicas y mercadológicas de otras naciones.

Más sobre  **TOYS "R" US**

La resistencia que Toys "R" Us encontró al entrar en el mercado alemán no la preparó para la que afrontaría después en Japón. Este país es un marcado sumamente atractivo, con $5.5 mil millones de dólares anuales en venta de juguetes. Como en muchas otras naciones, también en Japón el comercio al menudeo de estos artículos está dominado por miles de pequeñas tiendas familiares que, en promedio, ocupan 280 metros cuadrados de espacio. En cambio, una tienda normal de Toys "R" Us tiene una extensión de 5 000 metros cuadrados.

En Japón, la compañía encontró una fuerte oposición de algunos detallistas que, como los comerciantes alemanes, temían que la cadena los dejará fuera del negocio. El ambiente legal era más restrictivo que el de Alemania. Para proteger los comercios pequeños, el gobierno había impuesto lo que se conocía con el nombre de "ley de los detallistas a gran escala". Esta ley estipula que todos los detallistas que deseen abrir una tienda de más de 500 metros cuadrados deberán conseguir la aprobación de los otros detallistas del mercado. Así pues, cuando las tiendas pequeñas sentían la presencia de un competidor muy fuerte, solían recurrir a tácticas dilatorias que retrasaban la aprobación hasta por 10 años. Esta ley, que ya fue abrogada, desalentaba las cadenas al detalle que planeaban entrar en el mercado japonés.

Otro obstáculo es el sistema de distribución. La multitud de niveles de intermediarios de ese país hacen que se eleven mucho los precios de los bienes de consumo. Para repetir la fórmula que tanto éxito le reportó en Estados Unidos, Toys "R" Us decidió tratar directamente con los fabricantes para abatir los costos. Pero muchos de ellos manifestaron que no deseaban venderle directamente, porque al hacerlo se enemistarían con sus distribuidores y detallistas.

Sin embargo, la compañía no ha desistido en su empeño. Primero participó en una empresa conjunta con McDonald's Co. Limited (Japón). Den Fujita, presidente de McDonald's, conocía muy bien la operación de las compañías estadounidenses y el entorno legal y cultural del Japón. Además, tras pasar 20 años investigando posibles sitios para construir restaurantes, estaba bien informado sobre los bienes raíces del Japón. Toys "R" Us buscó también la ayuda de los representantes comer-

Marketing internacional

ciales de su gobierno, que a toda costa deseaban abrir el mercado a las empresas norteamericanas. Al cabo de 3 años de negociaciones con el ministro japonés de Comercio e Industria Internacional, dependencia que controla el ingreso de empresas extranjeras, la compañía y su socio en la empresa conjunta lograron que el proceso de aprobación se redujera a 18 meses. En las negociaciones finales Toys "R" Us se comprometió a cerrar sus establecimientos a las 8 de la noche y durante vacaciones de 30 días al año, como acostumbran hacerlo muchos detallistas de ese país.

La primera tienda Toys "R" Us del Japón fue inaugurada en 1991. A pesar de obtener la aprobación a nivel nacional, debe observar las regulaciones locales a medida que se amplia en el país. Por tanto, seguramente tardará tiempo en realizar su plan de abrir 100 tiendas en territorio japonés.

1. ¿Qué factores ambientales intervienen en el crecimiento mundial de Toys "R" Us?
2. ¿En qué aspectos de su programa de marketing puede la compañía aplicar una estrategia global y en cuáles se requiere una estrategia local?

■ TÉRMINOS Y CONCEPTOS BÁSICOS

Marketing internacional (718)
Ventaja comparativa (619)
Ventaja tecnológica (619)
Exportación (720)
Comerciante exportador (720)
Agente exportador (720)
Sucursales de ventas de la compañía (720)
Contrato (721)
Licencia (721)
Franquicias (721)
Contrato de manufactura (721)
Inversión directa (721)

Empresa conjunta (721)
Alianza estratégica (722)
Subsidiarias de propiedad total (722)
Corporación multinacional (722)
Marketing global (723)
Infraestructura (725)
Nivel de desarrollo económico (726)
Países menos desarrollados (726)
Países recién industrializados (726)
Países muy industrializados (727)

Expropiaciones (727)
Aranceles (727)
Cuotas de importación (727)
Leyes de contenido local (727)
Boicot (728)
Acuerdo General sobre Aranceles Aduaneros y Comercio (GATT) (728)
Comunidad Europea (CE) (728)
Asociación Europea de Comercio Libre (EFTA) (732)
Área Económica Europa (AEE) (732)

Tratado de Libre Comercio de América del Norte (TLC) (732)
Extensión del producto (733)
Adaptación del producto (734)
Invención (734)
Dumping (735)
Trueque industrial (735)
Cártel (736)
Balanza de pagos (739)
Balanza comercial (740)
Excedente comercial (740)
Déficit comercial (740)

■ PREGUNTAS Y PROBLEMAS

1. Una compañía estadounidense a que fabrica maletas y cuyas ventas anuales rebasan los $120 millones de dólares ha decidido vender sus productos en Europa Occidental. Describa las estructuras organizacionales que debería tener en cuenta.
2. Entreviste a algunos estudiantes extranjeros de su campus para averiguar en qué difieren los hábitos de compra de usted y los de ellos. Considere factores como cuándo, dónde y cómo realiza la gente sus compras en esos países. ¿Qué funciones desempeñan los miembros de las familias en las decisiones de compra?
3. Muchos países tienen un bajo índice de alfabetismo. ¿En qué aspectos podría una compañía adaptar su programa de marketing para superar tal problema?

4. Si una empresa estadounidense se sirve de intermediarios extranjeros, normalmente debe estar preparada para brindarles ayuda financiera, técnica y promocional. De ser así, ¿por qué no se acostumbra prescindir de ellos y tratar directamente con los compradores finales?
5. ¿Por qué los exportadores norteamericanos prefieren cotizar los precios en dólares? ¿Por qué deberían los importadores preferir que las cotizaciones se realicen en la moneda de su país?
6. Si quieren ser más competitivos en los mercados mundiales, los fabricantes estadounidenses deben seguir mejorando la calidad de sus productos. Encuentre un artículo reciente en una publicación de negocios donde se describan los esfuerzos de una compañía norteamericana por mejorar la calidad y resúmalo para presentarlo en la clase.
7. Examine los anuncios de una revista extranjera en la biblioteca de su universidad o ciudad. Fíjese sobre todo en los anuncios de productos norteamericanos y compárelos con los de los mismos productos que aparecen en las revistas norteamericanas. ¿En qué aspecto difieren unos y otros? ¿Se observan semejanzas importantes?
8. "Los precios de los productos norteamericanos siempre son más altos en el extranjero que en el país, a causa de los riesgos adicionales, los costos de la distribución física y los intermediarios que participan." Comente el enunciado anterior.

■ APLICACIÓN AL MARKETING

1. Prepare un informe acerca de las actividades mercadológicas de las compañías del estado donde se encuentra su escuela. Incluya temas como los siguientes: ¿qué productos exportan?, ¿cuántos empleos crea el marketing de exportación?, ¿cuál es el importe (en dólares) de las exportaciones?, ¿qué relación hay entre esta cifra y el valor de los bienes hechos en el extranjero que se importan al estado?

2. Seleccione un producto (manufacturado o de otra índole) de exportación y escoja un país al que le gustaría exportarlo. Examine los factores macroambientales descritos en el capítulo y prepare un análisis del mercado en el país seleccionado para el producto. Asegúrese de incluir las fuentes de información que consultó.

■ NOTAS Y REFERENCIAS

1. Kathryn Grave, "For Toys 'R'Us, Japan Isn't Child's Play", *The Wall Street Journal*, 7 de febrero, 1990, pp. B1+; Annette Miller, Lourdes Rosado, Peter McKillop y Don Kirk, "The World 'S' Ours", *Newsweek*, 23 de marzo, 1992, pp. 46-47; Phil Davies, "Playing to Win", *Express Magazine*, verano de 1992, p. 14; Kevin Cote, "Toys 'R' Us Grows in Europe", *Advertising Age*, 27 de abril, 1992, p. I-16.
2. John Huey, "America's Hottest Export: Pop Culture", *Fortune*, 31 de diciembre, 1990, pp. 50-60.
3. Robert Buderi, John Carey, Neil Gross y Karen Lowey Miller, "Global Innovation: Who's in the Lead", *Business Week*, 3 de agosto, 1992, pp. 68-69.
4. Laxmi Nakarmi e Igor Reichlin, "Daewoo, Samsung, and Goldstar: Made in Europe?", *Business Week*, 24 de agosto, 1992, p. 43.
5. Paula Dwyer, Andrea Rothman, Seth Payne y Stewart Toy, "Air Raid: British Air's Bold Global Push", *Business Week*, 24 de agosto, 1992, pp. 54-61.
6. Mario Shao, Robert Neff y Jeffery Ryser, "For Levi's, a Flattering Fit Overseas", *Business Week*, 5 de noviembre, 1990, pp. 76-77.
7. Elisabeth Malkin, "Schweppes Set with Expansion in Mexico", *Advertising Age*, 27 de abril, 1992, p. I-14.
8. Rita Koselka, "Candy Wars", *Forbes*, 17 de agosto, 1992, pp. 76-77.
9. Phil Davies, "Europe Unbound", *Express Magazine*, primavera de 1992, pp. 16-19.
10. Joann S. Lublin, "Slim Pickings: U.S. Food Firms Find Europe's Huge Market Hardly a Piece of Cake", *The Wall Street Journal*, 15 de mayo, 1990, pp. A1+.
11. Rick Arons, *EuroMarketing*, Probus, Chicago, 1991, p. 186.
12. Ibíd., p. 242.
13. Craig Forman, "Europe Crossroads: As EC Leaders Gather, the Program for 1992 Is Facing Big Problems", *The Wall Street Journal*, 6 de diciembre, 1991, pp. A1+.

14. Arons, op. cit., p. 75.

15. Arons, op. cit., p. 160.

16. Shawn Tully, "Now the New New Europe", *Fortune*, 2 de diciembre, 1991, pp. 136-145.

17. Donald B. Pittenger, "Gathering Foreign Demographics Is No Easy Task", *Marketing News*, 8 de enero, 1990, pp. 23+.

18. Christopher Knowlton, "Europe Cooks Up a Cereal Brawl", *Fortune*, 3 de junio, 1991, pp. 175-179.

19. Lublin, loc. cit.

20. Lublin, loc. cit.

21. Clay Chandler, "Why Cherokee Jeep Sales Slump in Japan", *The Wall Street Journal*, 14 de enero, 1992, p. A10.

22. Eva Pomice, John Marks, Jonathan Kapstein, Kathy Burton, and Dana Hawkins, "Locking Up Tomorrow's Profits", *U.S. News & World Report*, 29 de junio, 1992, pp. 57-60.

23. Arons, op. cit. p. 204.

24. Lee D. Dahringer y Hans Muhlbacher, *International Marketing*, Addison-Wesley, Reading, Mass., 1991.

25. Ken Wells, "Selling to the World: Global Ad Campaigns, after Many Missteps, Finally Pay Dividends", *The Wall Street Journal*, 27 de agosto, 1992, pp. A1+.

26. Nancy Giges, "Great Change in Europe Lifestyles: Study", *Advertising Age*, 25 de febrero, 1992, p. 17.

27. Richard L. Hudson, "IBM Strives for a Single Image in Europe", *The Wall Street Journal*, 16 de abril, 1991, p. B6.

28. Wells, loc. cit.

29. Wells, loc. cit.

30. Brian Coleman, "Air France Chairman Makes Profitability a Top Priority", *The Wall Street Journal*, 3 de julio, 1992, p. B3.

31. Vivian Brownstein, "Exporters Will Keep Slugging", *Fortune*, 20 de abril, 1992, pp. 23-24.

32. Ibíd.

CASOS DE LA PARTE 7

CASO 1   *Michigan Opera Theatre*

APLICACIÓN DEL MARKETING A LA ÓPERA, EL BALLET Y LAS SINFONÍAS

Desde su fundación en 1971, la Michigan Opera Theatre (MOT) ha ido estableciéndose como una de las principales compañías de ópera en Estados Unidos. En la temporada de 1992-1993, más de 65 000 personas compraron boletos para un total de 32 funciones de cinco producciones diferentes de la compañía: desde *Aida* hasta la *Bella Durmiente*. En la temporada de 1993-1994, que constó de una serie de cinco producciones, se representaron *La viuda alegre* y *Fausto*. Y la compañía espera instalarse pronto en su primera sede permanente a mediados de 1995: la Detroit Opera House.

Ballet, sinfonías y óperas

En muchos aspectos la Michigan Opera Theatre tiene una posición mucho mejor establecida y exitosa que otras organizaciones que presentan este tipo de espectáculos (sinfonías, ballets y óperas) a sus comunidades. No obstante, afronta los mismos retos que el resto de este tipo de empresas. Entre los más importantes figuran satisfacer a clientes y donantes leales, atraer más aficionados y trabajar con escasos presupuestos de marketing.

En términos globales, los grupos de arte han recurrido cada vez más a la publicidad como parte de sus programas de marketing. El presupuesto destinado a ella ha ido creciendo en más del 10% anual y hoy asciende a unos $200 millones de dólares al año.

Muchas empresas de arte buscan ahora nuevos clientes entre la llamada generación MTV. Para ello se sirven de varios programas educacionales (por ejemplo, discusiones y minifunciones) cuya finalidad es introducir los jóvenes a sus productos. Así, el New York City Ballet los invita a demostraciones gratuitas; terminadas estas se les invita a afiliarse a Fourth Ring Society. La membresía a este grupo incluye, entre otras cosas, asientos de balcón relativamente baratos (cerca de $10) en las funciones de ballet.

Las empresas de arte han empezado a utilizar un marketing muy agresivo para atraer a los jóvenes. Con el fin de darse a conocer y despertar el interés, contratan no sólo las estaciones radiofónicas de música rock, sino también folletos por correo directo.

Ópera

La ópera, una de las manifestaciones del arte clásico, goza del apoyo incondicional de un pequeño segmento de la población y la generalidad de la población no está familiarizada con ella o no la entiende. Algunos piensan que es demasiado "elitista" o refinada. Otros que sólo se ejecuta en idiomas extranjeros y que, por lo mismo, no puede entenderse.

Pese a tratarse de un producto desconocido o no entendido bien por una gran mayoría del mercado total, la asistencia a la ópera ha tenido un ligero crecimiento en años recientes, como se indica en la figura 1. Estas cifras, que son las más recientes, se refieren a 105 de 110 compañías de América del Norte y que pertenecen a la asociación comercial denominada OPERA America. La cifra más pequeña correspondiente a cada año representa esencialmente los boletos pagados. La asistencia total incluye asimismo funciones gratuitas, presentaciones preliminares y eventos semejantes que este tipo de compañías lleva a cabo para estimular una mayor asistencia a corto y largo plazo. La asistencia con boleto pagado, que constituye el interés primordial de las compañías de ópera, aumentó en un promedio de un poco más de 3% anual en este periodo de 5 años.

FIGURA 1   Asistencia a la ópera durante los últimos cinco años

Temporada	Funciones en la temporada principal y en festivales	Asistencia total
1986-1987	3.80 millones	6.64 millones
1987-1988	3.95 millones	6.80 millones
1988-1989	4.03 millones	7.45 millones
1989-1990	4.10 millones	7.48 millones
1990-1991	4.30 millones	7.61 millones

Durante la temporada 1990-1991, el año más reciente para el cual se dispone de información completa, las compañías de América del Norte dieron casi 2 300 funciones de 444 producciones. Se representó un total de 174 obras, totalmente montadas y con orquesta, siendo las más aclamadas *Madame Butterfly* de Puccini y *Las Bodas de Fígaro* de Mozart.

Según la última encuesta publicada de OPERA America, los precios de los boletos para una función fluctuaban entre $2.50 y $125. El precio promedio era aproximadamente de $32, casi un 7% sobre el precio del año anterior. Para superar los problemas del desconocimiento del idioma de la ópera, tres cuartas partes de las compañías hicieron proyectar subtítulos en inglés arriba de la escena.

Durante el año fiscal 1991-1992, los presupuestos de las compañías de ópera de América del Norte obtuvieron un promedio de ingresos entre $73 700 y 111 millones de dólares (la segunda cifra corresponde a la Metropolitan Opera de Nueva York). El presupuesto promedio fue poco menor a $1.50 millones. El ingreso total aproximadamente de una mitad de las compañías —proveniente de diversas fuentes— no fue suficiente para sufragar todos los gastos de la temporada 1991-1992. De hecho, una docena de ellas tuvieron grandes pérdidas, es decir, déficits mayores al 10% de sus presupuestos.

Las compañías de ópera dividen sus ingresos totales en tres grandes categorías:

- Ingreso ganado, que representa el 53% de sus ingresos totales, se obtiene de la venta de boletos y de las percepciones generadas de alquiler de la sala y de asientos, ventas de publicidad en los programas y recuerdos de funciones, pagos efectuados por transmisiones y grabaciones, intereses. Cerca del 80% de los ingresos procede de la venta de boletos.
- El apoyo de particulares, un 39% del total, incluye donaciones de individuos, empresas y fundaciones.
- Apoyo público, 8%, incluye subvenciones de los organismos federales, estatales y municipales.

El Michigan Opera Theatre

Como el Michigan Opera Theatre descubrió en los últimos 20 años, se requieren calidad artística y sagacidad en los negocios para soportar y tener éxito en el precario mundo en este tipo de espectáculos. Esa compañía de ópera tuvo su origen en las actividades educacionales de la ahora extinta Detroit Grand Opera Association. Desde su temporada inaugural de tres producciones, en grandes escenarios ha presentado más de 650 funciones de más de 100 producciones. David DiChiera ha trabajado como director de la compañía desde su fundación.

Las producciones del Michigan Opera Theatre no se limitan a la ópera. Sus productos caen dentro de cuatro categorías: gran ópera, operetta (u "opera ligera"), ballet clásico y comedia musical. Pero siempre se dan varias funciones de cada producción (de *Fausto,* por ejemplo) principalmente en la noche, aunque también en las mañanas.

De acuerdo con Steve Haviaras, director de marketing, los clientes primarios son personas con ingresos relativamente altos y de alto nivel escolar. También las empresas brindan un decidido apoyo a la compañía; suelen recibir boletos gratuitos en reconocimiento por sus grandes aportaciones.

Al Michigan Opera Theatre, como a cualquier otra empresa de espectáculos de arte, le interesa vender suscripciones por temporada. En este tipo de oferta, el cliente compra al menos un boleto para cada producción durante una temporada. Sin embargo, no puede darse el lujo de prescindir de la venta de boletos por función.

Prácticamente se utilizan todos los métodos de promoción en la venta de boletos: correo directo, medios impresos y electrónicos de la zona y diversas formas de promoción de ventas. A Haviaras también le gusta el telemarketing: "Pueden aplicarse varias técnicas de ventas cuando se recurre al telemarketing. Además, es menos riesgoso porque podemos iniciarlo e interrumpirlo en cualquier momento".

Con un presupuesto de cerca de $4.35 millones para la temporada 1992-1993 y con un personal de administración y producción de 30 empleados, el Michigan Opera Theatre es una compañía relativamente grande de ópera. Sin embargo, es una compañía típica en el sentido de que los ingresos ganados representan 53% de sus percepciones totales. La venta de boletos representa el 77% de sus ingresos ganados, que se encuentran varios puntos porcentuales por debajo del promedio de este tipo de compañías. Por otra parte, el Michigan Opera Theatre obtiene proporcionalmente más de sus ingresos de otras fuentes que no son la venta de boletos; por ejemplo, los anuncios de programas y las ventas de éstos.

Año con año la compañía procura realizar un marketing más exhaustivo y de mejor calidad, pues sólo así logrará aumentar sus ventas. Por supuesto, da mucha importancia a la obtención de más regalos y aportaciones de los particulares y de las instituciones públicas. Por otra parte, sabe que hay posibilidades de aumentar considerablemente los ingresos provenientes de la venta de boletos. Teniendo presente esto, Haviaras ha estado estudiando las estadísticas de asistencia (Figura. 2) en los últimos años.

Por lo menos parte de la disminución de la asistencia ha sido planeada, asegura Haviaras. Con más producciones y más funciones se incrementará la asistencia, pero también los gastos. Por tanto, a fin de reducir los gastos en relación con los ingresos, la compañía está programando menor número de funciones por producción e intenta aumentar la asistencia promedio por función. Hasta ahora los resultados no han sido del todo satisfactorios.

FIGURA 2 Producciones, funciones y asistencia del Michigan Opera Theatre

Temporada	Número de producciones	Número de funciones	Asistencia pagada
1986-1987	6	51	101 800
1987-1988	6	60	108 600
1988-1989	6	44	87 300
1989-1990	5	20	61 212
1990-1991	6	34	71 600
1991-1992	5	34	70 000*
1992-1993	5	32	63 500**

*Estimada
**Aún no se recopilan las cifras definitivas, pero superarán la cantidad presupuestada.

Todas las empresas que se dedican a espectáculos de arte afrontan básicamente el mismo reto de incrementar la asistencia. En palabras del propio Haviaras: "El espectáculo de arte debe despertar interés y atraer a los que no están acostumbrados a él". Aunque difícil de lograrlo, dice que el Michigan Opera Theatre debe luchar por conseguirlo. En su opinión, no puede basarse exclusivamente en los clientes fieles porque éstos mueren, se mudan o se pierden por algún otro motivo. además, el crecimiento de la asistencia no se da si no se amplía la base de clientes para incluir a personas más jóvenes. Se trata de un gran reto en una época en que los niños tienen menos contacto con el arte, principalmente por la reducción del financiamiento destinado a la educación artística que se imparte en las escuelas.

Según Haviaras, cuesta mucho atraer nuevos clientes, mucho más que conservar a los leales. Asegura que el Michigan Opera Theatre ha instituido ya varias medidas tendientes a crear una base de clientes, a saber:

- Concentrar su producción en la ópera y en las operetas, con ballets esporádicos. Ante la fuerte competencia ha decidido abandonar la comedia musical.
- Simplificar su estructura de precios, ofreciendo 15 paquetes de boletos y con la venta de boletos para una sola función. Por ejemplo, un paquete es para las funciones de los sábados por la noche; otra para las matinés de los miércoles. Los precios de suscripción para la temporada de 1993-1994 de cinco producciones fluctúan entre $305 (o $61 por función) para los mejores asientos y $25 (o $5 por función) para los asientos de balcón alto, conforme a un programa especial para padres acompañados de sus hijos.
- Resaltar los beneficios de las suscripciones por temporada. Desde luego, conviene hacer hincapié en que la gente se puede ahorrar hasta un 60% en comparación con lo que pagaría por funciones individuales. Otro beneficio promocionable es la posibilidad de cambiar cualquier boleto de la suscripción por cualquier otra función durante la temporada.

PREGUNTAS

1. ¿Qué debería hacer el Michigan Opera Theatre para que la ópera interesara y atrajera a los que no están acostumbrados a ella?
2. Al diseñar su programa de marketing, ¿cómo debería tener en cuenta las características distintivas de los servicios (entre ellos su intangibilidad y carácter perecedero)?
3a. ¿De qué manera puede el Michigan Opera Theatre aumentar el número de suscripciones por temporada que adquieren los profesionistas jóvenes (estudiantes graduados de 25 a 34 años en empleos profesionales)?
3b. ¿Y entre los estudiantes universitarios?

Fuente: entrevista telefónica con Steve Haviaras, director de marketing, Michigan Opera Theatre, 28 de mayo, 1993; Elizabeth Comte, "Hey, Dig That Swan!" *Forbes*, 21 de diciembre, 1992, p. 254; "State of the Art", *Opera News*, noviembre de 1992, pp. 32-33; Debra Aho; "Highbrows Raise EyeBrows to Add Fans, *Advertising Age*, 23 de marzo, 1992, p. S6; *Profile 1991*, OPERA America, Washington, D. C. 1992; libros de programas del Michigan Opera Theatre para la temporada 1992-1993 (primavera), 1991-1992 y 1990-1991, y folleto de la temporada de 1993-1994 del Michigan Opera Theatre.

CASO 2 *Hotel Byblos Andaluz*

ESTRATEGIA DE MARKETING PARA UNA EMPRESA DE SERVICIOS

El Hotel Byblos Andaluz está situado en el sur de España, en Mijas-Costa (Málaga), a 8 kilómetros de la costa del Mediterráneo. Su categoría es de gran lujo. La arquitectura es de estilo andaluz, combinado con elementos romanos y griegos, es un ejemplo de gran armonía en todas sus instalaciones. Una oferta de alto nivel que incluye además un instituto de talasoterapia, el más avanzado de Europa, y dos campos de golf.

El Hotel Byblos dispone de 80 habitaciones de cinco tipos diferentes: doble superior, mini-suite, junior suite, suite mezzanine y suites, cada una de ellas diseñadas y decoradas en forma diferente.

El instituto trabaja con la técnica talasoterapia que es la aportación al organismo, a través de la piel, de elementos contenidos en gran cantidad en el agua del mar y de los cuales carecen los cuerpos cansados, se trata en particular de yodo, azufre, calcio y magnesio, todos estos componentes del agua del mar pueden atravesar la piel cuando la temperatura alcanza los 37° en baños de 20 minutos. El agua del mar es conducida al instituto a través de una tubería de 10 kilómetros de longitud que capta el agua del mar a 2 kilómetros de la costa y a 200 metros de profundidad.

La técnica de la talasoterapia es muy conocida en Francia y Bélgica; en Alemania se conoce apenas, pero en el sur del país, son muy populares los balnearios con esta técnica. En España, el resto de los países europeos, Estados Unidos y Japón, la técnica era desconocida en el momento de la apertura del hotel. Los dos campos de golf: Los Olivos y Los Lagos, son ambos de 18 hoyos, par 72 y 71 respectivamente, diseñados por el famoso arquitecto norteamericano Robert Trent Jones. La inversión total de todo el proyecto se acercó a los 90 millones de dólares. En el lanzamiento del complejo se analizó la estrategia de expansión en los mercados turísticos, basados en países y segmentos. En función de éstos se pueden establecer diversas estrategias que tendrán en cuenta toda la gama de consideraciones que afecten a la concentración y diversificación en segmentos y países, recogidos en la tabla adjunta.

El presupuesto de Marketing no era muy elevado, menos de un millón de dólares, por lo tanto había que desarrollar una estrategia que atrajera clientes al hotel y al instituto desde la apertura, sabiendo que la inversión efectuada en este último superó los 14 millones de dólares, con un personal de veinte personas entre médicos y especialistas.

PREGUNTAS

1. En función de la tabla, ¿qué estrategia recomendaría usted para la apertura del hotel?
2. En las fases siguientes, ¿qué estrategia convendría más?
3. Para fidelizar a la clientela, ¿qué acciones propondría usted?

Caso preparado por el catedrático José Luis Santos Arrebola Universidad de Málaga, España.

PAÍSES / SEGMENTOS

	Diversificación	Concentración	
Concentración	Estrategia 3	Estrategia 1	
Diversificación	Estrategia 4	Estrategia 2	

CASO 3 *Federal Express*

DEFENSA DE UN MERCADO DOMÉSTICO Y BÚSQUEDA DE UN NICHO INTERNACIONAL

Cuando estudiaba en Yale, Frederick Smith escribió un ensayo donde criticaba los servicios de entrega de paquetería y proponía un nuevo sistema. Por sus esfuerzos recibió una calificación reprobatoria. Sin inmutarse en lo más mínimo, inventó un nuevo servicio de entrega en menos de 24 horas y le dio el nombre de Federal Express (FedEx).

La entrega en menos de 24 horas es un servicio de distribución física especializada que en un lapso de 24 horas envía paquetes de un lugar a otro. El cliente puede dejar un envío en las instalaciones de la empresa a que está destinado o, por un precio ligeramente mayor, hacer que el envío sea recogido. Las tarifas más bajas para la entrega de una carta son menores de $10. La mayor parte de las compañías de la industria garantizan una entrega en determinado plazo o bien reembolsan el pago si se lo piden.

Obtención de éxito inicial

FedEx tuvo un inicio vacilante en 1973: ni los individuos ni las organizaciones conocían la entrega de paquetería y cartas en menos de 24 horas o no les interesaba. Debido en gran parte a una exhaustiva publicidad por parte de FedEx, los clientes potenciales pronto se percataron de los beneficios del servicio. La demanda creció de manera extraordinaria, y la compañía empezó a ser rentable pocos años después de su fundación.

En 1983 rebasó los $1 000 millones de ingresos anuales. Hoy, tras 20 años de estar en la industria, ha alcanzado más de $8 000 millones de ventas anuales: el 70% de esa cifra se generó en Estados Unidos y el resto en el mercado mundial. Sus ganancias anuales podrían ser mayores, si no perdiera tanto dinero en las filiales internacionales.

El competidor más importante es United Parcel Service (UPS), empresa con enormes recursos financieros y con ingresos anuales de cerca de $20 000 millones. UPS reparte más de 3 000 *millones* de paquetes anualmente; más del 90% de ellos se entregan por transporte terrestre. Durante muchos años UPS no dio mucha importancia a Federal Express, porque esta empresa utilizaba el transporte aéreo. Con el tiempo, a medida que Federal Express creció y les quitó participación en el mercado a varios competidores, UPS se dio cuenta de que representaba un grave peligro para ella. Para contrarrestar su progreso, en 1982 inició el servicio aéreo de entrega en menos de 24 horas.

Conforme a las estadísticas más recientes, la participación de Federal Express en las entregas de paquetería por avión en Estados Unidos es aproximadamente del 43%. Ese porcentaje se traduce en más de 500 millones de entregas por año. Otras empresas con una participación importante son: UPS con 25%; Airborne Freight Corporation con 14% y Express Mail de U. S. Postal Service con 8%.

Cartas y documentos (voluminosos documentos legales y bosquejos de anuncios, por ejemplo) son algunas de las cosas más comunes —aunque no las únicas— que reparten Federal Express y sus competidores. En efecto, la entrega en menos de 24 horas se emplea para muchos otros productos desde piezas de repuesto para componentes de computadoras hasta animales vivos. Todos ellos tienen una aspecto en común: la necesidad de una entrega rápida.

Pese a su éxito global, Federal Express afronta serios retos a su posición hegemónica en Estados Unidos. Más aún, no ha logrado establecer sucursales rentables a nivel mundial. Algunos observadores señalan que ya pasó su mejor época y que Smith y su compañía nunca más volverán a ocupar el liderazgo en la industria. ¿Qué sucedió? ¿Y qué debería hacer Federal Express?

Dominio en el mercado doméstico

Federal Express goza de renombre por su confiabilidad. Afirma que el 99.5% de sus entregas se efectúan en el plazo de menos de 24 horas. En reconocimiento de su confiabilidad y otros aspectos de un servicio tan excelente, recibió en 1990 el Malcolm Baldrige National Quality Award. El líder del mercado aplica varias técnicas para lograr un desempeño destacado:

- Ofrece comodidad a los clientes por medio de miles de buzones, centros de recepción y almacenamiento.
- Un camión de Federal Express acudirá a recoger un envío en un plazo de 1 hora contado a partir de la llamada del cliente.
- Federal Express ofrece un seguimiento contante de los paquetes. Para ello sus camiones están equipados con computadoras. Además, la compañía cuenta con un servicio, llamado Powership, que ha instalado terminales de computadoras en las oficinas de más de 11 000 clientes. Este servicio les permite administrar mejor sus funciones de envío de paquetería y además realizar el seguimiento de sus envíos. Para no rezagarse en la innovación tecnológica, UPS tiene un servicio parecido, el Maxiship. Como se advierte en el ejemplo, los competidores suelen imitar los

Casos de la parte 7

servicios de Federal Express o al menos tratan de imitarlos.

Federal Express también ha estructurado rigurosamente sus operaciones internas con el fin de ofrecer un servicio eficiente y rápido:

- Opera un transporte integrado. Es decir, posee sus propios aviones y camiones de entrega; los pilotos y conductores son empleados de ella. Esto le brinda el control absoluto sobre sus actividades.
- Se sirve de un sistema central e instalaciones de distribución. Todas las entregas nocturnas pasan del sitio original a uno de los tres centros de clasificación situados en Memphis (Tennessee), Oakland (California) y Newark (New Jersey). En los centros se clasifican los paquetes y se envían a su destino final. Por ejemplo, todas las noches miles de empleados de Memphis clasifican casi 1 millones de paquetes que pasan por un sistema de correas transportadoras de 65 millas de largo.

Además de los competidores que imitan —o intentan superar la forma tan exitosa en que Federal Express hace negocios—, ¿qué otros retos afronta en Estados Unidos? A continuación se comentan algunos:

- Las nuevas tecnologías han comenzado a quitarle clientes a las entregas en menos de 24 horas. Conforme a los pronósticos, el 30% de las cartas (no los paquetes más grandes) enviados antes por este servicio podrían transmitirse muy bien por fax o correo electrónico. Federal Express ya empezó a resentir los efectos de las diversas formas de competencia. Luego de tener incrementos anuales de ventas del 40% a mediados de los años 80, se espera que su crecimiento sea aproximadamente del 10% por año a mediados de la década de 1990.
- Algunas veces, un número creciente de compañías desean más un "plazo seguro de entrega" que una entrega en menos de 24 horas. Es decir, están dispuestas a aceptar una entrega al día siguiente, a condición de que se les garantice que el paquete llegará en la fecha convenida. Por supuesto, les atrae la tarifa más baja por este tipo de servicio.
- La fuerte competencia de precios sigue mermando las ganancias de Federal Express. De hecho, perdió casi una tercera parte de su margen de utilidad durante los años 80.

Por su reputación de un servicio de calidad superior, prefiere una competencia *no relacionada con los precios*, pero se encuentra inmersa en una intensa competencia de *precios*. A mediados de 1992, Smith explicó en qué forma la compañía trataba de mantener sus utilidades: "Hemos asumido el compromiso de reducir los costos y los precios a un ritmo rápido".

Problemas a nivel internacional

A principios de los años 80, Federal Express se dio cuenta de que algunos de sus clientes nacionales necesitaban realizar envíos fuera del país, sobre todo a algunas regiones de Asia y Europa. Decidió, pues, exportar sus métodos tan exitosos de servicio de entrega en menos de 24 horas. En 1984 ingresó en el mercado europeo.

Sin embargo, desde el primer día encaró varios obstáculos en el mercado internacional:

- Algunas empresas habían entrado en él antes que FedEx. En gran medida, se valieron de las mismas técnicas que tanto éxito le habían reportado a ella. En palabras del propio Smith: "Hemos de reconocer que llegamos tarde a Europa con toda nuestra experiencia y métodos de entrega inmediata".
- A Federal Express le fue difícil conseguir las autorizaciones necesarias de los gobiernos. Por ejemplo, cuando quiso iniciar vuelos semanales entre Memphis y Tokio, tardó tres años en obtener el permiso del gobierno japonés. Los gobiernos extranjeros ven en ella una empresa que competirá fuertemente con las compañías nacionales.
- Federal Express hubo de aprender la importancia de las diferentes culturas y costumbres. En un principio conservó en inglés todos sus formularios y folletos por razones de simplicidad, concediendo poca importancia a las barreras del idioma y al peligro de proyectar una imagen del "americano feo". Más aún, en toda Europa estableció un plazo (las 5 de la tarde) para la recepción de paquetes. Esta política la perjudicó mucho, sobre todo en España, donde muchas firmas trabajaban al menos hasta la 8 de la noche.

Con el propósito de fortalecer su posición competitiva y evitar varios problemas del inicio de operaciones en países extranjeros, Federal Express compró más de 20 compañías transportistas en todo el mundo. Algunas de adquisiciones la colocaron en la industria del transporte de cargas. Pero se dio cuenta de que su experiencia en la entrega de cartas y de paquetería en menos de 24 horas no se aplicaba necesariamente a estas nuevas actividades. En la industria del transporte de carga, Federal Express entabló competencia de precios con las grandes líneas aéreas. Como los boletos de los pasajeros cubren los costos más importantes de un vuelo, las líneas aéreas están dispuestas a transportar carga por precios relativamente bajos. Como declaró el presidente de la división de carga de American Airlines: "Los pasajeros no están dispuestos a viajar en el sótano. De modo que tengo excesos de capacidad y en eso me baso para fijar el precio del transporte de carga".

Federal Express afrontó los problemas más graves en la Comunidad Europea (es decir, en Europa Occidental). Esencialmente sobrestimó el potencial del mercado y subestimó la fuerza de los competidores que ya operaban en todo el continente. Smith esperaba que la demanda alcanzara el nivel de 3 millones de envíos diarios (o sea igual a la de Estados Unidos), pero apenas llegó a 100 000 envíos. Las condiciones económicas de estancamiento redujeron la demanda. Además, mientras que la entrega en menos de 24 horas había sido bien recibida en Japón, una proporción considerable de europeos (y también de asiáticos) prefieren la entrega segura en un plazo de 2 o 3 días.

Aunque se concentraron en la Comunidad Europea, Federal Express y otras compañías también incursionaron en Europa Oriental. A pesar de la incertidumbre política y económica, era una región con gran potencial pues su población rebasaba los 425 millones de habitantes, esto es, más de 100 millones que la Comunidad Europea. Federal Express había adoptado una actitud muy cautelosa en este mercado. Contrató a un mayorista alemán, Red Star, para que proporcionará el transporte terrestre necesario (por ejemplo, las entregas locales) en la mayor parte de Europa Oriental. Hizo un convenio con otra compañía alemana, Deutsche Lufthansa AO, para que realizara los envíos a Moscú; a partir de aquí Federal Express se encarga de los paquetes en la ex Unión Soviética.

La competencia encontrada en Europa es al menos tan fuerte como la de Estados Unidos. Entre los competidores bien establecidos que Federal Express tiene en ese continente figuran: TNT Express Worlwide, empresa australiana con una participación de casi 30% en el mercado; DHL Worldwide Express, con cerca del 20%, y UPS, que llegó a Europa en 1976, con menos del 10%. La participación de American Express en el mercado europeo llega apenas al 10%, mientras que en Estados Unidos es casi del 45%.

Las inversiones de Federal Express en las filiales internacionales son de $2 000 millones de dólares. Pero esta enorme inversión no ha producido ganancias hasta la fecha. Peor aún: sus pérdidas rebasan los $1 000 millones, la mayor parte de ellas correspondientes a Europa.

Smith y los altos directivos estudiaron varias opciones para mejorar el deficiente desempeño de Federal Express en el mercado internacional. Una de ellas fue compartir espacio con los competidores en los aviones de carga. Pero esta opción fue rechazada porque la compañía siempre se ha mantenido muy independiente. En mayo de 1992, se tomó una medida más drástica en Europa, despidiendo a 6 600 empleados y clausurando sus instalaciones en más de 100 ciudades.

Ahora la compañía ha adoptado un enfoque distinto en Europa y, tal vez, en el mercado mundial. Se alió a dos ex competidores para realizar, en beneficio de American Express, entregas de paquetería a los mercados industriales más importantes de Europa. Ella sigue prestando su servicio directo entre Estados Unidos y apenas 16 centros industriales de Europa.

Perspectivas futuras

Tanto en el mercado estadounidense como en el mundial, cuatro factores caracterizan la industria de entrega de paquetería por transporte aéreo: confiabilidad, rapidez, precio y servicios de valor agregado. Con miras al futuro, Federal Express ha decidido cuáles de esos factores le brindarán la ventaja diferencial. Y en el mercado internacional este enfoque puede ser muy diferente al que aplica en Estados Unidos. En relación con el primer factor, un analista manifestó: "La confiabilidad de los principales participantes del mercado no se pone en tela de juicio hoy día". La rapidez (o sea la entrega en menos de 24 horas) es todavía decisiva en muchos casos, pero cada vez tiene más aceptación la entrega segura en un plazo señalado. Más aún, el precio promedio de la entrega inmediata ha decaído en una forma constante desde 1980, concediéndose ahora descuentos adicionales a los clientes más importantes.

Algunos observadores consideran que el cuarto factor, el servicio con valor agregado, diferenciará a los competidores en el futuro. Igualmente importante: los servicios con valor agregado da a Federal Express y a otras compañías de la industria un poco de alivio respecto a la competencia. En el momento actual, estos servicios complementarios incluyen la capacidad de hacer el seguimiento de los envíos y ayuda en la administración de la función de envío de paquetería.

En el mercado doméstico, Federal Express piensa poder conservar su posición de liderazgo en la forma en que la logró inicialmente: mediante un servicio diferenciado. Por tanto, ofrece ahora tres tipos básicos de entrega:

- Entrega prioritaria en menos de 24 horas, que garantiza la entrega la mañana del día siguiente.

Casos de la parte 7

- Entrega estándar en menos de 24 horas, que garantiza la entrega por la tarde, al día siguiente.
- Entrega rápida en dos días, que garantiza la entrega por la tarde, dos días después.

Con un cargo adicional puede obtenerse la entrega los sábados. En los albores de la década de 1900, el servicio sabatino tuvo mucho éxito, con un crecimiento de más del 10% anual.

Federal Express también se ha concentrado en los servicios de valor agregado. Por ejemplo, los conductores están equipados con un aparato manual que les permite preparar las etiquetas del código postal. Con ello se agiliza mucho el proceso de clasificación en los centros y se aminora notablemente el número de envíos extraviados. En una escala más amplia, la compañía ofrece a los clientes servicios de logística comercial y asistencia en el manejo de inventarios y de la función global de embarques.

En los mercados internacionales, Federal Express recurre a sus nuevas alianzas cooperativas para retener a los clientes, conservar y (de ser posible) acrecentar los ingresos y abatir los costos. Algunos observadores son menos optimistas, pues suponen que algunos de los clientes más importantes utilizarán en lo sucesivo los servicios de los competidores que poseen redes más amplias de entrega en Europa. Más aún, algunos empresas —sobre todo UPS y Airborne— ya fundaron empresas conjuntas con compañías muy fuertes de Asia y Europa.

En el mercado internacional también Federal Express ha venido haciendo hincapié en los servicios con valor agregado. Por ejemplo, ayuda a los clientes con los trámites en las oficinas aduanales tan pronto llega el envío. Además, estableció varios PartsBanks (no sólo en Memphis, sino también en Amsterdam y Singapur). Estos centros sirven de almacén para guardar los inventarios de los clientes, hasta que los pedidos deban embarcarse en poco tiempo a cualquier parte del mundo.

Smith está convencido de que, en Estados Unidos, el triunfador en la industria de entrega inmediata de paquetería será la compañía que ofrezca el mejor servicio al precio más bajo. Smith ni siquiera está en condiciones de decir cuándo las operaciones internacionales serán rentables, de modo que le sería imposible indicarnos cómo tener éxito en el mercado mundial. Sin embargo, una cosa sí sabe: no puede darse el lujo de cometer errores en el mercado doméstico ni internacional, pues expondría la compañía al fracaso.

PREGUNTAS

1. ¿Cuál es la ventaja o desventaja diferencial de Federal Express en Estados Unidos? ¿Y en otros países?
2. ¿Cómo debería modificar Federal Express sus estrategias de mercado meta, de mezcla de marketing o ambas para conservar su fuerte posición en el mercado doméstico? ¿Y para mejorar su posición en el mercado mundial?
3. ¿Qué puede hacer Federal Express para mejorar la eficiencia de sus actividades de distribución física?

Fuente: Sharon Kindel, "When Elephants Dance", *Financial World*, 9 de junio, 1992, pp. 76-78; Chuck Hawkins, "FedEx: Europe Nearly Killed the Messenger", *Business Week*, 25 de mayo, 1992, p. 124, 126; Daniel Pearl, "Federal Express Finds Its Pioneering Formula Falls Flat Overseas", *The Wall Street Journal*, 15 de abril, 1991, pp. A1, A8; Andrew Tausz, "Opportunity Beckons in Eastern Europe for Express Giants", *Distribution*, febrero de 1991, pp. 38+; Erik Calonius, "Federal Express's Battle Overseas", *Fortune*, 3 de diciembre, 1990, pp. 137-138+; Peter Bradley, "Package Express: A Study in How Free Markets Work", *Purchasing*, 27 de septiembre, 1990, pp. 68-69+; Nancy Nichols, "Waking Up a Sleeping Giant", *Adweek's Marketing Week*, 12 de junio, 1989, pp. 20-23; Larry Rebistein, "Federal Express Faces Challenge to Its Grip on Overnight Delivery", *The Wall Street Journal*, 8 de enero, 1988, p. 1, 8; Dean Foust y Resa W. King, "Why Federal Express Has Overnight Anxiety", *Business Week*, 9 de noviembre, 1987, pp. 62, 66.

PARTE OCHO

 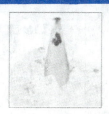

Dirección del programa del marketing

Poner en práctica el programa de marketing de una compañía, evaluar el resultado y la función del marketing en nuestra sociedad moderna, y examinar lo que puede hacerse en el futuro

Hasta ahora hemos estudiado por separado cómo una empresa selecciona sus mercados meta y luego desarrolla y administra los cuatro elementos de la mezcla de marketing en ellos. En esta parte del libro integraremos las cuatro áreas y ofreceremos un panorama general del programa *global* de marketing.

Aplicaremos el proceso gerencial básico al programa de marketing de la compañía. Siguiendo la etapa de la planeación estratégica de que nos ocupamos en el capítulo 3, explicaremos en el capítulo 21 la instrumentación y evaluación del proceso gerencial. Después, en el capítulo final, evaluaremos la posición actual del marketing en el sistema socioeconómico de Estados Unidos y veremos hacia dónde se encamina el marketing moderno.

CAPÍTULO 21

Instrumentación y evaluación del marketing

¿Cómo puede HYATT llenar los cuartos de sus hoteles?

A principios de los años 90, los ejecutivos de Hyatt Hotels & Resorts estaban evaluando los resultados de sus hoteles de Hawai. Varias islas componen este estado, y Hyatt operaba hoteles de lujo en cuatro de ellas: Oahu, Maui, Hawai y Kauai.

Gracias a la evaluación los directivos descubrieron la necesidad de aumentar la demanda de sus hoteles en Hawai con las organizaciones que demandan grandes cantidades de cuartos de hotel. Este mercado estaba constituido especialmente por agente viajeros, corporaciones y personas que planeaban celebrar convenciones de asociaciones comerciales y profesionales. Una agencia de viajes, o un mayorista por ejemplo, podía reservar un bloque de 50 cuartos durante la semana del Tazón Aloha o el partido de fútbol profesional conocido como Tazón Hula en Honolulú. Incluiría los cuartos como parte del paquete de turismo (transporte, hospedaje, boletos para el partido) que vendería a cada cliente. Otra opción consistía en que un representante de ventas de Hyatt propusiera a la American Accounting Association que celebrara en Hawai su convención anual y utilizara un hotel Hyatt como sede de la misma.

Hyatt contaba con unos 650 representantes de ventas, pero cada uno trabajaba para un hotel. Esta estructura correspondía a la política organizacional de descentralización, según la cual el gerente de cada hotel lo administraba con absoluta independencia. En este sistema, un representante tendía a promover exclusivamente el hotel para el que trabajaba. En consecuencia, era común que varios representantes promoviesen un hotel diferente y que visitaran al mismo prospecto. Así, hubo una ocasión en que 62 representantes visitaron la American Bankers Association. Más aún, los vendedores que representaban los hoteles en Hawai tenían su sede en las oficinas de Oahu y Maui. Sin embargo, los mejores prospectos casi siempre estaban en lo que los hawaianos llaman "tierra firme", es decir, los 48 estados continentales de Estados Unidos.

Dos factores vinieron a complicar aún más los problemas de Hyatt en Hawai durante los primeros años de 1990. Uno fue la disminución de los visitantes de Hawai a causa de la recesión económica y, en cierta medida, la Guerra del Golfo Pérsico. El otro fue la proliferación de construcciones en la industria hotelera, lo que ocasionaba un excedente de cuartos de hoteles de lujo en relación con la demanda.

Los ejecutivos estaban convencidos de que tenían un excelente producto para venderlo y de que el plan estratégico para aumentar las ventas era adecuado. A su juicio, el problema radicaba en la etapa de realización del proceso gerencial. La compañía no estaba haciendo bien las cosas, como lo revelaban los resultados. En particular, los ejecutivos empezaban a ver en la estructura organizacional una de las causas del problema de instrumentación.[1]

¿Qué cambios organizacionales debería hacer Hyatt para aumentar las ventas con compradores de grandes cantidades de cuartos de hotel en Hawai?

Lo ocurrido a la cadena hotelera Hyatt es un ejemplo de una buena planeación estratégica, pero de la incapacidad (por lo menos en este caso) de cumplirla eficazmente. En el capítulo 3 definimos el proceso gerencial del marketing como la planeación, instrumentación y evaluación del marketing de una empresa. Este proceso se muestra gráficamente en la figura 21-1, que es idéntica a la figura 3-1. La mayor parte del libro la hemos dedicado a la **planeación** del programa de marketing. Explicamos cómo seleccionar los mercados meta y cómo diseñar un programa estratégico para satisfacer sus necesidades.

Ahora, en el presente capítulo, veremos cómo se instrumenta y se evalúa un programa de marketing. La **instrumentación** es la etapa operacional, o sea aquella en que una organización trata de poner en práctica el plan estratégico. Al final del periodo de operación (o incluso durante él) los gerentes deberán efectuar una **evaluación** del desempeño organizacional, es decir, determinar la eficacia con que está obteniendo las metas incluidas en el plan estratégico.

Después de estudiar este capítulo, usted deberá ser capaz de explicar:

OBJETIVOS DEL CAPÍTULO

- La función de la instrumentación en el proceso gerencial.
- Las estructuras organizacionales con que se realiza el programa de marketing.
- Las funciones de integración y operación en el proceso de instrumentación.
- El papel de la evaluación de marketing al juzgar el programa de marketing.
- El significado de una actividad equivocada de marketing.
- El análisis del volumen de ventas.
- El análisis de los costos del marketing.

INSTRUMENTACIÓN DE LA DIRECCIÓN DEL MARKETING

Debería haber una estrecha relación entre la planeación, instrumentación y evaluación. Sin una planeación estratégica, las actividades operativas de una compañía (sus tácticas de instrumentación) no seguirán un rumbo fijo sino que se dispersarán como un proyectil sin dirección. Muchas compañías fueron presa de la desilusión, cuando se dieron cuenta de que la simple *planeación estratégica* no era suficiente para garantizar el éxito. Los planes tenían que ser *realizados eficazmente*. Los directivos empezaron a comprender

FIGURA 21-1

El proceso gerencial del marketing.

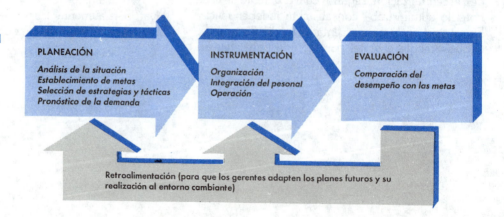

Instrumentación y evaluación del marketing

que los planificadores eran verdaderos maestros en el arte de decirles lo que habían de hacer, es decir, en el arte de diseñar estrategias. Pero mostraban grandes limitaciones cuando debían decirles *cómo* hacerlo, es decir, cómo realizar una estrategia.[2] Al respecto en cierta ocasión manifestó un ejecutivo: "Muchas veces esos sabios planificadores no logran venderle un par de zapatos a un tipo que se encuentra descalzo en una acera muy caliente y con un billete de $50 dólares en la mano."

PERSPECTIVA INTERNACIONAL

¿PUEDE UNA COMPAÑÍA PLANEAR EXITOSAMENTE EN FORMA GLOBAL Y PONER EN PRÁCTICA LA PLANEACIÓN A NIVEL LOCAL?

En el caso de Bausch & Lomb (anteojos oscuros Ray-Ban y lentes de contacto), la respuesta es "sí, pero no es fácil". La compañía descubrió que la clave consiste en dejar que los gerentes locales tomaran sus propias decisiones. Antes de 1984, todas las políticas de producción y de marketing provenían de las oficinas centrales de la compañía en Rochester, Nueva York. Desde entonces, los gerentes locales tienen mucho mayor control sobre las decisiones referentes a la instrumentación de los planes. Y en menos de 10 años (1984-1992), las ventas internacionales crecieron del 25% a casi el 50% de los ingresos totales.

Examinemos algunos ejemplos. En Japón, Bausch & Lomb se encontraba estancada con sus lentes de contacto, porque no cumplían los requisitos de los oftalmólogos japoneses que casi exigen la perfección. En una nueva planta de Corea, la compañía desarrolló un proceso para satisfacer esos requisitos. A principios de la década de 1990, ya había alcanzado un 11% de la participación en el mercado japonés.

Los anteojos oscuros Ray-Ban son otro ejemplo de la instrumentación a nivel local. Gozan de gran aceptación en todo el mundo, pero hasta hace poco no tenían en cuenta las necesidades del mercado internacional. En 1986, apenas 1 de los 25 nuevos modelos fue diseñado especialmente para él. En 1990 más de la mitad de los nuevos productos se elaboraron con esa perspectiva. Los europeos prefieren un modelo más lujoso y ostentoso que los estadounidenses. En Asia, la compañía los rediseñó para que se ajusten mejor al rostro

Los lentes para sol Ray-Ban, rediseñados para el mercado asiático tienen una fuerte demanda en las tiendas como ésta en Tokyo.

de los asiáticos: con un puente de nariz más plano y con mejillas más salientes. Ray-Ban controla hoy el 40% del mercado mundial de los anteojos oscuros de mayor precio ($40-$250).

En China, los gerentes locales decidieron fijarles a los lentes de contacto el precio más bajo del mundo. La compañía esperaba compensar la diferencia de los ingresos con un incremento en los lentes vendidos. En 1992, China ocupó el tercer lugar del mundo (Estados Unidos y Japón ocuparon los lugares primero y segundo, respectivamente) en ventas unitarias de lentes de contacto. La compañía de China arrojó utilidades al cabo de 2 años, recuperando así la inversión inicial en 4 años. Sin duda, en todo esto influyó positivamente el hecho de conceder libertad a los gerentes locales para que pongan en práctica los planes estratégicos de la compañía.

Fuente: Rahul Jacob, "Trust the Locals, Win Worldwide", *Fortune*, 4 de mayo, 1992, p. 76.

Por muy buena que sea la planeación estratégica de una empresa, será inútil si los planes no desembocan en una acción eficaz, es decir, si no se instrumentan correctamente. Con una buena planeación jamás se podrá subsanar una instrumentación deficiente. En cambio, una instrumentación adecuada a menudo supera las deficiencias de una mala planeación. Por fortuna, en la década de los noventa se presta mucho mayor atención a la realización de las estrategias. Así, en el verano de 1992, Chrysler invirtió $30 millones de dólares para reeducar a más de 100 000 empleados de sus distribuidores. Con este programa de capacitación se apoyó el lanzamiento de los modelos Concorde, Dodge Intrepid y Eagle Vision, los primeros automóviles totalmente nuevos de la compañía desde principios de los años 80. A Chrysler le preocupaba la posibilidad de que los distribuidores que habían vendido sus líneas anteriores no supieran vender los nuevos y sofisticados modelos a los clientes jóvenes y más exigentes.[3]

La instrumentación abarca tres actividades: 1) organizar la actividad de marketing, 2) reclutar el personal de la empresa y 3) dirigir a los empleados para que lleven a cabo los planes estratégicos.

ORGANIZAR PARA REALIZAR LA INSTRUMENTACIÓN

Una vez establecido el plan estratégico de marketing, la primera actividad consiste en organizar a los que lo pondrán en práctica. Para ello primero se define la relación entre el marketing y otras divisiones funcionales de la organización. Después, dentro del departamento de marketing, los gerentes deberán diseñar una organización para que lleve a cabo los planes.

Además de las innovaciones del aprendizaje de la tecnología y la capacitación, Siemens aplica hoy su espíritu innovador a la estructura organizacional.

Instrumentación y evaluación del marketing

A las estructuras organizacionales empieza a prestárseles mayor atención en las compañías (tanto a las del país como a las que tienen su sede en el extranjero), a medida que los directivos reconocen que las estructuras tradicionales pueden obstaculizar las operaciones en el ambiente actual tan dinámico. Hewlett-Packard, Xerox, Apple Computer y las "3 Grandes" de la industria automotriz norteamericana son algunas de las compañías que han introducido importantes cambios organizacionales durante los últimos años.

Las empresas han comenzado a modernizar su organización al reducir el número de niveles ejecutivos existentes entre los trabajadores y el presidente. Están dando mayor autoridad a los ejecutivos de niveles intermedios en lugares descentralizados, con el propósito de estimular la innovación, reducir una asfixiante burocracia en las oficinas matrices y dar respuestas más rápidas a los cambios del mercado. Siemens, el gigante alemán de la electrónica, hace poco emprendió una reorganización radical tendiente a prepararla para afrontar una competencia más intensa, sobre todo por parte de los japoneses. Quiere romper con una rigidísima jerarquía tradicional y desarrollar a 500 gerentes jóvenes de nivel intermedio inculcándoles el espíritu emprendedor. El nuevo presidente de la compañía, Heinrich Von Pierer, desea que estos gerentes apuntalen la fuerza tecnológica de Siemens con un marketing innovador que la prepare para el siglo XXI.[4]

Estos cambios muestran que las compañías exigen hoy una flexibilidad organizacional que les permita responder rápidamente a un ambiente de marketing dinámico y orientado a la información, que se caracteriza por una gran diversidad y turbulencia. Sin duda, seguiremos presenciando el nacimiento de nuevas estructuras en respuesta a los ambientes tan cambiantes del mundo moderno.[5]

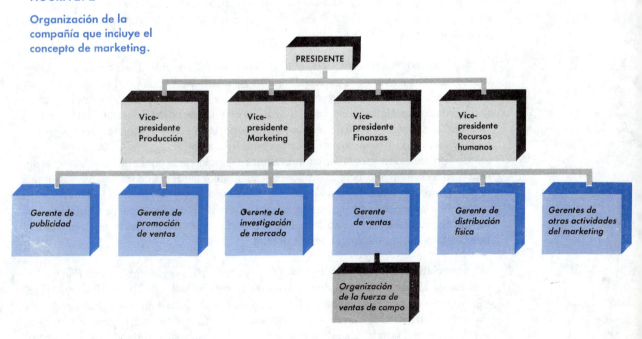

FIGURA 21-2

Organización de la compañía que incluye el concepto de marketing.

Organización de toda la compañía

En el capítulo 1 dijimos que uno de los tres aspectos fundamentales del concepto del marketing es coordinar todas las actividades mercadológicas. En las empresas orientadas a la producción o a las ventas, normalmente observamos que esas actividades están fragmentadas. La fuerza de ventas casi no tiene relación alguna con la publicidad y, a veces, el departamento de personal es el que se encarga de su capacitación.

En una organización orientada al marketing, todas las actividades mercadológicas las coordina un ejecutivo de marketing, quien suele ocupar un puesto correspondiente al nivel de vicepresidente. Está subordinado directamente al presidente y tiene una jerarquía igual a la de los gerentes de finanzas, producción y otras funciones semejantes, como se aprecia en la figura 21-2.

Otro aspecto de la coordinación organizacional consiste en establecer buenas relaciones laborales entre el marketing y otras importantes áreas funcionales. Por ejemplo, el marketing apoya al departamento de producción al dar pronósticos exactos de ventas. Y el departamento de producción le paga el favor elaborando bienes de calidad a tiempo para surtir los pedidos. Los empleados de marketing y finanzas pueden colaborar para establecer los precios y las políticas de crédito.[6]

La organización del departamento de marketing

Dentro del departamento de marketing, especialmente entre las empresas grandes o medianas, la fuerza de ventas frecuentemente se especializa en algún aspecto organizacional. Esto se hace para instrumentar mejor el plan estratégico de marketing. La fuerza de ventas puede organizarse en tres tipos de especialización: territorio geográfico, línea de productos o tipo de clientes.

Especialización geográfica. Quizá el método más común para organizar las actividades de ventas es el de la **especialización geográfica**. A cada vendedor se le asigna determinada región (llamada *territorio*) donde vender. Varios representantes que atienden territorios contiguos están bajo las órdenes de un supervisor de ventas; éste a su vez "reporta" al director general de ventas. A estos supervisores se les da el nombre de *gerentes regionales o de distrito*, como se indica en la figura 21-3A.

Una organización geográfica garantiza una realización más eficaz de las estrategias de ventas en cada mercado local y permite controlar mejor la fuerza de ventas. A los clientes se les da un servicio más rápido y esmerado, pudiendo los representantes locales responder mejor a las acciones de la competencia en su territorio. La principal desventaja radica en que no es posible ofrecer conocimientos especializados del producto ni otros conocimientos técnicos que algunos clientes desean.

Especialización por productos. Otro criterio para organizar la fuerza de ventas es la **especialización por producto**, como se aprecia en la figura 21-3B. Una compañía, digamos una empacadora de carne, tal vez divida sus productos en dos líneas: productos de carne y fertilizantes. Un grupo de representantes venderá exclusivamente los productos de carne y el otro la línea de fertilizantes. Ambos están directamente bajo el control del supervisor de ventas, quien a su vez "reporta" al director general de ventas.

Este tipo de organización es muy idóneo para las compañías que venden:

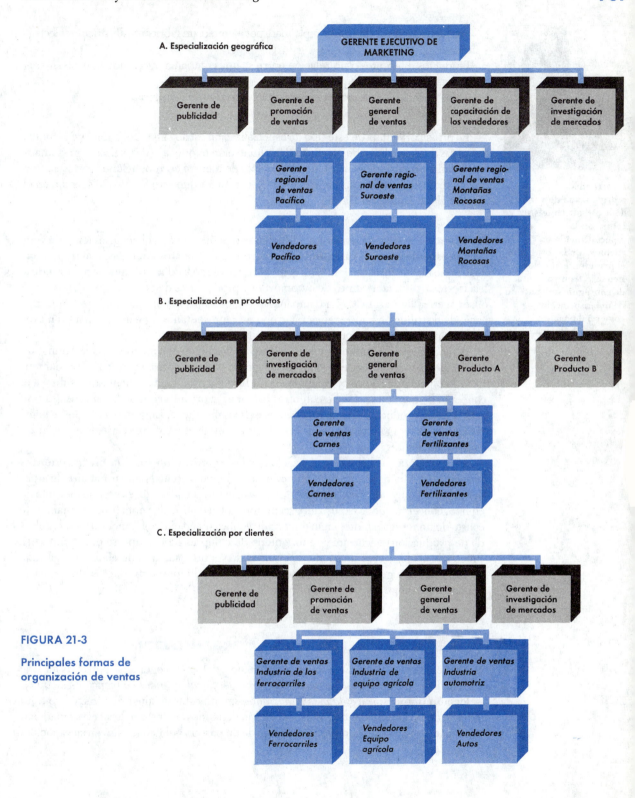

FIGURA 21-3

Principales formas de organización de ventas

- Productos técnicos de gran complejidad; por ejemplo, un fabricante de artículos electrónicos.
- Productos diferentes o sin relación entre sí: una compañía que vende maletas, mesas y sillas plegadizas y bloques de juguetes.
- Miles de artículos, como un mayorista de artículos de ferretería.

La principal ventaja de este tipo de especialización estriba en la atención que la fuerza de ventas da a cada línea de producto. Una limitación es que, a veces, varios representantes visitan a un mismo cliente. Con ello no sólo de incurre en repeticiones costosas, sino que también se puede molestar al cliente. Recordemos que esto fue lo que sucedió en el caso de Hyatt Hotels en Hawai.

Especialización en clientes. Muchas compañías dividen el departamento de ventas por **especialización en clientes**. Se agrupa a los clientes atendiendo al tipo de industria o canal de distribución. Una compañía petrolera dividirá sus mercados por industria (ferrocarriles, fabricantes de automóviles y productores de equipo agrícola) como se observa en la figura 21-3C. La compañía que especializa sus operaciones de ventas por canal de distribución tal vez tenga un grupo de representantes que atienden a los mayoristas y otro que trata directamente con los grandes detallistas.

A medida que un número mayor de empresas aplique el concepto de marketing, irá aumentando el tipo de organización especializada en los clientes. Sin duda, el fundamento de la especialización es compatible con la filosofía orientada al cliente que subraya el concepto de marketing. Dicho con otras palabras, la organización de las empresas no se centra en los productos sino en los clientes y en los mercados. En el caso con que se inicia el capítulo, la reorganización hecha por Hyatt Hotels incluirá alguna clase de especialización en los clientes.

Una variante de dicha especialización es la **organización basada en las cuentas principales**. Muchas compañías empezaron a adoptarla como la mejor manera de atender a clientes muy importantes. Este tipo de estructura suele incluir el equipo de venta en equipo, concepto que se expuso en el capítulo 17. Un equipo de venta (que normalmente consta de un representante, un ingeniero de ventas, un ejecutivo financiero y un empleado de producción) negociará con un equipo de compras de la empresa del cliente. Así, Procter & Gamble creó una serie de equipos de ventas, cada uno de ellos especializado en una categoría general de productos (productos de limpieza, productos alimenticios) para atender mejor a los clientes principales como Wal-Mart.

INTEGRACIÓN DE PERSONAL DE LA ORGANIZACIÓN

Si quiere que la planeación dé buenos resultados, deberá escoger a las personas idóneas para realizarla. *De todas las etapas del proceso gerencial, estamos convencidos de que la* **selección de personal** *es la más importante*, sin importar de que organización se trate. El éxito de un entrenador de futbol americano depende muchísimo de su capacidad para reclutar a los jugadores apropiados. El éxito de un partido político se basa en su capacidad

La actividad reorganizada de ventas de los Hyatt Hotels se centra en la especialización en clientes. En la fotografía, el presidente Hartley-Leonard (centro) trata de conseguir un contrato de una asociación comercial para su compañía hotelera.

para seleccionar al candidato que ganará más votos. El éxito de un director de ventas depende en gran medida de los vendedores que contrate. En una palabra, la selección es un elemento decisivo en *todo tipo* de organización.

En la mayor parte de las organizaciones del marketing, la fuerza de ventas es fundamentalmente la unidad que lleva a cabo la planeación estratégica. En el capítulo 17 se describió un proceso de selección de los vendedores.

DIRECCIÓN DE LAS ACTIVIDADES DEL MARKETING

La tercera actividad: la dirección y operación del programa de marketing, constituye la parte esencial del proceso de instrumentación. Es aquí donde se ponen en práctica los planes estratégicos, donde se generan los ingresos y donde los ejecutivos dirigen el trabajo de los empleados que han seleccionado y organizado.

Las directrices para operar los componentes de la mezcla de marketing (producto, precio, distribución, promoción) probablemente se establezcan a través del plan estratégico de marketing. Los gerentes del departamento de marketing tienen la obligación de observarlas rigurosamente. En esta etapa el éxito dependerá de la eficacia con que se realicen los cuatro conceptos relacionados con la dirección de personal: delegación, coordinación, motivación y comunicación.

Delegación

Un ejecutivo debe saber **delegar** la autoridad y la responsabilidad. Los que intentan hacer todo ellos mismos (o sea que se muestran renuentes a delegar) no logran explotar todo el potencial de sus programas o de sus subordinados.

¿DILEMA ÉTICO?

Muchas aerolíneas y hoteles, por citar algunas instituciones, periódicamente "se saturan" (una táctica de instrumentación), es decir, aceptan reservaciones de más asientos o cuartos de los que disponen. Las compañías aéreas lo hacen porque cierto porcentaje de las personas que reservan no se presentan en el aeropuerto y son denominados "no shows". Pero algunas veces todas ellas se presentan y entonces no hay suficientes asientos en el avión. Así, algunos pasajeros se quedan "plantados": no pueden abordar el avión aunque hayan confirmado su reservación. Para aliviar este problema, las líneas aéreas ofrecen un boleto total o parcialmente gratuito en un vuelo futuro. O bien hacen una reservación en el siguiente vuelo, así sea en una compañía de la competencia.

¿Es ésta una práctica ética por parte de los hoteles y las compañías aéreas?

Hallmark Cards espera reducir a la mitad el tiempo dedicado al desarrollo de productos nuevos, delegando autoridad a equipos interfuncionales como éste. Antes los artistas, diseñadores, impresores y financieros se hallaban muy distantes unos de otros, mientras trabajaban en una misma tarjeta de felicitaciones.

La delegación significa asignar a una persona un trabajo (la responsabilidad) y los medios para realizarlo (la autoridad). Es lo que el nuevo presidente de Siemens se propuso hacer cuando buscó a 500 gerentes jóvenes de nivel medio para darle nuevas ideas, dinamismo y liderazgo a la compañía en los umbrales del siglo XXI.

Otro ejemplo de esto es el sistema de delegación de 3M Company (cinta adhesiva Scotch, cuadernos para notas Post-it y muchos otros artículos), el cual reduce al mínimo la rigidez burocrática propia de las grandes empresas. Con el fin de estimular la creación de nuevos productos, 3M integra un equipo pequeño (una especie de minicompañía) con una idea de un producto nuevo. Le da después plena autoridad para que tome iniciativas y corra riesgos, todo ello sin ninguna represión por parte de los ejecutivos de alto nivel. Claro que algunos proyectos tendrán éxito y otros fracasarán. Pero si la compañía seleccionó bien a sus empleados, habrá más casos de éxito que de fracaso.

Coordinación

La **coordinación** de las divisiones y las actividades es esencial en una empresa, porque las personas que colaboran tendrán entonces mayor éxito que si trabajan de modo independiente. En ocasiones la coordinación es difícil de lograr a causa de las diferencias de intereses, prioridades y personalidades de los grupos en cuestión. Así, en el nivel *interdepartamental* los miembros del departamento de producción quieren órdenes grandes de producción (y, por lo mismo, bajos costos unitarios) de colores o tamaños estandarizados. Por su parte, los del departamento de marketing querrán una gran variedad de la producción que les permita atender distintos segmentos del mercado. Los de finanzas desean imponer rígidos controles de crédito y, en cambio, los ejecutivos de marketing saben que con condiciones más flexibles conseguirán mayores ventas. *Dentro* del departamento de marketing, la coordinación y la flexibilidad son también indispensables por la escasez de fondos y la existencia de intereses antagónicos. Los integrantes del departamento de publicidad tratan de obtener mayores presupuestos publicitarios y los ejecutivos de ventas querrán contratar a más representantes.

Con el fin de mejorar la coordinación entre los departamentos e incluso en el interior del departamento de marketing, algunas compañías forman equipos con representantes de todos los departamentos para evitar problemas. Esto es, en efecto, lo que hace 3M Company en relación con el desarrollo de productos nuevos.

Motivación

Un líder exitoso en cualquier campo de la actividad humana (el deporte, la educación, la política, la milicia o el mundo de los negocios) sabe **motivar** a su gente. Incluimos aquí la motivación *económica* (pagos en efectivo) y también la motivación *psicológica* (distinciones honoríficas, reconocimiento por los directivos, promociones y elogio por los ejecutivos).

Los programas motivacionales tienden a ser eficaces cuando las metas de los empleados son compatibles con las de la compañía. Por tanto, desde el principio los ejecutivos deberán indicarles a los empleados las metas de su grupo de trabajo. Después vincularán directamente el premio motivacional (comisión, bono, distinción honorífica) a la consecución de ellas. Finalmente, es preciso que los empleados perciban que el programa es justo y ético. En este aspecto, Hyatt Hotels tendrá problemas para motivar a los vendedores y a los gerentes de sus hoteles, si introduce una reorganización importante de su fuerza de ventas.

Comunicación

Si quiere instrumentar eficazmente un plan de marketing (organizar, seleccionar al personal, delegar, coordinar y motivar), primero tiene que **comunicarlo** de una manera adecuada. En los primeros capítulos, y nuevamente en la parte 6 dedicada a la promoción, hablamos de la comunicación con el mercado. Ahora explicaremos la necesidad de una clara comunicación *interna*. Siempre debe haber comunicación hacia arriba y hacia abajo en la jerarquía organizacional. Los gerentes deben comunicarse con los vendedores y éstos necesitan disponer de un canal abierto para comunicarse con ellos.

Muchas veces esto es fácil en teoría y muy difícil en la práctica. Las compañías invierten mucho dinero con el fin de mejorar la capacidad de los ejecutivos para comunicarse. Pero pese a ello los empleados no entienden bien muchos de sus mensajes. Y con frecuencia tampoco los ejecutivos comprenden lo que les dicen sus subalternos. Hay que reconocerlo: existen problemas de comunicación en la mayor parte de las relaciones interpersonales; por ejemplo entre profesores y alumnos, entre novios y novias, entre padres e hijos. Sin embargo, hemos de seguir tratando de mejorar la comunicación.

A continuación se ofrecen dos recomendaciones que contribuirán a mejorar la comunicación interna:

- Adopte el estilo gerencial que consiste en "recorrer la compañía". Es decir, salga de su oficina y visite a los empleados. Convénzalos de que los gerentes quieren saber lo que piensan, sin que se les recrimine después por las opiniones externadas.
- Exponga un problema en cuanto los gerentes se enteren de su existencia. Los problemas no se resuelven ignorándolos; esto equivaldría a adoptar la actitud del avestruz que mete la cabeza en el suelo.

FIGURA 21-4

La relación circular de las funciones gerenciales.

EVALUACIÓN DEL DESEMPEÑO DEL MARKETING

El proceso de evaluación se iniciará poco después de poner en práctica los planes. Si no juzgan, los directivos no sabrán si están funcionando ni qué factores están contribuyendo a su éxito o a su fracaso. La evaluación sigue lógicamente a la planeación e instrumentación. La planeación establece lo que *debería* hacerse. La evaluación indica lo que *realmente* se hizo. Se da una relación circular, según se aprecia en la figura 21-4. Se trazan planes, se ponen en práctica, se evalúan después los resultados de esas acciones y nuevamente se preparan otros planes partiendo de la evaluación.

En páginas anteriores hablamos de la evaluación en cuanto se relaciona con las partes individuales del programa de marketing: el proceso de planeación del producto, el desempeño de la fuerza de ventas y la eficacia del programa de publicidad por ejemplo. Ahora trataremos de la evaluación de la *actividad total del marketing*.

La revisión del marketing: un programa de evaluación total

La revisión del marketing constituye un elemento esencial del programa total de evaluación. Una revisión implica un examen y evaluación de alguna actividad. Por tanto, una

revisión del marketing es un examen y evaluación de la función mercadológica de una empresa: de su filosofía, ambiente, metas, estrategias, estructura organizacional, recursos financieros y desempeño. Una revisión completa del marketing es un proyecto amplio y difícil. De ahí que se realice con una periodicidad muy extensa: cada 2 o 3 años. Sin embargo, una compañía no ha de posponerla hasta que se presente una crisis grave.

Son importantes los beneficios de una revisión del marketing. Los directivos estarán en condiciones de detectar las áreas problema. Al examinar sus estrategias, la compañía podrá mantenerse a la vanguardia de las condiciones cambiantes del ambiente del marketing. También podrá analizar sus éxitos, de modo que aproveche sus puntos fuertes. Con la revisión se descubren los aspectos que requieren coordinación en el programa de marketing, las estrategias obsoletas o las metas poco realistas. Más aún, permite prever problemas futuros. Su objetivo es darnos un "diagnóstico y también un pronóstico... Es una especie de medicina preventiva y terapéutica del marketing".[7]

Actividad equivocada del marketing

Uno de los beneficios de la evaluación consiste en que ayuda a corregir una **actividad errónea** (o mal dirigida) **del marketing.**

El principio de 80-20. En la generalidad de las empresas, una gran proporción de pedidos totales, clientes, territorios o productos aportan una pequeña parte de las ventas o utilidades globales. Y, a la inversa, una reducida proporción de aquéllos aporta una

Tammy Ackers, gerenta de una tienda Taco Bell, recibe un Pontiac Trans-Am como primer premio de un torneo de ventas. Su tienda alcanzó un 45% de crecimiento de ventas en un vecindario con 30% de personas desempleadas.

Instrumentación y evaluación del marketing

COMPROMISO CON LA SATISFACCIÓN DEL CLIENTE

¿DEBERÍA UNA COMPAÑÍA PONER LÍMITES A ESTE COMPROMISO?

A lo largo del libro hemos subrayado la necesidad de que las empresas estén orientadas al cliente si quieren alcanzar el éxito. Un fuerte compromiso con la satisfacción del cliente es la parte medular de la planeación estratégica y de su realización.

Pero hemos planteado la pregunta de si debería limitarse este compromiso, sobre todo cuando incide en la rentabilidad de la organización. Examinaremos aquí un caso en que American Airlines (cuyo ejemplo no tardó en ser imitado por la competencia) emprendió una táctica de instrumentación para lograr la satisfacción del cliente y, por tanto, más ventas. Antes del verano de 1992, anunció tarifas a un 50% del precio regular de primera clase en los vuelos hacia el interior del país. Se aplicaron algunas restricciones. Esta oferta de un descuento del 50% era válida únicamente para los boletos adquiridos entre el 27 de mayo y el 5 de junio. Los viajes debían terminarse a mediados de septiembre y los pasajeros debían pernoctar un sábado.

Hasta aquí todo estaba bien. Los pasajeros de Airline aumentaron de modo considerables. La ocupación de los hoteles superó las expectativas en muchos mercados a causa de un aumento extraordinario del tráfico aéreo. Hertz anunció que iba a adquirir 20 000 automóviles más para hacer frente al incremento.

También ocurrió algo más. Antes que se anunciasen los descuentos, muchos habían comprado boletos para realizar los viajes de verano. Ahora devolvían los boletos (cuando se les permitía), obtenían un reembolso y de inmediato efectuaban otras reservaciones y compraban el nuevo boleto con un descuento del 50%. Sobra decir que las líneas aéreas perdieron mucho dinero en estas transacciones. El precio con un 50% de rebaja significaba un fuerte ahorro para la mayor parte de los viajeros, aun con una tarifa de $25 por reelaborar o reembolsar un boleto ya comprado.

Las tiendas al menudeo se hallan en una situación similar. Un cliente compra una camisa por, digamos, $40 dólares y dos días más tarde se rebaja a $20. Como aún no la usa, quiere devolverle y que le den a cambio otra de la misma clase por $20.

¿Deberían la línea aérea o la tienda dar esta oportunidad de devolución-recompra? ¿O bien deben ponerle límites a su compromiso de satisfacer al cliente? Si su respuesta es afirmativa, sugiera algunos límites concretos.

---

parte considerable de éstas. A esta relación se le conoce con el nombre de **principio de 80-20**. Es decir, 80% de los pedidos, clientes, territorios o productos representan apenas el 20% de las ventas o utilidades. En cambio, el 20% de ellos aportan 80% del total. Usamos la cifra 80-20 simplemente para poner de relieve el hecho de que las actividades del marketing no están bien dirigidas. En realidad, el porcentaje varía según las situaciones.

El principio de 80-20 se debe a que casi todos los programas de marketing incluyen costos inadecuados. La inversión y las actividades del marketing son proporcionales al *número* de territorios, clientes o productos y no a su volumen de ventas o utilidades. Por ejemplo, en una tienda de departamentos de May Company se tienen aproximadamente los mismos costos del surtido de pedidos, facturación y entrega sin importar si se vende un traje de $500 o una corbata de $25. También se da el caso de que un fabricante, como

Xerox, asigne un vendedor a cada territorio. Sin embargo, suele haber diferencias en el volumen y las utilidades reales que se obtienen de los territorios. En los ejemplos anteriores el costo del marketing no corresponde al rendimiento.

Causas de las actividades equivocadas del marketing. Muchas veces los ejecutivos no pueden descubrir en que se han equivocado porque carecen de suficiente información. El **principio del iceberg** es una analogía que ejemplifica este hecho. Sólo una parte pequeña del iceberg está visible por encima de la superficie del agua, y el 90% sumergido es la porción peligrosa. Las cifras que representan los costos o ventas totales de un estado de resultados son como la parte visible del iceberg. Las cifras detalladas que representan las ventas, los costos y otras medidas del desempeño de cada territorio o producto corresponden al segmento sumergido.

Las cifras *totales* de las ventas o costos resultan demasiado generales como para ser útiles en la evaluación; de hecho a menudo son engañosas. Una compañía puede mostrar estadísticas globales satisfactorias de ventas y utilidades. Pero cuando los totales se subdividen por territorio o producto, se detectan graves debilidades. Un año, un fabricante de equipo de audio alcanzó un aumento anual del 12% en sus ventas y de 9% en la utilidad neta de una línea de producto. Pero los directivos no estaban satisfechos con esta "punta del iceberg". Cuando analizaron las cifras más detenidamente, descubrieron que el cambio de ventas de los territorios fluctuaba entre un incremento del 19% y una disminución del 3%. En algunos territorios, las utilidades habían crecido hasta en un 14% y en otras habían disminuido en 20%.

Una causa más importante de una actividad equivocada de marketing consiste en que los ejecutivos deben tomar decisiones a partir de un conocimiento insuficiente de la naturaleza exacta de los costos del marketing. En otras palabras, a menudo ignoran: 1) la difusión desproporcionada de esa actividad; 2) normas confiables para determinar cuánto ha de invertirse en el marketing, y 3) qué resultados cabe esperar de esas inversiones.

He aquí un ejemplo: este año una compañía destinará a la publicidad $250 000 dólares o más que el año pasado. Pero los gerentes casi nunca pueden determinar cuál debería ser el aumento del volumen de ventas ni de las utilidades. Tampoco saben lo que habría ocurrido, si hubieran invertido la misma cantidad en 1) el desarrollo de productos nuevos, 2) seminarios de capacitación gerencial para los intermediarios o 3) algún otro aspecto del programa de marketing.

El proceso de evaluación

El proceso de evaluación, trátese de un revisión completa de marketing o bien de la valoración de los elementos individuales del programa de marketing, consta de tres pasos:

1. Averiguar *lo que* ocurrió. Se descubren los hechos: se comparan los resultados reales con los objetivos presupuestados para determinar en qué difieren.
2. Averiguar *por qué* ocurrió. Se investiga a qué factores del programa de marketing se deben los resultados.
3. Decidir *qué hacer* al respecto. Se planea el programa del siguiente periodo para mejorar un desempeño poco satisfactorio y se aprovecha aquello que se hizo bien.

Para evaluar un programa total de marketing necesitamos analizar los resultados del desempeño. Para ello se cuenta con dos herramientas: el análisis del volumen de ventas y el de costos del marketing. Examinaremos las dos con un ejemplo: Great Wester Company, empresa que vende muebles de oficina. Su mercado, constituido por ocho estados, se divide en cuatro distritos de ventas, cada uno con siete u ocho vendedores y un director distrital de ventas. La compañía vende equipo de oficina a los mayoristas y directamente a los grandes usuarios industriales. Su mezcla de productos se divide en cuatro grupos: escritorios, sillas, equipo para archivar y accesorio de oficina (cestos de basura y equipo para escritorio, por ejemplo). La compañía elabora algunos de estos productos y otros los compra.

ANÁLISIS DEL VOLUMEN DE VENTAS

El **análisis del volumen de ventas** es un estudio pormenorizado de la sección de ventas netas del estado de pérdidas y ganancias. Los ejecutivos deben analizar el volumen *total* de ventas y también su volumen por *líneas de productos y segmentos del mercado* (territorios y grupos de clientes). Estas ventas se comparan después con las metas y con las ventas de la industria.

Comenzamos con un análisis del volumen total de ventas de Great Western, como se indica en la tabla 21-1. Las ventas anuales se duplicaron de $18 a $36 millones durante el periodo de 10 años que termina en 1993. Más aún, se incrementaron todos los años menos en 1990. En casi todos los años, se alcanzaron o rebasaron las metas. Hasta aquí el análisis de la situación de la compañía resulta alentador.

Sin embargo, un estudio del volumen total de ventas suele ser insuficiente e incluso puede resultar engañoso. Recordemos el principio del iceberg. Para averiguar lo que está sucediendo en las partes "sumergidas" del mercado, es preciso que analicemos el volumen de ventas por segmento del mercado; por ejemplo, los territorios de ventas.

La tabla 21-2 es un resumen de las metas planeadas y de los resultados reales logrados en los cuatro distritos de ventas. Una medida clave es el *porcentaje del desempeño* de

TABLA 21-1 Volumen de ventas anuales de Great Wester Company, volumen de la industria y participación de la compañía en el mercado de ocho estados

Año	Volumen de de la compañía (en millones de dólares)	Volumen de la industria en el mercado de la compañía (en millones de dólares)	Participación porcentual de la compañía en el mercado
1993	36.0	300	12.0
1992	34.7	275	12.6
1991	33.1	255	13.0
1990	30.4	220	13.8
1989	31.7	235	13.5
1988	28.0	200	14.0
1987	24.5	170	14.4
1986	22.5	155	14.5
1985	21.8	150	14.8
1984	18.0	120	15.0

TABLA 21-2 Volumen de ventas por distrito de Great Western Company, 1993

Distrito	Metas de ventas (en millones de dólares)	Ventas reales (en millones de dólares)	Porcentaje del desempeño en dólares (real ÷ meta)	Variación (en millones de dólares)
A	$10.8	$12.5	116	+1.7
B	9.0	9.6	107	+ .6
C	7.6	7.7	101	+ .1
D	8.6	6.2	72	−2.4
Total	$36.0	$36.0		

cada distrito, es decir, las ventas reales divididas entre la meta. Un porcentaje de desempeño de 100 significa que el distrito obtuvo exactamente lo que se esperaba. En la tabla vemos que los distritos B y C rebasaron un poco las metas. El distrito A supera la meta con un amplio margen. En cambio, el distrito D fue una decepción.

Hasta ahora en nuestra evaluación poco sabemos sobre *lo ocurrido* en los distritos. Los directivos deberán imaginar *por qué* sucedió y *qué han de hacer* al respecto. Esos son pasos muy difíciles de la evaluación. Los ejecutivos de Great Western necesitan investigar por qué el distrito D obtuvo resultados tan deficientes. La falla puede estar en algunos aspectos del programa de marketing o tal vez la competencia sea muy fuerte allí. También deberán averiguar las razones del éxito del distrito A y si esa información puede aplicarse a otras regiones.

Nuestro breve examen de dos aspectos del análisis del volumen de ventas muestra cómo utilizar esta herramienta de la evaluación. Pero los ejecutivos de Great Western deben profundizar más, si quieren realizar una evaluación más útil. Tendrán que analizar el volumen de ventas por territorio y por línea de productos. Después realizarán un análisis territorial más exhaustivo estudiando el volumen por línea de productos y por grupo de clientes *dentro* de cada territorio. Por ejemplo, aunque el distrito A consiguió buenos resultados globales, el principio del iceberg tal vez esté funcionando *en* él. El excelente desempeño *total* del distrito tal vez oculte debilidades en una línea de productos o territorio.

Análisis de la participación en el mercado

Comparar los resultados de ventas de una compañía con su meta es una evaluación útil, pero no indica su desempeño frente a los competidores. Necesitamos un **análisis de participación en el mercado** para comparar sus ventas con las de la industria. Debemos examinar su participación en el mercado total, por línea de productos y por segmento del mercado.

Acaso el principal obstáculo que se encuentra en el análisis de participación en el mercado es obtener la información referente a las ventas totales de la industria en una forma bastante pormenorizada. Las asociaciones comerciales y las dependencias gubernamentales son buenas fuentes para conseguir las estadísticas de ventas en muchos campos.

Great Western constituye un buen ejemplo de la utilidad del análisis de la participación en el mercado. En la tabla 21-1 vimos que sus ventas totales se duplicaron en un periodo de 10 años, con incrementos anuales en nueve de ellos. *Pero*, durante esta década, las ventas anuales de la industria aumentaron de $120 millones a $300 millones (lo cual representa un incremento del 150%). Así pues, su participación en este mercado en realidad *disminuyó* de 15 a 12%. Aunque sus ventas anuales crecieron un 100%, su participación en el mercado decayó un 20%.

El siguiente paso consiste en averiguar *por qué* sucedió esto. Las causas posibles son numerosas, y esto es precisamente lo que hace tan difícil el trabajo de los directivos. La participación pudo haber disminuido por alguna deficiencia en cualquier aspecto de la línea de productos, el sistema de distribución, la estructura de precios o el programa promocional. Tal vez hayan entrado más competidores en el mercado, atraídos por las elevadas tasas de crecimiento o simplemente sus programas de marketing sean más eficaces que los de Great Western.

ANÁLISIS DE LOS COSTOS DEL MARKETING

El análisis del volumen de ventas ayuda a evaluar y controlar las actividades de marketing. Pero no nos dice nada respecto a su *rentabilidad*. Los gerentes necesitan efectuar un análisis de los costos del marketing para determinar la rentabilidad relativa de sus territorios, líneas de productos u otras unidades del marketing. Un **análisis de costos del marketing** es un estudio detallado de la sección del estado de pérdidas y ganancias correspondiente a los costos de operación. En este análisis los gerentes establecen las metas del presupuesto y luego estudian las variantes entre los costos presupuestos y los gastos reales.

Tipos de análisis de costos del marketing

Los costos del marketing de una compañía pueden analizarse:

- Tal como aparecen en las cuentas del libro mayor y en el estado de pérdidas y ganancias.
- Después de agruparse en clasificaciones por actividad.
- Después que estos costos de las actividades han sido asignados a territorios, productos u otras unidades del marketing.

Análisis de los gastos del libro mayor. El análisis más simple y barato de los costos del marketing consiste en estudiar los costos del "objeto de gastos", tal como aparecen en el estado de pérdidas y ganancias. Son cifras que provienen de los registros contables. El estado simplificado de operaciones de Great Western Company en el lado izquierdo de la tabla 21-3 es el modelo que utilizaremos en nuestra explicación.

El procedimiento consiste en analizar detalladamente cada costo (sueldos y espacio en los medios, por ejemplo). Podemos comparar el total de este periodo con los totales de periodos semejantes de otros años y observar las tendencias. También podemos comparar los gastos reales con los que se presupuestaron. Calculamos además cada gasto como porcentaje de las ventas netas. Después compararemos estas razones de gastos con los de la industria, que podemos obtener de las asociaciones comerciales.

TABLA 21-3 Estado de pérdidas y ganancias y distribución de los gastos naturales entre los grupos de costo de las actividades, West Western Company, 1993

Estado de pérdidas y ganancias (en $000)			Hoja de distribución de los gastos (en $000)				
			Grupos de costos de actividades (funcionales)				
			Venta personal	Publicidad	Almacenamiento y envíos	Procesamiento de pedidos	Administración de marketing
Ventas netas		$36 000					
Costo de ventas		23 400					
Margen bruto de utilidad		12 600					
Costos de operación:							
Sueldos y comisiones	$2 710	→	$1 200	$ 240	$ 420	$ 280	$ 570
Viajes y entretenimiento	1 440	→	1 040				400
Espacio en los medios	1 480	→		1 480			
Suministros	440	→	60	35	240	70	35
Impuestos a la propiedad	130	→	16	5	60	30	19
Flete	3 500	→			3 500		
Gastos totales		9 700	$2 316	$1 760	$4 220	$380	$1 024
Utilidad neta		$ 2 900					

Análisis de los costos de las actividades.

Los costos del marketing se distribuyen entre varias actividades mercadológicas, entre ellas la publicidad o el almacenamiento, para lograr un control más eficaz. Los gerentes podrán entonces analizar el costo de cada una de ellas.

Aquí el procedimiento consiste en identificar primero las principales actividades y luego asignar a cada una de ellas los gastos asentados en el libro mayor. Como se indicó en la hoja de distribución de gastos al lado derecho de la tabla 21-3, en nuestro ejemplo escogimos cinco grupos de costos de actividades. Algunos gastos, como el costo del espacio en los medios, pueden asignarse enteramente a una actividad (la publicidad, por ejemplo). En otros casos, el costo puede repartirse entre varias actividades. Por tanto, los gerentes seleccionarán algún criterio razonable para distribuirlos entre estas actividades. Por ejemplo, los impuestos sobre la propiedad se asignan atendiendo a la proporción del espacio total del piso ocupado por cada actividad. Así, el almacén representa el 46% del área total en metros cuadrados del espacio de la compañía y por eso a las actividades de almacenamiento y envíos les corresponde $60 000 (46%) de los impuestos sobre la propiedad.

Un análisis de los costos de las actividades del marketing dan a los ejecutivos más información de la que pueden obtener exclusivamente de un análisis de las cuentas del libro mayor. Además, les ofrece un punto de partida para analizar los costos por territorio, producto u otras unidades del marketing.

Análisis de los costos de las actividades por segmentos del mercado.

Un tercer tipo (el más útil) del análisis de los costos del marketing es el estudio de los gastos y la rentabilidad de cada segmento del mercado. Este tipo de análisis divide el mercado

Instrumentación y evaluación del marketing

por territorio, producto, grupos de cliente o tamaño de los pedidos. Permite a los gerentes descubrir los aspectos problemáticos más fácilmente que un análisis de costos por cliente o los costos de las actividades.

Al combinar un análisis del volumen de ventas con un estudio de los costos del marketing, el investigador podrá preparar un estado completo de operaciones para cada producto o segmento del mercado. Después analizará los estados individuales para determinar de qué manera afectan al programa total de marketing.

El procedimiento del análisis de costos por segmento se parece al que se aplicó al analizar los gastos hechos en las actividades. El total del costo de cada actividad (la parte derecha de la tabla 21-3) se asigna a cada producto o segmento partiendo de algún criterio. Veamos un ejemplo de este tipo de análisis, por distritos de ventas, aplicado a Great Western Company, como se muestra en las tablas 21-4 y 21-5.

Primero, en cada una de las cinco actividades, seleccionaremos un criterio de asignación para distribuir el costo de esa actividad entre los cuatro distritos. Los criterios aparecen en la parte superior de la tabla 21-4. Determinamos así el número de "unidades" de asignación que constituyen el costo de cada actividad y calculamos el costo por unidad. Esto completa el plan de asignaciones, que nos indica cómo distribuir los costos entre los cuatro distritos:

- La actividad de la venta personal no plantea ningún problema, porque se trata de gastos directos que pueden cargarse al distrito donde se originan.
- Los costos de la publicidad se asignan según el número de páginas de material publicitario utilizado en cada distrito. Great Western Company compró el equivalente de

TABLA 21-4 Asignación de los costos de actividades a los distritos de ventas, Great Wester Company, 1993

Actividad		Venta personal	Publicidad	Almacenamiento de pedidos y envíos	Procesamiento de pedidos	Administración del marketing
			Criterio de asignación			
Criterio de asignación		Costo directo de cada distrito	Número páginas de publicidad	Número pedidos surtidos	Número líneas de facturas	Igualmente entre distritos
Costo total actividad		$2 316 000	$1 760 000	$4 220 000	$380 000	$1 024 000
Núm. unidades de asign.			88 páginas	10 550 pedidos	126 667 líneas	4 distritos
Costo unidad de asignación			$20 000	$400	$3	$256 000
			Asignación de los costos			
Distrito A	unidades	—	27 páginas	3 300 pedidos	46 000 líneas	—
	costo	$650 000	$540 000	$1 320 000	$138 000	$256 000
Distrito B	unidades	—	19 páginas	2 850 pedidos	33 000 líneas	—
	costo	$606 000	$380 000	$1 140 000	$99 000	$256 000
Distrito C	unidades	—	22 páginas	2 300 pedidos	26 667 líneas	—
	costo	$540 000	$440 000	$920 000	$80 000	$256 000
Distrito D	unidades	—	20 páginas	2 100 pedidos	21 000 líneas	—
	costo	$520 000	$400 000	$840 000	$63 000	$256 000

88 páginas de publicidad durante el año, a un precio promedio de $20 000 por página ($1 760 000 ÷ 88).
- Los costos de almacenamiento y envíos se asignaron atendiendo al número de pedidos surtidos. Dado que 10 550 pedidos se surtieron durante el año a un costo total de $4 220 000, el costo por pedido es de $400.
- Los gastos del procesamiento de pedidos se asignan conforme al número de renglones de facturas mecanografiadas durante el año. Se teclearon 126 667 renglones y, por tanto, el costo por renglón es de $3.
- La administración del marketing, un costo totalmente indirecto, se divide en partes iguales entre los cuatro distritos, asignándoles a cada uno $256 000.

El paso final consiste en calcular el costo de cada actividad que se asignará a cada uno de los distritos. Los resultados se indican en la parte inferior de la tabla 21-4. Vemos, por ejemplo, que al distrito A se le cargaron directamente $650 000 por concepto de costos de la venta personal y que al distrito B se le cargaron $606 000 por el mismo concepto. En cuanto a la publicidad, el equivalente de 27 páginas de publicidad fue utilizado en el distrito A, por lo cual se le cargan $540 000 (27 páginas × $20 000 por página). Cálculos semejantes nos dan las asignaciones de $380 000 al distrito B por concepto de costos de publicidad; $440 00 al distrito C, y $400 000 al distrito D.

Por lo que respecta a los costos de almacenamiento y envíos, se surtieron 3 300 pedidos a los clientes del distrito A, con un costo unitario de $400 por pedido, para una asignación total de costos de $1 320 000. Los gastos de almacenamiento y envíos se distribuyen entre los tres distritos restantes, como se indica en la tabla 21-4.

Para asignar los gastos correspondientes al procesamiento de pedidos, los directivos decidieron que 46 000 líneas de facturas se cargaran a los clientes del distrito A. A un precio de $3 por línea (costo por unidad de asignación), al distrito A se le cargan $138 000. A cada distrito se le cargan $256 000 por conceptos de gastos de administración del marketing.

TABLA 21-5 Estado de pérdidas y ganancias de los distritos de ventas (en $000), Great Western Company, 1993

	Total	Distrito A	Distrito B	Distrito C	Distrito D
Ventas netas	$36 000	$12 500	$9 600	$7 700	$6 200
Costo de ventas	23 400	8 125	6 240	5 005	4 030
Margen de utilidad bruta	12 600	4 375	3 360	2 695	2 170
Costos de operación:					
Venta personal	2 316	650	606	540	520
Publicidad	1 760	540	380	440	400
Almacenamiento y envíos	4 220	1 320	1 140	920	840
Procesamiento de pedidos, facturación	380	138	99	80	63
Administración de marketing	1 024	256	256	256	256
Gastos totales	9 700	2 904	2 481	2 236	2 079
Utilidad neta (en dólares)	$ 2 900	$ 1 471	$ 879	$ 459	$ 91
Utilidad neta (como porcentaje de ventas)	8.1%	11.8%	9.2%	6.0%	1.5%

Instrumentación y evaluación del marketing

Una vez distribuidos los costos de la actividad entre los cuatro distritos, se procede a preparar un estado de pérdidas y ganancias para cada uno. Esos estados se incluyen en la tabla 21-5. El volumen de ventas de cada distrito se determina a partir del análisis de ventas (Tabla 21-2). El costo de los bienes vendidos y del margen bruto de utilidad de cada distrito se obtiene suponiendo que el margen bruto del 35% ($12 600 000 ÷ $36 000 000) se mantuvo en cada distrito.

La tabla 21-5 muestra, para cada distrito, lo que contiene el estado de pérdidas y ganancias en cuanto a las operaciones globales de la compañía. Por ejemplo, notamos que las ganancias netas del distrito A fueron un 11.8% de las ventas netas ($1 471 000 ÷ $12 500 000). En fuerte contrate con esto, el distrito D tuvo un desempeño bastante deficiente, pues obtuvo una utilidad neta apenas de 1.5% de las ventas netas ($91 000 ÷ $6 200 000).

En este punto de la evaluación de desempeño, habremos terminado la etapa correspondiente a *qué sucedió*. En la siguiente averiguaremos *por qué* se consiguieron los resultados de la tabla 21-5. Como se mencionó en páginas anteriores, es difícil contestar esa pregunta. Así, en el distrito D la fuerza de ventas logró sólo unas dos terceras partes de los pedidos obtenidos en el distrito A (2 100 frente a 3 300). ¿Se debió ello a una venta deficiente, a una capacitación insatisfactoria de los representantes, a una competencia más fuerte en el distrito D o bien a alguna de muchas otras posibilidades?

Después que con la evaluación se determinó por qué se consiguieron determinados resultados, los gerentes pueden pasar a la tercera etapa del proceso de evaluación. Esa etapa es: *¿qué deben hacer los gerentes respecto a la situación?* La explicaremos brevemente una vez examinadas las principales áreas problema del análisis de los costos del marketing.

Problemas del análisis de costos

El análisis de costos del marketing requiere mucho tiempo, dinero y trabajo. En particular, asignarlos es una tarea sumamente difícil.

Asignación de los costos. El problema de asignar los costos se hace evidente cuando el total de los costos de las actividades ha de distribuirse entre los territorios, productos y otras unidades del marketing. Los costos de operación se dividen en directos e indirectos. Los **costos directos**, llamados también *gastos separables*, se realizan totalmente en relación con un segmento del mercado o con una unidad de la organización de ventas. Así, los gastos de sueldos y viajes de los representantes del distrito A son costos directos de ese territorio. El espacio para anunciar el producto C en la prensa es un costo directo de su marketing. Es fácil asignar los costos directos. Pueden cargarse enteramente a la unidad de marketing que los realiza.

La dificultad de la asignación se presenta con los **costos indirectos**, llamados también *costos comunes*. Estos gastos se incurren en forma conjunta por más de una unidad de marketing. De hecho, no pueden cargarse totalmente a un segmento del mercado.

En esta categoría de gastos indirectos, algunos costos son *parcialmente* indirectos y otros son totalmente *indirectos*. Por ejemplo, a esta categoría pertenecen parcialmente los surtidos de pedidos y los envíos. *Decrecerían* si algunos territorios o productos fueran eliminados. Se *incrementarían* en caso de incorporar otros productos o territorios. Por otra parte, los gastos administrativos del marketing son totalmente indirectos. El costo del personal y la oficina del director de marketing permanecerían prácticamente invariables, se cambiara o no el número de territorio o líneas de productos.

Cualquier método adoptado para asignar los costos indirectos presenta evidentes deficiencias y limitaciones capaces de distorsionar los resultados y originar errores entre los gerentes. Dos métodos comunes consisten en dividir los costos 1) en forma proporcional entre las unidades del marketing en cuestión (los territorios, por ejemplo) o 2) en proporción con el volumen de ventas de cada unidad. Pero ambos métodos arrojan resultados diferentes respecto a los costos totales de las unidades.

Método del costo total vs. al de margen de contribución. En un análisis de los costos del marketing, dos formas de asignar los gastos indirectos son: 1) el método de margen de contribución (conocido también con el nombre de contribución a los gastos) y 2) el método de costo total. Actualmente se discute cuál de los dos es más idóneo para el control gerencial.

En el **método de margen de contribución,** sólo los costos directos se asignan a cada unidad del marketing que se analice. Posiblemente podrían eliminarse si se hiciera lo mismo con la unidad. Cuando se deducen del margen bruto de utilidad de la unidad, el resto es lo que esa unidad aporta para cubrir los costos indirectos totales (llamado también costos generales).

Todos los costos, tanto los directos como los indirectos, se asignan entre las unidades del marketing en el **método de costo total**. Al asignarlos *todos*, los gerentes podrán calcular la utilidad neta de cada territorio, producto u otra unidad del marketing.

En el caso de una unidad determinada, los dos métodos pueden resumirse como sigue:

Margen de contribución	Costo total
Ventas $	**Ventas $**
menos	*menos*
Costo de ventas	**Costo de ventas**
es igual a	*es igual a*
Margen bruto de utilidad	**Margen bruto de utilidad**
menos	*menos*
Costos directos	**Costos directos**
es igual a	*menos*
Margen de contribución (cantidad disponible para pagar los costos fijos y obtener una utilidad)	**Costos indirectos**
	es igual a
	Utilidad neta

Los partidarios del método de *costo total* sostienen que un estudio de los costos del marketing tiene por objeto determinar la rentabilidad neta de las unidades en cuestión. Piensan que el método de margen de contribución no cumple con esta finalidad y puede llevar al error. Es posible que un territorio o producto muestren una contribución a los costos fijos. Pero, una vez asignados éstos, el producto o territorio pueden arrojar una pérdida neta. En efecto, en opinión de los partidarios del método de costo total, el método de margen de contribución es, ni más ni menos, el principio del iceberg en acción. Es decir, la punta visible (el margen de contribución) parece aceptable, pero la parte sumergida puede ocultar una pérdida neta.

Los partidarios del *margen de contribución* afirman que no es posible asignar exactamente los costos indirectos entre los productos o segmentos del mercado. Más aún, elementos como los costos administrativos no guardan relación con un territorio o producto determinado. Por tanto, no debieran cargarse a las unidades del marketing. Estas personas sostienen además lo siguiente: con un análisis de los costos totales se demostraría que un producto o territorio arroja una pérdida neta, pero tal vez estén contribuyendo a los costos fijos. Algunos ejecutivos recomendarán que se elimine ese territorio o producto. Pero pasan por alto el hecho de que la aportación de la unidad debería entonces cargarse a otras. En cambio, cuando se utiliza el método de margen de contribución, no se contemplaría la posibilidad de conservar esa unidad mientras no haya otra alternativa más aceptable.

USO DE LOS DATOS OBTENIDOS DE LOS ANÁLISIS DEL VOLUMEN DE VENTAS Y LOS COSTOS

Hasta ahora nos hemos ocupado de las dos primeras etapas de la evaluación del marketing: averiguar *lo que ocurrió* y *por qué ocurrió*. Ahora ya estamos preparados para ver algunos ejemplos de cómo los gerentes podrían servirse de los resultados de un análisis combinado del volumen de ventas y del costo del marketing.

Territorios

El hecho de conocer la utilidad neta (o contribución a los costos generales) de los territorios en relación con su potencial les abre a los gerentes varias posibilidades de actuar. Quizá decidan ajustar (ampliar o reducir) los territorios para que correspondan al potencial de ventas. O tal vez los problemas nazcan de las deficiencias de los sistemas de distribución, de manera que habrá que introducir cambios en los canales. Las compañías que utilizan agentes de los fabricantes pueden establecer su propia fuerza de ventas en los mercados en crecimiento. A veces una fuerte competencia es la causa de un volumen poco rentable en algunos distritos, y entonces habrá que efectuar cambios en el programa promocional.

Desde luego, conviene abandonar enteramente los territorios con pérdida. Sin embargo, una región abandonada tal vez haya aportado algo a los gastos generales, aunque aparezca una pérdida neta. Es preciso que los gerentes reconozcan que esta contribución ha de distribuirse entre el resto de los territorios.

Productos

Cuando se conoce la rentabilidad de un producto o grupo de productos, podrán ser eliminados los modelos, tamaños o colores poco redituables. Se modifican entonces los planes de remuneración de los vendedores a fin de estimular la venta de los artículos con alto margen de utilidad. Pueden cambiarse los canales de distribución. Así, en vez de vender todos los productos directamente a los usuarios industriales, un fabricante de máquinas herramienta recurrirá a los distribuidores industriales en el caso de productos estándar de bajo valor unitario. De ese modo logrará aumentar su rentabilidad.

Los directivos pueden optar por dejar de vender un producto que arroje pérdidas. Pero no deberán hacerlo sin estudiar antes el efecto que su decisión tendrá en otros artículos que vende la empresa. A menudo un producto de poca venta o rentabilidad sigue manejándose con el único fin de complementar la variedad de productos. Por ejemplo, los supermercados venden sal y azúcar aunque no les reditúan ganancia alguna. El público espera encontrar esos productos en un supermercado. Si una tienda no los vende, perderá clientes porque los consumidores acudirán a otros establecimientos que ofrezcan un surtido completo de productos alimenticios.

Clases de clientes y tamaños de los pedidos

Al combinar el análisis del volumen de ventas con un estudio de costos, los ejecutivos estarán en condiciones de determinar la rentabilidad de cada grupo de clientes. Si un segmento del mercado genera una utilidad neta insuficiente, habrá que introducir cambios en la estructura de precios cuando se les venda a ellos. O tal vez haya que enviar a los intermediarios mayoristas los clientes a quienes el fabricante ha vendido directamente a través de sus representantes. Esto fue lo que hizo un fabricante de acondicionadores de aire, al descubrir que la venta directa a los contratistas de la construcción no era rentable.

El **problema de los pedidos pequeños** agobia hoy a muchas empresas. Muchos pedidos se hallan por debajo del punto de equilibrio. El ingreso generado por ellos es en realidad menor que los gastos incurridos. El problema se presenta porque varios costos, entre ellos el de la facturación o el de la venta directa, son esencialmente iguales trátese de pedidos de $10 o $10 000 dólares. La reacción espontánea de los gerentes será ordenar que no se acepte ningún pedido por debajo del punto de equilibrio. Otra opción consiste en borrar de la lista de clientes aquellos que realicen pedidos pequeños. Pero ese tipo de decisiones puede ser perjudicial. Algunos de esos clientes pueden convertirse en cuentas muy atractivas con el tiempo. Por ello, los gerentes deberán determinar primero *por qué* ciertas cuentas son problemas de pedidos pequeños y luego encontrar la manera de corregir la situación. Muchas veces con un manejo apropiado se logra que una cuenta con pérdidas se vuelva satisfactoria. Por ejemplo, con un cargo por manejo de pedidos pequeños, que muchos clientes están dispuestos a pagar, podría cambiarse totalmente el monto de la utilidad.

■ RESUMEN

El proceso gerencial del marketing consiste en planear, instrumentar y evaluar la actividad mercadológica de la empresa. La instrumentación es la etapa en que una organización trata de poner en práctica la planeación estratégica. Ésta resulta prácticamente inútil si no se lleva a cabo de una manera eficaz.

La instrumentación (o implementación) comprende tres actividades: organización, integración de personal y operación. En la actividad organizativa, la compañía primero debe coordinar todas las actividades del marketing mediante un departamento cuyo jefe esté directamente bajo las órdenes del presidente. Después, dentro de ese departamento, puede utilizar alguna modalidad de especialización organizativa basada en territorios geográficos, productos o tipos de clientes.

La selección de los empleados es el paso más importante del proceso gerencial. Si quieren administrar eficientemente una organización, los gerentes también deben saber delegar, coordinar, motivar y comunicar.

Instrumentación y evaluación del marketing

La etapa de evaluación del proceso gerencial incluye medir los resultados del desempeño a partir de las metas establecidas previamente. La evaluación permite a los directivos conocer la eficacia de la instrumentación y planear medidas correctivas cuando se necesiten.

Una revisión de marketing constituye el elemento clave del programa total de evaluación. Las compañías son víctimas al menos de alguna actividad mal orientada del marketing. Es decir, el principio de 80-20 y del iceberg se cumplen en casi todas ellas, porque los costos del marketing se realizan en relación con el número de unidades de marketing (territorios, productos, clientes) y no con su potencial de generación de utilidades.

En general, las compañías no saben cuánto deberían destinar a las actividades del marketing ni qué resultados esperar de esa inversión.

Dos herramientas que permiten identificar ese tipo de actividades son el análisis del volumen de ventas y el de costos del marketing. Por medio de análisis detallados, los gerentes podrán estudiar esos dos elementos por líneas de productos y segmentos del mercado (territorios de ventas, grupos de clientes).

Un problema del análisis de los costos del marketing estriba en asignarlos (sobre todo los costos indirectos) a las unidades del marketing. Pero los resultados de esos análisis contribuyen a tomar las decisiones referentes al programa de marketing.

Más sobre HYATT

Ya vimos que los ejecutivos de Hyatt Hotels no estaban satisfechos con el nivel de ocupación de sus hoteles en Hawai. Querían sobre todo vender más a las organizaciones que alquilan cuartos de hotel en grandes cantidades. Una vez que se percataron de la situación a principios de los años 90, introdujeron algunos cambios importantes en la manera de instrumentar sus programas de marketing.

Hyatt dio instrucciones a los gerentes de los hoteles de Hawai para que trasladaran a los vendedores de las oficinas de Maui y Oahu a las oficinas centrales situadas en Omaha (Nebraska) y en Chicago (Illinois). Más aún, en las oficinas centrales a cada representante se le asignaron determinados clientes. Con esos dos cambios se corrigió lo que, en opinión de los gerentes, eran deficiencias evidentes de la estructura de la organización de ventas: tener vendedores ubicados tan lejos de sus clientes y varios representantes que visitaban a los mismos clientes. Darryl Hartley-Leonard, presidente de la compañía, describió la situación en estos términos: "Ahora que vemos las cosas en retrospectiva, me pregunto cómo pudimos ser tan estúpidos."

No es, pues, extraño que los vendedores se opusieran terminantemente a lo que consideraban una transición radical "del trópico al Polo Norte". De hecho, sus objeciones fueron tan fuertes que los directivos tuvieron que esperar un año antes de poder instituir enteramente los cambios organizacionales.

Los gerentes de los hoteles se resistieron al cambio aún más que los vendedores. Según señalamos en el caso con que se inicia el capítulo, Hyatt Hotels ya tenía establecida una política de descentralización de la autoridad, en virtud de la cual los gerentes eran muy independientes en su gestión administrativa. Ahora se les quitaba la fuerza de ventas y la oficina central tendría la responsabilidad absoluta de las ventas.

Los altos directivos colaboraron estrechamente con los directores de ventas de campo para coordinar la transición a la venta centralizada. A cada director se le asignaron 10 clientes y se les indicó que aprendieran la cultura de los clientes y cómo tomaban las decisiones de compra. En la realización de esta actividad, Hyatt descubrió que muchos de sus clientes centralizaban sus compras y querían tratar

1. ¿Coincide con las tácticas de instrumentación adoptadas por Hyatt Hotels?
2. ¿Qué debería hacer Hyatt para mejorar el espíritu de grupo de sus vendedores y para motivarlos a que apoyen la nueva estructura de ventas?

con menos vendedores pero mejor preparados. Tales hallazgos tendían a apoyar la decisión de instituir una venta centralizada. La compañía todavía afrontaba el problema de convencer a los vendedores de que aceptasen la reubicación y la nueva estructura.

■ TÉRMINOS Y CONCEPTOS BÁSICOS

Planeación (762)
Instrumentación (implementación) (762)
Evaluación (762)
Estructuras organizacionales para la realización de la planificación estratégica:
Especialización geográfica (766)
Especialización por producto (766)
Especialización en clientes (768)
Organización basada en las cuentas principales (768)
Importancia de una buena selección (769)
Delegación de autoridad y responsabilidad (769)
Coordinación de las actividades del marketing (770)
Motivación de los empleados (770)
Comunicación dentro de la compañía (771)
Revisión de marketing (772)
Actividad errónea del marketing (773)
Principio de 80-20 (774)
Principio del iceberg (746)
Análisis del volumen de ventas (776)
Análisis de participación en el mercado (777)
Análisis de costos del marketing (778)
Costos directos (781)
Costos indirectos (781)
Método de margen de contribución (782)
Método de costo total (782)
Problema de los pedidos pequeños (784)

■ PREGUNTAS Y PROBLEMAS

1. "Con una buena instrumentación una organización puede superar una planeación deficiente, pero con una buena planeación no puede superar una instrumentación deficiente." Comente esta afirmación usando ejemplos.
2. Dé algunos ejemplos de compañías que tienden a organizar su fuerza de ventas por grupos de productos.
3. Un fabricante de aviones pequeños (Cessna, por ejemplo) diseñado para el transporte de ejecutivos decidió poner en práctica el concepto de centro de ventas. ¿Quiénes deberían formar parte de los equipos de ventas? ¿Qué problemas encontrará este fabricante cuando utilice la venta en equipo?
4. Dé ejemplos de cómo podemos coordinar la publicidad y la venta personal en el departamento de marketing de una empresa.
5. Si usted fuera director de ventas, ¿cómo motivaría a los dos representantes de ventas que describimos a continuación?
   a. Un vendedor de edad madura, que está satisfecho con sus ingresos actuales. Desea seguir siendo representante de ventas, hasta que se jubile dentro de 5 años.
   b. Un excelente representante de ventas cuya motivación es muy baja por no haber recibido la promoción deseada. Lleva 3 años en la organización.
6. El análisis del volumen de ventas por territorio indica que las ventas de un fabricante de materiales para techo indican que las ventas aumentaron 12% anual en los últimos 3 años dentro del territorio que abarca Carolina del Sur, Georgia y Florida. ¿Indica esto de manera concluyente que el volumen de ventas de la compañía ha sido satisfactorio en ese territorio?

Instrumentación y evaluación del marketing

7. Un fabricante observó que un producto representa de 35 al 45% de las ventas totales en 2 de sus 18 territorios. En cada uno de ellos, representa apenas el 14% del volumen de ventas. ¿A qué factores se podrían deber las ventas relativamente bajas de ese producto en los dos distritos.
8. ¿Qué efectos puede tener el análisis del volumen de ventas en la capacitación, supervisión y compensación de los representantes?
9. "Las empresas deberían dejar de vender los productos no rentables." Comente este enunciado.
10. ¿Debería una compañía dejer de venderle a un cliente poco rentable? Explique su respuesta. En aso e ser negativa, ¿qué medidas debería tomar para hacer rentable esa cuenta?

■ APLICACIÓN AL MARKETING

1. Entreviste a un ejecutivo de ventas a) de una compañía manufacturera y b) de una correduría de acciones o en una empresa de bienes raíces para averiguar cómo motivan a la fuerza de ventas. En su informe incluya una evaluación de cada programa motivacional.

2. Entreviste a un ejecutivo de marketing para investigar el desempeño total del marketing. En su informe incluya un juicio sobre el programa de evaluación de la empresa.

■ NOTAS Y REFERENCIAS

1. Patricia Sellers, "How to Remake Your Sales Force", *Fortune*, 4 de mayo, 1992, p. 98.

2. Algunas directrices para identificar mejor los problemas de la instrumentación y sugerencias para resolverlos se dan en Thomas V. Bonoma, "Making Your Marketing Strategy Works", *Harvard Business Review*, marzo-abril de 1984, pp. 69-70; véase también a Thomas V. Bonoma, "Enough about Strategy! Let's See Some Clever Executives", *Marketing News,* 13 de febrero, 1989, p. 10.

3. Bradley A. Stertz, "For LH Models, Chrysler Maps New Way to Sell", *The Wall Street Journal*, 30 de junio, 1992, p. B1.

4. Gail E. Schares, "The New Generation at Siemens", *Business Week*, 9 de marzo, 1992, p. 46.

5. Una explicación sobre dos nuevas modalidades de organización: una compañía de intercambio de marketing y una de coalición de marketing, necesarias para afrontar con éxito un ambiente complejo y dinámico viene en Ravi S. Achrol, "Evolution of the Marketing Organization: New Forms for Turbulent Environment", *Journal of Marketing*, octubre de 1991, pp. 77-93.

6. Véase a Jeen-Su Lim y David A. Reid, "Vital Cross-Functional Linkages with Marketing", *Industrial Marketing Manage- ment*, primavera de 1992, pp. 159-165.

7. Abe Schuchman, "The Marketing Audit: Its Nature, Purpose, and Problems", en *Analyzing and Improving Marketing Performance: "Marketing Audits", in Theory and Practice*, American Management Association, Nueva York, Management Report No. 32, 1959, p. 14. Este artículo es la introducción clásica al concepto de revisión de marketing.

CAPÍTULO 22

Evaluación y perspectivas del marketing

¿Qué tan fluido es el mercado para CLEARLY CANADIAN?

Clearly Canadian pertenece a la categoría de bebidas embotelladas de la "nueva era". Además de un gusto que ha captado el interés del público consumidor, se ha beneficiado de la oportunidad del momento. A principios de la década de 1990 los consumidores respondieron positivamente a los productos posicionados como más suaves, puros y ligeros, atributos que son reforzados por un producto transparente. Lograron gran aceptación los productos claros, desde Sensitive Skin de Palmolive hasta el desodorante Ban Clear de Bristol-Myers Squibb. El éxito de Clearly Canadian nos da algunas ideas de cuán dinámicos pueden ser los mercados y de cómo aprovechar las oportunidades.

Los refrescos tradicionales y el agua mineral llevan mucho tiempo en el mercado. Aunque se consumen en situaciones parecidas, atraen distintos segmentos del mercado. De ahí que, pese a una intensa competencia dentro de cada categoría, no hubiera una fuerte competencia entre ellos. Después, en los primeros años de 1980, el agua mineral perdió terreno, cuando los embotelladores de refrescos desarrollaron un nuevo producto al agregarle sabores naturales al agua mineral. En efecto, se creó un híbrido entre los refrescos y el agua mineral. Tuvo una excelente acogida entre el público, y compañías como Stroh's, Perrier y Poland Spring introdujeron sus propias marcas. En 1985, las ventas ya habían alcanzado los $115 millones y a la categoría se le dio el nombre de bebidas de la "nueva era".

Clearly Canadian fue lanzado al mercado en 1987. Como no disponía de los $50 a $100 millones necesarios para efectuar un lanzamiento a nivel nacional, la compañía formó una empresa conjunta con un distribuidor de California. En el contrato se estipulaba que Clearly Canadian aportaría el agua y el concentrado de sabores, y el distribuidor se encargaría del embotellado, la promoción y distribución. El distribuidor ofrecía su reputación y el acceso a establecimientos a cambio de los derechos exclusivos sobre una zona geográfica. Basándose en su exitosa relación en California, Clearly Canadian pudo formar empresas conjuntas con los distribuidores de otras partes del país.

En gran parte, el éxito inicial entre los consumidores puede atribuirse a su nombre y al empaque tan llamativo. Según las investigaciones, el origen canadiense de la bebida fue muy importante. Los consumidores estadounidenses relacionan Canadá con amplios espacios abiertos, limpieza y pureza del agua. Con el propósito de aprovechar esa impresión, Clearly Canadian viene en una botella de color azul, con formas que simulan gotas de agua, que realzan la imagen de pureza. Además, en vez de utilizar una etiqueta de papel, mediante un proceso especial se pega a la botella la etiqueta de información, lo cual le confiere un aspecto distintivo. Y, naturalmente, el nombre de la marca mejora la imagen deseada.

Clearly Canadian ofrece las variedades Coastal Cranberry, Orchard Peach, Country Raspberry, Western Loganberry y Mountain Blackberry. Se vende en paquetes de cuatro botellas de 310 mililitros y en botellas individuales de 650 mililitros. Los precios son aproximadamente 30% mayores que los de otras marcas.[1]

¿Qué cambios del mercado contribuyeron al exitoso lanzamiento de bebidas de la "nueva era" como Clearly Canadian?

En este libro hemos tocado los aspectos sociales del marketing, cuando en el capítulo 1 hablamos brevemente de la función que el marketing desempeña en la economía global y describimos el ambiente en el capítulo 2. Pero, en general, hemos explicado el marketing desde el punto de vista de la empresa, al tratar de los retos que encara el fabricante o el intermediario al administrar la actividad mercadológica. En este último capítulo, volvemos a adoptar una perspectiva más amplia al señalar las principales críticas contra el marketing y las respuestas que se les da. Después terminaremos nuestra exposición del marketing conjeturando y examinando algunas perspectivas del futuro, las cuales sin duda vendrán a inspirar innovaciones como la de Clearly Canadian.

Después de estudiar este capítulo, usted deberá ser capaz de explicar:

OBJETIVOS DEL CAPÍTULO

- Un enfoque social para evaluar el desempeño del marketing.
- Las principales críticas contra el marketing.
- Las respuestas de los consumidores, del gobierno y de las empresas al descontento del público.
- El consumerismo y el efecto que tiene en el marketing.
- Las responsabilidades éticas de las empresas.
- Las tendencias que influyen en la futura actividad del marketing.
- Algunos ajustes estratégicos necesarios para afrontar exitosamente el cambio.

EVALUACIÓN DEL MARKETING

Antes de empezar la evaluación del marketing, hemos de ponernos de acuerdo en un **criterio para evaluar el desempeño**: cuál debiera ser el objetivo del marketing. Al tratar del

Gracias a la intervención del gobierno se suspendieron las reparaciones innecesarias de automóviles que recomendaban los centros de servicio de Sears.

concepto del marketing, dijimos que uno de los objetivos organizacionales es determinar las necesidades del consumidor y satisfacerlas. Así, desde el punto de vista de *cada organización*, si su mercado meta está satisfecho y si se están cumpliendo los objetivos de ella, podemos afirmar que la actividad del marketing es eficaz.

Sin embargo, este criterio no establece distinción alguna entre las organizaciones cuyo comportamiento perjudica a la sociedad y aquellas cuyas actividades son aceptables desde el punto de vista social. Aplicando este criterio, a las compañías que contaminan el ambiente o estimulan una demanda nociva se les clasificaría como buenas empresas junto a las que adoptan una actitud social responsable. Por tanto, hay que adoptar una perspectiva social que incorpore los intereses ajenos, así como los deseos de determinado mercado meta y los objetivos de las compañías para atenderlos debidamente. El marketing debe encontrar el justo equilibrio entre las necesidades de los consumidores, los objetivos de la organización y el bien de la sociedad.

En nuestra vida comprobamos diariamente la interrelación de los tres criterios anteriores. Si un producto no *satisface las necesidades de los consumidores*, éstos no lo comprarán y será retirado del mercado. Premier, un cigarro que no generaba humo, fue el fracaso más rotundo en la historia moderna del marketing y se estima que le costó $300 millones de dólares a RJR Nabisco. Este producto fue diseñado para responder a la crítica de la sociedad contra el tabaquismo, pero no les gustó ni a los críticos ni a los fumadores.[2] Asimismo, si una compañía se comporta en una forma considerada *perjudicial para la sociedad*, intervendrá el gobierno como sucedió cuando algunos centros de servicio automotriz de Sears defraudaron a los usuarios recomendándoles reparaciones innecesarias de sus automóviles.[3] Y algunos productos dejan de fabricarse porque *no logran cumplir con el objetivo de la organización*. Después de casi 20 años en el mercado, Citrus Hill, marca de un jugo de naranja hecho por Procter & Gamble, había obtenido apenas el 3% de un mercado de $10 mil millones de dólares. Puesto que ese nivel no correspondía a la meta establecida por los directivos, la marca fue abandonada y los recursos se canalizaron a otras áreas.[4]

Críticas contra el marketing

Las críticas se centran en la acción o falta de acción que se relacionan con el equilibrio que ha de haber entre los objetivos organizacionales, las necesidades del público consumidor y el bienestar de la sociedad. Las **críticas contra el marketing** pueden clasificarse así:

- **Explotación.** A veces se acusa a las empresas de aprovecharse demasiado de los consumidores o de las situaciones; por ejemplo, durante una emergencia o un desastre natural. Hubo denuncias de estafas de precios después de la devastación del sur de Florida y Louisiana por el huracán Andrés en 1992. Otra forma de explotación consiste en engañar a los prospectos con información falsa o incompleta. Estas conductas tal vez permitan alcanzar la meta de ventas y de utilidades, pero dañan a los consumidores, a la sociedad o ambos.
- **Ineficiencia.** Algunos críticos piensan que las empresas emplean más recursos de los necesarios para lograr sus objetivos. Un exejecutivo de publicidad afirma que, en Estados Unidos, se desperdicia más de la mitad de los $75 mil millones de dólares que se invierten anualmente en publicidad. Opina que, como no se dispone de un método preciso para probar la eficacia de los anuncios, se realizan muchas campañas ineficaces.[5]

USTED TOMA LA DECISIÓN

¿ESTÁN LOS PROFESIONALES DEL MARKETING HACIENDO UN TRABAJO ACEPTABLE?

Un estudio de 9 años sobre las opiniones del público referentes a cómo se realiza el marketing en Estados Unidos arrojó algunos resultados interesantes. Los datos reunidos por Market Facts, Incorporated, provienen de una muestra representativa a nivel nacional. Cada año, los entrevistados contestaban 20 preguntas acerca de sus opiniones de la calidad de los productos, los precios, la publicidad y el servicio al menudeo. Cuando se tabulan y se promedian las respuestas, el resultante índice de sus sentimientos ante cómo se efectúa el marketing puede abarcar de –200 a +200. Una puntuación de cero indica sentimientos neutrales; una puntuación mayor que cero denota sentimientos positivos y una puntuación por debajo de cero indica sentimientos negativos. Se anexa aquí una gráfica de las puntuaciones del índice correspondiente a 9 años.

Las puntuaciones son negativas todos los años, aunque no demasiado lejos del punto cero neutral. Estos resultados parecen indicar que los consumidores están un poco insatisfechos con lo que los profesionales del marketing y las empresas están haciendo.

¿Significa ello que no cumplen bien su trabajo o que las expectativas del público son demasiado altas?

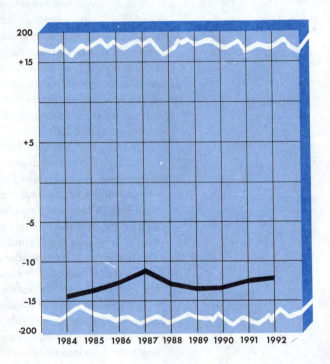

Fuente: Michael J. Etzel y John F. Gaski, "A Report on Consumer Sentiment Toward Marketing", ensayo, University of Notre Dame, South Bend, IN, 1992.

También hay acusaciones en contra de algunas funciones superfluas de la distribución y el excesivo número de marcas en muchas categorías de productos. Cuando se presenta este tipo de ineficiencias, crecen innecesariamente los costos de las compañías, aumentan los precios al público y se desperdician los recursos de la sociedad.

- **Estimulación de una demanda nociva.** Se ha acusado a algunas compañías de alentar al público o a las organizaciones para que compren productos perjudiciales. Con las pistolas pueden satisfacerse las necesidades legítimas de seguridad de algunas personas y cumplirse los objetivos de las compañías que las fabrican y venden. Sin embargo, las que cuestan menos de $50 son las que se emplean generalmente para cometer crímenes. Ante este uso incorrecto tan generalizado, muchos están convencidos de que el marketing de pistolas baratas resulta inaceptable desde el punto de vista social.[6]

- **Conducta ilegal**. Se aprueban leyes para proteger a los individuos, las organizaciones y la sociedad en general. Las empresas deben observarlas, aun cuando su violación pueda aportar beneficios a los consumidores o a ellas. Así, con la colusión de precios entre posible competidores tal vez se satisfagan las necesidades de ellas. Hasta podría dar por resultado precios más bajos que los de la competencia, porque esas compañías estarían en condiciones de pronosticar la demanda con más exactitud y reducir drásticamente sus gastos promocionales. Pero la colusión perjudica a los demás competidores. Por tanto, es inaceptable pues este comportamiento no es justo para otros miembros de la sociedad.

Las críticas contra el marketing también pueden verse desde los componentes de la mezcla del marketing: producto, precio, distribución y promoción. A continuación se describirán algunos ejemplos concretos, pero no olvide que son simples *acusaciones*. Algunas están probadas con hechos; otras se aplican tan sólo a ciertas situaciones.

Producto. Las críticas contra los productos generalmente se centran en la forma en que corresponden a las expectativas de los compradores. Los críticos afirman que muchos productos son de mala calidad o poco seguros. Entre los ejemplos citados figuran aquellos que se descomponen o se rompen con el uso normal; los alimentos preparados que contienen conservadores químicos, los saborizantes y los colorantes; los trenes de abono que llegan con retraso; ropa lavable que necesita plancharse; productos con garantías confusas e insuficientes, y servicios de reparación poco satisfactorios. He aquí otros ejemplos: paquetes que parecen contener más cantidad de la que realmente contienen;[7] etiquetas que ofrecen información insuficiente o engañosa, y productos que se anuncian como "nuevos" y que sólo tienen mejoramientos insignificantes. Los críticos también señalan que la obsolescencia del estilo, sobre todo en el caso de la ropa, estimula a las personas a desechar algunos productos antes que se deterioren y que hay una innecesaria proliferación de marcas en muchas categorías de productos alimenticios y artículos para el hogar; por ejemplo cereales para desayuno, detergentes y alimentos para mascotas. Todo ello no hace más que confundir al público y propicia que se desperdicie la capacidad de producción.

Precio. A todos nos gustaría pagar menos por lo que compramos, pero la mayor parte de los consumidores están satisfechos con lo que juzgan un intercambio justo. Las quejas acerca de los precios suelen deberse a la creencia de que el comerciante está obteniendo una ganancia excesiva o de que al cliente se la ha engañado sobre el precio o las condiciones de la venta. Algunas veces oímos a la gente quejarse de que los precios son demasiado altos porque los controlan las grandes corporaciones de la industria. A los comerciantes se les acusa de inventar cargos o de anunciar descuentos falsos. Los críticos piensan que la competencia de precios ha sido reemplazada en gran medida por una competencia ajena a ellos que se basa en características superfluas del producto, las cuales no aumentan el valor del producto sino simplemente su costo.

Distribución. De las cuatro variables de la mezcla de marketing, la distribución es la que los consumidores menos conocen y entienden. Ello se debe quizá a que los canales de

¿Es engañoso este letrero promocional, si no todos los calzoncillos de la tienda tienen un 30% de descuento?

distribución pueden adoptar muchísimas modalidades. Además, un consumidor entra en contacto directo con un nivel del canal de distribución (los detallistas) y por ello le resulta difícil entender las funciones que se realizan en otros niveles. Las críticas referentes a los canales reflejan esta falta de conocimiento. Por ejemplo, algunas veces se piensa que los canales cuentan con demasiados niveles de intermediarios, y a los miembros de los canales se les acusa de desempeñar funciones superfluas. Tales críticas no tienen en cuenta la presión que la competencia ejerce sobre los canales para que sean eficientes. por otra parte, algunas críticas son válidas. Así, cuando un fabricante presiona a los miembros de un canal para que ofrezcan productos menos atractivos como condición para obtener los más atractivos, los mayores costos de inventario y de la inversión se pasarán a los compradores.

Promoción. Las acusaciones más frecuentes contra el marketing se centran en la promoción, especialmente en la venta personal y la publicidad. Casi todas las quejas respecto a la primera se dirigen al nivel detallistas y a la calidad supuestamente deficiente de la venta al menudeo y del servicio.

Las críticas de la publicidad caen dentro dos categorías: la social y la económica. Desde el punto de vista social, a la publicidad se le acusa de exagerar los niveles materiales de vida y dar poca importancia a los valores culturales y morales. También se le acusa de: manipular a personas impresionables, sobre todo a los niños; de hacer afirmaciones falsas, engañosas o de mal gusto; de afirmar cosas exageradas de los productos, y de abusar de los mensajes de miedo y de carácter sexual. Los críticos sostienen asimismo que hay una exceso de publicidad y que los anuncios a veces resultan ofensivos. Por ejemplo, a muchos les molesta la "publicidad cautiva" que se transmite a través de la televisión por cable en lugares como las escuelas, los consultorios médicos y los aeropuertos.

Las críticas de índole económica se centran en el efecto que la publicidad tiene en los precios y la competencia. El argumento referente a los precios es el siguiente: la publicidad, en especial los anuncios persuasivos frente a los informáticos, no hace otra cosa que cambiar la demanda de una marca a otra. Por eso, aumenta los costos de marketing de las compañías, sin que aumente la demanda agregada. La publicidad hay que pagarla y, por lo mismo, se eleva el precio del producto. (Existe el argumento contrario: la publicidad favorece la reducción de los precios, por ser un método eficiente de llegar a mucha gente con un costo bajo por persona. El mercado masivo generado mediante la publicidad origina economías de escala en la compra, producción y distribución. Gracias a estas economías se consiguen reducciones de los costos que compensan con creces los gastos de la publicidad, y entonces la compañía está en posibilidad de cobrar precios menores de lo que podría hacer sin los anuncios.)

La crítica económica a la publicidad se hace desde la perspectiva del impacto competitivo. Indica que las grandes empresas están en posibilidades de diferenciar sus productos mediante ella. Es decir, con una publicidad exhaustiva crean, en la mente del público, la impresión de que sus marcas son mejores que las menos conocidas de sus rivales. De ese modo levanta barreras contra el ingreso de compañías nuevas o más pequeñas en el mercado. El resultado es una industria con un reducido número de compañías, lo cual favorece la existencia de precios más elevados y de mayores utilidades. (A esta crítica se responde diciendo que la publicidad informa a los consumidores acerca de un producto. Si les parece convincente, probarán el producto y retornarán por más cuando queden satisfechos. En caso contrario, no volverán a adquirirlo por mucha publicidad que se haga. El hecho de que las empresas más grandes realicen más publicidad que las pequeñas indica simplemente que la gente prefiere sus productos.)

Las compañías deben tomar en serio estas acusaciones, ciertas o falsas, porque reflejan la opinión de mucha gente. En el siguiente apartado veremos cómo ellas y la sociedad pueden responder a esas acusaciones y percepciones.

Necesidad de entender las críticas

Si queremos evaluar las acusaciones en contra del marketing, hemos de entender lo que está siendo criticado. ¿Es el objeto de las quejas el sistema económico del país? ¿La industria en su totalidad? ¿Una compañía en particular? En este último caso, ¿es culpable el departamento de marketing o algún otro?

El sistema moderno de libre empresa estimula la competencia, y los organismos legislativos del gobierno llevan muchos años juzgando la competencia por el número de competidores que hay en una industria. Así pues, cuando nos quejamos de la excesiva cantidad de pastas dentales y de cereales en el mercado, en realidad estamos criticando el sistema. En una firma en particular, un producto defectuoso puede deberse a problemas de producción, no de marketing. Claro que una falla de producción no le quita validez a las quejas del público. Lo importante es no atribuirle al marketing todos los errores del negocio.

Hemos de considerar además las fuentes de las críticas. Algunos críticos son muy éticos y están bien informados. Señalan verdaderas deficiencias o errores que requieren corrección, como el empaque engañoso, una publicidad falsa y precios irresponsables. Pero algunos simplemente están mal informados. No conocen las funciones relativas a la distribución o ignoran los costos de la producción y venta de un bien. Por ello, sus críticas tal vez tengan aceptación entre el público, pero no se sostienen ante un análisis riguroso. Hay un tercer tipo de críticos, cuyas opiniones no reflejan los sentimientos de la sociedad. Pero, para defender sus intereses personales, critican el comportamiento que les parece discutible. Un ejemplo de ello lo encontramos en las protestas del uso de la publicidad por parte de los médicos y abogados. Debemos examinar detenidamente las críticas para distinguir las que son legítimas y las que obedecen a otros intereses.

Es inaceptable trabajar en una forma inconveniente desde el punto de vista social. Por fortuna este tipo de conducta constituye apenas una pequeña parte del marketing que se lleva a cabo, aunque se le dé mucha publicidad. Más comunes, y al mismo tiempo más perturbadoras, son las situaciones que no están muy bien definidas. Se trata de temas muy discutibles, a saber: la información completa en la publicidad (¿qué significa "completa" dentro de este contexto?), la obsolescencia planeada (¿cuánto deberá durar un producto?) y el costo del marketing (¿cuánto deberá costar desarrollar, distribuir y promover un producto?).

RESPUESTAS A LOS PROBLEMAS DEL MARKETING

Los intentos de resolver los problemas que se dan en la actividad del marketing o que se originan de él provienen de los consumidores, el gobierno y las empresas. En los siguiente párrafos explicaremos algunas de esas **respuestas a los problemas del marketing.**

Consumerismo

El **consumerismo** es una protesta e intento de subsanar las injusticias que se cometen en las relaciones entre compañías y consumidores. En opinión de muchas personas, en una transacción comercial la empresa tiene mucho más poder que el cliente. El consumerismo es una expresión de esa opinión y a la vez un intento de conseguir un balanza más equitativa de poder entre ellos.

Aunque el término *consumerismo* se generalizó en la década de 1960, ha habido tres periodos de intenso activismo a lo largo de la historia moderna. El primero se produjo al terminar el siglo XIX, cuando el interés se centró en la seguridad del consumidor, sobre todo en la pureza de los alimentos. Durante la Depresión de los años 30, nació otro movimiento en favor del consumidor que condujo a una ampliación de la responsabilidad de la Federal Trade Commission para incluir también la vigilancia de la publicidad falsa o engañosa. El siguiente periodo de un gran activismo se presentó durante la década de 1960, poniéndose de relieve temas de lo más heterogéneo, desde el hecho de que las firmas no proporcionaran suficiente información sobre las condiciones del crédito hasta los precios demasiado elevados de los comestibles en el centro de la ciudad. Este último periodo se caracterizó por la declaración de los "Derechos del Consumidor" por el presidente John Kennedy, que incluyó entre otras cosas el derecho a la seguridad, a recibir información, a elegir y a ser escuchado.[8]

Campo del consumerismo. Este movimiento en favor del consumidor comprende tres áreas generales:

- Descontento con las relaciones directas de comprador-vendedor existente entre consumidores y empresas. Este fue y sigue siendo el tema central del movimiento. Un ejemplo de ellos son los intentos por lograr que se prohiba MSG, saborizante y conservador que puede ocasionar una severa reacción alérgica a algunas personas.
- Descontento con las organizaciones no lucrativas y los organismos gubernamentales. El consumerismo abarca todas las relaciones de intercambio. El desempeño de instituciones como escuelas (calidad de la educación, resultados de los alumnos en pruebas estandarizadas, número de días de clase al año), hospitales (costos de la atención médica, el fumar en los cuartos, negligencia médica) y servicios públicos (aumentos de tarifas, suspensión de los servicios a quienes no pueden pagar sus facturas) han sido analizados y han sido objeto de protestas organizadas y firmes.
- Descontento de cualquier persona afectada indirectamente por el comportamiento de los que intervienen en un intercambio. A veces las transacciones tienen un efecto negativo en terceros. Por ejemplo, los agricultores compran insecticidas y plaguicidas a los fabricantes de productos químicos. Y esos productos contaminan los suministros de agua, los ríos y la atmósfera. De ese modo, un intercambio ha causado un problema a un tercero o a un grupo.

Acciones de los consumidores. Las reacciones del público ante los problemas del marketing abarcan desde quejas contra las empresas en cuestión hasta boicots (negarse a comprar determinado producto o a comprar en cierta tienda). Los grupos de consumidores reconocen su gran poder y ahora participan más activamente en la política. Organizan campañas masivas de envío de cartas a editores, legisladores y ejecutivos de negocios. Y apoyan a los candidatos políticos orientados a los consumidores, llevan a cabo campañas de peticiones y atraen la atención de los medios realizando marchas y la ocupación pacífica de lugares.

Durante los últimos años, en Estados Unidos las organizaciones han atraído una mayor atención hacia la protección del consumidor tanto a nivel local como nacional. Algunas de ellas son grupos que defienden varias cuestiones (Common Cause, National Consumers League) y otras son de grupos de un interés especial (American Association of Retired Persons, Mothers Against Drunk Driving). Algunas se ocupan principalmente de las relaciones de intercambio entre comprador y vendedor (Consumers Union), en tanto que otras apoyan causas más generales con consecuencias para el intercambio (Sierra Club, Audubon Society).

Una forma de impulsar el consumerismo consiste en crear mayor conciencia acerca de un problema. Sting se reunió con indios del Amazonas para atraer la atención sobre la destrucción de la selva tropical del Brasil.

Consumerismo en el futuro. Las condiciones culturales parecen habernos llevado de breves periodos de intenso activismo a un nivel de interés más constante. Hoy los consumidores muestran generalmente mayor sensibilidad ante los problemas de carácter social y ambiental. Junto con las otras causas de insatisfacción ya mencionadas, la situación tan difícil de los hombres, la contaminación del aire y del agua, la eliminación de la basura, el trato de los animales, la salud y la seguridad son otras causas sociales y ambientales que están recibiendo atención.

Además, un número mayor de personas pueden y quieren participar activamente en este movimiento. En comparación con las generaciones anteriores, los jóvenes están mejor educados, saben expresarse mejor y desean hacerlo. En términos generales, las personas sin importar su edad se sienten menos intimidadas ante las grandes empresas y se muestran menos dispuestas a aceptar el estado actual de las cosas. En respuesta a esta mayor sensibilidad del pueblo, muchos políticos empiezan a manifestar más interés por los problemas sociales.

Dado que subsisten los problemas, en los años restantes del siglo XX el consumerismo se centrará en algunas de las mismas áreas de antaño. Por ejemplo, se insistirá en un trato justo a las personas con desventajas y en la seguridad personal. Además, la eliminación de los desperdicios, la utilización eficiente de los recursos y la conservación de la belleza natural son cuestiones ecológicas que sin duda atraerán más atención.

Respuestas del gobierno

Apoyar las demandas de los consumidores se ha vuelto una práctica común en la política. Casi todos los estados y muchas ciudades de Estados Unidos han creado alguna clase de oficina que se ocupe de los asuntos relacionados con el consumidor y de proteger sus derechos.

En el ámbito federal, hay muchas leyes que protegen a los consumidores. Un grupo de ellas estipula el "derecho a la seguridad": seguridad en los automóviles, seguridad en los juguetes, pureza e integridad prácticamente de cualquier producto en el mercado. La legislación federal también apoya el "derecho de los consumidores a la información". Estas normas tratan de los requisitos del etiquetado, el contenido nutricional de los alimentos, la declaración de la tasa de interés en las compras a plazos y a crédito, los mensajes publicitarios.

En Estados Unidos, varios organismos federales reguladores tienen poder y autoridad para defender al público consumidor. Entre las más importantes figuran los siguientes

Food and Drug Administration, Federal Trade Commission, Environmental Protection Agency y Consumer Product Safety Commission. Por ejemplo, Campbell Soup Company cambió su publicidad, después que la Federal Trade Commission la acusó de que con sus anuncios (en que afirmaba el bajo contenido de colesterol y de grasa de las sopas) engañaba a los consumidores, porque no incluía un aviso sobre el alto contenido de sodio.[9]

Las legislaturas estatales han manifestado mucho interés en aprobar leyes en favor de los consumidores. Casi todos los estados y ciudades regulan la venta de puerta en puerta (según se señala en el capítulo 14). Más aún, en la mayor parte de los estados la oficina del procurador general de justicia participa ahora más activamente en la protección del consumidor. En el pasado se centraba en las acciones evidentemente fraudulentas como los planes para enriquecerse rápidamente y las campañas para recaudar fondos en favor de instituciones inexistentes de caridad. Sin embargo, en los últimos años muchas de esas oficinas han ampliado su gama de actividades y acelerado el ritmo de trabajo. Por ejemplo, en muchos estados cooperaron en el descubrimiento e investigación de denuncias de abusos en contra de los centros automotrices de Sears.

Las dependencias del gobierno han realizado acciones proactivas tendientes a desalentar el consumo de productos considerados poco seguros o nocivos. Un ejemplo de ello son las etiquetas de advertencia que se ponen a los cigarros y a las bebidas alcohólicas. Otro ejemplo lo encontramos en el Minnesota Department of Public Health que, por radio y televisión, realizó una campaña de anuncios (con un costo de $300 000) contra el tabaquismo dirigida a las mujeres.[10] En Alemania, la actividad gubernamental va más allá de la simple promulgación de regulaciones e incluye apoyos explícitos. Más de 3 500 marcas han recibido la designación "Ángel Azul" del gobierno alemán, que concede a las marcas que cumplen con las normas ambientales. El sello "Ángel Azul" puede utilizarlo la firma en las etiquetas del producto para dar a conocer al público su actitud de responsabilidad ecológica.[11]

Es difícil juzgar la eficacia de las acciones del gobierno, ya que dependen de la opinión de cada uno. Desde el punto de vista de los defensores del consumidor, el gobierno actúa con demasiada lentitud e ignora o pasa por alto muchos problemas. Por otra parte, los partidarios del sistema de libre mercado, para quienes la competencia ofrece suficiente regulación, preferirían menos leyes y piensan que las acciones del gobierno constituyen una intromisión. Al evaluar la protección del consumidor, debemos reconocer que también aquí todo tiene su precio. Por ejemplo, se incurre en costos al proporcionar más información, al diseñar y fabricar productos que eliminen todos los riesgos y al mantener limpio el ambiente. Estos costos los paga finalmente el consumidor y, por lo mismo, deben sopesarse con los beneficios esperados. A menudo las comparaciones son difíciles; por ejemplo, a veces se pagan costos en el momento actual para obtener beneficios en el futuro o que sólo repercutirán en favor de un reducido número de personas.

Respuestas de las empresas

Un número cada día mayor de compañías han tomado medidas importantes para resolver los problemas de los consumidores. A continuación se citan unos cuantos ejemplos:

- **Mejor comunicación con los consumidores.** Muchas compañías han respondido positivamente al deseo de los consumidores de que se les escuche. Los números telefónicos de atención al público forman ahora parte integral del servicio al cliente, por ser fáciles de usar y porque permiten a los consumidores hablar directamente con un repre-

Minnesota inició una actividad proactiva para desalentar el tabaquismo entre hombres y mujeres.

sentante de la compañía. AT&T tiene dos directorios de números telefónicos de atención al público, uno para los consumidores y otro para las empresas, con más de 180 000 nombres. En lo tocante a las etiquetas, las empresas quieren que los consumidores puedan interpretar las afirmaciones de tipo ambiental. Procter & Gamble encabeza un intento de un grupo de la industria para que la Federal Trade Commission dé lineamientos sobre lo que constituye un producto ecológicamente sano.[12]

- **Mayor y mejor información para los consumidores.** Compañías como Goodyear Tire and Rubber, American Express, Coca-Cola, Oscar Mayer Foods y Gulf Oil colaboran con el Consumer Information Center del gobierno estadounidense para publicar y distribuir folletos educacionales. Estos folletos, que contienen temas como planeación financiera personal, derechos de crédito y cómo presentar una queja a una empresa, deben cumplir con las normas oficiales de veracidad, objetividad e integridad. Aunque incluyen un reconocimiento a los patrocinadores, no contienen ni publicidad ni mensajes de defensa.[13] Por lo demás, se mejora constantemente la información acerca de las garantías y la de tipo instruccional. Las garantías son ahora más simples y fáciles de leer.

Son más detallados y precisos los manuales de instrucción del fabricante en temas como el armado del producto, su uso y cuidado.

- **Publicidad preparada con mayor cuidado.** El deseo de evitar afirmaciones falsas o engañosas y también anuncios posiblemente ofensivos para algún grupo o simplemente de mal gusto ha llevado a las compañías a examinar rigurosamente el contenido de su publicidad. Pero ningún sistema es perfecto. Así, algunos consumidores se sienten incómodos ante algunos anuncios en los medios masivos referentes al cuidado personal y a la ropa interior, algunos anuncios que se dirigen a niños de corta edad y algunos que se basan en temas de tipo sexual. Por ejemplo, un grupo de protección del consumidor manifestó hace poco que se hace propaganda a "alimentos chatarra" en el 96% de los anuncios de alimentos transmitidos en los programas infantiles de televisión.[14]

La existencia de "problemas" de marketing indica que algunas compañías actúan de manera poco ética. Por ello, hemos de ir más allá de las respuestas de los consumidores, el gobierno y las empresas para ver cómo podemos prevenirlos. Y esto nos lleva a abordar el tema de la ética y la responsabilidad social.

ÉTICA Y MARKETING

Por **ética** entendemos las normas de la conducta moral. Obrar en una forma ética es cumplir una regla aceptada de conducta moral. Sin duda, prácticamente todos prefieren observar ese tipo de comportamiento. Es fácil ser ético cuando no hay problemas, es decir, cuando todo nos sale bien en la vida. La prueba verdadera se presenta cuando las cosas no marchan bien, cuando aumentan las presiones. Éstas ocurren en cualquier aspecto de la vida, y el marketing no es la excepción.

Los ejecutivos de marketing afrontan el reto de combinar sus intereses personales a través del reconocimiento, el sueldo y la promoción con el bienestar de los consumidores, su organización y la sociedad, e integrarlos en una guía funcional de sus actividades diarias. En cualquier situación deben poder distinguir lo ético y lo inmoral para observar la conducta adecuada, sin importar sus consecuencias. Pero, como vimos en los Dilemas Éticos presentados a lo largo del libro, no es fácil discernir lo que constituye una conducta ética.

Establecimiento de normas éticas

Muchas organizaciones cuentan con códigos de ética en que se definen algunas acciones específicas (soborno, aceptación de regalos) como inmorales y se describen las normas que los empleados han de observar. Más del 90% de las 1000 compañías de Fortune tienen este tipo de códigos,[15] lo mismo que muchas empresas pequeñas. Gracias a ellos, hay menos probabilidad de que un empleado viole las reglas de la compañía en una forma deliberada o involuntaria. Además, los códigos les ayudan a las organizaciones a tratar con clientes o prospectos que alientan la conducta inmoral. Son además de gran utilidad para los ejecutivos jóvenes o inexpertos, pues les ayudan a resistir las presiones para violar su ética personal a fin de lograr una promoción.

Sin embargo, no es posible quitarle al gerente todas las decisiones que debe tomar. Más aún, a veces resulta extremadamente difícil determinar lo bueno y lo malo. Sería poco realista que una organización elaborara una lista de dos columnas de todas las prácticas posibles: una con el encabezado de "ético" y otro con el de "inmoral". Por el contrario, el ejecutivo de marketing ha de ser capaz de valorar una situación y formular una respuesta. Arthur Andersen and Company ideó un modelo de razonamiento ético que puede enseñarse a los gerentes actuales y futuros.[16] El modelo amplía el análisis tradicional de costo-beneficio e incluye a todos los individuos y grupos afectados, y no sólo a la organización del que decide, para ayudarles a esclarecer el valor ético de una decisión. El procedimiento consiste en:

1. Identificar las opciones de decisiones y las consecuencias probables de cada una.
2. Identificar todos los individuos y organizaciones a quienes afectarán positiva o negativamente las consecuencias de cada opción.
3. Estimar el impacto negativo (los costos) y el impacto positivo (los beneficios) de cada opción desde el punto de vista del afectado, teniendo en cuenta sus intereses y necesidades particulares.
4. Clasificar los costos y beneficios de cada opción y tomar una decisión.

Este modelo es un intento de ser sistemático y lógico cuando se adopta una decisión ética. Dará buenos resultados sólo si el decisor es objetivo e imparcial. Pero en las situaciones éticas suele haber un fuerte factor emocional. De ahí que otro método que trata de personalizar la situación sea más eficaz. Cuando se afronta un problema moral, las respuestas sinceras a las siguientes preguntas nos indicarán que dirección seguir:

- ¿Le haría esto a un amigo?
- ¿Permitiría que me lo hicieran a mí?
- ¿Me incomodaría si esta acción recibiera publicidad a nivel nacional?

Razones prácticas para observar una conducta ética

Los ejecutivos de marketing han de conducirse en forma ética porque es lo correcto desde el punto de vista moral. Aunque se trata de un concepto simple y noble, ello no es una motivación suficiente para todos. Por tanto, examinaremos cuatro **razones prácticas para observar una conducta ética:**

- **Recobrar la pérdida de confianza en el marketing.** Muchas veces oímos hablar de las etiquetas engañosas del empaque, de las afirmaciones falsas de los anuncios, de las listas ficticias de precios y de la violación de marcas registradas de prestigio. A pesar de que tales prácticas se limitan a una reducida parte del marketing, se lesiona la reputación de todas las compañías. Para invertir esta situación, los líderes empresariales deben demostrar de un modo convincente que conocen su responsabilidad moral y que están dispuestos a asumirla. Las compañías tienen la obligación de establecer normas éticas y de hacerlas cumplir. Más aún, a los directivos les conviene interesarse en el bienestar de los consumidores, pues éstos son la parte esencial de su negocio.
- **Evitar que aumenten las regulaciones del gobierno.** A veces las libertades económicas tienen un precio muy alto, lo mismo que las libertades políticas. La apatía, resistencia o las respuestas meramente simbólicas ante acciones inmorales no hacen sino aumentar la probabilidad de más regulaciones del gobierno. En efecto, casi todas las restricciones oficiales impuestas al marketing se deben a que algunas veces los ejecutivos

¿DILEMA ÉTICO?

Consumer Reports es una conocida revista que prueba los productos del consumidor, da a conocer los resultados y hace recomendaciones sobre la "mejor compra". Para no dar la menor impresión de prejuicio o favoritismo, no acepta publicidad y prohíbe a las compañías utilizar sus calificaciones en los anuncios. Una revista menos conocida, *Consumers Digest*, también evalúa los productos y publica los resultados. Sin embargo, solicita anuncios a las compañías que reciben su más alta recomendación como la mejor compra y, previo pago, les ofrece permitirles que utilicen la calificación en sus anuncios.

¿Es ético que *Consumers Digest* venda a una compañía el derecho a utilizar sus calificaciones en la publicidad?

Fuente: Suein L. Hwang, "Consumers Digest Mines Its Best-Buy List", *The Wall Street Journal*, 1 de septiembre, 1992, pp. B1+.

---

no han sabido cumplir con sus obligaciones éticas. Además, una vez establecido algún tipo de control gubernamental, no es fácil cancelarlo.

- **Conservar el poder concedido por la sociedad.** Los ejecutivos de marketing tienen mucho poder social, ya que influyen en los mercados y su opinión sobre problemas económicos goza de mucho prestigio. Sin embargo, ese poder también entraña responsabilidad. Si no lo utilizan en una forma socialmente aceptable, lo perderán a la larga.
- **Proteger la imagen de la organización.** A menudo los compradores se forman una impresión sobre toda una organización a partir del contacto con un individuo. Muchas veces éste representa la función de marketing. Posiblemente basemos nuestra opinión de una tienda en el comportamiento de un dependiente. Como dice Procter & Gamble en su informe anual: "Cuando un vendedor de Procter & Gamble entra en el negocio de un cliente..., no sólo está representando a la compañía, sino que en un sentido muy real ese empleado es la compañía."

Comportamiento socialmente responsable

La conducta ética no consiste meramente en abstenerse de acciones malas. Un ejecutivo de gran integridad moral reconoce que el lugar que ocupa en la sociedad conlleva ciertas obligaciones. Esta **responsabilidad social** exige mejorar la situación de la sociedad. Además de obedecer las leyes y de responder a las expectativas normales y razonables del público, las organizaciones y los individuos socialmente responsables encabezan el establecimiento de normas que rigen la actuación de las empresas y de la comunidad. Así, Esprit, un fabricante de ropa, estimula a sus empleados para que, una vez al mes, dispongan de 10 horas de la jornada laboral y las dediquen a colaborar con alguna organización no lucrativa o en una escuela, a condición de que también dediquen 10 horas de su tiempo libre a la misma actividad.[17] Otra compañía, Nike, patrocina la serie de televisión *Ghostwriting*, que ayuda a los niños pequeños a aprender a leer y escribir. El programa le brinda una exposición favorable y a la larga le servirá para vender más zapatos, aunque el motivo fundamental es que "es algo que debe hacerse".[18]

Evaluación y perspectivas del marketing

Los hurtos en las tiendas han alcanzado proporciones epidémicas, lo cual viene a incrementar el costo que los consumidores honrados deben pagar por los productos.

Ética y el consumidor

Obrar en una forma ética no es obligación exclusiva de las empresas o de los que trabajan en el marketing. También los consumidores tienen la responsabilidad de observar las normas morales. Las empresas cada vez sufren más las acciones inmorales de los consumidores. Los hurtos en las tiendas, la redención de cupones falsos, el vandalismo, el cobro de cheques falsos y otros abusos se han convertido en un grave problema para ellas. Aunque resulta prácticamente imposible determinar cuántos fraudes ocurren en Estados Unidos, las estimaciones confiables son desalentadoras:

- Las estadísticas más recientes relativas a los hurtos en las tiendas indican pérdidas de 5 mil a $25 mil millones anuales y las cifras siguen aumentando.[19]
- Más de 500 millones de cheques falsos se extienden cada año.
- Las tarjetas de crédito falsas representan $200 millones de dólares al año.
- El costo de los cheques falsos girados en la industria del comercio al menudeo y de la banca asciende a $10 mil millones anuales.

Desde luego, el elevado índice de conducta inmoral de los consumidores no justifica que las empresas también la practiquen. Los ejemplos anteriores no hacen sino indicar cuánto se ha generalizado este tipo de acciones. Los hechos señalan con toda claridad la urgente necesidad de analizar en todos los sistemas las formas de atenuar este problema entre las empresas, los consumidores y en el resto de las instituciones sociales.

PERSPECTIVAS FUTURAS

Después de ver lo que los ejecutivos de marketing pueden y deben hacer, describiremos las perspectivas futuras del marketing. Más exactamente: ¿qué necesitan conocer y hacer para ser más eficientes?

Observe detenidamente los lanzamientos más recientes de productos que aparecen en la tabla 22-1. Las compañías que los elaboran han depositado en ellos grandes esperanzas. Pero algunos tendrán éxito y otros, que parecen tener un gran potencial al inicio, fracasan rotundamente en el mercado. ¿A qué se deben los fracasos? En parte, a la incapacidad de prever exactamente el futuro. Aunque es imposible predecirlo con certidumbre, no necesariamente ha de ser un misterio. Los gerentes tienen la obligación de estar atentos a lo que sucede en el mercado, descubrir las oportunidades y responder con productos que satisfagan necesidades. En los siguientes apartados, trataremos de hacer esto, describiendo para ello algunas tendencias del mercado y prediciendo las respuestas que probablemente se les den.

Tendencias y reacciones del mercado

Muchas tendencias requieren ser vigiladas de cerca. Para dar un ejemplo de su importancia, nos concentraremos en tres áreas: cambios demográficos, cambios de los valores y el crecimiento de la información.[20]

TABLA 22-1 Introducciones recientes de nuevos productos y reacciones de los consumidores

Dryer Fresh—ablandador de tejidos que se extiende en la secadora.
Reacción: muy cómodo, y sus ingredientes naturales y atomizador son atractivos desde el punto de vista ecológico.

Window Wonders—hojas reutilizables para limpiar vidrios.
Reacción: cómodo y eficaz, sin sustancias químicas peligrosas y sin aerosoles.

Detecto Card—detector reutilizable de fugas de radiación de los hornos de microondas.
Reacción: a un precio de $5, un protector barato.

Crazy Blue Air Freshener—aditivo líquido para el limpiador del parabrisas, que impregnan el automóvil de fragancia, cuando los limpiadores se encienden. Viene en fragancia de limón, floral y de automóvil nuevo.
Reacción: muy pocas personas usan refrescadores de aire para automóvil y los que lo hacen encuentran fácilmente una solución más simple.

Cappio Iced Cappuccino—bebida de café cremosa y fría.
Reacción: en Estados Unidos, el café frío es algo que no le gusta en absoluto a la gente. Un producto que tal vez tenga demanda en un futuro lejano.

Fight II—champú antigérmenes suave para la piel y jabón en barra para el cuerpo.
Reacción: un producto puede dar sólo ciertas cosas y éste trata de dar demasiadas.

Posh Corn Popcorn—palomitas de maíz cubiertas con chocolate.
Reacción: la combinación del sabor dulce y salado es un poco extraño para la mayor parte de los consumidores.

Fuente: Trish Hall, "Telling the 'Yeas' from the 'Nays' in New Products", *The New York Times*, 9 de diciembre, 1992, pp. C1+.

Demografía. El número de niños que nacen en Estados Unidos fue disminuyendo gradualmente en el periodo comprendido entre 1964 y 1973. Después, a medida que la generación nacida durante el auge de la natalidad comenzó a procrear, el índice de natalidad mostró un crecimiento gradual. En 1990 se registraron 4.2 millones de nacimientos, la cantidad más grande en 30 años. ¿Qué hemos de esperar en el futuro? El U.S. Census Bureau, que había vaticinado un crecimiento cero en la década de 2020, hace poco revisó su pronóstico básandose en un incremento imprevisto de los nacimientos y en el aumento de la inmigración. Ahora prevé una población de 275 millones de habitantes para el año 2000 y de 320 millones para el año 2020.[21]

Además de su tamaño, la composición de la población estadounidense ha ido cambiando. En el año 2000, una tercera parte de los niños pertenecerá a los grupos minoritarios. No es extraño, pues, que la población siga haciéndose vieja. En Estados Unidos, la edad promedio es ahora de 33 años. En 1950, apenas 10% de la población tenía más de 65 años de edad; en el año 2030, esa proporción se duplicará a medida que los ciudadanos ancianos se conviertan en el grupo de edad de más rápido crecimiento.

Otro fenómeno interesante es la naturaleza cambiante de las familias. En 1960, el 75% de ellas eran matrimonios. En el año 2000 sólo un 50% de las familias serán matrimonios, las familias con un solo progenitor aumentarán en un 50%, las unidades familiares sin vínculos matrimoniales se duplicarán con creces y un mayor número de personas vivirán solas.

¿Qué nos indican los anteriores cambios demográficos? Primero, la cambiante composición de la población norteamericana causará profundo impacto entre los ejecutivos de marketing, pues basaban su trabajo en la generación nacida durante el auge de la natalidad. La siguiente generación, o sea las personas nacidas a mediados de los años 60 y a mediados de los años 70, entra en la vida activa como consumidores y se parecen muy poco a sus predecesores. Son la primera generación de niños que pasan mucho tiempo solos, de familias en que ambos cónyuges trabajan y de un índice de divorcios del 50%. Son clientes expertos, pues desde pequeños han participado en la toma de decisiones familiares y han comprado más que las generaciones anteriores. También han estado más expuestos a la publicidad, sobre todo a la de la televisión, que los grupos nacidos antes que ellos. En opinión de algunos observadores esto se traducirá en una generación de consumidores más refinados y exigentes, de modo que los ejecutivos del marketing se verán obligados a repensar sus productos y mensajes si quieren tener éxito. Por ejemplo, en este grupo han tenido buena acogida los mensajes de venta blanda de Nike que estimulan al lector o espectador a mejorar en algún aspecto de su vida o de su personalidad.[22]

Los que venden muchos productos también deben considerar el impacto que las familias más pequeñas tienen en el comportamiento. Citemos algunos ejemplos para explicar esto: ¿cuánto tiempo y esfuerzo se dedicarán a la preparación de los alimentos?, ¿de qué tamaño han de ser los electrodomésticos?, ¿serán los tamaños de los empaques actuales adecuados para las familias del mañana?

El tiempo será un factor aún más valioso al acercarnos al final del siglo. Las familias más pequeñas, las de un solo progenitor, la proporción de familias en que trabajan ambos cónyuges y la gran cantidad de mujeres que trabajan significa que habrá menos personas que realicen las tareas domésticas ordinarias. La resultante presión de tiempo impuesta a las familias aumentará la demanda por servicios como los siguientes: atención diurna a los niños y a los padres ancianos, mayor comodidad en las compras mediante métodos como pedidos por correo y un mayor número de funciones familiares (darle mantenimiento al automóvil, recoger la ropa de la tintorería, compra de comestibles) quedará en manos de las empresas de servicios.

Las tendencias demográficas anteriores indican que en Estados Unidos algunos mercados desaparecerán y surgirán otros. Los expertos en marketing deben vigilar esas tendencias y adaptar sus estrategias a ellas. Por ejemplo, la población anciana crea oportunidades para introducir productos modificados que se adapten a las limitaciones físicas de este sector (etiquetas e instrucciones impresas en letras más grandes, contenedores fáciles de abrir, equipo y vehículos que faciliten la movilidad) y también oportunidades más amplias en áreas como viajes, turismo, atención médica y cuidados de la salud.

Habrá una mayor diversidad étnica al aumentar la población de hispánicos, norteamericanos de origen asiático y miembros de la raza negra. Estos grupos son lo bastante numerosos para atraer la atención de las empresas, pero al mismo tiempo plantean retos interesantes. ¿Cuándo, por ejemplo, estas semejanzas indican que se les debe tratar como un segmento individual?

También en otras partes del mundo se observan cambios drásticos.[23] La población estadounidense creció lentamente y, en cambio, se prevé que la población mundial llegue a 6.2 mil millones de habitantes en el año 2000 y aumente otros 2 mil millones en el año 2025. Las regiones de más rápido crecimiento demográfico son África, América Latina y el sur de Asia. Una tendencia interesante es el crecimiento rápido de las áreas urbanas en los países subdesarrollados: en el año 2000, 17 de las 20 áreas urbanas más grandes del mundo se encontrarán en esas naciones. Las únicas otras ciudades de las 20 más pobladas serán Tokio, Nueva York y Los Ángeles. Las ciudades más grandes del mundo serán la Ciudad de México y São Paulo.

Desde luego, un aumento de la población no significa necesariamente mercados con mayor potencial. Por ejemplo, se espera que África siga teniendo tasas muy bajas o negativas de crecimiento económico per cápita. Por el contrario, muchos ven en el constante crecimiento demográfico una seria amenaza contra el planeta.[24] Otras regiones sufren diversos problemas económicos. Muchos países latinoamericanos tienen enormes deudas con el exterior. La deuda se reduce sacrificando el crecimiento económico interno y con una balanza comercial positiva, por lo cual tratan de disminuir las importaciones. En consecuencia, las compañías habrán de examinar de cerca los acontecimientos y tendencias para determinar dónde existen oportunidades de inversión.

Valores. Los valores (creencias generales que sostiene una sociedad) cambian con mucha lentitud. Pero cuando lo hacen, pueden tener un impacto decisivo en las instituciones y oportunidades de las compañías innovadores. Los cambios de valores a menudo acompañan a los de tipo demográfico. A medida que va envejeciendo la población de Estados Unidos, veremos seguramente algunos ajustes en los valores de ese país. Por ejemplo, estamos presenciando:[25]

- **Perspectivas más amplias.** Algunos planificadores o pronosticadores predicen una transición de la orientación al yo a la "orientación hacia los otros". Así, se observa un verdadero auge de los grupos de voluntarios. Hay indicaciones de que a la gente la perturba el materialismo de los años 80, década en que muchas opciones estuvieron dominadas por la autosatisfacción.

> WHEN
> YOU GIVE BLOOD
> YOU GIVE
> ANOTHER BIRTHDAY,
> ANOTHER LAUGH,
> ANOTHER HUG,
> ANOTHER CHANCE.
>
> American Red Cross
> PLEASE GIVE BLOOD.

Organizaciones como la Cruz Roja se benefician al aumentar los voluntarios de causas altruistas.

- **Un mayor escepticismo.** La educación está en su momento culminante. Los consumidores tienen ahora más confianza en su capacidad de hacer juicios y están menos dispuestos a aceptar las afirmaciones sin fundamento. Se pone en duda la autoridad. El público exige información y está dispuesto a poner en tela de juicio las tradiciones. Las dificultades que afrontan los fabricantes norteamericanos de automóviles para recuperar la confianza de los usuarios constituye un ejemplo de esta nueva actitud.
- **Equilibrio de los estilos de vida.** Estamos dejando una sociedad que se centraba en el trabajo para producir un estilo de vida más rico y empezamos a crear una sociedad deseosa de equilibrar el trabajo y el tiempo libre para disfrutar un estilo de vida. Ello significa un mayor interés por la salud mediante una buena alimentación y el ejercicio, la asignación de más tiempo al hogar, a la familia, a disfrutar el tiempo libre y el deseo de realizar actividades consideradas como adecuadas y satisfactorias.

¿Qué significan para el marketing los cambios anteriores? Seguramente veremos anteponer la calidad a la cantidad en el consumo y una evaluación más rigurosa del valor de las características de los productos que no enriquecen el contenido sino la forma o estilo. Un área donde los valores son evidentes es el mayor interés en la calidad futura de la vida. La preocupación mundial ante la desaparición de la capa de ozono, la extinción de los bosques, el aumento de la lluvia ácida y el "efecto de invernadero" se manifestó en el Tratado de la Cumbre de la Tierra en Río de Janeiro, asamblea sin precedentes que se celebró en 1992 y que fue firmada por 143 países. Otros problemas ecológicos de interés para los consumidores son la eliminación de desperdicios, la eliminación de desechos en hoyos de la tierra, contaminación del aire y del agua, la biodegradabilidad.

Se da el nombre de **marketing ecológico** a cualquier actividad cuya finalidad sea producir un impacto positivo o reducir el impacto negativo que un producto tiene en el ambiente, a fin de aprovechar el interés de la población en problemas ambientales. Este tipo de acciones abarcan desde la simple modificación de los mensajes publicitarios hasta el desarrollo de productos enteramente nuevos. Por ejemplo, hace años y sin hacer ruido Albert-Culver eliminó en su fijador para el cabello VO5 los carbonos de clorofluoruro. Recientemente empezó a anunciar el producto como "amistoso con el ozono".[26] Otras respuestas son más impresionantes. L'eggs, marca de pantimedias que conquistó el liderazgo del mercado con sus contenedores para huevos, hechos de plástico y muy llamativos, ahora utiliza una caja más pequeña y ligera hecha con cartón reciclado. A juicio de los directivos, el cambio reducirá el material del empaque en casi el 40% y beneficiará además a la compañía y al ambiente.[27]

Los intentos de introducir el marketing ecológico han resultado contraproducentes para algunas compañías. Mobil Chemical anunció sus bolsas de basura Hefty hechas de plástico como biodegradables al ser expuestas al sol. El mensaje se abandonó cuando alguien señaló que las bolsas enterradas en hoyos de basura no estarán expuestas a la luz solar. También Procter & Gamble tuvo una experiencia negativa. Cuando anunció que sus pañales desechables Luvs y Pampers eran fáciles de convertir en abono o fertilizantes, los críticos señalaron que difícilmente los consumidores saben que hay poquísimas ciudades con este tipo de instalaciones y, por tanto, serían engañados por el anuncio.[28]

Algunas compañía han adoptado el marketing ecológico y las preocupaciones ambientales con una actitud prudente. H. J. Heinz fabrica los frascos de salsa catsup con plástico reciclado, pero lo señala con letras pequeñas en la etiqueta de la parte posterior. También utiliza vidrio de menor peso en algunos empaques. Con esta táctica no recibe mucha publicidad, pero como declaró uno de sus ejecutivos: "El sensacionalismo es peligroso."[29]

Información sobre el mercado. Como nunca antes, los expertos en marketing y las empresas están en condiciones de identificar a los prospectos. Las compañías pueden elaborar detallados perfiles de los clientes y los prospectos empleando los datos obtenidos con scanner que describen detalladamente el comportamiento de compra tienda por tienda, los datos del Census Bureau que suministra información demográfica hasta de los bloques de una ciudad y muchas otras fuentes como tarjetas de registro de las garantías, inscripciones en concursos y solicitudes de descuento. Con esta información en sus manos, están en condiciones de diseñar productos y variedades planeados específicamente para las necesidades de un cliente. Para explicar esto pongamos el ejemplo de Kraft y el queso crema. En un experimento de 30 tiendas, Kraft comparó los perfiles de personas que adquieren varios sabores de queso crema (simple, dietético, con sabor de fresa) con la descripción demográfica de los consumidores que vivían en el área de cada supermercado. Después ajustó el inventario de las tiendas para ofrecer mayor cantidad de los sabores que gozaban de más

Evaluación y perspectivas del marketing

PERSPECTIVA INTERNACIONAL

¿QUÉ FUNCIÓN DESEMPEÑARÁN EN EL MARKETING INTERNACIONAL LOS VALORES CAMBIANTES?

Igual que en los mercados nacionales, las empresas globales deben reconocer el cambio y responder a él. Y los valores están cambiando no sólo en Estados Unidos sino también en el resto del mundo. He aquí algunos ejemplos de ello:

- En Japón, el número de mujeres y hombres solteros mayores de 30 años de edad se duplicó en los últimos 20 años y sigue creciendo. De ahí que el índice de natalidad presente un decremento constante. ¿Las causas? Las jóvenes japonesas disfrutan la libertad que les da el tener un empleo y percibir ingresos. Además, se ven relegadas por el compromiso casi total de los jóvenes japoneses con su empleo y con su empresa. De continuar esta tendencia, seguramente afectará a los que venden productos para las familias.
- Gran parte de Asia ha dejado de ser una región orientada a las necesidades y ahora empieza a buscar ante todo la satisfacción de sus deseos. En consecuencia, ahora se consideran verdaderas necesidades productos como televisores, estéreos y refrigeradores, los cuales antes se les tenía por objetos de lujo. En 13 años el número de automóviles de Bangkok aumentó de 450 000 a 2 millones. En los países asiáticos, donde hace algunos años las vacaciones eran una cosa rara, las vacaciones anuales se han convertido en algo común y las actividades vacacionales ya no se limitan simplemente a admirar lugares y paisajes, sino que ahora incluyen otras más interesantes como el buceo y la pesca en alta mar. En la región del Pacífico, donde el crédito a los consumidores prácticamente no existía hace pocos años, las tarjetas de crédito en circulación y el volumen de las ventas a crédito ahora supera a las otras partes del mundo. Muchas empresas se sienten contentas con esta nueva capacidad recién descubierta de comprar y con el deseo de poseer una variedad más amplia de productos.
- Los valores de las mujeres de lo que fueron la Alemania Oriental y Alemania Occidental son esencialmente distintos. Los valores más importantes de los habitantes de Alemania Occidental son el individualismo y la autorrealización. Entre los valores principales de los habitantes de Alemania Oriental se encuentra tener buenas relaciones con la gente y conformarse con lo que la vida les ofrezca. Habiendo crecido bajo un sistema comunista, apenas empiezan a reconocer la importancia que tiene la ambición para mejorar su vida. Por ello, los expertos en marketing tal vez descubran que los mensajes promocionales que dan buenos resultados en Alemania Occidental son menos eficaces en la parte oriental del país recién unificado.
- En los países de la Europa Oriental, la gente desconfía de los anuncios que actualmente aparecen en los medios. Entre otras cosas se preguntan por qué una compañía anuncia sus productos si no son malos. En opinión de los expertos, pasarán años antes que los habitantes de esos países entiendan y acepten la publicidad como lo hacen los habitantes de Europa Occidental. Y mientras esa transición no se dé, las compañías que utilizan la publicidad en Europa Occidental se verán obligados a aplicar otros métodos promocionales en Europa Oriental.

Fuentes: Carla Millar y Christine Restall, "The Embryonic Consumer of Eastern Europe", *Marketing Management*, primavera de 1992, pp. 48-57; Gaylon White, "The New Consumerism Asian Style", *Express Magazine*, verano de 1992, pp. 10-12, Kuy Loti y Bill Powel, "Take a Hike, Hiroshi", *Newsweek*, 10 de agosto, 1992, pp. 38-39.

aceptación. El resultado fue un aumento casi del 150% de las utilidades respecto a las del año anterior.[30]

El contar con más información sobre el mercado ha dado origen a la **fragmentación del mercado**, o sea a identificar segmentos cada vez más pequeños. Hubo un tiempo cuando un fabricante de productos empacados podía desarrollar un producto de calidad, anunciarlo a nivel nacional entre las amas de casa que usaban esos medios de comunicación, surtir los anaqueles de las tiendas y tener muchas probabilidades de éxito. Pero ahora las cosas han cambiado. Las empresas ya no esperan que grandes cantidades de consumidores compren productos estandarizados, aunque no satisfagan plenamente sus necesidades y deseos. Por el contrario, deben adaptar sus bienes y servicios para atender las necesidades de los segmentos pequeños. Esta estrategia, conocida con el nombre de **marketing de nichos**, dificulta enormemente el trabajo del experto o ejecutivo de marketing. Una versión de un producto es sustituida por varios. Hay que producir diferentes anuncios y encontrar nuevos medios para llegar a consumidores muy heterogéneos. Los detallistas deben escoger entre muchas variantes de un mismo producto y no pueden tener existencias de todas ellas. El aumento de la variedad complica la administración del inventario, la distribución y la venta personal.

Por doquiera se advierte este tipo de fragmentación. McDonald's, el rey de las hamburguesas, no sólo aumentó la variedad de hamburguesas, sino que además sometió a pruebas de mercado el pescado con papas fritas, el pollo frito, la pizza y los comestibles para llevar a casa. Desde 1974 hasta 1984 Procter & Gamble vendía únicamente un tipo del detergente Tide. Hoy tiene cinco versiones, entre ellas Liquid Tide y Tide with Bleach.

La fragmentación de los mercados y la resultante proliferación de productos y marcas ha obligado a hacer ajuste en el presupuesto promocional. Veamos lo que ha ocurrido. Primero, los medios masivos son imprácticos en el caso de productos con pequeños mercados. Teniendo en cuenta las ventas potenciales de una marca de nicho, ese tipo de medios son demasiado caros y se desperdicia gran parte de la cobertura. De ahí que los ejecutivos de marketing canalicen su presupuesto a vehículos promocionales menos genéricos: redes especializadas de televisión por cable, correo directo y cupones. Por coincidencia, la fuerza de los detallistas se incrementa. Simplemente no pueden manejar todas las marcas y variaciones de productos producidos para el mercados de nicho. Y como un menor número de productos dominan un mercado masivo, el detallista selecciona más rigurosamente cuáles ofrecer. Por tanto, los fabricantes se ven obligados a dar más promociones comerciales mediante descuentos, material promocional en el punto de venta, descuentos por apertura y fondos destinados a la publicidad cooperativa, pues sólo así logran que sus productos sean exhibidos en los anaqueles. El efecto neto de la fragmentación de mercados es una transición: los gastos promocionales ya no se invierten en la publicidad en los medios masivos sino en las promociones comerciales y las dirigidas a los consumidores.

En una época de mercados fragmentados, los anunciantes buscan nuevas formas de llegar a personas muy atareadas y de gran movilidad. Las bancas en las paradas de los autobuses y las zonas de tráfico masivo han dejado de ser medios innovadores; ahora a esa categoría pertenecen:

- Los comerciales de televisión intercalados en las noticias y los programas de diversión transmitidos en cualquier lugar donde se reúna la gente: aeropuertos e instalaciones para realizar pruebas, por ejemplo.

- Carritos de compras con comerciales de pantalla y de video.
- Anuncios en las puertas de los sanitarios públicos.
- Revistas con una publicidad dirigida a usuarios muy específicos que se distribuyen sólo en determinados lugares como las salas de espera de los consultorios médicos.
- Monitores de televisión que muestran anuncios en las bombas de gasolina, mientras los automovilistas llenan su tanque.

La fragmentación de mercados no es una estrategia nueva. Los expertos en marketing conocen desde hace años todo lo concerniente a los segmentos de un mercado. Según vimos en el capítulo 4, se han ideado técnicas que utilizan datos demográficos, geográficos y del comportamiento permitiendo a los profesionales del marketing encauzar mejor sus esfuerzos. Lo que ha cambiado al volverse más compleja y diversificada la sociedad moderna son el número y el tamaño de los segmentos. Nada nos indica que la tendencia al marketing de nichos vaya a desaparecer. Por el contrario, se prevé que en el futuro se intensificará la fragmentación del mercado ante el desarrollo de métodos electrónicos más sofisticados para recabar datos y ante la diversidad creciente de la población.

Ajustes estratégicos al marketing

Hemos señalado únicamente tres de los muchos cambios que están teniendo lugar en el mercado: los cambios demográficos, los de valores y el crecimiento de la información, y algunas de sus implicaciones para los profesionales del marketing y las empresas. Una respuesta común al cambio, como se advierte en los ejemplos, consiste simplemente en reaccionar ante ellos conforme vayan presentándose. Pero los profesionales del marketing, sabedores de que los cambios ocurren constantemente, deberían tomar medidas estratégicas de carácter proactivo para mejorar el desempeño. A continuación se describen cuatro de ellas.

Inculcar una orientación hacia el mercado. Describir el concepto del marketing es una cosa y otra totalmente distinta ponerlo en práctica dentro de una organización. El concepto, consistente en combinar una orientación hacia el cliente con la coordinación del marketing y las metas de la compañía, sin duda tiene un gran atractivo natural, pero muchas organizaciones parecen incapaces de realizarlo de manera uniforme. A pesar de que en las escuelas de administración de empresas se ha enseñado cómo hacerlo, su instrumentación eficaz parece más bien la excepción que la regla. ¿Qué se requiere para poner en práctica el concepto de marketing? Por lo menos lo siguiente:[31]

- El concepto del marketing se inspira en una filosofía que se centra en las necesidades del cliente. Sin embargo, ante la opción de anteponer esas necesidades a las propias, a los empleados les resulta difícil darle prioridad al cliente. Esta actitud no puede inculcarse sin la participación decidida de los gerentes.
- Debe haber un sistema de premios para estimular esta actitud. Es preciso que a los empleados se les faculte para tomar decisiones en las cuales se admita la importancia de los clientes y se les recompense públicamente por esas decisiones. Recordemos el caso del conductor de Federal Express que no podía abrir una caja de entrega. En vez de desistir y resignarse a no entregar a tiempo los paquetes de la caja, se las arregló para

cargar la caja de 500 libras en el camión y devolverla a la oficina donde un mecánico pudiera abrirla. La compañía le dio un premio por su decisión (y su empeño).
- Las compañías deben mantenerse en estrecho contacto con el mercado. Ello significa contar con conocimientos exactos acerca de él. Los compradores cada vez están menos dispuestos a adquirir algo que no los satisfaga plenamente. Los ejecutivos de marketing deben diseñar más programas de marketing para mercados más pequeños. Se requiere buena información de soporte a las decisiones cuando las adoptan. En el marketing orientado a los consumidores ello significa realizar investigaciones de una manera permanente. En el marketing entre empresas puede significar crear nuevas estructuras. Por ejemplo, Procter & Gamble tiene un equipo de marketing asignado permanentemente a las oficinas generales de Wal-Mart, para asegurarse de que se le da un buen servicio a este cliente tan importante.
- Debe establecerse una ventaja diferencial sostenible adecuando exactamente las necesidades del público a las capacidades de la organización. Después de su extraordinario éxito con los zapatos para correr, Nike lanzó al mercado una línea de zapatos informales que fracasó rotundamente. Philip Knight, cofundador, presidente y director general de la compañía, atribuyó el fracaso a una mala orientación.[32] La habilidad en la fabricación y comercialización de los zapatos deportivos no se transfiere automáticamente a otro producto, por muy semejante que sea. La ventaja diferencial de Nike está en los deportes y en los productos destinados al acondicionamiento físico. Es lo que sabe hacer muy bien y donde tiene su verdadera ventaja competitiva.
- Es necesario satisfacer a todos los que intervienen en el intercambio y no sólo a los clientes. En el caso de una empresa, los participantes en el intercambio son sus clientes, proveedores, intermediarios, propietarios, reguladores y todos los que de alguna manera interactúen con ella. Por ejemplo, si los proveedores consideran insatisfactorios sus intercambios con una compañía, no pondrán todo su empeño en asegurarse de que se atienden las necesidades del usuario final. Lo mismo sucede con los empleados. No se logrará satisfacer a los consumidores finales si no existen relaciones sólidas y positivas entre todos los que de alguna manera contribuyen a hacer llegar el producto al mercado.

Adopción de una orientación global. Si quieren tener éxito en el futuro, los profesionales del marketing deberán adoptar una orientación global hacia los mercados, productos y la actividad mercadológica. En el pasado, las compañías podían tener éxito concentrándose en el mercado doméstico y con sólo superar a los rivales locales. Pero la situación ha cambiado. Ahora las empresas, tanto las grandes como las pequeñas, van adonde los mercados son más atractivos. Por ejemplo, tras largos años de invertir grandes sumas en Estados Unidos, las compañías japonesas han duplicado sus inversiones (llegando a $55 mil millones de dólares) en los países de la Comunidad Europea durante el periodo comprendido entre 1988 y 1990. El cambio se hizo previendo la liberalización del comercio en esos países y la posibilidad de que se levantaran barreras para limitar las importaciones. Las pequeñas empresas para las que antes la venta en el mercado mundial parecía demasiado complicada o poco rentable han comenzado a encontrar formas de competir en él. Aunque se estima que apenas una de cada 10 compañías norteamericanas con ventas entre $5 y $300 millones anuales se dedican a la exportación, ese número ha ido creciendo.[33]

Las organizaciones también deben pensar en términos globales cuando se trata de los productos. Las compañías norteamericanas han aprendido algunas técnicas de producción de los japoneses, con las cuales los productos llegan más rápidamente al mercado y se obtienen niveles más satisfactorios de calidad. Pero también el marketing ofrece algunas lecciones importantes al respecto. Un área es el desarrollo de productos.[34]

Tradicionalmente las compañías norteamericanas han mantenido su estructura departamental en el desarrollo de los productos. Así, en el caso de los automóviles ello significa que el departamento de diseño puede inventar una idea para un nuevo motor. La idea pasará después al departamento de ingeniería, donde tal vez se decida que es demasiado difícil o costosa, rechazándose. Entonces la idea morirá o será revisada para volverla a someter a la consideración de los expertos. Este proceso, que se repite muchas veces, era lento y daba origen a multitud de compromisos poco satisfactorios. Una alternativa es formar un equipo de desarrollo de productos encabezado por un líder con verdadero poder de decisión. Lo integrarán representantes de todos los departamentos: ingeniería, diseño, compras, finanzas, marketing y producción, quienes estarán bajo las órdenes del líder del equipo. En este sistema, si el equipo decide que el automóvil necesita un nuevo motor, cada representante presenta la propuesta a su departamento y se cerciora de que se realice el trabajo. Este método de equipo de trabajo es el que utilizan los fabricantes de automóviles en Japón. Lo adoptó también Chrysler para desarrollar su línea LH de automóviles de tamaño mediano (Eagle Vision, Dodge Intrepid y Chrysler Concorde), lográndose así importantes ahorros de tiempo y costos.

En el empaque, el etiquetado y las marcas de nuevos productos, las compañías deben tener en cuenta las implicaciones prácticas del enfoque global. Si hay posibilidades de entrar en los mercados mundiales, desde un principio hay que integrar la compatibilidad a los productos. De ese modo, se evitarán problemas como tener que cambiar el nombre de la marca, el material del empaque o la información de la etiqueta, cuando se quiera entrar en los mercados internacionales.

Dar prioridad a la calidad y a la satisfacción. En la década de 1970, muchas industrias norteamericanas reconocieron que la calidad de sus productos estaba muy por debajo de la de los competidores de otros países. Para corregir el problema, adoptaron varias técnicas tendientes a inculcar la calidad. Una de las más populares fue ideada por dos consultores norteamericanos, W. Edward Deming y Joseph Juran, y se ha practicado en Japón desde los años 50. Se le conoce con el nombre de *administración de la calidad total*. No es otra cosa que la aplicación de los principios de la calidad a todas las actividades de una organización y no sólo a la producción. Es una filosofía de los negocios que pone de relieve el método de trabajo en equipo y requiere la participación de todos los empleados. Los defensores de ella están convencidos de que es importante para satisfacer a los "clientes internos", lo mismo que a los consumidores finales. Así, por ejemplo, a los directores de marketing se les considera clientes del personal de investigación de mercados. Esta técnica también supone cambios en la forma de hacer las cosas, desde los procesos de producción hasta los registros que se llevan.[35]

Es interesante señalar que los esfuerzos por mejorar la calidad a veces requieren reexaminar la manera en que se realizan las transacciones. Por ejemplo, en Estados Unidos este proceso es lento, pero los directivos e inversionistas están condicionados para premiar los resultados a corto plazo. Y la calidad se logra más fácilmente cuando los gerentes y los empleados sostienen una relación de cooperación; en cambio, el ambiente más bien es

Chrysler está segura de haber cerrado la brecha de la calidad, pero todavía afronta el reto de convencer a los usuarios.

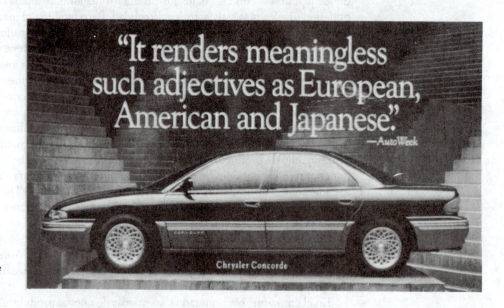

antagónico que de cooperación en muchas compañías.[36] Si quieren ser competitivas en el siglo XXI, han de continuar dándole prioridad a la calidad.

Diseño de estrategias que protegen el ambiente. La calidad se aplica a algo más que simplemente a elaborar productos que funcionan mejor o más largo tiempo. Una cuestión más amplia es la calidad general de la vida diaria y de la forma de tratar al ambiente. Antaño, para ganarse la aprobación del público bastaba adoptar un solo compromiso de carácter ecológico (hacer un producto biodegradable o eliminar los carbonos de clorofluoruro). En el futuro la aceptación de los ambientalistas se basará en el ciclo entero de vida del producto, desde su diseño hasta su eliminación.

Las compañías se verán obligadas a no explotar ya una característica atractiva o interesante, sino a integrar los problemas ambientales en el sistema de su negocio. Para ello deberán adoptar una nueva forma de concebir el consumo. Un ejemplo es fabricar productos cuyos materiales, componentes y empaque puedan usarse más tiempo y reutilizarse en forma parcial o total, proceso denominado **reconsumo**.[37] He aquí algunas clases de consumo:

- **Rellenado.** En vez de desechar un contenedor cuando está vacío, podemos volverlo a llenar si tiene un diseño apropiado. Todos los años se usan y se eliminan más de 30 millones de cartuchos de impresora láser. Accutone diseñó sus cartuchos de manera tal que puedan volverse a llenar. De manera semejante, Xerox introdujo en el mercado una copia con un cartucho reciclable de impresión.
- **Reparación.** Con un mantenimiento adecuado, los productos duran más tiempo. Así, en vez de esperar hasta que un producto se deteriore o descomponga, SKF, fabricante suizo de chumaceras, desarrolló una serie de servicios preventivos y de técnicas de diagnóstico que les permiten a los clientes alargar la vida de las chumaceras.

- **Reconstrucción.** Algunos productos pueden rehacerse sustituyendo algunas piezas y reacondicionando otras. La reconstrucción requiere que las piezas se diseñen de modo que puedan extraerse de un producto en forma económica y se elaboren con materiales susceptibles de ser reacondicionados. BMW y Mercedes comenzaron ya a reconstruir las partes deterioradas de los automóviles que antes se limitaban a eliminar.
- **Reutilización.** A menudo se desecha material mucho antes que sea inutilizable. Lego, fabricante holandés de juguetes, entrega su mercancía a los intermediarios en grandes cajas durables que le devuelven para que vuelva a usarlas.

La clave para lograr que funcione el reconsumo consiste en idear métodos rentables de productos y de marketing. Y eso no es nada fácil. Hace poco McDonald's invirtió casi 60% de su presupuesto de investigación y desarrollo en el diseño de un plástico soluble para el empaque. El reconsumo requiere asimismo nuevas formas de pensar. Durante años los fabricantes se concentraron en descubrir técnicas para lograr un montaje eficiente. Ahora deben concentrarse en el diseño de tecnologías que les permitan separar los materiales. Por ejemplo, el reciclaje de un periódico depende mucho de que se disponga de un método para extraerle la tinta sin grandes costos.

También habrá que repensar las funciones del marketing. Los canales de distribución, por ejemplo, tendrán que fluir en ambas direcciones. Para el reconsumo, será preciso devolver al vendedor los empaques, productos y piezas. Se inventarán métodos para recoger y distribuir los bienes. Si se quiere atender las necesidades de los clientes y conseguir su colaboración, esos sistemas deberán ser tan fáciles de entender y operar como los métodos actuales de distribución en una dirección.

En muchos aspectos la calidad es sin duda decisiva para lograr la satisfacción de los clientes; de ahí que los gerentes deban concederle la más alta prioridad. El reto de ellos consistirá en identificar o desarrollar sistemas que puedan instituirse y sostenerse eficazmente en la cultura norteamericana del mundo de los negocios.

Establecimiento de relaciones.

En el capítulo 18 señalamos lo siguiente: la transición que consiste en dejar de invertir en publicidad y hacerlo en varias herramientas de la promoción hizo que la lealtad de los consumidores se desplazara en las ventas a corto plazo. Sin embargo, las estadísticas más recientes indican que es posible detener esta tendencia. Estamos ante un signo positivo para quienes piensan que la publicidad contribuye a establecer una relación a largo plazo entre el público y una marca.

Una práctica llamada descuento comercial refleja una orientación a corto plazo entre fabricantes e intermediarios. El **descuento comercial**, que afecta a todos los bienes desde automóviles a cigarrillos, significa servirse de descuentos periódicos para inducir a mayoristas y detallistas a adquirir más productos de los que pueden revender después en un periodo razonable. Los fabricantes lo utilizan para obtener las metas trimestrales de participación en el mercado o de utilidades. Por su parte, los intermediarios recurren a él para conseguir descuentos. Pero los ahorros son más bien imaginarios que reales. Cuando se utilizan los descuentos comerciales, un producto normal de comestibles tarda 84 días en llegar de la fábrica al anaquel de la tienda, y el costo de mantener este exceso de inventario aumentará en $20 mil millones los gastos del público norteamericano en productos alimenticios.[38] La existencia de este tipo de financiamiento ha influido en el comportamiento de compra de intermediarios y consumidores. Los primeros se han acostumbrado a recibir incentivos por adquirir productos. Y como esos descuentos periódicos se aplican también a los consumidores, éstos están condicionados a comprarlos cuando se ponen en oferta.

Algunos fabricantes, entre ellos Procter & Gamble, Quaker Oats y Duracell, se han pronunciado en contra del descuento comercial, lo mismo que detallistas como Kroger's y Vons. En su opinión, el hecho de que esta práctica se haya vuelto indispensable para hacer una venta mina la reputación de una marca.

Presionados por la necesidad de conseguir resultados a corto plazo, los expertos en marketing entre empresas han antepuesto las ventas inmediatas a la creación de relaciones. Sin embargo, como vimos en los ejemplos anteriores, la situación parece empezar a cambiar. Las compañías han descubierto que cuesta muchas veces más obtener un nuevo cliente que conservar a otro ya existente. Por ello, en el marketing de los consumidores y el de empresas se reconoce cada vez más el valor de establecer relaciones con los clientes y conservarlos. Pero nos preguntamos: ¿influirá esto en todas las compañías?

RESUMEN

Además del análisis financiero de los resultados del marketing que expusimos en el capítulo 20, el desempeño del marketing de una compañía ha de valorarse también desde un punto de vista social general. Por eso, al evaluar las actividades mercadológicas, es preciso examinar la eficacia con que atiende deseos de los clientes, satisface sus propias necesidades y coopera a la realización del bien de la sociedad.

Al marketing se le ataca por considerársele explotador, ineficiente, ilegal y por estimular una demanda nociva. Hay críticas específicas de conducta inmoral en las cuatro áreas de la mezcla de marketing. Y muchas de ellas son válidas. Pero podemos confinar las transgresiones a una pequeña minoría de empresas y algunas de las críticas se basan en cuestiones más complejas de lo que parecen ser a primera vista.

Los intentos de resolver los abusos del marketing provienen de los consumidores, el gobierno y las compañías. El consumerismo (protesta en contra de las justicias institucionales percibidas y las acciones encaminadas a corregirlas) ha ejercido un impacto importante en el comportamiento de las organizaciones. Entre las respuestas del público ante los problemas del marketing se encuentran protestas, activismo político y apoyo a los grupos de intereses altruistas. Hoy están presentes las condiciones que favorecen el ímpetu de este movimiento: sensibilidad ante los problemas sociales y ambientales, y el deseo de participar activamente en su solución.

En los niveles federal, estatal y municipal, el gobierno norteamericano aprueba leyes de protección al consumidor y las hace cumplir. Las compañías han respondido a las críticas mejorando la comunicación, dando información mejor y más completa, perfeccionando los productos y generando una publicidad más sensible.

La conducta ética es sin duda el mejor medio de contestar a las críticas contra el marketing. Muchas organizaciones han establecido códigos de conducta para ayudarles a los empleados a observar una conducta apropiada. Pero no es posible contar con una regla para cada caso. Los gerentes pueden servirse de alguna forma del análisis de costo-beneficio para valorar la ética de las diversas alternativas. Otro método de juzgar la moralidad de un acto consiste en hacer tres preguntas: ¿le haría esto a un amigo?, ¿me gustaría que me lo hiciera a mí?, ¿me incomodaría que esta acción recibiera publicidad a nivel nacional? El comportamiento ético de las organizaciones no sólo ha de ser éticamente correcto, sino que además debe restablecer la confianza del público, cooperar con las normas del gobierno, conservar el poder que le confirió la sociedad y proteger la imagen de la empresa.

Los consumidores también tienen la obligación observar una conducta ética. Los numerosos casos de mal uso de las tarjetas de crédito, los fraudes con cheques, la redención fraudulenta de cupones y los hurtos en las tiendas indican la necesidad de un examen global de medios y técnicas para reducir la conducta inmoral.

Evaluación y perspectivas del marketing

Las perspectivas futuras del marketing se reflejan en la proyección de los cambios de la demografía del consumidor, en los cambios de valores y en la revolución de la información. Las empresas y los profesionales del marketing deberán reaccionar ante estos y otros cambios, pero también habrán de realizar algunos ajustes básicos de estrategia, si quieren competir en el siglo XXI. Entre los ajustes que se requieren figuran los siguientes: inculcar una orientación al marketing, adoptar una orientación global, subrayar la calidad y la satisfacción y conservar los clientes creando relaciones con ellos.

Más sobre CLEARLY CANADIAN

En 1992, la industria de los refrescos tuvo un crecimiento general del 2 al 3% al año; en cambio, la categoría de la "nueva era" aumentaba a un ritmo de 4 a 10%. Este incremento fue lo bastante significativo para generar una respuesta entre los líderes de la industria. Pepsi introdujo Crystal Pepsi, refresco sin color a base de cola, y Coca-Cola relanzó la marca Fresca, que ya tenía 25 años en el mercado, en una botella más pequeñas y con cristal opaco para atraer a las personas muy interesadas en su salud. Posicionada como "una opción sabrosa", Fresca tenía sabor de lima, poco sodio y calorías y no contenía cafeína.

Originalmente se pensaba que el mercado de Clearly Canadian serían las personas ricas de 18 a 34 años de edad. Sin embargo, ha recibido una excelente acogida entre otros grupos, como los consumidores mayores de 50 años de edad. En 1992 las ventas ascendieron a $145 millones de dólares (casi la cuarta parte de la categoría entera de bebidas de la nueva era) y la compañía dispuso de tanto dinero que ya no tuvo necesidad de formar empresas conjuntas con los embotelladores. Logró realizar la producción y la promoción "en casa".

Clearly Canadian está posicionada como un refresco puro y saludable. En sus anuncios aparecen montañas cubiertas de nieve y glaciales, y en el texto del anuncio pone de relieve su origen. Por ejemplo, en un folleto de ventas se dice: "Clearly Canadian nace en los manantiales glaciales vírgenes en lo más profundo de las tierras inexploradas de Canadá. La burbujeante agua mineral se encuentra entre el aire alpino puro y las encrespadas montañas, sin que en 30 millas a la redonda habite un solo ser humano y en cientos de millas no se encuentra industria alguna. Con todo, en un examen más detenido pueden surgir dudas acerca de esas afirmaciones. La etiqueta de una botella de 650 mililitros indica que el producto contienen 110 calorías, lo cual lo asemeja más a un refresco que al agua, y el agua para la elaboración de Clearly Canadian que se vende en la costa oriental proviene de un manantial de Thornton (Ontario), apenas a 5 millas de la ciudad industrial de Barrie y a muchas millas del glacial más cercano.[39]

1. ¿De qué factores depende el futuro de Clearly Canadian?
2. En su opinión, ¿cómo reaccionarían los consumidores si conocieran la diferencia entre lo que afirma el mensaje promocional de la compañía y la fuente real de su agua?

■ TÉRMINOS Y CONCEPTOS BÁSICOS

Criterio para evaluar el desempeño (790)
Críticas contra marketing (791)
Respuestas a los problemas del marketing (795)
Consumerismo (796)
Ética (800)
Razones prácticas para observar una conducta ética (801)
Responsabilidad social (802)
Marketing ecológico (808)
Fragmentación del mercado (810)
Marketing de nichos (810)
Reconsumo (814)
Descuento comercial (815)

■ PREGUNTAS Y PROBLEMAS

1. ¿Podemos rechazar todas las críticas contra el marketing alegando que los que las hacen no están bien informados o bien que buscan sus propios intereses?
2. ¿Qué nos indica que los intermediarios obtienen utilidades razonables?
3. Algunos piensan que hay muchos restaurantes de comida rápida en sus comunidades. ¿Hay un método para reducir su número que, a la vez, satisfaga las necesidades de todos los afectados?
4. Conteste las siguientes críticas contra la publicidad:
   a. Cuesta demasiado.
   b. Es de mal gusto.
   c. Es falsa y engañosa.
   d. Origina monopolios.
5. ¿Qué propuestas tiene para regular la publicidad y reducir el número de mensajes falsos o engañosos?
6. ¿Qué recomendaciones daría para disminuir el costo de la publicidad?
7. ¿Cuáles son las justificaciones socioeconómicas de las leyes "paternalistas" como las regulaciones referentes a los cinturones de seguridad y los avisos en los paquetes de cigarros y en los contenedores de las bebidas alcohólicas?
8. ¿Cómo rebatiría el argumento de que la redención fraudulenta de cupones no es más otro costo de la realización de operaciones?
9. ¿Qué podría impedir que las organizaciones adopten los cambios estratégicos descritos en el capítulo y que son necesarios para competir ventajosamente en el futuro?

■ APLICACIÓN AL MARKETING

1. Examine los siguientes productos y operaciones:
   a. Un empaque de alimentos.
   b. Un manual de una herramienta eléctrica para el usuario.
   c. Un alquiler de departamentos.
   d. Una solicitud para obtener una tarjeta de crédito.
   ¿Qué información contiene cada uno de estos productos que podría servirle a los consumidores para tomar una decisión de compra? ¿Con qué grado de claridad se presenta la información? ¿Qué información adicional sería útil en cada caso?
2. Pregunte a los gerentes de tres compañías de la misma industria:
   a. Qué cambios prevén que ejercerán el mayor impacto en el marketing dentro de su industria durante los próximos 5 años.
   b. Cómo piensan que la industria debería responder a dichos cambios.

Evaluación y perspectivas del marketing

■ NOTAS Y REFERENCIAS

1. Jon Berry, "Fruit Juice Mineral Waters Rolling Out", *Adweek's Marketing Week*, 23 de febrero, 1987, p. 3; Judith D. Schwartz, "Clearly Canadian's Unconventional Hit", *Adweek's Marketing Week*, 14 de octubre, 1991, pp. 22-23; Valerie Reitman, "Transparent Brands Are Clearly Trendy", *The Wall Street Journal*, 21 de mayo, 1992, p. B1; "Coca-Cola May Be Testing New Clear Cola Beverage", *The Wall Street Journal*, 3 de septiembre, 1992, p. B8; "Fresca's New Look", *Adweek's Marketing Week*, 20 de enero, 1992, p. 44.

2. Betsy Morris y Peter Waldman, "The Death of Premier", *The Wall Street Journal*, 10 de marzo, 1989, p. A1.

3. Julia Flynn, Christina Del Valle y Russell Mitchell, "¿Did Sears Take Other Customers for a Ride?", *Business Week*, 3 de agosto, 1992, pp. 24-25.

4. "P&G Cuts Juice Line to Focus on Fruit Drink", *The South Bend Tribune*, 18 de septiembre, 1992, p. D1.

5. Professor Claims Corporations Waste Billions on Advertising", *Marketing News*, 6 de julio, 1992, p. 5.

6. Alexis M. Freedman, "Fire Power: A Single Family Makes Many of Cheap Pistols That Saturate Cities", *The Wall Street Journal*, 28 de febrero, 1992, pp. A1+.

7. Robert J. Corey y Paula Fitzgerald Bone, "Ethical Packaging: A Call for Research", *The Journal of Marketing Management*, verano de 1992, pp. 44-54.

8. Puede leer el pasado, presente y futuro de la Federal Trade Commission en Patrick E. Murphy y William L. Wilkie, *Marketing and Advertising Regulation: The Federal Trade Commission in the 1990s*, University of Notre Dame Press, Notre Dame, IN, 1990.

9. "Campbell to List Sodium Content on Its Soup Ads", *Marketing News*, 29 de abril, 1991, p. 7.

10. "Cigarette Ads Skewered as Manipulating Women", *The New York Times*, 6 de septiembre, 1992, p. 40L.

11. David Kiley, "Will Environmental Reform Clear the Air of Cynicism?" *Adweek's Marketing Week*, 12 de marzo, 1990, p. 2.

12. Laurie Freeman, "Procter & Gamble Zeros In on Green", *American Demographics*, julio de 1991, p. 16.

13. Judith Waldrop, "Educating the Consumer", *American Demographics*, septiembre de 1991, pp. 44-47.

14. Laura Bird, "McDonald's Slates Nutrition-Advice Spot", *The Wall Street Journal*, 23 de septiembre, 1992, p. B8.

15. Betsy Weisendanger, "Significant Trends: Doing the Right Thing", *Sales & Marketing Management*, marzo de 1991, pp. 82-83.

16. Mary L. Nicastro, "Infuse Business Ethics into Marketing Curriculum", *Marketing Educator*, invierno de 1992, pp. 1+.

17. Richard Louv, "Clothing Firm and Innovative Model for Fostering Volunteer Esprit de Corps", *The San Diego Union*, 22 de septiembre, 1991, p. A2.

18. Geraldine E. Willigan, "High Performance Marketing: An Interview with Nike's Phil Knight", *Harvard Business Review*, julio-agosto, 1992, pp. 91-101.

19. Junda Woo, "Most States Now Have Laws Permitting Stores to Impose Civil Fines on Shoplifters", *The Wall Street Journal*, 9 de septiembre, 1992, pp. B1+.

20. Las tendencias aquí mencionadas se recopilaron de muchas fuentes y aparecen en "The 189 Most Important Trens for the 1990s", *Research Alert*, Alert Publishing, Long Island City, NY, 1990.

21. Jon Berry, "The Population Is Taking Off Again, Here's What You Need to Know", *Brandweek*, 7 de diciembre, 1992, p. 14.

22. Laura Zinn, Christopher Power, Dori Jones Yang y David Ross, "Move Over, Boomers", *Business Week*, 14 de diciembre, 1992, pp. 74-82.

23. John Stover, "The Latest Figures on World Population Growth", *Challenge*, julio-agosto de 1989, p. 56.

24. "The Question Rio Forgot", *Economist*, 30 de mayo, 1992, pp. 11-12.

25. Los ejemplos se adaptaron de Ken Dychtwald y Greg Gable, "Portrait of a Changing Consumer", *Business Horizons*, enero-febrero de 1990, pp. 62-73.

26. Randolph B. Smith, "Environmentalists, State Officers See Red as Firms Rush to Market 'Green' Products", *The Wall Street Journal*, 13 de marzo, 1990, pp. B1+.

27. "L'eggs to Scarp Plastic 'Egg' Package", *Marketing News*, 19 de agosto, 1991, p. 20.

28. Alecia Swasy, "Color Us Green", *The Wall Street Journal*, 22 de marzo, 1991, p. B4.

29. Ibíd.

30. Michael J. McCarthy, "Marketers Zero In on the Customers", *The Wall Street Journal*, 18 de marzo, 1991, p. B1.

31. Algunos de los siguientes puntos se adaptaron de David W. Cravens, "Marketing Management's Future Challenges", *Journal*

of Marketing Management, otoño de 1991, pp. 1-10.

32. Willigan, loc. cit.

33. William J. Holstein y Kevin Kelly, "Little Companies, Big Exports", *Business Week*, 13 de abril, 1992, pp. 70-72.

34. Joseph B. White, Gregory A. Patterson y Paul Ingrassia, "Long Road Ahead: American Auto Makers Need Major Overhaul to Match the Japanese", *The Wall Street Journal*, 10 de enero, 1992, pp. A1+.

35. Si desea más información sobre los orígenes del movimiento de la calidad, consulte a Mary Walton, *The Deming Management Method*, Perigee Books, Nueva York, 1986; Joseph M. Juran, ed., *Quality Control Handbook*, McGraw-Hill, Nueva York, 1974; Philip Crosby, *Quality is Free*, New American Library, Nueva York, 1979; Robert Jacobson y David A. Aaker, "The Strategic Role of Product Quality", *Journal of Marketing*, octubre de 1987, pp. 26-43.

36. Jay Mathews y Peter Katel, "The Cost of Quality", *Newsweek*, 7 de septiembre, 1992, pp. 48-49.

37. Sandra Vandermerwe y Michael Oliff, "Corporate Challenges for an Age of Reconsumption", *Columbia Journal of World Business*, otoño de 1991, pp. 23-28.

38. Patricia Sellers, "The Dumbest Marketing Ploy", *Fortune*, 5 de octubre, 1992, pp. 88-94.

39. Gretchen Morgenson, "Clearly Fuzzy", *Forbes*, 11 de noviembre, 1991, p. 132.

CASOS DE LA PARTE 8

CASO 1 Sears, Roebuck & Company

PLANEACIÓN E IMPLEMENTACIÓN DE UN MEJOR REPOSICIONAMIENTO

Al parecer, por lo menos cada diez años Sears, Roebuck & Co. emprende una reestructuración global de su organización. La correspondiente a la década de 1900 ya se inició bajo la guía de su presidente Edward Brennan y Arthur Martinez, jefe del grupo de marketing masivo. La compañía trabaja febrilmente para formular una directriz que promueve el éxito en el marketing y que no sólo genera ganancias estables durante el resto de la década, sino que además le permite recobrar su posición hegemónica. Probablemente Brennan y Martinez se conformen con lograr mayores ingresos y estén dispuestos a sacrificar su posición de preeminencia.

La última reestructuración de Sears se realizó después de la tibia respuesta de los consumidores a sus actividades relacionadas con la venta de bienes; de hecho se debió a ella. Es intensa la presión ejercida sobre la gigantesca cadena y sus ejecutivos para que diseñasen mejores estrategia de marketing, ya que el desempeño financiero de ella ha sido mediocre en los últimos años.

Primeros cambios estratégicos

Tradicionalmente las tiendas de Sears se concentraban en los "estadounidenses de clase media" y este sector de la población mostraba una gran lealtad hacia ella. La compañía también contaba con una enorme y próspera división de venta por catálogo. Durante años fue la cadena más grande del mundo y sus ganancias eran grandes.

Con el tiempo se fue diversificando. Además de tiendas al detalle incluía otras empresas bien conocidas: Allstate Insurance, servicios financieros Dean Witter y bienes raíces Coldwell Banker. En términos generales, sus incursiones en otros mercados fueron rentables. De hecho, Allstate aportó más de la mitad de las ganancias de la corporación en 1988. Asimismo obtuvo un éxito creciente su tarjeta de crédito Discover, lanzada al mercado en 1985.

A fines de la década de 1980, Sears era gigantesca pero luchaba a brazo partido. Sus ventas rebasaron los $50 000 millones de dólares, el 60% de los cuales provenía de la venta al detalle (ventas por catálogo y 825 tiendas distribuidas a lo largo de Estados Unidos). Sin embargo, sus actividades de venta al menudeo mostraban un crecimiento cada vez más lento; disminuían la lealtad de los clientes y la participación en el mercado. Básicamente, se encontraba bajo la presión de tres tipos primarios de competencia: cadenas de tiendas de descuento, como Kmart y Wal-Mart; nuevas cadenas de tiendas de especialidades, como The Limited, Circuit City y Toys "R" Us, y otras cadenas de tiendas de departamentos como J. C. Penney, Montgomery Ward, Dayton Hudston y May Company. Con el tiempo las tiendas de departamentos habían mejorado su imagen, concentrándose en mercancías orientadas a la moda y en algunas líneas de mercancía pesada (por ejemplo, aparatos electrónicos y electrodomésticos).

Sears trató de fortalecer la posición competitiva de sus tiendas. Primero reafirmó su orientación hacia el mercado general de la clase media. En seguida, emprendió varias estrategias para luchar con las tiendas de descuento, las de especialidades y las de departamentos. Dos de las estrategias —remozamiento de los establecimientos y un servicio amistoso— son indispensables para cualquier detallistas. Una tercera estrategia suponía agregar marcas de fabricantes muy conocidos: Sony, Levi's, RCA, OshKosh B'Gosh y General Electric. Con ella rompía con la tradición de vender exclusivamente sus marcas privadas, como electrodomésticos Kenmore, herramientas Craftsman y baterías DieHard.

Una cuarta estrategia, llamada "precios bajos todos los días", produjo mucha publicidad no pagada y controversias. A principios de 1989, Sears clausuró todas sus tiendas durante dos días y reetiquetó la mayor parte de la mercancía distribuyéndola en dos niveles: los precios "regulares" y "de oferta" cobradas previamente. Según Sears, a los consumidores muy atareados les beneficiarían los precios bajos todos los días, pues no tienen que ir de compras a varios establecimientos en busca de rebajas. Las ventas aumentaron considerablemente en los meses que siguieron al cambio de precios. Después, muchos consumidores parecían apáticos o confusos ante el nuevo enfoque. Conforme a un sondeo de opinión efectuado por *Advertising Age*/Gallup Organization, 64% de los clientes que opinaron pensaban que los precios bajos todos los días de Sears eran semejantes a los de otras tiendas, 14% los juzgó más altos y 21% los consideró más bajos. Luego del periodo introductorio de esta estrategia, las ventas se estancaron y decayeron las ganancias.

Reducción del número de tiendas y construcción de otras

Al iniciarse la década de 1990, Sears siguió buscando la estrategia correcta, aunque sin mucho éxito. De hecho, sufrió una fuerte pérdida en 1992. Por ello, durante un periodo de 6 meses a fines de 1992 y a principios de 1993, Brennan y Martínez prepararon un plan para cambiar la naturaleza fundamental de la corporación.

Su más reciente reestructuración contiene tres elementos fundamentales:

- La venta de sus unidades Coldwell Banker y Dean Witter. En lo esencial, Sears decidió que no tenía suficiente capital para brindarles apoyo al mismo tiempo que trataba de revitalizar sus tiendas. Es decir, en otras áreas era necesarios instituir estrategias de *invertir* en sus tiendas y en Allstate de *protegerlas*.
- El cierre de su enorme, pero poco rentable, división de ventas por catálogo. Aunque esta parte de Sears generaba más de $3 000 millones de ingresos anuales, no reportaba ganancias desde mediados de los años 80.
- Reconstruir sus cientos de establecimientos para convertirlos en cadenas de tiendas de departamentos con precios moderados, situadas en grandes centros comerciales equipadas con aire acondicionado.

Además de eliminar las instalaciones relacionadas con la división de ventas por catálogo, Sears tiene la intención de clausurar más de 100 tiendas, casi todas ellas ubicadas en el centro de las ciudades y no en centro comerciales. Difícilmente será sustituida por otras nuevas en un futuro cercano. Según lo expresa Martínez: "Es más importante aumentar el movimiento en las tiendas que quedan que el número de establecimientos".

De acuerdo con el plan, el personal de la compañía será reducido por lo menos a 50 000 empleados: 15% del total. Más aún, sus ventas disminuirán (circunstancia temporal, según las previsiones) casi un 10% del total. Con todo, se supone que los cambios —sobre todo la reducción de la cantidad de empleados y de la deuda— aumentarán las ganancias hasta en $300 millones.

Búsqueda de una ventaja para las tiendas

El éxito del plan más reciente depende de que Sears alcance —y luego defienda eficazmente— una fuerte posición competitiva para sus tiendas de departamentos. Ante todo, éstas deben obtener un nivel más alto de ventas y utilidades, que además

creen lealtad entre los clientes y luego que satisfagan repetidamente sus necesidades. Para conseguirlo se han invertido $4 000 millones de dólares.

Antes de elaborar su plan, Sears reconoció varios puntos:

- No podía reducir sus costos lo suficiente y dar precios lo suficientemente bajos para competir eficazmente con cadenas como Kmart y Wal-Mart. Tampoco podía esperar mejorar su mezcla de marketing y su imagen lo bastante como para luchar exitosamente contra tiendas de departamentos tan elegantes como Nordstrom y Lord & Taylor.
- La mayor parte de las tiendas se hallan en centros comerciales donde tienen una excelente ubicación. Aun cuando estos centros ya no gozan de tanta aceptación entre el público como antaño, siguen siendo el principal lugar para ir de compras. Más aún, no sería práctico que Sears los abandonara. En general, los establecimientos tienen contratos de arrendamiento a largo plazo. Por lo demás, ¿dónde podrían encontrarse cientos de ubicaciones tan idóneas?
- Durante muchos años Sears ha tenido mayor proporción de clientes de sexo masculino, casi 50% del total, que el resto de las tiendas de departamentos en las cuales el 70% de los clientes son mujeres. Dado que las mujeres compran más que los varones, la compañía admitió la necesidad de atraer una mayor cantidad de este segmento de la población.
- Los jóvenes con ingresos relativamente altos prefieren Sears para comprar mercancía pesada (electrodomésticos y aparatos electrónicos, por ejemplo), pero generalmente no acuden a ella cuando desean adquirir mercancía ligera (ropa y artículos para la cama). Por el contrario, las personas mayores de ingresos modestos prefieren Sears para hacer todas sus compras en un sólo viaje, tanto cuando desean adquirir mercancía pesada como ligera.
- La mayor parte de las mujeres estadounidenses son empleadas, de modo que destinan una parte importante de su ingreso a la ropa que necesitan para trabajar.

Conforme a lo establecido en su plan estratégico más reciente, Sears ha definido claramente su mercado meta. Se concentrará primordialmente en las mujeres que trabajan, de 35 a 64 años de edad, que tienen un ingreso anual entre $15 000 y $45 000 y que realizan normalmente sus compras en los centros comerciales. En lo esencial, este perfil corresponde a las características que durante años han mostrado sus clientas más leales.

Al dirigirse a este mercado meta, compite directamente con otras tiendas de departamentos, en especial con Penney's, Dillard's y varias divisiones de May Company (Famous-Barr, Robinson's, etc.). Si quiere tener éxito habrá de quitarles algunos de sus clientes.

Como parte de este plan, Sears ha empezado a remozar sus tiendas. Entre los cambios figuran una decoración modernizada, una mejor iluminación, letreros más legibles y pasillos más amplios. Se están efectuando renovaciones mercado por mercado. Todas las tiendas de un mercado determinado (digamos, el área metropolitana de Nueva York) se remodelan de inmediato y luego se pasa a otro y así sucesivamente.

Sin embargo, las tiendas renovadas tal vez no produzcan más ventas. Conforme a los estudios realizados por Tactical Retail Solutions Incorporated, las ventas tienden a crecer apenas 1% después de un remozamiento de la tienda. Pero Sears no tiene más remedio que continuar las renovaciones, porque esos mismos estudios indican que las instalaciones obsoletas con el tiempo hacen mermar las ventas.

Sears también ha reformulado sus políticas relativas al uso del presupuesto del marketing. En particular, están destinando más dinero a dos finalidades: crear la equidad de la marca Sears y dar mayor impulso a determinadas líneas de productos.

Durante años a Sears se le conocía principalmente por productos como las baterías DieHard, los electrodomésticos Kenmore, las herramientas Craftsman y la pintura Weatherbeater. Ahora, gracias a su nuevo plan, se presta mayor atención a otras líneas de productos, especialmente los de belleza (cosméticos y perfumes), ropa y productos para el hogar (ropa de cama, artículos para el hogar y para decoración). Por ejemplo, destina mayor espacio (asignado anteriormente a recepción de pedidos por catálogo o a departamentos de muebles) a la ropa, especialmente la ropa para dama. De ese modo, confía lograr que la ropa genere el 40% de las ventas totales, aumento considerable en comparación con el 27% logrado en 1992.

En la jerga de la venta al menudeo, decimos que Sears está realizando la transición de mercancía pesada a mercancía ligera. Al hacerlo, busca atraer más compradoras, mejorar su imagen y crear márgenes de utilidad. En palabras de un observador: "Finalmente Sears se dio cuenta de que no puede ganar mucho con mercancía pesada en nuestra economía. En el comercio al menudeo las ganancias provienen de las categorías de mercancía ligera".

No es fácil rediseñar una mezcla de mercancía para una cadena de tiendas. A manera de ejemplo, examinemos el reto que afronta Sears al concentrarse en cosméticos y perfumes. A principios de 1993, esta línea de productos se encontraba apenas en 2% de sus establecimientos. Ahora quiere que las tiendas obtengan más de una décima parte de sus ingresos de esta área, meta realmente ambiciosa. Sears piensa que se trata una meta realista, porque los clientes aprecian la comodidad de realizar sus compras en un solo viaje. Es decir, pueden adquirir buenas marcas de cosméticos y perfumes al mismo tiempo que otros productos.

Vender productos de belleza es uno de los aspectos más complejos de operar una tienda. En comparación con otras áreas de la tienda, debe haber relaciones de trabajo muy estrechas entre el detallista y los fabricantes. Más aún, hacen falta muchos vendedores bien capacitados, que a menudo reciben su sueldo de los fabricantes (por lo menos en parte).

De hecho, Sears ha tenido poca suerte con los productos de belleza. Luego de alcanzar ventas por $125 millones en los años 70 y luego verlas disminuir en más del 50%, a mediados de los años 80 los eliminó prácticamente en todos sus establecimientos.

Otras cadenas de tiendas de departamentos también han tenido éxitos y fracasos en esta línea de productos. En un extremo encontramos a Mervyn's, cuyo mercado meta es semejante al de Sears. A principios de 1993, sus tiendas dejaron de vender productos de belleza por no poder competir eficazmente con los precios más bajos de los competidores, ni con el ambiente y marcas de mayor calidad que ofrecían. En el otro extremo hallamos a Penney's que ha tenido éxito con marcas como Fernand Aubri y Chanel. Evidentemente Sears confía emular a Penney's y atraer a sus clientes por medio del departamento de productos de belleza.

Hay gente que apoya el plan más reciente de Sears, aunque tampoco falta quienes lo rechazan. Generalmente todo mundo coincide en que está tratando de realizar lo mismo que hizo Penney's hace cerca de 10 años. Al respecto un consultor asegura que todo marcha bien: "En el mercado hay cabida para otro detallista del tipo de J. C. Penney..".

Otros que trabajan en el comercio al menudeo se preguntan si el plan de Sears llega demasiado tarde para poder tener éxito. En opinión de otro consultor: ". . . No creo que Sears lo logre, pues no es nada fácil llevar a cabo un reposicionamiento tan importante como el que ha emprendido".

PREGUNTAS

1. ¿Cuál es la opción más factible para Sears si quiere acrecentar sus ingresos: aumentar las ventas a fin de tener una base

más grande para repartir sus gastos fijos, reducir los costos de operación o modificar su mezcla de mercancía para ofrecer líneas de productos con mayores márgenes de utilidad?
2. ¿Corresponde el más reciente plan estratégico de Sears a las principales tendencias de la demografía, los valores y la información de mercado que se explicaron en el capítulo 22?
3. ¿Con el plan estratégico de Sears podrán las tiendas de departamento obtener una ventaja diferencial sobre J. C. Penney, algunas divisiones de May Company y otros competidores importantes?

Fuentes: Gregory A. Patterson, "Sears's Makeover into a Department Store Calls for Enhancing the Role of Cosmetics", *The Wall Street Journal,* 9 de abril de 1993, p. B1; Stephanie Strom, "Sears to Spend $4 Billion to Remake Itself as Retailer", *The New York Times,* 12 de febrero, 1993, pp. D1, D15; Kate Fitzgerald, "Sears to Retool Its Image", *Advertising Age,* 1 de febrero, 1993, pp. 1, 36; John Schmeltzer, "Searching for Daylight at the Malls", *Chicago Tribune,* 31 de febrero, 1993, sección 7, pp. 1, 16; Nancy Ryan, "Age Gap, Not Just Stores Need Closing", *Chicago Tribune,* 31 de enero, 1993, sección 7, pp. 1, 6; Gregory A. Patterson, "Sears Will Re-Establish Base in Malls, Target Middle-of-the Road Merchants", *The Wall Street Journal,* 27 de enero, 1993, p. A8; Kate Fitzgerald, "Sears' Plan on the Ropes", *Advertising Age,* 8 de enero, 1990, pp. 1, 42; Michael J. McDermott, "Can the Big Store Be Fixed?" *Adweek's Marketing Week,* 30 de octubre, 1989, p. 2; y Brian Bremmer y Michael Oneal, "The Big Store's Big Trauma", *Business Week,* 10 de julio 1989, pp. 50-51.

CASO 2 TAESA

ADMINISTRACIÓN DE LA ESTRATEGIA DE MARKETING

En los últimos cinco años, la aviación comercial en el mundo ha perdido casi todo el dinero ganado desde que el primer pasajero voló en esa forma en 1914.

En México, como en el resto del mundo, los gigantes de la aviación primero que nada están tratando de protegerse mediante el establecimiento de rigurosos programas de control de costos; congelamiento de plazas, negociación con sindicatos por nuevos niveles de productividad, reprogramación permanente de rutas, vuelos y tamaños de aviones, y disminución de comisiones a las agencias de viajes son tan sólo algunas de las acciones implantadas para superar la "turbulencia", que parece ser ya parte del nuevo medio ambiente de negocios de la aviación comercial.

Las líneas aéreas que están logrando "capotear el temporal" ahora están girando hacia el mercado y están implantando programas verdaderamente agresivos tanto para retener a sus clientes, como para atraer a los viajeros que antes no solían usar el avión como medio de transporte. Lo mejor del primer objetivo son los programas de viajero frecuente instalados ya por todas las aerolíneas para conservar la lealtad. Y para el segundo objetivo parece que la aerolínea que más ha destacado en este sentido en los últimos años es Transportes Aéreos Ejecutivos, S.A. de C.V. (TAESA).

Durante su corta existencia, TAESA ha experimentado un crecimiento sin precedentes en la historia de la aviación en México. Su estrategia de promociones constantes y sus novedosos sistemas de ventas le han llevado a obtener en tan sólo cuatro años un 27% del mercado que antes pertenecía a aerolíneas con más de 50 años de experiencia. Mucho del éxito de esta empresa se basa en su fuerza de ventas, tan diversa y diferente con respecto a las demás, pero siempre ajustada a las condiciones del entorno.

Esta empresa nació en 1991, los estudios iniciales detectaron el mercado potencial al que debía dirigirse la nueva aerolínea: las clases media y popular, misma que representa más del 72% de la población en México, los cuales, hasta la fundación de TAESA, no habían usado el avión, pero sí otros medios de transporte como el autobús de lujo, con precios similares. Para atraer este mercado, TAESA ha venido respaldando sus promociones con la promesa del menor precio que se paga "con TAESA le cuesta menos". La promoción: "viaje por TAESA, su acompañante viaja gratis" (otra forma de decir: 2 × 1) permitió que los aviones registraran una venta de asientos superior al 90%. El programa de crédito "CREDITAESA" (el cliente paga un enganche y el resto en 12 mensualidades sin intereses, además de que no necesita aval y la aprobación tarda sólo 30 minutos), ha

---

Caso preparado por los catedráticos Jorge A. Espejo Callado y Laura Fischer de la Vega, Facultad de Contaduría y Administración, Universidad Nacional Autónoma de México.

sido tan exitoso que no sólo ha venido a apoyar las actividades de la fuerza de ventas sino también los esfuerzos realizados en tiendas de autoservicios, almacenes, agencias, etc. Otros dos programas como estrategias de ventas son:

- TAESA VIAJERO FRECUENTE, el cual, sin complicadas sumas de millas, kilómetros o puntos, otorga un boleto gratis por cada cinco usados por el mismo pasajero.
- MEMBRESÍA TAESA EMPRESARIAL, por medio del cual se otorga crédito preautorizado de inmediato a cualquier empleado de las compañías con las que TAESA celebre este tipo de convenio, otorgando un porcentaje de descuento en compras de contado dependiendo del volumen generado con cada empresa, ya sea global o individual.

Adicionalmente se ofrece TAESAEXPRESS, servicio de mensajería, paquetería y carga a 1200 poblaciones en México a precios inferiores a los de la competencia.

A continuación, se presentan en forma condensada y sencilla los métodos de distribución y venta que utiliza TAESA:

1. Fuerza interna de ventas. Son los vendedores que dentro de cada ciudad visitan y motivan a las diferentes agencias de viajes para que sus respectivos clientes compren boletaje de TAESA.

En la Ciudad de México se cuenta con una fuerza de ventas de 42 empleados para cubrir las casi 900 agencias de viajes que existen. Además, tienen que visitar empresas para hacer contratos de exclusividad, grupos o charters (vuelos contratados).

2. Agencias de viajes. TAESA motiva las ventas por medio de este sistema. Sin embargo, la presión de otras aerolíneas nacionales quienes amenazan a las agencias de viajes con retirarles su boletaje, en caso de sorprenderlas vendiendo boletos de TAESA. Esto debido, entre otras cosas, a lo siguiente:

- No les deja gran incentivo económico, pues a pesar de que TAESA ofrece un 15% de comisión, superior al 10% de otras empresas, el valor del boleto es tan bajo que el aumento en el porcentaje no es suficiente para terminar satisfecho.
- TAESA no es partidaria de organizar *fam trips* a nivel grupal, que son viajes gratis para los agentes, puesto que prefiere los reconocimientos individuales otorgando viajes gratis, beneficios y reconocimientos, según la productividad de cada persona, ya que en caso de los grupos, es difícil tener un control absoluto sobre todos los participantes, siendo el beneficio relativo.

Ante este problema que representó la disminución de ventas, dado que TAESA dependía en un 100% de las agencias que de viajes (sólo tenía dos oficinas propias para vender boletos, actualmente suman 28 sólo en el D.F.), se tuvieron que buscar nuevas opciones para vender.

3. Tiendas Elektra. Se firmó un acuerdo con esta cadena de tiendas de enseres domésticos, por medio del cual un representante de ventas de TAESA, vende boletos de avión en un módulo que la aerolínea colocó en cada una de las tiendas.

4. DHL. En la búsqueda de nuevos canales de venta la empresa se encontró con la fuerza de ventas de DHL. Son vendedores elegidos dentro del sistema de franquicia. Existen logotipos de TAESA junto con los de DHL afuera de cada uno de estos puntos de venta. DHL representa cerca del 15% de las ventas en la Ciudad de México (equiparable al 15% que se vende directamente en el aeropuerto).

5. Supermercados y centros comerciales. Se firmó otra alianza estratégica, esta vez con varios centros comerciales de todo el país, donde el viajero puede encontrar un módulo donde se venden boletos con CREDITAESA y al contado. Los empleados de los módulos dependen de TAESA directamente. Algunos centros comerciales de los que cuentan con este sistema son:

- Comercial Mexicana.
- Aurrerá, Superama, Wal Mart.
- Gigante.
- Soriana.
- Computel.

De igual manera, TAESA acondicionó cinco aviones JetStar, completamente depreciados, como oficinas de boletos, los cuales son colocados en centros comerciales importantes de la capital y próximamente lo estarán en algunas ciudades de provincia. Estos aviones aparte de funcionar como oficina de venta de boletos, tienen arreglada la cabina de pilotos con sonidos e imágenes, para que los niños puedan disfrutar de un vuelo simulado; esto ha representado un éxito rotundo.

6. Aeropuerto. En el aeropuerto y en las oficinas de TAESA la labor de ventas al consumidor final es muy importante. En el aerpuerto el vendedor debe tener buen trato y paciencia ya que atiende a pasajeros desesperados que llegaron a último minuto a comprar su boleto y a pasajeros prepotentes que se consideran con ventajas sobre los demás, por su nerviosismo de salir pronto en el primer vuelo disponible. Por lo tanto, sólo se seleccionan empleados con cierta experiencia y no cualquiera puede ocupar estos puestos.

7. Comisionistas. Los comisionistas son el elemento de ventas más novedoso dentro de TAESA, como en muchas empresas que emplean este medio. Amas de casa, estudiantes y empleados de niveles medios y bajos de empresas públicas y privadas, cuya actividad de venta de boletos no interfiere con sus obligaciones laborales cotidianas y, en cambio les da la oportunidad de obtener un ingreso extra dedicándose a la venta de boletos de "particular a particular", lo que es muy novedoso para una línea aérea en México. Por otra parte, la empresa no tuvo que invertir mucho dinero, ya que sólo se hizo en lo referente a capacitación, pero no en oficinas, uniformes, líneas telefónicas, etcétera.

El plan de comisionistas recién inicia y por ahora se cuenta con 900. La empresa ha puesto especial empeño a este proyecto donde la principal motivación para la venta es la comisión que da por cada boleto vendido.

8. SISTEMA DE TRANSPORTE COLECTIVO-METRO. A finales de 1995, TAESA inició investigaciones de mercado para determinar la factibilidad de abrir puntos de venta dentro de las principales estaciones del Sistema de Transporte Colectivo (Metro) de la ciudad de México. Lo anterior a raíz de que se determinó que un alto porcentaje de sus pasajeros actuales utiliza este sistema como medio de transporte en la ciudad de México.

PREGUNTAS

1. Determine cuáles son las fuerzas y debilidades de cada uno de los canales de venta de TAESA.
2. Proponga nuevos modelos de distribución y venta para la aviación comercial.
3. ¿Cree usted que los vendedores tradicionales estén a punto de entrar al ocaso en la industria de la aviación comercial?
4. ¿Cuál ha sido la estrategia comercial de TAESA?
5. ¿Qué efectos ha traído la publicidad a TAESA?

CASO 3 Zapatos tenis (sneakers)

¿A DÓNDE VA LA INDUSTRIA?

En Estados Unidos, los zapatos tenis (*sneakers*) representan un mercado de cerca de $6 000 millones. Y tras varios años de un crecimiento anual de más del 20%, las ventas prácticamente han quedado estancadas. Por ello, los ejecutivos de todas las compañías que se dedican a este producto —Nike, Reebok, L. A. Gear y otras— se preguntan qué estrategias de marketing deberán utilizar para afrontar las condiciones del mercado que empiezan a aparecer a mediados de la década de 1990.

Historia reciente de los zapatos tenis

¿Qué ha sucedido con los zapatos tenis? Para entender la industria debemos observar detenidamente lo que ocurrió en los últimos 25 años. En los años 60 se compraban para practicar algún deporte. Converse vendía sus Chuck Taylor All-Stars para practicar el basketball, los Keds se usaban para diversas actividades y unos cuantos fabricantes producían zapatos especializados para pista y campo y para deportes que se practican en campos de juego.

Y luego las cosas cambiaron en la década de 1970. Apareció un fuerte movimiento en favor del condicionamiento físico y para fomentar la salud entre los adultos, el cual cobró fuerte impulso en esa década. El jogging y correr se volvieron muy populares, sobre todo en el numeroso mercado de personas de 20 a 30 años y de 30 a 40 años. Los maratones (carrera de 26.2 millas), antes deporte exclusivo de unos cuantos atletas, se convirtió en la meta de muchísimos. Las carreras de fines de semana y las organizadas para recaudar fondos destinados a obras de caridad se volvieron comunes en los pueblos y ciudades de Estados Unidos. Parecía como si todo mundo corriera o, al menos, usara los zapatos tenis. Este tipo de calzado se convirtió en una auténtica moda, y entonces empezó la carrera entre los fabricantes.

Una encuesta aplicada por Sporting Goods Manufacturers a fines de la década de 1980 reveló que más del 90% de la población estadounidense tiene al menos un par de zapatos deportivos y más de 70% compra un nuevo par cada año. De acuerdo con la investigación del mercado, existen cuatro segmentos primarios de consumidores:

- Los prácticos: personas a quienes interesan sobre todo la economía, la comodidad y la durabilidad (30%).
- Los que buscan ante todo el desempeño: personas que se centran en la competencia y en el rendimiento deportivo, sobre todo adultos jóvenes de sexo masculino (30%).
- Los que buscan lo elegante: personas a quienes interesan el estilo, el color y la armonía con la ropa (25%).
- Líderes de la moda: desean crear una tendencia, ser los primeros en comprar (15%).

Veamos ahora de qué manera los grandes competidores —Nike, Reebok y L. A. Gear— enfocaron el mercado.

Orientación hacia el marketing (la campaña "Just Do It")

En 1964 Phil Knight y su ex entrenador de la University of Oregon, Bill Bowerman, fundaron Blue Ribbon Sports para distribuir en Estados Unidos una marca de zapatos para correr fabricados en Japón. Al cabo de algunos años crearon Nike, convencidos de que podían diseñar un zapato de calidad superior para los corredores profesionales. El nombre de la compañía lo tomaron de la mitología griega, en la cual Nike es la diosa de la victoria y el mensajero de los altos directivos: Zeus y Atenea.

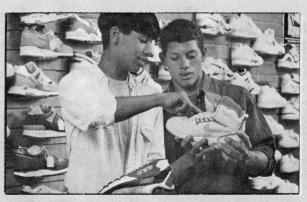

En un principio Nike se centró en zapatos para correr con una filosofía orientada hacia el producto. Se pensaba que con un producto bien diseñado y de mejor rendimiento se crearía un mercado propio. De hecho, el programa inicial de marketing consistía en que Knight persuadiera a varios corredores norteamericanos de larga distancia para que usaran el nuevo zapato. Nike se valió de la técnica testimonial, recurriendo a un tipo de influencia del grupo de referencia que hoy usan en gran escala la mayor parte de los fabricantes de equipo deportivo.

La estrategia dio resultado pues no había una competencia significativa. Nike creció rápidamente y en poco tiempo estaba fabricando zapatos para otros deportes. En 1976 las ventas fueron de $14 millones de dólares; en los siguientes 5 años las ventas y las ganancias crecieron más del 75% anual. El principal factor que contribuyó a su éxito fue un cambio de moda. Los tenis deportivos, o *sneakers*, se convirtieron en un objeto común en el guardarropa de las personas menores de 25 años. A principios de los años 80, 80% de los zapatos deportivos se empleaban fundamentalmente para actividades no vinculadas al deporte.

Pero dos hechos acaecidos en la década de 1980 hicieron que Nike reconsiderara su estrategia:

- Una extensión poco feliz de su línea de productos. Previendo que la industria de los zapatos para correr pronto dejaría de crecer, los directivos comenzaron a buscar otras opciones. La gente a menudo usaba sus zapatos para correr con otros fines, por lo cual Nike supuso que había un mercado para un zapato destinado a otros usos que llevara su marca. Por desgracia, al diseñarlo no tuvieron en cuenta la moda. De ahí el fracaso del producto que fabricó Nike: un zapato informal funcional que les pareció feo a los usuarios.
- No tener en cuenta el auge de los aerobics. Cuando la compañía finalmente respondió a la demanda de un zapatos diseñado para practicar aerobics, aplicó la técnica de diseñar un zapato fuerte que era muy funcional pero poco atractivo.

Los dos errores anteriores, combinados con el éxito de la competencia, hicieron que Nike perdiera participación en el mercado: en 1980 tenía el 50% y en 1986 tuvo apenas el 22%. Para amortiguar el golpe, los directivos determinaron que era necesario orientarse hacia el marketing. Aunque la funcionalidad siguió siendo el elemento central de su estrategia, se prestó más atención a lo que el público quería en cuanto a aspecto, estilo e imagen. De acuerdo con Phil Knight: "Hemos llegado a la conclusión de que Nike es una compañía orientada hacia el marketing... Los elementos de diseño y las características funcionales del producto son simplemente una parte del proceso global del marketing".

Y esta nueva orientación se refleja con toda su intensidad en la evolución de la "tecnología del aire". En 1979 Nike lanzó un zapato con un saco de aire en el talón para que sirviera de amortiguador de golpes. En los años siguientes, la tecnología se perfeccionó y se incorporó a otros zapatos. En 1987 había 50 modelos de Nike provistos de sacos de aire, que generaban ventas por más de $40 millones. Sin embargo, la compañía pudo igualar esa cantidad con un solo zapato para correr cuando agregó una "ventana" al lado de la suela para hacer visible el saco de aire. ¿Por qué fue importante esa innovación? Nike se dio cuenta de que los usuarios quería ver la tecnología por la cual pagan un precio tan elevado y quería que también los demás la vieran.

Con una mayor sensibilidad ante el mercado, Nike previó la importancia de la categoría de los zapatos para basketball y obtuvo los servicios de Michael Jordan como el promotor. Después, en 1988, lanzó al mercado Air Jordans, zapato que combinaba un excelente rendimiento, estilo y publicidad muy atractiva. Se convirtió, pues, en la línea más exitosa de los zapatos deportivos.

En su publicidad Nike demostró que entendía los motivos del consumidor: los directores de películas como Spike Lee produjeron anuncios llamativos. La campaña publicitaria "Just Do It" (simplemente hazlo) se centraba en el deseo que todos tenemos de mejorar, cualquiera que sea nuestro nivel actual de desempeño. Y la campaña de anuncios "Bo Knows" ("Bo sabe"), en que aparecía Bo Jackson, combinaba eficazmente el humorismo con el diseño de grandes éxitos en una memorable serie de mensajes.

Finalmente Nike también se convirtió en el líder de la industria en la atención a los detallistas. Mejoró el tiempo de entrega, les proporcionó sistemas para llevar un mejor control de los inventarios e instaló una línea telefónica de 24 horas de servicio para ayudarles a resolver sus problemas. Gracias a ello, en la industria de artículos deportivos es la empresa con la más alta clasificación en la entrega oportuna y en la atención a los clientes.

Nike cambió su orientación al producto para orientarse tanto al producto como al cliente. Así ha recobrado el primer lugar entre los fabricantes de zapatos tenis con 30% del mercado y con ventas superiores a los $3.9 mil millones de dólares.

Zapatos inflables con bomba

Antes de 1980 Reebok era una compañía prácticamente desconocida en el mercado estadounidense de zapatos tenis. Era una sucursal de una empresa británica, J. W. Foster & Sons, que desde hacía más de 80 años fabricaba en Inglaterra zapatos deportivos de alta calidad. Paul Fireman, distribuidor muy emprendedor de equipo que se utilizaba al aire libre, observó los zapatos Reebok en una exposición internacional de productos deportivos y firmó como concesionario de la compañía. Aunque los primeros productos que Reebok introdujo en Estados Unidos eran zapatos para correr, en 1980 era evidente que Nike y otras empresas de tanto renombre como Adidas y Puma tenían el control de ese mercado. Fireman decidió, pues, buscar otras oportunidades. Y lo que descubrió fue un segmento descuidado y un mercado emergente.

Observó que nadie estaba fabricando un zapato de mujer cuyo color pudiera coordinarse con ropa deportiva. Todo lo contrario: la mayor parte de los zapatos estaban decorados con colores chillones y contrastantes para captar la atención. Segundo, una nueva actividad atlética llamada aerobics empezaba a ganar mucha popularidad, y ningún fabricante había diseñado zapatos especiales para practicarla. Ante estas dos magníficas oportunidades, Reebok produjo un zapato de piel suave con pinturas en pastel, que era menos durable pero más atractivo que las líneas deportivas de un precio muy elevado.

El zapato fue posicionado como especialmente hecho para practicar aerobics y fue promocionado directamente por los instructores de ese deporte. Tuvo magnífica acogida y las ventas a finales de 1983 fueron de $13 millones. Y esto no fue más que el inicio. Su comodidad y aspecto tan atractivo hicieron que se pusieran de moda. La compañía amplió la línea y en 1986 las ventas de este producto llegaron casi a $300 millones. Gracias a su renombre, Reebok empezó a fabricar líneas especializadas como tenis y *sneakers* para niños (Weeboks), ampliar sus esfuerzos en los zapatos para correr y penetrar en el mercado de zapatos para basketball que crecía rápidamente. Las ventas de zapatos Nike decayeron en el periodo comprendido entre 1985 y 1987 (de $625 a $597 millones); en cambio, las de Reebok crecieron de $300 a $990 millones.

En 1989 Reebok introdujo Pump, zapato que incorporaba un aparato para inflar y permitía al usuario obtener un ajuste perfecto. Nike fue la primera compañía en lanzar al mercado un zapato inflable, pero su versión requería una bomba desprendible. El zapato de Reebok combinaba la ventaja funcional de mayor comodidad con el valor psicológico de un mecanismo de bombeo muy visible en la lengua del zapato.

Para fortalecer su posición como marca de excelente rendimiento y de elegancia, en 1993 Reebok obtuvo los servicios del jugador de basketball Shaquille O'Neal con un contrato de $15 millones por 5 años. También reorientó sus esfuerzos hacia la ropa y los zapatos deportivos, vendiendo dos subsidiarias que había comprado en los años 80: Boston Whaler (botes de pesca) y Ellesse (fabricante italiano de artículos deportivos).

Fireman, que había superado a Nike en volumen de ventas sólo para verse rebasado nuevamente por ella, se fijó la meta de volver a superarla en 1995.

¿Elegancia o rendimiento?

L. A. Gear es una empresa pequeña en el mercado de *sneakers*. Es 20% menos del tamaño de Nike, pero ha ejercido profundo impacto en la industria. Fue creada por Robert Greenberg quien, después de incursionar en varios negocios (entre ellos las peluquerías y la fabricación de patines) se dedicó a los zapatos importados. No fue sino hasta 1985 cuando incluyó *sneakers* en su línea de calzado. Con ventas totales de poco menos de $11 millones, Greenberg decidió incorporar el "estilo de vida del sur de California" en los zapatos para mujeres de 9 a 17 años. Los zapatos tenían copetes de piel decorados con lentejuelas, orlas y piedras falsas de diamante; incluían además fotos de *surfers* (personas que practican el deporte de la tabla hawaiana), palmeras y playas. La línea tuvo un éxito inmediato y las ventas rebasaron los $220 millones en 1988.

Mientras que Nike y Reebok utilizaron el deporte como plataforma para sus actividades mercadológicas, L. A. Gear adoptó un posicionamiento diferente. Por ejemplo, sus anuncios impresos tendían más a aparecer en *Cosmopolitan* y *Glamour* que en *Sports Illustrated*. Y en tanto que el principal promotor de Nike (Michael Jordan) y el de Reebok (Shaquille O'Neal) son deportistas, L. A. Gear contrató a Michael Jackson.

Existe además una importante diferencia entre las tres compañías respecto a la distribución. La mayor parte de los detallistas de Nike y Reebok son tiendas que se especializan en zapatos deportivos; en cambio, L. A. Gear vende sobre todo a través de tiendas de departamentos y tiendas de calzado para dama.

Para aprovechar su popularidad, L. A. Gear empezó a vender estilos para caballeros y damas y zapatos especiales para muchos deportes. En 1990 sus ventas alcanzaron los $900 millones de dólares. Y entonces sobrevino la catástrofe. Disminuyó el crecimiento de las ventas de *sneakers*, y L. A. Gear había invertido muchísimo dinero en zapatos deportivos de mejoramiento del rendimiento que no tenían muy buena demanda. Entonces Nike la demandó porque supuestamente sus zapatos para basketball del modelo Catapult violaban la patente del diseño.

L. A. Gear afrontó también otros problemas. La línea de productos había aumentado a 400 estilos. Y como la compañía se orgullecía de surtir los pedidos a los detallistas en el plazo de una semana, tenía que conservar enormes inventarios. (El resto de la industria exige pedidos por anticipado.) Además, en 1989 Michael Jackson firmó un contrato por $20 millones para diseñar y promover una línea de zapatos, pero la relación de negocios se frustró. Lo único que la compañía obtuvo de Michael Jackson fue un comercial en que aparecía él.

En los primeros nueve meses de 1991, L. A. Gear tuvo pérdidas por $28 millones. Cuando tuvo problemas para pagar las facturas, los acreedores la obligaron a vender las acciones del control de la empresa a un grupo de inversionistas. Un nuevo equipo directivo sustituyó a Greenberg.

Los cambios introducidos por la nueva dirección fueron dos: reducción de la línea de productos a 150 estilos y la reorganización de la empresa en tres divisiones: línea de calzado informal, línea de calzado para niños y línea de zapatos deportivos. En la línea informal, los estilos son más conservadores y se basan menos en la moda. El objetivo es convencer a los usuarios y a los detallistas de que L. A. Gear es una compañía estable que elabora productos de calidad.

Competencia durante el crecimiento lento

Durante los años 80, el crecimiento del mercado de *sneakers* se vio impulsado por consumidores que gastaban generosamente su dinero y por un flujo constante de nuevos productos posicionados para varios usos deportivos que incorporaban además varias características y una publicidad costosa. Para poder realizar todo esto, los precios se elevaron hasta $170. Pero el mercado es veleidoso e impredecible. Examinemos los hechos siguientes:

- Una marca llamada British Knights tuvo gran demanda hasta que la insignia "BK" empezó a ser asociada a la violencia de las pandillas. A partir de ese momento las ventas decayeron de modo drástico.
- Air Jordan eran los zapatos deportivos de mayor venta antes que Michael Jordan se lastimara y permaneciera en la banca la mayor parte de la temporada de basketball. Mientras no jugó, las ventas de la línea disminuyeron muchísimo. Cuando volvió a la cancha, recuperaron sus niveles anteriores.
- Converse cambió el nombre de un nuevo zapato para basketball Run "N" Gun y lo sustituyó por Run "N" Slam, cuando los grupos comunitarios se quejaron de que el nombre original (término con el cual se describe un juego de ritmo rápido) pudiera incitar a la violencia entre los jóvenes.
- El zapato Saucony Jazz 3 000 recibió la clasificación de la mejor compra por parte de *Consumer Reports* e inmediatamente sus ventas se duplicaron. Como se trata de una empresa pequeña, los dirigentes temen no estar en condiciones de aprovechar la publicidad, una vez que haya pasado el impacto en las ventas a corto plazo.

Ahora el crecimiento se ha vuelto más lento: en 1991 apenas fue del 4% y desde ese año ha ido disminuyendo. ¿Cuál ha sido la respuesta de las compañías?

Nike, L. A. Gear y otras han vuelto a los aspectos básicos del negocio. Afirman que ya pasó la época del consumo conspicuo de *sneakers*. Los usuarios de los años 90 quieren ante todo rendimiento, calidad y valor. La tendencia se refleja en "Shoe Buyer's Guide de la revista *Running World*, donde se dice que en 1993 muchos fabricantes mejoraron la calidad del calzado y al mismo tiempo redujeron los precios hasta en un 20%. Nike, por ejemplo, empezó a producir adaptaciones de su Air Line con un intervalo de precios de $50. Y L. A. Gear está ajustando su mezcla de productos, de modo que el 80% de sus productos costarán entre $40 y $60 dólares.

Reebok adoptó una estrategia distinta. Incorporó dos nuevos diseños a su línea Pump: Insta-Pump y Pump Custom-Cushioning. Los zapatos contienen sacos llenos de dióxido de carbono que se abastecen con cajitas manuales de gas. La versión de zapatos para correr, con dos cámaras de aire, hasta está provista de diminutos calibradores de presión con indicadores digitales. Su precio rebasa los $150 dólares.

PREGUNTAS

1. ¿Qué consecuencias tienen para la segmentación del mercado de *sneakers* los cambios demográficos descritos en el capítulo 22?
2. El mercado estadounidense de los *sneakers* fue estimulado por un cambio del ambiente sociocultural. ¿Está sucediendo o probablemente ocurra algo semejante en otras partes del mundo? ¿Cómo deberían los fabricantes norteamerica-

nos de este tipo de zapatos prepararse para lo que acontezca en otros países?
3. ¿Qué estrategias relacionadas con los mercados de productos (explicadas en el capítulo 3) parecen ser las más adecuadas para este tipo de empresas? ¿De qué manera la elección de una estrategia influirá en los elementos de la mezcla de marketing?

Fuentes: Richard Sandomir, "Scrappy Reebok Aims at Aloof Nike", *The New York Times*, 9 de febrero, 1993, pp. C1+; "Pumping Up", *The Economist*, 15 de febrero, pp. 78-79; David J. Jefferson, "Reebok Primes the Pump While Rivals Stress Value", *The Wall Street Journal*, 3 de febrero, 1992, pp. B1+; Matthew Grimm, "Gearing Up for the Long Run", *Adweek's Marketing Week*, 3 de febrero, 1992, pp. 12-13; Geraldine E. Willigan, "High Performance Marketing: An Interview with Nike's Phil Knight", *Harvard Business Review*, julio-agosto 1992, pp. 91-101; Joseph Pereira, "From Air to Pum to Puma's Disc System, Sneaker Gimmicks Bound to New Heights", *The Wall Street Journal*, 31 de octubre, 1991, p. B1.

GLOSARIO

A

abandono de productos Decisión y acción subsecuente de una empresa de eliminar un producto cuyo volumen de ventas es insuficiente o ha declinado y que ya no aporta utilidades.

acercamiento preliminar en la venta Segundo paso del proceso de la venta personal, en el cual los vendedores investigan lo más posible sobre la persona o empresas a las que esperan venderles algo.

actitud Predisposición aprendida a responder ante un objeto o clase de objetos de modo uniformemente positivo o negativo.

actividades después de la venta Cuarta y última etapa del proceso de la venta personal, en la cual un vendedor hace el seguimiento de la transacción para asegurarse de que no haya problemas en la entrega, financiamiento, instalación, capacitación del personal y otros aspectos importantes para lograr la satisfacción del cliente.

adaptación del producto Modificación de un producto que se vende exitosamente en un mercado, para ajustarlo a las necesidades o requisitos especiales de otros mercados.

administración Proceso de planear, instrumentar y evaluar las actividades de un grupo de personas que trabajan en la consecución de una meta. Sinónimo de *dirección*.

administración de calidad total Filosofía y también procedimientos, políticas y prácticas específicas que imponen a la empresa la obligación de mejorar constantemente la calidad en todas sus actividades.

administración de la distribución física Desarrollo y operación de los procesos que favorecen el flujo eficaz y adecuado de los productos.

adopción de moda por difusión hacia abajo En la adopción de modas, ciclo que fluye hacia abajo por varios niveles socioeconómicos.

adopción de moda por difusión hacia arriba En la adopción de modas, ciclo en que un estilo primero adquiere mucha popularidad entre los niveles socioeconómicos bajos y luego fluye hacia arriba y obtiene gran aceptación entre los niveles más altos.

adopción de una moda por difusión horizontal En la adopción de modas, un ciclo que se desplaza horizontal y simultáneamente en algunos niveles socioeconómicos.

adoptadores tempranos Grupo de consumidores que incluye a los líderes de opinión, goza de respeto y ejerce una fuerte influencia sobre sus colegas y es el segundo grupo (después de los innovadores) en adoptar la innovación.

afrontar la competencia Método de fijación de precios orientado a la situación actual, en virtud del cual una compañía trata de conservar su estado actual fijándole a sus productos precios de los mismos niveles que los de la competencia.

agencia publicitaria Compañía independiente que ofrece servicios especializados de publicidad y que también puede dar asistencia general de marketing.

agente de cambio En el proceso de difusión, persona que intenta acelerar la difusión de una innovación.

agente de ventas Intermediario mayoristas que esencialmente asume el lugar de un departamento de marketing del fabricante, al comercializar toda la producción de él.

agente del fabricante Intermediario mayorista que vende una parte o la totalidad de la mezcla de productos del fabricante en un territorio geográfico determinado. Sinónimo de *representante del fabricante*.

agente exportador Intermediario que opera en el país del fabricante o bien en el país destino y que negocia la venta del producto en otra nación, pudiendo ofrecer servicios complementarios como conseguir financiamiento internacional, envío y seguros en favor del fabricante.

agente importador-exportador Agente intermediario mayorista que reúne a vendedores y compradores en varios países. Los agentes exportadores trabajan en el país donde se elabora el producto; los agentes importadores trabajan en el país donde se venderán los productos.

agente intermediario Empresa que nunca adquiere la propiedad de los productos que lleva al mercado, pero que hace arreglos para la transferencia de la propiedad.

agente intermediario mayorista Empresa independiente que se dedica fundamentalmente a la venta mayorista, negociando activamente la venta o compra de productos en beneficio de otras, pero sin adquirir la propiedad de los productos que distribuye.

AIDA Serie de pasos en diversas clases de promoción, sobre todo en la venta personal y la publicidad, que consiste en atraer la *A*tención, mantener el *I*nterés, despertar el *D*eseo y generar la *A*cción del prospecto.

alianza estratégica Convenio formal a largo plazo entre empresas cuyo fin es conjuntar sus capacidades y recursos para alcanzar objetivos globales.

almacén público Compañía independiente que, por una remuneración, ofrece instalaciones de almacenamiento y manejo a los individuos o empresas.

almacena privado Aquel que cuya propiedad y operación son de la empresa cuyos productos son almacenados y manejados en la instalación.

ambiente económico Conjunto de factores (entre ellos el ciclo económico, la inflación y las tasas de interés) que influyen en las actividades mercadológicas de una organización.

ambigüedad de papeles (roles) Confusión entre los vendedores, que generalmente se presenta en ausencia de políticas organizacionales, sobre qué grado de responsabilidad asumir cuando se trata con clientes en situaciones difíciles.

amplitud de la mezcla de productos Número de líneas de productos que una línea ofrece a la venta.

análisis de correlación Perfeccionamiento estadístico del método de derivación directa que consiste en exigir un pronóstico que tenga en cuenta el grado de asociación entre las ventas potenciales del producto y los factores de mercado que inciden en ellas.

análisis de costos del marketing Estudio detallado de la sección dedicada a gastos de operación del estado de pérdidas y ganancias.

análisis de la participación en el mercado Estudio pormenorizado de la participación de una compañía en el mercado en cifras totales y también por línea de producto y por segmento.

análisis de los factores de mercado Método de pronóstico de ventas que supone que la demanda futura de un producto se relaciona con el comportamiento de ciertos factores de mercado y, por lo mismo, requiere determinar cuáles son esos factores y medir luego sus relaciones con la actividad de ventas.

análisis de tendencias Método estadístico de pronóstico de ventas a largo plazo mediante el análisis de regresión o bien a corto plazo mediante un índice estacional de ventas.

análisis de ventas pasadas Método de pronóstico de ventas que aplica un simple incremento porcentual al volumen de ventas logradas en el año anterior o bien al volumen promedio de algunos años pasados.

análisis del negocio Etapa del desarrollo de productos nuevos, que consta de varios pasos para ampliar una idea en una propuesta concreta de negocios.

análisis del punto de equilibrio Método para calcular el nivel de producción en que los ingresos totales son iguales a los costos totales, suponiendo cierto precio de venta.

análisis del volumen de ventas Estudio pormenorizado de la sección ventas netas del estado de pérdidas y ganancias de una compañía.

análisis FDIA Identificación y evaluación de las *F*uerzas, *D*ebilidades, *O*portunidades y *A*menazas de una organización.

análisis marginal Método de fijación de precios que tiene en cuenta tanto la demanda como los costos al determinar el precio más adecuado para maximizar las ganancias.

análisis situacional Acción de reunir y estudiar información relativa a uno o más aspectos de una organización. También, investigación de los antecedentes que contribuye a formular mejor el problema de investigación.

anuncio publicitario Mensaje de un patrocinador referente a un producto u organización que puede ser verbal o visual y que se difunde a través de uno o varios medios de comunicación masiva.

Aprendizaje Cambios de comportamiento que resultan de la observación y de la experiencia.

Área Económica Europea (AEE) Tratado firmado en 1992 entre la Asociación Europea del Libre Comercio y la Comunidad Europea, por el cual los países del TLC aceptaron el concepto de un solo mercado de la CE, creando así una zona de libre comercio integrada por 19 naciones.

Área estadística metropolitana (MSA) Región urbana de Estados Unidos, con un centro mínimo de población de 50 000 y una población total del área de 100 000 por lo menos.

Área estadística metropolitana consolidada (CMSA) Gigantesco centro urbano que consta de dos o más áreas estadísticas metropolitanas primarias contiguas.

Área Estadística Metropolitana Primaria (PMSA) Área estadística metropolitana de Estados Unidos, con una población mínima de 1 millón de habitantes.

arrendamiento Situación que se encuentra en los mercados de empresas y de consumidores, en la cual un bien se renta en lugar de comprarlo.

asignación publicitaria Forma de publicidad cooperativa vertical, en la cual un fabricante da a un detallista fondos para estimularlo a anunciar o exhibir de manera prominente un producto suyo.

Asociación Europea de Libre Comercio (AELC) Alianza entre siete países relativamente pequeños de la Europa Occidental (que no son miembros de la Comunidad Europea), la cual trata de eliminar la mayor parte de las barreras comerciales entre sus miembros.

atención selectiva Fenómeno que limita las percepciones de modo que, entre todos los estímulos de marketing que llegan a nuestros sentidos, sólo los que pueden atraer y retener nuestra atención, tienen la posibilidad de ser percibidos.

GLOSARIO

auditoría de marketing Análisis y evaluación exhaustivos de la función mercadológica dentro de una empresa: su filosofía, ambiente, metas, estrategias, estructuras organizacionales, recursos financieros y humanos, desempeño.

aumento de la línea en precios altos Estrategia de la línea de productos en virtud de la cual una compañía agrega a una línea productos de precio más alto, con el fin de atraer un mercado más numeroso y, mediante el aumento de su prestigio, mejorar la venta de sus productos baratos.

aumento de la línea en precios bajos Estrategia de la línea de productos en virtud de la cual una compañía agrega a una línea un producto de menor precio, con el fin de llegar a un mercado que no está en condiciones de comprar artículos de mayor precio o que los considera demasiado caros.

autoconcepto Forma en que una persona se ve a sí misma. Sinónimo de *autoimagen*.

autoconcepto real En contraste con el yo ideal, forma en que uno se ve realmente a sí mismo.

Autoimagen Véase *autoconcepto*.

B

balance general Estado financiero que resumen los activos, pasivos y capital contable de una compañía en determinado momento.

balanza comercial En el comercio internacional, diferencia entre el valor de las importaciones de un país y el de sus exportaciones.

balanza de pagos Registro contable de todas las transacciones de un país con otras naciones del mundo.

base de datos Conjunto de datos que se organizan, almacenan y actualizan en una computadora.

bien Conjunto de atributos físicos y tangibles reunidos en una forma identificable para satisfacer las necesidades de los consumidores.

bienes de comparación Categoría de productos tangibles de consumo que se adquieren después que el comprador ha dedicado mucho tiempo y esfuerzo a comparar el precio, la calidad, quizá el estilo y otros atributos de productos alternos en varias tiendas.

bienes de conveniencia Categoría de productos tangibles que ya conoce el consumidor y que compra con un mínimo de tiempo y esfuerzo.

bienes de especialidad Categoría de productos tangibles del consumidor por los cuales el público muestra una fuerte preferencia y está dispuesto a invertir mucho tiempo y esfuerzo para encontrar y comprar la marca deseada.

bienes no buscados Categoría de productos tangibles de consumo, que incluye los productos nuevos que el consumidor aún no conoce o bien aquellos que ya conoce pero que no quiere en ese momento.

boicot Negativa a comprar los productos de una compañía o país.

C

cadena corporativa Organización de dos o más tiendas, manejadas desde el centro, que generalmente manejan la misma línea de productos.

cadena voluntaria Tipo de sistema contractual de marketing vertical, patrocinado por un mayorista que entra en contacto con los detallistas interesados.

calidad Eficacia con que un producto cumple las expectativas del comprador. Sinónimo de *calidad del producto*.

calidad del producto Véase *calidad*.

campaña Serie coordinada de actividades promocionales que giran en torno a un tema y cuya finalidad es alcanzar determinada meta en determinado periodo de tiempo.

campaña publicitaria Todas las actividades requeridas para transformar un tema en un programa publicitario coordinado, cuya finalidad es alcanzar una meta específica del producto o marca.

canal de distribución Conjunto de personas y empresas que intervienen en la transferencia de la propiedad de un producto, a medida que éste pasa del fabricante al consumidor final o al usuario industrial.

canales múltiples de distribución Hecho de que un fabricante utilice más de un canal de distribución por razones como las siguientes: lograr la cobertura de un mercado amplio o bien evitar la total dependencia de un solo canal. A veces se llama *distribución dual*.

cantidad económica del pedido Cantidad óptima de reorden cuando se reabastece el inventario, como lo indica el volumen en que es mínima la suma de los costos de mantenimiento de inventario y de los del procesamiento de pedidos.

carácter de perecedero Característica de un servicio, la cual indica que éste es muy transitorio y no puede almacenarse.

carga comercial Práctica consistente en que los fabricantes recurren a descuentos periódicos para inducir a los mayoristas y detallistas a comprar más productos de los que pueden revender en un lapso razonable.

cártel Grupo de compañías que elaboran productos similares y que operan de modo conjunto para limitar la competencia en la producción y en el marketing.

castigo En la teoría del aprendizaje, sanción impuesta para corregir una conducta incorrecta.

GLOSARIO

centro comercial Agrupamiento planeado de tiendas que arrendan espacio en una estructura que suele ser propiedad de una sola organización y que alberga muchos inquilinos.

centro comunitario Centro comercial que tiene de 11 a 25 inquilinos, entre ellos un gran supermercado y quizá una farmacia.

centro de comodidad Centro comercial que normalmente consta de 5 a 10 establecimientos, como una tintorería, una sucursal bancaria, una tienda de comestibles y una tienda de renta de videos.

centro de compras En una organización, todos los individuos o grupos que participan en el proceso de tomar una decisión de compras.

centro de distribución Instalación que, bajo un mismo techo, tiene un sistema eficiente y totalmente integrado del flujo de los productos: recepción de pedidos, surtido de pedidos y la preparación para su entrega.

centro de poder Centro comercial que incluye varias tiendas populares de línea limitada.

centro de ventas Grupo de personas que representan al departamento de ventas y también otras áreas funcionales de una empresa (finanzas, producción, investigación y desarrollo), que coopera con otros para alcanzar una venta. Algunas veces recibe el nombre de *equipo de ventas* o *ventas en equipo*.

centro del barrio Centro comercial que incluye de 26 a 50 tiendas y que ofrece un establecimiento de descuento, grandes tiendas de especialidades y, quizá, un supermercado o club de almacén.

centro regional Centro comercial que es sostenido por una o dos tiendas de departamentos y que se complementa hasta con 200 establecimientos; generalmente se ubica en una galería cerrada.

ciclo de la moda Movimientos parecidos a los periodos de gran demanda, que representan la introducción, aumento, aceptación generalizada y declinación de la aceptación de un estilo en el mercado.

ciclo de negocios Las tres etapas recurrente de una economía: generalmente prosperidad, recesión y recuperación.

ciclo de vida del producto Demanda agregada, durante un largo periodo, de todas las marcas que abarcan una categoría genérica de productos.

ciclo de vida familiar Serie de etapas de la vida por las que pasa una familia: comienza con los jóvenes solteros, vienen luego las fases de los matrimonios con niños de corta edad y luego con niños más grandes, para terminar con la etapa correspondiente a los matrimonios de edad y personas solteras.

cierre En la venta personal, lograr que el prospecto acceda a efectuar una compra.

cierre tentativo Momento en una presentación de ventas en que el vendedor prueba la disposición del prospecto a realizar la compra.

clase social División y categorías dentro de una sociedad basadas en escolaridad, ocupación y tipo de área residencial.

clases de compra Tres situaciones típicas de compra en el mercado de empresas, a saber: compra nueva, recompra modificada y recompra directa (simple).

cliente Individuo u organización que toma una decisión de compra.

codificación Proceso de convertir una idea en un mensaje en forma de palabras, imágenes o ambas, con el fin de transmitirla de un emisor a un receptor.

comerciante comisionista Agente intermediario mayorista, utilizado principalmente en el marketing de productos agrícolas, que puede manejar físicamente los productos del vendedor en los mercados centrales y que tiene autoridad sobre los precios y condiciones de la venta.

comerciante de servicios Comerciante mayorista que abastece las tiendas al detalle (especialmente los supermercados y otros establecimientos de comestibles) con productos no alimenticios que incluyen desde artículos de belleza y productos médicos hasta refacciones automotrices.

comerciante exportador Intermediario que opera en el país de un fabricante y que compra los bienes para exportarlos.

comerciante intermediario Empresa que adquiere la propiedad de los productos que ayuda a comercializar.

comerciante mayorista Firma independiente que realiza fundamentalmente ventas al mayoreo y que adquiere la propiedad de los productos que distribuye. Algunas veces se le llama *mayorista*.

comercio al detalle Véase *venta al detalle*.

comercio al mayoreo Véase *venta al mayoreo*.

comisión Compensación ligada a determinada unidad de logro.

comité de planeación de productos Estructura organizacional de la planeación y desarrollo de productos, que requiere un esfuerzo conjunto por parte de los ejecutivos de los principales departamentos y, especialmente en el caso de empresas pequeñas, del presidente y de otro directivo de alto nivel.

compañía subastadora Agente intermediario mayorista que ayuda a que los vendedores y compradores reunidos lleven a cabo sus transacciones, ofreciendo subastadores que realizan la venta y las instalaciones físicas para exhibir los productos de los vendedores.

GLOSARIO

compensación con comisión simple Método de remuneración en que a los vendedores se les paga sólo en relación con determinada unidad de logro.

compensación con sueldo simple Método de remuneración en que a los vendedores se les paga sólo una cantidad fija.

competencia ajena al precio Estrategia en que un vendedor conserva precios estables e intenta mejorar su posición en el mercado haciendo hincapié en otros aspectos (no relacionados con el precio) de su programa de marketing.

competencia de marcas La que se da entre las compañías de productos de marca que se parecen mucho y que pueden sustituirse por otros.

competencia de precios Estrategia en que una empresa ofrece periódicamente productos al menor precio posible, casi siempre acompañados de un mínimo de servicios.

competencia perfecta Estructura del mercado en la cual no existe diferenciación de productos, los compradores y vendedores están bien informados, sin que éstos tengan un control claro sobre el precio de venta.

comportamiento después de la compra Esfuerzos del consumidor por atenuar la ansiedad que suele acompañar las decisiones de compra.

compra por impulso Forma de toma de decisiones con poca participación individual; compras efectuadas con poca o nula planeación anticipada.

comprador directo Situación en que un cliente hace directamente la compra al productor.

comprador residente Agencia independiente situada en el mercado central, que compra para vender después a mayoristas y minoristas situados en áreas distantes.

compradores Miembros del centro de compras dentro de una organización que interactúa con los proveedores, prepara las condiciones de la venta y procesa los pedidos.

compras por televisión Forma de marketing directo, en que los canales y programas de televisión venden al público aparatos electrónicos, joyas y otros productos a precios relativamente bajos.

comunicación Transmisión verbal o no verbal de información entre alguien que desea expresar una idea y otro que se supone que la recibirá o que espera recibirla. Los cuatro elementos de la comunicación son: mensaje, fuente del mensaje, canal de comunicación y receptor.

Comunidad Europea (CE) Alianza política y económica entre la mayor parte de los países de Europa Occidental que trata de liberalizar el comercio entre sus miembros.

concepto "justo a tiempo" Forma de control de inventario, de compra y de producción que consiste en adquirir justo a tiempo piezas y suministros en pequeñas cantidades para emplearlas en la producción y luego producir en cantidades justo a tiempo para la venta.

concepto de marketing Filosofía de hacer negocios que pone de relieve la orientación al cliente y la coordinación de las actividades mercadológicas, a fin de cumplir con los objetivos de desempeño organizacional.

concepto del costo total En la distribución física, reconocimiento de que la mejor relación entre costos y ganancias ha de establecerse para todo el sistema de distribución física y no sólo para las actividades individuales.

concepto social del marketing Versión revisada del concepto de marketing, en que una compañía reconoce que debería interesarse no sólo en los compradores de sus productos sino también en otras personas en quienes influyen directamente sus operaciones, y no sólo en el mañana sino también a largo plazo.

concesión de franquicias de productos y marcas comerciales Convenio de distribución en que un proveedor (el franquiciante) autoriza a un distribuidor (el franquiciador) a vender una línea de productos, utilizando el nombre comercial de la compañía con fines promocionales.

concesión de la franquicia del método del negocio Convenio que abarca una método entero (o formato) que opera un negocio, según el cual una empresa exitosa vende los derechos de operar el mismo negocio en varias regiones geográficas.

concesión de licencias Contrato comercial en virtud del cual una compañía cede a otra (por una cantidad o regalía) el derecho de emplear su marca, patentes o procesos de producción.

conflicto de papeles (roles) Estrés que le causan al vendedor las exigencias y expectativas, a menudo contradictorias, de un empleador, clientes y familia.

conflicto entre canales Situación en que el miembro de un canal considera que otro miembro del canal está obrando de una manera que le impide alcanzar sus objetivos de distribución.

conflicto horizontal Forma de conflicto entre canales que se da entre intermediarios (del mismo tipo o de varios tipos) en un nivel de distribución.

conflicto vertical Tipo de conflicto entre canales que se da entre firmas situadas en distintos niveles de un mismo canal: normalmente un producto y un mayorista o bien entre un productor y un detallista.

conservación del precio de reventa Política de precios en virtud de la cual un fabricante trata de controlar los precios a los cuales los intermediarios revenden sus productos.

consolidadores de carga Institución especializada de marketing, que dan servicio a las empresas consolidando envíos que no llegan a formar una carga de vagón ni de camión, a fin de obtener cargas de vagón o de camión y que se encargan del servicio de embarque de puerta en puerta.

Consumer Product Safety Act Legislación federal que creó la Consumer Product Safety Commission (CPSC), organismo con autoridad para establecer normas obligatorias de seguridad aplicable a muchos productos de consumo.

consumidor Unidad individual u organizacional que usa o consume un producto.

consumidores finales Personas que compran bienes o servicios para su uso personal o familiar, con el fin de satisfacer necesidades estrictamente ajenas a los negocios.

consumidorismo (movimiento en favor del consumidor) Protestas e intentos de remediar las injusticias percibidas en las relaciones existentes entre empresas y consumidores.

contenedorización Sistema de manejo de carga en que los envíos de productos se introducen en grandes receptáculos de metal o madera, los cuales después se transportan cerrados desde el momento de dejar las instalaciones del cliente hasta que llegan a su destino.

contracción de la mezcla de productos Estrategia en virtud de la cual una compañía elimina una línea entera o bien simplifica la variedad de una línea.

contrato restrictivo Práctica en virtud de la cual un fabricante vende un producto a intermediarios exclusivamente con la condición de que también le compre otro producto (posiblemente indeseado).

contratos Relación legal que permite a una compañía entrar indirectamente en un mercado extranjero, establecer pronto su presencia en el mercado y correr poco riesgo.

control de canales Acciones con que una empresa regula el comportamiento de otras compañías en su canal de distribución.

control de inventario Subsistema de la administración de la distribución física, que consiste en mantener el control sobre el tamaño y composición de los inventarios a fin de surtir los pedidos de los clientes en forma oportuna, total y exacta, a la vez que se reducen al mínimo la inversión y la fluctuación de inventarios.

cooperativa de detallistas Tipo de sistema contractual de marketing vertical, formado por un grupo de pequeños detallistas que se comprometen a establecer y operar un almacén al mayoreo.

corporación multinacional Empresa verdaderamente mundial, en que las actividades nacionales e internacionales están integradas, sin que se identifiquen por separado.

corredor Agente intermediario mayorista que reúne a vendedores y compradores, suministrándoles a unos y otros información de mercado, y que de ordinario no maneja físicamente los productos distribuidos ni trabaja en forma constante con los vendedores y compradores.

correo directo Forma de marketing directo, en el cual las empresas envían a los consumidores cartas, folletos y hasta muestras, pidiéndoles que compren por correo o por teléfono.

costo de los bienes vendidos Indicador financiero que muestra el valor de la mercancía vendida durante un periodo determinado, el cual se calcula sumando al costo neto de lo que se compró durante el periodo, el valor de las mercancías disponibles al inicio del periodo y restando después el valor de lo que queda al final de un mismo periodo.

costo fijo Aquel que permanece inalterado, sin importar cómo se producen o se venden los bienes.

costo fijo promedio El costo fijo total dividido entre el número de unidades producidas.

costo fijo total Suma de todos los costos fijos.

costo marginal El que se requiere para producir y vender una unidad más; es decir, el costo de la última unidad producida y vendida.

costo por millar (CPM) Costo medio de lograr una exposición entre 1 000 personas con un anuncio.

costo total Suma del costo fijo total y del costo variable total de determinada cantidad producida o vendida.

costo total promedio Costo total dividido entre el número de unidades producidas.

costo variable Aquel que cambia directamente en relación con el número de unidades producidas o vendidas.

costo variable promedio Costo variable total dividido entre el número de unidades producidas.

costo variable total Suma de todos los costos variables.

costos directos Gastos individuales en que se incurre totalmente en conexión con un segmento del mercado o con una unidad de la organización de ventas. Sinónimo de *gastos separables*.

costos indirectos Gastos en que se incurre conjuntamente para más de una unidad de marketing y, por lo mismo, no pueden cargarse totalmente a un solo segmento del mercado.

criterios cualitativos del desempeño En la evaluación de la fuerza de ventas, criterios subjetivos para juzgar el desempeño de los vendedores.

criterios cuantitativos del desempeño En la evaluación de la fuerza de ventas, criterios específicos y objetivos para juzgar el desempeño de los vendedores.

GLOSARIO

cultura Conjunto de símbolos y artefactos creados por la sociedad y transmitidos de una generación a otra como determinantes y reguladores del comportamiento humano.

cuota de importación Cantidad de un producto que puede introducirse en un país.

curva del costo fijo promedio Gráfica de los niveles del costo fijo promedio que muestra una disminución a medida que aumenta la producción, porque el total de los costos fijos se distribuye entre un número creciente de unidades.

curva del costo marginal Gráfica de los niveles del costo marginal, que muestra una pendiente descendente hasta que los costos marginales empiezan a aumentar, punto en el cual empieza a aumentar.

curva del costo total promedio Gráfica de los costos totales promedio, que comienza en un nivel alto, luego desciende a su punto más bajo, reflejando la salida óptima respecto a los costos totales (no a los costos variables) y después se eleva por los rendimientos decrecientes.

curva del costo variable promedio Gráfica de los niveles de los costos variables promedio, que comienza en un nivel alto, luego desciende a su punto más bajo, lo cual refleja la salida óptima respecto a los costos variables (no los costos totales) y después vuelve a subir.

D

datos primarios Datos nuevos recabados específicamente para el proyecto en cuestión.

datos provenientes de una sola fuente Método de obtención de información, en que la exposición a la publicidad y compras del producto se dan en casas individuales.

datos secundarios Datos disponibles, previamente recopilados para otro propósito.

decisores Miembros de un centro de compras de una organización, que toman la decisión de compras respecto a un producto y al proveedor.

decodificación Proceso consistente en que un receptor interpreta las palabras o imágenes que han sido transmitidas por un emisor.

decreto de asentimiento Acuerdo entre la Federal Trade Commission y una compañía, en virtud del cual ésta acepta dejar de hacer afirmaciones engañosos en la publicidad.

déficit comercial Situación en que el valor de las importaciones de un país es mayor que el de sus exportaciones.

demanda derivada Situación en que la demanda de un producto depende de la que tenga otro.

demanda elástica Relación entre precio y volumen de ventas, de manera que un cambio de una unidad en la escala del precio ocasiona una modificación de más de una unidad en la escala del volumen.

demanda fluctuante Característica de un servicio, la cual indica que un mercado de servicios cambia considerablemente con la estación, el día de la semana y la hora del día.

demanda inelástica Relación entre precio y volumen tal que un cambio de una unidad en la escala del precio ocasiona una alteración de menos de una unidad en la escala del volumen.

demanda inversa Relación entre precio y volumen tal que a un precio más elevado corresponde una mayor cantidad de ventas unitarias.

demanda torcida Situación en que los ingresos totales disminuyen cuando el precio de un producto aumenta o decrece en relación con el nivel del mercado.

demografía Estudio estadístico de la población humana y de su distribución.

departamento de productos nuevos Estructura organizacional de la planeación y desarrollo de productos, que contiene una pequeña unidad, está integrado por cinco personas o menos y está subordinada al presidente.

desarrollo del mercado Estrategia de crecimiento del mercado de productos, en la cual una compañía sigue vendiendo sus productos actuales pero en un mercado nuevo.

desarrollo del producto Estrategia de crecimiento del mercado del producto, en la cual una compañía desarrolla nuevos productos que venden sus mercados actuales.

descuento acumulativo El que se basa en el volumen total comprado durante un periodo determinado.

descuento comercial Reducción del precio de lista que ofrece un vendedor a los compradores en pago por las funciones de marketing que realizarán. Sinónimo de *descuento funcional*.

descuento de ventas Situación en que un cliente, insatisfecho con un producto, lo conserva pero recibe una reducción del precio de venta.

descuento estacional Deducción del precio de lista que se ofrece a un cliente por hacer un pedido durante una temporada de poca demanda.

descuento funcional Véase *descuento comercial*.

descuento no acumulativo Descuento que se basa en el tamaño del pedido por cantidad de uno o más productos.

descuento por apertura Cantidad que algunos detallistas cobran al fabricante por poner su producto en los estantes de la tienda.

descuento por pronto pago El que se concede a los clientes por pagar sus facturas en un plazo señalado.

descuento por volumen (cantidad) Deducción del precio de lista que se ofrece a un comprador, cuando adquiere una gran cantidad del producto.

descuento promocional Reducción del precio concedido por un vendedor como pago de los servicios promocionales efectuados por los compradores.

desventaja diferencial Cualquier característica de una organización o marca que los consumidores consideran inadecuada y distinta de las de la competencia.

detallista Empresa que se dedica principalmente a la venta al detalle.

detallista independiente Compañía con una sola tienda que no está afiliada con un sistema contractual de marketing vertical.

devolución de ventas Situación en que un cliente retorna la mercancía y recibe un reembolso igual al precio de la compra efectuada en efectivo o a crédito.

diferenciación Conforme al modelo de estrategias genéricas de Porter, estrategia de satisfacer un mercado amplio o reducido, creando para ello un producto bien diferenciado e imponiéndole luego un precio más alto que el promedio.

diferenciación del producto Estrategia en virtud de la cual una compañía utiliza la promoción para distinguir sus productos de las marcas que la competencia ofrece al mismo mercado agregado.

difusión Proceso en virtud del cual una innovación se esparce a través de un sistema social con el tiempo.

dirección Véase *administración*

discriminación de precios Situación en que los clientes pagan precios distintos por un mismo producto.

diseño del producto Disposición de los elementos que en conjunto constituyen un bien o servicio.

diseño universal Diseño de productos de modo que puedan utilizarlos todos los consumidores, entre ellos los incapacitados, los ancianos y otras personas que requieren una consideración especial.

disonancia cognoscitiva (o posterior a la compra) Ansiedad causada por el hecho de que, en la generalidad de las compras, la alternativa escogida contiene algunas características negativas y la que se rechazó posee algunas características positivas.

distorsión selectiva Fenómeno en el cual un individuo compara la nueva información con sus conocimientos ya existentes o con un marco de referencia y después, en caso de una incongruencia, modifica la nueva información para ajustarla a las creencias arraigadas.

distribución directa Canal formado únicamente por un productor y consumidor final, sin que intervengan los intermediarios.

distribución dual Véase *canales de distribución múltiple*.

distribución exclusiva Estrategia en virtud de la cual un proveedor acepta vender su producto sólo a un intermediario mayorista o a un detallista en determinado mercado.

distribución física Todas las actividades relacionados con el flujo de productos, al pasar físicamente del fabricante al consumidor o al usuario industrial. Sinónimo de *logística*.

distribución indirecta Canal formado por productores, un consumidor final y al menos un nivel de intermediarios.

distribución regional de la población Los que habitan dentro de una región tienden generalmente a tener los mismos valores, actitudes y preferencias de estilo.

distribución selectiva Estrategia en virtud del cual un fabricante vende su producto a través de la mayor parte de los posibles mayoristas y detallistas en un mercado, donde el público tiende a buscarlo.

distribuidor en camión Véase *servicio de transportistas especializados*.

distribuidores en estante Comerciante mayorista que ofrece a la clientela estantes o escaparates de exhibición, los surte y pone precio a la mercancía.

diversificación Estrategia de crecimiento en el mercado de productos, en virtud de la cual una compañía desarrolla nuevos productos para venderlos en mercados nuevos.

dumping Proceso que consiste en vender productos dentro de los mercados internacionales a precios por debajo de los que tienen en su mercado de origen.

E

ejecución Paso del mensaje publicitario en que se trata de combinar, en forma convincente y compatible, la característica o aspecto que capta la atención mediante el mensaje.

elasticidad de precios de la demanda Sensibilidad de la demanda ante los cambios de precio.

ello (id) En la psicología freudiana, parte de la mente que alberga los impulsos instintivos primarios, muchos de los cuales son antisociales.

empaque Contenedor o envoltura de un producto.

empaque de familias de productos Estrategia que consiste en utilizar empaques muy semejantes para todos los productos o bien empaques con una característica común y claramente perceptible.

empaques múltiples Práctica que consiste en poner varias unidades de un mismo producto dentro de un contenedor.

empaquetado Todas las actividades de diseño y producción del contenedor o envoltura de un producto.

GLOSARIO

empresa conjunta Tipo de sociedad en que la propiedad de una empresa internacional es compartida por una compañía nacional y por una compañía extranjera.

empresa no lucrativa Aquella en que la utilidad no se busca como una meta.

encuentro de servicio En el marketing de servicios, interacción del cliente con un empleado de servicios o bien con un elemento tangible, como el ambiente físico en que se presta el servicio.

encuesta Método de recopilar datos primarios por medio de entrevistas personales, por teléfono y por correo.

encuesta por correo Método de obtención de datos que consiste en enviar un cuestionario a los sujetos y pedirles que lo llenen y lo devuelvan por correo.

encuesta por teléfono Método de obtención de datos por medio de entrevistas telefónicas.

encuestas de las intenciones del comprador Forma de pronóstico de ventas en que una compañía pregunta a una muestra de clientes reales o potenciales qué cantidad comprarán de un producto a cierto precio durante un periodo futuro.

entrevista personal Método cara a cara de obtener datos en una encuesta.

equipo accesorio Bienes industriales que poseen un importante valor y se utilizan en las actividades de una organización.

equipo de ventas Véase *centro de ventas*.

equipo especial de trabajo Estructura organizacional para planear y desarrollar productos que incluye un grupo pequeño, con representantes de los departamentos de ingeniería, producción, finanzas e investigación de mercados, el cual funciona como una pequeña unidad independiente de negocios y por lo regular está subordinada a la alta dirección.

especialización en clientes Método de organizar las actividades de ventas, en el cual a cada vendedor se le asigna un grupo de consumidores, clasificados por el tipo de industria o canal de distribución. Sinónimo de *especialización en mercados*.

especialización en mercados Véase *especialización en clientes*.

especialización en productos Método de organizar las actividades de ventas, en que a cada vendedor se le asignan uno o más productos.

especialización geográfica Método de organizar las actividades de venta, en el cual a cada vendedor se le asigna una región geográfica —llamada territorio— donde desempeñará su labor.

estabilización de precios Objetivo de la fijación de ventas orientado a la situación actual, en que una firma procura mantener la situación actual, fijándoles precio a los productos para evitar la competencia de precios.

estado de ingresos Véase *estado de operaciones*.

estado de operaciones Estado financiero en que se resumen los ingresos de la compañía, los gastos y las ganancias o pérdidas durante determinado periodo. Sinónimo de *estado de ingresos* y de *estado de pérdidas y ganancias*.

estado de pérdidas y ganancias Véase *estado de operaciones*.

estilo Modo específico de presentación o construcción en un arte, producto o actividad (canto, juego, comportamiento).

estilo de vida Actividades, intereses y opiniones de una persona.

estímulos sensoriales En la teoría del aprendizaje, las señales provenientes del ambiente que rigen el patrón de las respuestas del sujeto.

estrategia Plan general de acción en virtud del cual una organización trata de cumplir con sus objetivos.

estrategia de agregación del mercado Plan de acción en que una organización considera su mercado total como un segmento individual —esto es, como un mercado masivo cuyos miembros serían iguales en cuanto a la demanda del producto—. Diseña, pues, una sola mezcla de marketing para llegar a la mayor parte de los consumidores del mercado entero. Sinónimo de *estrategia de mercado masivo* y *estrategia de mercado indiferenciado*.

estrategia de concentración Véase *estrategia de un solo segmento*.

estrategia de cosecha Según la matriz de negocios de General Electric, estrategia que consiste en reducir la inversión en una unidad estratégica de negocios que carece de un mercado atractivo y una fuerte posición en el mercado.

estrategia de empujar Actividad promocional dirigida especialmente a los intermediarios que forman el eslabón más próximo en el canal de distribución de un producto.

estrategia de inversión Conforme a la matriz de negocios de General Electric, estrategia que consiste en fortalecer y crear una unidad estratégica de negocios que se considera alta en cuanto al atractivo de mercado y a la posición de la compañía.

estrategia de jalar (tirar) Actividad promocional dirigida primordialmente a los usuarios finales, para que pidan el producto a los intermediarios.

estrategia de mercado indiferenciado Véase *estrategia de agregación de mercado*.

estrategia de mercado masivo Véase *estrategia de agregación de mercado*.

estrategia de precios flexibles Estrategia de precios en la cual un vendedor cobra precios distintos a clientes similares que adquieren cantidades idénticas de un producto. Sinónimo de *estrategia de precios variables*.

estrategia de precios variables Véase *estrategia de precios flexibles*.

estrategia de producto nuevo Enunciado que indica la función que ha de cumplir un producto nuevo en la consecución de las metas corporativas y mercadológicas.

estrategia de protección Según la matriz de negocios de General Electric, estrategia que consiste en conservar la actual posición de mercado de una unidad estratégica de negocios, porque genera el efectivo que requieren otras unidades.

estrategia de supresión de la inversión Según la matriz de negocios de General Electric, estrategia de vender o clausurar una unidad estratégica de negocios por considerar que ha perdido el atractivo para el mercado y una fuerte posición en él.

estrategia de un precio Estrategia de precios en que un vendedor cobra el mismo precio a todos los clientes semejantes que adquieren cantidades idénticas de un producto.

estrategia de un solo precio Variación extrema de la estrategia de un precio, en la cual todos los artículos que vende un firma cuestan igual.

estrategia de un solo segmento Plan de acción que consiste en seleccionar un segmento homogéneo de un mercado total para escogerlo como mercado meta. Sinónimo de *estrategia de concentración*.

estrategia de varias marcas Aquella en que una compañía tiene más de una marca esencialmente del mismo producto, dirigidas todas al mismo mercado meta o bien a varios mercados.

estrategia de varios segmentos Plan de acción que requiere escoger dos o más grupos de prospectos como mercados meta.

estrategias organizacionales Planes generales de acción en virtud de los cuales una empresa busca alcanzar sus metas y cumplir con su misión. Estos planes se refieren a 1) la organización total de una compañía pequeña de un solo producto y 2) cada unidad estratégica de negocios dentro de una empresa grande de muchos productos o negocios.

estrellas En la matriz del Boston Consulting Group, unidades estratégicas de negocios que se caracterizan por una gran participación en el mercado y altas tasas de crecimiento de la industria.

etapa de crecimiento Segunda parte del ciclo de vida de un producto, durante el cual aumentan las ventas y ganancias de categoría de productos y los competidores entran en el mercado, después de lo cual las ganancias empiezan a disminuir hacia el final de esta parte del ciclo.

etapa de declinación Cuarta y última parte del ciclo de vida, durante la cual disminuyen las ventas de una categoría de productos genéricos y la mayor parte de los competidores abandonan el mercado.

etapa de introducción Primera parte del ciclo de vida de un producto, en la cual una categoría de productos genéricos es introducida en un programa completo de marketing. Sinónimo de *etapa pionera*.

etapa de madurez Tercera parte del ciclo de vida de un producto, durante la cual las ventas de una categoría de productos genéricos siguen incrementándose (pero a un ritmo decreciente), las utilidades se reducen en gran parte por la competencia de precios y algunas compañías abandonan el mercado.

etapa de orientación a la producción Primera etapa en la evolución de la dirección de marketing, en la cual la suposición básica es que con la elaboración de un buen producto se garantiza el éxito del negocio.

etapa de orientación a las ventas Segunda etapa de la evolución de la dirección de marketing, en la cual se pone de relieve la utilización de diversas actividades promocionales para vender lo que se produce.

etapa de orientación al marketing Tercera etapa en la evolución de la dirección de marketing, en la cual una compañía se concentra en las necesidades de sus clientes y lleva a cabo una amplia gama de actividades mercadológicas para atenderlas.

etapa pionera Véase *etapa de introducción*.

ética Reglas y normas de la conducta moral que generalmente acepta una sociedad.

etiqueta Parte de un producto que contiene información sobre él y el vendedor.

etiqueta de advertencia Parte del producto que indica a los consumidores que no utilicen incorrectamente el producto, señalándose casi todos los peligros posibles asociados a su uso.

etiqueta de grado Parte de un producto que identifica su calidad (grado) por medio de letras, números o palabras.

etiqueta de marca Aplicación del nombre de marca a un producto o empaque.

etiqueta descriptiva Parte de un producto que suministra información sobre su uso, composición, cuidado, desempeño y otros aspectos importantes.

etiquetas nutricionales Parte de un producto que contiene información sobre la cantidad de calorías, grasa, colesterol, sodio, carbohidratos y proteínas de los ingredientes.

GLOSARIO

evaluación Etapa del proceso gerencial en la cual una organización determina cómo está alcanzando las metas establecidas en su planeación estratégica.

evaluación preliminar Parte del primer paso del proceso de la venta personal, en que el vendedor decide si un prospecto tiene la disposición necesaria, el poder adquisitivo y la autoridad para comprar.

excedente comercial Situación en que el valor de las exportaciones de un país es mayor que el de sus importaciones.

expansión de la mezcla de productos Estrategia en virtud de la cual una empresa aumenta la profundidad de una línea determinada y/o el número de las que ofrece a los consumidores.

experimento Método de recabar datos primarios en que el investigador mide los resultados de modificar una variable en una situación, manteniendo inalteradas las demás.

experimento de campo Aquel en que el investigador no ejerce más que un control limitado sobre el ambiente, porque el estudio se lleva a cabo en el mundo real.

experimento de laboratorio Aquel en que el investigador ejerce control absoluto sobre el ambiente durante la realización del estudio, pero por eso mismo es artificial y, quizá, poco realista.

exploración ambiental Véase *monitoreo ambiental*.

exportación Actividades por las cuales una empresa vende sus productos en otro país, ya sea en forma directa a través de importadores extranjeros, ya sea a través de intermediarios de exportación-importación.

expropiación Situación en que el gobierno de un país se adueña de la inversión de una compañía en ese país.

extensión de la línea Forma de expansión de la mezcla de productos, en la cual una compañía incorpora un artículo similar a la línea con el mismo nombre de marca.

extensión de la mezcla Forma de expansión de la mezcla de productos en que una compañía agrega una nueva línea de productos a su surtido actual.

extensión del producto Situación en que un producto estándar se vende en dos o más países.

F

factor de mercado Elemento que 1) existe dentro de un mercado, 2) puede medirse cuantitativamente y 3) se relaciona con la demanda de un bien o servicio.

factores (fuerzas) sociales y culturales Serie de influencias, como los estilos de vida, los valores sociales y las creencias, que afectan a las actividades mercadológicas de una compañía.

factores (influencias) situacionales Fuerzas temporales, asociadas al ambiente inmediato de la compra, que inciden en el comportamiento.

factores diversos de la compra Grupo de personas de una organización que inciden en la decisión de compra.

factores políticos y legales Conjunto de factores, entre ellos las políticas monetarias y legales, la legislación y las regulaciones, que influyen en las actividades mercadológicas de una organización.

facturas postdatadas Combinación de descuento estacional y de descuento por pronto pago, en que un comprador hace un pedido y recibe el embarque fuera de estación, pero sin que deba pagar la factura hasta una vez iniciada la temporada y que se hayan generado algunas ventas.

familia Grupo de dos o más personas con vínculos sanguíneos, matrimoniales o de adopción, que viven juntas en una casa.

familias de marcas Estrategia que consiste en emplear el nombre de la compañía con fines de marca.

familias de solteros Aquellas que constan de un solo individuo.

Federal Trade Commission Act Ley federal, aprobada en 1914, que prohíbe la competencia desleal y crea la Federal Trade Commission.

fijación de precio impar Estrategia psicológica que consiste en establecer precios en cifras impares (o pares), digamos $4.99 y no $5.00, en vez de pares, porque se piensa que estos precios aparentemente menores generarán un mayor volumen de ventas.

fijación de precios basado en descremado del mercado Estrategia en que el precio inicial de un producto se fija en un nivel alto, en relación con los niveles esperados en el mercado.

fijación de precios con pago contra entrega Véase *fijación de precios de entrega por zonas*.

fijación de precios con porte pagado Véase *fijación de precios de productos de entrega uniforme*.

fijación de precios de entrega por zonas Estrategia geográfica de fijación de precios, en virtud de la cual un vendedor divide su mercado en un número limitado de grandes regiones geográficas y luego establece un precio uniforme de entrega para cada una. Sinónimo de *fijación de precios con pago contra entrega*.

fijación de precios de entrega uniforme Estrategia de fijación de precios geográficos, en virtud de la cual se cotiza un mismo precio de entrega a todos los clientes sin importar su ubicación. Sinónimo de *precios con porte pagado*.

fijación de precios para afrontar la competencia Método de fijación de precios en que una compañía determina el precio del mercado y, luego de tener en cuenta los habituales márgenes de utilidad de los intermediarios, llegan a su propio precio de venta.

fijación de precios por arriba de la competencia Forma de fijación de precios basados en el mercado, en que los precios se fijan por encima del nivel predominante en el mercado.

fijación de precios por debajo de la competencia Precios basados en el mercado, en el cual se establecen por debajo del nivel de los competidores principales.

fijación de precios por valor Forma de competencia de precios en que una empresa trata de mejorar la razón entre los beneficios de un producto y su precio y costos conexos.

fragmentación del mercado Identificación de segmentos cada vez más pequeños del mercado.

franquicias Tipo de sistema contractual de marketing vertical, que supone una relación permanente en la cual un franquiciante (la compañía matriz) concede a un franquiciador (el dueño de la unidad de negocios) el derecho de usar una marca junto con varias formas de asistencia gerencial a cambio de determinados pagos.

fuerza externa de ventas Grupo de representantes que llevan a cabo la venta de campo, es decir, venden personalmente en el lugar de trabajo del cliente o en su casa.

Función de selección de la fuerza de ventas Los tres pasos de reunir una fuerza de ventas, que consisten en 1) determinar el tipo de candidatos idóneos preparando una descripción escrita del puesto, 2) reclutar un número suficiente de solicitantes y 3) seleccionar a las personas más calificadas entre ellos.

G

garantía Seguridad dada a los compradores de que se les resarcirá en caso de que el producto no cumpla con las expectativas razonables.

garantía expresa Declaración por escrito o en forma oral sobre la restitución que hará el vendedor al comprador, en caso de que el desempeño del producto no corresponda a expectativas razonables.

garantía implícita Seguridad propuesta pero no declarada referente a la restitución que hará vendedor al cliente, en el caso de que el desempeño del producto no corresponda a las expectativas.

gastos de operación Los costos de marketing, administrativos y otros diversos en que incurre una compañía, excluyéndose el costo de los bienes comprados o manufacturados.

gastos separables Véase *costos directos*.

GATT (Acuerdo General de Tarifas y Comercio) Organización fundada en 1948 y que hoy abarca más de 100 países, que buscan introducir prácticas comerciales justas entre sus miembros.

gerente de categoría Ejecutivo que supervisa las actividades de un grupo de gerentes de producto con funciones afines.

gerente de marca Véase *gerente de producto*.

gerente de producto Estructura organizacional de la planeación y desarrollo de productos que hacen a una persona responsable de la planeación de productos nuevos y de la gerencia de productos ya establecidos en el mercado. Sinónimo de *gerente de marca*.

gran participación personal Decisión que contiene las seis etapas del proceso de decisión de compra.

grupo de interés Método preliminar de obtención de datos que incluye una entrevista interactiva de cuatro a diez personas.

grupo de referencia Grupo de personas que influyen en las actitudes, valores y comportamiento de los miembros.

guardianes Miembros de un centro de compras de una organización que controlan el flujo de información relativa a las compras y también el que se dan entre ella y los posibles proveedores.

guerra de precios Forma de competencia de precios que comienza cuando una empresa reduce el precio con el fin de acrecentar el volumen de ventas y su participación en el mercado; las otras responden haciendo lo mismo con los productos rivales. Después la empresa vuelve a reducir sus precios y también los competidores.

H

heterogeneidad Característica de un servicio, la cual indica que cada unidad difiere un poco del resto de las unidades del mismo servicio.

hipermercadeo Institución al detalle muy grande, que tiene una variedad muy amplia y moderadamente profunda de productos, precios bajos y algunos servicios al cliente.

hipótesis Suposición tentativa que, si resulta verdadera, indicará la posible solución de un problema.

I

impulsos En la teoría del aprendizaje, fuerzas internas o externas que hacen que un sujeto emita cierta clase de respuesta.

incentivo Elemento de un anuncio que representa el beneficio que el individuo recibirá si acepta el mensaje.

incremento del volumen de ventas Meta de la fijación de precios orientada a las ventas, en la cual una empresa

GLOSARIO

procura crecer en ventas, a fin de alcanzar un rápido crecimiento o bien desalentar a los posibles competidores para que no entren en el mercado.

indicador de actividad del poder adquisitivo Factor de mercado que se relaciona con ventas y gastos.

índice del mercado Factor de mercado expresado como porcentaje o bien en otra forma cuantitativa, en relación con alguna cifra base.

inflación Incremento de los precios de bienes y servicios.

influenciadores Miembros de un centro de compras de una organización, que establecen las especificaciones y aspectos de las decisiones de compra por sus conocimientos técnicos, su posición en la organización y hasta por su poder político en ella.

información comercial En contraste con la información social, todas las comunicaciones dirigidas al público por las organizaciones e individuos que intervienen en el marketing.

información social En contraste con la información comercial, todas las comunicaciones entre miembros de la familia, amigos y parientes respecto a los productos.

infraestructura Niveles y capacidades de un país relacionados con el transporte, la comunicación y la energía.

ingeniero de ventas Individuo que suele vender equipo complejo y de gran sofisticación técnica, explicándole el producto a un prospecto y, quizá, adaptándolo a las necesidades de él.

ingreso marginal El que deriva de la venta de la última unidad.

ingreso personal El que proviene de sueldos, salarios, dividendos, alquiler, intereses, negocios y profesionales, seguridad social y actividades agrícolas.

ingreso personal disponible Percepción personal que queda después de pagar los impuestos personales y, por tanto, puede destinarse a gastos relacionados con el consumo personal y al ahorro.

ingreso promedio Precio unitario en determinado nivel de ventas unitarias. Para calcularlo se dividen los ingresos totales entre el número de unidades vendidas.

innovadores Grupo de consumidores arriesgados que son los primeros en adoptar una innovación.

inseparabilidad Característica de un servicio, la cual indica que no podemos separarlo del creador-vendedor del servicio.

instalaciones Bienes industriales que constituyen el equipo más importante, costoso y duradero y que afectan indirectamente la escala de operaciones de una organización productora de bienes y servicios.

instalaciones físicas Edificio (entre otras cosas la ubicación, el diseño y la distribución) que sirve de tienda a los establecimientos al detalle.

instrumentación (realización) Etapa del proceso gerencial durante la cual una organización trata de poner en práctica sus estrategias.

intangibilidad Característica de un servicio, la cual indica que éste carece de atributos físicos y, por consiguiente, es imposible que los clientes lo gusten, sientan, oigan, vean o huelan antes de comprarlo.

integrador de sistemas Forma de marketing vertical administrado, en que una compañía reúne todos los bienes y servicios necesarios para presentarle a un cliente una solución de negocios.

inteligencia competitiva Proceso de reunir y analizar públicamente las diferencias disponibles acerca de las actividades y planes de los competidores.

intensidad de la distribución Número de intermediarios que utiliza un productor en los niveles de venta al detalle y al mayoreo en determinado territorio.

intercambio Acto de dar a una persona u organización algo de valor para obtener otra cosa de valor.

intercepción en galerías comerciales Tipo especial de encuesta en que se efectúan entrevistas personales dentro de lugares céntricos: centros comerciales, aeropuertos o parques.

intermediario Empresa que da servicios relacionados directamente con la venta o compra de un producto, al pasar éste del fabricante al consumidor.

intermediario de marketing Empresa independiente que colabora directamente en el flujo directo de productos entre una compañía y sus mercados.

intermediario mayorista Empresa que se dedica principalmente a la venta mayorista.

invención Desarrollo de un producto enteramente nuevo para un mercado internacional.

inversión directa Acciones de una compañía tendientes a construir o adquirir sus propias instalaciones de producción en un país extranjero.

investigación de mercados Obtención, interpretación y comunicación de la información orientada a las decisiones para ser utilizada en el proceso de marketing estratégico.

investigación etnográfica Proceso de observar estrechamente cómo los consumidores interactúan con un producto y de deducir después cómo encaja en su vida.

investigación informal Etapa de la investigación de mercados en la cual los datos preliminares y de fácil acceso se obtienen de personas dentro de la compañía y fuera de ella: intermediarios, competidores, agencias publicitarias y consumidores.

J

jerarquía de efectos Etapas por las que pasa un comprador al pasar a una compra, a saber: conciencia, conocimiento, gusto, preferencia, convicción y compra.

jerarquía de necesidades de Maslow Estructura de cinco niveles de necesidades, dispuestas según el orden en que el ser humano intenta satisfacerlas.

juicio ejecutivo Método de pronóstico que consiste en obtener la opinión de uno o más ejecutivos sobre el volumen futuro de ventas.

L

levantador de pedidos Uno de los tres tipos de ventas; los otros dos son personal de soporte a las ventas y receptor de pedidos.

levantador externo de pedidos Vendedor que va al cliente en el campo para realizar una venta.

levantador interno de pedidos Vendedor cuya función primaria consiste en tomar pedidos en forma personal o por teléfono en el lugar del negocio del comprador.

ley de contenido local Regulación que especifica la proporción de los componentes de un producto terminado y la mano de obra que debe aportar el país importador.

leyes de prácticas injustas Leyes estatales que regulan algunas formas de precios de líder cuya finalidad es sacar del mercado otros productos o compañías. Sinónimo de *leyes de ventas injustas*.

leyes de ventas injustas Véase *leyes de prácticas injustas*.

licencia de uso de marcas registradas Acuerdo comercial en que el dueño de una marca registrada autoriza a otras compañías a utilizar su nombre de marca, logotipo o carácter en los productos del cesionario a cambio de las regalías sobre la venta de esos productos. Sinónimo de *licencia de uso de marcas*.

licencia para el uso de marcas Véase *licencia para el uso de marcas registradas*.

líder En liderazgo en precios, producto cuyo precio se rebaja.

líder en pérdidas En el liderazgo de precios, producto cuyo precio está por debajo del nivel del costo de la tienda.

liderazgo en costos globales Según el modelo de estrategias genéricas de Porter, estrategia que consiste en satisfacer un mercado amplio elaborando un producto estándar a costo bajo y luego venderlo más barato que la competencia.

liderazgo en precios Estrategia promocional y de precios, en que se efectúan reducciones temporales de precio en algunos artículos con el fin de atraer compradores.

línea de productos Amplio grupo de productos, destinados esencialmente a aplicaciones similares y que poseen características físicas también semejantes.

líneas de precios Estrategia de precios en virtud de la cual una compañía selecciona un número limitado de precios a los cuales vende productos afines.

lista de valores Conjunto de nueve necesidades básicas, ajustadas a las realidades del mundo donde vivimos, que se relacionan con el comportamiento de compra.

logística Véase *distribución física*.

M

manejo de materiales Subsistema de administración de la distribución física que incluye seleccionar y operar el equipo y el almacén a utilizarse en el manejo físico de los productos.

mantener o aumentar la participación del mercado Objetivo de los precios orientados a las ventas, en que una empresa trata de conseguir una mayor proporción de ventas dentro de un mercado determinado.

manufactura por contrato Acuerdo en que una compañía situada en un país hace los arreglos necesarios para que otra de otro país elabore el producto en este último.

marca Nombre cuya finalidad es identificar el producto de un vendedor o grupo de vendedores.

marca de intermediario Marca que posee un detallista o mayorista. A menudo denominada *marca privada*.

marca del fabricante Aquella que es propiedad del fabricante o de otro productor. A menudo recibe el nombre de *marca nacional*.

marca privada Véase *marca del intermediario*.

marca registrada Aquella que ha sido adoptada por un vendedor y que recibe protección legal. ‖ Parte de una marca que aparece en forma de un símbolo, diseño, color o tipo especial de letras.

margen bruto de ganancia Cantidad de dinero que queda después de restar a las ventas netas el costo de los bienes vendidos.

margen de contribución Margen bruto de una unidad menos sus costos directos, que indica su capacidad de contribuir a cubrir los gastos indirectos de la compañía.

marketing Sistema total de actividades comerciales tendientes a planear, fijar precios, promover y distribuir productos satisfactores de necesidades entre mercados meta, con el fin de alcanzar los objetivos organizacionales.

marketing de pruebas Método de pronóstico de la demanda, en que una empresa vende sus productos en una región geográfica limitada, mide las ventas y luego —a partir de esta muestra— proyecta las ventas en una zona más extensa. También, técnica de investigación de marketing

GLOSARIO

que se sirve de este mismo enfoque para juzgar la respuesta del público ante una estrategia antes de realizar una importante actividad mercadológica.

marketing directo Forma de venta fuera de la tienda, que se sirve de la publicidad para contactar a los clientes quienes a su vez compran productos sin visitarla.

marketing global Estrategia en que se aplica esencialmente el mismo problema en todo el mundo.

marketing industrial Marketing de bienes y servicios entre los usuarios industriales, en contraste con el que se realiza entre consumidores finales.

marketing internacional Actividades de una organización para comercializar sus productos en dos o más países.

marketing orientado a la ecología Actividad de marketing cuya finalidad es lograr un impacto positivo o disminuir el impacto negativo que un producto tiene en el ambiente, a fin de aprovechar el interés del público por los problemas ambientales.

materiales de fabricación Bienes industriales que han sido sometidos a procesamiento y que, antes de formar parte de otro producto, deberán ser sometidos a procesamiento ulterior.

materias primas Bienes industriales que llegan a formar parte de otro producto tangible antes de ser procesados de alguna manera.

matriz de crecimiento del mercado de productos Modelo de planeación que consta de cuatro estrategias alternas de crecimiento, basadas en el hecho de que la organización venderá sus productos actuales o nuevos a los mercados presentes o futuros.

matriz de negocios de General Electric (GE) Modelo de planeación ideado por General Electric, que clasifica las unidades estratégicas de negocios o productos principales a partir de dos factores: atractivo del mercado y posición de la compañía.

matriz del Boston Consulting Group (BCG) Modelo de planeación estratégica que clasifica las unidades estratégicas de negocios o los productos principales según la participación en el mercado o las tasas de crecimiento.

maximización de las utilidades Objetivo de la fijación de precios en que la compañía trata de obtener la mayor cantidad posible de dinero.

mayoría tardía Grupo de consumidores escépticos que tardan en adoptar una innovación, pero con el tiempo lo hacen para ahorrar dinero o en respuesta a la presión social de sus colegas.

mayoría temprana Grupo de consumidores muy reflexivos que adopta una innovación poco antes que lo haga el adoptador común en un sistema social.

mayorista Véase *comerciante mayorista*.

mayorista de servicio completo Comerciante intermediario independiente, que lleva a cabo una serie de funciones de venta al mayoreo (desde la creación de surtidos hasta el almacenamiento).

medios publicitarios Vehículos de comunicación (prensa, radio y televisión) que transmiten publicidad, lo mismo que otro tipo de información y diversión.

membresía en almacenes Véase *membresía en tiendas mayoristas*.

membresía en tiendas mayoristas Institución combinada de mayoreo y menudeo que tiene una variedad muy amplia pero poco profunda de productos, precios sumamente bajos, pocos servicios al cliente y a la cual sólo tienen acceso los miembros. Sinónimo de *membresía en almacenes*.

mercado Personas u organizaciones con necesidades que satisfacer, dinero para gastar y el deseo de gastarlo. También, cualquier persona o grupo con el que un individuo o empresa tiene una relación actual o posible de intercambio.

mercado agrícola Granjas, compañías procesadoras de alimentos y otras grandes empresas que trabajan en él.

mercado de clientes Individuos u organizaciones que reciben el dinero o los servicios de una empresa no lucrativa. Sinónimo de *mercado receptor*.

mercado de contribuyentes Véase *mercado de donadores*.

mercado de donadores Individuos u organizaciones que aportan dinero, trabajo o materiales a una empresa no lucrativa. Sinónimo de *mercado de contribuyentes*.

mercado de revendedores Segmento del mercado de empresas, compuesto por intermediarios mayoristas y minoristas que compran productos para revenderlos después a otros usuarios industriales o consumidores.

mercado de servicios Todos los transportistas y servicios públicos, así como las numerosas compañías financieras, de seguros, de bienes raíces y de asesoría legal.

mercado del gobierno Segmento del mercado de empresas que incluye las unidades federal, estatal y municipal que compra para instituciones gubernamentales como escuelas, oficinas, hospitales y bases militares.

mercado formado por empresas no lucrativas Instituciones tan diversas como iglesias, colegios y universidades, museos, hospitales y otras instituciones médicas, partidos políticos, sindicatos y organizaciones de caridad.

mercado horizontal industrial Situación en que determinado producto puede emplearse en muchas industrias.

mercado industrial La totalidad de los usuarios industriales.

mercado meta Grupo de clientes (personas u organizaciones) para quienes un vendedor diseña una mezcla de marketing.

mercado receptor Véase *mercado de clientes*.

mercado vertical de negocios Situación en que prácticamente todas las compañías pueden utilizar determinado producto sólo en una o dos industrias.

mercancía extensa Esta estrategia, principal causa del conflicto entre canales horizontales, consiste en que un intermediario se diversifica agregando líneas de productos que tradicionalmente no maneja este tipo de negocios.

mesa de distribución (corredores) Véase *transportistas distribuidores especializados*

meta Véase *objetivo*.

método de acumulación Véase *método de funciones (tareas)*.

método de costo completo En el análisis de costos de marketing, método contable en el cual todos los gastos —directos e indirectos— se asignan a las unidades de marketing que serán analizadas.

método de derivación directa Forma de pronosticar la demanda, que relaciona el comportamiento de un factor de mercado directamente con la demanda estimada.

método de funciones (tareas) Aquel con que se establece el presupuesto promocional al determinar los fines u objetivos que el programa promocional debe cumplir y decidir luego cuánto costarán. Sinónimo de *método de acumulación*.

método de observación Aquel que consiste en recopilar datos primarios observando simplemente las acciones del sujeto.

método del porcentaje de ventas Método para determinar el presupuesto promocional, en el cual se establece como cierto porcentaje de las ventas pasadas y previstas.

método Delphi Técnica de pronósticos, aplicable a las predicciones de ventas, en la cual un grupo de expertos evalúa en forma individual y anónima las ventas futuras; después, cada uno tiene la misma oportunidad de ofrecer una evaluación revisado conforme el grupo empieza a mostrar consenso.

método para determinar el presupuesto promocional El que se aplica para determinar el monto asignado a la promoción en general y a determinadas formas de promoción.

mezcla de marketing Combinación de cuatro elementos (producto, estructura de precios, sistema de distribución y actividades promocionales) que sirven para satisfacer las necesidades del mercado o mercados meta de una empresa y, al mismo tiempo, alcanzar sus objetivos de marketing.

mezcla de productos Conjunto de todos los productos que una empresa ofrece al mercado.

mezcla promocional Combinación de la venta personal, la publicidad, la promoción de ventas, las relaciones públicas y la publicidad no pagada para ayudarle a una empresa a alcanzar sus objetivos de marketing.

misión Declaración de una organización sobre qué clientes atiende, qué necesidades satisface y qué tipos de productos vende.

moda Estilo que aceptan y compran ampliamente grupos sucesivos de personas durante un periodo bastante largo.

moda pasajera Producto o estilo que de la noche a la mañana adquiere gran popularidad y que con la misma rapidez pierde la aceptación de los consumidores.

modelo de estrategias genéricas de Porter Modelo de planeación que evalúa dos factores (magnitud del mercado meta y ventaja diferencial) y luego utiliza el resultado para recomendar una de tres estrategias alternas).

modificación del producto Estrategia que consiste en mejorar un producto actual.

monitoreo ambiental Proceso de reunir información sobre el ambiente externo de una compañía, analizarla y pronosticar el impacto de las tendencias que revele el análisis. Sinónimo de *exploración ambiental*.

motivo necesidad suficientemente estimulada que impulsa al sujeto a buscar la satisfacción.

motivo de compra Razón por la cual una persona u organización adquiere un producto específico o compra los productos de una empresa.

motivos de compra de la clientela Razón por la cual un consumidor escoge una tienda para comprar en ella.

muestra aleatoria Aquella que se selecciona de manera que todos los miembros del universo tengan las mismas probabilidades de figurar en ella.

muestra de comodidad Aquella que se selecciona en forma no aleatoria, de modo que ningún miembro del universo tenga igual probabilidad de ser incluido en ella.

N

negativa a realizar transacciones Situación en que un fabricante que desea seleccionar y, tal vez, controlar sus canales se niega a vender productos a algunos intermediarios.

negociante Persona u organización que desea efectuar intercambios.

niños problema Véase *signos de interrogación*.

nivel de desarrollo económico Indicación general de la madurez y prosperidad de la economía de un país.

nivel de participación personal Tiempo y esfuerzo que un consumidor dedica a la decisión de compra.

no adoptador Consumidores que nunca adoptan una innovación.

GLOSARIO

nombre de marca Parte de una marca que puede expresarse oralmente: palabras, letras o números.

nueva compra En el mercado de empresas, situación en que una compañía examina por primera vez la conveniencia de adquirir algo.

O

objetivo Resultado buscado. Sinónimo de *meta*.

objetivo de la fijación de precios Resultado que los directivos desean alcanzar con su estructura y estrategias de precios.

observación mecánica Método de recabar métodos, en el cual algún tipo de máquina o de otro aparato mecánico observa y registra las acciones de un persona o grupo.

observación personal Método de recabar datos, en el cual una persona observa las acciones de un individuo o grupo de individuos.

obsolescencia de la moda Véase *obsolescencia del estilo*.

obsolescencia del estilo Forma de obsolescencia planeada en que se modifican las características específicas de un producto, de manera que el nuevo modelo se diferencia fácilmente del anterior y el público se siente insatisfecho con este último. Sinónimo de *obsolescencia de la moda* y *obsolescencia psicológica*.

obsolescencia funcional Véase *obsolescencia tecnológica*.

obsolescencia planeada Estrategia cuyo fin es hacer que un producto quede obsoleto y, de ese modo, aumentar el mercado de los productos de sustitución. Hay dos formas de ella: obsolescencia tecnológica y de estilo.

obsolescencia psicológica Véase *obsolescencia del estilo*.

obsolescencia tecnológica Forma de obsolescencia planeada, en que un importante mejoramiento técnico da origen a un producto más eficaz. Sinónimo de *obsolescencia funcional*.

oficina de ventas del fabricante Instalación de ventas del fabricante que no vende las existencias del producto.

oligopolio Estructura de mercado dominado por unas cuantas firmas, cada una de las cuales vende productos similares.

opinión de la fuerza de ventas Método de pronosticar las ventas, que consiste en obtener de todos los vendedores estimaciones sobre las ventas de sus territorios durante el periodo futuro de que se trate.

orden de cesar y desistir Medida obligatoria de la Federal Trade Commission que le exige a una compañía sacar de la circulación una publicidad considerada engañosa.

organización basada en clientes (cuentas) importantes Variación de la especialización en clientes que normalmente incluye la venta en equipo para mejorar el servicio a los clientes.

orientación a un segmento del mercado Conforme al modelo de estrategias genéricas de Porter, estrategia que consiste en satisfacer una parte del mercado con precios muy bajos o bien con un producto especial.

P

países en vías de desarrollo Cerca de 80 naciones del mundo que tienen un producto interno bruto menor que 1 700 dólares per cápita, carecen de la mayor parte o de todos los recursos necesarios para el crecimiento y recurren mucho a la ayuda externa.

países muy industrializados Cerca de 35 naciones del mundo que tienen un producto interno bruto de más de 5 500 dólares per cápita y que cuentan con infraestructuras bien desarrolladas, altos niveles de escolaridad y alfabetismo, gobiernos estables, una tecnología en constante progreso y una fuerza de trabajo calificada.

países recién industrializados Cerca del 35% del mundo que tiene un ingreso interno bruto de 1 700 a 5 500 dólares per cápita y que combina una dinámica fuerza laboral, sueldos bajos y gobierno estable para obtener altas tasas de crecimiento económico.

participación del mercado Proporción de las ventas totales de un producto durante determinado periodo en un mercado, las cuales corresponden a una compañía individual.

penetración en el mercado Estrategia de crecimiento del mercado de productos en que una compañía trata de vender más de sus productos a sus mercados actuales.

percepción Proceso realizado por un individuo para recibir, organizar o asignar significado a los estímulos detectados por los cinco sentidos.

perros De acuerdo con la matriz del Boston Consulting Group, unidades estratégicas de negocios que se caracterizan por una escasa participación en el mercado y funcionan en industrias con bajas tasas de crecimiento.

personal de soporte a las ventas Uno de tres tipos de funciones de ventas, siendo los otros dos obtención y levantamiento de pedidos.

personalidad Patrón de rasgos del individuo que influye en las respuestas conductuales.

personas en unión libre Unidades familiares formadas por parejas no casadas del sexo opuesto que viven bajo un mismo techo.

piezas de fabricación Bienes industriales que ya fueron procesados en cierta medida y que serán ensamblados en su forma actual (sin cambio ulterior) como parte de otro producto.

plan anual de marketing Documento escrito que presenta el programa maestro de las actividades mercadológicas del año de una división de una empresa o de un producto muy importante.

plan de compensación combinada Combinación de sueldo y comisión.

planeación Proceso de decidir ahora lo que se hará más tarde, incluyéndose el cuándo y el cómo se realizará.

planeación estratégica de la compañía Nivel de planeación que consiste en 1) definir la misión de la organización, 2) analizar la situación, 3) establecer los objetivos y 4) escoger las estrategias adecuadas para cumplirlos.

planeación estratégica de marketing Nivel de planeación que consiste en 1) realizar un análisis de la situación, 2) establecer objetivos del marketing, 3) determinar el posicionamiento y la ventaja diferencial, 4) seleccionar los mercados meta y medir la demanda del mercado, 5) diseñar una mezcla estratégica de marketing.

planeación estratégica Proceso gerencial que consiste en adecuar los recursos de una firma con sus oportunidades de mercado a largo plazo.

poca participación individual Decisión de compra en que el consumidor pasa directamente del reconocimiento de una necesidad a la compra, omitiendo las etapas intermedias del proceso.

poder adquisitivo discrecional Cantidad del ingreso personal disponible que queda después de pagar los gastos fijos y las necesidades esenciales de la familia; es, pues, un buen indicador de la capacidad del consumidor para invertir en artículos no indispensables.

poder del canal Capacidad de una empresa para influir o determinar el comportamiento de otro miembro del mismo canal.

política de territorio exclusivo Práctica en virtud de la cual un productor exige que los intermediarios vendan sólo a clientes situados dentro del territorio asignado.

porcentaje de margen bruto de ganancia Razón entre margen bruto y ventas netas.

porcentaje de rebaja Razón entre el descuento total y las ventas netas totales realizadas durante un periodo determinado.

posicionamiento Imagen de un producto en relación con productos que compiten directamente con él y con otros comercializados por la misma firma. También, estrategias y acciones de una compañía cuya finalidad es distinguirla favorablemente de los competidores en la mente de algunos grupos de consumidores. Sinónimo de *posicionamiento del producto*.

posicionamiento del producto Véase *posicionamiento*.

potencial de mercado Volumen total de ventas que todas las empresas que venden un producto durante determinado periodo en un mercado esperan conseguir en condiciones ideales.

potencial de ventas Parte del mercado potencial que una compañía espera obtener en condiciones ideales.

precio Cantidad de dinero o de otros elementos con utilidad que se requieren para comprar un producto.

precio base Precio de una unidad del producto en el momento de su producción o reventa. Sinónimo de *precio de lista*.

precio de fábrica LAB (libre a bordo) Estrategia de precios geográficos, en virtud de la cual el vendedor calcula el precio de venta en el punto de producción y el comprador selecciona el modo de transporte y paga todos los gastos de flete. Sinónimo de *precios de fábrica LAB*.

precio de lista Véase *precio base*.

precio de lista sugerido Políticas de fijación de precios, en virtud de la cual un fabricante recomienda a los detallistas un precio final (al menudeo) que debe darles sus márgenes normales de ganancia.

precio esperado El que los consumidores asignan de manera consciente o inconsciente, es decir lo que a su juicio vale el producto.

precios basados en los costos totales unitarios y en la ganancia unitaria Método de fijación de precios en que el precio de una unidad se establece en un nivel igual al costo unitario total más una ganancia deseada por unidad.

precios basados únicamente en los costos marginales Forma de fijación de precios basada en el costo total unitario y en la ganancia unitaria, en que sólo los costos marginales —no los costos totales— constituye el criterio para establecer los precios.

precios con absorción del flete Estrategia geográfica de precios, en virtud de la cual el vendedor paga (absorbe) algunos de los costos del flete, a fin de penetrar en mercados más distantes.

precios de penetración en el mercado Estrategia en que el precio inicial de un producto se fija por debajo de los niveles de los precios esperados en el mercado meta.

precios de planta LAB Véase *precios de fábrica LAB*.

precios unitarios Forma de presentación de precios en que, aparte del precio total del producto, también se indica el precio por libra, cuarto u otra medida estándar para ayudarle al público en las compras por comparación.

presentación de ventas Tercer paso del proceso de la venta personal, en que un vendedor desarrolla y luego transmite un mensaje cuyo fin es captar la atención de un prospecto, mantener su interés mientras crea el deseo del

GLOSARIO

producto y, al llegar el momento, estimular la acción para cerrar la venta.

presentaciones estandarizadas de ventas Presentación memorizada cuya finalidad es exponer todos los puntos establecidos por los gerentes y que utilizan todos los representantes literalmente o introduciendo cambios insignificantes.

principio del 80/20 Situación en que una gran proporción de los pedidos totales, clientes, territorios o productos representa apenas una pequeña parte de las ventas o utilidades de la compañía y a la inversa.

principio del iceberg (témpano) Concepto relacionado con la evaluación del desempeño, según el cual los datos sumarios (punto del iceberg) relacionados con una actividad posiblemente oculten importantes variaciones entre los segmentos que la constituyen.

PRIZM Procedimiento, cuyo nombre es Índice de Clasificación Potencia de los mercados ZIP, que fue ideado por una compañía de investigación para emplearse en la segmentación del mercado.

problema de pedidos pequeños Situación de muchas firmas, en la cual los ingresos de un pedido son menores que los gastos asignados, porque algunos costos (facturación y venta directa, entre otros) son esencialmente iguales sin importar el tamaño del pedido.

procesamiento de pedidos Subsistema de la administración de la distribución física, que incluye el conjunto de procedimiento consistentes en recibir, manejar y surtir pedidos.

proceso de adopción Conjunto de decisiones sucesivas que toma un individuo antes de aceptar una innovación.

proceso de adopción de modas Serie de periodos de gran demanda, en los cuales un estilo adquiere gran popularidad en el mercado; semejante a la difusión de una innovación.

proceso de desarrollo de productos nuevos Conjunto de seis etapas por las que pasa un nuevo producto, comenzando con la generación de la idea y pasando por la selección de ideas, análisis de la industria, desarrollo de un prototipo, pruebas de mercado y, finalmente, la comercialización (producción y marketing a gran escala).

proceso de la decisión de compra Serie de etapas lógicas, la cual es diferente entre consumidores y organizaciones, por las que pasa un prospecto cuando afronta un problema de compra.

producto Conjunto de atributos tangibles e intangibles, que entre otras cosas incluyen el empaque, color, precio, calidad y marca junto con los servicios y la reputación del vendedor. Un producto puede ser un bien, un servicio, un lugar o una idea.

producto genérico Aquel que se empaca en una etiqueta simple, se vende sin publicidad y sin nombre de marca, y se conoce por su nombre genérico como "tomates" o "toallitas de papel".

producto industrial El que se destina a la compra y venta o a la reventa y uso en la elaboración de otros productos o bien a la prestación de servicios en una empresa.

producto nuevo Término vago que designa 1) productos realmente innovadores y singulares, 2) productos de reemplazo que difieren mucho de los actuales y 3) productos de imitación que son nuevos para la empresa, no así para el mercado.

producto para consumidores El que está diseñado para que los compren y usen las unidades familiares de consumidores con fines no lucrativos.

productos sustitutos Competencia entre dos o más productos que satisfacen esencialmente las mismas necesidades.

profundidad de la línea de productos Variedad relativa de tamaños, colores y modelos que se ofrecen dentro de una línea de productos.

promoción comercial Tipo de promoción de ventas que se dirige a los integrantes de un canal de distribución.

promoción de ventas Medios estimuladores de la demanda, cuya finalidad es complementar la publicidad y facilitar la venta personal.

promoción Elemento de la mezcla de marketing de una compañía, que sirve para informar, persuadir y recordarle al mercado el producto o la organización que lo vende, con la esperanza de influir en los sentimientos, creencias y comportamiento del receptor.

promoción para consumidores Tipo de promoción de ventas dirigida a los consumidores.

pronóstico de la demanda Proceso que consiste en estimar las ventas de un producto durante un periodo futuro.

pronóstico de ventas Estimación de las ventas probables de una marca de un producto durante determinado periodo en un mercado específico y suponiendo el uso de un plan de marketing previamente establecido.

prospección Primer paso del proceso de la venta personal, en el cual se identifica a los posibles compradores y luego se les clasifica.

proveedores Personas o empresas que ofrecen los bienes y servicios necesarios para que una organización produzca lo que vende.

prueba preliminar (preprueba) Actividad en que la forma definitiva o casi definitiva de los comerciales es presentada a grupos de consumidores, con el propósito de evaluar sus reacciones.

prueba simulada de mercado Variación de las pruebas de marketing, en que a un grupo de voluntarios se les muestran anuncios del producto que va a ser probado y de otros. Después se les permite "comprar" en una tienda de prueba, a fin de recabar datos que servirán luego para pronosticar las ventas del producto.

pruebas de mercado Etapa en el proceso de desarrollo de productos nuevos, que consiste en conseguir y analizar las reacciones del público ante los productos propuestos.

pruebas directas Medición o predicción del volumen de ventas atribuibles a un solo anuncio o a una campaña publicitaria.

pruebas indirectas Medición o predicción de los efectos de la publicidad por medio de otro factor que no sea el volumen de ventas.

psicografía Concepto del comportamiento del consumidor que lo describe en función de varias características psicológicas y conductuales.

publicidad Todas las actividades que se requieren para presentar a una audiencia un mensaje impersonal pagado por un patrocinador acerca de un producto u organización.

publicidad coercitiva Medida obligatoria de la Federal Trade Commission, en virtud de la cual una compañía cuya publicidad haya sido considerada engañosa deberá realizar anuncios tendientes a corregir el engaño.

publicidad comparativa horizontal Tipo de publicidad comparativa que incluye empresas en el mismo nivel de un canal de distribución, como un grupo de detallistas.

publicidad competitiva Forma de publicidad de demanda selectiva en la cual un anunciante señala directa (mencionando una marca rival) o indirectamente (mediante alusiones) las diferencias entre varias marcas.

publicidad cooperativa La que promueve productos de dos o más compañías, compartiendo todas ellas los costos.

publicidad cooperativa vertical Tipo de publicidad cooperativa en que participan compañías en varios niveles de un canal de distribución; por ejemplo, un fabricante y un detallista.

publicidad de acción directa Publicidad de un producto que busca una respuesta rápida.

publicidad de acción indirecta Publicidad de productos cuya finalidad es informar al público o bien recordarle la existencia de un producto y señalarle sus beneficios.

publicidad de demanda primaria Aquella cuya finalidad es estimular la demanda de una categoría genérica de un producto.

publicidad de demanda selectiva Aquella cuya finalidad es estimular la demanda de marcas individuales.

publicidad de servicio al cliente Publicidad institucional que ofrece información sobre las actividades del anunciante.

publicidad de servicios públicos Publicidad institucional que tiene por objeto mejorar la calidad de vida y mostrar que el anunciante es un miembro responsable de su comunidad.

publicidad del producto La que se centra en determinado producto o marca.

publicidad entre empresas La que se dirige a otras organizaciones.

publicidad institucional La que presenta información sobre el negocio del anunciante o trata de crear una impresión positiva —crear buena voluntad— acerca de él.

publicidad no pagada Forma especial de relaciones públicas, en que la comunicación sobre la organización, sus productos o sus políticas a través de los medios no es financiada por el patrocinador u organización.

publicidad para consumidores La que se dirige al público consumidor.

publicidad para sostener la demanda Publicidad en favor de la demanda primaria que se realiza a lo largo del ciclo de vida del producto, generalmente efectuado por asociaciones comerciales, cuya finalidad es estimular o, al menos, conservar la demanda de una categoría genérica de productos.

publicidad pionera Publicidad de demanda primaria en la fase de introducción del ciclo de vida del producto, cuya finalidad es informar (más que persuadir) al mercado meta.

punto de equilibrio Nivel de producción en que los ingresos totales son iguales a los costos totales, suponiendo cierto precio de venta.

R

razón de gastos de operación Gastos de operación divididos entre las ventas netas.

rebaja Reducción del precio original de venta.

receptor Uno de los tres tipos del trabajo de ventas; los otros dos son el personal de soporte de ventas y el levantador de pedidos.

reciprocidad Controvertida práctica comercial que puede formularse así: "Te compró algo si tú también me compras algo."

recompra directa (simple) En el mercado de empresas, una compra rutinaria de poca participación individual, con un mínimo de necesidades de información y sin que se examinen a fondo las alternativas.

recompra modificada En el mercado de empresas, situación de compra entre una compra nueva y una recompra simple en términos del tiempo y las personas que inter-

GLOSARIO

vienen, la información requerida y las alternativas consideradas.

reconocimiento de una necesidad Primera etapa en el proceso de la decisión de compra, en que la necesidad impulsa al consumidor a actuar.

reconsumo Fabricar productos de manera que los materiales, los componentes y el empaque puedan emplearse durante más tiempo y reutilizarse en forma parcial o total.

recordación de la publicidad Medida de la eficacia de la publicidad que se basa en la suposición de que un anuncio tendrá efecto sólo si se percibe y se recuerda.

reforzamiento En la teoría del aprendizaje, resultados positivos o negativos cuando se premia una respuesta.

reforzamiento negativo En la teoría del aprendizaje, hecho de evitar un resultado indeseable como consecuencia del comportamiento.

reforzamiento positivo En la teoría del aprendizaje, obtener un resultado favorable como consecuencia de un comportamiento determinado.

relaciones públicas Actividades de comunicación cuya finalidad es influir favorablemente en las actitudes ante una organización, productos y políticas.

rendimiento meta Objetivo de la fijación de precios orientada a las ganancias, en que una firma establece el precio de sus productos para conseguir determinado rendimiento porcentual sobre sus ventas o sobre su inversión.

rendimiento sobre la inversión Medida comúnmente usada del desempeño gerencial, que se calcula dividiendo la utilidad neta entre los activos totales o capital contable.

representante del fabricante Véase *agente del fabricante*.

responsabilidad legal del producto Acción legal en que se afirma que una enfermedad, accidente o muerte se debieron al producto en cuestión, porque era dañino, defectuoso o no tenía una etiqueta adecuada.

responsabilidad social Compromiso de una compañía de contribuir al bienestar de la sociedad.

respuesta En la teoría del aprendizaje, reacciones conductuales ante impulsos y señales.

respuesta a las objeciones Intento de un vendedor por cerrar una venta identificando y luego despejar las dudas del prospecto sobre el producto y otros temas.

retención selectiva Fenómeno que consiste en conservar en la memoria sólo parte de lo que se percibe.

retroalimentación Componente de la comunicación que indica al emisor si un mensaje fue recibido y cómo lo percibió el destinatario.

rezagados Grupo de consumidores tradicionalistas que son los últimos en adoptar una innovación.

Robinson-Patman Act Ley federal, aprobada en 1936, que se proponía evitar la discriminación de precios por parte de los grandes detallistas y la concesión de grandes e inequitativos descuentos promocionales a los grandes detallistas o mayoristas por parte de los fabricantes.

rotación de inventario Número de veces que el inventario promedio se vende durante el periodo en cuestión.

rueda de tiendas al menudeo Teoría que postula la existencia de un patrón cíclico de cambios en la venta al menudeo: un nuevo tipo de tienda entra en el mercado como un establecimiento de bajo costo y precios y con el tiempo le arrebata clientes a los competidores que no hacen cambios; tiempo después mejora su posición en el mercado, sus costos crecen y aumenta los precios, con lo cual se hace vulnerable ante un nuevo tipo de detallista.

ruido Cualquier factor externo que interfiere en una buena comunicación.

S

salario Remuneración en forma de pago fijo por un periodo durante el cual un vendedor (u otro empleado) está trabajando.

satisfacción Condición del consumidor en la que la experiencia con el producto corresponde a las expectativas o las supera.

satisfacción del cliente Correspondencia entre la experiencia que origina un producto y las expectativas del consumidor.

segmentación del mercado Proceso de dividir el mercado total de bienes y servicios en grupos más pequeños, de modo que los miembros de cada grupo sean semejantes respecto a los factores que influyen en la demanda.

segmentación por comportamiento Segmentación del mercado que se basa en el comportamiento de los consumidores relacionado con el producto, generalmente los beneficios deseados de un producto y la tasa a la cual el comprador utiliza el producto.

segmentación psicológica La que se basa en la demografía y psicología del consumidor.

selección de un nicho del mercado Estrategia en que los bienes y servicios son adaptados para que satisfagan las necesidades de un pequeño segmento.

servicio Actividad identificable y tangible que es el objeto principal de una transacción encaminada a satisfacer las necesidades de los clientes.

servicio de *piggyback* Transporte de camiones cargados en vagones de plataforma de ferrocarril.

servicio de transbordador Transporte de remolques de camiones o de vagones de ferrocarril en barcazas o barcos

servicio de transportistas especializados Comerciante mayorista que vende una línea selecta de productos perecederos y los entrega por camión en las tiendas. Sinónimo de *distribuidor en camión*.

servicio después de la venta Mantenimiento y reparaciones, así como otros servicios que se dan a los clientes a fin de cumplir con las estipulaciones de la garantía o bien para incrementar los ingresos de la compañía.

servicios de almacenamiento Una amplia gama de actividades relacionadas con la distribución física, que incluye el almacenamiento, ensamblado, división y preparación de productos para el embarque.

signos de interrogación En la matriz del Boston Consulting Group, unidades estratégicas de negocios que se caracterizan por pequeñas participaciones en el mercado y grandes tasas de crecimiento de la industria. Algunas veces se les llama también *niños problema*.

sistema administrado de marketing vertical El que coordina las actividades de distribución mediante el poder de mercado o económico de un canal miembro o el poder compartido de dos canales miembros.

sistema contractual de mercado vertical Aquel en que empresas independientes —productores, mayoristas y detallistas— operan con el fin de mejorar la eficiencia de la distribución.

sistema corporativo de marketing vertical Aquel en que una compañía situada en un nivel de un canal de distribución es dueña de las que se encuentran en el siguiente canal o bien de todo éste.

Sistema de Clasificación Industrial Estándar (SIC) Sistema de codificación ideado por el gobierno federal, que agrupa las empresas en tipos semejantes de negocios y con ello les permite identificar y analizar pequeños segmentos del mercado industrial.

sistema de franquicias Combinación de franquiciadores y franquiciantes.

sistema de información de marketing (SIM) Procedimiento permanente y organizado que permite generar, analizar, difundir, almacenar y recuperar información para emplearla en la toma de decisiones de marketing.

sistema de marketing vertical Canal de distribución rigurosamente coordinado, cuya finalidad es mejorar la eficiencia operativa y la eficacia del marketing.

sistema de soporte a las decisiones (SSD) Procedimiento que permite a un ejecutivo interactuar con datos y métodos de análisis para reunir, analizar e interpretar información.

sobreprecio Cantidad que se agrega al costo de un producto. También, diferencia entre el precio de venta de un producto y su costo.

subcultura Grupos de una cultura que muestra patrones conductuales lo bastante característicos como para distinguirlos de otros grupos pertenecientes a la misma cultura.

subsidiaria de propiedad completa Tipo de negocio en los mercados internacionales, en que una compañía posee la sucursal en otro país, a fin de obtener el máximo control sobre su programa de marketing y actividades de producción.

sucursal de ventas de la compañía Véase *sucursal de ventas del fabricante*.

sucursal de ventas del fabricante Instalación de ventas del fabricante que vende las existencias del producto. Sinónimo de *sucursal de ventas de la compañía*.

suministros de operación Categoría de "conveniencia" de los bienes industriales, constituida por productos tangibles que se caracterizan por un bajo valor monetario por unidad y una vida corta y que contribuyen a la realización de las actividades organizaciones, sin que lleguen a formar parte del producto terminado.

supercentro Combinación de una tienda de descuento y de una tienda general de comestibles.

supermercado Tipo de institución al detalle que cuenta con una variedad amplia y moderadamente profunda de productos, ofrece un número relativamente pequeño de servicios al cliente y que suele poner de relieve el precio en una forma agresiva o defensiva.

superyó (superego) En la psicología freudiana, parte de la mente de una persona que alberga la conciencia, acepta las normas morales y encauza los impulsos instintivos hacia canales aceptables.

T

táctica Medio específico con el cual se pone en práctica una estrategia.

tarifa Impuesto que se fija a un producto en el momento de ser introducido en un país.

tasas de interés Cantidades porcentuales que se cobran en los préstamos o que se pagan para obtener dinero.

tecnología Aplicaciones de la ciencia con fines industriales y comerciales.

telemarketing Forma de venta al detalle fuera de las tiendas, en la cual un vendedor inicia el contacto con un comprador y también cierra la venta por teléfono.

tema de la campaña Mensajes promocionales elaborados en una forma bien definida que capta la atención.

teoría del estímulo-respuesta Aquella según la cual el aprendizaje se realiza cuando una persona 1) responde ante algún estímulo y 2) se le premia con la satisfacción

GLOSARIO

de una necesidad cuando emite la respuesta correcta o se le castiga cuando emite la respuesta incorrecta.

tienda de conveniencia Tipo de institución al detalle que se concentra en comestibles orientados a la comodidad del público y a otro tipo de productos, generalmente sus precios son más altos que los de otras tiendas de comestibles y ofrece pocos servicios al cliente.

tienda de departamentos Institución detallista a gran escala, que ofrece un surtido amplio y profundo de productos, trata de competir en precios bajos y ofrece una amplia gama de servicios al cliente.

tienda de descuento Establecimiento grande que ofrece una variedad amplia y poco profunda de productos, precios bajos y unos cuantos servicios al cliente.

tienda de especialidades Tipo de establecimiento al detalle que tiene una variedad muy limitada y profunda de productos (concentrándose a menudo en una línea especializada de productos e incluso en una parte de dicha línea), que normalmente ofrece a los clientes servicios por lo menos estándar.

tienda de fábrica Tipo especial de establecimiento de descuento que normalmente es propiedad de un fabricante y que suele vender no sólo los saldos de él, sino también el mismo tipo de mercancía que puede encontrarse en otras tiendas; normalmente vende a precios más bajos que los demás detallistas.

tienda de líneas limitadas Tipo de institución al detalle con una variedad reducida pero profunda y con servicios al cliente que varían en cada establecimiento.

tienda matacategorías Tipo de establecimiento al detalle que ofrece un surtido reducido pero muy profundo, precios bajos y servicios pocos y moderados. Está diseñada para acabar con toda la competencia en determinada categoría de productos.

tiendas de descuento Tipo de institución al menudeo, a menudo establecida en las áreas del vestido y del calzado, que ofrece una variedad limitada y profunda de productos, precios bajos y pocos servicios al cliente.

tipos de competencia Una compañía generalmente afronta la competencia de marca, productos sustitutos y competencia con todas las empresas por obtener el poder adquisitivo del cliente.

transporte Subsistema de administración de la distribución física que consiste en enviar los productos a los clientes.

transporte intermodal Empleo de dos o más modos de transporte para mover un embarque.

transportistas distribuidores especializados Comerciante mayorista que no maneja físicamente el producto que va a ser distribuido, sino que se limita a vender la mercancía para la entrega directamente del producto al consumidor. Véase *mesa de distribución (corredores)*.

Tratado del Libre Comercio (TLC) El que firmaron Estados Unidos, Canadá y México para eliminar las tarifas que existían entre ellos.

trato exclusivo Práctica en virtud de la cual un fabricante prohíbe a sus distribuidores vender los productos de la competencia.

trueque Intercambio de bienes y/o servicios por otros productos.

trueque industrial Convenio en que algunos productos de fabricación nacional se intercambian por bienes importados.

U

unidad estratégica de negocios División individual de un producto o mercado importantes dentro de una organización de muchos productos o negocios.

unidad familiar Una persona, familia o grupo de individuos sin vínculos de parentesco que viven en un mismo alojamiento.

usuarios industriales Empresas industriales, empresas lucrativas o instituciones que compran bienes y servicios a fin de emplearlos en sus organizaciones para la reventa o para fabricar otros productos.

usuarios Miembros de un centro de compras de una organización, que realmente emplean un producto.

utilidad Atributo de un objeto gracias al cual puede satisfacer necesidades humanas.

utilidad de forma Capacidad de satisfacer necesidades, la cual se obtiene cuando se produce un bien.

utilidad de imagen Capacidad de satisfacer necesidades que se asocia a un producto o marca en virtud de la posición social de ese producto o marca.

utilidad de información Capacidad de satisfacer deseos que se crea al informar a los prospectos de que existe un producto.

utilidad de lugar Capacidad de satisfacer necesidades que se crea cuando el producto realmente se hace accesible a los consumidores potenciales.

utilidad de posesión Capacidad de satisfacer deseos que se crea cuando una persona compra el producto, es decir, se le transfiere la propiedad.

utilidad de tiempo Capacidad de satisfacer necesidades que se crea cuando un producto está disponible para los consumidores en el momento en que lo desean.

utilidad neta Ingresos que quedan después que una empresa paga el costo de la mercancía y sus gastos de operación.

utilidad neta porcentual Razón entre la utilidad neta y las ventas netas.

V

vacas de efectivo Según la matriz del Boston Consulting Group, unidades estratégicas de negocios que se caracterizan por una gran participación en el mercado y realizan negocios en industrias maduras (las que presentan bajas tasas de crecimiento).

valor agregado Valor monetario de la producción de una firma menos el valor de los insumos que les compra a otras compañías.

valor Razón entre los beneficios percibidos del precio y cualquier otro gasto hecho.

valor de marca El que una marca agrega a un producto.

VALS Herramienta de segmentación psicográfica, desarrollada por una compañía de investigación, que divide a los adultos en nueve segmentos basados en las semejanzas de su valores y estilos de vida.

VALS2 Versión actualizada de VALS en que la población se divide en ocho segmentos principalmente atendiendo a los recursos del individuo y a su autoorientación.

vendedor creativo Individuo que generalmente vende servicios, pero algunas veces bienes, diseñando un sistema que sea acorde a las necesidades de un cliente en particular.

vendedor misionero Individuo que no está obligado a obtener pedidos, pero que debe influir en la toma de decisiones, creando buena voluntad, realizando actividades promocionales y suministrando información y otros servicios a los clientes.

vendedor profesional Representante de ventas que no sólo vende productos, sino también servicios, crea buena voluntad entre los clientes y capacita a los vendedores; este tipo de representante en realidad actúa como gerente de un área del mercado.

vendedor-conductor Individuo cuya función primaria consiste en entregar el producto y, en segundo término, realizar la venta.

venta al detalle de tipo supermercado Método de venta al menudeo que ofrece varias líneas de productos afines, un alto grado de autoservicio, cajas registradoras muy centralizadas y precios competitivos.

venta al detalle orientada a la ecología Estrategia o política que consiste en realizar las actividades de venta al menudeo en tal forma que se proteja al ambiente.

venta al detalle Venta, y todas las actividades directamente relacionadas con ella, de bienes y servicios a los consumidores finales para uso personal, no industrial. Sinónimo de *comercio al detalle*.

venta al mayoreo Venta y todas las actividades relacionadas con ella, de bienes y servicios a empresas y otras organizaciones para su reventa, para su uso en la producción de otros bienes o en el funcionamiento de una compañía.

venta automática Forma de venta sin tienda, en la cual los productos se venden a través de una máquina sin que haya contacto entre comprador y vendedor.

venta de mostrador Véase *venta en tiendas al detalle*.

venta de puerta en puerta Tipo de venta directa, en el cual el contacto personal entre un vendedor y un prospecto se da en la casa o negocio del segundo.

venta de relaciones Intento de un vendedor por crear relaciones más profundas y duraderas, basadas en la confianza mutua, con los principales clientes, casi siempre las cuentas más importantes.

venta de sistemas Ofrecer un paquete total de bienes y servicios para resolver un problema (necesidades) del cliente.

venta directa Forma de venta fuera de la tienda, en la cual se realiza un contacto personal entre un vendedor y un consumidor fuera de la tienda. Algunas veces se le llama *venta en casa*.

venta el menudeo con descuento Forma de venta al detalle, que utiliza el precio como punto principal de venta, al combinar precios y costos relativamente bajos en la realización del negocio.

venta en casa Véase *venta directa*.

venta en equipo Véase *centro de ventas*.

venta en tiendas al detalle Tipo de venta personal, en que los consumidores acuden a los vendedores. Algunas veces se le llama *venta de mostrador*.

venta externa Tipo de venta personal en que los vendedores acuden a los clientes.

venta mediante plan de fiesta Tipo de venta directa, en que un anfitrión invita a algunos amigos a una fiesta y en ésta lleva a cabo una presentación de ventas.

venta personal Comunicación personal de información cuya finalidad es convencer a alguien para que compre algo. También, presentación directa (cara a cara o por teléfono) de un producto a un prospecto por parte de un representante de la compañía que lo elabora.

ventaja comparativa Situación en que un país posee recursos naturales o humanos especiales, que le dan una ventaja en la elaboración de algunos productos.

ventaja diferencial Cualquier característica de una organización o marca que los consumidores consideran adecuada y distinta de las de la competencia.

ventaja tecnológica Situación en que la industria de un país, alentada por el gobierno y estimulada por las actividades de nuevas empresas, adquiere una ventaja tecnológica sobre el resto del mundo.

ventas al detalle fuera de la tienda Actividades de venta al detalle generadoras de transacciones que se llevan a cabo fuera de una tienda.

ventas brutas Cantidad total vendida por una organización, expresada en moneda local.

ventas netas Monto de las ventas, a partir del cual la compañía pagará sus productos y gastos.

ventas por catálogo Forma de marketing directo, en el cual las compañías envían catálogos al público o las colocan en las tiendas y los consumidores realizan sus compras a partir de ellos.

W

Wheeler-Lea Act Ley federal, aprobada en 1938, que enmendó la Federal Trade Commission Act al fortalecer la prohibición contra la competencia injusta, especialmente la publicidad falsa o engañosa.

Y

yo (ego) En la psicología freudiana, centro de control racional y consciente de la mente del sujeto que mantiene el equilibrio entre los instintos desinhibidos del ello y el superyó restrictivo y orientado a la sociedad.

yo ideal En contraste con el yo real, forma en que uno desea ser visto o en que le gustaría verse uno mismo.

CRÉDITOS DE FOTOGRAFÍAS

CAPÍTULO 1

p. 2 Susan Holtz.
p. 4 Reproducido con permiso. "Caution: Children Not At Play," Magazine Ad Kit (invierno/primavera 1992). Copyright American Heart Association.
p. 6 (*arriba izquierda*) Migdale/Stock, Boston. (*abajo izquierda*) Frazier/Photo Researchers. (*derecha*) Nathan Holtz.
p. 7 Cortesía de Hyundai Motor America.
p. 12 Cortesía de Frito-Lay, Inc.
p. 19 Cortesía del National Institute of Standards and Technology.
p. 20 Browne/Stock, Boston.
p. 25 © (1992) The Rockport Company, Inc. Todos los derechos reservados. Reimpreso con permiso de The Rockport Company, Inc.
p. 22 Cortesía de Domino's Pizza.
p. 44 Cortesía de Jim Kutsko, Jr.

CAPÍTULO 2

p. 48 Everett Collection.
p. 53 Cortesía de Ford Motor Company.
p. 54 Cortesía de Campbell Soup Company.
p. 55 Alexanian/Woodfin Camp & Associates.
p. 56 Green/Tony Stone Worldwide.
p. 57 States/SABA.
p. 59 Migdale/Photo Researchers.
p. 60 Cortesía de 7-Eleven.
p. 63 Cortesía de Canon USA Inc.

CAPÍTULO 3

p. 72 Bob Winsett/cortesía de SKI THE SUMMIT.
p. 75 Nathan Holtz (*ambas*).
p. 78 Cortesía de Ford Motor Company.
p. 81 Cortesía de Homestead, Inc.
p. 83 Reproducido con permiso del National Pork Producers Council en cooperación con el National Pork Board.
p. 85 (*derecha*) Reimpreso con permiso especial, artículo publicado el 15 de marzo, 1993, en *Business Week*, copyright © 1993 por McGraw-Hill, Inc. (*izquierda*) Cortesía de The Progressive Grocer Company.
p. 96 Cortesía de Sony Corporation of America.
p. 101 Cortesía de The Kelly Springfiel Tire Company.

CAPÍTULO 4

p. 110 Nathan Holtz.
p. 112 Nathan Holtz.
p. 115 Gupton/Stock, Boston.
p. 123 Cortesía de Bill Communications Inc.
p. 126 Grant/Picture Cube.
p. 129 Cortesía de Coca-Cola USA.
p. 132 Cortesía de Paradise Bakery.
p. 143 Cortesía de Blockbuster Entertainment.

CAPÍTULO 5

p. 144 Woodfall/Tony Stone Worldwide.
p. 152 Cortesía de Sara Lee Hosiery.
p. 155 Cortesía de Miles Inc.
p. 161 Cortesía de Campbell Soup Company.
p. 164 Daemmrich/The Image Works.
p. 167 Cortesía de Levi Strauss & Co.
p. 172 Reproducido con permiso de Chrysler Corporation.
p. 172 Southwick/Stock, Bostón.
p. 175 Cortesía de Hyatt Hotels Corporation.
p. 179 Haun/Stock, Boston.
p. 184 Cortesía de AMOCO Oil Company.

CAPÍTULO 6

p. 192 Nathan Holtz.
p. 196 Gupton/Stock, Boston.
p. 200 Copyright 1989 Doug Brown. Silver Diner es marca registrada de Silver Diner Development, Inc.
p. 204 Copyright 1992 Hispanic Magazine. Reimpreso con permiso.
p. 208 Reproducido con permiso de NIKE, Inc.
p. 213 Cortesía de Kiwi Brands, Inc.
p. 216 Nathan Holtz.
p. 218 Vic Huber; cortesía de Foote, Cone & Belding.
p. 222 Hansen/Stock, Boston.

CAPÍTULO 7

p. 232 Heitner/Picture Cube.
p. 233 Cortesía de AM General Corporation.
p. 236 Cortesía de Du Pont Company.
p. 239 Horan/Picture Group.
p. 246 Cortesía de Freightliner Corporation.
p. 250 Dine/Picture Group.
p. 257 Reimpreso con permiso de Motorbooks International Publishers and Wholesalers.
p. 260 Cortesía de Rubbermaid.

CAPÍTULO 8

p. 264 Cortesía de General Motors.
p. 267 (*izquierda*) Cortesía de Leading Edge Products, Inc. (*derecha*) Cortesía de Compaq Computer Corporation.
p. 268 Cortesía de Sega of America.
p. 272 Cortesía de Nikon Inc./fotografía de Jay Brenner.
p. 276 Cortesía de Talon, Inc.
p. 278 Cortesía de Rubbermaid.
p. 286 Cortesía de Springfield Industries.

CRÉDITOS DE FOTOGRAFÍAS

p. 289   Cortesía de 3M Corp.

CAPÍTULO 9

p. 298   Cortesía de Weight Watchers Food Company & Vorhaus.
p. 301   Cortesía de A. H. Robins.
p. 302   Cortesía de Intel Corporation.
p. 307   Cortesía de Swatch, una división de SMH (US) Inc.
p. 314   Jeffrey MacMillan/U.S. News & World Report.
p. 318   Cortesía de Morton International.

CAPÍTULO 10

p. 328   Cortesía de Levi Strauss & Co.
p. 331   Susan Holtz.
p. 333   Cortesía de Sears, Roebuck and Co.
p. 338   Cortesía de Macy's.
p. 340   Cortesía de Black & Decker.
p. 345   James River Corporation.
p. 348-349   Cortesía de Comstock Michigan Fruit Division.
p. 353   Cortesía de Kohler.
p. 354   Cortesía de Ford Motor Company.
p. 356   Cortesía de Xerox Corporation.
p. 364   Cortesía de Eastman Kodak.
p. 368   Susan Holtz.

CAPÍTULO 11

p. 372   Nathan Holtz.
p. 374   Marco Wallroth.
p. 378   Cortesía de Giorgio of Beverly Hills.
p. 379   Cortesía de Mariott Corporation.
p. 389   Gruner/Light Images.
p. 400   (*izquierda*) Cortesía de Wal-Mart Stores. (*derecha*) Cortesía de Cartier.

CAPÍTULO 12

p. 422   Nathan Holtz.
p. 425   Cortesía de Eastman Kodak.
p. 426   Cortesía de Compaq Computer Corporation.
p. 430   Pintado por Erin Dertner, cortesía de Jeff Stanford, Stanford Inn, Mendocino, CA.
p. 435   Cortesía de Southwest Airlines y American Express.
p. 436   Cortesía de Everything's $1.00.
p. 439   Michelle Burgess.
p. 443   Cortesía de AT&T.
p. 451   Cortesía de AT&T.
p. 454   Cortesía de Southwest Airlines.

CAPÍTULO 13

p. 458   Cortesía de The Goodyear Tire & Rubber Company.
p. 463   (*arriba izquierda*) Barner/Stock Boston. (*abajo izquierda*) Winter/Stock, Boston. (*derecha*) Bachman/Stock, Boston.
p. 464   Cortesía de Aetna Life y Casualty Company.
p. 470   Cortesía de Avon Products, Inc.
p. 473   Fotografía cortesía de The May Department Stores Company.
p. 475   Cortesía de Protecto Seal Company.
p. 478   Cortesía de Saks Fifth Avenue.
p. 484   Cortesía de Gucci.

CAPÍTULO 14

p. 494   Cortesía de Home Depot.
p. 502   Cleo/PhotoEdit.
p. 504   *izquierda*) Pasley/Stock, Boston. (*derecha*) Nathan Holtz.
p. 507   (*arriba a abajo*) Cortesía de Dunkin' Donuts, KOA Kampgrounds, Ben & Jerry's, merry maids, SUPERCUTS, Judi Sheppard Missett's Jazzercize.
p. 511   Cortesía de Montgomery Ward.
p. 513   Cortesía de Western Development Corporation.
p. 517   Mark Richards.
p. 523   Cortesía de Lands' End Direct Merchants.

CAPÍTULO 15

p. 532   George R. Cockle.
p. 546   Cortesía de W.W. Grainger, Inc.
p. 548   Cortesía de Roadway Express, Inc.
p. 552   Chris Usher.
p. 558   PhotoEdit.
p. 560   Cortesía de American Lock & Supply, Inc.
p. 568   Nathan Holtz.
p. 572   Susan Holtz.

CAPÍTULO 16

p. 578   Cortesía de Bausch & Lomb.
p. 581   Cortesía de Oscar Mayer.
p. 586   (*arriba*) Cortesía de Franklin Sports. (*abajo*) Cortesía de Coca-Cola, USA.
p. 589   Cortesía de Metropolitan Life Insurance Co.
p. 595   Cortesía de Sun-Maid.
p. 597-598   Cortesía de Duracell, Inc.
p. 601   Cortesía de Lederle Laboratories Division/American Cyanamid Company.

CAPÍTULO 17

p. 608   Cortesía de Avon Products, Inc.
p. 611   Daemmrich/The Image Works.
p. 612   Daemmrich/Stock, Boston.
p. 614   Cortesía de Radio Shack.
p. 615   Terry Parke.
p. 616   Bruce Zake.
p. 624   Cortesía de World Book Educational Products.
p. 627   Cortesía de Century 21.
p. 628   Ken Kerbs.

CAPÍTULO 18

p. 636   Whittle Educational Network.
p. 641   Cortesía de Dean Witter Financial Services Group, Inc.
p. 645   Cortesía de Kmart y Casio.
p. 650   James Keyser/Time Magazine.
p. 653   Cortesía de Rollerblade, Inc.
p. 654   Steven Pumphrey.
p. 656   Cortesía de French Toast/Lollytogs, Ltd.
p. 661   Cortesía de ActMedia.
p. 673   Cortesía de American Express.
p. 677   Susan Holtz.

CRÉDITOS DE FOTOGRAFÍAS

CAPÍTULO 19

- **p. 685** Sidney/The Image Works.
- **p. 686** Cortesía de American Lung Association.
- **p. 693** Cortesía de Pizza Hut.
- **p. 695** Cortesía de The Gap.
- **p. 697** Cortesía de Sea World, an Anheuser-Busch Company.
- **p. 701** Newman/PhotoEdit.
- **p. 702** Cortesía de DHL Worldwide Express.
- **p. 705** Cortesía de Avis International.
- **p. 706** Cortesía de American Cancer Society.

CAPÍTULO 20

- **p. 716** Nathan Holtz.
- **p. 718** Cortesía de MCA/Universal Pictures.
- **p. 719** Jeffrey Aaronson.
- **p. 721** Peter Komiss.
- **p. 727** Carini/The Image Works.
- **p. 734** Takeshi Yuzawa.
- **p. 741-742** Cortesía de Microsoft.
- **p. 743** Cortesía de Airbus Industrie.
- **p. 751** Cortesía de Michigan Opera Theatre.
- **p. 755** Young-Wolff/PhotoEdit.

CAPÍTULO 21

- **p. 760** Cortesía de Hyatt Hotels Corporation.
- **p. 763** Seiji Ibuki.
- **p. 764** Cortesía de Siemens Corporation.
- **p. 767** Jeffrey Aaronson.
- **p. 770** James Schnepf.
- **p. 772** Cortesía de Taco Bell.

CAPÍTULO 22

- **p. 788** Cortesía de Clearly Canadian.
- **p. 790** Jeff Jacobson.
- **p. 794** Etra/PhotoEdit.
- **p. 797** AP/Wide World.
- **p. 799** Cortesía de Minnesota Department of Health.
- **p. 803** Daemmrich/Stock, Boston.
- **p. 807** Cortesía de American Red Cross.
- **p. 814** Cortesía de Chrysler.
- **p. 822** Susan Holtz.
- **p. 827** Hutchings/Photo Researchers.

ÍNDICE DE NOMBRES

A

A. C. Nielsen, 118
A. H. Robins, 301
A & P, 500
Aaker, David A., 362, 438n., 820
Aamco, 496
A & P, 423, 181
Abell, Derek F., 108
Abercrombie & Fitch, 3, 28
Acclivus, 617
Accord, 648
Ace, 506, 594
Achrol, Ravi S., 787
Ackers, Tammy, 772
Acura, 332, 465
Acuvue, 280, 305
Adams, Ronald J., 363
Adidas, 334, 385, 718, 828
Advanced Micro Devices, 249
Advertising Age, 42, 821
Aerobic Information Bureau, 668
Aetna, 333, 463, 683
AFG Industries, 156
Agfa, 63
Agins, Teri, 362, 492, 530, 531
Agree +, 145
Aguas Minerales, 722
Aho, Debra, 752n.
Aim, 333
Air France, 743
Air Jordans, 827, 829
Airborne Freight, 558, 754, 757
Airbus Industries, 180, 742
Alaska Airlines, 333
Albaum, Gerald, 531
Alberto-Culver, 145, 808
Albertson's, 515
Alcoa, 380
Alexander, Jack, 363
Alexander, Keith L., 530
Alexander, Suzanne, 134n., 189, 704n.
Alitalia, 55, 743
All-American Decathalon, 459
All Car Wax, 339
All Cleaner, 339
All Products, 339
All Protectant, 339
Allen, Michael, 255, 450, 531
Allied Van Lines, 333
Allport, Gordon W., 227
Allstate, 463, 464, 620, 648, 683, 696, 698, 821
Almega, 99
Alpert, Mark, 189
Alpha Beta, 161
Alpha-Zeta Company, 408
AM General, 234, 203, 204
AM/PM Mini Marts, 515
Amana, 315, 540
America West, 447
American Airlines, 55, 276, 773
American Association of Retired Persons, 797
American Can, 251
American Cancer Society, 266, 688, 706

American Dream, 253
American Express, 56, 134, 222, 334, 341, 358, 365, 400, 648, 673-675, 688, 700, 702, 724, 799
American Fare, 516
American Heart Association, 352
American Home Products, 280
American Lock & Supply, 560
American Management Association, 123
American Marketing Association, 15, 123
American Stores, 500
American Transitional Hospital, 695
American West, 722
Ames, 567
Amoco, 144, 184
Amway, 519
Anacin, 267
Anderson, James C., 492
Andretti, Mario, 569
Anheuser-Busch, 283, 302, 304, 341, 373, 402, 613, 721
Ansoff, H. Igor, 95, 108
Antonini, Joseph, 568, 569
Apache Red Popcorn, 145
Apple, 82, 243, 249, 427, 444, 555, 765
Arby's, 508
Archer-Daniels, Midland, 613
Arco, 515
Aritech, 628
Arizona State University, 691
Arm & Hammer, 331, 335, 644
Armani, 271
Armor All, 340
Armour, 339
Armour, James, 256
Arons, Rick, 748
Arrid Extra Dry, 145
Arriva, 459
Arthur Andersen and Co., 801
Arthur Murray School of Dance, 508
Asahi, 333
Asea Brown Boveri, 618
Ashby, Janice, 363
AT&T, 11, 272, 330, 334, 353, 428, 444, 451, 452, 590, 615, 616, 642, 674, 799
Atchison, Sandra D., 108, 189, 566
Athletic Shoe Factory, 513
Athletic Store, 437
Atlantic, 190
Atlas, James, 190
AT&T, 135, 137
Au Bon Pain, 333
Audits & Surveys, 113
Audubon Society, 146, 797
Auto Express, 511
"Autolatina," 55
Avis, 59, 691, 698, 705
Avon, 279, 496, 519, 609, 610, 612, 614, 632, 633

B

Baby Gap, 695
Back to the Future II, 654

Bamford, Janet, 566
Ban, 333
Ban Clear, 789
Band-Aid, 335
Bank Marketing School, 691
Barczak, Gloria, 297
Barksdale, Hiram C., Jr., 714
Barmash, Isadore, 529
Barrett, Liz, 524n.
Barrett, Paul M., 450
Bartimo, Jim, 414
Bartlett, Richard C., 524n.
Bassin, Sue, 363
Bates, Albert D., 404, 450
Bath & Body Works, 3
Batman, 345
Bausch & Lomb, 579, 580, 588, 604, 763
Baxter Healthcare, 234, 486
Bayer, 185, 330
Baylor University, 691
Bearden, William O., 226
Beatty, Sharon E., 190
Beautyrest, 332
Bechtel Group, 55
Bed, Bath & Beyond, 513
Beef Industry Council, 593, 642
Beetle, 185
Beltramini, Richard F., 450
Belz Factory Outlet World, 513
Ben Franklin, 471, 483, 506
Benetton, 718
Bennett, Don, 482
Bennett, Peter D., 30, 362
Berger, Warren, 285
Bergmann, Joan, 30
Berman, Gary L., 70
Berry, Jon, 189, 226, 255, 260, 450, 714, 819
Berry, Leonard L., 362, 709, 713, 714
Berry, Norman C., 363
Bertrand, Kate, 141
Best Buy Company, 488
Best Western, 52
Betamax, 316, 452
Bethlehem Steel, 238, 613
Betty Crocker, 309
Betty Crocker Coordinates, 342
BF Goodrich, 589
Bic, 146, 365, 366, 718
Big Buttons, 353
Bigg's, 517
Bill Blass, 284, 399
Bingham, Frank G., 297
Bird, Laura, 141, 297, 326, 363, 819
Bitner, Mary Jo, 714
Black & Decker, 339, 353, 555, 618
Blattberg, Robert C., 141, 450
Blockbuster Video, 142
Bloomingdale's, 337, 525, 629
Blue Ribbon Sports, 827
Blumenthal, Karen, 566
BMW, 118, 271, 334, 342, 591, 619, 815
Bodett, Tom, 648
Body Shop, 524

ÍNDICE DE NOMBRES

Boeing, 21, 157, 250, 276, 473, 718, 722
Bogle, J. Bradley, 142
Bolles, Richard Nelson, 47
Bombay, 512
Bonds, Barry, 375
Bone, Paula Fitzgerald, 189, 819
Bonitos, 206
Bonoma, Thomas V., 787
Bonwit Tellers, 510
Boole, Alfred S., 404
Booms, Bernard H., 714
Borden, 373, 402
Borden, Neil, 593
Borders Book Shops, 570
Bourdon, Elizabeth, 385
Bowerman, Bill, 827
Bowers, Brent, 183, 492
Bowerson, Donald J., 566
Bradley, Peter, 757
Brand Central, 303
Braniff, 454
Breguet, 398
Bremmer, Brian, 826n.
Bremner, Brian, 574n.
Brennan, Leslie, 141
Brennen, Edward, 821
Breyer's, 253
Bridgestone, 459, 490
Bristol-Myers Squibb, 789
British Airways, 722
British Knights, 829
Broadway, 629
Brooks, Garth, 5
Brown, Elicia, 482n.
Brown, Rick; 109
Brown, Stephen W., 714
Brown University, 691
Browning, E. S., 206n., 341n.
Browning, John M., 363
Brownstein, Vivian, 748
Bruno's, 517, 569
Brut, 368
Bryant, Adam, 714
Buchanan, Bruce, 672
Buderi, Robert, 748
Budvar, 341
Budweiser, 305, 341, 644, 721
Buell, Barbara, 108
Buick, 185
Builders Square, 567, 569
Bulkeley, William M., 452n., 606
Burdg, Henry B., 566
Burdine's, 629
Burger King, 68, 334, 475, 707, 718
Burlington Northern, 533
Burroughs Wellcome, 380
Burton, Kathy, 749
Busch, 305
Business Information Center, 251
Business Marketing, 658
Business Week, 42, 83, 157, 590, 719
Buskirk, Bruce D., 326
Butaney, Gul, 492
Butcher, Lola, 524n.
Byrd, Veronica, 508n.
Byrne, Harlan S., 606
Byrne, John A., 714

C

Cacique, 3
Cadbury Schweppes, 638, 722
Cadillac, 185, 302
Caladryl, 353
Calantone, Roger J., 326, 405
Caldwell Banker, 821
Calonius, Erik, 757n.
Calvin Klein, 166, 513
Camay, 156, 739
Camerius, James W., 567n.
Caminiti, Susan, 405, 566
Camp Hyatt, 174, 175
Campanelli, Melissa, 189
Campbell, Melissa, 189
Campbell Soup, 54, 93, 145, 161, 168, 209, 230, 299, 304, 305, 324, 332, 343, 346, 585, 744, 798
Camry, 648
Canada Dry, 722
Canape, Charlene, 226
C&H Sugar, 183
Cannery, The, 503
Canon, 719, 742
Capital Cities/ABC, 637
Cap'n Crunch, 305
Cappio Iced Cappuccino, 804
Capri, 23
Caprino, Mariann, 574n.
Car & Driver, 257
Car-X, 508
Caress, 156
Carey, John, 255, 748
Carlberg, 305
Carma Labs, 302
Carmex, 299
Carnegie Foundation, 111
Carnevale, Mary Lu, 531
Carnival Cruise Lines, 688, 696
Carroll, Doug, 405
Carroll, Paul B., 492
Carruth, Eleanore, 570n.
Carson Pirie Scott, 465
Carter, Hawley, Hale, Inc., 569
Carter-Wallace, 145
Cartier, 400
Cascade, 332
Casio, 645
Caterpillar, 21, 246, 464, 547
Celestial Seasonings, 51, 185
Century 21, 620, 707
Certified Grocers, 484, 505
Cessna, 614, 670
Chadwick, Kathy Gardner, 141
Chalasani, Sujana, 634
Champion, 336
Chandler, Clay, 749
Chanel, 651, 823
Chang, Michael, 648
Channel Home Centers, 528
Channel One, 165, 637, 669, 670
Charles, Ray, 649
Charlier, Marj, 108, 189, 714
Charter Club, 337
Chase, Marilyn, 405, 426n.
Chateau, 483
Checkout Channel, 637
Cheerios, 279, 373, 733

Chemlawn, 146
Cherokee, 735
Cherry 7Up, 343
Chevrolet, 17, 23, 185, 648
Chevron, 496, 506, 723
Chicago Cubs, 234
Chicken McNuggets, 744
Children's Television Workshop, 111-112, 139-140
Chili's, 49
Chiquita, 331, 334
Choco Sand, 220
Choices, 121
Christian Dior, 309
Christie, Rick, 714
Chrysler, 21, 23, 78, 294, 295, 471, 586, 603, 745, 764, 813
Chuck Taylor All-Stars, 826
Ciba-Geigy, 55, 435
Cif, 206
Circle K, 516
Circuit City, 271, 302, 502, 510, 514, 525, 821
Citibank, 157
Citicorp, 16, 610, 723
Citrus Hill, 791
Clancy, Kevin J., 30
Claritas, 163
Clark, Kim B., 297
Clark, Terry, 362, 713
Clear Choice, 579, 580, 604
Clearly Canadian, 789, 622, 817
Clearasil, 145
Clien, 341
Clorox, 468
Close-Up, 345
Clow, Kenneth E., 714
Club Med, 166, 429, 654, 691
Clue, 308
CNN, 257
CoAdvil, 280
Coast, 156
Coca-Cola, 16, 19, 24, 34, 51, 56, 302, 309, 315, 332, 334, 341, 355, 471, 586, 587, 596, 614, 639, 643, 648, 723, 733, 734, 799, 817
Coca-Cola Classic, 309
Coddington, Walter, 70
Cohen, Dorothy, 361
Cohen, William A., 531
Coleman, Brian, 749
Coleman, Lisa, 574
Coleman, Richard P., 205, 226
Colford, Steven W., 506
Colgate-Palmolive, 130, 136, 165, 177, 282, 332, 341, 345, 355, 368, 369, 423, 447, 724
Color Marketing Company, 214
Columbia Pictures, 718
Commercial Business Daily, 234
Common Cause, 797
Communidyne, 183
Comp USA, 479
Compaq, 82, 244, 269, 332, 426, 442
Compression Labs, 451
CompuAdd, 479
Comte, Elizabeth, 752
ConAgra, 145, 299, 324, 339, 355
Concept 488
Concorde, 457, 764
Conference Board, 123

ÍNDICE DE NOMBRES

Connors, Jimmy, 648
Conservatory, The, 503
Consolidated Freightways, 384
Consolidated Rail, 533
Construction Equipment, 257
Consumer Reports, 218, 802, 829
Consumers Digest, 802
Consumers Union, 797
Continental Airlines, 382, 408, 434, 454
Continental Baking Company, 246-247
Convenient Food Mart, 515
Converse, 826, 829
Cooke, Ernest F., 296
Cool Wave, 368
Cooney, Joan Ganz, 111
Cooper, Robert G., 297
Cooper Distributing, 540
Coordonnees, 309
Coors, 146, 330
Coppertone, 343
Coppett, John I., 566
Cor Therapeutics, 62
Cord, 314
Corey, Robert J., 820
Corn Pops, 339
Cornell University, 691
Corning, 15, 55, 473, 513
Cornstock, 347
Cortez, John P., 570
Cosmopolitan, 828
Cost Cutters, 508
Costco, 517, 735
Cote, Kevin, 748
Courtyard, 342
Cox, Meg, 326, 350n., 671
Cox Cable Communications, 628
Coy, Peter, 450
CPC International, 82, 307
Craftsman, 330, 593, 821, 823
Crawford, C. Merle, 297, 326
Crawford, Cindy, 648
Cray, 250
Crayola, 164
Crazy Blue Air Freshener, 824
Crest, 164, 177, 330, 343
Crest Neat Squeeze, 246
Crispell, Diane, 70
Cronin, J. Joseph, Jr., 714
Crosby, Philip, 820
Crossen, Cynthia, 134n., 141
Crowne Plaza Hotels, 306
Cruise, Tom, 579
CRX, 646
Crystal Light, 651
Crystal Pepsi, 355, 596, 817
Csath, Magdolna, 91
Cummins, 246
Curry, David J., 404
Cutler, Blayne, 141, 173n.
Cvitkovic, Emilio, 108
Czinkota, Michael R., 30

D

d-Con, 309
Dagnoli, Judann, 450
Dahringer, Lee D., 693n., 749
Daley, James M., 566
d'Amico, Michael F., 542n., 565

Dan River, 335
Dannon, 305
Dansk, 513
Darlin, Damon, 480n.
Davidson, Richard, 533
Davies, Phil, 748
Dawn, 423
Day, Ellen, 714
Day, George S., 449
Days Inn, 694
Dayton-Hudson, 500, 509, 629, 708, 717, 821
de Rouffignac, Ann, 606
Dean Witter, 821
Decorating Den, 508
Deere & Co., 481, 618
Degen, James M., 531
DeGeorge, Gail, 143n., 189
Deighton, John, 141
Del Monte, 304, 331, 744
Del Valle, Christina, 819
Delco, 336
Dell, 444
Delta, 582, 614, 689
Deming, W. Edwards, 17, 813
Democratic Party, 694
Demolition, 257
Den Fujita, 746
Den-Mat, 604
Dep Corp., 604
Department of Defense, 233
Der General, 341
DeRose, Louis J., 255
Designer Depot, 569
Deskpro, 245
Details, 193
Detecto Card, 804
Detroit Diesel, 246
Detroit Opera House, 750
Deveny, Kathleen, 255, 297, 325, 334n., 362
DeWalt, 340
DHL Worldwide Express, 756
di Benedetto, C. Anthony, 326
Dial, 423
Dial Corporation, 66
DiBella, Lori A., 672
DiChiera, David, 751
Dichter, Ernest, 227
Dickinson, John R., 141
DieHard, 821
Dierberg's, 468
Diet Coke, 315
Diet Pepsi, 315, 645, 648
Diet Rite Cola, 315
Digital Equipment, 473
Dijonnaise, 82
Dillard's, 509, 822
Dillon's, 468
Dim S.A., 153
DiMingo, Edward, 108
Disabled American Veterans, 702
Discman, 96
Discover Card, 164, 222, 641, 673
Disney, 26, 334, 734
Disney World, 266, 334, 644
Disneyland, 334
Dixi, 341
Dixie Cups, 146
DKNY Coverings, 153, 187, 400

Dockers, 56, 331
Dodge, 23, 764, 813
Dodson, Paul, 258n.
Dolan, Carrie, 361, 714
Dolby Labs, 335, 336
Dole, 331, 339, 342
Dollar Bill$, 436
Domino's Pizza, 49, 134, 216, 278, 331, 472, 508, 642, 648, 693
Donaton, Scott, 675n.
Donna Karan, 153, 187, 400
Donnelly Marketing, 123
Doritos, 373
Dove, 156, 739
Dow Chemical, 235, 614
Dow Corning, 15, 285
Downy, 145
Doyle, Stephen X., 634
Drain Tainer, 258
Dreft, 339
Dressed to Kill, 695
Dreyfuss, Joel, 531
Dristan Sinus, 280
Drucker, Peter F., 30
Dryer Fresh, 804
Du Pont, 21, 236, 317, 335, 380, 560, 618, 723
Duff, Christina, 450, 530, 531
Dumaine, Brian, 260n., 362
Dun & Bradstreet, 620
Dunkin' Donuts, 342, 508
Dunn Edwards Paint, 479
Duracell, 597, 816
Dustbuster, 332
Dwyer, F. Robert, 255
Dwyer, Paula, 369n., 748
Dydahl, Cathy, 574n.

E

E. J. Korvette, 567
Eagle, 764, 813
Eagle GT, 459
Eagle Snacks, 373, 402
Easter Seal Society, 691
Eastern, 454
Eastman Kodak, 11, 16, 56, 62-63, 75, 93, 96, 291, 305, 318, 332, 333, 358, 363-364, 425, 487, 593, 613, 640, 719
Econolink, 556
Economost, 556
Eddie Bauer, 614, 644
Edge, 368
Edwards, Cliff, 326
Ehrlich, Evelyn, 190
Eiben, Therese, 255
Eisenhart & Associates, 468
Eisenhart, Tom, 255
Electric Avenue, 511
Electrolux, 519
Eli Lilly, 330, 614
Eliott, Stuart, 530
Elks, 703
Elliott, Kevin M., 714
Elliott, Stuart, 30, 255
Elmer-Dewitt, Philip, 369n.
Embassy Suites, 694
Emery, 384
Empire Blue Cross & Blue Shield of New York, 368

ÍNDICE DE NOMBRES

Encyclopaedia Britannica, 622
Endicott, R. Craig, 227
Energizer, 648
Engardio, Peter, 544n.
Enis, Ben M., 296
Entertainment Weekly, 193
Ergamisol, 426
ESPN, 257
Esprit, 513
Esquire, 193
Estee Corp., 155
Estee Lauder, 57, 145, 171
Etzel, Michael, 351, 792n.
EuroDisney, 734
European Community, 20, 57, 135, 173, 206, 756, 812
Evans, Kenneth R., 450
Eveready, 57
Everett, Martin, 492
Everything's $1.00, 436
Evian, 185
Excel, 7
Express, 3, 28, 199, 232, 512
Express Mail, 754
Exter, Thomas, 351
Exxon, 11, 331, 341, 380, 666, 723

F

Fabuloso, 284
Factory Shops, 513
Fahey, Alison, 672
Fairfield Inns, 94, 308, 376
Falvey, Jack, 635
Famous Amos Chocolate Chip Cookie Corp., 474
Famous-Barr, 822
Fantastic Sam, 508
Farber, Barry J., 255, 635
Faria, A. J., 141
Farm Journal, 257
Farquar, Peter H., 362
Feder, Barnaby J., 531
Federal Express, 19, 26, 94, 551, 558, 691, 698, 703, 754-757, 811
Federated Department Stores, 510, 511
Feldman, James, 635
Fendi, 398
Fenton, Brian, 365n.
Fernand, Aubri, 823
Ferrari, 184, 398
Fidelity Select, 97
Field and Stream, 164
Fifth Third Bancorp, 617
Fight II, 804
Filene's, 509
Filene's Basement, 513
Fingerhut, 573
Finnie, William, 530, 565
Fire Fighter News, 257
Fireman, Paul, 828
Firestone, 472
First National Bank of Jackson, Tennessee, 702
Fisher-Price, 334
Fitzgerald, Kate, 450, 825, 826
501 jeans, 54, 134, 722, 733
Flavorite, 483
Fleming Companies, 540
Florida Atlantic University, 691

Florida Power & Light, 699
Florsheim, 330
Flynn, Julia, 819
Foamy, 364-365
Foley's, 509
Folgers Coffee, 642
Food Marts, 515
Foot Locker, 592
Ford, 21, 23, 55, 235, 293, 294, 334, 356, 434, 471, 506, 639, 722, 723
Ford, Gary T., 438n.
Forenza, 3, 332, 339
Forest, Stephanie A., 449, 566
Forman, Craig, 748
Forrest, Stephanie A., 530
Forschner Group, 305
Fortune, 258, 590
Foster, Richard, 330
Foust, Dean, 189, 757, 530n.
Fram, Eugene, 227
Franchet, Yves, 173
Frank, Sergy, 240
Franklin Sports Industries, 585, 586
Frazier, Gary L., 566
Frederick & Nelson, 629
Fred's Friendly Hardware, 479
Freedman, Alix M., 252, 819
Freeman, Laurie, 819
Freightliner, 245
French Toast, 656
Fresca, 817
Freud, Sigmund, 217
Friedman, Dorian, 299
Friends and Family, 200, 444
Frito-Lay, 12, 117, 217, 373, 374, 402, 602
Fritos, 373
Fruit'N Juice, 339
Frusen-Glädjé, 334
Fuchsberg, Gilbert, 714
Fugate, Douglas L., 714
Fuji, 56, 63, 280
Fujicolor, 260
Futon Factory, 392

G

Galen, Michele, 531
Gallagher, Katherine, 714
Game Boy, 316
Gantos, 573
Gap, 5
Gardner, Dana, 365n.
Garfinkel's, 510
Garland, Susan, 189
Garment Rack, 572
Gaski, John F., 792n.
Gatorade, 130, 668
Gault, Stanley, 459
GEC-Marconi, 452
General Dynamics, 256
General Electric, 21, 89, 243, 249, 250, 271, 285, 339, 341, 342, 358, 377, 471, 555, 617, 674, 719, 724, 821
General Foods, 155, 161, 292
General Mills, 309, 733
General Motors, 5, 21, 185, 245, 265, 266, 280, 281, 293, 294, 640, 654, 674, 688, 719, 723
General Services Administration, 234
Gepi, 721

Gerber, 16, 185
Geritol Extend, 165
Gerlin, Andrea, 227
Gest, Ted, 362
Geyelin, Mile, 715
Ghirardelli Square, 503
Ghostwriting, 802
Giacomino, Robert, 670
Gibson, Richard, 189, 255, 305n., 325, 361, 404, 492, 531, 606
Giges, Nancy, 479
Gillette, 145, 310, 311, 330, 331, 369, 381, 593
Gillette, King C., 369
Gillette Series, 369, 370, 371
Gilly, Mary C., 363
Gio, 478
Giorgio, 377
Giorgio Armani, 478
Girl Scouts, 5, 691, 703
Givenchy, 309
Glamour, 828
Glo-Coat
Globe Metallurgical, 19
Godiva, 398
Goerne, Carrie, 84n.
Gold, Daniel M., 672
Gold Medal, 309
Goldberg, RoseLee, 142
Goldman, Doron, 672
Goldstar, 721
Good News, 370
Goodman, Adam, 108
Goodnow, James D., 480n.
Goodyear, 459-460, 470, 471, 472, 489, 490, 581, 589-590, 799
Gordon, Geoffrey L., 326
Grabowsky, Lou, 529
Grainger, 546
Grand Am, 648
Grand Metropolitan, 640
Graven, Kathryn, 748
Great Start Breakfast Sandwiches, 209
Great Western Company, 775, 780
Green, Michael, 258n.
Green Giant, 330
Green Seal, 146
Greenberg, Robert, 828
Gresham, Alicia B., 566
Grey Advertising, 670
Grimm, Matthew, 647n., 830n.
Gross, Amy E., 404
Gross, Neil, 748, 58n.
Grossman, Laurie M., 404, 517n., 530
Gruca, Thomas S., 530
Gruen, 146
Gubor, 723
Gucci, 398, 477, 783, 718
Guiles, Melinda G., 325
Gulf Oil, 799
Gupta, Udayan, 147n.
Gurnee Mills, 513
Gutfeld, Rose, 362

H

H. J. Heinz, 48, 237, 357, 369, 595, 734, 808
H & R Block, 506
Häagen Dazs, 470
Häagen-Dazs, 145, 200, 272

ÍNDICE DE NOMBRES

Hafferkamp, Jack, 179
Hager, Bruce, 606, 634
Hagerty, Bob, 224n.
Haley, Russell J., 139-140, 151
Hall, Mark C., 714
Hall, Trish, 531, 804n.
Hallmark, 265, 593, 648, 770
Hamilton, Joan O'C., 288
Hammond, Keith H., 574n.
Hammonds, John S., 87
Hammonds, Keith H., 87
Hampton Inn, 298
Hanes, 121, 149
Hansen, Richard W., 288
Hardee's, 378
Hardy, Kenneth G., 491
Harley-Davidson, 147, 272, 699
Harnischfeger Engineers, 472
Harper's, 193
Hartley-Leonard, Darryl, 768, 785
Hartman, 471
Harvard University, 691
Harwood Companies, 483
Hassard, J. S., 108
Haviaras, Steve, 751, 752n.
Hawaiian Punch, 601
Hawkins, Chuck, 30, 529, 757n.
Hawkins, Dana, 179, 749
Haynes, Ray M., 714
Hays, Laurie, 326
Head, 330
Health and Fitness Information Bureau, 668
Healthy Choice, 281, 299, 339
Healthy Options, 734
Hechinger, 528
Hefty, 808
Heineken, 718
Heinz, H. J., 58, 299, 324, 595, 734, 808
Helgert, Joseph P., 658n.
Helliker, Kevin, 530
Hellmann's, 82
Hendrix, Jimi, 193
Henkel, 341
Henredon, 230
Henri Bendel, 3, 512
Henson, Jim, 111
Hepburn, Audrey, 642
Hershey Foods, 283, 305, 744
Hershey's, 81, 307
Hertz, 408, 698
Heskett, James L., 715
Hetter, Katia, 450
Hewlett-Packard, 16, 277, 280, 281, 285, 719, 765
Hi Fi Hutch, 465
Hickory Farms, 378
Higgins, Lexis H., 141
Hillebrand Industries, 549
Hillerich and Bradsby, 234
Hilton Hotels, 234
Hinge, John B., 349n., 531, 574n.
Hire's Root Beer, 481
Hirsch, James S., 108, 405
Hise, Richard T., 362
Hitachi, 341, 342, 704, 719
Hof, Robert D., 296
Holbrook, Morris B., 678n.
Holiday Inn, 306, 332, 341, 471

Holiday Inn Express, 377
Holleman, Joe, 452n.
Hollreiser, Eric, 70
Holstein, William J., 255, 820
Holusha, John, 147
Home Centers of America, 569
Home Depot, 13, 495, 496, 515, 525, 527, 617
Home Ideas, 511
Home Shopping Network, 522
Homer, Pamela, 189
Homestead House, 620
Honda, 23, 184, 334, 340, 381, 465, 506, 610, 646, 648, 724
Hudson, Richard L., 749
Huey, John, 748
Humana, 707
Hume, Scott, 70, 672
HUMMER, 256, 257, 258
Huntington Learning Centers, 378
Hurter, Bill, 365n.
Hutt, Michael D., 492
Hwang, Suein L., 108, 361, 802n.
Hyatt Hotels, 174, 175, 618, 693, 761, 762, 768, 770, 785
Hymowitz, Carol, 297
Hypermarket USA, 517
Hyundai, 8

I

I. Magnin, 199, 337
Iberna, 721
IBM, 14, 19, 21, 82, 237, 351, 316, 334, 335, 426, 427, 466, 472, 475, 555, 614, 615, 642, 718, 719, 723, 739
IGA, 471, 483, 506
Ikea, 515, 533
Illinois Institute of Technology, 56
Impact, 265, 266, 293, 294
Incredible Universe, 526
Infiniti, 304
Information Resources, 118, 119
Ingrassia, Lawrence, 325, 369n.
Ingrassia, Paul, 23n., 820
Institute of Food Technologists, 144
Integon, 711
Integon Corp., 683
Intel, 248, 301, 3l2, 336
International Mineral and Chemicals, 232
International Olympic Committee, 56
Interplak, 579
Intrepid, 764, 813
Isuzu, 213
IT2000, 233
Itel Distribution System, 562
Ivory, 156, 332
Izod, 309, 330

J

J. B. Hunt Transport, 557
J. C. Penney, 16, 303, 331, 500, 509, 523, 572, 614, 637, 821, 822
J. Crew, 523, 572
J. D. Power, 174n.
J. W. Foster & Sons, 828
J. Walter Thompson, 670
Jackson, Bo, 827
Jackson, Donald M., 542n., 565
Jackson, Michael, 828

Jacob, Rahul, 260n., 606, 763n.
Jacobs, Laurence W., 635
Jacobson, Robert, 819
Jaguar, 334
James River, 146
Japan Airlines, 250
Japan Center for Information and Cultural Affairs, 135
Javalgi, Rajshekhar G., 714
Javetski, Bill, 450
Jean Patou, 479
Jeep, 23, 256, 735
Jefferson, David J., 714, 830n.
Jif, 423
Jiffy Lube, 508
Jockey, 166, 648
John Deere, 464
Johns, Peter, 121
Johns Hopkins University, 691
Johnson, Greg, 258n.
Johnson, Madeline, 714
Johnson, Robert, 30
Johnson, Ross, 363
Johnson & Johnson, 16, 37, 277, 279, 280, 305, 339, 426, 594, 640, 666
Johnson Paint Company, 504
Jordan, Michael, 209, 827, 828
Joseph, Lawrence E., 70
Joyce, Mary L., 405
Juice Works, 93
Juran, Joseph, 813, 820
Jurassic Park, 718
Just Tires, 490
JVC, 316

K

K-Swiss, 592
Kahle, Lynn R., 190
Kaiser, 707
Kal Kan's Pedigree, 306
Kalish, David, 672
Kanaley, James, 604
Kansas, Dave, 531
Kapstein, Jonathan, 749
Kashani, Kamran, 587n.
Kassarjian, Harold, 227
Katel, Peter, 714, 819
Keds, 209, 826
Keenan, William, Jr., 613n.
Keith, Robert J., 30
Kelleher, Herb, 454, 455
Kelley, Bill, 189
Kellogg, 27, 269, 283, 303, 334, 339, 341, 662, 733
Kelly, Kevin, 255, 517n., 566, 820
Kenderdine, James M., 565
Kenmore, 98, 303, 340, 343, 821, 822
Kennedy, John F., 796
Kentucky Fried Chicken, 508, 721, 733
Kerr, Kevin, 306n., 325
Kerr, Peter, 190
Keystone Donohue-Lensing, 696
Kiley, David, 189, 325, 819
Kimberley-Clark, 348
Kindel, Sharon, 757n.
King, Resa W., 757n.
King, Thomas R., 714
King Kastles, 389-391

King Kuts, 306
King Soopers, 60
Kinnear, Thomas C., 141
Kirk, Don, 748
Kirkland, Richard I., Jr., 713
Kitaeff, Richard, 137n.
Kiwi, 134
Kleenex, 305, 335
Kleiman, Carol, 713
Klein, Saul, 491
Kleinschmidt, Elko J., 297
KLM, 743
Kmart, 39, 82, 180, 221, 258, 303, 304, 479, 500, 510, 511, 514, 515, 517, 524, 567-568, 644, 645, 717, 821, 822
Knight, Philip, 10, 812, 827, 830n.
Knott's Berry Farm, 266, 697
Knowlton, Christopher, 749
Kodacolor, 266
Kodak, 11, 16, 56, 62, 75, 93, 96, 291, 305, 318, 332, 333, 358, 359, 360, 425, 487, 593, 613, 640, 719
Koeppel, Dan, 405, 530
Kohler, 352, 354
Koselka, Rita, 748
Kosenko, Rustan, 480n.
Kraar, Louis, 70
Kraft, 88, 96, 155, 217, 251, 252, 331, 471, 472, 618, 808
Kraft General Foods, 618, 651
Krafts, 136
Kresge, Sebastian S., 567
Kristof, Nicholas D., 70
Kroc, Ray, 68
Kroger, 161, 347, 379, 471, 500
Kroger's, 230, 232, 816
Kucway, Chris, 296
Kumar, Anil, 566
Kupfer, Andrew, 450
Kurtz, David L., 714

L

L. A. Gear, 826, 827, 828-829
La Cinq, 302
La-Z-Boy, 332
Labich, Kenneth, 30
Lacniak, Gene R., 30
LadySmith, 59
Laing, Jonathan R., 530
Lander, Mark, 141, 675n.
Landler, Mark, 332n., 672
Lands' End, 221, 522, 523, 572, 573, 574, 610
Lane, Randall, 214n., 226
Lane Bryant, 3, 28, 199, 513
Larsen, Trina L., 492
LaSalle, 313
Last Action Hero, The, 258
Laura Ashley, 610
Laventhol & Horwath, 341
Lavoris Crystal Fresh, 605
Lawless, Mark J., 109
Lay's, 401
Le Menu, 299
Leading Edge, 267, 333
Lean Cuisine, 209, 299
Leape, Martha P., 47
LeChat, 341
Lee, Spike, 828

Lee Myles, 506
Lefkowith, Edwin F., 361, 714
Lefton, Terry, 147n., 334n.
L'eggs, 153, 187, 809
Lego, 815
LeMans, 23
LeMenu, 209
Lennox, 76
Lenscrafters, 707
Leonard, Stew, 771
Lerner, 3
Lerner New York, 513
Lesh, Carolyn, 147n.
Lesly, Elizabeth, 566
Letterman, David, 223
Lever Bros., 129, 156, 339, 423, 718
Lever Europe, 206
Lever 2000, 129, 156
Levi Strauss, 11, 54, 56, 134, 329, 360, 722, 733, 734, 739, 821
Levin, Gary, 675
Levin, Jonathan B., 145n.
Levi's, 167, 329, 232, 233, 241, 242, 260, 722
Lewyn, Mark, 452n.
Lexus, 304, 231
Libbey-Owens-Ford, 557
Libby's, 303, 339
Liberty Mutual, 621, 700
Liesse, Julie, 70, 362
Life, 309
Lifebouy, 156
Lifetime Learning Systems, 305
Light, Donald H., 492
Light, Larry, 672
Lillian Vernon, 573, 574
Lim, Jeen-Su, 787
Limited, Inc., The, 3-4, 28-29, 199, 233, 302, 337, 340, 512, 552, 821
Limited Express, 552
Limited Stores, 3, 28, 512
Limited Too, 3, 28
Limos for Lease, 395-396
Lipman, Joanne, 141, 217n., 255, 606, 672
Lipton, 185, 334, 644, 718
Liquid Tide, 810
List, S. K., 147n., 189
Listerine, 579, 601, 604
Litesse, 246
Litterless Lunch Kits, 259
Little League, 146
Little Mermaid, 342
Little Professor Book Centers, 506
Litton, 310, 315
Liz, 341
Liz Claiborne, 153, 187, 337, 483, 642
L. L. Bean, 118, 221, 513, 522, 572, 573, 574, 610, 615
Loblaws, 146, 306
Loeb, Walter F., 254
Log Cabin, 279
Londair Transport, 547
L'Oreal, 383
Los Angeles Symphony Orchestra, 700
Lotensin, 435
Loti, Kay, 809n.
Louv, Richard, 819
Lowe, Larry S., 544n.
Lowe's, 527

Lublin, Joann S., 724n., 749
Lucerne, 337
Lufthansa, 55, 705, 743, 756
Lumina, 23
Lung Association, 698
Lusch, Robert F., 565
Luvs, 648, 808
Lux, 156
Luxottica Group, 481
Lycra, 317, 335
Lyric Opera, 691

M

McCabe, Casey, 362
McCarthy, Michael J., 143n., 226, 283n., 606, 819
McCrohan, Kevin, 544n.
McDaniel, Steve, 566
McDermott, Michael J., 530, 826n.
McDonald, Malcolm H. B., 108
McDonald's, 49, 57, 68, 130, 143, 145, 165, 214, 217, 306, 334, 377, 508, 583, 640, 652, 693, 707, 708, 721, 727, 744, 746, 811, 815
McDonnell Douglas, 21, 95, 180, 250
McDougall, Gordon H. G., 713
McGee, Suzanne, 326
McGrath, Allan J., 675n.
McCraw-Hill, 83
McGregor, James, 634
Macintosh, 82, 426
McIntyre, Scott C., 141
McKesson Corp., 556, 559
McKillop, Peter, 748
McKinsey & Company, 92
MacLeans, 177
McMath, Robert, 147n.
McMurray, Robert, 614
McNair, M. P., 531
McNeal, James U., 189, 263
McWilliams, Robert D., 255
Macy's, 153, 337, 510, 525
Magiers, Marcy, 70
Magrath, Allan J., 491, 675, 714
Main, Jeremy, 30, 566, 570n.
Makro, 569
Malkin, Elisabeth, 748
Mall of America, 502
M&M, 206
Manor, Robert, 325
Marathon, 206, 725
Marcal Paper Mills, 145
March of Dimes Foundation, 697
Marcus, Bernard, 495
Marcus, Stanley, 498
Maremont, Mark, 190
Marketing News, 42
Marks, John, 748
Marlboro, 334
Marmont, Mark, 369n.
Marriott, 26, 94, 281, 308, 339, 342, 379, 691, 709
Marriott Suites, 94
Mars, 206, 283, 719, 725
Marshall Field, 465, 509
Marshall's, 502, 513
Martin, Charles L., 714
Martin, James H., 566
Martinez, Arthur, 821

ÍNDICE DE NOMBRES

Mary Kay Cosmetics, 519, 524
Maryvale Hardware, 479
Maslow, Abraham, 211, 227
MasterCard, 221, 673, 674
Mathews, Jay, 714, 820
Matsushita, 574, 564
Maxinet, 341
Maxiship, 754
Maxwell House, 161, 315
May Company, 37, 773, 821, 822
May Department Stores, 473, 500
Mays, Willie, 375
Maytag, 17, 335, 647
Mazda, 23
MCI, 202, 428, 444, 452, 590, 642
Medical News Network, 637
Mennen, 366
Mentzer, John T., 375n.
Mercedes-Benz, 118, 184, 334, 398, 815
Merck, 52, 63, 614
Mercur, 266
Mercury, 23
Merrill Lynch, 52, 166, 176, 698
Mervyn's, 823
Metropolitan Life Insurance, 129, 589
Metropolitan Opera, 700, 750
Mevacor, 52
MGM Grand, 398
Mhlambiso, Thembi, 363
Michaels, Julia, 740n.
Michelin, 459, 489, 648, 660
Michell, Paul C. N., 326
Michelob, 305
Michelob Dry, 283
Michigan Opera Theatre, 750-751
Michman, Ronald D., 491
Microsoft, 27, 742
Midas, 506, 508
Midas Muffler, 472, 707
Mieher, Stuart, 530
Milbank, Dana, 492
Mileage Plus, 662
Miles Laboratories, 155
Milky Way, 206
Millar, Carla, 809n.
Millbank, Dana, 606
Miller, 88
Miller, Annette, 644n., 748
Miller, Cyndee, 84n., 531, 574n., 707n., 714
Miller, Karen Lowey, 748
Miller, Michael W., 141
Miller, Thomas, 147n.
Millman, Ronald E., 226
Mimosin, 341
Miniban, Tim, 559n.
Minnetonka, 165
Minute Rice, 332
Miracle Whip, 331
Misol, 341
Mrs. Field's Cookies, 593
Mr. Goodbuy's, 528
Mr. Goodwrench, 332
Mitchell, Jacqueline, 23n., 296, 606
Mitchell, James, 563
Mitchell, Russell, 325, 362, 819
Mitsubishi, 565, 745
Mitsubishi Electric, 451
Mobil, 145, 723

Mobil Chemical, 808
Moffat, Susan, 326
Money, 640
Monopoly, 313
Monsanto, 252, 443
Montgomery Elevator, 250
Montgomery Ward, 358, 485, 509, 522, 523, 572, 821
Moody's Manual of Investments, 42
Moran, Ursula, 492
Morgan, Babette, 326, 531, 570n.
Morgan, Neil A., 363
Morgan Taylor, 337
Morgenson, Gretchen, 531, 820
Moriarty, Rowland T., 492
Morris, Betsy, 819
Morris, Michael H., 405, 450
Morrison, Jim, 193
Morton, 317, 331, 593
Moschis, George P., 189
Motel 7-694
Motel Six, 17, 648
Motel 6, 7, 436
Mothers Against Drunk Driving, 797
Motorola, 20, 353, 699
Mountain Dew, 130
MTV, 588
Mueller, Willard F., 449
Mueslix, 283
Muhlbacher, Hans, 749
Muirhead, Greg, 369n.
Munch'ems, 602
Murchinson, C. A., 227
Murphy, Patrick E., 30, 190, 296, 606, 819
Murray, Tom, 566
Museum Co., 512
MusiCraft, 465

N

N-Lite, 229, 231
Nabisco, 332, 744
Naj, Amal Kumar, 285n.
Nakarmi, Laxmi, 748
Nakasone, Robert, 717
Narus, James A., 492
National, 471
National Association of Law Firm Marketing, 691
National Commission on Drug-Free Schools, 647
National Consumers' League, 797
National Dairy Association, 642
National Foundation, 697
National Gallery of Art, 691
National Hispanic Scholarship Fund, 704
National Polystyrene Recycling Company, 146
National Starch & Chemical, 229
National Total-Market Audit, 113
Natural, 305
Naturals, 360
Nature Works Gifts & Books, 513
Naumann, Earl, 255
Nayyar, Seema, 396n., 606
NCR, 352
NEC, 316
Neff, Robert, 143n., 748
Neiman-Marcus, 153, 257, 304, 337, 498, 513
Nescafé, 334

Nestea, 51
Nestlé, 51, 324, 480, 616, 722
Neuborne, Ellen, 255
New American Cuisine, 299
New Balance, 440
New Coke, 24, 309
New Pig, 466
New Republic, 193
New York Metropolitan Museum of Art, 5
Newsweek, 648
Nicastro, Mary L., 819
Nichols, Nancy, 757
Niebuhr, Gustav, 14n.
Nike, 10, 27, 59, 208, 315, 352, 385, 648, 802, 812, 826, 827, 828, 829
Nike Air Line, 829
Nike Town, 526
Nikon, 271, 272, 742
Nintendo, 316, 440
Nissan, 56, 58, 381, 520, 619, 648, 704, 742
Nomani, Asra Q., 382n.
Nordstrom, 485, 513, 629
Norelco, 648
Norris, Donald G., 362
Northwest Airlines, 382, 582, 590, 611
Northwestern Mutual, 590, 619
Northwestern Mutual Life, 464
Northwestern University, 56, 619
Notre Dame University, 700
Noxzema, 366
Nulty, Peter, 491
Nuprin, 648
Nussbaum, Bruce, 363
NutraSweet, 229, 236, 253, 275, 308
Nutri-System, 356, 668
NYNEX, 333

O

O'Brian, Bridget, 455n.
Obsession, 167
Ocean Spray, 305, 343, 601
O'Doul's, 304
Office Products Dealer, 590
Office Max, 567, 569
Oh, Sejo, 255
Ohmae, Kenichi, 108
Oikawa, Naoko, 634
Oil of Olay, 156
Old-Fashioned, 347
Old London, 373
Old Spice, 366
Oldsmobile, 185
Olestra, 229, 230, 246
Oliff, Michael, 820
Olive Garden, 49
Oliver, Richard I., 227
Ol'Roy, 337
One-A-Day, 155
One Price Clothing Stores, 436
O'Neal, Charles R., 566
O'Neal, Shaquille, 590, 828
Onkvisit, Sak, 714
Onkyo, 488
Ono, Yumiko, 220, 296, 531, 672
OPEC, 736
Opel, 334
OPERA America, 750
Optima, 700

ÍNDICE DE NOMBRES

Orange Crush, 481, 722
Oregonian; The, 16
O'Reilly, Brian, 30
Oreo, 267, 331, 619
Original Swiss Army Knives, 304
Origins, 58
Ormsby, Joseph G., 566
Orneal, Michael, 826n.
Ortho Pharmaceuticals, 314
Oscar Mayer, 630
Oscar Meyer, 581
OshKosh B'Gosh, 721, 821
Oshkosh Truck Company, 156
Otis, 358
Outback Red, 337
Oxydol, 423

P

Pace, 517
PACE Membership Warehouse, 567, 570
Pae, Peter, 405, 714
Paine Webber, 52
Palmer, Jim, 648
Palmolive, 341, 662
Palmolive Optims, 131
Pam, 333
Pam Lite, 333
Pampers, 308, 808
Panasonic, 58, 704
Papa Joe Costa Rican Red Pepper Sauce, 279
Paramount Products, 486
Parasuraman, A., 715
Parker Pens, 738
PartsBanks, 757
Patek Philippe, 398
Paterson, Thomas W., 450
Patterson, Gregory A., 635, 819, 823, 824n.
Paul Revere, 513
Pavilion, 503
Payless Drug Stores, 567, 570
Payless Shoesource, 513
Payne, Seth, 567, 748
PBS, 127
Pearl, Daniel, 757n.
Pearle, 707
Pebble Beach, 704
Pedigree, 306
Pencrest, 330
Penhaligon's, 3
Penn Central, 12
Pennzoil, 243
Pentel, 164
People, 193, 648
Pepperidge Farm, 347
PepsiCo, 89, 129, 217, 302, 305, 315, 341, 355, 373, 596, 640, 643, 645, 723, 732, 735, 817
Percival, Edward, 326
Perdue, Barbara C., 248n.
Pereira, Joseph, 672
Perfecto Gas Grill, 486
Performance Research Associates, 708
Periera, Joseph, 830n.
Perot, Ross, 654
Perrier, 315, 789
Perrier Group, 51
Personal Computing, 590
Pert Plus, 278, 332
Peter Pan, 339

Petersen, Laurie, 190
Petersen, Lisa Marie, 528
Peterson, Robert A., 531
Peterson, Robin T., 108
Petty, Richard, 208
Pfizer, 579, 728
Phar-Mor, 169, 381, 398
Phelps Dodge, 382
Philip Electronics, 637
Philip Morris, 89, 96, 235, 279, 324, 331, 337, 640, 723
Philips, 334
Philips NV, 364
Photo CD, 319, 364-365, 425
Picturephone, 451
Pierce, Nigel F., 363
Pierre Cardin, 343
Pierson, John, 363
Piggly Wiggly, 663
Piirto, Rebecca, 190, 227
Pillsbury, 9, 136, 292, 309, 483, 725
Pineapple Growers Association, 593
Pitney Bowes, 16
Pitta, Julie, 316n.
Pittenger, Donald B., 749
Pizza Hut, 334, 642, 648, 669, 721, 736
Plan, Robert, 711, 712
Plax, 579
Play-Doh, 213
Play Safe, 210
Pledge, 339
Plymouth, 23
Pocari Sweat, 220
Poland Spring, 789
Polaroid, 63
Polaroid Land, 335
Pollay, Richard W., 679
Polo, 483
Pomice, Eva, 224, 749
Pontiac, 23, 185, 648
Popper, Edward D., 329
Popular Mechanics, 257, 649
Poron, 721
Porsche, 334
Porter, Michael E., 95, 108
Portfolio disc, 364
Posh Corn Popcorn, 804
Posner, Bruce G., 566
Post-It, 278, 285
Powell, Bill, 809n.
Power, Christopher, 141, 189, 450, 530, 531, 617, 819
PowerBook, 352
Powers, Thomas L., 404
Pranter, Charles A., 714
Pratt & Whitney, 236, 250
Praxair, 617
Prego, 343
Premier, 791
Premier Electronics, 617
Preston, James, 609, 632-633
Presutti, William D., Jr., 566
Pretty Woman, 718
Price Club, 502, 517
Prince, 56
Prince Manufacturing, 439
Printers' Ink, 602
Pro Photo CD Master, 364

Procter & Gamble, 57, 114, 144, 146, 156, 229, 278, 279, 292, 293, 305, 338, 339, 340, 341, 342, 344, 347, 365, 423, 438, , 447, 481, 484, 562, 579, 604, 615, 618, 640, 661, 722, 739, 768, 791, 799, 802, 808, 810, 816
Proctor, R. A., 109
Profile Bread, 601
Progressive Grocer, 83, 84
Prolinea, 245, 426
Protectoseal, 474
Prozac, 331
Prudential, 620, 648, 652, 688, 698
PS/I, 739
Publix, 514
Pulley, Brett, 108
Pulliam, Susan, 713
Puma, 828
Pump, 828, 829

Q

Quaker Oats, 129, 305, 306, 744, 816
Quality Inns, 280
Quelch, John A., 492, 587n.
Quick, James Campbell, 455n.
Quick Response, 554
Quigley, Charles J., Jr., 297
Quinlan, Michael, 49, 68, 708
Quinn, Peter, 326

R

R. L. Polk, 118, 123
Racket Doctor Shop, 440
Radio Advertising Bureau, 649
Radio Shack, 526
Raia, Earnest C., 566
Raider, 206
Raine, Cynthia G., 141
Rainwater, 205
Ralph Lauren, 337, 472
Ralston-Purina, 127, 648
Ramada Inn, 308
Ramirez, Anthony, 452n.
Rand Corporation, 104
Range Rover, 257
Rather, Dan, 5
Rauch, Richard A., 531
Ray-Ban, 579, 763
Ray-O-Vac, 57
Raytheon, 16
RCA, 821
Re/Max, 620, 708
Real Clothes, 337
Rebello, Kathy, 450
Red Cross, 342, 701, 707, 808
Red Roof Inn, 266
Red Star, 755
Reebok, 208, 339, 353, 384, 473, 590, 668, 826, 827, 829
Reebok International, 25
Reese, Jennifer, 260n., 635
Reese's, 307
Reibstein, Larry, 757n.
Reichlin, Igor, 748
Reid, David A., 787
Reilly, Patrick M., 227,672
Reitman, J. Valerie, 227, 303n., 362, 450, 819
Rembrandt, 604

ÍNDICE DE NOMBRES

Residence Inns, 94, 694
Restall, Christine, 809
Retin-A, 314
Revlon, 642
Revlon Cosmetics, 11
Rex, 341
Reynolds & Reynolds, 156
Reynolds Aluminum, 585
Rice Krispies, 338, 733
Richfood Holdings, 482
Richheimer, Judith, 530
Rich's, 509
Ridgway, Nancy M., 531
Riemer, Blanca, 325
Riesz, Peter C., 404
Rigdon, Joan E., 63n., 295, 326
Right Guard, 367
Risky Business, 604
Ritz, 143, 331
RJR Nabisco, 331, 616, 619, 791
Roach, Stephen S., 714
Road & Track, 258
Roadhandler, 489
Roadway, 547
Robert Plan Corp., 535
Roberts, Elizabeth, 644n.
Robertson, Kim, 362
Robertson, Thomas, 226
Robinson, John P., 226
Robinson's, 822
Robitussin, 300, 301
Rochford, Linda, 297
Rockefeller Center, 704
Rockport, 258
Rocky Mountain Chocolate Factory, 508
Rogers, Everett M., 297
Rolex, 398, 472
Rollerblade, 24, 90, 335, 654
Rolling Stone, 193, 219, 224
Rolls-Royce, 185, 334
Ronkainen, Ilkka A., 30, 297
Root, Ann R., 141
Roper Organization, 144
Rosado, Lourdes, 748
Rose, Robert L., 30
Rosenbloom, Bert, 492
Ross, David, 819
Ross Dress for Less, 513
Rossant, John, 492
Roth, George T., 634
Roth, Theodore P., 362
Rothfeder, Jeffrey, 141
Rothman, Andrea, 748
Rothschild, William F., 108
Roughneck, 258
Roundup, 443
Roy Rogers, 95
Royal Caribbean Cruise Line, 643
Royal Crown Cola, 315, 639
Royal Doulton, 513
Rubbermaid, 258-259, 277
Rubner, Marc B., 174n.
Rudolph, Barbara, 318
Ruffles, 373, 401
Rule, Sheila, 350n.
Run "N" Gun, 828
Run "N" Slam, 828
Runner's World, 648

Running World, 828
Rust, Roland T., 362, 715
Ryan, Nancy, 334n., 826n.
Ryan, Nolan, 374
Ryans, Adrian B., 449
Ryser, Jeffrey, 748

S

S. C. Johnson and Son, 146, 367
S. S. Kresge, 567
Safeguard, 153
Safest Stripper, 290
Safeway, 161, 337, 380, 446, 485, 500, 513, 567
Sains, Ariane, 325
Saks Fifth Avenue, 153, 304, 337
Sales & Marketing Management, 123, 169, 482
Salvation Army, 701, 703
Samli, A. Coskun, 635
Sam's, 502
Sam's American Choice, 337
Sam's Club, 517
Sandomir, Richard, 830n.
Santa Fe Pacific, 558
Saporito, Bill, 404, 450, 492, 517n., 530
Sara Lee, 153, 187, 241, 734
Sarkissian, Richard V., 531
SAS, 743
Saturn, 265, 280, 434, 450, 654
Saucony Jazz 3000, 829
Saunders, Donald L., 714
Savitz, Eric J., 14n.
Scammon, Debra L., 450
Schaeffer, Paul, 224
Schares, Gail E., 787
Schewe, Charles D., 530
Schick, 367, 479
Schiffman, Michael, 30
Schiller, Zachary, 254, 259n., 296, 449, 492, 530
Schindler, Robert M., 492
Schlesinger, Jacob M., 58n.
Schlesinger, Leonard A., 714
Schlossberg, Howard S., 70, 141, 297, 362, 551n.
Schmeltzer, John, 826n.
Schmitt, C. Edward, 142n.
Schnaars, Steven P., 326
Schneider, Lewis M., 566
Schnucks, 468
Scholastic, 164
Schuchman, Abe, 787
Schurr, Paul H., 255
Schwadel, Francine, 325, 531, 570n.
Schwartz, David J., 375n.
Schwartz, Joe, 147n., 227
Schwartz, Judith D., 819
Schwartzenegger, Arnold, 256, 257
Scope, 579, 604
Scotch Tape, 284, 335
Scott, Carlee R., 325, 714
Scott, Stan, 255
Sea World, 697
Seagram's, 615
Sealtest Free, 252
Sears, 80, 184, 304, 330, 332, 340, 343, 349, 359, 463, 471, 490, 500, 503, 509, 522, 572-573, 629, 640, 663, 674, 721, 790, 822-824
Sears Business Systems, 562

Second Baptist Church in Houston, 13, 14
Seiyu, 574
Selbert, Roger, 70
Sellers, Patricia, 362, 787, 820
Selz, Michael, 491, 566
Sensitive Skin, 355, 789
Sensor, 145, 310-311, 369, 593
ServiceMaster, 466, 708
Sesame Street, 111-112, 129, 138, 139
Sethuraman, Raj, 362
7-Eleven, 60, 508, 516, 551
Seven-Up, 207
7Up Gold, 343
Shaklee, 519
Shani, David, 634
Shao, Maria, 189, 361
Shao, Mario, 748
Shapiro, Eben, 449, 492, 672
Shapiro, Roy D., 566
Sharman, Graham, 566
Sharp, 281, 310
Sharper Image, 522, 573
Shaw, John J., 714
Shearson Lehman, 52
Shedd, Tom, 565
Sheffet, Mary Jane, 227, 450
Shell Oil, 515, 718, 722
Sheriff, 341
Sherlock, Paul, 255
Sherman, Stratford, 404, 450
Sherwin-Williams, 285, 470, 471
Shield, 155
Shipley, David, 385n.
Shoebridge, Neil, 672
Shulmam, Robert S., 30
Shurfine, 330
Siemens, 55, 765, 769
Sierra Club, 350, 797
Sil, 341
Siler, Julia Flynn, 189
Silver Diner, 199
Simple Pleasures, 134, 252
Simplesse, 134, 229, 230, 246, 252
Simply 6, 345
Simpsons, The, 343
Sinatra, Nancy, 642
Sinbad, 648
Singer, 471
Sinisi, John, 362
Sirgy, M. Joseph, 227
SKF, 814
Ski the Summit, 73, 74, 106
Skippy, 306
Slendid, 246
Slice, 216
Sloan, Pat, 70
Small Business Administration, 234
Smart & Final, 163
Smart, Tim, 362, 714
Smart Ones, 323
Smith, A. B., 531
Smith, Frederick, 754-757
Smith, John, 293
Smith, Marvin J., 217n.
Smith, Randolph B., 819
Smith & Wesson, 59
SmithKline Beecham, 165
Snetsinger, Douglas W., 713

ÍNDICE DE NOMBRES

Snickers, 206, 725
Snuffle, 341
Solis, Dianna, 141
Solo, Sally, 566
Solomon, J. D., 435n.
Solomon, Jolie, 297
Sony, 96, 97, 268, 315, 316, 334, 340, 704, 718, 742, 821
Soup for One, 168
Southwest Airlines, 333, 434, 454-455
Southwestern Company, 466
Spagnoletti, Suzanne, 616
Sparks, 164
Specht, Marina, 341n.
Specialty Advertising Association International, 653
Speh, Thomas W., 492
Spekman, Robert E., 566
Spiegel, 522, 569, 570
Spin, 193
Spiro, Leah Nathana, 675n.
Sporting Goods Manufacturers, 826
Sportmart, 514
Sports & Recreation, 514
Sports Authority, 514, 567, 568
Sports Illustrated, 157, 164, 827
Sports Industries, 586
Sports Science Institute, 668
Sports Town, 514
Sprint, 442
Squibb, 266
SRI International,
Stained Glass Overlay, 508
Stainmaster, 236, 335
Stallone, Sylvester, 258
Standard and Poor's *Register*, 42
Staples, William A., 190
Starkist, 57
StarKist Seafood, 349
Starr, Lila B., 47
State Farm, 463, 464, 611, 621, 696
Stealth, 23
Stern, Aimee L., 141, 189
Stern, Gabriella, 306n., 325, 326
Stern, Louis W., 492
Stertz, Bradley A., 606, 787
Stevenson, Robert Louis, 610
Stewart, David W., 141
Stewart, James B., 675n.
Stewart, Martha, 569
Stewart, Rod, 193
Steyer, Robert, 450
Sting, 797
Stir Fry, 252, 323n.
Stone, Amy, 369n.
Stop N Go, 515
Stouffer, 209, 299
Stover, John, 819
STP, 601
Strauss, Gary, 450
Stripe, 177
Stroh's, 789
Strom, Stephanie, 530, 826n.
Stroud, Jerri, 255, 566
Structure, 3, 29
Studer, Margaret, 405
Sturdivant, Frederick D., 492
Subramanian, Bala, 715

Subway, 508
Sumitomo, 235
Summers, John O., 248n.
Sun Maid, 595
Sunbeam, 330
Sunkist, 331, 642
Sunkist Growers, 342
Sunshine, 605
Suntory, 721
Super Kmart, 511, 568
Super Mario Brothers, 440
Super Valu, 468, 472, 483, 506, 518, 561
Supercuts, 508
Suramanian, Bala, 362
Surf, 332
Sussman, Vic, 531
Sutter, Stan, 227
Sutton, Howard, 108
Swanson's, 210
Swasy, Alecia, 147n., 296, 297, 363, 819
Swatch, 146, 222, 305, 307
Sylvan Learning Centers, 508
Sylvania, 271
Syms, 513

T

T. J. Maxx, 513
Tab, 129, 315
Tab Clear, 355
Taco Bell, 49, 68, 358, 377, 442, 708, 722
Talbot's, 572
Talon, 275, 276
Tandy, 471, 526
Tannenbaum, Jeffrey A., 492, 530, 566
Tanner, John F., Jr., 635
Target, 81, 303, 398, 484, 511, 525, 569-570, 646, 717
Taster's Choice, 648
Tausz, Andrew, 594n.
Taylor, Marianne, 530
Taylor, Steven A., 714
TCBY, 508
Teddy Bear, 341
Teenage Mutant Ninja Turtles, 342
Teflon, 317, 318, 335
Teijin, 480
Teitelbaum, Richard S., 455n.
Teledyne, 256
Telis, Gerard J., 449
Templeman, John, 606
Templin, Neal, 23n.
Tenn, 341
Tetreault, Mary Stanfield, 714
Texaco, 208, 506, 515, 723
Texas Instruments, 16
TF-1, 302
Therrien, Lois, 20n., 69, 492
ThinkPad, 642
Thomas, Dave, 642
3M, 17, 182, 285, 289, 591, 770
Thrifty Rent-a-Car System, 703
Thurow, Roger, 341n.
Ticketron, 332
Tide, 114, 332, 340, 810
Tide with Bleach, 810
Time, 157, 649
Timex, 222
Tindall, James R., 326

Tire America, 489
TNT Express Worldwide, 756
Toffler, Alvin, 62, 67
Tokyo Disneyland, 734
Tomsho, Robert, 714
Topps, 209
Tops, 163
Toro, 113
Toshiba, 719
Touby, Laurel, 530
Toy, Stewart, 749
Toyota, 23, 58, 334, 381, 620, 648, 704, 718, 742
Toys "R" Us, 161, 514, 525, 567, 717, 739, 746, 747, 821
Tracer, 23
Trachtenberg, Jeffrey A., 531
Trans World Airlines, 341
Travel & Leisure, 649
Travelers Insurance, 698
Tri-R Innovations, 233
Trooper, 213
Trost, Cathy, 190
True Value, 471, 484, 506, 594, 615
Trump, Donald, 134
Tully, Shawn, 748
Tupperware, 496, 519, 520
Turley, L. W., 714
Turner Broadcasting, 654
TWA, 434, 454, 466
Tweeds, 572
Twix, 206
Ty-D-Bol, 212, 213
Tylenol, 37, 266, 305, 343
Tylenol Allergy Sinus, 306
Tylenol Cold, 306
Tylenol Cold and Flu, 306
Tylenol Extra Strength Headache Plus, 594-595
Tylenol Flu, 306
Tylenol Sinus, 306

U

Ultimate, 252, 299, 324
Ultra, 279
Ultra Brite, 177
Underground Atlanta, 503
Underwood, Elaine, 147n., 227, 260n., 455n., 531
Unilever, 229, 279, 283, 369, 734, 739
Union Pacific, 384, 533, 563
United Airlines, 180, 269, 334, 582, 663
United Audio Centers, 465
United Auto Workers, 5
United Negro College Fund, 704
United Parcel Service, 94, 334, 558, 559, 573, 613, 754, 755, 757
United Technologies, 21
United Way, 4, 701, 704, 705
U.S. Council for Automotive Research (CAR), 295
U.S. Postal Service, 94, 212, 558, 754
Universal card, 673
Universal Pictures, 701
University of Colorado, 123, 700
University of Michigan, 123, 176
Upshaw, Lynn B., 30
US West, 620
USA Today, 134, 257
USAir, 722

ÍNDICE DE NOMBRES

V

V8, 745
Vacca, Susan M., 47
Vandermerwe, Sandra, 819
Varca, Philip E., 715
Vasconcellos, Jorge, 326
Vasotec, 52
Velveeta, 331
Venture, 259
Vertical Club, 670
VHS, 316, 452
Viatour, 332
Victoria's Secret, 3, 199, 510, 512, 552
Victoria's Secret Bath Shops, 3
VideoPhone 2500, 272, 452
VISA, 26, 55, 56, 166, 221, 341, 637, 674, 675, 697, 764, 813
Vision, 684, 723
VO5, 144, 808
Volkswagen, 55, 185, 268
Volvo, 304, 333, 480, 603, 654
Von Pierer, Heinrich, 765
Vons, 423, 515, 816
Von's, 233
Vorhees, Roy Dale, 566
Voyager, 23
VWR Scientific, 560

W

W. T. Grant, 567
Wadman, Meredith K., 297
Wagner, Carlton, 240n.
Wal-Mart, 37, 57, 81, 87, 146, 162, 169, 302, 337, 357, 398, 400, 423, 447, 472, 484, 495, 500, 510, 511, 516, 517, 559, 562, 567, 568, 570, 616, 717, 768, 812, 821, 822
Waldenbooks, 568, 569, 663
Waldholz, Michael, 69
Waldman, Peter, 819
Waldrop, Judith, 147n., 227, 819
Walgreen's, 330, 337
Walker, Bruce J., 530
Walker, Chip, 363
Walkman, 96, 315
Wall Street Journal, The, 42, 118, 258, 452
Wallace Co., 19, 560
Walle, Alf H., 221
Wallpapers to Go, 508
Walton, Mary, 819
Walton, Sam, 337
Warner, Fara, 255
Warner Bros., 669
Warner-Lambert, 364, 579, 604
Warren, Lori S., 450
Watchman, 95, 96
Water Tower Place, 503
Waterford, 398
Watney, 721
WATS, 520
WD-40, 300
Weatherbeater, 822
Weber, Joseph, 109, 296, 565, 566, 606
Webster, Cynthia, 714
Weekly, James K., 441n.
Weekly World News, 197
Weigand, Robert E., 544n.
Weight Watchers, 299, 323, 734
Weinberg, Charles B., 714
Weinstein, Steve, 566
Weisendanger, Betsy, 819
Weiss, Michael J., 189
Welch, Jack, 377
Welles, Edward O., 455n.
Wellman, Michael, 570n.
Wells, Ken, 740n., 749
Wells, Mark, 363, 715
Wells, Rob, 675n.
Welter, Therese R., 296
Wendy's, 68, 471, 642
Wenner, Jann, 192, 224
Wesson, 342
West Bend, 519
Western Auto, 471, 489, 506
Western Pipe Supply, 230
Westinghouse, 339
Wetterau, 561
Wexner, Leslie, 3, 27, 28
Weyerhauser, 242
Wheatables, 602
Wheaties, 309
Wheelwright, Steven C., 297
Whiskas, 283
White, Gaylon, 809n.
White, Joseph B., 297, 404, 819
Whittle Communications, 642, 654, 669, 670
Wienermobile, 581
Wild Birds Unlimited, 513
Wilemon, David, 297
Wilke, Iohn R., 450
Wilkie, William L., 190, 227, 819, 679n., 606
Wilkinson Sword, 365
Williams, Geraldine E., 30
Willigan, Geraldine E., 819, 830n.
Wills, James, 635
Wilson Sporting Company, 237
Winchell, William O., 363
Window Wonders, 803
Winfrey, Oprah, 642
Winn-Dixie, 161, 496
Wise, 373
Wisniewski, Kenneth, 450
Woo, Junda, 819
Wood, Marian B., 189
Woodruff, David, 296, 530
Woodward & Lothrop, 513, 525
Woolley, Suzanne, 680n.
Woolworth's, 163
Works, The, 337
World Book, 519
Wortzel, Lawrence H., 492
Woy, James, 141
Wrangler HT, 459
Wrigley, 96, 185, 331
Wycoff, Joyce, 259, 634

X

Xenoquin, 332
Xerox, 11, 16, 331, 335, 355, 357, 358, 555, 617, 628, 699, 765, 774, 814

Y

Yamada, Ken, 70, 259
Yamaha, 742
Yanese Trading Company, 480
Yang, Don Jones, 819
Yankelovich, Clancy Shulman, 124
YMCA, 704
Yoon, Eusang, 404
Yoshihashi, Pauline, 404
Yovovich, B. G., 492
Yugo, 266, 341
Yves St. Laurent, 693

Z

Zabell, Martin, 672
Zachery, G. Pascal, 17n.
Zayre, 513
Zeien, Alfred, 367, 368
Zeithaml, Valarie A., 404
Zellner, Wendy, 404, 455n., 492, 531
Zemke, Ron, 708
Zenith Data System, 234
Zest, 156
Zhang, Wei, 68
Zinkhan, George M., 715
Zinn, Laura, 189, 325, 530, 531, 672, 819
Zizzo, Deborah, 565
Zoeller, Fuzzy, 568
Zoloft, 332

ÍNDICE ANALÍTICO

A

Abandono de productos, 319
Acciones de prácticas injustas, 437-438
Acercamiento preliminar en la venta, 621
Actitudes, 218, 220
Actividad agrícola, medidas de, 244
Actividad de construcción, medida de la, 244
Actividad de manufactura, medidas de, 193
Actividad mercadológica mal orientada, 772-774
    causas de, 774
    principio 80-20, 772-773
Actividad minera, medidas de la, 293
Actividades coordenadas de marketing, 12
Acuerdo General Sobre Tarifas y Comercio (GATT), 728
Adaptación de productos 734
Administración de inventario, 551-553
Administración de la distribución física, 552-559
    almacenamiento, 552
    centros de distribución, 552
    contenedorización, 553
    control de inventario (*véase* Control de inventario)
    definición, 552
    manejo de materiales, 553
    marketing internacional y, 737
    Procesamiento de pedidos, 555-556
    tendencias en, 561
    transportación (*véase* Transporte)
    ubicación del inventario, 552
Adopción de la moda por difusión hacia abajo, 321
Adopción de la moda por difusión hacia arriba, 321-322
Adopción de la moda por difusión horizontal, 321-322
Afirmaciones corporativas, 503-504
Agencias de publicidad, 659
    departamentos internos y, 659
Agente de cambio, 288
Agente exportador, 720
Agentes de fabricantes, 543
Agentes de ventas, 545
Agentes importadores-exportadores, 546
Agentes intermediarios mayoristas, 540, 541-546
    agentes de fabricantes, 543
    agentes de ventas, 163
    agentes importadores-exportadores, 546
    comerciantes comisionistas, 545
    compañías subastadoras, 545
    corredores, 544-545
    descripción, 537
    factores que favorecen a, 542
Agentes intermediarios, 381
Agregación de mercado, estrategia de, 145-146
AIDA (atención, interés, deseo y acción), 621-622
Airline Deregulation Act (1978), 61
Alianzas estratégicas, 722
Almacén privado, 426
Almacén público, 553

Almacenamiento, 552
    tipos de, 553
Alteración de productos, 308-309
Alternativas y toma de decisiones:
    evaluación de, 195, 198, 246
    identificación de, 195, 198, 246
Ambientalismo, 57
    "cuatro erres", del, 524
    discos compactos y, 351
    empaque y, 559
    movimientos ecologistas en Japón, 58
    productos ecológicos, 303
    venta al detalle de productos ecológicos, 524
Ambiente del marketing, 48-70
    interno, 65-67
    macroambiente externo (*véase* Macroambiente externo)
    microambiente externo, 64-65
    monitoreo del, 50
    resumen 67-68
Ambiente económico del marketing internacional, 725-727
Ambiente interno, 65-67
Ambiente sociocultural, 57-60
    comodidad, 60
    compra por impulso, 59
    marketing internacional y, 724-726
    movimientos ecologistas de Estados Unidos, 57-58
    roles (papeles) sexuales, 58-59
    salud y acondicionamiento físico, 59
Ambigüedad de roles (papeles), 613
American Association of Advertising Agencies, 600
Americans with Disabilities Act, 644
Ampliación de la mezcla de productos, 305-307
Ampliación de la mezcla de servicios, 696
Amplitud de la mezcla de productos, 300
Análisis de correlación, 102
Análisis de costos (*véase* Análisis de costo de marketing)
Análisis de la empresa y los nuevos mercados, 282
Análisis de la situación, 80-81
    plan anual de marketing y, 87
    proyectos de investigación de mercados y, 119-120
Análisis de tendencias, 103-104
Análisis de ventas anteriores, 102
Análisis del costo del marketing, 777-783
    asignación de costos y, 781
    de gastos dedicados a actividades, 778-779
    método de gastos anotados en el libro mayor, 778
    método del costo completo, 782
    método del margen de contribución, 782
    por segmentos del mercado, 778-781
    problemas del, 781-782
    uso de los resultados del, 783
Análisis del punto de equilibrio, 392-393
    determinación, 392-393
    evaluación de, 393

Análisis marginal, precios basados en, 394-395
    determinación del precio, 395
    evaluación del, 395
Annual Survey of Manufacturers, 243
Aprendizaje, 169-171
Area de la Comunidad Europea (ECE), 731
Arrendamiento en vez de compra, 199-200
Asesoramiento de la organización, 769
Asociación Europea de Comercio Libre, 730-731
Asociación y servicios, 688
Asociaciones, comerciales, profesionales e industriales, 122
Asuntos y protección del consumidor, carreras en, 37
Atención de una audiencia, 646
Atención selectiva, 213
Atractivo del mercado, 92
Aumento de la linea en precios altos, 307
Aumento de la linea en precios bajos, 308
Autoconcepto ideal, 218
Autoconcepto real, 218-219
Autoconcepto, 218
Automobile Information Disclosure Act (1958), 61

B

Balance general, 408
Balanza de pagos, 739-741
    (*Véase también* Balanzas comerciales internacionales)
Balanzas comerciales internacionales, 739-745
    balanza de pagos y, 740-741
    barreras contra el ingreso y, 743
    capacidades relativas y, 744
    estructura de impuestos y, 744
    petróleo y, 744
    preferencias de los consumidores y, 742
    tecnología y, 742
Barreras comerciales, 727, 743
Barreras contra el ingreso, 687
Bases de datos, 117-119
Bienes (*véase* Productos)
Bienes de comparación, 271
Bienes de consumo (*véase* Productos de consumo)
Bienes de conveniencia, 269-270
Bienes de especialidad, 271, 272
Bienes industriales (*véase* Productos industriales)
Bienes no buscados, 272
Boicot, 728
Bonificaciones, 429
    (*Véase también* Descuentos)

C

Cabildeo, 667
Cadena voluntaria, 505
Cadenas de tiendas, 503-505
Calidad:
    ajustes estratégicos y, 813-814
    de productos, 355, 551
    de servicios, 698
    dirección internacional y, 723

ÍNDICE ANALÍTICO

Calidad de los productos, 353-355, 551
Calidad en el marketing, 18
   compromiso con, 20
   definición, 18
   implantación de la, 19
   posicionamiento del producto y, 304
   satisfacción del cliente y, 18
Campaña promocional, 595-597
   coordinación de, 596
   tema de, 596
Campaña publicitaria, 643-657
   atención y, 646
   creación del mensaje, 646-647
   definición, 643
   evaluación, 655-657
      dificultad de, 655
      prueba directa, 656
      pruebas de recordación, 656
      pruebas indirectas, 656-657
      pruebas preliminares (preprueba), 657
   influencia y, 647
   mensaje y, 646
   objetivos de la, 643
   presupuesto para, 645-646
   publicidad cooperativa, 646
   realización y, 646
   resumen, 668
   selección de los medios (*véase* Medios publicitarios)
Campañas, 170
Canales de distribución, 64, 458-491
   como una sociedad, 486
   conflicto entre (*véase* Conflicto entre canales)
   consideraciones legales en la administración de, 486-487
      contrato restrictivo, 487-488
      distribución exclusiva, 486
      negativa de distribuir, 487
      política de territorio exclusivo, 488
   control de, 485
   decisiones de precios y, 395
   definición, 462-463
   diseño de, 463-466
      secuencia de decisiones, 464-465
   distribución directa, 466
   distribución física y, 552
   distribución indirecta, 466
   en Japón, 480
   factores que influyen en, 472-476
      compañía, 474-475
      intermediarios, 474
      mercado, 473
      producto, 474
   grandes, 466-469
      bienes comerciales, 468
      bienes de consumo, 466-468
      servicios, 469
   intensidad de la distribución, 476-479
      exclusiva, 477-478
      intensiva, 477
      selectiva, 477
   intermediarios y, 460-461
   marketing internacional y, 737
   múltiples, 469
   para los servicios, 701
   resumen, 488-489
   sistemas de marketing vertical, 470-472

Canales múltiples de distribución, 468-470
Capacitación de ventas, programa de, 627-628
Características de la innovación que influyen en la tasa de adopción, 290-291
Carga comercial, 76
Carreras en marketing, 31-47
   ¿cómo se busca empleo?, 41-47
      canal de distribución y, 43
      carta explicatoria, 44
      currículum vitae y, 44
      entrevista y, 45
      evaluación de ofertas de empleo, 45-46
      identificación y análisis del mercado, 42
      precio y, 43
      producto y, 42-43
      promoción y, 43-44
   diferencias entre empresas grandes y pequeñas, 41
   elección de una carrera, 31-32
      cualidades personales, 33
      preguntas a contestar, 31-32
   marketing internacional, 40
   más información sobre, 46
   tipos de organización, 38-41
      comercio al mayoreo, 39
      gobierno, 40
      manufacturas, 38
      marketing de servicios, 39
      organizaciones no lucrativas, 40
      otras áreas de negocios, 39
      venta al menudeo, 38-39
   trabajos en marketing, 32-39
      asuntos y protección del consumidor, 37
      compras y adquisiciones, 35
      dirección de la tienda, 35
      dirección de producto/marca, 36-37
      distribución física, 37
      investigación de mercados, 36
      nivel inicial, 33
      promoción de ventas, 36
      publicidad, 35
      relaciones públicas, 37
      venta personal, 34
Cartel, 736
Casos:
   Advertising, 675
   American Express, 673-675
   AT&T VideoPhone, 451-452
   Blockbuster Video, 142-143
   Civilian HUMMER, 256
   Federal Express, 754-757
   Gillette Series, 367-369
   Green Marketing, 144-147
   Kmart Corporation, 567-571
   Kodak Photo CD, 364-365
   Michigan Opera Theater, 750-751
   Rubbermaid, Inc., 258-260
   Sears, Roebuck & Company, 821-823
   Sneakers, 648-651
   Southwest Airlines, 454-455
   Ventas por Catálogo, 572-574
Castigo, 215
Catalog of United States Publications, 122
Categorías de adoptadores de innovaciones, 287-289
Census Bureau, US. 805-808
Census of Agriculture, 243
Census of Manufacturers, 241-242, 243

Census of Mineral Industries, 243
Census of Retail Trade, 497
Census of Service Industries, 497
Centro comunitario, 502
Centro de compras, 247
Centro de poder, 525
Centro de productos de conveniencia, 502
Centro regional, 502
Centros comerciales, 502-503
Centros de distribución, 552
Centros de ventas, 616
Children's Television Act (1990), 61
Ciclo de vida de un servicio, 697
Ciclo de vida del producto, 309-322
   administración de, 315-319
   duración de, 313-314
   etapas de, 309-311
      crecimiento, 311
      declinación, 312-313
      introducción, 311
      madurez, 311-312
   mercados y, 314
   mezcla promocional y, 588, 591
Ciclos del negocio, etapas del, 53-56
   prosperidad, 53
   recesión, 53
   recuperación, 55
Cierre de la venta, 622
Cierre de ventas tentativo, 606
Cigarette Labeling and Advertising Acts (1966, 1969), 61
Clase alta baja, 205
Clase alta, 205
Clase baja, 164
Clase media alta, 205
Clase media baja, 163-164
Clase media, 205-206
Clase social, 169-170
   comportamiento de compra y, 205-207
Clases de compra, 245
Clasificación de prospectos, 621
Clayton Antitrust Act (1914), 61, 486
Cliente, 7
Codificación, 581
Código ético, 15
Códigos postales, 163
Colocación de los productos, 654
Color de productos, 352-353
Color, del producto, 353-354
Combinación, 770
Comercialización, 282
Comerciante de servicios, 559
Comerciante exportador, 720
Comerciantes comisionistas, 545
Comerciantes intermediarios, 460
Comerciantes mayoristas, 468, 540-542
   de servicio completo, 5, 540-541
   descripción de, 537
   factores que favorecen a, 542
   gastos de operación de, 538
   mesas de distribución, corredores, 543
   transportistas distribuidores especializados, 541
Comercio al detalle de productos ecologistas, 524
Comercio al por mayor, 532
Comisión, 629

ÍNDICE ANALÍTICO

Comité de planeación de productos, 291
Comodidad, deseo del consumidor de, 60
    futuro del comercio al detalle y, 524
Compañías subastadoras, 545
Comparación entre venta y marketing, 7
Compatibilidad y tasa de adopción, 290-291
Competencia ajena al precio, 383, 444
Competencia de marcas, 55
Competencia de precios, 440-445
    cambios proactivos y reactivos, 442
    competencia ajena al precio frente a, 444
    guerras de precios, 444
    perspectiva internacional sobre, 441
    precios basados en el valor, 440-444
    servicios y, 701
    (*Véase también* Determinación de precios, competencia y)
Competencia imperfecta, 585
Competencia perfecta, 396
Competencia, 55-56
    ajena al precio, 383
    cómo afrontar la, 382
    imperfecta, y promoción, 584
    internacional, 56
    posicionamiento del producto y, 301-302
    precios y (*véase* Determinación de precio, competencia y)
    tipos de, 55
Complejidad y tasa de adopción, 290
Comportamiento de compra del consumidor, 192-227
    cómo compran, 222
    condiciones en que compran, 222
    cuándo compran, 220
    dónde compran, 221
    factores psicológicos, 210-219
        actitudes, 218-219
        aprendizaje, 214-216
        autoconcepto, 218
        motivación, 210-211
        percepción, 212-213
        personalidad, 216-218
        selectividad, 213
        teoría del estímulo-respuesta, 213-215
    factores situacionales (*Véase* Factores Situacionales y Comportamiento de compra)
    factores sociales y grupales, 202-210
        clase social, 205-207
        cultura, 202
        familia, 209
        grupo de referencia, 207-208
        núcleo familiar, 209-210
        subcultura, 203-204
    información y decisiones de compra, 201
    por qué compran, 222
    resumen, 223-224
    toma de decisiones y (*véase* Toma de decisiones como solución de problemas)
Comportamiento de compra en las empresas, 244-252
    arrendamiento frente a compra, 251
    centro de compras, 247
    clases de compra, 245
    compra directa, 249
    convenios de reciprocidad, 250
    demanda de servicio, 250

    dependencia de la oferta, 251
    duración del periodo de negociación, 250
    factores múltiples de la compra, 247
    frecuencia de la compra, 249
    importancia de la compra de las empresas, 244
    motivos de compra, 245
    naturaleza de la relación, 249
    proceso de, 246-247
    tamaño del pedido, 249
Comportamiento después de la compra, 195, 200-201, 247
Compra nueva, 180
Compra nueva, 245-246
Compra por impulso, 59, 197
Compradores, 249
Compras directas, 249
Compras por televisión, 523
Compras y adquisiciones, carrera en, 35
Compras, carreras en, 35
Comunicación, 581
    dirección de operaciones y, 770
    proceso de, y promoción, 581-582
Comunidad Europea (CE), 173, 346, 729-730, 813
Concentración, estrategia de, 184
Concepto de justo a tiempo, 554-555
Concepto del marketing, 12-14
Concepto social de marketing, 13-14
Concepto, prueba del, 120
Conducta habitual, 215-216
Conductor-vendedor, 614
Conflicto de roles (papeles), 613
Conflicto entre canales, 479-483
    definición, 478
    descuento por apertura y, 483
    horizontal, 479
    mercancía extensa con, 481
    vertical, 470-481
        fabricante frente a detallista, 482-484
        fabricante frente a mayorista, 481
Conflicto entre fabricantes y canales, 481-485
Conflictos horizontales, 479-481
Conflictos verticales, 481-482
    fabricante frente a detallista, 483-484
    fabricante frente a mayorista, 481-483
Conservación del precio de reventa, 439
Consideraciones de la compañía en la selección de canales de distribución, 475-476
Consolidadores de carga, 556
Consolidated Metropolitan Statistical Area (CMSA), 161
Consumer Credit Protection Act (1968), 61
Consumer Goods Pricing Act (1975), 61, 439
Consumer Product Safety Act (1972), 61, 357
Consumer Product Safety Commission (CPSC), 357
Consumer Product Warranty Act (1975), 61
Consumidor, publicidad para el, 641
Consumidores finales, 157
Consumidores, 7
    ética y, 803
Consumidorismo (movimiento en favor del consumidor), 796-798
    acciones en favor del consumidor, 796
    ámbito del, 797
    en el futuro, 797
Contenedorización, 553

Contracción de la mezcla de productos, 309
Contracción de la mezcla de servicios, 696
Contrato de manufactura, 721
Contrato restrictivo, 487
Contratos, 721
Control de canales, 485
Control de inventario, 553-554
    cantidad del pedido económico, 554
    justo a tiempo, 554-555
    necesidades de servicio al cliente y, 553
Convenio de reciprocidad, 250
Cooperativa de detallistas, 505
Corporación multinacional, 722-723
Corredores (pequeños mayoristas), 537
    (*Véase también* Comerciantes mayoristas)
Corredores, 543-544
Corte Suprema de Estados Unidos, 357-487
Costo de bienes vendidos, 410
Costo fijo promedio, 386, 388
Costo fijo, 388
Costo marginal unitario, 386-388
Costo neto de compras entregadas, 410
Costo por millar (CPM), 650
Costo total promedio, 387, 388
Costo total, concepto de, 549
Costo variable promedio, 387, 388
Costo variable, 387
Costo:
    de productos, decisiones de precio y, 386-387
    demanda del mercado de empresas y, 237
    margen de ganancia bruta basado en, 411-413
Costos directos, 781
Costos fijos, 387-388
Costos indirectos, 781
Costos totales, 387, 388
Costos variables totales, 387-388
Creación de relaciones, 815-816
Crecimiento del mercado de productos, matriz de, 95
Crecimiento suburbano, 162-163
Criterios cuantitativos de la evaluación del desempeño, 630
Crítica contra la demanda perjudicial, 792
Crítica contra la explotación, 793
Crítica contra la ineficiencia, 793
Críticas contra conductas ilegales, 793
Críticas contra el marketing, 793
    conducta ilegal, 793
    demanda perjudicial, 792
    distribución, 793
    explotación, 793
    ineficiencia, 792
    precio, 793
    producto, 793
    promoción, 794-795
Cultura, 202
    común, 124
    europea, 78
    marketing internacional y, 723, 726
    subculturas, 203-204
Cuota de importación, 727
Cupones, 660
Current Construction Reports, 244
Curva de la demanda y promoción, 584
Curva del costo fijo promedio, 387
Curva del costo marginal, 388

ÍNDICE ANALÍTICO

Curva del costo total promedio, 388
Curva del costo variable promedio, 387

D

Datos de una sola fuente, 118
Datos primarios, 122
    fuentes de, 124
    obtención de, 125-131
        método de encuesta, 124-126
        método de observación, 128
        método experimental, 128-131
Datos secundarios, 122
    fuentes de, 122-123
Decisiones de compra, 195, 198-201, 246
    (*Véase también* Toma de decisiones como solución de problemas)
Decisores, 247
Decodificación, 581
Decreto del consentimiento, 601
Déficit comercial, 740
Delegación, 769
Demanda del mercado, 82-83
    pronósticos (*véase* Pronóstico de la demanda)
Demanda elástica, 406-407
Demanda en el mercado institucional, 235-244
    características de la, 235-238
    como muy fluctuante, 237-238
    compradores bien informados y, 238
    derivada, 235-236
    determinantes de la, 239-244
        concentración regional de usuarios, 242
        mercados verticales y horizontales, 242
        número de compradores, 239-241
        poder adquisitivo de los usuarios, 243
        tamaño de los usuarios, 241-242
    inelástica, 236
Demanda inelástica, 407-408
Demanda invertida, 383
Demanda quebrada, 397-398
Demografía, 52
    comercio al detalle en el futuro y, 525
    tendencias de mercado y, 804-805
Departamento de productos nuevos, 291
Department of Agriculture, U.S., 744
Depository Institutions Act (1981), 61
Desarrollo de productos, 96
Desarrollo de prototipos, 282
Desarrollo del mercado, 95
Desarrollo económico, nivel del, 725-726
Descuento acumulativo, 427
Descuento de ventas, 410
Descuento no acumulativo, 426
Descuento por apertura, 483
Descuento promocional, 429
Descuentos comerciales, 428
Descuentos de temporada, 429
Descuentos funcionales, 428
Descuentos por pago en efectivo, 426-429
Descuentos por volumen, 427-429, 432
Descuentos, 426-429
    acumulativos, 427
    comerciales, 428, 431
    de temporada, 429
    discriminación de precios y, 430-431
    facturas posdatadas, 429
    no acumulativos, 426

    por pago en efectivo, 426-427
    por volumen, 426, 431
    servicios y, 699
Desempeño esperado-desempeño real, 199-200
Desventaja diferencial, 82
Detallista independiente, 505
Detallistas, 496
    ventas mundiales de los principales detallistas estadounidenses, 500
Determinación de precios, 383-388
    análisis del punto de equilibrio y, 392-394
    análisis marginal y, 394-395
    canales de distribución y, 384
    competencia y, 396-399
        igualación de la, 397
        por arriba, 398
        por debajo, 398
        reacciones por, 384
        (*Véase también* Competencia de precios)
    costo del producto y, 385-388
    demanda estimada, 383-384
    más el costo (*véase* Fijación de precios basada en el costo unitario más una ganancia unitaria)
    por empresas extranjeras, 385
    producto y, 384
    promoción y, 386
    resumen, 401
Devolución de ventas, 410
Diferenciación de productos, 183
Diferenciación, 94
Difusión de un nuevo producto, 286
    agente de cambio y, 288
Dilemas éticos, 16, 87, 128, 183, 217, 248, 279, 340, 382, 426, 485, 519, 545, 602, 625, 647, 738, 769, 802
Dimensiones corporativas del marketing, 6-7
Dirección de calidad total (DCT), 251, 355-356, 698, 813
Dirección de tiendas, carreras en la, 35
Discos compactos (CD), 350
Discriminación de precios, 430-431
Diseño de productos, 352-353
Diseño universal, 352
Diseño, del producto, 352
Disonancia cognoscitiva, 200-201
Distorsión selectiva, 213
Distribución de la población por edad, 164-165
Distribución del ingreso, 168-169
Distribución directa, 466
Distribución dual, 469-470
Distribución exclusiva, 477-478
Distribución exclusiva, 486
Distribución física, 546-552
    administración de (*véase* Administración de la distribución física)
    carreras en, 37
    concepto de costo total y, 549
    costos de envío y, 552
    decisiones relativas a los canales y, 551
    definición, 546
    enfoque de sistemas en la, 548
    estabilización de precios y, 552
    mejoramiento del servicio al cliente y, 549
    necesidad de prestar más atención a la, 547
    reducción de costos de la, 550
    resumen, 562

    uso estratégico de, 550-551
    utilidad de tiempo y lugar y, 549-552
Distribución indirecta, 466
Distribución regional de la población, 161
Distribución selectiva, 477
Distribución urbana-suburbana-rural, 161
Distribución, 477-478
Distribución, 84, 86
    canales de (*véase* Canales de distribución)
    críticas contra, 794
    de servicios, 701-702
    física (*véase* Distribución física)
    marketing internacional y, 735-739
        distribución física y, 737
        intermediarios y, 737
        soborno y, 737-738
Distribuidor industrial, 468-537
    (*Véase también* Comerciantes mayoristas)
Distribuidores en camión, 541
Distribuidores, 477-479
Diversificación, 96
Documentación y servicios, 689
Drug Price Competition and Patent Restorations Act (1984), 61
Dumping, 735

E

Earth Summit Treaty, 636
Economía global, 19-22
Edad, distribución de la población por, 163-166
Elasticidad de la demanda ante los precios, 384, 406-408
Ello (*id*). 216
Empaque familiar, 347
Empaque múltiple, 347
Empaque, 344
Empaques, 344-349
    cambio de, 347
    críticas contra, 347-349
    definición, 344
    estrategias de, 346-347
    familia de, 346-347
    importancia de, 346
    línea de productos, 346
    múltiples, 347
    propósitos de, 344-345
    resumen, 359
Empresas como fuentes de información, 122-123
Empresas conjuntas, 721
Empresas de entrega de paquetes, 558
Empresas manufactureras, 38
Encuentro de servicios, 703
Encuesta de las intenciones del comprador, 102
Encuesta por correo, 127
Encuesta, 125-127
    entrevista personal, 125
    por correo, 127
    por teléfono, 126-127
    sobre las intenciones del comprador, 102
Encuestas por teléfono, 126
Encyclopedia of Associations, 122
Enfoque de sistemas en la distribución física, 548-549
Entrevistas personales, 125
Entrevistas:
    de empleo, 45
    encuesta personal, 125

ÍNDICE ANALÍTICO

Environmental Protection Agency, 797
Equidad de marcas, 305, 339-343
Equipo accesorio, 274, 276-277
Equipo conjunto, 291
Equipo de ventas, 616
Especialistas en marketing y empresas de negocios, 5
Especialización de los productos, 767-768
Especialización en clientes, 768
Especialización en mercados, 766-768
Especialización geográfica, 766
Espectaculares, 653
Estabilización de precios, 382-383
    distribución física y, 552
Establecimiento de ventas del fabricante, 538
Estado de ingresos (*véase* Estado de resultados)
Estado de pérdidas y ganancias (*véase* Estado de operaciones)
Estado de resultados, 408-411
    costo de los bienes vendidos y, 410
    gastos y, 411
    margen bruto y, 411
    utilidad neta y, 409, 411
    ventas netas y, 410
    ventas y, 409
Estadounidenses de raza negra (negros), 170
Estandarización de la publicidad, 738-739
Estilo de vida, 137-138
Estilo, 320
Estrategia de agregación, 182-184
Estrategia de cosecha, 93
Estrategia de empujar, 593-594
    promoción de ventas y, 663
Estrategia de inversión, 93
Estrategia de jalar, 593, 594-595
    promoción de ventas y, 663
Estrategia de marcas múltiples, 339-340
Estrategia de mercado masivo, 182-183
Estrategia de precio variable, 434
    servicios y, 700
Estrategia de precios flexibles, 434
    servicios y, 701
Estrategia de precios individuales, 436
Estrategia de protección, 93
Estrategia de segmentos individuales, 184
Estrategia de segmentos múltiples, 185-186
Estrategia de un sólo precio, 434-435
    servicios y, 701
Estrategia, 76, 422
    organizacional, 80
    plan anual de marketing y, 87
    (*Véase también* estrategias específicas)
Estrategias de la fijación de precios, 422-450
    conservación del precio de reventa, 438-439
    de un solo precio, 434, 700
    del líder, 437-438
    descremado del mercado, 425
    descuentos (*véase* Descuentos)
    en el marketing internacional, 735
    en empresas lucrativas, 699
    en empresas no lucrativas, 700
    geográficas (*véase* Estrategias geográficas de la fijación de precios)
    impares, 437
    leyes contra prácticas injustas y, 437
    líneas de precios, 436-437
    para servicios, 701
    penetración en el mercado, 425-426

precio flexible, 434, 435-436, 700
resumen, 446
un solo precio, 436
unitarios, 437
Estrategias de marcas de los fabricantes, 335-336
    marcas de intermediarios, 336
    marcas del fabricante, 335
    piezas y materiales de fabricación, 335-336
Estrategias de marketing, detallistas clasificados por, 507-518
Estrategias de precios con criterios geográficos, 431-434
    absorción de flete, 433
    entrega por zonas, 433
    entrega uniforme, 432
    punto de producción, 432
    venta de fábrica LAB, 432
Estrategias del uso de marcas, 335-344
    comunes, 338-340
    del fabricante, 336
    dentro de una mezcla de productos, 338
    en caso de saturación del mercado, 339-340
    equidad de marca, 340-343
    fabricación de piezas y materiales, 335-336
    familia de marcas, 338
    intermediarios, 336-339
    internacionales, 341, 734
    licencias para el uso de marcas registradas, 243
    marcas múltiples, 339
    para los servicios, 698-699
    productos genéricos, 338
    resumen, 359
Estrategias organizacionales, 80
    de toda la empresa, 766
    departamento de marketing, 766-769
Estrellas, 90, 92
Estructura de precios para los servicios, 699-702
Etapa de aceptación del mercado en el ciclo de vida del producto, 248
Etapa de crecimiento en el ciclo de vida del producto, 311
    administración de, 315
    estrategias promocionales en, 593
Etapa de declinación en el ciclo de vida del producto, 313
Etapa de declinación en el ciclo de vida del producto:
    administración de, 317
    estrategias promocionales en, 593
Etapa de evaluación del proceso gerencial, 74
    plan anual de marketing y, 87
Etapa de introducción en el ciclo de vida del producto, 312-313
    administración de, 315
    estrategias promocionales en, 593
Etapa de madurez en el ciclo de vida del producto, 311-312
    administración de la, 317
    estrategias promocionales de, 592
Etapa de orientación a la producción, 8-9
Etapa de orientación al marketing, 10-11
Etapa de orientación de ventas, 9-11
Etapa de prosperidad del ciclo del negocio, 53
Etapa de realización del proceso gerencial, 74
Etapa de recesión en el ciclo de vida del negocio, 54

Etapa de recuperación en el ciclo de vida del negocio, 55
Etapa del ciclo de la vida familiar, 166-167
Etapa innovadora del ciclo de vida del producto, 312
Etapas del proceso de adopción, 287
Ética, 14-16, 802-803
    beneficios de, 16
    código de, 15
    consumidores y, 803
    definición, 15, 800
    establecimiento de directrices, 800
    implantación de una orientación a la, 15-16
    razones de la conducta ética, 800
    responsabilidad social, 704, 802
Etiqueta de grado, 351
Etiqueta de marca, 349, 351
Etiqueta descriptiva, 349-351
Etiquetas de advertencia, 357
Etiquetas nutricionales, 351
Etiquetas, 278-279
    de advertencia, 283
    de contenido nutricional, 279
    de grado, 278
    de marca, 278, 279
    definición, 278
    descriptivas, 278, 279
    internacionales, 735
    requisitos reglamentarios de, 279
    tipos de, 278-279
Evaluación de marketing, 788-830
    críticas contra (*véase* Críticas del marketing)
    ética (*véase* Ética)
    perspectivas futuras de (*véase* Perspectivas futuras)
    respuestas (*véase* Respuestas a los problemas de marketing)
Evaluación del desempeño de marketing, 771-775
    actividad errónea de marketing, 772-774
    causas de, 774
    principio 80-20, 772-773
    análisis de costos de marketing (*véase* Análisis de costos de marketing)
    análisis del volumen de ventas, 775-776
    criterios de, 790-791
    definición, 762
    evaluación de marketing, 771
    fuerza de ventas, 630
    organizaciones de servicios, 708
    proceso de, 774-775
Evaluación del marketing, 771
Excedente comercial, 740
Experimentación, 525
Experimentos de campo, 129
Experimentos de laboratorio, 129
Exploradores (escaners), 118
Exportación, 720
Expropiación, 727
Extensión de la línea de productos, 242
Extensión de productos, 733-734
Extensión mixta, 305

F

Factor de mercado, 98
Factor de mercado, análisis de, 101-102
Factores cualitativos de la evaluación del desempeño, 630-631

ÍNDICE ANALÍTICO

Factores múltiples de compra, 247-248
Factores políticos y legales, 60
    legislación, 61
    marketing internacional y, 727-732
Factores situacionales y comportamiento de compra, 219-221
    ambiente físico y social, 221
    condiciones de la compra, 222
    estados de ánimo, 222
    objetivos de la compra, 222
    seis sigma, 20
    variables temporales, 220-221
Facturas posdatadas, 429
Fair Packaging and Labeling Act (1966), 61, 351
Familia, 209-210
Familias con doble ingreso, 203
Familias de marcas, 339
Federal Communications Commission, 521
Federal Trade Commission (FTC), 351, 432, 440, 600-601, 643, 796, 798, 799
Federal Trade Commission Act (1914), 61, 351, 486, 600
Fijación de precios basada en el costo total unitario y en la ganancia unitaria, 388-391
    basada en costos marginales, 390
    evaluación de, 391
    por intermediarios, 390-391
Fijación de precios con absorción del flete, 433
Fijación de precios orientada a las utilidades, 381
    maximización de utilidades y, 380
    rendimiento meta y, 379-380
Fijación de precios por arriba de los de la competencia, 398-400
Fijación de precios por debajo de los de la competencia, 398
Flammable Fabrics Act (1953), 61
Food and Drug Act (1906), 351
Food And Drug Administration, 351, 798
Food, Drug, and Cosmetic Act (1938), 351
Foreign Corrupt Practices Act (1977), 738
Formato de las empresas de franquicias, 306
Fragmentación del mercado, 810-811
Franquicias, 306
    mercados internacionales y, 720
FTC Improvement Act (1980), 61
Fuerza de ventas externas, 611-612
Fuerza de ventas, contratación de personal y dirección, 623-630
    dirección estratégica, 623
    especificaciones de contratación, 625-626
    evaluación de, 630-631
        criterios cuantitativos de, 631
        factores cualitativos de, 631-632
    global, 626
    integración de empleados de nuevo ingreso, 626
    motivación de la, 628
    planes de compensación para la, 628
    programas de capacitación, 627-628
    reclutamiento y selección, 625
    supervisión, 630
Fuerzas, debilidades, oportunidades, amenazas, evaluación de, 81
Fur Products Labeling Act (1951), 61

G

Garantía explícitas, 355
Garantía implícita, 355
Garantías, 355-357
Gastos generales (de operación), 411
    de los detallistas, 498
    de los mayoristas, 498, 540
Gerente de marca, 292
    carreras de, 37
Gerente de producto, 292
    carreras como, 36-37
Gerentes de categorías, 292
Gobierno:
    como fuente de datos secundarios, 122
    como mercado, 233
    influencia del, en marketing, 60
Gran participación, 196
Grupo de interés, 126
Grupo de referencia, 207-208
Guardianes, 197
Guerras de precios, 444

H

Hipermercados, 516-517
Hipótesis, 120-121
Humorismo en la publicidad, 648

I

Imagen pública, 704
Indicador de actividad del poder adquisitivo, 243
Indicador de calidad del servicio, 551
Indice del mercado, 98
Inflación, 55
Influencia en una audiencia, 646-647
Influenciadores, 247
Infocomerciales, 654
Información comercial, 201
Información del mercado en el futuro, 808
Información social, 201
Información, 113
    bases de datos, 117-118
    comercial, 201
    fuentes de, 113, 122
    sistema de apoyo a las decisiones, 113, 115-118
    sistema de información de marketing, 113-116
    social, 201
    (*Véase también* Investigación de mercados)
Infraestructura y marketing internacional, 724-725
Ingeniero de ventas, 614
Ingreso marginal, 395-396
Ingreso personal disponible, 170
Ingreso personal, 168-169
Ingreso promedio, 395
Ingreso, significado del, 170
Innovadores, 287
Instalaciones físicas de los detallistas, 500-503
    aspectos importantes de, 502
    centros comerciales y, 501-502
Instalaciones, 273, 275
Instrumentación en la administración de marketing, 760-768
    definición, 762
    dirección de operaciones, 769-770
        comunicación, 771

        coordinación, 770
        delegación, 769
        motivación, 770
    organización de, 764-768
        en toda la compañía, 766
        especialización en clientes, 768
        especialización en productos, 766-768
        especialización geográfica, 601-602
    personal, 769
    resumen, 784
Insumos (suministros) de operación, 274, 277
Integrador de sistemas, 472
Inteligencia competitiva, 135-136
Intensidad de la distribución, 476-479
Intercambio, 5
Intercepción en centros comerciales, 126
Intermediarios del marketing, 65
Intermediarios, 65
    actividades típicas de, 461
    agentes, 460
    canales de distribución y, 460-462
        factores que influyen en los, 475
        (*Véase también* Canales de distribución)
    comerciantes, 460
    criterios de nuevos productos, 285-286
    definición, 460
    estrategias de uso de marcas de los, 336-338
        familia de marcas, 339
        marcas de intermediarios, 336-337
        marcas del fabricante, 336-337
        marcas múltiples, 339-340
        mezcla de productos y, 338-339
        productos genéricos, 338
    fijación de precios por los, 391-392
    importancia de, 460-461
    marketing internacional y, 737
    promoción de ventas para, 664
    venta al mayoreo (*véase* Venta al mayoreo [intermediarios mayoristas])
Invención, 734
Inversión directa en países extranjeros, 721-722
Investigación de mercados, 112-113
    alcance de, 113
    carreras en, 36
    causas de la, 112
    definición, 112
    marketing internacional y, 732
    proyectos (*véase* Proyectos de investigación de marketing)
Investigación de propaganda, 134
Investigación etnográfica, 211-212
Investigación informal, 121-122

J

Jerarquía de efectos, 588-589
    compra, 590
    conciencia de, 589
    conocimiento, 589-590
    convicción, 590
    preferencia, 589
    simpatía, 589
Jerarquía de necesidades, 211-212
Jóvenes, 203
    mercado de los, 164
Juicio de los ejecutivos, 104-105

ÍNDICE ANALÍTICO

K
Kefauver-Harris Drug Amendments (1962), 61

L
Lanham Trademark Act (1946), 61, 262, 265
Levantador de pedidos externos, 614
Levantadores de pedidos, 614, 615
Ley local, 727-728
Leyes de comercio justo, 439
Licencia para el uso de marcas, 343-344
Licencias para el uso de marcas registradas, 343
Licencias:
    de uso de marcas registradas, 272-273
    mercados internacionales y, 721
Líder en pérdidas, 437
Liderazgo global en costos, 94
Líderes en precios, 437-438
Líderes, 437
Línea de productos, 300-301
    empaque de, 344
"Línea dura de ventas", 10
Líneas de precios, 436-437
Lista de valores, 139
Listas, preparación y venta de, 117-119
Lote económico de pedido, 554

M
Macroambiente externo, 51-64
    competencia (*véase* Competencia)
    condiciones económicas, 52-56
    demografía, 52
    etapa del ciclo del negocio, 53-55
    factores políticos y legales, 60, 61
    inflación, 55
    social y cultural (*véase* Ambiente sociocultural)
    tasas de interés, 55
    tecnología, 60-63
Macroinfluencias, 50
    (*Véase también* Macroámbito externo)
Manejo de materiales, 553
Máquinas vendedoras, 521
Marca de tienda, 336
Marca registrada, 330
Marca, 330
Marcas de intermediarios, 330
Marcas de los fabricantes, 330-331
Marcas nacionales, 331
Marcas privadas, 330
Marcas, 330-335
    razones en favor y en contra del uso de marcas, 331
Margen bruto, 411
Margen de utilidad sobre el precio de venta, 380, 391, 412-415
    basado en el costo, 411, 414
    basado en el precio de venta, 413
    definición, 411
    series de, 414
Marketing de los consumidores, programa de, 345
Marketing de nichos, 810
Marketing directo, 521-522
    compras por televisión, 522
    correo directo, 522
    venta por catálogo, 523
Marketing global, 723
    (*Véase también* Marketing internacional)
Marketing institucional, 230-231
Marketing internacional, 716-757
    análisis ambiental de, 723-731
        ambiente económico, 725-727
        factores políticos y legales, 727-732
        factores sociales y culturales, 724, 725
    balanza comercial y (*véase* Balanzas comerciales internacionales)
    carreras en, 40
    definición, 720
    determinación de precio y, 388
    estructura organizacional del, 720-723
        contratos, 721
        corporaciones multinacionales, 722-723
        exportaciones, 720
        inversión directa, 721-722
    mezcla de marketing en, 733-739
        investigación de mercados, 733
        planeación de productos, 733-734
        precios, 386, 735-736
        publicidad, 738-739
        sistema de distribución, 736-738
    planeación estratégica del, 723-727
    resumen, 745
    ventaja comparativa y, 719
    ventaja tecnológica y, 719
Marketing, 5-27
    aspectos comerciales del, 6
    calidad en, 18
    concepto de, 12-14
    concepto social del marketing, 13-14
    costos, 24
    definición, 7, 82
    empleo en, 22-24
    ética y (*véase* Ética)
    evolución del, 8-11
        etapa orientada a la producción, 8-9
        etapa orientada a las ventas, 9-10
        etapa orientada al marketing, 11
    importancia del, 19-27
        en el sistema socioeconómico estadounidense, 22-24
        en la economía global, 19-23
        en la vida personal, 27
        en las organizaciones, 25-26
    naturaleza y ámbito del, 4-8
    naturaleza y justificación del, 12-13
    resumen, 27
    venta comparada con, 7
Maslow, jerarquía de necesidades de, 211-212
Matemáticas para el marketing, 406-419
    elasticidad de la demanda según el precio, 406-408
    estado de operaciones (*véase* Estado de operaciones)
    margen de ganancia bruta (*véase* Margen de ganancia bruta)
    razones analíticas (*véase* Razones analíticas)
Materiales y piezas de fabricación, 275
    marcas de, 335-336
Materias primas, 274
Matriz de negocios de General Electric (GE), 92-95, 97
Matriz del Boston Consulting Group (BCG), 89-92, 97
Maximización de utilidades, 380
Mayoría tardía, 228
Mayoría temprana, 289
Mayoristas de servicios completos, 540-541
Medios de comunicación basados en el lugar, 654
Medios publicitarios, 123, 647-655
    al aire libre, 652-654
    basados en lugares, 654
    características de los, 649-655
    colocación en productos, 654
    correo directo, 651-652
    costo por millar de, 649
    de especialidades, 653
    emergentes, 653-654
    factores que influyen en la elección de, 648-649
    infocomerciales, 654
    niveles de, 648
    páginas amarillas del directorio telefónico, 654
    prensa, 650
    radio, 652
    revistas, 652
    servicios y, 706
    televisión, 651
Membresía en tiendas de mayoristas, 516-518
Membresías en tiendas mayoristas, 515-517
Mensaje de un anuncio, 646
Mercado agrícola, 231-232
Mercado de clientes, 692-693
Mercado de consumo, 157
    segmentación del, 158-178
        bases de la, 158
        conductual, 177-178
        demográfica, 163-165
        geográfica, 160-163
        psicológica, 171-172
Mercado de donadores, 692
Mercado de hispánicos, 52, 171, 204
Mercado de la senectud, 165
Mercado de personas de edad madura, 164-165
Mercado de revendedores, 232
Mercado de servicios, 234
Mercado gris, 544
Mercado indiferenciado, estrategia de, 182-183
Mercado industrial vertical, 242
Mercado institucional horizontal, 242
Mercado institucional, 158, 228-225
    componentes de, 231-234
        mercado "de empresas no lucrativas", 234
        Mercado agrícola, 231-232
        mercado de reventa, 232
        mercado de servicios, 234
        mercado del gobierno, 233
        mercado internacional, 235
    comportamiento de compra (*véase* Comportamiento de compra institucional)
    definición, 230
    demanda (*véase* Demanda en el mercado institucional)
    horizontal, 242
    naturaleza y ámbito del, 230-231
    resumen, 252
    Segmentación del, 179-180
        criterios de, 179
        situación de compra, 180
        tamaño del cliente, 180
        tipo de cliente, 180
    vertical, 242

Mercado internacional, 235
Mercado meta, 82-83
　directrices para la selección del, 181-182
　enfoque de escopeta, 154
　estrategias, 180-186
　　agregación de mercado, 182-183
　　diferenciación de productos y, 183
　　segmento individual, 184
　　segmentos múltiples, 185-186
　método de escopeta, 154
　mezcla promocional y, 588-590
　　ámbito geográfico del mercadó, 591
　　concentración de, 591
　　disposición para comprar, 588-589
　　tipo de cliente, 590
　panorama general de, 154-155
　posicionamiento del producto y, 303
　servicios y, 693
Mercado no institucional, 234-235
Mercado simulado de pruebas, 130
Mercado, 5
　canales de distribución y, 473
　ciclo de vida del producto y, 249-250
　como ambiente externo, 64
　panorama general del, 122
Mercados étnicos, 52, 170-171
Mercadotecnia de servicios, organizaciones de, 38
Mesa de distribución (corredores), 542
Metas (*véase* Objetivos)
Metas de precios basadas en la situación actual (*statu quo*), 382-383
Método de costo completo, 782
Método de derivación directa, 101-102
Método de margen de contribución, 782-783
Método de observación, 128
Método de presupuesto basado en un porcentaje de las ventas, 598
Método Delphi, 104-105
Método experimental, 128-130
　de campo, 128-129
　de laboratorio, 128
　pruebas de mercado, 129-130
Métodos para establecer el presupuesto promocional, 598-600
　imitación de la competencia, 599-600
　meta u objetivo, 600
　método acumulativo, 600
　porcentaje de ventas, 598-599
　todos los fondos disponibles, 599
Metropolitan Statistical Area (MSA), 162
Mezcla de marketing, 84-85
　decisiones de precio y, 386-387
　marketing internacional y, (*véase* Marketing internacional, mezcla de marketing para el)
Mezcla de productos, 298-326
　amplitud de, 300
　ciclo de vida y (*véase* Ciclo de vida del producto)
　definición, 300
　estrategias para, 301-309
　　ampliación, 307
　　aumento de la línea en precios altos, 307
　　aumento de la línea en precios bajos, 308
　　contracción de la mezcla, 309
　　extensión de la línea, 305

　　extensión de la mezcla, 305-307
　　modificación, 308
　　posicionamiento (*véase* Posicionamiento del producto)
　línea de productos y, 300-301
　moda y (*véase* Moda)
　obsolescencia planeada y, 300-301
　profundidad de la, 300
　uso de marcas en una, 338-339
Mezcla promocional, 588-595
　definición, 587
　estrategia de PULL y, 592, 593-594
　estrategia de PUSH y, 592-593
　etapa del ciclo de vida del producto y, 591, 592
　fondos disponibles y, 591-592
　jerarquía de efectos y, 588
　mercado meta y, 588-590
　naturaleza del producto y, 591
　resumen, 603
Microambiente externo, 63-64
　intermediarios de marketing, 64
　mercado, 63
　proveedores, 63-64
Microinfluencias, 51
　(*Véase también* Ambiente externo)
Minnesota Department of Public Health, 798
Minorías, 52, 170, 202-203
Misión, 76
Moda, 319-321
　ciclo de, 320-323
　consideraciones mercadológicas y, 322
　definición, 320
　proceso de adopción, 320-322
Modas pasajeras, 313
Modelos de planeación estratégica, 88-97
　evaluación de, 97
　matriz de crecimiento de producción-mercado, 96
　matriz de negocios de General Electric, 92-95
　matriz del Boston Consulting Group, 89-92
　modelo de estrategias genéricas de Porter, 94-95
　unidades estratégicas de negocios y, 89
Modos de recompra, 180, 245-246
Modos de transporte, 556-558
Monitoreo ambiental, 50
Motivación, 770
　de los vendedores, 628
Motivos de compra de la clientela, 199
Motivos de compra, 245
Motivos, 210-212
　clasificación de, 211-212
　jerarquía de necesidades de Maslow, 211
Motor Carrier Act (1980), 61
Movimientos ecologistas:
　consumidores y, 304
　de Estados Unidos, 57
　del Japón, 58
　del marketing, 144-147, 808-809
Muestra aleatoria, 518
Muestra de conveniencia, 132, 134
Muestreo, 131-133
Mujeres, roles cambiantes de, 58-59

N

National Advertising Division's Children's Advertising Review Unit (CARU), 603
National Advertising Review Board, 600
National Traffic and Motor Vehicle Safety Act (1966), 61
Natural Gas Policy Act (1978), 61
Negativa a distribuir, 487
Niños problema, 90
Nivel de desarrollo económico, 725
Nivel de participación, 196, 197
No adoptadores, 290
Nombre de marca, 330
　protección del, 334-335
　selección del, 331-334
Núcleo familiar, 209-210
Nutritional Labeling and Education Act (1990), 61, 351

O

Objetivos de la fijación de precios, 378-383
　afrontar la competencia, 382-383
　estabilización de precios, 383
　metas actuales (*statu quo*), 382
　orientación a las utilidades, 379-380
　　maximización de las utilidades, 380
　　rendimiento meta, 379-380
　orientación a las ventas, 381
　　aumento del volumen, 381
　　conservación o incremento de la participación en el mercado, 381
Objetivos, 12
　dimensiones de alcance y tiempo de los, 13-14
　plan anual de marketing y, 87
　Planeación de, 77
　　marketing estratégico, 82
Observabilidad y tasa de adopción, 290
Observación mecánica, 128
Observación personal, 128
Obsolescencia de estilo, 319
Obsolescencia funcional, 319
Obsolescencia planeada, 319-320
Obsolescencia tecnológica, 320
Obtenedor de pedidos, 614-615
Oficina de ventas del fabricante, 538
Oligopolio, 396-397
Ordenanza de cesar y desistir, 601
Organización de grandes clientes (cuentas), 768
Organizacionales gubernamentales, 40
Organizaciones manufactureras, 61
Organizaciones mayoristas, 39
Organizaciones no lucrativas, 5, 26, 40
　clasificación de, 686-687
　marketing de, 687
　　actitudes ante, 691-692
　　mercado de clientes y, 693-694
　　mercado de donadores y, 693
　　servicios prestados por, 685-687
　(*Véase también* Planeación estratégica de marketing de servicios)
Organizaciones universitarias de investigación, 123
Orientación a un segmento del mercado, 94
Orientación del cliente, 12
Orientación global, 812
Orientación hacia el mercado, 811-812

ÍNDICE ANALÍTICO

P

Pago de flete, 410
Países en vías de desarrollo, 725-726
Países industrializados, 726
Países recién industrializados, 726
Papeles (roles) sexuales, 58-59, 203
Participación en el mercado, 99
    análisis de, 120, 776
    estrategias de precios y, 382
Patrones de gastos, 168-169
Penetración en el mercado, 95
Penetración en el mercado, fijación de precios de, 425-426
Percepción, 212-214
Perros, 90, 91
Personal de apoyo a las ventas, 615
Personalidad, 216-218
    autoconcepto, 218
    características, 172-173
    teorías psicoanalíticas de la, 216-217
Personas en unión libre, 167-168
Perspectiva internacional:
    administración global de la fuerza de ventas, 626
    anuncios exitosos, 658
    barreras comerciales en el marketing de servicios, 692
    cambio de valores, 809
    cultura común, 124
    cultura europea, 206
    determinación del precio, 388
    distinción entre automóviles importados y exportados, 23
    distribución en Japón, 480
    estilo frente a contenido, 240
    estrategias de marcas, 339
    estrategias de precios, 441
    hipermercados, 516-517
    ideas para nuevos productos, 283
    marketing en favor de las compañías japonesas, 316
    mercado gris, 544
    modelos de planeación estratégica, 91
    movimientos ecologistas en Japón, 58
    planeación global y acciones locales, 763
    promoción estandarizada de ventas, 587
    unificación económica y segmentación del mercado en Europa, 173
Perspectivas futuras, 804-817
    ajustes estratégicos de marketing, 811-816
        ambientalismo, 814-815
        calidad y satisfacción, 813-814
        carga comercial, 815
        creación de relaciones, 814-815
        orientación global, 813
        orientación hacia el mercado, 811-812
        reconsumo, 814-815
    resumen, 816
    tendencias y reacciones del mercado, 804-810
        demografía, 805-806
        información de mercado, 808-811
        marketing ecológico, 808
        valores, 809
PIGGYBACK servicio de, 558
Plan combinado de compensación, 629
Plan de compensación simple, 629
Planeación anual de marketing, 78, 86-87
    contenidos recomendados de, 88
    propósitos y responsabilidades, 86
Planeación de marketing estratégico de los productos, 78, 80-84
    análisis de la situación y, 80-81
    mercado meta y, 82-83
    mezcla de marketing y, 84-86
    objetivos de marketing y, 82
    posicionamiento y, 82
    promoción y, 586
    ventaja/desventaja diferencial y, 82
Planeación estratégica de la compañía, 78-79
Planeación estratégica del marketing de servicios, 692-693
    determinación del precio:
        en empresas lucrativas, 699-700
        en empresas no lucrativas, 700
    estrategias de precios, 700-701
    mercados meta y, 693-694
    mercados no lucrativos y, 692-693
    planeación de productos y, 694-698
        calidad de los servicios, 698
        características de los servicios, 698
        estrategias de mezcla de servicios, 696
        marcas de servicios, 698-699
        oferta de servicios, 695-696
    programas promocionales y, 703-705
        encuentro de servicios y, 703
        promoción de ventas, 705
        publicidad de, 704
        publicidad no pagada, 706
        venta personal y, 703
    resumen, 710-711
    segmentación del mercado y, 694
    sistema de distribución, 701-702
        canales de distribución, 701
        instalaciones del, 701-702
Planeación estratégica, 75, 76
    modelos de (*véase* Modelos de planeación estratégica)
Planeación y desarrollo del producto, 264-297
    innovación, 277-280
        aumento de la selectividad de los consumidores, 278
        categorías de los adoptadores, 287-290
        estimulación de la, 285
        gerentes de producto y, 292
        organización de, 291-293
        requisitos del crecimiento, 277-278
        tasas altas de fracaso, 279
    marketing internacional y, 733-735
    productos nuevos (*véase* Productos nuevos)
    resumen, 293
    servicios y, 695-699
        calidad de, 698
        características y, 608
        mezcla de estrategias para, 696
        ofertas y, 695-696
        uso de marcas con, 698-699
Planeación, 74-80
    a corto plazo, 78
    a largo plazo, 77
    ámbito del, 77-80
    anual, de marketing (*véase* Planeación anual de marketing)
    como parte del proceso gerencial, 74
    compañía estratégica, 78-81
    definición, 75, 734
    estrategia y, 77
    estratégica, 75-76
    marketing estratégico (*véase* Planeación estratégica de marketing)
    metas y, 76
    misión y, 76
    naturaleza de, 75
    objetivos y, 76
    resumen, 105
    secuencia del, 79
    tácticas y 77
Planes de compensación a vendedores, 628
    comisión, 629
    planes de combinación, 629
    sueldos, 629
Poca participación, 156
Poder adquisitivo de los usuarios industriales, 243
Poder de canal, 485
Poder de compra, indicador de la actividad de, 243
Poder discrecional de compra, 170
Política de territorio exclusivo, 488
Porcentaje de reducción de precio, 417
Porcentaje de utilidad neta, 416
Porcentaje del margen bruto, 415
Porter, modelo de estrategias genéricas de, 94-95
Posición del negocio, 92-93
Posicionamiento del producto, 301-303
    clase o atributo del producto y, 303-304
    competidores y, 302-303
    mercado meta y, 304-305
    precio y calidad y, 304
Posicionamiento, 82
Potencial de mercado, 98-99
Potencial de ventas, 98-99
Precio (precios), 84, 374-378
    base, 383
    críticas contra, 794
    definición, 374-375
    demanda del mercado institucional y, 237
    esperado, 383
    estabilización de, 382
        distribución física y, 552
    estrategias de marcas y, 335-337
    importancia del, 376-378
        en la economía, 376
        en la empresa, 376
        en la mente del consumidor, 377-378
    margen de utilidad basado en, 446-450
    otros nombres del, 375
    posicionamiento del producto y, 304
    valor y, 377
Precio base, 383
Precio de descremado del mercado, 425
Precio de lista sugerido, 439
Precio de lista, 383
Precio esperado, 383
Precios basados en el valor, 440-442
Precios de entrada en el mercado, estrategias de, 425-426
    descremado del mercado, 424
    penetración en el mercado, 425-426
Precios de entrega por zonas, 433
Precios de fábrica LAB, 432
Precios en el punto de producción, 432
Precios impares, 437
Precios orientados a las ventas, 381-382

ÍNDICE ANALÍTICO

Precios psicológicos, 437
Precios uniformes, 432
Precios unitarios, 438
Premio Baldridge, 19, 551
Presentación de ventas, 621-622
    acción, 622
    atención, 621
    deseo, 621
    interés, 622
Presentaciones estandarizadas de ventas, 622
Primary Metropolitan Statistical Area (PMSA), 163
Primeros adoptadores, 288
Principio 80-20, 772-773
Principio de aceleración, 238
Principio de iceberg, 774
PRIZM (Potential Rating Index for ZIP Markets), 164
Problemas de los pedidos pequeños, 784
Procesamiento de pedidos, 555-556
Proceso de adopción, 287-291
    características de la innovación que influyen en, 290-291
    categorías de adoptadores de innovaciones, 229, 287-290
        innovadores, 287
        mayoría tardía, 289
        mayoría temprana, 289
        primeros adoptadores, 288
        rezagados, 289
    compatibilidad y, 290
    complejidad y, 290
    etapas del, 287
    no adoptadores, 290
    observabilidad y, 290
    ventaja relativa y, 290
    verificabilidad y, 291
Proceso de la decisión de compra (*véase* Toma de decisiones como solución de problemas)
Proceso gerencial, 74
Productividad, 525
    marketing de servicios y, 707-708
Producto satisfactor de deseos, características del, 353-357
    calidad, 353-355
    color, 352-355
    diseño, 352
    garantías, 355-356
    servicio después de la venta, 359
Producto, ciclo de vida del (*véase* Ciclo de vida del producto)
Productos de consumo, 269
    clasificación de, 269-274
        bienes de comparación, 271
        bienes de conveniencia, 269
        bienes de especialidad, 271-272
        bienes no buscados, 272
    distribución de, 466-468
Productos del negocio, 269
    clasificación de, 274-276
        equipo accesorio, 218, 273, 276-277
        instalaciones, 273-275
        insumos de operación, 273-277
        materiales y piezas de fabricación, 273
        materias primas, 273-274
    distribución de, 468
Productos genéricos, 338

Productos nuevos, 280-294
    categorías de, 280-281
    criterios de intermediarios sobre los, 285-286
    criterios del fabricante sobre los, 284-285
    definición, 280
    difusión de, 285-286
    estrategia para 281
    etapas en el proceso de desarrollo, 281-284
    (*Véase también* Planeación y desarrollo de productos)
    organización de, 291-292
    proceso de adopción de (*véase* Proceso de adopción)
Productos sustitutos, 56
    decisiones de precios y, 383
Productos, 7, 84, 86
    análisis de volumen y costo, 784
    canales de distribución y, 474
    clasificación de (*véase* Productos industriales; Productos de consumo)
    críticas contra, 793
    decisiones de precio y, 385-387
    definición, 266-268
    nuevos (*véase* Productos nuevos)
Profundidad de la mezcla de productos, 300
Programa de marketing comercial, 345
Promoción de ventas, 660-661
    carreras en, 37
    definición, 580-662
    dirección de, 661-663
    estrategia global de, 587
    evaluación, 664
    fuerza de ventas de los fabricantes, 664
    naturaleza y ámbito de, 660-661
    objetivos y estrategias de, 662
    para intermediarios, 663-664
    para usuarios industriales o unidades familiares, 663-664
    presupuestos para, 663-664
    promociones comerciales, 660
    promociones del consumidor, 660
    resumen, 668
    servicios y, 706
Promoción, 85, 577-606
    como gasto o inversión, 599
    competencia imperfecta y, 584
    concepto de campaña, 595-598
        coordinación de, 596
        eslogan de, 725
    críticas contra, 795
    curva de la demanda y, 584
    de beneficios de los servicios, 539-540, 551-554
    decisiones de precios y, 385-386
    definición, 580
    información y, 584-586
    marketing y, 584-586
    mezcla promocional (*véase* Mezcla promocional)
    naturaleza de, 580-581
    persuasión y, 586
    planeación estratégica de marketing y, 586
    presupuesto de (*véase* Métodos para establecer el presupuesto promocional)
    proceso de comunicación y, 581-582
    promoción de ventas (*véase* Promoción de ventas)

propósitos de, 584-588
publicidad (*véase* Publicidad)
publicidad no pagada, 581, 666-667
recordatorio y, 585-586
regulación de, 600-603
    estatal y local, 602
    federal, 600-601
    por organizaciones privadas, 603
relaciones públicas (*véase* Relaciones públicas)
resumen, 603
venta personal (*véase* Venta personal)
Promociones comerciales, 660
Promociones para el consumidor, 660
Pronóstico de la demanda, 97-105
    de abajo hacia arriba, 100
    de arriba hacia abajo, 101
    determinación de precio y, 383-384
    factor de mercado y, 97
    índice de mercado y, 97
    métodos de, 100-105
        análisis de factores de mercado, 100-102
        análisis de tendencias, 102-103
        análisis de ventas anteriores, 102
        encuesta de las intenciones de compra, 102
        juicio ejecutivo, 104-105
        mercado de pruebas, 83
        método Delphi, 104-105
    participación en el mercado y, 91
    potencial de mercado y, 98-99
    potencial de ventas y, 99-100
    pronóstico de ventas y, 100-101
Pronóstico de ventas, 99-100
Propaganda, 581, 666-667
    beneficios y limitaciones de la, 667
    medios de conseguir, 666
    servicios y, 706
Prospección, 620
    clasificación de clientes, 620
    identificación de clientes, 619
Proveedores, 65
    confiabilidad de los, 251
Proyecto de investigación no recurrente, 113
Proyectos de investigación de mercados, 119-133
    análisis de la situación y, 120-121
    análisis y presentación de datos, 133
    común, 120
    dentro de la compañía, 136
    fuera de la compañía, 136
    hipótesis de, 120
    investigación formal y, 122-133
        datos primarios e, 122, 125-131
        datos secundarios e, 122-124
        formas de obtención de datos, 130
        fuentes de información e, 122-125
        método de encuesta e, 125-127
        método de observación e, 128
        método experimental e, 128-131
        muestreo e, 131-132
        recopilación de datos, 133
    investigación informal y, 121
    mal uso de, 134
    necesidad de investigar a los investigadores, 137
    objetivo de, 120
    procedimiento de, 121

ÍNDICE ANALÍTICO

seguimiento, 133
situación actual de, 137
Prueba del texto publicitario, 120
Prueba Starch de lectores, 657
Pruebas de mercado, 103, 129-130
   desarrollo de productos nuevos y, 281
Pruebas directas de la eficacia de la publicidad, 656
Pruebas indirectas de la eficacia de la publicidad, 656
Pruebas preliminares de los anuncios, 657
Psicografía, 175-177
Publicación de noticias, 666
Publicidad al aire libre, 652-653
Publicidad basada en aspectos de la vida, 648
Publicidad comparativa horizontal, 646
Publicidad comparativa, 642-643
Publicidad cooperativa vertical, 645
Publicidad cooperativa, 645
   horizontal, 646
   vertical, 645
Publicidad correctiva, 601
Publicidad de acción directa, 641
Publicidad de acción indirecta, 641
Publicidad de apoyo, 648
Publicidad de correo directo, 651-652
Publicidad de demanda primaria, 642
Publicidad de demanda selectiva, 642
Publicidad de demostración, 648
Publicidad de especialidades, 653
Publicidad de productos, 641
Publicidad de ventaja diferencial, 642
Publicidad en prensa, 650
Publicidad en revistas, 651
Publicidad entre negocios, 504
Publicidad innovadora, 642
Publicidad institucional, 641
Publicidad por comparación, 648
Publicidad por radio, 652
Publicidad sustentadora de la demanda, 642
Publicidad televisiva, 651
Publicidad, 506, 637-643
   carreras en, 35
   como porcentaje de las ventas, 638
   comparativa, 642
   comprobación de las afirmaciones de, 600
   correctiva, 601
   costo de, vs a costo de la venta personal, 639
   de acción directa, 641
   de acción indirecta, 641
   de demanda primaria, 642
   de demanda selectiva, 642
   definición, 581, 638
   entre negocios, 641
   facilidad de la publicidad de productos, 593
   gastos de, 639
   institucional, 641
   marketing internacional y, 739-740
      regulaciones y, 740
   naturaleza e importancia de, 638-643
   organización de, 651-660
   pioneros, 642
   responsabilidad social en, 644
   resumen, 668
   sostenedora de la demanda, 642
   ventaja diferencial de, 642

y consumidor, 640
y producto, 641
Punto de equilibrio, 392
Pure Food and Drug Act (1906), 61

R

Razón de gastos de operación, 416
Razones analíticas, 415-419
   descuento porcentual del precio, 417
   porcentaje de utilidad neta, 416
   porcentaje del margen bruto de utilidad, 328
   razón de gastos de operación, 416
   rendimiento sobre la inversión, 417-419
   rotación de inventarios, 416
Realización de un mensaje, 646
   tipos de, 649
Recompra directa, 180, 246
Recompra modificada, 180, 246
Reconocimiento de necesidades, 195-196, 246
Reconsumo, 815
Recordación de la publicidad, 656
Reducción de precio, 417
Reforzamiento negativo, 215
Reforzamiento positivo, 215
Reforzamientos, 215
Reglamentos de Green River, 602
Relaciones públicas, 665-666
   carreras en, 38
   definición, 581, 665
   evaluación de, 667
   falta de atención a, 666
   naturaleza y ámbito, 666
   publicidad no pagada como forma de, 666-667
   resumen, 668
Rendimiento meta, 379-380
Rendimiento sobre la inversión (ROI), 417-419
Representación física y servicios, 687
Representantes de fabricantes, 543
Responsabilidad de los productos, 356
Responsabilidad social, 704, 802
Respuesta a las objeciones, 622
Respuestas a los problemas de marketing, 795-801
   de consumidorismo, 795-798
   de negocios, 799-800
   del gobierno, 797-798
Respuestas, 215, 582
Retención selectiva, 213
Retroalimentación, 582
Rezagados, 229
Robinson-Patman Act (1936), 61, 430-432
   actividades promocionales y, 600
   defensas y excepciones de, 430-431
   principales cláusulas de, 430
Rotación de inventario, 416
Rueda de las tiendas al menudeo, 526
Ruido, 582

S

Salario (sueldo), 629
Sales & Marketing Management, 123
Salud y acondicionamiento físico, 59
Satisfacción del cliente, 18-19
   ajuste estratégico y, 640-641
   compromiso con, 137, 606, 618

distribución física y, 549
estudios sobre la, 120
Satisfacción, 199-200
Sección de las páginas amarillas, del directorio telefónico publicidad en, 654
Segmentación del mercado, 123-125
   beneficios de la, 123-124
   condiciones para una eficaz, 124-125
   conductual, 140-141
   consumidores finales y, 125
   de consumidores, 124-141
   demográfica (*véase* Segmentación demográfica)
   en Europa, 137
   geográfica (*véase* Segmentación geográfica)
   industrial, 142-143
   psicológica (*véase* Segmentación psicológica)
   servicios y, 693-694
   subculturas, 161-162
   usuarios industriales y, 125
Segmentación demográfica, 159, 163-171
   cambios sorpresivos en, 163
   ciclo de la vida familiar, 166-168
   clase social, 169-170
   distribución del ingreso, 168-169
   edad, 164-165
   género, 165
   otros criterios de, 170-171
   patrones de gastos, 168-169
   subculturas, 203-204
Segmentación educacional, 170
Segmentación geográfica, 160-163
   crecimiento suburbano, 162-163
   distribución regional de la población, 161
   distribución urbana-suburbana-rural, 161
   estructura de área metropolitana, 161
   PRIZM, 163
Segmentación por beneficios, 177-178
Segmentación por comportamiento, 160, 176-178
Segmentación por ocupación, 170-171
Segmentación psicológica, 159, 171-177
   características personales, 172
   estilo de vida, 173-174
   lista de valores, 175
   VALS, 175-176
   VALS2, 176
Segmentación religiosa, 171
Segmentación, estudios sobre la, 120
Selección de personal, 769
Selectividad del consumidor, 278
Sensibilidad al precio, 119
Señales, 215
Servicio de transbordador, 557
Servicio de transportistas especializados, 541
Servicio después de la venta, 358
   venta personal y, 623
Servicios, 684-692
   actitudes ante el marketing, 690-692
   calidad de, 698
   carácter perecedero de, 689-690
   clasificación:
      por industria, 685
      por organización no lucrativa, 686-687
   continuo bienes-servicios, 684
   definición de, 685
   demanda fluctuante de, 689-690

desarrollo de productos nuevos y, 285
distribución de, 468
empresas de, 26, 497
estructura de precios de, 699-701
futuro del marketing de, 706-710
    ambiente cambiante del, 706-707
    aumento de la productividad, 707-708
    mediciones del desempeño, 708
    perspectivas de crecimiento de, 709-710
heterogeneidad de, 689
importancia de, 687-688
inseparabilidad de, 688
intangibilidad de, 688
programa estratégico para (*véase* Planeación estratégica del marketing de servicios)
resumen, 710-711
Servicios sindicados, 113
Sexo, segmentación del mercado por, 165
Sherman Antitrust Act (1890), 61, 486
Signos de interrogación, 90
Simbolismo en la publicidad, 648
Sistema administrado de marketing vertical, 472
Sistema contractual de marketing vertical, 470
    cadena voluntaria, 505
    concesión de franquicias de producto y nombre comercial, 506
    cooperativa de detallistas, 505
    formato de las empresas de franquicias, 506
Sistema de apoyo a la decisión, 113, 116-117
Sistema de información de marketing (SIM), 113-116
    diseño de un, 114
    estructura de, 113
    funcionamiento de, 115
    global, 115
    limitaciones de, 115-116
Sistema socioeconómico estadounidense, 22-26
    creación de utilidad en el, 24-25
    empleo y costos en el, 22-24
Sistema Standard Industrial Classification (SIC), 180, 239-241
Sistemas corporativos de marketing vertical, 470
Sistemas de franquicias, 506-507
    formato de las empresas, 506
    producto y nombre, 306-307
Sistemas de marketing vertical, 470-472
    administrados, 472
    contractuales, 471
    corporativos, 471
    integrador de sistemas y, 472
Situaciones de compra, 180
Sobornos en la distribución internacional, 737
Staggers Rail Act (1980), 61
State Unfair Trade Practices Acts (años 30), 61
Subculturas, 203-204
Subsidiarias de propiedad completa, 722
Sucursal de ventas de fabricantes, 538
Sucursales de ventas de la compañía, 720
Sucursales de ventas en mercados internacionales, 720
Sueldo simple, 629
Supercentros, 511-514
Supermercados, 514-515
Supertiendas, 515
Superyó (*superego*), 216

T

Táctica, 76
    plan anual de marketing y, 87
Tamaño de las compañías, carreras y, 40
Tarifa, 727
Tasa de uso, 178
Tasas de interés, 55
Tecnología de computadora, 525
Tecnología, 62-64
    balanzas comerciales y, 743
Teenage Market, 164
Telemarketing, 520, 613, 618-619
Teoría del estímulo respuesta, 215
Términos genéricos, 334
Textile Fiber Products Identification Act (1958), 61
Tiempo, 203
    como factor situacional, 219-220
    inelasticidad de la demanda y, 237
Tienda de departamentos, 509-510
Tienda de descuento, 511
Tienda, tamaño de la, 499
    posición competitiva y, 501
Tiendas de combinación, 515
Tiendas de conveniencia, 515
Tiendas de descuento, 513
Tiendas de especialidades, 512-513
Tiendas de fábrica, 513
Tiendas de líneas limitadas, 512-513
    tiendas de descuento, 513
    tiendas de especialidades, 512-513
    tiendas de fábrica, 513
    tiendas matacategorías, 513-514
Tiendas matacategorías, 513
Toma de decisiones como solución de problemas, 194-201
    comportamiento después de la compra, 200-201
    compra por impulso, 197
    decisiones de compra, 198-201
    disonancia cognoscitiva, 200-201
    evaluación de alternativas, 198
    identificación de alternativas, 197
    motivos de compra de la clientela, 198
    nivel de participación, 196
    reconocimiento de necesidades y, 196
    satisfacción, 199-201
Tomador de pedidos internos, 614
Trademark Law Revision Act (1989), 330, 332, 333, 643
Transacciones (operaciones), 5
Transporte intermodal, 556
Transporte, 556-557
    comparación de métodos de, 557
    empaque para el, 558
    empresas de entrega de paquetería, 558
    intermodal, 556
    tipos de, 556-557
    transportistas, 557
Transportistas distribuidores especializados, 541
Tratado del Libre Comercio (TLC), 732
Tratados comerciales, 728-732
    Asociación Europea de Libre Comercio, 730-731
    Comunidad Europea, 728-732
    Convenio General de Tarifas y Comercio, 728

Tratado de Libre Comercio de América del Norte, 732
Trueque industrial, 735
Trueque intercambio, 687
Trueque, 375

U

U.S. Census of Population, 122
Unidad estratégica de negocios, 88-89
    modelos de planeación estratégica y, 88-97
Usuarios institucionales, 158, 230, 231
    demanda y, 239-243
Usuarios, 247
Utilidad (utilidades):
    bruta, 411
    en la venta al detalle, 498
    en la venta al por mayor, 498, 500, 501
    neta, 409, 411
Utilidad de forma, 24
Utilidad de imagen, 24
Utilidad de información, 24
Utilidad de lugar, 24
    distribución física y, 552
Utilidad de posesión, 24
Utilidad de tiempo, 24
    distribución física y, 550
Utilidad neta, 409, 410
Utilidad, 20, 375
    creación de, 23-24, 233

V

Vacas de efectivo, 90
Valor agregado, 241
Valor, 377-378
Valores, 176-177
    cambio de, 809
    tendencias de mercado y, 808
VALS, 176
VALS2, 176
Vendedor creativo, 615
Vendedor misionero, 614
Vendedor profesional, 612
Venta (comercio) al detalle, 38-39, 233, 494-531
    afirmaciones corporativas, 505
    centros comerciales y, 502
    clasificación de, 503-518
        por estrategias de marketing, 503, 508-518
        por forma de propiedad, 503-508
    clubes de almacenes, 517-518
    (*Véase también* Intermediarios)
    conflicto de canales verticales y, 483-486
    definición, 496
    en el futuro, 523-527
        centro de poder y, 526
        comodidad y servicio, 525
        demografía y, 523
        experimentación y, 525
        la rueda de las ventas al menudeo y, 526
        precios y costos más bajos y, 525
        productividad y, 526
        tecnología de la computadora y, 525
        venta de productos ecológicos y, 524
        venta fuera de las tiendas y, 526
    gastos de operación y utilidades de, 497-499
    hipermercados, 516-517
    instalaciones físicas, 500-503
    justificación económica de la, 497

ÍNDICE ANALÍTICO

marketing directo, 522-523
naturaleza e importancia de, 496-503
por catálogo, 525
por televisión, 525
resumen, 527
sin tiendas (*véase* Venta al detalle sin tiendas)
sistema contractual de marketing vertical (*véase* Sistema contractual de marketing vertical)
supercentro, 511
supermercado, 514-515
tamaño de la tienda, 499
  posición competitiva y, 501
tamaño del mercado, 498
tienda de descuento, 511
tiendas de conveniencia, 515
tiendas de departamentos, 509-510
tiendas de líneas limitadas (*véase* Tiendas de líneas limitadas)
tiendas independientes, 505
(*Véase también* Intermediarios)
ventas con descuento, 511
Venta al detalle con descuento, 511-512
Venta al detalle por catálogo, 523
Venta al menudeo fuera de las tiendas, 518-519
  definición, 518
  en el futuro, 526
  marketing directo, 522
  telemarketing, 520
  venta automática, 521
  venta de puerta en puerta, 520
  venta directa, 518-519
  venta mediante plan de fiesta, 520
Venta al menudo en supermercados, 514
Venta al por mayor (intermediarios mayoristas), 232, 534-565
  agentes intermediarios (*véase* Agentes intermediarios mayoristas)
  categorías de, 537-538
  comerciante (*véase* Comerciantes mayoristas)
  conflicto de canales verticales y, 481
  (*Véase también* Intermediarios)
  definición de, 533
  economías de habilidad, escala y transacciones, 536, 537
  gastos de operación y utilidades en, 498-499, 539
  justificación económica de, 535
  marketing gris y, 544
  perfil de, 537-539
  resumen, 562-563
  tamaño del mercado, 536-537
  tendencias en, 561-562
Venta automática, 521
Venta de mostrador, 611
Venta de puerta en puerta, 520
Venta de relaciones, 618
Venta de sistemas, 616
Venta directa, 518-519
Venta en casa, 518-519
Venta en equipo, 616
Venta en tiendas al menudeo, 611
Venta mediante plan de fiesta, 520
Venta personal (*véase* Venta personal)
Venta personal, 610-623
  ambigüedad de roles y, 613-614
  ámbito, 611-613
  carreras en, 31-33
  centros de ventas, 615-616
  clasificación de, 614-615
  conflicto de roles y, 614
  costo de, en comparación con la publicidad, 639
  definición, 580, 610
  diferente de otros trabajos, 615
  fuerza de ventas (*véase* Fuerza de ventas, reclutamiento de personal y dirección)
  fuerza externa de ventas, 611-612
  naturaleza de, 610-616
  patrones cambiantes en la, 616
  proceso de, 620-623
    acercamiento preliminar en la venta, 622
    actividades después de la venta, 622
    presentación de ventas, 621-622
    prospección, 619-620
  resumen, 632
  servicios y, 703-705
  telemarketing, 612, 616-619
  vendedor profesional, 612
  venta de relación, 617
  venta de sistemas, 616
  venta en la tienda, 611
  ventajas de, 611
Venta por teléfono, 521
Ventaja comparativa, 719
Ventaja diferencial, 82
Ventaja relativa y tasa de adopción, 290
Ventaja tecnológica, 719
Ventas brutas, 409
Ventas netas, 409
Verificabilidad y tasa de adopción, 290
Visualización y servicios, 688
Volumen de ventas, análisis del, 775
  análisis de participación en el mercado, 776
  utilización de los resultados del, 783-784
Volumen de ventas, incremento del, 381

W

Webb-Pomerane Act (1918), 736
Wheeler-Lea Act (1938), 61, 351, 600
Wool Products Labeling Act (1939), 61

Y

Yo (ego), 218